U0901244

中国石油天然气集团公司年鉴

2011

中国石油天然气集团公司　编

石　油　工　业　出　版　社

图书在版编目（CIP）数据

中国石油天然气集团公司年鉴 . 2011 ／中国石油天然气集团公司编 .
北京：石油工业出版社，2011.12
ISBN 978-7-5021-8815-3

Ⅰ . 中…
Ⅱ . 中…
Ⅲ . 中国石油天然气集团公司 − 2011 − 年鉴
Ⅳ . F426.22−54

中国版本图书馆 CIP 数据核字（2011）第 239960 号

中国石油天然气集团公司年鉴
2011/ 中国石油天然气集团公司编

出版发行：石油工业出版社有限公司
（北京安定门外安华里 2 区 1 号 100011）
网 址：www.petropub.com.cn
发行部：(010) 64210392
编辑部：(010) 64523594 64523586 64523590
经 销：全国新华书店
印 刷：石油工业出版社印刷厂

2011 年 12 月第 1 版 2011 年 12 月第 1 次印刷
787 × 1092 毫米 开本：1/16 印张：46.75 插页：58
字数：1550 千字 印数：1—5000 册

定价：258.00 元
（如出现印装质量问题，请与编辑部联系）

《中国石油天然气集团公司年鉴》
编　委　会

《中国石油天然气集团公司年鉴》
主 编、副 主 编

《中国石油天然气集团公司年鉴》
编　辑　部

编 辑 说 明

一、《中国石油天然气集团公司年鉴》（以下简称《年鉴》）是中国石油天然气集团公司主办的专业性年鉴，是全面记录中国石油天然气集团公司主要发展情况的编年书，是具有权威性的大型资料性工具书。书中全面、系统、真实地记述了中国石油天然气集团公司的发展状况，向广大读者展示了中国石油天然气集团公司全面履行经济、政治和社会责任，持续推进综合性国际能源公司建设方面所作出的努力和取得的成就。

二、《年鉴》采用“板块式”结构，分类编纂，点面结合，把综合记述和条目记述相结合，力求全面地反映所记事项。全书分为篇目、栏目、条目三个层次，以文字叙述为主，辅以必要的图表。内容包括：总述，油气勘探开发生产，炼油与化工，成品油销售，天然气与管道，工程技术、工程建设与装备制造，国际业务，科技与信息，安全环保与质量节能，企业管理与监督，党建、思想政治工作与企业文化建设，机构与人物，企事业单位概览，中国石油天然气集团公司大事纪要，统计数据，附录。

三、本卷所引用的各种数字和资料，截至2010年底。所收资料虽经过反复核实，但由于统计重点不同，来源渠道有别，时间也有差异，因此，难免存在收集不全、照顾不周，甚至互相矛盾之处。书中除特别指明者外，一般指中国石油天然气集团公司统计数字。

四、《年鉴》稿件、资料主要由中国石油天然气集团公司机关和中国石油天然气股份有限公司机关各部门及各专业公司的有关领导与专家，各企事业单位办公室或史志办公室及年鉴办公室的同志提供，各单位的领导对稿件进行了审阅。

五、为行文简洁，《年鉴》中对机构名称一般采取以下处理方法：在首次出现时用全称，随后出现时用简称。例如，“中国石油天然气集团公司”简称为“集团公司”，“中国石油天然气股份有限公司”简称为“股份公司”等。

六、遵照年鉴编辑的有关规范，编辑部对撰稿人提供的稿件进行了必要的编辑加工。主要是依据编写大纲与撰稿要求，统一了全书的体例，规范了专业名词术语，删除了明显的重复，补充了部分资料，理顺了语言文字。力求做到文字顺畅、资料翔实、叙述简洁、数据准确。尽管如此，由于编辑水平有限，疏漏和欠妥之处在所难免，恳请读者提出批评意见。

七、在本《年鉴》的编辑和出版过程中，承蒙集团公司机关和股份公司机关各部门、各专业公司及各企事业单位领导和同志们的大力支持与帮助，在此，谨向为《年鉴》提供稿件和资料、审查稿件，以及提供各种帮助的同志们，致以诚挚的谢意。

《中国石油天然气集团公司年鉴》编辑部

2011 年 12 月

序

2010年是“十一五”的收官之年。“十一五”期间，在党中央、国务院的正确领导下，中国石油天然气集团公司深入贯彻落实科学发展观，全面履行经济、政治和社会责任，紧紧抓住重要战略机遇期，大力实施资源、市场、国际化战略，加快转变发展方式，有效应对国际金融危机及一系列重特大自然灾害的冲击和影响，经受住了严峻挑战和考验，全面实现各项目标任务，综合性国际能源公司总体架构已经形成，公司价值、国际竞争力和影响力显著提升，企业面貌发生历史性变化，各项事业都取得了新进展新成就。

2010年，面对复杂的宏观经济环境和频发的自然灾害，我们坚定信心，迎难而上，顽强拼搏，进一步巩固和扩大应对国际金融危机的成果，生产经营形势明显好于预期，经营业绩实现较大幅度增长。国内外油气当量产量突破2亿吨，原油加工量超过1.5亿吨，国内成品油销售量首次突破1亿吨、天然气销量超过660亿立方米。广西石化、中亚天然气管道B线、中俄原油管道等一批重点工程竣工投产，中缅油气管道等项目开工建设。海外业务规模持续扩大，两伊地区等大型油气合作项目快速推进，新签一批合作协议，建成海外第四个千万吨级油田。工程技术等业务服务保障能力和市场竞争力不断增强。转变发展方式初见成效，技术创新能力持续提升，基础管理建设工程启动实施，安全环保基础不断夯实，节能减排扎实有效。党建、班子和队伍建设进一步加强，大庆精神铁人精神发扬光大，石油矿区和谐稳定，全体干部员工展现出奋发向上的良好精神风貌。全年实现营业收入1.72万亿元、利润总额1727亿元，上缴税费2904亿元，同比分别增长41%、34.5%和19.7%。在全球500强排名上升到第10位。这些成绩的取得，是党中央、国务院正确领导的结果，是国家各有关部委、地方党委政府和社会各界大力支持的结果，也是百万石油员工团结一心、共同奋斗的结果。

2011年是“十二五”开局之年，又迎来建党90周年，做好今年工作意义重大。我们将全面贯彻党的十七届五中全会精神，以科学发展为主题，以加快转变发展方式为主线，以确保和谐稳定为主旨，正确把握国内国际形势的新变化、新特点，坚持资源、市场、国际化战略，突出集中发展油气主营业务，大力推进结构调整优化、技术管理创新、安全环保、节能减排和基础管理，注重保障和改善民生，持续推进综合性国际能源公司建设，努力打造绿色、国际、可持续的中国石油，为保障国家能源安全、促进国民经济平稳较快发展作出新贡献。

蒋洁敏

2011 年 7 月

2011年1月12—14日，中国石油天然气集团公司2011年工作会议在河北省廊坊市召开。会议的主要任务是：以科学发展观为指导，深入学习贯彻党的十七届五中全会和中央经济工作会议精神，全面总结“十一五”发展成果和经验，分析面临的形势，研究部署“十二五”规划目标和任务，安排2011年工作，动员百万石油员工开拓创新，扎实工作，突出做好发展、转变、和谐三件大事，持续推进综合性国际能源公司建设，为保障国家能源安全和全面建设小康社会作出新的贡献。图为大会会场

2010 年 7 月 15—18 日，中国石油天然气集团公司 2010 年领导干部会议在新疆维吾尔自治区独山子市召开。会议的主要任务是，深入贯彻落实科学发展观，总结回顾集团公司推进发展方式转变取得的成效，分析面临的形势和任务，进一步统一思想，明确思路，切实增强主动性、紧迫感和责任感，以更大的决心和力度，加快发展方式转变，持续推进综合性国际能源公司建设，实现全面协调可持续发展。会议对贯彻中央新疆工作座谈会精神，支持新疆实现跨越式发展和长治久安作出部署。图为大会会场

2010 年，中国石油天然气集团公司全年实现营业收入 1.72 万亿元，利润总额 1727 亿元，上缴税费 2904 亿元，同比分别增长 41%、34.5% 和 19.7%。图为委内瑞拉项目英特甘博油田马拉开波湖上的钻井平台

2010 年，中国石油天然气集团公司全年国内新增探明石油地质储量 6.6 亿吨、天然气地质储量 5701 亿立方米（含煤层气 1022 亿立方米），探明油气储量当量连续四年超过 10 亿吨。全年国内生产原油 1.05 亿吨、天然气 725 亿立方米，天然气产量占到公司国内油气总当量的 35.4%。图为塔里木勘探场景

2010 年，大庆油田原油年产量连续 8 年实现 4000 万吨稳产，三次采油继续保持每年 1000 万吨以上产量规模。图为大庆油田实施大型酸化压裂

2010年，长庆油田新增油气三级储量15亿吨以上，全年生产原油1825万吨，生产天然气211亿立方米，年产油气当量突破3500万吨。图为长庆靖安油田

2010年，辽河油田开发建设40周年。1970年3月24日，国务院批准了“下辽河石油勘探会战”。40年来，辽河油田累计探明石油地质储量24亿吨，生产油气当量4亿多吨，上缴利税费近2000亿元，为我国石油工业发展、国民经济建设和社会进步作出了重要贡献。图为辽河油田

2010年，青海油田成立55周年。1955年12月12日，具有划时代意义的柴达木盆地第一口深探井——泉一井喜获工业油流。这个世界海拔最高的油气田的奋斗目标是在2015年全面建成千万吨级高原油气田。图为青海油田

2010 年，中国石油天然气集团公司全年国内加工原油 13529 万吨，生产成品油 8633 万吨，同比分别增长 8.1% 和 7.3%。图为中国石油广西石化公司厂区一隅

2010年，中国石油天然气集团公司化工生产装置全年保持满负荷运行，乙烯产量达到362万吨，同比增长21%。图为兰州石化大乙烯工程

2010年，中国石油天然气集团公司全年国内成品油销售量突破1亿吨，同比增长15.5%。截至2010年底，国内加油站数量达到17996座。图为“全国工人先锋号”中国石油吉林销售延边分公司新丰加油站

2010年，中国石油天然气集团公司全年销售天然气668.6亿立方米，同比增长12.6%，确保了民用、公用事业和重点工业用户的安全平稳供气。图为西气东输主气源地——克拉2气田

2010 年，陕京三线天然气管道全线贯通，为北京市和环渤海地区的天然气平稳供应增加了新的保障。图为陕京三线输气管道工程建设场景

2010 年，中俄原油管道建成投运，开辟了我国陆路进口俄罗斯原油的新通道。图为中俄原油管道穿越点

2010年，中国石油天然气集团公司全年海外原油作业产量7582万吨、权益产量3603万吨，同比分别增长8.9%和4.97%；天然气作业产量137亿立方米、权益产量103.8亿立方米，同比分别增长67.1%和88.2%。图为2010年9月阿姆河天然气公司在右岸合同区B区块Oja-21井获得高产气流

2010年，中国石油天然气集团公司国际贸易经营规模不断扩大，全年实现原油、成品油、化工品、天然气等贸易量1.95亿吨，实现贸易额1105亿美元，同比分别增长27.5%和67.6%。图为中苏合作项目——喀土穆炼油厂

2010 年，中国石油天然气集团公司工程技术服务等业务服务保障作用有效发挥，市场竞争能力不断增强。图为东方地球物理勘探公司使用震源船在冀东南堡油田作业

2010 年，中国石油天然气集团公司科技攻关成效显著，信息化建设预定目标如期实现。图为长庆苏里格气田数字化“中控神经”有序运行

中国石油天然气集团公司秉承安全发展、清洁发展理念，将安全生产作为天字号工程，安全环保管理水平不断提高，健康安全环保（HSE）管理体系不断完善。长城钻探公司乍得项目部狠抓HSE管理，钻台机具不同的部位使用不同的颜色，特别是操作扶手用绿色加以标注

中国石油天然气集团公司把节能减排作为一项长期性的战略任务，不断加大工作力度，通过优化调整结构，实施重点节能减排工程，大力推进技术进步，加快建设资源节约型和环境友好型企业。图为披上绿装的塔里木塔中油田

2010 年 5 月 1 日，中国石油天然气集团公司总经理蒋洁敏在上海拜会了出席 2010 年上海世博会开幕式的土库曼斯坦总统别尔德穆哈梅多夫，双方就促进与深化中土天然气合作交换了意见

2010 年 3 月 12 日下午，中国石油天然气集团公司与云南省人民政府在北京签署《煤层气开发利用战略合作框架协议》，共同推动云南经济发展方式转变和绿色经济强省建设。云南省委书记、省人大常委会主任白恩培，集团公司总经理、党组书记蒋洁敏，云南省委副书记李纪恒出席签字仪式。云南省委常委、常务副省长罗正富与集团公司副总经理、党组成员周吉平在协议上签字。云南省委常委、政法委书记孟苏铁，省人大常委会常务副主任晏友琼，集团公司副总经理、党组成员李新华、喻宝才，集团公司总经理助理李润生，股份公司管理层成员沈殿成、刘宏斌、赵政璋、黄维和出席签字仪式。仪式由李新华主持。

2010年4月26日，中国石油天然气集团公司召开大会，隆重表彰近5年来为集团公司改革发展作出突出贡献的劳动模范和先进集体。会议表彰了10名特等劳动模范、10个标杆集体、601名劳动模范和500个先进集体

2010年，中国石油天然气集团公司加大培训力度，不断调整优化人才结构，大力培养创新型人才和团队，10人列入国家“千人计划”，12.5万人取得各级职业资格证书，47名员工荣获“全国劳动模范”称号，连续三届表彰苏丹十大杰出员工。图为集团公司总部迎来中国石油苏丹地区十大杰出外籍雇员

2010 年，中国石油天然气集团公司作为上海世博会的全球合作伙伴及广州亚运会的油品供应商，全力服务保障世博会和亚运会。特别是在上海世博会筹备和运营过程中，通过一系列行动，积极履行经济、政治和社会责任，荣获“中央企业参与 2010 年上海世博会突出贡献奖”。图为中国石油、中国石化、中国海油联合建设的石油馆——“油立方”成为上海世博园里的亮点建筑，2010 年 10 月 31 日晚石油馆举行了闭馆仪式

2010 年，中国石油天然气集团公司主要社会公益总投入超过 12 亿元，百万人受益，投入 3200 多万元支援新疆定点扶贫和西藏对口援助，实施了 15 个援助项目。石油奖学金设立 10 年来，8000 多名学子和教师受到资助和奖励。图为中国石油第二批由 6 位三甲医院专家组成的援藏医疗队深入西藏双湖特别区各乡镇为当地牧民送医送药

要　　目

第一篇　总　述

第二篇　油气勘探开发生产

第三篇　炼油与化工

第四篇　成品油销售

第五篇　天然气与管道

第六篇　工程技术、工程建设与装备制造

第七篇　国际业务

第八篇　科技与信息

第九篇　安全环保与质量节能

第十篇　企业管理与监督

第十一篇　党建、思想政治工作与企业文化建设

第十二篇　机构与人物

第十三篇　企事业单位概览

第十四篇　中国石油天然气集团公司大事纪要

第十五篇　统计数据

第十六篇　附　录

目　　录

第一篇　总　　述

综　述

2010年中国石油天然气集团公司工作情况概述……（3）

特　载

中国石油天然气集团公司建设项目档案管理规定……（6）

专　文

转变发展方式　调整优化结构　不断增强全面协调可持续发展能力——蒋洁敏在集团公司2010年工作会议上的报告（摘要）……（21）
认清面临形势　注重质量效益　继续保持生产经营平稳较快发展——周吉平在集团公司2010年工作会议上的生产经营报告（摘要）……（23）
蒋洁敏在2010年工作会议结束时的讲话（摘要）……（24）
加快转变发展方式　努力实现科学发展——蒋洁敏在集团公司2010年领导干部会议上的报告（摘要）……（26）
集团公司生产经营工作报告（摘要）周吉平……（28）
蒋洁敏在领导干部会议结束时的讲话（摘要）……（29）

专　稿

中国石油天然气集团公司2010年工作会议在河北廊坊召开……（31）
长庆油田实现油气当量3000万吨表彰庆祝大会召开……（31）
周永康考察中国石油……（33）
李克强考察乌鲁木齐石化……（33）
辽河油田开发建设40周年庆祝大会举行……（33）
中国石油首次发布信息化成果报告……（35）
吴邦国考察吉林石化……（35）
李克强考察抚顺石化……（36）
周永康考察华北油田二连油区……（36）
贺国强考察中国石油阿姆河天然气项目……（37）
中国石油天然气集团公司2010年领导干部会议在独山子召开……（38）
周永康考察青海油田格尔木石化基地……（38）
广西石化千万吨炼油工程竣工投产……（39）
中缅油气管道中国境内段开工……（40）
中俄原油管道工程全线竣工……（40）
上海世博会石油馆安全平稳运行188天宣布闭馆……（41）

股份公司法人治理

概述……（42）
股东大会、董事会决议……（44）
2009年度业绩路演……（45）
可持续发展报告……（45）
投资者关系和新闻媒体关系……（45）
股票表现……（46）
股份公司在资本市场获奖项目……（50）
监事会运作……（50）

第二篇　油气勘探开发生产

综　述

概述……（57）
主要生产经营指标……（57）

油气勘探成果……………………………………………（57）
原油开发成果……………………………………………（58）
天然气开发成果…………………………………………（58）

油气勘探

概述……………………………………………………（58）
重点工作…………………………………………………（58）
勘探任务完成情况………………………………………（58）
主要勘探成果……………………………………………（59）

勘探工程技术

概述……………………………………………………（61）
物探技术攻关……………………………………………（61）
地震解释技术……………………………………………（62）
天然气开发地球物理技术………………………………（62）
“315”工程 ……………………………………………（63）
水平井钻井技术…………………………………………（63）
欠平衡钻井技术…………………………………………（63）
垂直钻井技术……………………………………………（64）
气体钻井技术……………………………………………（64）
分支井钻井技术…………………………………………（64）
高精度成像测井技术……………………………………（64）
MDT测井技术……………………………………………（65）
旋转井壁取心技术………………………………………（65）
复杂井况测井采集技术…………………………………（65）

油田开发

概述……………………………………………………（66）
原油生产…………………………………………………（66）
稳定并提高单井日产量“牛鼻子”工程………（66）
油田开发基础年…………………………………………（66）
原油产能建设……………………………………………（67）
二次开发…………………………………………………（67）
重大开发试验……………………………………………（67）
精细油藏描述……………………………………………（68）
水平井工程………………………………………………（68）
油藏动态监测……………………………………………（68）

天然气开发

概述……………………………………………………（68）
天然气产量………………………………………………（68）
天然气产能建设…………………………………………（68）
天然气重大地面工程建设………………………………（68）
前期评价…………………………………………………（68）
制度建设…………………………………………………（69）
西南气区生产状况………………………………………（69）
长庆气区生产状况………………………………………（69）
塔里木气区生产状况……………………………………（69）
青海气区生产状况………………………………………（69）
大庆油区生产状况………………………………………（69）
新疆油区生产状况………………………………………（69）
吐哈油区生产状况………………………………………（69）
吉林油区生产状况………………………………………（69）

矿权管理

概述……………………………………………………（70）
全国矿权登记状况………………………………………（70）
主要工作成果……………………………………………（70）

油藏评价

概述……………………………………………………（71）
评价工作量………………………………………………（71）
新增探明储量……………………………………………（71）
油藏评价成果……………………………………………（71）
油藏评价管理……………………………………………（72）
新区原油产能建设………………………………………（72）
重点项目实施效果………………………………………（72）
新区原油产能建设管理…………………………………（73）

采油工程

概述……………………………………………………（74）
井下作业…………………………………………………（74）
机械采油…………………………………………………（74）
储层改造…………………………………………………（74）
分层注水…………………………………………………（75）
试油技术…………………………………………………（75）
管理工作…………………………………………………（75）

地面工程

概述……………………………………………………（76）
地面建设管理……………………………………………（76）
重点工程…………………………………………………（76）
工程质量…………………………………………………（77）
项目前期管理……………………………………………（77）

标准化设计……………………………………………（77）
工艺技术………………………………………………（77）
工程建设领域突出问题治理……………………………（78）

海洋工程

概述……………………………………………………（78）
重点工程………………………………………………（78）
管理工作………………………………………………（78）
工程管理………………………………………………（79）

新能源

概述……………………………………………………（79）
煤层气…………………………………………………（79）
页岩气…………………………………………………（80）
地热……………………………………………………（80）
油页岩…………………………………………………（81）

储气库

概述……………………………………………………（81）
培训和交流……………………………………………（81）
技术规范………………………………………………（81）
压缩机采购……………………………………………（81）
方案编制………………………………………………（81）
先导试验………………………………………………（81）

技术项目

概述……………………………………………………（82）
油气勘探技术成果……………………………………（82）
油气开发技术成果……………………………………（82）
技术项目管理工作……………………………………（83）

市场管理

概述……………………………………………………（84）
市场管理………………………………………………（84）
监督管理………………………………………………（84）
服务基层………………………………………………（85）
关联交易………………………………………………（85）
天然气开发操作性文件………………………………（85）
油气田开发志…………………………………………（85）

第三篇　炼油与化工

综　述

概述……………………………………………………（89）
经营业绩………………………………………………（89）
“十一五”业绩回顾…………………………………（89）
“十二五”炼化业务发展规划………………………（90）

装置及产品

炼油装置………………………………………………（90）
有机原料………………………………………………（91）
合成树脂………………………………………………（91）
合成纤维………………………………………………（92）
合成橡胶………………………………………………（92）
化肥……………………………………………………（92）
精细化工………………………………………………（92）

重点工程

概述……………………………………………………（92）
工程建设………………………………………………（92）
工程投资控制…………………………………………（93）
重点工程质量安全管理………………………………（93）
工程竣工验收…………………………………………（93）

化工产品销售

概述……………………………………………………（94）
统销业务………………………………………………（94）
战略合作………………………………………………（94）
化工物流………………………………………………（94）
市场回顾………………………………………………（94）

专业管理

项目前期工作管理……………………………………（95）
投资计划………………………………………………（95）
资源配置………………………………………………（95）
生产管理………………………………………………（95）
生产技术管理…………………………………………（96）
科技管理………………………………………………（96）

技术开发……………………………………………（97）
技术应用……………………………………………（97）
新产品开发…………………………………………（98）
信息技术应用………………………………………（98）
设备管理……………………………………………（99）
安全环保……………………………………………（100）
专业技术培训………………………………………（100）

第四篇　成品油销售

成品油业务

概述…………………………………………………（105）
经营业绩……………………………………………（105）
资源调运……………………………………………（105）
加油站管理…………………………………………（105）
石油价格走势回顾…………………………………（106）

投资管理与网络建设

概述…………………………………………………（106）
投资管理……………………………………………（106）
工程建设……………………………………………（107）

非油品业务

概述…………………………………………………（107）
经营业绩……………………………………………（107）
业务拓展……………………………………………（107）

润滑油与炼油小产品

概述…………………………………………………（108）
润滑油销售…………………………………………（108）
燃料油销售…………………………………………（108）
沥青销售……………………………………………（108）
其他小产品业务……………………………………（108）

专业管理

HSE建设与管理 ……………………………………（108）
财务管理……………………………………………（108）
油库管理……………………………………………（109）
质量、计量与标准化管理…………………………（109）
信息化管理…………………………………………（109）
股权管理法律事务…………………………………（110）
培训与技能鉴定……………………………………（110）
未上市销售业务管理………………………………（110）

第五篇　天然气与管道

综　述

概述…………………………………………………（113）
主要成果……………………………………………（113）
油品调运……………………………………………（113）
重点项目建设………………………………………（113）
天然气销售…………………………………………（113）
资产完整性管理……………………………………（113）

油气储运

概述…………………………………………………（114）
储运能力……………………………………………（114）
原油配置……………………………………………（114）
原油储运……………………………………………（114）
成品油储运…………………………………………（114）
天然气储运…………………………………………（114）

天然气销售与利用

概述…………………………………………………（115）
天然气工业产量……………………………………（115）
天然气产销平衡情况………………………………（115）
天然气销售量………………………………………（115）
天然气销售流向及结构……………………………（115）
天然气销售价格……………………………………（116）
天然气利用…………………………………………（116）

储运设施建设

概述…………………………………………………（117）
项目前期……………………………………………（117）
天然气管道工程……………………………………（117）
原油管道工程………………………………………（120）
成品油管道工程……………………………………（121）
原油储备库工程……………………………………（121）
储气库工程…………………………………………（122）

液化天然气接收站工程…………………………（122）

储运设施管理

概述…………………………………………（123）
完整性管理体系建设…………………………（123）
维抢修体系建设……………………………（123）
管道保护管理………………………………（123）
设备管理……………………………………（123）

基础管理工作

概述…………………………………………（124）
管理体系和规章制度建设……………………（124）
预算成本管理………………………………（124）
价格与税收管理……………………………（124）
核算与结算管理……………………………（125）
资产与股权管理……………………………（125）
规划管理……………………………………（125）
投资管理……………………………………（126）
员工培训……………………………………（126）
管道节能……………………………………（127）
管道安全……………………………………（127）
标准化管理工作……………………………（128）
管道科技……………………………………（128）
管道信息……………………………………（129）
“三化设计”………………………………（130）

第六篇　工程技术、工程建设与装备制造

工程技术服务

概述…………………………………………（133）
石油地球物理勘探…………………………（133）
钻井工程……………………………………（135）
测井…………………………………………（138）
录井…………………………………………（139）
井下作业……………………………………（140）

工程建设

概述…………………………………………（143）
生产经营情况………………………………（143）
重点工程建设………………………………（143）
工程建设主导模式推行……………………（144）
科技成果……………………………………（144）
队伍建设与专业培训………………………（145）
“十一五”发展成果………………………（145）

装备制造

概述…………………………………………（146）
生产经营情况………………………………（146）
主要产品……………………………………（146）
业务重组与整合……………………………（147）
技术创新……………………………………（147）
市场开拓……………………………………（147）
重点项目建设………………………………（147）
品牌整合　…………………………………（148）

第七篇　国际业务

海外油气业务

概述…………………………………………（153）
海外油气勘探………………………………（153）
海外油气开发生产…………………………（153）
海外新项目开发……………………………（154）
重点勘探开发项目运行情况………………（154）
海外重点工程建设…………………………（159）
海外管道运营………………………………（159）
中俄原油管道建成投运……………………（159）
海外炼油化工………………………………（159）
海外经营管理………………………………（160）

国内油气勘探开发国际合作

概述…………………………………………（160）
原油项目运作………………………………（161）
常规天然气项目运作………………………（162）
煤层气项目运作……………………………（164）
新签油气合同………………………………（164）
联合评价项目运行…………………………（165）
技术与管理经验交流………………………（165）

人员培训……………………………………（165）

国际贸易

概述…………………………………………（165）
原油进出口及国际贸易业务…………………（165）
成品油进出口及国际贸易业务………………（165）
化工品进出口及国际贸易业务………………（165）
天然气进口业务………………………………（166）
海运业务………………………………………（166）
海外油气运营中心建设………………………（166）

对外交流与合作

概述…………………………………………（166）
配合国家能源外交活动………………………（166）
对外交流与合作………………………………（166）
国际业务管理…………………………………（167）
海外防恐安全和HSE管理 …………………（167）
外事管理与服务………………………………（167）
外事队伍建设 ………………………………（167）

第八篇　科技与信息

科技发展

概述…………………………………………（171）
年度科技计划…………………………………（171）
国家级科技项目………………………………（171）
公司重大科技项目……………………………（171）
重点实验室和试验基地建设…………………（171）
国际科技交流与合作…………………………（172）
科技创新基金…………………………………（172）
技术交流与人才引进…………………………（172）
软科学研究……………………………………（172）
知识产权管理…………………………………（172）
技术有形化……………………………………（172）
科技奖励………………………………………（172）
科技资源………………………………………（172）
科技培训………………………………………（172）

信息化工作

概述…………………………………………（183）
信息系统建设…………………………………（184）
信息系统应用…………………………………（184）
信息系统维护…………………………………（185）
信息技术基础设施建设………………………（185）
信息化管理工作………………………………（185）
信息安全建设…………………………………（186）
信息标准化……………………………………（186）
信息技术培训…………………………………（186）

第九篇　安全环保与质量节能

安全生产

概述…………………………………………（189）
安全生产基本情况……………………………（189）
安全生产责任制………………………………（189）
安全监管………………………………………（189）
事故管理………………………………………（189）
交通安全………………………………………（190）
海洋安全监管…………………………………（190）

环境保护

概述…………………………………………（190）
环境管理………………………………………（190）
污染治理………………………………………（191）
环保科技………………………………………（191）
环境保护宣传与培训…………………………（191）

职业健康

概述…………………………………………（191）
职业健康管理…………………………………（191）
职业健康监护与监测…………………………（191）
施工作业健康管理……………………………（192）
职业健康基础工作……………………………（192）

应急管理

概述……………………………………………… (192)
基础管理………………………………………… (192)
预案管理………………………………………… (192)
应急演练………………………………………… (193)
队伍建设………………………………………… (193)
检查交流………………………………………… (193)
预警救援………………………………………… (193)

HSE体系管理

概述……………………………………………… (193)
HSE制度标准 …………………………………… (193)
宣教培训………………………………………… (193)
HSE体系审核 …………………………………… (194)
HSE信息管理 …………………………………… (194)
HSE体系推进 …………………………………… (194)

安保基金

概述……………………………………………… (194)
收缴返还………………………………………… (194)
损失理赔………………………………………… (194)
使用管理………………………………………… (195)

质量管理与监督

概述……………………………………………… (195)
制度建设………………………………………… (195)
质量管理体系建设……………………………… (195)
油品质量控制…………………………………… (195)
品牌整合………………………………………… (195)
产品质量认可…………………………………… (195)
产品驻厂监造…………………………………… (195)
产品质量监督抽查……………………………… (195)
教育培训………………………………………… (196)
基础管理建设工程……………………………… (196)
质量月活动……………………………………… (196)
中国质量协会石油分会………………………… (196)

标准化工作

概述……………………………………………… (197)
标准化管理……………………………………… (197)
国家标准行业标准制修订……………………… (197)
企业标准制修订………………………………… (197)
标准实施监督…………………………………… (197)
标准化研究……………………………………… (197)
国际标准化工作………………………………… (198)

计量工作

概述……………………………………………… (198)
交接计量管理…………………………………… (198)
油气计量检定机构能力建设…………………… (198)
重大工程项目协调……………………………… (198)

节能节水工作

概述……………………………………………… (198)
节能节水情况…………………………………… (199)
重点节能工程…………………………………… (199)
创建节能节水型企业…………………………… (199)
节能节水统计…………………………………… (199)
节能节水监测…………………………………… (199)
节能节水标准化………………………………… (199)

第十篇　企业管理与监督

规划计划

概述……………………………………………… (203)
战略研究和中长期规划………………………… (203)
项目管理………………………………………… (203)
年度业务发展计划……………………………… (205)
生产经营计划管理……………………………… (206)
概算管理………………………………………… (206)
建设用地管理…………………………………… (207)
石油工程建设…………………………………… (207)
后评价管理……………………………………… (208)
综合统计………………………………………… (208)

财务资产

概述……………………………………………… (209)
资金管理………………………………………… (209)
债务管理………………………………………… (210)
境外资金管理…………………………………… (211)

融资管理……………………………………………（212）
预算管理……………………………………………（213）
预算管理机制………………………………………（214）
成本费用控制………………………………………（214）
关联交易工作………………………………………（214）
未上市解困扭亏……………………………………（214）
预算管理信息化项目………………………………（215）
会计核算……………………………………………（215）
实施企业会计准则体系……………………………（216）
会计集中核算及信息系统建设……………………（216）
年报社会审计………………………………………（217）
资本市场信息披露…………………………………（217）
内部财务稽查………………………………………（218）
监事会监督检查……………………………………（218）
年金管理……………………………………………（218）
应收账款清收………………………………………（218）
资产评估管理………………………………………（219）
资产管理……………………………………………（219）
重组整合资产工作…………………………………（219）
土地管理……………………………………………（220）
财税政策……………………………………………（220）
价格政策……………………………………………（221）
石油商业储备………………………………………（221）
保险及油品衍生品业务管理………………………（221）
综合授信管理………………………………………（222）
机关财务管理………………………………………（222）
制度建设……………………………………………（222）
财会队伍建设………………………………………（223）

人事管理

概述…………………………………………………（224）
领导班子建设………………………………………（224）
人才队伍建设………………………………………（224）
劳动组织管理………………………………………（224）
劳动用工管理………………………………………（224）
员工绩效考核………………………………………（224）
薪酬保险管理………………………………………（224）

资本运营

概述…………………………………………………（225）
资本运营战略企划…………………………………（225）
资本市场融资整合…………………………………（225）
收购兼并……………………………………………（225）
股权投资……………………………………………（226）
股权管理……………………………………………（226）
专职董监事业务……………………………………（227）
股权优化整合与处置………………………………（227）

法律工作

概述…………………………………………………（227）
法律风险防范与控制………………………………（227）
重大项目法律管理…………………………………（227）
合同管理……………………………………………（227）
纠纷案件管理………………………………………（228）
规章制度管理………………………………………（228）
权属、行政、劳动法律管理………………………（228）
普法和企业依法治理………………………………（228）

物资采购

概述…………………………………………………（228）
电子采购业务………………………………………（229）
采购业务量（含电子采购）………………………（229）
授权集中采购………………………………………（229）
招标管理……………………………………………（229）
物资采购管理信息平台……………………………（229）
一级采购案例………………………………………（229）
重点工程项目物资采购……………………………（229）
供应商管理…………………………………………（230）
机电产品进出口管理………………………………（230）
石油物资分类与代码………………………………（230）

纪检监察

概述…………………………………………………（230）
惩防体系建设………………………………………（230）
反腐倡廉教育………………………………………（230）
廉洁从业……………………………………………（231）
案件查处……………………………………………（231）
效能监察……………………………………………（231）
专项治理……………………………………………（231）
源头治理……………………………………………（232）
巡视监督……………………………………………（232）
自身建设……………………………………………（232）

审计监督

概述…………………………………………………（232）

主要审计活动…………………………………（232）
重要审计项目及成果…………………………（233）
审计业务培训…………………………………（234）
优秀审计项目…………………………………（234）
审计协会………………………………………（234）

内部控制与风险管理

概述……………………………………………（235）
内控体系建设…………………………………（235）
业务流程管理工作……………………………（235）
风险管理工作…………………………………（236）
内控体系运行评价……………………………（236）
内控培训及队伍建设…………………………（237）

矿区服务

概述……………………………………………（237）
收费制度改革…………………………………（238）
“规范管理年”活动…………………………（238）
和谐矿区建设…………………………………（238）
矿区安全管理…………………………………（239）
增收增效、节支降耗…………………………（239）
矿区绿化………………………………………（239）
住房管理………………………………………（240）

维护稳定与综合治理

概述……………………………………………（240）
维护稳定………………………………………（240）
综合治理………………………………………（241）

离退休职工管理

概述……………………………………………（247）
落实各项待遇…………………………………（247）
政治学习和党支部建设………………………（248）
老年大学和活动中心…………………………（248）
队伍建设………………………………………（248）
关心下一代工作………………………………（249）

档案管理

概述……………………………………………（250）
档案工作………………………………………（250）
史志工作………………………………………（250）

第十一篇　党建、思想政治工作与企业文化建设

思想政治保障体系

概述……………………………………………（255）
主要内容………………………………………（255）

党建工作

概述……………………………………………（255）
创先争优活动…………………………………（255）
中央党的建设工作领导小组秘书组联系点工作……………………………………………（256）
学习型党组织建设……………………………（256）
基层党组织建设………………………………（256）
海外党的建设…………………………………（256）
直属机关党的建设……………………………（256）

思想政治工作

概述……………………………………………（257）
第八次“形势、目标、任务、责任”主题教育……………………………………………（257）
召开思想政治工作会议………………………（257）
对外宣传工作…………………………………（257）
选树和宣传先进典型…………………………（257）
总部机关作风建设……………………………（257）

企业文化建设

概述……………………………………………（258）
大庆精神铁人精神再学习再教育再深入……（258）
加强企业文化建设……………………………（258）
企业文化建设“十二五”发展规划…………（258）
职业道德建设…………………………………（258）
海外企业文化建设……………………………（258）

基层建设

概述……………………………………………（260）
深入推进“五型”班组建设…………………（260）

抓好员工素质提升…………………………… （260）

群团工作

概述………………………………………………… （260）
员工扶贫帮困工作………………………………… （260）
主题劳动竞赛……………………………………… （261）
“青字号”品牌工作……………………………… （261）
石油政研会工作…………………………………… （261）
石油文联工作……………………………………… （261）
石油体协工作……………………………………… （261）
石油影视中心工作………………………………… （261）
直属工会工作……………………………………… （261）
直属共青团与青年工作…………………………… （262）

中国石油社会公益工作

概述………………………………………………… （262）
扶贫帮困…………………………………………… （262）
支持教育…………………………………………… （263）
抗击自然灾害……………………………………… （263）
海外社区建设……………………………………… （264）
员工志愿者行……………………………………… （264）
倡导文明风尚……………………………………… （265）
服务保障世博会和亚运会………………………… （265）

光荣榜

2010年全国劳动模范名单（47人）………… （266）
中国2010年上海世博会先进集体（中共中央、国务院表彰）……………………………… （267）
中国2010年上海世博会先进个人（中共中央、国务院表彰）……………………………… （267）
中国2010年上海世博会创先争优先进基层党组织（中共中央组织部、中央创先争优活动领导小组命名表彰）………………… （267）
中央企业参与2010年上海世博会突出贡献奖（国务院国资委表彰）……………………… （267）
中央企业参与2010年上海世博会先进集体（国务院国资委表彰）……………………… （267）
中央企业参与2010年上海世博会先进个人（国务院国资委表彰）……………………… （267）
2009—2010年度全国青年文明号（11个）… （268）
2010年度中央企业先进基层党组织（4个）…… （268）
2010年度中央企业优秀共产党员（4人） … （268）
2010年度中央企业优秀党务工作者（4人） …（268）
2010年度中央企业青年文明号（6个） …… （268）
2010年度中央企业杰出青年岗位能手（1人）… （268）
2010年度中央企业青年岗位能手（10人）… （268）
2010年度中央企业五四红旗团委（3个） … （268）
2010年度中央企业五四红旗团支部（2个） … （268）
2010年度中央企业优秀共青团员（2人） … （268）
2010年度中央企业优秀共青团干部（3人） …（268）
团中央、中央企业团工委重点工作优秀共青团干部（4人）……………………… （268）
中央企业五四红旗团委创建单位（3个） … （268）
2010年度中央企业青年志愿者优秀组织单位（1个）……………………………… （269）
中国石油天然气集团公司特等劳动模范（10人）……………………………… （269）
中国石油天然气集团公司标杆集体（10个）… （269）
中国石油天然气集团公司劳动模范（601人）……………………………… （269）
中国石油天然气集团公司先进集体（500个）……………………………… （279）
中国石油天然气集团公司先进工会组织（206个）……………………………… （286）
中国石油天然气集团公司十佳工会工作者（10人）……………………………… （290）
中国石油天然气集团公司优秀工会工作者（195人）……………………………… （290）
以优秀班组长名字命名的10个班组………… （294）

第十二篇　机构与人物

中国石油天然气集团公司组织机构……………………………… （297）
中国石油天然气股份有限公司组织机构……………………………… （303）
中国石油天然气集团公司领导 … （310）
中国石油天然气集团公司总经理助理、副总师 …………… （310）
中国石油天然气集团公司机关部门主要领导…………………… （311）
中国石油天然气集团公司

专业公司主要领导…………………（312）
中国石油天然气集团公司
所属企事业单位主要领导………（312）
中国石油天然气股份有限公司
董事会成员……………………………（315）
中国石油天然气股份有限公司
监事会成员……………………………（315）
中国石油天然气股份有限公司
总裁班子成员 ………………………（316）
中国石油天然气股份有限公司
机关部门主要领导…………………（316）
中国石油天然气股份有限公司
专业公司主要领导…………………（317）
中国石油天然气股份有限公司
所属企事业单位主要领导………（318）
专家队伍 ……………………………………（322）

第十三篇　企事业单位概览

大庆油田有限责任公司
（大庆石油管理局）………………（343）
中国石油天然气股份有限公司
辽河油田分公司
（辽河石油勘探局）………………（345）
中国石油天然气股份有限公司
长庆油田分公司
（长庆石油勘探局）………………（349）
中国石油天然气股份有限公司
塔里木油田分公司…………………（353）
中国石油天然气股份有限公司
新疆油田分公司
（新疆石油管理局）………………（355）
中国石油天然气股份有限公司
西南油气田分公司
（四川石油管理局）………………（357）
中国石油天然气股份有限公司
吉林油田分公司
（吉林石油集团有限责任
公司）…………………………………（360）
中国石油天然气股份有限公司
大港油田分公司
（大港油田集团有限责任
公司）…………………………………（363）
中国石油天然气股份有限公司
青海油田分公司 ……………………（365）
中国石油天然气股份有限公司
华北油田分公司
（华北石油管理局）………………（368）
中国石油天然气股份有限公司
吐哈油田分公司
（吐哈石油勘探开发指挥部）…（370）
中国石油天然气股份有限公司
冀东油田分公司 ……………………（373）
中国石油天然气股份有限公司
玉门油田分公司 ……………………（376）
中国石油天然气股份有限公司
浙江油田分公司 ……………………（377）
中石油煤层气有限责任公司………（379）
南方石油勘探开发有限责任公司…（381）
中国石油天然气股份有限公司
对外合作经理部 ……………………（384）
中国石油天然气股份有限公司
大庆石化分公司
（中国石油大庆石油化工
总厂）…………………………………（386）

中国石油天然气股份有限公司
吉林石化分公司
（吉化集团公司）…………………（388）
中国石油天然气股份有限公司
抚顺石化分公司
（中国石油抚顺石油化工
公司）………………………………（390）
中国石油天然气股份有限公司
辽阳石化分公司
（中国石油辽阳石油化纤
公司）………………………………（392）
中国石油天然气股份有限公司
兰州石化分公司
（中国石油兰州石油化工
公司）………………………………（394）
中国石油天然气股份有限公司
独山子石化分公司
（新疆独山子石油化工总厂）…（396）
中国石油天然气股份有限公司
乌鲁木齐石化分公司
（中国石油乌鲁木齐石油化工
总厂）………………………………（398）
中国石油天然气股份有限公司
宁夏石化分公司……………………（400）
中国石油天然气股份有限公司
大连石化分公司
（中国石油大连石油化工
公司）………………………………（402）
大连西太平洋石油化工有限公司…（403）
中国石油天然气股份有限公司
锦州石化分公司
（中国石油锦州石油化工
公司）………………………………（405）
中国石油天然气股份有限公司
锦西石化分公司
（中国石油锦西炼油化工
总厂）………………………………（408）
中国石油天然气股份有限公司
大庆炼化分公司……………………（410）
中国石油天然气股份有限公司
哈尔滨石化分公司…………………（412）
中国石油天然气股份有限公司
广西石化分公司……………………（414）
中国石油四川石化有限责任公司…（416）
中国石油天然气股份有限公司
大港石化分公司……………………（416）
中国石油天然气股份有限公司
华北石化分公司……………………（418）
中国石油天然气股份有限公司
呼和浩特石化分公司………………（420）
中国石油天然气股份有限公司
辽河石化分公司……………………（422）
中国石油天然气股份有限公司
长庆石化分公司……………………（425）
中国石油天然气股份有限公司
克拉玛依石化分公司………………（426）
中国石油天然气股份有限公司
庆阳石化分公司……………………（428）
中国石油集团东北炼化工程
有限公司……………………………（429）
中国石油天然气股份有限公司
炼化工程建设项目部………………（431）
中国石油天然气股份有限公司
东北化工销售分公司………………（433）
中国石油天然气股份有限公司
西北化工销售分公司………………（434）

中国石油天然气股份有限公司
华北化工销售分公司 ……………（436）
中国石油天然气股份有限公司
华东化工销售分公司 ……………（438）
中国石油天然气股份有限公司
华南化工销售分公司 ……………（440）
中国石油天然气股份有限公司
西南化工销售分公司 ……………（441）
中国石油天然气股份有限公司
东北销售分公司 ……………………（443）
中国石油天然气股份有限公司
西北销售分公司 ……………………（444）
中国石油天然气股份有限公司
润滑油分公司 ………………………（446）
中油燃料油股份有限公司 …………（448）
中国石油天然气股份有限公司
辽宁销售分公司 ……………………（450）
中国石油天然气股份有限公司
四川销售分公司 ……………………（451）
中国石油天然气股份有限公司
广东销售分公司 ……………………（452）
中国石油天然气股份有限公司
内蒙古销售分公司…………………（454）
中国石油天然气股份有限公司
北京销售分公司 ……………………（455）
中国石油天然气股份有限公司
上海销售分公司 ……………………（457）
中国石油天然气股份有限公司
黑龙江销售分公司…………………（459）
中国石油天然气股份有限公司
河北销售分公司 ……………………（460）
中国石油天然气股份有限公司
新疆销售分公司 ……………………（461）
中国石油天然气股份有限公司
山东销售分公司 ……………………（463）
中国石油天然气股份有限公司
陕西销售分公司 ……………………（465）
中国石油天然气股份有限公司
吉林销售分公司 ……………………（467）
中国石油天然气股份有限公司
江苏销售分公司 ……………………（468）
中国石油天然气股份有限公司
甘肃销售分公司 ……………………（470）
中国石油天然气股份有限公司
河南销售分公司 ……………………（472）
中国石油天然气股份有限公司
湖北销售分公司 ……………………（473）
中国石油天然气股份有限公司
浙江销售分公司 ……………………（475）
中国石油天然气股份有限公司
云南销售分公司 ……………………（478）
中国石油天然气股份有限公司
重庆销售分公司 ……………………（479）
中国石油天然气股份有限公司
湖南销售分公司 ……………………（481）
中国石油天然气股份有限公司
安徽销售分公司 ……………………（482）
中国石油天然气股份有限公司
广西销售分公司 ……………………（484）
中国石油天然气股份有限公司
福建销售分公司 ……………………（486）
中国石油天然气股份有限公司
大连销售分公司 ……………………（488）
中国石油天然气股份有限公司
山西销售分公司 ……………………（489）
中国石油天然气股份有限公司

天津销售分公司 ……………………（491）
中国石油天然气股份有限公司
宁夏销售分公司 ……………………（492）
中国石油天然气股份有限公司
贵州销售分公司 ……………………（494）
中国石油天然气股份有限公司
青海销售分公司 ……………………（496）
中国石油天然气股份有限公司
江西销售分公司 ……………………（498）
中国石油天然气股份有限公司
西藏销售分公司 ……………………（499）
中国石油天然气股份有限公司
大连海运分公司 ……………………（501）
中国石油天然气股份有限公司
北京油气调控中心…………………（503）
中国石油天然气股份有限公司
管道建设项目经理部 ……………（506）
中国石油天然气股份有限公司
管道分公司
（管道销售分公司）………………（507）
中国石油天然气股份有限公司
西气东输管道分公司
（西气东输销售分公司）………（509）
中石油北京天然气管道有限公司
（中国石油天然气股份有限公司
华北天然气管道分公司）………（511）
中国石油天然气股份有限公司
西部管道分公司
（西部管道销售分公司）………（512）
中石油昆仑燃气有限公司 …………（514）
中国石油天然气股份有限公司
华北天然气销售分公司 …………（516）
中石油昆仑天然气利用有限公司…（517）
中国石油天然气集团公司
哈萨克斯坦公司 ……………………（519）
中国石油天然气股份有限公司
伊拉克公司…………………………（521）
中国石油天然气集团公司
伊朗公司 ……………………………（525）
中国石油天然气集团公司
南美公司 ……………………………（526）
中国石油天然气集团公司
尼罗河公司…………………………（529）
中石油阿姆河天然气勘探开发
（北京）有限公司…………………（531）
中石油中亚天然气管道有限公司…（535）
中国石油天然气集团公司
中俄合作项目部 …………………（536）
中国石油国际事业有限公司
（中国联合石油有限责任
公司）………………………………（539）
中国石油集团东南亚管道
有限公司 …………………………（541）
中国石油集团西部钻探工程
有限公司 …………………………（544）
中国石油集团长城钻探工程
有限公司 …………………………（547）
中国石油集团渤海钻探工程
有限公司 …………………………（549）
中国石油集团川庆钻探工程
有限公司 …………………………（551）
中国石油集团东方地球物理勘探
有限责任公司 ……………………（554）
中国石油集团测井有限公司………（557）
中国石油集团海洋工程有限公司…（560）
中国石油天然气管道局 …………（563）

中国石油工程建设公司 ……………（565）
中国石油集团工程设计
有限责任公司 ……………………（567）
中国寰球工程公司 …………………（569）
中国昆仑工程公司 …………………（571）
中国石油技术开发公司 ……………（573）
宝鸡石油机械有限责任公司………（576）
宝鸡石油钢管厂 ……………………（577）
中国石油集团济柴动力总厂 ……（579）
中国石油集团渤海石油装备制造
有限公司 …………………………（581）
中国石油天然气股份有限公司
勘探开发研究院 …………………（582）
中国石油天然气集团公司咨询中心
（中国石油集团工程咨询有限
责任公司）…………………………（584）
中国石油天然气股份有限公司
规划总院 …………………………（586）
中国石油天然气股份有限公司
石油化工研究院 …………………（589）
中国石油集团经济技术研究院 …（591）
中国石油集团钻井工程技术
研究院 ……………………………（593）
中国石油集团安全环保技术
研究院 ……………………………（595）
中国石油集团石油管工程技术
研究院 ……………………………（598）
北京石油管理干部学院 ……………（599）
中国石油报社………………………（601）
石油工业出版社 ……………………（602）
中国石油审计服务中心 ……………（603）
中国石油物资采购中心
（中国石油物资公司）……………（606）
中国石油天然气集团公司
广州培训中心 ……………………（608）
中国石油学会………………………（609）
中国石油企业协会 …………………（613）
中国石油天然气运输公司 …………（615）
中油财务有限责任公司 ……………（617）
昆仑银行股份有限公司 ……………（619）
中国华油集团公司 …………………（620）
华油北京服务总公司………………（622）
中油资产管理有限公司 ……………（624）
昆仑金融租赁有限责任公司………（625）

第十四篇　中国石油天然气集团公司大事纪要

中国石油天然气集团公司
大事纪要 ……………………………（629）

第十五篇　统计数据

表1　中国石油天然气集团公司主要指标
完成情况……………………………（647）
表2　中国石油天然气集团公司合并资产
负债表………………………………（648）
表3　中国石油天然气集团公司合并利润表 …（649）
表4　中国石油天然气股份有限公司及其
附属公司勘探与运营情况…………（650）
表5　中国石油天然气股份有限公司及其
附属公司炼油与化工生产情况……（650）
表6　中国石油天然气股份有限公司及其
附属公司销售业务情况……………（650）
表7　中国石油天然气股份有限公司及其
附属公司主要子公司、参股公司情况……（651）
表8　中国石油天然气股份有限公司已评估
探明储量和探明开发储量…………（651）

表9　中国石油天然气股份有限公司
2010年12月31日合并及公司
资产负债表（一）………………………… （652）
表10　中国石油天然气股份有限公司
2010年12月31日合并及公司
资产负债表（二）………………………… （653）
表11　中国石油天然气股份有限公司
2010年度合并及公司利润表……………… （654）
表12　中国石油天然气股份有限公司
2010年度合并股东权益变动表…………… （655）
表13　中国石油天然气集团公司
2010年度社会公益投入…………………… （656）

第十六篇　附　　录

附表

附表1　2010年世界主要国家一次能源分类
消费量……………………………………… （659）
附表2　2010年世界主要国家石油剩余探明
可采储量…………………………………… （660）
附表3　2010年世界主要国家石油产量 …… （661）
附表4　2010年世界主要国家炼油能力 …… （662）
附表5　2010年世界主要国家天然气剩余探明
可采储量…………………………………… （663）
附表6　2010年世界主要国家天然气产量 … （664）
附表7　2010年世界主要国家和地区石油
进出口量…………………………………… （665）
附表8　2010年《PFC 50》中市值排名前30位的
石油天然气公司…………………………… （665）
附表9　2009年世界最大50家石油公司综合排名
（6项指标）……………………………… （667）
附表10　2009年世界最大50家石油公司总收入
等4项指标排名 ………………………… （669）

附图

附图1　1970—2010年国际市场原油价格 ……（671）
附图2　1985—2010年国际市场天然气价格 …（671）
附图3　2005年和2010年主要石油公司
原油产量…………………………………… （672）
附图4　2005年和2010年主要石油公司天然气
产量………………………………………… （672）
附图5　2005年和2010年主要石油公司
加油站数…………………………………… （672）
附图6　2005—2010年主要石油公司公益性
社会投入…………………………………… （673）
索引 ……………………………………… （675）
编后记…………………………………… （711）

CONTENTS

Chapter 1 Overview

Roundup

Overview of China National Petroleum Corporation (CNPC) Work in 2010 ······(3)

Special Articles

Regulations of CNPC for Management of Construction Project Archives ······(6)

Features

Conversion of Development Pattern, Adjustment of Optimization Structure and Continuous Enhancement of All-around, Harmonious and Sustainable Development – Report by Jiang Jiemin at 2010 CNPC Work Conference (Excerpt) ······ (21)

Continue to Keep Production and Business in Stable and Rapid Development with Quality and Performance Highlighted – Report by Zhou Jiping at 2010 CNPC Work Conference (Excerpt) ······ (23)

Speech Delivered by Jiang Jiemin at Close of 2010 CNPC Work Conference (Excerpt) ······ (24)

Accelerate Conversion of Development Pattern, Bring About Scientific Development – Report by Jiang Jiemin at 2010 CNPC Leadership Conference (Excerpt) ······ (26)

Report on Production and Business of CNPC by Zhou Jiping (Excerpt) ······ (28)

Speech by Jiang Jiemin at Close of Leadership Conference (Excerpt) ······ (29)

Special Reports

2010 CNPC Work Conference Held in Langfang, Hebei ······ (31)

Changqing Oil Field Celebrates 30 Million Tons of Oil and Gas Equivalent ······ (31)

Zhou Yongkang Inspects PetroChina ······ (33)

Li Keqiang Inspects PetroChina Urumqi Petrochemical Company ······ (33)

Liaohe Oil Field Celebrates Its 40th Anniversary of Development and Construction ······ (33)

PetroChina Releases First Report on Informatization Results ······ (35)

Wu Bangguo Inspects PetroChina Jilin Petrochemical Company ······ (35)

Li Keqiang Inspects PetroChina Fushun Petrochemical Company ······ (36)

Zhou Yongkang Inspects Erlian Oil Area of Huabei Oil Field ······ (36)

He Guoqiang Inspects CNPC Amu Darya Natural Gas Project ······ (37)

2010 CNPC Leadership Conference Held in Dushanzi ······ (38)

Zhou Yongkang Inspects Germu Petrochemical Base of Qinghai Oil Field ······ (38)

10-Million-Ton Oil Refining Project of Guangxi Petrochemical Company Completed and Put into Production ······ (39)

Construction of China's Segment of Chinese-Myanmar Oil and Gas Pipeline Starts ······ (40)

Construction of Chinese-Russian Crude Pipeline Fully Completed ······ (40)

Close of Petroleum Pavilion of World Expo Announced after 188-Day Exhibition ······ (41)

Legal-Person Management of PetroChina

Overview ······ (42)

Resolutions Made by Meetings of Shareholders and Board of Directors of PetroChina ······ (44)

Road Show of 2009 Business Results ······ (45)

Sustainable Development Report ······ (45)

Relations with Investors and News Media ······ (45)

Performance of PetroChina Stock ······ (46)
Prize-Winning Projects of PetroChina at Capital Market ······ (50)
Operation of Board of Supervisors of PetroChina ······ (50)

Chapter 2 Oil and Gas Exploration, Development and Production

Round up

Overview ······ (57)
Main Production and Business Targets ······ (57)
Oil and Gas Exploration Results ······ (57)
Crude Development Results ······ (58)
Natural Gas Development Results ······ (58)

Oil and Gas Exploration

Overview ······ (58)
Key Work ······ (58)
Completed Exploration Tasks ······ (58)
Main Exploration Achievements ······ (59)

Exploration Engineering Technology

Overview ······ (61)
Geophysical Technological Research ······ (61)
Seismic Interpretation Technology ······ (62)
Geophysical Technology for Natural Gas Development ······ (62)
"March 15" Engineering Project ······ (63)
Horizontal Well Drilling Technology ······ (63)
Under-Balance Drilling Technology ······ (63)
Vertical Well Drilling Technology ······ (64)
Air Drilling Technology ······ (64)
Branch Hole Drilling Technology ······ (64)
High-Precision Imaging Logging Technology ······ (64)
MDT Logging Technology ······ (65)
Rotary Sidewall Coring Technology ······ (65)
Logging Acquisition Technology for Complicated Well Conditions ······ (65)

Oil Field Development

Overview ······ (66)
Crude Oil Production ······ (66)
Projects for Keeping and Improving Single-Well Daily Production ······ (66)
Basic Year of Oil Field Development ······ (66)
Construction of Crude Oil Productivity ······ (67)
Secondary Development Projects ······ (67)
Important Development Experiments ······ (67)
Detailed Oil Reservoir Description ······ (68)
Horizontal Well Engineering ······ (68)

Dynamic Monitoring of Oil Reservoirs …… (68)

Natural Gas Development

Overview …… (68)
Natural Gas Output …… (68)
Construction of Natural Gas Productivity …… (68)
Important Natural Gas Surface Construction Projects …… (68)
Initial-Stage Assessment …… (68)
Establishment of System …… (69)
Production in Southwest Gas Area …… (69)
Production in Changqing Gas Area …… (69)
Production in Tarim Gas Area …… (69)
Production in Qinghai Gas Area …… (69)
Production in Daqing Oil Area …… (69)
Production in Xinjiang Oil Area …… (69)
Production in Turpan-Hami Oil Area …… (69)
Production in Jilin Oil Area …… (69)

Royalty Management

Overview …… (70)
Nationwide Registration of Royalty …… (70)
Main Work Achievements …… (70)

Oil Reservoir Assessment

Overview …… (71)
Quantity of Assessment Work …… (71)
Newly Additional Proven Reserves …… (71)
Results of Oil Reservoir Assessment …… (71)
Management of Oil Reservoir Assessment …… (72)
Crude Productivity Construction in New Area …… (72)
Results from Implementation of Key Projects …… (72)
Management of Crude Productivity Construction in New Area …… (73)

Oil Production Engineering

Overview …… (74)
Downhole Operation …… (74)
Mechanical Oil Production …… (74)
Reservoir Stimulation …… (74)
Layered Water Injection …… (75)
Oil Testing Technology …… (75)
Management Work …… (75)

Surface Engineering

Overview …… (76)
Management of Surface Construction …… (76)
Key Projects …… (76)
Engineering Quality …… (77)
Initial Management of Projects …… (77)
Design of Standardization …… (77)
Process Technology …… (77)

Settlement of Main Problems in Engineering Construction Area ······ (78)

Offshore Engineering

Overview ······ (78)
Key Projects ······ (78)
Management Work ······ (78)
Engineering Management ······ (79)

New Energy

Overview ······ (79)
Coal-Bed Methane ······ (79)
Shale Gas ······ (80)
Geothermal Energy ······ (80)
Oil Shale ······ (81)

Gas Storage Depot

Overview ······ (81)
Training and Exchange ······ (81)
Technological Specifications ······ (81)
Purchase of Compressors ······ (81)
Formulation of Plan ······ (81)
Pilot Experiment ······ (81)

Technological Projects

Overview ······ (82)
Results of Oil and Gas Exploration Technology ······ (82)
Results of Oil and Gas Development Technology ······ (82)
Management of Technological Projects ······ (83)

Market Management

Overview ······ (84)
Management of Market ······ (84)
Management of Supervision ······ (84)
Serve Grassroots Units ······ (85)
Correlated Transactions ······ (85)
Operational Documents on Natural Gas Development ······ (85)
Development Annals of Oil and Gas Fields ······ (85)

Chapter 3 Oil Refining and Chemicals

Roundup

Overview ······ (89)
Business Results ······ (89)
Review of Business Results in "11th Five-Year Plan Period" ······ (89)
Oil Refining and Chemical Development Plan for "12th Five-Year Plan Period" ······ (90)

Facilities and Products

Oil Refining Facilities ······ (90)
Organic Raw Materials ······ (91)

Synthetic Resin …… (91)
Synthetic Fiber …… (92)
Synthetic Rubber…… (92)
Fertilizer …… (92)
Fine Chemicals …… (92)
Key Projects
Overview…… (92)
Engineering Construction …… (92)
Engineering Investment Control…… (93)
Quality Control and Safety Management of Key Projects …… (93)
Examination and Acceptance of Projects …… (93)
Marketing of Chemicals
Overview…… (94)
Marketing Business…… (94)
Strategic Cooperation …… (94)
Flow of Chemicals …… (94)
Review of Market …… (94)
Specialized Management
Initial Work Management of Project …… (95)
Investment Plan …… (95)
Allocation of Resources …… (95)
Management of Production …… (95)
Management of Production Technology…… (96)
Management of Science and Technology …… (96)
Technological Development …… (97)
Technological Application …… (97)
Development of New Products …… (98)
Application of Information Technology …… (98)
Management of Equipment…… (99)
Safety and Environmental Protection ……(100)
Professional Technological Training ……(100)

Chapter 4 Marketing of Oil Products

Business of Oil Products
Overview……(105)
Business Results ……(105)
Transportation of Resources ……(105)
Management of Petrol Stations ……(105)
Review of Oil Price Trend ……(106)
Management of Investment and Construction of Network
Overview……(106)
Management of Investment ……(106)

Engineering Construction ······(107)
Non-Oil Product Business
Overview······(107)
Business Results ······(107)
Business Expansion and Development ······(107)
Lubricants and Oil Refined By-Products
Overview······(108)
Marketing of Lubricants ······(108)
Marketing of Fuel Oil ······(108)
Marketing of Bitumen······(108)
Business of Other By-Products ······(108)
Specialized Management
HSE Establishment and Management······(108)
Finance Management ······(108)
Management of Oil Depots······(109)
Management of Quality, Measurement and Standardization ······(109)
Information Management ······(109)
Equity Management and Legal Affairs ······(110)
Training and Technical Skill Authentication ······(110)
Management of Marketing Business of Non-Listed Enterprises ······(110)

Chapter 5　Natural Gas and Pipelines

Roundup
Overview······(113)
Main Results ······(113)
Transportation of Oil Products ······(113)
Construction of Key Projects ······(113)
Marketing of Natural Gas ······(113)
Management of Assets Integrity ······(113)
Oil and Gas Storage and Transportation
Overview······(114)
Storage and Transportation Capacity ······(114)
Allocation of Crude ······(114)
Crude Storage and Transportation ······(114)
Oil Products Storage and Transportation ······(114)
Natural Gas Storage and Transportation ······(114)
Marketing and Application of Natural Gas
Overview······(115)
Natural Gas Industrial Output······(115)
Natural Gas Production and Marketing Balance ······(115)
Natural Gas Sales ······(115)
Natural Gas Marketing Orientation and Structure ······(115)

Natural Gas Marketing Price ……(116)
Natural Gas Application ……(116)
Construction of Storage and Transportation Facilities
Overview ……(117)
Preliminary Stage of Projects ……(117)
Natural Gas Pipeline Engineering ……(117)
Crude Pipeline Engineering ……(120)
Oil Products Pipeline Engineering ……(121)
Crude Storage Depot Engineering ……(121)
Gas Storage Depot Engineering ……(122)
LNG Acceptance Station Engineering ……(122)
Management of Storage and Transportation Facilities
Overview ……(123)
Establishment of Integrity Management System ……(123)
Establishment of Maintenance System ……(123)
Management of Pipelines Protection ……(123)
Management of Equipment ……(123)
Basic Management Work
Overview ……(124)
Establishment of Management System and Rules ……(124)
Management of Budget Cost ……(124)
Management of Price and Taxation ……(124)
Management of Verification and Settlement ……(125)
Management of Assets and Equity ……(125)
Management of Planning ……(125)
Management of Investment ……(126)
Training of Personnel ……(126)
Energy Saving of Pipeline ……(127)
Safety of Pipeline ……(127)
Management of Standardization ……(128)
Pipeline Science and Technology ……(128)
Pipeline Information ……(129)
Design of Standardization, Modularization and Informatization ……(130)

Chapter 6 Engineering Technology, Engineering Construction and Manufacture of Equipment

Engineering Technical Service
Overview ……(133)
Petroleum Geophysical Exploration ……(133)
Drilling Engineering ……(135)
Logging ……(138)
Well Log ……(139)

Downhole Service ······(140)
Engineering Construction
Overview······(143)
Production Business ······(143)
Key Engineering Construction ······(143)
Promotion of Dominant Engineering Construction Pattern ······(144)
Technological Results······(144)
Personnel and Professional Training ······(145)
Development Results of 11th Five-Year Plan Period ······(145)
Manufacture of Equipment
Overview······(146)
Business Operation ······(146)
Main Products······(146)
Business Restructuring and Integration ······(147)
Technological Creation ······(147)
Market Development ······(147)
Construction of Key Projects ······(147)
Integration of Brands ······(148)

Chapter 7 International Business

Overseas Oil and Gas Business
Overview······(153)
Overseas Oil and Gas Exploration ······(153)
Overseas Oil and Gas Development and Production ······(153)
Development of New Overseas Projects······(154)
Operation of Key Exploration and Development Projects ······(154)
Construction of Key Projects Overseas ······(159)
Operation of Overseas Pipelines······(159)
Chinese-Russian Crude Pipeline Completed and Put into Operation······(159)
Overseas Oil Refining and Chemicals ······(159)
Overseas Business Management······(160)
International Cooperation for Domestic Oil and Gas Exploration and Development
Overview······(160)
Operation of Crude Oil Projects ······(161)
Operation of Conventional Natural Gas Projects ······(162)
Operation of CBM Projects ······(164)
Newly-Signed Oil and Gas Contracts······(164)
Operation of Joint Appraisal Projects······(165)
Exchange of Technological and Management Experience······(165)
Training of Personnel ······(165)
International Trade
Overview······(165)

Crude Import and Export and International Trade Business ······(165)
Oil Products Import and Export and International Trade Business ······(165)
Chemicals Import and Export and International Trade Business ······(165)
Natural Gas Import Business ······(166)
Shipment Business ······(166)
Establishment of Overseas Oil and Gas Operational Center ······(166)

Foreign Exchange and Cooperation

Overview ······(166)
Activities in Support of China's Energy Diplomacy ······(166)
Foreign Cooperation and Exchange ······(166)
International Business Management ······(167)
Overseas Anti-Terrorist Security and HSE Management ······(167)
Foreign Affairs Management and Service ······(167)
Development of Foreign Affairs Personnel ······(167)

Chapter 8 Technology and Information

Technological Development

Overview ······(171)
Annual Technological Plan ······(171)
Technological Projects at State Level ······(171)
Key Technological Projects of CNPC ······(171)
Construction of Key Laboratories and Experimental Bases ······(171)
International Technological Exchange and Cooperation ······(172)
Fund for Technological Creation ······(172)
Technological Exchange and Introduction of Talents ······(172)
Study of Soft Science ······(172)
Management of Intellectual Property ······(172)
Making Technology Tangible ······(172)
Prizes for Science and Technology ······(172)
Technological Resources ······(172)
Technological Training ······(172)

Information

Overview ······(183)
Construction of Information System ······(184)
Application of Information System ······(184)
Maintenance of Information System ······(185)
Construction of Infrastructure for Information Technology ······(185)
Information-Based Management ······(185)
Construction of Information Security ······(186)
Information Standardization ······(186)
Information Technological Training ······(186)

Chapter 9 Safety, Environmental Protection, Quality and Energy Saving

Work Safety

Overview ··· (189)
Basic Conditions of Work Safety ··· (189)
Responsibility System for Work Safety ··· (189)
Supervision of Safety ··· (189)
Management of Accidents ··· (189)
Traffic Safety ··· (190)
Supervision of Offshore Safety ··· (190)

Environmental Protection

Overview ··· (190)
Environmental Management ··· (190)
Treatment of Pollution ··· (191)
Environmental Protection Science and Technology ··· (191)
Promotions and Training of Environmental Protection ··· (191)

Occupational Health

Overview ··· (191)
Occupational Health Management ··· (191)
Occupational Health Monitoring and Supervision ··· (191)
Health Management for Construction and Operation ··· (192)
Basic Work of Occupational Health ··· (192)

Management of Emergency Response

Overview ··· (192)
Basic Management ··· (192)
Management of Emergency Response Plans ··· (192)
Exercises of Emergency Response ··· (193)
Training of Personnel ··· (193)
Inspection and Exchange ··· (193)
Early Warning and Emergency Rescue ··· (193)

HSE Management System

Overview ··· (193)
Standards of HSE System ··· (193)
Promotions and Training ··· (193)
Examination of HSE System ··· (194)
HSE Information Management ··· (194)
Promotion of HSE System ··· (194)

Fund for Safety and Environmental Protection

Overview ··· (194)
Collection and Return ··· (194)
Compensation for Losses and Damages ··· (194)
Management of Spending ··· (195)

Quality Control and Supervision

Overview ……(195)
Establishment of System ……(195)
Establishment of Quality Management System ……(195)
Oil Products Quality Control ……(195)
Brand Products ……(195)
Appraisal on Product Quality ……(195)
Factory-Based Supervision of Product Quality ……(195)
Supervision and Sample Inspection of Product Quality ……(195)
Education and Training ……(196)
Basic Management of Construction Projects ……(196)
Activities of Quality Month ……(196)
Petroleum Branch of China Quality Association ……(196)

Standardization Work

Overview ……(197)
Management of Standardization ……(197)
Formulation and Revision of National Standards and Industrial Standards ……(197)
Formulation and Revision of Corporate Standards ……(197)
Implementation and Supervision of Standards ……(197)
Study of Standardization ……(197)
International Standardization Work ……(198)

Measurement

Overview ……(198)
Management of Transfer Measurement ……(198)
Establishment of Organs for Inspection of Oil and Gas Measurement ……(198)
Coordination of Key Engineering Projects ……(198)

Energy and Water Saving

Overview ……(198)
Conditions of Energy and Water Saving ……(199)
Key Energy Saving Projects ……(199)
Creation of Energy and Water Saving Enterprises ……(199)
Energy and Water Saving Statistics ……(199)
Energy and Water Saving Monitoring ……(199)
Energy and Water Saving Standardization ……(199)

Chapter 10 Corporate Management and Supervision

Planning

Overview ……(203)
Strategic Study and Long-and Medium-Term Plans ……(203)
Project Management ……(203)
Annual Business Development Plans ……(205)
Management of Production Business Plans ……(206)

Management of Estimation ······(206)
Management of Construction Land ······(207)
Petroleum Engineering Construction ······(207)
Post-Appraisal Management ······(208)
Comprehensive Statistics ······(208)

Financial assets

Overview ······(209)
Fund Management ······(209)
Debt Management ······(210)
Overseas Fund Management ······(211)
Fund-Raising Management ······(212)
Budget Management ······(213)
Mechanism for Budget Management ······(214)
Cost Control ······(214)
Correlated Transactions ······(214)
Settlement of Difficulties for Non-Listed Enterprises ······(214)
Informatization Project of Budget Management ······(215)
Verification of Accounts ······(215)
Implementation of Corporate Accounting Standards System ······(216)
Concentrated Verification of Accounts and Construction of Information System ······(216)
Social Audit of Annual Business Statement ······(217)
Disclosure of Information at Capital Market ······(217)
Internal Financial Audit ······(218)
Supervision and Inspection by Board of Supervisors ······(218)
Management of Annuity ······(218)
Settlement of Receivables ······(218)
Management of Assets Assessment ······(219)
Assets Management ······(219)
Restructuring and Integration of Assets ······(219)
Land Management ······(220)
Financial and Taxation Policies ······(220)
Price Policies ······(221)
Commercial Petroleum Reserves ······(221)
Management of Insurance and Oil Derivatives Business ······(221)
Comprehensive Credit Management ······(222)
Management of Finance at Headquarters ······(222)
Establishment of System ······(222)
Training of Accounting Workers ······(223)

Personnel Management

Overview ······(224)
Appointment of Leaders ······(224)
Cultivation of Talents ······(224)
Management of Labor Organizations ······(224)
Labor and Employment Management ······(224)
Examination of Work Performance ······(224)
Wage and Insurance Management ······(224)

Capital Operation

Overview ··· (225)
Corporate Strategic Plan for Capital Operation ··· (225)
Fund Raising Integration at Capital Market ··· (225)
Acquisition and Merger ··· (225)
Equity Investment ··· (226)
Equity Management ··· (226)
Business of Full-time Directors and Supervisors ··· (227)
Optimization, Integration and Allocation of Equity ··· (227)

Legal Work

Overview ··· (227)
Legal Risk Prevention and Control ··· (227)
Legal Management of Key Projects ··· (227)
Management of Contracts ··· (227)
Management of Dispute-Related Cases ··· (228)
Management of Regulations and Rules ··· (228)
Management of Proprietorship, Administration, Labor and Legal Affairs ··· (228)
Popularization of Legal Knowledge and Management of Enterprises on Legal Basis ··· (228)

Procurement of Goods

Overview ··· (228)
E-Procurement Business Development ··· (229)
Amount of Procurement (Including E-Procurement) ··· (229)
Authorized and Concentrated Procurement ··· (229)
Management of Invitation for Bids ··· (229)
Information Platform of Procurement Management ··· (229)
Cases of First-Level Procurement ··· (229)
Procurement for Key Engineering Projects ··· (229)
Management of Suppliers ··· (230)
Management of Mechanical and Electrical Products Import and Export ··· (230)
Classification and Codes of Petroleum Goods ··· (230)

Disciplinary Inspection and Supervision Work

Overview ··· (230)
Establishment of Anti-Corruption System ··· (230)
Anti-Corruption Education ··· (230)
Honest Work Performance ··· (231)
Investigation and Handling of Cases ··· (231)
Supervision of Work Performance ··· (231)
Special Treatment and Management ··· (231)
Treatment of Sources ··· (232)
Inspection Tours ··· (232)
Self-Inspection and Self-Education ··· (232)

Audit and Supervision

Overview ··· (232)
Main Auditing Activities ··· (232)
Important Auditing Projects and Results ··· (233)
Training for Auditing Business ··· (234)

Excellent Auditing Projects······(234)
Auditing Association ······(234)
Internal Control and Risk Management
Overview······(235)
Establishment of Internal Control System ······(235)
Management of Business Process ······(235)
Risk Management ······(236)
Appraisal of Internal Control System Operation ······(236)
Training of Internal Control and Personnel ······(237)
Services in Operational Areas
Overview······(237)
Reform of Charging System ······(238)
Activities of "Standard Management Year" ······(238)
Construction in Harmonious Operational Areas······(238)
Safety Management of Operational Areas ······(239)
Increase of Income and Efficiency and Reduction of Spending and Energy Consumption ······(239)
Tree-Planting in Operational Areas······(239)
Housing Management ······(240)
Maintenance of Stability and Comprehensive Treatment and Management
Overview······(240)
Maintenance of Stability······(240)
Comprehensive Treatment and Management ······(241)
Management of Retirement
Overview······(247)
Provision of Necessary Treatment ······(247)
Political Study and Establishment of Party Branches······(248)
Colleges and Entertainment Centers for the Elderly ······(248)
Training of Personnel ······(248)
Concerns over Next Generation ······(249)
Management of Archives
Overview······(250)
Work of Archive ······(250)
Work of Annals ······(250)

Chapter 11 Party Organizational Development, Ideological Political Work and Corporate Culture

Ideological Political Security System
Overview ······(255)
Main Content ······(255)
Development of the Communist Party
Overview······(255)

Activities for Becoming Model Units ······ (255)
Liaison with Secretariat Group of Central Party Development Leadership Group ······ (256)
Study-Type Party Organizational Development ······ (256)
Grassroots Party Organizational Development ······ (256)
Overseas Party Development ······ (256)
Party Development at Departments of Headquarters ······ (256)
Ideological Political Work
Overview ······ (257)
The Eighth Education under Theme of "Situation, Objectives, Tasks and Responsibilities" ······ (257)
Conference on Ideological Political Work ······ (257)
Foreign Promotion Work ······ (257)
Selection and Promotion of Advanced Models ······ (257)
Anti-Corruption Education at Headquarters ······ (257)
Corporate Culture
Overview ······ (258)
Re-Study and Re-Education of Daqing Spirit and "Iron-Man" Spirit ······ (258)
Consolidation of Corporate Culture ······ (258)
Corporate Culture Development under "12th Five-Year Development Plan" ······ (258)
Professional Moral Development ······ (258)
Establishment of Overseas Corporate Culture ······ (258)
Education at Grassroots Level
Overview ······ (260)
Development of "Five-Types" Crews and Teams ······ (260)
Improvement of Employees' Quality ······ (260)
Work for Masses and the Youth League
Overview ······ (260)
Help the Poor with Their Difficulties ······ (260)
Contests for Theme of Labor ······ (261)
"Youth" Brand ······ (261)
Political Work Research Society ······ (261)
Petroleum Literature Union ······ (261)
Petroleum Sports Association ······ (261)
Petroleum Video-TV Society ······ (261)
Worker's Union at Headquarters ······ (261)
Youth League and Youth Work at Headquarters ······ (262)
CNPC Working for Social Public Interests
Overview ······ (262)
Help the Poor with Their Difficulties ······ (262)
Support of Education ······ (263)
Fight Natural Disasters ······ (263)
Construction of Residential Quarters Overseas ······ (264)
Staff Volunteers' Tour ······ (264)
Promote of Civilization Style ······ (265)
Provide Service for World Expo and Asian Games ······ (265)

Honor Rolls

Name List of National Labor Models in 2010 (47 Persons) ······(266)
Advanced Collectives of China 2010 Shanghai World Expo (Praised by Central Committee of Chinese Communist Party and State Council) ······(267)
Advanced Individuals of China 2010 Shanghai World Expo (Praised by Central Committee of Chinese Communist Party and State Council) ······(267)
Advanced Grassroots Party Organizations of China 2010 Shanghai World Expo (Praised by Organizational Department of Central Committee of Chinese Communist Party and Central Leadership Team of Spiritual Civilization Promotion) ······(267)
Outstanding Contribution Made by Central Enterprises Involved in China 2010 Shanghai World Expo (Praised by State-owned Assets Supervision and Administration Commission of State Council) ······(267)
Advanced Collectives Selected from Central Enterprises Involved in China 2010 Shanghai World Expo (Praised by State-owned Assets Supervision and Administration Commission State Council) ······(267)
Advanced Individuals Selected from Central Enterprises Involved in China 2010 Shanghai World Expo (Praised by State-owned Assets Supervision and Administration Commission State Council) ······(267)
National Youth Civilization Title Winners from 2009 to 2010 (11) ······(268)
Advanced Grassroots Party Organizations of Central Enterprises in 2010 (4) ······(268)
Excellent Party Members from Central Enterprises in 2010 (4) ······(268)
Excellent Workers of Party Affairs from Central Enterprises in 2010 (4) ······(268)
Youth Civilization Title Winners from Central Enterprises in 2010 (6) ······(268)
Outstanding Youth Skilled Models from Central Enterprises in 2010 (1) ······(268)
Young Skilled Models from Central Enterprises in 2010 (10) ······(268)
"May 4 Red Flag" League Committees from Central Enterprises in 2010 (3) ······(268)
"May 4 Red Flag" League Branches from Central Enterprises in 2010 (2) ······(268)
Excellent League Members from Central Enterprises in 2010 (2) ······(268)
Excellent League Cadres from Central Enterprises in 2010 (3) ······(268)
Excellent League Cadres Selected by Central Committee of Youth League and League Committee of Central Enterprises (4) ······(268)
Creation Units of "May 4 Red Flag" League Committees from Central Enterprises (3) ······(268)
Excellent Units from Central Enterprises to Organize Youth Volunteers in 2010 (1) ······(269)
Special Labor Models of CNPC (10) ······(269)
Benchmark Collectives of CNPC (10) ······(269)
Labor Models of CNPC (601) ······(269)
Advanced Collectives of CNPC (500) ······(279)
Advanced Unions of CNPC (206) ······(286)
Ten Best Union Workers of CNPC (10) ······(290)
Excellent Union Workers of CNPC (195) ······(290)
Ten Crews and Teams Named after Excellent Crew and Team Leaders ······(294)

Chapter 12 Organizations and People

Organizational Structure of CNPC ······(297)
Organizational Structure of PetroChina ······(303)
Leaders of CNPC ······(310)

Assistant Presidents and Deputy Chief Geologists and Economists of CNPC ······(310)
Main Leaders of Departments of CNPC Headquarters ······(311)
Main Leaders of Specialized Companies of CNPC ······(312)
Main Leaders of Enterprises and Institutions Affiliated to CNPC ······(312)
Members of Board of Directors of PetroChina ······(315)
Members of Board of Supervisors of PetroChina ······(315)
President and Vice Presidents of PetroChina ······(316)
Main Leaders of Departments of PetroChina Headquarters ······(316)
Main Leaders of Specialized Companies of PetroChina ······(317)
Main Leaders of Enterprises and Institutions Affiliated to PetroChina ······(318)
Expert Team ······(322)

Chapter 13 Overview of Enterprises and Institutions

Daqing Oil Field Company Limited (Daqing Petroleum Administration Bureau) ······(343)
PetroChina Liaohe Oil Field Company (Liaohe Petroleum Exploration Bureau ······(345)
PetroChina Changqing Oil Field Company (Changqing Petroleum Exploration Bureau) ······(349)
PetroChina Tarim Oil Field Company ······(353)
PetroChina Xinjiang Oil Field Company (Xinjiang Petroleum Administration Bureau) ······(355)
PetroChina Southwest Oil and Gas Field Company (Sichuan Petroleum Administration Bureau ······(357)
PetroChina Jilin Oil Field Company (Jilin Petroleum Group Company Limited) ······(360)
PetroChina Dagang Oil Field Company (Dagang Oil Field Group Company Limited) ······(363)
PetroChina Qinghai Oil Field Company ······(365)
PetroChina Huabei Oil Field Company (Huabei Petroleum Administration Bureau) ······(368)
PetroChina Turpan-Hami Oil Field Company (Turpan-Hami Petroleum Exploration and Development Command) ······(370)
PetroChina Jidong Oil Field Company ······(373)
PetroChina Yumen Oil Field Company ······(376)
PetroChina Zhejiang Oil Field Company ······(377)
PetroChina CBM Company Limited ······(379)
South Petroleum Exploration and Development Company Limited ······(381)
PetroChina Foreign Cooperation Department ······(384)
PetroChina Daqing Petrochemical Company (CNPC Daqing Petrochemical Plant) ······(386)
PetroChina Jilin Petrochemical Company (Jilin Chemicals Group Company) ······(388)
PetroChina Fushun Petrochemical Company (CNPC Fushun Petrochemical Company) ······(390)
PetroChina Liaoyang Petrochemical Company (CNPC Liaoyang Oil & Fiber Company) ······(392)
PetroChina Lanzhou Petrochemical Company (CNPC Lanzhou Petrolchemical Company) ······(394)

PetroChina Dushanzi Petrochemical Company (Xinjiang Dushanzi Petrochemical Plant)······(396)
PetroChina Urumqi Petrochemical Company (CNPC Urumqi Petrochemical Plant) ············(398)
PetroChina Ningxia Petrochemical Company ··········(400)
PetroChina Dalian Petrochemical Company (CNPC Dalian Petrochemical Company) ·········(402)
Dalian West Pacific Petrochemical Company Limited ··········(403)
PetroChina Jinzhou Petrochemical Company (CNPC Jinzhou Petrochemical Company) ······(405)
PetroChina Jinxi Petrochemical Company (CNPC Jinxi Refining and Chemical Plant) ·········(408)
PetroChina Daqing Refining and Chemical Company ··········(410)
PetroChina Harbin Petrochemical Company ··········(412)
PetroChina Guangxi Petrochemical Company ··········(414)
PetroChina Sichuan Petrochemical Company Limited ·········· (416)
PetroChina Dagang Petrochemical Company ·········· (416)
PetroChina Huabei Petrochemical Company ·········· (418)
PetroChina Huhehot Petrochemical Company ·········· (420)
PetroChina Liaohe Petrochemical Company ·········· (422)
PetroChina Changqing Petrochemical Company ·········· (425)
PetroChina Karamay Petrochemical Company ·········· (426)
PetroChina Qingyang Petrochemical Company ·········· (428)
PetroChina Northeast Refining and Chemical Engineering Company Limited ·········· (429)
PetroChina Refining and Chemical Engineering Construction Projects Department ········ (431)
PetroChina Northeast Chemicals Marketing Company ·········· (433)
PetroChina Northwest Chemicals Marketing Company ·········· (434)
PetroChina North China Chemicals Marketing Company ·········· (436)
PetroChina East China Chemicals Marketing Company ·········· (438)
PetroChina South China Chemicals Marketing Company ·········· (440)
PetroChina Southwest Chemicals Marketing Company ·········· (441)
PetroChina Northeast Marketing Company ·········· (443)
PetroChina Northwest Marketing Company ·········· (444)
PetroChina Lubricants Company ·········· (446)
CNPC Fuel Oil Company Limited ·········· (448)
PetroChina Liaoning Marketing Company ·········· (450)
PetroChina Sichuan Marketing Company ·········· (451)
PetroChina Guangdong Marketing Company ·········· (452)
PetroChina Inner Mongolia Marketing Company ·········· (454)
PetroChina Beijing marketing Company ·········· (455)
PetroChina Shanghai Marketing Company ·········· (457)
PetroChina Heilongjiang Marketing Company ·········· (459)
PetroChina Hebei Marketing Company ·········· (460)
PetroChina Xinjiang Marketing Company ·········· (461)

PetroChina Shandong Marketing Company ······ (463)
PetroChina Shaanxi Marketing Company ······ (465)
PetroChina Jilin Marketing Company ······ (467)
PetroChina Jiangsu Marketing Company ······ (468)
PetroChina Gansu Marketing Company ······ (470)
PetroChina Henan Marketing Company ······ (472)
PetroChina Hubei Marketing Company ······ (473)
PetroChina Zhejing Marketing Company ······ (475)
PetroChina Yunnan Marketing Company ······ (478)
PetroChina Chongqing Marketing Company ······ (479)
PetroChina Hunan Marketing Company ······ (481)
PetroChina Anhui Marketing Company ······ (482)
PetroChina Guangxi Marketing Company ······ (484)
PetroChina Fujian Marketing Company ······ (486)
PetroChina Dalian Marketing Company ······ (488)
PetroChina Shanxi Marketing Company ······ (489)
PetroChina Tianjin Marketing Company ······ (491)
PetroChina Ningxia Marketing Company ······ (492)
PetroChina Guizhou Marketing Company ······ (494)
PetroChina Qinghai Marketing Company ······ (496)
PetroChina Jiangxi Marketing Company ······ (498)
PetroChina Tibet Marketing Company ······ (499)
PetroChina Dalian Shipment Company ······ (501)
PetroChina Beijing Oil and Gas Adjustment and Control Center ······ (503)
PetroChina Pipelines Construction Project Department ······ (506)
PetroChina Pipelines Company (Pipelines and Marketing Company) ······ (507)
PetroChina West-East Pipeline Company (West-East Gas Marketing Company) ······ (509)
CNPC Beijing Natural Gas Pipeline Company Limited (PetroChina North China Natural Gas Pipeline Company) ······ (511)
PetroChina West Pipelines Company (West Pipelines and Marketing Company) ······ (512)
CNPC Kunlun Gas Company Limited ······ (514)
PetroChina North China Natural Gas Marketing Company ······ (516)
CNPC Kunlun Natural Gas Application Company Limited ······ (517)
CNPC Kazakhstan Corporation ······ (519)
PetroChina Iraq Company ······ (521)
CNPC Iran Company ······ (525)
CNPC South America Corporation ······ (526)
CNPC Nile Corporation ······ (529)
CNPC Amu Darya Natural Gas Exploration and Development (Beijing) Company Limited ··· (531)

CNPC Central Asia Natural Gas Pipeline Company Limited …… (535)
CNPC China-Russia Cooperative Project Department …… (536)
CNPC International Limited (China United Oil Company Limited) …… (539)
CNPC Southeast Asia Pipelines Company Limited …… (541)
CNPC West Drilling Engineering Company Limited …… (544)
CNPC Great Wall Drilling Engineering Company Limited …… (547)
CNPC Bohai Drilling Engineering Company Limited …… (549)
CNPC Chuanqing Drilling Engineering Company Limited …… (551)
CNPC Orient Geophysical Prospecting Corporation Limited …… (554)
CNPC Logging Company Limited …… (557)
CNPC Offshore Engineering Company Limited …… (560)
CNPC Oil and Natural Gas Pipelines Bureau …… (563)
CNPC Engineering Construction Corporation …… (565)
CNPC Engineering Design Company Limited …… (567)
China Huanqiu Engineering Company …… (569)
China Kunlun Engineering Company …… (571)
China Petroleum Technological Development Company …… (573)
Baoji Petroleum Machinery Company Limited …… (576)
Baoji Petroleum Steel Pipe Plant …… (577)
CNPC Jinan Diesel Engine Plant …… (579)
CNPC Bohai Petroleum Equipment Manufacturing Company Limited …… (581)
PetroChina Exploration and Development Research Institute …… (582)
CNPC Consultancy Center (CNPC Engineering Consultancy Company Limited) …… (584)
PetroChina Planning Institute …… (586)
PetroChina Petrochemical Research Institute …… (589)
CNPC Economic and Technological Research Institute …… (591)
CNPC Drilling Engineering and Technological Research Institute …… (593)
CNPC Safety and Environment Technological Research Institute …… (595)
CNPC Tubular Research Institute …… (598)
Beijing Petroleum Management Institute …… (599)
China Petroleum Newspaper …… (601)
Petroleum Industrial Press …… (602)
CNPC Auditing Service Center …… (603)
CNPC Procurement Center (CNPC Petroleum Goods Company) …… (606)
CNPC Guangzhou Training Center …… (608)
China Petroleum Society …… (609)
China Petroleum Enterprises Association …… (613)
China Oil and Natural Gas Transportation Company …… (615)
CNPC Finance Company Limited …… (617)

Kunlun Banking Shareholding Company Limited …… (619)
China Huayou Group Corporation …… (620)
Huayou Beijing Service Company …… (622)
CNPC Assets Management Company Limited …… (624)
Kunlun Finance and Leasing Company Limited …… (625)

Chapter 14 Main Events of CNPC

Outline for Main Events of CNPC …… (629)

Chapter 15 Statistical Data

Table1 Fulfillment of Main Targets of CNPC …… (647)
Table2 Aggregate Balance Sheet of CNPC …… (648)
Table3 Aggregate Income Statement of CNPC …… (649)
Table4 Exploration and Operation of PetroChina and Its Subsidiaries …… (650)
Table5 Oil Refining and Chemical Production of PetroChina and Its Subsidiaries …… (650)
Table6 Marketing Business of PetroChina and Its Subsidiaries …… (650)
Table7 Main Affiliated Companies of PetroChina …… (651)
Table8 Appraised Proven Reserves and Proven Development Reserves of PetroChina …… (651)
Table9 Aggregate and Corporate Balance Sheet of PetroChina as of December 31, 2010 (1) …… (652)
Table10 Aggregate and Corporate Balance Sheet of PetroChina as of December 31, 2010 (2) …… (653)
Table11 Aggregate and Corporate Income Statement of PetroChina in 2010 …… (654)
Table12 Aggregate Shareholders' Equity Variation Statement of PetroChina in 2010 …… (655)
Table13 Investment from CNPC for Social Public Interests in 2010 …… (656)

Chapter 16 Appendixes

Appended Tables

Appendix1 Classified Consumption of Primary Energy in Main Countries of the World in 2010 …… (659)
Appendix2 Remaining Proven Recoverable Oil Reserves of Main Countries of the World in 2010 …… (660)
Appendix3 Oil Production of Main Countries of the World in 2010 …… (661)
Appendix4 Oil Refining Capacity of Main Countries of the World in 2010 …… (662)
Appendix5 Remaining Proven Recoverable Natural Gas Reserves of Main Countries of the World in 2010 …… (663)
Appendix6 Natural Gas Production of Main Countries of the World in 2010 …… (664)
Appendix7 Oil Import and Export of Main Countries and Regions of the World in 2010 …… (665)
Appendix8 Top 30 Oil and Natural Gas Companies in 2010 "PFC 50" in Terms of Market Value …… (665)
Appendix9 Ranking of Global Top 50 Oil Companies in 2009 (six indexes) …… (667)
Appendix10 Ranking of Global Top 50 Oil Companies in 2009 in Terms of Four Indexes Including Total

Revenue ······(669)

Appended Figures

Figure1 International Market Prices of Crude from 1970 to 2010 ······(671)
Figure2 International Market Prices of Natural Gas from 1985 to 2010 ······(671)
Figure3 Crude Production of Oil Majors in 2005 and 2010 ······(672)
Figure4 Natural Gas Production of Oil Majors in 2005 and 2010······(672)
Figure5 Numbers of Gasoline Stations of Oil Majors in 2005 and 2010 ······(672)
Figure6 Investment in Social Public Interests from Oil Majors between 2005 and 2010 ······(673)

Index ······(675)

Afterword ······(711)

第一篇

总　　述

综　述

2010年中国石油天然气集团公司工作情况概述

2010年，面对复杂多变的宏观经济环境和自然灾害频发的严峻考验，中国石油天然气集团公司（以下简称集团公司）大力实施资源、市场、国际化战略，加强产运销储综合平衡，加快重点工程项目建设，加大市场供应保障力度，积极推进发展方式转变，经营业绩实现较大幅度增长，各方面工作都取得新进展、新成果。

（1）整体实力持续增强。集团公司生产经营规模不断扩大，全年国内外油气当量产量突破2亿吨，国内原油一次加工能力超过1.6亿吨，乙烯生产能力370万吨；加油站总数达1.8万座。国内原油、天然气产量分别占全国的52%和76%左右，原油加工、成品油销售市场份额均占全国的40%左右；运营油气管道总长度5.7万千米，占全国的70%以上。全年实现营业收入1.72万亿元、利润总额1727亿元，上缴税费2904亿元，同比分别增长41%、34.5%和19.7%。集团公司资产总额达到2.62万亿元。在全球500强排名上升到第10位。

（2）国内油气勘探与生产平稳增长。坚持规模、效益、科学勘探，突出重点盆地和目标区带，大力推进预探、风险勘探和精细勘探，针对低渗透、碳酸盐岩、火山岩等领域，积极开展直井多层压裂、水平井钻探及多段压裂等一系列措施，在主要探区获得一批重要战略发现和重大突破。全年在国内新增探明石油地质储量6.6亿吨、天然气地质储量5701亿立方米（含煤层气1022亿立方米），探明油气储量当量连续第四年超过10亿吨。石油储量接替率保持大于1，高于国际平均83%的储量接替水平。积极克服严寒、冰雪、洪涝等极端气候对油气田生产带来的不利影响，科学组织生产运行，原油产量实现恢复性增长，天然气产量继续快速增长。全年国内生产原油10541万吨、同比增长228万吨，生产天然气725亿立方米、同此增长42亿立方米。

（3）炼化加工负荷稳步回升。炼油生产紧跟市场需求变化，适时调整加工负荷，优化资源配置，有序组织新建装置投产和在运装置检修，全年国内加工原油13529万吨、生产成品油8633万吨，同比分别增长8.1%和7.3%，年平均加工负荷回升到93.2%。成品油质量升级取得积极进展，产品结构不断优化，高标号汽油比例提高到74.5%，四季度柴汽比达到2。化工装置保持满负荷生产，乙烯产量达到362万吨，化工商品产量1896万吨，开发化工新产品55种、产量达到120万吨。通过持续深入实施对标管理、瓶颈技术攻关等措施，炼油综合能耗、乙烯燃动能耗等23项技术经济指标创出历史最好水平，轻油收率、双烯收率保持国内领先。

（4）油气销售快速增长。油品销售企业面对国内成品油市场的起伏变化，主动调控销售节奏，科学组织资源投放，有效平衡库存，实现了销售量、市场份额和经济效益的同步增长。成品油销量突破1亿吨，同比增长15.5%；零售量7176万吨，增长19.6%；日均销售量超过28万吨，创历史最好水平；市场份额提高1.8个百分点。网络开发全面提速，新投运加油站1050座，开发橇装站570座，新增零售能力639万吨。天然气销售面对持续快速增长的市场需求，大力强化产运销储综合协调，加大市场开发力度，搞好国内和进口资源统筹平衡，优化管网运行，调整储气库采气量，实现销售量668.6亿立方米、增长12.6%，确保了民用、公用事业和重点工业用户的安全平稳供气。天然气利用业务持续快速发展，共签订框架协议109份，成功进入兰州等城市。

（5）重点工程建设有序实施。炼化布局和结构战略性调整取得重大突破，新建成15项重点工程和60套炼化装置，新增原油一次加工能力1460万吨。广西石化千万吨炼油项目、庆阳石化炼油搬迁改造项目、塔里木大化肥项目、乌鲁木齐石化大芳烃联合装置建成投产。油气战略通道、国内骨干管网和仓储设施建设加快推进，中俄原油管道、中亚天然气管道B线、西气东输二线中卫—黄陂段、陕京三线、石空—兰州原油管道等相继建成投运。加快储备能力建设，新建成一批原油和成品油商业储备库，金坛、大港、华北储气库群在提高公司天然气管网季节性调峰和应急供应能力方面发挥了重要作用。

（6）国际化经营规模持续扩大。海外油气勘探取得多项重要成果，现有油气合作项目生产运行平稳，全年原油作业产量7582万吨、权益产量3603万吨，同比分别增长8.9%和4.97%；天然气作业产量137亿立方米，权益产量103.8亿立方米，同比分别增长67.1%和88.2%。全面启动和快速推进中东地区大型油气合作项目，与BP公司合作开展的鲁迈拉油田项目顺利实现原油日增产10%的初始产能目标。加强与资源国和国际石油公司的战略合作，新签订一批油气合作协议，通过与壳牌公司合作进入澳大利亚煤层气和卡塔尔油气勘探领域。国际贸易综合运用多种贸易手段，积极拓展多元化资源进口渠道，全年完成贸易量1.95亿吨，实现贸易额1105亿美元，同比分别增长27.5%和67.6%。国内对外合作项目平稳运行，完成油气产量当量669万吨，创历史新高。

（7）工程技术等业务服务保障作用有效发挥。工程技术服务业务加强生产组织，持续实施“三提”工程，施工作业效率明显提高。全年开钻13121口，累计完成钻井进尺2519.79万米、同比增长1.65%，钻井速度同比提高5%，平均建井周期缩短5.08%。在国内完成水平井709口、欠平衡钻井305口、带压作业1621井次。积极拓展海外高端市场，新签订合同额36.6亿美元，实现了从单一施工向综合性服务转变。工程建设业务EPC总承包和PMC管理能力进一步增强，成功中标中东等海外建设工程，高端市场业务比重逐步增加，全年完成产值1183.9亿元、同比增长13.4%。装备制造业务大力推进产品和质量升级，积极开拓市场，系统外销售收入大幅提升，物资装备出口到88个国家和地区，出口额达到16亿美元。矿区服务业务深入开展规范管理年活动，全面启动矿区收费制度改革，推进了服务的专业化、规范化、市场化和社会化。金融支持业务积极拓宽融资渠道，成功发行短期融资券、中期票据和企业债券，保障了业务快速发展的资金需求。

（8）科技攻关和信息化建设取得重要突破。大力推进国家及集团公司重大科技专项和现场试验等一体化攻关，取得多项重大进展与突破。岩性地层油气藏理论与勘探配套技术进一步发展，煤层气成藏理论逐步深化，长庆油田超低渗透油气田开发技术配套完善，吉林油田CO_2驱油及埋存技术攻关取得积极成效。劣质重油加工、清洁油品生产、大型乙烯、高附加值化工产品研发等取得重要进展，百万吨级委内瑞拉超重油供氢热裂化工业试验开车成功。攻克连续管制造核心技术，建成世界第三条连续管生产线。水平井、抗高温抗盐高密度钻井液等技术在海外项目的推广应用取得较好效果。科技基础条件平台建设顺利推进，40个重点实验室和试验基地全面建成，石油科技园区一期工程即将投入使用，在美国休斯敦设立技术研发中心。全年获得国家授权专利1701件，10项科研成果获得国家奖励，其中，“大庆油田4000万吨持续稳产技术”和“西气东输工程技术及应用”分获国家科技进步特等奖和一等奖，“中国天然气成因及鉴别”获国家自然科学二等奖。信息化建设迈出实质性步伐，ERP基本建成，加油站管理系统在1.6万座加油站全面部署，实现了“一卡在手，全国加油”。

（9）企业管理基础进一步夯实。以实施“牛鼻子”工程为抓手，在全集团公司范围内深入推进精细化管理，在稳定并提高单井产量、提高单站日销量、控制炼化单位加工成本和油气管道运营成本等方面见到显著成效。加强投资控制和优化，规范五项费用标准，落实“三控制一规范”各项措施，投资总规模得到有效控制，管理性支出继续下降。加大解困扭亏工作力度，油田和炼化托管未上市业务经营状况进一步改善。设立3个区域纪检监察中心，探索建立纪检监察与审计、法律、内控等部门联合履职的区域性管控模式。全面启动和实施基础管理建设工程，发布质量方针目标，加强计量和标准化工作，完善制度体系，规范业务流程，强化品牌管理，基础管理不断加强。

（10）安全环保形势总体稳定。认真贯彻《国务院关于进一步加强企业安全生产工作的通知》和《中华人民共和国石油天然气管道保护法》，在全集团范围内先后两次开展安全生产大检查，以及长输管道建设、油品罐区、炼化装置开工、海洋作业等专项安全环保检查验收，启动新一轮隐患治理，强化责任落实、过程管理和违章查处，狠抓安全环保重大风险监管，大力推进HSE管理体系建设，安全环保工作基础得到加强。完善应急预案，开展突发事件综合实战演练，加强与地方政府和新闻媒体的沟通协调，应急处置能力得到提升。按照国家部际联席会议部署，出色完成世博会、亚运会等重点阶段、敏感时期安保防恐任务。扎实推进节能减排和清洁生产，加快实施“双十工程”，积极开展能效对标，推进机采系统优化等节能新技术应用，在生产规模扩大的同时，能源消耗总量和主要污染物排放得到有效控制，全年实现节能187万吨标准煤、节水3821万立方米。集团公司荣获国务院国有资产监督管理委员会2007—2009年任期考核“节能减排特别奖”。

（11）和谐企业建设成效显著。关注民生和社会进步，全年投入12多亿元，用于扶贫帮困、赈灾救灾、支持教育、公益捐赠等。探索创新扶贫模式，坚持“输血”与“造血”并重，继续开展定点扶贫和对口援助工作，集团公司获得中国扶贫开发协会颁发的“2010年度中国扶贫杰出企业奖”。在西南旱灾、玉树地震、舟曲泥石流以及洪涝、冰冻等重大自然灾害发生时，第一时间捐资捐物，全力以赴保障救灾用油，在救灾前线与受灾群众一起应对自然灾害并投身灾后重建。积极服务和保障上海世博会、广州亚运会清洁油品供应，为这两项重大活动的成功举办作出了贡献。在海外业务中坚持致力于促进当地经济社会发展，积极参与社区建设、支持教育卫生和环境保护等公益事业，受到资源国政府和当地民众普遍好评。坚持以人为本，高度重视和维护员工各项合法权益，努力改善艰苦岗位、一线员工福利待遇，大力实施民生工程建设，石油石化矿区居住环境、医疗卫生、生活服务条件明显改善。

（12）党建、班子和企业文化建设扎实有效。在全体党员中深入开展以“奉献石油当先锋，我为党旗添光彩”为主题的创先争优活动，深入开展社会主义核心价值体系教育，思想政治工作进一步加强。创建四好班子，推进学习型党组织建设，举办两期企事业单位党政主要领导干部培训班。持续推进惩防腐败体系建设，认真落实“三重一大”决策制度，加强和改进巡视工作。开展大庆精神铁人精神再学习再教育再深入活动，激励广大员工发扬优良传统，立足本职、建功立业，涌现出一大批先进模范人物和英雄群体，员工队伍展现出奋发向上的良好精神风貌。

（政策研究室）

特　载

中国石油天然气集团公司
建设项目档案管理规定

（2010年5月4日中国石油天然气集团公司以中油办〔2010〕187号文件发布）

第一章　总　则

第一条　为规范中国石油天然气集团公司（以下简称集团公司）建设项目档案管理工作，充分发挥项目档案在工程建设、生产管理、维护和改建扩建中的作用，根据《中国石油天然气集团公司档案工作规定》，制定本规定。

第二条　本规定适用于集团公司总部、全资子公司和直属企事业单位。

集团公司直接或间接投资的控股公司参照执行。

第三条　本规定所称建设项目档案，指建设项目在立项、审批、招投标、勘察、设计、采购、施工、监理及竣工验收等全过程中形成的，具有保存价值的应当归档保存的文字、图表、声像等各种载体形式的全部文件。

第四条　集团公司建设的项目，包括油气田开发地面建设工程、炼油化工工程、油气储运工程、销售网络建设、装备及生产线建设、实验室建设、民用建设、公用基础设施等建设工程。

第五条　集团公司建设项目档案工作实行统一领导、分级管理。

第六条　项目建设单位应统筹安排建设项目档案工作经费，确保建设项目档案工作正常开展。

第二章　档案管理职责

第七条　集团公司办公厅是集团公司建设项目档案工作的归口管理机构，其主要职责是：

（一）组织制订集团公司建设项目档案工作管理制度；

（二）负责集团公司建设项目档案管理工作的统筹规划、组织协调和监督指导；

（三）负责集团公司建设项目档案验收工作；

（四）参加集团公司建设项目竣工验收；

（五）组织集团公司建设项目档案业务交流与培训工作；

（六）负责总部建设项目档案管理。

第八条　项目建设单位档案管理机构是本单位建设项目档案工作的归口管理机构，其主要职责是：

（一）执行集团公司建设项目档案工作管理制度，制订本单位建设项目档案管理办法；

（二）负责本单位建设项目档案管理工作的规划、组织协调和监督指导；

（三）负责本单位建设项目档案验收工作；

（四）参加本单位建设项目竣工验收；

（五）组织本单位建设项目档案业务交流与培训工作；

（六）负责本单位建设项目档案管理。

第三章 一般规定

第九条 项目档案管理工作应当坚持“三同时”原则，在签订合同（协议）时，应同时明确项目档案所包括的内容、要求及各相关单位对项目档案的职责；检查工程进度与施工质量时，应同时检查项目文件材料的收集、整理情况；在进行工程验收时，应同时审查、验收项目文件的归档情况。

第十条 项目建设单位应把项目档案管理工作纳入项目建设计划，纳入项目建设管理程序，纳入领导和工作人员的岗位职责，与项目建设管理同步实施。

第十一条 项目建设单位应加强对项目文件形成、收集、整理等过程控制，保证项目档案完整、准确、系统。

档案完整指按《集团公司建设项目文件归档范围和保管期限表》（附录1）所确定的内容，将建设项目全过程中应当归档的项目文件归档，各种文件原件齐全。

档案准确指项目档案的内容真实反映建设项目的实际情况和建设过程，图物相符，签字手续完备。

档案系统指项目档案按其形成规律，保持各部分之间的有机联系，分类科学，组卷合理。

第十二条 项目文件的收集、整理和归档应当纳入项目的合同管理之中。

项目建设单位在签订勘察、设计、采购、施工、工程总承包及监理（以下简称参建单位）等合同（协议）时，应当设立专门条款，明确项目档案保证金事宜和有关方面应当提交的项目文件（包括电子文件）名称、内容、版本、套数、费用、时间、质量要求及整理、审核、归档与违约责任，并经档案管理部门签署会签意见。

项目建设单位办理竣工结算时，应当有档案管理部门的签署意见。档案管理部门根据合同（协议），检查所提交的项目文件，符合档案管理要求的，签署同意付款意见，方能进入合同（协议）付款环节。

第十三条 项目申请立项后，项目建设单位应明确档案管理机构、人员负责项目文件的收集、积累和整理工作；建立项目档案工作网络和项目文件管理流程，对项目文件实行跟踪管理、动态管理。

第十四条 项目建设单位负责组织协调和指导参建单位编制、整理和归档项目文件，并负责案卷质量的审查。

第十五条 项目建设单位和参建单位应根据各自职责范围或合同规定，按照建设项目档案管理规定要求，完成项目文件的编制、整理、归档工作。监理单位负责审核、签署项目竣工文件。

第十六条 建管分开管理的建设项目，其形成的档案由双方共同协商，明确移交项目档案（包括电子文件）的范围、套数、版本、时间、质量要求等事宜，双方办理移交手续。

采用项目管理承包等其他管理模式的建设项目，项目建设单位应在合同中明确双方对不同载体项目文件的管理职责、要求，并按照合同规定将项目文件归档。

第十七条 项目建设单位应当配备与建设项目相适应的档案库房和档案安全保管的必要设备设施，档案保管条件应符合国家有关标准要求。

第十八条 项目建设单位应当将项目档案管理信息化建设与项目信息化建设同步进行，加强电子文件的收集与管理。

第四章 文件收集、整理与归档

第十九条 反映和记录项目建设重要职能活动，具有查考利用价值的各种载体的项目文件，应当收集齐全，归入建设项目档案。建设项目文件归档范围和保管期限划分见《集团公司建设项目文件归档范围和保管期限表》（附录1）。

项目档案保管期限一般分为永久、定期两种。定期保管档案的年限可根据其参考利用价值分为30年和10年。

第二十条 项目可行性研究、任务书，以及项目管理文件和竣工验收文件应按照《归档文件整理规则》（DA/T 22—2000）进行整理。项目竣工文件应按照《科学技术档案案卷构成的一般要求》（GB/T 11822—2008）和《国家重大建设项目文件归档要求与档案整理规范》（DA/T 28—2002）进行整理。图纸应按照《技术制图复制图的折叠方法》（GB/T 10609.3—1989）要求统一折叠。电子文件应符合《电子文件归档与管理规范》（GB/T 18894—2002）。

第二十一条 项目建设单位各机构和参建单位，

应在建设项目竣工验收前按阶段或单项，将经过整理的项目文件，提交建设单位档案管理部门归档。

第二十二条　项目建设单位和参建单位，应当指定专人负责照片、录音、录像等声像材料的收集、整理、归档工作，建设项目重要阶段、事件、事故，应当有完整的声像材料，并对事由、时间、地点、人物、背景、摄影者等进行编写。

第二十三条　项目竣工图必须逐张加盖并签署竣工图章，竣工图章应加盖在标题栏上方或左边空白处，无加盖竣工图章的位置时，可加盖在标题栏的背面处；竣工图章中的内容填写应齐全、清楚，签名不得由他人代签或以个人印章代替。

竣工图章内容、尺寸详见《国家重大建设项目文件归档要求与档案整理规范》（DA/T 28—2002）。

第二十四条　项目文件归档一般一式一份（其中项目竣工文件一般一式二份），声像文件一般一式二份，电子文件一般一式三份。有合同要求的除外。

第五章　档案验收与登记

第二十五条　项目档案验收是项目竣工验收的重要组成部分。未经档案验收或档案验收不合格的项目，不得进行或通过项目的竣工验收。

第二十六条　项目档案验收执行下列规定：

（一）由国家发展和改革委员会组织竣工验收的项目，项目档案验收由国家档案局组织或委托组织。

（二）由集团公司组织竣工验收的项目，项目档案验收由集团公司办公厅负责组织。

（三）由专业公司组织竣工验收的项目，项目档案验收由集团公司办公厅负责组织或委托组织。

（四）由地区公司组织竣工验收的项目，项目档案验收由地区公司档案管理机构负责组织。

集团公司办公厅对项目档案验收进行监督、指导。项目建设单位档案管理机构应加强项目档案验收前的指导与检查，必要时可组织预检。

第二十七条　项目档案验收应当按照下列规定，组成验收组进行验收：

（一）国家档案局组织的项目档案验收，验收组按国家规定组成。

（二）集团公司办公厅组织或受国家档案局委托组织的项目档案验收，验收组由集团公司办公厅、项目所在地省级档案行政管理部门等单位组成。

（三）地区公司档案管理机构组织的项目档案验收，验收组由地区公司档案管理机构、项目主管部门等单位组成。

项目档案验收组人数为不少于5人的单数，组长由验收组织单位人员担任。专业技术性强的项目可邀请有关专业人员参加验收组。

第二十八条　申请项目档案验收应具备下列条件：

（一）项目主体工程和辅助设施已按照设计建成，能满足生产或使用的需要；

（二）项目试运行指标考核合格或者达到设计能力；

（三）完成了项目建设全过程文件材料的收集、整理与归档工作。

第二十九条　项目档案验收前，项目建设单位应组织项目设计、施工、监理等方面负责人及有关人员，根据档案工作的相关要求，依照《集团公司建设项目文件归档范围和保管期限表》（附录1）和《建设项目档案验收内容及要求》（附录2）进行全面自检，并形成项目档案自检报告。

第三十条　项目档案自检报告应当包括以下主要内容：

（一）项目建设及项目档案管理概况；

（二）保证项目档案的完整、准确、系统所采取的控制措施；

（三）项目文件材料的形成、收集、整理与归档情况，竣工图的编制情况及质量状况；

（四）档案在项目建设、管理、试运行中的作用；

（五）存在的问题及解决措施。

第三十一条　项目建设单位应以正式文件形式向项目档案验收组织单位报送建设项目档案验收申请报告，并附项目档案自检报告，填报《建设项目档案验收申请表》（附录3）。项目档案验收组织单位应在收到建设项目档案验收申请报告的10个工作日内作出答复。

第三十二条　项目档案管理机构应当参加项目的中交验收、初步验收和竣工验收，同步进行项目档案的预验收。项目档案验收应在项目竣工验收3个月之前完成。

第三十三条　项目档案验收以验收组织单位召集验收会议的形式进行。项目档案验收组全体成员参加项目档案验收会议，项目建设单位、设计、施工、监理等参建单位和生产运行管理或使用单位的有关专业人员列席会议。

第三十四条 项目档案验收应当以会议形式按照下列程序进行验收：

（一）项目建设单位负责人或档案部门汇报项目建设概况、项目档案工作情况；

（二）监理单位汇报竣工文件质量的审核情况；

（三）项目档案验收组检查项目档案及档案管理情况；

（四）项目档案验收组汇总项目档案检查情况，对项目档案质量进行综合评价，并形成项目档案验收意见；

（五）项目档案验收组宣布项目档案验收意见。

第三十五条 检查项目档案，应当采用质询、现场查验、抽查案卷的方式。抽查档案的数量应不少于100卷，抽查重点为重要合同、协议等项目前期文件及隐蔽工程检查记录、竣工图、设计变更通知单等项目竣工文件，并填写建设项目档案验收检查记录（主要内容有档案号、验收检查情况描述、检查人、检查日期等）。

第三十六条 项目档案验收合格的项目，由项目档案验收组织单位以文件形式印发验收组形成的项目档案验收意见。集团公司办公厅委托进行的项目档案验收，由集团公司办公厅以文件形式印发验收组形成的项目档案验收意见。

第三十七条 项目档案验收不合格的项目，由项目档案验收组提出整改意见，要求项目建设单位于项目竣工验收前对存在的问题限期整改，并进行复查。复查后仍不合格的，不得进行竣工验收。

第三十八条 项目档案验收意见应当包括以下主要内容：

（一）项目建设概况；

（二）项目档案管理情况，包括：项目档案工作的基础管理工作，项目文件的形成、收集、整理与归档情况，竣工图的编制情况及质量，档案的种类、数量，档案的完整性、准确性、系统性及安全性评价，档案验收结论性意见；

（三）存在问题、整改要求与建议。

第三十九条 项目档案验收报告或者档案章节（专篇），应当纳入建设项目竣工验收报告中，建设项目《竣工验收鉴定书》中应有关于项目档案的评价。

第四十条 新建、扩建和试生产的国家和集团公司建设项目，由项目建设单位档案管理部门负责填写《建设项目档案管理登记表》（附录4），一式三份，报集团公司办公厅。

《建设项目档案管理登记表》分为表1、表2、表3。表1于项目开工后6个月内填写，对于未验收的建设项目，每年填此表一次；表2于项目档案预验收后1个月内填写；表3于项目正式竣工验收后1个月内填写。

第六章 附 则

第四十一条 本规定由集团公司办公厅负责解释。

第四十二条 本规定自印发之日起施行。《中国石油天然气集团公司建设项目档案管理办法》（中油办字〔2006〕146号）同时废止。

附录：

1. 集团公司建设项目文件归档范围和保管期限表
2. 建设项目档案验收内容及要求
3. 建设项目档案验收申请表（略）
4. 建设项目档案管理登记表（表1、表2、表3）（略）

附录 1

集团公司建设项目
文件归档范围和保管期限表

序号	归 档 文 件	保管期限		
		建设单位	施工单位	设计单位
1	**可行性研究、任务书**			
1.1	项目建议书及其报批文件	永久		30 年
1.2	项目选址意见书及其报批文件	永久		30 年
1.3	可行性研究报告及其评估、报批文件	永久		30 年
1.4	项目评估（包括借贷承诺评估）、论证文件	永久		30 年
1.5	环境预测、调查报告，环境影响报告书和批复	永久		30 年
1.6	安全预评价报告及批复	永久		30 年
1.7	地震安全性评价报告及批复	永久		30 年
1.8	地质灾害危险评估报告及批复	永久		30 年
1.9	水土保持方案报告及批复	永久		30 年
1.10	水资源论证报告及批复	永久		30 年
1.11	职业病危害预评价及批复	永久		30 年
1.12	设计任务书、计划任务书及其报批文件	永久		永久
1.13	区域总体规划	永久		30 年
2	**设计基础文件**			
2.1	工程地质、水文地质、勘察报告、地质图、勘察记录、化验、试验报告、重要土、岩样及说明	永久		永久
2.2	地形、地貌、控制点、建筑物、构筑物及重要设备安装测量定位、观测记录	永久		30 年
2.3	水文、气象、地震等其他设计基础资料	永久		30 年
3	**设计文件**			
3.1	总体设计（总体规划设计）	永久		永久
3.2	工艺设计包	永久		永久

续表

序号	归 档 文 件	保管期限		
		建设单位	施工单位	设计单位
3.3	初步设计及其报批文件（基础设计）	永久		永久
3.4	施工图设计（详细设计）	30年		永久
3.5	工程设计计算书	30年		30年
3.6	关键技术试验	永久		永久
3.7	设计审查、鉴定及审批	永久		永久
3.8	安全生产专项设计	永久		永久
4	**项目管理文件**			
4.1	征地、移民文件			
4.1.1	征用土地申请、批准文件，红线图、坐标图、行政区域图	永久		
4.1.2	征地移民拆迁、安置、补偿批准文件、协议书	永久		
4.1.3	建设用地规划许可证、建设工程规划许可证、征用土地使用证	永久		
4.1.4	建设前原始地形、地貌的状况图、照片	永久		
4.1.5	施工执照	永久		
4.2	项目报批文件			
4.2.1	项目申请核准文件及附件、核准批复文件	30年		
4.2.2	项目开工申请报告及附件、项目开工批复	30年		
4.3	计划、投资、统计、管理文件			
4.3.1	有关投资、进度、物资、工程量的建议计划、实施计划和调整计划	30年		
4.3.2	概算、预算管理、差价管理文件	30年		
4.3.3	合同变更、索赔等涉及法律事务的文件	30年		
4.3.4	规程、规范、标准、规定等文件	30年		
4.3.5	技术协议、技术设计审查	30年		
4.3.6	合同控制文件（投资、进度、质量、安全）	30年		
4.4	招标投标、承发包合同协议			
4.4.1	招标书、招标修改文件、招标补遗及答疑文件、招标文件审查	30年	30年	30年
4.4.2	投标书、资质材料、履约类保函、委托授权书和投标澄清文件、修正文件	永久	永久	30年

续表

序号	归 档 文 件	保管期限		
		建设单位	施工单位	设计单位
4.4.3	开标议程、开标大会签字表，报价表，评标纪律、评标人员签字表，评标记录、报告	30 年		
4.4.4	中标通知书	30 年	30 年	30 年
4.4.5	未中标文件	自存		
4.4.6	合同谈判纪要、合同审批文件、合同书、合同变更文件	永久	30 年	30 年
4.5	专项申请、批复文件			
4.5.1	环境保护、劳动安全、卫生、消防、人防、规划、职业健康等文件	永久		
4.5.2	水、暖、电、供气、通信、排水等配套协议文件，以及工程途径铁路、公路、输电线路和河流穿跨越等协议文件	30 年		
4.5.3	原料、材料、燃料供应等来源协议文件	30 年		
4.6	QHSE 文件	30 年		
4.7	声像材料	30 年		
5	**施工文件**			
5.1	建筑施工文件			
5.1.1	开工报告、工程技术要求、技术交底、图纸会审纪要、设计交底记录	30 年	30 年	
5.1.2	施工组织设计、方案及审批记录，施工计划、施工技术及安全措施、施工工艺文件	30 年	30 年	
5.1.3	原材料及构件出厂证明、质量证明书、复验单	30 年	30 年	
5.1.4	建筑材料试验报告	30 年	30 年	
5.1.5	设计变更通知、工程更改洽商单、材料代用核定审批手续、技术核定单、业务联系单、备忘录等	永久	30 年	
5.1.6	施工定位（水准点、导线点、基准线、控制点等）测量记录、复核记录、地质勘探资料	永久	30 年	
5.1.7	土（岩）试验报告、基础处理、基础工程施工图、桩基工程记录、地基验槽记录、基础检测记录	永久	30 年	
5.1.8	施工日记、大事记		30 年	
5.1.9	隐蔽工程检查验收记录	永久	30 年	
5.1.10	各类工程记录及测试、沉降、位移、变形监测记录、事故处理报告	永久	30 年	

续表

序号	归档文件	保管期限		
		建设单位	施工单位	设计单位
5.1.11	工程质量检验、评定验收记录	永久	30年	
5.1.12	技术总结，施工预、决算		30年	
5.1.13	交工验收记录	永久	30年	
5.1.14	竣工报告、竣工验收报告	永久	永久	
5.1.15	竣工图	永久	30年	
5.1.16	声像材料	30年	30年	
5.2	设备及管线安装施工文件			
5.2.1	开工报告、工程技术要求、技术交底、图纸会审纪要、设计交底记录	30年	30年	
5.2.2	施工组织设计、方案及其审批文件，施工计划、技术措施文件	30年	30年	
5.2.3	原材料及构件出厂证明、质量证明文件、复验单	30年	30年	
5.2.4	建筑材料试验报告	30年	30年	
5.2.5	设计变更通知、工程更改洽商单、材料、零部件、设备代用审批手续，技术核定单、业务联系单、备忘录等	永久	30年	
5.2.6	焊接试验记录、报告、施工检验、探伤记录、质量检测	永久	30年	
5.2.7	隐蔽工程检查验收记录	永久	30年	
5.2.8	强度、密闭性试验报告	30年	30年	
5.2.9	设备、网络调试记录	30年	30年	
5.2.10	设备安装记录、安装质量检查、评定，事故处理报告	30年	30年	
5.2.11	系统调试、试验记录	30年	30年	
5.2.12	管线清洗、试压、通水、干燥通气、消毒等记录	10年	30年	
5.2.13	管线标高、位置、坡度测量记录	30年	30年	
5.2.14	交工验收记录、工程质量检验、验收评定记录	永久	30年	
5.2.15	竣工报告、竣工验收报告	永久	30年	
5.2.16	竣工图	永久	30年	
5.2.17	声像材料	30年	30年	
5.3	电气、仪表安装施工文件			
5.3.1	开工报告、工程技术要求、技术交底、图纸会审纪要、设计交底	30年	30年	

续表

序号	归档文件	保管期限		
		建设单位	施工单位	设计单位
5.3.2	施工组织设计、方案及审批文件，施工计划、技术措施文件	10年	30年	
5.3.3	原材料及构件出厂证明、质量证明文件、复验单	30年	30年	
5.3.4	建筑材料试验报告	30年	30年	
5.3.5	设计变更通知、工程更改洽商单，材料、零部件、设备代用审批手续，技术核定单、业务联系单、备忘录等	永久	30年	
5.3.6	系统调试、整定记录	30年	30年	
5.3.7	绝缘、接地电阻等性能测试、校核记录	30年	30年	
5.3.8	材料、设备明细表及检验记录，施工安装记录，质量检查评定、事故处理报告等	永久	30年	
5.3.9	操作、联动试验记录	10年	30年	
5.3.10	电气装置交接记录	10年	30年	
5.3.11	交工验收记录、工程质量检验、评定记录	永久	30年	
5.3.12	竣工报告、竣工验收报告	永久	30年	
5.3.13	竣工图	永久	30年	
5.3.14	声像材料	30年	30年	
5.4	QHSE文件			
5.4.1	作业计划书（项目质量计划、项目HSE计划）、作业指导书，化学品和安全设备或器材的安全数据表	30年	30年	
5.4.2	人员培训记录及资质证书、健康检查记录或报告，医疗依托协议或合同	10年	30年	
5.4.3	事故调查材料	永久	30年	
5.4.4	工作计划、总结、会议纪要，来往信函、备忘录	永久	30年	
5.4.5	自然保护区、文物保护区的施工许可、停工令、复工令，土地使用的有关证明文件，环保部门的许可材料等	永久	30年	
5.4.6	地貌恢复资料，文物保护相关资料	10年	30年	
6	**监理文件**	建设单位		监理单位
6.1	施工监理文件、资料			
6.1.1	监理合同协议，监理大纲，监理规划、细则及批复	30年		30年
6.1.2	施工及设备器材供应单位资质审核，设备、材料报审资料	30年		30年

续表

序号	归档文件	保管期限		
		建设单位		监理单位
6.1.3	施工组织设计、施工方案、施工计划、技术措施审核批准记录，施工进度、延长工期、索赔及付款报审	30年		30年
6.1.4	开（停、复、返）工令、许可证、交工验收记录	30年		30年
6.1.5	设计变更、材料、零部件、设备代用审批资料	30年		30年
6.1.6	监理通知，协调会审纪要，监理工程师指令、指示，来往函件	30年		30年
6.1.7	工程材料监理检查、复检、试验记录、报告	30年		30年
6.1.8	监理月报、备忘录	30年		30年
6.1.9	各项测控量成果及复核文件、外观、质量、文件等检查、抽查记录	30年		30年
6.1.10	工程质量事故、施工安全事故报告、施工质量检验分析评估资料	30年		30年
6.1.11	工程进度计划、实施、分析统计文件	30年		30年
6.1.12	变更价格审查、支付审批、索赔处理文件	30年		30年
6.1.13	单元工程检查及开工（开仓）签证，工程分部分项质量认证、评估资料	30年		30年
6.1.14	主要材料及工程投资计划、完成报表	30年		30年
6.2	设备采购、监造工程监理资料			
6.2.1	设备采购委托监理合同、采购方案，监造计划	30年		30年
6.2.2	市场调查、考察报告	30年		30年
6.2.3	设备制造的检验计划和检验要求、检验记录及试验报告、分包单位资格报审表	30年		30年
6.2.4	原材料、零配件等的质量证明文件和检验报告	30年		30年
6.2.5	开工、复工报审表，暂停令	30年		30年
6.2.6	会议纪要、来往文件	30年		30年
6.2.7	监理工程师通知单、监理工作联系单	30年		30年
6.2.8	监理月报	30年		30年
6.2.9	质量事故处理文件、设备制造索赔文件	30年		30年
6.2.10	设备验收、交接文件，支付证书和设备制造结算审核文件	30年		30年
6.2.11	设备采购、监造工作总结	30年		30年
6.3	QHSE 文件			

续表

序号	归档文件	保管期限		
		建设单位		监理单位
6.3.1	合同、协议	30年		30年
6.3.2	作业计划书、作业指导书，化学品和安全设备或器材的安全数据表	30年		30年
6.3.3	检测计量设备台账及证书	30年		30年
6.3.4	人员培训及资质记录、健康检查记录或报告，医疗依托协议或合同	10年		30年
6.3.5	事故调查、统计报告，审查或审核报告	永久		30年
6.3.6	工作计划、总结，会议纪要，来往信函、备忘录	永久		30年
6.3.7	通知、批复、意见、建议，工程师总结报告，不符合报告及记录等	10年		30年
6.4	监理工作声像材料	30年		30年
7	**工程质量监督文件**	建设单位	施工单位	设计单位
7.1	工程质量监督委托书、协议	30年		
7.2	工程质量监督注册申请书、证书	30年		
7.3	工程质量监督报告及评价报告	30年		
7.4	工程质量管理监督文件（监督方案、计划、交底、工程项目划分意见、质量问题处理通知单、质量监督总结等）	10年		
8	**物资（设备）采办文件**			
8.1	询价、报价、采购计划	30年		
8.2	合同、协议	永久		
8.3	审批手续，调拨文件	30年		
8.4	采办决算、物资核销文件	30年		
8.5	来往函电、备忘录	30年		
8.6	设备材料仓储、运输有关文件	10年		
8.7	管理规程、条例、标准、规划文件	30年		
8.8	管理台账、统计表	30年		
8.9	照片、音像资料	30年		
9	**工艺设备文件**			
9.1	工艺说明、规程、试验、技术总结	30年		

续表

序号	归档文件	保管期限		
		建设单位	施工单位	设计单位
9.2	产品检验、包装、工装图、检测记录、复检记录	30年		
9.3	设备、材料采购、招投标文件、合同，出厂质量合格证明	30年	30年	
9.4	设备、材料装箱单、开箱记录，工具单，备品备件单	30年		
9.5	设备中转及调拨资料	30年		
9.6	设备原材料质量证明文件	30年		
9.7	设备图纸、使用说明书、零部件目录	30年		
9.8	设备测绘、验收记录及索赔文件	30年		
9.9	设备安装调试、测定数据、性能鉴定文件	30年		
10	**科研项目**			
10.1	开题报告、任务书、批准书	永久		
10.2	协议书、委托书、合同	永久		
10.3	研究方案、计划、调查研究报告	永久		
10.4	试验记录、图表、照片	永久		
10.5	实验分析、计算、整理数据	永久		
10.6	实验装置及特殊设备图纸、工艺技术规范说明书	永久		
10.7	实验操作规程、安全措施、事故分析报告	30年		
10.8	阶段报告、科研报告、技术鉴定报告	永久		
10.9	成果申报、鉴定、审批及成果推广应用材料	永久		
10.10	考察报告、重要课题研究报告	永久		
11	**涉外文件**			
11.1	询价、报价、投标文件	10年		
11.2	合同及其附件	永久		
11.3	谈判协议、议定书	永久		
11.4	谈判记录	30年		
11.5	谈判过程中外商提交的材料	30年		
11.6	出国考察、培训及收集来的有关材料	10年		
11.7	国外各设计阶段文件及设计联络文件	永久		
11.8	各设计阶段审查议定书	永久		

续表

序号	归 档 文 件	保管期限		
		建设单位	施工单位	设计单位
11.9	技术问题来往函电和备忘录	永久		
11.10	国外设备、材料检验、安装手册、操作使用说明书等随机文件	永久		
11.11	国外设备合格证明、装箱单、提单、商业发票、保险单证明	10 年		
11.12	设备开箱检验记录、商检、海关及索赔文件	永久		
11.13	国外设备、材料的防腐、保护措施	10 年		
11.14	外国技术人员现场提供的文件材料	30 年		
12	**生产技术准备、试生产文件**			
12.1	技术准备计划	10 年		
12.2	试生产管理、技术责任制	10 年		
12.3	开停车方案	10 年		
12.4	设备试车、验收、运转、维护记录	30 年		
12.5	试生产产品质量鉴定报告	10 年		
12.6	安全操作规程、事故分析报告	30 年		
12.7	运行记录	10 年		
12.8	技术培训材料	10 年		
12.9	产品技术参数、性能、图纸	永久		
12.10	工业卫生、劳动保护材料、环保、消防运行检测记录	10 年		
12.11	QHSE 管理文件材料	30 年		
13	**财务、审计管理**			
13.1	财务计划及执行、年度计划及执行、年度投资统计资料	10 年		
13.2	工程概算、预算、标底、合同价、决算、审计文件及说明	永久		
13.3	交付使用的固定资产、流动资产、无形资产、递延资产清册	永久		
14	**竣工验收文件**			
14.1	项目竣工验收报告	永久	30 年	30 年
14.2	勘察设计总结	永久		30 年
14.3	工程施工总结	永久	30 年	
14.4	工程总承包总结	永久	30 年	
14.5	工程监理总结	永久	30 年	

续表

序号	归档文件	保管期限		
		建设单位	施工单位	设计单位
14.6	生产准备及试运行考核总结	永久		
14.7	引进工作总结	永久		
14.8	物资采办总结	永久		
14.9	项目建设总结	永久		
14.10	质量监督报告	永久	30年	
14.11	无损检测总结	永久		
14.12	工程现场声像材料	永久	30年	
14.13	工程审计文件材料、决算报告	永久		
14.14	竣工验收会议文件、验收证书及验收委员会名册、签字、验收备案文件	永久	30年	30年
14.15	环境保护、劳动安全卫生、消防、防雷、人防、规划、档案等验收审批文件	永久		
14.16	项目评优报奖申报材料、批准文件及证书	30年	30年	
15	**后评价文件**			
15.1	后评价文件材料	永久		

附录 2

建设项目档案验收内容及要求

一、项目档案的基础管理工作

（一）项目建设单位（负责人）认真执行国家档案工作法律法规，建立健全项目档案工作各项规章制度，建立了切合实际的项目档案工作的管理体制和工作程序。

（二）项目建设单位（负责人）对项目档案工作实行统一管理，对本单位各部门和设计、施工、监理等参建单位进行有效的监督、指导，确保项目档案工作与项目建设同步进行。

（三）项目档案工作实行领导负责制，确定了负责项目档案工作的领导和部门，实行了各部门和有关人员档案工作责任制，并采取了有效的考核措施。

（四）项目文件材料的收集、整理和归档纳入合同管理，要求明确，控制措施有力。

（五）配备适应工作需要的档案管理人员，档案管理人员经过档案管理专业培训。

（六）采用先进信息技术，实现项目档案管理的信息化。

（七）保证档案工作所需经费，配备了计算机、复印机及声像器材等必备的办公设备，且性能优良，满足工作需要。

二、项目档案的完整、准确、系统情况

（一）按照 DA/T 28—2002《国家重大建设项目文件归档要求与档案整理规范》，结合项目产生文件材料的实际情况，检查项目档案的完整性、准确性、系统性。

（二）项目文件材料的收集、整理、归档和项目档案的整理与移交符合 DA/T 28—2002《国家重大建设项目文件归档要求与档案整理规范》及 GB/T 11822—2008《科学技术档案案卷构成的一般要求》。

三、项目档案的安全

（一）档案库房采取防火、防盗、防有害生物和温湿度控制措施，档案库房与阅览、办公用房分开。

（二）档案柜架、卷盒、卷皮等档案装具符合标准要求。

（三）归档文件材料的制成材料符合耐久性要求。

（四）采取有效措施保证档案实体和信息安全。

专 文

转变发展方式 调整优化结构
不断增强全面协调可持续发展能力

——蒋洁敏在集团公司2010年工作会议上的报告（摘要）

（2010年1月14日）

这次集团公司工作会议主要任务是，深入贯彻落实党的十七届四中全会和中央经济工作会议精神，总结回顾进入新世纪以来的发展历程，研究部署今后一个时期主要任务，安排2010年重点工作，动员广大干部员工进一步认清形势，坚定信心，努力开拓创新，加快发展方式转变，不断增强全面协调可持续发展能力，深入推进综合性国际能源公司建设，为国民经济平稳较快发展提供能源保障。

一、进入新世纪以来的主要工作成果

进入新世纪以来的10年，是集团公司持续快速健康协调发展、综合实力和国际竞争力大幅提升的10年，也是改革开放不断取得新突破、员工群众生活改善最为明显的10年。我们始终坚持以邓小平理论和“三个代表”重要思想为指导，深入贯彻落实科学发展观，认真执行党中央、国务院一系列重大决策部署，大力实施资源、市场、国际化战略，突出集中发展油气主营业务，加快海外战略发展布局，持续调整优化结构，着力完善体制机制，注重整体协调发展，特别是全面确立并积极实施建设综合性国际能源公司的奋斗目标，集团公司发生了巨大变化。

一是规模实力显著增强，跨入世界大石油公司前列。二是油气主营业务持续发展，业务结构不断完善。三是国际化水平不断提高，正在向国际能源公司迈进。四是自主创新能力明显增强，整体技术水平进一步提升。五是持续重组深入推进，主要业务领域重组整合基本完成。六是企业管理不断强化，经营运作更趋规范。七是和谐矿区建设深入推进，稳定形势明显好转。八是党建、班子和队伍建设取得新成效，大庆精神铁人精神进一步传承弘扬。

刚刚过去的2009年，是新世纪以来我国经济发展最为困难的一年，也是集团公司发展极不寻常的一年。集团公司党组深入贯彻落实党中央、国务院的一系列决策部署，统一思想，坚定信心，正确判断，从容应对，团结带领全体干部员工坚持以市场为导向、以效益为中心，及时调整生产经营部署，加强产运销储综合平衡，优化投资结构，严格控制成本费用支出，保持了生产经营平稳有序运行，同时抓住国际金融危机带来的原材料和资产价格较低的有利时机，在业务布局和战略发展上取得了一系列重大突破，创造了许多新的亮点。

2009年，集团公司总体经营业绩好于预期。油气勘探成果显著，成为新中国成立以来第5个储量增长高峰年。国内天然气产量继续保持两位数以上快速增长。长庆油田油气当量突破3000万吨，跃居国内第二大油气田。独山子石化千万吨炼油、百万吨乙烯装置全面建成并一次开车成功。成品油销售实现销量、效益和份额同步增长。中亚天然气项目一期和西气东输二线西段投运，中哈原油管道二期全线贯通，中俄原油管道开工建设。在中东、中亚等油气富集区取得一批特大型、大型油气合作项目。在新加坡、哈萨克斯坦、加拿大等地实施了多项资产并购。提前完成节能减排“十一五”计划指标。组织开展大庆精神铁人精神再学习再教育，扎实开展深入学习实践科学发展观活动，为推动综合性国际能源公司建设提供了有力政治保证。

这些年的成功实践，我们积累了在复杂环境中推动企业又好又快发展的重要经验。第一，全面履行经济、政治和社会三大责任是公司价值的集中体现。必须牢记责任，不辱使命，实现三大责任的有机统一。第二，突出集中发展油气主营业务是我们的根本立足点。必须坚定不移地突出油气主营业务，实现集团公司持续有效健康发展。第三，统筹国际国内两个大局是加快公司发展的战略选择。必须树立全球视野和战略思维，实现国际业务与国内业务相互促进、协同发展。第四，综合一体化是我们的独特优势。必须坚持集中统一的管理体制和集约化、专业化、一体化发展方向，实现整体效益、作业效率最大化。第五，安全环保稳定是推进改革发展的重要基础。必须强化环保优先、安全第一、质量至上、以人为本的理念，实现安全发展、清洁发展、和谐发展。第六，党组织的政治核心作用和大庆精神铁人精神始终是我们最大的政治优势。必须切实加强和改进企业党的领导，实现中国石油文化向企业核心竞争力的转化。

特别是一年来应对国际金融危机的实践充分说明，党组关于集团公司仍处于发展的重要战略机遇期的判断是完全正确的，“保增长、抓重点、增资源、调结构、强基础”的应对措施是及时有力有效的；发挥集团公司的独特优势，特别是综合一体化优势，是抓住机遇、化危为机、危中求进的重要体制保障；用大庆精神铁人精神武装起来的石油员工队伍，是一个能够克服困难、战胜挑战、完全可以信赖的英雄群体。

二、以全球化视野谋划新发展

我们要深入学习领会中央精神，从集团公司实际出发，准确把握后国际金融危机时代的大趋势，积极争取工作主动权，认真谋划好未来的发展。

2008 年初，我们提出了建设综合性国际能源公司奋斗目标，根据两年来的实施进展情况，特别是结合深入学习实践科学发展观活动进行了完善，进一步明确了集团公司主要工作目标和要求。

当前和今后一个时期，集团公司总的工作要求是，认真贯彻党的十七大和中央经济工作会议精神，以科学发展观为指导，紧紧围绕建设综合性国际能源公司目标，全面履行经济、政治和社会责任，继续大力实施资源、市场、国际化战略，统筹国际国内两个大局，把转变发展方式作为重中之重，突出油气主营业务，突出战略工程建设，突出提高质量效益，大力推进结构调整、节能减排、技术创新和基础管理，注重改善民生，保持和谐稳定，进一步增强全面协调可持续发展能力。

三、着力增强发展的协调性和有效性

要针对新形势新任务，结合自身实际，扎实推进结构优化调整，着力推动各项业务发展上水平，努力实现增长速度与结构质量效益相统一，企业发展与环境保护、民生改善及员工素质提高相协调，全面提升规模实力、盈利能力和可持续发展能力。

一要坚持油气并举，进一步加快天然气业务发展，不断夯实资源基础。二要坚持国内外业务并重，进一步提高国际化水平，切实增强在全球范围内优化配置资源的能力。三要坚持上下游一体化，进一步加快炼化结构调整和营销能力建设，努力实现产炼销协调发展。四要坚持综合一体化，进一步提高工程技术服务等业务的保障和竞争能力，努力实现整体协调发展。五要坚持推进绿色发展，以节能减排和清洁能源开发为抓手，加快建设资源节约型、环境友好型企业。六要坚持以人为本，进一步推进民生工程建设，维护和谐稳定发展环境。

四、努力提升创新能力和基础管理水平

必须进一步解放思想，积极推动科技、制度和管理创新，完善经营管理机制，在一些重要领域和关键环节取得新进展。

一是加快推进科技创新，加大核心技术、关键技术的攻关力度，推动科技成果的共享和应用，推进以数据中心为主的信息基础设施建设。二是不断完善体制机制，发挥导向鲜明、规范有力、监督有效的重要作用。坚持集约化、专业化、一体化方向，引导支持相关业务进入专业化公司。完善市场化经营机制，完善绩效考核机制。三是全面实施基础管理建设工程。

五、建设一支高素质的干部员工队伍

切实加强对全体干部员工的教育、培训和管理，着力打造一支忠诚事业、业务精湛、作风过硬、奉献石油的高素质干部员工队伍，为综合性国际能源公司建设提供强有力的政治、组织和人才保障。

一是加强和改进企业党建工作，增强党组织的凝聚力、战斗力。二是加强各级领导班子建设，增强引领科学发展的能力。三是加强人才队伍建设，增强各类人才的创造活力。四是加强思想政治工作，增强队伍执行力。

当前集团公司正处于持续推进综合性国际能源公司建设的关键时期，改革发展稳定各项任务十分艰巨。我们要在以胡锦涛同志为总书记的党中央领导下，深入贯彻落实科学发展观，万众一心，乘势而上，脚踏实地，埋头苦干，全面完成“十一五”各项发展目标，努力实现全面协调可持续发展，为保障国家能源安全作出新的贡献。

认清面临形势 注重质量效益 继续保持生产经营平稳较快发展

——周吉平在集团公司2010年工作会议上的生产经营报告（摘要）

（2010年1月14日）

一、2009年生产经营主要成果

2009年是我们经受重大考验的一年。面对国际金融危机带来的严重冲击和影响，集团公司认真落实中央关于保增长、保民生、保稳定的一系列决策部署，以开展深入学习实践科学发展观活动为契机，围绕保持生产经营平稳较快发展这个中心，坚定信心，迎难而上，果断采取了一系列积极有效的应对措施。一是正确研判形势，坚定必胜信心；二是科学组织生产经营，加强产运销储综合平衡；三是强化投资控制，优化投资结构；四是危中求机，加快业务布局和战略发展；五是强化内部管理，大力降本增效。通过上下共同努力，生产经营各项工作取得新进展、新成果：油气储量保持高峰增长，生产平稳有序；炼化生产企稳回升，结构战略性调整顺利推进；成品油销售千方百计扩销增效，市场份额稳步提升；油气战略通道和骨干管网建设取得重要突破，天然气业务持续快速发展；海外油气资源战略布局积极推进，国际化经营规模持续扩大；工程技术服务和工程建设业务服务保障能力不断提高，装备制造业务产业升级步伐加快；科技攻关取得新成果，信息化建设加快推进；业务整合和持续重组稳步实施，管控水平进一步提升；安全环保形势持续稳定好转，节能减排成效显著。

二、当前面临的形势

今年集团公司生产经营面临的形势总体上会好于去年，同时必须清醒地看到，国际金融危机的影响仍在持续，宏观经济形势依然十分复杂，集团公司自身还存在一些亟待解决的问题，保持生产经营平稳较快发展面临许多挑战。面对复杂的内外部环境，我们要把握好我国经济长期向好的大趋势和集团公司发展的重要战略机遇期，进一步增强发展信心，同时牢固树立忧患意识和风险意识，有效防范、积极应对各种潜在风险，根据形势变化及时调整工作部署，努力实现今年生产经营各项目标。

三、2010年重点工作安排

集团公司2010年生产经营工作总的要求是：以科学发展观为统领，深入贯彻落实中央经济工作会议精神，切实履行经济、政治和社会责任，继续大力实施资源、市场、国际化战略，按照“平稳、均衡、效率、受控、协调”的方针，突出市场导向，突出质量效益，加强产运销储综合平衡，加强国际国内两种资源两个市场统筹协调，着力增强自主创新能力，着力夯实企业管理基础，积极推进发展方式转变，努力实现生产经营平稳较快发展。

实现今年各项任务目标，要着力抓好以下重点工作：

一是加强产运销储综合协调，保持国内油气业务平稳较快增长。充分发挥集团公司上下游一体化优势，不断优化国内油气业务生产组织运行，坚持以销定产、以产促销、产销联动，集中力量保战略、消瓶颈、补短板。持续推进储量增长高峰期工程，科学组织油气生产。围绕市场组织炼化生产，大力提升盈利能力。加快营销网络建设，增强市场竞争和控制能力。要积极推进油气战略通道和国内骨干管网建设，保持天然气业务持续快速增长。

二是继续巩固和扩大国际油气合作，保持海外业务规模有效可持续发展。全力组织新签约重大项目的执行，继续加强现有项目勘探开发工作，确保老油田硬稳定、新油田快发展。国际贸易要进一步发挥调节保供作用，围绕油气战略通道，落实进口资源，继续组织好成品油进出口。

三是发挥综合一体化优势，提升工程技术等业务服务保障能力和竞争力。要充分发挥整体优势，集中精干力量，加强组织协调，确保各工程项目高质量高效率高水平实施。工程技术服务和工程建设单位要进一步增强责任意识和大局观念，为国内外油气主业发展提供优质服务和有效保障。装备制造业务要不断增强市场竞争能力和盈利能力。金融业务要为公司降低财务费用、促进业务发展提供金融支持和资金保障。

四是加大技术创新力度，为主营业务发展提供有力支撑。继续加强大庆原油持续稳产、长庆油气上产、西气东输二线工程关键装备国产化等16项公司重大科技专项的组织实施，加强国内先进成熟适用技术在海外项目的推广应用，抓好岩性油气藏勘探、高含水油田提高采收率等重大科技项目的成果集成与推广应用，全面完成“十一五”科技工作目标。要确保“三年基本完成ERP系统建设”目标如期实现。

五是坚持低成本发展，努力提升科学管理水平。要针对不同业务的特点，进一步坚持和做好投资控制与降本增效工作。进一步加强投资管理，努力提高投资回报率和经济增加值；严格控制非生产性开支，强化资金集中管控，狠抓“三控制一规范”各项措施落实；全面启动以质量计量标准化及流程管理、制度建设等为主要内容的基础建设工程，各单位要按照集团公司统一部署，细化工作方案，认真组织实施。

六是全力抓好安全环保和节能减排，实现安全环保形势持续好转。要把本质安全、清洁生产作为发展的战略基础，以全面推进HSE管理体系建设为主线，培育中国石油特色安全文化，突出“三个坚持、三个强化”，即坚持安全环保理念、坚持受控管理、坚持持续投入机制，强化责任意识、强化过程管理、强化违章查处，推动安全环保工作再上新台阶。以技术进步、技术改造和加强管理为抓手，扎实推进节能减排工作。

蒋洁敏在2010年工作会议结束时的讲话（摘要）

（2010年1月16日）

三天来，与会同志认真贯彻落实党的十七届四中全会和中央经济工作会议精神，深入学习领会党中央、国务院领导同志的重要指示，总结回顾集团公司过去10年的主要工作成果和基本经验，特别是一年多来应对国际金融危机的有力举措和明显成效，进一步深化了对科学发展观的认识，提高了推进综合性国际能源公司建设的自觉性；深入分析面临的国际国内形势、集团公司的比较优势及存在的主要矛盾和问题，使我们的头脑更加清醒，增强了实现平稳较快发展的信心；研究完善当前和今后一个时期的发展思路、目标任务和工作部署，统一了思想，明确了努力方向。

今年是集团公司转变发展方式之年、重大项目建设之年、基础管理工程建设之年、转变作风抓落实之年。全面履行责任，实现任务目标，关键是各级领导干部、特别是主要领导要发扬党的三大作风，继承弘扬大庆精神、铁人精神，切实增强执行力，创造性地做好工作。

集团公司正处于持续推进综合性国际能源公司建设的关键时期，要努力实现科学发展、和谐发展、绿色发展，全面履行经济、政治和社会责任，保障国家能源安全，为国民经济平稳较快发展做贡献。今年是集团公司转变发展方式之年、重大项目建设之年、基础管理工程建设之年、转变作风抓落实之年。在这种既有机遇又有挑战的情况下，能不能把握好后国际金融危机时代的大趋势，抓住机遇，战胜挑战，经受住各种考验；能不能全面履行好肩负的责任，实现各项任务目标，关键是各级领导干部、特别是主要领导要发扬党的三大作风，继承弘扬大庆精神、铁人精神，切实增强执行力，创造性地做好工作。

加强学习，提高能力。各级领导干部要增强学习的自觉性，作学习的表率和榜样。要系统学习掌握中国特色社会主义理论体系，模范学习践行社会主义核心价值体系，强化大局意识、责任意识和忧患意识，用科学理论武装头脑，指导实践，推动工作，树立正确的世界观、人生观、价值观，不断增强贯彻落实科学发展观的坚定性。以世界眼光和战略思维，深入研究事关企业发展的全局性、战略性和前瞻性问题，增强工作的预见性，保证决策的科学性。学习做好本职工作所必需的各种知识和技能，提高解决实际问题的能力。在学习中，要将多种方式结合起来，联系实际、融会贯通，坚持向书本学，向实践学，向职工群众学，多听听老领导、老同志、专家和劳动模范的意见建议，经常探讨交流，了解实际情况，集思广益，发挥大家的聪明才智。

求真务实，开拓创新。我们建设综合性国际能源公司的总体思路更加清晰，各项业务工作的目标任务更加明确，各级领导干部要带头抓好落实，在提高执行力上狠下工夫。始终要有高度的责任感和强烈的事业心，坚持国家利益至上，立足集团公司整体发展，带头讲政治，顾大局，敢于负责，恪尽职守，勤勉敬业，切实履行好肩负的责任，不折不扣地把中央的要求和集团公司党组的各项部署落到实处。坚持改革创新精神，勇于探索，勇于实践，创造性地开展工作，在发展思路、发展方式上实现新转变，在完善体制机制、优化生产组织上形成新思路，在突破工作难点、破解发展难题上推出新举措。在各项工作的落实中，要发扬“三老四严”、“四个一样”等优良传统作风，从严治企，从严管理，狠抓细节，定下来的事情要雷厉风行、抓紧抓实、一抓到底，部署的工作要督促检查、及时反馈、抓出成效。

艰苦奋斗，埋头苦干。大庆精神铁人精神的精髓就是艰苦奋斗。领导干部要始终保持清醒头脑，谦虚谨慎，戒骄戒躁，在任何时候、任何情况下，都要树立长期艰苦奋斗的思想，保持过去艰苦年代那种拼搏精神、那股革命干劲、那腔奋斗激情，矢志不渝地为石油事业发展作贡献。要始终保持不畏艰难、奋发向上的工作作风。坚定信念，无私无畏，一心一意谋发展，扑下身子干事业，勇挑重担，攻坚啃硬，不断创造一流的工作业绩。大兴勤俭节约之风，坚持勤俭办企业。继续降低生产成本，控制非生产性支出，反对铺张浪费。大力整治文风会风，克服形式主义和官僚主义。各级领导干部特别是年轻干部要主动到条件艰苦、环境复杂、矛盾集中的地方去，到基层、海外和边远地方去，做到情况在一线掌握，问题在一线解决，工作在一线落实，成效在一线检验，在艰苦环境中磨砺意志，培养作风，在生产建设的实践中掌握新知识，积累新经验，增长新本领。

严于律己，廉洁奉公。集团公司党组一直对反腐倡廉建设抓得很紧，认真听取纪检监察部门的汇报，研究部署党风建设和反腐倡廉工作。这次会上向大家通报了集团公司反腐倡廉建设情况，对领导干部廉洁自律提出了更高要求。最近党组又决定，加大自上而下监督和异体监督力度，并强化巡视制度，逐步改由现职干部担任巡视工作，就是要进一步加强对各级领导班子、特别是主要领导的监督和管理。各级领导干部要认真学习中央有关规定，明确集团公司党组的要求，遵守相关规章制度。增强纪律观念，严格遵守党纪国法，认真执行各项制度规范，严格按程序办事，落实“三重一大”决策制度，确保科学民主决策。带头落实反腐倡廉责任制，廉洁自律，率先垂范，加强自身修养，自觉接受组织和群众监督，强化自我约束和自我监督，开展自查自纠。正确对待手中权力，把权力切实用到为企业谋发展、为职工群众谋利益上来。

这里还要强调，总部机关要切实发挥表率作用，带头转变思想作风，带头抓好工作落实。要准确把握国内外宏观形势、行业发展状况和企业改革发展稳定实际，增强政治敏锐性和大局意识，提高统筹发展、推动工作的能力和水平。始终树立服务意识，切实提高为基层解决实际问题的能力。加强各部门之间的统筹协调，创新工作机制，增强工作合力，注重沟通衔接、相互配合，既要突出重点，又要协调推进。努力提高工作质量和效率，提高工作能力和水平，保持运作的平稳性、连续性，增强政策的针对性、灵活性。还要主动适应集团公司三大战略的推进和业务发展的需要，不断转变工作理念，创新工作方式，掌握市场运行规律，熟悉国际规范及相关法律，提高国际商务运作能力，为海外油气合作提供有力支持和优质服务，更好地统筹国际国内两个大局。

各级领导干部既是领导者也是普通人，在单位是事业带头人，在家庭是主心骨，工作忙、责任重、压力大，如何正确对待事业、家庭、个人并妥善处理好三者关系，确实是每个人必须认真面对的现实问题。第一，干事创业不能等。应始终胸怀报国之志，恪尽兴油之责。要有紧迫感，善于把握时机，从纷繁复杂的事物中敏锐地发现机遇并用好机遇，捷足先登，占领制高点，把握主动权。看准了的、总体可行的，就要义无反顾地去做。做任何事都要实事求是，按客观规律办事，不能急于求成、急功近利、盲目蛮干。总而言之，作为领导干部，要在其位、谋其政，只争朝夕，有所作为，在有限的生命中，扎扎实实地干成几件对国家、对企业发展有利的大事，办成几件让职工群众得实惠、为人民群众谋利益的好事实事，用实实在在的业绩书写自己的无悔人生。第二，关爱家庭不能等。家庭是社会最基本的单元，也是维系亲情、传承文化、老有所养、幼有所依的重要场所。关爱家庭是一种责任，要孝敬父母，关心配偶，培养好子女。对亲属子女，应要求他们低调做人、和气待人，少一点依赖性、少一点优越感，不添乱、不惹事。这样做，其实也是一种更深层次、更高境界的关爱。第三，身体健康不能等。工作再忙也要加强体育锻炼，保持健康体魄；也要注重心理健康，做到心态平和、淡定从容。各级组织、特别是主要领导干部要坚持以人为本，关心爱护干部，注意干部思想和身体状况的变化，经常交心谈心，多沟通、多疏导，并把定期体检、带薪休假、疗养保健等制度切实落到实处，使大家能够劳逸结合。

加快转变发展方式　努力实现科学发展

——蒋洁敏在集团公司2010年领导干部会议上的报告（摘要）

（2010年7月16日）

这次领导干部会议的主要任务是，深入贯彻落实科学发展观，总结回顾集团公司推进发展方式转变取得的成效，分析面临的形势和任务，进一步统一思想，明确思路，切实增强主动性、紧迫感和责任感，以更大的决心和力度，加快发展方式转变，持续推进综合性国际能源公司建设，实现全面协调可持续发展。这次会议在新疆独山子召开，对于我们更好地贯彻中央新疆工作座谈会精神，支持新疆实现跨越式发展和长治久安，也具有重要意义。

一、推进发展方式转变的主要工作成果

近些年来，特别是党的十七大以来，按照党中央、国务院的战略决策，集团公司把握发展规律，创新发展理念，作出了一系列推动科学发展、转变发展方式的工作部署。通过几年来的深入实践和不断总结完善，我们推动科学发展、转变发展方式的思路逐步清晰，措施更加明确，成效也越来越显著。

一是实施战略性结构调整，业务发展形成新的格局。坚持突出集中发展油气业务，规划、建设、投产了一批战略性重点工程项目，下工夫解决短板和瓶颈问题，使产炼销储结构逐步趋于合理。二是推进制度和管理创新，运行效率明显提升。两级行政、三级业务的管理架构基本形成，整体优势更加明显，运营管理更有效率，初步奠定了科学发展的体制基础。三是强化技术攻关和应用，科技支撑作用愈加明显。集中力量加强重大科技专项和关键核心技术攻关，整体技术水平和内涵发展能力不断增强。四是全面加强安全生产和节能减排，工作基础进一步夯实。始终把安全环保作为天字号工程和第一要求，将“环保优先、安全第一、质量至上、以人为本”的理念融入生产经营全过程，建立实施统一规范的HSE体系，有效遏制了重特大事故发生，安全环保形势持续稳定好转。五是大力弘扬大庆精神铁人精神，队伍整体素质持续提高。积极探索新形势下企业党建工作的新途径新方法，着力构建思想政治保障工作体系，党组织的政治核心作用和党员的先锋模范作用得到有效发挥。六是以人为本关注民生，和谐稳定基础更加巩固。坚持把加快民生工程建设作为发展创新成果惠及职工群众的重要途径，作为维护稳定的治本之策，矿区服务业务的保障能力和服务水平稳步提升。送温暖工程和再就业工程实施扎实有效，石油矿区保持和谐稳定。

这些成绩的取得，是党中央、国务院正确领导的结果，是国家部委、地方党委政府和社会各界大力支持的结果，凝结着百万石油员工的智慧和汗水。经过这些年的探索实践，我们在转变发展方式方面获得了一些有益启示：必须牢固树立科学发展理念，把保持平稳较快发展与转变发展方式有机统一起来，在发展中促转变、在转变中谋发展，实现又好又快发展；必须正确处理当前与长远、局部与全局、规模速度与质量效益的关系，不断完善业务链，优化供应链，提升价值链，实现上中下游、国内国际、油气业务与服务保障业务整体协调发展；必须以改革创新为根本动力，不断完善市场化体制机制，大力推进管理和技术创新，进一步增强企业活力和市场竞争力，实现集约发展内涵发展；必须坚持以人为本，维护员工合法权益，注重安全生产和节能减排，积极构建和谐矿区，实现企业发展与资源环境社会相协调、与员工全面发展相统一；必须继承弘扬大庆精神铁人精神，大力加强党的建设、领导班子建设和企业文化建设，不断提升企业软实力，实现政治文化优势向核心竞争力的转化。

二、深刻认识加快发展方式转变的重要性和紧迫性

党中央、国务院始终高度重视转变经济发展方式问题。十七大明确提出要加快转变经济发展方式，并将其作为关系国民经济全局紧迫而重大的战略任务。企业是加快发展方式转变的主体，中国石油作为国有重要骨干企业，一定要深入贯彻落实科学发展观，不仅在加快发展上作出显著成绩，更应在加快发展方式转变上取得重大突破。

总起来看，集团公司面临的外部环境和内部条件都发生了很大变化，既处于加快发展的关键时期，又进入转变发展方式的攻坚阶段。"十二五"期间，我们要突出抓好"发展"、"转变"、"和谐"三件大事。从推进建设综合性国际能源公司的工作进程来看，近期工作的重心是要解决转变发展方式这个主要矛盾。全体干部员工一定要认真学习领会中央关于加快发展方式转变的重要精神，准确把握后国际金融危机时期宏观形势的基本特征和发展趋势，瞄准企业自身在发展方式上存在的差距和不足，以等不起的紧迫感、慢不得的危机感、坐不住的责任感，采取切实可行的措施，努力在加快上下工夫、在转变上动真格、在发展上见实效，进一步提升科学发展水平。

三、打好加快发展方式转变攻坚战

当前和今后一个时期，集团公司加快发展方式转变总的要求是：坚持以邓小平理论和"三个代表"重要思想为指导，深入贯彻落实科学发展观，继续实施资源、市场、国际化三大战略，着力调整优化结构，着力推进自主创新，着力完善体制机制，着力加强基础管理，着力抓好节能减排，充分发挥综合一体化优势，充分发挥政治文化优势，增强全面协调可持续发展能力，持续推进综合性国际能源公司建设，为保障国家能源安全作出新贡献。实现发展方式明显转变，主要体现在：发展质量效益稳步提高，业务布局和结构更加合理，自主创新能力大幅增强，企业管理科学规范，绿色发展水平显著提升，发展创新成果全员共享。

（一）突出发展战略重点，促进结构调整优化。突出集中发展油气业务，消除瓶颈、补齐短板，使公司的业务结构和布局持续优化。一是加快发展天然气业务，保持上游业务国内主导地位。二是加快战略工程建设，增强资源统筹和市场调控保障能力。三是加快提升国际化经营水平，实现规模有效可持续发展。

（二）以精细化管理为抓手，积极实施"牛鼻子工程"。各板块都要紧紧牵住自身业务发展的"牛鼻子"，深入推进精细化管理，不断改善经营状况，有效控制成本，努力提高投资回报。推行精细化管理要不断创新，在重点工程建设中探索实施完整项目管理的模式。

（三）加快技术创新和信息化建设，培育内生增长动力。着力突破生产建设的技术瓶颈，"十二五"期间形成30项具有国际先进水平的重大关键技术。利用信息技术改造提升传统产业，信息化总体水平接近或达到国际大公司水平。

（四）完善规范化管理和市场化机制，促进综合一体化优势更好发挥。重点是通过实施规范化管理、推进市场化进程，促进资源的高效利用，实现整体效益最大化。继续引入竞争机制，稳步推进内部市场开放。认真总结市场化运作的经验教训，加强内部市场管理。未上市企业继续推进业务、资产重组，推动结构调整和优化升级。以推行经济增加值考核为契机，努力提升价值创造能力和资本回报水平。

（五）狠抓安全环保、节能减排和基础管理，夯实企业发展根基。坚持把安全环保作为加快发展方式转变的重要抓手，作为全面履行三大责任、提升公司价值和形象的战略性工程，努力实现安全环保形势的根本好转。把节能减排作为加快发展方式转变的重要突破口，提高资源利用效率。继续扎实推进基础管理建设工程，全面加强质量管理，进一步完善计量检测设施和标准化体系。

（六）搞好民生工程建设，努力构建和谐矿区。加快矿区综合配套和调整改造步伐，深入开展矿区安全环保隐患专项治理，持续改善员工群众居住环境，形成扶贫帮困长效机制，不断提高离退休职工服务管理工作质量和水平。

四、为科学发展提供强有力思想政治和人才队伍保障

加快发展方式转变，既是一场攻坚战，也是一场持久战。必须充分发挥政治优势，丰富完善企业文化，提高队伍整体素质，增强基层执行力，持续提升企业软实力，最大限度地把百万石油员工的智慧和力量凝聚到推动科学发展、加快发展方式转变上来。

（一）巩固和运用学习实践活动成果，进一步树立科学发展理念；

（二）扎实开展创先争优活动，不断增强党组织凝聚力和战斗力；

（三）加强领导班子建设，提高能力转变作风；

（四）加大人力资源开发力度，建设高素质员工队伍。

现在我集中讲一下积极投身新疆建设大业，为新疆跨越式发展和长治久安作出新贡献的问题。

新疆地区油气业务的发展在集团公司整体战略布局中具有不可替代的重要地位和作用。在疆业务的持续健康发展，对于集团公司加快发展方式转变、推进综合性国际能源公司建设、更好地履行三大责任，具有十分重要的意义。为认真贯彻落实中央新疆工作座谈会和西部大开发工作会议的一系列部署，集团公司党组对加快在新疆的业务发展进行专题研究，制定了发展规划和具体措施。基本规划是，通过10年左右的努力，把新疆建成全国最重要的油气生产基地、炼油化工基地、石油储备基地、工程技术服务保障基地和引进中亚—俄罗斯油气资源的战略通道。各单位特别是在新疆的石油石化企业，要进一步提高对做好新疆工作重大意义的认识，继承和发扬不畏艰难、勇于胜利、企地共建、团结繁荣的好传统，把思想统一到中央新疆工作座谈会精神上来，统一到新疆维吾尔自治区党委、政府和集团公司各项决策部署上来。要强化组织领导，加强协调配合，找准发展定位，结合企业实际，细化目标措施，认真抓好落实。积极投身地方建设，以经济援疆为重点，加快推进“气化新疆”工程，支持地方发展化工延伸产业，全面做好对口支援各项工作。在新疆维吾尔自治区党委、政府领导下，全力抓好维护稳定工作，为促进新疆政治稳定、经济发展、社会进步和民族团结贡献力量。

深入贯彻落实科学发展观、加快发展方式转变，是时代赋予我们光荣而艰巨的战略任务。我们一定要在以胡锦涛同志为总书记的党中央领导下，统一思想、坚定信心，开拓进取、扎实工作，推动发展方式转变不断取得新成效，增强全面协调可持续发展能力，为国民经济平稳较快发展和全面建设小康社会作出新贡献。

集团公司生产经营工作报告（摘要）

周吉平

（2010年7月18日）

今年以来，面对复杂的宏观经济形势，集团公司大力实施三大战略，加强产运销储综合平衡，加快重点工程和战略项目建设，启动实施基础管理建设工程，全面推进精细化管理，强化安全环保稳定，生产经营形势整体稳定向好，经营业绩同比大幅增长，各项生产经营工作都取得了新进展、新成果。

（1）国内油气业务平稳较快增长，产运销储协调运行；

（2）国际油气合作取得新成果，国际化经营规模持续扩大；

（3）重点工程建设积极推进，战略布局调整实现新突破；

（4）工程技术服务等业务积极发挥服务保障作用，经营状况逐步改善；

（5）继续强化安全环保，扎实推进节能减排；

（6）精细化管理全面推开，管理基础进一步夯实。

下半年集团公司生产经营面临的宏观经济形势依然非常复杂，要始终保持清醒头脑，既要充分看到发展的有利条件和积极因素，又要充分估计面临的困难和挑战，进一步加强生产经营运行监测，牢牢把握工作主动权。要坚持以科学发展观为统领，继续实施三大战略，按照平稳、均衡、效率、受控、协调的总要求，科学组织生产经营，加快发展方式转变，着力提高质量效益，再接再厉，乘势而上，全面完成今年生产经营各项任务目标。

（1）科学组织油气勘探开发，全面完成增储上产任务。持续推进储量增长高峰期工程，确保完成年度储量任务和替换率指标。继续平稳均衡组织油气田开发工作，确保原油产量稳中有升，天然气产量继续保持快速增长。积极推进煤层气业务发展，继续扩大国内对外合作产量规模。

（2）围绕市场精心组织炼化生产，努力提升创效水平。继续坚持以效益为中心、以市场为导向，科学做好原油资源优化配置和化工原料互供，努力提高加工负荷，提升炼化业务整体效益水平。

（3）抓好市场营销和网络建设，增强市场竞争力和控制力。坚持以扩大市场份额和提高零售能力为重点，及时调整营销策略，统筹搞好资源组织，强化客户管理，不断改进服务质量，做大销售总量。

（4）认真组织重点油气管道建设投运，保持天然气业务快速增长。下半年是油气储运设施开工建设和投产的高峰期，工作任务十分繁重。要科学组织，搞好协调，严格程序，把握进度，提前识别和预警风险，确保各项目按计划节点有序推进和安全平稳投产。超前做好应对极端气候的准备，确保今夏、今冬安全平稳供气。

（5）统筹抓好现有海外项目运营和新项目执行，进一步提高经营效益。围绕油气储量替换率大于1的目标，进一步加快海外油气勘探步伐。强化现有油气生产项目的运行协调与管理，确保全年油气作业产量同比增长10%。优化海外油气业务布局，继续加大新项目开发力度。坚持效益优先，努力控制运营成本，提高现金贡献，提高内部收益率。

（6）充分发挥工程技术等业务服务保障作用，着力增强市场竞争力。工程技术服务业务要继续围绕油气田勘探开发，加强生产组织协调，改善技术、服务和管理，不断增强核心竞争力。工程建设业务要继续加强建设项目的组织协调和过程监管，确保安全顺利推进。装备制造业务要着眼于提升市场竞争能力和盈利能力，满足油气主营业务发展需要。

（7）大力推进技术进步和信息化建设，有效支撑主营业务发展。坚持与生产紧密结合，继续组织好国家重大科技专项和公司18项重大科技专项实施，争取在原始创新和超前技术储备方面取得新进展，全面完成“十一五”科技攻关目标。下半年是公司三年基本完成ERP系统建设最后阶段，要加大工作力度，确保计划任务如期完成。

（8）紧紧扭住“牛鼻子工程”，进一步深化精细化管理。坚持把精细化管理作为实施“牛鼻子工程”的综合性措施，作为加快发展方式转变、提升质量效益的重要抓手，结合各业务特点，按照既定目标和工作部署深入推进。继续深入推进基础管理建设工程，进一步完善实施方案，力争取得实质性效果。

（9）抓好安全生产和节能减排，努力实现安全环保形势持续稳定好转。要直面严峻形势，克服松懈麻痹思想，坚决遏制安全环保事故多发势头，杜绝重特大事故。持续推进节能减排“双十”工程，深化能效对标管理，确保全面完成节能减排指标。

蒋洁敏在领导干部会议结束时的讲话（摘要）

（2010年7月18日）

一、深刻领会全国人才工作会议精神，切实增强做好人才工作的责任感和紧迫感

中国石油作为国有重要骨干企业，要在建设创新型国家中发挥主力军作用，在实施“走出去”战略中发挥国家队作用，在紧要关头、关键时刻发挥顶梁柱作用，必须认真贯彻落实全国人才工作会议精神，把人才工作摆在优先发展的战略地位，加快培养造就大批优秀人才，为建设人才强国作出应有贡献。集团公司百万干部员工，这是巨大的人才资源宝库，是综合实力的具体体现，是企业可持续发展的潜力所在，也是被众多国际企业看好的一大特色优势。但我们必须清醒看到，集团公司人才发展的总体水平同中央要求相比仍存在较大差距，与建设综合性国际能源公司的需要相比还不适应。要在未来更高层次、更高水平、更为激烈的国际竞争中取得优势，不仅要产品精、服务优、效益高，而且要靠杰出的英才、一流的专家、顶尖的能手，牢牢占据人才队伍建设的高地。当前和今后较长一段时间，集团公司仍处于发展的重要战略机遇期，但面临的内外部环境十分复杂，加快转变发展方式进入攻坚阶段，各种深层次矛盾凸显，要抓住机遇、克服挑战，全面做好“发展”、“转变”、“和谐”三件大事，持续推进综合性国际能源公司建设，必须主动适应新形势新任务的要求，不断提高人才工作水平，努力造就忠诚事业、奉献国家、创造未来的人才队伍。

二、围绕建设综合性国际能源公司目标，坚定不移地走人才强企之路

“十二五”人才发展规划的总体要求是：深入贯

彻落实科学发展观，以国家中长期人才发展规划纲要为指导，围绕集团公司战略目标和发展需要，突出人才优先发展，加快人才结构调整，抓住人才培养、引进、使用三个环节，打造规模合理、优秀可靠的人才队伍，坚定不移地走人才强企之路，为建设综合性国际能源公司提供坚强的人才保证。工作目标是：人才规模和结构进一步优化；人才素质和能力不断提升；人才比较优势及使用效能显著增强；人才发展环境明显改善。

根据上述要求和目标，要突出抓好以下几方面工作。

一是着力加快管理、技术和技能专家队伍建设。进一步扩大两级专家队伍规模，管理、技术和技能专家数量基本翻一番。

二是持续推进国际化人才队伍建设。根据业务发展需要，加快培养造就熟悉专业技术、管理协调能力较强、通晓国际商务规则、外语水平高的人才队伍。

三是切实抓好高层次人才引进。围绕油气勘探开发、炼油化工、石油工程技术与装备等方面重大课题，依托国家重大科技专项、集团公司重大项目和技术创新平台，落实专项资金，制定专门政策，重点引进能够突破关键技术、掌握前沿技术、业务发展急需的战略科学家和领军人才。

四是努力培养造就创新型研发团队。围绕提高原始创新、集成创新和引进消化吸收再创新能力，以国家重大科技项目为载体，打造一支行业领先、引领企业核心技术发展方向的研发人才队伍。

五是大力开发重点领域、新兴业务急需人才。按照集团公司业务发展规划，加强油气主营核心业务和非常规天然气、生物质能源等新能源，以及信息、金融支持服务等新兴业务急需紧缺人才队伍建设。

六是不断提高企业领导人员引领科学发展的能力。坚持把高层次经营管理人才作为企业发展的核心人才予以高度重视，培养造就一支政治素质高、职业素养好、市场意识强和熟悉生产经营管理的职业化、专业化、国际化企业领导人员队伍，数量、素质、年龄、知识、专业结构更趋合理。

三、加强组织领导，进一步提高人才工作水平

一是深刻理解人才资源是第一资源的重要思想，培养使用好各类人才。把搞好人才工作作为加快转变发展方式的着力点和有效抓手，用战略思维、开放视野、发展观点看待和谋划人才工作，使人才真正成为企业实现科学发展的第一推动力。

二是坚持党管人才原则，协调一致做好人才工作。各级党组织要把人才工作摆在突出重要位置，履行好管宏观、管政策、管协调、管服务的职责，把握方向，制定政策，及时解决有关矛盾和问题。集团公司将成立人才工作领导小组，统一领导和组织开展人才工作，完善相关政策措施。各单位也要根据实际成立相应工作小组，第一把手要担负起抓第一资源的责任，组织人事部门履行好牵头职责，相关部门要各司其职，形成合力。

三是推进机制创新，促进人才工作科学化制度化规范化。落实领导干部责任制度，建立健全工作协调、人才统计、调查、督导等制度，落实知识产权保护制度，形成科学完备、公开公平、促进人才成长的制度体系。要落实中央关于人才工作的要求，以改革创新精神构建完善人才工作机制。主要是培养开发、评价发现、选拔任用、流动配置和激励保障机制。

四是积极营造良好氛围，为人才成长创造有利条件。百万员工是中国石油的最宝贵资源，不论何种身份、何等资历、何国国籍，也不论合同化员工还是市场化员工，只要奋发向上、积极工作、努力奉献，都能够成为人才。要号召广大员工以英雄模范人物和杰出人才为榜样，组织和引导员工自学成才，鼓励岗位成才。

伟大事业需要优秀人才，优秀人才推动伟大事业。在向全面建设小康社会宏伟目标迈进的征程中，我们从事的石油事业是充满希望、蓬勃发展的开创性事业，随着企业改革发展的深入推进，必将有成千上万的人才脱颖而出，造就许许多多卓越的企业家、优秀的管理专家、杰出的科技英才和身怀绝技的操作能手。我们一定要按照中央关于人才工作的要求和部署，坚定不移地走人才强企之路，努力开创集团公司人才工作新局面，为持续推进综合性国际能源公司建设提供强有力的人才保障！

专 稿

中国石油天然气集团公司2010年工作会议在河北廊坊召开

集团公司2010年工作会议1月14—16日在河北廊坊召开。会议的主要任务是，深入贯彻落实党的十七届四中全会和中央经济工作会议精神，总结回顾进入新世纪以来的发展历程，研究部署今后一个时期主要任务，安排2010年重点工作，动员广大干部员工进一步认清形势，坚定信心，努力开拓创新，加快发展方式转变，不断增强全面协调可持续发展能力，深入推进综合性国际能源公司建设，为国民经济平稳较快发展提供能源保障。

集团公司总经理、党组书记蒋洁敏首先传达了中共中央政治局常委、国务院总理温家宝1月1日考察大庆时的重要指示精神，中共中央政治局常委、中央政法委书记周永康1月4日在成都接见在四川的石油石化企业负责人的讲话精神和中共中央政治局委员、国务院副总理张德江1月11日听取中国石油工作汇报后所作的重要讲话精神，并作题为《转变发展方式，调整优化结构，不断增强全面协调可持续发展能力》的工作报告。集团公司副总经理、党组成员，股份公司总裁周吉平作题为《认清面临形势，注重质量效益，继续保持生产经营平稳较快发展》的生产经营报告，副总经理、党组成员廖永远通报了安全环保情况。党组成员、纪检组组长陈明通报了党风建设和反腐倡廉情况。

蒋洁敏回顾了集团公司进入新世纪10年来的发展成果和2009年工作亮点，总结了集团公司在复杂环境中推动企业又好又快发展的经验。明确提出当前和今后一个时期，集团公司总的工作要求是，认真贯彻党的十七大和中央经济工作会议精神，以科学发展观为指导，紧紧围绕建设综合性国际能源公司目标，全面履行经济、政治和社会责任；继续大力实施资源、市场、国际化战略，统筹国际国内两个大局，把转变发展方式作为重中之重；突出油气主营业务，突出战略工程建设，突出提高质量效益，大力推进结构调整、节能减排、技术创新和基础管理；注重改善民生，保持和谐稳定，进一步增强全面协调可持续发展能力。

集团公司各企事业单位党政主要负责同志、总部机关各部门和专业公司主要负责同志共350人参加了会议。

长庆油田实现油气当量3000万吨表彰庆祝大会召开

2月9日上午，长庆油田实现油气当量3000万吨表彰庆祝大会在西安石油基地文化活动中心举行。经过几代石油人的不懈奋斗，长庆油田成功攻克低渗透世界级难题，在鄂尔多斯盆地建成了年产3000万吨的油气生产基地，成为我国第二大油气田。

蒋洁敏代表集团公司和集团公司党组，向长庆油田全体干部员工、离退休老同志和职工家属表示热烈祝贺。向参加油田开发建设的工程技术服务等石油企事业单位及干部员工表示亲切问候。向长期以来关心支持油田发展的国家有关部门及陕西、甘肃、宁夏、内蒙古和山西等省区市各级党委政府、人民解放军兰州军区、广大人民群众和社会各界致以崇高敬意和诚挚感谢。

蒋洁敏说，长庆油田已经建设成为我国第二大油气田。40年前，面对沟壑纵横的黄土高原和世界典型的“三低”油气藏，在极其艰苦复杂的条件下，4万多名石油大军跑步上陇东，拉开了陕甘宁石油会战的序幕。会战以来的前20年，长庆油田历尽艰辛，艰苦奋斗，原油年产量达到140万吨；20世纪80年代末开始，安塞、靖边等油气田的开发建设，推动油气产量稳步增长，2000年生产近500万吨；进入新世纪以来，油气勘探开发接连获得重大突破，随着姬塬、西峰等一批亿吨级油田、苏里格等一批千亿立方米气田的规模开发，油气当量产量呈现加速增长之势，连续登上1000万吨、2000万吨台阶。特别是2009年，面对国际金融危机严重冲击、油气市场大幅波动、生产经营难度加大的严峻形势，长庆油田坚定信心，逆势而上，生产原油1572万吨、天然气190亿立方米，油气当量突破3000万吨，成为国内产量增幅最大、发展速度最快、成长性最好的油气田。

蒋洁敏说，长庆油田的持续快速发展，为我国经济社会发展作出了重要贡献。40年来累计探明石油地质储量20亿吨、天然气地质储量3万亿立方米，生产原油1.34亿吨、天然气840亿立方米，建成了横跨陕甘宁蒙晋五省区，集勘探开发、工程技术、工程建设、生产生活服务于一体的重要油气生产基地。对于增强我国能源安全保障能力、优化能源结构、改善大气环境、促进国民经济和社会发展，发挥了重要作用；对于推动国家西部大开发战略实施、促进和带动地方经济社会发展、支持革命老区建设和社会公益事业，作出了积极贡献。长庆天然气作为北京及华北地区主供气源，在用气量增长快、峰谷差大的情况下，始终确保民用燃气、公用事业和重点用户的用气需求，并为北京奥运会和新中国成立60周年庆典活动的成功举办提供了可靠保障；作为西气东输主要气源之一，供气范围遍布全国40多个大中城市，实现了安全平稳向上海及长三角地区供气的目标。

蒋洁敏指出，长庆油田大力推进科技创新和技术进步，创造了低渗透油气田开发奇迹。面对渗透率不到1毫达西、外国专家曾断言没有开采价值的“三低”油气藏，几代长庆人锲而不舍地坚持科研攻关，攻克低渗透、解放特低渗、再战超低渗，不断挑战开发极限，取得了地质理论重大突破。长庆油田坚持深化改革，探索创新了一套先进高效的生产建设运行管理模式。近年来，立足“大油田管理、大规模建设”，逐步形成了“标准化设计、模块化建设、市场化运作、数字化管理”的运行模式，向现代化管理迈出了新步伐。长庆油田充分发挥政治优势和文化优势，培育了一支高素质的员工队伍。长期以来，长庆石油人始终牢记“我为祖国献石油”的历史使命，弘扬大庆精神铁人精神，继承延安精神，学习人民解放军的优良传统和作风，艰苦奋斗、无私奉献、报效祖国。在艰苦环境的磨炼中和生产建设的实践中，锻造了一支“特别能吃苦、特别能战斗、特别能奉献、特别能创造”的英雄队伍。

蒋洁敏强调，党中央、国务院高度重视和关心长庆油田的发展，温家宝总理、李克强副总理和张德江副总理在集团公司关于长庆油田发展规划的报告上都作了重要批示，明确指出把长庆油田建成年产5000万吨的大型油气生产基地，是关系国家能源安全战略全局的大事，一定要全面贯彻落实科学发展观，加大工作力度，加快油田建设。长庆油田广大干部员工要认真落实党中央、国务院领导同志的批示精神，进一步增强责任感和紧迫感，解放思想，乘势而上，继续艰苦奋斗，建设西部大庆，加快转变发展方式，积极构建和谐矿区，努力实现新跨越、再创新辉煌。

蒋洁敏强调，要坚持把勘探放在首位，实行油气并举，实现科学高效开发。突出重点勘探领域，深化地质研究与目标评价，努力寻求大发现和新突破，夯实建设大油气田的资源基础。加强老油田稳产，加快新区上产，把稳定和提高单井日产量作为“牛鼻子”工程，有效控制自然递减和综合递减，特别是要牢牢把握天然气大发展的历史机遇，实现天然气业务规模有效健康发展。要持续推进技术、管理和制度创新，不断突破技术瓶颈，建立以市场化为导向的管理体系，深化劳动组织改革，优化人力资源配置，着力加强安全环保，实现安全发展、清洁发展、节约发展。全体干部员工要大力弘扬大庆精神、铁人精神和石油工业优良传统作风，传承延安精神和革命老区文化，继续艰苦创业，为油奉献，积极投身到建设“西部大庆”的伟大事业中来，努力实现建设西部大庆的发展目标，为加快综合性国际能源公司建设、为当地社会经济的繁荣发展和保障国家能源安全作出新的更大贡献。

吴登昌代表陕西省委省政府向长庆油田公司表示热烈祝贺，向为油田开发建设付出辛勤劳动的广大干部员工表示亲切慰问，向长期以来关心支持陕西发展的中国石油集团表示衷心感谢。他说，几代长庆人在自然环境恶劣、地质条件复杂、工作区域分散、社会依托较差的鄂尔多斯盆地艰苦创业、拼搏进取，成功开发了28个油田和8个气田，为国家贡献了大量油气资源，创造了良好的经济效益和社会效益。希望长庆油田进一步解放思想，深化改革，加快发展，为保障国家能源安全和建设西部强省、构建和谐陕西作出新的更大贡献。

石军受甘肃省省委书记陆浩和省长徐守盛的委托，代表甘肃省委省政府对中国石油集团以及长庆油田取得的成绩表示热烈祝贺，对石油战线广大干部员工致以诚挚敬意，衷心祝愿长庆油田不断取得新突破、迈出新步伐、跨上新台阶，密切企地关系，为实现上产5000万吨宏伟目标凝聚新合力。他表示，甘肃省委省政府将一如既往支持中国石油在甘企业发展，尽心竭力支持长庆油田建设西部大庆，全心全意为石油干部员工提供更优质的服务。

长庆油田公司总经理冉新权在大会上作了发言，党委书记曲广学主持大会。会议表彰了油田劳动模范代表和“感动长庆”典型代表。谢银伍和刘玲玲分别代表“感动长庆”典型代表劳动模范代表立下誓言：胸怀高远，坚定信念，在提高自身素质、推进队伍建设、推进科学发展中当好领跑者、排头兵，勤奋工作，团结携手，铸就长庆新辉煌。

周永康考察中国石油

2月10日下午，中共中央政治局常委、中央政法委书记周永康，在中共中央政治局委员、国务院副总理张德江，国务委员、公安部部长孟建柱等领导同志的陪同下考察中国石油。

周永康在集团公司总经理蒋洁敏、副总经理周吉平等陪同下，来到北京油气调控中心，听取了西气东输一线、陕京管道、西部管道、中亚—西二线西段等管道运行情况和中国石油油气管网建设规划和海外业务发展情况介绍，并通过大屏幕亲切问候了长庆油田在陕京输气管道榆林压气站现场的干部员工。

周永康说：长庆油田成为我国第二大油田，你们在油气勘探开发上作出了巨大贡献。长庆油田的天然气直接造福了北京，也造福了沿途城乡。在这里，我看到了中国石油数万公里的输油输气管道穿越周边国家，穿越全国各地，看到了中国石油在党中央、国务院的直接领导下，在全国各省市区的支持下，有了飞速发展。作为在石油战线工作过30多年的老石油，我心情特别振奋，祝贺中国石油取得的巨大成绩。你们不仅为国家输送了大量能源，而且实施了“走出去”战略，为国家争得了荣誉。国有大企业是共和国的脊梁，是国家经济社会发展的重要基础。感谢你们的努力。新春佳节将至，祝大家新春愉快，身体健康，阖家欢乐！希望中国石油在新的一年里，在当前国家经济转型期努力实现更好更快发展，为国家和人民作出新贡献！

李克强考察乌鲁木齐石化

3月22日，中共中央政治局常委、国务院副总理李克强在中共中央政治局委员、新疆维吾尔自治区党委书记王乐泉等的陪同下，到中国石油乌鲁木齐石化公司考察。

李克强首先来到100万吨/年芳烃建设工地听取了乌鲁木齐石化分公司对项目情况的汇报，详细询问了原油加工成本、油品的最佳效益点，以及装置的开工准备、技术力量配备等情况，了解到芳烃联合装置主要设备国产化率达到95.5%，成为新疆节能减排的示范性工程时，非常高兴。在化肥厂一化主控室，李克强走到产品展示台前，详细了解尿素产品以及化肥厂的生产情况、市场销售情况等。乌鲁木齐石化公司拥有中国石油第一套以渣油为原料的装置，是全国最大的氮肥生产基地之一，多年来一直保持行业技术领先优势和国优产品称号，并为新疆农牧业发展作出了巨大贡献。得知这些，李克强连连称赞。

在考察现场，李克强与员工亲切交谈，并关切询问他们的工作生活情况。他充分肯定了乌鲁木齐石化公司为新疆经济建设和边疆稳定作出的突出贡献，勉励各族员工继续加快百万吨芳烃基地建设步伐，为加快西部发展，为新疆经济发展和社会稳定作出新贡献。

辽河油田开发建设40周年庆祝大会举行

40年前的今天，辽宁“南大荒”拉开了石油大会战的序幕。经过几代人的艰苦拼搏，这里曾建成我国第三大油田，成为我国石油工业的一个重要基地。3月22日上午10时，辽河油田开发建设40周年庆祝大会隆重举行，辽河油区干部员工及家属和老石油、老会战怀着激动的心情，追忆激情岁月，畅想美好明天。

中共中央政治局常委、中央政法委书记周永康发来贺信，向油田全体干部员工、离退休老同志和家属表示慰问，向长期关心支持油田建设与发展的油区广大干部群众和社会各界表示感谢。40年前，按照党中央、国务院的战略部署，来自祖国各地的石油大军会师辽河，在10万平方千米的广袤大地上，展开一场声势浩大的石油大会战。40年来，辽河油田累计探明石油地质储量24亿吨，生产油气当量4亿多吨，上缴利税近2000亿元，为我国石油工业发展、国民经济建设和社会进步作出了重要贡献。他指出，在新的历史起点上，石油战线的同志们肩负着更加光荣而艰巨的使命，确保油气生产持续健康发展，关系国家能源安全，关系经济社会发展，关系人民群众切身利益。他要求，深入贯彻落实科学发展观，继续弘扬大庆精神铁人精神，继续发扬辽河会战的艰苦创业精神，以更加奋发有为的精神状态、更加务实的工作态度、更加严细认真的过硬作风，加快转变发展方式，调整优化产业结构，大力推进自主创新，加深勘探、精细开发，使辽河油田在千万吨产量规模基础上实现持续稳定发展。

集团公司副总经理、党组成员王福成受周永康委托宣读贺信并讲话。辽宁省副省长刘国强宣读辽宁省委、省政府贺信并讲话。

王福成代表集团公司党组和集团公司，代表蒋洁敏总经理，向辽河油田表示热烈祝贺，向为油田开发建设作出重要贡献的老领导、老会战、老同志致以崇高敬意，向辽河油区广大干部员工及家属表示亲切问候，向长期以来关心和支持辽河油田发展的辽宁省委省政府、盘锦市和油田周边各级地方党委政府以及社会各界表示诚挚谢意。

王福成说，辽河油田1970年展开大规模石油会战。1986年原油产量突破1000万吨，成为全国第三大油田，截至2009年，原油产量连续24年保持千万吨以上，创造了国内外同类型油田勘探开发历史上的高水平。40年来，几代辽河石油人艰苦奋斗、攻坚克难，取得了令人瞩目的业绩，为支持国家和地方经济建设、促进石油工业发展作出了重要贡献，建成了我国最大的稠油、高凝油生产基地和重油加工基地，形成了一整套适合稠油和高凝油特点的特色开采技术，逐步形成了适应油田发展实际的管控模式，打造了一支素质优良、作风过硬、勇创一流的干部员工队伍。特别是在2009年，坚决执行集团公司应对国际金融危机冲击、调整生产经营工作的安排部署，顾全大局，克服困难，原油产量保持在1000万吨以上，各项工作取得新进展、新成绩。

王福成指出，辽河油田是集团公司发展油气业务的重点地区，在推动中国石油加快发展和振兴辽宁老工业基地的进程中肩负着重要使命，发挥着不可替代的重要作用。辽河油田已进入持续稳定发展的关键时期，面临一些新的困难和挑战，实现整体协调稳定发展的任务比较艰巨。但是经过40年的开发建设，已经积累了雄厚的物质和资源基础，整体技术和管理水平持续提高，保持主营业务规模发展和相关业务配套发展的优势比较明显，同时拥有一支经历过多年石油会战锻炼、讲政治、顾大局、特别能战斗、特别能奉献的高素质干部员工队伍，具备了进一步发展的良好条件。

王福成要求，今后一个时期，辽河油田要在确保整体规模效益的前提下，努力实现原油千万吨以上持续有效稳产。广大干部员工要团结一心，艰苦奋斗，开拓创新，突出发展主营业务，加快转变发展方式，大力弘扬大庆精神铁人精神，全面履行“三大责任”，努力把辽河打造成重要原油生产基地、工程技术服务基地、重油技术创新基地、石油装备制造基地，实现持续稳定有效发展。

王福成强调，要打好勘探开发进攻仗，保持原油1000万吨持续稳产；突出科技进步，加快推动发展方式转变；加强精细管理，努力提升质量效益；建设平安和谐示范矿区，确保企业和队伍稳定；发扬石油工业优良传统作风，建设高素质的干部员工队伍。要深入贯彻落实科学发展观，坚定信心，迎难而上，为集团公司建设综合性国际能源公司、促进地方经济社会发展、保障国家能源安全作出新的更大贡献。

辽宁省委、省政府的贺信说，40年来，几代辽河石油人大力弘扬“爱国、创业、求实、奉献”企业精神，始终以多找油、多产油为己任，为保障国家能源安全、促进辽宁经济社会发展做出了重要贡献。改革开放特别是进入新世纪以来，辽河油田在抓好油气勘探开发的同时，加快接续产业发展，着力提高科技创新能力，扩大对外开放，为推动辽宁发展振兴发挥了重要作用。希望辽河油田全体干部员工在新的历史起点上，着力转变发展方式，着力推进自主创新，努力实现新跨越、再创新辉煌，为我国石油工业可持续发展和辽宁老工业基地全面振兴作出新的更大贡献。

刘国强说，辽河油田40年开发建设历程，也是辽宁4300万人民倾力支持的发展历程。企地双方相互理解、相互支持，体现了互利双赢、共同发展。以辽河油田为代表的中国石油驻辽各企业在做好自身发展的同时，认真履行社会责任，积极支持地方建设，有力促进了东北老工业基地的振兴。辽宁省委、省政府今后将一如既往进一步深化同中国石油的合作，帮助辽河油田创造良好环境，做好坚强后盾。他希望辽河油田深入贯彻落实科学发展观，保持1000万吨稳产规模，着力转变经济发展方式，提高企业综合实力和市场竞争力，努力建成发展和谐、环境和谐、人企和谐、企地和谐的现代化企业，促进辽宁经济社会发展。

中国石油驻辽西地区协调组组长、辽河油田公司党委书记孙崇仁作大会报告，回顾40年发展历程，总结经验和启示，表达辽河人发扬会战传统，齐心协力谱写科学发展新篇章的信心和决心。辽河油田公司总经理谢文彦主持会议。盘锦市委书记陈淑珍说，辽河油田的开发，催生了盘锦这座新兴、年轻的城市，也支撑和带动了盘锦的崛起和繁荣，辽河油田是盘锦市不可分割的组成部分。她祝福辽河油田科学发展，创造新的辉煌。老同志代表马玉龙、老劳动模范代表谭远红分别发言，表示要继续弘扬辽河会战精神，为辽河油田转变发展方式实现新的发展再立新功。

3月21日下午，辽河油田召开了庆祝开发建设40周年座谈会。曾担任辽河石油勘探局党委副书记、副局长兼总地质师的王涛与当年在这块热土上共同奋战的老同志、老劳动模范代表一起，深情回忆石油人的创业历程。王涛饱含深情地说，在异常艰难的情况下，辽河石油人传承大庆精神铁人精神这个传家宝，发扬革命加拼命的大无畏精神，在一片沼泽地上建起了全国重要的石油基地，并不断将其发展壮大。辽河油田取得的辉煌成就，有许多重要的经验，要不断总结并加以传承。老同志们祝福油田兴旺发达，不断取得新业绩，实现新跨越。

中国石油首次发布信息化成果报告

3月31日，中国石油首次发布《中国石油信息化成果报告》(以下简称“报告”)，标志着中国石油信息化建设取得一系列重大成果，信息化管理迈上一个新台阶。国务院工业和信息化部、国务院国资委有关领导，集团公司副总经理、党组成员王宜林出席发布会并讲话，股份公司副总裁孙龙德主持会议。

“报告”总结截至2009年底的中国石油信息化工作成果，概括了中国石油信息化工作全貌，展现了信息化能力和价值。内容主要包括信息化概览、信息化发展、信息化价值三个部分；从指导方针、实施方法、基础能力等九个方面介绍了中国石油信息化工作概况；从生产运行管理系统、经营管理系统、基础应用系统等方面总结了“十五”以来中国石油信息化成果，并分析了信息化对提升生产经营管理的作用和价值，展望了2010年及“十二五”中国石油信息化发展前景。

王宜林在发布会上讲话指出，信息化是当今世界经济和社会发展的大趋势，中国石油无论是发展油气主营业务、建设综合性国际能源公司，还是增强集中管控能力、提高整体运营和管理水平，都离不开信息化的全面支撑。集团公司党组高度重视信息化建设，把信息化纳入建设综合性国际能源公司目标体系之中，列为实施“资源、市场和国际化”战略的重要保证措施之一。

“十五”以来，中国石油坚持按照信息技术总体规划，集中统一信息系统平台，持续加大信息化建设投入和推进力度，特别是经过“十一五”的快速发展，取得一系列重要成果和重大进展，实现从独立分散向集中统一的跨越式转变，全面进入企业信息化发展的第二阶段。

集团公司统一的信息网络体系已全面建成，12个国内区域网络中心和5个海外区域网络中心，将149家所属企事业单位和45个海外分支机构就近接入广域网，为信息系统的高效稳定运行提供了可靠的基础保障。一批生产运行管理系统已经达到国际先进水平，大幅提升了主营业务的生产运行效率和管理水平。按8个业务领域集中部署的ERP系统平台全部搭建完成。

按照国务院国资委要求发布信息化报告，是展现信息化成果和价值，提升企业治理水平的重要途径之一，是中国石油与国际先进信息化实现接轨，在信息化进程中自我提升和追求卓越的自觉行动。王宜林说，希望通过信息化报告的发布，在中国石油与社会之间架起新的沟通桥梁，使社会各界能够更全面、更准确地了解中国石油信息化发展状况，促进企业与社会互动和双赢。

吴邦国考察吉林石化

4月14日，中共中央政治局常委、全国人大常委会委员长吴邦国在全国人大常委会副委员长兼秘书长李建国、吉林省委书记孙政才、省长王儒林等陪同下来到中国石油吉林石化公司考察。吴邦国强调，石化要着力向产业链高端调整，转变发展方式，推进可持续发展。要充分利用国际金融危机形成的倒逼机制，以产业、产品结构调整为重点，加快产业优化升级，活跃和繁荣地方经济。

吴邦国来到吉林石化公司碳纤维厂，亲切问候与现场干部员工。在碳纤维展厅，吴邦国听取吉林石化公司介绍，了解碳纤维产品特性、应用情况和研发历程。他饶有兴致地拿起碳纤维制品仔细观看。在碳纤维工艺流程图前，吴邦国驻足了解各工艺流程环节，仔细询问工艺状况。吉林石化公司碳纤维有40多年研发历史，历经几代科技人员的心血，碳纤维攻关不断取得突破，已经完全掌握了成套生产工艺技术。听完介绍，吴邦国连说："了不起，不容易！"他说，碳纤维是好产品，在很多领域都有广泛应用，希望加快攻克高端产品，实现产业化、规模化，更好为经济社会发展做贡献。

随后，吴邦国考察了碳纤维生产装置，仔细察看了碳纤维产品生产线和有关工艺流程，详细询问生产工艺和设备情况，并参观了碳纤维生产制造的各个工序。走出装置区，他高兴地说，吉林石化坚持自主创新，碳纤维装置建设得很好，这是中国石油的一面旗帜，要坚持下去。他挥笔写下："以自主创新引领可持续发展"，并与吉林石化科技标兵和干部员工代表合影。

在前往驻地途中，吴邦国说，2002年我来过吉林石化，那时吉林石化确实很困难。在中国石油和吉林省、市的正确领导和大力支持下，现在企业走出了困境，获得了新发展。今后，吉林石化要继续深入学习实践科学发展观，转变发展方式，推进可持续发展，重点要解决好四个方面的问题。一要解决好企业经济总量和用工这个矛盾，在企业发展壮大的同时，拓宽就业渠道，维护好群众的根本利益。二要进一步明确企业发展战略，坚持走高端化、差别化、专业化道路，不断增强盈利能力，为参与国际竞争创造条件。三要强化集约管理，突出抓好节能节水工作，争创节约型企业。四要高度重视环保工作，切实抓好污染物减排，争创环境友好型企业。

李克强考察抚顺石化

4月16日16时30分，中共中央政治局常委、国务院副总理李克强在辽宁省委书记、省人大常委会主任王珉，集团公司副总经理、党组成员、股份公司总裁周吉平等陪同下，冒雪到抚顺石化公司100万吨/年乙烯技术改造工程施工现场，考察并慰问施工一线工作人员。

李克强在抚顺石化100万吨/年乙烯技术改造工程施工现场，认真观看工程网络进度图。听取抚顺石化公司关于项目进展及延伸产业链、拉动地方经济情况汇报。李克强首先对中国石油多年来为国家作出的巨大贡献表示感谢，对抚顺石化的工程建设给予充分肯定。他说："中国石油从大局出发，没有忘记抚顺老工业基地给国家作出的突出贡献。中国石油把大项目放在抚顺，既考虑了抚顺石化的发展，也考虑了抚顺市的发展。抚顺当时有30多万棚户区居民和25万下岗工人，没有接续产业。中国石油担负着政治责任，对老工业基地有深厚的感情。"

李克强指出，抚顺石化百万吨乙烯项目是抚顺市的救命项目、希望工程、民生工程，把这个项目放在抚顺，会延伸产业链，拉动抚顺地方经济增长，扩大地方就业。希望按照既定的工程网络计划，科学组织，周密部署，优质高效地按期投产。李克强会见劳动模范代表时强调："榜样的力量是无穷的，雷锋在抚顺工作过，是劳动模范的典型。你们是雷锋精神的传人，希望你们把雷锋精神继续发扬光大。通过你们的努力，把抚顺石化建设得更加辉煌，把抚顺市建设得更加美好。"李克强表示，等到大乙烯项目建成时，一定再来看看。

周永康考察华北油田二连油区

6月8日10时30分，正在内蒙古自治区考察工作的中共中央政治局常委、中央政法委书记周永康，在内蒙古自治区党委书记胡春华、自治区主席巴特尔等陪同下，来到位于草原深处的华北油田公司二连分公司生产一线考察，亲切看望石油工人，向油田广大干部员工表示亲切慰问，勉励他们为促进当地经济发展作出新贡献。

周永康深入二连油田阿南联合站总机关、加热炉和电脱等岗位考察。每到一处，他都详细了解站内的工艺流程和设备运转情况。在阿南联合站荣誉室，周永康仔细观看陈列的照片、奖杯和锦旗，边看边回忆18年前考察阿南联合站时的情景，特意嘱咐随行人员拍下“只有边远的草原，没有荒凉的人生”这十几个醒目的大字。

周永康十分关心二连油田的发展，考察过程中不时询问产量、人员和安全等情况。华北油田公司副总经理、二连分公司经理苗坤一一作答。周永康与在场干部员工一一握手，亲切交谈，关切地询问一线石油员工的野外工作和生活情况。周永康深情地对大家说：“这是我第三次来二连油田。第一次是华北油田提出年产原油上千万吨的时候，在这里有了新发现。第二次是1992年春节，那年气温很低。这次来内蒙古，很想念油田的同志们，特地到二连油田来看望大家。”在场的干部员工深受鼓舞，现场不时响起阵阵掌声和欢快的笑声。

临行前，周永康高兴地说：“你们这个油田管理得不错！请转达我对华北油田和中国石油广大干部员工的慰问。”当日下午，周永康乘车离开二连油田前往锡林浩特市考察。

贺国强考察中国石油阿姆河天然气项目

6月18日下午，中共中央政治局常委、中央纪委书记贺国强在集团公司副总经理、党组成员汪东进的陪同下，到中国石油（土库曼斯坦）阿姆河天然气公司总部考察，看望慰问海外石油员工。

贺国强参观了阿姆河项目图片展，观看了中亚天然气项目电视专题片。汪东进汇报了中国石油海外业务发展及中亚、土库曼斯坦油气合作情况。17时40分，远在千里之外沙漠腹地的中国石油阿姆河天然气项目第一处理厂的中土双方员工，通过网络视频，向贺国强表达了一定运营好一期工程，建设好二期工程，为中土两国人民友谊再叙新篇章的信心和决心。

贺国强对中国石油近年来发展取得的成就表示祝贺，感谢中国石油全体干部员工为发展我国能源工业作出的贡献。他说，大家远离祖国和亲人，在艰苦的条件下，以顽强的工作精神，为完成中土天然气管线的建设和运行以及气田的开发付出了辛勤汗水，作出了重要贡献，祖国感谢你们，人民感谢你们！中国石油通过几十年的发展，不仅创造了物质财富，而且创造了精神财富；不仅解决了油气供应问题，而且培养了一支能打硬仗的队伍，培养了以大庆精神、铁人精神为代表的优良作风；不仅教育鼓舞着石油战线，而且教育鼓舞着全国各条战线。大庆精神不仅不过时，而且还要继续发扬光大。我为石油战线取得的成就和拥有这样一支队伍感到骄傲。

贺国强说，中土人民的传统友谊源远流长，基础深厚。近年来，中土友好合作的关系快速发展，中土天然气合作项目作为互利共赢的重大项目，对推动中土友好合作关系的深入发展具有重要意义。近3年来，你们牢记使命，不负重托，以百折不挠的奋斗精神、求真务实的工作作风和齐心协力的合作意识，克服重重困难，顽强奋战在工作第一线，用很短的时间在茫茫沙漠上建起现代化的天然气处理厂，安全、优质和高效地完成了中国—中亚天然气管道建设任务，为祖国送出了优质的天然气。希望同志们继续发扬爱国、创业、求实、奉献的大庆精神和铁人精神，全力以赴搞好管道复线的建设和油气田的开发，精益求精，做好管道运营的各项工作，切实把这一项目建设好、运营好，不断巩固和扩大中土友好合作的成果。

贺国强说，当今能源是影响我国经济社会发展的重要因素，不仅是当前，而且影响到长远。我们要有忧患意识、能源意识，不仅要开发国内，而且要走向国际，参与国际能源合作。中国石油是国内重要的油气供应企业，希望大家不辜负党中央、国务院和全国人民的期望，继续发扬大庆精神、铁人精神，坚持国内与国外并重、开发与节约并重的方针，开拓进取，艰苦奋斗，更大幅度、更快步伐地走出去，为国家能源战略的实施作出新的贡献。同时，希望大家保重身体，注意安全。

汪东进代表蒋洁敏总经理和中国石油天然气集团公司表示，中央领导同志专程来到阿姆河天然气项目看望大家，了解中国石油响应党中央号召，实施“走出去”战略的做法和成果，充分体现出党和国家领导人对中土两国能源合作项目的高度重视，体现出对中国石油海外业务的深切关怀，更体现出对中国石油广大海外员工的关心和爱护。这是中国石油的光荣，更是对战斗在阿姆河的中土两国广大石油员工的激励和鞭策，激发了石油员工维护国家利益、报效祖国的责任感、使命感和工作热情。我们一定扎实工作，努力拼搏，不辱使命，为国家的经济建设，为中土两国友好合作做好各项工作，力争取得新的更大成绩。

中国石油阿姆河天然气项目是中国石油历史以来最大的海外天然气项目，建设速度比国际同类项目提前一年半，被土库曼斯坦总统别尔德穆哈梅多夫称为“地区合作的成功典范”。截至6月16日，阿姆河项目一期工程已向国内累计供气15亿立方米。按计划，二期工程2012年年底建成投产。届时，每年供气量达130亿立方米。

中国石油天然气集团公司2010年领导干部会议在独山子召开

7月16—18日，集团公司2010年领导干部会议在新疆独山子召开。会议主要任务是，深入贯彻落实科学发展观，总结回顾集团公司推进发展方式转变取得的成效，分析面临的形势和任务，进一步统一思想，明确思路，切实增强主动性、紧迫感和责任感，以更大的决心和力度，加快发展方式转变，持续推进综合性国际能源公司建设，实现全面协调可持续发展。会议对贯彻中央新疆工作座谈会精神，支持新疆实现跨越式发展和长治久安作出部署。

会议召开前夕，国务院副总理张德江在听取中国石油工作情况汇报时作了重要指示，对中国石油各项工作取得的成绩给予充分肯定。张德江指出，改革开放以来，特别是近几年来，中国石油按照党中央、国务院的决策部署，抓住时机，突出集中发展主营业务，大力实施资源、市场、国际化战略，为保障国家能源安全、促进经济社会发展作出了巨大贡献，培养造就了一支能征善战、不怕吃苦、勇于奉献的石油大军。中国石油要按照中央确定的方针、政策，继续深入贯彻落实科学发展观，加快转变经济发展方式，坚持改革开放，坚持油气核心业务，坚持不断创新，继承和发扬大庆精神、铁人精神，实现企业全面发展，为保障国家能源安全，促进我国经济社会又好又快发展作出新的更大贡献。

新疆维吾尔自治区主席努尔·白克力出席会议并讲话，代表自治区党委、自治区人民政府向中国石油长期以来对新疆各项事业发展的支持表示衷心感谢。他说，长期以来，中国石油始终高度重视新疆油气资源开发。特别是近年来，实施了千万吨炼油百万吨乙烯、塔里木大化肥等重大项目，在疆原油产量、加工量、天然气产量分别占到全区的70%、88%和90%以上；西部大开发标志性工程“西气东输”工程建成投入运行，保障了向东部14个省区市源源不断地输送天然气；中国石油积极承担社会责任，大力支持新疆抗震救灾、扶贫开发以及维护民族团结和社会和谐稳定的各项事业。对在新疆建设我国重要的油气生产基地和最大的天然气生产区，为把新疆丰富的资源优势转化为产业优势、经济优势，推动新疆经济社会又好又快发展、造福新疆各族人民作出了重要贡献，并表示自治区党委、自治区人民政府将全力支持中国石油的发展，为中国石油在新疆的发展壮大提供良好的环境和优质高效的服务，共同为保障国家能源安全，推动新疆跨越式发展和长治久安，为伟大祖国的繁荣昌盛作出新的更大贡献。

集团公司总经理、党组书记蒋洁敏作题为《加快转变发展方式，努力实现科学发展》的报告。副总经理、党组成员、股份公司总裁周吉平作生产经营报告。会议结束时，蒋洁敏就贯彻全国人才工作会议精神和加强集团公司人才工作讲话。

与会代表参观了克拉玛依展览馆、黑油山、引水工程和碳汇林基地、独山子石化大炼油大乙烯参观台、1000万吨/年常减压装置、化工控制中心和克拉玛依石化等现场。集团公司所属企事业单位、股份公司地区公司党政主要负责同志，总部各部门及专业公司主要负责同志等共330多人参加会议。

周永康考察青海油田格尔木石化基地

7月19日下午，中共中央政治局常委、中央政法委书记周永康考察青海油田格尔木石化基地，看望干部员工和社区群众，称赞格尔木炼油厂的不断发展为青海、西藏经济发展，社会稳定提供了优质能源，希望青海油田继续为地方经济社会发展作出更大成绩。

当日17时，周永康在青海省委书记强卫、青海省省长骆惠宁等陪同下来到格尔木炼油厂。在展厅，青海油田分公司介绍油田的基本情况。周永康详细询问油气生产、产能建设、生产生活基地建设、气化敦煌及周边地区、天然气供应等情况。对青海油田要在“十二五”期间，提前一年实现建设高原千万吨级油气田的目标表示赞许。走进甲醇装置中控室，周永康与当班员工一一握手，询问他们的工作和生活情况，详细了解甲醇生产、销售、价格等情况。周永康说，近年来，格尔木炼油厂装置越来越多，产品越来越多，效益越来越好，质量不断提升。为青海、西藏经济发展和社会稳定提供了优质能源，希望青海油田继续努力，作为青海第一大企业，要做得更大更好，为地方经济社会发展作出更大成绩。

20时，周永康来到青海油田格尔木社区石化基地公园，受到游园群众和社区工作人员的热烈欢迎。周永康说，青海油田也是石油工业战略西移的一个重点，20世纪50年代起勘探开发，不断有发现，不断在发展，建起了油气生产基地、生活基地等，为国家石油工业发展作出了大贡献，为青海发展作出了大贡献。看到大家生活很好、身体健康、队伍和谐、社会和谐，我很高兴。希望你们把老一辈石油人的优良传统和柴达木石油精神世世代代传下去，为开发好祖国的这块宝地作出新贡献。祝大家有更好的生活环境，更幸福的生活。

广西石化千万吨炼油工程竣工投产

9月8日上午，中国石油广西石化1000万吨/年炼油工程竣工投产仪式在广西钦州举行。广西壮族自治区党委书记、人大常委会主任郭声琨现场宣布工程竣工投产。广西壮族自治区主席马飚，集团公司总经理、党组书记蒋洁敏出席仪式并讲话。钦州市委书记、市人大常委会主任张晓钦致辞。

马飚代表广西壮族自治区党委和政府对工程竣工表示热烈祝贺，对中国石油天然气集团公司长期以来倾力支持广西经济社会发展表示衷心感谢。他说，这项工程是广西石化工业发展的里程碑，是广西工业发展的标志性工程，必将载入广西工业发展史册。工程全面建成投产，标志着北部湾经济区重大项目建设取得突破性进展，填补了我国西南地区没有大型炼油企业的空白，必将促进广西工业做大做强做优。今后，自治区将进一步加大与中国石油合作，全力支持推进系列后续项目建设。

蒋洁敏代表中国石油向全体工程建设者表示崇高敬意，向长期以来关心支持中国石油及在桂企业发展的广西壮族自治区党委、政府和各族人民表示诚挚感谢。他说，广西石化千万吨炼油工程是中国石油在西部大开发中的重点工程。工程开工建设以来，得到了广西壮族自治区党委、政府和钦州市的高度重视和大力支持，有关各方为工程的顺利建设创造了良好环境。广西石化干部员工和全体参建人员弘扬大庆精神铁人精神，精心组织，科学施工，高水平、高标准、高速度地完成了项目建设任务，取得了工程建设质量、安全、投资、进度全面受控和投产试车一次成功的业绩。广西石化千万吨炼油工程的建成投产，对于提升能源保障能力，构建广西特色工业体系，促进地方经济社会发展，都具有十分重要的意义。

蒋洁敏说，广西石化的竣工投产，开启了地企互利双赢、共同发展的新篇章。全体干部员工要以此为契机，在自治区党委和政府的领导下，深入贯彻落实科学发展观，充分发挥新体制新机制的优势，抓好资源优化配置，抓好安全平稳运行，抓好后续配套工程建设，加快转变发展方式，不断提高质量效益，实现可持续发展，带动和促进地方经济社会发展，为实现广西跨越发展和谐发展、为保障国家能源安全作出新的更大贡献。

广西石化1000万吨/年炼油工程项目总投资151亿元，于2007年2月获中华人民共和国国家发展和改革委员会核准，同年11月开始建设。项目经过33个月的工程建设和生产准备，于2010年9月6日全面投产。这一项目主要包括1000万吨/年常减压蒸馏、350万吨/年重油催化裂化、220万吨/年连续重整、220万吨/年蜡油加氢裂化等10余套主体生产装置，以及公用工程、罐区、码头和铁路专用线等配套工程。投产后，每年可向西南地区供应830万吨汽油、柴油、航空煤油和液化石油气等燃料，90万吨聚丙烯、芳烃、苯、甲苯和混合二甲苯等石化产品。

工程采用联合设计模式（JEC），工程建设采用联合管理团队模式（IPMT），开工过程采用开工联合管理团队模式（ICMT），生产运行期间采用矩阵式组织结构模式（SPOM），是率先在中国石油炼化系统全面采用新体制、新机制进行管理运营的大型石化企业。

中缅油气管道
中国境内段开工

9月10日上午，中缅油气管道工程中国境内段在云南安宁市草铺镇开工。云南省委书记、省人大常委会主任白恩培宣布工程开工，云南省委副书记、省长秦光荣，集团公司总经理、党组书记蒋洁敏出席开工仪式并讲话。集团公司副总经理、党组成员廖永远主持开工仪式。云南省委常委、昆明市委书记仇和在开工仪式上致辞。中国石油管道建设项目经理部和炼化工程建设项目部分别介绍了项目的准备情况。

蒋洁敏说，中缅油气管道工程和云南配套炼油项目，是中国石油贯彻党中央“把落实周边是首要的外交布局内容和建设国际大通道结合起来”要求的重要举措，也是推动国家西部大开发战略实施的重点工程。项目的建设，将在我国西南地区开辟新的油气资源陆路进口通道，有利于促进我国能源进口多元化，增强国家能源供应保障能力；有利于促进西南地区基础设施建设，优化西南能源结构，促进和带动云南经济社会发展，造福各族人民群众。他表示，中国石油要充分发挥工程建设的能力和优势，科学组织、周密安排，高标准、高质量、高效率完成工程建设，切实保护好生态环境，努力建设优质工程、绿色工程、和谐工程。

秦光荣代表云南省委省政府和全省各族人民，向长期关心支持云南发展，为中缅油气管道工程和炼油项目建设前期工作付出辛勤劳动的专家和工程技术人员表示衷心感谢。他说，这是中国石油落实国家战略部署，帮助和关心云南发展的一项重大举措，是云南石油化工发展史上的一座里程碑。建设这个项目，是保障我国能源安全的一项重大战略，是促进区域经济协调发展的一项重大举措，是我国向西南开放“桥头堡”建设的一项重要内容，是调整优化云南产业结构的一项重大措施。全力以赴配合好项目建设，是云南人民义不容辞的责任。云南省将全面动员、全面配合、全面支持，促使项目早日建成，早日发挥效益。

中缅油气管道工程中国境内段，是中缅两国政府规划建设的从缅甸西海岸至中国西南的原油天然气管道工程的重要组成部分。原油管道设计能力为2200万吨/年，天然气管道年输气能力为120亿立方米/年。

中缅天然气管道缅甸境内段长793千米，中缅原油管道在缅甸境内段长771千米。两条管道从云南瑞丽进入我国境内后，原油管道经贵州到达重庆，干线长1631千米，天然气管道经贵州到达广西，干线长1727千米。中缅油气管道境内段途经3个省1个直辖市23个地级市73个县市，穿越或跨越大中型河流56处，山体隧道76处。沿线地形地貌、地质条件复杂，地质灾害频发，是目前我国管道建设史上难度最大的工程之一。2010年6月3日，中缅油气管道境外段正式开工建设。中国境内段工程预计于2013年建成投产。

在中缅油气管道境内段工程开工的同时，云南配套炼油项目在昆明奠基。这是与中缅原油管道配套建设的下游项目，整个项目计划于2013年建成中交。

中俄原油管道工程全线竣工

9月27日，中俄原油管道工程全线竣工。中国国家主席胡锦涛、俄罗斯总统梅德韦杰夫在北京人民大会堂共同见证这一历史时刻。

当日中午，竣工仪式在人民大会堂主会场和中、俄两个分会场同时举行。集团公司总经理蒋洁敏在人民大会堂主会场主持竣工仪式。俄东方石油管道公司总经理布罗尼科夫首先在俄境内加林达计量交接站，通过电子显示屏向梅德韦杰夫报告：中俄原油管道俄境内段，完成了原油充填，整体测试，已做好全线投运准备。中国石油管道建设项目经理部总经理吴宏在大庆林源站向胡锦涛报告：中俄原油管道中国境内段主体工程最后一道焊口焊接完毕，请下达全线竣工指令。两国元首同时启动按钮，祝贺中俄原油管道工程竣工。

胡锦涛代表中国政府和人民，对中俄原油管道全线竣工表示热烈祝贺，向奋战在一线的中俄两国工程建设者表示衷心感谢。他说，中俄原油管道工程的顺利建成，是中俄两国互利合作双赢的典范，是两国能源合作新的里程碑。他希望两国有关方面继续努力，再接再厉，争创新业绩，为推动中俄战略协作伙伴关系进一步发展作出新贡献。

梅德韦杰夫说，管道的竣工是俄中两国关系中的一件大事。这条原油管道将会更好更紧密地连接两国，并有助于解决很多经济和社会发展方面的问题。这条管道是面向未来的工程，是互利双赢的工程，将进一步强化俄中战略协作伙伴关系。

中俄原油管道起自俄罗斯斯科沃罗季诺分输站，止于中国大庆，全长近1000千米，其中俄境内管道长约65.5千米，穿越两国界河黑龙江的管道长1.1千米，穿越出土点至漠河首站管道长7.4千米。中国漠河至大庆末站原油管道长925千米，管道设计输量年1500万吨。该项目是中俄两国历史以来最大的双边项目。

2009年4月21日，中俄两国政府授权中国石油和俄管道公司建设中俄原油管道。4月、5月，俄中两国境内段分别开始施工。2010年8月25日，黑龙江穿越工程与两国陆上段管道成功连接。

工程开始建设后，俄方组织了实力雄厚的施工队伍，战胜冰雪严寒，管道穿越西伯利亚森林顺利到达黑龙江畔。中俄双方共同承建的黑龙江穿越工程，不到12个月就圆满完成。面对极其复杂的地层岩性，建设者克服重重困难，成功完成穿越工程。管道回拖创造性地采用光固化套这一特种管外保护技术，确保了穿越管道使用寿命在50年以上。漠河到大庆段是中国第一条通过永久冻土区的原油管道，地质条件复杂。施工单位创造了“多年冻土地区管道施工”、“林区湿地施工”和“永冻土沼泽地段施工”等多套全新工法。管道建设者自觉减少作业带，多保留下8210亩❶原始森林。

上海世博会石油馆安全平稳运行188天宣布闭馆

10月31日23时30分，中国石油、中国石化、中国海油2010上海世博会联合参展领导小组组长、中国石油天然气集团公司副总经理王宜林宣布石油馆正式闭馆。石油馆走过了安全、成功、精彩、难忘的188天世博之旅，创下了多项上海世博会纪录，为参观者留下难忘记忆。

闭馆仪式上，石油馆负责人向与会各界代表、新闻媒体和全体参展人员报告了石油馆在世博会上创造的业绩：运行188天，接待游客超过361万人；连续4个月受到游客的热情排队候展，成为上海世博会最热门的场馆之一。联合参展领导小组办公室主任、中国石油天然气集团公司总经理助理李润生发表闭馆致辞。他说，石油馆用“石油，延伸城市梦想”的宣言，成功演绎了世博会主题。拉近了石油和大众的距离，深刻诠释了石油对人类文明发展的推动作用，加深了社会各界对石油石化行业和企业的了解，搭建了社会了解中国石油工业的纽带、桥梁和平台；用石油人的智慧，生动展示了国脉所系的企业形象；用清洁绿色和可持续发展的理念，通过百万人的切身感受，展示了石油石化企业的责任和担当；用大庆精神、铁人精神，完美体现了石油员工队伍新的时代风采；用共同的目标和情感，成功创造了三家企业密切合作的经典范例。上海世博会虽然结束了，但“石油，延伸城市梦想”的追求，会永远激励石油石化人，为演绎未来的美好城市生活而努力奋斗。

“大世界基尼斯之最”认证机构，向石油馆馆长刘俊杰颁发了代表“中国之最”的两份证书：上海世博会石油馆的外立面，以极富石油石化特色的PC板精细成像的独特创意和优良技术，创造国内“异型PC板组合LED精细成像面积之最”；石油馆的主展电影《石油梦想》，连续放映13166场，创下国内“连续188天累计放映单一4D影片场次之最”。

23时55分，联合参展领导小组组长、集团公司副总经理王宜林，集团公司副总经理曾玉康，以及中国石化、中国海油和大庆油田的有关领导同志共同启动石油馆的熄灯仪式。

2008年3月，中国石油、中国石化、中国海油三家石油公司宣布联合参展世博会起，此后石油馆经过两年精心策划设计，融合国内外17家顶级团队的智慧思考，带着中国石油石化行业深厚的优良传统，以一系列优良业绩现身上海世博。

石油馆高效组织施工建设阶段，就在18家企业馆中率先封顶，以过硬的组织管理、工程质量，获得上海市结构“金钢奖”、“世博文明工地”、“上海市文明工地”等荣誉。同时，石油馆以严细的管理、优质的服务，获得了上海世博局颁发的所有集体以及个人的最高奖项，还荣获上海市“五好”先进党组织、优秀集体、工人先锋号和文明场馆等一系列荣誉。

（王　强　任洁江）

---

❶ 1亩=（10000/15）平方米。

股份公司法人治理

【概述】

1. 股份公司治理的完善情况

2010年度，股份公司按照境内外监管规定规范运作。依据《中国石油天然气股份有限公司章程》（以下简称《公司章程》）、相关法律、法规和股份公司上市地证券监管规则等规定并结合实际情况，股份公司不断制定、完善和有效执行董事会及所属各专业委员会的各项工作制度和相关工作流程。为进一步适应新的监管要求，股份公司第四届董事会八次会议审议通过了修订后的《中国石油天然气股份有限公司信息披露管理规定》，加大了对年报信息披露责任人的问责力度，制定了《中国石油天然气股份有限公司内幕知情人登记办法》，进一步完善了股份公司年报信息正式对外披露前内幕信息的保密工作。2010年度，股份公司通过股东大会、董事会以及相应的专门委员会、监事会和总裁负责的管理层协调运转，有效制衡，加之实施有效的内部控制管理体系，使股份公司内部管理运作进一步规范，管理水平不断提升。

2. 内部控制制度的完善情况

股份公司十分重视内部控制及风险管理，成立了由董事长和财务总监领导的内部控制和风险管理工作的决策机构——内控与风险管理委员会；总部设立内控与风险管理部，作为股份公司内部控制体系日常管理部门和委员会的办事机构，组织、协调内控体系实施和完善的相关工作；内控部门和审计部门行使检查和监督职能，对体系运行状况实施监督检查；各分（子）公司均有相应机构，承担本单位内部控制的日常管理工作。

2010年，是股份公司全面运行内部控制体系的第五年。内控与风险管理工作重点围绕完善体系抓拓展，落实制度抓执行，优化流程抓基础，强化培训抓队伍，继续完善内控体系，强化运行监督检查，提高内控与风险管理水平和质量，切实发挥基础保障作用。

股份公司根据财务管理情况，发布实施财务管理业务流程规范，进一步规范相关流程和关键控制的设计，提高流程效率与执行效果；进一步巩固和完善信息披露管理制度、重大事项的判定标准和报告程序、披露事项的收集、汇总和披露程序；以“指导、交流、监督”为工作原则，科学组织，统筹协调，创新测试方法，注重管理上的深层次问题，测试水平得到提高，监督作用得到加强。

股份公司审计部负责组织实施第一阶段管理层测试，内控与风险管理部负责组织、协调内外部内控测试，并督促改进，组织内控体系运行考核。

董事会审计委员会全年听取了4次内控与风险管理工作汇报，认为股份公司的内控工作取得一定成效。希望今后提高内部风险的系统防控能力，有效识别和准确评估风险，及时提出建设性意见。

股份公司对于《企业内部控制基本规范》及其配套指引，积极组织，认真分析和研究，在现有内控体系已基本能够满足该规范要求的基础上，继续做好完善工作；同时，承担财政部组织的相关课题的研究，根据其要求，探索内部控制评价操作流程与方法。

3. 独立董事履行职责的情况

2010年，股份公司独立非执行董事严格按照境内外有关法律、法规及《公司章程》规定，认真勤勉地履行职责。独立非执行董事认真审阅公司提交的各项议案及相关文件，积极参加董事会会议及专业委员会会议，独立和客观地发表意见，维护独立股东权益，在董事会进行决策时起着制衡作用。独立非执行董事能够认真审阅公司定期报告，在年审审计师进场审计前后，董事会召开前与审计师进行多次定期或不定期的沟通。报告期内，股份公司独立非执行董事未对股份公司本年度的董事会议案及其他事项提出异议。

4. 股东大会情况

为保障股份公司所有股东享有平等地位并有效地行使股东权利，股份公司根据《公司章程》的规定每年召开股东大会。

2010年5月20日，股份公司在北京汉华国际饭店召开2009年度股东大会。蒋洁敏董事长担任本次大会主席并主持会议。

5. 董事会运作

股份公司董事会由股东大会选举产生，并向股东大会负责，其基本责任是对股份公司的战略性指导和对管理人员的有效监督，确保符合公司的利益并对股东负责。根据《公司章程》或股东大会授权，若干重大事项由董事会作出决定，包括：战略方案和中长期规划；年度经营计划和投资计划；年度财务预算方案；年度公司执行机构成员的业绩考核指标和年度薪酬计划方案；年度中期及全年财务报告；年度中期及全年利润预分配方案；涉及公司发展、收购或机构调整等重大事宜。股份公司董事及董事会认真负责地开展公司的治理工作，严格按照《公司章程》规定的董事选聘程序选举董事；全体董事能够以认真负责的态度出席董事会，认真、勤勉地履行董事职责，确定股份公司重大决策，任免和监督股份公司执行机构成员。

股份公司建立了独立董事制度，董事会成员中有5名独立非执行董事，符合《香港联合交易所上市规则》有关独立非执行董事人数的最低要求。股份公司已经收到了5名独立非执行董事根据《香港联合交易所上市规则》第3.13条规定给予的独立性确认函，并认为5名独立非执行董事完全独立于股份公司和主要股东及关联人士，符合《香港联合交易所上市规则》对独立非执行董事的要求。5名独立非执行董事并没有在股份公司担任任何其他职务，并按照《公司章程》及有关法律、法规的要求，认真履行职责。

股份公司董事会下设审计委员会、投资与发展委员会、考核与薪酬委员会和健康安全与环保委员会。上述委员会的主要职责是为股份公司董事会进行决策提供支持。参加专门委员会的董事按分工侧重研究某一方面的问题，为股份公司管理水平的改善和提高提出建议。

（李家祚）

6. 监事会运作

2010年度，监事会按照《中华人民共和国公司法》、《中国石油天然气股份有限公司章程》等有关规定，认真履行职责。

（1）监事会会议召开情况。

在报告期内，公司先后召开4次监事会会议。

一是第四届监事会第八次会议，主要审议通过公司2009年度财务报告、利润分配、总裁班子年度业绩考核、公司常年会计师事务所聘用、监事会年度报告、公司年度报告及摘要、公司可持续发展报告、监事会工作总结和工作计划等事项；二是以书面传签的方式召开第四届监事会第九次会议，审阅通过公司2010年第一季度报告；三是监事会四届十次会议，审议通过公司2010年中期财务报告、中期利润分配方案和半年度报告及摘要；四是以传签方式召开第四届监事会第十一次会议，审阅通过公司2010年第三季度报告。

（2）监事会参加其他会议及履职情况。

报告期内，监事会参加公司2009年度股东年会，并向大会提交《中国石油天然气股份有限公司2009年度监事会报告》、《关于聘任中国石油天然气股份有限公司2010年度境内外会计师事务所并建议授权董事会决定其酬金的议案》，经大会表决通过。

列席董事会会议4次，听取董事会审议公司2009年度及2010年度中期的年报、中报、利润分配、预算、投资、关联交易、资产收购、总裁工作报告、总裁班子成员业绩考核等有关议案。监事会在会上发表关于审查本公司财务报告、利润分配方案（预案）、总裁班子业绩考核等意见书5份。

召开听证会2次，先后听取财务总监、财务部、预算管理办公室、内控与风险管理部、审计部、普华永道、人事部、监察部和监事会办公室等有关报告15个，对公司财务、利润分配、关联交易、总裁班子业绩考核等情况进行审查，并发表了相关意见。

组织财务抽样调查2次，调查8个单位，出具调查报告和综合报告10个，提出建议69条。

组织监事巡视1次，出具报告1个，提出建议3条。

（3）监事会对公司工作的意见。

监事会认为，2010年，公司面对复杂的宏观经济形势，紧紧围绕建设综合性国际能源公司的目标，继续实施资源、市场和国际化战略，加快重点工程项目建设，全面推进精细化管理，强化安全环保稳定工作，认真抓好产运销储协调运行，各项生产经营工作成效显著：油气生产平稳增长，炼化加工负荷稳步提升，成品油销售量大幅增加，天然气业务快速发展，国际化经营规模持续扩大，市场保障能力持续增强，经营业绩大幅增长。监事会对公司取得的成绩表示满意，并对公司的前景充满信心。

（4）监事会审查关注的其他事项。

①监事会对公司依法规范运作情况的意见。

2010年，公司严格遵守国家法律、法规、上市地监管规则和公司章程的规定，规范运作。股东大会和董事会的会议程序、表决方式及会议决议合法有效，会议所形成的决定得到较好落实。总裁班子成员依法经营、规范运作，没有发现违犯国家法律、公司章程以及损害公司和股东利益的行为。

②监事会对检查公司财务情况的意见。

2010年，公司资产总额、股东权益继续保持增长，盈利能力增强，公司财务状况总体良好。

本公司年度财务报告分别按照中国企业会计准则及国际财务报告准则编制。经普华永道中天会计师事务所有限公司和罗兵咸永道会计师事务所审计的公司财务报表，真实、公允地反映了公司的财务状况、经营成果和现金流量，其出具的无保留意见书是客观公正的。

③监事会对最近一次募集资金实际投入情况的意见。

股份公司募集资金实际投入项目与承诺一致，未发现例外项目。

④监事会对公司收购、出售资产情况的意见。

股份公司收购、出售资产交易价格合理，未发现内幕交易行为，未发现有损害股东权益或者造成公司资产流失、利益受损情况。

⑤监事会对公司关联交易情况的意见。

股份公司持续性关联交易在香港联交所同意及经股份公司临时股东大会批准的上限内规范运行，关联交易价格合理、公允，未发现有损害非关联股东或股份公司利益的情形。

⑥监事会对公司内控体系运行情况的意见。

股份公司内控与风险管理体系持续完善深化，业务流程管理取得积极进展，技术手段不断提高，风险管理工作持续推进，内控监督机制进一步完善。

⑦监事会对公司可持续发展情况的意见。

2010年，公司把满足经济社会发展对能源不断增长的需求、推动经济增长与人类社会的进步，作为重要使命，坚持安全发展、清洁发展、节约发展、和谐发展理念，转变发展方式，推进科技创新，加强国际合作，开发清洁能源和可再生能源，努力创建资源节约型、环境友好型、安全生产型企业。监事会同意公司年度可持续发展报告。

2011年，监事会将继续严格按照《中华人民共和国公司法》、《中国石油天然气股份有限公司章程》和有关规定，认真履行职责，做好各项工作。

（佟魁杰）

【股东大会、董事会决议】

1. 股份公司2010年召开的股东大会

2010年5月20日，股份公司在北京汉华国际饭店召开2009年度股东大会。蒋洁敏董事长担任本次大会主席并主持会议。本次股东年会审议并批准了8项决议：(1）批准股份公司2009年度董事会报告。(2）批准股份公司2009年度监事会报告。(3）批准股份公司2009年度财务报告。(4）批准股份公司2009年度利润分配方案。(5）批准股份公司关于授权董事会决定公司2010年中期利润分配方案。(6）批准股份公司聘用公司2010年度境内外会计师事务所并授权董事会决定其酬金的议案。(7）批准股份公司关于向中油财务有限责任公司增资的议案。上述7项普通决议，形成了股份公司股决字〔2010〕1号普通决议。(8）批准股份公司关于给予董事会股票发行一般授权事宜的特别决议，形成股份公司股决字〔2010〕2号特别决议文件。

2. 股份公司2010年度董事会例会

2010年3月24日，股份公司在北京市东城区东直门北大街9号昆仑厅召开了第四届董事会八次会议。蒋洁敏董事长主持会议，公司董事和董事会秘书出席会议，监事会、总裁班子成员列席会议。本次会议审议并通过13项议案：(1）审议通过关于公司2009年度财务报告的决议。(2）审议通过关于公司2009年度利润分配预案的决议。(3）审议通过关于公司2009年度报告的决议。(4）审议通过关于2009年度总裁工作报告的决议。(5）审议通过关于总裁班子2009年度业绩指标完成情况考核及2010年度业绩合同制订情况的决议。(6）审议通过关于提请股东大会授权董事会决定公司2010年中期利润分配方案的决议。(7）审议通过关于提请股东大会给予董事会股票发行一般授权事宜的决议。(8）审议通过关于向中油财务有限责任公司增资的决议。(9）审议通过关于转让LNG项目权益及业务机会的决议。(10）审议通过关于制定和修订公司信息披露相关制度的决议。(11）审议通过关于公司内部控制工作报告的决议。(12）审议通过关于可持续发展报告的决议。(13）审议通过关于召开2009年度股东年会的决议。形成了董决字〔2010〕2—13号董事会决议文件。

2010年6月17日，股份公司在北京市东城区东直门北大街9号昆仑厅召开了第四届董事会九次会议。蒋洁敏董事长主持会议，公司董事和董事会秘书出席会议，监事会、总裁班子成员列席会议。本次会议审议通过1项议案，同时听取了审计委员会意见书和3个专题报告。(1）审议通过关于批准公司2009年度20-F表格年报的决议。(2）听取股份公司业务发展规划报告。(3）听取股份公司安全环保部HSE管理体系推进工作情况汇报。(4）听取股份公司副总裁赵政璋先生关于2009年度储量评估特别报告。形成了董决字〔2010〕16号董事会决议文件。

2010年8月25日，股份公司在北京市东城区东直门北大街9号昆仑厅召开了第四届董事会十次会议。蒋洁敏董事长主持会议，公司董事和董事会秘书出席会议，监事会、总裁班子成员列席会议。本次会议审议通过了5项议案：（1）审议通过关于公司2010年中期财务报告的决议。（2）审议通过关于公司2010年中期利润分配方案的决议。（3）审议通过关于公司2010年半年度报告的决议。（4）审议通过关于公司2010年投资计划调整的决议。（5）审议通过关于修订公司与中国石油集团金融服务持续性关联交易上限的决议。形成了董决字〔2010〕17—21号董事会决议文件。

2010年11月25日，股份公司在北京市东城区东直门北大街9号昆仑厅召开了第四届董事会十一次会议。周吉平副董事长主持会议，公司董事和董事会秘书出席会议，监事会、总裁班子成员列席会议。本次会议审议并通过5项议案，同时听取审计委员会意见书及1个专题报告。（1）审议通过关于公司2011年度投资计划的决议。（2）审议通过关于公司2011年度预算的决议。（3）审议通过关于转让中石油北京天然气管道有限公司60%股权的决议。（4）审议通过关于收购中油燃料油股份有限公司4.356%股权的决议。（5）审议通过关于转让广西中石油储备油有限公司100%股权及大连同类业务股权的决议。形成了董决字〔2010〕23—27号董事会决议文件。

2010年1月15日，股份公司以传签方式召开临时董事会会议，就《关于聘任由总裁提名的副总裁》的议案进行书面表决，公司董事同意通过该项议案，形成了董决字〔2010〕1号董事会决议文件。

2010年4月27日，股份公司以传签方式召开临时董事会会议，就《关于中国石油天然气股份有限公司2010年第一季度报告》进行书面表决，公司董事同意通过该项议案，形成了董决字〔2010〕15号董事会决议文件。

2010年10月27日，股份公司以传签方式召开临时董事会会议，就《关于中国石油天然气股份有限公司2010年第三季度报告》进行书面表决，公司董事同意通过该议案。形成了董决字〔2010〕22号董事会决议文件。

【2009年度业绩路演】 2010年3月25日，股份公司在香港召开了2009年度业绩新闻发布会和投资分析员会议。蒋洁敏董事长、周吉平副董事长兼总裁、孙龙德副总裁、周明春财务总监、李华林副总裁、董事会秘书出席会议。会上公布了股份公司2009年度经营和财务业绩，回答新闻媒体和投资分析员关心的热点问题。

业绩发布会后，公司董事长蒋洁敏在香港接受《经济日报》、《彭博资讯》、《南华早报》3家媒体专访，对公司上市10年来的历程进行回顾，对公司未来的发展进行展望。3月26日，公司副董事长兼总裁周吉平带队参加由瑞士信贷组织的大型投资会议，介绍公司的近况和发展战略，回答与会者的问题。当天，副总裁孙龙德，财务总监周明春，副总裁、董事会秘书李华林分别带队在香港共进行18场次一对一路演，与公司H股重要股东就公司2009年业绩进行全面深入的沟通。3月29日和4月1日，为了进一步加强与境内新闻媒体和资本市场的互动，公司首次分别在深圳和上海举行管理层与新闻媒体的见面会。会后，周明春总监与李华林副总裁、董事会秘书带队，采取一对一形式，会见境内重要投资者，就公司发展近况、长期战略及投资者关心的热点问题进行广泛深入的交流。境内路演共会见媒体38家、46人，境内投资者11家，62人。

此次路演是公司在经历全球金融危机后，第一次向社会和投资者展示克服困难，转危为机，取得良好业绩的一次重要活动，同时又恰逢公司上市十周年的历史时刻，公司领导对这次路演活动给予高度重视，各相关部门协调一致，准备充分，与驻港机构通力配合，积极支持，使此次年度业绩路演取得良好的效果，达到预期的目的。

【可持续发展报告】 2010年3月25日，在股份公司业绩报告发布的同时，发布股份公司2009年度《可持续发展报告》。

【投资者关系和新闻媒体关系】 投资者关系和新闻媒体工作是加强与资本市场沟通、促进投资者和新闻媒体对公司的了解，提升公司与投资者和新闻媒体关系的主要工作。股份公司上市以来，管理层对资本市场工作一直高度重视，特别注重与机构投资者和主流新闻媒体的沟通。

股份公司重大事项一直被资本市场及新闻媒体高度关注，主动引导新闻媒体舆论，持续树立公司积极稳健的市场形象，加强与主流新闻媒体的及时沟通，积极宣传并正面引导市场对公司重大事项的关注及报道。

投资者关系和新闻媒体工作充分利用股份公司对外网站宣传。设立“董秘信箱”，方便公司与股东双向沟通交流，对投资者和公众提出的各类问题及时作出回复和解释，主动介绍公司生产经营现状和发展战略。正面引导投资者和公众对公司建立正确认识和坚定股东及投资者对公众的信心。

公司采取“走出去”的办法，有意识地会见境内分析员和基金经理。继3月在香港年度业绩路演后，主动到上海和北京两地进行国内路演。公司还通过国际会议进行“一对一”会议和大会发言，加强与投资者的沟通。为开创海峡两岸投资市场的新局面，公司副总裁、董事会秘书李华林带队赴台湾参加台湾最大证券公司《元大证券》的海峡投资论坛，两岸三地具有代表性的企业和投资人进行了互动交流。

公司采取“请进来”的方式，2010年邀请国泰君安、华夏、嘉实、中国人寿、上投摩根、工银瑞信等国内券商和国内监管机构以及美国联博、JP摩根、摩根大通、美国资本集团、美国资本世界、美国资本研究集团、伍德麦肯锡等H股股东，组织3次境内“反向路演”（考察）。邀请境内外主要财经媒体参观大庆油田，使香港记者有机会实地了解中国石油的生产经营活动，使资本市场对股份公司有进一步的了解。

进一步规范“反向路演”接待工作，成功开办资本市场现场考察工作人员第一期培训班。邀请境内外监管机构、中介机构等单位，对“反向路演”接待单位的领导和相关工作人员介绍境内外监管法规、证券金融知识和媒体公关工作技巧等，以便在今后的“反向路演”接待工作中更加规范有效。

为了进一步积极开展与境内监管机构的协调、沟通和信息报送工作，公司设立证券事务代表并在董事会秘书局设立代表办公室。由这个处室专门负责对中国证监会、北京市证监局、上海证券交易所和中国证券登记公司的日常联系工作，负责接收、汇总境内证券监管机构发布的法律、法规和工作要求，跟踪研究，及时提出改进工作的建议，充分发挥好沟通公司与监管部门的桥梁和纽带作用。

改善和加强公司与境内外媒体的关系。进一步加强对新华社、新华网、中国证券报、中证网、道琼斯、路透社、彭博资讯、南华早报和香港经济日报等通讯社和报社的工作，与媒体的主要记者和撰稿人建立并保持着良好的工作关系，使得公司在财经媒体中拥有较稳定的公正客观的记者群体。

2010年，投资者关系和新闻媒体工作，虽然遇到很多新的问题和挑战，但是工作中不断积累经验，得到长足进步，在香港《投资者关系》杂志评比中，股份公司获得亚洲最佳投资者关系荣誉；在上海交易所组织的境内A股第五届投资者关系年会评比中，股份公司获得良好的成绩。股份公司在普氏能源2010年“全球能源企业250强”中列第七位，连续8年居亚太区第一位。公司入选中国上市公司企业社会责任指数、恒生可持续发展企业指数成分股。

【股票表现】

1. 中国石油香港H股2010年股市综合分析

2010年，外围市场氛围好坏参半，香港资本市场表现反复，年初爆发的希腊债务危机引发信用危机，香港股市也从2009年末的高位下滑。随着中国经济持续高增长，在2010年三季度股市缓步恢复上升。以2010年12月31日计算，股份公司H股占恒生指数比重约为3.55%，是第八大的成分股，受恒生指数波动的影响也较大。2010年上半年国际油价呈上升趋势，下半年国际油价在100美元/桶[1]左右徘徊，加上国家发改委4次上调油价，均给公司的股价带来支持作用。股份公司H股的股价由年初的9.29港元上升至12月31日收市的10.16港元，全年累计上升9.01%。股份公司H股2010年1月1日—12月31日股价走势见图1。

股价月度表现如下：

1月，月初港股追随美股及商品市场强势震荡上涨，随后人民银行宣布上调存款准备金率，市场忧虑中央开始部署退市政策，引发港股急挫，同时成交量创下年内新高，抛售压力沉重。月中国内股市大跌，市场因为忧虑资金继续外流，国内经济数据过热引发进一步紧缩，以及奥巴马政府提案控制银行规模等因素，引发恒生指数接连大跌。月末国内收紧信贷，加上美国三大指数跌幅明显，希腊财政危机升级等因素，打击投资者对全球经济稳定的信心，恒生指数反复下跌。中国石油股价跟随大市，先升后缓。

2月，中国石油股价走势波动不定，先高后低、再走高。由于正值春节前后，基金经理大多休假，加上3月业绩发布期临近，投资者观望情绪浓厚，导致港股成交一直趋于平静。受美国能源协会公布汽油库存减少消息的刺激，加上美国西北地区再次出现严寒天气，市场预期取暖油需求大增，支持油价表现，国际油价上涨，中国石油股价跟随大市走势上涨。

3月，外围消息好坏参半，令投资者忧虑的消息包括国内通胀高于预期，市场再度担心央行加息，中资银行的融资压力增加。3月虽然是业绩发布高峰期，但因大部分蓝筹股的业绩只是基本符合市场预

[1] 1桶＝0.15898806立方米≈159升。

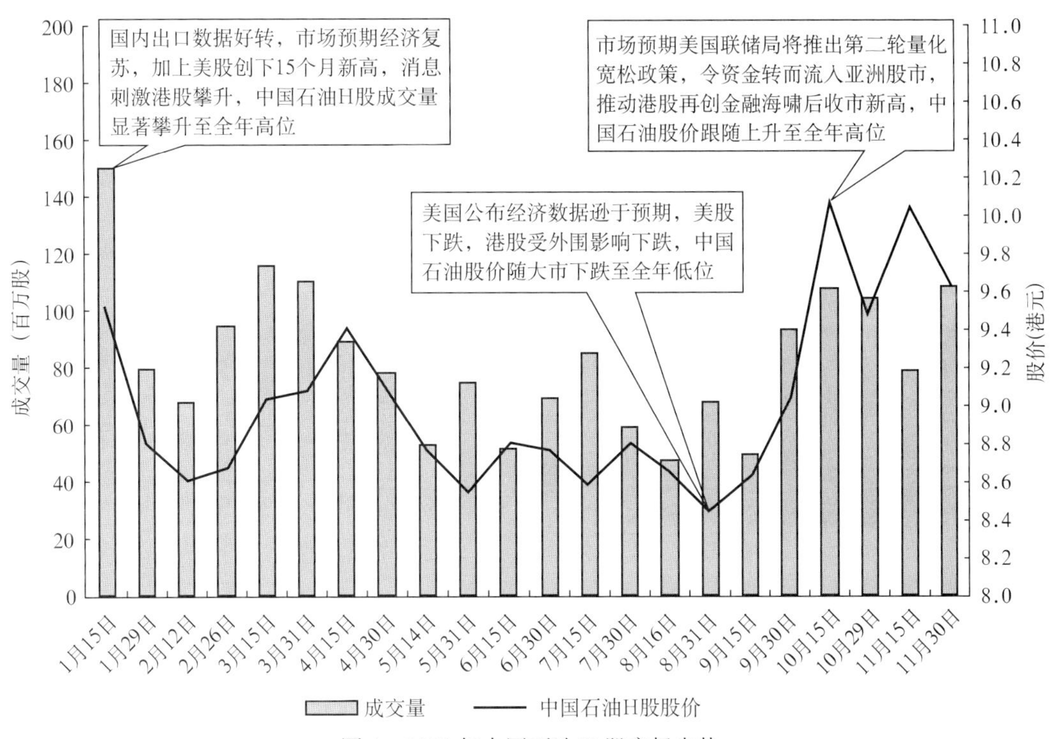

图 1 2010 年中国石油 H 股市场走势

期，港股缺乏重大利好消息支持，恒生指数月内反复在 21000 点的水平震荡。下旬股份公司公布 2009 年度业绩符合市场预期。市场相信股份公司将最终受惠国内成品油及天然气定价改革方案，对中国石油前景表示乐观，中国石油股价整月表现优于大市。

4 月，港股呈现大幅度波动。美国经济数据理想，显示经济持续复苏，缓解了市场对希腊债务危机的忧虑，加上市场炒作人民币升值，带动资金继续流入港股，恒生指数一度上升至 22300 点。月中起，外围及境内市场负面消息增多，投资评级机构调低西班牙主权评级，对环球股市造成打击，另一方面中央加速启动对房地产市场的新一轮调控，市场顾虑央行可能随时再上调存款准备金率以收紧流动性，港股受拖累下跌。中国石油股价走势跟随大市下跌。

5 月，中国收紧信贷、欧洲五国主权债务危机以及市场忧虑美国经济在外围因素影响下减慢复苏的速度等消息，促使环球股市出现较大幅度的调整。港股受外围及国内股市拖累，除了防守性较强的公用股外，恒生指数成分股全线下跌。月中曾因欧洲实施救市措施而出现反弹，后来市场忧虑欧洲各国大幅削减开支，减少财政赤字，阻碍欧洲经济复苏，全球股市再度下跌。恒生指数累计下跌 1342 点，跌幅达 6.4%。不过，美国原油进口量下滑，墨西哥湾的石油设施被破坏，影响石油生产及供应，加上美国进入驾驶旺季，对燃料需求增加，消息支持油价反弹。虽然港股偏软，但中国石油股价仍然逆市上升，至月末才跟随大市下跌至全月低位。

6 月，市场逐渐消化欧债危机，如希腊被评级机构穆迪连降四级等消息。其后，中央政府重启人民币汇率改革，市场憧憬人民币升值，但由于欧洲债务问题及银行信贷紧缩等负面因素，加上 A 股在农行招股上市前急速回软，港股先升后跌。恒生指数仅有 1.84% 的升幅，上下震荡波幅达 3700 点。国际油价受到美国原油库存下滑超过市场预期等因素影响持续走高，加上欧佩克表示油市无需额外供给，下调其对 2010 年全球石油需求增长的预估，并上调非欧佩克成员国的供给预期，促进了油价的上涨。中国石油股价跟随大市上涨。

7 月，港股初受欧债危机拖累，其后逐步反弹，月中旬受国内经济数据较预期差的影响，加上美国部分企业公布的中期业绩逊于预期，港股回落，随后国内股市回升，加上欧洲多家银行通过压力测试，使市场气氛转好，港股受外围造好的影响而上涨，恒生指数反弹并一度连升8日。不过，相比欧美股市和A股市场，港股7月份的表现仍然稍逊。国际货币基金组织上调对世界经济增长的预测，消息推动原油价格进一步走强，油价连升。中国石油股价跟随大市先跌后升。

8月，月初国内股市在钢铁、水泥及煤炭股带动下攀升，虽然蓝筹股的中期业绩表现良好，但仍难以抵消欧美经济欠佳的负面影响，呈先高后低局面。股份公司公布2010年中期业绩，成绩符合市场预期，市场也对下半年股份公司业务增长感到乐观。美国商业原油和成品油库存总量达到自1990年1月份以来的最高水平，加上美国经济复苏缓慢的迹象导致石油需求恢复缓慢，整月国际油价呈下跌态势。

9月，美国经济数据理想，加上A股大幅上扬带动港股飙升。之后欧洲再传出债务危机，银监会将提高商业银行减值拨备到2.5%，以及国家统计局突然提前公布8月份数据打击A股市场人气等消息相继发出，拖累港股表现。至月末政府推出新一轮的调控楼市措施，加上高盛配售工商银行H股套现，消息导致港股表现反复。中国石油股价跟随大市，月末在港股上升的带动下上升。

10月，巨额资金持续流入香港市场，为港股带来推动力。市场预期美国联储局将推出第二轮量化宽松政策，令资金转而流入亚洲股市，推动港股再创金融海啸后收市新高。月中虽然美股小幅上扬，但国内加息及A股短期涨幅过大，影响港股表现，港股开始震荡，继而小幅下跌。中国石油股价整月的表现与大市同步。

11月，投资者对香港企业业绩的乐观预期，支撑了金融股及地产股大幅上涨，加上热钱不断涌入，港股曾连续攀升。但在G20峰会前，国内传出上调存款准备金率的消息拖累港股，国内股市跌幅也随之扩大。月中旬国内宏观调控预期升温，爱尔兰爆出债务危机，使港股成交进一步萎缩。及至香港政府打压楼市炒风的措施出台，欧债危机以及国内再推调控政策的忧虑，使投资者入市缺乏信心，消息拖累港股下跌。月末最后一天，欧盟与爱尔兰就援助达成协议，欧债危机有舒缓迹象，欧盟更推出稳定机制，利好消息刺激港股止跌回升。中国石油股价跟随大市上涨。

12月，由于美联署对美国经济前景作出平淡预期，欧洲主权债务危机仍然存在，同时市场观望国内加息等因素，港股回软，但得益于国内能源需求增加，公司股价优于大市。月中受美国经济数据表现向好的消息刺激，港股表现不俗，同时，基金经理陆续放假，投资者入市意欲不大。但是之后，穆迪将西班牙主权评级列入负面观察以及港股大户持续抛售行为，将恒生指数大幅推低。月末受朝鲜半岛局势影响，同时投资者在圣诞节期间入市意欲不大，股市气氛冷淡，港股呈波动上升态势，中国石油股价与大市同步。

2. 中国石油A股2010年股价表现综合分析

中国石油A股2010年度股价走势见图2。

2010年，中国石油A股开盘为1月1日13.85元，12月31日收盘为11.22元，年跌幅为18.81%，股价走势基本同步于大盘，呈现先抑后扬再震荡下跌走势。

股价月度表现如下：

1月，中国石油A股开盘为13.85元，月末报收于13.08元，月跌幅为5.35%，走势基本跟随大盘。投资者对于加息等收紧政策的忧虑进一步加剧和房地产将继续调控的传闻是影响本月股价主要因素。

2月，中国石油A股开盘为13.03元，月末报收于13.00元，月跌幅为0.61%，走势基本跟随大盘。本月先是宏观经济数据和官员言论均显示近期国内政策环境将趋于宽松，带动A股市场连续反弹。月中央行上调存款准备金率0.5个百分点，引发大盘下跌，随后在中央重申货币政策适度宽松下放量反弹。

3月，中国石油A股开盘为12.99元，月末报收于12.84元，月跌幅为1.23%，走势稍弱于大盘。本月大盘热点集中在中小盘股，大盘股多数都处于震荡盘整中。前半月的严查金融机构贷款入股市的利空传闻和投资者担心货币紧缩措施在两会后出台等因素导致股指下跌。下半月A股在外围股市向好的带动下，缓慢震荡上升，月末期指交易时间的确定，对市场心态的稳定起到了积极的作用。股份公司3月26日发布2009年度业绩为每股收益0.56元，市场反应较为平淡。

4月，中国石油A股开盘为12.85元，月末报收于12.10元，月跌幅为5.76%，走势基本跟随大盘。本月前半段，沪深两市在题材股的轮番炒作下继续小幅攀升，中小盘股指再创历史新高。随着4月15日，国务院出台房地产调控政策，地产股和金融股带领大盘快速向下调整。本月股份公司虽有上调成品油价的利好支撑，但依然随大盘大幅下跌。

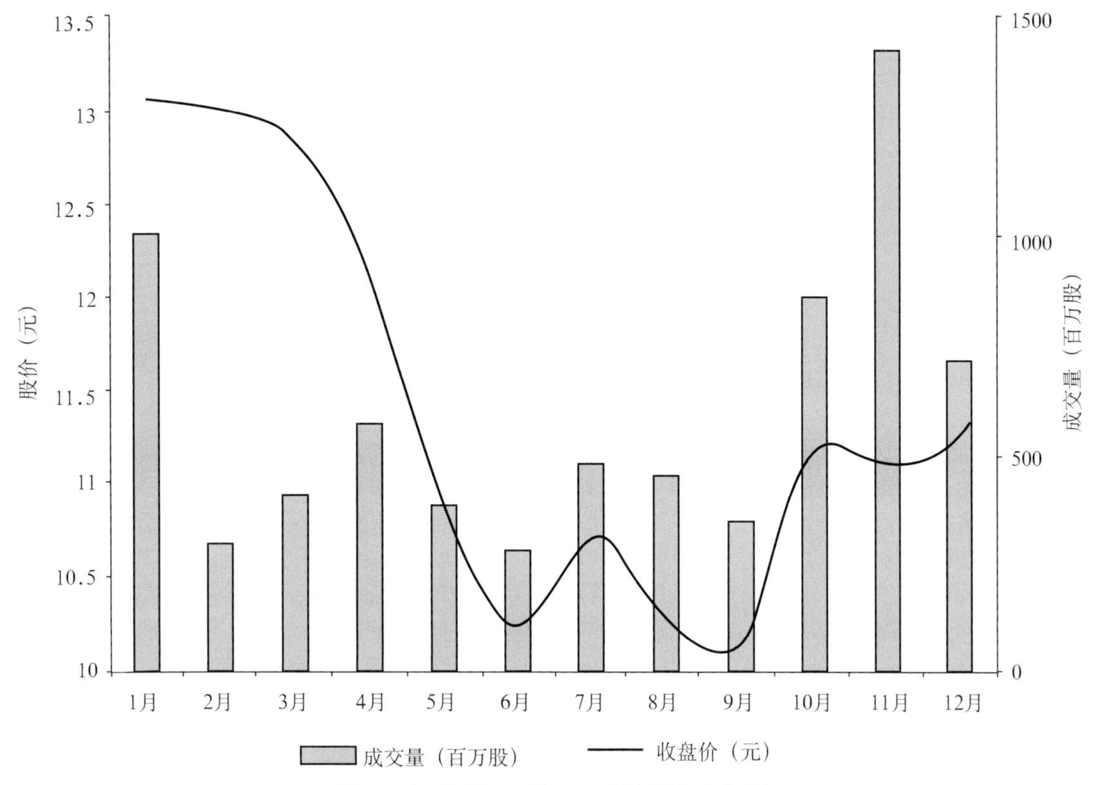

图 2 中国石油 A 股 2010 年度股价走势图

5 月，中国石油 A 股开盘为 11.97 元，月末报收于 10.85 元，月跌幅为 10.33%，走势基本跟随大盘。在房地产及银行政策收紧、通货膨胀预期和欧洲主权债务危机加重的三重因素影响下，大盘延续了 4 月的下行趋势。

6 月，中国石油 A 股开盘为 10.90 元，月末报收于 10.25 元，月跌幅为 4.38%，走势基本跟随大盘，成交量进一步萎缩。月初的天然气提价，利好公司 A 股，但却抵挡不住大盘系统下跌风险。前期抗跌股补跌、农业银行发行价格确定引发市场恐慌、央票发行骤增 10 倍引发资金面压力和美股隔夜盘收低等因素使得大盘震荡下跌。

7 月，中国石油 A 股开盘为 10.27 元，月末报收于 10.71 元，月涨幅为 4.49%，走势稍弱于大盘。连跌 3 个月的 A 股本月触底反弹。投资者在经济增速放缓后对政策面放松抱有乐观预期是反弹的主动力。

8 月，中国石油 A 股开盘为 10.71 元，月末报收于 10.28 元，月跌幅为 4.01%，走势稍弱于大盘。本月深市强沪市弱，抗通胀上市公司获得市场青睐。月初，保险资金入市比例调整为 20%，一定程度上刺激了股市向好。随后银监会进行更严厉的压力测试和国土资源部表示进一步强化房地产调控从严不放松的政策，对房地产和金融股形成了一定的打压，带动大盘下跌。

9 月，中国石油 A 股开盘为 10.28 元，月末报收于 10.18 元，月涨幅为 0.61%，走势跟随大盘。月初，连续 3 个月下滑后首次回升的 PMI 数据，8 月发电量增速加快、汽车销量和房屋销量回暖，一定程度上提振了股市。国务院决定加快培育新能源等七大产业，也使得相关题材股表现强劲，但是 CPI 持续高企导致市场对于央行在长假期间宣布加息的忧虑挥之不去，加上有传闻称房产税可能在国庆前后出台，均导致金融地产股领跌大盘。

10 月，中国石油 A 股开盘为 10.26 元，月末报收于 11.19 元，月涨幅为 9.92%，走势跟随大盘。本月沪深两市呈强势上扬走势。上证综指突破 3000 点整数关口，市场风格出现明显转变，资源类和消费类股领涨大盘。造成 A 股市场单边上扬的主要原因有：美元持续贬值导致有色金属和农产品价格不断上扬；人民币升值空间的预期提升；美国推进第二轮量化宽松政策，直接导致全球流动性泛滥。10 月 25 日，发改委上调成品油价格，利好中国石油 A 股。10 月 28

日股份公司公布三季度业绩，前三季度每股收益为0.55元，净利润同比增长23.12%。市场多认为该业绩符合预期。

11月，中国石油A股开盘为11.22元，月末报收于11.07元，月跌幅为1.07%，走势强于大市。沪深两市持续上涨创本轮反弹新高后受央行一个月之内采取一次加息、两次上调存款准备金率的货币政策组合拳调整的影响大幅下跌。月末，韩国、朝鲜地缘危机引发股市下跌，但《人民日报》的评论指出政府抑制通胀不会以牺牲经济增长和打压股市为代价，增强了市场的信心，A股震荡盘整结束了本月交易。本月上旬中国石油A股受到资金的青睐，大幅上涨。

12月，中国石油A股开盘为10.98元，月末报收于11.22元，月涨幅为1.36%。国际市场上以铜、原油为代表的大宗商品月末创出新高，带动A股资源类板块走强，中国石油A股走势强于大盘。沪深两市在本月整体呈震荡下跌态势。投资者对继续收紧货币政策的担忧使得市场缺乏上涨动能；央行上调存款准备金率和金融机构人民币存贷款基准利率，使得大盘持续动荡。

【股份公司在资本市场获奖项目】（1）2010年12月9日，被《投资者关系》杂志评为：

国有控股最佳投资者关系；能源和公共事业最佳投资者关系；中国地区最佳投资者关系管理者毛泽锋；亚太地区最佳投资者关系管理者毛泽锋。

（2）2010年5月29日，被《金融时报》评为：

2010年度全球500大企业榜首。

（3）2010年4月23日，被《福布斯》评为：

全球企业2010年排行榜第十二名。

（4）2010年1月，被《亚洲金融》评为：

亚洲企业100强；以过去三年累计净利润排名第一位；信用评级排名第一位；市值第三位。

（5）2010年10月，被《普氏能源》评为：

亚太区能源企业250强第一名；全球能源企业250强第七名。

（6）2010年12月，被《香港经济一周》杂志评为：

2010年度香港杰出企业。

（李家祚）

【监事会运作】

1. 监事会2010年度召开了四次会议

3月23日，召开第四届监事会第八次会议。会议听取财务总监、财务部、预算管理办公室、内控与风险管理部、审计部、普华永道、人事部、监察部和监事会办公室的有关报告，审议通过《监事会关于中国石油天然气股份有限公司2009年度财务报告审查意见书》、《监事会关于中国石油天然气股份有限公司2009年度利润分配预案审查意见书》、《监事会对中国石油天然气股份有限公司2009年度总裁班子业绩考核意见书》、《监事会关于聘用中国石油天然气股份有限公司2010年度境内外会计师事务所的提案》、《中国石油天然气股份有限公司2009年度监事会报告》、《监事会2009年度工作总结和2010年工作计划》、《2009年度中国石油天然气股份有限公司可持续发展报告》和《中国石油天然气股份有限公司2009年度报告及摘要》8个议案。

4月27日，以书面传签的方式召开第四届监事会第九次会议。审核了公司2010年第一季度报告，形成会议决议，对董事会编制的季度报告给予肯定。

8月24日，召开第四届监事会第十次会议。会议听取财务总监、财务部、预算管理办公室、内控与风险管理部、审计部、普华永道等有关报告，审议通过《监事会关于中国石油天然气股份有限公司2010年中期财务报告审查意见书》、《监事会关于中国石油天然气股份有限公司2010年中期利润分配方案审查意见书》、《中国石油2010年半年度报告及摘要》等议案，并形成书面决议。

10月27日，以书面传签的方式召开第四届监事会第十一次会议。审核公司2010年第三季度报告，形成会议决议，确认董事会编制的报告及审核程序符合法律、行政法规和中国证监会的有关规定，真实、准确、完整地反映了公司的实际情况。

2. 监事会先后列席四次董事会会议

3月24日，列席公司第四届董事会第八次会议。听取董事会审议《中国石油天然气股份有限公司2009年度财务报告》、《中国石油天然气股份有限公司2009年度利润分配预案》、《关于中国石油天然气股份有限公司2009年度报告的说明》、《2009年度总裁工作报告》、《关于总裁班子2009年度业绩指标完成情况考核及2010年度业绩合同制订情况的报告》、《中国石油天然气股份有限公司2009年度财务报告》、《关于提请股东大会授权董事会决定中国石油天然气股份有限公司2010年中期利润分配方案的议案》、《关于提请股东大会给予董事会股票发行一般授权事宜的议案》、《关于向中油财务有限责任公司增资的议案》、《关于转让LNG项目权益及业务机会的议案》、《关于制定和修订中国石油天然气股份有限公司信息披露相关制度的议案》、《内部控制工作报告》、《关于

2009年度中国石油天然气股份有限公司可持续发展报告编制情况的说明》、《关于召开中国石油天然气股份有限公司2009年度股东年会的议案》。会上，陈明主席宣读《监事会关于中国石油天然气股份有限公司2009年度财务报告审查意见书》、《监事会关于中国石油天然气股份有限公司2009年度利润分配预案审查意见书》和《监事会对中国石油天然气股份有限公司2009年度总裁班子业绩考核意见书》。

6月17日，列席公司第四届董事会第九次会议。会上，听取董事会审议了《关于2010年短期投资额度审批授权的议案》等。

8月25日，列席公司第四届董事会第十次会议。听取董事会审议《中国石油天然气股份有限公司2010年中期财务报告》、《中国石油天然气股份有限公司2010年中期利润分配方案》、《关于中国石油天然气股份有限公司2010年半年度报告的说明》、《关于中国石油天然气股份有限公司2010年投资计划调整的议案》、《关于修订中国石油天然气股份有限公司与中国石油天然气集团公司金融服务持续性关联交易上限的议案》。会上，陈明主席宣读了《监事会关于中国石油天然气股份有限公司2010年中期财务报告审查意见书》和《监事会关于中国石油天然气股份有限公司2010年中期利润分配方案审查意见书》。

11月25日，列席公司第四届董事会第十一次会议。听取董事会审议《关于中国石油天然气股份有限公司2011年度投资计划的议案》、《关于中国石油天然气股份有限公司2011年度预算报告》、《关于转让中石油北京天然气管道有限公司60%股权的议案》、《关于收购中油燃料股份有限公司4.356%股权的议案》、《关于转让广西中石油储备油有限公司100%股权及大连同类业务股权的议案》。

3. 参加股东大会

2010年5月20日，监事会参加公司2009年度股东年会，并向大会提交《中国石油天然气股份有限公司2009年度监事会报告》、《关于聘任中国石油天然气股份有限公司2010年度境内外会计师事务所并建议授权董事会决定其酬金的议案》，经大会表决通过。

4. 监督检查工作

监事会通过召开听证会、监事巡视、财务抽样审计调查等形式，加大监督力度，提高监督效果。

（1）召开2次听证会，听取财务总监、财务部、普华永道会计师事务所有限公司、审计部、监察部和人事部等部门（单位）的报告，并质询了相关问题。

2010年3月23日，在中国石油天然气股份有限公司第四届监事会第八次会议上，听取财务总监周明春关于《中国石油2009年度财务报告》、财务部副总经理柴守平关于《中国石油2009年度利润分配预案》、预算管理办公室副主任刘强关于《中国石油2009年度持续性关联交易情况报告》、内控与风险管理部总经理谢戈果关于《中国石油2009年度内部控制工作报告》、审计部总经理孙先锋关于《中国石油2009年度审计工作报告》、普华永道会计师事务所有限公司韩宗庆《关于中国石油2009年度执业情况报告》、人事部副总经理孙金瑜《关于中国石油总裁班子2009年度业绩指标完成情况考核及2010年度业绩合同制订情况的报告》、监察部总经理李正光《关于对中国石油高级管理人员2009年度遵章守纪情况报告》、监事会办公室主任王一端关于《监事会2009年度财务抽样调查报告》。

2010年8月24日，在中国石油天然气股份有限公司第四届监事会第十次会议上，听取财务总监周明春关于《中国石油2010年中期财务报告》、财务部副总经理柴守平关于《中国石油2010年中期利润分配方案》、预算管理办公室副主任刘强关于《中国石油2010年中期持续性关联交易情况报告》、内控与风险管理部副总经理于广纯关于《中国石油2010年中期内部控制工作报告》、审计部总经理孙先锋关于《中国石油2010年中期审计工作报告》、普华永道会计师事务所有限公司李丹《关于中国石油2010年中期执业情况报告》。

（2）开展2次财务抽样调查活动。聘请8家外部审计机构，组织8个审计调查组，对公司8个下属企业进行财务抽样调查，共查出问题109项，提出建议69条。报告经监事会主席批示后，呈公司董事会及管理层有关成员。公司有关领导非常重视，分别作了重要批示。

① 2010年2月22日—3月8日，监事会委托河北燕华会计师事务所、北京中兴新世纪会计师事务所、北京安必盛会计师事务所有限责任公司和青岛振青会计师事务所有限公司，分别对西南油气田分公司、大连石化分公司、甘肃销售分公司、西部管道分公司2009年度财务进行抽样调查。经过半个月的现场工作，调查组共查出问题59个，提出建议31条。监事会办公室对发现的有关问题，与审计调查组及各相关方面进行沟通、确认，起草《2009年度财务抽样调查报告》。该报告经监事会主席批示后，呈送公司董事会及管理层有关成员。特别是，蒋洁敏董事长对《2009年度财务抽样调查报告》作出“追究责任，

通报处理”批示。6月18日，财务部发文《关于对甘肃销售分公司财务抽样调查中发现问题的通报》（油财〔2010〕348号），对甘肃销售分公司在股份公司范围内进行通报批评，起到了重要的警示作用。

总体评价：一是主要生产经营指标回升增长较快；二是财务管理专业化水平不断提高；三是内控体系建设和运行效果明显。

调查发现的问题：一是资产管理方面。部分投资超当年计划；资产转资不及时；资产减值准备计提不及时；部分在建工程项目存在虚列投资情况。二是财务核算方面。提前或延后确认收入；成本费用核算不规范；资本化支出与费用化支出划分不恰当。三是其他方面。个别账务处理错误造成报表项目虚增；部分一级采购物资未按规定进行采购；存在违反产品统配统销规定现象；大连石化星航公司的部分子企业未纳入合并范围；往来账抽查函证结果不一致。

管理建议：一是进一步强化对“损益油”管理；二是加强股权投资企业管理、清理工作；三是进一步加强财务核算管理及报表编制工作；四是加强对土地使用权的管理。

②2010年7月19日—8月2日，监事会委托青岛振青会计师事务所有限公司、北京中兴新世纪会计师事务所、北京安必盛会计师事务所有限责任公司和河北燕华会计师事务所，分别对大庆油田采油二厂、克拉玛依石化分公司、锦州石化分公司、辽宁销售分公司2010年中期财务进行抽样调查。经过半个月的现场工作，调查组共查出问题50个，提出建议38条。调查结束后，监事会办公室起草《2010年中期财务抽样调查报告》。报告呈送公司有关领导后，再次作出重要批示。

总体评价：一是主要生产经营指标完成过半；二是精细化管理全面深入；三是重点工程建设项目进展顺利；四是以ERP为代表的信息化系统作用日益突显。

调查发现的问题：一是资产管理方面。未及时计提资产减值准备；资产转资不及时；融资租入固定资产未入账，少计账面资产价值。二是财务核算方面。将资本性支出费用化；部分工资性费用未通过“应付职工薪酬”科目核算；“甲方供料”作销售处理，造成收入及成本虚增；预提尚未发生的大修理费用；报废资产价值未在账内反映。三是其他方面。部分一级采购物资未按规定进行采购；陈旧应收款项长期无动态；已过担保或诉讼时效的预计负债未冲回。

管理建议：一是进一步加强资产管理工作；二是加强对ERP系统的应用推广。

（3）开展监事巡视1次。2010年5月10—17日，公司独立监事王道成、职工代表监事王亚伟在监事会办公室成员王一端、佟魁杰陪同下，对华北油田、山西销售进行了巡视。在华北油田，先后听取该油田及其下属单位第一采油厂、第三采油厂、煤层气公司的专题汇报，参观科技展览馆和部分作业现场。在山西销售，听取工作汇报，查看部分加油站。巡视调研结束后，写出《华北油田、山西销售巡视报告》。报告总结了2家地区公司在生产经营、管理创新、市场开发、新能源建设、企业文化5个方面的成绩。同时，也反映部分一线单位队伍老化、员工子女就业难、矿区员工住房紧张等问题，并提出加大对区外公司的扶持力度、进一步关注一线员工的接替和子女就业问题和进一步加快煤层气业务发展等建议。

5. 工作分析研究

监事会办公室对全年财务调查中发现的问题，进行全面梳理，总结剖析了7个方面的问题：一是资产转资不及时。原因有内外2个因素，内部原因是企业内部管理问题，主要是基础工作不扎实，资料不健全，相关手续传递滞后；外部原因主要是一些外部审批手续办不下来，造成企业无法转资。二是资产减值准备计提不及时。该问题表面上看是相关财务工作没有跟上，实际上暴露了一些深层次的原因。一方面，地区公司从业人员业务素质参差不齐，有的还缺乏相应的职业判断能力，相关工作没有及时跟上。另一方面，工作责任心不到位，如物资采购过程中采购的不合格品无法使用，既没有赔偿也没有退货。三是投资管理违规问题。主要有2种原因，一种是由于生产调整，补充计划审批滞后；另一种是个别地区公司不顾大局，只从自身角度考虑，突破投资计划控制，采取“先斩后奏”方式擅自投资。四是收入确认不合规问题。主要是对《企业会计准则》把握不准，采用收付实现制核算来料加工收入。五是成本费用核算不规范。有的单位长期不核对往来账，造成往来账余额不真实。有的业务票据结算、传递不及时，影响业务核算。这些现象反映出基础工作薄弱，缺乏责任心问题。有的地区公司受业绩考核指标的影响，人为调整相关指标数据，等等。六是物资采购规定执行不到位。从《中国石油天然气集团公司物资采购管理办法》相关条款和内容看，制度规定非常明确且具有可操作性，但个别单位打“擦边球”，导致规定执行不力。七是尚缺乏解决新情况、新问题的能力。以“损益油”为例，盘盈的实质主要是由计量差异引起的，这部分“损益油”已经不能等同于传统意义上的“油品盘盈盘亏”。一段时期以来，由于公司相关部门尚未找到好的解决办法，仍然简单地参照存货盘盈盘亏的处理方法冲减管理费用，因该差异金额较大，冲减管理费用使账面上出现巨额负值非正常现象，造成管理费用数据严重失真，不利于公司进行相关控制考核。从各种检查渠道反馈的情况来看，这种做法已逐渐显露出种种弊端，地区公司出现了经济违法犯罪、提取工资奖励、调节损益等问题。

针对上述问题，监事会办公室建议：

（1）进一步加强对制度执行的检查、考核力度。各相关主管部门不仅是制度的制定者，也是制度实施执行情况的检查、考核者，应根据实际反馈情况，不断对制度进行修订完善，增强制度的科学指导、规范作用，不要“一发了之”。同时，地区公司也应当增强服从大局意识，认真履行职责，强化执行力，确保公司各项经营管理目标的实现。

（2）进一步加强财务基础管理和培训工作。基础管理工作，是财务会计工作的基石，不仅体现在严谨细致上，还体现在遵守制度规范上。地区公司要严格按照制度要求，及时、完整、准确地核算收入、成本、费用，合理分摊成本费用。应加强项目实施与核算衔接工作，工程主管部门应及时将验交资料等提交财务部门进行转资或预转资。按照物资管理规定，及时、准确登记台账，做到账实相符。应加强资产减值、报废、处置管理，认真履行相关手续，使财务资料真实反映企业资产价值。公司总部相关部门要加强业务指导、培训，不断提高财务从业人员工作水平。

（3）进一步强化对“损益油”管理，并妥善拿出核算办法。对“损益油”的管理，销售分公司历来十分重视，采取了不少措施，最大限度地限制了各种违法违纪情况的发生。目前，由于该问题还没有从根本上解决，只要这个“调节池”依然存在，相关问题还会陆续出现。应坚持实质重于形式的原则，尽快拿出处理办法，正确核算该业务，确保会计信息的真实性。

6. 课题研究

2009年，国务院国资委监事会工作局设立“整体改制（上市）企业监事会监督模式研究”课题，中国石油作为课题组成员之一，先后两次参与课题研究，并组织承办了课题评审会。

一是2010年3月27—28日，国务院国资委监事会工作局“整体改制上市中央企业监事会监督模式研究”课题研讨会在河北省石家庄市召开。监事会办公室王一端、佟魁杰参加会议，对课题提出了修改意见，得到国务院国资委监事会工作局领导的肯定。

二是2010年5月8—9日，国务院国资委监事会工作局“整体改制上市中央企业监事会监督模式研究”课题评审会在北京太阳岛宾馆召开。陈明、王一端、佟魁杰参加会议。会上，陈明主席作为专家评委作了发言。这次会议由公司监事会办公室组织承办，国务院国资委监事会工作局领导对会务组织工作给予高度评价。

7. 培训考察

一是根据中国证监会《关于发布〈上市公司高级管理人员培训工作指引〉及相关实施细则的通知》、《关于落实上市公司高级管理人员培训工作的通知》等相关文件，先后组织8名监事参加北京证监局举办的“北京辖区上市公司2010年度董事、监事培训班”。二是前往澳大利亚、新西兰学习考察公司法人治理结构情况。澳大利亚和新西兰同属英联邦国家，公司治理结构模式采用“一元制”，在公司机构设置上没有独立的监事会，业务执行机构与监督机构是一个整体。董事会全权负责公司业务，既是决策机构，也是监督机构，集两种机构的职能于一身。特别是近年来，澳大利亚加大力度，进行一系列公司治理框架的变革。在保持其独有特色的基础上，“兼容并包”英美公司治理的“精髓”，独具一格，形成一个比较完善的体系。为了解学习这两个国家公司法人治理结构先进经验，监事会组成考察组，前往澳大利亚、新西兰学习考察。期间，先后与普华永道悉尼分所、奥克兰分所，就澳大利亚和新西兰公司治理、公司监管情况进行座谈；参观澳大利亚证券交易所；访问ORIGIN（原始）能源有限公司、帕拉丁能源有限公司；考察部分加油站等。考察结束后，起草了《澳大利亚、新西兰公司治理学习考察报告》。总体感觉，《中华人民共和国公司法》和《中国上市公司治理准则》等法律法规，对加强完善公司治理结构发挥了重要作用，澳大利亚、新西兰的一些做法，对改进、完善公司治理结构，强化公司监督，能起到重要的借鉴作用。

（佟魁杰）

第二篇

油气勘探开发生产

第一篇
总　述
第二篇
油气勘探开发生产
第三篇
炼油与化工
第四篇
成品油销售
第五篇
天然气与管道
第六篇
工程技术、工程建设与装备制造
第七篇
国际业务
第八篇
科技与信息
第九篇
安全环保与质量节能
第十篇
企业管理与监督
第十一篇
党建、思想政治工作与企业文化建设
第十二篇
机构与人物
第十三篇
企事业单位概览
第十四篇
中国石油天然气集团公司大事纪要
第十五篇
统计数据
第十六篇
附　录

综　述

【概述】 2010年，中国石油天然气股份有限公司勘探与生产分公司按照中国石油天然气集团公司党组对上游业务的战略部署和总体要求，努力转变发展方式，大力推进精细管理，积极应对各种挑战，精心组织生产经营，持续推进技术进步，不断强化安全环保。经过一年努力，储量任务全面完成，原油产量恢复性增长，天然气产量快速增长，营业收入和利润大幅上升，投资回报率有所提高，全面完成了各项生产经营任务指标。

【主要生产经营指标】

1. 工作量

油气勘探完成二维地震25973千米，三维地震12181平方千米，完钻探井1640口，探井进尺463.17万米；原油开发完成钻井15795口，进尺2694.15万米；天然气开发完成钻井1623口，进尺496.80万米。全年完成水平井709口，欠平衡钻井305口。

2. 油气储量

全年在国内新增探明石油地质储量6.60亿吨、天然气探明地质储量5701亿立方米（含煤层气1022亿立方米），连续4年探明石油地质储量超过7亿吨、探明天然气地质储量超过4000亿立方米，探明油气储量当量超过10亿吨，SEC准则石油储量接替率继续大于1，天然气储量接替率大于2。

3. 油气产量和商品量

全年生产原油10541万吨，同比增加228万吨；完成原油商品量10273万吨，同比增加226万吨。全年生产天然气725亿立方米，同比增加42亿立方米；完成天然气商品量635.70亿立方米，同比增加36亿立方米。全年生产油气当量共计16318万吨，同比增加563万吨。

4. 经济效益指标

全年完成勘探开发总投资1411亿元，其中勘探投资310亿元，开发投资1101亿元。油气储量当量发现成本1.75美元/桶，油气开发成本7.08美元/桶，国内口径的石油储量接替率为1.71，油气操作成本10.2美元/桶；国际准则税前利润总额1310亿元，同比大幅提高373亿元；投资资本回报率20.6%，同比提高4.64个百分点。

5. 安全生产

全年共发生工业生产事故10起，死亡17人，同比上升66.7%，实际事故千人死亡率0.01，控制在考核指标之内；全年无较大以上环保事故，排放二氧化硫39586吨、COD 4351吨、石油类197吨，低于考核指标；全年节能76万吨标煤，节水1792万立方米，全面完成了年度考核指标。

【油气勘探成果】 全年立足八大盆地，坚持规模、效益、科学勘探，突出重点盆地和目标区带，大力推进预探、风险勘探、精细勘探和勘探开发一体化，针对低渗透、碳酸盐岩、火山岩等领域，以提高单井产量为重点开展直井多层压裂、探井水平井钻探及多段压裂等一系列攻关试验，一批进攻性措施见到实效。主要成果如下。

1. 获得7项具有战略性意义的突破

塔里木盆地塔西南在二维地震攻关基础上部署的风险探井柯东1井在白垩系获高产油气流，继柯克亚气田发现33年后实现了又一个重要突破，开辟了塔西南山前勘探的新领域；鄂尔多斯盆地苏203井、苏322井在下古生界碳酸盐岩获高产气流，靖边西侧风化壳含气面积进一步扩大，区域甩开的宜6井获工业气流，增强了下古生界天然气储量进一步扩大到万亿立方米的信心；柴达木盆地砂37井和砂40井分别发现超过200米的厚油气层，展现了柴西南精细勘探的巨大潜力；四川盆地龙岗西龙岗62井在二叠系长兴礁获日产天然气98万立方米，无阻流量超过759万立方米；龙岗61井在飞仙关组、须家河组四段、珍珠冲组多层获日产5万—18万立方米工业气流，有望形成一个多层系相对高产富集的勘探区块；吐哈盆地北部风险勘探取得重要发现，风险探井——吉深1井发现多套厚层含气致密砂岩，经4层分压合采获日产油10.8立方米、气1.5万立方米，开辟了吐哈盆地致密砂岩油气勘探的新领域；准噶尔盆地西北缘车排子凸起南段石桥1井在白垩系清水河组中测获日产11万立方米的工业气流，初步展现了车排子凸起南段中生界岩性地层油气藏勘探的前景；渤海湾盆地大民屯凹陷沈309井、胜27井、哈36井、沈311井均在太古宇花岗岩获工业油流，新增控制加预测石油地质储量7556万吨，是辽河油田近年来继兴隆台潜山之后发现的第二个亿吨级太古宇变质岩潜山油藏，对富油气凹陷潜山勘探具有重要的指导意义。

2. 发现一批规模储量区块和重要苗头

在鄂尔多斯盆地华庆、姬塬、苏里格，柴达木盆地昆北，渤海湾盆地兴隆台、歧口凹陷歧北斜坡，海拉尔—塔木察格盆地南贝尔，二连盆地阿尔，塔里木盆地哈拉哈塘、塔中中古43井区、大北—克深，松辽盆地大庆长垣，四川盆地安岳、营山等地区落实了16个规模储量区块，为持续推进储量增长高峰期奠定了基础。在大港滨海Ⅰ号、川中蓬莱地区嘉陵江组、塔北碎屑岩、华北文安斜坡岩性油藏、大庆安达地区火山岩、冀东南堡Ⅳ号、海拉尔巴彦呼舒凹陷、雅布赖盆地都发现了一些新的苗头，经进一步工作有望形成新的勘探重点。煤层气业务新增探明储量也首次突破1000亿立方米。

【原油开发成果】 各油气田积极应对严寒、冰雪、洪涝等极端气候的挑战，狠抓新油田的规模建设和老油田稳产工作，大力实施稳定并提高单井日产量“牛鼻子”工程，强力推进“油田开发基础年”活动，全面推进二次开发、重大开发试验、地面系统标准化等工作，原油产量实现了恢复性增长，圆满完成了原油生产和建设任务。新老区开发产能建设注重优选富集区块，精心编制布井方案，推广丛式井、水平井、欠平衡钻井、压裂、高效举升等新技术，加强钻完井全过程的油层保护，最大限度地提高单井产量，全年新建原油产能1387.9万吨。大庆油田进一步挖掘老油田水驱潜力，按照党组通过的大庆新的发展规划，原油产量已连续3年实现了4000万吨稳产；长庆油田积极探索低渗透油气田经济有效开发新模式，原油生产再上新台阶，全年增产原油253万吨，油气当量突破3500万吨。

【天然气开发成果】 突出长庆、塔里木、西南等重点气区，加强生产组织管理，天然气开发取得长足进步，产量继续保持快速增长势头，平均单井日产量保持稳定。特别是进入冬季，各气区进一步加强生产组织，强化安全生产和科学管理，严格执行供气高峰期产运销平衡计划，保证了安全平稳供气。长庆油田产气210亿立方米，成为股份公司第一大气区。天然气产能建设始终突出重点项目，加强开发前期准备，科学编制开发方案，全年新建天然气产能124.80亿立方米。煤层气生产基地建设稳步推进，在沁水盆地和鄂东地区顺利建成了沁水和韩城两个数字化、规模化煤层气田，形成13亿立方米的产能规模，全年煤层气产量达到2.8亿立方米。页岩气业务在四川威远—长宁、云南昭通2个开发先导试验区工作全面启动，取得了突破性进展，在四川盆地南部钻成了中国第一口页岩气井威201井，寒武系和志留系两套页岩压裂改造后均获工业气流。

（张世焕　张　珂）

油气勘探

【概述】 2010年，股份公司分层次设置油气预探项目48个（其中天然气项目17个），其中重点勘探项目14个，计划单列项目4个和风险勘探项目。甩开预探取得7项重要发现，预探、评价相结合形成15个规模储量区块，积极探索新区新领域取得7项战略突破，共29项主要成果。

【重点工作】 油气勘探工作立足八大盆地，坚持四新领域，深化地质研究，强化精细管理，增强效益意识，突出战略发现和14个重点预探项目及4个单列项目。14个重点预探项目包括：松辽盆地北部石油预探项目、松辽盆地南部石油预探项目、海拉尔—塔木察格石油勘探项目、辽河滩海油气勘探项目、黄骅坳陷潜山勘探项目、歧口凹陷油气勘探项目、塔里木盆地塔中—塔北和库车油气勘探项目、准噶尔盆地西北缘油气勘探项目、吐哈盆地天然气勘探项目、鄂尔多斯盆地天然气和石油勘探项目、四川盆地龙岗和川中须家河天然气勘探项目。4个单列项目为海拉尔—塔木察格石油勘探项目、冀东滩海油气勘探项目、歧口凹陷油气勘探项目、苏里格地区天然气勘探项目。

【勘探任务完成情况】 2010年计划安排二维地震27418千米；三维地震9250平方千米；探井1126口、进尺374.81万米。

全年累计完成二维地震26454.12千米、三维地震7959.43平方千米，分别完成年度计划的96.48%

和 86.05%。完成探井 984 口，完成探井进尺 306.12 万米，分别为年计划的 87.39% 和 81.65%；试油交井 778 口，获工业油气流井 390 口，当年探井成功率 46.15%，综合探井成功率 44.37%。

全年新增探明石油地质储量 76276 万吨；新增探明天然气地质储量 4624 亿立方米。

2010 年度新增油气储量总体上具有以下几个特点：

（1）新增油、气储量区块整装、规模大，“整体部署、整体评价、整体开发”的理念得到进一步加强。

（2）新增油气三级储量以低渗—特低渗为主。新增石油三级储量中，低渗透—特低渗透占 71%—82%；新增天然气三级储量中，低渗透—特低渗透占 98%—100%。

（3）特低—低丰度的储量仍是新增储量的主体。

（4）新增储量总体上埋藏较深。石油、天然气储量均以中深层为主。

（5）新增油气储量仍以岩性类为主，其中新增石油储量岩性类油气藏占 55%—69%；新增天然气储量岩性类气藏占 69%—100%。

【主要勘探成果】

1. 东部地区

（1）渤海湾盆地。

大民屯凹陷太古宇低潜山勘探取得新突破。大民屯凹陷潜山勘探面积 800 平方千米，主要目的层为太古宇。2010 年在中央潜山带部署实施的沈 309、胜 27 等井在太古界日产油 17.28—57.60 吨，潜山勘探取得新突破。

辽河兴隆台潜山勘探开发一体化获重要成果。兴隆台潜山勘探面积约 180 平方千米。2010 年加强了中生界、太古宇潜山的整体评价，预探、评价相结合，实施了马古 9、马古 12、陈古 1-1 等井的试油、试采工作，均取得较好效果，新增探明石油地质储量 6599.90 万吨。

歧口凹陷歧北斜坡油气勘探取得新成果。歧北斜坡位于歧口凹陷西南缘，勘探面积 750 平方千米。2010 年，整体勘探歧北斜坡，针对沙三段、沙二段、沙一段共部署探井 31 口，有 13 口井获工业油流，新增探明石油地质储量 5305.85 万吨，天然气探明地质储量 87.90 亿立方米。

大港滨海Ⅰ号深层钻探获新发现。滨海Ⅰ号构造位于歧口主凹区，勘探面积 410 平方千米。2010 年以沙一中、沙一下为主要目的层，部署实施的滨海 2 井、滨海 7 井，完钻综合解释气层均超过 80 米，揭示该区气层分布稳定，单层厚度大，展现出良好的天然气勘探前景。

南堡凹陷中深层岩性勘探展现重要苗头。中深层是南堡油田重要的后备勘探领域，2010 年在南堡 4 号潜山部署风险探井堡古 1 井，试油在沙一段日产油 75.88 立方米，日产气 10345 立方米，展现出中深层岩性勘探的重要苗头。

（2）松辽盆地。

大庆长垣扶余油层精细勘探取得新进展。大庆长垣扶余油层勘探面积约 4700 平方千米。2010 年开展整体构造研究，精细落实勘探目标，预探、评价相结合的同时，积极甩开预探，在长垣中段、南段和西侧勘探均取得重要成果，展示出扶余油层良好的勘探前景。

盆地南部王府断陷天然气勘探取得新突破。王府断陷位于松辽盆地南部东南隆起区西北部，面积 4280 平方千米。在 2009 年综合研究基础上部署钻探的城 9 井，泉一段完井试气，日产气 5.6 万立方米，实现了东南隆起天然气勘探的新突破。

大庆安达地区溢流相火山岩勘探取得新进展。安达凹陷勘探面积 950 平方千米。2010 年深层天然气勘探部署实施的达深 10 井和宋深 cp102 井，完井测试在营城组火山岩日产气分别为 69133 立方米、66086 立方米，展示出该区良好的天然气勘探潜力。

2. 中部地区

（1）鄂尔多斯盆地。

奥陶系马家沟组天然气勘探取得新突破。自 1990 年靖边气田探明以来，长庆油田坚持探索碳酸盐岩新层系新领域。2010 年，对奥陶系马家沟组中组合（马五 $_5$—马五 $_{10}$）展开重点预探，在靖西地区部署实施的苏 203 井，完井测试在马五 $_5$ 日产气 104.89 万立方米（AOF），发现了新的含气层系；区域甩开在盆地东南部钻探的宜 6 井，马五 $_{1+2}$ 试气日产气 2.0820 万立方米，发现了新的风化壳含气有利区。

华庆地区石油勘探取得重要成果。2010 年围绕已发现的含油砂带，以落实规模储量为目的，坚持勘探开发一体化，共完钻探井、评价井 90 口，完试 64 口，51 口井获得工业油流，单井平均试油日产量超过 10 吨，新增探明石油地质储量 2.586 亿吨，形成新的整装规模储量区。

姬塬地区石油勘探取得新进展。姬塬地区位于鄂尔多斯盆地中西部，为多层系复合含油区。2010 年立足长 4+5、长 6 油层，坚持立体勘探和评价，同时积极甩开勘探。共完钻探井、评价井200口，完试182口，获工业油流井139口，长8含油面积进一步落实和扩大，新发现长9含油富集区，石油勘探取得重要进展。

苏里格地区天然气勘探取得新成果。苏里格地区位于盆地北部，主力含气层系为二叠系石盒子组盒8段、山西组山1段。2010年主攻苏里格西部，积极预探苏里格南部，整体评价苏里格东部。完钻探井117口，完试井88口，试气日产量大于2万立方米的井55口，新增探明天然气地质地质储量2281.24亿立方米，勘探取得重大成果。

高桥地区多层系天然气勘探取得新进展。高桥地区位于盆地中部，具有上、下古生界复合含气的特征。2010年按照整体部署、立体勘探的思路，完钻探井40口，完试井42口，获工业气流井24口，上古生界盒8段、山2段、本溪组和下古生界马家沟组天然气勘探均获得新进展。

（2）四川盆地。

龙岗西地区天然气勘探取得新进展。2010年，龙岗西区块的龙岗62井，完井测试在长兴组日产气97.86万立方米，硫化氢含量每立方米83.8克；同时龙岗61井在须三段测试日产气4.9万立方米，须四段日产气18.11万立方米，珍珠冲组日产气14.61万立方米。2口井多层位获得工业气流，展示出该区块具有良好的勘探前景。

川中安岳区块须家河组天然气勘探取得新成果。2010年安岳区块以须二段为主要目的层，按岩性气藏勘探部署思路，整体部署探井21口，完钻18口，完试井9口，须二段获工业气流井5口，该区须二段累计获工业气井共21口，新增探明天然气地质储量1126.13亿立方米，凝析油1721万吨。

川中营山区块天然气勘探取得新进展。2010年营山地区立足900平方千米的构造高带，整体部署实施探井11口，须家河组获工业油气流井5口。其中营山101井须六段日产气2.73万立方米；营山102井须二段日产气13.24万立方米，日产油5.76立方米。

川中蓬莱镇构造嘉陵江组勘探获得新突破。嘉陵江组是四川盆地重要的区域性产层，主要为滩相储层，单层厚度薄，为低孔低渗裂缝—孔隙型储层。2010年，位于川中蓬莱镇构造上的风险井蓬莱1井，完井测试在嘉二^{3}亚段日产气26.06万立方米，日产水28.8立方米。展示出该区嘉陵江组具有一定勘探潜力。

3. 西部地区

（1）准噶尔盆地。

西北缘车排子凸起南段中生界岩性地层油气藏勘探取得新进展。西北缘车排子凸起南段勘探面积近5000平方千米。2009年风险探井沙门1井在中生界白垩系和侏罗系岩性圈闭勘探获得突破后，2010年部署钻探石桥1井，中途测试在白垩系清水河组日产气10509立方米，开辟了车排子凸起周缘超覆尖灭带天然气勘探新领域。

（2）塔里木盆地。

塔西南昆仑山前高陡构造风险勘探获重大突破。塔西南昆仑山前高陡构造带勘探面积约9200平方千米。2010年，位于柯东1号构造的风险探井柯东1井，完井试油在白垩系乌依塔克组—库克拜组日产气12.84万立方米，日产油65.74立方米，塔西南昆仑山前高陡构造首次取得重大突破。

塔北哈拉哈塘哈6区块勘探开发一体化取得新进展。2010年为加快评价哈6区块奥陶系，整体部署探井2口，评价井12口，开发井26口，完钻19口井，获工业油气流井15口。其中投入试采井11口，平均单井日产油45.9吨，综合含水28.1%，勘探开发一体化进展顺利。

塔中中古43井区勘探取得新成果。中古43井区位于塔中北斜坡塔中10号构造带上，在中古43井奥陶系鹰山组获得高产油气流后，为落实规模储量，整体部署钻井15口，有11口井获工业油气流，其中9口井试油期间平均日产油46立方米，日产气6.5万立方米。新增天然气探明地质储量1128.48亿立方米，探明石油地质储量6707.56万吨。

库车坳陷大北—克深区块深层天然气勘探取得新进展。2010年强化深层裂缝型砂岩储层加砂压裂技术攻关，开展了多口井加砂压裂试验，经压裂改造后，单井产量较压裂前平均增产约3倍。大北102井、大北2井加砂压裂后日产气分别达到82万立方米和108万立方米，进一步解放了产层，勘探取得新进展。

（3）吐哈盆地。

南斜坡致密砂岩气勘探取得重要突破。吐哈盆地南斜坡是致密砂岩气的有利勘探地区。2010年部署在南斜坡的吉深1井，完井后对下侏罗统八道湾组实施分层压裂，压后合采，日产油11.2立方米，日产气1.48万立方米。吉深1井的成功揭示了南部斜坡区具备连续型致密砂岩气藏的成藏条件，开辟了勘探新领域。

（4）柴达木盆地。

柴西南英雄岭地区油气勘探取得新突破。英雄岭地区勘探面积2000平方千米，勘探难度大。2010年通过精细目标论证，在英东一号背斜部署钻探砂37井，完井后对N_2^1、N_2^2分10个层组进行单层试油，8个层组获得工业油气流，最高日产油29.50立方米。实现了柴达木盆地石油勘探的又一项重大突破。

柴西南昆北断阶带石油勘探取得新进展。昆北断阶带位于柴西南昆仑山前，2009年实现勘探突破，2010年整体研究、整体部署，在切六、切十二井区共有13口井获得工业油流，新增探明石油地质储量6209万吨；同时，积极甩开在切四、切十六井区有10口井获得成功，昆北断阶带整体勘探取得新进展。

4. 新区及其他

（1）海拉尔—塔木察格盆地。

南贝尔、塔南凹陷石油勘探取得新成果。2010年塔木察格盆地在2009年勘探工作基础上，针对南贝尔凹陷和塔南凹陷重点开展评价勘探和综合研究工作，在南贝尔凹陷新增探明石油地质储量3755万吨，在塔南凹陷新增探明石油地质储量6668.60万吨，合计新增探明石油地质储量1.04亿吨。

巴彦呼舒凹陷油气勘探取得新突破。巴彦呼舒凹陷位于海拉尔盆地西部断陷带南部，勘探面积约1500平方千米。2010年部署钻探的楚5井，在铜钵庙组压后日产油13.22吨；同时，老井复查舒1井，在南一段日产油5.76吨。发现了一个新的含油凹陷，扩大了海拉尔盆地的勘探领域。

（2）二连盆地。

阿尔凹陷石油勘探取得新进展。阿尔凹陷位于巴音宝力格隆起的东北侧，勘探面积约1500平方千米。2010年，在对阿尔凹陷油藏特征开展综合研究后，在阿尔3、阿尔6等区块均取得新进展；油藏评价围绕阿尔3—阿尔4两个背斜油藏开展重点评价，实现了阿尔3—阿尔4、阿尔26之间的含油连片，整体控制了阿尔凹陷油藏规模。

（3）雅布赖盆地。

雅探1井发现重要苗头。雅探1井是2010年部署在雅布赖盆地西部坳陷萨尔台凹陷的一口预探井，钻进中在中侏罗统新河组及青土井组共发现油气显示78层163米，综合解释油层2层6.80米，试油获得低产油流，新盆地发现油气勘探好苗头。

（金武弟　何海清）

勘探工程技术

【概述】 2010年，物探技术攻关持续开展，高陡构造叠前深度偏移处理技术、多波处理解释技术、碳酸盐岩储层叠前描述技术、大庆薄储层预测技术均取得重要进展，获得了丰富的地质成果；地震处理解释技术继续落实"六个转变"，12个典型处理解释项目见到良好效果；地震技术不断向开发延伸，油藏及天然气地球物理技术的应用逐渐成为水平井等开发井部署的重要依据。水平井钻井技术应用快速增加，整体开发实施效果好。欠平衡井钻井数创历史新高。垂直钻井、气体钻井和分枝井钻井技术获重要进展。测井技术应用效果显著。

【物探技术攻关】 依据突出重点领域、依托重点项目、推广成熟技术、攻克瓶颈技术、引领技术发展的原则，在前几年攻关成果的基础上，确立高陡构造、碳酸盐岩、低渗透储层3个领域12个项目39个专题开展物探技术攻关，攻关取得重要进展，其中逆时偏移资料处理、多波地震资料处理解释、碳酸盐岩储层描述和薄储层预测4个方面取得突破，获得了一批重要地质成果。

1. 高陡构造叠前深度偏移处理攻关取得重要突破

针对高陡构造地震波速度横向变化剧烈等难题，2010年重点开展各向异性叠前深度偏移和逆时深度偏移处理技术攻关。攻关取得重要突破。库车大北、准噶尔南缘和西北缘、吐哈山前带构造成像质量大幅改善，断层结构更清楚。发现、落实圈闭40个，圈闭面积超过800平方千米，钻探25口井均见到了良好效果。

2. 多波处理解释技术攻关取得突破

引进国际先进多波处理解释技术，通过拟微分算子提高分辨率处理、纵横波匹配一致性处理等关键技术攻关，提高了转换波的成像精度和分辨率，储层描述精度和油气检测精度得到了提高，苏里格地区储层预测精度和含气检测精度均超过 86%。有力地支持了苏里格西二区气藏的评价勘探和储量升级。

3. 碳酸盐岩储层叠前描述技术取得重要进展

通过各向异性叠前深度偏移处理、碳酸盐岩储层叠前描述技术攻关，使缝洞体归位更加精确；建立了岩溶型储层的“串珠”、“非串珠”2 种地震识别模式，预测了“片状”、“杂乱”相储层的展布。根据这一成果，在“非串珠”相带钻探哈 901H 井获得了日产 115 立方米高产油流，证实了这类储层的勘探价值，突破了“羊肉串”模式。在塔北地区，利用攻关成果完钻 22 口井，20 口井获工业油气流，成功率 91%；塔中部署 5 口侧钻井和 7 口定向井全部获得成功；鄂西海槽部署奉 1 井钻遇生物礁，开辟了四川碳酸盐岩勘探新领域；在鄂尔多斯盆地下古生界发现了岩溶储层，部署余探 1 井获得日产 4 万多立方米天然气，为长庆油田天然气勘探开辟了一个新领域。

4. 大庆薄储层预测技术攻关取得突破性进展

围绕提高分辨率处理和砂体精细描述，通过分炮检距叠加、各向异性叠前深度偏移、最佳时窗子体地震属性描述等关键技术攻关，扶余油层频带拓宽 15 赫兹，2—3 米单砂层预测符合率 77.3%，发现了长垣西侧低部位 5 个鼻状构造，预测有利岩性圈闭 550 平方千米，钻探 15 口井，钻探成功率大幅度提高，在低部位鼻状构造钻探萨 951 井获得突破，扩展了长垣勘探领域。

【地震解释技术】 进一步推进地震解释工作“六个转变”。按照一年看效果、二年总结技术、三年推广应用的总体工作目标，2010 年在典型示范项目的基础上，通过推广成熟技术、攻克瓶颈技术、规范技术流程，强化物探与地质的结合，逐步形成了针对不同领域的适用地震解释技术流程，在多个领域获得了丰富的地质成果。

（1）低渗透砂岩储层研究实现了由叠后向叠前的工业化应用，有效储层和烃类检测符合率大幅度提高。

针对低渗透砂岩储层具有低孔低渗、纵横向非均质性强、有效储层预测难度大等特点，近年来，按照“统一技术路线、统一规定动作、统一关键技术、统一参数流程”的“四统一”原则，对苏里格 40000 千米、大川中 35000 千米的二维数据资料和大庆长垣 1300 平方千米、朝长 2500 平方千米的三维资料进行了统一的处理解释。通过强调岩石地球物理研究和地震地质的结合，重点开展了叠前道集高保真处理、有效储层敏感性参数分析、叠前储层预测和烃类检测等技术应用，形成了针对低渗透储层岩性、物性预测和烃类检测的工业化技术流程，有效储层预测精度达到 80% 以上，烃类检测符合率达到 75% 以上，为低渗透油气田规模经济开发奠定了基础。

（2）碳酸盐岩缝洞定量雕刻技术不断完善和推广，形成了针对不同地质特点的适用技术系列。

在塔中、塔北地区，围绕串珠精确成像和缝洞定量描述，经历了从时间域成像到深度域成像、从串珠储层到非串珠储层的不断探索过程。在充分结合钻井和地质资料的基础上，对古地貌、古水系、溶洞、断裂、裂缝及现今构造形态进行了深入研究，探索应用了基于井的缝洞储层地质建模量化雕刻技术流程，对缝洞体进行了三维空间的雕刻，发现了新垦、哈 6 两个亿吨级储量区，并预测塔北新垦地区非串珠面积 400 平方千米，资源规模 1.2 亿吨，形成了多层系立体勘探格局。

在鄂尔多斯盆地天环向斜，针对埋藏深、资料信噪比低等难点，通过加强静校正和多次波压制等技术提高资料信噪比，并应用振幅、频率、速度等属性从不同的角度刻画岩溶洞穴储层的平面展布特征，发现了古碳酸盐岩规模缝洞储层，在此基础上钻探的余探 1 井获得突破，实际钻遇缝洞型气层 11.5 米，打开了鄂尔多斯海相碳酸盐岩勘探的新局面。

（3）基于三维数据体的地震层序解释得到深化应用，成为礁滩储层识别的重要手段。

四川盆地龙岗、九龙山地区针对礁滩体相带复杂，非均质性强、气藏类型多样等难题，对该地区共 4855 平方千米三维资料进行了持续攻关，在古地貌分析和岩石物理分析的基础上，重点对地震层序进行了深入的研究，针对以往“相面法”和常规反演技术多解性强的问题，逐渐摸索出相控叠前反演预测有利储层分布，叠前弹性阻抗系数和 AVO 分析进行气水识别的适用技术路线，发现了长兴早期海平面周期性升降变化形成的下段生物礁，拓宽了长兴生物礁勘探的区域范围，根据预测结果提交探井 48 口，礁滩储层预测符合率达到 85% 以上 。

【天然气开发地球物理技术】 近年来，为配合气田开发前期评价工作，特别是水平井、丛式井等开发井位的部署，在长庆、西南、新疆、塔里木等多个探区部署了一批天然气开发三维地震，取得了突出效果，为气田开发产能建设作出了积极的贡献。长庆油田自 2005—2010 年坚持在二维地震优选富集区的基础上，实施针对目标的三维地震勘探，精细刻画储层，三维区内Ⅰ+Ⅱ类井比例进一步提高。目前前期评价共完成三维地震562平方千米，其中中区苏14区块100平方千米，东区召30区块260平方千米，西区158区块202平方千米。三维地震的实施大幅度提高了Ⅰ+Ⅱ类井比例，三维区内Ⅰ+Ⅱ类井比例由66%提高到91%，水平井含气储层钻遇率56.6%，产量为直井的4—10倍，为"三低"气藏高效开发提供了重要的技术支持，配合累计提交探明和基本探明储量2.8万亿立方米。

【"315"工程】 针对大庆4000万吨稳产提出的"315"工程实施两年多来，围绕股份公司"一年初见成效、两年推广应用、三年见到明显效果"和"边研究、边应用、边完善、边提高"的总体要求，突出基础、精细、地质物探结合三项工作，井震结合精细构造描述技术、储层精细刻画方法有重要突破，研究成果及时指导生产，开发调整挖潜见到明显效果。

已全面完成长垣2130平方千米三维叠前时间偏移处理地震资料处理，形成了完整的三维数据体；基本完成长垣9个油层组顶面断层解释，建立了全区构造框架模型；井震结合精细储层描述技术攻关取得重要进展，有效带宽拓宽25赫兹以上，断点组合率达到95%，比仅用井建模提高了10个百分点，3米左右的断层识别成功率达到75%以上，2—3米以上砂体预测精度达到75%左右，1—2米储层可识别；地震解释成果在17个开发试验区得到应用，部署新井95口（其中水平井39口），调整井200多口，累计增油13.4万吨，预计增加可采储量185.9万吨，较好完成了"两年推广应用"的工作目标。

【水平井钻井技术】 全年共完成水平井钻井709口，完成计划的100.3%，顺利完成了年度任务。已投产油井水平井平均单井日产是相邻新井的3倍左右，已投产的气井水平井是相邻新井的2.4倍，水平井已成为股份公司稳定并提高单井日产量的重要手段之一。

总结2010年水平井工作亮点如下：一是天然气水平井应用快速增加，成效显著。苏里格气田等致密气藏通过钻井提速、水平井裸眼分段压裂等措施，钻井周期大幅缩短、储层钻遇率逐年提高，投产水平井稳定日产气达到了直井的5倍以上，开发效果显著。川东石炭系低渗储量通过水平井钻井提速及水平井分段酸化技术，平均单井测试产量较相邻直井提高5—10倍以上，实现了低渗储量的有效动用。吉林长深D平2井通过水平井+大型水平井裸眼分段压裂技术改造，取得了登娄库组致密砂砾岩气藏重大突破。二是水平井整体开发实施区块效果良好。辽河油田针对兴隆台潜山储层采用多层叠置水平井整体实施，提高了兴古潜山油藏储量动用水平，3年多时间建成了百万吨生产能力，实现了潜山油藏的少井高产。新疆陆梁白垩系复杂边底水油藏通过规模应用近钻头地质导向技术，避免了底水的快速锥进，该层系储量动用率由实施前的51.8%提高到目前的80.5%，为陆梁油田的稳产提供了强力支持。三是水平井钻井技术水平再上新台阶。塔里木哈901H水平井完钻井深7069.56米、垂深6611米，是国内第一口超7000米的水平井；苏6-16-1H水平段长2011.50米，创2010年水平段长最长纪录；集团公司钻井院自主研发的近钻头地质导向在辽河等油田共应用32口井，应用规模和技术性能不断提升；大港研发的BH-WEI有机盐无固相钻井液提升了储层保护水平，针对底水油藏水平井利用分段完井工艺控水增油效果明显。四是勘探上解放思想、积极进取，进攻性地应用水平井钻探。2010年相继在大庆火山岩、鄂尔多斯盆地致密低渗气藏开展了探井水平井，在解决地质认识、提升储层品质的同时实现了工艺技术评价。

【欠平衡钻井技术】 全年共完成欠平衡钻井305口（其中气体钻井60口），完成年度计划的117.3%，完成井数创历史新高，应用效果显著。

欠平衡钻井工作主要取得了以下成果：一是提高了油气发现水平。欠平衡钻井作为保障勘探发现的重要手段，已基本覆盖所有重点探井。新疆油田通过欠平衡钻井实施，相继在乌夏等地区取得了丰硕的勘探成果，其中风南5井在二叠系风城组钻遇高压油气层，中途测试日产油236立方米，日产气12537立方米。冀东油田针对南堡深层潜山储层特点，规模应用水包油欠平衡钻井技术和大位移钻井技术，有效地解放了油气层，相继在南堡2-82、南堡1-89、南堡2-86等多口井取得突破。此外，在2010年的多项重要勘探发现中，如大港油田的海古101、华北油田的虎16X、大庆油田的达深10、吉林油田的岭深1、吐哈油田的柯21-2和塔里木的柯东1、中古43等井，通过实施欠平衡钻井实现了勘探的及时发现和钻井周期大幅缩短，效果同样显著。二是提高了裂缝型储层的开发效果。塔里木油田通过精细控压钻井，基本解决了塔中碳酸盐岩储层钻进过程中面临的又漏又溢的技术难题，在延长水平段，减少井漏、降低复杂时效、提高钻速等方面见到了显著效果，实现了该类储层的有效开发。目前集团公司研发的同类技术已经在新疆油田沙门011井进行了现场试验，取得了一定效果。辽河油田在针对胜601块潜山油藏实施欠平衡水平井口，有效避免了井漏，提高了储层保护水平。三是西南油气田规模实施欠平衡钻井，提速提效效果显著。西南油气田公司2010年在大川中须家河组、雷口坡组中规模应用欠平衡钻井，既实现了油气的及时发现，又实现了钻井提速，加快了勘探开发进程，钻井提速提效效果显著。

【垂直钻井技术】 在塔里木、大庆、海塔、西南、吐哈、新疆等油田共应用垂直钻井41口，进尺67.50千米。与此同时，国产的垂直钻井系统也取得了较大进步。

塔里木油田在大北、克深和迪那等山前构造应用垂直钻井16井次，进尺47102米，平均机械钻速4.24米/小时，垂直钻井已成为实现深井提速的主要技术之一。大庆油田针对海拉尔—塔尔察格和方正地区的防斜难题，引进了垂直钻井技术，钻井速度得到有效提高。吐哈油田在北部山前带，相继在柯21-5等4口井上开展了垂直钻井试验，平均机械钻速7.04米/小时，与邻井同井段相比：平均节约周期26.5天；平均提速106.5%；平均单井节约钻头5.5只，基本解决了煤层以上地层防斜打快难题。西南油气田首次在川东的天东004-X3、板东006-H1井采用垂直钻井，较常规钻井钻速提高了46%，周期缩短23%，井斜控制在1度之内，较好地实现了防斜打快的目的。国产的垂直钻井系统在2010年也取得了长足的进步。渤海钻探研制的VDT5000垂直钻井系统，在塔里木克深3井首次获得了成功应用，总进尺2033米，平均机械钻速3.60米/小时，施工井段井斜控制在1.5度之内。新疆钻井院研制的ϕ311垂直钻井系统也在柯东101井和风南8井开展了2井次试验性技术服务。集团公司钻井院研制的垂直钻井系统在玉门的井上也进行了功能性试验，取得了初步效果。

【气体钻井技术】 共实施气体钻井60口，在四川九龙山、塔里木山前、长庆子洲等地区提速取得了显著的效果。西南油气田在龙岗、九龙山等地区应用气体钻井46口、进尺7.25万米，平均机械钻速12.6米/小时，继续保持较高水平，其中九龙山地区平均单井气体钻进尺2099.2米，占总进尺的54.5%，气体段机械钻速17.24米/小时，钻井周期由2009年的131天又缩短至107天，气体钻井为提速发挥了关键作用。塔里木油田在库车山前现场试验3口井，进尺达到了1747米，机械钻速提高了5倍以上，其中大北6井在3902—5012米开展气体钻井，平均钻速6.59米/小时，与邻井相比钻速提高5.58倍，周期缩短75天，气体钻井提速试验取得积极进展。长庆子洲气田为破解该区块钻井“井漏、卡钻”难题，对该区块井漏层段继续坚持充气钻井，共应用11口井，井漏得到了有效遏制，有效缩短了钻井周期，钻井成本得到了大幅降低。

【分支井钻井技术】 辽河、大庆、长庆、塔里木、华北等油田完成各类分支井28口，分支井技术继续得到推广应用。辽河油田在兴古7、边台等区块完成分支水平井11口，其中兴隆台潜山完成8口，鱼骨分支数2—3支，长度200—300米，平均单井日产油65吨，是相邻水平井产量的1.54倍。长庆油田在苏里格桃7区块实施了一口双分支水平井桃7-14-18H，其中上分支长757米、下分支长771米，该井下分支（盒8段）压裂获无阻流量85.12万立方米，上分支（盒7段）压裂也获得了高产，该井的成功也为提高苏里格气田储量动用程度、提高采收率提供了一种途径。华北油田在煤层气开发中，又在沁水盆地实施多分支水平井14口，平均进尺4162米，平均单井水平段长（主水平段+分支）3288.06米，钻遇纯煤层3019.45米，平均完井周期74天，煤层气分支水平井钻井技术日趋成熟。特别是中国石油集团钻井工程技术研究院自主研制的电磁波地质导向工具和远距离穿针工具在郑试平4井进行了现场试验并获得成功，首次实现了煤层气开发关键工具的国产化，为加快煤层气开发奠定了坚实的基础。

【高精度成像测井技术】 针对复杂油气藏勘探中测井评价的疑难问题，各油气田在重点探井中推广应用了成像测井技术，应用覆盖率达35.3%，同比2009年提高了4.2%。其中，电成像、阵列声波、核磁共振、MDT、ECS和MSCT的作业井次分别为422口、327口、227口、59口、47口和47口。其应用效果体现在以下3个方面：一是在四川九龙山、吐哈山前以及鄂尔多斯姬塬延长组中下部组合等碎屑岩油气藏中配套应用核磁共振和电成像，以人工交互迹线法从电成像测井拾取各类裂缝参数，结合核磁共振等资料评价储层渗透性，进而建立了储层划分标准，较好地解决了储层有效性评价和油气层识别难题，基本形成了致密储层有效性评价技术。二是在塔里木油田哈拉哈塘地区缝洞碳酸盐岩油气藏配套应用电成像、阵列声波测井和远探测声波测井技术，以电成像孔隙度谱并结合阵列声波的斯通利波能量衰减与渗透性指示参数分析储层有效性判别方法，建立类别划分标准，以电成像视地层水电阻率谱识别流体类型，从而创建了井点—井旁测井信息并结合地震资料精细刻画储层缝洞特征的思路与技术。三是火山岩/变质岩配套应用元素俘获和电成像测井，在松辽深层火山岩、准噶尔石炭系火山岩和辽河兴隆台/大民屯变质岩的识别岩性岩相与储层评价中，作用关键，为这些区块的勘探发现提供了有力的技术支持。

【MDT测井技术】 MDT测井技术主要应用于大庆、塔里木、新疆和西南等油田，全年共测井76井次，平均测压成功率62.2%。常规取样162支、PVT取样6支，流体组分分析（CFA）19次。

大庆油田继续实行MDT打包服务，通过快速评价和科学决策降低整体成本。以MDT解释为基础，优化试油方案与完井方案，全年共取消了5口井11个层的试油，确定地质报废井1口。基于MDT的解释评价，优化后期布井方案，有效减少了低效井和报废井，全年因此而少钻井23口，节省钻井进尺3.45万米。

塔里木油田共有9口井的水平导眼井应用MDT测井，确定流体性质和储层渗流特性，有效地指导了水平井设计，降低了地质风险。原计划塔中4-6-22H井中利用水平井开采CIII油组，但MDT解释其为水淹层，而其上部CI层位的可疑层经MDT测井确认为油层。因此，开发部门快速决策该井眼不再打水平井，用直井方式完井直接开采CI层位。生产150天，累积产油9744立方米，地质效果和经济效益显著。

青海油田英东地区砂40井录井显示良好，为了更加准确评价该区油气藏特征，油田采用了MDT测井技术，共成功测压45点，完成CFA和LFA分析10个深度点。结合压力梯度分析以及流体泵出结果，可以看出该区在纵向上存在多个油气水系统，油气水关系复杂。MDT测井资料为准确认识该区油气藏特征提供了可靠依据。

【旋转井壁取心技术】 2010年，旋转井壁取心的国产技术（RBST/FCT）和斯伦贝谢（MSCT）3种型号的装备同时使用，但各有侧重，国产技术主要应用于3000米以内的碎屑岩地层，MSCT主要应用于深度大、岩性复杂的地层中。

MSCT全年完成取心作业48井次，其中92%的井次应用于新疆、塔里木、大港歧口、吉林火山岩和辽河变质岩等深度大、岩石硬的储层中。全年设计取心1256颗，实际取心1200颗，合格取心1120颗，取心完成率95.5%，取心合格率93.3%，平均单颗取心用时44.3分钟，较2009年减少了3.4分钟。

国产旋转式井壁取心技术（FCT和RBST）全年作业共146井次，主要应用于松辽北部中浅层探井与评价井以及海拉尔勘探评价中，华北、长庆等油田的应用量也明显增加。全年设计取心4028颗，实际取心3820颗，合格取心3576颗，实际取心率94.8%，合格取心率93.6%，平均取心用时37.3分钟。92%的取心在3000米以内，成功率为96%；89.6%为砂岩取心。随着国产旋转取心技术的不断完善并逐步推广应用，已经成为3000米以内碎屑岩地层的绝对主力技术。

华北油田在阿尔凹陷规模应用了RBST，全年应用23井次、取心441颗，探井和评价井的应用覆盖率达91%以上，平均单井时效12小时。通过对这些岩心开展现场快速实验分析，获取孔渗参数和核磁的孔隙结构特征，实现了储层的快速评价，为优化完井方式及试油方案确定提供了及时有效的技术支持。

【复杂井况测井采集技术】 复杂井况条件下的取全取准测井资料是采集作业所面临的主要难题，2010年，通过精心组织、科学调配，较好地应对这一挑战，夯实了重点探井和开发井测井评价的资料基础。

克深7井井深达8023米，钻井液密度每立方厘米1.82克，井眼直径4.375英寸❶，井底温度182摄氏度，井底压力大于150兆帕，属典型的超深、超高压小井眼环境。在油田的精细组织下，甲乙双方紧密配合，及时组织仪器设备，成功地采集到全部常规和AIT等资料，为气层评价提供了较为丰富的第一资料。

塔中82-1H井是塔里木油田以水平井方式开发塔中碳酸盐岩油田的重点开发井，缝洞评价十分关键。由于该井水平井井深6280米，造斜点深度4962米，水平段长1033米，成功采用钻杆传输工艺获得了电成像等合格的测井资料。

（王喜双　曾　忠　毛蕴才　刘国强）

❶ 1英寸=25.4毫米。

油田开发

【概述】 2010年，新增动用石油地质储量5.74亿吨，年度动用储量替换率136%。截至2010年底，股份公司累计动用石油地质储量153.37亿吨，平均采收率32.24%，比2009年度降低0.32个百分点。

股份公司采油井总数172267口，12月开井129353口，日产油水平28.78万吨，平均单井日产油2.3吨，综合含水86.97%，年产油10541万吨（含液化气43万吨，大庆含塔南油田20万吨），累积产油36.62亿吨；地质储量采油速度0.68%，采出程度23.88%；可采储量采出程度74.08%，剩余可采储量采油速度7.57%。

注水井总数62817口，12月开井50271口，日注水258.56万立方米，月注采比1.04；累积注水176.34亿立方米，累积注采比1。

【原油生产】 全年生产原油10541万吨，完成年度计划的100%，其中自营区生产原油9801万吨，合作区生产原油740万吨。同比增加228万吨，其中自营区增加222万吨，合作区增加6万吨。从产量构成看，同比新井年产量增加87万吨，老井措施年增产量增加5万吨，老井自然产量增加136万吨。各油田完成情况如下：

大庆生产原油4000万吨，占总产量的37.95%，同比保持稳定；

长庆生产原油1825万吨，同比增长253万吨；

新疆生产原油1089万吨，保持稳定；

辽河生产原油950万吨，同比减少50万吨（洪灾影响）；

吉林生产原油610万吨，同比增长19万吨；

塔里木生产原油554万吨，保持稳定；

大港生产原油478万吨，同比减少7万吨；

华北生产原油426万吨，保持稳定；

青海生产原油186万吨，保持稳定；

冀东生产原油173万吨，保持稳定；

吐哈生产原油163万吨，同比增长了1万吨；

玉门生产原油48万吨，同比增长8万吨；

南方生产原油20万吨，同比增长1万吨；

西南生产原油14万吨，保持稳定；

浙江生产原油5万吨，同比增长3万吨。

【稳定并提高单井日产量“牛鼻子”工程】 2010年，组织制定了《稳定并提高单井日产量工作指导意见》，完善了工作部署，落实了年度工作目标，细化了技术与管理措施。各油田公司都成立了工作组，公司主要领导亲自上手，分管领导抓部署、抓落实，考核指标纳入年度计划，工作目标落实到部门，责任分解到采油厂，措施具体到区块，形成了地质研究、工程设计、现场施工、组织管理的整体合力。

2010年末，股份公司平均单井日产油2.3吨，与2009年持平，实现了稳定并提高单井日产量的工作目标。其中：大庆2.5吨、长庆2.0吨、新疆1.9吨、辽河2.6吨、吉林1.0吨、塔里木17.6吨、大港4.8吨、华北3.0吨、青海2.7吨、吐哈3.6吨、冀东4.0吨、玉门1.4吨、西南1.3吨。股份公司新井平均单井日产量2.7吨，同比提高0.1吨。老井平均单井日产量2.2吨，基本保持稳定。

【油田开发基础年】 油田开发基础年活动覆盖地质储量129亿吨，占动用地质储量87.37%，年产油8934万吨，占总产量84.75%。全年完成以注水井为主要措施的各类主干工作量14436井次，同比增加3400井次。其中：注水井更新383口，同比增加272口；新增分注3325口，同比增加743口；检管重配9401口，同比增加2027口；水井大修1327口，同比增加358口。地面系统主要开展与注水相关的地面设施更新改造，改善注水水质。全年共改造（或新建）污水处理站23座、注水站114座、更换（或新建）管线870千米。

油田开发基础年活动通过对已开发油藏的精细描述，突出以单砂体为基本单元进行注采关系调整，注采对应率、水驱储量控制程度和动用程度都得到进一步提高，老井自然递减率下降到11.14%，含水上升率控制在0.5%。注水“三率”进一步提高，分注率达到58.3%，注水合格率达到83.96%，水质达标率71.0%，同比分别提高了1.81、1.45和6.4个百分点。

大庆杏北西部过渡带、吉林新立油田、辽河静安堡油田、华北京11断块、大港小集油田、冀东柳赞油田、新疆七八区八道湾组、长庆安塞油田杏河区、吐哈温米油田、青海尕斯库勒油田、塔里木轮南油田、玉门老君庙油田共12个油田区块是股份公司重点治理项目，动用地质储量6.8亿吨，年产油量442万吨。通过2年的工作，平均自然递减率下降到13.84%，下降了4.32个百分点；含水上升率下降到1.84%，下降了0.23个百分点；分注率达到61.3%，分注合格率达到79.5%，井口水质达标率达到75.8%，分别提高了10.7、4.8和9.2个百分点。

【原油产能建设】 原油产能建设自营区全年完成钻井15439口，进尺2635万米，建成原油生产能力1388万吨。与2009年相比，每百口钻井建产能由8.3万吨提高到8.8万吨，每万米进尺建产能由0.46万吨提高到0.53万吨。合作区全年完成钻井2208口，进尺390万米，建成原油产能124万吨。

2010年，新投采油井15422口，12月份开井13705口，日产油37419吨，平均单井日产油2.7吨，含水71.11%，年产油644万吨；新投、转注井6440口，年注水2900万立方米。其中，自营区新投采油井13601口，12月份开井12066口，日产油34415吨，平均单井日产油2.9吨，含水72.31%，年产油577.57万吨；新投、转注井5851口，年注水2703.69万立方米。合作区新投采油井1821口，开井1639口，12月份日产油3004吨，平均单井日产油1.83吨，含水42.92%，年产油66.66万吨；新投转注水井589口，年注水195.96万立方米。

【二次开发】 二次开发在大庆、辽河、吉林、大港、冀东、新疆、吐哈、玉门共8个油区14个区块完钻新井2222口（其中水平井19口），总进尺238万米，投产新井1156口，初步形成了128万吨的生产能力。完成压裂、酸化、堵水等措施作业4585井次。强化专项资料录取，完成测压、产吸剖面、特殊测试等3886井次，完成系统取心4口井、井壁取心34口井、分析样品4109个。加强方案研究和管理，完成了吐哈温西三、冀东高5、塔里木轮南、吉林新立、西南荔南桐和威远等区块二次开发方案的编制与审查。全面推行规范化管理，下发了二次开发管理办法、方案编制规范和经济评价方法等相关管理规定。开展技术培训和交流，全年组织举办了二次开发技术培训班，培训管理和技术人员80多人。

试点工程基本实现了提高单井产量和大幅度提高采收率的工作目标。股份公司二次开发共覆盖石油地质储量8.35亿吨，预计新增可采储量6538万吨，提高采收率7.83个百分点。采油井开井数由6554口上升到9196口，年产油量由458万吨增加到599万吨，其中试点工程年产油量369万吨。新投井平均单井日产油3.91吨，与邻近新井对比提高了11个百分点。二次开发深部调驱在新疆克拉玛依六中东、七中区克下组和冀东柳中开展攻关试验，油层平均注入压力上升，受效油井单井日产油上升，含水下降。

【重大开发试验】 重大开发试验围绕油田开发中的重大技术难题，在高含水、低渗透、稠油及特殊岩性等油藏开展技术攻关研究和试验。重点推动二元驱、火驱项目等十大试验的实施，阶段验收长庆0.3毫达西试验，扩大吉林CO_2驱等试验规模，试验项目年产油规模达到199万吨。

长庆0.3毫达西4个试验区完善了超低渗透油藏超低渗储层分类评价标准、超前注水区地应力变化规律等基础理论；形成了储层快速评价、有效驱替系统优化、多级压裂改造、地面优化简化、低成本钻采配套等五大技术系列14项特色技术。2010年，试验区油井开井692口、水井350口，年产油约47万吨。

二元驱项目预计可提高采收率15个百分点。辽河锦16块、新疆克拉玛依七中区、吉林红岗红113区3个试验区进一步完善了井网层系调整、配方体系优化等工作，已全部完成96口新井钻井、地面工程建设、监测资料录取、空白水驱及前期调剖等工作。

稠油火驱项目有望成为稠油高效开发的主体技术。新疆红浅一区火驱试验完善了室内实验技术系列与评价方法，形成了对火驱机理特别是注蒸汽后转火驱机理的系统认识，突破了点火、调控、监测、防腐及举升等关键技术，初步建立了火驱矿场管理制度和方法，完成了地面工程供气、集输、计量和分离系统建设，实现了3口注汽井点火。目前火线燃烧良好、推进相对均衡，油井多井多方向见效，增油降水明显，区块日产油量由0.26吨上升为21吨，含水由96.8%下降到79%。

CO_2驱试验已见到良好苗头，有望成为低渗透油藏有效开发的主体技术。吉林黑59区块建成了含CO_2气藏开发—CO_2驱油与埋存一体化系统。黑79试验区完成了CO_2驱开发方案编制、地面工程及注采工程建设、气源准备等工作。其南部6个井组CO_2注入半年，地层压力上升到20兆帕，单井产量升至7.8吨，是注气前的2倍。

塔里木碳酸盐岩开发3个试验区通过2年的攻关明确了塔北碳酸盐岩整体含油、局部富集，勘探开发的主要对象是表层岩溶带；地震资料叠前深度偏移处理、精细缝洞单元刻画及井型优选，显著提高了开发井的成功率；转向酸压储层改造技术明显提高单井产量；定向侧钻、注水替油是碳酸盐岩油藏开发中后期的主要调整技术。

【精细油藏描述】 精细油藏描述全年共完成81个区块，覆盖地质储量23.27亿吨，三维地震处理2116平方千米，三维地震解释3598平方千米，测井解释24865口，地层划分27947口井，地质建模储量17.39亿吨，数值模拟历史拟合17371口井，各项工作均完成年初计划安排。采取相应配套调整挖潜措施后，预计可增加地质储量5439万吨，增加可采储量5431万吨，提高采收率2.33个百分点。

精细油藏描述工作发展完善了多层砂岩、复杂断块、低渗透、砾岩、稠油和特殊岩性六大类型油藏描述技术系列，创新发展了一批单项技术。描述精度得到进一步提高，小断层断距表征在密井网条件下挑战3米界限，油藏刻画纵向上精细到了沉积单元，平面上精细到了成因单砂体，层内精细到了夹层构型；分层精细数值模拟技术在高精度相控三维地质建模基础上，实现了快速进行单砂体动用状况和剩余油潜力分析。

【水平井工程】 股份公司全年共完钻水平井520口，其中辽河151口、新疆126口、大庆55口、长庆40口、吉林25口、华北25口、冀东23口、塔里木20口、大港20口、吐哈15口、玉门12口、青海8口。水平井建产占产能建设总钻井数的3.37%，与2009年持平；平均单井水平段长度328米，油层钻遇率87.61%；投产油井422口，平均单井日产油13.6吨，新建产能165万吨。

【油藏动态监测】 全年各类测井、试井计划61858井（组）次，实际完成67396井（组）次。其中，地层压力34202井次；油水（气）界面监测299井次；生产测井31103井次；饱和度测井912井次；井间监测880个井组。

天然气开发

【概述】 天然气开发系统按照年初制定的工作目标和部署要求，围绕产量运行、产能建设和前期评价三大关键环节，圆满完成了年初预定的各项工作任务，实现了按计划安全平稳供气，开发技术水平显著提高，一批重大工程项目进展顺利。

【天然气产量】 股份公司计划工业产气量725亿立方米。实际完成工业年产气量725.31亿立方米，完成年度计划的100%，比2009年增加42.07亿立方米，年增幅6.2%。其中，气层气产量为658.22亿立方米，溶解气产量67.09亿立方米。2010年股份公司计划天然气商品量626.6亿立方米，实际完成天然气商品量635.74亿立方米，完成计划的101.5%，比2009年增加了35.01亿立方米，年增长幅度5.8%。

【天然气产能建设】 实际动用天然气可采储量2262.77亿立方米，钻井1531口，进尺481.71万米，分别为年计划的114.2%、80.8%、74.3%；全年新建配套产能123.3亿立方米，为年计划的92.3%。

【天然气重大地面工程建设】 一是迪那2气田40亿立方米产能建设工程。迪那2气田是塔里木气区继克拉2气田之后的又一大型气田，方案设计年生产规模40亿立方米。2009年9月气田东区建成投产，2010年10月西部大桥竣工，西部新投产3口井，新增产能5.8亿立方米，累计建成年产能力29.0亿立方米。二是苏里格气田规模建设快速有序推进。2010年苏里格气田新钻井988口，新建产能50.1亿立方米，全年生产天然气104.75亿立方米。累计完钻4015口井，投产3634口井，累计建成生产能力135亿立方米，11月苏里格第四天然气处理厂建成投产，天然气处理能力达到180亿立方米，苏里格气田已经成为国内储量规模和生产能力最大的气田。三是新疆克拉苏气田大北区块试采项目地面工程正式竣工投产，国家西气东输工程又多一个稳定的气源。试采工程设计年产天然气5亿立方米，主要为深化气田认识和下一步气田正式开发提供依据，是塔里木油田油气开发的关键性重点工程。

【前期评价】 2010年，完钻评价井19口、正钻1口，待钻1口；完成二维地震采集3306千米，三维地震采集处理1208平方千米；完成现场试（采）气井39井次；完成方案编制10项、专题研究31项。经评价和研究，优选评价天然气地质储量5000亿立方米以上，落实了一批有利建产区，预计可建产能100亿立方米，为2010年产能建设和2011年产能建设部署奠定了基础。

【制度建设】 “十一五”期间，按照纲领性文件、程序性文件和操作性文件3个层次，建立了《天然气开发管理纲要》、6个管理规定和一系列标准规范的文件体系。2010年《天然气开发管理纲要》被评为中国石油石化企业协会的特等奖。“一纲六规”及其相应的一系列细则和标准规范的实施，进一步规范了天然气开发各项管理工作，理顺各专业管理工作界面和关系，明确了气田开发各阶段的主要工作内容、程序和技术要求，满足了国内气田开发管理需要，实现了天然气开发工作全过程可控管理。

【西南气区生产状况】 完成天然气工业产量153.62亿立方米（其中：气层气152.38亿立方米，溶解气1.24亿立方米），商品气量144.51亿立方米，分别为计划的99.1%，98.6%。产能建设新增动用天然气可采储量335.98亿立方米，完成计划的112%。计划钻井207口井，实际钻井253口。

气层气井口年产量153.03亿立方米，累积产量3157.52亿立方米，已开发气层气可采储量采气速度3.16%、采出程度65.16%，已开发气层气储采比11。

【长庆气区生产状况】 完成天然气工业产气量211.07亿立方米（其中：气层气209.74亿立方米，溶解气1.33亿立方米），商品量193.02亿立方米，分别为年度计划的105.5%、105.5%。

长庆气田自营区全年共完钻开发井655口，累计进尺224.55万米；风险合作区共完钻开发井420口，进尺150.35万米。

气层气井口年产量213.05亿立方米，累积产量1051.63亿立方米，已开发气层气可采储量采气速度2.65%、采出程度13.08%，已开发气层气储采比32.8。

【塔里木气区生产状况】 完成天然气工业产量183.59亿立方米（其中：气层气174.19亿立方米，溶解气9.4亿立方米），商品气量173.04亿立方米，分别完成计划的100.3%、100.8%。全年实际钻井15口，进尺7.54万米，动用天然气可采储量323.58亿立方米，建成配套生产能力17.5亿立方米/年。

气层气井口年产量186.21亿立方米，累积产量993.25亿立方米，已开发气层气可采储量采气速度5.31%、采出程度28.35%，已开发气层气储采比13.5。

【青海气区生产状况】 完成天然气工业产量56.1亿立方米（其中：气层气55.44亿立方米，溶解气0.66亿立方米），完成商品气量50.03亿立方米，分别完成计划的91.8%、92.6%。实际钻井54口，完成进尺6.07万米，建成配套生产能力5亿立方米。

气层气井口年产量55.67亿立方米，累积产量255.95亿立方米，已开发气层气可采储量采气速度3.72%、采出程度17.11%，已开发气层气储采比22.3。

【大庆油区生产状况】 完成天然气工业产量29.9亿立方米（其中气层气11.45亿立方米，溶解气18.45亿立方米），完成商品气量18.1亿立方米，分别完成计划的93.4%、106.5%。钻井18口，进尺2.82万米，新建产能2亿立方米。

气层气井口年产量11.58亿立方米，累积产量73.97亿立方米，已开发气层气可采储量采气速度3.7%、采出程度23.65%，已开发气层气储采比20.6。

【新疆油区生产状况】 完成天然气产量38.0亿立方米（其中：气层气26.0亿立方米，溶解气12.01亿立方米），商品气量18.52亿立方米，分别为年度计划的100%、108.9%。钻井17口，进尺4.92万米，新建产能3.3亿立方米。

气层气井口年产量26.07亿立方米，累积产量255.47亿立方米，已开发气层气可采储量采气速度2.7%、采出程度26.47%，已开发气层气储采比27.2。

【吐哈油区生产状况】 完成天然气工业产量12.51亿立方米（其中气层气5.97亿立方米，溶解气6.54亿立方米），商品气量9.4亿立方米，分别为计划的83.4%、96.9%。钻井27口，进尺8.04万米，动用天然气可采储量45.21亿立方米，完成配套生产能力1.7亿立方米。

气层气井口年产量5.97亿立方米，累积产量72.88亿立方米，已开发气层气可采储量采气速度2.62%、采出程度31.92%，已开发气层气储采比26。

【吉林油区生产状况】 完成天然气工业产量14.1亿立方米（其中气层气12.5亿立方米，溶解气1.6亿立方米），商品气量10.51亿立方米，分别为计划的108.5%、119.4%。钻井40口，进尺8.23万米，动用可采储量54.4亿立方米，新建天然气产能5.5亿立方米。

气层气井口年产量13.43亿立方米，累积产气量51.84亿立方米，已开发气层气可采储量采气速度5.78%、采出程度22.3%，已开发气层气储采比13.4。

（李 彬 谭 健）

矿权管理

【概述】 矿权管理紧紧围绕年度工作目标，以区块评价、矿权年检为基础，以矿权登记和保护为重点，夯实基础，强化管理，加强沟通，上下协调，继续保持公司矿权与资源的优势地位，圆满地完成了各项任务。

【全国矿权登记状况】 2010年全国石油天然气（含煤层气）矿业权统计见表1。

表1　2010年全国石油天然气（含煤层气）矿业权统计表

矿权人	探矿权		采矿权		合计	
	数量（个）	面积（平方千米）	数量（个）	面积（平方千米）	数量（个）	面积（平方千米）
中国石油	442	1765938.125	393	89383.881	835	1855322.006
中国石化	307	968161.701	193	19135.927	500	987297.628
中海石油	243	1389228.640	55	5443.719	298	1394672.359
中联煤	26	18402.643	2	131.328	28	18533.971
延长油矿	39	85760.186	5	443.97	44	86204.156
其　他	32	11332.843	9	627.247	41	11960.090
全国总计	1089	4238824.138	657	115166.072	1746	4353990.210

注：数据来自国土资源部地质勘查司，统计截至日期2010年12月31日。

【主要工作成果】

1. 积极拓展新的有利矿权领域

矿权是资源型企业生存与发展的基础，加强矿权登记管理，积极竞争新的有利矿权领域是矿权管理工作的重中之重。严格执行两级预警、三道把关的管理程序，确保了全年矿权申报工作没有出现任何纰漏。2010年，公司共申请办理新立、延续、变更和注销探、采矿权及试采批准书等214个，其中在新立探矿权上取得一定进展。

一是圆满获得滇黔北坳陷页岩气整装探矿权登记面积1.5万平方千米。滇黔北坳陷页岩气探矿权原申请面积1.5万平方千米，因该区块东部与中国石化原申请的油气矿权区块重叠，仅在2009年6月获得登记面积8651.03平方千米，不便于施工。为获得原申请范围矿权，便于开展页岩气整装勘探开发，按照股份公司指示，经过无数次、多方面协调，2010年9月份终于取得了原申请范围1.5万平方千米的完整矿权，保障了黔北页岩气示范区建设，也为股份公司拓展新能源业务奠定了资源基础。

二是抢先登记了南祁连、大同盆地等一批有战略意义的矿权领域，登记面积4.3万平方千米。其中，南祁连盆地根据地勘系统发现可燃冰的启示，利用重磁电资料快速评价、优选登记木里坳陷；在结合最新勘探成果，迅速补登记疏勒坳陷，总面积已达1.1万平方千米；大同盆地根据阿尔凹陷快速突破的启示，2009年在冀北—晋北—蒙南大三角地区开展重磁力全面搜索，根据区域搜索成果，优选大同盆地登记矿权3164平方千米。

三是围绕股份公司发展战略、拓展新能源业务，6月初申请了16个铀探矿权并得到国土资源部受理。其中4个区块已通过国土资源部各相关司局会审，这也是国内石油公司中率先提出申请并即将获得批复的新型能源探矿权。

2. 进一步强化矿保勘探部署管理

在矿权区块评价、分类与优选的基础上，结合2009年度矿保勘探实施效果，制定了2010年度矿保勘探部署投资5亿元方案，涉及12家油田分公司的39个区块、17.3万平方千米。共部署钻井22口，总进尺28900米，投资11810万元，其中探井4口、地质浅井2口、铀矿调查浅井10口、煤层气浅井6口；二维地震4950千米，投资34460万元；重磁勘探23263点、CEMP600千米、建场360千米，非地震投资共3080万元。对塔里木、柴达木等大中盆地重点投入，部署投资占总额的53%。

矿保勘探整体实施进展正常，投资到位率较高，并取得了以宜6井为代表的一批重要勘探成果。宜6井5月试气获2.082万立方米/日的工业气流，证实鄂尔多斯盆地东南部是奥陶系风化壳气藏勘探的有利区带，为后续勘探开辟了新的战场；塔里木、大同、南祁连等地震勘探落实和发现了一批有利领域和目标；鄂东缘、滇黔北的地震勘探支持了煤层气、页岩气的勘探，辽河外围浅井钻探推动了铀矿评价调查。

3. 认真开展年检缴费工作，审慎提出核减退出方案

2009年度参检探矿权409个、面积159.1万平方千米，统计用于矿权区块勘探投入的资金共297亿元，与年度财务决算比增加了24亿元。其中，投入满足区块面积为63.3万平方千米，占年度参检面积的40%；投入不足区块面积为59.9万平方千米，占年度参检面积的34%；无投入区块面积41.9万平方千米，占年度参检面积的26%。

2010年度应缴纳探、采矿权使用费10.39亿元。其中，探矿权实缴8.34亿元，占实缴额的91%，减免1.12亿元，占减免额的92%。采矿权实缴8184.8万元，减免1046.9万元。

为置换具有较好勘探前景区块，根据矿权区块评价结果，2010年陆续核减和退出了一批无勘探价值的矿权区块，共核减10个、退出3个，退出面积1.94万平方千米。

4. 迎接政府矿权抽查与政策调研

国土资源部加大了油气矿业全现场督察力度，并据此开展了相关调研。被督察单位主要包括大庆、长庆、塔里木、西南等油气田公司，督察内容主要是探矿权最低勘查投入依法完成情况、存在的主要问题等，政策调研内容主要包括油气“十一五”勘探成果、“十二五”规划、地勘单位找矿新机制、地勘标准与政策、页岩气开发等。

为维护股份公司矿权权益，保障勘探开发生产顺利运行，矿权处具体负责组织、协调现场督察、汇报、接待等各项准备工作，圆满完成督察工作任务。

（王玉山　曾少华）

油藏评价

【概述】 油藏评价继续落实储量增长高峰期工程，按照“积极准备、重点培植、整体探明”3个层次安排油藏评价项目48个，整体探明了华庆、兴隆台潜山、昆北、英买2、莫里青等一批规模整装油田，新增探明储量7.6亿吨；新区产能建设安排产建区块114个，全年新建产能816万吨，圆满完成年度任务指标。

【评价工作量】 完成三维地震采集1137.5平方千米，完钻评价井691口，进尺160.30万米，试油交井596口，新获工业油流井436口，评价井综合成功率67.5%。

【新增探明储量】 新增探明石油地质储量7.6亿吨，连续第七年超过5亿吨。新增探明石油地质储量仍以低渗透和岩性油藏为主，储量区块整装集中。

【油藏评价成果】（1）长庆华庆油田2006—2010年部署评价井396口，完钻井344口，获工业油流井244口。2010年新增探明石油地质储量2.59亿吨，连续2年新增探明石油地质储量超过2.5亿吨，累计新增探明石油地质储量5.2亿吨。

（2）辽河兴隆台潜山自2005年兴古7井在潜山内幕油藏勘探获得突破后，勘探开发一体化，完钻探井、评价井36口，2010年新增探明石油地质储量10397万吨，兴隆台潜山累计探明石油地质储量达到12706万吨。开发方案创新设计了“四段七层、纵叠平错、平直组合”的立体开发井网，水平井单井日产油当量达百吨，预计2011年达到百万吨生产规模，

实现了快速建产、少井高产。

（3）青海昆北断阶带围绕切六、切十二号构造高效评价，2010年完钻评价井19口，整体探明了昆北油田切六、切十二号油藏，新增探明石油地质储量6210万吨，预计可新建产能60万吨以上。

（4）塔里木英买力潜山油藏坚持勘探开发一体化，立足先上产，后增储。2010年新区产能建设完钻开发井12口，全部获得成功。其中，西块英古2-2井与英古2-4井在一间房组获得高产油流，使英买2区块含油高度增加了近80米，新增探明石油地质储量4948万吨。

（5）新疆西北缘继续深化精细评价，增储上产资源基础不断夯实，在风城、车排子、乌尔禾、克拉玛依油田落实了一批规模储量区块，预计探明储量规模超过5000万吨。

（6）新疆腹部坚持进攻性评价，不断深化成藏特征认识，发现莫北油田莫116区块油藏主控因素并非以往认为的低幅度背斜油藏，而是受断层控制的复杂断块油藏，各断块整体含油连片。2011年完钻评价井9口，8口井获工业油气流，基本探明了莫116区块石油地质储量。

（7）吉林莫里青油田自2008年西北缘断褶带伊59井获高产油流后，2010年针对西北缘断褶带及凹陷主体区开展评价，实施评价井11口，重点解剖西北缘断褶带高效储量区块，整体探明石油地质储量4600万吨。

（8）大港依托王官屯富油气区带整体评价项目，重新落实了王官屯和小集两大构造。2010年重点对官东、孔垒及小集一段六拨地区开展精细目标评价，又发现一批优质高效增储建产目标，实施评价井10口，9口井钻遇油层，平均单井钻遇油层82.3米，6口井试油获得工业油流，单井日产在20—30吨，实现了小集断鼻孔一下含油范围的扩大及含油叠加连片。

【油藏评价管理】（1）突出重点，强化项目审查，提高计划安排执行率。改变以往下达计划后再审查三维地震部署的做法，2009年7月底前对2010年三维地震部署逐一审查，落实采集范围和施工面积，三维地震采集施工严格按下达计划实施，提高采集针对性和实施效果。2010年首次实现三维地震采集完全按计划实施。

2010年初组织对各油田公司年度油藏评价部署进行审查，优化部署，细化方案，重点落实探明储量，做到区块落实、部署落实、储量落实。近几年，由于评价培植、准备工作扎实推进，探明储量区块普遍落实程度较高，年度探明储量安排基本上能做到“量身定做”。

（2）坚持分层次部署，加强规模储量区块目标准备。按照“积极准备，重点培植，整体探明”的评价部署思路，坚持分层次部署，跟踪预探新发现，优选有利目标，提前介入开展评价，为后两年培植、准备规模整装储量区块。对优选出来的评价目标，按照一年准备、二年评价、三年探明编制3年整体评价实施方案，经统一审定后纳入年度计划分年实施，每年根据实施进展做相应调整。

（3）转变思路，积极开展富油气区带整体再评价。客观评价老区高勘探程度与地质认识的对应关系，不拘泥于地震、钻井等实物工作量的“高程度”，而是关注地质认识上的“局限性”，以此为突破口，推进富油气凹陷再认识、再评价工作，提升老区资源潜力。老区整体再评价核心是改变以往针对单一层系、单一目标的孤立评价，转为针对整个区带的整体研究、整体评价，通过重建老区构造体系、沉积体系、成藏模式，深化成藏富集规律的再认识。2010年大港孔南枣园、华北霸县凹陷岔河集、辽河大民屯凹陷整体评价项目已取得显著成效。

（4）全面推进勘探开发一体化，加快增储上产的进程。塔里木油田公司彻底改变原有管理方式，建立新的一体化管理模式，塔北碳酸盐岩勘探立足“先上产、后增储”，打破探井、开发井界限，探井就是开发井、开发井也是探井，按缝洞体布井，加快勘探节奏和建产步伐。辽河兴隆台潜山在勘探取得突破后，开发创新设计了四段七层“纵叠平错”的水平井布井方式，实现潜山油藏高效开发。推动预探、评价向周围低潜山甩开部署，在整体探明亿吨级储量的同时，快速建成百万吨产能。长庆油田公司按照“探井找发现、评价井落实规模、骨架井找油气富集区、开发井动用”的一体化部署思路，围绕含油富集区，预探、评价、开发井三位一体，按开发井网统一规划、整体部署。

【新区原油产能建设】 完钻开发井8499口，进尺1766万米，投产油井6808口，投转注水井2081口，平均单井日产油4.1吨，建成产能815.72万吨。

【重点项目实施效果】（1）吉林大情字井油田针对剩余储量资源品质越来越差，开发难度越来越大的情况，通过综合运用多种开发配套技术优选油气富集区，落实了各开发层系的潜力并指导了开发井位的部署。2010年新钻开发井13口，投产13口，平均单井日产油 3.1 吨，新建能力 1.19 万吨，达到了预期效果。

（2）辽河兴隆台潜山油藏采用四段七层创新设计“纵叠平错”的水平井布井方式，实现了整体水平井高效开发。2010 年完钻井 19 口，全部投产，其中水平井投产 15 口，平均单井日产油 62 吨，新建能力 35.15 万吨。区块日产油 2567 吨，建成原油生产能力 101 万吨。水平井、鱼骨分支井单井控制储量是直井的 3—5 倍，与完全用直井开发对比井数减少 61%。初期日产油量是直井的 3—4 倍。

（3）冀东南堡油田不断优化开发方案，加强跟踪研究，努力提高产能建设成功率。2010 年完钻开发井 62 口（其中水平井 9 口），定向井平均单井钻遇油层 49.1 米，水平井平均单井钻遇水平段油层 256.7 米，投产油井 46 口，初期平均单井日产油 36.3 吨，新建产能 33 万吨。

（4）大港埕海二区按照“科学部署、效益优先”的原则，进一步优化方案，实施新井 6 口，平均单井钻遇油层 102.6 米，平均单井日产油 33.3 吨，新建能力 13 万吨。

（5）长庆姬塬油田多措并举，努力改善单井产量，提高油田整体开发水平。2010 年加大基础研究和关键技术攻关力度，努力提高单井产量，通过优化方案部署，狠抓超前注水，强化生产组织，加强过程控制，新钻井 2845 口，投产油井 2314 口，平均单井日产油 3.4 吨，建产能 233 万吨。

（6）塔里木油田针对英买力碳酸盐岩潜山油藏的特点，精细刻画潜山内幕，深入研究油气富集规律。2010 年英买力潜山新区新钻井 18 口，完钻 17 口，投产油井 13 口，新建产能 14.4 万吨，新井年产油 9.50 万吨。其中试验区完钻 12 口开发井全部获高产稳产，实现碳酸盐岩钻井成功率、投产率、高产稳产率均 100%。

【新区原油产能建设管理】（1）加强开发方案优化，强化全过程投资成本控制。新区原油产能建设突出提高单井产量和经济效益两个重点，整体排队优选项目，整体优化开发方案，加强实施的组织管理，强化全过程投资成本控制。一是坚持把好效益关。严格按照效益标准筛选和优化产能建设项目，控制低效区块，取消无效区块；二是坚持方案比选。全方位、全过程优化，多方案比选，增强开发方案设计的科学性、针对性和适应性。

（2）精雕细刻，根据油藏特点，深化新区注水工作。大庆油田为了保障超前注水或同步注水，基建过程中先建水系统，水井提前投注 3—6 个月，待地层压力恢复到原始地层压力 120% 左右时再投产油井。长庆油田继续坚持长 3 以下油藏超前注水开发，推广“三超前、三优先”建设模式。在规模建产区块优化钻试投工作环节，力争注水井早投注。在滚动建产区块加大流动注水橇推广力度，促进超前注水工作的落实。同时，加强动态跟踪与管理，坚持油井投产申报制度，确保超前注水落到实处，全年投注水井 1626 口，超前注水区地层压力保持水平 111%。

（3）继续推广水平井应用。2010 年新区原油产能建设完钻水平井 213 口，投产 142 口，平均单井日产油 17.1 吨。在三个方面取得显著进展：一是边际效益、难采储量得到有效动用。辽河静安堡油田西部胜 601 潜山，实施水平评价井 2 口，单井日产油 18—35 吨，是直井的 6—11 倍。新疆针对陆梁陆 9 井区薄油层只有 2—4 米且有底水，规模应用近钻头地质导向，实施 50 口水平井，油层钻遇率达到了 97% 以上。二是潜山油藏效果显著。塔里木针对塔中碳酸盐岩储层特点，应用精细控压水平井钻井技术，平均水平段大幅度提高，初期日产油是邻井的 3 倍以上。辽河兴隆台潜山部署水平井 22 口，平均水平段长 901 米，储层钻遇率 100%，投产 19 口，平均单井日产油 77.6 吨，高于方案设计指标。三是低渗透油藏利用水平井开发效果已见成效。长庆三叠系低渗透油藏随着开发井网的优化、压裂改造技术的进步，开发效果逐年变好。单井产量由 2005 年的 2.6 吨 / 日上升到 13.8 吨 / 日，2010 年投产井同比周围直井倍数为 4.5 倍。

（4）跟踪重大开发试验，为新区产能建设提供技术支持。长庆 0.3 毫达西开发试验已形成了储层快速评价、有效驱替系统优化、多级压裂改造、地面优化简化、低成本钻采配套等 5 大技术系列 14 项特色技术，已陆续投入规模化应用。

新疆红浅一区稠油火驱试验深化了火驱室内评价方法、火驱机理研究，解决了点火及火驱前缘控制等关键问题，配套工艺技术攻关取得了重要进展。一期工程完钻新井 35 口，实现了 3 口注气井点火，油井多井多方向见效，增油降水明显，区块日产油量由废弃时的 0.26 吨上升为 21 吨。

吉林 CO_2 驱试验已见到良好苗头，有望成为低渗透油藏有效开发的主体技术。2010 年 6 个井组 CO_2 注入半年，注气区地层压力上升到 20 兆帕，接近混相，单井产量升至 7.8 吨，是注气前的 2 倍。

采 油 工 程

【概述】 采油工程系统强化管理，加大科研攻关力度，规模推广采油采气工程成熟技术，圆满完成了水平井分段改造技术攻关、带压作业技术推广、高危井治理等各项工作，为股份公司上游业务发展作出了贡献。

【井下作业】

1. 工作量完成情况

油水井作业总工作量完成188456井次，其中维护作业108778井次，增产增注措施53813井次，大修4423口井，其他21442井次。井下作业主要指标与2009年对比见表2。

2. 成熟技术推广

（1）带压作业技术。

完成带压作业井1621口，平均施工周期11.2天，最高施工压力18.5兆帕，累计减少注入水排放68万立方米，节省拉水罐车18600台次，提前恢复注水27万立方米，少影响油井产量2.7万吨。

表2　2009—2010年井下作业主要指标对比表

年份	总工作量（井次）	单井年作业次数（井次/口）	维护工作量（井次）	年维护次数（井次/口）	油水井措施（井次）	大修（口）	其他（井次）
2009	165155	0.81	97345	0.48	45241	3826	18743
2010	188456	0.86	108778	0.49	53813	4423	21442
对比	+23301	+0.05	+11433	+0.01	+8572	+597	+2697

（2）膨胀管修井技术。

完成236口井，累计产油2.82万吨，增注123.1万立方米。其中大庆油田完成170口，累计产油2.4万吨，累计注水108.1万立方米。

【机械采油】

1. 提高抽油机井系统效率

完成抽油机井系统效率测试83774井次，优化24304井次，调整16737井次，调整井平均提高系统效率3.32%。

2. 推广直驱螺杆泵采油技术

大庆油田推广直驱螺杆泵采油技术391口井，平均单井较常规螺杆泵节电21.2%，较抽油机节电41.3%，节能效果显著。

【储层改造】

1. 水平井分段改造技术

水平井分段改造技术攻关项目取得了8项具有自主知识产权的攻关成果，形成了以下技术：

（1）水平井井网优化设计方法。

研制了产能评价和井网自动优化设计软件，提出了适合不同储层类型的井网、缝网形式，解决了低渗透油藏水平井如何布井的难题。

（2）分段压裂优化设计方法。

研究形成的水平井多段压裂裂缝优化设计方法和设计图版，可以优化水平井压裂设计的关键参数，并成功应用于大庆、吉林和长庆等油田500多口水平井分段压裂设计，压后效果明显，水平井设计符合率达到90%以上。

（3）水平井双封单压技术。

创新研发的双封单卡分段压裂工艺管柱具有通过能力强、改造针对性强、施工效率高、安全可靠的特点，可满足大庆油田低渗透储层水平井增产改造的需要。现场实施146井728段，单井分压5段以上91口井，占60.6%。

耐温、承压指标100摄氏度、80兆帕，单趟管柱压裂段数达到15段，单趟管柱最大加砂规模达到160立方米，最大卡距112米。

（4）水平井滑套分压技术。

自主研发的滑套分压工艺管柱施工全过程液压动作，对各层段改造针对性强，不受卡距限制，一趟管柱可以实现套管内3—5段的分段压裂施工，能够满足浅、中、深水平井中短射孔段针对性压裂改造。现场实施170井438段，单井最多分压6段。

耐温：150摄氏度，耐压：70兆帕；适合井深：垂深2500米；适合井眼尺寸：5½英寸和7英寸；适合井型：长短射孔井段新井、老井。

（5）水平井水力喷砂分压技术。

在消化、吸收的基础上研发了水力喷砂分段压裂管柱及配套工具。在理论与实验的基础上研究形成了油田水力喷砂与小直径封隔器联作拖动压裂工艺和气井不动管柱多级滑套水力喷砂分段压裂工艺。现场实施111井518段，单井最多分压10段。

油田水力喷砂与小直径封隔器联作拖动压裂工艺：耐压60兆帕、耐温90摄氏度，实现了井控条件下多段压裂改造，一趟管柱拖动可分压3—4段。

气井不动管柱多级滑套水力喷砂分段压裂工艺：耐压70兆帕、耐温120摄氏度，一趟管柱不动可分压7—10段。

（6）水平井分段改造补充技术。

针对部分老井单段压裂需求，自主研发了20—100摄氏度可控成胶、可控破胶的化学暂堵胶塞系列配方并形成了液体胶塞分段改造技术。针对碳酸盐岩储层，研发了适合40—150摄氏度储层的系列自转向酸液（VES）体系，并形成了自转向高效酸化/酸压技术，作为机械分段改造的重要补充技术手段。

2. 三类气藏提高单井产量技术

采取国外引进和自主研发相结合，加强技术攻关和现场试验。2010年裸眼封隔器+滑套分段压裂技术和水力喷砂分段压裂技术，在新疆、大庆、苏里格、西南等复杂气藏水平井压裂现场实施109井，平均增产为直井压裂的3倍以上。

引进斯伦贝谢TAP（滑套投标分压）技术在苏里格气田和盆地东部完成了4口井现场试验，1天分压8层，施工效率大幅提高，见到初步效果。

直井连续油管多层压裂技术在西南合川气田和苏里格气田成功试验7口井41层，最多分压8层，提高了储层纵向改造程度。

【分层注水】 一是细分注水技术攻关取得新进展，大庆油田研制的双导向桥式偏心细分注水技术，采用正反导向桥式偏心与逐级解封封隔器组成细分工艺管柱，使细分程度达到7级，并实现了地面调节注水水量的大小，达到高效测调的目的。

二是超深井分注技术攻关取得好效果，以塔里木油田为代表的超深油藏分层注水技术分注级数从一级二段、二级二段发展到三级三段，分注深度达到5800米。

三是大斜度井分注工艺取得新突破，新疆油田研制的同心管分注工艺使3层以下分层注水在大斜度定向井上变得简便可靠，注入水量准确、直观，在井斜度40度的井上应用获得成功。

【试油技术】 研发了新型硝酸钠低成本加重压裂液，形成了抗温170摄氏度高密度水基试油工作液体系、抗高温180摄氏度中高密度有机盐完井液提切剂，研制了105兆帕非常用套管的高温高压测试封隔器。

设计应用了动态负压射孔+压裂+水力泵排液三联作工艺管柱，建立了孔、缝渗透率分解法，定量确定了天然裂缝对总系统渗透率的贡献率，初步形成海拉尔—塔木察格盆地高含泥、含凝灰质储层压裂增产技术。

【管理工作】

1. 抓好油气井隐患治理工作，安全生产基础明显加强

2010年，股份公司共下达隐患井治理资金66488万元，计划治理隐患井567口，全年完成552口，完成年度治理计划的97.4%，24口井需要跨年实施。

通过隐患井专项治理，大大消除了海上井、三高井及环境敏感地区井的安全环保隐患，对保障油气井的安全生产，保护海洋及敏感地区环境具有重要的现实意义。

2. 建章立制，完善标准规范

组织了《油气水井修井作业排液操作规程》、《气井井下节流器操作规程》、《抽油机井功图法产液量计量推荐作法》、《气动发声回声仪测油气井液面操作规程》和《偏心分注井分层流量测试调配技术规范》等企业标准、规范的起草制定工作，同时积极推动采油采气和试油行业标准的制修订。

3. 加强入井器材管理，提高井下作业质量

一是射孔器材质量管理；二是压裂支撑剂网络规范管理。

4. 做好技术交流和培训，提高员工素质

组织了页岩气压裂技术交流、多层气藏提高单井产量技术研讨会和水平井改造技术交流会；组织STIMPLAN水平井压裂软件和FRACPRO-PT压裂设计软件的学习培训；组织采油采气工程处长、总工参加的高级培训班。

5. 加强油气井动液面测试管理，保证测试安全

为保证油气井动液面测试安全，组织召开了气动回声仪测试油气井动液面研讨会，明确规定油气井液面测试全部采用压缩气体（氮气或井筒气）发声回声仪，淘汰火药弹发声的回声仪，并下拨专项资金限期更换。全年共更换回声仪1159套，其中大庆270套、吉林244套、辽河230套、冀东10套、大港70套、华北100套、长庆215套、玉门20套。

（王延峰　张守良）

地面工程

【概述】 截至2010年底，各油田累计建成计量站7560座，接转站1484座，注水站1061座，污水处理站513座，集中处理站（原油联合站）281座，各类管线186434千米。各气田累计建成集（输）气站1568座，清管站458座，增压站177座，污水处理站86座，天然气净化厂（处理厂）52座，各类管线42329千米。

2010年新建各类管线15038千米，各种场站768个，道路699千米，电力线路2106千米，投产油气水井19688口。

【地面建设管理】 7月中旬组织召开了“中国石油油气田2009—2010年地面建设工作会”，会上通报了2009年工程质量检查情况，听取了油气田地面建设管理单位和石油天然气工程质量监督站的工作汇报，交流了地面建设、工程质量监督的工作经验，确定了2010年的工作目标和工作重点。同时，表彰了16个“先进管理单位”和118名“先进个人”，并颁发了奖牌和证书。

为加强基础管理工作，进一步规范油气田地面管理工作，组织编制了《油气田站场视觉形象标准化设计》、《油气田开发地面工程标准化设计管理规定》、《油气田地面工程标准化设计技术规定》、《标准化设计工程设计文件编制规定》，及《气藏型储气库地面工程初步设计编制规定》、《气藏型储气库地面工程标准化有关技术规定》、《气藏型储气库集注站总平面布置及建筑标准化设计规定》、《气藏型储气库地面工程标准规范清单》8个标准化设计管理文件；组织修订了《油气田地面工程竣工验收手册》、《油气田地面工程项目管理规定》、《油气田地面工程开工报告管理规定》；组织编写、印发了《天然气地面工程技术与管理》、《油气田地面建设工程质量监督与质量控制》等培训教材，并组织了各油气田的教材培训。

工程创优成果显著。长庆苏里格气田50亿立方米产能建设工程、长庆姬塬油田230万吨产能建设地面工程、大庆齐家北油田古708区块产能齐北一联合站及系统工程、大庆光明轻烃总库改造工程、新疆石南油气田石南21井区地面建设工程、新疆玛河气田地面建设工程、新疆风城油田重32井区1号稠油处理站工程、辽河齐40块蒸汽驱地面建设工程（热工系统和集输系统）等获2010年度石油优质工程金质奖。

大庆油田针对地面建设点多、面广、工程量巨大等特点，通过加强项目管理，完善管理制度，不断提高工程建设管理水平。长庆油田通过大力推进标准化设计、模块化建设，圆满完成了全年各项产能建设任务。西南油气田靠前管理、加强监督与协调，保证了工程建设顺利推进。吉林、冀东在重组后，尽快健全各项管理制度、加强工程协调，管理水平稳步提高。华北油田通过强化精细管理，“三控”管理水平不断提高。

【重点工程】 安排股份公司重点项目50项。重点地面项目有序推进，确保按期投产。油田产能建设重点项目18项，主要是：大庆中区西部60万吨/年产能建设、长庆姬塬油田80万吨/年产能建设、长庆超低渗透华庆油田30万吨/年产能建设、大港埕海油田82万吨/年产能建设、塔里木英买力潜山20万吨/年产能建设、辽河兴隆台油田40万吨/年产能建设等项目；工程建设总体进展顺利，到12月底，原油重点产能建设工程全部建成投产。

原油储罐工程5项，分别是：大庆100万立方米、冀东100万立方米、新疆45万立方米、长庆100万立方米（生产运行库）、长庆150万立方米（商业运行库）原油储罐工程；2010年6月，长庆惠安堡80万立方米、冀东100万立方米2项原油储罐工程建成投运。

天然气产能建设项目7项，主要是：长庆苏里格气田70亿立方米产能骨架工程建设、长庆靖边气田10亿立方米产能建设、塔里木塔中1号气田10亿立方米试采工程、大北气田试采工程、西南合川气田须二气藏10亿立方米产能建设、青海涩北二号气田产能建设等项目。工程建设总体进展顺利，2010年10月，塔里木塔中1号气田试采地面工程建成投运；11月，长庆苏里格气田第四处理厂工程建成投运。

老油气田调整改造5项，主要是：港中地区地面工艺整体改造，吉林新木油田南区整体改造，新疆夏子街油气田整体改造等，均于当年建成投运。

其他油气管道、联合站、天然气处理厂等重点工程15项。

【工程质量】 分两个阶段组织了2010年度建设项目工程质量大检查。第一阶段各单位对568项在建工程项目进行了自检自查，共查出各类问题4386项并及时进行了整改。第二阶段进行总体检查评比，现场检查了12个油气田的21个在建工程项目，共查出具体问题365项次。现场实测点数3376个，合格点数3227个，点合格率95.6%；抽查无损检测底片406张，合格片数393张，评片准确率96.8%；现场拍片抽查焊口92处，合格率达到100%，工程质量总体处于受控状态。

根据现场检查情况，对检查发现的问题发出了21张整改通知单。截至2010年底，各油气田公司已按整改通知单的要求整改完毕，同时将整改情况书面报告报送勘探与生产公司。通过工程质量检查，达到了减少和消除质量问题和安全隐患的目的，为安全施工、安全投产打下了基础。

【项目前期管理】 针对2010年地面工程项目多、投资增加、技术难度增大的情况，油气田地面系统加大了项目前期管理力度，取得了良好的工作效果。2010年，勘探与生产公司共审查地面工程建设项目27项，其中可行性研究报告11项、初步设计16项。完成设计文件审查237册，包括文字资料16927页、图纸1785标准张，提出审查意见1625条，累计批复投资162.3亿元，核减投资28.5亿元，占上报总投资的15%。这27项工程中，包括产能建设工程13项、试采工程4项、油气集中处理站（厂）工程4项、污水处理类工程3项、其他工程3项。

【标准化设计】 2010年3月2日开始历时约1个月，分三路对16家油气田公司20项标准化设计示范工程进行现场检查验收。

2010年5月5—7日，在长庆油田陇东指挥部组织召开了“油气田地面工程标准化设计工作推进会”，会议认真分析总结了股份公司推行油气田地面标准化设计一年多来的总体工作情况，进一步明确了以示范工程为引领、着力转变发展方式，全面推动标准化设计工作再上新台阶的总体工作要求，部署了下一步全面推广标准化设计的3年工作规划和相关工作安排。与会代表还参观了长庆白豹油田标准化设计示范工程、数字化橇装增压集成装置、西峰油田超低渗开发和数字化管理等项目现场。

会议还表彰了长庆苏里格气田地面建设、长庆白豹油田白168井区地面建设、大庆杏一至杏三区西部三元复合驱地面建设、青海涩北二号气田产能扩建地面建设等12个股份公司油气田地面建设标准化设计示范工程优秀项目。

油气田地面工程标准化设计取得了良好效果：标准化设计示范项目的检查验收结果表明，实施标准化设计后，地面工程建设的管理方式、设计方式、采购方式、施工方式得以转变，地面技术水平、可持续发展能力得以提高；示范工程小、中、大型站场标准化设计覆盖率分别达到94%、81%和36%；与常规设计相比设计工期平均压减了37.8%；规模化采购率由常规设计的52%提高到83%；预制化率由常规设计的30%提高到71%；建设工期平均缩短了14%，建设投资平均缩短了4.9%；油田新井时率提高6.1%，气田新井时率提高6.6%；促进了地面工程发展方式的转变，提升了科学发展的水平。

2010年标准化设计中积极推进了一体化集成装置的研发和推广，全年共应用该类装置442套，节省投资10432万元，减少用地266亩，减少用工1268人。

【工艺技术】 重点做了以下工作：一是加强了已建系统的现状和技术状况的分析，认真做好老油气田地面系统的改造，确保老油气田安全稳定生产。二是按照油田开发基础年“注好水、注够水、精细注水和有效注水”的要求，以提高注水水质为重点，结合老油田地面系统改造，加强了注水水质治理，水质达标率较2009年提高了6.4个百分点，取得了较好的效果。三是结合重大开发试验，开展地面技术攻关，吉林长岭气田脱碳及二氧化碳驱、新疆风城稠油开发燃煤注汽锅炉、辽河稠油SAGD开发MVC水处理工程、辽河锦16化学驱等项目进入实施阶段，为重大开发试验顺利开展创造了条件。

根据当前油气田建设、生产的新形式，结合油气田生产实际，开展了《油气田标准化设计引领技术研究》、《三高气田安全设计研究》、《高含 CO_2 天然气地面工程相关技术研究》、《HAZOP 分析在天然气净化厂中的应用研究》、《注水水质分析研究》等 9 项科技项目攻关。

【工程建设领域突出问题治理】 根据《集团公司工程建设领域突出问题专项治理工作实施方案》等文件指示精神，2010 年编制下发了勘探与生产公司为期 3 年的专项治理工作计划，并印发了《关于做好油气田工程建设领域专项治理有关工作的通知》（油勘〔2010〕14 号），对该项工作进行全面部署，制定了分年度、季度的工作计划，明确了各管理层次的工作责任与目标，并确定了 2010 年（及各季度）的主要工作。

2010 年该项工作主要是自查自纠和制定整改措施。1—6 月份的自查自纠阶段，16 家油气田公司共查出 9 类突出问题 59 项，主要是工程项目决策、管理制度、设计施工监理、工程质量、招投标等；7—12 月份的制定措施阶段，组织各油气田公司针对梳理出的问题和隐患，分析产生问题的根源，查找存在的管理漏洞和薄弱环节，研究和制定了解决的措施和办法。

（汤　林　苗新康）

海洋工程

【概述】 辽河、大港、冀东 3 个滩海自营油田共生产原油 92.67 万吨，天然气 4.59 亿立方米。其中冀东海上产原油 61.673 万吨，天然气 3.926 亿立方米；大港海上产原油 18 万吨，天然气 3600 万立方米；辽河海上产原油 13 万吨，天然气 3000 万立方米。共开油井 277 口，开水井 76 口。其中冀中开油井 153 口，开水井 39 口；大港开油井 29 口，开水井 10 口；辽河开油井 95 口，开水井 27 口。

截至 2010 年底，中国石油环渤海滩浅海自营油田共建人工岛（井场）22 座（大港 5 座，冀东 5 座，辽河 12 座）、固定钢平台 9 座（冀东 3 座，辽河 6 座）、海底管道 46.46 千米（大港 13.26 千米，冀东 26.35 千米，辽河 6.85 千米）、海底电缆 25.17 千米（冀东）、海底光缆 4.80 千米（大港）。

2010 年新建赵东平台到埕海 1-1 人工岛海底输油、输气管道。

【重点工程】 工程建设重点是大港油田埕海一区和二区、冀东油田 4 号构造已建和在建工程及辽河油田海南 24 井组平台、海南 8 人工岛工程隐患治理工程等。冀东 NP1-3D 至 NP1-1D 海管海缆悬空治理工程，2010 年 9—11 月施工；冀东 NP4-1、NP4-2 人工岛，2010 年 10 月 13 日工程交工验收；冀东 NP1-5 平台、NP1-29 平台，2010 年 5 月交工验收；大港埕海 2-2 进海路收尾工程，2010 年 11 月通过了完工验收；赵东平台到埕海 1-1 人工岛海底管道建设工程，全长 4662 米，输油管道内管径 273.1 毫米、外管径 406.4 毫米，输气管道管径 323.9 毫米，2010 年 11 月 17 日完工；大港埕海 2-1 人工岛维护工作 2010 年 6 月底完工；大港新老津岐公路连接段道路建成通车、冰灾后进海路防护栏维修；辽河海南 8 人工岛隐患治理工程 2010 年 10 下旬完工；辽河海南 24 井组平台加固工程，2010 年 7 月中旬完工；葵东 101 冰损加固治理工程，20[illegible]年 6 月中旬完工。

【管理工作】 重点是做好海洋工程建设基础管理工作，使海洋工程建设规范化、标准化，积极开展新技术研究与应用，不断提高海洋工程建设管理水平。

（1）规范化、标准化建设。组织完成 3 项集团公司企业标准《滩海油田人工岛生产系统设计规则》、《滩海油气田工程建设项目可行性研究报告编制规范》和《滩海油气田工程建设项目初步设计编制规范》。

（2）继续完善海洋工程规章制度，推进管理规范化。

（3）滩海工程新技术研究与应用。开展“辽河油田双台子河道变迁与冲淤对海底管线安全影响的研究”（由辽河油田承担）和“重冰年海冰对渤海滩海区域固定海工设施的影响及对策研究”（由规划总院承担）2 项海工专项课题研究。

（4）组织完成《海洋工程手册（下册）》翻译，进行了专家技术审查，并交出版社排版印刷。《海洋工程手册（上、下册）》共 120 余万字、800 多页，全书 16 章，涉及海洋环境、荷载及响应、结构概率设计、固定式海洋平台、浮式海洋平台、系泊系统、钻井和生产立管、上部组块、海底管道、物理模拟、海上安装、材料、工程地质、边际油田海洋结构等方面，对海洋工程设计和工程管理具有指导作用，同时可作为海工培训教材。

（5）召开冰期总结及墨西哥湾原油泄漏事故通报视频会。2010 年 5 月 27 日组织召开了 2009—2010 年冬季冰情总结及墨西哥湾原油泄漏事故通报视频会，会议讨论了冬季冰情情况对生产作业带来的危害及今后的抗冰措施。另外还通报了美国墨西哥湾原油泄漏事故的过程及事故原因初步分析。从后面的安全检查来看，涉海单位在应对冰灾方面有很大改善。

（6）组织召开海上工程管理及技术研讨会。为提高滩海油气田工程建设管理水平，总结学习经验，4 月 13—14 日在青岛组织召开海上工程管理及技术研讨会，中国石油所有涉海单位参加了会议，会议达到了统一认识、理清关系、确定方向的目的，即：统一了对海工前期研究重要性和我们滩海油田开发现状的认识；理清了海工建设与油藏、钻井、采油和集输等专业的关系；确定了今后海工建设质量、效益和安全环保并重的工作方向。

【工程管理】 紧盯重点工程，做好质量检查，实施全过程质量控制。

（1）成立联合检查小组，于 2010 年 3 月 1—3 日赴大港油田针对大港油田公司“埕海油田 1-1 人工岛及地面建设”项目稽查出现的 101 个问题进行逐项核查，整改落实。

（2）对大港埕海二区路岛工程进行了质量检查，并督促油田对发现的资料和现场问题进行了整改。

（3）为认真贯彻落实国家海洋石油安全生产法规要求和集团公司领导指示精神，2010 年 7 月 27 日至 8 月 9 日，参加了由集团公司安全环保部组织的对大港油田公司、冀东油田公司、辽河油田公司、洛克石油（渤海）公司和天时集团能源有限公司 5 家企业的海洋石油生产设施及弃井作业进行了安全环保评估性专项检查，共检查 10 座人工岛、2 座陆岸终端（联合站）、13 座导管架平台、1 艘铺管船及海上弃井作业，发现具体问题 102 项，评估重大风险 8 项，提出 5 项建议措施，其中大部分问题得到整改。

（苏春梅　沙　秋）

新　能　源

【概述】 根据《中国石油“十一五”新能源业务发展规划》，贯彻集团公司党组有关煤层气业务发展的一系列指示精神，加快煤层气业务发展，同时开展以落实资源、评价产能、攻克技术、效益开发为目的页岩气产业化示范区的工作。

【煤层气】 编制了《“十二五”期间煤层气年产 40 亿立方米商品量实施方案》。2010 年 2 月 22 日集团公司总经理蒋洁敏主持召开了总经理办公会议，听取了煤层气业务工作进展的汇报。会议明确，“十二五”末煤层气商品气量达到 40 亿立方米。按照会议纪要的要求，组织编制了《“十二五”期间煤层气年产 40 亿立方米商品量实施方案》，主要内容：立足沁水和鄂东 2 个煤层气田，在已有 1000 亿立方米探明储量基础上，2012 年新增探明煤层气地质储量 2000 亿立方米作为资源保障，2013 年建成 45 亿立方米生产能力，经过一年时间的排采，确保“十二五”末 40 亿立方米煤层气商品量的实现。

新增煤层气地质探明储量 1022 亿立方米。2010 年华北油田以整体评价优选郑庄区块有利建产区为目的，在里必井区完成二维地震 598.5 千米，部署了 36 口评价井，试采 20 口。新增探明面积 179.26 平方千米、探明储量 308.49 亿立方米。在鄂东煤层气田渭北区块完成二维地震 470 千米，评价井 25 口，试采 20 口井，在韩试 3、韩试 4 井区新增探明面积 250.44 平方千米，探明储量 278.4 亿立方米。在三交地区，根据 227 口煤孔、42 口探井、26 口排采井资料，新增探明面积 282.9 平方千米、探明储量 435.42 亿立方米。

新建产能 7 亿立方米，累计产能建设达到 15 亿立方米。2010 年在沁水煤层气田樊庄、成庄、郑村和郑庄新建产能 4 亿立方米，累计建产能 10 亿立方米。在鄂东煤层气田新建产能 3 亿立方米，累计建产能 5 亿立方米。“十一五”期间在沁水和鄂东 2 个煤层气田合计建产能 15 亿立方米，达到“十一五”规划的基本目标。

实现煤层气商品气量4亿立方米。沁水气田累计排采651口，日产气134万立方米，年产量3.9亿立方米，累计产气5.6亿立方米，年商品量3.7亿立方米。鄂东气田，累计排采240口，日产气7.5万立方米，年产量1851万立方米，累计产气3506万立方米，年商品量0.2万立方米。华北油田在煤层气经营上第一次取得了利润，并获得了每立方米0.58元操作成本等基础数据。

发展合作关系，促进采煤采气协调发展。按照党中央和国务院关于"先采气、后采煤"的要求，在国土资源部、国家能源局的指导下，中国石油先后与云南、黑龙江和河南等省签署了开发煤层气和瓦斯综合利用的合作协议。同时，中国石油与煤炭企业逐步建立起和谐的合作关系，探索形成了以"三交、沁南、潞安"为代表的多种互利共赢的合作模式。在鄂尔多斯东缘三交地区形成了"共同规划、联合开发、相互联动"的"三交模式"，在山西沁南地区形成了"协议划分、分别开发、下游合作"的"沁南模式"。华北油田公司与山西潞安集团共同创建了"资料互换、资源共享"的"潞安模式"。

煤层气开发工作得到国家及有关部委的肯定。在《中石油值班信息》第196期和197期上，中共中央政治局委员、国务院副总理张德江批示："加强煤层气开采意义重大，第一可以获得宝贵的清洁能源，第二可以避免瓦斯造成的煤矿安全生产事故。中石油在煤层气开发利用方面做了大量工作，取得了显著成绩，应该认真总结，再接再厉。"

【页岩气】 编制了《中国石油页岩气产业化示范区工作方案》。根据集团公司领导的指示精神，为加快中国石油页岩气业务发展步伐，编制了《中国石油页岩气产业化示范区工作方案》，开展以落实资源、评价产能、攻克技术、效益开发为目的的产业化示范区的工作。主要内容是1年取全取准页岩气评价的各项资料，2年突破水平井分段压裂关，3年形成水平井钻井压裂配套工程技术，到2015年探明地质储量1000亿立方米、控制储量3000亿立方米，建成年产量达到10亿立方米的页岩气产业化示范区，并通过井间接替稳产10年，形成中国石油页岩气开发配套技术，为规模开发奠定基础。

启动了中国石油页岩气产业化示范区工作。2010年1月17日，股份公司赵政璋副总裁主持召开页岩气产业化示范区建设启动会，标志中国石油页岩气勘探开发工作的正式开始。完成二维地震采集和解释1553千米，蜀南老地震资料的重新处理解释18873千米，完钻地质浅井14口、评价井4口，压裂2口井3井次。2010年9月10日，中国第一口页岩气井——位于四川盆地威远地区威201井喜获日产1.08万立方米的工业性气流，随后位于四川盆地南缘长宁地区的宁201井也获得日产1万立方米的工业性气流。这表明以威远—长宁地区为代表的中国南方下古生界页岩气具有勘探开发前景，为规模效益开发页岩气提供了重要依据。在中国油气勘探史上具有里程碑的意义。

建立国家能源页岩气研发（实验）中心。国家能源局明确中国石油天然气集团公司作为"国家能源页岩气研发（实验）中心"的依托单位，2010年6月22日通过了国家能源局组织的申报评审工作。并于2010年7月23日批准成立中国石油国家能源页岩气研发（实验）中心。

落实了国家级页岩气资源评价项目。利用中国石油资源和技术的优势，积极与国土资源部沟通。在国土资源部2010年重点科技项目《中国重点地区页岩气资源潜力及有利区带优选》中，通过努力工作和积极争取，使得中国石油承担、参与的课题由原来1项，增加到6项。

获得页岩气勘探开发6点基本地质认识。在借鉴美国页岩气成功开发经验的基础上，结合中国石油近年来在页岩气领域开展的工作，形成了对页岩气勘探开发的6点基本地质认识：一是我国页岩气资源丰富；二是页岩气具有4个基本地质特点（赋存于海相古生界地层、大面积连续成藏；以吸附和溶解以及游离3种状态赋存、存在生物成因和热成因以及混合成因3种）；三是页岩气有利区要具备6个基本地质条件：埋深适中、单层厚度大、基质渗透率大于100纳达西、有机碳（TOC）含量大于2%、成熟度在1.4% ~ 3.5%之间、岩石脆性好（硅质含量大于35%）；四是水平井分段压裂是关键的工程技术；五是页岩气生产井早期递减快、生产周期长，稳产主要采用井间接替；六是影响效益开发的主要因素是工程成本。

【地热】 华北油田在地热资源评价基础上，结合先导试验，开展了室内试验研究、数值模拟研究。按照老井地热"伴热、发电"的综合利用原则，完成了10口提液井（提液6000立方米/日）、3口回灌井（回注液量6000立方米/日）的老井作业和34千米的地面管线及配套设施的改造。完成1台400千瓦中低温地热发电机组的安装、地面配套设施和供变电系统的建设。通过老井提液，实现年增油1.2万吨；维温伴热替代了5台加热炉，年节约燃油0.4万吨；余热水及时回注，有效地补充和保持地层能量。

【油页岩】 大庆页岩油中试先导基地建设取得新进展。2010年《柳树河3万吨页岩油中试先导基地建设初步设计》通过股份公司审查并批复。完成炼厂一期征地和矿山一期征地的各项前期准备工作，炼厂二期征地接近尾声，正在办理土地转征手续。完成炼厂厂前区的施工图设计工作，并开始矿山、炼厂施工图设计。炼厂厂前区工程主体已经完工，达到投入使用标准。

（崔光珍　雷怀玉）

储　气　库

【概述】 2010年1月27日储气库建设启动以来，股份公司组织召开了5次推进会，全面推动储气库建设工作。在有关单位和部门的大力支持下，各油田公司精心组织，狠抓落实，围绕气库选址、可研方案编制、长周期设备订购、现场先导性试验、初步设计等关键环节，按照制定的工作目标和部署全力推进。

【培训和交流】 3月份，勘探与生产公司举办了储气库建设培训班，邀请具有多年储气库建设经验的专家进行授课，对油田从事储气库建设的管理人员和技术骨干进行培训；6月，举办了钻完井工程技术交流会，邀请了国内外技术服务公司进行技术交流。同时，各油田公司积极组织相关人员赴大港、华北、金坛等储气库现场进行考察，学习生产管理经验。通过开展一系列培训和技术交流活动，开拓了思路、加深了认识，为储气库方案设计、工程建设积累了宝贵经验。

【技术规范】 为确保科学、合理、有效建设储气库，规范储气库建设方案编制，组织编制了《中国石油油气藏型储气库建设技术指导意见》，并下发油田执行。同时，以指导意见为基础，组织编制了《油气藏型储气库钻完井技术要求》、《气藏型储气库地面工程标准化有关技术规定》，针对储气库不同于气田建设的主要差异和技术特点，从气藏、钻井、注采、老井封堵、地面工程等方面提出了明确的技术要求，为规范建库主体技术、正确指导各油田储气库建设提供了技术依据。

【压缩机采购】 针对影响储气库建设工期的长周期设备压缩机选型订货问题，采取特殊措施，对压缩机进行集中采购。压缩机组集中采购在中国石油尚属首次，在集团公司的统一领导下，机关各部门和油田公司全力配合，仅用3个月的时间就完成了压缩机选型方案制定、技术交流、技术协议、采购合同签订等工作。本次集中采购，涉及辽河等6家油田公司47台储气库压缩机，采购总金额1.6亿美元，充分发挥了集团公司的整体优势，实现了供货商价格不高于任何第三方的承诺，成橇技术无偿转让，各储气库压缩机机组备件零库存等目标，为确保储气库建设目标按期实现创造了有利条件。

【方案编制】 各油田公司围绕建库关键设计参数，深化地质认识，开展了测压、试井、室内试验等研究工作，积极探索提高气井注采产能的工艺技术。在时间紧、工作量大的情况下，高效地完成了储气库方案的编制工作。辽河双6、大港板南、华北苏桥、新疆呼图壁、西南相国寺等储气库可研方案及长庆榆林南储气库前期评价及注采试验方案已编制完成并获股份公司批复，榆林南储气库前期评价及注采试验地面初步设计已通过股份公司审查。除榆林南外5座储气库设计总库容258亿立方米，工作气量112亿立方米，注采井、观察井和回注井共计161口，在方案编制中优化了工艺设计，进一步落实了以水平井为主提高注采能力的指导思想，提高了建库效益。

【先导试验】 2010年，针对第一批启动的储气库，为进一步深化地质认识、落实气井注采能力、完善储层低压下钻完井主体工艺、探索老井有效封堵的工艺技术，在长庆等6家油田开展了前期评价及现场先导性试验，主要包括部署三维地震157平方千米，老三维资料重新处理解释90平方千米，老二维资料重新处理解释4560千米，老井封堵试验16口，注采试验井10口，评价井2口。目前，各油田公司先导性试验均已进入现场实施阶段，2011年初将取得初步成果，为储气库方案的优化及建设积累重要的经验。

（李　彬）

技术项目

【概述】 围绕储量增长高峰期工程、原油稳产、天然气快速上产和近1—2年储量产量目标的实现这一总体任务，结合公司科技工作特点，继续保持研究方向、研究项目安排和经费分布的基本稳定，但要突出重点，有所侧重；注重集成和提升，突出技术有形化、成果工业化、应用规模化；着重“十二五”技术发展，培植和发现潜在勘探领域和开发技术，选题看5年、起步避重复、组织抓集成、落脚重实效，要求稳、求实、求高。油气勘探上，就是要提交新区带、新目标，优选评价现实勘探目标，多搞发现井，为预探和风险勘探获2—3个重大突破，以及为顺利完成控制、预测储量目标等，提供有效技术保证。油气开发要紧紧围绕深化油气藏认识，提高采收率，提高单井日产量和提高低品位储量动用规模，加强技术研发与应用，为多培育高产井，多建有效产能和多交探明储量提供有效技术支撑。工程技术要紧紧围绕生产中遇到的关键技术瓶颈问题，开发实用有效的技术，提供技术方案，为有效保护和发现油气层、降低成本、改善低品位储量经济性等，提供技术支持。

【油气勘探技术成果】

1. 强化工业化图件编制与应用，取得很好效果

2010年，各课题按工业化标准和工业化应用要求，新编岩相古地理、有利目标评价等各类工业化图件达662幅，远远超出年初设计的297幅。这些工业化图件绝大部分已直接应用于勘探部署和风险目标准备。

2. 地质认识深化，提出了一批有利勘探区带和目标，准备了一批有潜力领域

（1）四川盆地：通过鄂西—城口礁滩油气地质的综合研究，评价了竹园1井风险勘探目标。对嘉陵江—雷口坡组，应用单因素编图和多因素综合的方法，编制了岩相古地理图，认为台内滩储层和风化壳储层大面积分布。提出须家河组“六源控砂、三相控储和物性定藏”的成藏模式。通过对震旦系—志留系研究，四川古隆起震旦系—志留系发育大规模岩溶储层，是十分重要的风险勘探领域和接替领域。

（2）鄂尔多斯盆地：长7研究取得重要进展，长7为深湖—半深湖沉积，重力流砂体成藏条件有利，浊积砂体和三角洲砂体有望成为重要的接替领域。本溪组北边主要为三角洲沉积体系，南边主要为障壁沙坝—潮坪沉积体系，有望成为天然气勘探的重要接替领域。

（3）准噶尔盆地：风城组具有“构造控藏、岩相富集、溶孔与裂缝的发育程度和配置关系高产”的特征。通过对夏子街—红旗坝地区三叠系整体研究，认为红旗坝地区与夏子街、乌尔禾地区成藏条件相当，优选部署了旗9井、旗11井，有力地推动了低勘探程度区的油气勘探。准东石炭系古风化壳油气成藏条件有利，是风险勘探的重要领域。

（4）渤海湾盆地：大型斜坡区是形成规模岩性油气藏的有利地区。石炭系—二叠系保存条件较好的稳定沉降区与多套储盖组合配套区是下步评价与勘探的有利地区。

（5）松辽盆地：首次提出NW—NNW向断裂对断陷及烃源发育具有重要的控制作用。松辽浅层研究发现盆地东部物源，突破了前人关于盆地东部无大型水系的认识，带动了大庆和吉林油田在长春岭、朝阳沟阶地的勘探。南部葡萄花发现大型三角洲沉积，具有极高的勘探价值，有望发现大型油气田。大规模的沿岸坝和湖盆中心重力流沉积，拓宽了中浅层勘探的领域。

通过研究，2010年共提出风险勘探目标61个，采纳或拟采纳33个，采纳率大于50%。优选有利勘探目标122个、有利预探区带84个，提出潜在领域76个，为2010年储量目标完成提供了有力支撑。

【油气开发技术成果】

1. 基本形成了二次开发配套技术

形成了单砂体内部精细刻画技术、层系井网重组技术，建立了管理及经济评价方法与流程。

2. 分层次推进细分注水技术进步

创新集成了高效测调细分注水技术，满足了直井、定向井、超深井等不同条件的分层注水。正在研究7层以上细分注水和油井分采技术。

3. 保障水平井稳产工程技术已基本配套

（1）研制了2类3种封隔器，具备了水平井分段注采能力。

（2）研发了4套水平井注入、产出剖面测井仪，现场试验成功。

（3）研制了13种系列专用工具，形成了4项配套工艺10种方法，水平井常规作业及连续油管修井作业技术均实现了配套。

4．研究实用技术、降本增效

（1）新型抽油机系统节能技术，应用约735口井，总装机功率降低25%。研制了潜油柱塞直线电动机抽油泵，95口井的试验证明节能50%以上。

（2）成功研制了地面低温集输技术，已经试验了6个联合站，年耗气量减少817万立方米，显著降低了运行成本。

【技术项目管理工作】

1．深入调研，分析问题，梳理领域，夯实科技计划编制基础

一是对2009年度主要研究项目，深入辽河、大庆、长庆、西南、新疆等油田公司进行生产现场调研、成果交流和交底，共计75个项目，形成专家意见，明确下步研究方向；二是组织院所所有项目进行研讨式座谈，深度了解项目研究进展，梳理研究领域和关键问题；三是与16家油田公司充分沟通，了解生产需求；四是广泛征求相关专业处室意见，充分协商，达成共识；五是分管领导指导把关，组织专门讨论，指导计划编制。

2．突出生产需求，依据增储上产的主要领域安排课题

（1）油气勘探方面，进一步强化凹陷、区带和目标三级评价工作，追求发现规模储量和重大后备接替领域的准备和落实。主要研究任务安排80%以上集中在拿储量的重点地区，为12个10亿吨级目标区储量的落实提供有力技术支持。

（2）油气开发方面，围绕基础年、二次开发、提高单井产量、降本增效、提高采收率、低孔低渗气田、“三高”气田等方面，安排课题78项，占油气开发项目总量的90%以上。

科技计划共安排项目21项，课题154个，其中，围绕生产重点课题145项，占总计划的94%。

3. 突出精细设计，做好每个课题顶层精细设计

（1）依据攻关领域分析研究问题和攻关目标。

（2）根据关键问题设定具体研究内容。

（3）根据攻关目标设计预期成果和量化考核指标。

通过与项目各课题间充分协调，与课题承担单位反复讨论和沟通，确定了各课题顶层设计内容，完成了课题年度研究大表。做到课题研究“四个落实”，即，“目标落实、任务落实、工作量落实、考核指标落实”。

4. 突出有形化目标

所有研究成果最后落脚点都必须是能够及时应用于生产的有形化成果。突出强化工业化图件编制；突出可行性方案优化编制；加强标准、规范制定和软件的商业化应用；重视专项技术的有形化研发和沉淀。

5. 突出成果交流

加强院所与油田公司成果交流，促进研究成果及时应用于生产。通过交流经验、检查进展、相互促进。2010年组织院所6次向油田汇报研究进展，主要包括鄂尔多斯、四川、塔里木、青海、吐哈等盆地及水平井开发和二次开发等领域。一方面研究单位进一步了解油田生产实际需求，另一方面将研究成果及时直接应用于生产，推动了研究与生产的紧密结合。

6. 上游信息化建设稳步全面推进

（1）扎实、稳健、全面做好上游ERP系统建设，打了一场有序、有节、有高度的上游ERP系统建设的进攻仗。

自2008年4月上游ERP项目实施以来，克服了理念、观念、工作方式与管理习惯等方面带来的困难，经过业务管理流程再造，实现了在中国石油上游企业的上线运行，实现了以项目管理为主线的资源管控，大大提高了上游企业的管理效率和规范性。

上游ERP系统建设最显著特点是以用为主导，统一编制了勘探与生产ERP（含油田服务）蓝图方案，梳理业务流程1438个。创造性起草并下发了上游ERP业务管理操作细则、ERP系统应用考核细则和一级运维指导意见等，促进了系统应用。开展了大量的多层次培训，关键用户培训6238人次，最终用户培训28915人。根据系统实时报表显示，系统已注册用户超过2.5万人，平均每天有1.58万个用户在系统中处理业务，系统已累计处理业务2603万笔，系统运行平稳，并正在成为核心管理系统。

（2）完成了勘探与生产调度指挥系统二期工程建设。

对系统进行全面升级，在数据正常化、系统功能完善、运行效率等方面进行了整改和提升，为“十二五”系统在油田的推广实施奠定了良好的基础。

目前该系统包括生产总况、生产运行、油气集输、钻井动态、重点井、能耗管理、应急指挥等共12大模块482个功能，2010年完成新增功能开发89

个模块，功能完善 157 个模块；大屏展示子系统完成 2.0 版研发，定制 19 种展示模式，提供可视化工具灵活定义新模式；生产运行、产能建设、重点井等 3 大数据采集子系统升级完善；完成系统界面美化工作，支持 6 套配色方案，增加界面布局自定义功能，满足不同用户的个性化需求；完成了与油田城市气象数据、A3 的主要管线天然气销售数据、HSE 、ERP（地面重点工程进度管理）、原油库存与储量、矿权 6 套系统的数据接口；完成了勘探与生产公司 11 类专业数据库的优化整合方案；完成了《生产运行数据上报管理规定》、《产能建设数据上报管理规定》2 项标准制定；新增数据 548349 条记录，及时率达 99.66%；收集整理数据校验规则 385 个，研发完成数据校验系统。

（3）组织了采油与地面工程运行管理系统（A5）、数字盆地系统（A6）的可行性研究。

（4）维护了勘探与生产公司信息门户、生产调度指挥和公司服务器系统，保证了系统的平稳、高效运行。

（5）完成了勘探与生产"十二五"信息化建设规划方案编制。

7．其他科技管理工作

（1）编制上游技术引进目录，并完成初稿。提出鼓励引进 50 项，限制引进 9 项，禁止引进 3 项的建议。

（2）组织集团公司科技进步奖地质勘探专业组评审。组织有关专家对油气勘探 21 个项目进行了评审，评出一等奖 3 项，二等奖 3 项，三等奖 6 项。

（3）协助人事部，组织编写集团公司高级技术专家岗位设置建议。

（范土芝）

市场管理

【概述】 市场管理紧紧围绕全年生产经营目标，不断促进整体管理水平的提升。通过强化工程技术服务资质和市场准入管理，推进作业水平和竞争能力的提高，促进服务基层意识的增强；进一步完善天然气开发操作性文件体系建设；组织完成了中国石油《中国油气田开发志·油气区卷》完稿审查以及大量的日常协调工作。

【市场管理】 2010 年，各油气田公司市场管理以资质管理为抓手，通过风险防范、质量控制和市场监管，严把施工队伍"资质、业绩、素质、监理和现场"五关，对在油田施工的钻井队伍实施分级管理，在气田的钻井队伍实施区域管理。突出试油队伍安全防护装备配置，强化流动队伍管理，逐年提高配置标准，逐步提升队伍整体素质。

长庆油田公司共投入钻井和试油气队伍 1384 支，其中动用钻机 721 部（中国石油 216 部、中国石化 26 部、社会队伍 479 部）；动用试油气机组 663 套（中国石油 196 套、中国石化 30 套、社会队伍 437 套）。当年完钻井 9090 口，进尺 2108.1 万米（不包括 2009 年提前实施井 2171 口，487.35 万米）。

通过对装备、人员素质等项目量化打分，结合液控防喷器配置、项目部建设、生活配套设施的完善，以及现场核查，将施工队伍分为甲、乙、丙三级，在价格上采取差异化管理。对核定了的 451 支地方钻井队伍的等级（甲级队 89 支，乙级队 228 支，丙级队 134 支）通过网上公示后予以确定。

实行队伍分级管理，施工费用基本保持在公司制定的市场价格水平（甲级队比例小于 20%，乙级队比例小于 50%，丙级队比例大于 30%），既控制了成本，又充分发挥激励机制，鼓励施工单位自觉强化设备配置、提升管理水平、加强技术支撑及后勤保障能力，推动施工队伍向"质量型"转变。

吐哈油田公司工程技术服务各单位按照公司总体部署，紧密围绕油田增储上产目标，持续优化业务结构，按照集团公司批复的解困扭亏方案，重点发展与油气主营业务关联度高的压裂酸化、稠油降黏、气举采油等核心业务，退出投捞测试、常规洗井、绿化保洁等低效业务。对部分低端业务创造条件整体外包，通过优化业务进一步压缩队伍，精简设备，提高服务保障和创效水平，尽快实现解困扭亏目标。通过科学组织生产，努力提高服务水平和服务质量，较好地发挥了对油气生产的保障作用。

【监督管理】 2010 年，市场管理认真抓好对承包商的动态监管，对承包商现场实况进行监督考察，规范油田劳务发包行为，将劳务企业纳入准入管理，强化市场管理措施，维护油田市场管理秩序。同时，开展工程建设领域突出问题专项治理，维护油田市场秩序；开展井下作业施工井控安全检查，促进供方安全生产，提高服务质量；开展资质和市场准入监督检查工作，提高合格供方企业素质。通过动态监管和严肃处理，进一步规范市场管理，加强了全面受控，严把了承包商“五关”管理。

大庆油田有限责任公司分别组织相关专业部门召开13次专门的审查会议，先后对勘探与油藏评价、钻井、井下作业、测试、提捞采油、油管修复、基建施工、工程监理、基建产品预制、工程检测、园林绿化、搬运装卸、道路穿越、机加机修、劳务分包、劳务外包等14个专业507家的承包商进行了年审。其中482家承包商对家审查，25家不合格承包商未予通过。

根据全年工作计划安排，分别组织勘探部、开发部、质量节能部、纪委监察部、基建管理中心等部门对勘探、井下作业、基建施工、钻井、测试5个专业的31家承包商以及预增加的承包商进行了现场考察打分。对新准入单位的办公地点、企业资质、关键设备、技术人员、质量保证体系、内部管理制度等项目进行了重点检查和核实。经过现场考核，有29家新申请的承包商获得通过；有1家承包商未通过，需要进一步整改；有1家承包商被发现为挂靠企业被清除。

西南油气田公司为确保公司各项工程建设质量，杜绝隐患，严格市场准入，动态管理，对存在问题的承包商进行了及时处理。下发了《关于取消泸州川油钻采工具有限公司工程技术服务市场准入资格的通知》、《关于对重庆深安科技发展有限公司等七家承包商处理情况的通报》，取消了1家承包商准入资格，暂停了5家承包商的市场准入资格，严重警告和警告处理2家承包商。

华北油田公司加强市场管理，防范经营风险。重点采取“三个扶持”、“两个加强”强化市场管理。

三个扶持：一是对公司多种经营企业市场准入进行扶持，凡具备相应资质和条件的，不限制准入，共办理多种经营企业市场准入35家。二是对公司外闯市场单位实施交易的企业进行准入扶持，实行授权二级单位审核、公司备案的准入政策，支持公司外闯市场单位的生产经营，共办理6家。三是对油区民营企业市场准入实行与社会企业同等条件下优先的准入政策，共办理56家，对维护矿区的和谐稳定起到了积极作用。

两个加强：一是加强承包商业绩考核力度。根据公司业绩考核结果，对承包商进行ABC分级管理，考核优良的为A级、合格为B级、基本合格与新进入企业为C级，无业绩和不合格企业不办理准入，供各单位和部门招议标中参考。对基本合格企业，原则上不予准入，特殊情况需要的，承包商写出整改措施，经使用单位推荐，公司主管领导审批后办理市场准入；对无业绩企业，限制办理准入；对不合格企业，拒绝准入。二是加大承包商违规惩治力度，对承包商在履行合同过程中出现超资质、超准入范围施工、产品检验不合格、发生重大工程事故等行为的，注销市场准入证。上半年对2009年列入公司黑名单的10家承包商全部注销了市场准入证。

【服务基层】 2010年，辽河油田井下作业公司在办理市场准入手续时，市场管理处发现其油田公司重组后，井下作业公司归属的辽河石油勘探局相关资质证明已经过期，无法按规定办理市场准入手续。为了不耽误油田的作业安排，市场管理处多次主动与辽河油田的市场管理部门和工程技术分公司资质管理处沟通协商，在采油采气工艺处等主管处室的帮助下，对其13支队伍进行了审查。在审查合格后，市场处立即办理了准入证，并以特快专递的方式邮寄到油田，保证了油田施工的平稳进行。

【关联交易】 股份公司工程技术服务关联交易总额925.2亿元，其中钻井技术服务关联交易总额达433.2亿元。

【天然气开发操作性文件】 天然气开发文件体系建设基本完成，目前正在勘探与生产公司相关处室和油气田公司试运行。

【油气田开发志】《中国油气田开发志》编纂工作业已基本完成。目前，766个油气田篇已全部完成审查，进入出版阶段；中国石油所属的油气区卷已通过审查3个，其余的即将陆续进行审查。

在《中国油气田开发志》即将成书之际，中央政治局常委周永康专门为《中国油气田开发志》作了序，高度赞扬了《中国油气田开发志》的编纂工作，充分肯定《中国油气田开发志》是一项规模宏大的史志修撰工程；是一部全景式展示中国油气田开发历史与现状的力作；是对历史资料抢救性挖掘保护的重要举措。并向为石油工业不懈探索的前辈们、默默奉献的广大开发工作者以及为《中国油气田开发志》辛勤耕耘的同志们表示致敬。

（赵 刚 张晓宁）

第三篇

炼油与化工

综 述

【概述】 中国石油天然气股份有限公司炼油与化工分公司（以下简称炼油与化工公司）是股份公司的专业公司之一，主要负责中国石油的炼油、化工生产和化工产品销售业务的管理。炼油与化工公司是在整合原炼油与销售公司、化工与销售公司业务基础上新成立的专业公司。2008年，随着11家炼化上市、未上市企业的重组整合，炼油与化工公司实现了对上市、未上市炼化业务的统一管理。2009年，收购未上市炼化企业与主业关联度高的资产，突出了主营业务，减少了重复建设，降低了管理成本。同年，大庆油田化工有限公司等6家油田所属炼化业务纳入公司统一管理，炼化业务实现了在同一管理模式下的集中发展和专业化管理。2010年11月20日，集团公司对原归口管理公司东北炼化工程公司实施业务重组。炼油与化工公司机关下设12个处室，归口管理24家炼化企业、6家化工销售公司、1家炼化工程建设项目部、1家石油化工研究院以及8家油田所属炼化企业。

【经营业绩】 2010年，炼油与化工公司紧紧围绕集团公司建设综合性国际能源公司的目标，按照集团公司党组和股份公司管理层对炼化业务的部署，深化对标管理，加快结构调整，优化生产组织，努力促销拓市，全年杜绝了重特大事故，主要技术经济指标全面好于2009年，实现了炼化"十一五"发展的圆满收官。

（1）盈利能力持续增强。2010年，在成品油价格未完全调整到位的情况下，炼化实现营业额6647.7亿元，同比增长32.6%；实现经营利润78.47亿元，比2009年同期降低54.7%。7家炼化企业利润超过10亿元，13家炼化生产企业盈利，独山子石化、克拉玛依石化、大连石化、大庆石化、大庆炼化利润名列板块前五名。炼化产品总销量1.37亿吨，同比增长12.7%。

（2）各项技术经济指标持续向好。炼化28项主要技术经济指标中，轻油收率、乙烯收率、综合商品率、加工损失率、炼油综合能耗、乙烯燃动能耗等23项指标创出历史新水平。其中，轻油收率同比提高1.29个百分点；乙烯收率同比提高0.37个百分点。综合商品率同比提高0.43个百分点；炼油加工损失率同比下降0.06个百分点。炼油综合能耗同比下降2.16个单位；乙烯燃动能耗同比下降29.45个单位。

（3）产品质量稳步提高。2010年，炼化生产企业通过ISO 9000质量管理体系认证的企业有19家，认证率86%。各炼化企业接受省级以上抽检300批次以上，抽检合格率99%以上。获得国家级优质产品奖13项，其中大庆石化腈纶获"全国用户满意产品"、吉林石化丁苯橡胶、兰州石化丁苯橡胶、抚顺石化烷基苯、格尔木炼油厂甲醇获"中国石化行业名牌"称号。

242个产品取得生产许可证，711种产品取得"昆仑"商标和"宝石花"标识的使用资质。126种产品进行了食品卫生、ROHS、FDA等认证，取得产品认证证书246份。

【"十一五"业绩回顾】（1）炼化结构和布局实现战略性调整。"十一五"期间，炼化业务按照"集中、集合、集约、集成"的要求，积极推进炼化布局和结构战略性调整，有序、有效推进大型炼化基地建设，积极推进南方战略，新建一批世界级规模装置，逐步关停淘汰低效、高耗和高危险性装置，实现了结构和布局的战略性调整。先后建成大连石化、独山子和广西石化3个千万吨级炼油，吉林、兰州、独山子3个百万吨级乙烯基地，以及乌鲁木齐石化大芳烃、塔里木石化大化肥，关闭了鞍山、前郭和庆阳石化老厂，削减炼油能力620万吨，关停报废88套规模小、高耗低效、安全环保无保障的炼化装置。公司原油加工能力较"十一五"初增长26%，乙烯生产能力增长105%。

（2）产品升级换代有序推进。根据国家、地方政府新的汽油、柴油质量标准要求，加快成品油质量升级步伐，满足了奥运会、国庆60周年、世博会和广州亚运会的需要。2010年1月1日，车用汽油全部达到国Ⅲ标准。5年间，公司高标号汽油产品比例由35.1%提高到74.75%。

根据市场需求，不断开发高附加值产品，共开发化工新产品145个，产量275万吨。其中兰州石化汽车专用料SP179、独山子石化高熔指抗冲聚丙烯K9928、大庆炼化PP-R管材料PA14D等产品达到国内领先水平。

（3）企业精细管理水平显著提高。"十一五"期间，实施以对标管理推进精细化管理，建立了对标工作机制。对标管理的推行，增强了企业的危机感和紧迫感，激发了工作动力。各企业以对标为抓手，认真研究各项指标定位、奋斗目标和整改措施，形成了"你追我赶、争先创优"的浓厚氛围，28项主要技术经济指标均刷新历史纪录，炼化成本费用得到有效控制，产品质量不断改善，企业精细管理水平显著提高。

（4）安全环保的基础进一步夯实。认真抓好生产受控，加强隐患治理，持续组织安全生产大检查，安全环保的基础不断巩固。生产管理实现了向生产受控管理模式的转化，形成了一套完整的HSE和生产受控管理相结合的制度与管理体系，规范了开停工和检维修界面交接程序。开展了3年隐患治理和"三老两高"装置整治工作，治理隐患1674项，淘汰更新了一批老化设备，在全国率先建成了"三级防控"体系。"十一五"期间，杜绝了重特大事故，亡人事故起数、亡人数量与"十五"相比分别下降了19%和27%。实现了"十一五"减排目标，与2005年相比，2010年COD排放量下降了30.6%，石油类排放量下降了50.6%，二氧化硫排放量下降了9.3%。

（5）科技创新能力增强。经过持续重组，成立石油化工研究院，完善了科研装备，构建了炼化科技创新体系。5年来，取得了一大批高水平的技术成果：研发了降烯烃、多产丙烯、裂解重油等多系列催化裂化催化剂，重油高效转化催化裂化催化剂等4项成果获得国家科技进步二等奖。汽油加氢、柴油加氢催化剂实现了工业化。齿轮油抗磨添加剂、复合剂制备技术获得国家技术发明二等奖。大型乙烯工业化成套技术开发取得突破性进展，工艺包通过专家审查，已申报国家"863"计划。

（汪晓东）

【"十二五"炼化业务发展规划】 2010年，炼油与化工公司在组织编制的《炼油化工业务"十二五"发展规划草案》基础上，根据新情况和项目变化，认真总结"十一五"计划完成情况，分析炼化业务布局、规模结构、产品质量、经济技术指标和成本费用等方面存在的突出矛盾和问题，按照对标管理和赶超策略，组织对炼油化工"十二五"发展规划的部分内容进行了调整、细化和完善工作。

炼化业务"十二五"发展规划确定的主要发展目标是：到2015年，炼油总能力、乙烯总能力分别位列全球第四位和第五位，合成树脂生产能力占全国20%；化工产品销量近3000万吨。千万吨级炼油厂主要经济技术指标达到世界先进水平，新建千万吨级炼油厂主要经济技术指标达到世界领先水平；主要炼油企业盈利水平达到亚太地区先进水平。实现质量升级、节能减排和用工总量控制目标，炼化加工费得到有效控制，大幅度提高炼化业务的综合实力、市场竞争力和抗风险能力。

（高长峰）

装置及产品

【炼油装置】 2010年，中国石油全年国内加工原油1.35亿吨，同比增长8.1%；原油加工负荷率93.2%。汽油、煤油、柴油产量8632.6万吨，同比增长7.3%，其中，汽油2676.3万吨、煤油365.8万吨、柴油5590.5万吨。高标号汽油、低凝点柴油等7大类产品比例达到26.1%，同比提高2.5%。

（1）常减压蒸馏装置49套，分别加工大庆、辽河、新疆、长庆、华北、青海及俄罗斯、哈萨克斯坦等进口原油，总拔出率65.59%。

（2）催化裂化装置42套，2010年总加工量4466.72万吨。各产品平均收率：干气3.7%，液态烃16.21%，汽油42.38%，轻柴油23.42%，重柴油0.9%，油浆5.18%，焦炭7.68%，损失0.37%。

（3）加氢裂化装置18套，2010年总加工量1499.3万吨。

（4）渣油加氢装置2套，2010年总加工量526.77万吨。

（5）延迟焦化装置18套，2010年总加工量1540.12万吨。产品分布：汽油、柴油产率51.78%，蜡油产率16.74%，焦炭21.9%。

（6）重整装置14套，2010年总加工量（重整进料）852.92万吨。三苯收率平均42.86%，溶剂消耗平均0.251千克/吨。

（焦丽菲）

【有机原料】 股份公司生产的有机原料的主要品种有：乙烯、丙烯、1-丁烯、丁二烯、苯、甲苯、二甲苯（混合二甲苯、邻二甲苯、对二甲苯）、甲醇、丁醇、辛醇、环氧乙烷、乙醛、醋酸、醋酐、苯乙烯、苯酚、丙酮等。其中，三烯（乙烯、丙烯、丁二烯）和三苯（苯、甲苯、二甲苯）为基础有机原料，其余为主要中间原料。

1. 乙烯

乙烯是石油化工生产中最重要的原料之一，其化学性质活泼，能生成许多衍生物，如聚乙烯、聚氯乙烯、苯乙烯、乙醇、环氧乙烷等。乙烯的产量及技术经济水平常作为衡量一个国家石油化学工业发展水平的标志。

乙烯的来源主要是通过乙烯裂解装置热裂解来生产，也有极少部分通过炼油的催化干气回收而来。股份公司现有9套乙烯裂解装置，2010年乙烯产量361.5万吨，占当年全国总产量的25.5%，与2009年比，增长20.9%。

2. 苯/甲苯/二甲苯

三苯（苯、甲苯、二甲苯）既是重要的有机化工原料，可生成一系列的衍生物，又是重要的工业溶剂。三苯可从乙烯裂解装置的产物或炼油装置的产物中经芳烃抽提、重整等加工手段获得。2010年苯的产量为124.74万吨。

3. 甲醇

甲醇是一种重要的基础化工原料和有机溶剂，在医药、农药等化学品的合成中应用十分广泛。股份公司现有甲醇装置7套，2010年共生产甲醇41.75万吨。

4. 丁醇/辛醇

丁醇和辛醇常以丙烯为原料制得，主要用于制造增塑剂、石油添加剂、涂料及作为溶剂。丁醇和辛醇的合成路线接近，通常以一套装置同时生产两者。股份公司现有3套生产装置，2010年生产丁醇20.22万吨，辛醇11.48万吨。

5. 环氧乙烷

环氧乙烷主要用于制造乙二醇、合成洗涤剂、非离子表面活性剂、增塑剂和润滑剂等，在医学上还用作消毒剂。环氧乙烷生产装置常联产乙二醇。2010年共生产环氧乙烷32.99万吨。

6. 醋酸

醋酸又名乙酸，主要用于生产醋酸纤维、醋酸酯类和醋酐等，也可用于染料、电影胶卷和医药等工业。股份公司仅吉林石化采用乙烯水合法生产，2010年生产醋酸0.65万吨。

7. 苯酚/丙酮

苯酚又名石炭酸，目前最主要的制备方法是丙烯经苯烃化合成异丙苯然后经过氧化分解为苯酚和丙酮。苯酚主要用于制造苯胺、酚醛树脂和双酚A等；丙酮是优良的溶剂和化工原料。股份公司仅有1套采用异丙苯法工艺的生产装置，2010年生产苯酚8.22万吨，丙酮5.09万吨。

8. 苯乙烯

苯乙烯主要用于生产苯乙烯系列树脂（如聚苯乙烯、SAN树脂等）、丁苯橡胶、ABS树脂和涂料等。股份公司现有11套生产装置，2010年共生产苯乙烯70.43万吨。

【合成树脂】 2010年合成树脂产量555万吨，同比增长23.9%。涉及聚乙烯（PE）、聚丙烯（PP）、ABS树脂、聚苯乙烯（PS）、SAN树脂、丁苯树脂、加氢石油树脂七大类。

1. 聚乙烯（PE）

股份公司共有聚乙烯装置15套。按可生产的聚乙烯产品类型分，聚乙烯生产装置可分为高压低密度聚乙烯（HP-LDPE）装置、低压高密度聚乙烯（LP-HDPE）装置、线性低密度聚乙烯（LLDPE）装置和全密度聚乙烯（FDPE）装置。其中，FDPE装置的产品范围可覆盖从低密度的LLDPE到高密度的HDPE整个密度范围的产品。2010年，聚乙烯（PE）产量298.64万吨。

（1）LDPE。股份公司共有3套HP-LDPE装置生产LDPE产品，2010年总产量为43.92万吨。

（2）HDPE。股份公司共有LP-HDPE装置6套，另有4套FDPE装置全部或部分生产HDPE产品。2010年总产量为133.61万吨。

（3）LLDPE。股份公司共有LLDPE装置5套，另有3套FDPE装置部分生产LLDPE产品。2010年总产量为121.11万吨。

2. 聚丙烯（PP）

股份公司现有聚丙烯装置26套，其中连续法聚丙烯装置17套，间歇法聚丙烯装置9套。2010年股份公司聚丙烯总产量为221.40（含纤维级聚丙烯），其中连续法聚丙烯产量203.94万吨，间歇法聚丙烯产量17.46万吨。

2010年广西石化20万吨/年聚丙烯装置建成投产。

3. ABS树脂

股份公司现有ABS树脂装置3套，2010年总产量为29.38万吨。

4. 聚苯乙烯（PS）

股份公司现有聚苯乙烯（PS）装置3套，2010年生产10.18万吨。

5. SAN树脂

股份公司现有3套SAN树脂装置，2010年产量为9.17万吨。

6. 丁苯树脂

股份公司仅有抚顺石化一套高透明丁苯抗冲树脂装置。

7. 加氢石油树脂

股份公司现有加氢石油树脂装置1套，2010年产量为6500吨。

【合成纤维】 股份公司合成纤维业务包括合成纤维单体、合成纤维聚合物和合成纤维三个方面。

1. 合成纤维单体

股份公司生产的合成纤维单体有精对苯二甲酸（PTA）、丙烯腈（AN）和乙二醇（EG）等。2010年生产PTA 62.85万吨，AN 51.70万吨和EG 35.52万吨。

2. 合成纤维聚合物

股份公司生产的合成纤维聚合物产品主要有聚对苯二甲酸乙二酯（PET）。共有3套PET生产装置，2010年产量为32.77万吨。

3. 合成纤维

股份公司生产的合成纤维品种有涤纶、腈纶和丙纶。涤纶生产装置有2套，腈纶生产装置有3套，丙纶生产装置有3套，2010年合成纤维总产量为12万吨。

【合成橡胶】 股份公司现可生产顺丁橡胶、丁苯橡胶、丁腈橡胶、乙丙橡胶和氯磺化聚乙烯5大类橡胶产品。2010年产量为61.9万吨，同比增长47.4%。

【化肥】 股份公司化肥生产包括合成氨、尿素、复合肥及丙烯腈装置副产的硫铵。2010年塔里木石化45万吨/年合成氨、80万吨/年尿素装置建成投产。

1. 合成氨

2010年底股份公司有合成氨装置10套，2010年生产合成氨261.22万吨，同比减少4.56万吨。

2. 尿素

2010年底股份公司有尿素装置9套，2010年实际生产376.44万吨，同比减少20.89万吨。

【精细化工】 股份公司的精细化工品主要集中在催化剂（包括助催化剂）、石油添加剂、油田化学品、橡胶助剂、表面活性剂等方面，最主要的是催化剂和表面活性剂。

1. 催化剂

催化剂技术是石油化工的核心技术之一。兰州石化催化剂厂是国内主要的炼油催化剂生产基地，辽阳石化烷基铝厂则是国内唯一的烷基铝助催化剂生产企业。

兰州石化催化剂厂生产催化裂化催化剂，2010年生产4.91万吨，同比增加0.85万吨。辽阳石化烷基铝厂生产三乙基铝624吨，同比减少96吨。

2. 表面活性剂

烷基苯是洗涤剂和农药乳化剂的重要中间体，重烷基苯还是重要的油田助剂。2010年生产烷基苯20.02万吨，重烷基苯6670吨。

（董　政）

重点工程

【概述】 2010年，炼油与化工公司认真落实集团公司工作部署，炼化重点工程设计、采购、施工及试车准备工作有序、安全、高效运行，29项重点工程进展达到年初确定的进度目标，15个项目建成投产或具备开车条件，同时大力实施安全环保、节能减排治理项目，炼化项目建设取得新成效。

【工程建设】 2010年，炼化重点工程建设实现了“五四三二一”目标：“五”是广西石化千万吨炼油，塔里木45万吨/年合成氨、80万吨/年尿素，庆阳石化270万吨/年炼油搬迁，乌鲁木齐石化100万吨/年PX，吉林石化和辽阳石化俄油加工技术改造5个重大项目投产。“四”是中委合资广东揭阳炼油项目、宁夏500万吨/年炼油、呼和浩特500万吨/年炼油、华北石化炼油质量升级项目全面开工建设。“三”是四川石化炼化一体化工程、抚顺石化80万吨/年乙烯、大庆石化120万吨/年乙烯改扩建工程3个炼化重大项目达到预期进度。“二”是抚顺石化炼油结构调整工程、长江项目的成品油和化工产品“两个中心”2个重大项目主体基本建成。“一”是原油商储、国储总能力达到1000万立方米。其中2010年建成具备投用条件的440万立方米。

各单位全力以赴开展重点工程建设攻坚战，在异常困难的情况下，按时完成了“五大投产”项目建成任务，宁夏、呼和浩特炼油改造工程全面铺开，四川、抚顺、大庆等在建工程按进度向前推进。主要开展了以下工作：

一是组织工程总体部署审查，有力促进建设项目快速实施。2010年组织完成宁夏石化、呼和浩特石化500万吨/年炼油项目；独山子石化、兰州石化300万立方米国家原油储备库等项目总体部署的编制和审查。通过重点项目总体部署编制和审查，明确了项目建设四要素控制目标及关键里程碑节点，针对影响工程进展的主要条件，有措施、有重点地加以解决，使项目能够按照计划目标实施。

二是深入工程现场，检查落实重点项目工程总体部署，促进项目安全、有序、高效运行。重点协调、检查了广西石化、庆阳石化、抚顺石化、辽阳石化、乌鲁木齐石化、塔里木石化、大港石化等地区公司2010年投产及重点建设项目。其中，每月一次赴庆阳石化，帮助协调、检查、指导、服务，多次到宁夏石化、呼和浩特石化、大港石化落实在建项目的进度。

三是及时了解重点工程进展的信息，协调解决存在的问题。重点协调兰州石化、锦州石化汽油加氢设计进度，要求地区公司全部在设计单位完成设备、材料订货的技术协议，每月跟踪设计进展，为设计加快进度创造条件；协调长庆石化重整项目、抚顺石化炼油集中加工项目施工图进展，协调宁夏石化、呼和浩特石化的初步设计和施工图设计进展，协调庆阳石化、大港石化、抚顺石化炼油项目的关键设备催交、外商现场服务、现场施工力量调整等工作。

【工程投资控制】 加强初步设计审查管理，控制投资见到实效。2010年完成设计审查50项，已经办理批复42项，批复的初步设计概算比上报投资减少51.5亿元，降幅为9.7%。初步设计审查过程中，通过设计优化，最大限度实现新建项目技术可靠、指标先进、投资节约。

每月统计地区公司各个项目的投资完成情况，通过每个月投资完成报表分析，掌握炼化工程进展的脉搏。为完成全年投资任务，上半年下发了《关于炼油与化工分公司2010年上半年重点工程建设及投资完成情况的通报》，对于投资完成好的地区公司提出表扬，同时对投资完成差的地区公司，及时指出问题及并提出解决问题的对策，促进项目投资完成。

【重点工程质量安全管理】 坚持工程质量和安全监督检查，强化对承建单位动态管理，为确保工程质量和生产安全提供保障。适时组织工程安全质量检查，工程安全质量“警钟长鸣”。2010年3月，炼油与化工公司下发《关于组织2010年炼化工程建设项目安全质量检查的通知》，要求各地区公司对在建项目进行安全质量检查自查。6月、9月炼化工程建设项目部代表炼油与化工公司对四川石化、吉林石化、庆阳石化、辽阳石化、抚顺石化、宁夏石化、呼和浩特石化、兰州石化8家地区公司建设项目进行了质量、安全、管理程序现场抽查，累计查出大小问题760项，并在系统内进行了通报。全年炼化建设项目没有发生上报质量和安全事故，实现了建设项目质量和安全处于受控。

【工程竣工验收】 针对近几年投产项目集中、专项验收时间长的情况，公司及早部署工程竣工验收工作，并专门下达《关于加强炼化建设项目竣工验收和推进申报石油优质工程工作的通知》，对竣工验收进行动态管理，2010年完成了包括吉林石化30万吨/年乙烯一期挖潜改造、大港石化500万吨/年炼油完善配套等17个限上项目的竣工验收。

通过培训、宣贯，在建项目从立项开始，严格按照《炼油化工建设项目竣工验收手册》要求进行项目文件管理，确保竣工验收工作与项目建设同步。

（张　璞）

化工产品销售

【概述】 2010年，化工营销系统以对标管理推动精细化管理，科学研判市场，更加注重提高营销创效能力和营销服务质量，保持了产品的盈利能力，较好完成了全年化工营销任务，共销售化工产品1979万吨，同比增长18.89%，其中统销量1215万吨，同比增长8.3%。出口化工产品88万吨，同比增长15.8%。

【统销业务】 持续扩大统销范围，做大化工销售。2010年12月，对三苯等产品实现了统销，开始集中统一管理。统销资源包括独山子石化、乌鲁木齐石化、锦州石化、锦西石化、广西石化，庆阳石化三苯、苯乙烯、丙烯等，合计60万吨。将独山子天利高新精己二酸资源（合计产能10万吨）产品纳入统销；庆阳石化、大港石化的聚丙烯产品资源也纳入统销范围，全年新增统销量达到90万吨。

为提升化工销售系统的竞争能力，2010年炼油与化工公司在化工销售系统中开展了“保销量、降库存、压费用、增效益”为主题的劳动竞赛活动。各化工销售公司将直销率、购销率、价格到位率、运营成本、综合调运完成率5项竞赛指标进行层层分解，落实到每一位员工，开启了化工销售业绩指标全面量化机制，极大地调动了全体员工参与劳动竞赛的主动性和积极性，形成了良好的“比学赶帮超”竞赛氛围，有效地促进了全年KPI指标的完成。

密切产销衔接，优化资源配置。2010年，按照低库存、最优化运行原则，结合区域、量价、运输综合情况变化，做精资源配置。全年及时调整资源配置290余次，向高效市场增配产品30余万吨，使吨产品效益提高150元/吨。发掘产品特色，做强“宝石花”品牌。2010年，通过产销研一体化运作，积极发掘产品特色，先后向市场推出了管材料、电缆料、农用膜料、包装膜料、保险杠料、瓶盖料、洗衣机专用料7个系列的产品，其中，SP179、K9928、H39S-Ⅱ、8920、8920S、TUB121N3000、T171等产品成为市场中的明星产品，获得了良好的经济效益。

【战略合作】 持续推进与大客户的战略合作，年购销协议量超过百万吨。其中，与中国铝业集团50万吨石油焦购销协议得到了有效执行，石油焦实现了主渠道稳定销售。与国内5家橡胶企业集团和19家管材生产厂签订的购销战略协议，为新产品投放市场创造了有利条件。2010年，与中油运输公司和中海集运的战略合作得到有效推进，公司将化工产品公路运输业务全部由中油运输公司负责，规范了承运商的管理，完善了物流配套设施（GPS），彻底解决产品违流问题，提高了化工产品运输质量、服务意识和应急能力。与中海集运战略合作以来，建立了精品航线，有效保证了东北地区产品的外运，提高了产品运输质量，降低了商务纠纷。

【化工物流】 推进物流建设，优化运输结构，确保生产后路畅通。2010年，鲅鱼圈集散中心实现全面运转，当年周转量达100.5万吨，其中液体20.4万吨、固体80.1万吨，形成了东北地区现有产品和增量产品集中仓储和下海中转的能力，集散中心充分发挥了中转集散的功能，蓄水池作用发挥明显。华东区域余姚仓储改扩建完成，周转能力明显提高，当年周转量39.2万吨，同比增长25%。2010年还完成铁路自备车购置2340辆，其中自备棚车1000辆；启动了华北、西南、华南仓储物流建设。作为运输的重中之重，与铁道部签订了独山子百万吨大乙烯产品运输的战略协议，实现了产品的集中大列运输，建立了独山子产品的运输通道，确保了独山子生产后路畅通。

（范学民）

【市场回顾】 2010年，化工市场经历了一个先下降后上涨的“V”字形曲线。上半年，由于国内大量大型化工装置集中投产和进口增加，导致供应过剩；同时，国家采取的一系列紧缩政策、劳动力成本提升，国内消费需求和出口需求增长明显放缓，进一步加剧了化工市场的供需矛盾；另外欧洲债务危机的接连爆发，引发了市场恐慌，能源和化工品价格振荡下行。

下半年，化工生产装置检修停车较多、负荷较低、进口较少，因此供应并没有增加多少；而国内需求随着国内经济的健康发展、欧洲债务危机的缓和以及需求旺季到来逐步增加，加之全球采取宽松货币政策超发货币引发全球性通胀预期的背景下，资产和化工品的投机活跃，因此形成了供应紧张、能源和化工品价格不断攀升的局面，部分品种价格创下了历史新高。2010年底，随着国家控制物价和收缩流动性政策的实施，化工品价格开始理性回归，多数已经回归到合理价格区间内。

（1）塑料市场：2010年，在国际油价持续攀升、线性聚乙烯期货市场活跃以及供需矛盾的影响下，塑料市场呈现由弱走强的态势，产品价格已恢复到金融危机前的水平，市场交投活跃。特别是高压聚乙烯，由于无新增产能，资源相对偏紧，价格优势明显。

（2）橡胶市场：2010年国内橡胶市场承接2009年平缓上行的走势继续震荡走高。2010年随着全球经济的恢复需求快速增加，尤其在国内汽车产量大幅增长，国际天然橡胶受自然灾害减产，价格大幅上涨推动下，国内合成橡胶价格大幅攀升。其中，丁苯橡胶价格自年初16500元/吨上涨到年末21500元/吨，顺丁橡胶价格自年初19000元/吨上涨到年末29500元/吨。合成橡胶成为当年单位盈利较多的产品之一。

（王　梅）

专业管理

【项目前期工作管理】 严格项目审查，确保项目投资效益。严格项目筛选，严把投资和项目投资回报率，2010年列入公司资本性支出投资计划的石油化工建设项目共138项，项目平均投资利润率为13.82%，实现了股份公司规定的投资项目平均投资利润率在12%以上的目标（不含物流、安全、环保项目）。

严格程序，提高效率，尽快完成项目前期工作。2010年，公司将负责管理的第三类炼化项目（共59项）委托给集团公司咨询中心和北京中陆咨询公司等咨询单位进行评估审查，为历年评估审查项目最多的一年，同时也做到了所有批复项目全部委托第三方咨询单位进行了独立的评估审查。

【投资计划】 2010年，公司投资计划管理工作以保重点工程建设、保安全环保隐患治理、保质量升级、保节能减排项目资金需求为重点，努力克服2010年投资额为“十一五”年度最高，安全、环保隐患增加专项投资计划（多增加六批计划）、投资计划管理工作量剧增的困难，根据各企业项目实际实施情况，科学安排投资建议计划，成功有序地完成了2010年投资计划管理工作。

组织编制完成2010年第一批至第七批炼油化工建设项目投资建议计划，并按时上报股份公司规划计划部。组织向各地区公司转发股份公司规划计划部下达的2010年第一批至第七批炼油化工项目投资计划。组织编制提出并转发下达安全环保专项计划及安全生产费用计划。2010年，公司组织开展了以解决“三老两高”突出问题（即老装置、老设备、老工艺，高耗能、高污染）的专项治理工作，重点解决罐区、管线、电气和公用工程四方面问题。组织编制完成2010年第一批至第三批炼油化工安全环保专项治理建议计划和2010年第一批至第三批炼油化工安全生产费用的费用化项目建议计划，并按时上报股份公司规划计划部。

组织向各地区公司转发股份公司规划计划部下达的2010年第一批至第三批炼油化工安全环保专项治理计划和2010年第一批至第三批炼油化工安全生产费用的费用化项目计划。全年累计下达项目545项，其中，安全隐患项目502项，环保隐患项目43项。

（高长峰）

【资源配置】 2010年，虽然全球经济仍处于恢复过程中，但中国经济的稳定给炼化企业的平稳运行创造了条件。公司加大资源优化和原料互供的力度，积极为各企业的正常生产和满负荷生产创造条件，确保炼化效益最大化。坚持资源向产品结构好、经济效益好、炼化一体化企业倾斜。全年实现天然气供应25亿立方米，油田轻烃110.2万吨，石脑油互供163万吨，拔头油互供25.9万吨，化工产品互供64.5万吨，其中油田轻烃、石脑油、拔头油同比增供22.49万吨。

引导企业利用APS系统等工具优化生产，组织适合装置流程及低成本的资源，在均衡供给的基础上，沿海企业踩准价格变动脉搏，原油采购日趋成熟，采购成本逐步下降。对于中部资源丰富地区，加大配套，确保资源不外流，为保持效益的稳定发挥了积极的作用。

【生产管理】 通过严格管理，加强监管，技术培训，工艺诊断，重视公用工程等措施，逐步减少非计划停车的发生，向长周期稳定运行要效益。及时消除装置、资源、市场的瓶颈，一是眼睛向内，抓好装置瓶颈的消除；二是积极针对装置特点组织资源的进厂和资源配置的优化，为装置满负荷运行创造条件。

继续以对标管理推动精细化管理，全面提升技术经济指标。认真统计、分析炼油与化工公司、企业和各装置的技术经济指标，查找差距，提出措施，帮助督促企业不断进步，通过对标管理，各企业的生产更加平稳，技术经济指标持续改善。

加大产品结构调整力度，不断提升高标附加值产品比例。努力增产高标号汽油、低凝柴油、高交沥青、润滑油、石蜡、丙烯等高效产品，同时安排共聚聚丙烯、管材料、环保型橡胶填充油等专用料的生产，品牌化率逐步提高，盈利能力持续提高。

积极协调各企业的新项目投产工作，生产准备过程中，注重把握总体试车审查、22 项 100 条投料条件检查、指派开工队、三查四定等环节，大大提高了试车进度，确保了新项目的顺利投产。

通过对 MES 系统的不断完善，在提高工作效率的同时，能够及时掌握各企业生产运行动态，提升了生产管理的现代化水平。

（楼　森）

【生产技术管理】 进一步加强技术管理，继续深入推进生产受控，夯实技术管理基础，通过对标和达标管理推动装置技术水平的提升，经济技术指标持续进步。

（1）深入开展达标活动，技术经济指标持续进步。围绕生产装置安稳长满优运行，提高装置运行质量，达标管理指标进一步细化，将对标分析落实到装置具体指标，推进技术管理逐步深化；通过加强装置技术分析，在企业之间自主开展同类装置竞赛，持续开展炼油专业达标和装置达标活动。15 家企业实现炼油专业达标，其中大连石化、独山子石化获得“炼油专业达标优胜单位”称号；95 套炼油装置和 34 套化工装置完成装置达标。

在炼化 28 项主要技术经济指标中，高标号汽油比例、轻油收率、综合商品率、炼油加工损失率、炼油综合能耗等 23 项指标创造了历史最好水平。

（2）产品质量升级取得重要进展，产品结构持续改善。炼化企业积极推进质量升级工作，按计划实施了催化裂化装置降烯烃改造、汽油加氢脱硫装置建设、新建和改扩建催化重整装置、拔头油出厂等一系列项目和措施，于 2010 年 1 月 1 日实现了全部生产国Ⅲ标准汽油。各地区公司通过内部挖潜和优化装置运行，产品结构得到明显改善，经济效益突出。高标号汽油 74.5%，同比增长 12.42 个百分点。同时，作为国内主要油气供应商，保证了上海世博会和广州亚运会高标准清洁油品的供应，履行了社会责任。

按照国家汽柴油标准的要求，启动了针对国Ⅳ油品标准的汽柴油产品升级工作。

（3）节能节水工作取得显著成效。2010 年，通过推行节能节水目标责任制，建立了上下一体、齐抓共管的节能节水管理体系；通过优化操作、应用新技术降低了常减压、焦化、乙烯等主要装置能耗；坚持系统优化，实现装置之间热联合，做好公用工程系统的平衡优化；积极应用先进适用的技术，加大节能节水改造的力度，实施了工艺加热炉和乙烯专项节能改造，节能降耗工作取得了显著成效。全年完成节能量 93 万吨标准煤，节水量 1558 万立方米，分别占集团公司完成总量的 49% 和 40%。

（4）结合生产需求，广泛开展技术攻关活动。针对催化裂化装置非计划停车问题，开展催化裂化防止结焦、烟机长周期运行等技术攻关，形成技术规范，装置基本实现了长周期稳定运行；围绕困扰生产运行优化的技术问题，开展了委内瑞拉超重油加工、提高催化汽油辛烷值、焦化蜡油脱氮、优化产品结构等多项、多层次的技术攻关；应用系统优化的思路，开展了能量综合优化、水平衡测试、凝结水回收技术应用等技术攻关活动；开展了催化裂化、连续重整、加氢等主要装置的调研，总结装置存在的问题，提出装置优化运行的方向和具体措施。

技术攻关活动的深入开展有效地促进了炼化技术水平的提升，优化了装置运行，取得了良好的效果。

（5）强化基础管理。制定了《炼化工艺技术管理规定》，促进炼油工艺技术管理不断深入。组织开展了“抗氧剂（1010、168）”、“催化裂化催化剂 LCC-2”等集团公司标准研究；组织了进口化工“三剂”的调研，为 REACH 注册工作中“三剂”注册策略的制定提供技术支持；启动炼化“三剂”管理信息化平台的开发，推动“三剂”管理的信息化、精细化，并为实施炼化“三剂”统一的技术准入管理奠定基础。组织开展了催化裂化、乙烯、聚烯烃等主要装置年会，创建交流平台，促进同类装置的相互学习，提高装置运行管理水平。

（杨　璨）

【科技管理】 2010 年，按照主营业务战略驱动的科技发展理念，紧紧围绕炼油化工主营业务发展需求，公司突出技术创新、应用实效和能力提升3个目标，进一步增强了核心竞争力；信息化建设在构筑基础、促进主营业务发展、提升管理水平方面取得实质性进展，圆满完成了各项科技管理工作。

（1）炼油化工科技投入。2010年，根据国家和集团公司"科技创新"的总体要求，按照股份公司与地区公司两级项目管理模式，分别下达炼油化工科技计划3批，共投入5.884亿元，支持炼化企业开展炼油化工科技工作。

（2）科技成果。"重油催化裂化后反应系统关键装备技术开发与应用"、"提高轻质油品收率的两段提升管催化裂化新技术"获国家科学技术进步二等奖。全年获集团公司科技奖励29项。"万吨级聚异丁烯成套技术开发"等5个项目荣获集团公司2010年度科技发明奖。"地焦炭产率渣油催化裂化催化剂的研制与工业应用"等24个项目获集团公司科技创新奖。申请专利247件，授权专利99项。

（3）平台建设。集中投入近5亿元建成了催化、合成树脂等6个公司级重点实验室和聚烯烃催化剂与工艺工程、合成橡胶等4个中试放大试验基地。

（刘晓舟）

【技术开发】（1）重点项目成绩显著，关键技术开发取得突破。一是国家"863"项目汽车用聚烯烃材料单一化关键技术，开发出了茂金属/Ziegler–Natta复配型丙烯均聚/共聚催化体系以及新聚合工艺，可获得高橡胶相含量可达45%，弯曲模量保持在1000兆帕，常温冲击依然可达到每平方米40千焦的高性能产品。

二是PSP–01球形聚丙烯催化剂工业试验成功。集团公司首个具有完全自主知识产权的PSP–01球形聚丙烯催化剂，在抚顺石化公司10万吨/年聚丙烯装置完成了工业生产试验，并成功开发出2个牌号的专用料，标志着集团公司已经掌握聚丙烯催化剂这一核心技术。

三是PHF–101超低硫柴油加氢精制催化剂成功完成了工业生产。中国石油的自主创新产品PHF–101超低硫柴油加氢精制催化剂，在抚顺石化公司催化剂厂完成60吨催化剂工业生产，各项指标均达到合同要求。

四是成功开发出5万吨/年丙烯酰胺成套工业化技术，专家认为该化学法丙烯酰胺生产技术达到了国际先进水平。自主技术的有效开发与快速转化在项目进展中发挥了重要作用，聚合物扩能工程高水平建成并实现开车一次成功。

（2）专项研究成果突出，科技重大专项稳步推进。一是己烯–1专项，建成5000吨/年己烯–1工业试验装置，取得2项技术突破，乙烯单程转化率等4项技术指标达到或优于合同指标，采用自产的己烯–1生产的聚乙烯树脂，性能达到进口同类产品水平。

二是劣质重油轻质化关键技术研究专项，建立了世界上第一套重油梯级分离万吨级工业试验装置，完成了HDTC技术在燃料油公司40万吨/年减黏裂化装置上的工业试验，开发了委内瑞拉超重油供氢热裂化（HDTC）技术和劣质重油深度选择性溶剂脱沥青质（梯级分离）技术。

三是大型乙烯装置工业化成套技术专项，完成了"大庆石化120万吨/年乙烯改建工程60万吨/年乙烯装置工艺包"，乙烯装置的配套用催化剂在镍基加氢催化剂、裂解汽油二段加氢催化剂的开发上取得了工业化成果。自主开发的乙烯裂解炉将用于大庆石化扩能工程。开发了"石油烃裂解产物预测系统"。

四是大型氮肥工业化成套技术开发专项，完成了45万吨/年合成氨和80万吨年尿素工艺包审查，使中国石油具备了自主开发大型氮肥工业化成套技术的能力。

五是炼化能量系统优化研究专项，筛选引进模拟优化软件28个，树立了4个示范标杆企业，制订优化方案214项，实施32项，实现年节能22万吨标准煤、增效1.8亿元。

六是炼油催化剂研制开发与工业应用专项，完成了新一代加氢裂化预处理催化剂配方优化及吨级放大，中油型和化工原料型加氢裂化催化剂专用Beta分子筛和MSY分子筛完成1000升放大试验，突破了常规硫磺回收钛基催化剂强度不理想的问题，升级了清洁燃料用硫转移催化剂、选择性加氢脱硫催化剂、脱硫—辛烷值恢复催化剂。

（3）技术攻关成效显现，主营业务支撑取得实效。大连石化、锦州石化等企业还顺利生产出符合地方更高标准要求的汽柴油，满足了广州亚运会的需要。全年高标号汽油比例达到74.5%。兰州石化180万吨/年催化汽油加氢装置一次开车成功，解决了企业的结构性矛盾。

【技术应用】（1）超低硫柴油加氢催化剂DBS–10在大庆石化120万吨/年加氢装置成功应用，在反应器入口温度278摄氏度、平均温度322摄氏度、入口压力6.8兆帕、空速2.3小时$^{-1}$、氢油比650∶1的工艺条件下，加工硫含量为1067.1微克/克的混合柴油原料（混柴 103 吨 / 小时、焦汽 25 吨 / 小时），加氢柴油硫含量达到 25.5 微克 / 克，完全达到国Ⅳ柴油生产要求，加氢石脑油烯烃含量 1.3%（质量分数），达到乙烯裂解原料要求。

（2）碳四芳构化技术助力中国石油产业扶贫河南台前县。碳四芳构化技术以炼化企业副产的混合碳四（液化石油气，LPG）为原料，采用抗积炭能力强的纳米分子筛催化剂和固定床催化工艺，将碳四芳构化转化为高辛烷值汽油组分，是一种生产成本低、附加值高、清洁化的碳四加工利用新技术。中国石油积极履行经济、政治和社会三大责任，将“碳四芳构化技术”无偿转让给台前县，有效地诠释了中国石油为国分忧、关注民生的政治理念。

（3）重油高效转化系列催化裂化催化剂等多个牌号的催化剂用于炼化生产装置。2010 年 2 月，LDO-70 催化剂在辽河石化 80 万吨 / 年重催装置应用，较国内同类催化剂相比，重油产率降低了 1.27 个百分点，汽油 RON 提高近 1 个单位。9 月，LDO-70S 催化剂在兰州石化 140 万吨 / 年重催装置应用，在装置产品分布基本无变化的前提下，汽油硫含量最大降至 150 毫克 / 升，降幅达到了45.9%。10 月，LDO-75 催化剂在大连石化 350 万吨 / 年重催装置完成了工业应用试验。在剂耗降低了 20% 的情况下，装置油浆产率降低了 1.84 个百分点，总液收提高了 1.97 个百分点。11 月，高辛烷值催化剂 LDR-100 在广西东油沥青 50 万吨 / 年重催装置完成了工业应用试验。较空白标定相比，在汽油烯烃降低 3 个百分点的基础上，汽油 RON 提高了 3 个单位，且装置总液收增加了 0.42 个百分点。

（4）安全环保技术支撑炼化业务需求。组织开展了丁二烯本质安全的全方位调研，提出了丁二烯安全生产技术管理的要求和措施。该成果已经应用于四川石化等新装置建设，并对老装置提出了改进建议。围绕欧盟 REACH 法案环保指标要求，结合环保型填充油、操作油及环保橡胶开发配套研究，部署了系列项目，以克拉玛依 NAP-10 为填充油开发的 1723N 完成工业试验。

（荔栓红）

【新产品开发】 以技术开发和产品差别化闯市场，促进卖技术、卖产品和求回报，化工新产品开发取得重要进展。共开发适销高效的化工新产品 55 种（牌号），产量 120 万吨。其中，独山子石化开发的聚乙烯 PE100 管材 TUB121N3000、双峰膜料 J5008、高熔指注塑料 8920、高流动性抗冲聚丙烯 K9928、BOPP 专用料 F1002B 等新产品，打开了市场。特别是 K9928 得到了众多客户的认可。“昆仑”丁苯橡胶、工业直链烷基苯产品荣获首批“中国石油和化工知名品牌”称号。

（刘晓舟）

【信息技术应用】 三大信息系统 APS、MES 和 ERP 全面建成与应用，信息系统基本覆盖了所有业务过程，以 ERP 为核心的信息化应用基本架构建设完成，标志着公司“十一五”信息规划全面顺利完成。信息技术在炼化专业的应用取得突破，提高整个炼化板块管理效率和水平。

（1）ERP 系统。2010 年 10 月 30 日，ERP 系统第三批推广单位大庆炼化公司等全面上线运行，22 家炼化企业全部上线，与 FIMS 融合并单轨运行，规范了 265 项业务流程，建成了集销售管理、生产管理、采购与库存管理、设备管理、项目管理和财务管理等功能为一体统一集成的 ERP 工作平台。实现了以生产装置为单元的成本核算，做到了装置检维修项目概算、费用执行的事前控制和实时监控，整体提升了炼化企业经营管理水平。化工销售 ERP 系统在中国石油第一个上线运行，第一个与 FIMS 融合并单轨运行，为集团公司全面推广 ERP 系统提供了良好的实施和应用经验。

（2）MES 系统。2010 年 1 月 6 日，在中国石油炼油与化工运行系统（MES）建成投用仪式上，股份公司孙龙德副总裁、沈殿成副总裁，信息管理部刘希俭总经理、王同良副总经理，炼油与化工分公司沈钢副总经理、胡杰总工程师，规划总院葛雁冰副院长等参加了投用仪式。标志着炼油与化工运行系统（MES）全面建成，MES 已在公司总部和 24 家炼化企业实施完成，在企业层面实施了实时数据库、运行管理等 14 个功能模块，在公司总部建立了生产数据集成平台，实现了“现场监控可视化、业务流程规范化、生产管理精细化、能源利用合理化、资源配置最优化、调度决策科学化”的目标 。

（3）物料优化与排产系统（APS）持续改进，实现应用常态化。直接支持炼化生产企业的计划排产和生产优化；APS 在公司总部层面集成了企业级模型，直接支持原油、化工原料等关键资源的优化协调。不断挖掘和拓展系统的业务应用领域，通过计划排产、边际价值分析、月度排产分析、企业对标分析、上中下游一体化资源平衡、化工资源平衡、合理定价建议方法等多种手段，满足企业多方面的应用需求。

（4）2010 年 10 月，与 ERP 系统同步建成了生产统计平台。规范企业生产统计基础数据采集的内容、标准，通过规范的网络上报体系，保证数据的及时准确，实现炼化生产统计数据的有效汇总、整理和保存，方便数据的输出、展示和共享，与ERP系统和MES系统接口集成，生产统计数据“同出一源”，为生产经营、领导决策提供数据支持。

（5）公司牵头研发的化工产品质检单查询平台2010年10月15日上线，方便了销售公司为客户提供技术服务，大大提高了生产、销售和客户之间的产品质量信息共享。

（6）2010年3月18日，在北京进行生产受控管理系统应用情况交流和研讨，兰州石化和大庆石化介绍了试点情况，一致认为在完善功能的基础上，大力推广生产受控管理系统，从生产操作的源头把住安全关，确保生产装置“安稳长满优”运行。

（李志良）

【设备管理】（1）坚持贯彻设备全员、全过程、全寿命周期、全要素管理的指导思想，大力加强设备基础管理工作，使设备运行管理始终处于比较严密的受控状态，绝大多数设备处于完好状况。据统计，2010年炼化企业全部设备的完好率达到95%，其中主要设备完好率98.7%；系统静密封点泄漏率为0.076‰，均优于考核指标。同时，炼化企业主要生产装置的长周期运行水平有了进一步的提高，70%的主要生产装置达到了“三年一大修”，完好的设备状态为生产装置的安全、稳定、长周期运行提供了保障。

2010年炼化装置累计发生非计划停车62次，机械电气故障是导致非计划停车的主要原因，发生41次，占总次数的66%；工艺发生16次，占总次数的26%；事故及其他因素5次。因腐蚀泄漏引起的非计划停工27次，占总数的44%。非计划停工主要集中在以下八类装置：催化、化肥、重整、公用工程、加氢、乙烯、聚丙烯、常减压装置，占总次数的80%以上。以上主要装置工艺复杂，多数是高温、高压设备，运行维护难度大，腐蚀情况也较严重。

（2）以“坚持科学发展观，拓宽管理新思路，进一步推进生产和检维修受控管理，全面提升设备管理水平”为主题，全面深入推进生产和检维修受控管理模式。截至2010年底，炼化企业（含未上市企业）编制完成了1283套新版操作规程、60534套检维修作业规程、62456项操作卡，组织了20多万人次岗位操作应知应会培训考核，完成了298570张操作图绘制。

在大检修期间，公司坚持组织数十人次到企业停工大修现场进行指导，监督和检查检维修全过程受控管理工作的实施情况。停工检修工作重点抓好“停车交付检修”和“检修交付开车”两个界面确认，努力做到周密编制检维修计划，合理制订检维修方案，确保检维修项目的方案、材料、备件及检修力量准备充分，实现了“停得稳、盲得死、扫得净、修得优、开得好”的总体目标。2010年完成243套生产装置大修，所有炼化企业实现了“停工大检修未发生一般A类以上安全事故”的目标，安全形势明显好转，逐步改变了炼化企业检维修事故多发的形象。

（3）持续开展设备“创完好”活动，搞好清洁文明生产。通过持续开展设备“创完好”活动，生产装置和设备状况有了明显的提高，平稳、清洁、环保型企业和装置越来越多。例如，锦州石化开展了“创一流企业，建精品炼厂”活动，提出了“检修一套装置，就完好一套装置”、“检修后的装置要像新建装置一样”等要求，厂容厂貌有了彻底的改变，也为其他企业树立了榜样。抚顺石化开展了争创“星级完好单位”活动，对连续3年保持完好单位称号的单位加大奖励力度，持续推进有关工作的开展。呼和浩特石化公司结合设备“创完好”活动开展设备“规格化管理”工作，成效显著。独山子石化、大连石化、大港石化、大庆炼化等单位在开展设备“创完好”活动中都有各自的特点，也取得了明显的效果。

（4）“中国石油炼化企业设备综合管理平台”建设工作取得了突破性进展，25家炼化企业先后开展了设备综合管理平台的建设工作，各单位设备综合管理平台的数据积累不断完善，部分企业已基本能够通过设备管理平台开展日常工作。积极开展状态监测及故障诊断管理活动。每天对在远程监测系统内运行181台机组进行监测分析，发现问题及时与各单位沟通，达到了对股份公司内所有关键机组全面获取设备运行状态信息的要求。在系统建设方面，炼化企业共有关键离心压缩机组319台，安装在线监测系统的为217台，所占比例为68%，连接到远程诊断系统中的机组为181台，所占比例为56%；共有往复压缩机组1218台，已安装在线监测系统的机组为35台，安装智能保护系统的机组为260台。2010年所有单位均建立起完整的网络系统。

（5）合理使用，严格管理，努力做好检维修费用管理工作。炼油与化工公司和各企业坚持进行每年度财务指标对接，加强对各企业修理费使用计划的审核，合理控制各企业修理费的使用。各企业大力加强修理费的预算管理，理顺成本控制和修理费合理投入的关系。一是按照股份公司核定的修理费的年度控制指标，认真编制全年和每个月的检维修计划和修理费预算，将费用落实到具体的检维修项目上，实现以月保季、以季保年，把全年发生的修理费控制在年度计划之内。公司对各企业修理费的使用情况逐月进行跟踪检查，有效控制修理费的使用；二是严格审核修理费的使用项目，规范修理费的使用范围，严防挤占修理费的现象发生，凡属基建项目、技术改造项目和设备更新以及另购方面发生的费用一律不得从修理费中列支；三是对预算外项目严格审批，严格限制非生产性修理和装修项目；四是在装置大修和设备维修中发生的费用，要根据实际发生的工作量，严格按照合理的定额标准进行审核和结算支付，严格控制维护人员的“运保费”的支出；五是提高检修计划项目的准确性和科学性。2010年修理费控制在预算总额内。随着ERP和“设备综合管理平台”的上线投用，各企业逐步将修理费等各项费用控制纳入信息系统进行更科学、合理的管理。

（王　平）

【安全环保】 2010年，炼油与化工公司继续推进以生产受控为核心的HSE体系，狠抓环保达标减排，加大安全环保检查和培训力度，严格建设项目安全环保“三同时”要求，实现了安全生产受控，环保事故为零，杜绝了较大及以上安全事故。

重点解决政府限期治理项目、达标项目、减排项目及环境风险较大的项目及隐患，完成了“十一五”减排指标，有效控制了环保风险。2010年COD排放量14111吨，比2009年减少3.86%，比2005年排放量减少30.6%；石油类排放量481吨，比2009年减少2.43%，比2005年减少50.6%；二氧化硫排放量82684吨，比2009年减少6.68%，比2005年减少9.3%。

开展“三老两高”装置和设备隐患治理。2010年，在集团公司安全环保部和规划计划部等有关部门的大力支持下，公司以“三老两高”整治为重点，开展了安全隐患专项治理工作。此次重点安排治理了一批以球罐为主的罐区安全隐患、关键设备安全隐患、易燃易爆管线安全隐患、电气系统安全隐患、公用工程系统安全隐患等，共计安排专项治理项目202项。

组织了31家炼化企业的HSE体系审核。2010年7—10月，公司领导带队，从各炼化企业抽调专家，开展了历时3个多月的HSE体系评估和安全巡视，覆盖了归口管理的31家炼化生产企业，涉及247个机关部门、81个分厂、241个车间，访谈交流领导和员工4011名。此次安全巡视共发现各类问题3532项，涉及管理方面问题共900余项，如制度补充修订和完善的问题，已经得以落实；现场的“低、老、坏”问题，共约2300余项，也全部整改完成；240余项各类隐患问题，已完成170余项，其余70余项隐患，需纳入明年的治理项目，已经制订计划，目前落实了监控措施和应急预案。

细化完善了HSE规章制度和基层应急处置预案范本，下发了《“停止作业卡”使用及奖惩指导意见》和《炼化企业气体防护用品管理指导意见》。

（宁绪成）

【专业技术培训】 2010年，公司认真贯彻集团公司发展战略和“三支队伍”建设的总体部署，按照炼油与化工公司的总体工作要求，紧紧围绕落实生产受控管理、保障生产安全平稳和优化高效运行的目标，积极促进炼化企业全员培训，做好专业培训的指导、协调和服务工作，深入开展以赛促训活动，认真组织开展基层员工的技能竞赛活动和专业技能人才的培训工作，不断提升炼化企业员工队伍的综合素质和一线操作人员的技能水平，为炼化业务实现“平稳、均衡、效率、受控、协调”运行提供有力的人才保障。

（1）以赛促训，继续开展岗位技能竞赛活动。2010年共组织开展技能竞赛2个，分别是乙烯装置操作工和工艺加热炉操作工技能竞赛。竞赛活动的持续开展，大力促进了各企业的培训工作。各企业通过竞赛前有针对性地进行全员培训、选拔，并进行集中强化训练，既提升了员工队伍的整体水平，又培养了一批业务精、素质高的专业技能人才。大赛的金、银牌选手已分别充实到集团公司级、地区公司级的技能专家队伍之中，这些人才在保证炼化生产安全平稳运行和提升装置技术经济指标等方面发挥了重要作用。

炼油与化工公司不断完善竞赛的组织流程和参赛选手的选拔程序。在竞赛的内容上，着眼于贴近各竞赛工种的实际，包括基础理论知识、实际操作知识、安全规程录像挑错、仿真操作技能、现场制作课件讲解并回答问题等，使得通过竞赛能真正提升选手的实际操作能力和综合素质。

在竞赛组织上的几个重要环节：命题、参赛选手和裁判员的选拔、竞赛场地及设备准备、竞赛过程、评分、成绩分布，已形成一套规范程序。对各环节都进行周全细致的安排，营造了公开、公平、公正的竞争环境。参赛选手和企业对竞赛的过程和结果都给予了充分的认可。

在参赛选手的选拔上，公司采取了企业推荐和板块抽签相结合的办法，既保证了各企业选拔的最优秀选手能够参赛，又扩大了培训面，促进了全员培训的开展。

（2）保质保量完成技能人才培训工作。根据年度培训计划，2010 年共组织举办 15 期培训班，培训各类专业技术骨干 804 人，培训计划完成率 100%。公司注重专业技术培训兼职师资队伍的建设，已初步形成了一批优秀的兼职教师队伍。兼职教师大多是各炼化企业专业技术能手，即集体公司级和地区公司级的炼化技能专家，炼油与化工公司副总工程师、处长和高级工程师。还有一些国内知名大学的教授、同行业知名专家等。同时，对每个培训班公司都进行认真的准备，从培训时间、课程安排到师资力量都充分征求有关专家和专业处室的意见，培训结束后请学员填写培训项目效果评估表，并征询学员的意见，进行认真总结，不断改进。

（3）以仿真实训为依托，完善区域专业培训中心建设，提高专业培训水平。为提高岗位技术人员的实际操作技能，培训处进一步优化各炼化企业的培训资源，对炼化主体装置和关键岗位等专业，在最具备条件的炼化企业现有培训资源的基础上，进一步完善专业培训设施和设备，建立各专业的培训中心，重点在提高培训的实效上下工夫。统一组织开发炼化主体装置的仿真培训系统，再根据各企业的实际情况进行二次开发，既能节约开发费用，又能适应各企业的实际培训需要。初步建立大连培训中心炼油装置仿真培训基地和独山子培训中心炼化装置仿真培训基地。

（4）加强新建炼化装置开工人员培训的指导工作。对广西石化、庆阳石化新建装置开工人员培训情况进行检查、监督和考核。不断完善炼化新建装置开工人员培训管理工作，保障了新建装置的一次开车成功。

（钟艳阳）

第四篇

成品油销售

成品油业务

【概述】 中国石油天然气股份有限公司销售分公司（以下简称销售公司）是股份公司直属专业分公司之一，负责成品油、润滑油、燃料油、沥青以及其他炼油小产品的销售和成品油进出口业务的组织管理工作，业务上归口管理34家销售企业和中油燃料油公司、润滑油公司和大连海运公司3家专业公司，机关下设16个处室。2010年是销售业务取得丰硕成果的一年。一年来，销售公司紧紧围绕建设国际水准销售企业的目标，持续扩大销售规模，提升销售质量，实施精细化管理，推进网络开发，各项工作稳步推进，主要工作实现新突破：成品油销量突破1亿吨，同比增加15.5%；零售量突破7000万吨，同比增加19.6%；利润突破100亿元，同比增加40.7%；加油站开发和投运突破1000座；资产型油库库容突破1000万立方米；信息化建设实现新突破，基本实现“一卡在手，全国加油”，发行加油卡500余万张。销售业务“十一五”规划目标全面实现。

（亓敏霞）

【经营业绩】 2010年，国际原油价格持续震荡走高，国内成品油市场先松后紧，局部地区柴油出现紧张的局面。面对复杂多变的市场形势，中国石油高度关注宏观经济、国际油价、竞争对手策略等变化情况，建立周营销视频例会制度，坚持月度经营活动分析制度，强化市场分析和研究，灵活调整营销策略和运行方案，提高营销工作的前瞻性和主动性。各销售企业坚持量价互动，努力提高销量和效益。一季度按照季节规律，超前研判，合理安排涨库；二季度开展主题销售、借势推价等，加大销售力度；三季度坚持量效并举、突出质量和效益，着力改善销售结构；四季度继续实施积极营销策略，保持较高销售水平，保障冬季产运销平稳运行。

针对资源和市场情况，及时调整资源平衡方案，有效实施淡储旺销策略。加强直属炼厂资源衔接，引导生产适销对路产品、紧缺产品。积极开展同业合作，与中国石化、中国海油开展资源串换，努力节约运费。按照“完成直炼、多销多采、确保效益”的原则，组织地区公司按计划开展外采工作，弥补了云贵、川渝、内蒙古等地区资源的阶段性缺口，实现了增销、增效目标。

（杨景娟）

【资源调运】 2010年，克服运能运力不足、产需矛盾突出、自然灾害频发等困难，认真落实“两保一降”要求，精心组织，优化运行，有效保障产销总体平稳运行。

周密组织，充分保障炼厂生产。加大油品外调疏导力度，炼厂产调率同比增加3.3%，年末生产企业库存同比下降60万吨。先后召开7次现场协调会，研究配套油库、管道建设，保障庆阳石化和广西石化顺利开工，在管线未投用的情况下，保障炼厂平稳运行3个月。

加强油品调控，市场供应及时到位。国内配置计划兑现率98.8%，同比增加3.9%。增加区内炼厂地付量，缓解整体铁路运输压力，发挥大船装运能力，下海累计完成2249万吨，高效保障区内油品供应。通过固定新疆、兰州铁路专列，充分利用兰成渝管道，加大外运力度促进管增输量等措施，做好华中、西南等难点地区资源供应。

优化物流运行，提升综合创效能力。进一步优化东北、西北地区炼厂资源流向，提高铁路平均单车装载量和自备车周转率，加大管道沿线分输油库辐射范围，提高直接下海比例，扩大炼厂地付，优化炼厂地付半径，增加管输地付量和直接配送进站比例。吨油运费同比下降0.91元/吨，全年节约运费7.3亿元。

应急调运及时有序。青海玉树地震等自然灾害发生后，及时启动应急预案，有序组织海运、铁路、管道、公路等运力，有效协调炼厂资源，确保了救灾及生产生活用油供应，切实履行了中国石油的社会责任。

基础工作扎实推进。编写《成品油物流优化研究》、《地罐交接实施办法和方案》等，规范调度管理与作业流程。加快物流信息化建设，完成一次、二次物流信息化业务对接。

（李石大）

【加油站管理】 紧密围绕客户，持续优化服务，灵活营销策略，零售能力、零售质量持续提升，零售量同比增加19.6%，零售市场份额同比增加1.4%；汽油同比增长14.7%、柴油增长20.7%；累计单站日销量同比增加1.4吨；3000吨级以上站占比提高6.3%，万吨站增加385座。昆仑加油卡全年发卡500余万张，基本实现了“一卡在手，全国加油”。

突出市场客户，零售规模持续扩大。努力做到稳步提量，统筹兼顾。一季度召开客户座谈会，适时开展促销；二季度开展以保障“三夏”农业用油为主题的优惠促销活动，组织以“防范新闻危机、防范人身伤害、防范资金风险、防范数质量事故”为内容的自检活动；三季度引导错峰加油，优化销售结构，科学排班，努力提高零售效益；四季度抓平稳运行，逐步敞开加油站柴油供应。

微笑服务，零售运行平稳有序。组织开展“世博微笑服务”和“微笑服务亚运”主题活动，做好农业用油保障工作。在加油站发放《麦收·加油》的宣传册，设置送油服务热线，提供为农机手引路服务，受到农业部高度评价；在10个粮食主产区开展“中国石油麦收加油队在行动”，选取服务“三夏”网点4500余座，开辟农机用油绿色通道，引起广泛好评。

规范执行，管理工作日渐精细。抓好加油站管理规范落实，做好加油站写实，调整运营模式、优化业务流程、强化运维保障、提高工作效率。

突出系统应用，IC卡业务持续推进。加油站管理系统历经试点上线、推广发卡，完成加油卡营销顶层设计，制定加油卡业务管理制度，扩大机构用户和个人客户持卡率，年底在1.6万座加油站应用。

2010年，加油站及员工取得了一系列荣誉：辽宁销售王萍、青海销售尚丽群被评为全国劳动模范，云南销售张本荷被评为集团公司特等劳动模范，青海销售才仁吉藏（春花）被评为集团公司劳动模范，北京柳荫加油站被评为集团公司先进集体。王萍加油站和尚丽群加油站位列集团公司以班组长命名的十大班组，吉林百里花加油站被评为集团公司十大标杆集体，上海杨思、昕鑫、徐浦三座加油站获得上海市“工人先锋号”称号。

（冯　欣）

【石油价格走势回顾】 世界经济持续复苏，中国经济实现平稳较快增长，成品油需求持续增长，柴油供应从宽松到偏紧，全国成品油价格大幅度上涨。

石油需求强劲反弹，石油对外依存度继续提高，推动国内成品油价格不断上调。全年石油表观消费量4.49亿吨，同比增长12.2%。石油进口量大幅增长，全年石油净进口2.76亿吨，同比增长14.7%，对外依存度达到54.8%。按照现行国内成品油接轨国际市场的价格形成机制，国家四次调整成品油价格。

成品油需求持续增长，柴油供应从宽松到偏紧，市场价格大幅度上涨。随着工业、交通运输等主要用油行业企稳复苏并持续向好，国内成品油市场供需两旺。柴油供求逐渐趋紧，从9月开始部分省市实施拉闸限电，柴油发电用油激增，四季度国际油价震荡上扬，加剧了柴油供需矛盾。

市场竞争主体增加，终端竞争更趋激烈，成品油市场价格仍然存在不到位现象。国内油气市场多元化格局更为显现，终端市场竞争更趋激烈。七八月华北以南市场柴油批发价平均不到位仍在180元/吨以上。零售领域的价格竞争频繁出现，加油优惠、让价及送礼品、积分奖励等各种促销措施不断，个别地区汽油零售让价甚至达到0.5元/升以上。

（吕东悦）

投资管理与网络建设

【概述】 以强化规划研究和优化投资结构为重点，加强投资控制，推进精细化管理，满足销售业务发展需要。全年投资完成率97.4%，全面完成网络开发任务。

【投资管理】 围绕“十二五”资源、市场变化和销售业务发展需要，强化“十二五”规划和专项研究。编制销售业务“十二五”发展规划，确定了“2015年实现国内成品油45%以上市场份额，建设国际水准销售企业”的发展目标，明确了各省区的发展定位和具体措施。重点安排GDP万亿以上的14个省市区发展规划方案细化，集中组织新上划集团公司的规划对接。完成销售业务省内成品油支管线规划、成品柴油再调和专项规划编制，开展电动汽车充电站发展专项研究。全力推进省内支管线的前期工作，建立与资源流向相匹配的物流运输体系。云南等省内成品油支管线纳入集团公司与各省战略合作协议，9个省内支管线项目取得政府批复路条，组织完成5个支管线项目可研批复、9条支管线可研报告编制。

加强投资需求分析，全面加快销售网络开发。继续按照统筹兼顾、突出重点的原则，加强投资需求分析，积极筹措资金，加大对加油站及油库的投入力度，持续实施油库和加油站规范达标，全力推进信息化建设，深化安全环保隐患治理和质量计量节能工作，落实灾后重建项目，较好地满足了业务发展的需要。充分发挥集团公司整体优势，加快落实网络开发，实现在云南等省的加油站整体开发。加快油库仓储能力开发建设，一批重点油库完成可研审批进入建设实施阶段。

强化投资分析和后评价，加强项目跟踪检查。全面清理历年未投运加油站，逐一制订解决方案，加快加油站投运进度。加强投资分析，回顾梳理历年投资活动，对土地投资上升、吨油投资成本提高等提出控制措施。汇总分析加油站备案情况，协助广东等省开展投资项目自评价和独立后评价，提高达销率。

建立销售系统科技管理体系，科研管理进一步加强。形成销售业务科技管理体系制度、部门和人员体系。完成成品油库发展规划等 8 个项目验收，组织开展 21 个跨年项目阶段性总结和检查验收。按照顶层设计、业务驱动的原则，确定 2010 年新开科研项目 18 项，并分别组织开题论证。组织开展 2005—2010 年销售系统优秀成果和优秀论文的评定和奖励，组织开展成品柴油再调和工业化试验。

（陈　倩）

【工程建设】 建设项目有序推进，在建油库 44 座，完成 26 座，投用 18 座；全年开发加油站 1325 座，投用 1050 座，改造 1563 座。

强化标准化设计，全面推动工程建设。召开宁波“投资与工程建设座谈会”，明确“一好三高两少”要求。按照“顶层设计”原则，系统梳理工程建设规章制度。编制完成成品油库及加油站建设标准，完善管理规定 19 项，编制《工程建设管理手册》，对 711 人次进行标准培训。

组织成品油库和加油站油气回收系统的招标入围，推动集约化采购。确定油库设计单位 8 家，监理单位 9 家，施工单位 13 家；加油站设计单位 27 家，监理单位 51 家，施工、装修装饰和标识制作单位 244 家。

（周金明）

非油品业务

【概述】 按规划稳步发展，标准推广扎实有效，网络日益健全，业务结构趋于完善，专业技能显著提高，整体保持稳定的发展形势。

【经营业绩】 销售收入同比增加 69%，利润同比增加 78%；在全国 1.3 万座加油站开展非油业务，便利店数量同比增加 889 座；百万元站达到了 500 座，50 万元站达到了 750 座。

【业务拓展】 效益导向，精细管理，实现量效快速增长。坚持以盈利为核心，切实抓好增收创效的关键控制点。根据加油站顾客消费特点，认真分析店内商品结构，加大对高毛利商品品种的开发力度；提高便利店陈列效率，对关键商品和关键部位进行标准化定向陈列，有效提高商品创效能力；抓住春节、中秋等节日契机，在全国开展统一促销活动，充分利用整体网络资源，提高商品销售。

打造品牌，培育文化，扎实推进标准规范。通过视频会、现场督导等方式，先后组织各种标准培训 13 次；与工程施工紧密结合，把设计标准融合到加油站建设标准中，增强了应用性；完成 2350 座 uSmile 昆仑好客便利店建设，持续推进标准化建设工作，强化了非油业务品牌战略的实施。

积极进取，稳步开发，各项新工作有序开展。全面深化化肥销售业务，加强化肥零售业务的指导工作。全年化肥实现销售收入 1.5 亿元；有序推进加油站多媒体广告业务，共完成广告屏安装 259 块；稳步开展汽车服务工作，完成编制汽车服务的设计规范和运营手册，3 个地区公司 6 座试点站完成建设并开业；组织专业力量开展快餐研究，共开发快餐产品 3 类 40 种。

供应商合作取得新突破。与一些品牌优秀、市场份额领先的商品供应商开展总部级合作，目前已与可口可乐等 16 家签订全国合作协议，首创了“总部统一管理、地区公司具体经营”的合作模式。

信息化进程打开新局面。逐步完善非油业务信息系统的业务流程，完成主要模块建设和表单制作，建立全国商品的基础数据库，完成对 14 万个商品主数据的维护，把有效商品数据减少到 7 万个。同时，完成了 20 张 BW 系统报表的设计工作。

（董宇鲲）

润滑油与炼油小产品

【概述】 加强产销衔接，加大资源外采，优化资源配置，推动产品研发，做好同业协调，加强市场分析，推行精细化管理，实现增销扩量、优化结构、降费增效等经营目标，销售质量进一步提高，经济效益大幅提升，专业化经营优势突显。润滑油和炼油小产品销量同比增加 26%，润滑油、燃料油、沥青市场份额同比均有提高。

【润滑油销售】 按照“国内领先、国际有位”的发展定位，努力扩销增量，适时调整策略，不断改善结构，完善营销网络，加强科研攻关，突出技术营销，销售总量、包装油、中小包装销量均有增长。销量同比增加 12.5%。高档油比例同比提高 15%，中小包装销量同比增加 19.9%。市场份额（不含基础油）同比提高 3 个百分点。

【燃料油销售】 依托大库布局，发挥网络优势，优化销售流向，努力提高专项用户和终端销售比例，销售效益大幅提高。销量同比增加 85.9%；国内资源供应同比提高 1.7%。

【沥青销售】 充分发挥资源、仓储、网络等“一体化”优势，抓住沥青消费大年有利时机，通过代料加工、串换、外采等多种方式积极筹措外部资源，制定差异化营销策略，增销增效，份额增长。销量同比增加 20.8%，市场份额同比增长 0.7%。

【其他小产品业务】 强化馏分油、溶剂油等统销产品销售管理，提升销售质量，取得较好成效。全年馏分油、溶剂油销量同比增长 12.3%。

（周　丹）

专 业 管 理

【HSE 建设与管理】 科学分析安全形势和管理“短板”，积极推进 HSE 体系试点，狠抓安全基础工作，全年工业生产亡人事故为零、环保事故为零、外排污染物实现达标排放。启动辽宁、内蒙古、福建等省 HSE 体系试点推进工作，在理念、方法和工具上取得经验，为销售企业现有体系的整合提升准备条件。组织开展施工队伍清理、甲方现场监管、区域专业维修队伍建设、专业电工及劳保用品配备集中治理，提高非常规作业管理能力，保障常规作业安全生产全面受控。按照“谁主管谁负责”的原则，启动作业许可审批人队伍建设工程，明确作业许可审批人队伍资格要求，组织编制专项培训教材并开展分级培训和备案审查，156 人首批通过集团公司远程教育网集中考评并完成备案。明确清罐作业审批升级管理要求，突出重点作业环节的监控。组织编制外来施工队伍入场安全视频教育片，统一规范施工安全须知的告知方式和要求，提高库站员工非常规作业监管能力。分阶段滚动实施冬季安全生产、油库专项等五次检查，抽检 32 家企业重点库站厂及车船，企业覆盖率 82.5%，发挥安全监督效能。明确防灾原则，通过 HSE 信息系统适时预警和总结分析，将灾害损失降到最低。缜密组织“世博”、“亚运”的安全保障工作，依托远程监控系统，试行“首问负责”的突发事件、反馈问题集中受理和快速处置的应急联动协调机制，圆满完成保障目标，实现“零事故、零伤害、零危机”。

（冯　涛）

【财务管理】 坚持效益最大化，以规范管理为前提，抓好预算管理、财务分析和会计核算，在经营活动分析、月度预算、一次运费核算调整、规范油品损溢管理、推进库站费用定额管理等方面取得突破，有力推动财务管理与生产经营的进一步结合，为领导决策提供有力支持。

坚持月度预算。紧盯全年目标，合理确定月度指标，以年度预算为基础，按照“量效兼顾、效益优先”的原则，确定贴近企业实际的月度预算指标。深化预算管理信息系统应用，开发月度预算编制和旬预测模块，加强预算执行力，实时掌控反映公司经营情况，为生产经营工作提供有力抓手。

深化财务分析。以利润分析为切入点，开展专题分析。逐步形成以利润为核心的分析思路，对库存结构、外采效益、与中国石化对标、盈亏平衡等问题进行专题分析，为优化资源配置、处理量价关系建言献策。强化对标管理，建立财务分析评价体系，促进地区公司整改提高。制定包括 7 个大项、19 个小项的评价考核体系，不断提高分析质量。

转变发展方式。按照“业绩导向、顶层设计、程序至上、注重执行、量化评价、持续改进”的原则，通过建立企业综合排名体系、规范油库承包费用标准等措施，全面推进精细化管理。优化组织运输，下发《损溢油管理规范》，进一步规范吨升换算损溢，解决逐年增长的运费支出与营销成本预算指标之间的矛盾。

加大审计发现问题的专项检查和整改落实。归类分析销售企业领导人离任审计和财务部对资金管理专项检查反映的问题，前后两次下发落实整改的通报文件，要求各单位认真梳理业务流程，对照制度规定，进行全面整改。认真分析解剖江苏公司资金事故发生原因，全公司范围内开展资金专项检查工作。

完成 2011 年年度预算编制工作。充分运用对标分组原则，广泛征求销售公司和地区公司两层面意见，分解下达 2011 年预算对接指标。

（师　野）

【油库管理】 成品油库同比增加 3 座，库容增加 86 万立方米，当年完成周转量 1509 万吨，油库年平均周转次数同比提高 3%。

编写完成并下发《成品油库管理手册》，明确油库管理的目标、任务、方法和标准；修订完善油库管理制度、发展规划和三年隐患治理计划，明确成品油库发展总体布局和要求；大力推进油库信息化建设，完成 16 个省、203 座油库管理信息系统的配套改造和运行；积极推进区外油库承包管理，优化人力资源配置和运行管理，组织协调油库划转；起草下发《新建成品油库投用管理规定》，对新建油库从投用前期准备、业务流程、人员配备、验收组织和试生产进行规范和明确；组织参与销售企业安全大检查、成品油库安全环保专项检查等，落实和推进新版操作规程、设备检维修技术规程、特种作业许可制度、应急管理等规章制度实施，并全过程参加集团公司组织的油品损溢专项检查，共同研究加强油品数质量管理的办法和措施；突出基础和技能培训，配合《油库管理手册》、《新版油库建设标准》和油库信息化建设，组织对油库主任和设备管理人员进行培训。

（傅　翔）

【质量、计量与标准化管理】（1）质量管理。ISO 9000 质量管理体系建立工作全面展开。35 家销售企业建立质量管理体系并开始运行，20 家企业已通过第三方认证。国家组织抽检 22 个地区公司的 118 个车用汽油样品，合格率 99.15% 。股份公司组织的质量监督抽查成品油质量合格率稳步上升。车用汽油合格率 98.3%，轻柴油合格率 100% 。油品质量监督抽查工作稳步推进。组织东北哈尔滨质检中心和西北新疆乌鲁木齐质检中心抽检样品 256 批次，合格率 98.04% 。润滑油基础油按照新标准统计合格率，质量稳步上升。

（2）计量管理工作 。加强运输过程计量管理，控制运输损耗。铁路损耗率下降 5.95%，下海油损耗率下降 8.62%。加强油品损溢管理，扣除损耗后溢余 55.69 万吨。

（3）标准化管理工作。积极推进国Ⅲ标准汽油的实施和沪Ⅳ、粤Ⅳ汽柴油标准的实施；组织 30 家化验室参加了集团公司组织的 RON、硫含量、烯烃等项目的比对试验；完成 5 项集团公司企标制定和 7 项企业标准复审；参与 8 项行标制修订；组织重点标准宣贯；完成《质量管理人员培训教材》初稿，举办二期销售企业化验员培训班，发放计量员证 2519 个。

（顾惠明）

【信息化管理】 ERP 系统、加油站管理系统、油库管理系统、一次物流优化系统、二次物流配送系统建设全面推进，取得可喜成果。完成了燃料油公司的上线应用，北京、天津、河北公司的系统调整；集中培训 1151 人次，35 家公司实现业务单轨运行，31 家公司实现财务单轨运行。建立 5 类 12 个指标项的应用考核体系。加油站管理系统组织完成了 5000 余座加油站的加油机、液位仪和网络环境改造；完成推广阶段 8800 余座加油站的实施部署，4000 余个发卡充值网点建设，培训员工约 9 万人次。建立以主数据等 5 类 33 个指标项的量化考核体系。油库管理系统完成 34 家地区公司共计 359 座油库现场调研工作；完成总部和试点、推广一期 14 家地区公司 179 座油库的部署实施；系统现场集中培训 1090 人次，建立以出入库、库存、自动化连接 4 大类、14 个指标项的量化考核体系。一次物流系统组织针对总部和东北、西北公司的调研，进行业务流程和需求的确认，完成概要设计工作；搭建包括32家地区公司的需求预测模型，初步建立包括26家炼厂、500多个油库的资源配置模型，基本完成调运管理平台IMOS系统的静态数据收集和配置；开展业务需求的差异分析和相应的补充开发；进行集成数据的分析确认。二次物流系统完成总部和32家地区公司的调研和物流管理系统的需求确认、系统设计、开发和测试工作；启动第一批9家单位的现场实施，收集47万组数据，进行优化建模和操作培训；完成第二批11家实施单位的68万组数据的收集。系统运行维护方面初步建立三级运行维护体系，提供7×24小时技术支持。系统集成工作完成8个主业务流程梳理和集成平台的设计、搭建、安装、部署、培训等工作，梳理并开始66个集成接口的开发。

（冯　涛）

【股权管理法律事务】 股权投资项目共520家，其中：控股393家，参股公司127家。股权投资企业的期末账面投资余额98.4亿元，累计实现投资收益42.8亿元。清理低效、无效、亏损股权企业36家，清理固定回报项目42家。

夯实制度基础，确保股权企业规范运作。梳理股权企业日常管理工作流程，初步完成《股权管理手册》和《股权企业管理指引》框架；积极与BP公司进行谈判，取消排他性条款；同时规范190家股权企业分红工作。

积极推进精细化管理，制定完善管理手册。按照“顶层设计、业务导向、及时更新、宜于执行”的原则，根据“管理手册为主、单行规章为补充”的要求，形成板块制度体系框架，并初步完成《业务管理手册》初稿。

（赵飞虎）

【培训与技能鉴定】 强化员工培训。全年举办42个培训项目、112期培训班，直接组织培训约3万人次。

在销售信息化系统培训工作中，通过集中、现场和课件等方式，培训主管领导、关键用户、内训师和各级业务人员达10万余人次。组织销售企业经理人培训班，对36家销售地区公司290人进行培训，重点提高营销和物流管理水平。组织销售业务骨干赴中油BP对口培训4批97人，专题研究，全过程跟踪，增强针对性和实效性。组织工程建设标准培训4期771人，宣贯油库和加油站建设标准。组织加油站培训师培训班，来自全国31家地区销售公司80名专兼职培训师参加培训。组织非油品业务培训师培训班，来自31家销售地区公司非油品业务的兼职培训师80人参加培训，重点提高非油品品牌理念、业务定位的认识，进一步提高对非油品业务的实际操作能力。培训选拔6名高潜质润滑油培训师，加油站管理系统内训师培训369人。继续组织开展先进经验到基层，分7期对481人进行培训，将4家单位三星级以上加油站经理、片区经理、加油站管理骨干轮训一遍。

组织编写列入集团公司教材目录的13本培训教材，其中6本通过集团公司终审。组织编写4个主干工种的知识读本（口袋书），列入集团公司送书下基层计划；组织编写成品油营销等6本专业知识读本，已完成初稿。组织开展培训示范库站创建，创建培训示范库32座、省级示范站64座。通过集团公司远程教育网完成34家销售企业155名作业许可审批人资格考试，积累网络培训工作经验。

组织开展技能鉴定工作，全年鉴定5.38万人，累计完成鉴定12.5万人，鉴定覆盖率达到70%以上。鉴定站数量由28个增加到33个，除海南外各成品油销售地区公司均成立了鉴定站。组织33家销售企业的505名学员参加考评员培训。组织开展外部质量督导，一方面协调大庆鉴定中心继续外派督导；另一方面委托5家2009年通过国家质量管理体系认证的鉴定站派出督导员，执行中心的督导任务。组织第二批13家鉴定站开展体系文件编写工作，6家通过国家质量管理体系认证。

（杨峰亭）

【未上市销售业务管理】 组织完成存续企业财务核算和FMIS7.0系统正常运行和维护；完成并通过2009年集团公司财务资产部财务决算；安排2010年财务决算和决算审计。组织完成存续企业员工安置资金、房改及住房维修资金、银行账户和实物资产清查；组织完成存续企业内退人员1894人的工资调整和发放工作。妥善解决离退休人员生活待遇相关问题，促进离退休队伍稳定。进一步规范存续企业财务管理。

（师　野）

第五篇

天然气与管道

第一篇
总　述
第二篇
油气勘探开发生产
第三篇
炼油与化工
第四篇
成品油销售
第五篇
天然气与管道
第六篇
工程技术、工程建设与装备制造
第七篇
国际业务
第八篇
科技与信息
第九篇
安全环保与质量节能
第十篇
企业管理与监督
第十一篇
党建、思想政治工作与企业文化建设
第十二篇
机构与人物
第十三篇
企事业单位概览
第十四篇
中国石油天然气集团公司大事纪要
第十五篇
统计数据
第十六篇
附　录

综 述

【概述】 2010年，中国石油天然气股份有限公司天然气与管道分公司（以下简称天然气与管道公司），认真贯彻落实中国石油天然气集团公司、中国石油天然气股份有限公司各项工作部署，紧紧抓住战略发展机遇，紧密围绕油气调运、天然气销售、管道建设与完整性管理四大核心业务，不断深化精细管理，完善体制机制，持续推进HSE体系建设，齐心协力，开拓进取，圆满完成全年和“十一五”各项目标与任务，实现天然气与管道业务的历史性跨越，为未来发展打下了基础。

【主要成果】 2010年，天然气与管道业务规模继续快速扩张，管输调控能力显著增长，储运设施建设成果斐然，安全保障水平有效提高，管道本质安全不断提升，管理基础建设持续加强，天然气销售取得历史性突破，经营效益大幅提升。2010年，天然气与管道业务总资产2603亿元，是2005年694亿元的3.8倍；主营业务收入是2005年的4.5倍，年均增长50%以上；账面利润总额186亿元，是2005年22亿元的8.5倍，年均增长149%；完成投资527.7亿元，是2005年115亿元的4.6倍，年均增长72%；投资回报率是2005年的1.7倍。2010年完成天然气销量668.6亿立方米，是2005年298亿立方米的2.3倍，年均增长18%。

【油品调运】 管输能力和安全保供能力显著增强。2010年，全年管输原油7180.1万吨，完成年计划6805万吨的105.5%，同比增加415.6万吨。管输成品油1323.1万吨，完成年计划1250吨的105.8%，同比增加198.9万吨。天然气年管输能力868亿立方米，是2005年460亿立方米的1.9倍；成品油年管输能力2300万吨，是2005年500万吨的4.6倍。在上海世博会、奥运会等重大活动和抗击冰雪、地震等重大灾害中，有效保障了天然气和成品油的供应。

【重点项目建设】 坚持把战略通道建设作为全年管道工程建设的重点，坚定不移地发挥集团公司整体优势，积极推进精细管理，不断完善体制机制，全面放大“三化”成果，进一步加强初步设计工作和工期管理，油气储运项目建设管理水平不断提高。“十一五”期间，中哈原油管道、中亚天然气管道和西气东输二线西段先后建成投产；中俄原油管道按计划投产，漠大线开始输送俄油；中缅油气管道开工建设；大连、江苏LNG项目主体工程完工，唐山LNG项目具备全面开工建设条件。这些油气储运设施的建设和投产标志着西北、东北、西南和海上四大油气战略通道格局基本形成，为集团公司实施资源、市场和国际化战略创造条件，奠定基础。

国内油气骨干管网初步形成。“十一五”期间，相继建成投产陕京二线、淮武线、冀宁线、兰银线、永唐秦、西二线西段及东段中卫—黄陂段、涩复线等天然气管道，连接四大气区和主要消费市场的全国性天然气骨干管网初具规模；相继建成投产西部管道、漠大线、石兰线、惠银线等原油管道，打通东、西部国内外两种资源进入内陆市场的通道，整体形成东北、西北两大原油管网；相继建成投产西部成品油管道、港枣线、克乌成品油复线和兰郑长兰州—阳逻段，逐步形成“两纵四横”的成品油骨干管网架构。

【天然气销售】 坚持以市场为导向，加强季度衔接，落实月度计划，积极开发高端用户和高效用户，认真做好新建管道沿线市场开发工作，通过采取优化管网运行、加强需求侧管理、强化信息沟通等多种措施，较好地履行保供责任。天然气下游利用业务，加快市场开发和重组整合，集中力量抢占重点市场，整体进入哈尔滨、昆明、兰州等省会城市；积极探索与地方合作的有效模式，组建江西省管网公司和临沂市管网公司，创造市场开发典范。业务范围遍布全国28个省市自治区，业务资产总额超过163亿元，累计销售天然气超过50亿立方米，实现了天然气产业链的延伸和二次增值。

【资产完整性管理】 初步建立了专业公司、地区公司上下衔接的管道完整性管理体系。连续三年开展资产完整性管理国际评级，管道和关键设备风险得到有效控制，管道本体和第三方损坏风险得到持续识别、评价和有效控制。连续4年对自然与地质灾害进行全面的识别和评价，并在汛前对高风险点采取治理，制定针对性风险应急预案，较好控制了险情的发生。打孔盗油发案率持续下降，“十一五”期间年均下降20%左右。有效推进管道保护立法工作，2010年6月《中华人民共和国石油天然气管道保护法》正式颁布实施，对管道保护工作提供了法律支撑。应急处置和维检修能力大幅提升，初步形成覆盖全国油气管网的管道维抢修体系。2010 年举办集团公司油气长输管道突发事件应急演练，考验了长输管道维抢修体系的有效性。

（刘克举）

油气储运

【概述】 2010 年，股份公司积极迎接挑战，通过西部油田合理安排产量、调整加工结构，科学组织生产，不断优化原油、成品油和天然气调运方案，油气调运工作效益显著。

在原油方面，坚持“超前安排、优化运行”的原则，加强计划和运行管理，精心组织资源，合理调整流向，积极与铁道部、交通部等部门进行沟通协调。东北地区通过对利用新建储备库合理调节上下游库存，保证重点管段低输量安全运行；成功实施东北管网大庆油和俄油的单独输送，降低能源消耗；开展西部原油管道新疆稠油掺混比例研究，在满足乌鄯线最低安全输送要求的情况下，尽可能调整新疆稠油资源供克拉玛依石化加工，提高稠油使用效益；开展环江原油输送研究以及马惠宁管道、中银管道加剂增输研究，努力提高长庆原油输送量。

在成品油方面，坚持把成品油管道增输、提升效益作为工作重点，实现了安全平稳运行。与销售分公司衔接，努力提高成品油管道输量，缓解成品油铁路装运压力。

在天然气方面，根据资源和市场变化情况，加强天然气产运销衔接，不断优化运行方案，认真编制供气预案，积极应对极端恶劣天气造成的大范围、长时间供气紧张局面，认真安排重点地区、重点时段的油气调运计划和应急预案，保证安全、平稳供应。

（谷海威）

【储运能力】 截至 2010 年底，天然气管道公司管理运营的油气长输管道约 39532.2 千米，同比增加 6337 千米。其中，原油管道约 7101 千米，同比增加 1601 千米；天然气管道约 24970.2 千米，同比增加 4490 千米；成品油管道 7215 千米，同比增加 246 千米；管理运营的原油储罐 160 座，同比新增储罐 6 座，新增库容 60 万立方米。

（黄松源）

【原油配置】 2010 年，中国石油原油销售商品量完成 12132.04 万吨。其中：供中国石油炼厂原油 10168.49 万吨，供中国石化炼厂原油 487.27 万吨，供地方炼厂原油 557.42 万吨，出口原油 52.42 万吨，其他 866.44 万吨。

【原油储运】 2010 年，股份公司自产原油总运量完成 11182.14 万吨。其中：管道运输完成 9289.97 万吨，铁路运输完成 1018.94 万吨，水路运输完成 440.39 万吨，公路运输完成 432.84 万吨。

【成品油储运】 2010 年，兰成渝管道输送成品油 551.39 万吨，港枣线输送成品油 94.45 万吨，西部成品油管道输送成品油 480.81 万吨，兰郑长管道输送成品油 196.74 万吨。

（谷海威）

【天然气储运】 根据资源和市场变化情况，加强天然气产运销衔接，成功组织西二线东段及京 58 储气库试运投产工作，不断优化运行方案，认真编制供气预案，确保上海世博会期间及全年的安全、平稳、有序供气。

主要输气管线运行情况见表 1。

表 1　2010 年主要输气管线运行情况

管线名称	年输气计划（亿立方米）	实际输气量（亿立方米）	比计划增减（亿立方米）
西气东输一线	162.6	206.1	+43.5
西气东输二线	58.0	43.8	−14.2
陕京线	145.1	176.8	+31.7
忠武线	27.0	25.4	−1.6
涩宁兰线	40.0	38.6	−1.4
鄯乌线	4.7	3.6	−1.1

2010年注气19.7亿立方米，比计划欠0.2亿立方米；采气15.0亿立方米，比计划超0.1亿立方米。

（白晓彬）

天然气销售与利用

【概述】 按照集团公司2010年工作会议部署，坚持以市场为导向，以效益为中心，不断加强市场开发和市场研究，积极推进管道项目及配套设施建设，加强需求侧管理，强力拓展高端市场和高效市场，高效开发天然气利用市场，确保天然气市场供应。

【天然气工业产量】 2010年，全国天然气工业产量完成952.04亿立方米（不包括省市地方的零星天然气产量），其中：中国石油725.31亿立方米，中国石化125.0亿立方米，中国海油96.76亿立方米，上海油气总公司4.97亿立方米。全国产量同比增加110.75亿立方米，增长13.2%。其中：中国石油增加42.07亿立方米，同比增长6.2%；中国石化增加41.72亿立方米，同比增加50.1%；中国海油增加27.87亿立方米，同比增加40.5%；上海油气总公司减少0.91亿立方米，同比降低15.5%。中国石油天然气产量占全国的比例为76.2%，同比降低5个百分点。

【天然气产销平衡情况】 2010年，股份公司天然气工业产量725.31亿立方米（含南方勘探1.84亿立方米、山西煤层气1342万立方米），扣除企业生产自用64.43亿立方米（含轻烃回收减量4.06亿立方米）、损耗气量24.86亿立方米等，国内气田形成的天然气商品气量为636.02亿立方米（不含南方勘探销售1.42亿立方米、西二线43.8亿立方米、LNG3.93亿立方米、买断中国石化5.01亿立方米、山西煤层气0.13亿立方米）。

【天然气销售量】 2010年，在国内气田、进口中亚气双资源的情况下，股份公司油气田、周边和长输管道实际销售天然气666.96亿立方米（不含南方勘探销售1.42亿立方米、山西煤层气0.13亿立方米），同比增加72.64亿立方米，增长12.2%。其中：外销量597.28亿立方米，内销量69.68亿立方米（供存续公司25.16亿立方米，供股份公司44.53亿立方米）。

2010年下游市场销售继续保持较快增长，塔里木、西南油气田、长庆和青海等主力气区周边市场，西气东输、忠武线、陕京系统和涩宁兰等重点市场销售区域用气量继续保持快速增长。西南周边同比增长4.5亿立方米，长庆周边同比减少3.8亿立方米，青海周边销售同比持平；陕京系统销售量同比增加26.7亿立方米，达到143.6亿立方米，增长22.9%；西气东输管线销售量同比增加17.1亿立方米，达到157.7亿立方米，增长12.2%；涩宁兰（青海、甘肃）销售量25.2亿立方米，同比增加5.1亿立方米，增长25.4%，长宁线销售（宁夏）14.1亿立方米，同比增加7.2亿立方米，增长104.3%；忠武线销售量同比增加3.4亿立方米，达到25.4亿立方米，增长15.5%。

【天然气销售流向及结构】 2010年，股份公司天然气销售已涉入全国27个省、市、自治区，天然气销售重心仍旧集中在川渝、华东和华北地区。按省市划分，外销量同比无变化，位于前六位的省市分别是四川省、北京市、江苏省、重庆市、新疆维吾尔自治区、内蒙古自治区。同比，长庆周边销售量下降，主要原因一是国家上调天然气出厂基准价，长庆周边大型工业用气受影响；二是长庆增加外供陕京系统用气量。与往年相比，天然气主要销售区域仍集中在大型气田周边及长输管道沿线经济发达省市。

2010年股份公司油气田、周边和长输管道实际销售天然气666.96亿立方米（不含南方勘探销售1.42亿立方米、山西煤层气0.13亿立方米），按照用途分类，结构为：民用387.6亿立方米，比重为58.1%，同比（55.0%）增长3.1%；工业用气中化肥用气65.6亿立方米，占总销量比重为9.8%，同比（12.4%）降低2.6%；化工行业用气量52.7亿立方米，占总销量比重为7.9%，同比（8.7%）降低0.8%；天然气发电用气量为35.6亿立方米，占总销量比重为5.3%，同比（5.8%）降低0.5%；工业燃料用气量为125.6亿立方米，占总销量比重为18.9%，同比（18.1%）增加0.7%（图1、表2）。

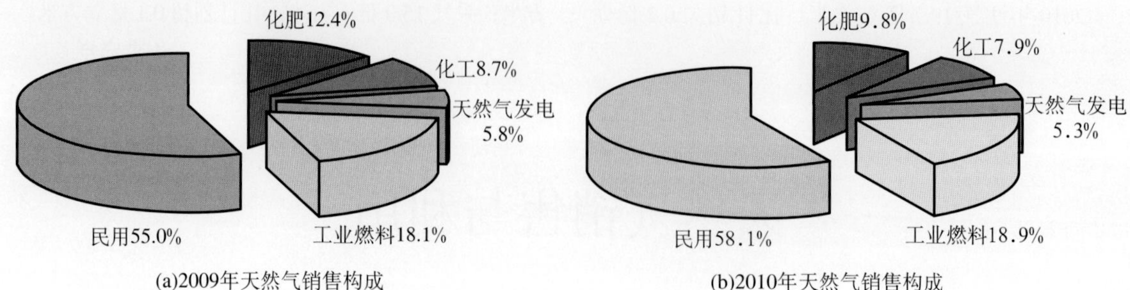

(a)2009年天然气销售构成　(b)2010年天然气销售构成

图 1　2009 年与 2010 年天然气销售构成

表 2　股份公司 2010 年天然气销售量流向表

类　别	工　业					民　用		合　计
	小计	化肥	化工	发电	工业燃料	城市	矿区生活	
股份公司合计（万立方米）	2793884	655507	527079	355816	1255482	3823576	52152	6669612
比例（%）	41.9	9.8	7.9	5.3	18.8	57.3	0.8	100.0
板块小计（万立方米）	2416044	547034	474273	320153	1074584	3663130	27774	6106948
比例（%）	39.6	9.0	7.8	5.2	17.6	60.0	0.4	100.0
非板块小计（万立方米）	377840	108473	52806	35663	180898	160446	24378	562664
比例（%）	67.2	19.3	9.4	6.3	32.2	28.5	4.3	100.0

【天然气销售价格】　截至 2010 年底，股份公司天然气销售综合价为每立方米 1.434 元，同比每立方米（1.234 元）增加 0.2 元；外销均价为每立方米 1.471 元，同比每立方米（1.259 元）增加 0.212 元。主要原因是 2010 年 6 月国家出台天然气价改政策，将天然气出厂价格统一上调每立方米 0.23 元，部分地区和用户根据气价承受能力和冬季保供需要上浮基准价，上浮比例与用户协商确定，上限不超过 10%，同比提高了天然气销售综合价格。

（苏　昀）

【天然气利用】　经过两年多的努力，天然气利用业务市场占有率和市场竞争力得到提高，实现业务快速发展，到 2010 年底，昆仑燃气公司和昆仑天然气利用公司共设立各类分、子公司 234 家，分布全国 28 个省、市、自治区；高中压管道总长度近 6300 千米，各类门站、压缩天然气母子站、储配站等站场超过 160 座，业务资产总额 163 亿元；昆仑燃气公司和昆仑天然气利用公司销售天然气约 30 亿立方米，其中，昆仑燃气公司销售天然气 24.92 亿立方米，同比增长 74%，销售人工煤气 2.58 亿立方米，同比增长 44%，销售液化石油气 433.73 万吨，同比增长 433%；昆仑天然气利用公司销售天然气 5.02 亿立方米，同比增长 214%。

2010 年，天然气利用业务转变市场开发模式。在业务发展规划的指导下，重点围绕在建和已建输气管道沿线区域开展工作，通过对天然气利用业务进行区域划分，明确各地区公司各自的市场开发重点和区域，减少内部无序竞争，促进市场开发工作的顺利开展和项目的正常运行。昆仑燃气公司共签订框架协议 49 份，注册公司 25 个，实现与江苏省、吉林省、湖北省等整体天然气利用业务的合作，实质进入兰州市等重点城市的天然气利用业务；昆仑天然气利用公司共签订框架协议 60 份，已注册和正在注册公司 28 个，实现江西省、广西壮族自治区整体合作，石家庄天然气利用业务的整体进入，并合作成立临沂管道燃气输配公司，潍坊和贵州管网项目也取得进展。

股权投资工作进展顺利，促进业务快速发展。2010年，完成昆仑燃气公司和昆仑天然气利用公司35个股权投资项目审查工作，完成55个股权投资项目批复（含2009年审查20个项目），批复项目注册资本金额约17亿元，极大地促进市场开发和项目落实的效率，保证了业务的快速发展。

推动天然气发电业务发展，拉动天然气销售。昆仑利用公司作为中国石油天然气发电项目的市场开发和股份投资主体，在进行大量调研、论证工作基础上，对华电仪征等13个气电项目进行机会研究，其中华电仪征、苏州蓝天的工程可研已取得批复。

（檀建超）

储运设施建设

【概述】 2010年，中国石油油气储运设施建设按照建管分离、项目群管理的新要求，以提高项目建设管理水平为重点，进一步转变管理理念，加强管理创新，优化设计、严密组织、精心施工，确保质量、安全和工期，严格控制投资，努力建设安全工程、环保工程、精品工程和效益工程。

【项目前期】 2010年，天然气与管道分公司围绕油气长输管道等工程开展前期工作，主要项目前期工作进展如下。

1. 天然气业务

2月，股份公司批复甘肃西南地区供气工程、辽阳供气管道可研，专业公司批复鞍山供气管道可研。5月，股份公司批复锦州石化供气支线、忠武线反输工程可研，专业公司批复秦沈线山海关分输站工程可研。8月，股份公司批复中卫—贵阳联络线管道可研。10月，股份公司批复山东天然气管网淄博支线工程（调整版）可研。11月，股份公司批复甘南供气管道可研。

2. 原油业务

7月，股份公司批复庆铁线安全改造工程（垂杨—铁岭段）可研。9月，股份公司批复长庆油田—呼和浩特石化原油管道可研。10月，股份公司批复东部原油管网俄油引进配套铁抚线扩能改造工程（前甸生产区至石油二厂）可研。11月，股份公司批复大庆—锦西原油管道工程（大庆—新庙段）可研。12月，股份公司批复王家沟—乌石化原油管道、兰州—成都原油管道工程（调整版）可研。

3. 成品油业务

4月，股份公司批复兰成渝增输工程（700万吨/年）可研。6月，股份公司批复乌石化—王家沟成品油管道复线、吉林—长春成品油管道可研。10月，股份公司批复锦州—郑州成品油管道工程（调整版）可研。12月，股份公司批复宁夏石化成品油外输管道可研。

4. 其他

7月，股份公司批复韩渭西煤层气管道可研。

（王　亮）

【天然气管道工程】

1. 西气东输二线管道工程（续建）

西气东输二线管道西起新疆霍尔果斯，东至上海、浙江，南至广东、广西，途经14个省、自治区、直辖市，线路总长约8600千米（含支线），设计输量300亿立方米/年。西气东输二线管道系统包括1条干线、10条支线、2条联络线，干线以中卫为界分为西、东两段，其中西段干线全长2746千米，东段干线全长2477千米。

西二线西段干线2008年2月22日开工，2009年12月15日进气投产。截至2010年底，进行各压气站的建设工作。

西二线东段干线2009年2月7日开工，截至2010年底，干线中卫—黄陂段1462千米已建成投产，黄陂—广州段1015千米已焊接987千米。其他支干线截至2010年底进展情况如下：

十堰支干线：长度239千米，（其中枣阳—襄樊段116千米先投产），管径508毫米，输量12亿立方米/年，线路焊接剩余76千米。7座阀室进场5座。

湘潭支干线：长度262千米，管径660毫米，输量40亿立方米/年。线路焊接剩余53千米，10座阀室均计划1月上旬陆续进场；6座场站全部进场进行土建施工。

深圳支干线：长度261千米，管径1016毫米，输量150亿立方米/年。线路焊接剩余110千米。阀室、场站未开工。

上海支干线：长度823千米，管径1016毫米，输量100亿立方米/年。线路焊接剩余395千米；10座站场开工1座，阀室未开工。

泰安支干线：长度526千米，管径1016毫米，输量100亿立方米/年。正做前期准备工作，核准、可研、初设已批复，EPC招标已完成。

南宁支干线：长度632千米，管径1016毫米，输量100亿立方米/年。正做前期准备工作，核准、可研、初设已批复，EPC招标已完成。

2. 秦皇岛—沈阳输气管道工程（续建）

包括秦皇岛—沈阳干线和葫芦岛、盘锦、沈阳3条支线。管道总长度为478千米，其中干线长度421千米、支线长度57千米，干线管径1016毫米，设计压力10兆帕，设计输量90亿立方米/年，共设站场8座，阀室20座。

该工程于2009年5月28日开工，截至2010年底，累计焊接460.8千米，完成累计计划的99.6%，为总量的96.4%。累计回填439千米，为总量的91.8%。5座干线站场全部进行工艺安装。19座干线阀室全部开工，18座完成工艺安装。盘锦支线施工完成；葫芦岛支线焊接剩余0.8千米，末站进行工艺安装完成，进行土建、电信仪收尾。

3. 山东天然气管网工程（续建）

山东天然气管网包括泰安—青岛—威海干线和淄博、莱钢、招远、寿光、乳山、日照6条供气支线。干线长度584千米，其中泰安—青岛干线长度355千米，青岛—威海干线长度229千米。管径1016毫米，设计压力10兆帕，设计输量86亿立方米/年。

该工程于2009年9月28日开工，截至2010年底，干线泰青段累计焊接329千米，完成累计计划的93.4%，为总量的92.7%；累计回填300千米，为总量的84.5%。7座干线站场全部进行工艺安装。干线青威段累计焊接54千米，为总量的23.6%；累计回填43千米。

4. 江都—如东天然气管道工程（续建）

该管道为江苏LNG接收站的外输管道，管径1016毫米，设计压力10兆帕，设计输量135亿立方米/年。线路全长279.4千米，其中：一期江都—南通段长162.1千米，二期南通—如东段长56千米，三期泰兴—芙蓉段长54.5千米。全线共设站场13座，阀室8座。

工程于2009年5月17日开工，2010年6月29日，一期工程江都—南通段建成。2010年底，二期（南通—如东段56千米）线路焊接、试压、干燥全部完成，如东站进行工艺安装。

5. 辽河天然气利用工程（续建）

辽河天然气利用工程包括供气和配气两部分管网。

供气管网起自秦皇岛—沈阳天然气管道盘锦末站，至各采油厂的输气管线和各采油厂调压站，线路全长145.4千米，管径分别为610毫米、559毫米、406.4毫米、355.6毫米、323.9毫米、273.1毫米、219.1毫米，供气管网分为东线管网和西线管网。东线管网设计输量10.15亿立方米/年，设计压力4兆帕；西线管网设计输量25.52亿立方米/年，设计压力2.6兆帕，其中冷—联至辽河石化管道设计压力1.7兆帕，管网共设站场8座，阀室9座。

配气管网全长253.32千米，管径分别为559毫米、508毫米、457毫米、406毫米、355毫米、323毫米、273毫米、219毫米、168毫米、140毫米、114毫米。

工程2009年11月10日开工，截至2010年底，供气工程、配气管网线路、站场全部完成。

6. 涩宁兰输气管道复线工程（续建完工）

管道起自青海涩北，终于甘肃兰州，线路走向基本与涩宁兰老线平行，管道管径660毫米，压力6.3兆帕，设计输量933万立方米/日，全长916千米。

涩复线管道工程2008年9月29日开工，2009年11月25日西段涩北—西宁段建成，2010年9月19日东段西宁—兰州段建成投产。

7. 长长吉输气管道工程（续建完工）

管道起自吉林油田长岭首站、途经长春和吉林市、终于吉林化工集团厂区内吉化末站，长岭—长春段管径711毫米、长春—吉林段管径610毫米，压力6.3兆帕，设计输量23亿立方米/年，管道全长221千米。

2010年10月16日全线建成投产。

8. 纳溪—安边输气管道工程（续建完工）

该管道工程包括1条干线和7条支线，其中干线起自四川省泸州市，终于云南省昭通市，管道全长145.22千米，其中干线长107千米，支线长38.22千米，管径559毫米，压力4兆帕，设计输量14亿立方/年。

工程2008年9月18日开工，2010年10月16日建成投产。

9. 威青线三四类地区改造工程（续建完工）

主要对威青线锦江—煎茶段和煎茶—越溪段进

行整体改造，其中新建管道干线134.7千米，恢复供气支线56千米，废弃管道119.2千米。管道管径720毫米，压力4兆帕，设计输量730万立方米/日。

工程2008年12月19日开工，2010年11月1日建成投产。

10. 中青线改造工程（续建完工）

管道包括1干3支，干线全长114.2千米、支线总长25.2千米，干线起自川西北气矿中坝总配气站，终于德阳市德中站。管道管径508毫米，压力4兆帕，设计输量203万立方米/日。

工程2008年2月25日开工，2010年2月23日建成投产。

11. 陕京三线输气管道工程（续建完工）

管道起于陕西榆林市，终于北京昌平区西沙屯，干线榆林—永清段820千米、永清—良乡段86千米。管径1016毫米，设计压力10兆帕，设计输量150亿立方米，管道用钢采用X70钢级钢管。全线设工艺站场9座，阀室42座。

工程2009年5月15日开工，截至2010年底，榆林—安平—永清段建成投产，永清—良乡段已建成待投产。

12. 角直—宝钢供气管道工程（续建完工）

西气东输管道向宝山钢铁公司专用输气管道，管径为610毫米，压力4兆帕，全长73千米，包括新建管道（51千米）和收购管道（22千米）两部分，设计输量20亿立方米/年。

工程2009年10月15日开工，截至2010年底，全线建成待投产。

13. 南干线东段安全隐患改造工程（续建完工）

此工程是为消除南干线东段管道的安全隐患，构建川渝地区骨干管网而建设，工程新建重庆外环输气管道，并对南干线东段输气管网进行改造。

管道起自重庆市长寿区渡舟新站，终于江津区夹滩站，全长166千米，管径813毫米，设计压力6.3兆帕，设计输量1200万立方米/日，最大输气能力1300万立方米/日。全线共设置线路截断阀室9座，其中RTU阀室2座。

工程2009年1月20日开工，2010年12月26日建成投产。

14. 甘肃西南地区供气管道工程（新建完工）

甘肃省西南地区供气管道起自涩宁兰输气管道刘化支线刘化站围墙外2米，途经甘肃省临夏州永靖县、东乡县，终于临夏市临夏站围墙外2米。管道全长63.6千米，设计压力6.3兆帕，管径219.1毫米，设计输量32万立方米/日，采用B级高频直缝电阻焊钢管。全线共设置普通线路截断阀室3座。

工程2010年2月26日开工，截至2010年底，全线建成完工待投产。

15. 河西五市供气支线工程（新建）

河西五市供气支线总长度为106.03千米，包括：

嘉峪关支线：起自西气东输二线嘉峪关分输压气站，终于嘉峪关城市门站围墙外2米，为甘肃省嘉峪关市供气。管道全长15.14千米，设计压力6.3兆帕，管168.3毫米，设计输量2.4亿立方米/年，采用B级无缝钢管。

酒泉支线：起自西气东输二线嘉峪关分输压气站，终于酒泉城市门站围墙外2米，向甘肃省酒泉市供气。管道全长11千米，设计压力6.3兆帕，管径168.3毫米，设计输量1.28亿立方米/年，采用B级无缝钢管。

张掖支线：起自西气东输二线张掖分输压气站，终于张掖城市门站围墙外2米，向甘肃省张掖市供气。管道全长22.93千米，设计压力6.3兆帕，管径168.3毫米，设计输量1.75亿立方米/年，采用B级无缝钢管。

武威支线：起自西气东输二线武威分输站，终于武威城市门站围墙外2米，为甘肃省武威市供气。管道全长9.12千米，设计压力6.3兆帕，管径168.3毫米，设计输量1.47亿立方米/年，采用B级无缝钢管。

金昌支线：起自西气东输二线霍尔果斯—中卫段干线61号阀室，终于金昌末站，为甘肃省金昌市供气。管道全长47.84千米，设计压力12兆帕，管径168.3毫米，设计输量3.68亿立方米/年，采用X52无缝钢管。

截至2010年底，嘉峪关支线：线路试压完成，剩余嘉峪关站动火连头；酒泉支线：线路焊接剩余0.3千米，嘉峪关分输站供气部分进行工艺和电信仪安装；张掖支线：线路焊接剩余0.6千米；武威支线：线路焊接剩余0.3千米，武威分输站供气部分进行工艺和电信仪安装；金昌支线：线路试压完成，永昌分输清管站、河西堡阀室和金昌末站进行工艺和电信仪安装。

16. 川渝管网北外环一期工程（新建）

川渝地区天然气管网调整改造工程北外环集输气管道一期工程（南部—龙岗）是为满足川东北气田和龙岗气田天然气外输及川渝地区用户用气增长的需

求，构建川渝地区骨干管网而建设的。

工程新建龙岗站—南部段干线、龙岗净化厂—龙岗站联络线和宣汉净化厂—渡口河首站—南坝联络线三段管道，管道全长94.5千米。其中：龙岗站—南部段干线起自南充市仪陇县龙岗站，终于南部县永定阀室，管道全长91千米，设计压力8兆帕，管径813毫米，设计输量1200万立方米/日；龙岗净化厂—龙岗站联络线起自已建的龙岗净化厂外输首站，终于龙岗站，管道全长1.3千米，设计压力7.5兆帕，管径813毫米，设计输量1200万立方米/日；宣汉净化厂—渡口河首站—南坝联络线起自已建的宣汉净化厂，终于南坝站外2千米处。管道全长5.7千米，设计压力7兆帕，管径813毫米，设计输量1200万立方米/日。三段管道均使用L485螺旋缝埋弧焊钢管和直缝埋弧焊钢管，采用三层PE防腐层外加强制电流阴极保护的联合保护方式。

截至2010年底，累计焊接88千米，干线阀室共4座已全部开工。

17. 川渝管网北外环二期工程（新建）

川渝地区天然气管网调整改造工程北外环集输气管道二期工程（南部—德阳）管道起自南充市南部县永定阀室，途经绵阳市、德阳市，终于德阳市连山镇连山末站。采用L485螺旋缝埋弧焊钢管和直缝埋弧焊钢管，全长218千米。其中，永定阀室—南部站段管道长25.5千米，设计压力8兆帕，设计输量1200万立方米/日，管径813毫米。该段管道共设置1座普通线路截断阀室；南部站—连山末站段管道长192.5千米，设计压力8兆帕，设计输量1800万立方米/日，管径914毫米。该段管道共设置8座线路截断阀室，其中监控阀室2座，其余均为普通阀室。

截至2010年底，累计焊接54千米。

18. 大连—沈阳天然气管道一期工程（新建）

包括大连新港—松岚—营口—沈阳干线和大连支线、抚顺支线、洗化厂支线、石化二厂支线和石化三厂支线。干线长度431千米，管径711毫米，设计压力10兆帕，能力84亿立方米/年。其中营口—沈阳段干线起自营口市大石桥境内营口分输清管站，终于秦皇岛—沈阳天然气管道沈阳分输清管站，管道全长171.13千米，采用L485螺旋缝埋弧焊钢管，该段管道设3座监控阀室、2座监视阀室；新港—松岚段干线起自大连市保税区大连液化天然气接收站内新港首站，终于大连市经济技术开发区松岚分输清管站。管道全长26.17千米，采用L485直缝埋弧焊钢管。该段管道设2座监控阀室、1座监视阀室；营口—松岚段为二期工程。

抚顺支线起自灯塔市境内沈抚分输站，终于抚顺市抚顺县境内抚顺末站。管道全长96.69千米，设计压力6.3兆帕，管径457毫米，设计输量8.55亿立方米/年，采用L360直缝高频电阻焊钢管。该段管道设2座监控阀室、3座监视阀室。

大连支线起自松岚分输清管站，终于大连市甘井子区大连末站。管道全长22.81千米，设计压力6.3兆帕，管径610毫米，设计任务输量16亿立方米/年，采用L450直缝埋弧焊钢管。该段管道设1座监控阀室、2座监视阀室。

截至2010年底，新松段焊接完成11千米；营沈段焊接完成83千米。

19. 忠武线反输天然气工程

忠武线反输天然气工程是为接收西气东输二线来气，满足忠武线下游用户的用气需求，并实现向川渝地区调气的功能而建设的，设计输气能力为70亿立方米/年。

该工程新建1座站场，并对忠武线已建23座站场进行改造。

截至2010年底，项目完成整体综合进度83.54%，站场共24座，已土建开工22座，工艺安装完成16座，电气完成17座，仪表完成4座。

【原油管道工程】

1. 漠河—大庆原油管道工程（续建完工）

该管道外接俄罗斯的长输原油管道，在中国境内起于漠河首站，终于大庆末站，长度923千米，管径813毫米，设计压力8兆帕，设计输量1500万吨/年，全线设工艺站场5座，阀室34座。

工程2009年5月18日开工，2010年10月12日11时50分开始进水，10月21日5时油头进入大庆末站，全线建成投产。

2. 石空—兰州原油管道工程（续建完工）

管道起自长庆油田石空首站，末站为兰州，全长330千米，管径457毫米，设计压力8兆帕，设计输量500万吨/年，全线共有站场6座，阀室9座。

工程2009年9月25日开工，2010年10月12日建成投产。

3. 惠安堡—银川原油管道工程（续建完工）

管道起自长庆油田惠安堡首站，末站为银川，长度132千米，管径457毫米，设计压力6.3兆帕，设计输量500万吨/年。

工程2009年9月25日开工，2010年10月13日建成投产。

4. 庆铁线扩能安全改造工程新庙—垂杨段（续建完工）

新建新庙—垂杨原油管道，以及对已建站场进行配套改造。

新建的新庙—垂杨原油管道起于庆铁线新庙输油站，终于庆铁线垂杨输油站，管道线路全长 216 千米，设计输量 2700 万吨 / 年，管径 813 毫米，设计压力 6.3 兆帕，管线采用 L450 钢级螺旋缝埋弧焊钢管。该段管道采用加热密闭工艺输送大庆原油，常温密闭工艺输送俄罗斯原油。全线共设置工艺站场 4 座，线路截断阀室 5 座。

工程 2009 年开工，2010 年 12 月 7 日建成投产。

5. 铁秦线葫芦岛占压改线工程（续建完工）

该工程原属于东部原油安全改造项目，由于原铁秦线所经过地区房屋占压情况较为严重，经与地方政府协商，重新规划线路走向，管道改线长 25.18 千米。

工程 2009 年 10 月 22 日开工，2010 年底完工。

6. 日照—东明原油管道工程（续建）

管道起于日照首站，终于菏泽市东明末站，长度 462 千米，管径 711 毫米、610 毫米，设计压力 8 兆帕，设计输量为 1000 万吨 / 年。

工程 2009 年 11 月 28 日开工，截至 2010 年底，累计焊接 384 千米，回填 253 千米；4 座站场全部开工，进行工艺安装。

7. 庆铁线扩能安全改造工程垂杨—铁岭段（新建）

主要包括：新建庆铁三线垂杨—铁岭段原油管道，庆铁新老线局部改线段以及对已建站场进行配套改造。

庆铁三线垂杨—铁岭段原油管道起自垂杨输油站，终于铁岭输油站；庆铁新老线局部改线段起自四平市仙马泉村，终于四平市四家子村。新建管道线路全长 241.5 千米，设计输量 2200 万吨 / 年，管径 813 毫米，设计压力 6.3 兆帕，管线采用 L450 钢级螺旋缝埋弧焊钢管。该段管道采用加热密闭工艺输送庆吉原油。全线共设置线路截断阀室 11 座，其中 3 座为监控阀室。

庆铁新线改线段全长 22.6 千米，庆铁老线改线段全长 20.2 千米。管径 711 毫米，设计压力 4.5 兆帕，管线采用 L360 钢级螺旋缝埋弧焊钢管。

工程 2010 年 11 月 16 日开工建设，截至 2010 年底，焊接 0.3 千米。

8. 铁抚线扩能改造工程（新建）

东部原油管网俄油引进配套铁抚线扩能改造工程新建抚顺输油站—前甸分输站管道，全长 17.355 千米，管径 508 毫米，设计压力 4.0 兆帕，设计输量 1002 万吨 / 年，同时对铁岭输油站、柴家堡加热站、抚顺输油站、前甸分输站 4 座站场进行扩能改造。

截至 2010 年底，线路累计焊接长度 6.62 千米，4 座站场 3 座开工建设。

【成品油管道工程】

1. 兰郑长成品油管道工程（续建）

包括兰州—郑州—长沙管道干线、长庆输入支线、庆阳输入支线、安阳分输支干线和 14 条分输支线，设计输量 1500 万吨 / 年，设计压力 8 兆帕。途经甘肃、陕西、河南、湖北、河南等省，总长度达 3022 千米，其中：干线长 2070 千米（兰郑段 1188 千米、郑长段 882 千米）、支线长 952 千米。全线共设工艺站场 16 座，阀室 82 座。

工程 2007 年 8 月 18 日开工，2009 年 4 月 17 日兰郑段建成投产，2009 年 8 月 10 日郑长段建成投产。

截至 2010 年底，已建成的支线有：定西支线（ϕ219 毫米，13 千米）、宝鸡支线（ϕ219 毫米，19 千米）、长庆支线（ϕ355/406 毫米，22 千米）、渭南支线（ϕ273 毫米，18 千米）、郑州支线（ϕ406 毫米，20 千米）、许昌支线（ϕ219 毫米，6 千米）、周口支线（ϕ273 毫米，46 千米）、西平支线（ϕ219 毫米，10 千米）、潢川支线（ϕ273 毫米，83 千米）、阳逻支线（ϕ508 毫米，9 千米）。尚在建设的支线有：庆阳支线（ϕ406 毫米，215 千米）、应城支线（ϕ273 毫米，54 千米）、岳阳支线（ϕ273 毫米，9.6 千米）、湘潭支线（ϕ273 毫米，83 千米）、长沙支线（ϕ406 毫米，40 千米）。

2. 兰成渝成品油管道增输工程（新建）

兰成渝成品油管道增输工程采用现有站场扩建与加减阻剂相结合的工艺方案。兰州首站增加原型号给油泵和输油泵各 1 台，改造后泵机组配置为 3 用 1 备，并联运行；江油清管站改造为江油泵站，新增输油泵 3 台，2 用 1 备，串联运行，增加加剂设施；临洮分输泵站注入减阻剂。工程完工后，输油能力将达到 700 万吨 / 年。

截至 2010 年底，完成整体综合进度 41.5%，进口压缩机组（苏尔寿泵 5 台）计划 2011 年初到达施工现场。

【原油储备库工程】

1. 兰州原油商储库（续建完工）

兰州商业储备库将新建 18 座 10 万立方米储罐，工程 2008 年 4 月 15 日开工，2009 年底完成 9 座储罐的建设并具备投产条件。

截至2010年底，另9座储罐完成整体综合进度78%，其中施工完成综合进度67.5%。

2. 林源原油储备库（续建完工）

新建6座10万立方米储罐及配套设施，总库容达60万立方米。工程2009年4月16日开工，2010年9月15日建成投产。

【储气库工程】

1. 大港地下储气库群注气能力扩建工程（续建）

满足大港地区地下储气库群工作库容增长对注气能力增加的要求，增强储气库保安和调峰能力，对大港地区大张坨、板中北和板中南地下储气库注气能力进行扩建。扩建注气规模为450万立方米/日，新建5台单机排量为90万立方米/日、出口压力为30兆帕的注气压缩机组，采用燃气发动机驱动往复式压缩机组。本工程分两期实施。一期工程新建3台注气压缩机组，新建两路燃料气调压系统。大港分输站新建两路调压阀组。二期工程新建2台注气压缩机组，利用已建过滤分离和燃料气等辅助系统。

截至2010年底，总施工进度完成68.31%。进口压缩机机组计划2011年初到货。

2. 陕京输配气系统板中储气库加快达容二期工程（续建）

为了使陕京输配气系统板中北地下储气库加快达到设计库容，板中储气库加快达容二期工程将新钻3口注采井并建设配套设施。新钻3口注采井均为定向井，单井设计采气规模50万立方米/日，注气规模40万立方米/日，排液规模40立方米/日。

截至2010年底，总施工进度完成70%。

3. 金坛地下储气库工程（续建）

西气东输金坛地下储气库工程主要包括：改造6口老腔，新建57口溶腔、镇江分输站至金坛地下储气库的输气干线、2座注采气站、集输系统等。金坛地下储气库总库容26.38亿立方米，有效工作气量17.14亿立方米，注气规模900万立方米/日，采气规模1500万立方米/日。其中，金坛地下储气库一期工程主要内容包括：输气干线、东西注采气站、地面配套公用工程设施的建设，6口老腔改造和15口新腔的钻井溶腔以及地面配套部分的建设，一期工程完工后，库容量为7.98亿立方米，有效工作气量为5.08亿立方米。

截至2010年底，累计完成总施工进度的71.01%。

4. 金坛储气库新增9口造腔井钻井工程

金坛地下储气库工程新增9口溶腔位于江苏省常州市金坛盐矿内，9口溶腔单腔体积320000立方米，有效腔体体积250000立方米。9口溶腔单腔最大工作气量2870万立方米，垫底气量1511万立方米，正常采气条件下的工作气量2550万立方米，运行压力7—17兆帕。

截至2010年底，造腔井钻井工程累计完成综合进度61.75%，地面配套工程累计完成综合进度46.0%。

5. 刘庄地下储气库工程

刘庄储气库工程是利用废弃油气藏改建而成，包括新钻注采井10口，老井封堵17口，并建配套的集注站工程、淮安分输站至刘庄储气库集输管道工程（长46.95千米）和淮安分输站扩建工程。

截至2010年底，完成整体综合进度84.73%。压缩机组2011年5月到货。

【液化天然气接收站工程】

1. 江苏LNG项目

江苏LNG项目一期工程设计规模350万吨/年，主要包括人工岛、码头、接收站（3座16万立方米LNG储罐）及配套外输管道，配套外输管道即江都—如东天然气管道。

截至2010年底，完成项目综合进度88.1%。码头和栈桥主体工程6月底按期完工；外输管道工程8月8日跨海管线桥安装顺利贯通合龙；接收站工程完成88.1%，进行T-1201、T-1202罐外罐穹顶、附属工程、罐内仪表施工，T-1203承台施工。

2. 大连LNG项目

大连LNG项目一期工程设计规模300万吨/年，主要包括码头、接收站（3座16万立方米LNG储罐）及配套外输管道。外输管道即大沈天然气管道，包括大连—沈阳干线以及抚顺、大连2条支线，干线管道长度423千米，管径711毫米，设计压力10兆帕，设计输量84亿立方米/年。

截至2010年底，完成项目综合进度88.6%。码头工程完成；接收站工程完成89.1%，进行T-1201、T-1202、T-1203外罐穹顶、附属工程、内罐罐板和保温层施工；装置区进行土建施工，管道设备安装。

3. 唐山LNG项目

唐山LNG项目一期工程设计规模350万吨/年，主要包括码头、接收站（3座16万立方米LNG储罐）及配套外输管道，管道全长156.5千米，包括1条干线和1条支线，即曹妃甸接收站到唐山清管分输站输气干线和宁河支线，干线全长128.5千米，设计输量为90亿立方米/年，管径1016毫米，设计压力10兆帕，宁河支线全长28千米，设计输量为35亿立方米/年，管径610毫米，设计压力6.3兆帕。

截至2010年底，试桩施工和试验桩检测100%完成。接收站地基处理工程和地基处理检测100%完成。LNG储罐桩基工程施工准备完成，进行工程桩的试打，临建进行尾项施工。

4. 深圳LNG项目

一期工程设计规模300万吨/年，主要包括码头、接收站（2座16万立方米LNG储罐）及外输管道等内容。外输管道起于深圳大铲岛，终于香港龙虎滩，长20千米（含香港段5千米），管径813毫米，设计压力6.3兆帕，设计输气能力60亿立方米/年。

截至2010年底，现场继续进行劈山造地等控制性工程施工。

（黄松源）

储运设施管理

【概述】 2010年，天然气与管道公司按照集团公司工作安排，从精细化管理着眼，持续推进管道完整性，强化安全隐患治理和管道保护工作，不断加强管道维抢修体系建设，有效提高管道本质安全。

【完整性管理体系建设】 按照2009年完整性管理外审结果组织地区公司进行系统整改，完成天然气与管道分公司资产完整性管理体系文件的升版。编制下发《管道完整性管理覆盖率考核办法（试行）》，各地区公司按照要求完成完整性管理方案154个，完整性管理覆盖率达到100%。组织地区公司开展在役油气管道高后果区识别（复核）和风险评估工作，主要管道地区公司高后果区识别率合计达到88%，风险评估覆盖率合计达到90%。组织编制“十二五”完整性分析项目规划和管道线路、站场高风险点（部位）汇总表。大力推动管道实物资产管理信息化建设，覆盖管道管理全业务流程的管道完整性管理平台建设项目立项并顺利实施。

【维抢修体系建设】《管道及储运设施维抢修体系规划》（2008年版）发布以来，天然气与管道分公司以目标明确、责任清晰、资源共享、处置迅速为指导思想，以区域化抢修保驾为原则，合理设置抢维修力量，加强维抢修机构日常管理及员工培训，不断提升维抢修人员理论及实际操作水平，截至2010年底已建及在建16个维抢修中心、35个维抢修队、20个维修队和1个管道封堵中心，初步形成覆盖全国油气管网的管道维抢修体系。为进一步检验管道维抢修体系的适用性，验证《油气长输管道突发事件专项应急预案》的科学性及合理性，2010年9月16—17日，集团公司在乌鲁木齐成功举办管道突发事件应急预案演练。演练涉及集团公司总部、管道储运企业、抢险现场等多个管理层面，参演单位达32家，维抢修机构8家、现场参演作业人员300余人。本次演练充分实现提高集团公司与地方人民政府联合处置突发事件能力，达到检验长输油气管道应急响应和区域化保驾联合处置能力的预期目的。

【管道保护管理】 为进一步明确油气长输管道保护管理要求，落实管道保护责任，有效控制管道全生命周期内由于第三方损坏和自然与地质灾害造成的管道失效风险，根据国家有关法规和集团公司管理要求，组织编制《天然气与管道业务管道保护管理办法（试行）》，用于指导在管道设计、施工、运营及封存等各阶段的管道保护管理工作。该办法规范全寿命周期管道保护工作，落实管道保护责任，有效控制管道全生命周期内由于第三方损坏和自然与地质灾害造成的管道失效风险。2010年6月25日，《中华人民共和国石油天然气管道保护法》正式颁布后，立即组织开展法律宣贯工作，制定以“合法建设、守法运行、依法保护”为活动主题的宣传贯彻管道保护法工作方案，通过全面梳理管道保护制度，强化管道保护法宣传和落实，全面提升管道保护管理水平。第41届上海世界博览会召开期间，以确保上海、北京等核心城市油气供应稳定，新疆涉恐重点地区油气生产安全运行作为工作重点，组织制定并下发《2010年上海世界博览会期间油气储运设施安全管理与防恐保卫工作方案》及《维抢修机构应急保障工作方案》，积极开展上海世博会期间防恐保卫工作，确保管道安全平稳运行，为上海世博会顺利召开作出了贡献。

【设备管理】 截至2010年底，股份公司共有在用压缩机组114套，总装机功率2324193千瓦。全年采取有效措施减少意外停机次数，提高压缩机的维检修能力，当年压缩机组累计发生停机228次，同比（251次）减少9%，MTBF（平均无故障运行时间）达到2083小时，同比（1587小时）上升了31%。

（常景龙）

基础管理工作

【概述】 2010年，天然气与管道公司围绕提高效益和安全运行这个中心，从强化基础管理着眼，转变管理方法，持续推进管理体系建设，切实加强安全环保、预算管理、科技信息、成本控制、员工培训等工作，前面提升业务管理能力。

【管理体系和规章制度建设】 按照“强化基础管理，提升管理能力”的总要求，以HSE管理体系建设为主线，结合管道业务快速发展的新形势和业务管理职能的不断优化调整，强化有感领导、直线责任、属地管理理念，规范专业公司与地区公司体系编码，发布《天然气与管道分公司健康、安全与环境管理体系》（2010版）。

（1）持续推进专业公司体系升版工作。在2008年专业公司HSE管理体系的基础上，健全HSE管理职责和规范管理流程，完成新版升级。专业公司《管理手册》2010年1月1日发布实施，完善公司领导和各处室安全环保职责内容。专业公司新版HSE管理体系2010年8月1日发布实施，升版后的程序文件共72个、作业文件共25个，比2008版体系文件分别增加程序文件12个，作业文件14个，基本形成了覆盖生产经营管理各方面的HSE综合管理体系。

（2）持续推进体系对接工作。按照“三统一”的原则和自上而下建立体系的要求，组织地区公司建立健全质量管理体系和HSE管理体系，实现专业公司与地区公司体系之间的有效对接。

（3）结合发布实施的《中华人民共和国石油天然气管道保护法》，完成专业公司规章制度梳理工作，全年共发布实施了7项专业公司规章制度。

（郑贤斌）

【预算成本管理】 2010年，专业公司预算管理工作以“构建成本分析数据库、逐步稳妥展开对标管理研究”为主线，不断推进成本费用精细化管理，持续提升预算管理水平。

（1）着手进行了成本分析数据库的构建工作，确定19张基础数据收集表、两类46个指标体系、68个通用参数，同时依照数据表、指标体系、通用参数对专业公司所辖长输管道2007—2009年相关生产、能耗、成本等经营性数据进行收集，形成较为完整的数据库基础资料；

（2）在构建成本分析数据库的基础上展开专业公司内部长输管道成本对标分析，分业务、分管线从利润、周转量、现金成本、能耗、维修费、薪酬成本、销售及管理费、五项费用等几个方面进行内部对比分析，在企业内部寻找差距、树立标杆、追赶先进；

（3）强化分线预算执行情况分析，在专业公司进行长输管线内部对标工作的基础上，引导各地区公司开展原油、成品油、天然气管线内部分线对标工作。截至2010年，管道分公司、北京天然气管道有限公司、西部管道分公司、西气东输管道分公司都进行了不同程度的内部长输管线或二级单位之间的对标工作；

（4）与专业公司管道完整性管理工作相结合，精细修理费控制，充分发挥管道完整性管理在维修、维护决策中的作用，从源头上提高修理费的使用效率。在编制2011年预算时，将修理费预算指标按照完整性管理要求，分解成9大类25小类项目编制下达。

（何小斌）

【价格与税收管理】（1）积极推升天然气价格，开展天然气价格改革研究，为股份公司创造效益。2010年进口中亚气通过陕京系统、西气东输系统、忠武线系统向国内用户供气，极大地缓解国内天然气供需矛盾。但进口气与国内气购销价格差较大，为解决该问题，国家决定于6月1日起对国产气销售出厂价格普调每立方米0.23元，并可上浮10%。专业公司组织大量人力物力，确定实施方案，积极推升价格到位，全年共推价天然气量329亿立方米，推价收入83亿元，成果显著。推升天然气价格的同时，针对进口高价气对国内销售产生的影响，配合财务部积极开展天然气价格改革研究工作。同时对西气东输转供忠武线、兰银线，青海气转供兰银线、陕京线，陕京系统（多气源管网运行）定价，西气东输二线以及转供忠武线，忠武线反输川渝，永唐秦管线、兰郑长管线等管线定价、结算进行研究。

（2）积极开展油气田周边管输价格推升工作。针对油气田周边输气管道运输价格偏低、多年未作调整而导致执行国家统一运价率的天然气管道运输业务严重亏损的问题，专业公司持续研究、上报，经过不懈努力，国家发改委于2010年4月下发通知，对执行“老线老价”的油气田周边管输价格进行调整，股份公司获得经济利益约12亿元/年。

（3）进行税收筹划，争取税收返还，减少企业亏损。为减少进口天然气销售亏损，配合财务资产部开展进口天然气增值税返还政策研究。多次进行中亚天然气进口增值税返还测算，提供进口中亚气购销价格情况、损益情况，提出进口返还按较低的塔气基准价作为销售价格的建议，为进口增值税返还提供销售价格参数。2010年增加税收返还5亿元，2011年进口中亚气170亿立方米测算，将为公司增加23亿元税收返还。

（4）争取管道企业联运税收政策，减少税赋支出。西气东输二线投产后，中亚气进入现行长输管道进行销售，由于现行结算价格及模式限制，下游管道公司需与上游管道公司结算管输费。为避免营业税多重征缴，专业公司积极协调地区公司与税务部门沟通，争取管输联运企业收入抵税政策。2010年西二线西段就减少约4200万元营业税支出。秦沈线投产后，也采用联运模式向用户收取管输费。该政策的争取，减少了内部结算环节，为公司节约大量税赋支出，同时也为下一步天然气管道区域化管理后管输费结算提供经济可行方案。

（5）进行管输企业营业税改增值税政策研究。根据财政部意向，开展管输业务营业税改增值税研究，对天然气管道、原油管道、成品油在役管线、在建管线营业税改增值税进行测算分析，提出营业税改增值税后管输企业适用的增值税率及产生影响，为公司争取有利的税收政策提供了充足依据。

（王 丹）

【核算与结算管理】 加强对结算管理的研究工作，根据天然气与管道生产经营的发展需要，对管道区域化管理结算模式有关问题进行初步研究，并对结算中心的职能和定位以及新的天然气价格体制下，天然气销售结算模式进行初步探讨。

（范超嫣）

【资产与股权管理】 截至2010年底，专业公司固定资产原值1824.59亿元，净值1267.42亿元。其中，2010年增加固定资产原值520.95亿元，净值512.74亿元；报废资产原值3.59亿元，净值0.27亿元；计提折旧115.5亿元。

2010年，管道建设项目经理部向地区公司共移交资产账面价值319.78亿元。其中，2010年3月29日，完成西二线西段干线霍尔果斯—甘宁段管线移交工作，移交资产账面价值223.71亿元；2010年6月29日，完成西二线西段甘宁—中卫段、中卫—靖边支干线管线移交工作，移交资产账面价值34.47亿元；2010年11月30日，完成兰郑长郑州—阳逻段管线资产移交工作，移交资产账面价值19.49亿元；2010年12月30日，完成涩宁兰复线管线资产移交工作，移交资产账面价值28.18亿元；2010年12月30日，完成石兰管线资产移交工作，移交资产账面价值9.74亿元；2010年12月30日，完成惠银管线资产移交工作，移交资产账面价值4.19亿元。

2010年，为适应专业公司天然气下游市场开发需要，专业公司天然气利用业务得到快速发展并成立大量全资及控股公司。不含参股公司、北京天然气管道有限公司和LNG合资项目，专业公司共有全资及控股公司188家，比2008年的95家增加93家，增长97.89%；其中，城市燃气公司有88家（全资18家，控股70家），城市压缩天然气公司有60家（全资10家，控股50家）。截至2010年底，专业公司全资及控股公司资产总计210.3亿元，实现销售收入113.4亿元，实现利润总额4.5亿元。

（张闻松）

【规划管理】 2010年，共开展各类规划30余项。根据上下游调整情况，组织滚动编制天然气管网、原油管网等主营业务发展规划，在此基础上，编制完成天然气与管道业务“十二五”发展规划；根据生产运行及业务发展需要，组织开展16项专项规划，其中天然气支线建设规划、煤层气外输管道规划、新疆原油成品油资源平衡及相关管道系统分析研究等11项已完成；结合重点区域的天然气业务发展需要，组织开展16项区域规划，其中湖南、吉林、武汉等13项区域规划已完成。此外，参与规划计划部组织的分省油气管网规划编制，向各省市报送，请各省市区纳入地方相关规划，已完成除港、澳、台之外的31个省市区的规划。在规划编制过程中，按照“两级三类”的规划体系，加强专业公司与地区公司分工衔接沟通，突出前瞻性、指导性和可操作性，明确实施步骤和责任主体，确保天然气业务中长期发展目标的顺利实现。以整体规划为依据，结合相关专项规划和区域规划，做好规划变计划工作，培育和储备一批重点工程项目，强化项目论证研究，对具备条件的重大项目，及时转入实质性启动阶段，确保项目按计划及时组织实施。

（庄　涛）

【投资管理】 “十一五”期间是天然气与管道业务跨越式发展的5年，天然气与管道业务蓬勃发展，成为股份公司最具成长性的核心业务和最具发展潜力的效益增长点。“十一五”期间专业公司完成投资1660.7亿元，是“十五”期间的4倍。其中战略性项目投资1524.9亿元，占91.8%；安全环保专项74.0亿元，占4.5%；适应性改造等其他项目61.8亿元，占3.7%。专业公司加强投资控制、把握投资方向，为确保油气管道安全运行、保证工程建设进度提供了有力的保障。

2010年，专业公司投资安排原则是：确保重点油气战略通道、国内配套管道、LNG与储气库项目建设投资，消除管网瓶颈，促进天然气产业链上中下游协调发展；加快城市燃气、LPG和CNG业务发展，促进天然气下游利用项目建设；保证适应性改造项目投资需求，确保下游市场开发需要。

1. 2010年总体情况

2010年天然气与管道业务年度投资计划为544.1亿元，从业务类型看，天然气业务投资449亿元，占82.53%；原油业务投资66.1亿元，占12.14%；成品油业务投资4.54亿元，占0.83%；城市燃气及CNG业务投资16.1亿元，占2.96%；安全环保专项8.28亿元，占1.52%；其他业务投资（非安设备、规划、节能）1080万元，占0.02%。

2010年，各地区公司实际完成投资5293431万元，占下达计划的97.3%。

2. 2010年投资管理工作重点及效果

（1）加强投资计划管理。

2010年专业公司加强投资计划管理，严格执行集团公司和股份公司有关投资管理制度，坚持前期工作深度没达到要求的项目不下达投资计划，坚持年度投资计划上下一本账的要求，杜绝计划外项目发生。紧密跟踪项目建设进展，并根据滚动规划和生产运行需要及时调整年度投资计划，保证建设项目所需资金的上报和下达。

从建章立制和源头控制入手，根据《中国石油天然气股份公司投资管理办法》（石油计［2010］33号），结合目前集中调控、建管分离管理体制和业务特点，起草《专业公司投资管理实施细则》，细化投资管理制度，理顺投资管理程序，明确专业公司、北京油气调控中心、管道建设项目经理部、各地区公司的投资管理工作界面和职责，贯彻落实股份公司加强投资管理的要求。

2010年，专业公司投资计划544.1亿元，其中战略性项目530.9亿元，占97.6%；安全环保专项8.3亿元，占1.5%；适应性改造等其他项目4.9亿元，占0.9%。专业公司严格项目管理，加强与股份公司和地区公司衔接沟通，较好地保证投资计划的执行。各单位投资计划完成额均能控制在下达投资的−5%以内，较好地完成了投资考核指标。

（2）突出战略发展，确保重点建设项目资金需求。

2010年，在建和新开工的重点项目，主要包括西气东输二线、秦沈线、泰青威输气管道、中俄原油管道、兰郑长成品油管道、江苏LNG、大连LNG等项目。这些项目，是股份公司“资源、市场、国际化”三大战略实施的具体体现，对于天然气与管道业务的持续发展具有重要意义，专业公司在综合平衡和加强投资控制的基础上，保证战略性资源通道项目资金需求，为重点工程建设有序推进，专业公司的可持续发展奠定了坚实基础。

（3）开展精细化管理工作。

按照股份公司和专业公司领导要求，组织开展投资精细化管理工作，完成管道分公司、西气东输、北京华油、西部管道4家管道企业精细化管理现场调研工作，完成编制《专业公司投资精细化管理方案》。

按照方案要求，加强项目建设过程中投资管理工作，对重点建设项目，如金坛储气库、大连LNG等项目在建设完成80%时开展投资完成与概算对比分析工作，要求地区公司做到及早发现问题及时整改，将项目投资控制在概算批复以内。

（罗文君）

【员工培训】 2010年，按照集团公司培训工作统一部署，以天然气与管道业务发展规划和培训规划为指导，紧密结合油气储运、油气储运设施的建设与管理、天然气销售与利用等生产实际，坚持顶端设计，完善培训机制和培训管理制度，切实抓好培训项目计划落实，积极实施培训品牌工程，努力提高天然气与管道从业人员的业务素质。

（1）抓好培训项目计划落实工作。2010年，组织开展9个培训项目计划，即天然气价格改革及推价培训、市场分析和市场开发培训、城市燃气和CNG项目管理培训、长输管道现场处置技术培训、新型天然气利用业务及市场开发培训等6个B类班，油气管道站场模块化建设技术培训、管道风险评估技术培训、油气管道工艺系统标准化设计技术培训3个A类培训班，来自管道地区公司、油气田单位近500人参加培训学习。同时，专业公司还结合工作实际，采取多种形式组织开展《石油天然气管道保护法》、HSE管理体系、公文写作知识等培训，不断提高大家的整体素质。

（2）积极推进教材编写和课件开发工作。按照人事部统一安排，组织相关处室和地区公司，围绕新知识、新理论、新技术、新工艺和主营业务技术领域，继续开展员工培训教材编写工作，全年对已完成的7种教材初稿进行补充完善，同时，积极推进网络培训工作，加快开发网上培训教材，为员工学习提供有效的网络培训服务。

（3）根据业务发展规划，开展天然气与管道业务2010—2015年员工培训专项研究。在目前《天然气与管道业务2008—2015年员工培训规划》的基础上，按照"谁用人谁培训"的原则，围绕全年主营业务发展规划和业务发展需求，开展员工培训专项研究工作。四是制定培训工作相关制度，健全培训工作管理网络，积极探索建立有效的考核机制，加强与地区公司的沟通协调，推进专业公司培训工作上台阶。

（刘克举）

【管道节能】 2010年，天然气与管道分公司认真贯彻落实节能降耗的各项方针政策和重要指示精神，积极推动资源节约型企业建设，进一步加强节能管理，合理分解节能量，科学设定单耗基准值；合理改造不合理的工艺流程，减少天然气的放空损耗。经过努力，全年实现节能量4.6万吨标准煤，输油气综合单耗得到有效控制。积极开展能效水平对标分析研究工作以及"十二五"节能规划和气代油规划的编制工作，根据油气管道业务的发展变化，分析挖掘节能潜力，修改完善节能规划，为下一步工作奠定基础。

（白晓彬）

【管道安全】 2010年，天然气与管道分公司深入学习贯彻集团公司2010年工作会议精神，认真落实集团公司安全环保工作会议的具体要求，积极贯彻"环保优先、安全第一、质量至上、以人为本"的理念，以HSE管理体系建设为核心，强化风险和应急管理，确保油气管道安全平稳运行，较好地完成各项安全环保工作和年度安全环保考核指标，安全环保整体处于受控状态。

1. 进一步夯实安全环保基础，持续提升管道本质安全

（1）严格落实集团公司会议要求和领导指示。2010年专业公司先后成功召开1次集团公司油气管道HSE委员会会议和2次专业公司安全生产（QHSE）委员会会议。

（2）强化安全环保工作的监督检查力度，违章行为得到控制。2010年编制并印刷《2009年天然气与管道分公司安全环保专项检查汇编》。通过安全大检查，形成相对固化的检查模式，各项文字材料形成编制模板，建立完善检查标准，形成14个质量、安全、环保专项安全检查表，内容涉及油气调运、生产运行、燃气、工程建设等各项管理内容。

2010年，专业公司先后组织开展6次安全生产检查，取得较好效果。针对城市燃气业务边重组、边经营，单位之间设施状况、管理水平、人员素质等参差不齐的实际情况，专业公司加强监管力度，年初组织开展天然气利用业务专项安全检查。以"强三基、反三违、查隐患、堵漏洞"为主题，以反"三违"现象为重点，强化基层现场管理，分别在4月、11月组织2次天然气与管道业务安全大检查，集中解决整改安全隐患和有关问题。按照资产完整性管理要求，专业公司提早部署汛期防汛工作，提前安排防汛物资储备，强化防洪防汛等自然与地质灾害风险管理和应急预案管理，6月组织开展一次天然气与管道业务防洪防汛与应急预案专项检查。为切实抓好管道建设项目安全环保工作，在管道建设项目经理部进行自查、专项检查的基础上，专业公司组织运行单位和专家对长输管道建设项目工程质量和安全环保管理进行一次专项检查。为全面贯彻落实集团公司关于吸取"7·16"油库爆炸事故教训的精神，切实抓好油品储存罐区安全管理工作，8月专业公司组织开展一次天然气与管道业务油品储存罐区安全管理检查。

（3）积极开展HSE培训，提高员工安全意识。2010年，专业公司举办4期安全环保、标准培训。其中，主办一期油气管道安全管理培训班，共计培训学员71名，总计达2840课时。主办一期国际安全评级系统审核员培训班，共培训取证国际安全评级人员57名，为评级理念推广、评级工作推行奠定坚实基础。主办一期天然气与管道专业标准化知识培训，共计培训学员61人，总计达2440课时。

2. 强化风险和应急管理

2010年以来，专业公司牢固树立以风险管理为

核心的观念，积极推进应急管理，把风险和应急管理融入安全生产和环保管理全过程。

（1）加大风险排查力度，健全安全环保风险目录。专业公司2010年先后开展了4次专项风险排查工作，分别为油品管道穿越河流泄漏风险排查、引压管及站场泄漏风险排查、油库安全风险排查和对照《中华人民共和国石油天然气管道保护法》条款的风险排查，共查出风险440项。通过组织管道企业对安全环保风险管理进行全面梳理，逐步形成涵盖每条管线的风险目录，并对照目录完成现有预案的补充完善，初步建立起风险管理与预案管理相结合的安全环保防控体系。

（2）开展安全环保风险评价方法研究。专业公司组织开展风险评价方法研究，总结归纳出建设项目全生命周期风险评价方法26种，主力推荐11种方法，为风险目录建设提供了方法和对应的标准。

（3）修订应急预案，编制工作手册。在专业公司5月份印发的《天然气与管道业务突发事件专项应急预案（试行）》的基础上，修改完善应急领导小组办公室工作职责、应急预案管理要求等方面内容，修订程序文件。编制完成《天然气与管道突发事件应急办公室工作手册》和《天然气与管道突发事件现场应急工作手册》（初稿），重点修改完善决策与工作部署、信息报送、资源调配等方面内容，提高预案的可操作性。

（4）组织汇编上海世博会安保应急预案。运用北京奥运和国庆六十周年安保工作经验，专业公司4月份印发《2010年上海世博会天然气供应应急预案汇编》和《2010年上海世博会安全保卫方案及应急预案汇编》。按照集团公司关于加强应急演练工作要求，专业公司及相关企业认真策划，严密组织，配合集团公司圆满完成油气长输管道应急预案演练，按期完成集团公司交办的演练任务。

3. 强化合规性管理，确保建设项目实现三同时

专业公司10月编制并下发《油气储运设施建设项目安全环保三同时法律法规汇编》（安评卷、评卷，共2卷），共收录101项法律法规。建立健全安全环保“三同时”管理制度，修订《建设项目安全三同时管理办法》等2个办法，颁布《建设项目安全预评价报告编制细则》等4个细则和《建设项目可研、初设审查安全、环保审查要点》1个要点，确保建设项目依法合规建设，有效防范法律风险和HSE风险。针对环境影响评价存在的问题，与集团公司安全环保部建立例会协调机制，参加规划计划部核准工作组工作会，多种渠道、多种方式积极协调解决环评批复事宜。根据安全环保“三同时”面临的形势，与管道建设项目经理部建立例会机制，常态工作月度例会；实行周报管理制度，建立“三同时”管理9个大表，统一工作标准和工作要求，实行合规风险管理和预警管理。针对安全专篇存在质量问题，组织召开专项工作会议和项目预审会。2010年共完成安全环保批复22项，其中，配合安全环保部批复环评6项，主动协调国家安监总局批复安评及安全专篇15项，取得安全验收批复1项，配合完成港枣成品油管道现场验收。

【标准化管理工作】（1）严格标准制修订管理，较好地完成集团公司企标制修订任务。2010年，共组织开展19项集团公司企标制修订工作。《油气管道地面标识设置规范》已于7月报批发布；除《油气管道竣工验收规范》由于管理机制调整，延缓至2011年完成外，其余17项标准已全部完成审查和报批工作。

（2）开展标准规划研究。结合“十一五”天然气与管道业务标准化建设成果，适应天然气与管道业务快速发展需要，开展天然气与管道专业标准化“十二五”规划研究工作，分《油气管道标准规划研究》等4个专题开展，目前均已完成研究报告，共提出150余项标准制修订、整合和采标计划，计划在“十二五”期间分阶段完成。

（3）加强标准信息化建设。2010年完成天然气与管道专业标准查询系统功能完善工作，系统已收录2753项标准，系统注册用户已达2500多人。该系统获国家版权局计算机软件著作权，集团公司科技创新三等奖。

（郑贤斌）

【管道科技】

1. 科技计划管理

2010年度科技项目计划共计4000万元，新开课题22项。年度科技计划完成率100%。项目全部按计划正常启动，并按照计划进行。

2. 科技规划管理

完成专业公司“十二五”科技发展规划编制工作，分析“十一五”科技规划执行效果，指出“十二五”期间，天然气与管道业务发展面临的挑战，确定10个技术领域26个重点项目，提出“十二五”期间专业公司科技发展对策及保障措施。

3. 科技项目奖励情况

（1）“西气东输工程技术及应用”获得国家科技进步一等奖。

（2）“多品种原油同管道高效安全输送新技术”

获2010年集团公司科技进步奖一等奖。

（3）“油气管道地质灾害风评价与应急保障技术研究于应用”、“北京油气调控中心SCADA系统整合工程研究及应用”、“管道工程项目管理技术集成研究”、“长输油气管道安全预警技术及体系研究”、“西气东输储气库（金坛）含盐层系三维精细地质建模及地质综合研究”5项课题获2010年集团公司科技进步奖二等奖。

（4）“水淹枯竭气藏型地下储气库盘库方法研究”、“面向管道完整性应用的地理信息系统”、“油气管道标准体系研究及系统开发与应用”3项课题获2010年集团公司科技进步奖三等奖。

4. 重点科技项目成果

（1）完成“多品种原油同管道高效安全输送新技术”技术攻关，形成包括“多品种多批次原油加剂改性长距离常温顺序输送技术”、“同沟敷设原油成品油管道热力影响模拟技术”、“长距离管道冷热交替顺序输送技术”、“长距离含蜡原油管道间歇输送技术”、“降凝剂改性原油输送过程剪切和热力效应定量模拟理论与技术”等多项先进的输油新技术。通过把这些技术应用于西部原油管道，形成能有效应对多种复杂条件和输送要求的技术集成成果，构成能有效支撑原油管道安全、高效、灵活运行的原油输送技术体系。

项目不仅在理论研究上达到国际先进水平，填补该项技术的多项空白，而且在大幅度提高管道运行安全性的前提下，创造直接经济效益24.5亿元，减少CO_2排放12万吨，经济和社会效益显著，应用前景广阔。

（2）完成漠河至大庆输油管道冻土工程关键技术研究，紧紧围绕漠大线管道工程建设，取得多项重大成果，提出管道冻土工程地质评价体系，研究和预测不同输量、入口油温及2种管径条件下管道沿线油温、管道周围冻土温度及冻融圈的变化，提出的区划、评价结果、设计原则和施工方案等已在管道设计、施工中得到充分应用。

（3）新型降凝剂的研制与应用经过一年多的研究取得重要突破，室内已制备出有效改善含蜡原油低温流动性的纳米材料。通过室内试验评定，纳米材料可参与石蜡的结晶过程并影响晶体的结构及强度，可有效改善含蜡原油的低温流动性。纳米材料适用的含蜡原油范围较宽，原油加热处理温度要求条件较宽泛，原油经纳米改性处理后可显著降低含蜡原油析蜡点，具有良好的应用范围和前景。

（4）开展“LNG接收站关键技术集成研究”工作，自主开发的LNG接收站工程设计技术已经基本成型，在工艺流程技术、LNG预应力混凝土外罐、9%Ni钢制LNG内罐等方面具备工程化应用能力；初步形成大型LNG储罐制作安装成套技术，开展LNG储罐9%Ni钢板立缝气体保护自动焊技术、钢焊接性及应用技术研究，对国外相关标准规范进行国内标准的转化工作，为LNG接收站工程设计、建设技术及标准的国产化打下了基础。

（5）“超声导波检测设备的研制与应用研究”项目在充分研究超声导波时间—空间能量聚焦理论和技术的基础上，开发基于时—频分析方法的数据分析软件，研制高频、宽带、大功率和多通道的功率放大器，自主研制管道缺陷超声导波长距离检测设备样机，现场应用效果良好。该设备实现了站场工艺管道、化工厂、炼油厂等管体缺陷的快速检测，可靠性强，精度指标优于国外同类产品，实现超声导波检测设备的国产化，打破国外的技术封锁，对于保障管道设施安全具有重要意义。

（孙　齐）

【管道信息】（1）顺利完成管道完整性管理系统项目立项，全面开展系统实施工作，完成可行性研究报告的评估、修改与重新上报，组织召开项目启动会议，明确项目组织架构、工作目标和工作计划；集团公司信息化工作领导小组对可研报告进行批复，同意立项开展系统实施工作。项目组组织开展系统实施工作，向各地区公司下发调研问卷，编写完成需求确认文档，进行现场调研，完成需求分析报告、详细设计报告的编制与审查，完成原型系统开发，组织开展试点单位基础数据的收集、整理与入库工作，顺利实现了各试点单位的上线应用。

（2）有序开展天然气销售系统可行性研究工作，完成可研报告编制与上报。组织召开天然气销售系统建设研讨会，研究讨论系统实施方案和实施计划，成立项目组开展可行性研究报告编制工作；项目组收集整理行业最佳实践和成功案例，编制并下发调研问卷，赴昆仑燃气公司和昆仑天然气利用公司进行需求调研，顺利完成了可行性研究报告（初稿）的编制、评估与上报。

（3）进一步加强天然气与管道ERP系统的推广应用，不断完善系统功能。开展结算中心ERP系统实施工作，实现结算中心的上线应用，有力支持统购统销业务的顺利开展；配合新建管线投产运行，组织开展系统扩展实施，完成在西气东输二线西段、东段、漠大线等新建管线的推广应用；开展ERP系统的深化应用工作及设备主数据的清理，完成维修工单审批、待办工作、物资计划、WBS项目下达功能等开发工作；顺利完成西气东输ERP系统试点实施项目验收工作；完成管道建设项目经理部ERP系统单轨工作；按照信息管理部要求，配合审计中心完成管道ERP系统建设情况的审计工作，为项目竣工验收奠定基础。

（4）继续开展管道工程建设管理系统在新建管道的推广实施，推动工程项目的科学管理。组织开展“林源储备库新增60万立方米工程”等5个新建工程的推广实施工作，完成系统部署、定制开发和用户培训工作；开展2009年续建项目的跟进和技术服务工作；持续开展功能提升工作，完成中心级CDP成果库管理、计划管理、进度管理、工程计量管理、质量管理、HSE管理功能开发工作，组织完成用户培训；并开展投资管理功能的需求分析、现场调研、方案设计等工作，目前正在进行功能开发和测试工作。

（5）持续开展管道生产管理系统功能提升，为生产决策提供有力支持，组织开展在新投产管线的推广实施工作，先后完成西气东输二线东段、石兰线、惠银线、漠大线等油气管线的系统实施，实施里程达近5000千米，借助系统实现新增场站的集中调控管理；持续开展系统功能提升工作，进一步扩展周转量计算功能，实现年度预算、计划周转量自动计算，支持专业公司预算管理业务；实现油气调控中心中间数据库的数据采集功能，实现管道生产管理系统与SCADA系统的双向数据隔离；建立与集团公司应急管理平台的数据接口，全方位展示管道调运情况。

（6）顺利完成昆仑燃气公司和昆仑天然气利用公司网络基础设施建设，为统建系统推广应用奠定坚实基础。完成昆仑燃气公司和昆仑天然气利用公司骨干网络建设可行性研究报告编制和审查，确定“统一规划、统一设计、统一设备、就近接入”的网络建设原则，并落实网络链路租赁费用和配套设施建设费用渠道。截至2010年底，昆仑燃气公司67家下属二级单位、昆仑天然气利用公司26家下属二级单位已完成链路租赁、机房建设、网络及配套设施的调试，已正式接入中国石油骨干网络，为ERP系统等专业应用系统的推广实施工作奠定了基础。

（7）进一步开展管理体系与制度建设，理顺油气储运建设项目信息化工作，起草并发布《天然气与管道业务建设项目信息化工作管理细则》，明确新建工程项目信息化建设组织及相关单位职责、信息化建设的工作目标及任务，信息化建设投资管理、过程管理及验收管理等业务流程。起草并发布《信息系统功能提升管理细则》，细则进一步明确信息系统新增与调整功能的过程管理程序，强化关键环节的监管，有效地强化信息系统的功能范围控制。

（魏　政）

【“三化设计”】 为持续提升设计质量和效率，实现天然气与管道业务科学发展，天然气与管道分公司在2010年继续全面推进“标准化、模块化、信息化”设计工作。

2010年共发布了包括标准格式类文件、标准清单类文件、技术规格书、设计指南类文件、设计模块类文件、管理程序类文件等在内的279个CDP文件。

这些CDP文件的发布，继续完善统一设计文件编制内容和编制深度、统一设计标准选用、统一设备材料采购技术要求、统一管道工艺和控制技术要求、统一管道分介质流程和模块划分、统一站场平面布局原则、统一站场建筑风格、统一标准图和复用设计图，对进一步指导设计工作起到积极的作用。

（黄松源）

第六篇

工程技术、工程建设与装备制造

工程技术服务

【概述】 2010年，中国石油天然气集团公司工程技术服务企业经营形势总体好于2009年。由于限产的老油区逐步复产，钻井、测井、录井及井下作业等专业工作量均有所增长。在国内市场，持续实施“三提”（提速、提效、提素）工程，积极调整生产部署，合理配置资源；在国际市场，制定市场开发奖励等配套政策，加快各企业“走出去”步伐，使工程技术服务企业国内外收入大幅增长。全年实现营业收入1002.58亿元，同比增长8.7%。其中，在国内市场实现收入732.15亿元，同比增长10.83%，占总收入的73.03%；在国外市场实现收入270.43亿元，同比增长3.15%，占总收入的26.97%。

【石油地球物理勘探】 2010年，集团公司从事物探采集业务的单位共有3家，即东方地球物理勘探有限责任公司、大庆钻探工程公司物探公司、川庆钻探工程公司物探公司。作业领域在国内市场涉及东北、西北、西南、中南、华北和华东的广大区域，包括平原、戈壁、沙漠、黄土塬、丘陵、山地、沼泽、滩海及海上等各种地表地形；在国外所涉及的国家包括苏丹、尼日利亚、阿尔及利亚、利比亚、毛里塔尼亚、乍得、巴基斯坦、印度尼西亚、也门、伊朗、沙特阿拉伯、哈萨克斯坦、叙利亚、伊拉克、埃及、蒙古、土库曼斯坦、阿曼和文莱。作业队伍有地震、重力、磁力、电法、化探队及VSP队；作业方式有井炮、可控震源和气枪震源；施工方法有二维、三维和四维地震勘探；测量技术有常规测量和GPS实时差分测量。石油物探采集技术已达到国际先进水平，专业服务范围包括野外采集、数据处理、资料解释、装备制造、物探软件研制和销售、设备租赁和物探工程监理等。全年物探业务收入147.19亿元，同比增长11.29%，其中，在国内市场实现收入70.26亿元，同比增长5.24%，占总收入的47.73%；在国外市场实现收入76.93亿元，同比增长17.45%，占总收入的52.27%。

1. 队伍人员状况

2010年，物探专业在册队伍202支，其中地震作业队伍170支，非地震作业队伍22支，VSP队伍10支。全年共动用各类作业队伍241队次，其中，国内动用地震队伍116队次（二维队54个队次，三维队62个队次；在集团公司内部市场作业106个队次，在集团公司国内外部市场作业10个队次）；VSP队伍投入7队次（均在集团公司内部市场作业）；国内非地震队投入21队次（重力队投入6个队次，磁力队投入6个队次，电法队投入8个队次，化探队投入1个队次。21个队均在集团公司内部市场作业），在国外动用的地震队90队次（二维队45个队次，三维队45个队次；在集团公司经营区块内作业的有20个队次，在集团公司经营区块外作业的有70个队次）；VSP队伍投入2队次；国外非地震队投入5队次（重力队4个队次，磁力队1个队次）。共有员工56838人，同比增加1989人。其中，合同化员工29214人，同比减少257人；市场化和劳务用工27624人，同比增加2246人。一线员工20706人，占总数的36.42%，二线员工12597人，占总数的22.16%，三线员工23535人，占总数的41.42%。

2. 完成地震采集工作量

2010年，完成二维地震8.11万千米，同比增长9.47%；完成三维地震5.43万平方千米，同比增长1.54%。其中，国内市场完成二维地震3.3万千米，同比增长3.81%；完成三维地震1.57万平方千米，同比下降0.67%。国外市场完成二维地震4.81万千米，同比增长13.71%；完成三维地震3.87万平方千米，同比增长1.7%。

3. 石油物探野外采集

国内勘探二维野外采集投入施工队54个队，同比持平；获生产记录54.9万张，完成地震剖面3.3万千米。三维野外采集投入施工队65个队，同比减少3个队；获生产记录216.3万张，完成勘探面积1.57万平方千米。重力投入6个队，获生产记录7.51万张，有效剖面3.94万千米；磁力投入6个队，获生产记录20.86万张，有效剖面10.18万千米；电法投入8个队，获生产记录2.05万张，有效剖面4684千米；VSP投入7个队，获生产记录3.15万张，完成测井130口。国外勘探二维野外采集投入施工队45个队次，同比增加1个队次；获生产记录14.11万张，完成地震剖面4.81万千米。三维野外采集投入施工队45个队次，获生产记录854.1万张，完成勘探面积3.87万平方千米。非地震野外采集投入重力队2支，获生产记录3.48万张，完成剖面2.18万千米；投入磁力队1支，获生产记录8889张，完成剖面8889千米；投入VSP队2支，获生产记录2779张，完成测井20口。

4. 物探设备

2010年，有地震遥测仪器13大类共174台（套），比2009年增加3套。主机控制单元175个，比2009年减少6个，总道数789510道，平均每台仪器4537.4道，比2009年增加247.1道。采集站545524个，比2009年增加48066个。非地震仪器共486台，其中重力仪器68台，磁力仪器89台，电法仪器327台，磁化率仪2台。数据处理计算机主机716台，CPU7670个（包括单核、双核、四核CPU，折合单核34107个），磁带机64台，绘图仪器34台。资料解释计算机主机545台，磁带机153台，绘图仪器75台。石油物探可控震源有11种型号445台，比2009年增加35台，其中国产139台，占31.2%。石油物探车装钻机有20种型号1858台，其中国产1607台，占86.5%。人抬钻机有20种型号1454台（套），其中国产1220台（套），占83.9%。推土机有7种型号192台，其中国产13台，占6.8%。石油物探测量仪器2896台，其中卫星定位仪1974台，卫星导航仪580台，全站仪342台。

5. 石油物探数据处理

2010年，从事数据处理工作的有4个单位，它们是东方地球物理勘探有限责任公司研究院、东方地球物理勘探有限责任公司综合物化探事业部、大庆钻探工程公司物探一公司、川庆钻探工程公司物探公司。共处理二维剖面13.6万千米，与2009年相比减少7001.3千米，降幅为7.1%。处理三维剖面5.33万平方千米，与2009年相比减少4.47万平方千米，降幅为45%。处理重力记录2.56万张，剖面1.73万千米。处理磁力记录2.57万张，剖面1.73万千米。处理电法记录2.16万张，剖面3545千米。

6. 地质资料解释研究成果

2010年，从事资料解释研究工作的有4个单位，它们是东方地球物理勘探有限责任公司研究院、东方地球物理勘探有限责任公司综合物化探事业部、大庆钻探工程公司物探一公司、川庆钻探工程公司物探公司。总计完成二维解释剖面2896条，8.91万千米，与2009年相比减少3.52万千米，降幅为28.3%。完成三维解释454个区块、3.9万平方千米，与2009年相比减少1.59万平方千米，降幅为28.9%。综合研究工作共完成解释二维剖面4176条，1.19万千米，同比减少6530千米，降幅35.5%。解释三维区块132个，12.22万平方千米。绘制构造图1286张，分析图件3634张。全年共发现和复查圈闭4054个，面积8.22万平方千米，提供井位3239口，采纳井位2113口。

7. 技术推广应用

2010年，具有完全自主知识产权的中国石油物探新产品GeoEast—Lightning地震建模与成像系统发布会在北京举行。东方地球物理勘探有限公司自主研发了适用于陆上和海上、性能卓越的单（双）程波叠前深度域偏移软件包——Lightning，提高了复杂区域地震成像精度和质量，标志着中国石油在物探领域掌握了世界一流的技术。东方地球物理勘探有限公司和美国ION公司合资成立的英洛瓦（天津）物探装备有限责任公司，组建了公司董事会、监事会，整合了加拿大、美国、中国三地研发及生产资源，将加强新型地震仪器、高性能可控震源等陆上勘探仪器设备的开发和研制。2010年生产的天蝎系统仪器，地震采集接收道数达到12080道，应用于塔里木油田三维地震勘探采集项目，最高生产日效达到426炮，提高了采集效率。自主研发的“BPS水下二次定位系统”通过陕西省新产品鉴定，该产品技术先进，功能齐全，定位技术、定位方式、定位误差、系统容量、能耗指标等优于国外同类产品，总体技术达到国际同类产品先进水平，在曹妃甸三维项目和喀麦隆项目的推广应用中，取得良好效果。深海导航技术研究取得阶段性进展，拖缆勘探导航数据处理系统算法实现了深海拖缆导航数据的自动处理，提高了计算速度和处理效率，拖缆二维实时导航定位算法研究，完成了独立运行的深海拖缆导航定位核心系统，能对船体定位网络和主定位网络进行精确计算。山地地震采集处理解释一体化GeoMountain地震勘探专业软件系统，在国内外得到规模推广应用。GeoMountain采集工程师软件系统已在川庆钻探工程公司物探公司地震队安装了40余套，在四川、新疆、东北地区和缅甸、埃及等国家得到了应用，对复杂地表和复杂构造探区的地震勘探具有明显的优势，在龙岗地区、苏里格勘探开发一体化等项目中应用效果明显。重磁电Geo-GMES3.1地质地球物理资料综合处理解释一体化软件，首次实现了重磁电资料三维可视化处理解释，进一步提高了综合一体化勘探能力。

（张卫军）

【钻井工程】 2010年，集团公司共有在编钻井队1019支。其中，陆上钻井队1009支，海洋钻井队10支。在集团公司内部市场作业的钻井队伍为832支，在系统外国内市场作业的队伍22支，在国外市场作业的队伍165支。

1. 人员状况

钻井工程及相关技术服务系统有员工总数103292人。其中，一线员工59146人，占总数的57.26%，大专以上（含大专）学历的有17074人，占总数的16.52%。

2. 钻机状况

拥有各类钻机1019部，其中，陆上钻机1009部，海上钻井平台10座。按承载负荷划分，3000米以上（含3000米）钻机914部，占陆上钻机总数的90.6%，3000米以下的钻机95部，占陆上钻机总数的9.4%；按传动方式划分，有电动钻机399部，占陆上钻机总数的39.5%，机械钻机531部，占陆上钻机总数的52.6%，电动钻机与机械钻机的比率约为3:4。共有顶驱255套，其中进口115套，国产140套。

3. 井控装备

共有各类防喷器3792台，其中单闸板防喷器1019台，双闸板防喷器1480台，环形防喷器1012台，其他防喷器281台。共有控制系统1556套，节流压井管汇2086套。

4. 主要相关技术服务装备

有地质导向仪器70套，各类固井水泥车510台，旋转防喷器/旋转控制头110台，制氮装备27套，压缩机137套。

5. 钻井生产技术指标

2010年，集团公司所属钻井队伍共开钻13121口，完钻13043口。钻井进尺2519.79万米，与2009年相比，进尺增加40.76万米，增幅1.65%。其中，集团公司内部市场完成钻井进尺2261.64万米，占总进尺的89.76%，同比增加76.95万米，增幅3.53%。国内集团公司外部市场钻井进尺35.43万米，同比增加13.5万米，增幅61.67%。国外市场钻井进尺222.73万米，占总进尺的8.84%，同比减少49.7万米，减幅为18.24%。

6. 钻井工程质量

2010年，井身质量合格10774口，井身质量合格率100%。油层套管固井10574口，固井质量合格率100%。钻井取心进尺14802.33米，取心收获率为97.85%。

7. 钻井生产时效

钻井工作总时间为418.78万小时，其中生产时间394.62万小时，占总时间的94.23%。

8. 钻井技术推广应用

（1）水平井、欠平衡井技术规模应用。集团公司在国内油气田完成水平井709口，国外市场完成水平井158口。其中，长庆油田、新疆油田、辽河油田合计完成水平井450口，占国内完成总数的63.47%。大庆钻探工程公司、长城钻探工程公司、渤海钻探工程公司、川庆钻探工程公司、西部钻探工程公司5家钻探企业完成494口，占国内完成总数的69.68%。在国内油气田完成欠平衡井305口，在国外市场完成12口。其中，在苏里格气田完成水平井86口，投产61口，平均单井日产达到8.2万立方米，是直井的7—8倍。苏20-15-16H井水平段长1004米，砂岩钻遇率95.72%，有效储层钻遇率89.37%。该井最高日产量25万立方米，日稳产20万立方米。长城钻探工程公司在辽河油田潜山地区和沈北地区完成12口鱼骨分支水平井，共计18个分支，分支总进尺4861米；平均每口井主水平段长700—900米，每个分支200—300米，分支总长达到600—1100米。大庆钻探工程公司完成2口鱼骨井现场试验，其中，在高8-33-平1z井（2个分支），分支长度分别为230米和260米；在州72-平54Z井（4个分支），平均每分支长度为198米，水平井段总长度1428米，实现在厚度仅为1.6米的超薄油层侧钻分支，投产后产量是周围直井的5—6倍。渤海钻探工程公司攻克煤层气分支水平井钻井技术，完成郑平02-1H井、郑平05-1H井和郑试平4H井。郑平02-1H多分支水平井由4个主井眼和14个分支井眼组成，多分支水平井进尺6487米，煤层进尺4516米。郑试平4H井两个主眼10个分支总进尺4503米，煤层进尺4144米，煤层钻遇率92.03%。3口煤层气多分支水平井顺利完成，打破了国外的技术垄断。长城钻探工程公司在辽河油田应用欠平衡、水平井一体化技术开发高凝油气藏，在胜601区块完成6口水平井，没有出现卡钻事故，机械钻速比该区块常规水平井提高14%，平均单井日产量比该区块同类型井提高1.5倍。其中，胜601-H507井投产后日产油60立方米，比该区块同类型井产量提高3倍。渤海钻探工程公司应用欠平衡钻井技术，采用抗高温水包油钻井液体系，在冀东油田完成南堡23-P2001和南堡23-P2002井2口深层潜山水平井，南堡23-P2001井获高产工业油气流。川庆钻探工程公司在西南油气田安岳构造多口评价井实施欠平衡钻井，发现良好油气显示，扩大了区块含油气面积。在须家河层位22井次应用欠平衡钻井技术及时发现了108个油气显示，油气有效钻遇率达到86.40%。岳118井日产气32.22万立方米，是该构造产量最高的一口井。在大塔场构造沙一储层推广应用氮气钻井技术，完成10井次氮气欠平衡钻井，其中4井次获得工业气流。塔30H–1井采用氮气钻井横穿沙一储层段189米，获日产气量4.06万立方米。在塔里木油田大北构造大北5井、大北6井、大北204井、大北302井进行6井次空气钻井，进尺2505米，平均机械钻速7.09米/小时，比钻井液钻进提高5倍以上。在大北6井3902—5012米井段实施气体钻井，钻井进尺1110米，平均机械钻速6.59米/小时，用时14天，同比钻井液钻井节约钻井周期64天。在大北204井一开进行干气和雾化钻井，机械钻速9.0米/小时，同比邻井相同井深机械钻速提速10倍以上。磨溪须家河磨030–H14井应用欠平衡钻井技术，仅用4天、1只钻头就穿越须家河井段，进尺588米，平均机械钻速7.87米/小时，刷新了磨溪区块近5年来须家河井段提速纪录。渤海钻探工程公司在华北油田虎16X井，采用密度每立方厘米0.89—0.91克的水包柴油钻井液，欠平衡钻进井段2942—3243米，平均机械钻速为1.58米/小时。

（2）钻井提速工作。2010年，集团公司继续推进“三提”（提速、提效、提素）工作，内部市场钻井速度提高5%以上。平均井深1831米，同比增加19米；平均建井周期17.92天，同比缩短0.96天，缩短5.08%；钻机月速3390米/（台·月），同比提高131米/（台·月），提高4.02%；机械钻速13.67米/小时，同比提高0.48米/小时，提高3.64%。有4支钻井队年进尺超过10万米，其中长城钻探工程公司50677钻井队在国外市场年进尺达到11万米。深井提速效果明显：全年完成4000米以上深井413口，同比增加45口，增幅12.23%；平均井深4998米，同比减少81米，减少1.75%；建井周期135.53天，同比缩短32.69天，缩短19.43%；钻井周期119.09天，同比缩短21.48天，缩短15.28%；超额完成了4000米以上深井钻井提速10%的既定目标。渤海钻探工程公司完成4000米以上深井、超深井121口，与2009年相比，钻机月速和机械钻速分别提高7.10%和4.10%，钻井和建井周期分别缩短12.20%和11.70%，121口深井建井周期总计缩短2076天，相当于节省7台钻机。重点区块钻井提速加快。在苏里格地区，水平井钻井周期从最初的130多天降到70天左右，在平均井深增加113米的情况下，钻井周期缩短8.92%。桃7–17–19H井、苏6–4–10H1井、苏东44–42H2井、苏5–16–21H井分别以39.29天、38.25天、38.54天、37.98天连续4次刷新苏里格水平井最短钻井周期纪录，还有9口井控制在45天以内。另外，川庆钻探工程公司在未采用旋转导向工具的情况下，用65.88天时间，钻完水平段长1508米的苏5–2–15H井。在塔里木地区，钻井进尺比2009年增加28.26万米，增幅达194%，平均建井周期109.73天，同比缩短22.56天，缩短17.05%；机械钻速4.47米/小时，同比提高0.20米/小时，提高4.70%；钻机月速1142米/（台·月），同比提高110米/（台·月），提高10.66%。其中，塔北地区哈拉哈塘提速明显，平均井深均在6500米以上，通过井身结构优化、优质轻钻井液、螺杆+PDC复合钻进等技术，钻井周期从269天（哈6井）缩短到目前最短的78天（哈601–6井），平均机械钻速也从3.62米/小时提高到6.63米/小时。在长庆地区，持续推广配套提速技术，进一步提高了“一趟钻”成功率和钻井速度。油井整体一趟钻比例达到44.97%，钻机月速度达到8796米/（台·月），提高12.21%。30693钻井队在南梁区块月速度高达11347米/（台·月），进尺9万米。30533钻井队在陇东队年进尺突破8万米新纪录。在四川合川地区，通过集成应用优选PDC钻头以及推广使用螺杆+PDC钻头复合钻井技术，优化井身剖面和井眼轨迹控制，使用低密度防塌钻井液和强化钻井液固相控制、积极防漏等技术，钻机月速度1634米/（台·月），平均机械钻速达5.27米/小时，同比分别提高17.64%、22.56%，三开定向井创钻井周期25天新纪录。在青海涩北地区，完成井65口（直井63口，水平井2口），平均井深1164米，建井周期14.24天，机械钻速40.96米/小时，与2009年相比，平均井深减少141米，建井周期缩短1.78天，机械钻速增加2.89米/小时，实现了建井周期控制在15天以内的目标。在玉门地区，西部钻探工程公司在玉门区块试验高压喷射、优化简化井身结构、新型钻井液体系以及个性化PDC钻头等钻井新工艺、新技术，取得了良好效果：钻机月速度1145米/（台·月），与2009年相比提高34.55%；机械钻速3.08米/小时，同比提高15.26%；建井周期131.97天，同比缩短55.03天，降幅29.42%。在中东鲁迈拉油田，大庆钻探工程公司通过优选抗高温高转速螺杆、优选钻头、优化钻具结构以及优化钻井液等措施，仅用44天23小时钻完R510井（井深3438米），创下该油田钻井新纪录，超越国际知名公司45天的纪录；R511井（深3339米）创从一开到三开完井共用36天22.5小时的纪录。

（3）自主知识产权装备仪器推广应用。随钻测井系统研发取得新突破。西部钻探工程公司自主研发的应力波随钻测井系统（MWD），是一套基于钻柱应力波的井筒数据传输系统，在新疆油田九区D93637井试验获得成功。该系统数据传输不受钻井流体特性的限制和地层特性影响，能解决空气、雾化、氮气及充气钻井等特殊工艺井的数据传输问题，数据上传速度较钻井液脉冲方式提高10倍以上。川庆钻探工程公司电磁波EM-MWD及接力传输系统研发取得新突破，研制出电磁波随钻接力传输测量系统样机，在模拟井上成功接收到井底的电磁波信号，数据解码正确，理论测量垂深由2500米提高到4000—5000米。西部钻探工程公司自主研发的MPD精细控压装备，在新疆油田沙门011井试验成功。试验井段3469—3879米，通过井口自动控制套压，回压泵补偿提钻环空压力亏空及抽吸压力，当量密度控制在每立方厘米1.38—1.39克，达到控制井底压力恒定目标。研制了25兆帕高压增压机，通过现场应用，能满足深井及充气钻井需要，提升了气体钻井作业能力。西部钻探工程公司推广应用了欠平衡套管阀，Ⅰ型套管阀已完成冀中油田西73X井和辽河油田陈古1-12口井的服务。 垂直钻井装备试验进展顺利，渤海钻探工程公司引进消化适应不同井眼尺寸的VDT垂直钻井系列工具，研制开发自动垂直钻井系统，建立配套相应的检测维修设施，优选钻具组合和钻井参数，研究适合高陡构造复杂地层的自动垂直钻井技术，形成综合技术服务能力。经过前期4口井的现场试验，对配套井下闭环控制系统、地面水力测试系统进行了改进完善，井斜均控制在0.5度以内。改进了分支井专用工具，长城钻探工程公司在DF-1型分支井专用工具的基础上，针对悬空侧钻技术、分支井技术、水平井技术和欠平衡钻井技术集成应用，开展创新研究，提高了分支井专用工具的应用效果，扩大了应用范围和应用规模。目前，已经形成直径177.8毫米和直径244.5毫米两个技术系列，完井水平达到TAML5级，整体技术达到国内先进水平，2010年在国内实施2口井。

（4）固井技术应用。2010年，集团公司表层套管固井9867口，技术套管固井1126井次，生产套管固井13460口。尾管固井440井次，双级注及以上级数固井456井次。低密度水泥浆固井4404井次，水平井固井555口。生产套管固井合格率100%。开展了超高密度水泥浆研究，使用精细高密度加重剂，优选水泥添加剂，研发超高密度水泥浆体系，该体系具有良好的沉降稳定性和流变性。龙岗62井固井井深4628米，钻井液密度高达每立方厘米2.47克，应用密度为每立方厘米2.62克高密度水泥浆体系，成功固井。吐北4井直径177.8毫米尾管固井，套管下深5601米，悬挂器位置在4323.48—4315.57米，水泥浆密度达到每立方厘米2.43克。西部钻探工程公司在百泉1井采用超低密度水泥浆技术，即双密度（每立方厘米1.10克和每立方厘米1.30克）超低水泥浆体系，应用柴油作为平衡液，采用软件模拟优化施工参数和一体化封隔式尾管悬挂器，达到了固井时上部防漏下部压稳的要求。为了解决新疆喀什、哈萨克斯坦、伊朗北阿等地区盐层固井的技术难题，针对地质和工程特点，研发了一套抗盐水泥浆体系。该水泥浆体系具有密度范围大、失水量小（不大于100毫升）、游离液含量小、使用温度范围广、抗盐能力强、稳定性好、流变性好、稠化时间可根据施工时间调节、强度发展迅速等特点，保证了盐层固井质量。大庆钻探工程公司推广试验高密度冲洗隔离液、振动固井、防腐抗渗水泥浆等新技术856口井，高渗低压层及异常高压层的固井质量显著提高，试验井固井优质率比同期非试验井提高18个百分点，固井合格率100%。渤海钻探工程公司自主研制开发漂浮下套管工具，完成苏20-17-18井、苏20-13-17H井、苏20-18-13H井等现场试验，工具性能达到设计要求。

（5）钻井液技术。钻井工程技术研究院研发了高性能胺基钻井液技术，研制了高效氨基抑制剂SIAT，抑制性能与国外同类产品相当，渗透率恢复值达到84%—92%，泥页岩钻屑回收率高达95.70%，与油基钻井液相当，已在新疆油田、华北油田进行现场试验。研制了成膜钻井液技术，成功研发了有机硅酸盐半透膜处理剂BTM-2。该体系动滤失增量为0，稳定井壁、保护储层效果显著，在吐哈神北6井、青海马105井及中原桥69-平1井等100余口井进行了试验，并取得成功。长城钻探工程公司在中亚及阿塞拜疆等地区采用高密度饱和盐水钻井液技术和超高压盐水层盐结晶处理技术，最高密度达每立方厘米2.45克，钻井成功率100%，钻井周期同比缩短30%，钻井液成本节省20%。渤海钻探工程研制了BH-FDC油层专打钻井液技术，解决了水平井钻井液存在一定的油层污染、“筛管+酸洗”完井工艺造成的酸洗不净且存在二次污染问题。该体系不结垢、不堵塞，可防止油层中的泥质膨胀，下筛管无需酸洗，可直接投产，在大港地区成功地应用了11口井，投产见油时间由原来10小时以上缩短为2—4小时，平均单井日产液量52立方米，比应用前提高77.47%。以天然材料为原料，研发了BH-NAT环保钻井液体系，12项指标均达到国家有关排放标准。西部钻探工程公司在克拉玛依地区采用废弃钻井液回收技术，全年共用钻井液16000立方米，回收14000立方米，节约成本上百万元。钻井工程技术研究院将核磁共振技术和煤的高压吸附/解吸技术应用于煤储层损害评价，初步形成了煤储层损害的评价方法，优选出了增黏剂、防塌与降滤失隔离膜剂CMJ-2，控制水进入地层，不仅能有效保护储层，且有良好的稳定井壁作用，形成了煤层气井壁稳定与储层保护一体化技术，在ZP01-1井成功应用。渤海钻探工程公司采用平衡静胶凝溶洞堵漏技术，先注入高黏度的钻井液，再注入可固化流体，固化流体与高黏钻井液相遇后，迅速形成弱胶体，通过压力平衡保持在洞口附近，当流体固化后，即可达到封堵效果。该技术成功解决了任深2斜井和霸91井钻井过程中遇到的直径0.8—1.05米恶性溶洞漏失问题。

（贾平军）

【测井】 2010年，集团公司所属的测井、射孔技术服务企业共有8家，即：中国石油集团测井有限公司、大庆钻探工程公司、长城钻探工程公司、渤海钻探工程公司、川庆钻探工程公司、西部钻探工程公司和上市企业的大庆油田公司测试公司、大庆油田公司试油试采公司。

1. 队伍人员状况

2010年，测井专业队伍总量为675支，同比增加31支，增加4.8%。其中，裸眼井测井队469支，同比增加12支，增加2.6%；生产测井队78支，同比增加17支；射孔取心队120支，同比减少1支；随钻测井LWD队8支。在675支队伍中，集团公司国内市场556支，国外市场119支，同比增加31支。共有员工15099人，同比减少501人。其中，合同化员工13099人，同比增加31人；市场化员工1169人，同比减少337人；劳务用工831人，同比减少195人；具有中级以上职称4362人，一线员工5850人。

2. 设备状况

2010年，有主要专业设备695套，同比增加24套。其中包括：裸眼井测井设备476套，同比增加5套；生产测井设备80套，同比增加15套；射孔取心设备120套，同比减少1套；VSP设备11套，同比增加2套；LWD设备8套，同比增加3套。

3. 完成工作量

2010年，测井工作总量80319井次，同比增加10543井次，增长15.1%。其中裸眼测井46826井次，同比增加5930井次，增长14.5%；生产测井8192井次；射孔25301井次，同比增加559井次，增长2.3%。国外工作量5493井次。测井解释工作量探井11.4万层，开发井56.2万层，老井复查1949井次。

4. 经营收入

2010年，测井专业年总收入68.77亿元，同比增加10.7亿元，增长18.4%。

5. 技术推广应用

（1）数字岩心技术。完善快速岩心测试技术，实现核磁共振、光学扫描等项目的快速测量与数据处理、分析；开展新的快速岩心测试技术和工艺研究，建立了地层水电阻率、地层元素的测试方法与工艺；基本掌握了孔隙度、渗透率、T_2截止值、孔隙结构参数、m、n等参数计算的核心技术；建立储层划分标准、油气判别标准和产能评价标准，通过对孔隙结构、油气类型及含量的认识，为油田勘探开发提供了可靠依据。

（2）超深井测井技术。西部钻探工程公司引进的LogIQ成像测井系统及HOSTILE系列井下仪器，为井下温度260摄氏度、压力172兆帕、井深9000米以内的井提供常规测井服务，先后完成了集团公司重点探井莫深1井、乌兹别克吉达4井等一批超深高温高压井，保障了西部油田和海外油田的勘探开发工作。

（3）事故快速处理技术。川庆钻探工程公司针对川渝地区测井工程事故的特点，发展完善了各种测井工程事故快速处理技术，研制出各类打捞工具，并能与不同的井下仪器配套，现有三球打捞器、卡瓦打捞器、电缆打捞矛等系列打捞工具，并新研制了CDL打捞器、可控张力打捞工具、液控井口电缆剪切装置、裸源掉井打捞等工具，研究形成了相应的工艺技术。长城钻探工程公司针对稠油热采区块的动态监测问题，开发了高温直读五参数组合仪、高温存储式组合仪和光纤传感器测温等高温测试技术，同时开展了冷水循环测试工艺研究，使公司具备了稠油热采井所有生产阶段的测试服务能力。

（4）水平井射孔技术。中国石油集团测井有限公司完成了靖平06-8井1400米超长水平段射孔施工，创造了射孔井段跨度最长、打开射孔层位与起爆和增压次数最多的纪录。渤海钻探工程公司在井斜89.5度、井温95.3摄氏度的港359-1H井实施了90度与

270度两个方向的水平井定向射孔施工。川庆钻探工程公司在川渝油气田，完成了磨017-H10水平井射孔施工，射孔最大跨度达679米、射厚375米。长城钻探工程公司通过改进水平井射孔起爆方式，选用压力延时起爆，在吉林油田树351-平28重点水平井进行了施工。

（5）复合射孔技术。长城钻探工程公司应用复合射孔技术在苏丹、伊朗、乍得等项目中进行施工服务，改进了弹架结构和装弹方式，形成了无围压射孔工艺技术，确保射孔枪体在无液柱压力条件下不炸裂、不严重变形。渤海钻探工程公司不断完善多级脉冲射孔技术，在湛江油田涠洲12-1-B12井实施深穿透补孔射孔施工，射孔后日产油达到150吨，是射孔前的20倍。中国石油集团测井有限公司在电缆传输射孔中与有关厂家合作，研发出安全型电雷管，具有射孔枪在下井过程中意外进水时，雷管不会自动引爆的功能。为防止射孔施工中射孔器材对人身伤亡事故的发生，在电缆射孔中推广应用了射孔安全枪栓，能有效防止起下射孔枪和组装射孔枪过程中的突然爆炸。大庆钻探工程公司研制了投球式起爆器及增压装置，在大庆与吉林油田的应用中顺利实现了多层段多级起爆可控增压工艺，提高了作业效率，节约了施工成本，先后在新立地区新251井、小城子地区的城9井、英台地区龙深103井等多井中成功应用。西部钻探工程公司积极开展气体成缝射孔工艺技术研究，增加射孔层段的裂缝数量，达到提高单井产量的效果。

（6）测井解释技术。长城钻探工程公司完成了海外研究中心的“南图尔盖盆地测井综合评价方法与技术”项目，形成了一套南图尔盖盆地低阻油气藏以及潜山复杂岩性储层的综合识别及评价技术。承担了苏丹“PDOC沉积相及岩性圈闭研究”和SUANPET“FULA NE区块综合研究项目”地震构造研究课题。渤海钻探测井公司与大港油田公司的研究院、勘探事业部等单位联合成立股份公司层面的歧口凹陷油气层评价项目部，共同开展单井油气层识别评价，经共同努力，解释符合率明显提高；中国石油集团测井有限公司与青海油田公司联合成立“柴达木盆地油气测井研究中心”；西部钻探测井公司与新疆油田合作，开展了油藏描述研究以及火成岩测井评价技术研究；大庆钻探测井公司与大庆油田公司合作，开展火成岩测井评价以及开发区高精度测井采集与解释技术攻关。

（7）水平井、欠平衡测井技术。完成水平井测井1712井次，欠平衡测井8井次。开展了欠平衡条件下测井技术课题研究，以解决欠平衡测井中存在的实际问题。开展了气体介质与液体介质条件下的欠平衡测井、射孔工艺技术研究，研制了井口欠平衡测井装置、不压井射孔装置；开展了欠平衡条件下的测井资料校正和解释评价研究工作，加强液体介质、气体介质和欠平衡测井条件下的测井资料采集和效果分析，形成了一套欠平衡测井资料采集与处理解释评价技术。

（8）新技术新产品推广。2010年，发布了EILog“三电”、“两声”成像系统和LEAP800测井系统。在EILog“三电”、“两声”为代表的成像测井技术应用基础上，开展了以数字岩心为代表的测井应用基础研究。完善了数字岩心快速测试技术，实现了核磁共振、光学扫描等项目的快速测量、数据处理与分析。开展了模块式地层动态测试系统、方位声波成像测井技术、随钻声波成像测井技术、多频核磁共振测井仪器研制。可控中子源的推广应用将促进绿色测井、环保测井技术的发展。LEAP800测井系统平台是集裸眼井测井、套管井测井、射孔、数据解释处理、远程控制等功能为一体，以网络化、模块化和平台化为特点，具有完全自主知识产权，整体技术达到国际先进水平，其中电缆传输技术和阵列感应性能达到国际领先水平，具备了进入国际市场作业的技术能力。建立了境外项目技术支持网络，加大新技术推介力度。在完善常规井工艺技术的同时，进一步优化复杂井工艺技术，工程技术服务链得到拓展，综合服务能力显著提升。苏丹3/7区电潜泵油井动态生产测井（ESP/Y-TOOL）联合作业取得成功，打破了国外公司的垄断；在苏丹5区利用自主研发的114复合射孔器，产能达到预期的3—5倍，得到甲方认可，现已在伊朗、乍得等项目推广应用；在伊朗项目上海上完成连续油管（CTU）传输射孔作业，取得工艺技术的突破；圆满完成集团公司重点井乌兹别克JIDA-4井超高温超高压超深井射孔作业；哈萨克PK项目PNN作业圆满成功，积极推介油藏饱和度评价作业，签订了11口井服务合同。

（邹　辉）

【录井】 2010年，从事录井技术服务的单位是9家，分别是大庆钻探工程公司录井一公司和录井二公司、西部钻探工程公司吐哈录井工程公司和克拉玛依录井工程公司、长城钻探工程公司录井公司、渤海钻探工程公司第一录井公司和第二录井公司、川庆钻探工程公司地质勘探开发研究院、长庆油田录井公司和中国石油集团测井有限公司青海事业部。2010年底，原川庆钻探工程公司长庆录井公司整体划转至长庆油田，录井业务留在钻探企业。

1. 人员状况

2010年，集团公司录井专业用工总量为11525人，同比减少111人，降幅1%。其中，按岗位分类：一线7456人，二线4069人；按用工分类：合同化用工7374人，市场化用工1929人，劳务用工1814人，海外雇员408人；按学历分类：博士23人，硕士156人，本科3178人，大专3239人，中专1424人，其他3505人；按职称分类：正高级2人，副高级440人，中级1869人，助理1893人，员级325人，高级技师33人，技师207人，其他6754人；按年龄段分类：18—30岁4864人，30—40岁3321人，40—50岁2746人，50岁以上594人。

2. 队伍状况

2010年，集团公司录井专业队伍总数为910支，其中，综合录井队754支，气测录井队156支。队伍平均动用率86%，平均队年施工200天，平均队年录井5口。服务于国内市场的队伍有732支，其中，集团公司内部市场703支，国内集团公司外部市场29支。在国外市场，178支录井队伍服务于美洲、非洲、中亚、中东等地区的17个国家。

3. 装备状况

2010年，集团公司所属录井公司设备原值17.90亿元，净值10.05亿元，同比分别增长11.7%和8.0%，与“十五”末相比分别增长142.8%和151.5%。有主要录井装备2723台，同比增加396台，增长17.0%。设备新度系数0.51。其中，综合录井仪754台，同比增加9台，增长1.2%，设备新度系数0.52。包括，国产综合录井仪622台，同比增加42台，增长7.2%，设备新度系数0.55；进口综合录井仪132台，设备新度系数0.41。气测录井仪146台，平均新度系数0.57，占主要录井设备总数的6.2%。地质录井仪368台，平均新度系数0.51，占主要录井设备总数的13.5%。定量荧光仪274台，平均新度系数为0.50，占主要录井设备总数的10%。另外还有核磁共振仪、岩心扫描仪、卫星地面站、试油录井仪等一些录井新设备。

4. 生产经营情况

2010年完成各类录井10133口，同比增加384口，增幅3.94%。其中，国内完成录井9629口，同比增加507口，增幅5.7%；国外完成录井504口，同比减少87口，降幅14.7%。综合录井2626口，同比增加262口，增幅11.1%；气测录井1403口，同比增加113口，增幅8.8%；地质录井6104口，基本与2009年持平。完成录井14584井次，同比增加1090井次，增幅为7.5%。录井仪器（综合录井和气测录井）施工总天数263237天。全年实现收入24.5194亿元，同比增加2.76亿元，增幅12.7%。其中，国内收入21.0832亿元，国外收入3.4362亿元。

（刘应忠）

【井下作业】 2010年，集团公司从事井下作业业务的油气田企业和钻探企业共计17家。分别是川庆钻探工程公司、大庆钻探工程公司、长城钻探工程公司、渤海钻探工程公司、西部钻探工程公司、中油海洋工程公司、大庆油田、吉林油田、辽河油田、冀东油田、大港油田、华北油田、长庆油田、玉门油田、青海油田、吐哈油田、新疆油田。

1. 队伍状况

2010年，集团公司共有井下作业队伍1877支。其中，大修侧钻队356支，小修队1045支，压裂酸化队69支，试油队188支，测试队178支，试井队41支。同2009年相比，队伍总数略有降低，其中试油队、小修队减少76支，测试队、试井队增加58支。实有机组2568台（套），其中动用机组2085台（套），动用率81.19%。

2. 人员状况

共有井下人员77141人。其中，合同化用工54191人，占人员总数的70.25%；市场化用工13027人，占人员总数16.89%；劳务工9923人，占人员总数12.86%，同2009年相比下降1.39%。一线员工49445人，占人员总数的64.1%。40岁以下职工49930人，占总人数的64.73%，同2009年相比降低8.39%。大专以上学历22669人，占合同化和市场化用工总数的33.72%，同2009年相比提高2.49%。

3. 设备状况

共有修（通）井机2600台，同2009年相比减少113台，其中，通井机减少170台，车载修井机增加68台。共有压裂车70组，其中2000型压裂车40组，占总数的57.14%，同比增加2组。共有连续油管车34台，制氮车22台，液氮泵车34台，带压作业设备91套。

4. 完成工作量

完成总工作量136382井次，同比增加12174井次，增幅9.8%。其中，压裂工作量15302井次，同比增加1087井次，增幅7.65%；酸化完成4896井次，同比增加873井次，增幅21.7%；小修完成111162井次，同比增加9720井次，增幅9.58%；大修完成4632井次，同比增加389井次，增幅9.17%；侧钻完成 390 井次，同比增加 105 井次，增幅 36.84%。试油完成 6853 层，同比减少 260 层，主要是国内试油工作量减少。国内井下作业工作量共完成 134201 井次，同比增加 11820 井次，增幅 9.66%；试油完成 5641 层，同比减少 375 层，降幅 6.23%。国外井下作业工作量共完成 2181 井次，增加 354 井次，增幅 19.38%；试油 1211 层，同比增加 114 层，增幅达 10.39%。

5. 经营情况

井下作业服务企业总收入 225.76 亿元，同比增加 43.78 亿元，增幅 24.06%；亏损 18.39 亿元，同比减亏 7.28 亿元。从收入来源看，国内总收入 207.46 亿元，亏损 21.84 亿元，同比减亏 2.41 亿元；国外总收入 18.29 亿元，实现利润 3.45 亿元，同比增加 2.04 亿元，17 个从事井下作业的单位有 9 家亏损。

6. 技术质量指标

生产周期：试油平均每口井 30.8 天，小修平均每口井 3 天，大修平均每口井 14.5 天，侧钻平均每口井 20.8 天，同比分别缩短 9.94%、14.29%、40.57% 和 43.48%。试油生产时效：平均生产时效 83.68%，最低为 37.13%。交井一次合格率 99.4%，优质井率 97.3%，执行设计符合率 100%，资料全准率 99.6%。

7. 技术推广应用

（1）试油测试技术。2010 年共完成 406 层次的联作施工。长城钻探工程公司在乌兹别克斯坦 JD-4 井应用高温延时启爆射孔、15K 井下工具、20K 地面设备等一系列新工艺、新装备，顺利地完成了该井施工。新疆油田西湖 1 井是典型的超深高温高压井（井深 6139 米、压力系数 2.05、井温 143 摄氏度），在试油过程中采用 APR 试油测试联作技术，通过对管柱受力、出砂等方面的科学计算和预测，合理地确定出测试压差、生产制度及压井和封闭方式，安全成功地完成了试油施工作业。川庆钻探工程公司研发的井下作业管柱力学分析软件，综合考虑井下作业施工过程中的多种效应，模拟多种工况下井下作业现场情况，通过各力学参数变化反映施工过程中管柱受力，具有施工过程预测、完整施工模拟、事故处理反算等功能，能具体提供砂卡、落物等事故的卡点，计算钻具力学性能，并通过图形、数据表的形式反馈出多种结果，能有效地指导超深井、高温高压井的试油，现场推广应用 292 井次，表明能满足油气田试油测试管柱受力监测分析，将试油测试技术向精细化、智能化、科学化发展。新疆油田为进一步提高试井资料解释质量、提高试井资料在油田勘探开发中的应用比例，引进了法国 KAPPA 公司的 Saphir 试井解释软件，大幅度提高了试井资料解释的速度和解释质量，资料的可解释率也明显提高。青海油田研发应用了试油抽汲数据自动处理系统，实现了抽汲速度、载荷、液面位置、抽汲液量等综合数据的自动采集处理，使操作人员及时了解当前抽汲的工作状态，运行参数超过正常工作范围时，仪器进行声光报警，提示操作人员，防止操作事故。

（2）压裂酸化技术。压裂酸化车组已达 70 组，其中 2000 型车组 40 组，作业施工能力显著提高。水平井压裂分段数达 15 段，单井加砂支撑剂量达 1573.29 吨，加砂注入井筒液量达 7925 立方米，酸压规模达 1603 立方米。水平井裸眼分段压裂酸化工具已实现国产化，并初步形成技术系列。川庆钻探工程公司国产裸眼压裂配套工具首次在苏里格桃 7-8-8H 井进行 4 段加砂压裂改造，打破了国外技术垄断，填补了国内空白，成本仅为国外同类产品的 40% 左右。经过持续攻关，单井施工段数已经从最初的 4 段发展到 11 段，形成了 $5^1/_2$ 英寸到 $8^1/_2$ 英寸 4 种裸眼井眼尺寸的酸化压裂工具，工具适应井深达到 6000 米，适应温度提高到 170 摄氏度，工作压差提高到 70 兆帕。基本形成了适合不同地区、不同井身结构、不同裸眼尺寸和压裂段数的系列化裸眼分段压裂酸化工具。全年，国产裸眼封隔器配套工具已完成 32 井次的分段压裂酸化施工，酸化最多一趟管柱分 11 段，压裂最多一趟管柱分 10 段，施工成功率 100%。苏里格水平井裸眼分段压裂投产 48 口井，平均投产产量为 8.02 万立方米 / 日，是苏里格直井平均日产量的 7.3 倍。开展了水平井连续油管喷砂射孔环空机械封隔分级压裂技术研究，利用连续油管喷砂射孔、封隔器分层、环空主压裂，其优点是不受压裂级数的限制，施工后无工具遗留，便于后期修井作业，已实施完成 5 口井作业。大庆油田自主研究的水平井套管内分段控制压裂技术性能大幅提高，工具耐温从 90 摄氏度提高到 100 摄氏度，耐压差从 50 兆帕提高到 80 兆帕，一趟管柱拖动分段压裂从 5 段提高到 15 段，单趟管柱加砂能力从 100 立方米提高到 160 立方米，单井最大卡距从 48 米提高到 112 米；在州扶 51- 平 52 井取得一趟管柱成功压裂 15 段、一天压裂 8 段的技术突破；在杏 13- 丁 4- 平 42 井开展连续油管配合双封单卡压裂试验，通过对比清水、常规压裂液和降摩阻压裂液，采用降摩阻压裂液，最大施工排量可达 3 立方米 / 分钟，确定了水平井连续油管加砂压裂的可行性。大庆油田全年共完成水平井套管内分段控制压裂24井次、酸化压裂施工125层，效果明显。长庆油田开展水平井不动管柱水力喷射分段压裂技术研究，已实现套管内不动管柱连续分压10段，水平段长达到2000米，完成7口井，技术日趋成熟。

（3）修井、侧钻技术。共完成水平井复杂打捞施工5井次，水平井套管修复8井次。大庆油田通过对水平井井下管柱力学、解卡打捞工艺方法、工艺管柱、解卡打捞工具和连续冲砂装置及工艺的研究，解决了大庆油田水平井解卡打捞、钻磨铣和连续冲砂修复作业技术问题。水平井解卡打捞全年应用23口井，主要采用套铣倒扣解卡打捞、水平增力解卡打捞、连续油管近卡点震击解卡打捞、震击倒扣解卡打捞等技术，解卡打捞的管柱主要包括洗井冲砂管柱、生产管柱和压裂管柱。特别是压裂和生产管柱全部被砂埋卡死，同时伴有套变，施工难度和风险都较大，解卡打捞最长被卡管柱达144.67米，涉及井型包括常规水平井和侧钻水平井等。在侧钻技术方面，长城钻探工程公司完成了冀东油田$9^5/_8$英寸、7英寸、$5^1/_2$英寸套管侧钻水平井9口井的施工，裸眼段总长6913.4米，平均水平位移720.69米、平均机械钻速5.93米/小时，平均钻井周期18.57天。施工中完善了侧钻水平井定向开窗技术，优化了小井眼井身轨迹设计与控制技术，应用了地质导向技术，掌握了冀东侧钻水平井特殊完井工艺技术以及小井眼侧钻水平井安全钻井工艺技术，形成了涵盖井眼轨迹优化设计、井眼轨迹精确控制、小井眼井壁稳定与钻井液维护、安全钻井、特殊完井工艺技术等一整套侧钻水平井施工技术。新疆油田套管内侧钻井26口，其中侧钻水平井18口，侧钻定向井8口，各技术指标达到工程设计要求，井身质量合格率100%，中靶率100%。在直径139.7毫米套管内开窗侧钻水平井实现规模化应用，完井均采用半程固井技术，在水平段将打孔管换成割缝筛管，尺寸由直径73毫米增加到直径88.9毫米，既增强了防砂效果，又增大了泄油面积，同时为后期井筒内维修施工创造了更有利的条件。

（4）井下作业特色技术。带压作业规模应用，超额完成计划目标，实施效果显著。带压作业作为节能减排、保护油气层、保持地层压力、提速提效、降低作业综合成本、稳定和提高单井产量的重要措施，全年共完成带压作业井1621口。其中，吉林油田带压作业井最多，共计514口，占总量的31.7%；大庆油田325口，辽河油田303口，新疆油田152口，长庆油田117口。辽河油田的施工队伍共计完成696口，占总工作量的42.9%。从实施效果看，2010年带压作业累计减少污水排放122.78万立方米，累计减少罐车拉运约10万台次。吉林油田综合效益最为明显，累计减少污水排放74.5万立方米，少影响原油产量10.93万吨。增加效益2.23亿元；大庆油田累计减少污水排放5.89万立方米，节省罐车拉运4907台（次），提前恢复水量9.18万立方米；长庆油田累计减少污水排放14.22万立方米，累计提前恢复注水8.2万立方米，与常规作业相比，平均单井缩短占井时间16.1天；西南油气田6口井合计提前恢复日产气14万立方米。经过各单位的科技攻关，配套技术进一步完善，技术装备取得新突破。在堵塞技术上，采用化学堵塞与水泥堵塞相结合的方式，初步解决了水井管柱结垢严重而无法实施堵塞的问题；可捞式连续油管桥塞的现场应用，提高了油管堵塞效率。最新研制并投入现场应用的一体化带压作业机，减少了中间配合环节，1个工作日即可达到开工条件，而分体式通常需要2个以上的工作日。膨胀管套管补贴技术得到大面积推广。经过持续攻关研究，膨胀管套管补贴技术取得了重大突破，一是研究并应用了螺纹长井段加固技术，由单根补贴到多根；二是耐高温膨胀管技术基本突破，耐温已达到350摄氏度；三是大通径膨胀管取得突破，$5^1/_2$英寸套管补贴后最大通径已达118毫米，$9^5/_8$英寸大直径套管补贴在大港油田成功应用；四是国产直缝焊管（ERW管）成功作为膨胀管材料，对降低成本意义重大。集团公司2010年共完成膨胀管补贴214井次，比2009年增加23%。

（何昀宾）

工程建设

【概述】 截至2010年底，集团公司具有工程建设业务的二级企业共24家，其中归口管理企业6家，拥有工程建设业务的油气田、炼化企业18家；所属三级企业共140家。从业人员15.5万人，管理人员占17%，技术人员占21%，操作人员占62%。各工程建设企业拥有各类资质767项，其中拥有综合甲级设计资质企业4家，行业甲级设计资质企业16家，化工石油总承包特级施工资质企业4家，化工石油总承包一级施工资质企业16家、管道工程专业承包一级施工资质企业15家。截至2010年底，集团公司工程建设业务板块资产总额1023.22亿元，净资产256.07亿元，平均资产负债率75%。

随着工程建设业务持续重组整合，截至2010年底，工程建设分公司直属归口管理企业增至6家，即中国石油天然气管道局（以下简称管道局）、中国石油工程建设公司（以下简称工程建设公司）、中国石油工程设计有限公司（以下简称工程设计公司）、中国寰球工程公司（以下简称寰球工程公司）、中国昆仑工程公司（以下简称昆仑工程公司）以及中石油东北炼化工程有限公司（以下简称东北炼化工程公司）。

工程建设业务涵盖了油气田产能建设、炼油化工、长输管道与储罐等专业的勘察设计、工程施工和监理各个环节，拥有油气田地面工程、储运与炼油化工建设领域的成套技术系列。2010年，工程建设业务服务保障能力进一步增强，陆上油气田产能建设能力处于国内领先水平，拥有常规油气田以及高含水、低渗透、特稠高凝油田和“三高”气田地面工程建设成套技术，具备2000万吨/年以上的原油产能建设能力和100亿立方米/年以上天然气产能建设能力；陆上长输管道建设处于国内领先地位，施工技术达到国际先进水平，具备711毫米以上管道6700—9700千米/年的施工能力；拥有15万立方米原油储罐、1万立方米球罐设计施工技术，具有原油储罐2600万立方米/年和成品油储罐1600万立方米/年施工能力；炼化工程建设方面，施工能力可同时满足2—3个千万吨炼油和1—2个百万吨乙烯项目建设需要。

【生产经营情况】 2010年，各工程建设企业紧跟集团公司战略部署，在保障集团公司重点项目建设的同时，不断开拓新的业务领域，着力开发国际石油高端项目，以培育区域性规模市场为重点，着力优化市场布局，开发和承揽技术含量和附加值较高的项目，提高市场规模和质量效益。工程建设板块全年新签合同额1321亿元，比2009年增长12%，其中海外市场新签合同额380亿元，占新签合同额的29%。

全年共实现营业收入1200亿元，比2009年增长15%，其中海外市场营业收入341亿元，占总收入的28%。归口企业实现营业收入858亿元，比2009年增长45%，其中海外营业收入339亿元，占归口企业总收入的39%。营业收入超百亿元的企业有4家，其中，工程建设公司营业收入超过300亿元，管道局营业收入超过200亿元，寰球工程公司、大庆油田工程建设有限公司（以下简称大庆油田工程公司）营业收入分别达到150亿元、140亿元。全年板块共实现利润15.5亿元，归口企业实现利润20.75亿元。

在2010年发布的ENR国际承包商225强中，工程建设公司、管道局、寰球工程公司分别位列第46、第76、第151位，比2009年公布的名次均有大幅上升，品牌效应明显增强，已经具备了成为具有国际竞争力的工程建设企业的发展基础。

【重点工程建设】 2010年，集团公司加快推进油气战略通道、国内骨干管网和储运设施建设，工程建设业务作为油气核心业务的重要保障处于发展高峰期，广大参建员工攻坚克难、昼夜奋战，圆满实现预期建设目标，有力保障油气核心业务的快速发展。全年共承担集团公司重点工程建设项目73项，其中中交和投产27项，新开工8项。在建项目中采用EPC总承包的54项，占项目总数的56%。

油气田地面工程建设方面，全年新建产能1500万吨，天然气产能100亿立方米。大庆油田中区西部区块萨葡二类及加密井产能建设、苏里格气田产能建设地面工程、克拉苏气田大北区块试采地面工程、苏丹六区三期300万吨/年产能扩建项目建成投产。伊朗MIS油田开发项目、尼日尔阿贾德姆油田地面工程建设项目、乍得诺尼尔油田开发项目（一期）等进入收尾阶段。伊拉克艾哈代布油田地面工程进展顺利。

炼化工程建设方面，全年共承担重点工程40余项，新建成装置60套，新增原油一次加工能力1430万吨。广西石化千万吨炼油，庆阳石化搬迁改造工程，吉林石化汽油、柴油质量升级和炼油结构调整项目，辽阳石化芳烃加工项目等建成投产。四川炼化一体化、抚顺石化、大庆石化、宁夏石化、克拉玛依石化项目全面推进。云南昆明1000万吨/年炼油、呼和浩特500万吨/年炼油扩能改造项目取得重大进展。尼日尔炼油、乍得炼油项目进展顺利，苏丹喀土穆炼厂环保装置于2010年7月19日一次投产成功。缅甸及越南化肥项目总体进度分别达到了98%和73%。

管道工程建设方面，全年共建成油气长输管道约5600千米。陕京三线全线贯通，中亚管道B线、西气东输二线中卫—黄陂段干线、石兰线、惠银线、涩宁兰复线建成投产。秦沈、日东、泰青管道按计划推进。中俄原油管道工程建成投产，成为中俄两国合作双赢的典范以及两国能源合作新的里程碑。中缅管道开工建设，乍得原油管道、尼日尔原油管道、工程建设公司和管道局以联合体形式总承包的阿布扎比原油管道工程进展顺利。

储罐工程建设方面，全年新建原油库容320万立方米，成品油库容52万立方米。独山子160万立方米国家石油储备库建成，宁夏石油80万立方米商业储备库投产。兰州国家石油储备基地建设和江苏、大连、唐山LNG项目以及华气安塞液化天然气项目进展顺利。

【工程建设主导模式推行】 2010年，工程建设板块持续大力推进“业主+PMC+EPC”工程建设主导模式的实施，以宁夏石化500万吨/年炼油改扩建工程为依托，取得工厂化EPC总承包的新突破；海外阿布扎比原油管道项目成功实践“业主+PMC+EPC”模式，实现了大型项目集成管理和集成建设，有利于工程建设项目成本的降低、质量安全的有效控制和合理工期的实现。

组织开展长输管道、炼油化工建设项目EPC总承包模式成本分析，为主导模式推行提供理论数据支持。对中亚天然气管道、阿布扎比原油管道等推行建设主导模式的项目进一步进行效果分析，认真总结EPC、PMC实施经验。建立生产经营季度例会和重点项目联系人制度，并深入中俄原油管线、西气东输二线东段、四川石化、抚顺石化、庆阳石化等现场进行重点跟踪，统筹协调施工资源，确保项目顺利投产。加强项目前期工作，在策划阶段提出设计资源配置建议，跟踪了解重点项目设计进展，及时协调解决有关问题，为项目顺利开展奠定基础。

不断完善归口企业业务功能，完成了6家归口企业项目管理公司（PMC）创建工作，管道局中油朗威工程项目管理有限公司、工程建设公司北京斯派克项目管理公司、工程设计公司北京兴油项目管理公司、寰球工程公司工程项目管理（北京）有限公司、昆仑工程公司北京德赛工程项目管理公司、东北炼化工程公司吉林梦溪工程管理有限公司均已挂牌成立，着力培育和提高工程项目投资咨询、勘察设计、造价咨询等方面的服务能力，为主导模式进一步推广实施打下基础。加速工程建设企业现有设计、施工企业的功能转化，进一步完善企业总承包功能。东北炼化工程公司剥离检维修服务业务，明确业务发展方向；管道局、工程建设公司加大内部设计资源整合和结构调整力度，突出发展设计业务；工程建设公司对施工和制造业务在新的层次上实现机构和人员整合；大庆油田、辽河油田整合设计和施工资源，集中优势力量发展工程建设业务。

2010年，为进一步规范集团公司建设市场秩序，工程建设板块大力推动加强承包商管理，结合工程建设领域突出问题专项治理工作的全面开展，在集团公司层面着手建立完善统一的承包商管理制度，组织完成了集团公司承包商管理办法，提出建设集团公司承包商资源库和工程建设诚信体系的目标并着手开展基础工作。工程建设板块率先在归口企业启动分包商资源库建立试点工作，研究确定具体操作程序，明确入库标准和管理要求，截至2010年底，归口企业推荐的643家外部工程建设企业有548家经评审符合条件首批进入资源库。在集团公司范围内组织开展工程建设项目转包和违规分包大检查，重点检查分包管理制度是否健全、职责是否明确、监督是否到位，进一步保证建设项目的本质安全。

【科技成果】 2010年，工程建设板块共承担科技项目269项，科技总投入4.72亿元，其中，国家级项目9项，集团公司级课题62项。新申请专利133项，已受理112项，获得专利证书82项。

2010年，集团公司出台未上市企业科研经费管理办法，工程建设企业科研经费提取渠道得以理顺，落实研发项目和新技术推广项目资金来源。工程建设板块积极推进集团公司重大科技专项，西气东输二线工程关键技术研究、千万吨级大型炼厂成套技术开发、大型乙烯装置工业化成套技术开发等7大科技专项按计划推进。组织编制油气田地面、炼油化工、LNG与低温冷储、长输管道的技术引进消化吸收再创新目录，加快培育具有自主知识产权的核心技术，促进科研与生产、技术与工程相结合，提高科研成果工程转化能力，快速提升工程设计水平。

工程建设归口企业科技成果丰富。管道局基于应变的管道设计技术、X80钢焊接工艺、热煨弯管及管件等科研成果已广泛应用于西二线等工程建设中；工程建设公司重点加强炼油工程核心关键技术的研发，先后承担集团公司劣质重油轻质化关键技术、千万吨炼油成套技术研发，并完成了广西石化1000万吨/年、宁夏500万吨/年等炼油项目的拿总设计，炼油设计能力和水平明显提高；工程设计公司研究并掌握了气水交替注采油田地面建设、地下储气库设计、大型储罐及油库建造等核心技术，针对海外重点项目开展高酸性油田地面集输和处理技术、高效油田地面处理技术与设备研究，并取得明显效果；寰球工程公司在大型乙烯、聚丙烯、乙二醇、化肥、醋酸、甲醇、天然气液化、LNG接收站等八大领域取得不同程度的技术突破和创新成果，为实现持续有效较快协调发展提供强有力的技术支撑和保障；昆仑工程公司强化科技成果有形化、集成化，优化完成了年产20万吨聚酯专有技术、百万吨PTA专有技术等国家及行业重大项目的研发，分别获得国家科技进步二等奖和中国纺织工业协会科技进步一等奖，取得了显著的社会效益和经济效益。

【队伍建设与专业培训】 2010年，工程建设板块以高端人才队伍建设为核心，采取多种方式引进、培养工程建设业务发展需要的专家和骨干人才队伍，组织实施工程建设项目管理、石油建设工程EPC总承包管理、石油工程监理、LNG前沿技术4个项目5个班次的培训，共培训500多人次。积极推动与英国Penspen公司签订人才联合培养备忘录，力争每年派出8—10名管道设计与项目管理人员，赴Penspen公司现场进行为期1年至1年半的在职培训。组织开展石油内部监理工程师职业资格取证工作，作为对国家监理工程师资格证的补充，以满足集团公司工程建设的需要，参加2010年第一、第二期石油内部监理工程师业务培训的334名学员中，有194人通过考试获得内部监理资格证书。

【"十一五"发展成果】 2010年是"十一五"收官之年，"十一五"期间，工程建设业务牢牢把握发展机遇，以服务保障油气核心业务为己任，调结构、谋发展，抢高端、求转变，讲融合、促和谐，抵制住了百年一遇的国际金融危机的冲击，担负起建设集团公司重大战略工程和重点项目的光荣使命，实现"十一五"完美收官。

"十一五"期间，集团公司按照集约化、专业化、一体化的战略部署，对工程建设业务进行资源整合和业务重组，组建工程建设分公司，搭建起"两级行政、三级业务"的管理体制和建管分开的运行机制，打造管道局、工程建设公司、工程设计公司、寰球工程公司、昆仑工程公司、东北炼化工程公司、大庆油田工程公司、辽河油田工程公司等业务发展定位明确及专业化优势明显的工程建设骨干企业，提出"积极发展高端、有序退出低端，突出核心业务、合理配置人员"的发展思路。经营模式由单纯追求规模型向规模效益型转变，项目承包方式逐步由设计、施工承包向EPC总承包转变，市场领域由以国内为主逐步向国内外协同发展转变，并开始向"技术和管理要求高、附加值大和效益好"的高端市场迈进。

"十一五"期间，工程建设业务按照集团公司总体要求，学习借鉴国际先进的项目管理模式，逐步推广实施EPC工程总承包，在西部管道工程、西气东输二线、中亚天然气管道、阿布扎比原油管道、克拉苏气田大北区块试采地面工程、阿姆河右岸气田地面建设、独山子石化、广西石化等一大批重大工程项目建设中不断总结经验、完善功能、提升能力，积极进行工程总承包和项目管理承包探索与实践，确定在新建整装油气田产能建设项目、长输管道项目、储罐建设项目、大型炼化工程项目及海外工程项目全面实施"业主+PMC+EPC"为主导的工程建设组织模式。工程建设骨干企业已普遍形成完善的EPC业务管理链条，具备大型工程的总承包能力，PMC业务呈现出积极拓展态势，管理体系和业务流程正在不断完善，初步具备一定的业务发展能力。

"十一五"期间，工程建设业务以增强科技创新能力为抓手，优化科技资源配置，初步建立三级技术创新管理体系，多层面推动技术创新工作，着力突破重点领域的技术瓶颈。在高钢级大口径钢管及管道建设配套技术、气水交替注采油田地面建设、地下储气库设计、大型储罐及油库建造技术、大型炼油、大型乙烯、大型化肥、聚丙烯、乙二醇、聚酯化纤、天然气液化、LNG接收站等诸多领域都取得可喜的创新成果和关键技术突破，为实现持续有效较快协调发展提供了强有力的技术支撑。

"十一五"期间，工程建设业务服务保障能力显著提升，建成一大批精品工程。优质高效地完成大庆油田、长庆油田等油气田的产能建设任务，为稳产上产作出了突出贡献。独山子千万吨炼油、百万吨乙烯工程被评为新中国成立60周年"百项重大经典建设工程”，广西石化千万吨炼油工程、世界单系列规模最大的乌鲁木齐石化100万吨/年芳烃、国内单套产能最大的塔里木大化肥以及庆阳石化炼油搬迁改造项目均一次投产成功，确保炼化战略性、结构性调整阶段目标的实现。中亚天然气管道、中俄原油管道、中哈原油管道、西气东输二线西段、陕京三线、兰郑长等油气战略通道和国内骨干管网建成投产。

“十一五”期间，工程建设能力快速提升，综合实力不断增强，陆上油气田产能建设能力、陆上长输管道建设能力均处于国内领先地位。

回顾“十一五”，工程建设业务的发展立足于服务油气核心业务，着力提升工程建设保障能力；立足于发展方式的不断转变，持续调整优化业务结构；立足于核心竞争力的大力提升，加快科技创新步伐；立足于智力和人才保障，着力培养一支高素质的高端人才队伍；立足于“走出去”战略的大力实施，积极参与国际合作与竞争。

（吴晓利）

装备制造

【概述】 2010年，是实现“十一五”目标的关键年，装备制造系统广大员工坚持以科学发展观为指导，按照集团公司的统一部署，认真落实建设综合性国际能源公司的各项战略要求，抓住油气核心业务快速发展的有利时机，发挥一体化管理的优势，加强科技创新，加快结构调整，大力开拓市场，狠抓质量安全环保等各项工作，克服国际金融危机等诸多不利因素带来的冲击和影响，不断巩固发展基础，提高发展质量，业务规模快速增长，确保了“十一五”目标的实现。“十一五”累计实现营业收入2040亿元，是“十五”503亿元的4倍，年均增长21.13%；实现利润87.65亿元，是“十五”9.34亿元的9.38倍，年均增长10%；实现出口收入超过100亿美元，是“十五”22亿美元的近5倍，年均增长9.99%。同时，管理体制进一步理顺，产品结构进一步优化，科技创新进一步加强，市场开拓力度进一步加大，为装备制造业务持续有效发展奠定了坚实的基础。

【生产经营情况】 2010年，生产经营形势总体保持基本平稳，实现合同签约额592亿元、营业收入420亿元、利润8亿元、出口额16亿美元。主要产品产量完成情况如下。

（1）钻采类产品：全年生产钻机63套、钻修井机35套、抽油机12747台、钻井泵432台、螺杆钻具3808套、钢丝绳50801吨、钻头9723只。

（2）钢管类产品：全年生产钢管210万吨，其中，螺旋焊管116万吨，直缝焊管46万吨，高频直缝焊管9.3万吨，石油专用管38.8万吨。

（3）动力类产品：全年生产内燃机2917台、压缩机60台。

（4）炼化类产品：全年生产容器5.9万吨、烟汽轮机11台、仪表4.7万套、特种阀门182台。

【主要产品】 装备制造产品涵盖钻井、采油、动力、钢管、炼化、海洋、物探、测井装备八大类180多个品种，覆盖石油工业上中下游业务领域，形成了比较完整的研发、制造、营销服务体系。主要装备制造企业已全部通过ISO 9000、ISO 1400、ISO 10012管理体系认证，60余种产品取得美国石油学会API会标使用权，部分压力容器产品取得美国机械工程师学会ASME认证。八大类产品中，钻井装备、采油装备、动力装备、石油管材是最具优势的领域。

钻井装备主要产品包括：钻机、修井机、顶驱装置、钻井泵、固控系统、螺杆钻具、钢丝绳、工程车辆、井下工具等。已形成钻深1000—12000米全系列钻机生产能力，建成国内规模最大、制造能力最强的石油钻井装备研发制造基地。

采油装备主要产品包括：抽油机、抽油杆、抽油泵、潜油电泵、井口装置等。抽油机、抽油杆、抽油泵产品制造、工艺水平国内领先，已经形成相当大规模；节能型抽油机、电潜泵、隔热油管、热采锅炉等新产品形成新的增长点。

动力装备主要产品包括：柴油机、燃气机、发电机组、天然气压缩机、电动机等。内燃机形成不同燃烧介质系列，技术水平和产品性能处于国内先进水平，正在发展不同缸径的多规格系列产品；双燃料发动机、节能电动机等新产品得到推广应用。

石油管材主要产品包括：油气输送管（覆盖螺旋

埋弧焊管、直缝埋弧焊管、高频直缝电阻焊管 3 种焊管工艺），石油专用管（包括油管、套管、钻杆、钻铤），钢管防腐，弯管、管件等。其中，输送管已经形成系列，大口径、厚壁、高钢级输送管生产能力、制造工艺水平及市场占有率处于国内领先地位，X80 高钢级大口径焊管制造及配套技术成为国际同行业领跑者；HFW 套管质量达到国际先进水平。

炼化装备主要产品包括：炼油厂用烟气轮机和特殊阀门（滑阀、焦化塔底阀等）、中小型压力容器（塔类、换热器等）、合金炉管、炼化仪表等。烟气轮机在技术工艺水平方面处于国内领先，市场占有率较高，30000 千瓦级特大功率烟气轮机属填补国内空白产品，运行及推广情况良好；特殊阀门在国内市场具有明显竞争优势。

海洋装备主要产品包括：钻井平台、采油平台、船舶、海上采油井口、水下作业工具等。已经研制开发春晓、番禺 PY30-1、南堡 35-2 等项目用海洋平台钻井模块，开始涉足平台服务船舶、海洋平台制造业务。

物探装备主要产品包括：地震仪、检波器、可控震源等，具备研发、生产、服务一体化优势。新型地震仪器采集记录系统 2000 道样机研制成功，GeoEast 地震数据处理一体化系统实现规模推广。

测井装备主要产品包括：数控测井仪、综合录井仪、射孔器材等，具备研发、生产、服务一体化优势。国产成像测井系统形成地面采集和井下 9 种仪器配套，国产测井装备及技术应用已进入成像测井阶段。

【业务重组与整合】 围绕建设几个具有较强竞争力的大型装备制造基地的目标，坚持有进有退、集聚发展的原则，对装备制造业务进行持续整合。截至 2010 年底，华北、大港、冀东、西南油气田 4 家企业和兰州石化、管道局 2 家企业全部退出或部分退出制造业务，初步形成宝鸡石油机械、宝鸡钢管、渤海装备、济柴动力、大庆装备、辽河装备 6 家制造企业和技术开发公司 1 家专业国际贸易企业的“6 + 1”业务发展新格局，7 家企业营业收入占板块总收入的 85.6%，陕西、渤海、大庆、辽河、山东 5 个集研发设计、生产制造、销售服务于一体的大型装备制造基地初具规模。

【技术创新】 科技创新体系进一步完善，按照“一个整体、两个层次”的科技研发体制要求，加快研发机构建设，宝鸡石油机械、宝鸡钢管、渤海装备研究院和宝鸡钢管研究院国家工程技术研发中心挂牌成立，油田装备试验基地动力子平台在济柴建成。与国内外先进企业、专业院所、高等院校开展广泛的技术交流与合作，先后与德国 MAN 公司等就 32/40 发动机、平台升降装置等技术展开合作，初步形成产学研相结合的开放式科技创新研发体系。同时，研究制定加大科技投入政策，持续投入机制逐渐形成。坚持把科技创新作为提高市场竞争力、推动业务发展的核心动力，加快新产品研发，科技创新成果显著。12000 米钻机获得集团公司 2010 年度科技进步一等奖，5000 米全拖挂钻机、连续油管、高可靠性柴油机等 53 种新产品研发成功，获得授权专利 195 项。技术交流与合作进一步推进，济柴动力、宝鸡石油机械、渤海装备分别在非天然气介质往复式压缩机、隔水管张紧器、水下井口系统、抽油杆连续热锻、大中型高压球阀等方面与国外公司签订了技术许可与合资合作协议。

【市场开拓】 一体化市场开发的新机制初步形成。确立国际市场营销“四统一”原则，调动制造企业和贸易公司两个积极性，发挥整体优势，打造以技术开发公司为出口主渠道、共同开发市场的国际市场营销新模式。各企业适应集团化经营的发展趋势，加快完善一体化运营的营销体系，增强了市场响应能力。市场营销网络不断完善，国内营销网络覆盖上中下游各业务领域，国际营销网点数量增加一倍，境外机构由原来 18 个国家的 24 个发展到 40 个国家的 53 个，覆盖世界主要油气产区；营销手段更加多样化，开展了仓储寄售、维修租赁、国外制造、“门到门”物流、“一站式”服务等多种营销方式；客户关系不断深化，在巩固国内三大石油公司和社会市场客户关系的同时，与国外 600 多个油公司、服务公司、分销商建立合作关系；锤炼了一支敬业拼搏的营销队伍，技术支撑、商务运作和售后服务综合能力进一步强化。产品销售由单机、零部件向成套、大型、批量转变，销售重心由低端市场逐步向高端市场拓展，销售方式由单一产品销售逐步向销售服务转型。国内市场占有率稳步增长，国际市场空间快速扩大，产品出口扩展到 70 多个国家和地区，规模市场增加了 5 个，形成中亚、中东、北非、南美、北美等 12 个 5000 万美元以上的规模市场；在迪拜海洋钻井平台、阿联酋 NDC 沙漠钻机等重大项目上取得历史性突破，高端产品打入中东、北美等高端市场。

【重点项目建设】 建立重大项目月报、季报制度，严格初设审查、开工审批、投资工期管控、竣工验收等过程管理。项目单位组织精干力量强化现场管理，施工队伍赛进度、赛质量，监理人员认真负责，保证了重点建设项目按期建成、顺利投产。“十一五”期间，集团公司投资120亿元，重点实施技术改造、产品升级和质量提升项目51个，投资力度超过此前历史总和。其中秦皇岛大螺旋预精焊、南京大直缝等32个项目建成投产，在加快结构调整、实现业务持续有效发展上发挥了重要作用。2010年，开展渤海大中型高压阀门等18个项目的前期工作，济柴140/260发动机产能建设等12个项目开工建设，渤海钻杆生产线扩能改造等8个项目建成投产，宝鸡资阳钢管厂异地技术改造等2个项目竣工验收。

【品牌整合】 大力推进品牌统一工作，中国石油装备品牌形象和市场认知度明显提高。继首批25种产品之后，又有27种石油装备产品获准使用“中国石油装备”品牌。截至2010年底，获准使用“中国石油装备”品牌的产品达到52种，见表1。

表1 获准使用“中国石油装备”品牌产品名录

序　号	企业名称	二级单位	产品名称
1	宝鸡石油机械有限责任公司	本部	钻机
2			钻井泵
3			测井车
4			试井车
5			吊环
6			钻杆接头
7			石油专用螺纹量规
8			绞车
9			转盘
10			天车
11			游车
12			大钩
13			水龙头
14			井架、底座
15			盘式刹车
16			顶部驱动钻机装置
17		咸阳石油钢管钢绳有限责任公司	通用钢丝绳
18			石油用钢丝绳
19			整筒抽油泵
20		宝石机械成都装备制造公司	防喷器
21			井口装置和采油树
22			牙轮钻头

续表

序　号	企业名称	二级单位	产品名称
23	宝鸡石油钢管厂	本部	螺旋缝埋弧焊钢管
24		资阳钢管厂	螺旋缝埋弧焊钢管
25		辽阳钢管厂	螺旋缝埋弧焊钢管
26	中国石油集团济柴动力总厂	本部	陆用发动机
27			船用柴油机
28			柴油机（双燃料）耦合器机组
29			柴油发电机组
30			燃气发动机及机组
31		中国石油集团济柴动力总厂成都压缩机公司	天然气压缩机
32	中国石油集团渤海石油装备制造有限公司	中成机械制造分公司	螺杆钻具
33		中成机械制造分公司	高压往复式柱塞泵
34			金刚石钻头
35			潜油电泵
36		新世纪机械制造分公司	抽油机
37			整筒抽油泵
38		中成装备制造分公司	石油修井机
39			专用汽车
40		兰州石化机械厂	烟气轮机
41	大庆油田有限责任公司	大庆力神泵业有限公司	潜油电泵
42		大庆射孔弹厂	射孔枪
43			射孔弹
44			复合射孔器
45	中国石油集团钻井工程技术研究院	北京石油机械厂	顶部驱动钻井装置
46			螺杆钻具
47			震击器和减震器
48			螺杆泵
49			地面防喷器控制装置

续表

序　号	企业名称	二级单位	产品名称
50	中国石油集团东方地球物理勘探有限责任公司	西安物探装备分公司	检波器
51			地震检波器测试仪
52			地震仪

（徐　波）

第七篇

国际业务

海外油气业务

【概述】 中国石油天然气集团公司海外油气业务经过18年发展，取得巨大成就，进入了规模化发展阶段。截至2010年底，海外油气业务在全球29个国家，运作着81个油气合作项目，其中参与管理与运作勘探项目27个，开发项目40个，(独立)管道项目5个，炼化项目9个。初步建成中亚、中东、非洲、南美和亚太5个海外油气合作区，中亚、中俄、东南亚、海上四大油气战略通道已基本形成，上中下游一体化业务链日趋成熟，为保障国家能源安全，推进集团公司综合性国际能源公司建设作出了重要贡献。

2010年，海外勘探开发公司和各地区公司、项目公司协同配合，以科学发展观为指导，努力推进海外五大油气战略合作区建设，突出抓好海外油气业务生产经营和管理，切实转变海外业务发展方式，着力提升海外项目运作质量和效益，全面完成年度生产经营任务，实现了“十一五”的完美收官。油气勘探捷报频传，重点地区勘探取得进一步突破；油气生产迈上新台阶，成功迈上当量产量8000万吨/年新台阶；重点工程稳步推进，伊拉克项目油田建设首战告捷，2个百万吨一体化项目等重点工程稳步推进；新项目开发进展顺利，在非常规油气资源领域取得了重要成绩；战略通道建设取得重大进展，为保障国家能源安全不断夯实基础；综合支持能力显著增强，海外经营管理水平再上新台阶。

全年海外新增原油、天然气探明可采储量分别完成年度计划的110.1%和122%；海外原油作业产量7582万吨，权益产量3603万吨，分别完成年计划的102.9%和100.5%；天然气作业产量137亿立方米，权益产量104亿立方米，分别完成全年计划的130.2%和124.6%；全年输送原油4030万吨，天然气60亿立方米，分别完成全年计划的104%和109.1%；加工原油1055万吨，完成全年计划的105.1%；实现收入122亿美元，完成年度计划的135.5%。

【海外油气勘探】 2010年，海外风险勘探、滚动勘探均取得重要突破和发现。全年共完成二维地震采集13950千米，为计划的106.4%；完成三维地震采集8288平方千米，为计划的100.7%；完成探井128口，为计划的100%；完成评价井52口，为计划的102%。继续保持较高的计划完成符合率。新增石油可采储量同比增加5.5%，新增天然气可采储量同比增加29.9%。

陆上战略性风险勘探成果显著。2010年，海外风险勘探突出重点项目，坚持寻找勘探突破，揭示了1个亿吨级地质储量规模的含油区带、2个5千万吨级地质储量规模的油气藏和1个千亿立方米地质储量规模的气田，并获得多项重要油气发现。尼日尔Agadem区块东部Dibeilla地区亿吨级油气规模初步形成，3口探井试油相继获得高产；乍得H区块Naramay地区甩开探井获得突破，成功打出1口千吨井，油气地质储量大幅度增长，为建成规模产能奠定了坚实物质基础。

天然气勘探前景良好。阿姆河右岸东区Aga-21井、中区Oja-21井获得高产，为海外业务又增添1个千亿立方米地质储量规模大气田；乌兹别克斯坦咸海项目水域联合区块首口探井取得重大勘探发现，显示出良好的勘探前景。

滚动勘探进一步深化。伊拉克艾哈代布项目进一步落实并细化构造形态，新增石油可采储量近2485万吨；PK项目1057区块探井首次在区域盖层之上发现油气，展示了非构造油藏的勘探新领域；苏丹3/7区Ruman凸起滚动勘探取得新进展，3口探井均有良好发现，共新增石油地质储量近800万吨；苏丹1/2/4区、ADM项目、印度尼西亚项目的滚动勘探也有新的突破。

海上勘探稳妥推进。苏丹15区海上2口探井及SPC项目南海风险探井顺利完钻，为推动海上风险勘探工作积累宝贵经验。

【海外油气开发生产】 截至2010年底，海外油气业务共运作油气开发项目40个，分布在21个国家和地区。2010年12月，海外开发生产项目总井数15876口，其中采油井12368口，采气井74口，日产油水平20.84万吨，日产气水平4389.5万立方米。

海外油气生产克服油藏潜力逐步减小，措施挖潜难度不断加大，产油区外部环境多变等不利因素影响，积极推广应用水平井等先进适用技术，继续推进老油田开发调整，加快新油田上产步伐，确保油田区块高效开发。全年作业产量稳步上升，油气作业当量创历史新高。海外油气生产首次踏上年产8000万吨油气当量的步伐，全年海外原油作业产量7582万吨，超产216万吨；天然气作业产量137亿立方米，超产31.7亿立方米。

2010年，海外总计开钻井1168口，完钻井1138口，钻井总进尺2059875米，钻井总数和进尺同比分别提高22.63%和17.61%。全年海外新井投产792口，同比多投产106口，新井产量670.9万吨，占总产油量的9.22%。全年实施措施1348井次，同比增加854井次；措施增油160万吨，占总产量的2.20%，单井措施日增油79.4桶。

水平井等先进实用技术继续在海外得到大力推广和应用，全年开钻水平井169口，完钻162口，完钻水平井占完钻开发井井数的18.84%，完成推广计划的147.27%。厄瓜多尔安第斯公司Alice-16H水平井日产高达千吨以上，成为项目历史上产量最高的井；阿曼项目通过完善水平井注采井网实现大幅超产。

【海外新项目开发】 2010年，海外新项目开发继续获得新的突破。根据海外业务规模化发展的需要，海外勘探开发公司积极转变新项目开发思路，以完善海外业务布局、调整油气资产结构、弥补产量递减为落脚点开展项目开发工作，取得一系列成果。一是与国际大石油公司的合作取得实质进展。2月22日与壳牌签署叙利亚幼发拉底项目购股协议，扩大在叙利亚的油气业务规模；3月19日，联合壳牌公司以35亿澳元成功收购了澳大利亚箭牌（Arrow）能源公司100%的股权，实现在海外煤层气资源领域的战略性进入；5月16日，和壳牌公司共同就卡塔尔D区块勘探项目与卡塔尔石油公司签署EPSA合同，在中东油气富集区取得又一新进展。二是非常规油气业务领域和重点资源国继续获得重大突破。4月17日，正式签署委内瑞拉呼宁－4石油合作项目及长期融资合作等重要协议，并于10月14日获得委内瑞拉国会批准，在南美地区的重油业务又取得重大突破；6月24日，正式签署昆仑项目HOA框架协议，在加拿大非常规气领域开发取得新进展。三是中亚、俄罗斯地区油气合作取得新进展。6月12日，签署中哈天然气管道二期设计、融资、建设与运行原则协议；11月1日，伊朗南阿扎德干项目合同正式生效，进一步扩大了中东地区的油气业务规模。 11月22日，与俄罗斯国家石油公司签署《关于扩大油气田勘探开发（上游）领域合作的备忘录》。

【重点勘探开发项目运行情况】

1. 中亚地区重点项目

（1）哈萨克斯坦阿克纠宾项目。2010年阿克纠宾项目油气作业当量首次突破1000万吨大关。全年完成原油产量628.21万吨，同比增加1.73%；天然气产量51.75亿立方米，同比多产6.273亿立方米，增加13.8%。项目全年共实现油气当量产量1040万吨，成为继苏丹1/2/4区项目、3/7区项目，哈萨克斯坦PK项目之后，集团公司海外第四个千万吨级大油田。这是阿克纠宾项目继2009年原油产量突破600万吨之后，取得的又一个具有里程碑意义的成绩。项目全年共开钻井81口，完成73口，总进尺24.89万米；完成三维地震采集1032平方千米，三维地震资料处理3608平方千米；完钻预探井3口，评价井6口，圆满完成年度储量指标。

（2）哈萨克斯坦PK项目。上游板块（PKKR）。2010年共生产原油303.6万吨，完成计划产量的101.2%；生产天然气5.47亿立方米，完成年计划的166%；共开钻开发井83口，完钻82口，钻井进尺12.72万米，其中钻水平井5口、定向斜井3口、侧钻井2口；新投产开发井73口，累计增油36.99万吨；完成二维地震采集800千米、三维地震采集150平方千米，钻探井19口，以104.5%完成全年储量指标。

合资板块。2010年，2个合资公司共生产原油623.4万吨（含轻烃16万吨），生产天然气8.13亿立方米。其中，TP公司生产原油296.4万吨，完成计划的99.8%；生产天然气2.82亿立方米，完成计划的100.7%；投产新井69口，全年新井累计产油54.3万吨，完成计划的229.8%。KGM公司生产原油311万吨，完成计划的100.3%；生产天然气5.32亿立方米，完成计划的105.1%；投产新井9口，新井产量3.19万吨。

（3）哈萨克斯坦北布扎奇项目。2010年，全年生产原油200.02万吨，同比增产8.32万吨，增幅4.3%，首次踏上年产200万吨台阶，实现历史性的跨越；生产天然气1.23亿立方米，同比增产4497万立方米，增幅57.4%。全年新钻并投产新井150口，新井累计产油23.5万吨；完成各类修井作业1411井次，进行井下测试617井次；天然气综合利用一期项目全部建成投产；中心处理站年原油处理300万吨扩建项目完成方案论证，详细设计完成80%。

（4）哈萨克斯坦曼格什套项目。2010年，生产原油571.2万吨，完成计划的101.09%；生产天然气4.53亿立方米，完成计划的98.91%（需求方卡拉让巴斯油田需求量下降）。其中：卡拉姆卡斯作业区产油421.18万吨、产气3.09亿立方米；热德拜作业区产油150.01万吨、产气1.44亿立方米。项目全年开钻 45 口井，完钻 43 口井，交井 43 口，共完成钻井进尺 6.67 万米。全年投产新井 43 口，完成油井措施 256 口井；首次在里海水域开展勘探作业，完成里海 M 区块二维地震资料采集 1000 千米。

（5）哈萨克斯坦 KAM 项目。2010 年，项目共有油井 182 口，开井 143 口，油井开井率 78.6%；生产原油 66.96 万立方米，其中，老井产油 53.17 万立方米，新井产油 11.2 万立方米，措施产油 2.59 万立方米；油田共有注水井 42 口，开井 40 口，全年累计注水 88.07 万立方米；对 34 口井实施 44 井次措施；全年完钻 34 口井，投产新井 33 口。

（6）哈萨克斯坦 ADM 项目。2010 年，生产原油 41.03 万吨，完成年计划的 95.43%；完钻开发井 19 口，总进尺 3.33 万米；投产新井 13 口，其中开发井 11 口，新井累计产油 5.27 万吨；全年完成措施 13 井次，有效率达 92.3%，年增产油 3.2 万吨。共完成探井 7 口，在鲍金根地堑西斜坡的 K23 井、东斜坡的 K17 井获得油气发现。K23 井试油获工业油气流，日产凝析油 18 立方米，日产天然气 5.21 万立方米；K17 井试油获高产凝析油气流，日产凝析油 75 立方米，日产天然气 21.5 万立方米，超额完成年度储量指标。布里诺夫油田预脱水站工程和萨雷布拉克油田集油站、发电站工程分别于 10 月 27 日和 11 月 15 日建成投产。

（7）阿塞拜疆 K&K 油田开发及勘探项目。K&K 油田依靠天然能量开采，2010 年产量持续递减，全年生产原油 22.5 万吨，其中，老井自然产量 22.13 万吨，措施产量完成 0.31 万吨，完钻并投产新井 1 口，共产油 0.06 万吨。

（8）乌兹别克斯坦丝绸之路项目。丝绸之路项目合同区包括乌兹别克斯坦境内 5 个陆上勘探区块，总面积 3.4 万平方千米。全年完成探井 3 口，评价井 1 口，钻井总进尺 1.163 万米。完成二维地震采集 407.48 千米；全年共试油 4 口 8 层 111.3 米，其中，西莎 -101 井测试采用射孔、测试联作，获得日初产 29.5 万立方米高产天然气流，酸化后达 108 万立方米。

（9）土库曼斯坦阿姆河天然气项目。2010 年，项目提前 53 天完成全年生产任务，并创造了 6600 万安全人工时的纪录。全年天然气作业产量 40.26 亿立方米，平均日产 1102.96 万立方米；生产净化气 36.295 亿立方米，平均日产 994.39 万立方米；向中亚管道外输商品气 36.256 亿立方米，平均日外输 993.32 万立方米；生产凝析油 2.93 万吨，平均日生产 80.3 吨；生产硫磺 12.22 万吨，平均日生产 334.8 吨。全年完成二维地震采集 1041 千米，完成三维地震采集 1992 平方千米；新开钻探井 15 口，完钻 16 口，钻井总进尺 4.99 万米，完成探井测试作业 6 口。勘探成绩显著，A 区块储量大幅增加，B 区南部奥贾尔雷圈闭获得大的突破，东部阿盖雷构造带千亿立方米地质储量规模的大气田已现雏形；基本探明别列克特利—皮尔古伊气区。在基尔桑气田 Gir-21 井实施裸眼钻试一体化作业获高产气流，井口日产气量达 210 万立方米。

2. 中东地区重点项目

（1）伊朗 MIS 项目。2010 年 2 月 1 日，中方收购合作伙伴 NESCO 公司剩余的 25% 股份，成为伊朗 MIS 项目 100% 股权拥有者。MIS 项目地面工程建设年度完成工程总进度的 61.6%，工程总体进度达到 97.1%，投产和移交准备工作基本就绪，预试运工作逐步展开，部分项目已经进入机械完工检查程序。全油田综合油藏和开发方案于 2010 年 10 月完成最终验收。

（2）伊朗 3 区项目。项目从 2009 年 6 月 8 日开始进入评价期，2010 年初，完成 BAB 三维地震的平行处理和解释，根据地震解释钻探的评价井 BAB-2，于 Ilam 地层试油获得日产原油 212 桶，日产天然气 1.9 万立方米工业油气流。截至 2010 年底，项目已完成三维地震采集 200 平方千米。

（3）伊朗北阿扎德干油田项目。该项目是中国石油在伊朗的第一个大型项目。2010 年，完成 North Azadegan 油田新采集的 178 千米的二维地震资料处理、解释工作。油田地面工程（FEED）完成前端设计。项目全年开钻 3 口井，完井 1 口。第一口评价井 NAZ -1 井试油获得高产油流。

（4）伊朗南帕斯项目。该项目合同于 2010 年 4 月 4 日正式生效。2010 年编制完成合同要求的 9 个管理文件，向伊朗国家石油公司提交油田地面工程（FEED）和专题研究项目建议书，胜利召开第一届联管会，启动 FEED 和室内专题研究。

（5）伊拉克鲁迈拉项目。该项目是中国石油与 BP 公司、伊拉克南方石油公司合作共同运营的油田开发生产服务合同项目，2010 年 7 月 1 日联合公司正式接管油田。2010 年鲁迈拉油田共开钻 42 口井，完钻 44 口井，完井 40 口井，完成进尺 12.81 万米。10 口新井投产，日增油 11.4 万桶；ESP 井 44 口，日增油 7.2 万桶；完成 Flowline 48 口井，日增油 5.4 万桶。与接管油田之前的 6 月份相比，平均日产水平增加 22404 吨。油田全年注水 1653.5 万立方米，日平均注水4.5万立方米。该项目12月25日成功实现初期产量目标（IPT），并经政府批准，于12月31日开始中方成本回收。

（6）伊拉克哈法亚项目。该项目为开发生产服务合同项目，于2009年12月中标，2010年1月27日由中国石油天然气股份有限公司（PetroChina）、道达尔勘探生产伊拉克公司（Total E&P Iraq）、马来西亚石油公司（PETRONAS）和伊拉克南方石油公司（South Oil Company）组成的联合作业体与伊拉克米桑石油公司（Misson Oil Company，缩写MOC）签署为期20年的合同，中国石油担任作业者。合同于2010年3月1日生效。

2010年，哈法亚项目实现全面快速启动，各项工作走在伊拉克第二轮中标7个项目的前列，创造第一个提交初始开发方案（比合同要求提前3个月）并第一个获得批复、第一个完成油田生产基地初期建设并进驻、第一个开始三维地震作业、第一个开始钻井作业、第一个完成油田交接准备等"五个第一"，得到伊拉克政府、MOC、合作伙伴的高度评价和认可，圆满完成2010年各项工作任务，为项目实现商业投产奠定了基础。2010年完成三维地震采集29.4平方千米；开钻2口水平开发评价井，合计进尺2955米；完成油田初始开发方案并获得MOC批准；开发作业招投标工作全面启动，油田现场重点工程建设稳步推进；生产基地一期建设与安保防恐设施建成并投入使用。

（7）伊拉克艾哈代布项目。项目为中国石油集团与中国兵器工业集团共同出资组建的油田开发项目。截至2010年12月底，艾哈代布油田累计完钻33口井（含2009年之前伊方老井7口），中方新钻井累计完钻26口井，其中评价井8口，开发井18口。2010年开钻29口井，完钻24口井（评价井6口、开发水平井16口、开发定向井2口），钻井总进尺90710米；完成试油12井次31层，酸化作业26层；进一步深化油藏认识，完善开发方案，实现了原油地质储量增加和储量升级。

（8）叙利亚GBEIBE油田开发及勘探项目。2010年，油田平均采油井总数135口，平均开井108口。全年生产原油77.8万吨，同比增产2.7万吨，全年共开钻井18口，其中16口井完钻并投入生产；完成老井措施工作量15井次；外输标准油75.3755万吨。

（9）叙利亚幼发拉底项目。项目包括39个油田，总含油面积327平方千米。2010年完钻井22口，正钻井3口，钻井进尺5.0581万米；投产新井23口；完成生产作业措施39井次；全年生产原油487.9万吨，完成年计划的100.6%，其中老井产量462万吨，新井产量26万吨。

（10）阿曼5区块油田勘探开发项目。2010年项目油井总数172口，开井110口，平均日产油28345桶，全年生产原油（含凝析油）971.51万桶，完成年计划的128.7%，产油量稳中有升。全年新开钻井37口，完钻37口，水平井钻井成功率100%。新投产油井29口、注水井6口。主力区块注水见效；注水量保持稳步上升。全年完成油水井措施及维护175井次。

3. 非洲地区主要项目

（1）乍得项目。2010年，乍得上下游一体化项目勘探、开发、地面、管道、炼厂各项工作稳步推进。全年完成二维地震采集1450千米，为年度计划100%；三维地震采集918平方千米，为年度计划的102%。全年完钻探井15口完钻评价井20口，完钻开发井37口，完成试油19口井共90层。勘探工作实现重大突破，发现高产、高丰度Great Baobab油田，其中Baobab-4井，第一层段试油日产油1366桶，第二层段试油日产油3046.7桶；Baobab NE-1井试油日产油2235桶；Baobab N-1井试油日产油气当量高达1.2万桶。在Mimosa构造南北两翼有新的发现，Mimosa SE-1井、Mimosa N-2井见到良好油气显示，其中Mimosa SE-1井试油日产油306.2桶；Mimosa N-2井试油日产油1224.1桶。风险区甩开勘探获得高产气流，Vitex-1井试油6层，获日产气38.6万立方米。完成油田一期开发方案的优化和补充。2010年完钻开发井37口，完成开发方案中新钻开发井的全部任务，开发投产工作已接近完成。油田地面建设EPC合同整体完成进度为90.35%。

（2）尼日尔项目。2010年，取得3个油田（Goumeri、Sokor、Agadi）的政府开发许可。勘探又有重大突破，发现1个亿吨级地质储量规模油田和1个3000万吨级储量规模油田。完成全年的工作任务，实现了投资控制目标，油田、管道、炼厂一体化项目正有序推进。勘探完成二维采集、处理和解释3589千米；三维地震资料采集2280平方千米、处理2550平方千米、解释2887平方千米；钻探井23口、评价井6口，总进尺71769米；完成试油128层/36井次，为年初计划的106.6%；甩开勘探获得突破，Dibeilla地区古近系—新近系勘探发现1个亿吨级地质储量规模油田，钻探的Dibeilla-1井测试日产原油高达8691桶；白垩系深层勘探取得成功，所钻2口探井成功率100%；地堑精细勘探落实两千万吨级地质储量规模的Agadi油田，发现三千万吨级储量规模的 Dougoule 油气富集区。油田开发完成 9 口开发井钻探，总进尺 21360 米。一期油田地面工程建设整体完成 83.8%，其中，设计、勘察完成 99.25%，主要设备采办和运输完成 95.65%，施工完成 80.85%。

（3）苏丹 1/2/4 区项目。2010 年，项目克服主力油田产量持续递减、稳产措施难度不断增大的不利局面，战胜苏丹大选、南方公投临近、油区社会治安环境日益恶化的挑战，及时果断地处理油田设施老化、集油、输油管道多次腐蚀穿孔等安全生产难题，排除地震、钻井、修井等作业中的重重干扰，保证油田安全、平稳运行，较好地完成了全年生产、经营管理各项任务。全年生产原油 5456 万桶，平均日产 14.95 万桶。完成油井措施及维护 252 口井，水井措施及维护 57 口井。全年完钻开发井 13 口、勘探井 11 口，新投产油井 14 口、水源井 1 口，新井增油 115 万吨；完成老井增油措施 95 井次，增注措施 11 井次，老井措施增油 146.6 万吨。新区产能建设建成年生产能力 200 万桶。

（3）苏丹 3/7 区项目。2010 年，项目积极应对包括 3 次突发事件、油区安全形势复杂、油田稳产难度增大、设备设施老化等六大挑战，采取综合治理措施，狠抓老油田稳油控水，取得重要成果。全年原油作业产量 1530 万吨，日产油量最高达到 30.54 万桶，以 100% 完成全年生产计划，同比增产 127 万吨；完成二维地震采集 1783 千米，三维地震采集 428 平方千米；完钻探井 25 口，探井成功率达到 68%；开钻开发井 100 口，完钻 96 口；完钻水平井 24 口，水平井总数达到 59 口；完井 142 口，投产新井 125 口；措施作业 63 井次，增油 205 万桶，全区综合含水达到稳油控水的目标。5 月，Teng/Mishmish 油田和 Mooz 油田（新区）顺利投产，二期工程全部投运。

（4）苏丹 6 区项目。2010 年，苏丹 6 区项目完成总井数 257 口，其中，采油井 253 口；全年生产原油 255 万吨，完成全年计划的 101.6%，同比增长 9.9%，同比增产 23 万吨；生产天然气 1.51 亿立方米，注水 76 万立方米，注气 456 万立方米。完成地震采集 414 千米，完钻探井 3 口、评价井 1 口，在 Fula 凹陷滚动挖潜取得新成果，Moga-10 井首次发现 Zarqa 组含油层系；三期原油产能建设陆续投产 Fula NE（FNE）油田、Jake South（Jake-S）油田和 Keyi 油田；全年投产新井 19 口，产油 90.4 万桶。

（5）阿尔及利亚项目。2010 年，阿达尔油田生产存在地层压力低、稳产基础薄弱、措施难度大等主要问题。生产销售原油 458337 吨，完成调整计划的 102%。实施加密井钻井，完成 5 口新井的钻井及下泵完井工作。成功更换 CPF 水套炉，完成 SBAA 转油站电气改造项目。

勘探项目。438b 区块完成大斜度定向井 NGS-P-2 井；勘探转开发工作取得新进展，项目公司积极与 Sonatrach 开展技术上的磋商和沟通，解决湿气外输问题；对 438b 区块开发方案进行调整和优化，优选 6 个主力油田投入开发，并重新调整注水开发方案、钻井、投产计划、产量剖面，为 2011 年进入开发创造了条件。350 区块水平评价井 BEL-Z-2 完钻后在水平段试油，最高日产凝析油 64 立方米、气 17 万立方米。

（6）突尼斯项目。2010 年，突尼斯项目 NK 勘探区块、探井 BBJ-1 井顺利完钻。SLK 油田开发各项工作稳步推进，原油生产基本保持平稳运行，共有油井 9 口，开井 9 口，油田综合含水率控制在 52%。全年生产原油 38.05 万桶，平均日产油 1042 桶，完成全年计划的 100.2%。

4. 美洲地区重点项目

（1）委内瑞拉陆湖油田项目。2010 年，陆上油田坚持老油田精细管理，湖上油田努力解决气举气等生产问题，项目全年生产原油 42.2 万吨，其中，陆上油田产油 14.6 万吨，湖上油田产油 27.6 万吨；完成天然气销售 1.12 亿立方米，其中，陆上油田销售天然气 0.53 亿立方米，湖上油田销售天然气 0.59 亿立方米。

（2）委内瑞拉苏马诺（ZUMANO）项目。苏马诺项目由中委双方共同成立的合资公司经营。2010 年，中方努力发挥小股东的技术和管理优势及中方员工在合资公司中的技术核心作用。加强地质和工艺技术研究，精雕细刻寻找老井潜力井，积极开展老井恢复研究和老井换层措施，实施潜力措施井 61 井次，实现老油田产量稳中有升。全年完成作业产量 32.8 万吨。油田平均日产油量从年初的 6150 桶最高达到 6570 桶，年平均日产量达到 6230 桶左右，同比略有上升。

（3）委内瑞拉 MPE-3 项目。MPE-3 项目油田是一特大型整装超重油油藏，具有储层物性好、储量规模大、气油比较高等特点。2010 年，MPE-3 项目完钻水平井 32 口，投产新井 27 口，新建产能 1058 万桶；实施措施工作量 26 井次；全年生产原油 478 万吨，其中，新井当年产油 88.4 万吨，措施增油 10.3 万吨。

（4）厄瓜多尔（安第斯）项目。2010 年，安第斯项目实现全面回收投资。全年完成作业产量 287.8

万吨（桶当量），平均日产52942桶。完钻29口井，其中，定向井23口，水平井6口，100%完成年度钻井任务。成功完钻的Alice-16H、17H两口水平井，以日产原油7593桶和6900桶创区域单井最高产量纪录。

（5）秘鲁1-AB/8区项目。项目处于油田开发后期，综合含水率达到96.9%。2010年，项目各项工作运行平稳。全年原油作业产量187.1万吨；全年开钻5口井、完钻3口，投产新井3口，新井平均投产初期日产油431桶，年累计产油21.2万桶，完成油井措施作业25口，成功率80.0%。

（6）秘鲁塔拉拉油田开发项目。2010年，项目继续推进精细管理，加大挖潜力度，积极开展增储上产工作，获得较好效果，原油生产保持稳定增长，圆满完成各项油气生产任务指标。全年生产原油131万桶，平均日产油3643桶，完成年度调整计划的103.5%；生产天然气2198万立方米，平均日产天然气6万立方米，完成年度调整计划的110%。全年钻新井19口，总进尺2.85万米，新井累计产油3.9万桶；实施措施井24口，措施井增油3.42万桶。全年进行常规油井维护作业285井次。

（7）加拿大油砂项目。2009年8月28日，中石油国际投资公司与加拿大阿萨巴斯卡油砂公司（AOSC）签署收购对方Mackay和Dover2个区块60%权益的原则协议。2010年2月10日双方顺利完成了项目交割，随后成立联合作业公司和中方公司。3月中旬，Dover区块完成冬季钻井、地震作业。在Dover地区共钻评价井52口，采集三维地震资料18.4平方千米，完成Dover区块环境评估研究报告和油田开发规划研究方案。Mackay区块完成冬季水井钻井工作，共完钻水源井3口，观察井4口，污水回注井1口。商业报批正有序进行，油田开发准备工作已经展开，并完成进出油田9千米道路的联合修建及油区10千米道路的建设准备工作。

5. 亚太地区重点项目

（1）印度尼西亚项目。2010年，项目完成油气当量产量571.5万吨，完成年度计划的109.9%，同比产量提高5.8%。完成二维地震采集50千米，三维地震采集467平方千米；全年钻探井评价井9口，全部完成测试，其中7口获得商业油气发现，成功率70%；钻开发井28口，完成计划工作量的100%；投产新井19口，平均单井初期日产油410桶，日产气2.49万立方米。完成各类油气井措施34口，单井平均日增油46.3桶，日增气7.1万立方米。

（2）泰国邦亚租区油田开发项目。2010年，项目2个开发区块共生产原油7.64万吨（57.19万桶），中方权益产量占100%。完成作业定向井14口，包括侧钻定向井2口，探井1口，总进尺4.12万米，皆准确中靶；全年投产新井11口，新增日产能力571桶。探井BKN-1井完钻井深4300米，是项目史上最深的一口井。

（3）新加坡石油公司（SPC）上游项目。新加坡石油有限公司（SPC）创建于1969年，2000年开始涉足上游业务。2009年9月被中国石油国际事业公司收购100%股权，2009年11月开始SPC上游业务由海外勘探开发公司进行业务归口管理。2010年，SPC上游业务在中国、印度尼西亚、越南和柬埔寨4个国家拥有10个勘探开发区块（浅海区块9个、陆上区块1个），总面积2.7万平方千米，其中开发区块4个，勘探项目6个。

2010年，SPC上游项目完成二维地震采集200千米、处理4798.9千米；三维地震采集328平方千米、处理628平方千米。全年钻探井2口，进尺6790米；钻评价井1口，进尺3921米。完成试油1口井，出油率100%。全年钻开发井20口，进尺4万米，完成计划的111.1%。油气生产全年完成作业当量产量377.5万吨，权益产量56.4万吨，其中，原油作业产量293.73万吨，权益产量32.24万吨；天然气作业产量10.67亿立方米，权益产量3.1亿立方米。2010年，项目油气生产踏上了权益日产1万桶当量的新台阶。

（4）澳大利亚太平洋项目。2010年3月19日，中国石油与壳牌公司按50 ∶ 50的股比在澳大利亚注册成立合资公司，联合收购箭牌能源澳洲煤层气上游资产，并参与壳牌公司已拥有的上游资产及下游LNG项目。8月23日，项目顺利完成交割。合资公司在澳大利亚昆士兰州拥有最大的煤层气勘探区块，总面积约6.5万平方千米，主力产区位于博文（Bowen）盆地和苏拉特（Surat）盆地。租区内已有5个气田投入开发，其中Bowen盆地有1个气田投入开发（采用水平井开采），Surat盆地4个气田投入开发（采用直井开采）。2010年项目共生产煤层气11亿立方米，销售市场为澳大利亚国内。交割后的8月23—12月31日，天然气产量38947万立方米，中方权益年产量14895万立方米，平均天然气作业日产量297万立方米；期间累计销售天然气36935万立方米，累计权益销售量14126万立方米。

（5）缅甸项目。缅甸项目包括海上AD-1、AD-6、AD-8三个区块，2010年完成AD-6陆上滩涂区二维地震处理、构造解释及综合地质评价；完成三维地震分频解释，落实钻井有利目标区；完成AD1区块三维地震资料数据处理、解释招投标工作；完成海上作业HSE体系及项目HSE管理衔接和配套工作。

【海外重点工程建设】 2010年，海外重点工程项目建设取得重要突破，一批重点产能建设工程按期投产或开工。鲁迈拉项目正式接管后，通过与合作伙伴BP紧密配合，新建原油生产能力约530万吨/年，日产油突破117万桶，实现增产10%的IPT（恢复期增产产量）目标；哈法亚项目成功完成第一批招评标工作，首批3口水平评价井开钻，成为伊拉克第二轮招标7个中标公司中作业进展最快、成绩最为突出的项目；艾哈代布项目第一口评价井试油获得7700桶/日的高产，600万吨产能建设全面铺开，并启动伊拉克战后境内唯一的管道建设合作项目——200千米外输管道建设；伊朗北阿扎德甘项目第一口评价井成功完钻，375万吨产能工程前期工程设计（FEED）已关闭，EPC招标工作按计划启动；中俄原油管道高质量、高水平完成建设施工，2011年1月1日实现满输油投产；中亚天然气管道B线与哈萨克斯坦4号站等重要工程按期完工，年输气能力达到150亿立方米；阿姆河第二天然气处理厂工程已完成基本设计；2010年12月1日，苏丹6区三期工程全面投产，6区原油处理能力达到400万吨。尼日尔、乍得百万吨产能建设工程克服军事政变、沙漠和雨季运输等困难按期推进。乍得项目长输管道整体建设进度完成90.38%，管道试压工作接近尾声，站场施工进入设备安装阶段；恩贾梅纳炼油厂建设工程EPC进度完成81%。全长462.5千米的尼日尔管道工程项目于2010年1月10日开工，8月25日管线主体焊接完工，年底全线光缆敷设接续、大回填及清管测径工序已结束；津德尔炼油厂建设工程累计综合进度55.4%，施工形象进度完成45.85%。

【海外管道运营】 2010年，海外管道油气输送实现安全平稳运行，输油输气生产全面完成年度任务。中俄原油管道实现注油投产；中亚天然气管道实现A线安全运行及B线顺利投产。

2010年，海外管道原油输送总能力5000万吨，输气能力200亿立方米。全年实际输送原油4030.52万吨，超额完成3875万吨的年输油指标；全年累计输送天然气60.45亿立方米。其中，中哈原油管道完成输油1009.85万吨，完成计划任务的101%，成为我国第一条从陆上境外进口原油的千万吨级管道；哈萨克斯坦西北管道全年输油423.19万吨，完成计划任务的141%。中亚天然气管道全年输气46.47亿立方米，其中土库曼斯坦阿姆河36.26亿立方米，康采恩10.21亿立方米；哈萨克斯坦KC13管道全年输送天然气13.98亿立方米，完成计划的139.8%。苏丹6区管道全年输油240.46万吨，完成计划的106.87%；苏丹3/7区管道全年输油1530.36万吨，为年计划的102.02%；苏丹1/2/4区全年输油841.83万吨，为年计划的99.04%。

【中俄原油管道建成投运】 中俄原油管道工程是我国四大能源战略通道之一，是中俄两国领导人就双方加强油气战略合作所作出的重大决策，备受国内外各方关注。2009年8月29日，管道破土动工。在短短14个月里，该项目以科学创新思维解决施工中的多个世界级难题，在高质量、高水平完成施工建设的同时，创下“零伤亡、零事故、零火灾、零污染”的佳绩。为确保黑龙江穿越工程的顺利进行，中俄两国政府批准设立封闭建设区，为人员、设备和材料进出境提供各类便利条件。封闭建设区的实施，开创了跨境管道建设的先河。施工中应用光固化套保护技术、高寒永久冻土带管道施工技术、馈电检测提高管道外防腐层保护水平等多项高新技术，保证施工质量，有效推动各项工作的顺利开展。2010年9月27日，中俄原油管道全线竣工，中国国家主席胡锦涛和俄罗斯总统梅德韦杰夫共同启动阀门并表示祝贺；11月1日顺利注油试运行，顺利开通继中哈原油管道投产后的第二条进口原油战略通道。

【海外炼油化工】 2010年，海外炼化项目克服社会局势动荡、环保日益苛刻、设备老化等诸多困难，积极采取应对措施，优化工艺和生产方案，继续保持安全平稳运行，实现安全平稳高效生产，圆满完成各项产品生产任务。全年共加工原油1055万吨（含广西东油76.6万吨），完成年计划的105%。

苏丹喀土穆炼油厂经过检修，彻底解决困扰炼厂生产运行的催化装置分馏塔、烟气管道、主风机和提升管反应器等设备问题和重大安全隐患。2010年加工原油473.7万吨。

哈萨克斯坦齐姆肯特炼油厂于10月15—11月15日成功完成全厂装置大检修，并一次开车成功。主要完成催化重整催化剂的更换以及原油卸车栈桥地下管线系统改造。全年加工原油458万吨。

阿尔及利亚SORALCHIN炼厂克服原油来量不足和含杂质较高的情况，优化生产组织，全年加工原油45.64万吨。

海外勘探开发公司所属广西东油沥青公司历经

40多天检修，成功解决催化装置新外取热器过热段管束结垢问题。全年加工原油76.6万吨。

苏丹喀土穆化工厂1—2月开展为期45天的停工检修，聚丙烯装置主要实施3台重沸器、1台活化剂中间罐的更新、6台聚合釜的清理、精制系统的再生等重点工作。

2个海外在建炼油厂项目，尼日尔津德尔炼厂项目建设进度完成69.43%；乍得恩贾梅纳炼厂项目建设施工完成65.72%。

【海外经营管理】 2010年，海外勘探开发公司和各海外企业积极贯彻集团公司国际化战略部署，稳步推进海外油气合作区建设，区域综合协调管理能力不断加强，海外经营与综合管理水平再上新台阶。大力开展经营策略研究，围绕苏丹、两伊和尼日尔等地区的经营环境问题，阿尔及利亚项目、乌兹别克斯坦等项目的发展瓶颈问题以及厄瓜多尔安第斯合同转制等，系统开展经营策略研究，提出优化措施和方案；针对苏丹地区大选及南部公投问题制订应急预案。突出抓好法律纠纷案件的处理工作，成功处理MMG原油出口关税案，PKKR和阿克纠宾原油出口关税重复缴纳案，北布扎奇所得税争议案等多起重大财税诉讼纠纷。加强审计内控工作，积极防范内外部风险，突出抓好海外风险的辨识和评估，共识别涉及战略、法律、财务及运营4大类27项主要风险，并制订具有针对性的风险防控措施；编制完成了《"三重一大"决策制度实施细则》。"三三一"工程（三基工作，三个平台（经营管理平台、人力资源保障平台、科技支持平台），一个体系（后勤服务与支持体系））建设取得新进展，构建海外"三级业务管理"的框架，制定了多项重大管理制度，颁布海外《发展战略与规划管理办法》和《投资管理办法》，提升海外业务的经营管理能力；突出抓好人才配备和对口支持工作，海外人才保障平台的作用日益凸显；积极开展EVA的研究与考核工作，建立基于战略导向的海外油气业务KPI指标体系。

2010年，海外油气业务按照"突出战略发展，坚持效益优先，保障重点工程，控制规模总量"的原则，系统开展"十二五"发展规划的编制工作。成立"十二五"规划编制领导小组和工作小组；建立海外勘探开发公司机关、海外地区/项目公司和研究机构三位一体、相互结合、沟通顺畅的规划编制组织工作体系；采用以项目为基础、以专家为依托、全员参与的"自下而上、自上而下、上下结合"的规划编制工作新模式。按照前期研究、方案编制、方案论证、方案优化、审批发布等程序，最终编制完成以规划总体纲要为核心、区域和专业规划为支撑、专项规划为支持，涉及5大油气合作区、80多个海外项目，涵盖勘探、开发、管道、炼化4个业务领域以及新项目开发、人力资源、信息、科技等8个专业领域的科学系统的规划体系，成为指导"十二五"期间海外油气生产经营管理的纲领性文件。

（李玉屏）

国内油气勘探开发国际合作

【概述】 2010年，国内油气勘探开发国际合作业务继续以"建设综合性国际能源公司"为目标，按照"特色发展，互利双赢，发挥优势，服务整体"的思路，积极推动国内油气对外合作工作。截至2010年底在执行项目达到36个，其中原油项目15个、天然气项目10个、煤层气项目9个、联合评价项目2个。累计探明原油地质储量7.53亿吨、天然气地质储量5157.87亿立方米（含煤层气）。全年共完成油气产量668.7万吨油当量。其中，原油产量377.8万吨（含凝析油），天然气产量36.53亿立方米。完成勘探开发总投资83.44亿元，其中中方投资17.51亿元。新建原油生产能力65.31万吨，新建天然气生产能力7.5亿立方米。完成二维地震采集1036.33千米，三维地震采集400平方千米；完钻开发井539口，进尺91.13万米；完钻探井和评价井66口，进尺14.91万米；中方账完成销售收入57.2亿元，实现税前利润34.15亿元。中方账桶油操作费9.25美元/桶，比预算减少1.91美元/桶。全年对外合作项目HSE表现优良。

2010年，新项目开拓工作取得丰硕成果，第一个页岩气联合评价项目富顺—永川项目运行顺利，国内外上游合作项目联动作用显著。2010年11月9日中国石油与壳牌签署《鄂尔多斯盆地东缘大宁区块煤层气联合评价协议》。2010 年 5 月 31 日，与 HESS 公司签订《中华人民共和国松辽盆地永乐和头台区块联合研究协议》，对大庆油田永乐和头台区块致密油开发进行联合研究。

【原油项目运作】 截至 2010 年底，共有在执行原油项目 15 个，其中赵东、九$_1$—九$_5$、冷家堡、州 13（1-2）、州 13（3-6）、州 13（肇 413）、大安、莫里青、庙 3、孔南、民 114 等 11 个项目进入生产期，海南—月东、高升、两井等 3 个项目处于开发期，扶余 1 号项目处于评价期。

1. 大港赵东项目

2010 年，赵东项目克服渤海湾 30 年一遇的严重冰灾影响，保障了人员和平台生产设施的安全。中外双方采取有效措施弥补产量，降低成本，圆满完成了原油 101 万吨净产量，连续 7 年年产原油保持 100 万吨水平，操作成本控制在 7.76 美元 / 桶之内。

2010 年新钻井 24 口，其中采油井 17 口，注水井 7 口。总进尺 5.97 万米；修井作业 19 井次。截至 2010 年底，C/D 油田有采油井 67 口，开井 58 口；注水井 29 口，开井 24 口。水源井 2 口。累计生产原油 770.7 万吨。C-4 油田有生产井 6 口，全部为采油井，开井 4 口，累计产油 23.55 万吨。

2010 年 6 月 2 日，赵东平台至埕海 1-1 人工岛天然气海底管道开工铺设。12 月 7 日，天然气外输管道投产试运行，平均日输气量 16 万立方米，2010 年累计外输天然气 356.8 万立方米。

2. 辽河冷家堡项目

2010 年，冷家堡项目突出重点区域目标，深化地质研究，在陈古潜山带扩边增储石油 859 万吨，打破了冷家堡油田深层评价的禁区。同时，通过老油田综合治理，使冷 35 块产量稳中有升；通过转换开发方式，洼 59 块驱泄复合试验区井组原油产量由 25 吨上升到 70 吨，取得显著效果；通过推广吞吐井化学堵水、助排、调助一体化、自生 CO_2 等 6 项成熟工艺技术，全年实现科技增油 4.6 万吨。

全年钻开发井 8 口，钻井进尺 2.65 万米，新建原油生产能力 3.49 万吨。项目克服严峻的生产经营形势和 7—9 月份辽河特大洪涝灾害影响，全年生产原油 67.5 万吨，原油商品量 59 万吨。2010 年完成投资 56085 万元。

截至 2010 年底，累计探明石油地质储量 16695 万吨、可采储量 2901 万吨，累计动用含油面积 30.52 平方千米，动用地质储量 13736 万吨，动用可采储量 2487 万吨。累计注（水）汽 888.77 万立方米，累计产油 1953 万吨。采油井总井数 1475 口，开井数 814 口，日产油水平 1718 吨，综合含水 75.5%。注水（汽）井总数 71 口，开井 55 口，日注水平 2046 立方米。

3. 新疆九$_1$—九$_5$项目

2010 年，生产原油 76.01 万吨，原油商品量 74.83 万吨。完钻井 125 口，进尺 4.88 万米。

2010 年 4 月 4 日，举行新疆九$_1$—九$_5$区块合作项目九$_2$区注汽系统锅炉改造工程奠基仪式，标志着中国石油首次将循环流化床锅炉应用于油田注汽的项目工程——新疆九$_1$—九$_5$区块合作项目单体最大效益工程顺利开工。截至 2010 年底，流化床项目主锅炉安装完成工作量的 95%。

截至 2010 年底，项目累计动用含油面积 14.33 平方千米，动用地质储量 4259 万吨，动用可采储量 1934.62 万吨。累计注汽 7615.64 万吨，累计产油 1769.66 万吨，累计油汽比 0.232，累计采出程度 41.55%，累计可采储量采出程度 91.47%。采油井开井数 2126 口（含报废井 407 口），日产油水平 1981 吨，综合含水 89.2%。注汽井总数 437 口（含报废井 59 口），注汽井开井 198 口（含报废井 28 口），日注水平 11386 吨。

4. 大庆州 13 项目（包括 1-2 区块、3-6 区块和肇 413 区块）

2010 年全年生产原油 26.5 万吨，原油商品量 26.18 万吨。新钻井 20 口，新建产能 0.8 万吨，全年完成投资 1.50 亿元。截至 2010 年底，州 13 合作区块累计动用含油面积 65.33 平方千米，占区块含油面积的 72%，动用地质储量 1558.19 万吨，占葡萄花油层储量的 85.29%，累计生产原油 199.64 万吨。油井开井 558 口，日产油 167 吨。

5. 大港孔南项目

全年生产原油 7.04 万吨。探明石油地质储量 2741 万吨、可采储量 350 万吨。截至 2010 年底，累计钻井 49 口，动用地质储量 1337 万吨，累计采油 65.66 万吨，采出程度 4.91%。油井开井 41 口，平均日产原油 156 吨，综合含水 41%；水井开井 3 口，平均日注水量 26 立方米，累计注水近 40 万立方米。

2010 年 11 月 14 日孔南项目开钻补充开发第一口井西斜坡南 561 井，标志着项目的补充开发工作正式开始。

6. 吉林大安项目

2010 年大安项目生产原油 70.22 万吨。新钻开发井 144 口，进尺 30.46 万米，新建产能 6.35 万吨。完成投资5.44亿元。中方实现税前利润8.32亿元。

截至2010年底，大安项目探明石油地质储量8109.72万吨，可采储量1511.48万吨；已动用地质储量4639.83万吨，可采储量927.97万吨，累计产油296.45万吨，综合含水26.28%。共有采油井1085口，开井1051口；共有注水井281口，开井263口，日注水量4126立方米。

7. 吉林庙3项目

2010年，完成投资7084.46万元。新钻开发井29口，进尺4.6498万米；新建产能1.48万吨。生产原油3.5528万吨，中方实现税前利润0.22亿元。

截至2010年底，庙3项目探明石油地质储量2234万吨、可采储量335.10万吨，已动用地质储量441.05万吨、可采储量66.16万吨。共有采油井110口，开井90口。共有注水井21口，开井21口，日注水量287立方米，累计产油7.83万吨，综合含水40.9%。

8. 吉林莫里青项目

全年完成投资2.34亿元，完钻开发井27口，进尺8.2136万米；新建产能2.61万吨；全年生产原油12.5万吨。中方实现税前利润0.83亿元。

截至2010年底，莫里青项目探明石油地质储量2212万吨、可采储量442.40万吨，已动用地质储量1514.8万吨、可采储量302.96万吨，累计产量46.73万吨，综合含水15.87%。共有采油井126口，开井119口。共有注水井18口，开井16口，日注水量264立方米。

9. 吉林民114项目

2010年，生产原油6.9万吨，投资2.68亿元；钻开发井89口，进尺14.7万米；新建产能2.7万吨。中方实现税前利润0.46亿元。新增动用地质储量178万吨。

截至2010年底，民114区块含油面积67.36平方千米，探明石油地质储量3493.22万吨、可采储量593.85万吨。已动用含油面积18.7平方千米，动用地质储量1352万吨，动用可采储量229.84万吨。累计完钻井488口，完成ODP一期钻井工作量的97.4%。共有油水井512口，累计建产能15万吨。累计生产原油32.132万吨，动用地质储量采出程度为2.38%。

10. 辽河海南—月东项目

2010年8月16日月东一块总体开发方案获国家发改委核准，海南—月东项目正式进入开发期。

2010年9月21日A平台及A1A2辅助生产平台钻井及生产设施通过中国船级社（CCS）整体检验发证，9月30日正式投入使用。

2010年A平台钻井15口，其中定向井10口，水平井5口，建产能5万吨。截至2010年底，累计完钻开发井23口，其中定向井18口，水平井5口。共投产油井8口（其中水平井4口，定向井4口），开井4口（因冰期关井限产），累计产液10961吨，累计产油7991吨。

11. 辽河高升项目

2010年7月16日，高升总体开发方案获国家发改委核准，项目正式进入开发期。通过多次组织协调会，中外双方在基础油和增产油的操作成本、先导期增产油测算和分配、原油销售等问题上达成一致，加快了项目进度。2010年12月31日中外双方正式移交作业权，实现了合作区生产经营平稳过渡。

2010年，高升项目共钻井14口，进尺2.55万米，侧钻23口，转火井24口。稠油火驱已经规模展开。共完成原油产量7.62万吨，其中基础油5.1万吨、增产油2.52万吨；完成原油商品量6.68万吨，其中基础油4.96万吨、增产油1.72万吨。钻开发井14口，项目投资1.95亿元。

12. 吉林两井项目

2010年是两井合作区进入开发期的第一年。当年新增开发地质储量146万吨，新增可采储量21.9万吨。完钻开发井38口，进尺6.45万米，新建产能2.05万吨，原油产量1.85万吨，投资1.08亿元。中方税前利润3372万元。项目单位操作成本8.9美元/桶。

截至2010年底，两井项目累计动用储量146万吨，可采储量21.9万吨。动用储量采出程度1.26%。油井开井33口，日产油92吨，综合含水38.1%；注水井开井2口，日注水量83立方米，累计注水0.7万立方米。累计注采比0.18。

13. 吉林扶余1号项目

2010年完钻15口评价井，总进尺4001米，投资4091万元。在JF229井区进行热采先导性试验。先导实验表明，单井吞吐周期短，产量低，成本高。2010年12月28日，联管会召开特别会议，决定暂缓上报总体开发方案，申请延长1年评价期。该申请获得中国石油对外合作经理部批准。

【常规天然气项目运作】 截至2010年底，共有在执行常规天然气项目10个，其中长北、川中项目处于生产期，川东北项目处于开发期，苏里格南、金秋、喀什北、吐孜、迪那1项目处于评价期，昭觉、梓潼项目处于勘探期。

1. 长庆长北项目

2010年，长北项目年产天然气35.1亿立方米，商品量33.43亿立方米。

双分支水平井配套技术日趋成熟。全年开钻5口双分支水平井，测试5口，投产4口，其中2口初期日产量达到200万立方米。截至2010年底，该项目累计完井并测试26口双分支水平井，其中15口初期日产量超过100万立方米，10口井单井累计产量超过5亿立方米。CB12-1自2008年3月投产至2010年底累计产气11亿立方米。

2010年8月25日，长北项目调整方案获得国家发改委批复。该方案确定完全采用双分支水平井开发长北区块的技术路线，稳产期商品气产量由30亿立方米提高至33亿立方米。

HSE管理继续保持良好业绩，累计超过1400万无损失工时事故纪录。集团公司副总经理廖永远在对外合作经理部2010年第八期工作动态《长北项目天然气年产量突破34亿立方米》上批示："长北项目取得如此辉煌的业绩不是偶然的，是公司致力于长期的HSE文化、管理文化建设的必然结果"。

2. 西南川中项目

2010年，开钻3口井、完钻4口井，年内开井25口，全年生产天然气1.4亿立方米，凝析油0.4万吨。截至2010年底，累计生产天然气9.98亿立方米，凝析油3.97万吨。川中项目无损失工时纪录超过1885天。

2010年初，川中项目在八角场气田角64-2H水平井成功实施第二阶段8级压裂，共注入压裂液3656立方米、支撑剂819吨，初期日产天然气40万立方米，井口压力10兆帕。这是继2009年底该井第一阶段试验6级压裂获日产9万立方米天然气之后取得的新的突破。该井稳定天然气日产量约为10万立方米，井口压力3.5兆帕。2010年6月，该项目再次成功实施角68-2H井水平井多段大型压裂，天然气日产量约4.6万立方米，井口压力3.5兆帕。这表明应用水平井多段多级大型压裂技术开发八角场气田获得了阶段性成功，稳定单井天然气日产量提高了5—10倍，取得了可喜的成果。

水平井多段多级压裂技术在川中低渗透气田试验成功并获得重要突破，对于中国石油同类气田的开发具有重要的启示和借鉴意义。

3. 西南川东北项目

2010年4月，铁山坡气田总体开发方案（ODP2）及渡口河和七里北气田总体开发方案（ODP3）通过中国石油审查并报国家发改委。6月获得国家能源局复函，同意铁山坡等气田开展开发建设前期工作。2010年6月，顺利完成风险井治理，累计治理风险井53口；罗家寨气田新净化厂于2010年8月初开工建设；基本完成老厂拆迁工作。完成作业者在重庆市开县注册工作。

4. 长庆苏里格南项目

2010年1月，道达尔公司提交苏里格南项目第三版总体开发方案（ODP）。3月31日，由于投资高，经济效益差，ODP未获得中国石油的审查。9月份，再次提交中国石油优化后的ODP，为了降低项目投资，项目生产的天然气由长庆油田第五处理厂处理。9月26—27日，中国石油第三次对苏里格南项目ODP进行审查。12月6日，勘探与生产公司批复修改后的苏里格南项目ODP。

11月10日，中外双方签署《中华人民共和国鄂尔多斯盆地苏里格南区块天然气开发和生产合同修改协议》，中国石油取代道达尔公司成为苏里格南项目新的作业者。

5. 西南金秋项目

金秋项目于2009年11月10日签订，2010年5月1日正式执行。计划3年评价期内完成区块内须家河组气藏的评价并提交整体开发方案。为提高评价效率，项目提出"滚动开发"的思路和评价期内"集中分散、突出重点、区块滚动"的评价策略。2010年12月22日第一口评价井顺利开钻，完成进尺699米。秋林三维地震储层预测取得阶段性成果。2010年共确定6个井位，征地4宗。

6. 塔里木迪那1项目

《迪那1气田总体开发方案》于2010年6月19日正式上报国家发改委，总体开发方案附件中的《环境影响评价报告》于2010年8月获国家环保部批准。《安全预评价报告》于2010年10月上报国家相关部门备案。

7. 塔里木喀什北项目

全年新部署二维地震测线22条、508.12千米，实际完成二维地震采集457.69千米，完成克拉托二维、阿克莫木新老三维、区域大剖面3个项目的地震处理、解释工作，发现乌泊尔北1号构造、阿北构造等构造显示；完成阿克5井、阿克101井、阿克401井的钻井和试油工作，全年累计进尺7547.1米，其中阿克101井和阿克401井获得工业气流。

8. 塔里木吐孜项目

吐孜项目注册登记按计划完成；编制完成ODP

并于2010年12月23日通过联管会组织的评审；踏勘工作按计划完成；探临路修复工作于12月完成；探临路施工延后和对该区块新增压裂论证，导致修井作业未能按计划实施。全年投资1079.81万元。

9. 西南梓潼项目

完成梓潼1井和义新2井的钻井、试油工作。其中，梓潼1井钻至井深4294米完钻，完钻层位须二段。对须二段进行射孔测试无流体产出。义新2井钻至井深4165米完钻，完钻层位须三段。对须四段下部射孔，采用50毫米油嘴，油压3.2兆帕，获得天然气产量377714立方米/日。

10. 西南昭觉项目

2010年，对西昌盆地进一步开展综合地质研究，完成喜德3井的钻井、录井、测井合同的招投标及合同签订，征地、建井场，川庆40644队钻机搬迁安装完毕进入调试，为2011年喜德3井顺利开钻做好准备。

【煤层气项目运作】 通过超前谋划，积极协调，煤层气接管项目基本纳入中国石油对外合作管理体系。鄂东地区勘探评价步伐显著加快，2010年，鄂东地区煤层气项目共完成二维地震采集约323千米，完钻35口，其中直井13口，U型井5口，羽状水平井12口，定向井5口。三交、石楼北等项目积极优选井型，从直井、U型井、四分支水平井到多分支水平井，获得较好试气效果。2010年鄂东地区完成勘探投资约8334万美元（未经审计），是在该地区煤层气对外合作项目有史以来投资金额最高的年度，占其勘探工作历史累计投资的65%。初步探明煤层气地质储量540.29亿立方米，其中三交项目435.42亿立方米、韩城项目104.87亿立方米，为煤层气项目尽早进入商业性生产创造了有利条件。正式启动了韩城项目、三交项目的总体开发方案编制程序，加快了煤层气对外合作项目进入开发的步伐。2010年11月30日，国家四部委局联合下发通知，同意中国石油开展对外合作开采煤层气，对外合作经理部正着手处理合同主体变更等事宜。

1. 三交项目

2010年完钻11口水平井、1口直井；总体开发方案目前基本完成地质与气藏工程方案报告、钻井工程方案、采气工程方案和HSE方案的编写，正在完善地面集输工程方案、经济评价方案；与项目相关的9项评估报告的合同均已签订，待开发方案确定后，评估工作可全面开展。2010年完成投资3849.89万美元。截至2010年底，累计完钻1口直井，17口水平井，其中14口羽状水平井，3口U型井。

2. 三交北项目

2010年完成TB–04井主要含气层的压裂与测试，完成1口井修井和重新试采工作，完钻加密井1口，开展了先导性开发试验准备工作。2010年投资374.01万美元。截至2010年底，累计完成2个地质研究报告，58.15千米二维地震，完钻4口探井，2口直井压裂试气，2口直井DST试气。

3. 石楼南项目

2010年完成二维地震221.64千米，完钻2口直井并压裂1层，完成投资413.59万美元。截至2010年底，累计完成二维地震276.64千米，完钻探井2口。

4. 石楼北项目

2010年完钻4口水平井，4口井正进行试排采作业，其中NSL–01P经排采后取得了工业性煤层气流。2010年完成投资1104万美元。截至2010年底，累计完钻9口直井，4口水平井。

5. 韩城项目

2010年完钻5口探井、二维地震101.3千米，南区块完钻丛式井5口，另有2口已开钻；在韩城南区块，将原有的煤层气基本探明储量进行了升级，提交了新增煤层气探明储量约104.87亿立方米，叠合含气面积为103.40平方千米。2010年完成投资1546.9万美元。截至2010年底，累计完成244.9千米二维地震，完钻17口探井、4口水平井、8口丛式井。

6. 紫金山项目

2010年完钻1口直井，完成投资约205.7万美元。截至2010年底，累计完成160千米二维地震，完钻2口直井。

7. 硫磺沟项目

2010年完钻3口探井，3口井进行排采作业，完成投资546万美元。截至2010年底，累计完钻12口直井。

8. 保田青山项目

2010年完钻2口U型井，4口直井进行排采作业，完成投资293.8万美元。截至2010年底，累计完成65千米二维地震，完钻10口直井、2口U型井。

9. 马必项目

2010年完成二维地震256千米，完钻3口多分支水平井、4口直井。截至2010年底，累计完成二维地震551千米，完钻32口直井和3口多分支水平井，对2口井进行了试采作业，完成投资约1041万美元。

【新签油气合同】 2010年11月3日，中国石油与道拓能源公司正式签订《中华人民共和国准噶尔盆地大井区块天然气勘探、开发和生产合同》。大井区块位于准噶尔盆地东部，面积3969.6平方千米。

【联合评价项目运行】 为加快引进非常规气藏评价开发技术，积累作业经验，中国石油创新推出了对外合作联合评价协议合作模式，2010年开始试运行。2010年，四川盆地富顺—永川页岩气项目进入现场实施，鄂尔多斯大宁煤层气项目顺利启动。

1. 富顺—永川项目

2009年11月10日，中国石油与壳牌公司签署《四川盆地富顺—永川区块页岩气联合评价协议》。该协议于2010年1月1日生效。第一口页岩气井阳101井于2010年12月开钻。

2. 大宁项目

为加快鄂尔多斯盆地煤层气资源的勘探开发，2010年11月9日，中国石油与壳牌公司签署《鄂尔多斯盆地东缘大宁区块煤层气联合评价协议》。联合评价协议期限为2年。2010年底基本完成联合评价第一阶段的资料研究工作，第一口探井预计2011年6月开钻。

【技术与管理经验交流】 通过举办多期页岩气、致密油气以及海上油气勘探开发技术研讨会，有力地促进了非常规油气资源领域技术的引进，推动了国内新能源勘探开发对外合作的步伐。对外合作经理部还与中国石油学会联合举办“油气资源国际合作研讨会”。此外，充分利用对外合作平台，依托有实力的合作伙伴公司，组织海外考察，扩展视野。

【人员培训】 2010年，利用对外合作项目提供的培训费和培训资源，共组织国内培训68批、国外培训32批，参加人数共计2036人次。重点实施了对外合作法律人员储备培训、专业代表培训、勘探开发先进技术和管理培训等。

（赵进锡）

国际贸易

【概述】 中国石油国际事业有限公司（中国联合石油有限责任公司）（以下简称公司）是中国石油的国际贸易专业公司，负责统一归口管理和组织实施中国石油的原油、成品油、天然气、石化产品、节能减排的国际贸易业务，以及本系统海外炼油、仓储、运输及终端网络等投资业务。

2010年，公司坚持解放思想、发挥优势、控制风险、加快发展的方针，突出发展主营业务，不断推进海外油气运营中心和资源地市场地的建设，大力提高贸易技术含量，不断理顺体制机制，着力夯实基础管理，全面超额完成“十一五”规划目标。实现贸易量达到1.94亿吨，为“十五”末期的2.6倍，年均增长21%；贸易额突破1000亿美元大关，接近“十五”末期贸易额的6倍，年均增长43%；实现利润年均增长32%；总资产超过1500亿元，年均增长64%。2010年共签订各类合同14535份，没有发生大的法律风险。

【原油进出口及国际贸易业务】 原油业务掌控资源的能力显著提高，2010年实现贸易量1.24亿吨，其中进出口原油5631万吨，国际贸易量6785万吨。公司坚持以服务中国石油炼化企业为原则，完善采购流程，精选油种，优化采购方案，努力降本增效。为四大通道积极组织资源，成功地开展了多项大型融资贸易，以预付款和长期合约的方式获取苏丹、南美优质资源。加大市场分析力度，综合利用各种价差关系以及期货、期租船、保税储罐等多种工具，贸易技术含量和市场运作能力不断提高。

【成品油进出口及国际贸易业务】 成品油业务规模进一步扩大，2010年实现贸易量6139万吨。进一步拓展海上船加油和机场加油业务，中国船舶燃料有限责任公司实现海上批发零售燃料油1517万吨，同比增长15%，并取得了良好收益。全球成品油仓储能力不断提高，充分利用仓储设施，通过调兑、锁定价格、跨市贸易、批发等手段，延长贸易价值链，提高运作质量。

【化工品进出口及国际贸易业务】 化工品业务实现进出并举，稳步发展。2010年，实现贸易量420万吨，其中为炼化分公司出口化工品88万吨，占其年度出口总量的96%，石油焦、石蜡、化肥出口量均创历史最好水平，合成树脂、合成橡胶出口实现突破，为缓解国内销售压力，提高炼化企业经济效益发挥了积极作用。进一步巩固和拓展东北亚和中东地区的资源，加大南亚、南美等地区市场开发力度，开发新的国内终端用户，提高了对硫磺、尿素等大宗产品的运作能力。

【天然气进口业务】 天然气业务在管道气和 LNG 两条战线上同步推进。2010 年，实现中亚管道天然气采购量 47.34 亿立方米，积极协调中国、土库曼斯坦、哈萨克斯坦、乌兹别克斯坦四国关系，与管道过境国运输企业签署相关运输协议以及中乌、中缅购销协议等法律文件，正式启动中俄管道气贸易谈判。与壳牌、BP 等供应商洽谈 LNG 现货合同，开展卡塔尔天然气贸易合同执行的前期准备工作。

【海运业务】 海运业务的支持保障能力大幅提高。2010 年，完成运输量 6649 万吨，周均运营船只 60 艘。与委内瑞拉、俄罗斯等国际石油船运公司开展合资造船业务，以“造船 + 期租”的创新方式壮大船队规模。为广西石化进口原油开辟了中转过驳、外轮直靠的全新运输途径，不断降低中转费用。积极寻求中国海军护航，确保常年运输安全无事故，为服务中国石油海上能源通道作出了贡献。

【海外油气运营中心建设】 海外油气运营中心建设取得重大进展。亚洲油气运营中心初具规模，完成新加坡石油公司、日本大阪炼油公司的收购整合，新加坡国际事业公司已成为新加坡市场船用燃料油最大供应商，在新加坡燃料油普氏定价交易中居第一位，在远东地区汽油、柴油和航空加油市场占据领先地位。欧洲油气运营中心建设取得重大突破，正式签署在欧洲建立贸易和炼油合资公司的框架协议。美洲油气运营中心建设顺利推进，在全球范围内优化配置资源的能力得到加强。

（刘　馨）

对外交流与合作

【概述】 2010 年，集团公司以保障国家能源安全，建设综合性国际能源公司为目标，强化外事管理、协调和服务，加强队伍建设，发挥整体优势，维护整体利益，树立整体形象，加快海外五大油气合作区、四大油气战略通道和三大国际油气运营中心建设，保障了国际业务规模、有效、可持续发展。

【配合国家能源外交活动】 2010 年，集团公司领导出访 35 次，其中，配合国家领导人出访 6 次。集团公司领导外事会见 198 次，参加国家领导人见证签字仪式 3 次。集团公司邀请海外资源国政要、国家石油公司和国际石油公司高管 200 人次参观上海世博会。集团公司向外交部、国家发改委、商务部、国家能源局等政府部门报送国际业务专题报告和项目材料 200 余份。

2010 年，集团公司充分发挥我国政治外交和集团公司整体优势，推动海外项目取得重大突破，包括：与乌兹别克斯坦签署 100 亿立方米天然气购销框架协议，与哈萨克斯坦签署中哈天然气管道二期工程基本原则协议，与委内瑞拉签署胡宁 4 石油合作项目及长期融资合作协议，与加拿大签署非常规天然气领域合作框架协议，成功收购澳大利亚煤层气项目，中亚天然气管道提前实现双线贯通，中俄原油长期贸易合同顺利执行，引进俄罗斯天然气项目取得重大进展，中俄原油管道竣工投产，中缅油气管道开工，哥斯达黎加炼油厂项目顺利执行。

【对外交流与合作】 2010 年，集团公司注重提高对外交流与合作的质量，体现在 5 个方面：一是统一开展对外宣传。做好年报编辑出版、国际展览和英文网站建设与维护，完成集团公司 2009 年年报（中、英、法、西、俄文版）编译出版工作，编辑出版《中国石油在苏丹》可持续发展报告，编制完成集团公司 2010 年对外宣传口径（中、英文版），筹划建设集团公司英文网站俄文子站。2010 年，参加国际展览 23 个团组，235 人次。二是统一组织参加国际会议。组织参加剑桥能源年会、国际能源论坛、第六届国家石油公司论坛、第十届中美油气工业论坛、第二十一届世界能源大会和海洋技术大会等。2010 年，参加国际会议团组 87 个，450 人次。三是与国际石油工程师学会和中国石油学会共同组织举办“2010 国际石油天然气会议暨展览”，37 个国家近 200 家国际石油公司和服务公司 1600 多名代表出席会议，达到了扩大国际技术交流与合作、宣传和树立集团公司品牌的良好效果。四是积极开展与国家石油公司和国际石油公司的交流合作。继续推进与挪威国家石油公司、马来西亚石油公司和俄罗斯天然气工业股份公司的合作，除执行好现有研发领域合作协议外，分别在老油田二次开发、页岩气和储气库合作方面取得了实质性突破；与埃克森美孚、雪佛龙、壳牌和霍尼韦尔在非常规天然气和稠油开发以及炼油化工技术交流等方面的合作有序开展。五是规范做好对外交流。成功举办新培训协议框架下苏丹能矿部培训班；推动与台湾中油公司签署《CNPC与CPC合作谅解备忘录》。2010年，组织17个团组83人赴台，接待台湾来访团组10个。

【国际业务管理】 2010年，集团公司对国际业务实行集中管理，体现在5个方面：一是认真执行国际业务经营管理5项基本制度，保障海外经营有序有效开展。境外投资执行集中决策、分级管理、归口经营制，国际油气贸易执行归口经营管理制，境外工程技术服务执行市场准入制、项目备案登记制和队伍资质审查制。2010年，办理境外投资项目信息备案21个，办理境外工程技术服务项目投标许可25个、备案登记752个。同时，重点加强对中东地区工程技术服务的协调管理，建立中东地区业务协调机制，召开两伊项目启动会和中东地区业务汇报会。二是对境外机构实行归口统一管理。2010年，向商务部报批设立境外机构51个。三是严格控制海外中方员工数量，在伊拉克和苏丹执行工程技术服务中方人员派出新标准，积极推动海外员工国际化、本土化。四是统一规范管理海外项目分包商。2010年，海外分包项目没有发生重大事故和稳定事件。五是加强对影响国际业务发展的重点问题和重大事件的对策研究。包括伊拉克大选、伊朗核问题、苏丹大选和南方公投、尼日尔政变等。

【海外防恐安全和HSE管理】 2010年，集团公司加强海外防恐安全和HSE管理，保障国际业务安全发展，体现在6个方面：一是认真落实海外防恐安全责任。二是发布《国际业务社会安全管理体系管理手册》。三是持续推进海外防恐安全培训。按照“统一课件、统一标准、统一考核、统一颁证”原则，采用“集中办班、送教上门、送教海外、基地培训”4种形式，全年国内培训海外管理和操作人员19000多名，并选送50名专职安保管理人员到英国专业机构接受强化培训。四是加强对重点项目安保技术支持。推动伊拉克鲁迈拉和哈法亚项目实施“大安保”政策；组织国际专业安保机构对鲁迈拉和哈法亚项目进行社会安全风险评估；完成鲁迈拉和哈法亚项目安保方案；组织制订苏丹项目应对南方公投预案；组织完成中缅油气管道项目安全风险评估。五是送“阳光”到海外，开展海外员工心理健康辅导和疾病防治。组织医疗专家，赴乍得和尼日尔项目现场开展健康体检，及时发现并救治3名危急重症员工；组织心理健康咨询专家，赴苏丹现场普及心理健康知识。六是有效做好海外应急工作。面对伊拉克大选、苏丹大选和南方公投可能对我海外项目造成严重影响以及尼日尔政变的严峻形势，启动24小时值班机制，加强应急协调，保证海外项目安全平稳运行。

【外事管理与服务】 2010年，集团公司强化外事管理和服务，体现在4个方面：一是严格控制出国团组，优先保证海外生产经营。2010年，集团公司派出团组8248批，43811人次，其中，境外项目类34444人次，占78.6%；经济贸易类4330人次，占9.9%；国际会议类1541人次，占3.5%；留学培训类1312人次，占3%；考察访问类2184人次，占5%。取消168个团组，压缩427个团组。二是严肃外事纪律，严禁公款出国旅游。转发中央纪委《用公款出国（境）旅游及相关违纪行为适用〈中国共产党纪律处分条例〉若干问题的解释》。三是加强出国行前教育，组织编写海外五大油气合作区国别教育材料，已完成伊拉克出国教育材料。四是为国内和国际业务发展提供全方位服务。2010年，办理护照12393本，其中，加急护照2041本；办理签证7175批，15015个，其中，加急签证38批，特急签证6批；办理出境证明11845份，12630人次。

【外事队伍建设】 2010年，集团公司加强外事队伍建设，主要做了3项工作：一是2010年4月，举办集团公司第一期俄语高级翻译培训班，西部钻探公司、东方物探公司、管道局和中俄合作项目部等13家单位24人参加。除为培训班聘请外教、专业教师外，还邀请外交部欧亚司、礼宾司，商务部欧洲司的领导为培训班授课，学员反映很好。二是2010年9月，举办集团公司出国管理培训班，所属各单位外事处长和外事专办员170多人出席，进行了出国（境）项目申报、出国经费和护照管理培训。三是开展评选集团公司2009年度出国管理先进单位和优秀外事专办员活动。经过认真评议和公示，评选和表彰集团公司系统出国管理先进集体8个，优秀外事专办员49名。

（吴　兵）

第八篇

科技与信息

第一篇 总　述
第二篇 油气勘探开发生产
第三篇 炼油与化工
第四篇 成品油销售
第五篇 天然气与管道
第六篇 工程技术、工程建设与装备制造
第七篇 国际业务
第八篇 科技与信息
第九篇 安全环保与质量节能
第十篇 企业管理与监督
第十一篇 党建、思想政治工作与企业文化建设
第十二篇 机构与人物
第十三篇 企事业单位概览
第十四篇 中国石油天然气集团公司大事纪要
第十五篇 统计数据
第十六篇 附　录

科技发展

【概述】 2010年，中国石油天然气集团公司科技工作深入贯彻落实全国科技大会、集团公司工作会议和科委会会议精神，按照“突出重点、攻克关键、创新与再创新并重、务求突破和有所作为”的工作要求，集中力量组织国家和集团公司重大科技项目攻关，努力攻克制约主营业务发展的关键瓶颈技术，持续推进科技创新体系建设，全面实施并顺利完成“十一五”科技计划，科技创新取得重大进展和成果，大大提升自主创新能力和核心竞争力，为推进集团公司发展方式转变和主营业务实现又好又快发展提供有力的技术支撑和保障。

【年度科技计划】 根据“主营业务战略驱动、发展目标导向、顶层设计”总体思路及“十一五”后三年科技滚动发展计划，2010年，按照“集成完善推广、攻关与试验、超前储备”3个层次，以国家科技重大专项为龙头，集团公司重大科技专项为核心，重大现场试验为抓手，继续组织实施50项重大科技项目，新启动5个集团公司重大科技专项，22个重大现场试验项目，新开70项各类课题、专题。

【国家级科技项目】 以集团公司牵头组织承担的大型油气田及煤层气开发国家科技重大专项为龙头，组织实施国家重点基础研究发展计划（973）、国家高技术研究发展计划（863）和国家科技支撑计划等各类国家级项目45项，课题216项。各类国家级科技项目注重与集团公司项目紧密结合，注重技术攻关与勘探生产的衔接，取得一批原创性成果，推动油气基础理论研究的发展，增强中国石油科技创新能力。

国家科技重大专项组织有序，全面完成“十一五”后三年任务，全面实现攻关目标，在重大装备研制、重大技术攻关和示范工程建设等方面取得重大进展和成果，并及时在现场应用，取得明显的效果，专项实施管理办公室获国家科技部组织管理突出贡献奖。油气重大专项“十二五”实施计划通过三部门综合平衡，成为民口重大专项中第一个通过综合平衡、完成预算上报的科技重大专项。

【公司重大科技项目】 围绕理论技术创新、生产应用实效、创新能力提升三大目标，通过“基础研究—技术攻关—技术应用”一体化设计，全面推进国家和公司重大专项、重大科技项目、重大现场试验等一体化组织，取得多项重大进展和成果，为主营业务发展提供有力技术支撑和保障。油气地质理论和勘探配套技术不断完善，深化以敞流型湖盆砂质碎屑流成因模式、大面积低渗透油气成藏机制为核心的岩性地层油气藏地质理论，形成高精度层序地层学工业制图、叠前地震储层预测等重大核心技术，推动鄂尔多斯华庆、四川须家河组、北疆石炭系火山岩等大型岩性地层油气藏快速勘探。煤层气成藏理论进一步完善，形成煤层气二维地震AVO预测、多分支水平井钻完井、大规模水力加砂压裂、高产层位优选与排采工艺等关键技术。长垣控水挖潜技术进一步完善，化学驱技术不断配套，发展形成大庆油田新一代勘探开发稳产技术，有力保障大庆4000万吨持续稳产。长庆油田上产5000万吨专项科技攻关取得突破，水平井压裂现场试验进展顺利，为长庆油田快速上产提供有力的技术支持。CO_2驱油及埋存技术攻关效果显著，将成为低渗透油田开发的主体接替技术。超稠油SAGD及火烧油层技术研究与现场试验取得突破性进展。西气东输工程技术及应用取得重大成果，成功研制出大型全焊接球阀，并通过出厂鉴定。攻克连续管制造核心技术，建成世界第三条连续管生产线，生产连续管近15万米。劣质重油加工、清洁油品生产、大型乙烯、高附加值化工产品研发等取得重大进展，催化裂化系列催化剂和成套工艺技术整体达到国际先进水平，乙烯裂解炉及产物预测系统取得阶段性重大进展，完成60万吨/年乙烯装置工艺包和基础设计，炼化能量系统优化示范工程节能降耗成效显著。

【重点实验室和试验基地建设】 2010年，集团公司平台建设重点推进碳酸盐岩储层、润滑油等重点实验室和地面工程、合成橡胶等试验基地的建设。截至2010年底，“十一五”计划的40个具有国际先进水平的集团公司重点实验室和试验基地全面建成。通过标志性设备、重点装置和配套软硬件的引进消化与自行研制，实验装备新度系数由建设前的0.33提高到0.78，总体达到国际先进水平，科学实验/矿场试验能力大幅度提升。集团公司在国家科技条件平台建设中取得重要进展，9个集团公司科技平台升级为国家级重点实验室/研究中心。提高石油采收率国家重点实验室高质量建成；管道输送安全、钻井技术和低渗透油气田勘探开发国家工程实验室建设稳步推进；煤层气开发利用国家工程技术中心建设任务初步完成，等待国家相关部门验收；国家能源页岩气研发（实验）中心和长输管道关键设备试验中心获国家能源局批准建设；LNG和重油轻质化研发（实验）中心及天然气能力计量国家工程技术中心申报建设工作积极推进，建设方案初步形成。

【国际科技交流与合作】 以主营业务驱动的科技发展理念为主线，紧密结合公司重大科技项目，突出关键技术问题，主导国家石油公司论坛（NOC）技术工作组的工作，开展并推动与俄罗斯天然气工业股份公司、马来西亚国家石油公司、挪威国家石油公司，埃克森美孚、雪佛龙以及台湾CPC等石油公司的技术交流与合作。全年共开展合作研究34项，在电磁波电阻率随钻测井仪研制、真地表叠前时间偏移软件工程化与Geo East系统移植等方面，取得一系列科研成果。

【科技创新基金】 围绕集团公司主营业务的技术需求，充分发挥国内有实力的科研单位、高等学校在石油科技创新方面的优势，进一步突出超前探索特点，组织开展科技创新基金研究计划，作为集团公司科技发展计划的补充。基金设置勘探、开发、工程技术、地面与管道、炼油、化工、共性等7个专业。2010年共征集到59家单位申报基金项目263项，共批准50项。

【技术交流与人才引进】 科技项目人才引进计划共安排油藏地球物理技术等14个项目，共邀请美国、英国、加拿大等外国专家61人，参加会议的国内外专家和技术人员近900人，会议论文80多篇。

【软科学研究】 围绕建设综合性国际能源公司的需要，开展"十二五"规划专题研究、中国石油的天然气可持续发展战略、集团公司国际化经营战略研究、技术创新能力建设等研究，取得一批重要成果，为集团公司领导和部门决策提供科学依据。《中国石油的天然气可持续发展战略研究》取得重大成果，有效支撑集团公司业务规划、国家能源战略规划编制，配合完成集团公司天然气一体化规划、中国石油两个资源两个市场方案研究、天然气化肥业务发展规划，促成在中国石油建立页岩气国家研究中心。《技术创新能力建设》等软科学研究为集团公司创新能力建设、激励机制、国际化经营战略等提供科学方法和决策支持。

【知识产权管理】 通过加强管理、培训和宣传，进一步增强企业知识产权保护意识，组织编制并发布中国石油知识产权战略纲要，组织开展以"创造·保护·发展"为主题的"保护知识产权宣传周"活动，专利申请和授权数量继续提高。2010年，共申请中国专利2178件，其中发明专利841件，占申请专利总数的38.6%；授权中国专利1701件，其中发明专利300件，占授权发明专利的17.6%。获得中国专利优秀奖9项。组织集团公司自主创新重要产品认定，发布认定66项集团公司自主创新产品。

【技术有形化】 完成21项核心技术的技术手册、宣传手册和DVD宣传片中英文版，同时总结归纳了技术有形化制作的模板与流程，编制了企业自身开展该项工作的培训指南，积极推进技术成果参加国内外技术交流、培训、招投标等，推动科技成果和核心技术在集团公司内部的共享和应用，扩大集团公司技术品牌的外部影响力。

【科技奖励】 集团公司有10项主要完成和参加完成的项目获得国家科学技术奖，其中"大庆油田高含水后期4000万吨以上持续稳产高效勘探开发技术"获国家科技进步特等奖，"西气东输工程技术及应用"获国家科学技术进步奖一等奖。"中国天然气成因及鉴别"获国家自然科学二等奖，另有7项成果获国家科学技术进步奖二等奖（表1）。

集团公司科技奖励共收到科技进步奖申报项目206项，技术发明奖申报项目19项。经过项目申报推荐、形式审查、效益审核、专业组评审、初评结果网上公示和科技奖励委员会评审，共评选出2010年度集团公司技术发明奖14项，其中：一等奖2项、二等奖6项、三等奖6项；集团公司科技进步奖119项，其中：特等奖1项、一等奖19项、二等奖40项、三等奖59项（表2）。

【科技资源】 集团公司共有80家总部直属和企业直属两级科研机构。其中总部直属科研机构8家，企业直属科研机构72家。集团公司所属两级科研机构从事科技活动的人数为30152人，其中拥有博士学位的人员占从事科技活动人员4.5%，拥有硕士学位的人员占从事科技活动人员18.6%。目前，集团公司拥有15名院士、50名国家突出贡献专家、1300余名享受政府特殊津贴专家、182名集团公司高级技术专家、1200名教授级高级工程师。

【科技培训】 为加强集团公司科技队伍建设，提高科技项目管理和创新水平，于6—7月在北京科技大学会议中心举办2期技术创新与管理培训，来自各油气田分公司、炼化企业、科研单位、工程建设、装备制造、工程技术服务、天然气与管道储运等单位的共135名技术创新骨干参加培训。通过培训技术创新方法和工具，拓展创新骨干的思路，同时宣贯集团公司科技政策与管理制度体系建设和长远发展战略。此外还于9月举办了2010年集团公司知识产权培训，集团公司全系统130余人参加，期间聘请国内著名专家开展企业知识产权保护专题讲座，会议代表进行工作经验交流，并对企业知识产权工作提出建议和意见。

表1　2010年获国家科技奖励成果

序号	成果名称	奖励
1	大庆油田高含水后期4000万吨以上持续稳产高效勘探开发技术	国家科技进步特等奖
2	西气东输工程技术及应用	国家科技进步一等奖
3	提高轻质油品收率的两段提升管催化裂化新技术	国家科技进步二等奖
4	高含水油田优势通道定量描述与调控技术及工业化应用	国家科技进步二等奖
5	特低渗透油藏有效开发非线性渗流理论和开发方法及其工业化应用	国家科技进步二等奖
6	重油催化裂化后反应系统关键装备技术开发与应用	国家科技进步二等奖
7	超大加氢反应器研制及工程应用	国家科技进步二等奖
8	油藏保护性可持续开发的微生物采油调控技术及工业化应用	国家科技进步二等奖
9	鄂尔多斯盆地低渗透油气田含油污水回用处理技术及工程应用	国家科技进步二等奖
10	中国天然气成因及鉴别	国家自然科学奖二等奖

表2　2010年获集团公司科技奖励成果

技术发明奖

序号	项目名称	推荐单位	主要发明人	获奖等级
1	稠油开采物理模拟方法及应用	中国石油勘探开发研究院	马德胜、昝　成、刘尚奇、陈亚平、沈德煌、高永荣	一等
2	气体（欠平衡）钻井核心装备研制与推广	中国石油集团川庆钻探工程有限公司	羡维伟、李德禄、陈晓彬、郑冲涛、陈　立、刘小玮	一等
3	改善原油流动性提高单井产量技术	中国石油辽河油田公司	张洪君、张玉涛、郑　猛、龙　华、刘恩宏、何　川	二等
4	高密度压裂液与清洁压裂液关键技术研发与应用	中国石油勘探开发研究院、中国石油塔里木油田分公司	张福祥、丁云宏、彭建新、程兴生、徐敏杰、邱晓慧	二等
5	PETG共聚酯生产技术及产品市场应用研究	中国石油辽阳石化公司	史　君、陈　颖、李连斌、邹　妍、马城华、温国防	二等
6	甲乙酮尾气净化回收工艺	中国石油兰州石化公司	王　凌、张耀亨、苏芳云、王桂敏、李　彬、邵鹏程	二等
7	光纤管道安全预警系统	中国石油天然气管道局	张金权、王小军、焦书浩、王　飞、王　赢、方德学	二等

续表

技术发明奖

序号	项目名称	推荐单位	主要发明人	获奖等级
8	滩浅海高精度地震勘探技术	中国石油集团东方地球物理勘探有限责任公司	倪成洲、全海燕、董凤树	二等
9	新型耐高温酸化缓蚀剂的开发与研究	中国石油新疆油田公司	高建村、袁　飞、冯　丽、田润丰、萨丽塔娜特	三等
10	万吨级聚异丁烯成套技术开发	中国石油吉林石化公司	李鹤春、南春模、李　坤、史春岩、杨艳文、王桂英	三等
11	色谱在线分析仪表研制与开发	中国石油兰州石化公司	曹　巍、张　传、楼秀钦、王忠民、吴振峰、王东亮	三等
12	抗起球腈纶纤维开发	中国石油大庆石化公司	马廷连、张　伟、邓爱琴、尚印锋、王宝业、董旭东	三等
13	螺杆泵地面直接驱动技术研究	中国石油大庆油田有限责任公司	苗丰裕、徐国民、叶　鹏、徐广天、魏显峰、孔令维	三等
14	套管钻井管柱配套技术	中国石油集团石油管工程技术研究院	宋生印、韩礼红、冯耀荣、王耀光、刘养勤	三等

科学技术进步奖

序号	项目名称	主要完成单位	主要完成人	获奖等级
1	大庆油田“二三结合”水驱挖潜及二类油层聚合物驱油技术研究	大庆油田有限责任公司	徐正顺、程杰成、王渝明、王凤兰、隋新光、黄伏生、邵振波、宋保权、李　杰、赵国忠、朱　焱、宋吉水、张英志、张　东、周万富、张善严、韩培慧、李彦兴、白文广、苏延昌、刘　启、王洪卫、刘连福、王加滢、梁文福、王　伟、李卫彬、王兴刚、李瑞升、王　朋	特等
2	滨里海盆地东缘中区块油气综合地质与地震勘探技术研究	中国石油海外勘探开发公司，中国石油勘探开发研究院，中国石油集团东方地球物理勘探有限责任公司，中国石油集团川庆钻探工程有限公司	郑俊章、王燕琨、金树堂、黄先雄、关维东、徐安平、吴林刚、方甲中、潘校华、苏永地、史卜庆、代双河、王　震、罗　曼、程绪彬	一等
3	中国煤层气成藏机制及经济开采基础研究	中国石油勘探开发研究院，中石油煤层气有限责任公司，中国石油华北油田公司	宋　岩、柳少波、陈　东、李仰民、万玉金、李梦溪、李明宅、刘洪林、杨秀春、孟庆春、赵孟军、秦　义、郭广山、吴雪飞、张建国	一等

续表

序号	项目名称	主要完成单位	主要完成人	获奖等级
4	辽河探区基岩油气藏重大勘探发现与关键技术	中国石油辽河油田公司	李晓光、单俊峰、张巨星、雷安贵、刘兴周、李玉金、徐丽英、毛俊莉、窦　欣、王世亮、陈永成、赵淑琴、张凤莲、鞠俊成、回雪峰	一等
5	长庆超低渗透油藏经济有效开发技术研究	中国石油长庆油田公司、低渗透油气田勘探开发国家工程实验室	李忠兴、赵继勇、程启贵、杨克文、沈复孝、宋广寿、周雯鸽、李宪文、屈雪峰、何永宏、李书恒、王海红、石玉江、张永强、谢启超	一等
6	吉林油田 CO_2 驱油、埋存及含 CO_2 气田开发配套技术	中国石油吉林油田公司、提高石油采收率国家重点实验室	宋新民、沈平平、王　峰、魏兆胜、刘长宇、秦积舜、刘运城、王红庄、张应安、杨思玉、孙锐艳、王　峰、阮宝涛、董国昌、关云东	一等
7	特低渗透油藏储层评价和非线性渗流规律研究	中国石油勘探开发研究院、中国石油吉林油田公司	雷　群、刘先贵、魏兆胜、杨正明、熊　伟、刘运成、张亚蒲、郭和坤、何　英、刘学伟、熊生春、李树铁、祖立凯、刘卫东、刘　莉	一等
8	环烷基油深加工技术研究及产品开发应用	中国石油克拉玛依石化公司、中国石油润滑油公司	杨建湘、马书杰、罗来龙、杨俊杰、甄新平、张玲俊、熊春珠、尹　宏、王　鹏、李　荣、熊良铨、王伟卫、范惠明、柯友胜、黄松柏	一等
9	低焦炭产率渣油催化裂化催化剂的研制与工业应用	石油化工研究院，中国石油兰州石化公司，中国石油长庆石化公司	高雄厚、秦　松、赵　飞、张忠东、张君屹、王宝杰、黄　佺、刘超伟、魏广春、赵晓争、袁晓云、邹旭彪、秦浩杰、赵剑涛、赵连鸿	一等
10	高空速碳二加氢催化剂的制备及工业应用	石油化工研究院，中国石油兰州石化公司	谭都平、黄玉泉、李锦山、景喜林、车春霞、黄其成、邓飞虎、梁　琨、常晓昕、梁玉龙、张小宇、林　宏、马建华、周志平、向永生	一等
11	SJ 级汽油机油及系列摩托车专用油的开发应用	中国石油润滑油公司	魏文羽、孙瑞华、翟月奎、赵明红、于　军、刘庆国、姚其风、包冬梅、杨春华、李　军	一等
12	20 万吨 / 年醋酸成套工业化技术开发	中国寰球工程公司	金　健、王敏丽、孙嘉颖、李海英、陆振斌、瞿林华、武建芃、林钧灏、刘建华、石仙罗、赵国英、张德厚、沈宝山、梁梓波、王　炜	一等
13	多品种原油同管道高效安全输送新技术	中国石油西部管道公司，中国石油大学（北京）	张劲军、伍　奕、宇　波、庞贵良、李鸿英、许春江、张文新、邹永胜、黄启玉、邱姝娟、姚　峰、张　宏、陶志江、毛国承、王　凯	一等

续表

序号	项目名称	主要完成单位	主要完成人	获奖等级
14	酸性天然气净化技术研究及应用	中国石油西南油气田公司，中国石油集团工程设计有限责任公司	常宏岗、刘家洪、付敬强、陈胜永、宋德琦、何金龙、肖秋涛、温崇荣、陈运强、陈昌介、向　波、彭子成、胡天友、冼祥发、万义秀	一等
15	渤海湾盆地滩（浅）海复杂地表地震勘探方法攻关及超大面积地震数据体建设与应用	中国石油大港油田公司、中国石油集团东方地球物理勘探有限责任公司	岳　英、翟桐立、吴凤山、肖敦清、姚建军、付满清、常德双、赵国旺、倪金忠、黄　志、王长春、李晓东、薛广建、祝文亮、唐维宁	一等
16	歧口凹陷复杂油气层综合评价配套技术攻关与应用	中国石油大港油田公司、中国石油勘探开发研究院、中国石油集团渤海钻探工程有限公司	周建生、周灿灿、柴细元、李俊国、邵维志、程相志、岳云福、丁娱娇、吴淑琴、郭春东、常静春、王振升、张春林、宋连腾、刘伟兴	一等
17	涩北气田与海塔盆地优快钻井配套技术研究与应用	中国石油青海油田公司、大庆油田有限责任公司、中国石油集团西部钻探工程有限公司、中国石油集团渤海钻探工程有限公司、中国石油集团钻井工程技术研究院、中国石油勘探开发研究院	江鲁生、王　震、邹来方、赵元才、李国庆、于文华、刘硕琼、张洪大、李德元、耿东士、余　博、孟　翔、李俊禄、陈绍云、孔凡军	一等
18	12000 米交流变频电驱动钻机	宝鸡石油机械有限责任公司、中国石油集团钻井工程技术研究院	王进全、黄悦华、贾秉彦、李厚岭、李治平、蒲容春、张元洪、王建军、刘广华、王青山、姚文予、武战学、陈思祥、马青芳、杨耀智	一等
19	中国石油炼油与化工运行系统研究与建设	中国石油规划总院，中国石油大连石化公司，中国石油兰州石化公司，中国石油大庆石化公司	王　华、彭连军、曹　巍、张　昆、刘　建、张　敏、徐定宇、郑国庆、刘俊锋、雷荣孝、崔振伟、龚　辉、杨　程、苏庆东、韩建忠	一等
20	西南战略大气区社会责任与发展方式研究及应用	中国石油西南油气田公司	姜子昂、周　娟、王良锦、贺志明、肖学兰、那竹涯、李　杰、张友波、胡奥林、杨　蕾、何润民、徐华仿、谯华平、白　桦、许　鹏	一等
21	鄂尔多斯盆地中生界深湖相储层形成机理及油藏分布规律	中国石油长庆油田公司、低渗透油气田勘探开发国家工程实验室	付金华、姚泾利、蔺宏斌、刘显阳、杨克文、喻　建、张海峰、邓秀芹、田永强、张忠义	二等
22	新疆北部火山岩油气藏地质认识与评价技术	中国石油勘探开发研究院，中国石油新疆油田公司，中国石油吐哈油田公司，中国石油勘探开发研究院廊坊分院，中国石油勘探开发研究院西北分院	邹才能、王绪龙、梁世君、张光亚、唐　勇、梁　浩、侯连华、闫玉魁、凌立苏、卫延召	二等

续表

序号	项目名称	主要完成单位	主要完成人	获奖等级
23	准噶尔盆地西北缘红车断裂带滚动勘探亿吨级储量的发现与高效探明	中国石油新疆油田公司	张明玉、谈继强、刘明高、欧阳可悦、关泉生、徐常胜、杨志冬、赵建章、刘俊奇、李宏	二等
24	辽河油区难采储量二次评价研究与实践	中国石油辽河油田公司	张方礼、孙　岩、李铁军、孔令福、于　军、陈　超、李焕鹏、杨延东、喻　晨、汤　志	二等
25	靖边气田55亿/年稳产配套技术系列	中国石油长庆油田公司、低渗透油气田勘探开发国家工程实验室	张明禄、卢　涛、余淑明、张宗林、冯强汉、艾　芳、王　勇、张雅玲、兰义飞、刘海锋	二等
26	冀中坳陷斜坡带岩性油藏成藏条件及整体油藏评价技术研究与应用	中国石油华北油田公司	吕传炳、梁星如、于仁江、张满库、张　峰、李瑞军、李　杰、姚红星、赵政权、李彦国	二等
27	断裂带油气富集规律在Gbeibe油田滚动扩边的开发实践	中国石油天然气勘探开发公司	蒲海洋、文光耀、周国勇、严文德、王新明、李建设、李连明、王永兰、崔　燚、郝元琪	二等
28	海外新项目快速技术经济评价方法研究	中国石油天然气勘探开发公司、中国石油勘探开发研究院	郑　炯、冯明生、王志峰、段海岗、单连政、杜政学、韩　涛、聂　臻、王延华、杨　双	二等
29	长庆特低渗透油气田储层改造技术研究及应用	中国石油集团川庆钻探工程有限公司	李静群、宋振云、孙　虎、叶登胜、任雁鹏、袁冬蕊、王小文、魏建荣、李　勇、马　托	二等
30	特殊天然气藏开发配套技术	中国石油勘探开发研究院、中国石油西南油气田公司、中国石油长庆油田公司、中国石油塔里木油田公司、大庆油田有限责任公司、中国石油新疆油田分公司	贾爱林、卢　涛、钟　兵、江同文、徐正顺、陆家亮、何东博、钱根宝、李保柱、冀　光	二等
31	涩北气田出砂规律及综合治砂技术研究与应用	中国石油勘探开发研究院、中国石油青海油田公司	周福建、刘玉章、杨贤友、熊春明、孙凌云、张启汉、连胜江、李　永、李江涛、刘雄飞	二等
32	乳聚丁苯软胶环保化技术的开发与应用	中国石油兰州石化公司，石油化工研究院	刘吉平、张守汉、艾纯金、葛蜀山、王　勇、孙延军、周　健、成　瑾、何承全、李　辉	二等
33	改进柴油流动性降凝剂研究及工业应用	中国石油辽阳石化公司	史　君、姜明财、王大明、赵纯革、毛世庆、张利粉、王　健、王俊荣、于贵春、王金萍	二等
34	异丙醇工艺技术、产品标准研究及工业应用	中国石油锦州石化公司	齐晓梅、李伟东、王英伟、刘春杰、刘泳涛、张玉东、赵金海、刘　成、孔春华、蒋　晨	二等

续表

序号	项目名称	主要完成单位	主要完成人	获奖等级
35	聚丙烯酰胺成套技术在企业产品升级中的应用	中国石油大庆炼化公司	高　俊、陈万忠、贾长义、逯德成、云　飞、杨怀宇、刘惠民、于伟千、栗文波、孙密恭	二等
36	热收缩膜聚乙烯专用树脂1810D的工业开发与应用	中国石油兰州石化公司，石油化工研究院，中国石油西北化工销售公司，中国石油华北化工销售公司	赵东波、王卓妮、王　彤、袁华斌、宋　丹、张　卉、罗鹏举、高　艳、杨　卓、张　晖	二等
37	中国石油原油快速评价试验研究	中国石油大连石化公司、石油化工研究院、原油评价重点实验室	李建华、王艳斌、吴良英、蔡万民、李文乐、兰丽秋、王永长、邴德媚、周　锋、阎立军	二等
38	合成异丙苯分子筛催化剂国产化及工业应用	中国石油吉林石化公司	赵　胤、郝东刚、李　正、杨积学、陶文晶、牛志蒙、崔　龙、姜国玉、金　辉、侯立波	二等
39	重油催化剂新高岭土源的开发与工业应用	石油化工研究院，中国石油兰州石化公司	张　莉、崔文广、刘宏海、魏昭成、庞新梅、范亚威、赵红娟、罗杰盛、王智峰、熊晓云	二等
40	复合锂基润滑脂的开发研制及应用	中国石油润滑油公司，中国石油兰州石化公司	秦俪萍、强永席、刘栓祥、刘丽君、龚晓晖、凌伟红、周　圆、张丽娟、张　熊、冯乐刚	二等
41	油气管道地质灾害风险评价与应急保障技术研究与应用	中国石油管道公司，中国石油西气东输管道公司	郝建斌、么惠全、荆宏远、冯　伟、刘建平、李又绿、韩　冰、郝兴国、吴张中、赵　罡	二等
42	三元复合驱沉积物控制技术研究	大庆油田有限责任公司	陈新萍、侯丛福、刘东升、徐克明、苗丰裕、董喜贵、任成峰、李金玲、高清河、刘俊德	二等
43	北京油气调控中心SCADA系统整合工程研究及应用	北京油气调控中心	祁国成、张　帆、张　鹏、曹青山、戚　麟、丁文海、唐善华、范　莉、赵丽英、王玉忠	二等
44	高含H_2S、CO_2天然气田开发的防腐蚀工程新技术研究	中国石油集团工程设计有限责任公司	姜　放、施岱艳、汤晓勇、鲜　宁、曹晓燕、杨　朔、殷名学、李天雷、赵华莱、张春燕	二等
45	管道工程项目管理技术集成研究	中石油北京天然气管道有限公司，中油龙慧自动化工程有限公司	姚　喆、袁满仓、耿亚彬、王　贵、唐　伟、魏振红、张树民、王素英、张　伟、陈笑峰	二等
46	长输油气管道安全预警技术及体系研究	中国石油管道公司	陈朋超、谭东杰、艾慕阳、周　琰、蔡永军、刘广文、苗国顺、孙　异、郝建斌、李　俊	二等

续表

序号	项目名称	主要完成单位	主要完成人	获奖等级
47	西气东输储气库（金坛）含盐层系三维精细地质建模及地质综合研究	中国石油西气东输管道公司，西南石油大学	李　祥、屈丹安、徐　峰、李海川、秦启荣、李　龙、霍永胜、尹　成、李久林、杨清玉	二等
48	准噶尔盆地火山岩油气藏测井评价方法与技术	中国石油新疆油田公司、中国石油集团西部钻探工程有限公司	孙中春、隆　山、欧阳敏、戴诗华、陈　新、董彦喜、罗兴平、王洪亮、蒋宜勤、杨永生	二等
49	井地联合地震勘探技术研究及应用	中国石油集团东方地球物理勘探有限责任公司、大庆油田有限责任公司	凌　云、徐正顺、李彦鹏、王渝明、高　军、庞彦明、孙德胜、陈树民、林吉祥、舒　萍	二等
50	地震采集设计新技术集成配套	中国石油集团东方地球物理勘探有限责任公司	蒋先艺、高彦林、丁建群、杨海申、刘世峰、施丽娟、姜建军、睢永平、杨　剑、郭亚平	二等
51	声波伽马密度固井质量测井技术研究与应用	中国石油集团长城钻探工程有限公司	汪　浩、张学伟、李　哲、宫继刚、傅永强、伍　东、张宏生、王少鹤、季天明、张胜文	二等
52	阿塞拜疆泥火山地层高密度钻井液技术研究与应用	中国石油集团长城钻探工程有限公司	刘德胜、刘绪全、张振华、张玉平、杨金荣、左京杰、李晓光、陈敦辉、王发友、叶　挺	二等
53	大位移（高水垂比）井钻井技术研究	中国石油集团渤海钻探工程有限公司、中国石油大港油田公司	葛贵付、周明信、张永忠、单桂栋、张松杰、汤新国、运志森、齐月魁、秦建民、胡　毅	二等
54	库车前缘隆起带盐下油气藏水平井钻井技术研究与实践	中国石油塔里木油田公司、中国石油大学	滕学清、李　宁、金　衍、王春生、周志世、陈　勉、张恩霆、艾正青、卢运虎、樊　文	二等
55	4000HP 全回转多用工作船研制	中国石油集团海洋工程有限公司	郭海兰、左怀森、黄晓广、王爱和、王　勇、赵玉海、林启涛、陈建国、李增平、田大良	二等
56	连续管作业技术与装备	中国石油集团钻井工程技术研究院、宝鸡石油钢管有限责任公司、中国石油辽河油田公司	贺会群、李雪辉、杨忠文、刘寿军、熊　革、范玉平、毕宗岳、曹和平、马青芳、刘　宝	二等
57	中国石油集团矿区服务业务管理信息系统	中国石油集团东方地球物理勘探有限责任公司	罗革新、张睿哲、孟宪国、夏拥军、陈永贵、赵　光、邹　黎、伊占林、王　妍、石　燕	二等
58	中国石油天然气与管道 ERP 系统可行性研究、试点及推广实施	中国石油规划总院、中国石油管道公司	刘　晨、骆科东、程晓春、亓　伟、葛雁冰、王国丽、秦世峰、姚思家、李海泉、代　铎	二等

续表

序号	项目名称	主要完成单位	主要完成人	获奖等级
59	我国能源投融资若干问题研究	中国石油集团经济技术研究院	许永发、蔡建华、刘倩如、张昭贵、张　愉、王海博	二等
60	CNODC职业健康监护及职业健康保障研究	中国石油天然气集团公司中心医院、中国石油天然气管道局	姜　杉、兰谊平、王宝河、马德库、董定龙、史文宝、张宝林、侯文胜、梁戈清、王　丹	二等
61	南贝尔凹陷成藏规律与快速勘探技术	大庆油田有限责任公司	曹瑞成、刘　斌、蒙启安、孙显义、孙效东、王凤来	三等
62	松辽盆地含CO_2天然气分布规律和资源潜力研究	中国石油勘探开发研究院，中国石油吉林油田公司、大庆油田有限责任公司	胡素云、王立武、董景海、张庆春、柳少波、米敬奎	三等
63	饶阳凹陷雁翎—西柳地区精细勘探技术与亿吨级规模储量发现	中国石油华北油田公司	张以明、杨德相、刘井旺、李晓燕、侯凤香、吴健平	三等
64	海相碳酸盐岩有效储层形成条件、分布特征与有利目标区评价	中国石油勘探开发研究院杭州地质研究院、中国石油勘探开发研究院	沈安江、寿建峰、张宝民、周进高、张惠良、郑兴平	三等
65	柴达木盆地油气资源战略调查及评价	中国石油青海油田公司	付锁堂、张培平、张　敏、高　荐、尹成明、甘贵元	三等
66	吐哈盆地北部山前带天然气成藏主控因素研究与有利钻探目标优选	中国石油吐哈油田公司	梁世君、燕列灿、季卫华、陈　煦、闫玉魁、梁　浩	三等
67	朝长地区扶余油层油气分布规律与河道砂体识别技术研究	大庆油田有限责任公司	崔宝文、庞彦明、周永炳、王秀娟、王永卓、沈旭友	三等
68	杜229块超稠油油藏多元二次开发研究与实践	中国石油辽河油田公司	龚姚进、周大胜、孙洪军、韩　冰、庄　丽、周　捷	三等
69	生产管理模型的建设与应用研究	中国石油辽河油田公司	赵政超、丁云彪、刘　斌、王海生、王占华、陈　军	三等
70	火烧山裂缝性特低渗透砂岩油藏稳油控水技术研究	中国石油新疆油田公司	李　斌、徐学成、吴承美、朱跃胜、王国先、王　宁	三等
71	一趟管柱射孔、压裂、不压井转抽工艺技术研究	中国石油新疆油田公司	袁新生、章　敬、孙　新、张　勇、王群立、李　璐	三等
72	华北油田深部调驱改善水驱开发效果研究及应用	中国石油华北油田公司	宋社民、朱庆忠、任红梅、谢　刚、吴　刚、曾庆桥	三等
73	机采系统节能降耗工艺研究	中国石油吉林油田公司	尹　旭、黎政权、薛国锋、刘长宇、牟维海、许秋范	三等
74	英买力复杂凝析气田群高效开发研究及应用	中国石油塔里木油田公司、中国石油勘探开发研究院	王天祥、昌伦杰、朱卫红、肖香姣、李保柱、成荣红	三等

续表

序号	项目名称	主要完成单位	主要完成人	获奖等级
75	老君庙油田M油藏顶部区二次开发先导试验及研究	中国石油玉门油田公司	刘战君、李炼文、胡灵芝、袁广旭、李克勤、李宏伟	三等
76	柳赞油田沙河街组油藏二次开发研究	中国石油冀东油田公司	郝建明、张玉楼、李凯双、冯俊山、陈能学、孙占平	三等
77	乙烯装置节能技术开发及工业应用	中国石油独山子石化公司	徐安利、蔡建新、刘维坚、张振华、马新力、罗剑成	三等
78	催化裂化装置烟机结垢、磨损及振动的研究及解决措施	中国石油大连石化公司	刘 强、吴 宇、隋景涛、丛继功、孙忠镭、李卫东	三等
79	京IV汽油工艺技术的研究与应用	中国石油华北石化公司	李胜昌、齐建勋、张远征、周世岩、赵建春、南晓钟	三等
80	催化裂化-C4溶剂脱沥青组合工艺优化及工业应用	中国石油长庆石化公司	赵 飞、崔 勇、魏广春、高 威、袁晓云、廉金龙	三等
81	苏丹喀土穆炼厂催化裂化装置长周期运行技术研究及工业应用	中油国际（苏丹）炼油有限公司	王行义、田大军、董玉明、尹承军、李 超、陈 磊	三等
82	昆仑润滑油产品在主要行业的应用研究（汽车发动机、炼化行业）	中国石油润滑油公司	王泽恩、王洪斌、于 军、王成功、张双艳、袁茂泉	三等
83	《合成橡胶牌号规范》等3项国家标准制修订	石油化工研究院	翟月勤、孙丽君、李晓银、王春龙、吴 毅、薛慧峰	三等
84	汽油脱硫醇尾气排放膜法控制与回收技术开发及工业化应用	中国石油庆阳石化公司，中国石油大学（华东）	汤官俊、孟志强、赵秋燕、马建波、赵焕卿、茹 凡	三等
85	线性装置开发生产茂金属产品	中国石油大庆石化公司	曹景良、王 鹏、孔庆发、王奎元、李德爱、张洪达	三等
86	双三羟甲基丙烷（DI-TMP）工业化技术	中国石油吉林石化公司	任怀居、常凤忱、张万玉、张险波、李长途、逄金国	三等
87	国产化硝酸装置“四合一”机组改进	中国石油辽阳石化公司	刘振宏、刘铁夫、张炳辉、孙 权、宿奎颖、宋永坤	三等
88	乌石化公司布朗合成氨工艺技术优化研究与改进	中国石油乌鲁木齐石化公司	孔晨辉、袁国威、蒋建农、姜海军、陈德福、贺力奇	三等
89	高压干气密封技术在二加氢装置循环氢压缩机的研究与应用	中国石油大庆石化公司	孟昭月、杨跃龙、季卫星、隋祥波、许中义、邢春发	三等
90	大型压力容器燃气法整体热处理技术	中石油东北炼化工程有限公司	王学成、李忠林、王 斌、李 嘉、乔连庆、赵鸿逊	三等
91	水淹枯竭气藏型地下储气库盘库方法研究	中石油北京天然气管道有限公司、中国石油勘探开发研究院廊坊分院	何学良、王皆明、陈 俊、王永发、胥洪成、刘 旭	三等

续表

序号	项目名称	主要完成单位	主要完成人	获奖等级
92	齐40块蒸汽驱地面集输处理技术	中国石油辽河油田公司	刘喜林、郭野愚、武俊宪、杨　顺、李　刚、顿宏峰	三等
93	完善天然气计量技术方法研究	中国石油西南油气田公司	刘勇明、段继芹、李万俊、何　敏、陈荟宇、任　佳	三等
94	面向管道完整性应用的地理信息系统（PioaGIS）	中国石油管道公司	刘　斌、吴志锋、王富才、李　祎、付松广、陈斯迅	三等
95	油气管道标准体系研究及系统开发与应用	中国石油管道公司	刘　冰、刘玲莉、赵明华、钱成文、宋　飞、陈洪源	三等
96	油田含油污泥资源化技术研究及应用	中国石油集团安全环保技术研究院、中国石油辽河油田公司	邓　皓、谢加才、王万福、孟庆海、杜卫东、王蓉沙	三等
97	含硫天然气水合物防治技术研究与应用	中国石油西南油气田公司	周厚安、唐永帆、黄黎明、刘友权、王　川、艾天敬	三等
98	cyw-1422型垂直液压冷弯管机研制	中国石油天然气管道局	王鲁军、李济昌、马明来、高广林、张新生、徐　艳	三等
99	磁加载磁分离水质处理工艺技术研究	大庆油田有限责任公司	石　波、王玉敏、孙庆友、梁文义、周发利、才艳华	三等
100	叠前地震储层预测技术在川中及苏里格地区的研究与应用	中国石油集团川庆钻探工程有限公司	李亚林、李志荣、熊　艳、孙建库、巫芙蓉、朱　敏	三等
101	辽河油区复杂构造地震资料精细处理技术研究及应用	中国石油辽河油田公司	张文坡、郭　平、宁日亮、高　源、张淑梅、柳世光	三等
102	SMART生产测井解释平台的研发与应用	大庆油田有限责任公司	赵亦朋、杨景海、童峥晖、张晓春、王春燕、梁晓东	三等
103	高保真可控震源地震采集方法研究与应用	中国石油集团东方地球物理勘探有限责任公司	王卫华、张慕刚、曹务祥、汪长辉、肖　虎、倪宇东	三等
104	“三低”油气层测井解释模型和解释方法研究	大庆油田有限责任公司	陶宏根、王宏建、李庆峰、许淑梅、付晨东、刘砾华	三等
105	多级脉冲深穿透聚能射孔技术研究	中国石油集团渤海钻探工程有限公司、中国石油大港油田公司	柴细元、李洪山、张维山、王树强、刘庆东、杨　国	三等
106	吉林油田浅层大平台水平井钻井配套技术研究	中国石油吉林油田公司	何　军、李艳波、张继峰、董国昌、史海民、白相双	三等
107	松辽盆地深层天然气井固井配套技术研究与应用	中国石油集团海洋工程有限公司、中国石油吉林油田公司	吕光明、张稽南、高永会、孙富全、王顺利、谭文礼	三等
108	石油钻采工具工程试验平台开发与应用	中国石油大港油田公司	刘延平、刘可军、魏海菊、齐月魁、张永忠、杜　坚	三等

续表

序号	项目名称	主要完成单位	主要完成人	获奖等级
109	乍得H区块Bongor盆地钻完井技术	中国石油集团钻井工程技术研究院、中油国际（乍得）有限公司	王　玺、刘烈强、陈　雷、赵成新、汪蓬勃、王文广	三等
110	失控井口的控制与恢复技术研究	中国石油集团川庆钻探工程有限公司	孙海芳、陈忠实、杨令瑞、李艳丰、田　强、王和富	三等
111	耐复杂介质螺杆钻具研制与应用	中国石油集团钻井工程技术研究院（北京石油机械厂）	刘广华、邹连阳、罗西超、华建军、谷振乾、赵玉钧	三等
112	高性能钻具技术指标体系及安全保障技术研究	中国石油集团石油管工程技术研究院	冯耀荣、韩礼红、王新虎、杨　龙、宋生印、刘永刚	三等
113	合同管理系统	中国石油勘探开发研究院	曾　萍、王安松、赵伟建、马　江、杨秋存、史立峰	三等
114	塔里木石油勘探开发专业基础数据库建设与应用	中国石油塔里木油田公司	田　军、杨金华、董　斌、杨　松、熊　伟、李家金	三等
115	勘探开发一体化信息系统研究、集成与应用	中国石油新疆油田公司	曾　颖、李清辉、支志英、金云华、石　峰、胡顺全	三等
116	国内外油气行业发展研究报告	中国石油集团经济技术研究院	刘克雨、姜学峰、徐建山、戴家权、张卫忠、林东龙	三等
117	天然气价值研究	中国石油规划总院	赵连增、洪　波、王功礼、郝　郁、杜　敏、李　伟	三等
118	油田内部管网完整性管理体系研究及应用	中国石油集团石油管工程技术研究院	赵新伟、罗金恒、亢　春、董保胜、只建克、张中放	三等
119	中国石油天然气集团公司突发事件应急预案研究与制定	中国石油集团安全环保技术研究院	裴玉起、吴东平、丁树成、常宇清、杨　芳、杜　民	三等

（陈　雷）

信息化工作

【概述】 2010年，集团公司信息化工作认真贯彻“六统一”（统一规划、统一标准、统一设计、统一投资、统一建设、统一管理）原则和“十六字”（化是过程、统是原则、建是重点、用是目的）工作要求，深入落实“业务主导、部门协调”信息化工作机制，持续推进信息技术总体规划实施，“三年基本建成ERP系统”目标如期实现，加油站管理等信息系统建设和应用成效显著，数据中心建设取得重大进展，“十一五”信息化建设任务全面完成。累计形成51个集团公司集中统一的信息系统平台，实现信息化建设从分散向集中的阶段性跨越。一批大集中系统的用户规模大、共享范围广、总体拥有成本低、技术架构先进、应用功能强大，有效支持各项业务，达到了国际先进水平。

【信息系统建设】（1）建成应用集团公司级集中统一的 ERP 系统，成为集团公司的战略性基础工程。ERP 系统全年在 39 个单位上线运行，累计实施和上线单位分别达到 132 和 121 个，继销售、天然气与管道、装备制造、人力资源管理领域之后，在炼油与化工、工程技术、工程建设、科研事业及其他单位全面建成应用，在勘探与生产和海外勘探开发领域完成大部分实施任务。ERP 系统在每个业务领域采用统一的业务流程、统一的数据编码、统一的软件平台，集中在一套服务器上运行，实现各成员企业、总部用一套 ERP 系统进行业务操作。2010 年，ERP 系统管理各成员企业未合并营业收入总计 2.6 万亿元的业务运营，成为企业经营管理的重要手段和运行平台。

（2）建成应用油品、非油品、加油卡集成统一的销售管理系统，显著提高销售业务管理能力和竞争力。加油站管理系统完成全部推广实施任务，全年在 10215 座加油站推广实施，累计在 16050 座加油站上线应用，实现“一卡在手、全国加油”，推进油品和非油品进、销、存、价、量的集中管理。系统分为总部级系统、站级系统和卡系统 3 个部分，采用集中式架构，优化固化业务流程，统一 14 个品牌、54 种型号加油机的 256 种通信协议和 8 个品牌、18 种型号液位仪的 10 种通信协议，油品销售、非油品销售和卡业务在系统中实时运行，实现人工控制向系统自动控制、分散管理向集中管理的转变。

（3）工程技术生产运行管理系统完成在东方物探、渤海钻探等 6 家企业的推广实施，在工程技术领域全面建成应用。目前系统实现对 3000 余支作业队的生产动态数据管理，数据总量达 1.8 亿条，年在线登录 13 万人次，已经成为工程技术生产运行管理的日常工作平台，为远程专家诊断和技术支持奠定基础。勘探与生产指挥调度系统在总部建成应用，通过与相关信息系统的集成应用，实现了油气生产和集输数据的在线统计、综合展示，以及重点井监控，有效支持勘探生产指挥调度和决策。应急平台完成总部应急指挥场所、应急管理系统建设，实现对突发事件的指挥调度、应急通信、视频监控，以及日常生产经营数据的集成展示。

【信息系统应用】 信息系统在各业务领域的应用持续深化，在转变生产作业和经营管理方式、强化风险控制、支持节能减排、提升业务运行效率和决策水平等方面的支撑作用越来越显著。在信息系统建设中紧密结合业务需求，在深化应用中不断满足业务需求，将生产管理、经营管理和办公管理搬到网上运行，有效提高生产经营水平。同时，在对各成员企业的信息化工作考核中，加大信息系统应用的考核比重，通过在信息系统中设置考核模块，自动形成定期考核结果，进一步促进系统应用。

（1）高效支持主营业务发展。在勘探与生产领域，大庆、新疆等油田利用信息系统建成了盆地级勘探开发项目研究环境，减少数据准备时间 70%，有效缩短地质评价周期，提高油气发现成功率；在炼油与化工领域，实现总部对新建和改扩建炼化装置开工过程的实时监控和远程指导，为装置一次开车成功提供有力支持；在管道储运领域，信息系统应用范围拓展与新建油气管道投产同步，保证对国内外所有管线的及时、统一管理；在销售领域，对于新建的加油站，通过采用系统中规范的经营模式，迅速实现油品、非油品销售业务的标准化管理。

（2）转变生产作业和经营管理方式。勘探开发研究方式实现由单学科串行向多学科并行的转变，油田企业形成“电子巡井、人工巡站、远程监控、中心值守”的生产组织方式，推进油气生产数字化管理；炼油与化工产品的化验数据在车间、调度、质管、销售等部门实时共享，促进产品质量全程、全方位跟踪管理；油品销售价格由手工调价变为在系统中直接调整，避免低价放量行为；油库库存上划为省公司统一管理，增强集中管控能力；企业班子成员薪酬由各单位自行发放变为总部统一发放，为保证执行统一薪酬政策提供手段。

（3）强化风险控制。利用系统监控所有油气管线运行过程，对影响管道安全的因素进行综合的、一体化管理，使管道始终处于安全、可靠、受控的工作状态；通过自上而下油品价格统一、自动调整，提高价格集中管控能力，支持现金、IC 卡等多种支付方式，对各环节加强过程控制与稽核，降低资金管理风险；所有报销事务通过网上完成，按预算与费用属性控制报销流程，实现对整体费用的有效掌控。

（4）优化资源配置。辽河油田利用系统开展剩余油分析，对 600 多口生产井实施挖潜治理，年增油 20 多万吨。炼油与化工企业实现从原油采购、原油运输、炼厂生产、配料输入、企业间互供到油品配送各环节的排产优化，明显提高经济效益。其中大庆石化通过优化乙烯原料选择，双烯烃收率超 50%，乙烯能耗首次降至 36.73 千克标准油 / 吨；销售企业通过优化成品油资源流向，降低运输成本，保障市场供应。

（5）提高决策效率和水平。基于系统提供的完整数据，构建支持科研、管理和决策的勘探开发一体化数据模型和数据管理体系，在油气田企业首次实现了井、站、库信息一体化，为勘探项目研究提供科学依据；搭建炼化生产优化模型，为资源配置和生产计划优化提供科学依据；实现管道生产中动态管存、当量管径、泵炉效率、传热系数等关键参数的精确计算，为制定调度优化方案提供科学依据。

（6）支持节能减排。信息系统在各业务生产过程中的深入应用，实现生产管理的精细化，优化用能方案，减少“跑冒滴漏”等能源消耗。大庆、大港油田利用系统优化注水方案，减少注水量1%。新疆、塔里木、长庆等油田通过远程监控，减少生产一线交通、生活等能耗，保护当地环境，减少污染物排放。炼油与化工企业通过对水、电、汽、风等能耗信息的实时监控，有效避免生产波动，大大降低企业综合能耗和污染物排放，兰州石化年节水240万吨，节电5000万度；辽阳石化年节省蒸汽18万吨。管道储运企业利用信息系统，建立科学优化调度方案，显著降低输损能耗，西气东输管道年输损量降低1.55‰，相当于减少天然气损耗2700万立方米。此外，将异地灾备数据中心建在平均气温较低的东北地区，利用自然低温降低数据中心能耗，在提供安全、高效、可靠服务的同时，实现有效的节能环保。

【信息系统维护】 构建信息系统三级运行维护体系，一级由内外部业务与信息技术专家组成，负责解决信息系统复杂故障，指导系统升级、功能完善方案设计；二级由承担信息系统建设的内部支持队伍组成，负责系统的整体运行维护工作，为系统应用和三级运维提供共享技术支持；三级由各成员企业信息系统应用服务队伍组成，负责提供现场技术支持，处理用户日常应用问题。运维体系的不断完善，保障信息系统高效平稳运行和持续深化应用。

【信息技术基础设施建设】（1）确定“两地三中心”的总部级数据中心架构。规划设计总部级、区域级和成员企业级三级数据中心架构。总部级数据中心由主中心、同城备份中心和异地灾备中心构成，分别承担集团公司级信息系统的生产运行、同城备份和异地灾备任务。中国石油数据中心（勘探院）建成投用，主建筑面积4300余平方米，机房面积2469平方米，可放置机柜934个，配置2N级别的供配电系统，总体达到国际先进水平。启用吉林石化数据中心，利用自然低温节能降耗成效显著。目前，总部级数据中心总建筑面积达1.5万平方米，可容纳两千余个机柜。

（2）统一管理、分级维护、覆盖国内、连接海外的信息技术网络进一步拓展。5个海外区域网络中心累计接入61家海外分支机构。12个国内区域网络中心持续完善，完成兰州、西安、沈阳3个驻地企业城域环网建设，广域网总带宽达到6850兆比特/秒。累计部署和实施2座国内卫星主站、580座油田、工程技术、工程建设等企业卫星小站，卫星链路可用率99%。

【信息化管理工作】（1）结合中国石油信息化建设，编制完成“十二五”信息技术标准规划，“十二五”信息技术总体规划编制工作自2008年5月启动以来，先后历经草案、建议方案和正式规划3个阶段，经过规划计划部等相关部门、各专业分公司和地区公司共同努力，形成总体规划报告和专业分册报告，现已纳入集团公司“十二五”整体发展规划。基于“建用结合、以用为主”的阶段定位，“十二五”信息技术总体规划包括7大类76个项目，覆盖集团公司各业务领域。

（2）信息技术队伍能力不断提升，有效增强集团公司信息化持续发展能力。参加集团公司级信息系统建设的内部支持队伍已经发展到4000余人，经过多年来的学习和锻炼，专业技术水平不断提高，已经具备独立承担某些项目拓展实施和运行维护的能力。集团公司2010年评聘了9名信息工程专业高级技术专家，信息技术专家总数达到14名。信息技术专家在规划设计、方案论证，以及经营管理系统、生产运行管理系统、办公管理系统、网络基础设施建设等方面发挥骨干作用。

（3）信息化工作考核与评比工作持续加强。进一步完善集团公司信息化工作考核指标体系，完成年度信息化考核与评比工作。2010年，中国石油共评比表彰40个信息化工作先进单位、7个信息化优秀项目团队，对5个取得重大成效的信息化建设成果进行专项奖励，有6个信息技术项目获集团公司科技进步奖，极大地调动广大员工参与信息化建设的积极性和主动性。

（4）持续规范信息技术项目的商务管理。按照管理与操作职能分离的原则，由项目承担单位负责具体招标工作，信息管理部负责监管。2010年，授权信息技术服务中心、东方物探等项目承担单位，组织信息系统招标74次。按照国家有关要求，结合集团公司实际，2010年购买微软、甲骨文、金山等国内外公司正版软件产品，集团公司被国务院国资委等9部委授予“全国软件正版化工作示范单位”。重新组织开展了通用计算机产品供应商集中采购入围招标，为降低采购成本、实现产品规范统一提供条件。联想、方正、华为等一批国内知名厂商入围，提高国产计算机的应用比重。

【信息安全建设】 信息安全体系建设稳步推进。按照信息系统安全整体解决方案，编制发布6个信息安全规范，启动桌面安全管理项目和广域网边界防护子项目，完成身份管理与认证系统试点实施，开展信息系统安全检查，整改并消除大量信息安全隐患。

【信息标准化】 完善信息技术标准体系。制定7类13项、修订17项企业信息技术标准及4项行业信息技术标准，现行有效的企业信息技术标准达到55项，覆盖通用基础、数据、应用、基础设施、信息安全和管理服务等领域。公共数据编码平台作为ERP及相关外围系统的主数据源头，统一组织机构、客户、供应商、物资、产品等9类21项数据编码，实现集团公司级主数据的统一管理，为资源优化配置和精细化管理奠定基础。

【信息技术培训】 总部统一组织信息系统运维管理、信息安全技术、高级数据库管理技术及ERP开发与配置技术4期培训班，共计培训1122人；与国内外知名企业开展技术交流，举办数字油田技术、应用集成技术、云计算及第四代数据中心等十余次讲座，提升信息技术队伍的专业技术水平。组织11名信息技术骨干人员赴国际知名IT企业，进行为期3个月的海外专项技术培训，学习先进技术和最新产品，了解国际信息技术发展趋势，加深对信息化建设最佳实践的认识，为信息化持续发展培养高层次人才。在各信息系统建设过程中，通过集中办班、现场授课以及课件共享等方式，培训信息系统用户25万余人次，提高了业务人员的信息系统应用水平。

（任　勇）

第九篇

安全环保与质量节能

第一篇
总　述
第二篇
油气勘探开发生产
第三篇
炼油与化工
第四篇
成品油销售
第五篇
天然气与管道
第六篇
工程技术、工程建设与装备制造
第七篇
国际业务
第八篇
科技与信息
第九篇
安全环保与质量节能
第十篇
企业管理与监督
第十一篇
党建、思想政治工作与企业文化建设
第十二篇
机构与人物
第十三篇
企事业单位概览
第十四篇
中国石油天然气集团公司大事纪要
第十五篇
统计数据
第十六篇
附　录

安全生产

【**概述**】 2010年，中国石油天然气集团公司坚持以科学发展观统领安全生产工作，把安全生产作为立身之本、发展之基、信誉之源，围绕"转变观念、养成习惯、提高能力"目标，在继承创新的基础上，坚持先进理念、坚持受控管理、坚持持续投入，强化责任落实、强化过程管理、强化违章查处，采取一系列治本措施，强化安全生产这一战略基础，各项安全生产工作取得显著进步。但是，发生了一起大连石油国际储运有限公司"7·16"输油管道爆炸火灾特别重大责任事故，经济损失重大，社会反响强烈。

【**安全生产基本情况**】 集团公司始终把落实安全生产责任作为各项工作的重中之重，坚持管生产经营必须管安全工作。属于高危领域的工程技术板块连续3年杜绝井喷失控事故；海外业务在极为复杂的国际环境下，加强预警预控，防范能力不断增强，中俄原油管道、中亚天然气管道相继安全顺利建成投用；销售板块强化落实直线责任，开展百日安全整顿活动，狠抓作业许可管理，迅速扭转安全生产的被动局面。51家企业荣获集团公司2010年度安全生产先进企业称号，51家企业的安全管理部门和安全监督机构荣获集团公司2010年度安全生产先进监管部门称号，506名员工荣获集团公司2010年度安全生产先进个人称号。

【**安全生产责任制**】 集团公司总经理蒋洁敏连续4年与各企事业单位主要负责人签订《安全环保责任书》，以集团公司1号文件印发集团公司2010年安全环保工作要点，在实际工作中，严考核、硬兑现。2010年集团公司再次投入110.5亿元，对2416个隐患项目进行集中治理。2010年7月，集团公司召开安全环保工作会议。针对阶段性安全生产情况，2月份、5月份和12月份，先后3次召开全系统视频大会。每季度召开安全环保形势分析会，总结阶段性工作，部署下阶段任务，提出具体工作要求。总部机关各部门、专业公司按照业务分工，认真履行安全生产责任。企业层层签订《安全环保责任书》，将安全生产考核指标逐级分解到基层、落实到岗位。

【**安全监管**】 集团公司针对安全生产薄弱环节，坚持源头控制，注重超前防范，不断健全完善安全监管体制机制，不断深化基层风险管理，努力构建安全生产长效机制，防范事故的发生。2010年7月1日，修订后的集团公司《安全监督管理办法》正式发布施行。集团公司38家主要生产经营企业设立安全监督机构，配备安全监督人员1486人；企业下属单位设立333个安全监督机构，配备安全监督人员3650人。严格执行建设项目设立备案制度，认真开展安全预评价，确保建设项目依法合规建设。严格落实《中国石油天然气集团公司反违章禁令》，把反违章作为一项经常性的工作持之以恒，常抓不懈，狠反作业现场"三违"行为。坚持专业监管，突出过程控制，强化对重点领域、要害部位、关键环节和特殊时段的安全监管，突出抓好上海世博会和广州亚运会期间的安全监管工作，两次在全系统范围内的组织开展安全生产大检查和长输管道建设、炼化装置开工、特种设备管理等专项安全检查，持续组织安全环保巡视活动。10月10日至11月30日，集团公司组织开展冬季安全生产大检查活动，经过企业自查、专业分公司重点抽查、集团公司领导调研检查3个阶段，实现企业100%全覆盖、党组成员100%全参加、员工100%全参与。

【**事故管理**】 2010年，共发生工业生产亡人事故26起、死亡49人。集团公司认真执行事故处理"四不放过"原则，对发生的每一起生产安全亡人事故，总部都及时派人到现场，组织或参加事故调查，要求事故单位到总部做检查，并在全集团通报。先后组织召开22次事故分析会，对8家事故企业主要负责人进行诫勉谈话，严肃追究103名局、处级干部的事故责任，起到了警示和教育作用，有效地促进了全员、全方位、全过程安全生产责任的落实。

2010年7月16日，位于辽宁省大连市保税区的大连中国石油国际储运有限公司原油库输油管道发生爆炸。中国石油国际事业有限公司（中国联合石油有限责任公司）下属的大连中石油国际储运公司同意、中油燃料油股份有限公司委托上海祥诚公司使用天津辉盛达公司生产的含有强氧化剂过氧化氢的"脱硫化氢剂"，违规在原油库输油管道上进行加注"脱硫化氢剂"作业，并在油轮停止卸油的情况下继续加注，造成"脱硫化氢剂"在输油管道内局部富集，发生强氧化反应，导致输油管道发生爆炸，引发火灾和原油泄漏。引发大火并造成大量原油泄漏，导致部分原油、管道和设备烧损，另有部分泄漏原油流入附近海域造成污染。事故造成作业人员1人轻伤、1人失踪。在灭火过程中，消防战士1人牺牲、1人重伤。事故造成的直接财产损失为22330.19万元。这起事故暴露出安全环保理念树立还不牢固、安全环保责任制还不落实、基层基础工作薄弱等问题。针对存在的问题，结合集团公司实际，在10月份集团公司开展了安全生产大检查，全面排查事故隐患，进一步落实安全生产责任制，全面推进HSE管理体系建设，集中进行安全环保隐患专项整治，加强承包商管理、应急管理、风险管理和事故管理，狠抓冬季安全环保工作措施落实，强化重点领域、要害部位和关键环节的专业安全监管，坚决守住安全环保这条红线。

【交通安全】 2010年，集团公司各单位从强化驾驶员安全教育、严肃不安全驾车行为查处、推动内部准驾证管理和开展交通安全风险控制等工作入手，全面加强道路交通安全工作。在落实"谁主管，谁负责"的基础上，进一步明确交通安全属地管理、乘车最高领导承担安全监督职责和员工自驾车安全管理的新要求，推动车辆内部准驾制度的实施。安全环保部组织开展驾驶员安全驾驶技术培训软件、安全行车手册及风险防范电视教育片的研发编制工作，各单位广泛开展不同层次交通安全专业培训，进一步加大超速驾车、酒后驾车、疲劳驾车、不系安全带等驾车不安全行为专项整治，道路交通安全状况明显改善，交通安全基础工作进一步改进。开展道路交通安全危险识别和风险评估活动，多数单位建立了车辆"三检制"以及危险路段、长途行车风险提示制度。加大大中型客车、危险品运输车辆、领导公务用车及大型精密仪器车辆的监管力度，行车记录仪和GPS卫星定位系统等车辆监控装置安装使用率大幅增加。

【海洋安全监管】 2010年，紧密跟踪海洋石油开发重点项目，切实落实安全设施"三同时"、发证检验、项目备案、持证上岗等制度，开展防台风防风暴潮专项督查、油气生产设施工艺安全分析、隐患排查治理专项行动。在各涉海企业共同努力下，作业者全部取得安全生产许可证，大中型建设项目全部实现安全设施"三同时"，作业设施备案率达到100%，海上油气开发保持安全无事故。组织举办企业安全监督管理人员和出海作业人员安全培训班，先后有203名主要负责人和安全管理人员参加安全资格培训，900余人参加海上救生培训；完善安全监督管理制度3项；编写BP墨西哥湾事故分析与启示调研报告，汲取事故教训；开展集团公司安全生产大检查；涉海企业开展滩海陆岸、简易导管架平台、人工岛、固定平台、移动平台、物探作业等生产作业方式的工艺安全状况分析与评估，集团公司对25座海上油气生产设施及海上弃井作业进行了全面的安全环保评估性检查；投入4.5亿元治理海上隐患；海上应急演练50余次，有效提升应对突发事件能力。

（齐俊良　张广智　杨光胜）

环境保护

【概述】 2010年，集团公司严格遵守国家环境保护法律、法规和方针政策，全面落实环保目标责任，切实强化环境管理，扎实推进污染减排，主动顺应低碳发展趋势。与2005年相比，2010年二氧化硫（SO_2）、化学需氧量（COD）排放总量分别下降18%、36%，超额完成国务院国资委下达的"十一五"污染减排目标，荣获国务院国资委"节能减排特别奖"。

【环境管理】

1. 建设项目环境管理

集团公司严格执行环境影响评价和环境保护"三同时"制度，规范建设项目全过程环保管理。集团公司常务会议审议通过《建设项目环境保护管理办法》。陕京三线输气管道、广西石化1000万吨/年炼油方案调整等10个项目的环境影响报告书获得国家环境保护部批复，大港石化500万吨/年配套项目、永唐秦输气管道等6个工程通过国家环境保护部竣工环保验收；对国家环境保护部2006—2009年批复的39项重点项目环境影响评价和环境保护验收执行情况进行检查。

2. 环境风险控制

集团公司加强水污染"三级"防控设施管理，强化敏感企业环保风险防控。发布《事故状态下水体污染的预防与控制措施运行管理要求》；调研检查重点炼化、销售企业的水污染防控措施；完善环境应急预案和技术措施，规划建设由8个监测站组成的应急监测网，搭建应急监测信息平台。

3. 环保先进评选

集团公司把创建环境友好型企业作为评价企业环境绩效的重要指标，在环保先进评选中对未完成污染减排指标的企业实行一票否决，表彰先进，鼓励进步。30家企业荣获集团公司2010年度“环境保护先进企业”称号，140个单位荣获集团公司2010年度“绿色基层队（站）、车间（装置）”称号，199名员工荣获集团公司2010年度“环境保护先进个人”称号。

4. 环境保护规划

2010年，集团公司组织编制完成《“十二五”环境保护规划》、《“十二五”节能减排规划》、《中国石油绿色发展行动计划》。

【污染治理】 集团公司不断加大环保资金投入，污染治理成效显著。

1. 管理制度

2010年，集团公司制定并发布《废水排放管理指导意见》、《废气排放管理指导意见》、《固体废物管理指导意见》，不断完善环境保护规章制度体系。

2. 世博亚运保障措施

集团公司积极开展长三角、珠三角地区油库和加油站油气回收改造工作，保质保量供应高标号清洁油品，确保世博会、亚运会空气质量。

【环保科技】 集团公司始终把环境保护作为科技重点领域之一，强化技术研发和科技支撑，持续提升污染控制和生态保护水平。“含油废弃钻井液资源化利用技术研究”、“油田采出水深度处理与回用工艺技术集成研究与应用”两个项目获得国家环境保护部科技进步三等奖。

【环境保护宣传与培训】 集团公司历来重视环境保护宣传和培训，倡导HSE文化，深化环保理念。“6 · 5”世界环境日期间，广泛组织开展环保宣传活动，发布《2009年度环境保护公报》，展示负责任的大公司形象；组织企业环境监测人员取证上岗，举办8期包括环境管理、统计、监测、环境应急监测等环保培训班，培训人员440人次。

（岳留强）

职业健康

【概述】 2010年，集团公司高度重视职业健康工作，认真贯彻国家安全生产监督管理总局《关于作业场所职业健康监管暂行规定》，遵循职业健康和职业病防治工作规律和特点，从积极预防入手，深入开展粉尘、高毒危害专项行动，突出职业病危害识别与防控，组织开展职业健康宣传培训，加强职业健康技术队伍建设，职业健康工作呈现较好的发展态势。全年未发生职业病危害事故，未发生施工作业场所大的传染病疫情和食物中毒事故。

【职业健康管理】 以《作业场所职业健康监督管理暂行规定》为依据，以开展粉尘高毒危害治理为突破口，进一步加强职业健康工作基础建设，提升职业健康管理水平。为进一步加强职业健康工作，集团公司在安全环保部设立职业健康处。加强职业健康规章制度的制修订工作，制定发布《中国石油职业健康工作指南》等标准制度。举办职业健康管理培训班，150多名职业健康管理人员接受了培训。召开职业健康管理及技术专业机构座谈会、粉尘高毒专项行动和噪声危害防治专题研讨会、野外施工健康管理及相关制度编写座谈会等，加强企业职业健康工作交流，统一认识，明确工作思路。

【职业健康监护与监测】 抓紧企业职业健康体检和作业场所检测计划的制订，及早启动年度职业健康体检和场所职业病危害因素检测工作，职业健康体检率保持在93%。加大对油气田、炼化企业硫化氢等高毒危害、噪声危害作业场所监测防控力度。采取积极措施对发现的观察对象进行诊治，对有职业禁忌员工的工作做出调整。关注员工个体和群体的健康变化，积极消除和防止职业病危害对员工健康的影响。集团公司抓紧协调部分西部油田企业、钻探企业、润滑油企业等落实职业健康体检和职业危害检测工作。继续抓紧开展粉尘与高毒物品危害治理专项行动的职业危害排查与检测、职业危害治理与问题整改，积极改善生产环境和施工作业条件。

【施工作业健康管理】 抓紧所属企业和施工作业单位开展健康风险识别，积极推进作业场所职业病危害警示标识设置与告知，落实作业场所防毒、除尘、降噪、降温等职业卫生基本设施检查和职业危害防护措施，重视野外施工作业等各类施工作业队的职业健康、生活卫生和环境卫生管理。大型管道施工作业期间，派遣专业职业健康服务队伍为企业进行全程健康保障服务，对典型油田企业作业场所进行职业危害识别。加强建设项目的职业病危害预评价和控制效果评价工作。及时部署企业春夏季节施工作业健康管理和卫生防病工作，开展施工期间职业健康与卫生防病工作大检查。倡导企业开展送健康到一线，深入施工作业一线进行健康服务和心理健康咨询。

【职业健康基础工作】 组织《中华人民共和国职业病防治法》宣传学习活动，编写职业健康知识复习题，制作内容丰富的宣传专栏网页供学习和下载。开展以职业病防治、员工岗位职业病危害辨识、危害防护、防职业中毒等知识常识为重点的职业健康知识常识培训、咨询活动。倡导企业开展职业健康知识常识培训进车间、到工地活动，适时为员工提供职业健康培训咨询服务，收到了较好的效果。加强职业卫生技术机构质量体系和业务建设，定期召开会议总结分析技术队伍业务技术支持、服务、评价以及自身建设等情况，职业卫生实验室技术支持服务功能得到提升，积极为企业开展职业健康服务、检测评价、解决疑难问题，受到企业的好评。

（宋　军）

应 急 管 理

【概述】 集团公司高度重视应急管理工作，把加强应急管理作为贯彻落实《国务院关于进一步加强企业安全生产工作的通知》的具体措施，提出以“一案三制”为指导，以风险管理为核心，以应急预案体系建设为工作主线，全面构建安全生产应急管理体系的工作思路，将应急管理体系与重大危险源监控、隐患排查治理及事故处置救援等紧密结合，系统解决安全生产应急管理工作中的重点和难点问题。

【基础管理】

1. 组织机构建设

推动企业完善应急管理组织机构，成立以主要领导为组长的应急领导小组，按照“一个中心、两个机构”的模式，建立应急救援指挥中心，在经理办或生产运行部门设置办事机构，在安全环保部门设立工作机构，其他相关职能部门配备专（兼）职应急管理人员。

2. 规章制度建设

组织制定并印发《中国石油天然气集团公司突发事件应急物资储备管理办法》，规范应急物资储备管理。组织制定《应急管理体系规范》和《安全生产应急管理体系审核指南》企业标准，规范企业应急管理体系建设和审核工作。

3. 开展应急宣教培训

（1）组织编写集团公司《应急业务培训大纲（草稿）》，指导和规范集团公司应急业务培训工作；组织编写《企业突发事件应急管理》，为应急培训提供规范的基础教材；组织编制集团公司应急培训考核试题库，完成10套试题，并将在今后的工作中不断补充完善。

（2）开展应急业务培训。依托大庆培训中心等基地，以及安全环保院HSE认证中心，分别对企业应急管理人员和应急预案审核员进行业务培训。2010年，举办8期应急业务培训班和6期应急预案审核员培训班，培训学员1400多人，初步建立起集团公司应急管理和预案审核骨干队伍。

（3）2010年5—8月，组织参加全国安全生产应急知识竞赛活动。集团公司有85万余人参加竞赛活动，大庆油田等25家单位荣获优胜单位称号。

【预案管理】

1. 开展基层预案管理试点

选择大庆石化等6家炼化企业开展了“危险化学品企业应急预案管理”试点工作，推进基层单位完善应急处置预案和现场处置卡，紧密结合装置和岗位的操作规程，编制基层处置预案和现场处置卡，解决基层预案的简明、实用和可操作性问题。

2. 开展企业安全环保应急预案审核

11月1日至12月15日，组织勘探、炼化、天然气与管道和工程技术等4个专业的13家重点企业应急预案审核工作。

3. 开展重大项目投产前应急预案审核

9月，为确保中俄原油管线试运投产在“空管直投、低温投产、满负荷运行”三大极端条件下顺利投产，专门针对新的风险制订森林防火和HSE应急预案，并组织国内安全、环保、森林消防、防冻伤专家及管道运行专家进行严格的现场检查和文件审查，发挥应急预案的统领作用，实现了事后应急向事前预防的转变。

【应急演练】

1. 集团公司级应急演练

2010年9月16—17日，在北京和新疆乌鲁木齐举行油气长输管道突发事件应急演练。演练涉及集团公司总部、新疆维吾尔自治区政府、油气田、炼化和管道储运企业、抢修现场多个层面，包括8家管道维抢修机构的32家单位参演，参演人员300余人。演练包括现场灭火、管道卡具堵漏等15个科目。

2. 指导企业应急演练

印发《关于做好2010年安全环保突发事件应急演练工作的通知》，指导各企业在全面做好年度应急演练工作的同时，突出做好安全生产月“应急演练周”期间各个层级的演练活动。9月16日，大庆油田与大庆市政府共同举行危险化学品油气泄漏事故应急预案企地联合演练，启动油田信息化生产指挥平台，出动GPS定位车、综合指挥车、环境监测车、气象监测车、公安、消防、救护等车辆86台，参演人数近500人。2010年共组织集团公司级应急演练1次，企业级应急演练393多次，基层单位应急演练9万余次。

【队伍建设】 贯彻落实《中华人民共和国突发事件应对法》，不断完善以企业生产保障救援为主体，社会响应救援为依托的专、兼职相结合的应急救援队伍体系。加强专职消防、危险化学品、油气长输管道、井喷失控、海上应急救援5支应急救援力量建设。

【检查交流】 11月25日，集团公司副总经理、党组成员廖永远出席在北京举行的“第二届中国应急管理高峰论坛”，并代表中国石油作了题为《加强应急管理体系建设，认真履行企业社会责任》的主题发言。

12月3—4日，全国安全生产应急管理基础工作座谈会在广西南宁召开，集团公司委派大庆石化公司、安全环保院参加会议，大庆石化代表集团公司在会上介绍了“危险化学品企业应急预案管理”试点工作经验。

11月24日，集团公司安全环保与节能部应邀参加“第四届北京安全文化论坛”，并作题为“BP墨西哥湾漏油事件应急处置与危机管理的启示”的发言。

【预警救援】 7月28日，吉林省永吉县两家化工企业大约7000只化工原料桶被洪水冲入第二松花江。在接到吉林省紧急救援指令后，吉林油田分公司在20天时间内出动运输车辆90台次，打捞、运送原料桶4255只，确保松花江水体安全。

（张作庆）

HSE体系管理

【概述】 2010年，按照《集团公司HSE管理体系建设推进计划》的总体部署和安排，以HSE管理体系规范运行和持续改进为主线，以“转变观念、养成习惯、提高能力”为目标，在全面推广试点成功经验的同时，统一协调资源，开展HSE管理体系推进重点指导工作，启动公司百名HSE咨询师培养，进行HSE体系审核及评估，完善和加强HSE信息系统建设，不断深化体系推进工作。

【HSE制度标准】 进一步健全完善HSE制度标准。组织煤层气公司等单位开展煤层气HSE标准体系研究，组织工程技术公司、HSE技术机构编制HSE管理手册模板，组织对《工艺危害分析管理规范》、《承包商安全管理规定》、《兼并与收购HSE管理规定》等HSE制度标准进行多次审定，编制完成《生产安全事件管理办法》；完成3项HSE行业标准的立项申报工作，完成31项HSE标准（含13项试点标准）编制及报批工作；组织召开3次HSE专标委秘书长办公会，组织召开2010年度集团公司HSE专标委年会。

【宣教培训】 在《中国石油报》等多种媒介开辟HSE专栏，专题宣传介绍HSE基本知识、管理方法等典型做法。通报长城钻探、大港石化公司、吉林石化公司的经验；召开试点工作经验交流会等系列会议，建立 HSE 网上专栏，定期发布安全环保工作动态、体系推进和信息系统项目周报；组织 SPE（油气勘探生产）论文集编译工作。组织举办 2010 年领导干部 HSE 培训班，各企业新进领导班子成员共 41 人参加了培训；编制 HSE 咨询师培养方案，选拔确定 HSE 管理咨询师参培人员。组织开展 2 期集团公司 HSE 审核员培训班，举办安全处级干部、赴国外工程技术人员等系列 HSE 培训班。

【HSE 体系审核】 健全 HSE 体系持续改进机制。分 2 批次对大庆油田公司等 10 家企业进行推动审核，发现问题 814 项。组织对 3 家企业开展 HSE 体系专项审核工作，重点审核集团公司 15 项 HSE 标准实施落实情况。对南方石油勘探开发公司、河南销售分公司开展外聘审核工作；开发 HSE 管理体系运行质量评估系统，举办 3 期评估人员评估技巧培训班，组织对西南油气田等 10 家重点指导企业以及吉林油田进行试点评估，初步建立了集团公司 HSE 体系建设评价准则和评价工具；组织召开 2 次集团公司 HSE 管理体系评估和审核工作中期及年终总结会。

【HSE 信息管理】 强化应用 HSE 信息系统。下发集团公司《HSE 信息系统应用考核细则》（修订），组织举办多期专题讲座；每月组织开展应用情况考核，每季下发通报，及时收集工作前安全分析、事件管理、安全经验分享、安全观察与沟通等实施过程的数据，为领导决策提供依据；根据专项重点工作、重要会议等实际需要，建立集团公司安全环保工作会议宣贯落实、集团公司领导干部 HSE 培训班开展、10 家重点指导企业体系推进工作情况等专题模块。

【HSE 体系推进】 加强推进工作组织领导，组织召开集团公司 HSE 体系推进办公室季度例会等，研究部署安全环保工作，加强对体系推进工作的总结。制定印发《集团公司 HSE 体系建设提升计划（2011—2015）》。开展 HSE 体系试点及重点指导，通过召开与杜邦合作项目高层季度例会、月度例会，试点企业体系推进工作季度交流会等，及时掌握工作进展，协调解决问题。对辽宁销售等 10 家单位开展 HSE 体系推进重点指导，加快导入试点企业的典型经验和成熟做法；组织召开重点指导工作总结交流会。规范基层 HSE 风险管理，分片区在大庆等组织举办集团公司物探专业、长输管道、炼化检维修 HSE“两书一表”研讨班，编制 HAZOP 推广应用工作计划，制定下发《集团公司 HAZOP 分析管理规定》及《集团公司 HAZOP 分析技术指南》。加强与相关部门沟通交流。组织安全环保研究院、试点单位及部分企业，开展集团公司 HSE 体系有效运行机制研究、油气田企业基层 HSE 培训机制研究等专题研究。

（邱少林）

安保基金

【概述】 2010 年，集团公司安保基金工作始终坚持为地区公司办实事、办好事的宗旨，科学管理，规范使用，地区公司投保安保基金的积极性不断提高。

【收缴返还】 集团公司安保基金分为上市资产和未上市资产两部分，上市资产由股份公司财务部统一收缴结算，未上市部分由集团公司财务资产部统一收缴结算。2010 年，向集团公司和股份公司缴纳安保基金的单位共计 76 家，投保固定资产原值 3248 亿元，其中，上市企业 65 家投保固定资产原值 3160 亿元，占投保总额的 97%；未上市企业 11 家投保固定资产原值 88 亿元，占投保总额的 3%。安保基金保险资产范围包括炼化资产和销售资产，2010 年，炼化资产上缴安保基金的企业合计 36 家，投保固定资产原值 2356 亿元，占投保总额的 72.5%，销售资产上缴安保基金的企业合计 40 家，投保固定资产原值 892 亿元，占投保总额的 27.5%。根据集团公司和股份公司《安全生产保证基金管理办法》的规定，集团公司和股份公司按照上缴总额 40% 的比例分别向各投保单位返还了安保基金。

【损失理赔】 2010 年，集团公司和股份公司共计收到各类理赔申请 82 起，其中销售企业 81 起，炼化企业 1 起；自然灾害损失 80 起，火灾爆炸损失 2 起。依照《安全生产保证基金管理办法》的规定，集团公司和股份公司分别对申报损失进行核查和定损，核定损失 6700 万元，修复炼化装置 1 套（次）、油库 36 座（次）、加油站 1269 座（次）。

【使用管理】 安保基金工作是一项多部门和多层面共同参与的工作，根据《安全生产保证基金管理办法》的规定，安保基金工作由集团公司、专业公司、地区公司分别负责，各有侧重。各级安全部门负责安保基金管理、理赔、使用和开展相关业务；财务部门负责安保基金收缴、核算及资金管理；预算部门负责安保基金预算审核；审计部门负责安保基金审计。长期以来，各单位和部门积极配合，各司其职，不断加强安保基金管理，严格审计监督检查，先后下发《安全生产保证基金管理办法》、《事故灾害理赔细则》等 9 项管理制度，促进安保基金的平稳健康发展。同时，不断加强安保基金基础管理，固化程序、简化手续，为地区公司提供更加便捷和优质的服务。突出做好事故灾害理赔，积极应对各类灾害险情，帮助受灾单位恢复重建。2010 年，集团公司总部利用结余安保基金对销售企业的 600 多起重大隐患进行了集中整改。

（施绪金）

质量管理与监督

【概述】 2010 年，通过全面实施基础管理建设工程，完善质量管理制度，加强质量管理体系建设，落实质量责任，强化质量监督，实施品牌整合，广泛开展质量月等群众性质量活动，强化全员质量意识，有力促进集团公司质量工作整体水平的提高。

【制度建设】 为进一步规范质量管理与监督工作，制定发布集团公司《质量管理体系推进评审细则》和《石油石化用化学剂产品质量认可实施细则》两项制度，规范质量管理体系推进评审和石油石化用化学剂产品质量认可工作的程序、具体要求等。根据工程建设领域专项治理领导小组安排，组织梳理工程质量监督、监理规范，起草《工程建设项目质量管理规定》。

【质量管理体系建设】 集团公司发布“诚实守信，精益求精”的质量方针和“零事故、零缺陷，国内领先、国际一流”的质量目标。发布集团公司《质量管理体系建设推进方案》，明确集团公司质量管理体系推进的指导思想、工作目标、主要内容和工作要求。举办集团公司质量管理体系推进评审员培训班，为推进评审工作的开展奠定基础。销售分公司全面启动质量管理体系建设工作，所有销售企业均建立质量管理体系。截至 2010 年底，集团公司共有 102 家单位建立质量管理体系，54 家通过第三方认证。

【油品质量控制】 2010 年 5 月 1 日起，《车用汽油》国家标准规定的第三阶段质量标准在全国全面实施，为了确保集团公司车用汽油顺利过渡到国Ⅲ汽油质量标准，为社会和用户提供合格的油品，树立集团公司良好的社会形象，集团公司下发《关于进一步加强油品质量管理工作的通知》。各油品生产、运输、销售单位及早准备，严格全过程质量管理，确保集团公司车用汽油顺利过渡到国Ⅲ汽油质量标准。

【品牌整合】 以打造“中国石油”大品牌为目标，有计划、分步骤地开展产品品牌整合工作，编制《中国石油装备产品背书品牌实施细则》和《炼化企业非昆仑产品包装规范》。丁苯橡胶、甲醇、抽油机、石油钻头、工业直链烷基苯等 5 种产品获得 2010 年石油石化行业知名品牌。

【产品质量认可】 2010 年，组织对 439 家油化剂生产企业申请的 2272 项产品进行产品质量认可，经过评审，共有 305 家生产企业生产的 1830 项产品获得集团公司产品质量认可证书，企业通过率为 69.48%，产品通过率为 80.54%。截至 2010 年底，在有效期内，通过集团公司油化剂产品质量认可的生产企业共有 679 家，5109 项产品。

【产品驻厂监造】 2010 年，根据集团公司驻厂监造管理规定要求，组织集团公司驻厂监造机构资质审查，对申请集团公司产品驻厂监造单位资质的申报材料进行审查，对符合条件的 15 家单位授予资质。北京隆盛泰科石油管科技有限公司和北京康布尔石油技术发展有限公司荣获“全国优秀设备工程监理单位”称号。建立产品驻厂监造单位年报制度，各驻厂监造机构共监造输送管 150 万吨，钻机、修井机 100 余台，井口装置 1200 余台、抽油泵 1500 台、抽油机 200 台，提高重大采购产品的质量。

【产品质量监督抽查】 2010 年，集团公司组织对石油产品、化工产品、钻采设备与配件等10大类产品的质量进行1863批次的监督抽查，产品质量综合合格率为95.81%。根据集团公司有关规定，对抽查发现的不合格产品进行处理。

【教育培训】 举办集团公司质量处长培训班，培训内容包括国家质量相关政策和集团公司基础管理建设工程实施要求、制度宣贯、质量统计技术方法、质量体系相关知识等，共培训各企业质量管理人员100多人；组织车用压缩天然气生产企业近20人参加国家生产许可证办公室举办的生产许可证注册审核员的培训。委托石油化工研究院承办石油产品生产许可证培训班，宣贯国家和集团公司有关石油产品生产许可证的法律法规及相关要求，集团公司32家炼化企业质量管理部门的相关管理人员共50人参加培训。

【基础管理建设工程】 2010年3月10日，集团公司全面实施以质量、计量、标准化管理以及流程管理和制度建设为主要内容的基础管理建设工程。集团公司和各单位建立工程实施组织领导机构，116家单位由主要领导担任基础管理建设工程领导小组组长；建立实施工作机制，研究解决工程实施存在的实际问题，安排工程实施的阶段任务，建立信息收集与通报制度，及时掌握分析实施工作进展情况，推广交流实施工作经验，检查监督计划的实施；确定试点单位，组织调研和交流，编发实施情况简报，总结交流各单位各部门结合业务领域实际，认真进行基础管理工作改进的好做法。

【质量月活动】 组织开展了以“抓质量水平提升，促发展方式转变”为主题的质量月活动，活动期间在《中国石油报》等媒体发布相关新闻报道；在集团公司内网设立2010年质量月专栏，报道相关企业质量月活动。各单位大力开展质量宣传教育活动，广泛发动全员参与，推进质量管理体系建设，加强重点建设工程项目质量监督，开展质量“七查一访”活动。

【中国质量协会石油分会】 2010年，石油分会在中国质协的指导下，在中国石油、中国石化和中国海油三大石油公司及企业工作站和直属单位会员的大力支持下，以科学发展观为统领，认真贯彻落实中央领导对质量工作的重要指示。按照中国质协的统一部署，积极开展“先进质量方法推广年”活动。坚持服务宗旨，充分发挥协会的桥梁与纽带作用。围绕石油工业的质量工作，大力开展“五大品牌”活动。进一步推动石油工业质量工作的开展。

（1）积极开展“先进质量方法推广年”活动。以“先进质量方法推广年”活动为龙头，推动石油分会“五大品牌”活动的深入开展。结合石油行业情况和需求，积极开展各项活动。一是在实施卓越绩效模式中应用先进质量方法。二是在推进用户满意工程中推广先进质量方法。三是在深化质量管理小组活动中正确使用先进质量方法。四是在石油工业质量学术论坛中推广先进质量方法。五是在新一轮全面质量管理知识普及教育中传授先进质量方法。

（2）积极组织“石油工业实施卓越绩效先进企业”的推荐、评审、表彰和现场考核工作。组织对7个申报卓越绩效先进企业进行评审工作，择优向中国质协推荐全国实施卓越绩效模式先进企业，经中国质协审核，中国石油集团济柴动力总厂荣获2010年“全国实施卓越绩效模式先进企业”称号。

（3）推动石油工业用户“七满意”活动持续、有效、科学地开展。举办用户满意测评方法培训班，来自中国石油、中国石化、中国海油的115名学员参加培训。积极组织石油工业用户“七满意”评审工作，中国石油大庆钻探工程公司钻井一公司等44家企业荣获“2010年度石油工业用户满意企业”称号；中国石化胜利油田胜利泵业有限责任公司等企业生产的14种产品荣获“2010年度石油工业用户满意产品”称号；辽河石油勘探局油田建设工程一公司等企业承建的10项建筑工程荣获“2010年度石油工业用户满意建筑工程”称号；中国石化中原石油勘探局地质录井处等企业的33项专项服务荣获“2010年度石油工业用户满意服务”称号；中国石油长庆油田公司技术监测中心等企业的56个班组、队、站荣获“2010年度石油工业用户满意服务明星班组”称号；孙英杰等52名企业高层管理者荣获“2010年度石油工业用户满意杰出管理者”称号；杨洪标等51人荣获“2010年度石油工业用户满意服务明星”称号。辽河石油勘探局兴隆台工程技术处荣获“全国用户满意企业”称号；大庆油田装备制造集团抽油机制造分公司的CYJY10–3–37HB游梁式抽油机和山东胜利钢管有限公司的ϕ219毫米—ϕ2200毫米螺旋焊缝埋弧焊管荣获“全国用户满意产品”；长庆石油勘探局油田建设工程公司的靖惠输油管道工程荣获“全国用户满意建筑工程”称号；川庆钻探工程有限公司地球物理勘探公司的地震勘探工程技术服务荣获“全国用户满意服务”称号；中国石化胜利石油管理局井下作业公司的彭洪军荣获“全国用户满意服务明星”称号；中国石油天然气管道局穿越公司的CPP–C01（DD–1330机组）荣获“全国用户满意服务班组”称号。

（4）积极开展QC小组工作。石油分会系统注册QC小组15733个，参加QC小组活动的人数达到15.3万人，普及率22.1%。QC小组活动成果1.36万个，创直接经济效益13.8亿元，较好地完成年度工作目标，为企业发展作出新贡献。对企业工作站和直属单位会员申报的211项QC小组活动成果及其荣誉奖项367项进行评审。评选出获奖成果196项。其中，一等奖62项、二等奖71项、三等奖63项，石油工业优秀QC小组196个，质量信得过班组31个，优秀企业33家，卓越领导者41人，优秀推进者47人。积极组织QC小组成果发表会，推荐国优QC小组。评选出推荐给中国质协的“全国优秀QC小组”26个、“全国质量信得过班组”8个，“全国质量管理小组活动优秀企业”1家、“全国质量管理小组活动卓越领导者”1人。经过中国质协审核，推荐奖项全部获奖。

（5）积极推动质量学术交流活动有序开展。2010年征集质量论文196篇，经评委会评审，获奖论文143篇。举办2010年石油工业质量学术论坛，在论坛发表获奖论文17篇，表彰奖励获得一、二等奖的论文作者。举办论文写作知识讲座。在《石油工业技术监督》杂志专刊出版《优秀质量论文汇编》。经秘书处推荐，有一篇论文获2010年中国质协质量论文二等奖，9篇论文获中国质协质量论文三等奖。

（6）积极组织新一轮质量知识普及教育工作。2010年，单位会员参加培训22326人，参加全国统考15507人，超额完成了年初制定的培训计划和指标。中国质协授予石油分会优秀组织奖，并表彰长庆油田分公司和新疆油田分公司等3个先进单位和董淑芹等6个先进个人。

（7）积极发展团体会员。批准中国海油10个企业和南方石油勘探开发公司共11个企业为石油分会单位会员。批准成立中国海油企业工作站。

（陈　琳　佟铁墉　祁国栋）

标准化工作

【概述】 2010年标准化工作围绕全面实施基础管理建设工程，完善企业标准体系，提高标准实施有效性，健全标准化运作机制，加强国际标准化管理，促进集团公司各项生产经营业务科学管理上水平。

【标准化管理】 调查分析全集团公司标准化工作家底，包括各级各类标准使用、主导各级标准制修订、各级标准制修订需求、标准化组织体系建设、标准化技术研究能力、标准发行配备等情况，总结集团公司标准化“十一五”工作成效，分析现状和存在的问题，为编制质量计量标准化“十二五”发展规划打下基础。调整集团公司设备与材料、效能监察、劳动定员定额、工程建设、HSE、法律事务、销售、炼化、节能节水、勘探生产等10个专标委委员，成立炼化设备、炼油产品、化工产品3个分标委，累计调整委员145人。

【国家标准行业标准制修订】 2010年完成24项国家标准和78项行业标准的制修订，新承担27项国家标准、94项行业标准制修订，审核报批石油天然气行业标准118项，参与协调国Ⅳ汽油标准的技术指标，3项标准获“中国标准创新贡献奖”。

【企业标准制修订】 按季度通报企业标准制修订进展情况，加强对企业标准制修订过程的监督和指导。2010年计划制修订企业标准171项，实际完成157项，计划完成率为91.8%，其中有12项报批发布，有145项进入报批阶段；完成集团公司企业标准复审135项，其中继续有效44项，修订55项，部分修改9项，废止27项。完成14项集团公司企业产品标准的备案工作。

【标准实施监督】 启动标准化信息平台的建设工作。包括企业标准制修订系统、标准信息查询系统和标准化专家数据库等。针对GB/T 23257《埋地钢制管道聚乙烯防腐层》在实施中出现的问题，组织起草单位及相关专业标准化委员会进行研究，对标准修订提出明确要求。研究油气管道投产技术规范、油气管道线路标识规范、油气管道穿越环境敏感区技术规范等重点标准制定实施工作。

【标准化研究】 完成油品内控标准研究工作，调研分析所属26家企业生产汽、柴油实物质量，以及2006—2009年汽、柴油质量抽检的统计数据，针对汽油诱导期、实际胶质和柴油色度安定性等指标进行储存试验，并对汽油、轻柴油产品质量提升所需成本进行测算，提出油品内控指标制定方法和相关质量管理建议。

【国际标准化工作】 完成国际标准化组织石油石化和海上结构技术委员会输送管系统分委员会（ISO/TC67/SC2）秘书处申报工作，出任该分会副主席和秘书。启动煤层气国际标准化技术委员会的筹建工作，向国家标准化管理委员会推举秘书处工作单位和煤层气标准化国内对口单位。参加美国石油学会（API）夏季标准化年会，实质性参与API标准制定工作；全年向ISO和API提出石油管材、天然气分析、油井水泥外加剂等技术标准提案6项，其中2项已被采纳。参加ISO/TC193“天然气技术委员会”第22届年会，提出参与天然气上游领域国际标准制定、组建天然气产品和分析测试专家组、开展天然气烃露点指标研究等建议。召开集团公司国际标准化工作会，对“十二五”期间各国际标准化对口单位，进一步明确参与国际标准制定、加强信息化建设、加强组织管理、做好国外标准翻译等方面的工作要求。

（汪　威）

计量工作

【概述】 2010年计量工作围绕全面实施基础管理建设工程，推进计量技术进步，提高计量管理水平，健全检定校准体系，保障生产经营正常进行和跨国油气贸易交接的顺利开展。

【交接计量管理】 依据股份公司交接计量管理规定，将西北销售在乌鲁木齐和克拉玛依石化厂区之内的计量站划转给两个石化公司管理。启动油气管输损耗标准前期研究工作，组织管道节能监测中心等单位，调查分析管道地区公司近5年油气管输损耗历史数据，对比分析俄罗斯管输损耗计算方法和指标，进行历史数据相关性分析和计算方法验证。开展油气交接计量设施功能确认标准前期研究，以进一步规范油气交接计量管理，计划2011年完成企业标准制定。

【油气计量检定机构能力建设】 现场调研华中、华南和新疆南北疆地区天然气流量计检定需求情况，拟定在上述4个地区增设检定站点的概要方案，提出加快健全天然气计量检定体系的建议；进行国家站成都分站原级计量标准装置升级改造技术论证，确定国际高水准计量标准的建设方案，协调次级计量标准装置送国外校准事宜；根据国家质检总局规范管理原油、成品油计量检定工作的有关要求，国家站研究编制原油、成品油计量标准器统一规划管理的初步方案。

【重大工程项目协调】 4次赴中亚管道气源地和进境地，调研检查、分析比对中亚天然气交接计量设施和数据，对确保中亚及西二线交接计量数据的一致性，促进管道平稳运行，起到技术保障作用；先后3次组织有关单位回复审计署就中亚天然气质量问题的审计质询，对中亚天然气水露点不合格问题客观解答成因以及采取的控制措施。

（焦学锋）

节能节水工作

【概述】 2010年，集团公司以科学发展观为指导，坚持节约发展的方针，围绕建设成为世界一流综合性国际能源公司的发展目标，把节能降耗作为转变发展方式的切入点和突破口，通过加大结构调整，完善工作机制，加强科学管理，推动技术进步，大力推进资源节约型企业建设。5月13日，蒋洁敏总经理主持召开总经理办公会议，传达全国节能减排工作电视电话会议和中央企业节能减排工作视频会议精神，听取节能减排工作情况，并就相关工作进行研究部署。国务院国资委授予集团公司等6家企业2007—2009年任期业绩考核“节能减排特别奖”。

【节能节水情况】 与2005年相比，2010年原油（气）液量生产综合能耗和原油（气）液量生产新水用量分别下降10.8%和22.4%；炼油综合能耗、乙烯产品综合能耗和炼油新鲜水单耗分别下降17.7%、13.0%和43.0%。全年实现节能量187万吨标准煤、节水量3821万立方米。“十一五”期间累计实现节能量937万吨标准煤、节水量3.02亿立方米，分别完成计划目标的141%和118%。

【重点节能工程】 2010年，安排机械采油系统节电、稠油注蒸汽系统节能改造、蒸汽和凝结水系统优化、加热炉节能改造等重点节能项目103项。同时，加强对项目实施过程和效果的监督评价，确保项目实现预期的节能目标。“十一五”期间，累计下达节能专项投资108.6亿元，用于实施581项重点节能项目，可形成年节能能力319万吨标准煤、年节水能力7323万立方米。

【创建节能节水型企业】 大庆油田有限责任公司等21家单位荣获“中国石油天然气集团公司2009年度节能节水型先进企业”称号，塔里木油田公司等39家单位荣获“中国石油天然气集团公司2009年度节能节水型企业”称号。独山子石化公司和抚顺石化公司被工业和信息化部列入第一批资源节约型和环境友好型试点企业名单。

【节能节水统计】 集团公司制定印发《节能节水统计管理规定》，规范和指导节能节水统计工作。12月6日至12月10日，集团公司在广州培训中心举办节能节水统计培训班，173名统计岗位和管理人员参加培训。集团公司质量管理与节能部副主任黄飞出席开班典礼并讲话。

【节能节水监测】 集团公司修订印发《节能节水监测管理规定》，发布了Q/SY 1066—2010《石油化工工艺加热炉节能监测方法》和Q/SY 1347—2010《石油化工蒸汽透平式压缩机组节能监测方法》两项集团公司企业标准。组织集团公司级节能技术监测评机构监测评价重点耗能用水设备3706台（套）、蒸汽管线14条。“十一五”期间，集团公司共组织对重点用能单位的36856台（套）耗能设备（系统）和装置进行监测评价。

为充分发挥节能监测机构职能作用，合理专业分工和业务布局，优化集团公司节能监测体系，中国石油天然气集团公司油田节能监测中心更名为中国石油天然气集团公司节能技术监测评价中心，中国石油天然气集团公司西北节能监测中心更名为中国石油天然气集团公司西北油田节能监测中心；中国石油天然气股份有限公司油田节能监测中心加冠中国石油天然气集团公司东北油田节能监测中心名称，中国石油天然气股份有限公司西北石化节能监测站加冠中国石油天然气集团公司西北石化节能监测中心名称，中国石油天然气股份有限公司节能技术研究中心加冠中国石油天然气集团公司节能技术研究中心名称；中国石油集团川庆钻探工程有限公司计量节能检测所加冠中国石油天然气集团公司工程技术节能监测中心名称。

【节能节水标准化】 集团公司发布了Q/SY 1064《固定资产投资工程项目可行性研究及初步设计节能节水篇（章）编写通则》、Q/SY 1085《炼油化工生产装置设计节能技术规定》等4项节能节水企业标准。集团公司节能节水专业标准化技术委员会组织完成《节能节水统计指标及计算方法》、《炼油化工固定资产投资项目初步设计节能篇（章）编写规定》、《油气管道固定资产投资项目初步设计节能篇（章）编写规定》、《抽油机及辅助配套设备节能测试与评价方法》、《蒸汽疏水阀节能监测方法》5项集团公司节能节水企业标准的起草任务。集团公司完成承担的《油气田企业节能量与节水量计算方法》、《天然气净化厂经济运行规范》、《CNG加气站经济运行规范》、《稠油热采蒸汽发生器节能监测方法》、《油气输送管道系统节能监测规范》、《变频调速拖动装置节能测试与评价指标》6项石油天然气行业节能节水标准的起草任务。

（李武斌）

第十篇

企业管理与监督

规划计划

【概述】 2010年是实现“十一五”规划的关键之年，规划计划部认真贯彻落实中国石油天然气集团公司党组、中国石油天然气股份有限公司管理层的安排部署，以科学发展观为指导，按照建设综合性国际能源公司的目标，抓好发展、转变、和谐三件大事，突出战略规划研究，加强资源配置、投资管理和重大项目管理，较好地发挥了决策参谋、综合平衡、协调服务、检查监督职能，各项工作取得了新进展、新成绩。

（施海峰）

【战略研究和中长期规划】

1. 组织完成公司“十二五”规划编制工作

自2008年3月启动规划编制工作以来，从战略高度研究集团公司发展方向，把握国家能源政策动向和行业发展趋势，做了大量深入细致的前期调研和一系列专题研究工作，共组织完成100个单项规划，包括11个专业规划、8个专项规划、7个区域规划、31个省区市规划和43个专题规划。同时，在机关部门、专业分公司及有关单位大力配合下，对总体规划进行了多次上下结合和衔接。在党组成员按专业听取汇报、统筹协调和综合平衡的基础上，又征求了劳动模范、院士专家和老领导以及副总师以上领导的意见，增强了规划的科学性和可操作性。2010年10月20日，集团公司“十二五”发展规划在集团公司党组扩大会上审议通过。“十二五”规划是集团公司学习实践科学发展观的重要体现，在指导思想上，把握科学发展主题、抓住加快发展方式转变主线、确保和谐稳定主旨，继续实施资源、市场、国际化三大战略，统筹国内国际两个大局，突出集中发展油气主营业务，充分发挥综合一体化整体优势，增强国家能源安全保障能力，不断提升集团公司综合实力、国际竞争力和可持续发展能力，把集团公司建设成为绿色、国际化、可持续发展的综合性国际能源公司。

2. 组织完成一批具有长远意义的战略研究和专项规划

完成国家能源局委托课题“国家油气‘十二五’规划前期研究课题——天然气需求预测与对策研究”，分高、中、低3种情景，采用类比法和计量经济法对全国天然气需求进行预测，并对我国天然气发展提出政策建议，被国家规划采纳。完成“两种资源、两个市场的开发利用方案研究”，对国内外油气资源进行研究定位，提出资源和市场优化统筹方案，并运用一体化优化模型，对公司天然气业务一体化整体效益进行测算，提出了天然气业务发展的有效途径，研究成果于2010年5月14日在党组学习扩大会议上汇报通过，对集团公司“十二五”规划编制起到了重要支撑作用。完成《中国石油LNG业务发展规划》，在对各种天然气利用方式和运输方式进行经济比较的基础上，提出LNG销售业务的模式、范围和用户类型，为LNG业务有效发展提供了指导意见。完成“中国石油‘十二五’规划投资回报分析”，对各专业公司、股份公司和集团公司“十二五”规划进行投资回报分析，研究成果向集团公司主要领导进行了汇报，对集团公司“十二五”规划的优化具有重要指导作用。

3. 开展了大量专项课题研究

组织完成2008年启动的31个“十二五”规划研究课题。同时，针对集团公司业务发展中出现的新问题、新情况，组织完成“引进中亚、俄罗斯天然气数量、时间和价格问题研究”、“国内外炼油产业现状及发展趋势研究”、“我国进口原油加工布局优化及发展战略研究”、《十二五及2020年规划新建炼厂海外资源落实及配置方案》和《中国石油江苏长江项目规划方案》，研究成果对公司领导决策和“十二五”规划编制起到了支撑作用。

（王　武）

【项目管理】

1. 勘探开发项目管理

（1）海外项目核准。伊拉克鲁迈拉项目，伊拉克哈法亚项目，收购壳牌（叙利亚）公司股权项目，乍得100万吨/年炼厂项目，与壳牌联合收购澳大利亚箭牌能源公司澳洲煤层气资产及与壳牌联合运营LNG项目，委内瑞拉胡宁4项目，伊朗南阿扎德甘项目，哥伦比亚CPE-7、CPO-2和CPO-3三个区块权益收购项目，秘鲁155区块和卡塔尔D区块勘探开发项目等10个项目获得国家能源局核准。

（2）国内项目核准备案。辽河油田高升区块提高石油采收率方案，月东区块总体开发方案，大庆油田肇州13（3–6）区块总体开发方案等3个对外合作项目总体开发方案获得国家能源局核准。大庆、长庆、塔里木、辽河等13家油气田2010年开发建设项目获得在国家能源局备案。西南油气田铁山坡气田飞仙关气藏开发、渡口河和七里北气田开发及龙岗40亿立方米天然气试采工程等3个项目取得国家能源局路条文件。

（3）项目管理。组织和参与了10余个重点项目的规划方案、可行性研究报告（开发方案）和初步设计审查工作，包括希望油田300万吨产能规划方案、阿尔及利亚438B项目开发方案、新疆克拉玛依第五净化水厂工程初步设计、同盛110千伏变电站工程可行性研究报告、风城110千伏变电站工程可行性研究报告、煤层气开发重大关键技术研究和致密砂岩气勘探开发关键技术研究开题论证等。

（4）专项规划编制。组织编制了《中国石油新疆业务发展规划》、《新能源业务发展规划》、《煤层气开发利用“十二五”规划》、《南疆天然气利民工程规划》4个专项规划。

（5）战略合作协议起草。组织起草了《中国石油与云南省煤层气开发战略合作框架协议》、《中国石油与青海省战略合作框架协议》、《中国石油与新疆维吾尔自治区战略合作框架协议》、《中国石油与中国广东核电集团有限公司战略合作框架协议》4份战略合作协议。

（6）参与国家区域发展规划和配套政策制定。配合国家发改委、能源局起草了《关于进一步支持西藏自治区经济社会发展的若干意见》、《关于支持四川云南甘肃青海四省藏区经济社会发展若干政策和重大项目的意见》、《陕甘蒙晋能源“金三角”综合开发指导意见》、《新疆能源资源转化总体实施方案（2011—2020年）》等区域能源重点建设项目规划和相关支持政策。

（孙万军　孔令峰）

2. 炼油化工项目管理

（1）战略及重点项目进展顺利。广东石化、中俄东方石化、云南石化、台州炼化一体化项目纳入国家“十二五”规划。中俄东方石化炼油项目获得国家发改委同意开展前期工作的批复并奠基，云南石化炼油项目与中缅管道项目同时奠基，广东石化2000万吨/年炼油项目通过中国咨询公司专家评估。乌鲁木齐石化公司原油集中加工项目和辽阳石化公司900万吨/年完善配套项目获国家发改委批复。

（2）争取国家资金支持。集团公司利用国家产业振兴规划加强信贷资金支持的政策，向国家发改委、工业和信息化部等部委上报资金支持申请，大庆石化乙烯改扩建等4个项目共申请取得国家财政补贴资金2.1亿元。

（3）在建项目有序推进。广西石化炼油、庆阳石化炼油、乌石化PX和塔里木大化肥等项目顺利建成投产。四川石化1000万吨/年炼油80万吨/年乙烯工程、抚顺石化千万吨炼油百万吨乙烯工程、大庆石化120万吨/年乙烯工程、宁夏石化500万吨/年炼油、呼和浩特石化500万吨/年炼油等重点工程按计划推进。按照国家要求有序开展汽油、柴油质量升级项目。全年共批复炼化项目11项。

（张桐郡）

3. 油气储运项目管理

2010年，天然气与管道业务继续保持快速增长态势。中俄原油管道11月1日正式建成投用，新庙—垂杨原油管道同步建成投产；长庆油田石空—兰州、惠安堡—银川原油管道顺利建成投产。兰州—郑州—长沙成品油管道郑州—武汉段建成投用；庆阳石化成品油外输管道建成投产，钦州—南宁成品油管道已建成待投产，可满足庆阳石化、广西石化成品油外运的需要。中亚天然气管道B线、西气东输二线中卫—黄陂段和枣阳—襄樊段、陕京三线榆林—良乡段、长岭—长春—吉化天然气管道、江都—如东天然气管道江都—泰州段顺利建成投产。天然气管网进一步完善，管道输气能力大幅提高，对保障环渤海、长三角、两湖等地区供气、缓解供需矛盾起到了重要作用。同时，编制完成中国石油在各省市区油气管网规划、天然气与管道业务“十二五”发展规划以及输油、输气管道工程项目建设标准，开展一系列油气管道项目前期工作，并批复一批项目可行性研究报告。

（1）天然气管道。4月，批复忠武线反输天然气工程可行性研究报告；7月，批复中缅天然气管道工程（缅甸境内段）初步设计、韩—渭—西煤层气管道工程可行性研究报告；9月，批复中卫—贵阳联络线工程可行性研究报告、江苏华电仪征燃机热电联产工程可行性研究报告；10月，批复山东天然气管网淄博支线可行性研究报告（调整版）；11月，批复苏州工业园区北部燃机热电联产工程可行性研究报告。

（2）原油管道。7月，批复中缅原油管道工程（缅甸境内段）初步设计，庆铁线扩能安全改造工程（垂杨—铁岭段）可行性研究报告；9月，批复长庆油田—呼和浩特石化原油管道工程可行性研究报告；10月，批复中俄原油管道漠大线林区伴行公路工程可行性研究报告，东部原油管网俄油引进配套铁抚线扩能改造工程（前甸生产区至石油二厂）可行性研究报告；11月，批复大庆—锦西原油管道工程（大庆—新庙段）可行性研究报告，王家沟—乌石化原油管道项目可行性研究报告；12月，批复兰州—成都原油管道工程可行性研究报告（调整版）。

（3）成品油管道。5月，批复长庆石化成品油外输管道首站储罐工程可行性研究报告；6月，批复吉林—长春成品油管道工程可行性研究报告；10月，批复锦州—郑州成品油管道工程可行性研究报告（调整版），宁夏石化成品油外输管道工程可行性研究报告。

（刘春杨　刘忠付）

4. 销售项目管理

（1）销售项目。按照“强力推进，加快发展，快速提高市场份额”的要求，积极参加“十二五”规划研究和编制，组织研究细化销售业务发展规划，加快部署油库和成品油支线建设，优化资源流向，加快弥补销售业务“短板”；按照集团公司规划和项目立项程序，组织评估论证项目12项，办理项目批复9项；完成集团公司与4个省市和3个公司的战略合作协议谈判与签署工作；为集团公司领导准备销售业务类会见材料103份，整理需要协调解决的实际问题近300项，努力为企业发展创造良好的外部环境。

（2）信息项目。按照“建用结合，以用为主”的要求，组织编制信息化建设“十二五”规划，明确建设重点，安排建设7大类71个项目，主要包括开展面向业务的应用集成建设，积极推进物联网技术应用、加强信息化与自动化的结合，加快推进数据中心等基础设施建设；加强信息化建设项目论证优化，严格控制项目投资，组织评估信息项目5项，完成批复信息项目2项。

（栾向阳）

5. 工程技术服务项目管理

强化战略规划研究，编制完成工程技术服务业务“十二五”发展规划，将转变发展方式、持续促进“三提”、降低作业成本、发展特色技术作为规划的主线。加强项目管理，围绕公司勘探开发部署，统筹优化队伍和装备资源配置，在控制总量的前提下，论证批复钻机、地震仪、高端成像测井仪、2500型压裂车组等装备更新改造项目19项，满足大庆、长庆、塔里木、鲁迈拉、哈法亚等国内外重点地区以及国际高端市场作业需求，钻井提速5%以上。突出特色装备配备，垂直钻井在塔里木油田成功应用，水平井分段分层压裂取得重要进展，不压井带压作业和钻机用双燃料发动机得到规模化应用。积极推进科技创新，开展关键技术和装备攻关，新发布水平井分段压裂系列配套工具、GeoEast-Lighting成像系统、Leap800测井系统等技术利器。

（展恩强）

6. 装备制造项目管理

按照集团公司“十二五”发展规划总体思路，结合装备制造业务实际情况，组织编制了装备制造业务“十二五”发展规划，确立了今后一个时期装备制造业务的发展思路和目标，进一步明确了打造陕西、渤海、山东、大庆、辽河等大型装备制造基地，发展钻井、采油、钢管、动力、海工等重点产品的规划部署，并列出了重点投资项目，为持续推动装备制造业务有效发展奠定了基础。

围绕集团公司油气业务的发展需要，以调整产品结构为主线，以增强装备制造业务服务保障能力和市场竞争力为目标，全力做好重点项目管理工作。全年共审查批复济柴动力总厂JC15、JC26/32发动机产能建设和成都压缩机厂大功率压缩机制造及成橇等2个项目，开展了宝鸡石油钢管有限责任公司新疆制管、渤海装备制造有限公司阀门、宝鸡石油机械有限责任公司研发中心、北京石油机械厂搬迁改造等4个项目的前期审查论证工作。

为完善装备制造项目管理制度，组织制定了《集团公司装备制造项目（预）可行性研究管理实施细则》和《集团公司装备制造建设项目可行性研究报告编制规定》，规范了装备制造项目前期管理工作内容和程序，理顺了项目管理流程，为提高项目管理水平打下了基础。

（罗卓辉　王　海）

【年度业务发展计划】

1. 年度计划

2010年，按照“坚持效益优先、突出战略发展、确保重点项目、严格控制投资”的原则，一是统筹部署各业务和专项年度投资计划，全年共下达投资计划16批，确保了集团公司各项生产经营任务目标的完成。二是抓住油价较高的有利时机，2010年向董事会申请追加投资107亿元，用于加快塔里木油田勘探开发和加速成品油销售网络建设，巩固油气业务优势和弥补销售业务短板。三是协调解决了西部钻探和新疆油田、吐哈油田、青海油田以及渤海钻探和大港油田、长城钻探和辽河油田之间2009年以前的关联交易结算问题。

2. 投资管理

一是下发了《集团公司投资管理办法》，确立了集团公司“一统一、三控制、两挂钩”的投资管理机制，并根据新的管理办法，修订并下发了《中国石油投资管理手册（总部卷－总册）》。二是编制下发了《钻井系统工程投资估算编制办法》，明确钻井系统工程投资的构成明细，对于与钻井投资无关的矿区费用、科研费用等一律单独列支，避免挤占钻井投资，推进市场化条件下钻井投资估算更加科学、合理和规范。三是持续做好投资控制工作，按照集团公司“坚持低成本发展战略，在去年工作的基础上，继续做好控制投资和降本增效工作”的整体部署，各单位将投资控制工作贯穿于项目建设的全过程，以方案优化为重点，持续推进物资集中采购，严格招投标管理，加大国产化设备、材料的应用，充分利用国家增值税抵扣政策，推广应用新技术、新工艺，多管齐下，节约项目投资。

（马　明）

【生产经营计划管理】

1. 生产运行协调机制日臻完善

2010年，组织协调会材料46期，在公司领导组织下，召开21次生产经营运行协调会，讨论通过1个年度计划、4个季度计划和12个月度计划。在年（季、月）度计划安排、来进料加工以及油品结构调整等方面充分发挥协调机制作用，加强量、价、效益综合平衡测算，提高了公司整体经营效益。

2. 生产运行协调成效明显

一是针对长庆油田惠安堡方向原油外输紧张矛盾，按月制定长庆原油外输保障方案，有效保障了油田上产后路。二是先后组织编制了广西石化、庆阳石化、兰郑长管道、长长吉管道投产跨专业外部配套系统保障方案。三是协调解决了抚顺石化、“两锦”炼厂受渤黄海冰情影响生产后路问题。四是积极组织制订兰州石化年初事故、“7·16”大连火灾事故生产运行应急预案，有效降低公司的损失，保证了生产运行平稳受控。

3. 资源配置不断优化

一是努力组织哈萨克斯坦原油进口，有效保障西部地区炼厂，尤其是独山子石化的加工需求；二是积极采取借用商储油、大幅减供中国石化和地方炼厂原油等措施，保证直属炼厂的资源需求；三是增加独山子石化塔里木凝析油配置，满足乙烯原料需求，提高加工效益；四是利用昆仑燃气公司统销液化气的优势，加大炼厂液化气顶替油田液化气力度，将顶替出的油田液化气增供乙烯生产企业，提高公司整体效益；五是积极组织资源，加大商储油收储力度，圆满完成国家下达的2010年收储1050万吨商储油的任务。

4. 油气保供工作有效开展

加强季度、月度国际油价及宏观经济形势分析，及时调整生产经营策略，努力保障成品油市场稳定供应。一是针对玉树地震、舟曲泥石流、世博会、亚运会、四季度国内柴油供应紧张等特殊时段，通过提高炼厂加工负荷、减少出口、加大外采力度、科学组织资源投放等措施，努力增加资源，保证了国内市场需求。二是积极与国家部委及公司财务部沟通，调整航空汽油和航空煤油价格，有效缓解了7月份国内航空汽油紧张及9月份区内航空煤油供应紧张的局面。三是面对国内天然气持续快速增长的市场需求、季节性用气峰谷差大等困难，通过精心制订天然气保供方案、充分挖掘气田生产潜力、引进境外天然气和LNG资源、压减内部工业用户用气、优化管网运行、调整储气库采气量等措施，有效保障了民用、公用、重点地区和重点用户的安全平稳供气。

5. 对外协调工作积极推进

一是向国家争取到降低进口原油商检费收费标准政策，商检费降低70%，为公司节约成本2亿元/年以上。二是向国家发改委和商务部申请到成品油出口配额553万吨，满足公司生产经营需要。三是与中国石化、中国海油签订年度原油互供协议，对保障长庆油田后路和弥补疆内炼厂资源发挥了积极作用。四是积极参与国家石油储备和石油管理体制研究，及时与国家有关部门进行沟通，全力争取国家政策支持，为集团公司发展创造良好的外部环境。

（乔　跃）

【概算管理】

1. 加大可研估算审查力度

以投资对标控制为抓手，坚持方案优化和投资审查并重，科学合理审准项目可研估算，从源头上控制项目投资，2010年共审查项目可研估算59项，综合投资核减率15%。

2. 强化重点项目概算复核

坚持严格把关，强化概算复核力度，2010年共复核一类、二类项目初步设计概算86项，综合投资核减率12%；合理调整初步设计概算18项。

3. 加强项目投资对标研究，完善投资对标控制体系

一是开展战略性课题研究，完成“降低工程造价，提高投资效益”研究项目，涵盖炼油化工工程和长输管道工程两个专题对标研究，通过与同行业同类建设项目投资水平对标分析，客观总结差异原因，提出科学控制投资的建议。二是继续完善投资对标体系，2010年编制完成石油建设项目配套工程投资参考指标、燃煤发电机组工程投资参考指标、加油站工程投资参考指标、CNG工程投资参考指标和综合指标以及地下储气库工程投资分析等，为提高投资决策水平提供强有力的技术支持。

4. 加强管理制度建设

一是下发并严格执行《关于集团公司固定资产投资项目实施增值税抵扣有关事项的通知》。二是适应集团公司业务发展需要和工程项目需要，修编下发《建设项目其他费用和相关费用规定》规范了建设项目其他费用编制与管理，三是下发《建设项目概算编制办法》(油气田地面工程册、炼油化工工程册、销售网络工程册、长距离输送管道工程册)。四是修订更新《项目投资审查工作流程和工作要点》、《项目投资审查统一规定》，发布4期统一设备材料综合参考价格信息，规范了项目投资审查。

5. 夯实造价管理基础工作

一是持续完善计价依据体系，2010年编制下发《炼油化工检修维修工程计价依据》、《西气东输管道工程临时补充计价依据(续一)》。二是继续做好计价依据的跟踪研究和动态管理工作。三是开展新项目、新领域工程现场实际调研和基础数据测算整理工作。四是重视提高造价专业人员综合素质，组织2期石油工程造价专业人员岗位培训，培训人员456人；组织2期石油工程造价骨干人员培训，培训人员445人。

(张建斌)

【建设用地管理】

1. 确保重大项目用地预审按核准进度完成

完成秦皇岛至沈阳天然气管道、中缅天然气管道(缅甸境内段)、中缅原油管道(缅甸境内段)、兰州至成都原油管道、石空至兰州原油管道、陕京三线、唐山LNG项目、锦州国家石油储备基地等重大项目用地预审，并按期取得预审批复文件，确保了项目顺利核准。

2. 加强用地预审基础建设

一是为推进我国石油天然气管道等能源基础设施建设，确保项目建设用地与各地方土地利用总体规划相衔接，根据《中国天然气、原油、成品油管网布局及“十一五”发展规划》和集团公司“十二五”业务发展规划，编制了102个城市的输油(气)管道、储油(气)库等项目建设用地规划表，并上报国土资源部。二是举办用地预审研讨会和培训班，大力宣贯《建设项目用地预审管理办法》(国土资源部第42号令)、《石油天然气工程项目建设用地指标》(建标〔2009〕7号)，提高用地预审工作质量和效率，确保项目核准进度。

(姚　双)

【石油工程建设】

1. 工程勘察设计

集团公司拥有国家工程勘察设计资质的单位共37个，其中，综合甲级4个、行业甲级17个、专项甲级资质2个、乙级14个。从业人员总数1.8万人，其中，技术人员1.4万人，占从业人员的79.5%；各类注册人员2975人，占技术人员的20.6%。工程勘察完成合同额4.1亿元，工程设计完成合同额75.6亿元，工程技术管理服务完成合同额11亿元，工程承包完成合同额265亿元；拥有专利556项，拥有专有技术174项；获得国家和省部级奖282项；2010年营业收入358亿元。

2. 工程建筑施工

集团公司拥有建筑施工总承包和专业承包企业72个，其中，施工总承包企业49个，包括特级资质4个，一级资质29个，二级资质14个，三级资质2个；专业承包企业23个，包括一级资质13个，二级资质7个，三级资质3个。2010年，集团公司建筑业企业总产值1111.4亿元，在境外完成营业额319.7亿元。

3. 工程建设监理

集团公司拥有工程建设监理企业30个，其中，综合资质3个，甲级资质26个，乙级资质2个。2010年，建设监理企业从业人员10626人，其中，专业技术人员9022人，高级、中级、初级职称人员分别占15.8%、43.4%、27.5%。共有国家级注册监理工程师1219人，其他注册执业资格727人次。2010年，集团公司工程建设监理企业营业收入16.5亿元；廊坊中油朗威工程项目管理有限公司取得工程建设监理综合资质，北京兴油工程项目管理有限公司、寰球工程项目管理(北京)有限公司在中国工程监理行业表彰活动中被评为2010年先进工程监理企业。

4. 工程质量监督

2010年，集团公司工程质量监督机构包括总站和28个监督站，从业人员724人，其中，高级职称121

人，占16.7%，中级职称453人，占62.6%；一级监督工程师311人，二级监督工程师292人；取得一、二级建造师执业资格205人，国家级监理工程师执业资格65人，Ⅱ级以上无损检测资格133人。拥有各种检测仪器设备总价值约4600万元。2010年，开展新上岗工程质量监督人员培训考试工作，共153人获得上岗资格；组织开展《石油天然气建设工程质量监督工作程序指导手册》宣贯培训工作，共计培训141名监督人员。

2010年，共监督建设项目4994项，监督过程中共发现质量问题约25465个，签发书面质量问题处理通知书1727份，在监单位工程合格率100%。2010年，共对25项工程建设项目实施异地监督。兰州、管道，辽河、长庆、大庆、华北油田，川渝7个监督站参与了异地项目的监督工作。对呼和浩特石化公司500万吨/年炼油扩能改造项目和宁夏石化公司500万吨/年炼油改扩建项目的工程质量监督工作方案进行审查，并批复实施。

石油天然气建设工程质量监督管理信息系统建设工作取得实质性进展，开始进入测试阶段。

国家发展和改革委员会经济运行调节局印发《石油石化建设工程质量监督工作规程》，再次明确集团公司质量监督机构受其委托开展监督工作的执法资格。集团公司印发《中国石油天然气集团公司建设项目其他费用和相关费用规定》，明确了异地项目监管工作费用标准。

（丁金林　周　宇　周　波　宗　伟）

【后评价管理】

1. 不断推进系统建设工作

编制下发投资管理手册后评价分册，以后评价工作流程为主要脉络，系统整理、细化解读了后评价有关制度，规范和指导实际操作。涉及后评价管理体制机制、后评价计划、简化后评价、详细后评价、独立后评价、成果应用6个方面的核心内容。后评价分册共梳理形成管理流程5个，规范工作模板34个，编纂各类制度34个和表式371个，形成文字29.8万字。举办勘探开发项目后评价座谈会，全面启动后评价理论丛书编纂工作。在试点基础上，进一步完善勘探、炼化和管道项目后评价信息库建设。整理汇编176个项目的独立后评价报告。

2. 着力推进专项研究工作

完成信息化项目专题评价，系统总结了项目建设的经验和存在的不足。组织对玉门炼厂进行专项研究，找准影响企业发展的关键因素，通过优化资源配置和加工负荷，关闭部分低效装置，充分发挥现有装置能力，扭亏解困取得一定成效。开展煤层气和兰郑长管道项目专项评价，总结了沁水盆地樊庄区块煤层气开发经验，分析了制约煤层气业务又好又快发展的几方面因素。完成勘探、开发等5类项目专题报告初稿。

3. 继续抓好成果利用工作

全面推广典型经验，狠抓问题整改，共反馈22个项目的后评价意见，总结经验54项、发现问题88项、提出意见和建议95项、整改落实39项，取得了较好效果。加强后评价意见整改落实的反馈工作，着力形成项目闭环反馈机制。继续推进后评价年报制度化，以集团公司文件下发2009年投资项目后评价通报，对2009年完成的31个典型项目和2个专题评价项目进行了深入分析，总结出具有规律性、系统性的经验和存在的问题，并全面引入评分机制。

4. 努力搞好典型项目后评价

在地区公司组织完成后评价基础上，集团公司选取9大类27个典型项目开展独立后评价。所评价项目基本覆盖了集团公司主要投资业务，突出了大型炼化和管道项目中间评价，所评价项目实际完成总投资1126亿元，占集团公司同期投资规模的8.2%。

（安丰春　孔令峰　洪保民　孙晓军）

【综合统计】

1. 规范完善统计管理和核算方法制度

密切关注集团公司专业化重组和业务整合进展情况，及时协调解决各种矛盾与问题，确保统计工作不断不乱；按照“明确责任、保持稳定、力求规范”的原则，指导和协调相关单位理顺综合统计管理流程，完善相关制度。编写完成集团公司《海外投资管理办法》中综合统计管理部分，首次明确了海外业务综合统计管理的职责、工作内容等相关要求，对规范公司海外业务综合统计管理起到了积极作用。

面对公司业务不断拓展，国际化进程不断加快，资本市场监管力度不断加大的形势，积极推进统计方法制度创新与完善。一是，完成了《集团公司统计核算指标解释》第一轮修订讨论稿。二是，继续对上市和未上市综合统计报表进行优化简化，实现了上市与未上市业务统计报表和指标设置执行同一个标准，遵循同一个原则，形成一个有机的整体。三是，针对天然气骨干管网布局和下游市场开拓取得跨越式发展的新情况，对天然气销售和城市燃气业务进行认真研究和梳理，新制定的报表制度将气源、销量、用途、价格等指标有机结合，满足了生产经营管理的需要。

2. 充分发挥决策支持作用

一是编写完成中国石油在全国各省市区生产经营整体情况报告100余份，为公司领导与各省市领导会谈、签署战略合作协议、正确处理企地关系提供有力支持。二是完成各季度向集团公司党组和管理层汇报的生产经营活动分析，成为管理层把握形势，全面了解公司生产经营情况，调整经营决策的重要依据。三是强化对标分析，选取能够反映企业综合实力的指标，对地区公司进行分类排序；开展与国际大石油公司的对标分析，为公司领导研究公司发展战略提供参考。

3. 统计信息服务水平进一步提高

一是通过编制生产经营情况月度报告、统计摘要和统计年报，全面、系统反映集团公司生产经营和投资建设整体情况，为公司战略规划、年度计划的编制和生产经营管理提供信息支持。二是定期向国家有关监管部门报送公司生产经营完成情况的简要数据，汇报生产经营和投资建设、节能减排等各项工作进展情况和存在问题，并提出有针对性的政策建议。被国家统计局授予建设和投资领域报表评比特等奖。三是积极配合集团公司和股份公司年度和半年度业绩发布工作，参加全年和半年两次路演。

4. 坚持不懈开展业务培训

举办统计业务骨干培训班，邀请政府官员、总部机关领导、知名教授进行授课，学员普遍感到收获很大。同时，选派统计业务骨干参加商务部组织的统计实务培训。通过与国外统计同行的接触和交流，了解国际通行的统计理论和方法，对于提高集团公司统计工作和统计科学研究的整体水平，有着积极的促进作用。

（孙效娴）

财务资产

【概述】 2010年，集团公司财务资产工作按照公司总体战略目标和任务，深化会计集中核算，创新资金集中管理，完善预算管理机制，实施资产全过程管理，有效应对国际金融危机考验，集团公司财务状况明显改善，创效能力持续增强。财务决算结果表明，集团公司资产总额稳步上升，收入、利润同比大幅增长，企业发展态势良好。全年实现营业收入1.7万亿元，创历史最高水平，是2005年的2.5倍，超过中央企业的十分之一；实现利润1727亿元，约占中央企业的六分之一；实现税费3191亿元，创历史最高水平，是2005年的2.4倍，接近中央企业的四分之一，占全国财政收入的4%，对国家财政贡献显著。资产总额2.6万亿元，是2005年的2.3倍，超过中央企业的十分之一；国有权益近1.4万亿元，是2005年的1.9倍，接近中央企业的五分之一。

（牛庆超）

【资金管理】（1）以国际领先水平为目标，有序推进大司库体系建设。全面开展司库制度、流程和信息系统建设，统一设计司库制度体系和管理流程，推进营运资金管理平台和结算理财平台建设，现已取得阶段性成果。创新设计司库账户联动测试方案，运用财务公司与银行的账户联动实现资金集中和结算集中，荣获欧洲金融（Euro Finance）2010年度司库奖“评委推荐奖”，集团公司因此成为首家获此殊荣的中国公司。

（吕连浮　何　涛）

（2）积极争取国家财政政策，支持集团公司生产经营和改革发展。按照“应收尽收、应返尽返、应早尽早”整体思路，提前谋划，高效组织，全年争取各项财政资金共计348.7亿元，其中：国家所得税返还资金285亿元，科技重大专项资金20.4亿元，国家石油储备政策落实资金28.7亿元，其他财政资金14.6亿元。持续提高部门决算编制水平，集团公司在2009年度中央部门决算工作评比中荣获二等奖，是中央部门中表现最好的中央企业。

积极争取“十二五”财政政策，协调多方力量组织研究“十二五”所得税返还政策。财政部已同意将集团公司海外油气项目投资和天然气商业储备纳入重点支持范畴，并上报国务院批准，这将为集团公司国际化战略实施和率先启动天然气储备建设营造良好的政策环境。2010年12月，集团公司召开首次中央财政资金管理专项工作会议，全面总结“十一五”期间财政资金管理工作，安排部署“十二五”财政工作重点任务。

（赵雪松　白建辉）

（3）支持和引导金融板块健康发展，助力集团公司主业。金融板块架构初步形成，涵盖财务公司、昆仑银行、昆仑信托、昆仑租赁、中意人寿、中意财险、竞盛经纪、竞胜公估、天津排放权交易所等9家机构。金融板块整体发展势头良好，资产规模不断壮大，盈利能力有效提升，截至2010年底，金融板块资产总额5966亿元，同比增长33.95%，当年实现利润55.4亿元，同比增长8.29%。

按照集团公司党组提出的金融业务“适度发展”、“体现高端特色”、“高起点、快发展、可持续”要求，以服务支持油气主业为导向，优化配置金融资源，根据市场情况变化和金融企业经营指标要求，积极引导金融业务健康发展。金融业务逐步从单一的现金管理向现代金融、产融结合转变，金融服务保障主业能力显现。

结合集团公司金融业务发展现状和油气主业发展需求，牵头组织编制集团公司金融业务“十二五”规划，为金融板块健康发展提供了指南，并获得集团公司“十二五”规划三等奖。

（田　娜　任克娟）

（4）强化集团公司层面资金集中管理，有效防范资金风险。加强资金收支两条线精细化、规范化管理，提升总部资金管控能力。积极推动符合条件的二、三级企业及控股企业纳入收支两条线管理，2010年末，集团公司整体资金集中度达到93%。严格实施银行账户“统一审批、收支分设”，集团公司所属企业集中管理账户总数10157个，上线账户9971个，上线率98%。全面落实资金计划执行情况分析制度，设计执行情况分析报告标准文本，严格上报时间要求；强化资金计划考核，完善评分体系，对企业资金计划管理作出客观评价，推动企业资金计划管理水平不断提高。

强化资金风险管理，做好金融衍生业务季报和年报上报工作，同时加强对委托理财等高风险业务的监控，开展“小金库”专项治理工作，有效防范资金风险。

（谢　艳　贾　磊）

积极开展周、月、季、年、“十二五”等不同周期的资金预测，为筹融资工作提供决策支持，从源头上促进资金管理工作的全面统筹协调，有效实现资金成本最低和资金保障安全的最佳结合。

加强银行承兑汇票收取、转让、贴现、托收等全过程的审查监控，组织开展票据集中贴现，鼓励票据背书转让，适度开展开票业务，充分盘活存量票据，为公司节约或新增现金流共计210亿元，累计节约财务费用约1.6亿元。与中国航空油料有限责任公司开通交通银行电子商业汇票业务，方便其通过办理买方负息贴现业务支付货款，提升结算效率。

按照“严肃逐笔管理，形成规范，置于可控，防范风险”的总体要求，对应付款项进行摸底梳理，形成按月编制简报制度，分析对比国内外同行业可比公司数据指标，合理确定持有规模，探索影响应付款项的主要因素，研究可能存在的风险，制定规范化管理制度。

积极推进企业通过昆仑银行实施资金收拨业务，构建适合企业资金运行的结算架构。加强境外资金集中管理，研究境外公司资金集中管理方式，确定国投伊拉克公司资金集中模式。全面梳理股份公司所属地区公司银行账户，对资金平台系统的银行账户进行账户信息初始化，完善账户管理功能，优化账户结构，实现了账户信息标准化，为银企直连的开通做好前期准备。完成银行评价体系设计工作，确定体系架构搭建方案和指标设计、评价标准等关键环节。

（于江华　李书江　陈克全）

资金管理平台项目在大庆油田启动试点，并通过了普华永道及内控部的审计检查，标志着资金管理平台在大庆油田正式上线运行成功。在试点成功的基础上大力开展资金管理平台推广工作，截至2010年底共有65家单位完成数据补录和系统运行，并通过了内控测试。

（杨　旭　方红伟　袁宏林　马保华　尹国平）

【债务管理】

发挥集团整体优势，形成多元化、低成本、可持续的融资渠道。提前筹集低成本资金，全年累计发行6期人民币中期票据合计910亿元（集团公司发行400亿元，股份公司发行510亿元）、1期短期融资券150亿元、2期超短期融资券150亿元，并成功发行了集团公司首支企业债券200亿元，全年累计融资总额共计人民币1410亿元。集团公司现已成为银行间市场发行规模较大、融资品种丰富、信用资质优良、市场认可度高的发行主体，作为债券市场重要参与者，集团公司在推动金融市场制度建设和政策创新中，也发挥了重要作用。

（田　娜　任克娟）

资金平台债务管理模块项下的基础业务部分已开发完毕，完成了负息资金等模块在股份公司炼化和销售业务地区公司的推广工作。完成授信业务、筹融资等模块调整的开发工作，并对筹融资计划方案模型、控股公司信用评级管理、汇率利率管理等功能进行设计和开发，加强债务管理和风险控制，调整过程中加大了债务分析的力度。

进一步细化和完善参控股企业有息债务管理机制，继续为参、控股公司及托管企业的重点项目及生产经营提供资金支持。年内处理贷款、担保等融资相关事宜共40余件，累计完成融资101亿元人民币、40亿美元。

构建股份公司外汇资金全球集约式集中管理模式。研究将更多海外注册公司纳入外汇资金收支两条线管理的法律和操作可行性，统筹规划股份公司外汇资金池。截至2010年底，已经完成了对中油国投（香港）、中油国投（伊拉克）公司资金收支两条线管理。2010年，共审核国际事业及中联油贸易融资贷款133笔，涉及贷款金额折合人民币549亿元。

根据2009年为销售公司减免负息资金的政策，参照同类企业资产负债率水平，对化工销售类公司进行减免债务负担，一次性减轻了化工销售类公司7.83亿元的财务负担。

根据股份公司债务集中管理机制，确定债务管理手册框架，完成《债务管理手册框架》初稿。

（董尚斌　廖　瑜）

【境外资金管理】

1. 外汇资金集中管理

集团公司完成了所属全部全资子公司外汇资金归集工作；推进并完成工程建设公司阿布扎比原油管道项目纳入资金集中管理体系。截至2010年底，集团公司依托财务公司在北京、香港、迪拜、新加坡建立的4个现金池运转平稳，累计上收299亿美元，下拨307亿美元，实现了资金有效调剂。制定迪拜地区资金集中管理方案，利用中油财务香港公司资金管理平台，形成渣打迪拜资金池与当地银行结算账户相配合的集团公司迪拜资金管理平台，整体运作迪拜地区所属企业项目资金。

进一步规范外汇账户网上审批工作。截至2010年底，集团公司29家拥有境外账户的成员企业已全部展开信息归集。全年通过账户审批系统共审批所属企业账户申请199个。企业上报境外账户1007个，实现信息归集账户832个，通过签约银行归集信息账户211个，占全部已归集账户的21%。

加强资金计划管理，提高计划符合率。增加外汇资金计划管理系统中“外资计划报告”模块，形成外汇资金计划分析报告，为信息使用者提供决策依据。将东南亚管道公司纳入外汇资金计划管理系统。截至2010年末，纳入外汇资金计划管理一级成员企业共37家，上报外汇资金流入计划合计514.8亿美元，流出计划合计550.7亿美元，计划符合率在70%—95%之间。

（朱东梅　刘　远）

2. 国际结算

（1）敏感地区结算。

2010年，敏感地区汇入资金折合共计37.91亿美元，汇出资金折合共计23.60亿美元。组织苏丹、缅甸、伊朗等地区资金结算实地调研，根据制裁形势变化，制订和完善敏感地区资金结算方案。

组织内部轧差结算，扩大内部轧差结算范围，基本保障敏感地区资金需求。协调中技开与勘探开发公司内部轧差8004.59万欧元；协调东方物探伊朗项目及勘探开发公司伊朗项目内部轧差1000万欧元；协调管道局苏丹项目与东方物探、长城钻探内部轧差400万苏丹镑。通过签订借款协议的形式，逐步完善内部轧差结算流程。

积极推动中国人民银行与苏丹、阿联酋、伊朗、缅甸等国央行互访工作；制订不限币种的《敏感地区资金结算方案》上报中国人民银行，推动中国人民银行与敏感国家建立国家间清算体系。推动昆仑银行与敏感地区商业银行建立多币种代理行及账户行关系。伊朗国民银行已与昆仑银行互开代理行账户，并建立直接代理行关系；中国石化、上海外经、新疆贝肯能源等外部企业已在昆仑银行开户。

（王文井）

（2）人民币跨境结算。

向中国人民银行申请集团整体成为跨境人民币试点企业。2010年12月6日，中国人民银行公布第二批试点企业名单，集团公司有20家企业成为第二批试点企业，中国人民银行并原则同意推动河北、陕西成为第三批试点地区，确保全集团所属企业均可开展跨境人民币结算业务。

下发《关于跨境人民币结算有关事项的通知》，明确境外人民币资金集中管理模式。比照外币资金管理模式，采取收支两条线管理，以财务公司（香港）为依托，在中银香港开立资金集中管理主账户，建立人民币离岸总资金池，实现集团公司境外人民币资金归集、结算、管理和运作的多重职能。

以项目为突破口，重点推进敏感地区人民币跨境结算，打通中缅油气管道跨境人民币结算和投资业务通道，实现委内瑞拉100亿美元和700亿元人民币大额融资项目油贸合同部分使用人民币结算。

（乔　宁　唐　臻）

3. 风险管理

（1）汇率风险管理。

建立月度汇率风险分析体系，按月收集成员企业汇率风险敞口及非主要货币存量限额表，计算汇率风险价值VaR，编制《集团公司汇率风险分析报告》。提示企业有效管理汇率风险，海外勘探开发分公司加强了对英镑的管理，通过财务公司开展英镑/美元远期和即期外汇交易，与英镑/美元全年平均汇率1.5453和最低汇率1.4203相比，减少损失2427万美元和8159万美元；川庆钻探经提示风险后，及时结汇6.13亿美元，避免了近1.5亿元人民币的汇兑损失。

发布4期汇率风险提示，分别提示成员企业关注委内瑞拉玻利瓦尔、苏丹镑和人民币汇率波动情况，并对企业作出具体要求。中国石油技术开发公司办理了2.6亿美元远期结汇，工程建设公司办理1.28亿美元外币票据融资，均通过提前结汇规避了汇率风险。

财务公司通过为成员企业集中办理结售汇业务，为集团公司节省3亿美元；为成员企业集中实施7个项目避险操作，衍生外汇交易累计交易量133亿美元，节省1.38亿美元。其中在澳大利亚Arrow项目中，财务公司通过澳元/美元远期交易，为集团公司节省1.15亿美元。

（李中华）

（2）国际结算风险管理。

建立完善风险提示制度。针对中资机构涉及中东银行美元结算受阻事宜，发布美元汇款风险提示，紧急协调相关银行，研究应对方案。指导成员企业向汇款银行提供必要材料，并提供替代可行的结算路径和方案，保证受阻资金及时安全到账。要求企业尽量选择中东以外的银行进行非美元结算，降低资金结算风险。

针对各国本土银行经营风险波动较大及部分国家银行对外支付困难的情况，适时向成员企业下发银行风险提示。

（刘　远）

4. 银行关系管理

加强全球综合授信管理，完善集团公司外币授信平台。与美国、日本和欧洲等17家外资银行签署授信额度备忘录，共取得授信额度164.42亿美元，其中：财务公司流动资金贷款及外币交易使用额度45.38亿美元，成员企业业务额度119.04亿美元。比2009年新增4家合作银行，新增额度37.72亿美元。

（朱东梅　刘　远）

5. 境外投资联合年检工作

完成2009年境外投资企业联合年检工作。共有18家单位的79个境外投资企业参加了2009年度境外投资联合年检工作，比前一年度增加18个。参加年检的企业中，获得年检等级一级的企业71个，比2009年增加43个，占年检企业的90%；获得年检等级二级的企业8个，比2009年减少24个，占年检企业的10%。

（刘　远）

6. 建立金融研究平台

依托财务公司金融与会计研究所建立集团公司金融研究平台，提高金融领域研究能力，推动金融服务业务支持核心主业发展。

（朱东梅）

【融资管理】

1. 开辟多元融资渠道

融资工作小组充分发挥集团公司整体优势，统一设计融资方案，统一组织融资谈判，统一指导融资执行，扎实推进海外融资工作。

推动建立使用外汇储备资金的稳定、长效机制，向中国人民银行申请使用国家外汇储备资金，为海外业务获取长期低成本资金打通新渠道。在扩大银行授信额度基础上，积极探索权益融资方式，与中投公司签署《海外投资战略合作框架协议》，双方将以资产并购、股权收购、权益投资等形式开展海外投资合作。

经过多轮方案筛选，确定集团公司境外发行美元债券的方案，并通过了总经理会议的批准。积极组织评级和发行工作，为集团公司国际资本市场融资开辟道路。

2. 引入竞争机制，降低融资成本

加强汇率、利率趋势分析，注意借款币种、交易币种、收入币种的匹配，减少汇兑损失。在澳大利亚煤层气项目中节约购汇成本1.15亿美元；在日本大阪炼厂收购项目中采用当地日元借款，利率3个月TIBOR+50BP，利用日元低利率水平，降低融资成本。

适度引入竞争机制，根据确定的融资条件，向5家金融机构询价，争取更为优惠的融资条件。加强税收政策研究，充分利用政府间避免双重征税协定，设计融资方案，减少利息预提税支出；充分利用香港/迪拜无营业税特点，运用财务公司子公司融资平台降低营业税支出。采用国内银行直接贷款给集团公司境外企业方式，集团公司切分授信额度或在境内通过备用信用证形式提供反担保，简化外汇管理手续和业务操作流程，提高融资效率。

（朱东梅　韩　宇）

3. 争取融资对外担保额度

获得国家外汇管理局（汇综复〔2010〕41号）批复，将集团公司对外担保余额指标由200亿美元调整为400亿美元，在400亿美元对外担保余额指标内，按照《境内机构对外担保管理办法》和《境内机构对外担保管理办法实施细则》及相关规定自行提供融资性和非融资性对外担保。经国家外汇管理局批准，集团公司为中油财务公司香港子公司流动资金贷款和澳大利亚Arrow等项目融资担保共计35.98亿美元额度。截至2010年底，集团公司为所属企业提供对外担保217.9亿美元。

（郑　珩）

4. 做好融资债务后续管理

对协调贷款协议涉及的相关保险、外汇强制结汇豁免、提款条件等事宜积极进行协调，先后协调处理中哈天然气管道有限公司相关保险的豁免、中乌天然气管道有限公司外汇强制结汇豁免及相关保险的豁免等，确保海外项目融资资金正常使用。

5. 完成多项融资项目

2010年全年安排融资310亿美元，其中：成员企业融资98亿美元，协助海外业务合作的资源国政府和合作伙伴融资212亿美元。支持获取或锁定原油及成品油资源1.57亿吨，期限最长达10年；正在推进的项目预计将安排融资863亿美元，预计支持获取或锁定油气资源15.77亿吨油气当量，期限最长达30年。

（秦　天）

为保障股份公司融资业务及资金收支业务正常运营，从集团公司重新取得农业银行200亿元授信额度。2010年累计取得金融机构授信额度1830亿元。成功发行三期中期票据，累计募集资金510亿元，实现同期资本市场发行利率最低水平，在债券存续期内累计节约财务费用33亿元。

根据公司2010年全年资金需求情况，制订合理的还款与续贷方案。在年底银行间货币市场资金面骤然收紧的状况下，迅速融资成功，确保年底资金支付需求。

在集团公司大力开拓海外市场、加大海外投资力度的背景下，全力配合集团公司海外融资工作小组完成了印尼JM项目、中委船舶建造项目、太平洋项目、胡宁4项目的海外融资方案建议，主导完成阿克纠宾公司2010年度分红事项、国际事业（新加坡）公司股东出资事项的融资工作。

为满足海外企业紧急外汇资金需求，启动股份公司在中油财务公司的透支贷款额度，对满足海外企业不可预见及突发性应急外汇资金需求提供了有力保障。

（董尚斌　廖　瑜）

【预算管理】　继续以大预算思想为统领，贯彻“集约化管理、专业化经营、一体化发展”方针，继续研究完善大预算体系内容，不断增强预算管理的业绩驱动作用，持续规范预算管理制度流程，逐步提高预算管理综合能力，加强海外预算管理，各项工作都取得积极进展。

1. 继续研究完善大预算体系内容

（1）全面推进对标分析、管理工作，继上游业务后，2010年开展管道、成品油零售、钻探、装备制造、金融业务的国际、国内对标分析，并将对标结果应用到预算指标和经营评价指标体系，促进公司管理水平提升。

（2）开展油价、产量、投资及成本联动关系研究，推动建立协同高效的投入产出机制。关注中长期业务发展，针对天然气业务快速增长情况，研究进一步完善天然气业务管理模式。

2. 不断增强预算的业绩驱动作用

（1）强调投资回报导向作用，研究集团公司全面推行EVA考核方案，针对不同业务，测算制定相适应的资本成本率和核定原则。

（2）充分发挥经营指标评价对于企业提高竞争力的积极促进作用，组织开展集团公司112家企业42个矿区单位的年度经营评价工作，按集团公司总经理蒋洁敏批示召开总会计师会议发布评价结果，并研究将海外项目纳入评价体系。

（3）积极控制管理性支出和五项费用，按照“规范运行、口径可比、区别对待、从严控制”原则，进一步完善2011—2013年“五项费用”控制机制。

3. 持续规范预算管理制度流程

（1）继续深化管理性支出费用标准化体系建设，制定集团公司误餐费标准，以及职工福利费管理、物业费报销、购买机票等管理规范。积极开展境外差旅费、公务车辆租赁管理的研究，推进费用标准化体系建设不断深化。加强各项标准的执行监督，督促各企事业单位制订上报防暑降温、健康疗养和误餐费标准实施方案；深入研究解决车改企业交通费管理，完成了18家车改及新建企业交通费方案的测算和批复。

（2）探索研究完整项目管理，起草相关办法。研究制定《集团公司信息系统运行维护费用预算管理办法》和《未上市企业科技研发经费管理办法》，规范流程和标准。

4. 逐步提高预算管理的综合能力

（1）基本完成涵盖国内上游近400个区块、销售板块1.76万座运营加油站、海外23个项目的效益分析数据库建设，探索逐步实现从企业预算向项目预算的转换，并依据数据库初步完成了国内油气田区块、销售业务加油站的效益分析。

（2）集团公司成立"推进钻探业务市场化工作领导小组"，领导小组办公室设在预算管理办公室，组织制定推进钻探业务市场化管理办法及实施细则、相关配套政策，以及钻探业务统筹发展规划研究，推动集团公司内部市场化建设。

（3）关注长远，结合公司"十二五"规划，进行公司五年中长期效益测算工作，并以此为基础，编制三年滚动预算，推进了预算管理与战略规划的有机衔接与融合。

5. 加强海外油气业务预算管理

收集整理海外项目基本情况资料，以及重大项目的可研报告和石油合同文本，建立海外项目基础数据库；梳理完成23个海外重大项目合同经济条款、财税环境、成本回收、利润分成等项目运行模式，搭建项目合同期效益跟踪评价模型，并应用于海外业务2011年预算编制，提高了海外业务预算的科学性和准确度。

（朱晓晹　张银河　赵业林）

【预算管理机制】 进一步完善与综合性国际能源公司相适应的预算管理体系，持续推进集团公司大预算管理的深化研究工作，完善各类业务预算管理机制。一是继续完善各类业务业绩考核指标，加强现金流管理，统筹平衡投资、成本、效益、薪酬等要素；二是坚持预算指标对标理念，以经营目标值推算主要KPI指标，紧密结合经营目标，引导公司持续健康发展；三是完善薪酬成本配比机制，将贡献和薪酬紧密结合，并与CPI挂钩；四是积极推进年度预算和三年滚动预算的紧密结合，兼顾长期战略目标和短期生产经营安排。

【成本费用控制】 继续坚持低成本发展战略，强化精细管理，立足管理增效，突出精雕细刻，坚持精打细算，积极开展与同行业先进水平对标工作，通过提高重点业务和关键环节的技术经济指标水平，有效控制投资、降低成本，充分调动全员降本增效的积极性；继续推进、完善费用标准化体系建设，用制度化手段、科学化标准，提升公司成本费用管理水平；强化业绩驱动导向，优化生产运行，保证生产运行基本需求，千方百计降低生产性支出，严格控制非生产性支出；以经济效益为目标，科学处理投资、成本、利润之间的关系，坚持合理、有效原则安排成本费用。注重过程控制，推动促进交流，勘探与生产业务学习推广华北油田在经营理念、投资管理和成本控制等方面的精细化管理经验；炼化、销售业务坚持成本费用对标管理，继续践行与国内先进水平逐步缩小差距的目标。经过公司总部、专业公司、地区公司一年来的共同努力，各业务成本指标有效控制在预算目标之内，成本费用控制效果逐步显现。

（袁振江）

【关联交易工作】 继续贯彻规范运作的指导思想，按上市规则要求，履行关联交易有关程序，并全面、及时、准确、充分地向资本市场披露关联交易信息。

1. 存款类关联交易上限更新

根据集团公司生产经营实际及发展需要，组织相关部门申请更新股份公司与财务公司等金融机构存款类关联交易上限。在周到细致地做好基础性工作前提下，获得公司独立董事的充分理解和支持，在公司四届十次董事会上给予批准通过。

2. 资本市场信息披露

分别协助律师、审计师完成关联交易尽职调查、审计，并确认2009年度审计报告以及关联交易审计意见书；起草股份公司管理层向独立董事及独立董事向股东发出的2009年度关联交易确认函；向股份公司监事会、董事会审计委员会提交2009年度及2010年中期关联交易运行情况报告；在股份公司2009年年报及2010年中报中按规定披露关联交易信息。

3. 推动地区公司关联交易结算

制定《关于2010年钻井业务合同签订及结算工作的通知》，明确当年关联交易结算要求；将关联交易合同签订、资金结算统计报表固化到预算管理信息系统中，每季形成《关联交易简报》，并及时协调结算矛盾，督促提高结算效率；组织机关部门，对结算矛盾突出的大港油田和渤海钻探、辽河油田和长城钻探进行专门协调，取得了较好的效果。

（辛　欣）

【未上市解困扭亏】 未上市企业解困扭亏工作取得阶段性成果，为全面实现解困扭亏总体目标奠定了坚实基础。集团公司未上市企业解困扭亏领导小组办公室先后组织召开11次领导小组会议，集中研究各业务发展的长期规划，制定了《未上市企业解困扭亏工作指导意见》、《实施规范》和相关配套政策，明确解困扭亏工作基本思路，形成工作规范和流程，审查批复19家托管企业的整体解困扭亏工作方案，并在控制人员、控制投资规模方面提出具体要求，建立未上市企业三级单位数据库，解困扭亏各项工作扎实推进。一是组织管理体系逐步完善，二是调整优化结构、推进持续重组、控制员工总量等措施见到初步成效，三是未上市业务整体经营状况逐步改善，四是未上市企业干部员工思想观念转变，解困扭亏的责任感和自觉性明显提高，推动发展方式转变、实现可持续发展的观念逐步深入人心。

（王爱华）

【预算管理信息化项目】 预算管理信息化项目建设进一步深入。在管理理念上，对项目按照全生命周期管理，预测关键指标，实现单项目匡算、测算及汇总。在应用范围上，以销售企业和勘探板块为突破口，将系统向下延伸，带动系统功能应用。在完善数据体系上，完成总部、专业公司、地区公司三级数据库体系建设，实现数据统一存储、业务统一处理。在技术方法上，利用Google Maps的图像资源，使用地图聚合技术开发了地图查看器，进行海外项目定位，使操作更为简单快捷，并利用电子档案进行项目合同管理。

（1）新增功能开发。系统新增开发19项功能模块（包括经营指标评价、滚动预算管理、上游业务利润空间预测、海外项目管理、效益评价分析体系等），在系统中形成九大模块、33项子功能，涵盖预算管理全过程，并对年度预算编制、投资效益分析等6项分析功能模块进行了补充完善。

（2）加强推广培训。继续推进系统向下推广工作，为销售企业开发、完善13个系统功能，系统推广延伸至地市等三级单位和加油站，并在勘探板块冀东油田进行试点延伸应用。培养系统管理团队，先后组织9期培训班，共有600余人次参加。

（3）制定管理制度。为加强预算管理信息系统运行管理，提高预算管理信息化水平，制定《中国石油天然气集团公司预算管理信息系统管理暂行办法》。

（4）建立容灾备份。为保障预算系统数据安全性和高可用性，建立容灾系统，并建立数据库维护方案，手工与自动备份相结合，定期备份数据。

（5）完善操作手册。对系统操作手册进行补充完善，形成112万多字的预算系统操作手册5.0版。

（杜　波）

【会计核算】（1）顺利完成2009年集团公司财务决算工作。2009年决算期间，集团公司与股份公司联合办公，用时一个半月，完成86家单位、近2万张报表的审核工作；听取中国石油天然气勘探开发公司、西部钻探、川庆钻探、渤海装备等8家单位的决算汇报。决算共审核上报集团公司所属三级以上（含三级）415家子企业报表，处理数据300余万个。集团公司2009年度决算工作得到财政部通报表扬，并被国务院国资委评为2009年度财务决算管理先进单位。

（付辉平　朱　兰）

（2）把握国家会计政策走向，修订集团公司会计手册，形成《中国石油天然气集团公司会计手册（2010）》。增加“反向购买与买壳上市”、“企业在处置子公司部分股权时应区分是否丧失对子公司控制权进行会计处理”等内容，并根据公司实际情况对职工薪酬有关问题进一步明确。积极参与财政部《企业会计准则解释第4号》研究和修订，及时反馈意见，提高准则制定的话语权。深入研究金融业务现状，修订《中国石油天然气集团公司会计手册——金融分册》。进一步规范金融业务会计政策、金融企业主要业务会计核算、金融企业会计基础工作等内容。

（王　华　顾先英　姜　艳）

（3）继续推进会计指数研究，提升会计工作在宏观经济决策中的地位。从宏观、中观、微观3个层次搭建会计指数体系，分别构建会计宏观价值指数AMV、会计综合评价指数ACV和会计投资价值指数AIV，使之成为指导微观经济的“指南针”和反映宏观经济的“晴雨表”。研究方案和成果得到财政部的肯定与支持，会计指数研究已被列为财政部重大科研项目。

（王　华　张　昕）

（4）经济活动分析质量不断提高，为集团公司生产经营决策奠定坚实基础。提高月报编报质量和效率，完成时间由原来的每月11日提前到每月7日。在准确编报月报的基础上，每月向集团公司管理层报送财务会计报告（共56张表）。新增财务运行快报说明，对收入、利润、税费、主要产品量价、财务状况、各板块经营业绩等主要指标进行分析，及时准确提供财务数据。每季度末，牵头准备向总经理办公会的汇报，以报表数据为基础，挖掘深层次影响因素，进行同行业对标，及时将公司的运营情况和存在的问题及建议进行汇报。

（张 旭 杜 阳）

股份公司进一步研究规范公司会计核算方法，规范销售企业一次运费核算方法，研究制定煤层气联合开发会计核算方法，调整公司风险作业服务费确认和披露口径，统一公司炼化企业自制半成品的会计核算，规范炼化企业联合试运转费及提前进场费、管道企业长输原油管道铺底油及天然气销售结算中心管输费的会计处理。

积极发挥会计核算的桥梁纽带作用，推进公司油气资产弃置财务管理工作，促进落实对外合作项目外方弃置责任。积极稳妥开展公司资产减值工作，全年计提各类资产减值准备 46.6 亿元。推动销售分公司制定下发《中国石油天然气股份有限公司销售分公司成品油损益管理规范》，并自 2011 年 1 月 1 日起开始实施。按照推动非油业务健康发展的原则，进一步规范公司非油品销售业务的会计处理。通过加强销售企业的负库存控制有效推动销售业务流程优化。

积极推动海外业务财务支持工作，通过财务部海外支持小组工作机制，有效完成鲁迈拉项目权益转让过渡期财务授权安排、推动鲁迈拉项目完成权益转让工作，及时报告胡宁 4、加拿大油砂、太平洋等新项目的财务问题，为领导决策提供有力支持。研究解决中油香港财务报表合并及自动化生成等问题；研究及规范来料加工业务会计核算和管理。

以财务和业务有机融合为切入点，逐步形成以盈利预测为基础，季度、半年度、年度财务报告分析为重点的全业务、多维度、系统化的财务决策支持体系，实现从注重数据分析向关注数据背后经济实质的转变，充分发挥财务价值管理职能。共完成 12 期关键业绩指标一页纸报告，突出重点业绩指标变化情况，提高决策信息效率。完成 12 期重大财务事项分析报告以及 4 个季度的经营活动分析汇报，对公司各板块的资产状况和经营成果进行全面分析。及时预测成品油调价对于公司整体收入的影响，为公司生产经营协调、业务结构优化、资金统筹安排等提供前瞻性数据信息支持。

（袁延松 吴立群）

【实施企业会计准则体系】 根据不同业务板块生产经营特点，着手开展经济活动分析项目，主要形成炼化企业经济活动分析初步成果，启动勘探与生产、销售和天然气与管道板块的经济活动分析建设，为促进经济活动分析工作向生产经营全过程延伸，实现经济活动分析的制度化、经常化作出了贡献。

启动会计准则国际化研究，初步完成了俄罗斯、日本、印度尼西亚、泰国和新加坡 5 个国家的准则研究，为公司国际化业务发展及风险防范提供重要保障。开展储量资本化及信息披露课题研究，完成 IASB 采掘活动研究项目组《采掘业讨论文本 [草案]》等 2 个材料的翻译工作，形成课题报告的初稿。

根据财政部会计准则趋同路线图，跟踪国际、国内会计准则的最新进展，全面支持和积极参与国家的准则趋同项目。积极关注国际、国内准则动向，充分发挥公司影响力和话语权，争取有利会计政策，先后完成了对 IASB《采掘活动》、IASB《征求意见稿——租赁》、企业会计准则 27 号石油天然气开采准则讲解修订、财政部《产品成本核算制度》等的意见反馈。

推动《国际财务报告准则第 1 号——首次采用国际财务报告准则》（IFRS1）修订。国际会计准则委员会（IASB）通过年度改进项目对《国际财务报告准则第 1 号——首次采用国际财务报告准则》（IFRS1）进行修改，允许首次公开发行股票的公司将改制上市过程中确定的重估价作为“认定成本”入账，并进行追溯调整。

（胡建忠 杨晓红）

【会计集中核算及信息系统建设】 推进集团公司境外项目会计集中核算。研究确定“扩展 FMIS，融合 SAP，构建境外业务财务信息化管理平台”的 FMIS 国际化目标，形成了“先工程项目，后油气项目；先中方账，后外方账”的工作计划，FMIS 国际化项目纳入集团公司“十二五”信息技术总体规划；工程技术服务、工程建设板块等 7 家单位建立境内外一体化核算体系，实现境外 30 多个国家和地区的 152 个项目财务信息集中。

继续推进 ERP 与 FMIS 系统融合工作，2010 年实现 24 家单位单轨和并行上线，融合系统共接收 ERP 集成凭证 1088664 张，向 ERP 传输手工会计凭证 653217 张，被集团公司评为 2010 年度优秀项目。

完善网上报表审阅平台。按照财务决算工作“三分之一的单位、报表、部门采用网上审核的方式”要求，实现报表网上审阅、网上数据整改、网上签字等过程管理，提高了总部决算报表审阅工作效率，决算现场审核时间由 30 天缩短至 18 天，得到集团公司领导和基层财务人员的一致好评。

积极推进大司库信息系统建设。参与编写完成《集团公司资金管理系统分析报告》、《集团公司外汇资金管理系统分析报告》、《财务公司电子商务系统现状分析报告》、《财务公司外汇资金管理系统现状分析报告》等4万余字的分析报告；进行大司库系统整体方案设计，设计大司库系统的组成、逻辑架构、功能模块等140多个功能点；配合开展大司库系统可研立项工作，编写完成共计270余页、15万字的大司库系统可研报告。

做好信息系统维护与技术服务工作。系统日访问量峰值超过15万人次，并发用户峰值超过4千人次，日备份数据量430G，累计解答用户关于FMIS系统使用问题1.8万个，审批各类用户权限申请2858个，优化提升功能50余项，修订标准413条，全年各个系统运行平稳，未出现计划外停机现象，保证了集团公司财务工作正常进行。

（丁淑颖 黄 海）

股份公司继续优化完善一级核算系统相关功能，研究确定油田企业ERP推广实施过程中成本结转等重大会计处理原则。结合新的业务需要，不断扩展会计一级集中核算系统功能，积极开展税务会计、决算报表审阅模块和租赁资产模块建设。组织进行会计一级集中核算系统硬件、操作系统、数据库、应用中间件及FMIS各应用系统的维护工作，保证系统平稳、高效运行。ERP与FMIS融合项目进展顺利，截至2010年底累计完成78家单位，按实施单位计算，完成项目进度65%。

财务信息系统国际化项目分别在中油勘探、中油国投、国际事业和中油香港等公司开展，并取得初步成效。在中油勘探和中油国投实施FMIS7.0，先后整理200多张报表格式，新增并修改约1.5万个计算公式，中油勘探和中油国投的汇总报表折算调整工作从过去的1天时间缩短为1小时；在国际事业公司，以其自主实施的ERP为基础，开展ERP与FMIS融合；在中油香港，以其国内燃气业务为主体实施FMIS7.0。

完成XBRL报告系统的分析、设计、开发和测试等工作。XBRL报告系统采用内嵌FMIS模式，从FMIS报表自动取数，支持国际准则与中国准则分类标准，同时支持扩展的分类标准，支持所有主流的数据验证方式，能够同时满足SEC的报送要求以及财政部的报送要求。另外，系统提供基于XBRL元素的数据对比分析功能，为XBRL技术应用于内部管理分析奠定基础。

（贺 荣 闵广富）

【年报社会审计】 充分借鉴2009年年报决算审计工作经验，要求参加决算审计的中介机构尽早进驻被审计单位，在年度中间开展1—2次预审工作，提前发现并及时解决被审计单位存在的重大问题，减轻年末审计压力。

从审计咨询中介机构备选库中选聘的11家中介机构较好地完成了2010年度财务决算审计，能够较为客观真实地出具审计报告，向集团公司提供的管理建议书能够反映企业财务管理中存在的一些问题。

（魏凤梅 姜 松）

股份公司依托财务报告系统独立编制公司2010年度国际财务报告准则、中国企业会计准则财务报告，财务信息真实、完整，公司年度财务报告连续第十一年由普华会计师事务所出具无保留意见。

（穆秀萍 王开升）

对2010年度决算和审计工作贯彻执行“三个三分之一”的决算审核方案，推广网上决算审核平台，进一步明确安全生产费用、员工薪酬、资产转资、税费处理、关联交易、内部交易等业务处理原则。在近二十天时间内，组织总部12个业务部门，完成了对114家地区公司2010年度财务决算的审核工作，组织10家地区公司进行了决算工作汇报，形成10期决算汇报纪要，审核期间出具19期审核通报，及时客观反映各家决算中存在的问题，通过决算工作有效地促进地区公司财务管理水平的提升。完成了包括股份公司中国准则合并报表、中国准则母公司报表、国际准则合并报表、国际准则母公司报表和集团公司报表等5套报表。

（吴立群 荆宝森）

【资本市场信息披露】 按时编制完成2010年度各期对外披露业绩公告，高质量完成资本市场定期报告的披露工作，得到了资本市场的高度认可。在英国《投资者关系杂志》2010年度大中华区最佳投资者关系调查评选中，中国石油获得九项最佳提名，其中包括最佳年报（中国）提名和最佳治理及披露（中国）提名。认真准备各期路演数据本、路演推介材料、路演问题解答等路演资料，科学组织和参与各期资本市场路演，树立了中国石油在资本市场的良好形象，赢得了资本市场的信任和信心，提升了中国石油价值。

积极开展可比公司跟踪研究，列示可比公司生产经营和财务管理重大信息，与中国石油进行了全面对比分析，在发展战略、资本运作、成本控制、国际化发展、新能源等方面提出建设性建议，为中国石油科学决策提供翔实依据和有力支持，收到良好的效果。密切关注资本市场重大事件，编制十余期《资本市场动态》，分析报告资本市场重大事件、资本市场对中国石油反应、相关公司重要资本市场信息、相关政府政策或监管规定等，及时为领导提供有效的参考信息和决策支持。

积极开展可扩展商业报告语言（XBRL）项目。成立以财务部牵头，董事会秘书局、法律部、内控部等有关人员参加的项目组，制定详细的项目实施方案和计划安排，召开项目启动会，组织项目培训，有序开展2个准则XBRL扩展分类标准、实例文档的初步报送准备工作。

2010年8月，由于业务调整，股份公司年度报告及20-F表格年报编制等法定信息披露工作由以前董事会秘书局负责改为财务部牵头组织编制。此后，财务部对信息披露工作内容、过去做法、细节要求、改进措施和工作流程做了认真梳理和总结，为今后加速度高质量完成信息披露工作做好准备。

（穆秀萍　王开升）

【内部财务稽查】 结合全面实施基础管理建设工程要求，在全集团公司范围内开展财务会计基础工作专项稽查工作。采取企业自查和检查抽查相结合的方式进行专项稽查。检查工作主要内容包括：会计机构设置及会计人员配备、会计核算的规范性、财务资产主要业务的内部会计控制、财务稽核与监督、财务管理信息系统的使用和境外业务财务管理等方面的基础工作、相关制度执行情况。同时，按照集团公司监督部门联席工作会议精神，多部门共同配合，充分发挥监督部门整体合力。自查反映出财务会计基础工作中的一些问题，通过对薄弱环节和瓶颈因素深入剖析，持续改进、稳步提高，完善财务会计基础工作。

（姜　松）

加强财务监管，堵塞管理漏洞，在全股份公司范围内开展资金安全专项检查，历时2个月。重点为销售企业加油站资金管理，对公司所属加油站的覆盖面达到了100%，旨在“清死角、扫盲点、治麻痹”，对增强资金风险意识、保证公司资产安全起到了重要的促进作用。

严肃财经纪律，建立长效机制，开展“小金库”专项治理工作。在集团公司统一部署下，股份公司制订实施方案，进行动员部署，利用信息化手段，有序组织自查，建立上下协同的工作机制，“小金库”专项治理工作取得了较好效果。本次专项治理涵盖股份公司合并报表单位114家，自查覆盖率100%，并选择重点单位和环节对23家二级单位进行重点抽查，占所属企业单位总数的20%。

（朱吉好　朱昕梅）

【监事会监督检查】 组织开展企业年度工作报告编报工作。根据集团公司实际情况，与驻企业监事会办事处多次沟通，保证上报的总报告内容翔实、数据准确、格式规范，确保集团公司企业年度工作报告如实反映公司2010年整体经营情况。

协调配合并陪同监事会成员参加集团公司相关工作会议。配合监事会收集整理2000—2009年集团公司经营管理方面数据，组织提供近年来国内和海外油气成本相关分析资料。

协调配合开展对油气田企业的现场检查和调研工作。陪同监事会成员赴华北油田煤层气分公司、大港油田、冀东油田、玉门油田、新疆油田、济柴动力总厂、宝鸡石油钢管、宝鸡石油机械等单位的现场检查工作。

（吕　敏）

【年金管理】 2010年，年金基金总体运行平稳，收益稳健。成立年金投资管理委员会，对年金投资实施专业化管理；持续开展管理机构现场调研，对现有7家投资管理人投资管理能力和投资绩效进行综合评价，编制年金基金风险管理状况报告，落实年金基金重大风险预警制度，不断强化年金基金风险控制和日常监督；筹备新受托期投资管理人选择工作，通过专家评议方式产生易方达基金管理有限公司、中信证券股份有限公司、中国人保资产管理股份有限公司、泰康资产管理有限责任公司、富国基金管理有限公司、广发基金管理有限公司6家新投资管理人，并签订新一期年金管理合同，投资管理人增加到13家。截至2010年12月31日，累计归集142户企业共计年金缴费338.19亿元；累计待遇支付48072人，金额4.21亿元；累计运营本金297.55亿元；累计投资收益43.86亿元，其中本年投资收益9.54亿元。

（张金卉　高小健）

【应收账款清收】（1）完成2010年清欠任务。通过加强日常欠款监督，实现新欠有效控制、陈欠持续下降。2010年底，集团公司在途应收账款余额769.8亿元，折合周转天数12.3天，低于15天的考核指标；股份公司在途应收账款余额447.2亿元，折合周转天数9.2天，低于10天的考核指标。

（张婷婷　杨　敏）

（2）继续推进客户信息系统建设。资金管理平台客户模块已基本建成，实现对客户往来的发生金额、欠款内容、逾期情况、清收成果、清欠计划等内容进行分析的功能。

（杜亚怀）

（3）完成客户清理工作。组织协调地区公司对18万条重复的客户编码进行调账，完成了股份公司与未上市企业财务客户库的整合，建成了集团公司集中、统一的客户信息数据库。

（钱志强）

（4）在政策范围内采取联合清欠、打包转让、坏账核销、单方挂账清理、内部欠款清理等多种方式，清收和处理一批回收困难或无法处理的欠款近35亿元。

（洪海军　杨　敏）

（5）组织清欠业务培训。先后在西安和广州举办清欠政策及客户信息管理业务培训班，累计培训上市及未上市企业清欠人员（含关联交易业务人员）200余人次，提高清欠队伍整体综合素质和业务水平。

（洪海军　钱志强）

【资产评估管理】　2010年，集团公司进一步完善资产评估制度，加强业务培训，严格资产评估备案管理，防范评估风险。完成资产评估项目备案201项，账面资产总额3886.02亿元，负债3300.47亿元，净资产585.55亿元；评估后净资产848.19亿元，净资产评估增值262.64亿元，增值率44.85%。

（1）按产权性质类型分：国有资产评估项目160项，净资产评估增值258.73亿元，增值率44.94%；接受非国有资产评估项目41项，净资产评估增值3.91亿元，增值率39.90%。

（2）按经济行为分：以非货币资产对外投资31项，净资产评估增值3.31亿元，增值率7.43%；非上市公司国有股东股权比例变动4项，净资产评估增值6.89亿元，增值率4.59%；产权转让64项，净资产评估增值34.24亿元，增值率20.29%；资产转让、置换60项，净资产评估增值214.19亿元，增值率101.24%；收购非国有单位资产10项，净资产评估减值0.04亿元，减值率2.85%；接受非国有单位以非货币资产出资2项，净资产评估增值0.16亿元，增值率37.39%；其他类（主要为收购非国有单位股权）30项，净资产评估增值3.89亿元，增值率43.71%。

（郝广民　向　玉）

【资产管理】　完善资产信息化管理。加强固定资产信息系统建设，实现集团公司固定资产的统一管理、规范管理和流程管理；深化不良资产信息管理平台建设和应用，建立不良资产报表月报制度，并在集团公司网站设立不良资产调剂专栏；推进行政事业单位资产管理信息化工作，实现北京石油管理干部学院、广州石油培训中心、中国石油学会3家单位上线财政部“行政事业单位资产管理信息系统”。

强化不良资产管理。一是规范不良资产处置行为，上收企业固定资产处置权限，全年批复企业上报不良固定资产处置申请15项，涉及资产原值6.2亿元，净值3.1亿元。积极发挥中油资产管理公司作用，鼓励其参与集团公司不良资产处置，完成大庆石化债权、大庆石化房产、集团公司委托的9项金融股权的处置工作。二是办理资产减值准备财务核销备案，当年计提资产减值准备发生事实损失核销的所属企业37户，符合集团公司核销备案标准的企业22户。三是推进闲置资产调剂，全年批复企业闲置资产调剂申请10项，涉及资产净值1.4亿元。

加强资产全面动态管理。全年实施集团内部资产无偿划转41项，资产净值78.5亿元，协调援建田东3套炼油装置产权划转、漠大线伴行路和电网划转、辽阳石化与地方政府的资产划转等外部划转；启动海外资产管理工作，探讨境外资产管理模式；研究品牌标识等无形资产管理，起草相关管理办法。

（郝广民　唐　薇　周　晶　李　海）

股份公司积极组织资产调剂与调拨。2010年共开展28项资产调剂与划拨业务，划转资产总额约330.52亿元、净资产约135.66亿元。加强资产报废、处置审查力度，对于重大报废及处置资产借助中介机构力量进行现场核实、评估，严把报废、处置审查关。2010年完成95份资产报废申请的审查和批复工作，涉及资产原值约60.87亿元，净值约28.81亿元，减值准备约7.62亿元。2010年，股份公司进一步加强资产评估及备案管理，研究起草资产评估管理办法，认真审核、严格把关地区公司上报资产评估报告，全年共计审核资产评估报告30余份，处理资产评估备案项目13项。

2010年组织实施共计十余个资产重组收购项目，涉及总资产约21.22亿元，净资产约15.9亿元。积极推进格尔木300兆瓦级燃气电站资产收购和东北炼化工程有限公司资产重组。协助集团公司完成股份公司酒店、旅游资产的调查工作。

（郭喜江　刘明成）

【重组整合资产工作】　集团公司资产重组工作持续推进。2010年完成的资产重组项目包括：股份公司管道分公司收购中俄合作项目部所属中俄原油管道中俄边境至漠河首站段资产；股份公司昆仑燃气公司收购大庆石油管理局持有的中庆燃气公司100%股权；股份公司昆仑燃气公司收购吉化集团公司燃气业务资产；中油香港收购管道局持有的中油中泰公司49%股权；大港油田所属工程建设公司业务整体划入管道局；海洋工程公司所属七建公司、中国石油集团工程设计公司大连分公司整体划入中国石油工程建设公司；兰州石化所属兰州石油化工工程公司、独山子石化所属方辰石化工程公司、中国石油集团工程设计公司所属抚顺分公司3家单位整体划入寰球工程公司；纺织工业设计院资产、负债划入中国昆仑工程公司；大庆石化所属工程有限公司、中国石油集团工程设计公司辽阳分公司整体划入中国昆仑工程公司；新疆油田勘察设计院、新疆石油工程建设有限责任公司整体划入中国石油集团工程设计公司；将辽河石油勘探局等6家企业勘探设计、工程技术等业务整合进入股份公司；华北油田公司收购华北石油管理局5个井下作业维修队、5个工程建设维修队和5个物资采购供应站业务；乌石化总厂设计院划转中国石油工程建设公司；石油报社涿州基地矿区业务划入东方物探；大港油田公司收购大港油田集团有限责任公司风险作业服务后续资产；辽河油田公司收购辽河石油勘探局风险作业服务后续资产；兰州石化机械厂资产划转渤海石油装备制造有限公司；兰州石化持有的兰州长城透平机械技术开发成套公司50%股权重组进入渤海石油装备制造有限公司；股份公司对中油财务公司的持股比例从7.5%增加至49%；销售公司收购外部加油站项目26个；所属相关单位清理法人实体37个。

（郝广民　周　晶　李　海）

【土地管理】 紧密围绕“管理规范、宗地明晰、使用有效、行为依法”的工作目标，扎实开展土地管理工作。全面启动土地政策研究工作，《石油天然气设施用地政策》课题研究取得阶段性成果。推进解决8家油气田企业2000年以来钻井及配套设施建设遗留用地问题，该项工作被直属机关评为2009—2010年度“履行职能优秀项目奖”。加强企业新增建设用地审批管理，规范企业用地行为。严格处置企业土地，提高土地使用效益，办理土地处置项目15个，涉及土地36宗、12233亩。做好土地权属清理与保护，通过向国土资源部以及地方政府部门积极汇报沟通，妥善解决大庆油田部分土地权属纠纷行政复议问题。通过加强管理和推广运用新工艺技术，节约集约用地，全年节约用地1.5万亩。夯实基础工作，开发建设土地管理信息系统，组织两期土地管理培训班，210人参加培训；结合国家土地政策变化，编写4期《土地政情分析报告》。

（李　丽）

【财税政策】（1）企业办社会支出税前扣除政策。经过积极争取，财政部、国家税务总局下发《关于石油石化企业办社会支出有关企业所得税政策的通知》（财税〔2010〕93号），明确企业办社会支出税前列支政策自2009年1月1日延续至2013年12月31日。该政策将有效降低企业所得税支出，减轻企业办社会负担，为维护集团公司矿区稳定发挥重要作用。

（2）信托增值税抵扣政策。国家税务总局发布《关于项目运营方利用信托资金融资过程中增值税进项税额抵扣问题的公告》（2010年第8号公告），明确项目运营方在项目建设期内，取得的增值税专用发票和其他抵扣凭证，允许按现行增值税有关规定予以抵扣。该政策妥善解决了集团公司信托项目的增值税抵扣问题，为利用信托平台支持重点工程建设提供了政策保障。

（3）融资租赁业务增值税抵扣政策。经努力争取，国家税务总局发布《关于融资性售后回租业务中承租方出售资产行为有关税收问题的公告》（2010年第13号公告），明确融资性售后回租业务出售资产不征增值税和营业税，递延征收所得税，解决金融租赁业务面临的增值税进项税无法抵扣的问题，有效降低金融租赁业务的税收负担。

（4）炼厂自用油免征消费税政策。向国家汇报成品油价税费改革对石油行业的影响，国务院批复同意对油气田企业生产自用油退还消费税，对炼化企业生产自用油免征消费税。2010年11月，财政部、国家税务总局下发《关于对成品油生产企业生产自用油免征消费税的通知》（财税〔2010〕98号），明确自2009年开始，成品油生产企业在生产成品油过程中用作燃料、动力及原料消耗掉的自产成品油，免征消费税。

（5）低丰度油气田减征资源税政策。2010年6月，国家在新疆试行资源税改革，2010年12月，改革又在西部进一步推开。经积极争取，在资源税改革方案和征管办法中明确稠油、高凝油、高含硫天然气、三次采油和低丰度油气田的减征政策，并将低丰度油气田优惠比例核定权放在中央，减少执行中的税企争议。

（6）克拉玛依石化分公司变压器用油免征消费税政策。经积极争取，国家税务总局发布《关于绝缘油类产品不征收消费税问题的公告》（2010年第12号公告），明确变压器油、导热油等绝缘油类产品不征收消费税，减轻了石化企业的消费税负担。

（7）钻机增值税抵扣政策。经与国家税务总局研究，国家税务总局下发《关于辽河石油勘探局购进钻机辅助设备允许抵扣进项税额问题的通知》（国税函〔2010〕439号），明确辽河石油勘探局购进的钻机配套设备均可抵扣进项税，妥善解决辽河税收稽查问题，降低企业的税收风险。

（8）特定地区进口物资免税政策。落实了 2010 年陆上特定地区和海洋石油勘探开发项目进口物资免税额度 1.48 亿美元，“十一五”共取得进口物资额度 10 亿美元，免征关税和进口环节增值税 12 亿元人民币，有力地支持了国家重大能源项目的开发建设。

（9）煤层气专项补贴政策。财政部给予对集团公司所属中石油煤层气有限责任公司、中国石油集团长城钻探工程有限公司和中国石油天然气股份有限公司山西煤层气勘探开发分公司 3 户企业的煤层气专项补贴，金额共计 1735 万元。

（何　焰　王集杰　朱培培）

在新疆资源税改革试点的基础上，财政部、国家税务总局于 2010 年 11 月 24 日下发《西部地区原油天然气资源税改革若干问题的规定的通知》（财税〔2010〕112 号），明确自 2010 年 12 月 1 日起，在西部地区实施原油、天然气资源税改革，由从量计征改为从价计征，税率为 5%。

财政部、国家税务总局印发了《财政部 国家税务总局关于对成品油生产企业生产自用油免征消费税的通知》，规定从 2009 年 1 月 1 日起，对成品油生产企业在生产成品油过程中，作为燃料、动力及原料消耗掉的自产成品油，免征消费税。

国家税务总局印发《国家税务总局关于中国石油天然气股份有限公司、中国石油化工股份有限公司企业所得税征管问题的通知》（国税函〔2010〕623 号），对股份公司企业所得税缴纳政策进行了调整，主要内容如下：大庆油田有限责任公司等具有法人资格的子公司向所在地主管税务机关申报及缴纳企业所得税，子公司下设的不具有法人资格的分支机构，由该子公司汇总申报并计算缴纳企业所得税，不就地预缴；不具有法人资格的二级分支机构所得税申报方式及就地预缴比例维持不变，三级以下分支机构不就地申报、预缴企业所得税。

【价格政策】 国家发改委决定自 2010 年 4 月 25 日起调整天然气管输价格，公司执行国家统一运价率的天然气管输价格，提价幅度为 133%。国家发改委发文允许国产陆上天然气出厂基准价上浮 10%。此外，积极争取成品油价格按机制运行，并争取国家调整航空汽油价格，有力地支持了炼化业务增收增效。

（杨会杰　王和松）

【石油商业储备】 2010 年国家石油商业储备适时调整，加快推进，充分发挥中国石油一体化优势，调动一切可利用资源，圆满完成了“十一五”国家石油商业储备任务，为“十二五”储备工作打下坚实基础。

（1）圆满完成“十一五”商业储备任务。一是全部储备设施按期建成完工。二是应对各种突发情况及时调整收储计划，收储能力可提供集团公司 22 天加工量，提高国家能源安全保障程度。三是实现了中央财政政策目标及集团公司整体效益的有机结合。

（2）商业储备效益与实力同步显现。商业储备已成为保障生产和市场供应的有效手段，年初为西部重点炼化项目投运提供资源支持、保障生产平稳运行，年中为大连地区炼化企业提供应急资源，确保生产正常运行和市场平稳供应。

（3）积极争取商业储备“十二五”天然气储备支持政策。为建立资源多元、调度灵活、运行高效、安全平稳的供应保障体系提供重要支持，是健全国家能源安全保障体系的战略举措。

（房树旺　张东波）

【保险及油品衍生品业务管理】 稳步推进商业保险集中管理，在上市企业进行保险集中管理基础上，将未上市企业一并纳入保险集中管理，使集中管理的地区公司达到 157 家。投保方案进一步覆盖高风险业务，井喷控制费用及钻井设备保险纳入完全统保。安保基金炼化巨灾险的基本投保方案及相关费率水平大体确定。明确对海外项目采取审批与备案相结合的管理模式，对中亚管道、伊拉克哈法亚和艾哈代布等重点项目完成了审批程序。

随着公司投资力度不断加大，完成吉林石化公司产品质量升级和炼油结构调整工程、宁夏石化炼油改扩建工程、大庆炼化聚丙烯二期工程等炼化项目及中俄原油管道漠河—大庆段、惠安堡—银川原油管道等管道工程项目保险招标及保险安排工作。经过集中管理，保险费得到有效降低，风险保障程度得到有效提高，理赔服务水平大幅度提升，惜赔拒赔情况大大降低，保险开始向风险管理延伸，对公司保险产业的发展提供有力支持。

印发《中国石油天然气集团公司油品衍生品管理办法》和《中国石油天然气股份有限公司油品衍生品管理办法》，办法的主要特点：一是整体框架充分体现了专业委员会关于金融衍生产品总部管理制度、授权、检查和信息等集中管理思想；二是规范对象更为具体，限定在油品衍生产品，套期保值原则更为突出，投机定义更为严格明晰；三是管理机构和职责更为明确；四是实行油品衍生产品准入管理和限额管理；五是建立专业报告体系和定期自检制度；六是明确进行投机交易等违反规定惩罚性条款，提高办法可执行性。

（张百祥　金莉莉）

【综合授信管理】　发挥集团公司整体优势，积极拓宽融资渠道。2010 年集团公司与 11 家中资银行签署综合授信额度 6189 亿元，与 17 家外资银行签署授信备忘录 1100 亿元。在集团公司统一授信、统一担保的前提下，集中谈判银行授信业务价格，充分享受优惠费率，大幅降低财务费用，其中中资银行授信业务价格比市场价低 50%，减少保证金占用 560 亿元。在实现对授信额度统一调度的同时，高效为企业办理保函、信用证等授信业务担保及母公司履约担保、融资担保等，本年累计办理授信业务涉及金额 3727 亿元，未发生一笔违约事项，满足企业生产经营需求。

强化授信业务台账信息登记与维护，推动银企对账机制，实行授信业务月报制度，动态跟踪业务执行情况。通过严格执行审批流程、规范业务条款、敦促企业及时解除担保责任等措施，实现对授信业务的有效管理。

定期召开综合授信业务银企交流会，搭建银企交流平台。推广贸易融资及供应链管理等先进授信业务，为集团公司主业发展提供低成本、高效益结算手段。支持金融板块国内外业务发展，帮助其开展多样化高附加值的国际结算业务，拓宽资金来源渠道，进一步控制资金成本。

（孙庆华　石　妍）

【机关财务管理】　坚持优质“窗口服务”理念，持续推进精细化核算预算机制，创新工作思路，压缩控制费用支出，完善全流程电子化财务报销服务模式，逐步实现集团公司各企事业单位业务报销、财务审核和资金收付工作无缝业务衔接。

2010 年 5 月印发《关于总部机关差旅订购折扣机票的通知》，全年节约差旅费用支出约 206.3 万元。

2010 年度，积极压缩出国经费，全年累计派出团组 8971 批，同比增加 21.9%，累计派出人员 4.62 万人次，同比增加 6.8%，国际会议、经济贸易、考察访问、培训留学、境外项目五类出国费用同比降低 20.9%。

集中组织三期系统培训班，共完成 29 家企事业单位、291 家二级单位以及 174 家三级单位的推广培训工作，培训系统用户 303 人。截至 2010 年 12 月 31 日，单据累计提交量 669.04 万张，单据累计完成量 656.74 万张，单据日平均提交量 2.43 万张。2010 年财务网上报销系统荣获信息化成果奖。

（赵嘉辉）

【制度建设】（1）合并《中国石油天然气集团公司境外资金管理实施细则（暂行）》等 6 项制度；废止《关于加强集团公司境外敏感地区资金结算有关事项的通知》等 8 项具有时效性和已过期的制度；修改《中国石油天然气集团公司境外资金管理办法（暂行）》；新增《境外资金管理规范》等 7 项新制度，并按照基础管理建设工程规范和总体进度要求，制定境外资金管理处基础管理建设推进目标和计划。

（乔　宁　刘　远）

（2）对集团公司会计手册做出补充和完善，形成《中国石油天然气集团公司会计手册（2010）》。配合集团公司发展步调，深入研究金融业务现状，不断完善《中国石油天然气集团公司会计手册——金融分册》。

（王　华　顾先英　姜　艳）

（3）组织修订《中国石油天然气集团公司财务中介机构聘用管理办法》（中油财〔2011〕156 号）。本办法适用于整个集团公司，对进一步规范集团公司财务中介机构聘用管理行为，提高会计信息质量和财务中介机构服务水平起到积极作用。

（王海丽）

（4）制定下发《中国石油天然气集团公司资产评估管理办法实施细则》。制定《中国石油天然气集团公司品牌标识有偿使用财务管理办法》提交品牌管理委员会审议；对集团公司境外资产管理的经验和存在的问题进行研究讨论，起草集团公司境外资产管理指导意见，计划 2011 年完善后下发。

（郝广民　唐　薇）

（5）为发挥整体优势，加强对外税收统筹协调，建立境内与境外、上市与未上市企业的全球税收区域协调机制。国内按机构所在省级行政区域，成立 35 个税收区域协调小组，境外按业务分布国家成立 7 个税收区域协调小组。

（何　焰　王集杰　朱培培）

（6）制定并下发《中国石油天然气集团公司因公出国（境）财务管理暂行办法》，进一步加强和规范集团公司因公出国（境）团组财务管理，明确出国（境）业务流程和职责。在出国财务管理方面，有效落实规范化、程序化、标准化的管理要求。

2010 年 11 月发布《关于印发财务报销业务操作规范和流程指南的通知》，有效提高财务报销工作人员的工作质量，为加强财务基础工作提供具体操作依据。

（张　鹏）

（7）完成《中国石油天然气股份有限公司会计手册》修订工作。基于企业会计准则解释第4号、财政税收等政策的变化，结合公司燃气业务、合同能源等新业务实际情况，组织部分地区公司业务骨干更新补充和完善会计手册。修订主要包括会计政策、会计科目及使用说明和主要业务会计核算等内容，相关修订内容已于2010年12月28日正式发布。

（胡建忠　杨晓红）

（8）制定完成和持续完善《中国石油商业保险管理操作手册》，综合考虑公司相关部门职能定位及相关制度规定，做到有效衔接，明确公司保险管理政策、策略和目标等主要内容，规范和细化职责及具体操作流程，使手册更具有指导性。

（张百祥　金莉莉）

（9）根据集团公司关于加强基础性管理工程建设的总体要求，按照财务“统一制度”专项工作部署，组织财务部各业务单元修订现有制度并下发地区公司征求意见，年内完成制度梳理和调研阶段工作。

（刘团结　李　森）

【财会队伍建设】（1）开展业务培训活动。组织国际财务管理培训班，30名人员完成了在美国休斯敦大学为期半年的国外阶段培训。结合集团公司2010年培训计划，总部层面组织举办21期次专业业务培训，1600余名业务骨干参加学习。按照建设学习型、国际化财会队伍的要求，下发《关于在财务系统组织开展外语学习达标活动的通知》，组织成员企业启动外语学习活动。举办以“加强职业道德建设，提高国际化业务素质”为主题的集团公司首届财务系统英语演讲比赛，共有来自74家单位、181名选手参加预选赛，12名选手进入最后的总决赛。

（2）组织推进中国总会计师协会石油分会和中国会计学会石油分会各项工作。开展《新形势下进一步完善总会计师制度问题研究》课题，研究探讨我国石油石化企业总会计师管理模式和制度实施方案，为国家相关部门修订总会计师法律法规提供参考；组织优秀论文评选活动，共征集论文136篇；举办“资金集中管理与风险管控论坛”，100余会员代表参加；举办“经济形势发展与财税政策改革”培训班，80余名会员参加培训学习，培训层面高、知识新、效果好。

（万　钧　陈　奕）

根据党中央、集团公司党组和集团公司直属机关党委关于开展创先争优活动的精神和部署，在财务部党支部范围内精心组织开展一系列以“创先争优创建学习型党组织”为主旨的活动，扎实完成各阶段争创任务。同时，健全财务部共青团、工会组织，充实人员力量，定期组织开展活动，进一步提高财务部党支部、共青团和工会的凝聚力与战斗力。

进一步完善财务部督办工作制度，依托财务部辅助信息管理系统建立督办工作平台，规范工作流程，深化运行管理，将日常督查与重点督查相结合，推动重点工作部署的落实，有效提升执行力。

在集团公司组织下，派财务部人员到美国、俄罗斯进行学习，派遣财务部业务骨干到中亚天然气管道公司和南美公司学习和工作，为集团公司海外发展储备可用人才。组织完成资金管理平台、地区公司业绩报告、保险管理业务等多期培训班，有力保障相关业务顺利开展。更新完善财务部人员信息，确保信息准确性和时效性，在此基础上，考察个人学习工作经历和业务能力，进行客观综合评价，为业务需要和个人发展做好准备。充分发挥财务专家的智囊作用，积极邀请财务专家参与财务工作重要规划和决策。

积极开展财务论坛征文活动，刊登总部及地区公司投稿168篇，并制定财务论坛年度优秀论文评选方案，对优秀论文、优秀组织单位、优秀通讯员进行表彰。在财务部网站开通“总部财务部门动态”和“基层动态”专栏，报道总部及地区公司工作，得到有关方面积极响应和踊跃投稿，加强了总部各处室及地区公司间的信息沟通。

（刘团结　李　森）

人事管理

【概述】 2010年，集团公司人事工作认真落实党组的总体部署，围绕建设综合性国际能源公司目标和企业改革发展稳定工作大局，在统筹抓好领导班子和人才队伍建设等各项工作的同时，狠抓“三控制一规范”工作任务落实，着力在政策引导、数字说话和系统掌控上下工夫，为增强集团公司管控能力、促进发展方式转变发挥积极作用。

【领导班子建设】 认真贯彻落实《中央企业领导人员管理暂行规定》、《中央企业领导班子和领导人员综合业绩考核评价办法》和干部选拔任用四项监督办法，进一步推进干部工作中的民主，推进干部工作科学化和规范化。组织修订集团公司《企业领导人员管理暂行办法》，研究制定《企业领导班子和领导人员综合考核评价办法》和《实行领导人员问责的实施办法》，加强对选人用人工作的监督检查，纠正查处选拔任用工作中的问题，维护干部工作的严肃性。先后举办两期党政主要领导培训班和一期中青年干部培训班，增强领导干部科学发展意识和领导管理能力。异企交流地区公司班子成员50人，改善领导班子的年龄、知识和专业结构。

【人才队伍建设】 组织编制集团公司“十二五”人力资源规划、人才规划和培训规划，明确“十二五”的目标任务和保障措施。制定下发集团公司《海外高层次人才引进工作管理暂行规定》，已有10人列入国家“千人计划”。组织开展高级技术专家增补选聘工作，新增补高级技术专家190余人。着眼国际化人才培养，先后举办阿拉伯语、西班牙语、波斯语培训班，培训小语种人才124人，选派190名业务骨干赴美国、俄罗斯等国家留学进修和专业培训。组织召开海外项目对口支持工作会议，向海外项目输送业务骨干300余人，700余名炼化装置运行操作人员整装待发，有力支持海外业务发展。

【劳动组织管理】 按照集约化、专业化、一体化整体协调发展的总体要求，持续推进企业内部业务整合和专业化重组，促进集团公司整体优势的发挥。整合辽河、新疆等部分油气田未上市业务，纳入相应的上市公司管理，降低关联交易成本。持续推进装备制造、运输、液化气销售等业务的专业化重组，优化资源和市场配置，提高产业集中度。积极探索海外油气项目运营管理新模式，充分发挥集团公司综合一体化和供应链完善的优势，确保集团公司整体利益最大化。设立休斯敦技术研究中心，吸收更多国际人才参与基础研究和关键技术研究，进一步提升集团公司科技研发和创新能力。按照“精干高效、异地监督、垂直管理、联合监督”的原则，按区域成立3个纪检监察中心，强化上级监督和异体监督职能，探索建立纪检监察与审计、内控等部门联合履职的区域性管控模式。引导企业采取多种方式推进内部业务整合，调整完善产业结构，做精做强主营业务，增强企业核心竞争力。

【劳动用工管理】 研究制定集团公司《一线艰苦岗位员工退出指导办法》和《境外用工管理办法（试行）》，修订《用工总量管理暂行办法》，研究提出促进矿区待业子女社会就业的指导意见。坚持从严从紧的原则，强化用工计划管理，优化存量、控制增量，从未上市企业调剂1.2万人到上市企业，进一步优化人力资源配置。用工总量与2009年基本持平，人均营业收入、人均利税和全员劳动生产率等指标均比2009年有较大幅度增长。

【员工绩效考核】 研究制定集团公司《EVA考核办法》和《关于加强全员绩效考核工作的指导意见》，对绩效计划制定、合同签订、跟踪监控、考核评价、反馈面谈、奖惩兑现和绩效改进等程序进行规范，指导各单位构建规范统一、上下衔接、覆盖总裁班子、高中级管理人员、操作服务人员等4个层次的绩效考核体系。结合集团公司“十一五”发展计划和2010年110项重点工作任务，健全12个业务类别的年度绩效考核指标体系，并增设EVA、全员绩效考核和客户管理等指标，使指标体系更加科学完善。组织制定、签订总裁班子、机关部门和企事业单位主要领导2010年度绩效合同210份，对150家骨干企业绩效指标完成情况进行季度跟踪监控，完成总裁班子、高级管理人员2009年度绩效考核工作。

【薪酬保险管理】 建立人工成本统计分析制度，实行按月统计、按季分析、按年考核，首次完成实行人工成本计划管理后的决算审核和2010年各季度的人工成本分析。下发《关于开展人力资源管理量化分析工作的实施意见》，设置通用类和专业类两大类共47项指标，对5个主要业务板块数据进行分类整理、排名及典型企业对比分析，促进企业精细化管理水平的提高。按照党组要求，适时对基本工资制度进行调整完善，提高基本工资标准，优化员工收入结构，更好地调控和理顺分配关系。组织企业清理规范工资内津补贴工作，制定并印发规范津补贴管理的实施办法。开展公司内部典型岗位收入分析，调控不同板块之间、不同地区之间、不同类型单位之间的收入关系，指导企业处理好各类人员之间的收入分配关系，"薪酬与业绩挂钩"、"收入凭贡献"的理念已传递到基层，薪酬的激励约束作用更加显现。修订集团公司《企业年金管理办法》和《过渡年金办法》，实行企业缴费计入职工个人账户额及其收益全部归职工所有，员工养老待遇水平稳步提高。修订集团公司《企业补充医疗保险管理办法》，实现人员范围全覆盖，减轻各类人员的医疗费用负担。

（人事部）

资本运营

【概述】 2010年，资本运营工作紧紧围绕集团公司战略目标，拓展和发挥资本运营的职能作用，超前谋划、精心组织，各项业务逐步走向成熟和完善，促进了集团公司整体价值提升。抓住有利时机，积极稳妥推进海外收购兼并，取得重要成果。发挥资本市场功能，优化公司资本结构，合理配置资源。不断加强股权投资决策及行权管理，全面推行专职董监事制度，股权投资创效能力稳步增强，公司治理水平不断提高。大力推进专业化重组整合，有序启动共同持股公司整合及产权层级压缩，着力推进历史遗留项目处置，公司存量资源配置持续优化，管理效率进一步提高。

（孟庆岩）

【资本运营战略企划】 组织完成《金融业务"十二五"规划》初稿编制，为金融业务的深入开展奠定了良好基础。稳步推进各项专题研究工作，完成《关于加强集团公司技术引进和自主创新能力的建议》、《关于通过设立产业投资基金，利用中国石油市场，培育有潜力民间投资的建议》、《关于建立中国—中亚自由贸易区的建议》、《关于开展校园商意征集活动和工业旅游项目的建议》、《关于与中国外运长航战略合作有关问题的报告》、《关于开展大庆—科济米诺港原油管道研究的建议》6个报告，对集团公司如何提高技术创新能力、拓展融资渠道、有效拓展中国与中亚国家的能源合作、提高集团公司品牌影响力、中外运进行战略合作开辟长江黄金水道以及在中俄原油管道建成投产后开辟大庆—科济米诺港等问题进行深入研究，并提出有价值的建议。

（丁 泉）

【资本市场融资整合】 密切跟踪资本市场变化，积极推进股份公司再融资和集团公司所属上市公司整合。2010年，虽然市场环境和监管环境复杂多变，中国石油自身在环保、公司治理等方面难以完全满足再融资监管要求，为推进股本融资相关工作，积极与监管机构沟通协调，努力改善融资环境。同时，超前开展集团公司所属控股上市公司重组整合研究工作。为兑现重组承诺，积极推进中油化建重组退市完成后的资产重组与整合工作，协调有关各方解决了中油化建历史遗留的债权债务问题；与中国石油天然气管道局共同探索研究，采取破产重整方式对石油龙昌实施进一步重组，创造股权流转条件，盘活存量低效资产。此外，为有效维护中国石油及昆仑能源股价稳定，提振市场信心，打造集团公司境外资本运作平台，按照总体部署，在对资本市场全面分析的前提下，对中国石油H股及昆仑能源实施了增减持操作，几年来累计实现收益14.58亿元，浮动盈利13.13亿元。

（徐朝莹）

【收购兼并】 紧紧围绕中国石油发展战略，积极开展国际并购活动。在2009年成功收购美国ION公司的基础上，实质性推进欧洲油气运营中心建设和澳大利亚LNGL公司19.9%股份的收购。2009年初，启动英国英力士集团位于法国和英国苏格兰2座炼厂50%股权的收购工作，交易金额10.15亿美元，预计2011年7月交割完成。这2座炼厂年加工能力共2100万吨，都为港口型炼厂，又靠近油品需求市场，地理位置优越，原油资源落实，物流设施健全。其中，英国炼厂加工的北海福布斯原油是布伦特基准原油的重要组成部分，2009 年全球原油以布伦特计价约占 53%，该收购将为中国石油获得国际原油市场的知情权和话语权创建有利的平台。并将增加中国石油原油及成品油贸易量 5400 万吨、销售收入 170 亿美元，为中国石油放大国际贸易乘数效果及发挥整体协同效应打下坚实基础。该项目是近年来中国企业在欧洲地区进行的规模较大的投资，影响较大，国家也给予有力支持。2011 年 1 月，双方签署了框架协议。本次收购对显著提高中国石油在欧美地区高端市场份额、在全球范围内优化资源和市场配置具有重要意义，将成为建设欧洲油气运营中心的重大突破。

澳大利亚 LNGL 公司拥有 LNG 领域的专有技术，且为单项成熟技术的集成化应用，环保效果较好。本项目是继成功收购美国 ION 公司之后，成功开展的又一次技术性公司收购项目，对迅速提升 LNG 技术研发水平、有效服务集团公司国内外 LNG 项目具有重要意义。

（曲海潮）

【股权投资】 围绕综合性国际能源公司建设和实施资源、市场、国际化三大战略，加强股权投资的源头控制，有力促进了集团公司产业链延伸和市场竞争力提升。

强化股权投资，弥补业务短板。发挥集团公司资源优势，推进了山东天然气管网、兰州燃气、东莞虎门港码头及油库股权收购等一批项目，促进成品油和天然气终端销售网络建设；发挥股权投资优势，支持主营业务引进先进技术，完成设计公司和英国莫特·麦克唐纳公司合资、兰化与日本富士电机系统株式会社合资等项目；服务海外油气发展战略，配合完成澳大利亚箭牌能源股权收购项目、“十月项目”等海外油气资源收购注资工作。

适度投资金融业务，促进产融结合。按照集团公司金融业务发展战略，成功组织实施中油财务有限责任公司增资、昆仑银行增资扩股、乐山夹江昆仑村镇银行和塔城村镇银行设立、北京石油交易所组建等一系列项目，金融板块资金实力和服务职能整体加强。

（戚振忠）

【股权管理】 以细化 2009 年财务决算审查和严格预算考核为切入点，通过全面清查集团公司各类法人，摸清底数，厘清出资及管理关系；持续推进股权系统建设，着力开发系统内部数据校验稽核和管控功能；强化未达要求股利分配事项的审核，调整丰富绩效考核指标等措施，管理基础工作进一步夯实，管控及行权能力进一步提升。股权管理系统和产权登记工作得到国务院国资委肯定，并向中央企业推广介绍经验。

细化 2009 年股权投资决算审核，进一步夯实股权管理基础。2009 年股权投资项目决算审核范围延伸至三级以下各级项目，实现对三级及以下有国有产权项目的进一步覆盖。通过精心组织、细化审核，落实分工、明确责任等措施，有效发现并纠正企业长期股权投资决算报表中的填录问题。通过深入开展决算分析，剖析存在问题，明确了 2010 年法人清理、法人清查、产权登记、系统提升等后续工作安排，促进了管理基础工作的进一步夯实。

严格股权投资绩效考核，大力完善绩效考核标准。2009 年股权投资绩效考核涉及 70 个单位、695 个股权投资项目。共兑现完成投资收益 20.32 亿元，对经排查落实的 5 家未完成考核单位，严格兑现了绩效考核结果。在此基础上，为使绩效考核全面覆盖股权业务，进一步完善了绩效考核标准，增设 4 类 7 项扣分指标，由单一的投资收益考核拓展至投资、处置、分红和行权等多项业务，引导企业全面重视股东行权各项工作，促进股权管理整体水平的提升。

全面清查集团公司各类法人，厘清产权及管理关系。为深入贯彻落实集团公司 2010 年“管理基础年”工作部署，摸清集团公司现有法人底数，厘清国有产权层级关系及管理关系，先后开展国有法人清查和非国有法人清查专项工作，并选择重点企业开展集体企业调研。通过逐级核查涉及长期股权投资账户的往来余额表及相关投资及工商原始资料，将集团公司境内外、各层级，全资、控股及参股企业纳入国有产权管理系统，共清查法人总数 2557 个。依据各企业上报情况，清查出各类非国有法人 995 个。通过法人专项清查，夯实了股权管理基础建设的根基。

严格落实股利分配要求，确保集团公司股东权益。严格贯彻集团公司股利分配政策，在系统梳理各单位历年度分红情况基础上，两次下发通知落实分红管理，并明确了分红事项审批程序，对未达分红要求的控参股企业逐家审核，反复沟通，帮助所投资企业强化股利分配意识，严肃落实各级投资主体的股利催缴责任，有效维护了集团公司股东收益权。

深入开展产权登记工作，努力提升产权管理水平。根据国务院国资委工作要求，组织完成集团公司 2009 年度产权登记年度检查和数据汇总工作；实时跟踪国务院国资委产权登记改革进展，积极沟通、严格把握监管政策。在确保产权登记日常审核质量的基础上，组织 2010 年度集中会审，完成境外产权个人代持清查。建议国务院国资委对因历史资料缺失等原因导致难以办理国有法人产权登记问题给予特殊政策，借助两次承办国务院国资委产权相关会议的契机，参与会议交流和汇报，国务院国资委对集团公司的观点给予初步认可，对产权管理的做法给予肯定和高度评价，并要求上报经验材料，报送中央和向其他中央企业推介。

持续推进股权系统建设，强化管理和工作平台作用。一是将股权管理系统分设为国有产权管理系统和非国有产权管理系统2个子系统，实行单独管理、分开运行。二是进一步实施系统建设，着力强化股权系统的管控能力，提升对股权管理全业务的支持作用，进一步夯实系统基础信息。集团公司股权管理系统对股权全流程管控的理念和多流程操作功能，得到国务院国资委产权局充分肯定，并受到兄弟企业好评。

有针对性地开展股权业务培训，促进规范行权。在开展企业股权管理业务培训的基础上，特别增加了对派驻股权企业董监事及经营管理人员的培训，宣贯集团公司有关要求，开展案例教学，组织集中研讨，强化对股权投资企业的规范行权管理。

（宗　雷）

【专职董监事业务】 继续加大全面落实专职董监事制度的工作力度，建立网上业务管理和分析平台，提高专职董监事的工作水平和工作效率。创新机制和方法，加大对投资公司的战略分析研究，在总部直管项目推行对标分析，提升科学管理水平。开展专职董监事在股权投资项目管控机制研究，逐步完善理论体系建设。通过网上业务培训和召开业务交流会，提升所属公司专职董监事的业务能力，有效发挥专职董监事的作用。

（张国臣）

【股权优化整合与处置】 在统筹做好股权投资源头规范的同时，积极协调，大力推进股权优化整合，妥善解决历史遗留项目处置，促进发展方式转变，防范法律和经营风险。几年来共清理处置3198个项目，其中2010年完成161个项目。将三级以下、共同持股、对外参股、非主营业务和低效无效等5类法人实体列为重点清理整合对象，明确清理损失3年考核剔除政策，有效调动了企业的积极性。组织完成50家单位清理法人实体方案的审查与批复，以及32项已停业股权项目的清理处置，消除了或有风险。

妥善处理涉及的稳定问题，促进中国石油和谐发展。积极协调宝鸡石油医院与宝鸡妇幼医院整合问题，解决了108名带资分流职工的稳定问题。积极处理中油测井公司长庆事业部员工集资问题、华北石化久久公司规范问题、新疆石油管理局三达公司和吉化集团农药厂稳定问题，有效控制和防范了稳定风险。

（莘成江）

法律工作

【概述】 2010年，集团公司法律工作立足集团公司中心任务和后危机时代防控法律风险的新要求，以综合性国际能源公司依法治企目标为导向，围绕加强基础、深化业务、创新机制，持续加强法律管理，积极推进依法治企，各项工作取得明显成效，保障和促进了集团公司健康发展。

【法律风险防范与控制】 深入分析法律环境变化，结合集团公司实际，积极向国家和地方立法机关反映制度诉求，对多项法律法规草案提出立法意见和建议。适应法律环境变化和集团公司发展要求，以岗位防控为重点，推进法律风险防控机制建设。以法律风险防控体系为基础，组织部分地区企业梳理岗位设置及职责，将法律风险源点、防控措施及法律规定逐一落实到具体岗位，编制形成法律风险岗位防控指引，并组织实施，进一步增强了法律风险防控实效。

【重大项目法律管理】 建立重大项目法律全过程参与制度，加强项目法律论证和把关，保障项目规范运作。总部法律部门共参与重大项目47个。对每个重大项目，总部和地区企业法律人员上下结合，在项目法律尽职调查、商业模式设计、合同谈判起草、权利义务安排和法律风险防控等方面发挥了重要作用，重大项目法律管理制度化、规范化水平和项目管理质量有了新提高。结合重大项目开展情况，积极防范资本市场法律风险，注重搜集和分析资本市场信息，采取积极措施，保障项目平稳运行。

【合同管理】 进一步完善合同相对集中管理体制，优化合同审查流程，提高了合同管理质量和运行效率。加强合同信息系统运行管理，全年共有35.3万份合同实现网上生成和网上审查审批，合同信息系统运行质量进一步提高，对规范经营行为的作用进一步强化。针对合同系统运行中的新需求和新问题，持续推进合同管理信息系统升级，不断优化完善合同信息系统功能。组织各地区企业建立合同信息定期分析制度，为企业经营管理提供重要数据和资料。部分地区企业深入分析事后合同原因，采取积极措施加强事后合同治理，减少了事后合同的发生。

【纠纷案件管理】 优化完善总部和地区企业密切配合、共同处理重大纠纷案件的机制，加大重大案件处理力度，运用法律手段解决大量疑难问题，有效维护了企业合法权益。根据总部要求，各地区企业严格落实纠纷案件申报制度，信息申报及时率、准确率进一步提高，确保了上下信息畅通。总部直接参与处理各类纠纷案件10余起，大部分已取得胜诉或有了新突破。组织各地区企业分析案件过错成因，研究发案规律与趋势，查找管理中存在的问题，制定实施针对性强的措施，堵塞管理漏洞。

【规章制度管理】 以集团公司实施基础管理建设工程为契机，进一步强化制度建设，规章制度整体管理水平有了新的提升。组织总部机关各部门、专业分公司以土地、境外用工、安全监督、环境保护等领域为重点，落实集团公司制度建设年度计划。完善规章制度形成机制和工作程序，加强法律部门与业务部门协调，加大规章制度研究论证和审查把关力度，不断提高制度质量。总部层面全年共制定修订公司规章制度57项，集团公司制度体系更趋完善，与综合性国际能源公司相适应的制度体系框架基本形成。组织地区企业开展制度清理评价和三年规划的制定，总结地区企业制度建设的经验和问题，进一步推动企业制度建设工作。

【权属、行政、劳动法律管理】 制定下发《集团公司企业工商登记管理办法》和《关于加强工商登记管理有关事项的通知》，为规范经营性机构的工商登记、产业定位和业务发展提供制度保障。结合企业改制和业务发展需要，组织16家独资公司制定或修订企业章程。组织部分地区企业研究论证经营范围变更等问题并提出解决方案。研究解决销售企业管理体制调整和工程技术、工程建设企业业务整合中的法律问题，促进了依法规范运作。组织清查和梳理集团公司已有商标，补办商标注册证24件，续展商标6件，配合行政机关查处盗用冒用公司商标的各类案件16起，维护了商标权益和公司形象。

【普法和企业依法治理】 在总结集团公司依法治企实践基础上，提炼出“法律至上、权责对等、遵守程序、诚实守信、公平公正和依法维权”6个现代企业法治理念，组织各地区企业广泛宣传和培训。加强管道保护法宣传培训，组织各地区企业开展“合法建设、守法运行、依法保护，全面提升管道保护管理水平”主题活动，为带头并影响全社会贯彻实施这部法律打下了基础。按照国务院国资委要求，认真开展“五五”普法总结验收工作，组织4个检查组对16家具有代表性的地区企业进行抽查。在《中国石油报》上开设专栏，集中报道集团公司普法依法治企先进典型，收到了较好效果。各地区企业结合管理实际，集中举办各类法律知识培训和讲座，利用报刊、网络主页、有线电视台等宣传媒体加强法律宣传，为推进依法治企营造了良好氛围。

（黄珍涛）

物资采购

【概述】 集团公司确立了“集中市场、集中资源、发挥规模优势、降低集团化运营成本、保证生产建设物资供应”的物资管理核心理念，形成了“集中采购、共同参与、分散操作”、“两级集中、三级采购”、“目录指引、授权操作”的物资采购运行模式。2010年，在制度建设方面出台《物资仓储管理办法》、《物资采购质量管理办法》、《代储代销指导意见》、《一级采购物资目录（2010）》、《进口物资物流服务采购管理办法》、《机电产品国际招标管理规范》、《集团公司一级物资供应商新增准入工作实施办法》和《集团公司物资供应商管理工作手册》等制度，集团公司物资采购管理规章制度体系基本覆盖物资管理各个方面，实现了履行职能的制度化、规范化、程序化，并组织机电产品进口、招标管理等业务培训，宣贯制度、讲解流程、分析案例。同时，开展了战略采购、集中储备、代储代销等工作，基本建立起一套科学、规范、先进的物资供应商管理体系，物资采购管理信息系统建设全面启动，招标工作稳健起步，物资采购管理全面受控、有序、扎实展开。

【电子采购业务】 2010年，集团公司实现电子采购424亿元。网上供应商总数为18756家，涉及60大类物资品种，产品目录62.8万条。其中，电子采购系统有一级物资供应商2135家，涉及26个大类、124个中类、627个小类、5272个品种，共59万条产品目录；电子市场系统有二级物资供应商16621家，涉及48个大类、344个中类、1575个小类、7392个品种，共3.8万条产品目录。

【采购业务量（含电子采购）】 据统计，2010年集团公司物资采购总额为1951亿元，集团公司两级集中采购度达85%以上，采购资金节约额超过80亿元、采购资金节约率达4.17%，电子采购额达到424亿元，前17大类物资采购额占总采购额的80%以上，前10名供应商的供应份额占总采购额的36.85%，体现了集团公司集中市场、集中资源，发挥了集团公司的规模优势，降低了集团化运营成本。

【授权集中采购】 2010年，集团公司进一步明确了授权集中采购各管理和操作层面的责任，修订了一级采购物资目录，对一级采购物资实行带量采购、定商定价、定商3种方式区别化管理，调整了授权集中采购组长单位，并吸收专业公司参加。通过这一系列措施，细化管理，简化操作，体现优势，提高效率，形成了集中采购梯次递进的良好态势。24个授权组长单位（46个授权管理小组）共完成24个大类、241个品种的授权集中采购工作的上网和公示，完成率为86%。在全年国内外物资市场价格普遍上涨趋势下，一级物资集中采购节约率在5%以上，较好地完成了2010年度授权集中采购工作目标，实现了较好的经济效益和社会效益。

【招标管理】 2010年是集团公司实行统一招标管理的开启年，集团公司招标管理办公室从加强招标管理基础建设着手，积极推动招标信息公开和专业化招标，提高招标质量和效率。通过“抓服务、抓导向、抓基础”，以服务促管理，以手段促规范，以检查促提高，进一步规范招标行为，提升工程、物资、服务统一招标管理水平。梳理认可的15家内部招标机构和79家外部招标代理机构，为集团公司提供专业、规范的招标服务，共完成工程、物资、服务招标项目4186项，金额502亿元；建设了统一的招标评审专家库，已入库物资类招标评审专家8593名，其中总部管理的专家2961名；组织8家单位20名专家集中编制招标管理相关文件标准格式与文本并印发执行，建立招标管理业务审批流程，2010年共办理一、二类招标项目招标方案、招标结果和可不招标事项的审批、备案业务41项，金额280亿元。

【物资采购管理信息平台】 物资采购管理信息系统是中国石油“十一五”信息技术总体规划项目，项目目标是满足物资采购管理和采购交易为一体的业务管理需要，促进业务处理自动化、业务管理规范化、决策支持智能化，支撑“集中采购、分散操作”，发挥集团公司规模优势，降低集团化运营成本，提高集团公司整体效益。系统于2010年4月正式立项，确定了以咨询实施商为主、套件实事结合自主开发的建设模式，通过招标确定IBM为本项目的咨询实施商。项目启动大会于2010年7月在北京召开，标志项目正式启动。本年度基本完成管理咨询、业务调研、需求分析阶段工作，系统设计工作正在进行中。

【一级采购案例】 2010年，国产石油专用管材集中采购总量123万吨，中标价格比上年同期价格平均下降20%以上，节约采购资金15亿元。组织管线用钢板、钢管集中采购157.3万吨，86.5亿元，同比价格下降5%，节约采购资金4亿元。煤炭采购组织实施集中采购谈判工作11批次，在大庆吉林、辽宁、新疆、西北、华北五个地区分区域采购，合同总量1843万吨，占年度总需求的85%，集中采购金额57.7亿元，同比价格下降2%，节约采购资金1.1亿元。完成储气库用47台进口压缩机集中采购，摸索出一套共同参与、标准主导、技贸同进、统一运作、提前集中采购的成功做法，保障了储气库建设需要。

【重点工程项目物资采购】 2010年，采购中心继续按照集团公司重点工程项目建设的进度要求，积极开展集中采购工作，采用电子商务等方式，对管线用钢实施多项目联合集中采购，共为西二线平顶山—泰安支线、广州—南宁支线、十堰支干线、陕京三线、兰成原油管线、中贵天然气管线、山东管网支线、锦州石化支线、塔西南喀什—泽普天然气管线、大庆—锦西原油管线、塔轮管线、中缅油气管线、铁抚线、成都—乐山管线等18条管线采购油气输送用板卷和钢管387.38万吨，采购金额231.35亿元。2010年组织对兰州、长春、独山子国家原油和商业储备油库等储罐项目建设实行集中采购，采购钢板13.3万吨，采购金额6.95亿元。

【供应商管理】 2010年，梳理整合集团公司物资供应商，构建统一归口、两级管理的供应商管理模式。组织开展年度供应商考评工作，通过考评体系、考评实施、考评分级、供应商改进4个阶段工作，着力推动物资采购优选优秀供应商（A级），以实现优胜劣汰。按照一级采购物资管理目录，24家授权专业工作组积极组织落实，按照上报准入方案、准入预审、准入评审、集团评委会终审的程序，严格规范地开展2010年供应商新增准入工作。

【机电产品进出口管理】 在履行进出口业务管理方面，全年办理新申请自动进口许可证88份，进口设备326台（套），用汇2.27亿美元。在加强和规范招投标管理方面，严格执行国家有关规定，所属中国石油物资公司和中国寰球工程公司两家招标机构共完成招标项目542项，中标金额6.825亿美元，节资率10%以上。在争取国家进口鼓励政策方面，一是利用好国家鼓励发展项目政策。全年有16个鼓励发展项目获得国家确认，项目总投资753亿元人民币，可减免进口用汇额8.9亿美元。二是利用好特定地区免税政策，2010年申请进口免税额度1.48亿美元。三是利用好进口贴息政策。2010年组织9家单位申请2009年度进口贴息资金，国家审核批复贴息资金1317万元人民币。

【石油物资分类与代码】 2010年，分类修订后的标准试行版颁布运行，完成了新、旧标准对照关系表，为ERP上线提供了重要支持。完善物料管理岗设置，了解并熟悉物料性的专业人员严把数据入口关。宣贯推动分类编代码规范应用、统一管理。从源头入手，组织研讨寻找物资采购管理部门与设计部门在物料分类与代码应用上的共同点，推动分类与代码标准向设计单位延伸。为了切实将进口物资纳入物资采购管理，启动了对国家海关HS代码与集团公司现行物资分类与代码标准制度建立对照关系的工作。

（左　莹）

纪检监察

【概述】 2010年，集团公司各级组织、纪检监察部门认真贯彻党中央、国务院、中央纪委和国务院国资委关于反腐倡廉的决策部署，按照党组的要求，以科学发展观为统领，在建设综合性国际能源公司中，进一步落实标本兼治、综合治理、惩防并举、注重预防的方针，围绕构建惩治和预防腐败体系，扎实推进反腐倡廉建设，各项重点工作取得新进展、新成效。集团公司党组纪检组、监察部被中共中央纪委、人力资源和社会保障部、监察部授予“全国纪检监察系统先进集体”荣誉称号。

【惩防体系建设】 认真贯彻落实胡锦涛总书记在十七届中央纪委五次全会上的重要讲话精神，以完善制度和增强执行力为重点，积极推进惩防体系建设有效开展。一是健全完善企业经营管理制度和反腐倡廉建设基本制度。以规范权力运作为核心，将年度推进任务分解到总部机关27个职能部门和专业分公司，健全完善工程建设、物资采购、人事、财务管理、招投标、承包商管理和党风廉政建设等方面制度15项。各企事业单位加强组织领导，完成推进任务4500多项，制定、修订各类制度4420项。二是坚持教育、制度、监督、改革、惩治工作统筹协调、整体推进。各级组织和职能部门把反腐倡廉要求融入各项业务工作中，惩防体系建设任务更加明确。纪委通过建立落实联席会议、责任分工、情况通报和调研督导等制度，组织协调能力进一步提升。三是坚持联合监督机制。定期召开集团公司监督部门联席会议，对16项重点监督事项开展联合检查。开发建立联合监督工作平台，实现监督信息共享。四是强化责任机制。按照党风廉政建设责任制的规定，落实“一岗双责”，各单位普遍签订党风廉政建设责任书。

按照国务院国资委纪委要求，制定中央企业惩防腐败体系第三组2010年交流活动方案，对15家中央企业分3个小组，围绕“加强组织协调”主题，开展交流研讨活动，促进中央企业惩防体系建设健康发展。

【反腐倡廉教育】 按照“忠诚事业、承担责任、艰苦奋斗、清廉奉献”主题教育活动要求，以贯彻落实《中国共产党党员领导干部廉洁从政若干准则》和《国有企业领导人员廉洁从业若干规定》为重点，重申“5条禁令、20个不准”，集中开展“五个一”专题教育（组织一次中心组学习、上一次党课、开展一次警示教育、组织一次答题测试、宣传一批先进典型事迹），组织21万多人参加法规知识答题活动。各单位以多种方式开展典型示范教育、警示教育和廉洁文化创建活动10959次，党员干部受教育达48.7万人次，广大党员干部廉洁从业意识进一步增强。

编辑《中国石油高级管理人员廉洁从业学习材料之二》，将评选的20名集团公司廉洁从业模范干部先进事迹编印《廉洁风采录》，发予总部机关和企事业单位领导干部学习。

【廉洁从业】 印发《关于贯彻落实国务院第三次廉政工作会议精神的意见》，明确“5条禁令和20个不准”，从加强组织领导，发挥联合监督优势等四个方面提出贯彻落实廉洁从业规定的13项重要举措。结合中央和国务院国资委关于厉行节约和纠正不正之风的要求，从学习教育、落实规章制度和作风建设三个方面16项具体内容组织开展自查自纠。

组织开展廉政准则和若干规定等法规文件知识答题活动，在集团公司网页、党组纪检组、监察部门户和《中国石油报》向全公司发布试题。共有218948人参加答题，其中局级班子成员1050人，处级20474人，重要岗位人员197424人，促进广大党员干部特别是领导干部进一步掌握法规文件的基本精神和主要内容，增强反腐倡廉意识，规范廉洁从业行为。

以“贯彻落实《党员领导干部廉洁从政若干准则》，切实加强领导干部作风建设”为主题，各企业召开领导班子民主生活会。

【案件查处】 2010年，集团公司各级组织和纪检监察部门认真贯彻中央关于党风建设和反腐倡廉的部署，按照国务院国资委纪委和集团公司党组要求，在积极推进惩防腐败体系建设中，不断加大信访和查办违纪违法案件工作力度，信访和查办案件工作取得新的进展和成效。2010年，各级纪检监察部门受理群众信访举报同比下降9.13%，立案同比上升18.09%，综合结案率达到98.65%。通过查办案件有效促进企业决策和管理水平的提高，取得较好的政治、经济和社会综合效应。

【效能监察】 按照“围绕中心、科学部署、分类指导、规范管理”要求，集团公司监察部在全系统安排部署物资采购管理、工程建设项目管理效能监察，所属95个单位共立项开展233项效能监察，及时发现问题并落实整改意见。集团公司监察部牵头组织开展油品损益管理、化工产品营销管理专项检查，以及海外项目审计监察等工作，取得较好成效。

（1）组织开展工程建设项目管理效能监察，促进工程建设项目规范管理。所属各单位共立项66项，对2008年以来已建和在建油田产能建设、炼化工程、管道工程、系统工程、销售网络建设等项目执行集团公司有关招投标、合同管理、物资采购管理、施工管理以及建设资金投资控制管理等制度规定情况进行检查，并对2009年工程建设项目管理效能监察发现问题整改落实情况进行跟踪。

（2）组织开展物资采购管理效能监察，促进物资集中采购管理制度的贯彻落实。所属单位共立项58个，对2009年以来工程建设、生产经营物资采购管理情况进行检查，重点对集团公司物资采购管理制度贯彻落实情况、物资集中采购及管理情况、物资采购管理人员履行职责情况进行监督检查，有力推动物资集中采购管理制度的落实，为集团公司发挥规模采购优势、节约成本提供保障。

（3）直接开展油品损益管理效能监察，规范油品损益管理。针对成品油销售企业案件频发、举报集中的现象，监察部与审计部、销售分公司共同抽调人员，先后组织5个检查组，对销售企业2008年以来油品损益管理情况进行检查。

（4）直接开展化工产品营销管理效能监察，促进化工产品营销精细化管理。监察部、炼油与化工分公司组成联合检查组，对华东、华南、西北和西南4个化工销售分公司2008年以来的制度建设、储运销业务及销售网络建设、价格及对标管理、资金使用及五项费用控制等工作情况进行检查。提出推进化工产品营销精细化管理、防范风险的建议。

（5）对重大工程建设项目监督，强化建设过程管理。监察部会同审计部、内控与风险管理部成立西气东输二线工程联合监督办公室，派驻管道建设项目经理部，对部分重点管道建设项目的关键环节进行过程监督，共参加278个项目的招投标现场监督。

（6）配合财务资产部开展小金库专项治理工作。监察部抽调31名监察人员配合财务资产部对部分单位小金库治理情况进行检查，对国务院国资委重点检查组交办的13个信访件进行核查。

（7）开展海外项目审计监察，促进海外项目规范管理。与审计部联合组团，对东方地球物理勘探有限责任公司沙特项目经理部、寰球工程公司沙特分公司经营管理情况、内部控制风险情况进行审计监察。针对合资公司设立、财务管理、会计核算等方面存在管理不规范的问题，提出加强管理、防范风险的建议。

【专项治理】 按照集团公司《工程建设领域突出问题专项治理工作实施方案》，本年度主要开展自查自纠及制定措施两个阶段的工作。自查自纠阶段，组织各单位对2008年以来立项、在建和竣工的油气田地面工程、炼化工程、天然气利用工程、油气输送工程、销售网络与油库（储库）建设（包括新建、迁建、扩建、改造、收购）等15910个项目进行排查。制定措施阶段，集团公司于2010年7月6日，召开工程专项治理工作第二次视频会议，对自查自纠阶段工作做总结，通报排查梳理的突出问题，并对制定措施工作进行安排。各单位按照会议要求对检查发现的问题进行梳理，分析问题产生的原因，研究制定整改措施。共制定整改措施1428项，制定工程项目建设管理制度770项，修订制度792项，清理废止制度232项，提高工程建设项目的管控能力。

为保证两个阶段任务的落实，集团公司工程专项治理办公室采取抽查督导、项目解剖等方式，抽调专业人员46人次，先后成立10个检查组，对53家单位进行74次检查。抽调监察、审计、工程管理等专业人员23人次，先后组织6个信访调查组，对涉及工程建设方面的10个信访件进行核查。

【源头治理】 健全完善以规范权力运作的企业经营管理制度和反腐倡廉建设基本制度。建立完善《集团公司投资管理办法》、《企业领导人员管理暂行规定》等制度15项。认真贯彻落实“三重一大”决策制度。督促整改2009年检查调研发现的问题，指导相关单位制定“三重一大”决策制度实施细则。2010年，由党组纪检组、人事部牵头，组织计划、财务等部门，对地区公司贯彻执行“三重一大”决策制度情况进行检查。深入推进惩防体系与内控体系相结合课题研究工作。组织协调大庆油田、兰州石化、辽宁销售、海洋工程4个试点单位开展惩防体系与内控体系有机结合课题研究，围绕工程建设、物资采购等7个重点领域，识别廉洁风险，梳理流程和控制文件，完善控制措施，共识别廉洁风险点92个，制定控制措施245条。

【巡视监督】 认真组织开展党内监督巡视工作，健全巡视工作机制和配套制度，选调在职局级领导干部组成3个巡视组，对15个单位进行巡视，提出巡视建议101条，将问题与建议分解到相关职能部门督促落实，并为举报不实的领导干部澄清了问题。

【自身建设】 贯彻落实中央纪委《关于进一步加强和改进纪检监察干部队伍建设的若干意见》，全面加强队伍建设，巩固“做党的忠诚卫士，当群众贴心人”主题实践活动成果，带头学习贯彻廉洁从业各项规定，对照“五严守，五禁止”纪律要求，认真开展自查自纠，增强监督者更要接受监督的意识，树立纪检监察干部良好形象。

认真落实中央关于加强和改进中央企业纪检监察组织建设的要求，充实党组纪检组，加强纪检监察力量。党组决定成立北京、黑龙江、新疆3个纪检监察中心，在实施区域联合监督体制上取得重要进展。

进一步加强纪检监察业务能力建设。举办纪委书记、监察处长岗位培训班和各类业务培训班，培训2433人次，纪检监察干部的整体素质和能力有新的提升。石油监察分会组织各支会开展理论研讨活动192次，交流论文1149篇，有480篇分别获奖。开展惩防腐败体系与内控体系有机结合课题研究，对生产经营重要领域和关键环节腐败风险进行系统梳理和分析，初步形成廉洁风险数据库。

（党组纪检组、监察部）

审计监督

【概述】 2010年，各级审计部门以科学发展观为统领，持续推进审计转型与发展，在促进企业增收节支、加强内部控制、推动科学管理、防范经营风险、促进改革与发展等方面发挥了积极作用。全年共开展各类审计项目2165个，审计资金9830亿元，取得直接经济成果15.51亿元，提出有价值审计建议6236条。

【主要审计活动】 2010年1月26日，审计部下发《关于下发2010年审计项目计划的通知》（审计〔2010〕44号，油审〔2010〕62号），对集团公司、股份公司2010年审计工作计划作出具体安排部署。

1月28日，审计部以视频方式召开2010年审计工作会议，总结2009年审计工作，安排部署2010年审计工作。集团公司副总经理、党组成员曾玉康主持会议，审计部主任作了题为“持续推进审计工作转型与发展，为建设综合性国际能源公司服务”的工作报告，集团公司党组成员、纪检组组长作重要讲话。总部各部门及各专业公司负责人、在京单位主管审计的领导和审计部门负责人在主会场参加了会议，其他单位主管审计的领导及相关部门负责人和全体审计人员在分会场参加了会议。

3月23日，审计部主任分别向股份公司监事会和董事会审计委员会报告公司2009年审计工作及2010年工作安排。审计委员会同意股份公司审计工作报告。

3月29日，审计部下发《关于公布2009年度审计信息化工作考核评比结果的通知》（审计〔2010〕180号），评出一等奖8个，二等奖15个，三等奖18个。

5月5日，集团公司在北京召开国家审计署审计西气东输二线工程东段进点会议，集团公司副总经理、党组成员、股份公司总裁周吉平作重要讲话，党组成员、纪检组组长主持会议。

6月16日，审计部主任向股份公司董事会审计委员会报告股份公司审计工作。审计委员会同意股份公司审计工作报告。

7月19日，审计专业标准化直属工作组在苏州召开审计标准规范研讨会，研究讨论2010年立项的12项具体审计标准规范，安排部署下半年的审计标准化重点工作，直属工作组成员及部分审计专家参加会议。

8月24日，审计部主任分别向股份公司监事会和董事会审计委员会报告股份公司审计工作。审计委员会同意股份公司审计工作报告。

11月23日，审计专业标准化直属工作组在北京召开审计标准规范专家审查会，审查通过了2010年修订的12项审计标准规范；研究了2011年审计标准化项目的申报工作；并对部分审计直属工作组成员进行了调整。审计专业标准化直属工作组成员及部分审计专家参加会议。

11月24日，审计部主任向股份公司董事会审计委员会报告股份公司审计工作。审计委员会同意股份公司审计工作报告。

12月2日，审计部在三亚召开部分单位审计处长座谈会，审计部主任主持会议并作讲话，审计部副主任、各处处长及40个单位的审计处长参加会议。

12月20日，审计部在北京与到访的科威特石油公司审计专家进行内部审计业务交流。

【重要审计项目及成果】（1）突出重点建设工程与合同的过程跟踪和现场审计，有效防控投资和管理风险。

2010年，各级审计部门不断加强工程项目过程控制与监督，审计工程资金629亿元，净审减额达7.26亿元。审计部突出重点项目的建设期审计，进行过程跟踪或分阶段审计，及时发现问题，提出建议，促进项目建设管理水平的提高；组织22项重大工程竣工决算审计，对审计发现的招投标、概算外项目、工程管理等问题，提出具体整改要求，推动建设工程管理和竣工验收工作；组织实施漠大线输油管道工程的自查整改工作，促进项目的整改完善和管理改进。各单位结合工程建设领域突出问题专项治理工作，开展工程项目建设期跟踪审计、竣工决算审计与结算审计；另外，采取网上在线实时审计、加强合同履约全过程审计、签约前与结算付款前审计等多种方式，审计合同标的589亿元，审减合同价款4.37亿元。

（2）继续推进任中经济责任审计，进一步深化领导干部履职过程监督。

2010年，各级审计部门共开展经济责任审计537项，其中任中经济责任审计117项，任中审计已经在大部分单位铺开。审计部在坚持离任必审的基础上，深化领导干部履职过程监督，组织开展离任审计21项、任中审计4项，通过审计，肯定成绩，发现问题，正确评价企业负责人的经济责任履行情况。各单位都高度重视经济责任审计工作，已经形成制度化，部分单位创新经济责任审计范围与方式方法，也收到一定效果。

（3）深化管理效益及各类专项审计，提高科学管理水平。

2010年，各单位组织开展管理效益及专项审计327项。审计部围绕经营管理重要环节、关键部位和高风险领域，对4个单位开展经营管理审计，增强了对化工销售、银行和油气田企业的了解，揭示出一系列风险和问题；对44个集团公司级科技项目管理情况进行审计，受到集团公司领导及主管部门的重视；对17家单位安全环保隐患治理资金进行审计，促进专项资金规范管理。

（4）持续开展管理层测试，突出关键环节和重要风险的实质性测试。

2010年，各单位组织完成管理层测试及内控与风险管理审计73项，纠正内控问题239个。审计部以风险为导向，采取地区公司自测及总部在自测基础上突出重要业务流程和关键控制测试的方式，组织对18个规模较大、新建及几年来未测试的单位进行内部控制管理层测试，重点关注重大投资、成本控制、物资采购、工程建设和产品营销等领域的内部控制与风险管理情况，发现例外事项127个。

（5）深化财务收支审计，为企业提高效益服务。

2010年，各单位共开展财务收支类审计318项。审计部深入开展10项股权投资及其后续审计，加大股权监管力度，保障了股权投资权益；挑选上中下游3家单位开展成本费用审计，针对会计核算规范性、制度执行力和挖潜增效提出审计意见，促进精细化管理和降本增效；开展3项矿区专项审计，揭示费用核算、工程项目管理、投资计划执行等方面存在的问题，加强了矿区运行费用和矿建投资的规范管理。各单位将财务收支审计与其他类型审计项目及"小金库"专项治理有机结合，不断创新方式方法，取得良好成效。

（6）加强国际合作业务审计，确保国际合作业务规范运作。

2010年，各单位共开展国际合作业务审计76项。审计部组织国际合作业务审计25项，境外项目审计重点揭示企业在风险防范及管理控制中存在的风险事项及管理缺陷88项，提出针对性审计意见或建议，并得到有效整改；国内对外合作项目审计加大了对审计遗留问题的解决力度，逐步解决以前年度遗留审计问题。

（7）加快审计信息化建设，积极探索信息系统审计。

2010年，审计信息化工作有序推进，审计管理信息系统已经在全系统应用上线，成为各单位进行审计管理的重要平台；财务辅助审计系统已在27家单位正式上线，能够开展远程审计和日常经营监控审计，提高了审计手段信息化程度；合同辅助审计系统已在28家单位推广应用，为提升合同审计业务发展提供了保证；ERP审计系统建设从销售业务开始研究并试点，确定销售业务ERP审计需求，开发销售板块ERP审计系统的查询模块，完成ERP审计系统在山东销售分公司的培训和试点上线，为全力推进ERP审计系统建设打下了坚实基础。同时，还组织开展3项信息系统审计，在实践中总结探索企业信息系统审计模式与方法。

（8）审计规范化建设初见成效。

2010年，集团公司发布《内部审计规范》第1—第7部分，第8—第19部分已制定完成并报集团公司审批，最后9个具体规范也明确了制订计划及进度安排。同时，积极进行集团公司审计工作流程梳理工作，建立并发布了内部审计业务流程。

【审计业务培训】　2010年，各级审计部门共举办各类审计培训班60期，培训审计人员1758人次。审计部直接举办培训班3期，共培训学员450人次，其中，3月在北京举办企业风险管理审计培训班，6月在南京举办基建工程审计培训班，10月在南京举办国际审计业务培训班。

截至2010年底，审计队伍通过培训和自学，具有大学及以上学历的达到1447人，占总人数的68%，中高级职称1611人，占总人数的76%，具有注册会计师、国际注册内审师、注册造价师等职业资格的444人，占总人数的21%。

【优秀审计项目】　2010年6月22日，审计部在连云港召开2009年优秀审计项目评审会，审计部副主任主持会议，37位审计专家参加会议。在各单位推荐的基础上，经专家网上初评和与会专家现场评审，共评出2009年优秀审计项目101个，其中一等奖22个，二等奖34个，三等奖45个，受表扬审计项目18个。

【审计协会】　2010年3月23日，中国内部审计协会石油分会（以下简称石油审计协会）在黄山召开石油审计理论课题研讨会。审计部副主任到会讲话，传达中国内部审计协会第五届理事会第七次会议精神，总结协会2009年工作成果，提出2010年工作要求，并确定6个片组的重点理论研究课题。

3月31日，石油审计协会下发《关于调整中国内部审计协会石油分会片组单位的通知》（油审会〔2010〕3号），对片组组成单位和组长进行调整。

8月3日，石油审计协会在成都召开2010年石油审计优秀论文评审会，审计部副主任主持评审，40多位审计专家参加会议。会议共评出石油审计优秀论文123篇，其中一等奖18篇，二等奖42篇，三等奖63篇。

8月12日，石油审计协会在成都主办石油石化协作组2010年内部审计理论研究与实务研讨会。会议由审计部副主任主持，中国内部审计协会秘书长曹志勇和中国石油、中国石化、中国海油的审计部门领导及部分审计人员参加，评选出中国内部审计协会优秀论文22篇，其中一等奖7篇，二等奖7篇，三等奖8篇。石油审计协会共有9篇论文在评选中获奖。

2010年，石油审计协会共编辑出版《中国石油审计》4期，刊登稿件120余篇，计50余万字，发行6800余份，较好地促进了石油审计工作者理论探索与经验交流，扩大了石油审计的宣传和影响。

（白雪莲）

内部控制与风险管理

【概述】 2010年，内控与风险管理工作按照集团公司建设综合性国际能源公司的战略部署，持续推进内控与风险管理工作，全面完成集团公司境内业务内控体系建设工作，并实现持续有效运行，顺利实现集团公司党组确定的“十一五”内控工作总体发展规划。

风险管理工作得到进一步加强，集团公司风险管控能力有明显提升。按照全面风险管理的要求，持续开展公司层面重大风险评估，在业务活动层面，全面开展经营管理各领域风险评估，逐步形成公司业务活动层面重要风险数据库。自上而下地建立风险管理报告机制，开展企事业单位风险管理报告试点。全面业务流程梳理工作持续推进，管理规范化工作取得阶段性成果。进一步健全业务流程管理制度，内控监督机制进一步健全，从建立内控监督评价制度入手，健全和完善内控监督机制，实现内控测试、考核评价的规范化、制度化，内控体系实现持续有效运行。

【内控体系建设】（1）集团公司内控与风险管理体系建设持续深化。股份公司所属各地区公司在体系运行多年的基础上，注重向本单位核心业务延伸；集团公司所属企事业单位，在基本完成体系建设的基础上，按照集团公司统一部署，完成专业领域体系建设，并向核心领域拓展。

（2）重点推进金融和海外企业内控与风险管理体系建设。为适应金融业务快速发展的需要，明确金融业务总体定位和风险战略，建立风险管理组织架构，统筹包括金融和油品衍生品在内的风险管理，建立金融业务风险管理体系。结合集团公司海外业务快速发展实际，加强海外业务风险评估和控制防范的研究，特别强化对所在国地缘政治、社会经济环境、法律、税收等风险研究。在投资和工程服务等领域，开展海外项目风险管理试点，为开展海外业务风险管理探索积累了有益经验。

【业务流程管理工作】（1）发布业务流程管理办法。2010年元月8日、12日，分别印发股份公司、集团公司业务流程管理办法，进一步明确业务流程管理职责，清晰工作内容、规范流程审批发布程序，实现流程管理制度化。

（2）发布“三重一大”决策流程控制规范。2010年元月8日，内控与风险管理部、监察部共同组织完成对重大事项、重大项目、大额资金使用决策流程梳理工作，正式印发《“三重一大”决策流程控制规范（试行稿）》（内控〔2010〕12号），明确“三重一大”具体事项及“重”与“大”定性、定量标准，将集体决策程序、决策执行、决策监督和责任追究等相关要求流程化。

（3）业务流程管理纳入集团公司基础管理建设工程。2010年3月10日，集团公司召开基础管理建设工程启动视频会，明确提出将用3到5年时间，开展基础管理建设工程，实现质量提升成效明显、计量检测科学准确、标准体系先进接轨、业务流程规范优化、制度建设完整有效的基础管理目标，促使基础管理工作整体迈上新台阶，管理创效能力实质性增强，并形成基础管理工作科学发展的长效机制。按照总体安排，制定《中国石油天然气集团公司基础管理建设工程实施方案（流程管理部分）》，工作目标是：到2014年，建立完善符合业务实际和满足风险控制要求、涵盖经营管理全部工作的业务流程，健全运行保障机制，达到“四统一”和“五清晰”，即：统一流程管理制度、架构目录、描述规范和管理平台；实现管理职责清晰、工作内容清晰、管理权限清晰、业务衔接清晰和监督标准清晰。努力实现“流程统一、控制集中、界面清晰、简洁高效”的总体目标。

（4）部署开展提高流程执行力工作。2010年4月7日，集团公司印发《关于建立流程运行保障措施，提升工程结算相关业务执行力的通知》（内控〔2010〕204号），要求重点以工程结算为切入点，利用2年时间，组织开展提升流程执行力专项工作，通过分析查摆问题，加强测试检查，改进优化流程，建立常态化机制与措施，确保已发布流程有效、高效运行。2010年5月25日，内控与风险管理部组织召开提升工程结算相关业务流程执行力座谈会。股份公司财务总监周明春到会并发表重要讲话，提出要以提高工程结算相关业务流程执行力为突破口，努力实现流程管理总体目标，并要求各单位做好组织协调工作，积极推进，确保各项工作见到实效。会议介绍集团公司流程管理工作情况，大庆油田、长庆油田和长庆采油三厂就工程结算方面所开展的工作和取得的成效进行经验交流。

（5）完善ERP系统控制。集团公司印发《关于集团公司ERP系统上线及单轨运行工作的通知》（中油信〔2010〕28号），文件明确ERP系统上线即单轨运行工作程序与有关要求，明晰系统单轨运行的基本条件，规范总部信息、财务、内控会签审批的工作程序。

集团公司发布《关于印发勘探与生产ERP系统控制文档的通知》（油内控〔2010〕461号）、《关于调整炼油化工、天然气管道ERP系统相关控制文档的通知》（油内控〔2010〕462号）、《关于印发装备制造、工程建设、工程技术和科研事业ERP控制文档（试行）的通知》（油内控〔2010〕486号）等管理文件，标志着国内勘探、炼化、天然气管道、销售、工程技术、工程建设、装备制造和科研板块全部ERP系统控制规范设计完成，并推广实施。截至年末，在已经启动实施的131家单位中，全年会签单轨批复65家。同时，配合加油站和资金管理平台系统建设，完成第一批15家销售企业加油站管理系统单轨审批和资金管理平台系统控制规范设计。

（6）业务流程梳理与规范完成阶段目标。2010年11月15日，公司发布安全环保部安全环保业务流程规范，至此，公司已开展17个部门及专业的流程梳理与规范，其中，总部财务资产、安全环保、质量节能、信息管理、物资采购、董秘局、离退休等15个部门业务流程正式发布。科技、资本运营、信息、内控、投资、财务、审计、国际事业、三重一大、法律风险防控、油品期货11个专业完成延伸试点工作，形成本专业从总部到地区公司完整的业务流程。核心业务类流程完成加油站、采油（气）厂、矿区服务、管道建设4项核心业务流程。站级非油销售、运输、炼化、物探4项流程处于试点实施阶段。

【风险管理工作】（1）发布集团公司《企业风险评估规范》。为规范集团公司风险管理工作，完善风险评估标准、方法和程序，在认真总结集团公司风险管理工作实践经验的基础上，参考ISO/FDIS 31000:2009（E）《风险管理　原则与指南》，编制并发布中国石油天然气集团公司企业标准《企业风险评估规范》（Q/SY 1356—2010），该标准规定风险评估的总体要求、实施程序和方法，适用中国石油天然气集团公司及所属企事业单位风险评估工作。该标准的发布推进集团公司风险管理的科学化、规范化和标准化。

（2）建立公司重大风险评估及报告机制。按照国务院国资委加强企业全面风险管理的要求，结合内外部形势变化和公司经营管理实际，持续开展公司层面重大风险评估，完善风险管理策略和解决方案，编制报送年度风险管理报告，受到国务院国资委的好评。

为建立集团公司自上而下的重大风险评估及报告机制，有效防控重大风险，实现风险管理向业务层面的深化延伸，在企事业单位层面，按照业务板块划分，分别选取油气田、炼化、销售等业务的13家企事业单位，开展企事业单位风险管理报告试点工作，重点开展核心业务风险评估工作，加强易发、高发、频发风险领域风险管理工作，有效防控重大风险，形成“突出重点、分级管理、立体防控”的风险管理格局，成熟后全面推广。

（3）全面开展业务活动层面重要风险评估。风险管理向经营管理各领域拓展延伸。对已有的财务报告风险、经营风险、法律风险等风险进行整合；按照公司发展目标，继续辨识业务的重要风险。2010年依据业务活动层面风险评估工作方案，组织10家企事业单位完成了12项管理业务的风险再评估工作。随同流程梳理工作，完成公路运输业务等5项业务的风险评估工作。到2010年底，累计完成21项主要业务风险评估。同时，统一风险名称序列，统一风险数据库格式，统一标注方法，形成集团公司整合的、全面的、统一的业务活动层面重要风险数据库，并完善控制措施。

【内控体系运行评价】（1）发布集团公司内控体系运行评价管理办法。2010年9月16日，集团公司发布实施《中国石油天然气集团公司内部控制运行评价管理办法》（中油内控〔2010〕441号），为内控体系运行提供统一的考核依据和评价标准。公司结合各单位日常管理和审计测试情况，对内控体系运行情况进行全面考核评价，发布考核评价情况通报，并将考核评价指标纳入各部门、各单位业绩合同，起到显著的激励和促进作用。

（2）强化各层次测试检查，推动体系持续改进。集团公司有效整合内部资源，针对管理薄弱环节、例外事项多发领域组织开展多层次的内控测试。各企事业单位逐步建立起日常检查、自我测试、定期通报的监督检查机制，将各级管理岗位内控执行情况与奖惩挂钩，强化全员执行意识，确保内控体系持续有效运行。许多单位将各项控制要求落实到具体部门、岗位和个人，狠抓细化落实。按照公司的统一要求，大部分单位定期组织开展自我测试，促进内控规范在日常管理中的落实。

（3）2010年度内控审计测试、改进情况。2010

年度，集团公司总部机关和101家企事业单位接受了内部控制审计测试，发现例外事项1178个。其中，上市企业67家，例外事项467个；未上市企业34家，例外事项702个。按照测试类型划分，接受管理层测试单位18家，接受外部审计单位36家（含总部机关），接受评价测试单位59家。通过补充、更新、改进测试和年度财务报告测试，以前阶段发现的例外事项都得到及时、有效的改进。

（4）股份公司管理层内部控制自我评估。按照上市地监管要求，根据内外部内控审计测试情况，以及例外事项改进情况，股份公司组织对2010年度与财务报告有关的内部控制的设计和执行方面进行自我评估，未发现上述方面存在重大缺陷。评估结论是：2010年1月1日—12月31日，股份公司财务报告内部控制制度健全，执行有效。

【内控培训及队伍建设】 按照国家和集团公司提出的新要求，为适应内控与风险管理工作深化发展的实际，持续加强内控与风险管理培训。2010年举办各类内控与风险管理培训班8期，培训高管人员、业务骨干、操作人员600余人。为各企事业单位提供支持指导性培训12次，参训人员达到700人次。整理汇编一套涵盖公司内控与风险管理各项业务，具有针对性、实用性和可操作性的培训教材，为各单位分层次培训提供较好指导。经过上下共同努力，公司逐步形成一支既掌握了内控与风险管理理论知识，又能组织体系建设和运行维护的专业骨干队伍。

（1）举办内控与风险管理高管人员培训。2010年7月28—31日，集团公司在北京举办内控与风险管理高管人员专项培训。来自集团公司正在开展体系建设的未上市企业、股份公司新组建单位共30名主管内控与风险管理的负责同志参加培训。这次培训班有来自国家有关部委的领导、专家的专题讲座，也有结合集团公司实际的工作交流，内容丰富，重点突出。通过培训，参培人员系统地了解内控与风险管理的最新理论、发展趋势和最佳实践，进一步统一思想，提高对内控与风险管理工作的认识，了解和掌握集团公司内控与风险管理的总体情况，学习交流先进经验。

（2）开展ERP系统内控工作程序专项培训。为落实集团公司科技、信息、资本运营和内控与风险管理领域的业务流程规范梳理，进一步明确ERP系统建设内控工作程序应用，举办2期专项培训，主要就科技管理等4项业务流程规范与应用、ERP系统内控工作程序中各阶段具体工作内容、要求及相关标准、相关问题进行具体讲解、为后续流程规范推广和ERP系统单轨运行提供有力保障。

（3）强化流程管理应用培训。分三期组织公司流程管理应用专业培训，重点介绍流程管理的内容及进展、流程管理信息系统应用、信息系统总体控制与应用控制执行，以及ERP系统控制规范设计原理与应用说明等相关内容，同时，还专门邀请财政部会计司专家对内部控制基本规范及配套指引的内容和相关实施背景等进行专门的讲解介绍。邀请北京销售分公司就“7C管理”[交流沟通（communication）、机会与信息（chance and information）、事业和献身精神（causes and commitment）、危机点（crisis point）、控制（control）、企业文化（culture）、能力（capability）]框架的实施与参会销售企业代表进行交流。此次培训紧密结合工作实际，突出技能培养，为地区公司创造性的深入开展流程管理工作提供交流的平台。

（韩革民）

矿区服务

【概述】 2010年，矿区服务系统深入开展“规范管理年”活动，全面实施收费制度改革，持续推进矿区基础设施建设和安全隐患治理，不断提高保障能力和服务水平，为职工群众安居乐业、矿区和谐稳定发展作出了贡献。2010年全系统供水2.65亿吨，供电31.4亿千瓦·时，供天然气3.1亿立方米，供液化气10.4万吨，供暖面积1.28亿平方米。二级以上医院接诊1096万人次。全年矿区服务系统没有发生生产、交通亡人事故，各项安全环保指标受控。

截至2010年底，集团公司矿区服务系统共有43

家企事业单位，矿区基地分布在全国21个省、自治区和直辖市。共有生活小区1113个、住宅123万套、9012万平方米，居住人口约364万人。全系统从业人员总数为192361人，其中：合同化员工135967人，社会化用工56394人。安置再就业人员77596人。

【收费制度改革】 在认真总结2009年长庆油田、东方物探、兰州石化3家单位矿区收费制度改革试点工作经验的基础上，集团公司矿区服务工作部进一步加强收费制度改革政策研究，制定下发了矿区民用水电气暖和物业服务收费制度改革指导意见，确定了改革的基本原则、改革范围和具体措施。

基本原则：一是尊重历史。充分考虑职工现有福利水平，保持矿区既得利益格局基本不变。已经实现市场化收费的业务，不走回头路。二是因地制宜。同一地区不同单位，改革政策、补贴标准和收费价格保持相对统一，管理制度和运行方式基本一致。三是坚持"三不"。原则上，改革不增加绝大部分职工个人负担，不增加企业补贴，不增加矿区服务系统运行成本。四是确保稳定。妥善处理低收入群体的实际困难，确保矿区和谐稳定。

改革范围：改革涉及的单位范围是纳入矿区服务系统所有企事业单位；改革涉及的人员范围是享受到企事业单位给予的水、电、气、暖和物业服务隐性补贴的人员；改革的业务范围是民用水、电、气、暖和物业服务业务中，尚未完全按照地方政府核准价格或市场通用价格收费的业务。

改革措施：一是停止矿区民用水、电、气、暖和物业服务的"暗补"政策，对职工及相关人员的补贴予以显性化，合理确定补贴标准。原则上，"明补"标准不高于"暗补"额度。每户职工只能享受一套房补贴。补贴方式可采用"一卡通"。二是由居民个人直接向水、电、气、暖供应和物业服务单位交费，各企事业单位提供的水、电、气、暖和物业服务，按照当地政府核准价格或市场通用价格收费。三是实行民用水、电、气、暖和物业服务补贴显性化后，各驻矿单位对矿区服务运行费用的分担政策保持不变。"一卡通"管理由矿区服务管理机构负责。

为全面推进矿区民用水、电、气、暖及物业收费制度改革，2010年6月11—12日，集团公司在长庆油田召开和谐矿区建设暨矿区收费制度改革现场会议，对矿区收费制度改革工作进行全面部署。各企事业单位按照会议的部署，加强政策宣传，编制实施方案，加快配套设施建设，积极推进改革工作。截至2010年底，43家矿区单位中，14家单位民用水、电、气、暖和物业服务收费已经实现市场化，得到集团公司矿区服务工作部确认。29家单位上报的收费制度改革实施方案获得集团公司矿区服务工作部批复。其中，吉林石化、西南油气田、寰球公司六建、工程建设七建等单位率先启动实施了矿区收费制度改革工作。

【"规范管理年"活动】 按照集团公司矿区服务系统"规范管理年"活动的安排，2010年矿区服务工作部加大推进力度，重点组织开展"规范管理年"活动大检查。检查分三个阶段进行：一是各单位自检自查，二是矿区服务工作部抽查，三是进行检查总结。矿区服务工作部抽查采取两种方式，一是矿区服务工作部由领导带队，先后到呼和浩特石化、工程建设一建和七建、济南柴油机厂、浙江油田等单位进行现场检查指导。二是企业互检，先后组织大港油田、新疆油田等10家单位组成10个检查组，由事业部主任带队，分别到大庆油田、塔里木油田等10家单位进行一对一检查学习。在检查过程中，各单位高度重视，精心组织，通过听汇报、查资料、看现场，既注重查找存在的问题，提出意见和建议，又注重总结学习好的经验和做法，从而达到相互学习、互相促进、共同提高的目的。在深入开展自检互检的基础上，矿区服务工作部认真开展检查总结，先后在华北油田、吉林石化、西南油气田组织召开华北片区、东北片区、西南西北片区"规范管理年"活动现场推进会，通报检查情况，交流活动信息，研讨存在的问题，提出深化活动的措施和办法，把"规范管理年"活动推向深入。

【和谐矿区建设】 2010年，各单位认真贯彻集团公司党组建设和谐矿区的指导意见的要求，积极探索实践，推进和谐矿区建设，取得了良好成效，涌现出长庆油田等一批先进典型。为进一步加快和谐矿区建设步伐，6月11—12日，集团公司在长庆油田召开和谐矿区建设暨矿区收费制度改革现场会议，特别邀请23家企事业单位的主要领导参加。会议充分肯定和谐矿区建设所取得的成绩，系统深入总结了长庆油田和谐矿区建设的经验，明确了集团公司下一阶段和谐矿区建设的工作思路、工作要求和工作部署。通过长庆油田现场会议，各企事业单位进一步统一了思想，提高了认识，积极贯彻落实会议精神，加快了和谐矿区建设步伐。大庆油田、塔里木油田、新疆油田、西南油气田、华北油田、辽阳石化等单位编制了和谐矿区建设规划，纳入企业发展总体规划。大庆油田提出把构建和谐示范矿区作为战略任务来抓，按照"一年见成效、三年大改观、五年基本建成"的目标，建设生活安定祥和、环境舒适温馨、管理规范有序、文化健康向上、发展充满活力的和谐示范矿区。

各单位把加强矿区基础设施建设作为构建和谐矿区的一项重点任务。在搬迁改造方面，西南油气田、吉林油田、兰州石化、辽阳石化、锦州石化、锦西石化、抚顺石化、庆阳石化、工程建设一建公司等单位积极推进，项目进展顺利。加快西南油气田汶川地震灾区灾后恢复重建，江油基地灾后重建项目实现主体封顶。在配套设施改造方面，更新改造锅炉 114 台，供配电线路 1200 千米，新建及改造市政和小区道路 1400 余千米，托幼园所 11 所，文体活动场馆 39 座。在安全环保隐患专项治理方面，投入专项资金实施隐患治理项目 406 个，重点突出燃气系统隐患治理，改造换气站 5 座，更换燃气表 53462 块，更新燃气管网 415 千米，并新购置一批检测仪器和应急抢险设备。在医疗卫生专项方面，本着分批安排、逐步实施的原则，重点推进兰州石化总医院、乌鲁木齐石化医院、辽阳石化医院的续建工程；组织开展管道局中心医院改造项目的立项、初步设计审查，办理了华北油田、西南油气田等企业医院购置 CT、核磁等大型医疗设备的论证批复。同时，积极开展常规医疗设备更新，提高医疗设备新度系数，为各企业医院提高服务水平创造了条件。

【矿区安全管理】 持续推进矿区 HSE 管理体系建设。加大体系的整合力度，修订完善《HSE 管理手册》系列程序文件和各种规章制度，积极开展 HSE 体系内审和管理评审工作，强化“两书一表”特别是岗位作业指导书的执行力度，体系建设和运行质量明显提升。32 家矿区单位建立并发布实施 HSE 管理体系文件，30 家矿区单位完成内部审核，29 家矿区单位完成管理评审，9 家矿区单位完成外部认证。

认真组织开展安全生产检查活动。一是 2010 年 4 月 1—30 日，组织开展春季安全生产大检查活动。在各单位自查自改的基础上，矿区服务工作部组织 4 个检查小组，对吉林油田、西南油气田、兰州石化等 11 家矿区单位进行重点抽查，对发现的问题及时进行整改或制订风险控制措施。二是 10 月 10 日—11 月 30 日，组织开展冬季安全生产大检查活动。矿区服务工作部成立 2 个检查组，对管道局、东方物探、大港油田、宁夏石化等 8 家单位进行重点抽查。三是开展节假日和入户常态化安全检查。全年入户检查 108.9 万户，有效消减了居家安全隐患。

强化关键岗位和重点部位的安全管理。对锅炉房、供气站、变电所等关键生产岗位以及人员聚集场所、出租房屋等重点要害部位，加大了安全管理和监督力度。加强燃气从业人员的技能培训，关键岗位全部实现持证上岗。利用电视、报纸、网络等媒介，加强安全用气基本知识宣传，增强居民燃气安全意识。针对全国连续发生多起暴力伤害小学生、幼儿事件的情况，及时落实防范措施，全面排查托幼园所隐患，加强门卫管理和幼儿接送管理，强化园所周边治安防范，完善视频监控设施，开展幼教员工安全教育和自护自救教育，保障了教师及幼儿的安全。开展出租房屋安全专项检查活动，规范出租房屋管理。强化应急管理工作，修订完善矿区服务系统公共文化场所和文化活动 2 个专项应急预案。

【增收增效、节支降耗】 面对运行成本不断上升的压力，继续组织矿区服务系统深入开展增收增效、节支降耗活动。深入推进对标管理，对矿区服务系统各单位成本、效益、效率等 12 项指标完成情况进行排序并公开通报，引导各矿区单位加强内部管理，堵塞漏洞，改进措施，提高水平。结合各单位实际，继续分解下达对外创收指标，建立对外创收激励机制。各单位广泛发动员工，千方百计增收增效、节支降耗。推广实施六大系统 11 项节能减排措施，重点对供热、供电、给排水系统实施节能改造。在供热方面，对燃烧效率低的老旧锅炉进行技术改造，优化管网工艺流程，华北油田、东方物探等单位探索应用地热供暖技术。在供电方面，实施电机变频改造，对低效电网进行升级。在给排水系统方面，开展中水处理回用，采取雨水利用措施。全年矿区服务系统节水 1006 万立方米、节能 17.1 万吨标煤。矿区服务系统对外创收同比增加 24.6 亿元，其中社会化收入同比增加 11 亿元；收入成本比达到 35.89%，同比增加 3.02 个百分点。

【矿区绿化】 继续推进矿区绿化工作，不断改善矿区生态环境。截至 2010 年底，矿区各类绿地总面积达 3.6 亿平方米，绿化覆盖率 32.42%，其中生活基地绿化覆盖率 39.4%。

组织开展春季义务植树活动。从总部机关到各企事业单位各级领导高度重视，带头参加义务植树活动。4 月 13 日，集团公司党组成员、副总经理王宜林、曾玉康、李新华、喻宝才，党组成员、总会计师王国樑，总经理助理徐文荣、李万余，股份公司管理层成员孙龙德、李华林、王道富，集团公司总法律顾问郭进平等参加了总部机关义务植树活动。各企事业单位领导班子成员也带领职工开展义务植树活动，石油石化矿区形成爱绿、护绿、植绿的文明新风。

加强矿区绿化管理工作。在塔里木油田组织召开西南、西北地区企业绿化工作座谈会，加强业务培训和工作交流。组织开展“绿色家园，和谐矿区”摄影比赛活动，加强绿化工作成绩的宣传，营造良好氛围。组织推荐新疆油田公司、兰州石化公司污水处理厂、华北油田华美综合服务处3个单位参加2010年度“全国绿化先进集体”评选，推荐大庆油田姚和雨、辽河油田罗斌、东方物探公司刘文太3名个人参加2010年度“全国绿化劳动模范和先进工作者”评选，树立中国石油的良好形象。

积极参与绿化公益活动。加强与中国绿化基金会的合作，关注支持绿化公益事业，向中国绿化基金会捐款50万元，为西部八省区贫困青少年提供资助，改善教学条件。由全国绿化委员会、国家林业局、重庆市政府及中国绿化基金会发起的“绿化长江、重庆行动”，2010年10月8日在人民大会堂启动，活动以开展三峡库区造林绿化、改善三峡库区生态环境，确保三峡大坝安全运行为目的。集团公司副总经理曾玉康在启动仪式上承诺，中国石油将分5年向“绿化长江，重庆行动”捐助资金，在三峡库区进行造林。

【住房管理】 一是规范职工住房建设管理。按照集团公司领导的要求，加强对利用信托平台开展职工住房建设的政策研究工作。制定下发《关于审批职工住房建设项目有关问题的通知》，明确项目的审批范围、审批程序和审批内容，规范职工住房项目报批工作，完善了企业开发、信托支持、市场化运作的职工住房建设新机制。二是加强在京售房单位售房款和住宅专项维修资金管理。根据国务院机关事务管理局《关于加强中央国家机关售房款和住宅专项维修资金统一管理有关问题的通知》要求，对集团公司所属企业11家售房单位进行检查和清理。其中，9家售房单位已将售房款和住宅专项维修资金归集到中央国家机关住房资金管理中心，实行专户存储、住房资金统一归口管理，并就资金的使用和管理，建立完善了相应的制度和办法。三是继续推进集团公司住房分配货币化工作。研究下发了《集团公司住房制度改革领导小组会议纪要》(房改〔2010〕1号)，明确将渤海钻探工程有限公司等单位纳入《新建企业住房分配货币化工作实施意见》适用范围，明确了销售板块新组建的10家省公司住房补贴计算办法。要求纳入范围的企业，要在2010年底前完成本单位住房分配货币化实施办法审批和住房补贴的发放工作。

（丁元杰）

维护稳定与综合治理

【概述】 2010年，集团公司维护稳定和综合治理工作按照党组的决策部署和总体要求，始终以集团公司改革发展营造平安和谐稳定环境为目标，以维护各个重点时期的大局平安稳定为己任，全面推动维护稳定和综合治理长效机制建设，促进了各项工作的持续发展，特别是在保障元旦春节、集团公司工作会议、全国“两会”、上海世博会、领导干部会议、广州亚运会等重大敏感时期和重点阶段平安稳定，通过集团公司上下共同努力，经受住了重大挑战和严峻考验，圆满完成了维护稳定与综合治理各项工作任务目标。

（黄晓雯）

【维护稳定】 2010年，按照集团公司党组部署要求，维护稳定工作主要是全面贯彻落实集团公司工作会议和领导干部会议以及维护稳定工作视频会议精神，以为集团公司改革发展营造和谐稳定环境为目标，以维护各个重点时期的大局稳定为己任，通过全系统上下共同努力，取得明显成效。信访总量呈较大幅度下降，总体稳定形势进一步明显好转。特别是保障了元旦、春节、全国“两会”等全年重点阶段稳定，杜绝企业当地规模性群体访，杜绝进京非正常访和群体访，杜绝在首都重要场所发生过激行为，做到了以各个重点阶段的稳定，确保集团和首都全年大局的稳定。

1. 组织责任

集团公司党组高度重视维稳信访工作，全面推进了企业维稳信访工作的深入开展。认真学习贯彻党中央、国务院的一系列重要部署和中央领导同志重要指示精神，始终把维护企业和社会的稳定作为首要政治任务，切实承担起维护企业稳定的重要责任，毫不松懈地扎实推进各项工作。党组在进行年度工作部署和阶段性工作安排时，都把维护稳定作为一项重点工作提出明确要求，强调稳定压倒一切的思想要始终不渝地贯彻，严格明确和谐是发展的基础和前提，稳定是企业的硬任务，持续发展稳定局面，保障集团公司改革发展顺利进行。2010年，党组多次对稳定问题的处理及时作出重要批示指示，坚持定期和分阶段召开维稳信访专题会议，对重点群体、重点矛盾及重点问题进行专题研究，指导处置突出矛盾和突出问题的工作，保证重大问题及时得到解决，有力推动集团公司维稳信访工作的深入开展。

2. 畅通渠道

各级维稳信访部门坚持以人为本，突出重点，整体推进，努力在畅通信访渠道，规范信访秩序，加大督查督办，解决职工群众合理诉求，健全长效工作机制等方面取得新进展。积极拓宽信访渠道，有效疏导情绪，做到随时掌握思想动态，了解群众诉求。严格落实首访首问责任制，做到挂牌接访、首问负责和全程办理。加强思想疏导和舆论引导，坚持把“大庆精神”、“铁人精神”作为核心企业文化，贯穿到维稳信访工作之中，结合维稳信访工作实际，在矿区各类群体中深入开展爱国爱企和遵纪守法教育活动，积极营造和谐稳定氛围，维护企业和谐稳定发展大局。各企业处理解决了大量职工群众反映的信访问题，有效确保矛盾纠纷控制在当地、稳定在基层、化解在萌芽。对疑难复杂、涉及面广、职工群众关注度高的突出信访问题，联合地方相关部门共同研商处理办法，在政策、思想、感情上把工作做细做实做到位。同时，在现有各项维稳信访制度和机制的基础上，全面理顺维稳信访工作程序，完善相关制度和机制，为进一步促进企业社会和谐稳定提供保障。

3. 纠纷排查

认真做好稳定风险评估工作，狠抓矛盾纠纷排查，在加大维护稳定工作有效掌控方面取得新成效。各企业集中开展不稳定因素大排查，做到分级排查、分级建账，把重点问题、重点人员、重点苗头隐患全部纳入视线和调控范围。在此基础上，超前对出台前的重大决策和排查出的不稳定因素进行分析，作出稳定风险评价和趋势估计，会同企业对稳定风险认真研究对策，制定化解方案，确保实现先期预警超前工作，确保风险逐次降级，确保从源头上有效杜绝规模群体访和进京访。对重复上访、反弹反复、久拖不决的信访事项，限期案结事了。对于暂时难以解决的问题，站在群众的角度着想，从群众的立场出发，认真做好政策解释和思想教育工作，取得群众的理解和支持。

4. 化解矛盾

各企业坚持依法按政策解决突出矛盾和问题，切实维护职工群众合法权益。注重运用帮扶方式妥善处理企业稳定面临的敏感问题，注重从治本上化解影响稳定的突出矛盾。充分发挥部门联席会议制度，围绕信访热点、难点问题和重点个案，及时会商并研究提出妥善处理意见。认真落实集团公司党组有关工作要求，不断加大对困难职工群众帮扶力度，全面开展扶贫帮困送温暖活动，形成“员工同心互助金”捐助年常态工作机制，覆盖全系统矿区内各个群体困难人员和特困家庭，帮扶一大批群体困难人员，切实有效缓解化解大量矛盾和问题，做到“不让一户困难家庭生活无保障、不让一个困难人员的子女上不起学、不让一个困难人员看不起病”。

5. 基础工作

不断加强基层基础和维稳信访干部队伍建设，夯实维稳根基。进一步加强维稳信访干部队伍思想作风建设。将增强宗旨意识、提高执行力和准确把握法规政策作为干部队伍建设的重点，努力提高维稳信访干部队伍的责任感、敏锐性、政策水平、扎实作风和协调组织能力。牢固树立固本强基思想，做到关口前移、重心下移，不断提高基层化解矛盾和解决实际问题的能力。健全基层基础资料，对各类群体的基本情况和相关数据及时进行跟进调整。切实关心基层维稳信访干部的工作和生活，认真研究解决他们的实际问题。努力创造良好的工作条件和环境，根据维稳信访工作发展的需要，切实加大资金投入，加强和改善维稳信访部门工作条件。切实保证维稳信访工作必要的办公经费和处理解决维稳信访问题必需的资金支出，配置和完善群众上访接待场所，努力改善信访部门的办公条件，改善办公手段，为提高工作效率和质量提供服务和保障。

（崔守全）

【综合治理】 2010年，按照全国油气田和输油气管道安全保护工作部际联席会议（以下简称部际联席会议）及中央国家机关和地党委政府等有关部门的工作要求，集团公司综合治理办公室以油气安保防恐、上海世界博览会、广州亚运会等特殊阶段安全防范，以及总部机关和在京单位安保消防、国家安全以及队伍建设为重点，狠抓基础工作，统筹规划，科学组织，攻坚克难，突出重点，严格落实责任，以扎实的工作措施，圆满完成各项任务，确保油气供应安全运行，促进集团公司油气生产治安秩序进一步好转，保障总部机关和在京单位平安稳定。

1. 油气安保防恐工作

2010年，集团公司党组认真贯彻落实党中央、国务院指示精神，高度重视油气安保防恐工作，主要领导亲自部署各项工作，多次提出明确要求，亲自协调解决涉及全局和战略的重大涉油问题，分管领导定期组织召开会议研究工作，定期赴重点地区和企业检查指导，各有关企业认真贯彻落实党组部署，全面落实责任，配合地方党委政府和有关部门，强化内部防范措施，组建输油气管道专业巡护队伍，建立完善内部保卫制度，全面提升防范能力，油气安保防恐工作取得了显著成效。

集团公司领导先后与北京、河北、陕西、甘肃、新疆等市、省（区）党政主要负责同志会见，提出解决油气勘探开发和管道建设重大难点问题的工作措施建议，促进有关问题的顺利解决。为有效推进石油天然气管道保护法的立法进程，蒋洁敏总经理多次与全国人大法工委、财经委，国务院法制办、公安部、国家能源局等有关部门的领导会商。9月28日，集团公司与甘肃省政府共同召开第五次管道安全保护工作联席会议，进一步加强与甘肃省及有关地（市、州）的联系沟通，推动管道安全保护工作的开展。为有效提升在疆企业和重要油气设施的安全防范工作，集团公司领导多次向新疆维吾尔自治区党委政府通报驻疆企业安保防恐工作，争取最大支持。党组和集团公司领导的总体思路、指示要求，工作作风和身体力行，为安保防恐工作明确目标，树立信心，使集团公司安保防恐工作取得实质性进展，迈上了一个新的台阶。

2010年初，综合治理办公室印发了《集团公司2010年安保防恐工作要点》，从指导思想、工作重点等方面提出总体要求，对各企业重要油气设施、重要部位危险程度和所处地区治安形势认真分析研究，统筹安排开展工作，做到有的放矢，目标明确，针对上海世博会等重大活动专门下发通知，将新疆油田、上海销售等28家企业列为上海世博会安保防恐重点单位，并组织召开专题会议进行全面部署。针对新疆地区的防恐形势，综合治理办公室多次下发密码电报，要求在疆企业切实加强安保防恐工作。同时积极协调武警总部在上海世博会期间对西气东输管道核心场站实施武装值守，有力保障了重点油气生产设施的安全平稳运行。广州亚运会前夕，办公厅专门发出通知，指导有关企业切实做好各项工作，安全环保部督促有关企业加强实战演练，提升应急处置能力。天然气与管道分公司强化与国家有关部门和地方党委政府的协调沟通，提前介入，全面加强新建在建管道尤其是跨国管道的安保防恐工作。法律事务部始终高度关注《中华人民共和国石油天然气管道保护法》的立法工作，积极参与、协调有关部门全力推进该法的出台，并积极进行法律释义编写工作。为了推进管道保护法的宣传贯彻工作，思想政治工作部、法律事务部、天然气与管道分公司按照集团公司领导指示，在各企业、油区和管道沿线开展声势浩大的宣传活动。

各油气田、管道企业坚持“企地联合、警企联防、群防群治、四防齐下”工作方针，不断完善防范机制，落实工作责任，严密工作措施，有效地维护企业的安全稳定。坚持从实战出发，逐级完善安保防恐工作方案、预案，细化应急处置措施，积极开展有针对性的实战演练，突出应急预案的针对性、操作性和实战性，并将安保防恐工作方案和应急预案与地方政府的方案预案有效对接，做到快速反应，随时启动，到位有力。以加强体制机制建设为抓手，建立相应的防范机构，指定专人负责，健全完善组织体系，落实工作责任。一是坚决贯彻集团公司部署，严格落实各项防范措施。各企业严格按照集团公司的部署，加大资金投入，不断完善人防、物防、技防和信息防，严格落实工作责任制，特别是集团公司上海世博会期间28个重点企业的安保防恐工作作为最硬的任务，最大的责任，全力以赴做好各项工作。二是地企联防联治，严打涉油犯罪。各企业坚持近年来整治行动中的成功做法，与属地公安机关并肩作战，始终把打击锋芒对准打孔盗油等严重犯罪活动，严管、严防、严打、严查相结合，形成凌厉攻势，保持高压态势，有效地打击各类涉油犯罪分子，维护油气生产安全秩序。三是强化应急演练，确保应对有力。各企业坚持从实战出发，逐级完善安保防恐工作方案、预案，细化应急处置措施，开展有针对性的实战演练，做到快速反应，随时启动，到位有力。

各级地方党委、政府领导对集团公司油气安全保护和防恐工作给予了大力支持，营造了良好环境。陕西省省委书记赵乐际，甘肃省委书记陆浩、代省长刘伟平，新疆维吾尔自治区党委书记张春贤等省（区）党政主要负责同志都对重要油气设施安全保护工作作出批示指示，山西省委常委、政法委书记杜玉林、黑龙江省副省长孙永波、河南省副省长秦玉海等省党政有关领导亲自部署安排工作，亲自带队进行督导检查。黑龙江省在加强中俄管道建设期间安保工作的同时，积极与管道企业研商投产运行后的管道巡护工作，成立专门保安公司全面负责中俄管道安保防恐工作。陕西省联席会议决定在上海世博会期间全省范围内开展专项整治行动，以西气东输管道为重点，严防发生有影响涉油案件、事故和群体性事件以及涉油恐怖袭击事件。甘肃省专门下发平安管道建设计划，计划用3年时间在甘肃省范围内开展地企共建平安管道行动，确保实现各类涉油涉管案件逐步明显下降，共同推进地企双方又好又快发展。新疆维吾尔自治区以专项行动为载体，严厉打击各类涉油违法犯罪，督促指导企业加大基础建设，严格落实各项防范措施，不断加强境内油气安保防恐工作。

经过各方的共同努力，集团公司所属油气田、管道企业生产治安秩序得到了进一步好转，各类涉油犯罪进一步下降，生产环境得到进一步净化。2010年，集团公司所属各油气田及输油气管道企业被打孔盗油215次、被开井盗油2379次，分别比2009年下降9%和2%。西气东输一线、陕京输气、兰成渝、涩宁兰等重点长输管道持续保持“零打孔、零伤害”；大庆、长庆、辽河、新疆等重点油区油气生产经营秩序逐步好转，外部环境明显改观。协助公安机关破获查处涉油案件6978起，抓获犯罪嫌疑人4321名，收缴被盗原油1.17万吨，清理取缔违章占压687处，挽回直接经济损失7400余万元。

2. 上海世博会和广州亚运会安保防恐工作

在集团公司党组的正确领导下，在国家有关部委和地方党委、政府及有关部门的大力帮助支持下，集团公司将上海世博会安保工作作为压倒一切的头等大事和首要政治任务，以扎实的工作措施和工作成效，圆满完成上海世博会安保防恐各项任务，为上海世博会“安全、成功、精彩、难忘”目标的实现作出了应有贡献。

集团公司高度重视上海世博会安保防恐工作。按照党中央、国务院的决策部署和上海世博会安保协调领导小组要求，集团公司党组切实加强组织领导，统筹规划，系统协调，周密组织，全面部署，确定目标，突出重点，狠抓督促检查，以决战的姿态和必胜的信心，坚决打赢上海世博会安保防恐攻坚战。2010年初，在集团公司党组会议上，总经理、党组书记蒋洁敏对上海世博会工作提出了“三个确保”目标。确保输油气供应平稳，确保重要油气生产设施安全，确保各项接待工作满意。3月初，集团公司成立了上海世博会工作领导小组，副总经理王宜林担任组长，多次听取了有关部门工作汇报，对上海世博会安保工作明确要求，作出安排部署。副总经理王福成作出多次批示，要求坚决贯彻党中央、国务院有关部署，严格落实防控措施，确保万无一失。副总经理廖永远对上海世博会安保防恐工作作出了具体指示，要求集团公司驻沪及周边企业扎实有效推进“环沪护城河工程”建设，以更高的标准，利用一切手段，动员一切资源，消除一切隐患，与地方政府共同筑起一道安全屏障。

为确保安保防恐各项工作任务、责任落到实处，4月12日，集团公司综合治理办公室向28个重点企业逐一下发《上海世博会安保防恐工作责任令》，明确各企业党政主要负责同志负总责，并直接抓责任制的落实。同时，综合治理办公室对5家重点单位的16个重点部位分别实行处级领导包保责任制，并分别提出工作要求。按照上海世博会确定的28个企业不同特点，分别对不同行业提出不同要求，即油田企业切实加强西气东输、陕京管道气源地的安保防恐工作；管道企业突出做好重点管道、关键部位、核心场站的巡逻守卫；运输企业加强对运输车辆、船只的监督检查，加强对运输人员的安全教育等；销售企业加强做好上海世博会园区周边加油气站的安保工作，对重点站库全面提升安全防范标准；炼化企业严格出入管理，坚决做到“看好自己的门、管好自己的人、做好自己的事”；物探和钻探企业加强民爆物品的管理，严防发生被盗、丢失等情况。5月下旬，综合治理办公室对涉疆企业下发《关于立即行动采取果断措施坚决做好当前和今后一个时期安保防恐工作的紧急通知》，对“7・5”期间安保防恐有关工作做了具体部署。为切实做好在疆企业安保防恐工作，7月2日集团公司组织驻疆、在疆石油企业召开应对“7・5”敏感期和做好领导干部会议期间安保防恐工作会议，并下发《集团公司应对“7・5”敏感期和做好领导干部会议期间安保防恐工作任务措施》。9月10日，综合治理办公室对28家重点企业下发《关于全面做好上海世博会安保攻坚阶段工作的通知》，要求各重点企业严格按照集团公司党组要求，切实落实安保防范措施，坚决做好上海世博会安保攻坚决战阶段各项工作。

各重点企业紧紧围绕“平安上海世博会”的总要求，站在确保油气生产设施运行安全、确保市场供应平稳、确保社会稳定的高度，以全面覆盖、科学组织为前提，统筹谋划安保防恐工作；以明确责任，强化措施落实为基础，确保各项措施执行到位；以突出重点要害为关键，加强防范管控力度，全力确保油气生产设施的平稳运行。各重点企业普遍成立以党委书记为组长，总经理或分管副总经理任副组长的上海世博会安保防恐领导小组，对安保防恐工作实行统一指挥，确保各项工作有序开展。不断加大投入，进一步完善落实技防、物防和信息防措施，持续开展隐患大排查，切实落实整改措施。按照集团公司的总体部署，在4月底前全部开展一次隐患大排查，主动排除安全隐患。上海世博会期间，各重点单位都成立专项督导检查组，专门负责上海世博会期间督导检查工作，确保各项措施落到实处。重点企业不断完善安保防恐工作预案，细化应急处置预案及配套措施，积极组织开展有针对性的应急演练，不断提高应对处置突发事件的能力。28家重点单位上海世博会期间共组织各类演练2500余次，参演人数达16000余人。

11月，集团公司为加强广州亚运会期间的安保防恐工作，确保广州亚运会和残运会的顺利举办，实现油气安全平稳供应，对有关单位下发《关于广州亚运会和残运会期间加强安保防恐工作的通知》，对相关企业安保防恐工作进行部署，提出工作要求，确定驻粤环粤8家重点企业为安保防恐重点单位，明确工作目标和责任。对相关企业下发《关于对重点企业广州亚运会安保防恐工作进行督导检查的通知》，组织专人对驻粤环粤8家重点企业安保防恐工作进行督导检查，指导企业进一步加强人防、物防、技防和信息防措施，严格落实工作责任制，对重点要害部位采取特别防范措施，严防发生恐怖袭击事件。通过有关部门和单位的共同努力，确保广州亚运会和残运会期间油气供应的平稳运行，确保各单位的安全稳定，为广州亚运会和残运会的顺利进行作出了积极贡献。

3. 加强石油馆的安保消防工作

集团公司综合治理办公室先后从抚顺公司保卫部、长庆油田保卫部、总部机关经警大队和华北油田保卫部抽调77名人员执行上海世博会石油馆的安保消防任务。2010年3月27日，第一批10名安保消防人员到达后，首先对展馆现状进行了摸底调查，制定了《石油馆施工期间岗位人员工作职责》、《施工期间日常勤务工作暂行方法》、《物资出入记录本》等制度，制作并发放施工人员出入证，实施全面控制。4月中旬，综合治理办公室从基层抽调3名消防专家组成检查组，对石油馆进行了地毯式全面排查，共查处各类消防隐患12项，提出工作建议10条，全部提交石油馆主管领导和有关部门整改。4月20日，抽调到上海担负石油馆安保消防任务的60余名警员到达后，迅速开展有关业务培训，对各岗位执勤进行模拟执勤，查找不足和漏洞，合理安排执勤岗位。同时，全体执勤警员对各项方案、预案反复演练，不断进行补充完善，为石油馆正式顺利运行提供了保障。

上海世博会期间，石油馆共接待参观观众360多万人，其中贵宾300余人。在200多天的上海世博会安保工作中，77名安保队员团结协作，勇挑重担，奋力拼搏，保持了110天的零投诉，为中国石油争得了荣誉，为平安上海世博会作出了贡献。在77名安保执勤人员中，有14名人员被评为先进个人，石油馆被评为上海上海世博会园区秩序典范单位，共有14名队员受到三大石油公司联合表彰嘉奖。

4. 总部机关消防工作

在集团公司总部机关防火安全委员会的领导下，在各部门和单位的大力支持下，石油大厦和六铺炕办公区防火办公室紧紧围绕“预防为主，防消结合”的消防安全工作方针，严格落实工作责任，加强消防安全管理，积极开展隐患排查，坚决整改消防安全隐患，严格施工动火审批管理，不断加强总部机关消防安全“四个能力”建设，努力提高全员安全防范意识，保障了总部机关的安全平稳运行。

（1）逐步健全各级消防组织，明确岗位安全责任，并按照《中华人民共和国消防法》要求，逐级进行落实。一是强化落实消防安全主体责任。与入驻石油大厦和六铺炕办公区各部门、单位分别签订了《2010年消防安全责任书》，同时要求阳光物业公司与所属员工签订个人消防安全责任书。为加强外来单位的消防安全管理，阳光物业公司与供货、维保和施工等单位签订《消防安全协议书》110份，明确防火安全责任。二是阳光物业于2010年4月成立消防安全委员会，负责大厦消防安全各项工作的计划、筹备和实施，在单位内部组建义务消防队和应急救援队伍，在所属13个部门确定兼职安全员，确立消防安全三级管理体系，建立“工作有计划、落实有措施、步步有确认、事后有总结”的工作机制。

（2）充分发挥“自查、巡查检查和内部监督”相结合的模式，多层次全方位进行隐患排查。一是扎实做好日常消防安全检查。阳光物业坚持每天对大厦各区域巡查4次，全年共发现并整改安全隐患672项，接报故障信息1226次。机关经警大队督导检查组每天对大厦进行3次监督检查，全年共开展消防检查1080次，查处大厦违规吸烟23人次，查处无证施工3次。机关经警大队对六铺炕办公区每天进行7次检查，全年共发现安全问题662项，及时反馈相关单位进行有效处置，对重大安全隐患，总部机关防火办公室积极筹措资金，制定整改措施。二是定期开展安全大排查。为保障石油大厦和六铺炕办公区安全平稳运行，防火办公室专门抽调地区公司电器安全专业人员于8月23日—26日对总部机关2个办公区电气设备安全状况和运行情况进行专业检查，共发现和整改电气安全隐患44项。阳光物业公司于10月中旬至11月中旬，按照自查自纠、联合检查、统一整改3个阶段，分步开展石油大厦冬季拉网式安全大检查活动，共检查37类区域、2108个部位，近万个检查项目，查出问题266个，对检查出的问题逐项明确责任部门和责任人，落实整改措施和整改时限，并对整改情况进行复查，确保彻底整改。

（3）认真研究防火工作中的重点难点问题，突出要害，强化监督，超前防范，确保安全。一是加强重点部位消防安全管理。为加强10个气体灭火系统保护区域的安全管理，石油大厦防火办公室于5个气体灭火系统保护区单位共同研究确定《气体灭火系统保护区域消防安全管理细则》，规定气体灭火系统的控制原则，明确设备操作权限，优化应急处置程序。针对石油大厦地下车库面积大、车辆多，消防车无法进入，现有灭火器材不易扑救等问题，防火办公室专门为石油大厦地下车库配备了2台泡沫消防巡逻车，并于12月15日进行了实战测试和演练，对地下车库消防安全具有一定保障作用。二是加大对重要危险源的监督力度。对大厦“4·19”火情、“10·19”火情和“6·19”冷冻机房电源母排击穿故障，防火办公室均及时下发事故情况通报，要求严格按安全作业规程操作和正确使用电器设施设备，防止因人员使用不当造成电气安全隐患。同时，组织阳光物业和大厦督导检查组人员对大厦供电系统和办公用电器开展了多次电气安全检查。针对上海“11·15”火灾事故暴露出的问题，防火办公室及时对施工队伍采取了停业整顿措施，并及时制定《石油大厦动火作业审批标准》和《石油大厦动火作业审批流程》，按施工现场危险性对动火作业现场监护分为三级，建立了由阳光物业检查把关，防火办公室监督审核的动火审批模式。三是保障重点时段和敏感时期总部机关消防安全。防火办公室针对重点时段和重要敏感时期，专门制定安保消防应急处置方案，并与医疗、服务、交通等各方面力量形成联动。在节日和重大活动期间，防火办公室与阳光物业公司研究制定了《石油大厦安保消防工作应急方案》、《石油大厦重大活动服务组织保障方案》、《消防巡查、检查工作手册》，加强节日和重大活动期间消防安全巡查检查和内部监督力度，有效保障总部机关消防安全。

（4）全面推进消防安全基础能力建设，切实增强消防人员灭火救援战斗力，保证消防设施设备完整好用，完善基础运行资料与台账。一是加强专业队伍防火灭火能力。6月3日组织阳光物业公司和机关经警大队人员在地坛体育场举行“中国石油总部机关第一届消防运动会”，并邀请北新桥消防中队专业人员进行参观和指导。11月13日，阳光物业组织工程部、消防部、安保部、楼宇控制中心全体人员及各部门安全员共217人，在北京市朝阳区举行初起火灾扑救实战操演。二是加强设施设备维护保养。阳光物业全年共测试消防控制系统主机9次，火灾探测器6940个，手动报警面板627次，电话插口602次，消火栓报警按钮610次，发现防排烟风机、室内消火栓等方面问题250余项，现均已整改完毕并通过复查。针对六铺炕办公区主楼火灾自动报警系统故障，防火办公室于8月5日开始对系统进行彻底改造，于10月16日完成改造工程，并通过调试验收。另外，为确保石油大厦人员安全，防火办公室还专门增置了400具消防应急包，对员工进行更换补充。三是完善基础运行资料与台账。阳光物业于11月份完成了质量、环境、职业健康安全、HSE管理体系四标整合管理体系监督审核工作，进一步优化完善消防安全管理体系，并按照北京市消防局的具体要求，对消防基础资料进行整理、收集和补充完善，共整理归档《防火检查记录》、《火灾隐患整改记录》、《灭火和应急疏散演练记录》等资料13项，并补充完善《义务消防队培训记录》、《消防安全工作会议记录》等资料。

（5）全年组织开展总部机关办公区人员应急疏散演练4次，参加人员达1400余人。邀请专业消防人员分别对六铺炕和石油大厦办公区员工进行消防安全知识培训，累计培训各部门、单位员工3500余人。为深入推进消防安全“四个能力”建设，向大厦各部门、单位印发了北京市消防局《消防安全“四个能力”建设答题问卷》，印制了《北京市社会单位消防安全“四个能力”建设标准汇编》25份、刻录《河北省“四个能力”建设》宣传光盘25份，制作消防安全提示卡800张。加强监督检查，阳光物业和机关经警大队检查每天对石油大厦巡查、督导检查7次，全年共开展消防检查2700余次，共发现并整改安全隐患700余项，接报故障信息1226次。

5. 在京单位及企业驻京联络机构安保消防工作

2010年，在集团公司的统一领导下，在北京市公安、消防及有关部门的大力帮助支持下，综合治理办公室以安保消防工作为重点，不断加强对在京各单位的协调指导，不断完善基础档案资料建设，认真组织开展隐患大排查，以扎实的工作措施和工作成效，圆满完成各项安保消防工作任务，确保单位安全平稳。

（1）充分发挥协调指导作用。年初，综合治理办公室先后下发了《关于加强2010年元旦期间安保消防工作的通知》、《关于做好春节期间安保消防工作的通知》，要求各单位加大安保防火安全宣传教育力度，提高全体员工安全意识，加强防范，严防发生安全、火灾事故。为迎接两会召开，下发了《关于加强全国“两会”期间安保消防工作的通知》，对“两会”期间的安保消防工作进行了部署安排。上海上海世博会期间，为加强重要基础设施的安全保护，确保群众生命财产的安全，转发了《北京市公安局内部单位保卫局关于切实落实首都重要基础设施安保防控措施严密防范恐怖袭击事件发生的通知》，要求加大对员工的宣传教育，提高安全防范意识，切实采取有效防范措施。截至12月底，综合治理办公室下发各类通知10余份，指导协调各在京单位和企业驻京联络机构规范安保消防管理工作，采取有效防范措施，防止各类治安、刑事案件和火灾事故的发生。

（2）建立完善安保消防基础台账。3月17日，根据北京市内部单位保卫局关于严防发生财务室被盗等要求，综合治理办公室对各单位财务室保险柜的使用、保管、保护措施等情况进行摸底。6月中旬，综合治理办公室对各单位地下空间使用情况进行摸底统计，建立了台账。10月，对在京单位易攀爬制高点部位、责任人、管理措施等情况进行摸底统计。12月，根据北京市内部单位保卫局的统一部署，对各单位报警视频监控系统进行摸底调查。

（3）认真开展安保消防隐患大排查。为进一步加强在京单位及企业驻京联络机构的消防安全工作，严防火灾事故发生，保障员工生命安全，按照集团公司和北京市消防部门的有关要求，综合治理办公室多次组织专人对在京单位（包括企业驻京联络机构）消防安全制度落实情况、自动消防设施运行、消防疏散通道是否畅通、消防培训教育、出租房、地下空间的使用情况等方面进行消防安全大检查。截至2010年底，对在京单位及驻京联络机构开展安保消防工作检查共计6次，对各在京单位安保消防工作的有序开展，完善各项规章制度，落实各项工作措施起到了积极的推动作用。

（4）地方公安消防部门大力支持。在全国两会期前夕，北京市内部单位保卫局，专门派人到重点单位进行督导检查，指导企业落实防范措施，做好单位内部安保消防工作，确保内部安全。“两会”期间，派专人到有关单位实行蹲点，协助单位加强内部防范。在上海世博会期间，内部单位保卫局专门成立督导检查组，由主管领导带队，多次派警员到北京管道公司所属重要输气站、库和北京销售重点加油站、油库进行检查指导工作。

6. 国家安全和无线电管理工作

按照北京市国家安全机关工作要求，先后多次参加国家安全工作会议，落实国家安全人民防线建设，配合北京市国家安全机关工作人员调查了解情况。在企业需要办理无线电专用频率申报工作时，主动了解专用频率和呼号使用情况，核准频率范围、使用功率、呼号位数、覆盖半径、位置坐标以及专用频点等情况，报国家无线电管理委员会和民航总局审批，全年为2家企业办理了相关手续。

7．机关保卫队伍管理

机关经警大队以保障总部机关安全稳定为己任，坚持以科学发展观为指导，不断加强队伍正规化、制度化建设，不断完善工作方案预案和岗位职责，不断提升队伍服务水平和工作能力。

狠抓班子建设，发挥党支部战斗堡垒作用。落实“三会一课”制度，积极参加和开展争创“四强”党支部、争做“四优”党员活动，进一步增强党支部凝聚力和战斗力。切实加强各级管理人员的思想作风、工作作风、学习作风建设，增强服务意识，提高工作效率，努力培养一支技术精湛、作风优良、纪律严明的班组骨干力量。加强对影响队伍稳定因素的分析，及时掌握警员的思想动态。大队党支部组织党员和骨干认真学习“大庆精神、铁人精神”和“我为上海世博会作贡献”为主题的思想教育活动。大队党支部先后开展丰富多彩的文体娱乐活动，组织警员到上海上海世博会参观学习，与友邻单位组织警企“八一”联欢晚会，组织开展警员行为安全、爱岗敬业教育活动等，使每位警员牢固树立为机关服务的思想。

严格履行职责，确保机关安全稳定。机关经警大队在综合治理办公室的领导下，合理调配经警大队力量，加强警员工作责任心教育，工作中斗酷暑、战严寒，全体警员齐心协力，兢兢业业，忍辱负重，充分发扬大庆精神和铁人精神，全力维护总部机关的安全稳定。石油大厦地面车场各岗位严格落实车场管理制度，建立完善车辆信息台账，认真检查进入车辆的证件，规范停车场管理工作，确保进出车辆和重要活动期间有序安全。六铺炕办公楼和前后停车场要求严格车辆、人员、物资进出，做到车与证相符、人与证相符、出门物资与出门条相符，严禁上访、推销等无关人员进入，确保车道畅通，车辆有序停放。

关心警员身体健康和生活。集团公司直属党委在春节前夕专门慰问警员，并专门安排时间为每名队员进行健康体检，还为经警大队赠送书籍和文艺演出票电影票等精神食粮，活跃了队员的业余文化生活。集团公司老干部局对大队的工作和生活也非常关心，新年伊始还为每位队员配发一本台历。华油北京服务总公司定期在节日期间慰问值勤警员，尤其是在经警大队每逢节假日组织会餐时，华油北京服务总公司有关人员放弃休息时间为大队提供热情周到的服务。经济技术研究院为队员购买防暑饮料雨伞等慰问品慰问队员。为改善队员伙食质量，进一步完善食堂管理制度，及时了解警员的需求，以菜式更丰富多样、营养搭配更合理、就餐人员更满意为目标，不断提高炊事人员服务质量。组织炊事人员进行安全风险识别和隐患排查，及时修订和完善炊事人员作业指导卡，规范炊事人员操作流程，切实有章可循。组织全员参与、形式多样、内容丰富的“学、练、比”活动，加强班组长的安全知识教育培训，定期组织各班组识别“三违”行为，努力培养造就一支“政治合格、身心健康、作风优良、纪律严明、保障有力”的经警队伍，特别是加大对管理人员和消防督导巡逻人员的培训，使每位队员熟练掌握消防安全隐患识别、排查常识。制定经警大队绩效考核管理办法，大队与各分队签订业绩考核责任书，落实全员绩效考核管理，严格落实月评比季考核制度，按季度开展创先争优活动，形成激励机制。

据不完全统计，2010年机关经警大队全年共出动警力3000余人次，完成外事活动保卫任务240余次，预留车位1100余个，完成大型会议安保执勤任务11次，处置各类突发事件10余起，巡逻督导检查700余次，配合属地街道、派出所进行属地秩序维护出警200余人次，为集团公司总部机关安全稳定提供有力保障，为总部机关属地的安全稳定作出了应有贡献。

（刘连民）

离退休职工管理

【概述】 截至2010年底，集团公司所属99个企事业单位共有离退休职工426133人，其中离休干部6263人，占1.46%；退休干部145264人，占34.1%；退休工人274606人，占64.44%。离退休管理工作人员7850人（兼职1187人）。集团公司设有离退休职工党委124个；党总支365个；党支部3413个。离退休职工党员129055人。全系统有离退休职工活动中心（站、室）1300个，老年大学50所，分校87所。

【落实各项待遇】（1）坚持走访慰问制度。一是春节前夕，集团公司总经理、党组书记蒋洁敏带领党组成员分别走访慰问集团公司机关离退休老领导及老领导遗孀30多人。二是集团公司和股份公司机关各部门领导分别走访慰问本部门退下来的老同志和老同志遗孀900多人。三是各企事业单位的领导采取多种形式分别慰问了本单位的离退休职工。四是遵照党组要求，在春节、“五一”、“十一”三大节日前夕，分别组织对全系统40余万离退休职工进行慰问。五是春节前离退休职工管理局领导和离退休党支部书记走访慰问机关患有重病和生活困难的离退休职工65名。

（2）坚持通报情况制度。集团公司副总经理、党组成员李新华代表党组，2次向机关局级老同志和离退休党支部书记通报了集团公司工作会议情况和生产经营形势。

（3）坚持阅文和发放学习材料制度。每周组织离退休人员阅读文件。全年为机关离退休人员分发胡锦涛总书记《在全党深入学习实践科学发展观活动总结大会上的讲话》、《中国共产党第十七届中央委员会第五次全体会议文件汇编》、温家宝总理《政府工作报告》、《机关离退休职工创先争优学习资料选编》等学习材料和辅导材料4000余本。为800多名离退休人员订阅《中国石油报》、《中国老年报》和《中国老年》、《老同志之友》等期刊，满足了他们的学习需求。

（4）坚持离休干部考察工农业生产的制度。夏季，离退休职工管理局组织31名离休干部及家属到北京石油会议中心考察休养。

（5）做好养老金和生活补贴发放工作。根据《关于北京市2010年调整企业退休人员基本养老金的通知》的规定，为机关745名退休人员编制、审核、调整养老金。发放春节、“五一”、国庆节日慰问金。

（6）坚持体检和医疗保健制度。组织机关 70 余名离休干部和 639 名退休人员进行体检，及时发放体检手册和影像资料，并组织体检答疑。安排离休干部住院 57 人次，协助医院抢救危重病人 18 人次。出诊、探望家庭病床及住院离休干部 700 多人次。

【政治学习和党支部建设】（1）开展“五好党支部”创建和优秀共产党员评选活动。2009 年下发《关于在集团公司离退休职工党支部中开展“五好支部”创建活动的通知》（老干〔2009〕483 号）以来，各单位离退休工作部门按照通知要求，把创建活动作为 2010 年离退休职工党支部建设的一项重点工作。2010 年 8 月，下发《关于开展评选离退休职工“五好”党支部和优秀共产党员工作的通知》（老干函〔2010〕13 号），在全系统离退休工作部门广泛开展评选活动。共评选出“五好支部”37 个，优秀共产党员 300 人，由集团公司党组发文进行表彰。机关 11 个离退休党支部评选出“五好支部”1 个，优秀共产党员 2 人。“七一”前夕在机关离退休职工党员中评选出 6 名党员，被直属党委授予优秀共产党员称号，并参加了表彰大会。

（2）开展创先争优活动。2010 年 11 月，转发中组部、中央创先争优活动领导小组《关于在离退休干部党组织和党员中深入开展创先争优活动的指导意见》（创先〔2010〕19 号）、《关于认真学习贯彻〈关于在离退休干部党组织和党员中深入开展创先争优活动的指导意见〉的通知》（老干通字〔2010〕9 号），要求各单位结合实际在离退休职工中广泛开展创先争优活动。结合开展活动，组织机关 800 多名离退休人员参加创先争优活动知识答题活动。

（3）坚持支部学习和组织生活制度。2010 年，离退休职工管理局党总支召开 6 次总支委会议，向各离退休支部书记及时传达上级党委重要文件精神、通报情况、安排学习。党总支每月制订离退休支部学习计划，各支部通过召开支部大会向广大党员传达落实上级党组织的精神。离退休管理局干部每月参加离退休职工党支部的学习和组织活动，加强与离退休人员的联系和沟通，及时了解他们的思想情况和需求。

（4）组织离退休职工专场报告会。在“中国石油科学发展专题报告会”上特邀长庆油田冉新权作《解放思想、开拓创新，为建设西部大庆而努力》的发言；管道建设项目经理部陈向新作《不辱使命、攻坚克难，建设好西气东输二线工程》的发言；长庆油田刘玲玲作《选择了石油就选择了奉献》的发言；东北炼化工程公司赵林源作《做与企业共发展的知识型工人》的发言。2010 年 5 月下旬，组织在京单位老同志国际形势报告会，邀请中国关心下一代工作委员会常务副主任、外交部原副部长武韬介绍我国与欧美、俄罗斯、周边等国的对外政策，很受离退休人员的欢迎。组织党支部骨干参加中组部老干部局主办的 4 次专题报告会。

（5）2010 年 8 月下旬，举办机关离退休党支部骨干培训班，到呼和浩特石化公司学习考察，去生产一线了解感受企业通过改革发展产生的巨大变化。

【老年大学和活动中心】 机关老年大学按照教委会制定的教学计划，全学年共开设 14 门课程，开办兴趣小组 7 个。两个学期各有近 400 名学员，有 2000 多人次参加各科课程和兴趣小组的学习和活动。为了保障老年大学教学活动的需求，更新了 22 台计算机，新置摄像机及教学器材。对多功能厅音像设备、教室电教设备进行了调试和维护，添置必要的文体活动设备和器械。

离退休职工管理局组织离退休职工观看教育电影，参观艺术展览，编排文艺节目，参加体育比赛、春游秋游，举办老幼联欢会、季度棋牌赛等各种活动。2010 年 6 月，下发《关于开展“石油健康老人”评选活动的通知》（老干函〔2010〕11 号），明确了活动指导思想和评选标准。经过各单位积极评选推荐，集团公司通报表彰了 100 名“石油健康老人”，并在《中国石油报》“金秋周刊”上刊登他们的养生之道和健身经验。还联系中国老年基金会专家为离退休职工举办了“尊重生命，管理健康”健康教育大讲堂。组织离退休职工参加 BTV 体育频道“健康一箩筐”的节目录制。与国家发改委、中国石化离退休职工进行桥牌友谊赛。参加东城区、西城区“会员杯”、“地坛杯”、“康乐杯”门球比赛等活动，满足了离退休职工的精神文化生活需求，充分发挥老干部活动中心和老年大学的阵地作用。

【队伍建设】（1）加强对企事业单位离退休工作业务指导。年初，离退休职工管理局向企事业单位离退休工作部门下发集团公司《2010 年离退休工作要点》，明确 2010 年的主要任务和部署重点工作，加强对企业离退休工作的指导督促。

（2）开展主题活动。2010 年 5 月，离退休职工管理局开展“服务、质量、作风”主题教育活动，组织学习贯彻集团公司工作会议精神，突出转变工作作风抓服务质量的落实，学习践行大庆精神和铁人精神，集中解决服务意识和服务质量中存在的突出问题，收到好的效果。

（3）开展优秀论文评选工作。2010 年 5 月，下发《关于开展离退休工作优秀论文评选工作的通知》（老干函〔2010〕6 号），要求各单位离退休工作部门加强思想政治工作研究，积极推选服务管理工作优秀论文。经过精心组织，7 个协作区共评选和推荐出 70 篇论文，从中评出一等奖 6 篇、二等奖 12 篇、三等奖 24 篇、优秀奖 28 篇。

（4）离退休职工管理信息系统上线运行。2010 年 6 月，先后下发《离退休职工管理信息系统管理办法》（老干〔2010〕398 号）、《关于做好离退休职工管理信息系统上线运行工作的通知》（老干函〔2010〕8 号），对深入开展离退休职工信息化建设工作提出了具体要求。6 月、10 月，先后两次召开管理信息系统关键用户研讨会，16 次深入基层开展培训工作，培训工作人员近千人次。经过先期试点、推广实施和整改完善三个阶段的工作，录入 42 万多名离退休人员的基本信息。2010 年“五一”、“十一”，根据系统信息数据发放了慰问金，完成了在统一平台中管理离退休职工各类信息的设计。各单位按照要求，建立健全系统管理制度，做好系统运行和维护工作，确保了管理信息系统数据及时、准确。通过开展信息化建设，进一步增强了管控能力，提高了工作效率，实现了管理信息系统推广应用的目标。

（5）开展创先争优评选先进活动。2010 年 6 月，集团公司开展创先争优活动，离退休职工管理局党总支召开领导班子会专题研究制订活动方案，按照活动的 3 个阶段，安排项目，编印学习材料，细化内容，明确职责，有序开展。8 月，下发《关于评选离退休工作先进单位和先进个人的通知》（老干函〔2010〕12 号），提出具体评选要求。经过各单位推荐，共评选表彰先进单位 59 个、先进个人 82 名。

（6）开展政策业务知识学习活动。按照中组部老干部局要求，下发《关于开展离退休工作政策业务知识学习活动的通知》（老干函〔2010〕18 号），提出具体要求。各单位积极开展政策业务知识培训工作，大力推进学习型机关建设，进一步提升了离退休工作管理服务水平。

（7）协助做好宣传报道工作。切实抓好通讯员队伍建设，协助《中国石油报》社召开 2 次《金秋周刊》工作座谈会，总结工作，表彰先进，配合做好宣传报道工作，用科学理论武装离退休职工思想，引导离退休职工维护企业和谐发展，保持队伍稳定。

（8）召开离退休工作会议。2010 年 12 月 25—26 日，集团公司离退休工作会议在北京召开。集团公司总经理、党组书记蒋洁敏对会议提出具体要求：“集团公司的离退休老领导、老同志为中国石油工业的发展作出过突出和重要贡献，我们永远不能忘记他们！在新的历史时期，要发扬优良传统，进一步做好离退休服务工作，为建设综合性国际能源公司作出新贡献。”会上，集团公司副总经理、党组成员曾玉康宣读表彰先进决定，集团公司副总经理、党组成员李新华作总结讲话，局长樊胜利作工作报告。曾玉康、李新华共同为离退休职工管理信息系统上线揭牌。老领导李敬、史训知，集团公司关心下一代工作委员会主任李克成，中组部老干部局副局长王维平等出席会议。会议表彰了大庆油田有限责任公司党委老干部处等 59 个离退休工作先进集体、82 名离退休工作先进个人、300 名离退休职工优秀共产党员和 37 个离退休职工“五好”党支部。大庆油田等 20 个单位交流工作经验，9 个单位作书面发言。集团公司各企事业单位分管离退休工作的负责人、总部机关有关部门负责人、离退休职工和离退休工作者代表 270 余人参加会议。

【关心下一代工作】 2010 年是中国关心下一代工作委员会（以下简称关工委）成立 20 周年。中国关工委举办“中国关心下一代工作 20 周年回顾展暨全国关心下一代工作先进集体、先进个人表彰大会”。6 月下旬集团公司关工委展厅在北京展览馆如期揭展，展览集中反映了集团公司关工委在党组的领导下，组织石油“五老”积极投身关心下一代工作，不图回报、无私奉献的高尚情操，展示了集团公司认真履行政治责任、经济责任、社会责任的良好形象和回馈社会的具体善举。中央领导刘延东、顾秀莲等参观了石油展厅。在表彰大会上，大庆、辽河、华北等油田关工委和辽阳石化公司关工委作为全国关心下一代工作先进集体、大庆油田周占鳌等 26 人作为全国关心下一代工作先进个人受到表彰。

（马小平）

档案管理

【概述】 截至2010年底，集团公司共有档案机构1466个，专职档案人员3293人，兼职人员7155人。馆藏全部纸质档案近2000万卷，4000万件。全年利用档案人数41万余人，利用档案近350万卷（件）。编研档案资料公开出版物44种，内部参考836种。档案库房建筑面积近48万平方米。

【档案工作】 全面贯彻落实集团公司2010年工作会议和2009年档案工作会议精神，紧紧围绕企业改革发展稳定工作大局，提升服务能力，强化管理职能，档案工作集约化、专业化、一体化管理取得进展。

1. 中国石油档案馆建设纳入规划

按照集团公司总经理蒋洁敏在科技园工作调研时提出可将档案业务分离出去独立建设的指示精神，提出初步建设方案。

2. 建立统一的档案工作制度体系

适应集团公司专业化、集约化和一体化发展要求，制定印发集团公司、股份公司《建设项目档案管理规定》、《史志工作管理规定》、《重大活动档案管理办法》等5项规定。在遵从国家和行业标准的基础上，经过两年时间完成制定《集团公司档案管理手册》（2010版），成为集团公司档案工作完整制度体系的重要组成部分。首次制定了集团公司档案分类、编号、著录规则，著录项由近百个统一为30个，业务流程由近20个统一为8个，报表近40张统一为16张业务用表和9张统计报表，首次对归档电子文件元数据和格式及档案数字化进行了规范。

3. 推进境外档案的规范化管理取得实效

加强海外29个国家运作的82个项目的体制机制建设，进一步明确海外档案工作的组织与人员职责，完善档案工作组织保障体系。落实海外单位归档范围确认制与备案审批制，启动《境外档案安全保管应急预案》，实施《境外档案工作考核办法》。同时，采取档案培训、实地检查、目标考核、通报表扬等“四个措施”，保障境外档案工作的开展。

4. 档案信息化建设取得重要进展

完成档案管理系统功能开发和试点应用工作。一是做好试点单位应用工作。在完成关键用户和最终用户培训工作后，系统开始在大庆油田、长庆油田等10家试点单位和大厦8家在京单位应用。二是做好系统推广准备工作。在全面总结系统试点应用实践的基础上，形成系统推广实施模板，制定系统推广实施方案，编写系统推广实施培训教材，组织系统推广培训讲师的试讲工作；结合系统运维实践，编制《中国石油档案管理系统运维细则》，明确系统运维职责，规范系统问题处理流程，做到系统运维支持工作及时高效且过程受控。三是持续改进完善系统功能，开发电子文件归档接口。按照档案管理手册和归档范围确认单，完成了普通电子公文系统、合同管理系统与档案系统电子文件归档接口的开发联调工作，部署实施普通电子公文系统接口并在各试点单位运行。

5. 进一步加强建设项目档案管理工作

按照国家关于建设项目档案管理的新要求，修订印发集团公司、股份公司《建设项目档案管理规定》，进一步规范了建设项目管理。组织并参与完成西气东输管道工程、辽阳石化80万吨/年精对苯及20万吨/年乙二醇配套工程、吉林石化特种纤维工业化试生产等11个项目档案专项验收。加强建设项目档案业务指导。组织专家组对独山子石化千万吨炼油百万吨乙烯、广西石化1000万吨/年炼油工程、西南油气田龙岗试采工程等8个项目进行档案工作检查指导。组织编写《集团公司建设项目文件归档要求和档案整理操作指南》（征求意见稿）、《集团公司建设项目（工程）档案管理文件选编》。

6. 加强机关档案管理工作

一是制定印发《重大活动档案管理办法》，界定重大活动和重大活动档案的范围，明确各类重大活动的责任主体，规范重大活动档案收集、整理、归档的流程与要求。二是全面开展归档范围确认制工作，配合机关各部门、专业分公司梳理业务流程、明确归档范围，形成归档范围确认单。三是完成实物档案的清点、整理与汇编工作，完成实物档案库改造工作，共接收实物档案236件，清点实物档案669件。

【史志工作】 初步建立“编研、征集、展示”三位一体的史志工作机制。

1. 展览厅建设取得重大进展

查阅各类志书文献资料100多万字，查阅档案资料2000多份，在老中青三方面专家的指导下，形成文案大纲。展览厅（古代近代部分）于2010年6月底建成，经过一个多月的调整完善，于8月23日正式运行，共接待参观者2000多人次。

2. 史志工作进一步规范

认真贯彻落实国务院《地方志工作条例》和全国地方志工作会议精神，根据国家有关法律法规，制定印发《中国石油天然气集团公司史志工作管理规定》（试行），首次对集团公司史志工作提出明确要求。为做好口述历史的试点工作，组织制定《中国石油口述史编写规范》（试行）。

3. 组织开展编研工作

组织《中国石油60年大事记》编纂工作，先后十易其稿，形成送审稿，搜集各种文献资料130多种、1200多万字、8300余条，经过研究、比较、论证、分析，精选近4000个条目，共计38万多字。为《中国石油天然气集团公司年鉴》、《中国国有资产监督管理年鉴》、《中国海洋年鉴》等年鉴提供稿件5万多字。

4. 开展档案史料征集和实物档案库建设工作

征集党和国家领导人视察、调研的文字、图片、音像资料及题词影印件。同时，在展厅建设中，把征集、抢救、整理、保管和利用文史资料和文物作为重要工作来抓，汇编征集图册5册，征集图片近5000张，实物600多件，制作雕塑和模型12个，仿真文献资料近200份，各类志书200多本。

（王　强）

第十一篇

党建、思想政治工作与企业文化建设

第一篇
总　述
第二篇
油气勘探开发生产
第三篇
炼油与化工
第四篇
成品油销售
第五篇
天然气与管道
第六篇
工程技术、工程建设与装备制造
第七篇
国际业务
第八篇
科技与信息
第九篇
安全环保与质量节能
第十篇
企业管理与监督
第十一篇
党建、思想政治工作与企业文化建设
第十二篇
机构与人物
第十三篇
企事业单位概览
第十四篇
中国石油天然气集团公司大事纪要
第十五篇
统计数据
第十六篇
附　录

思想政治保障体系

【概述】 2010年9月17日，中国石油天然气集团公司党组颁布《关于中国石油思想政治保障体系建设的意见》（中油党组〔2010〕77号，以下简称《意见》)。《意见》以中国特色社会主义理论体系为指导，落实中央、国务院国资委党委关于加强改进党建、思想政治工作的有关精神，进一步发挥党的政治优势，继承石油优良传统，系统总结运用新时期党建、思想政治工作经验，紧密结合集团公司实际，探索工作规律，融入现代理念，将经验变制度、将示范变规范，建立起把党的建设、思想政治工作、企业文化建设、基层建设、新闻宣传、群团工作统筹起来，把集团公司、地区公司（专业公司、事业单位、科研单位）、基层单位的党群系统联动起来，形成要求明确、标准具体、制度规范、机制长效、责任明晰、效果良好的思想政治保障体系，为集团公司科学发展、构建和谐提供思想保证和精神动力，是一项意义重大的系统工程。

【主要内容】《意见》全文分为总则、党的建设工作、思想政治工作、企业文化建设工作、基层建设工作、群众工作、基础工作、组织领导、附则9个方面60条，13400多字，提出思想政治保障体系的基本内容，系统阐述如何加强以强核心、固堡垒、作表率为重点的党的建设；以以人为本、构建和谐、推动发展为重点的思想政治工作；以弘扬大庆精神、铁人精神为重点的企业文化建设；以提高凝聚力、战斗力、执行力为重点的基层建设；以保护和调动员工积极性创造性为重点的群团工作；以制度化、信息化为重点的基础建设重点工作等。每部分从基本要求、基本内容、工作方式方法、特色工作载体等方面，提出明确要求，作出具体规定，具有十分丰富的管理内涵。

党建工作

【概述】 截至2010年底，集团公司全系统共有各级党委2041个，党总支2869个、党支部32697个。党员总数630975名，其中女党员134970名、在岗党员449206名、离退休党员157766名。各级党组织认真贯彻落实集团公司党组的要求和部署，始终坚持党的领导，全面履行经济、政治、社会“三大责任”，充分发挥党组织的政治核心作用；始终坚持强“三基”、固堡垒，创新方式方法，增强工作活力，充分发挥党支部的战斗堡垒作用；始终坚持抓好党员教育管理，引导党员讲党性、重品行、做表率，保持先进性，充分发挥先锋模范作用。

【创先争优活动】 按照中央的要求和国务院国资委党委的部署，在集团公司创先争优活动领导小组的领导下，坚持高起点、高标准、严要求，组织开展创先争优活动。创先争优活动以“深入学习实践科学发展观，推进综合性国际能源公司建设”为主题，以“强核心、固堡垒、当先锋”为主要内容，以“奉献石油当先锋、我为党旗添光彩”为实践载体，围绕“发展、转变、和谐”三件大事，着力在结合企业实际上下工夫、在抓好重点上下工夫、在突出实效上下工夫，把握“五个环节”、实施“六个载体”，扎实推进创先争优活动，取得阶段性的成果。按照集团公司党组提出的直属机关的创先争优活动要走到集团公司各基层单位的前列，充分发挥表率作用的要求，成立直属机关创先争优活动办公室，研究制订活动方案，组织召开直属机关纪念“七一”暨创先争优活动表彰动员大会。直属机关163个党委、2142支部（总支）全面参与活动，28311名党员郑重作出承诺，在基层党组织和广大党员中形成浓厚的学先进、赶先进、作贡献、当表率的良好风气。中央组织部和全国基层组织建设协调小组办公室编发的《基层党建工作专刊》、《央企动态》和中央企业创先争优活动领导小组办公室编发的简报上先后7次刊登中国石油创先争优活动的经验做法。

【中央党的建设工作领导小组秘书组联系点工作】 在领受关于基层党内民主建设的课题研究任务后，思想政治工作部选择工作基础好、推行党务公开较早的大港油田作为重点承担单位，集中力量着重就国有企业党务公开问题进行深入研究，取得初步研究成果和工作效果，秘书组领导给予充分肯定。2010年11月10日，国务院国资委党委委员、副主任金阳带领调研组，与中央党的建设工作领导小组秘书组一行来到集团公司总部，调研党建工作和创先争优活动，了解指导中央党建工作领导小组秘书组联系点工作开展情况；12月3—4日，中央党的建设工作领导小组秘书组、国务院国资委党建工作局组成调研组到大港油田，调研基层党建工作，重点是创先争优活动和党务公开工作情况。这两次调研，构成对集团公司党组、二级单位党委、基层党委和基层党支部四级组织的立体式调研。调研组高度评价中国石油的党建工作和秘书组联系点工作，认为中国石油党建工作扎实，勇于探索，创先争优活动开展得有声有色，党务公开试点工作取得初步成效。

【学习型党组织建设】 以党委（党组）中心组学习为龙头，以党支部为基础，建立健全学习制度，按照科学理论武装、具有世界眼光、善于把握规律、富有创新精神的要求，深入学习马克思列宁主义、毛泽东思想、邓小平理论、“三个代表”重要思想，深入学习实践科学发展观，学习党的路线方针政策、党章、宪法和法律法规，学习党的知识，坚定理想信念，牢记党的宗旨，不断提高思想政治素质。直属党委按照学习型党组织建设实施意见，分层次制订实施党员教育培训计划，分期分批举办入党积极分子和新党员集中培训，在大连培训中心举办直属机关党群干部培训班，并与人事部联合举办第二期新进机关人员培训班，集中培训人数达到500多人次。

【基层党组织建设】 适应体制机制和劳动组织的新变化，坚持“三同时”原则，积极创新党组织设置模式，指导基层建立健全党组织。海外党组织建立健全率达100%，得到中组部和外交部的肯定。深入开展“六个一”党支部创建活动，基层党组织的战斗堡垒作用更加突出。创新党组织活动内容和方式，组织开展“党委委员联系党支部、党支部委员联系班组、党员联系岗位”的党建“三联”责任点工作，发挥党员干部的骨干带头作用，使联系点成为党建工作责任区和创先争优示范点。结合党员队伍新特点，把先进性要求和岗位规范有机结合起来，在生产单位开展“强素质、树形象、创效益”活动，在服务单位开展“一名党员一面旗”活动，在施工单位开展“共产党员工程”活动，在党员领导干部中开展“忠诚事业、承担责任、艰苦奋斗、清廉奉献”主题教育活动，激励广大党员立足本职、建功立业。

【海外党的建设】 针对国际业务快速发展的实际，坚持以党的十七届四中全会精神为指导，切实加强海外党建工作，2010年6月中旬在延安召开集团公司海外油气业务发展17年来首次党建工作专题会议。会议全面回顾17年来海外党的建设工作取得的成绩，分析海外党建工作面临的新形势新任务，并对今后一个时期海外党建工作进行全面安排和部署，要求各海外地区公司党委要从所在国家和地区的实际出发，按照“灵活、简便、安全、保密”的原则，积极开展党的工作，大力弘扬大庆精神铁人精神，切实加强思想政治工作，确保员工队伍安全稳定和海外业务的健康快速发展。

【直属机关党的建设】 集团公司直属党委主要负责集团公司、股份公司总部机关及直属单位的党建工作与机关建设工作。截至2010年底，党的组织关系隶属于直属党委管理的部门和单位共95家。总部机关33个部门及专业公司中有19个部门党支部、6个部门党总支、7个专业公司党委和1个专业公司党总支；62个直属单位中有50个党委，1个党总支，11个党支部。直属机关共有党员32210人，其中在岗党员28311人，占在岗职工109537人的25.8%，总部机关在岗党员1412名，占在岗职工的87.8%；大专以上学历党员占在岗职工的80.1%；45岁以下党员占在岗职工的72.8%。2010年，直属机关各级党组织在集团公司党组的领导下，认真贯彻落实十七届四中全会及集团公司工作会议精神，全面加强党的各项工作，认真组织开展创先争优活动，不断推进学习型、服务型机关建设，大力弘扬大庆精神、铁人精神和石油工业的优良作风，团结带领广大干部职工扎实工作，开拓进取，为集团公司全面完成“十一五”确定的各项目标和任务发挥积极作用。

思想政治工作

【概述】 坚持贴近实际、贴近基层、贴近员工，坚持团结稳定鼓劲、正确引导舆论，抓生产从思想入手，抓思想从生产出发，知员工情、答员工疑、解员工难、聚员工心，巩固员工团结奋斗的共同思想基础，不断提高员工的思想道德和科学文化素质，充分调动员工的一切积极性和创造性，努力打造一支有理想、有道德、有文化、有纪律的铁人式员工队伍。

【第八次“形势、目标、任务、责任”主题教育】 围绕“转变发展方式、调整优化结构、不断增强全面协调可持续发展能力”主题，组织各单位和领导干部集中时间、集中精力，深入基层、深入员工，宣传贯彻集团公司2010年工作会议精神，使干部员工全面了解集团公司进入21世纪以来10年发展的巨大成就及“六个必须、六个实现”的重要经验，深刻理解集团公司及本单位的战略部署、发展目标及重点任务，充分认清发展的新形势、新任务和肩负的责任、使命，进一步增强推进发展的责任感和紧迫感，把广大干部员工的思想统一到党组对形势的科学判断和部署要求上来，把力量凝聚到建设综合性国际能源公司的宏伟目标上来。

【召开思想政治工作会议】 2010年5月25—26日，集团公司思想政治工作会议在北京召开。会议系统总结近年来思想政治工作6个方面主要成果、10项亮点工作、6条基本共识，深入分析面临的新情况新问题，部署在建设综合性国际能源公司新形势下的思想政治工作。有27个单位和个人在会上作经验交流，集中展示近年来思想政治工作融入中心、服务大局，秉承传统、注重创新，发挥优势、讲求实效的工作成果。会议以电视专题片形式展示集团公司新时期思想政治工作的“十大亮点”；以展板的形式展示企业精神教育基地和先进典型的选树情况；以“学铁人、写铁人、演铁人、唱铁人、做铁人”为主题的篝火联欢晚会，使与会同志重温大庆精神铁人精神。会议开出了影响、开出了效果、开出了士气，极大地推动了全系统的思想政治工作。

【对外宣传工作】 按照集团公司领导“三个突出宣传”的要求，通过各种方式，广泛宣传了集团公司重大举措、重大活动、重大事件、重点工程、重大典型和重大业绩等，提高宣传的效果。一是策划组织辉煌“十一五”、天然气保供、大庆油田转变发展方式、长庆油田跨越式发展、新疆石油企业履行社会责任，西气东输二线、中俄管道、中缅管道、陕京三线、广西石化等重点工程，西南地区抗旱、春耕、“三夏”成品油保供，抗击青海玉树地震、甘肃舟曲泥石流、特大洪水等自然灾害，安全生产大检查宣传、管道保护法等重大专题宣传。二是策划主流媒体刊登《五年再造一个中石油》、《磨刀石上冒石油》、《破解气荒之谜》、《中石油：中国能源结构变革的主力军》等文章，在社会上引起广泛影响，有效引导社会舆论。三是加强与有关方面的沟通，及时妥善处理了“西气东输工程审计”等7起重大新闻事件。四是组织“感知中石油·走进新疆”、“感知中石油·走进东方物探”系列活动，邀请近百人次的外部媒体记者深入石油，加深他们对中石油的了解和感情。据初步统计，2010年中央电视台、人民日报、新华社、中央人民广播电台、经济日报这几家中央主流媒体对中石油的报道高达800余条。

【选树和宣传先进典型】 持续选树宣传“中国石油榜样”系列典型，努力打造“铁人式”的员工队伍，形成典型时时有、层层有、行行有的良好局面。2010年重点宣传“中国石油榜样·好党员”。组织召开集团公司劳动模范和先进集体表彰视频大会，隆重表彰10名特等劳动模范、10个标杆集体、601名劳动模范和500个先进集体，是历史上规模最大、表彰人数最多的一次。有47名同志被评选为全国劳动模范，占全国表彰劳动模范总数的2.2%，为中国石油历史上获此殊荣人数最多的一次。集团公司首次以优秀班组长名字命名了10个班组，引起强烈的反响。组织开展“学习劳模、赶超先进、履行责任、再作贡献”主题学习活动，营造比学赶帮超的浓厚氛围。

【总部机关作风建设】 着眼于构建作风建设的长效机制，研究制定《总部机关作风建设考评办法(试行)》，将作风建设正式纳入部门领导业绩考核中；修改完善《石油大厦管理办法》，对员工办公、就餐、安全等方面进行详细规范；开展办公环境大检查，总部机关继续保持良好的办公环境和员工风貌。以加强领导干部作风建设为主题组织召开2010年领导班子民主生活会，以开展创先争优活动为契机，组织机关全体党员开展“四讲四比”活动，即讲大局、讲责任、讲奉献、讲纪律，比工作、比学习、比作风、比贡献，引导机关员工不断加强学习、着力改进作风。机关各部门深入查摆整改机关工作中存在的突出问题，不断简化工作内容、精减会议文件和加强服务协调，切实减轻基层负担、提高服务基层水平，机关作风有新的进步，受到基层好评。

企业文化建设

【概述】 认真贯彻落实《集团公司企业文化建设纲要》，以弘扬大庆精神铁人精神为核心，努力建设符合企业发展方向、具有鲜明时代特征和石油特色的企业文化。大力实施文化强企战略，内强素质，外树形象，不断增强企业凝聚力，提高企业竞争力，努力实现企业文化与企业战略的统一，企业发展与员工发展的统一，企业文化优势与竞争优势的统一，不断提升企业软实力。

【大庆精神铁人精神再学习再教育再深入】 始终牢记大庆精神铁人精神是中国石油宝贵的精神财富和特有的文化优势，坚持用大庆精神铁人精神构筑百万石油员工共同的思想基础。思想政治工作部和大庆油田党委共同组织“石油魂——大庆精神铁人精神巡回宣讲”活动。2010年在5个多月时间里，行程3万多千米，累计宣讲100多场，5万多名干部员工在现场、41万多名员工通过视频、光盘收看宣讲报告。这次宣讲活动是深入基层范围最广、规模最大、时间最集中的一次大庆精神铁人精神学习教育活动。广大干部员工普遍反映，听了宣讲报告，进一步认识到大庆精神铁人精神是中华民族精神的重要组成部分，是企业发展的不竭动力；学习弘扬大庆精神铁人精神是石油人的神圣使命、无限责任。

【加强企业文化建设】 坚持抓好企业文化“四统一”工作，使企业文化外化于行、内化于心、固化于制。编辑出版中国石油庆祝新中国成立60周年《辉煌见证——新闻作品选编》、《金色记忆——文学作品选编》、《崇高榜样——英模事迹选编》书籍。组织建设“中国石油网上精神家园”网页，在网上展示和传播中国石油企业文化。组织编写中国石油《企业文化手册》和《企业文化词典》。

【企业文化建设“十二五”发展规划】 根据集团公司建设综合性国际能源公司的总体思路和目标要求，遵循《企业文化建设纲要》，结合集团公司企业文化建设的实际，制定了《中国石油天然气集团公司企业文化建设“十二五”发展规划》（以下简称《规划》）。《规划》概述了集团公司的企业文化建设现状和发展成果，深刻分析了存在的问题，明晰了今后五年企业文化建设的指导思想、工作原则和总体目标，安排部署了“十二五”期间企业文化建设的主要任务，制定了实现总体目标的保障措施。

【职业道德建设】 以提高职工基本素质为根本，大力加强职工思想道德建设，牢固树立正确的世界观、人生观、价值观和社会主义荣辱观，不断提升职工的社会公德、职业道德、家庭美德、个人品德素养。开展以增强诚实守信意识为重点的职业道德建设，用大庆精神铁人精神和“三老四严”、“四个一样”等优良传统教育职工，培育共同的价值理念。2010年共组织集团公司1112名高级管理人员签订了职业道德规范确认书。

（艾中秋）

【海外企业文化建设】 中国石油海外业务在国际化经营过程中，始终秉承“奉献能源、创造和谐”的企业宗旨，坚持真诚合作和互惠互利的原则，严格按照国际惯例规范运作，重信守诺，以对国家、项目所在国、合作伙伴和员工负责的态度，不懈追求经济、社会与环境的协调发展。海外企业在搞好国际业务合作经营的同时，十分重视企业文化建设，尤其注重海外多元文化的融合工作。在认真践行集团公司统一文化理念的基础上，海外油气业务坚持以人为本、和谐发展，将中国石油的大庆精神、铁人精神和国际化管理相结合，丰富中国石油企业文化的内涵，并具有国际业务新特征，形成了公司文化的核心价值基础。

在长期的实践中，海外勘探开发公司坚持不懈打造具有中国石油海外特色的企业文化，努力通过文化提升海外业务的科学发展能力和国际市场竞争力；努力从文化发展视角出发，谋求中方投资者、资源国、合作伙伴及员工的共同发展、和谐发展；努力通过文化表象树立中国石油在国际社会的良好文化形象和企业品牌形象。

在海外油气业务国际化经营中，打造海外公司多元融合文化，成为“走出去”过程中一项重要的任务。中国石油在资源国建立新项目后，中方团队并不直接推行中国的管理模式，而是先学习了解当地民族文化和资源国的政治、经济、法律、社区民情等。在坚持中国石油优秀企业文化价值观的基础上，提出并实践“合作共赢，共同发展”的文化理念，充分肯定中外员工在项目发展中的价值和贡献，一视同仁地关爱各方员工生活，关心所有员工成长，积极搭建多元文化沟通平台，树立员工共同尊奉的跨国企业价值观，既保留西方先进的管理方式和制度流程，又兼顾适应不同民族文化和国家政治经济体制的需要，使中国石油优秀的文化理念得以弘扬，有效地提升海外企业文化建设的价值目标。在哈萨克斯坦PK公司，中国石油收购接管后，中方管理团队在学习欣赏PK公司原管理模式和企业文化的基础上，积极探索实践以“相互欣赏、享受工作”为核心理念的多元文化融合和国际化团队建设，它将中方、哈方和西方的员工紧紧凝聚在一起，强化西方员工和哈方员工对企业的认同感、归属感、荣誉感和忠诚度，打造一支优秀的国际化经营管理团队，揭开PK公司在中方管理下发展的新篇章。各海外项目通过全面开展具有时代气息、积极健康、各具特色的海外基层文化建设，使一线员工队伍的凝聚力、向心力、团队精神得到极大提升。

在海外文化建设中，海外项目注重与资源国、合作伙伴等利益相关方共同发展。在经营项目的同时，公司大力支持资源国当地经济和社会发展，密切与资源国的关系，注重环境保护和员工健康，切实履行友好责任，积极参与社会公益事业，努力创造和谐社区。让当地社会与民众共享项目经营成果，切切实实地感受到合作开发带来的福祉。为当地居民提供就业机会，构建员工成长的平台，为资源国培养人才。截至2010年底，中国石油仅在哈萨克斯坦和苏丹这两个海外重点发展地区的社会公益投入，均超过5000万美元，累计为资源国油气及相关行业提供就业机会100万个以上。努力加快本土人才培养，挑选资源国的当地雇员到国内各石油院校、科研机构学习培训，近5年来共培训4000人次以上。

海外企业十分注重党建、思想政治工作和企业文化建设的有机结合。海外各级党组织以中国石油思想政治保障体系建设为指引，大力弘扬中国石油的优良传统，始终在海外唱响“我为祖国献石油”的主旋律，用大庆精神铁人精神铸魂育人，构筑共同的思想基础。每逢“七一”，组织开展优秀党员评比表彰、重温入党誓言、“颂歌献给党”歌咏比赛等活动，强化党员的党性意识。“关键时刻看得出、危急时刻冲得上、生死关头豁得出、优良本色保得住”，成为奋斗在海外项目的共产党员的真实写照。

海外党委十分注重发挥榜样的力量，用模范事迹感染员工，以典型榜样引领队伍。坚持培育典型，做好示范引导，注重“用事实说话，以实践服人”，形成“树起一个样板，带动一批项目，影响整个海外”的良好氛围。一年一度开展的“海外十大杰出员工”、“海外建功立业十年金奖”的表彰活动已成为海外企业的显著特色，已有228人获“海外建功立业十年金奖”。“中国石油科技楷模”、“全国劳动模范”苏永地，“全国劳动模范”吕功训，“集团公司特等劳动模范”、“海外小铁人”王贵海，“中国石油榜样·好干部”徐志强，“集团公司十大杰出青年”姜石，“集团公司十大标兵个人”朱爱军，“中央企业青年岗位能手”闵志滨，“中央企业先进职工标兵”窦立荣等一批具有鲜明海外特色的先进典型，成为展示中国海外石油人风采、激励石油人斗志的楷模。

公司从人本理念出发，致力关爱文化建设，从关爱员工思想、关爱员工成长、关爱员工生活以及关爱当地人民群众等方面入手，建设海外特色关爱文化，营造和谐的海外经营环境。坚持“关爱员工从点滴做起，从关爱员工家庭做起”的工作理念，建立海外家属工作委员会，密切与家属的沟通联系，为他们送温暖，解忧难；连续7年开展为海外员工及家属办10件实事活动，年年有创新，件件得到落实；连续6年大张旗鼓地组织评选表彰“海外员工家属特别奉献奖”，鼓励广大家属支持亲人投身海外事业。“温暖关爱”文化每年都有新发展，密切了党群干群关系，增强广大员工投身海外建功立业的使命感、责任感和爱国奉献激情。

海外勘探开发公司重视有形文化产品和制度文化建设，在2005年版公司文化手册的基础上，根据海外业务对企业文化建设的要求，2010年对海外企业文化手册进行全面修订并已基本定稿；编印《海外创业纪实》和《海外创业之歌》丛书，进一步丰富海外企业文化内涵；组织建立10多个业余文体组织，因地制宜开展多种文化体育活动。

打造优质高效的后勤服务保障体系，是海外文化建设的重要组成部分。多年来，海外勘探开发公司以所属中亚公司为主力，以项目支持、出国服务、物业管理、家属管理、机场接送站等为主要服务内容，为海外项目和海外员工提供周到细致的后勤保障服务，逐步形成了中国石油独具特色的海外后勤支持服务模式，得到了海外员工和家属的高度认可。

经过18年的发展，中国石油海外业务企业，形成了自己独特的企业文化，即：弘扬中国石油传统、为国争光、为中国石油争荣的爱国奉献文化；关心关怀海外员工及家属的温暖关爱文化；注重与合作伙伴相互尊重的和谐融合文化；强调与资源国互利共赢的合作共赢文化；关注生命、关爱健康的HSE人本文化。这些文化既有中国石油企业文化的优良传统基础，又结合、渗透和吸收了海外多种优秀文化元素，构成新型的海外公司文化，形成新的文化力。海外项目通过全面开展具有时代气息、积极健康、各具特色的海外基层文化建设，使员工队伍的凝聚力、向心力、团队精神得到极大提升，企业科学发展、和谐发展的基础更加坚实。企业文化力的加强，提高了中国石油海外队伍的软实力，也带来了公司国际竞争实力的全面提升。

持续不懈的文化建设和文化创新，促进海外业务在快速发展中取得多方面重大成就。一是海外油气业务规模不断扩大，发展速度不断提高。二是发展领域不断拓宽，可持续发展能力增强。三是国际市场竞争实力不断提升，优势不断增长。四是打造国际化人才队伍，培育过硬的团队作风。造就了一支政治素质好、业务能力强、外语水平高、环境适应快的国际化人才队伍。五是海外油气业务发挥集团综合优势，实现协调发展，提高整体效益。

（李玉屏）

基层建设

【概述】 认真贯彻落实《集团公司基层建设纲要》，以夯实基础管理为重点，以提高员工基本素质为根本，以促进企业与员工的共同发展为目标，切实加强以党支部建设为核心的基层建设、以岗位责任制为中心的基础工作、以岗位练兵为主要内容的基本功训练的“三基”工作。

【深入推进“五型”班组建设】 经过三年持续创建，截至2010年底，集团公司近10万个班组中有80%的班组达到“五型”班组标准。组织召开集团公司“五型”班组建设大庆石化现场经验交流会，总结研究部署集团公司“五型”班组创建工作，首次以集团公司名义用班组长的名字命名10个班组。部署标准化“五型”班组建设工作，把基本要求具体化，纳入企业管理的序列，使“五型”班组创建成为一项长期性、基础性的工作。

【抓好员工素质提升】 大力实施“千万图书送基层、百万员工品书香”工程，扎实开展“学习在石油·每日悦读十分钟”全员读书活动，推进学习型企业、知识型员工建设。至2010年底，已为2.5万多个基层队（站、车间）配送图书450多万册。送书活动被中宣部评为“全民阅读活动优秀项目”。组织编写10种员工基础知识读本。力争通过3—5年的全员读书学习活动，帮助广大员工建立起人生基本知识体系和职业生涯专业基本知识体系。

群团工作

【概述】 坚持全心全意依靠工人阶级办企业的根本方针，加强对工会、共青团等群众组织的领导，支持群众组织按照法律和各自章程创造性地开展工作，充分发挥组织群众、引导群众、服务群众、维护群众合法权益的作用，动员广大员工、青年、妇女群众积极投身企业改革发展稳定的实践。

【员工扶贫帮困工作】 努力把送温暖活动建成集团公司党组关心关爱困难群体和人员，办实事、解难事、暖人心的机制和平台，做到每个困难家庭生活有保障、每个困难职工看得起病、每个困难家庭子女上得起学。按照集团公司党组的统一部署，在2010年元旦春节和国庆中秋节期间以多种形式，广泛开展送温暖活动，及时把温暖送到职工群众中，基本实现对矿区困难职工、困难群体走访慰问全覆盖。各企事业单位普遍建立"员工同心互助金"，捐款金额共计1.05亿多元。

【主题劳动竞赛】 各级工会组织紧密结合重点工程、重大项目和一线生产作业单位实际，以强化管理、创新技术、降低成本、提高质量、增进效益为主要内容，开展赛进度（产量）、赛质量、赛安全、赛环保、赛技术、赛作风的"六赛"活动，争创"铁人先锋号"。与全总能源化学工会联合组织开展西气东输二线工程"建功中亚—西二线，石油工人作贡献"主题劳动竞赛，与销售分公司共同开展"上销量、保增长、强基础、促发展"劳动竞赛，表彰庆阳石化公司300万吨炼油搬迁改造等项目劳动竞赛10个先进集体和50名先进个人。

【"青字号"品牌工作】 各级共青团组织大力实施"青工技能振兴计划"和"青年素质工程"，深入开展青年文明号、青年岗位能手、青年志愿者和青年创新创效活动，创建青年安全生产示范岗和安全生产明星，开展首届"稳定并提高单井日产量"青年学术交流和"宝石花金点子征集"活动，充分发挥青年的生力军和突击队作用。集团公司已拥有全国青年文明号209个，全国青年岗位能手56人，荣获"全国青年文明号十年成就奖"。

【石油政研会工作】 石油政研会秘书处组织第五届政研成果评选，产生优秀政研成果、企业文化优秀成果、优秀政研创新成果等238个。组织向中央企业政研会和全国政研会推荐优秀政研成果7个，分别参加2009—2010年度优秀政研课题成果评选；广泛开展思想政治工作案例征集，征集案例274个，评选表彰96个优秀案例。同时，向全国政研会推荐思想政治工作优秀案例10个，其中6个编入全国政研会、中宣部政研所编写的《群众思想工作案例选编》，占中央企业入选案例总数的1/6。

【石油文联工作】 组织著名作家、艺术家到长庆油田、塔里木油田、中亚天然气管线采访，发表纪实散文《好汉坡》、报告文学《死亡之海的生命礼赞》等一批有影响的作品。在江南暴雨成灾的6月，带队组织著名摄影家到西气东输二线东段工程一线施工现场深入采访，拍摄大量生动感人的重点工程建设场面。编辑《第三届中华铁人文学奖获奖作品集》，由人民文学出版社出版发行，向中国石油、中国石化、中国海油的基层单位赠送三千多套。组织安全歌曲大赛，征集歌曲230多首，为安全生产营造浓厚氛围。成功举办中国石油与俄罗斯天然气公司第五次文化交流互访活动，组织中国石油艺术团赴苏丹喀土穆炼厂和广西石化慰问演出，发挥文化艺术独特的作用。

【石油体协工作】 坚持以基层为主、以群众为主、以小型多样为主，开展丰富多彩、健康向上的职工体育活动。组织参加第四届全国体育大会，取得历史最好成绩，中国石油体育代表团共获得1个一等奖、10个二等奖、7个三等奖，荣获体育道德风尚奖，树立良好的企业形象。以"全民健身与石油同行"为主题，先后组织全国石油职工拔河、游泳、羽毛球、桥牌等系列比赛，激发石油职工参与健身、关注健康的热情，掀起石油职工健身的新热潮。

【石油影视中心工作】 围绕主营核心业务，发挥电视传播优势，充分利用《中国石油报道》节目，突出宣传集团公司"十一五"发展成就、2010年工作会议精神、领导干部会议精神、大庆油田转变发展方式、中俄管道和西二线重点工程建设等内容。2010年共编辑制作《中国石油报道》53期，播出稿件1620件。加强网络平台建设，组织《企业新闻联播》试点单位培训，开设《中国石油科学发展观系列报告》、《反腐倡廉教育》等网络电视专栏，逐渐成为石油电视的又一重要平台。配合集团公司重点工作和重大工程宣传，编辑制作《石油世博会形象片》、《中国石油责任报告——奉献能源　创造和谐》、《中俄原油管道》、《为了国脉的安宁——西气东输》等12部电视专题片。积极推进电视协会工作，组织开展2009年度石油电视新闻奖的评奖工作，共收到各单位参评作品205件，共评出新闻类一等奖17件、二等奖33件、三等奖52件，新闻专题类一等奖10件、二等奖22件、三等奖25件。

【直属工会工作】 认真落实全心全意依靠职工群众办企业的方针，根据机构整合调整的实际，及时健全完善各直属工会组织，先后举办工会主席、工会干部培训班，集中培训近200人次，不断提高工会组织的履职能力。积极探索加强职工民主管理的途径，以工会主席联席会的形式审议通过《集团公司企业年金修订方案》。积极推进职工之家建设，授予19个单位"模范职工之家"、34个单位"先进职工之家"称号，带动工会工作的整体有效发展。积极贯彻《全民健身条例》，举办太极拳培训班、春秋两季健步走及直属机关工围棋、乒乓球、羽毛球、游泳、卡拉OK比赛等多项有影响有声势的活动，推动群众性健身活动的蓬勃开展。坚持为员工办实事、解难事、做好事，持续推进困难员工帮扶救助机制和员工身心健康援助机制，全面开展全员健康体检，组织"心灵之约"大龄青年联谊活动，解决89名员工子女入学、转学问题，并为员工参观上海世博会提供服务，有效促进和谐企业建设。

【直属共青团与青年工作】 直属共青团组织围绕服务企业发展、服务青年成长积极开展工作，采取交流研讨、检查验收等方式深入推进"青年文明号"创建工作，授予55个青年集体直属机关青年文明号，并有6个青年集体荣获中央企业青年文明号；广泛组织团员青年学习党的十七届四中、五中全会和团的十六届三中全会精神，持续深化"读书·实践·发展"青年读书活动，组织青年重读《实践论》、《矛盾论》等经典著作，组织学习《六个"为什么"》主题团日活动，举办"划清四个界限"专题辅导讲座，切实加强青年的思想政治建设；举办"第二届青年英语演讲比赛"，近千名青年参与活动，70名青年参加预赛和决赛，有效激发广大青年学习使用英语的热情。

（艾中秋）

中国石油社会公益工作

【概述】 公司的财富来源于社会，理应回报社会。集团公司在发展的同时，积极回馈社会，注重扶贫帮困、抗击自然灾害、支持教育、支持社区建设、倡导文明风尚，既服务物质文明建设，又促进精神文明建设，以企业的和谐发展推动社会的和谐发展。

【扶贫帮困】 2010年，集团公司继续在新疆、西藏、河南、四川、重庆、甘肃和内蒙古7个省市（区）的13个县（区）开展定点扶贫和对口援助工作。坚持"救助式扶贫"和"开发式扶贫"相结合，不仅要帮助贫困地区摆脱贫困，还要培植其自主发展能力，不断探索扶贫模式，致力于帮助实现可持续发展。

十几年来，集团公司扶贫援助累计投入5亿多元，援建了297个项目，改善了当地民众生产生活条件，促进了当地经济社会的发展。

集团公司被中国扶贫开发协会授予"2010年度中国扶贫杰出企业奖"，并被推荐为"2010年度最值得社会尊敬的扶贫典型"。

1. 开展定点扶贫

根据国家"八七扶贫"计划，集团公司定点帮扶了新疆托里、尼勒克、巴里坤、木垒和福海5个贫困县，目前木垒县和福海县已实现脱贫。2002年开始，集团公司又担负起定点扶贫青河、吉木乃和察布察尔锡伯自治县等6个县的光荣使命。2010年，集团公司在新疆定点扶贫地区已累计投入资金1236万元，组织实施项目8个，加大基础设施建设，改善当地民生。2011年元旦前夕，集团公司南疆城镇气化示范工程、南疆三地州"温暖送千家"洁净煤项目相继投产，新疆策勒县和皮山县第一批500多户群众彻底告别传统燃煤和薪柴，在春节前用上了清洁的天然气和无烟蜂窝煤炭。

集团公司以建设"石油希望小学"为重点，以助学捐赠为补充，切实解决当地孩子上学难的问题。10年来，帮助重点贫困县捐资兴建、改建了一批学校，并通过与扶贫中小学结"帮扶对子"、选派优秀教师到扶贫县做教学示范和组织贫困县教师观摩培训等不同方式进行助学。

集团公司还援建了一批医院和诊所，为当地的医院捐献医疗器械和药品，使当地落后的医疗状况迅速改善，并对当地医院的医护人员进行业务指导，提供专业培训。

集团公司继续加大对革命老区河南范县和台前县定点扶贫工作力度，援建扶贫项目进展顺利。目前，公司在两个县累计投入1270万元，援建了中医院、学校、培训中心和人畜饮水等6个项目，基本可以解决台前县及周边60万群众看病难、范县1400名孩子就学难、劳动力再就业培训难等问题，推动了贫困地区人民走上脱贫致富路。集团公司积极探索产业扶贫模式，发挥本行业技术、专家和资源优势，为台前县龙头企业恒润石化公司优先提供石脑油等原料，并无偿转让自主创新的碳四综合利用技术，帮助其升级改造。2010年，恒润石化当年新增产值4.1亿元，实现利税2763万元，直接吸纳80多人、间接拉动当地农民3000多人就业。

2. 对口支援西藏

2002年开始，集团公司积极加入到全国援藏大军中，与当地政府和牧民同舟共济。8年来，集团公司在西藏双湖区累计投入1.86亿元，援建了66个民生项目，使牧民群众的生产生活状况发生了根本性的改变，昔日的藏北无人区如今已变成“藏北明珠”。

集团公司大力推进“智力援藏”和“科技援藏”，按照“资金向牧区的基础性项目倾斜，向关系民生的项目倾斜，向关系长远发展的重点项目倾斜”三个原则，克服当地极端艰苦的自然环境影响，加大援藏力度。2010年，集团公司投入1990万元，支持了7个援藏项目。集团公司组织实施的两期嘎措乡小康村示范工程建设，使嘎措乡整体迈入了小康示范村行列。嘎措乡的安居率、医保率、儿童入学率、广播电视覆盖率四项指标均达到了100%，成为那曲地区乃至西藏地区的样板村。牧民尼玛加希说：“我们一家6口人从阴冷的帐篷搬进了200平方米的小康示范房，一年收入三四万元，能过上这样的日子，多亏了中国石油的援助。”

2010年，集团公司组织开展第二批医疗小分队下乡巡诊活动，选派6名内地三甲医院专家赴双湖区6乡1镇为牧民群众体检、诊断和送药，为当地300余名患者提供了义诊。集团公司组织了第九期西藏双湖特别区管理干部赴内地培训班，25名当地干部参加了培训，使他们开阔了视野，提升了业务水平；组织开展中国石油集团向双湖特别区赠书和捐款活动，共计向双湖赠书1500种，价值30万元，并向文化事业资助50万元，进一步推动了双湖教育文化事业的发展。

集团公司的援藏行动得到了当地政府的高度赞扬。2010年11月28日，西藏那曲地委书记边巴扎西评价说：“中国石油的无私援助是推动双湖发展进步的强大动力。如果没有中国石油的无私援助，就不可能有双湖今天欣欣向荣和繁荣进步的大好局面。”

【支持教育】 集团公司通过设立各类石油奖学金和助学金、捐建希望小学、资助贫困教师和学生等方式，为推进中国教育事业发展做出了自己的积极贡献。2010年集团公司累计投入约1.8亿元支持教育。

2010年是中国石油奖学金设立十周年。十年来，集团公司先后在7所石油石化院校和15所国家“211”重点院校设立优秀生奖、励志奖和人才引进贡献奖，累计奖励学生7872人、教师572人，其中2302名贫困家庭的优秀学生在石油奖学金的资助下完成学业。

集团公司各所属企业也注重帮助当地教育事业的发展。2010年，在共青团中央、中国青少年发展基金会召开的希望工程20年表彰大会上，甘肃销售分公司被授予“希望工程20年杰出公益伙伴贡献奖”荣誉称号。在全国关心下一代工作表彰大会上，辽阳石化公司关心下一代工作委员会荣获全国“关心下一代工作先进集体”荣誉称号。

【抗击自然灾害】 近年来，我国重大自然灾害频发，同全国人民一道应对自然灾害带来的挑战是我们义不容辞的责任。

2010年，西南干旱、玉树地震、南方洪涝和舟曲特大山洪泥石流灾害等一次次突发灾害给中国人民带来了巨大损失。集团公司周密部署救灾保供方案，科学调配资源，全力以赴保障救灾用油。

1. 西南抗旱

2010年入春以来，西南地区重庆、四川、云南、贵州、广西等地出现严重的旱情，集团提出了“抗旱机械到哪里，柴油就送到哪里”的口号，并从生产和销售多个环节保障抗旱用油。集团公司调整产品生产和供应结构，加强西北、东北资源计划落实和发运，多产多供抗旱急需油品；在确保配置资源计划完成的同时，进一步加大外采力度，确保资源储备满足抗旱需求；驻西南旱区销售企业主动靠前服务，在大型车辆无法抵达的地区，改用小型油罐车，在车辆无法到达的地区，实施小额配送，及时将抗旱油品送到村口地头，有力支援了抗旱救灾。

2. 驰援玉树

2010年4月14日7时49分，青海省玉树藏族自治州玉树县发生7.1级地震。集团公司总部及震区各单位迅即启动应急预案，全力开展抗震救灾工作。中国石油青海销售公司抗震救灾应急小组第一时间赶赴灾区，各加油站全部开通救灾保供“绿色通道”，150多辆油品运输车、11座流动加油车、4座橇装加油装置有序投入运营。青海销售公司制定了“五个一”抗震救灾油品保供方案：紧急调集了110辆油罐车共2000吨救灾油品形成一个流动的油库，调拨了一支由10台流动加油车组成的流动车队缓解加油拥堵现象，紧急印制了《抗震救灾油品保供手册》以消除民众加油恐慌心理，制定了一套24小时油品进、销、调、存保供机制，调集了一支缺氧不缺精神、艰苦不怕吃苦的抗震救灾团队，迅速有效地保障了救援油品供应。青海销售公司、西北销售公司、运输公司和燃料油公司的200多名员工紧急驰援一线，24小时不间断工作。4月14日—5月11日，集团公司共为玉树供油2806吨，其中汽油1366吨，柴油1418吨，煤油22吨。

3. 抗洪救灾

2010年夏天，持续暴雨导致全国28个省区市遭遇洪涝灾害，2亿人（次）受灾。暴雨侵袭，使集团公司一线生产受到严重影响：洪水围堵油田、管沟塌方、设备被淹、加油站被埋。

中国石油西南油气田公司组织现场救助、解救江中落水人员等实战演练；吉林石化公司从防汛预案、物资和设施准备等入手开展救灾活动；管道公司各标段和输油站密切监测天气变化，加强对危险易发地段的防护工作；广西销售做好油罐及管线等工艺系统的防渗漏检查和紧固工作，为抗击洪灾奠定基础。

4. 舟曲救灾

2010年8月7日深夜，一场罕见的特大山洪泥石流灾害重创甘肃舟曲县城。中国石油甘肃销售分公司从实际出发，通过一座城关中心站、两条城郊补给线、沿途“绿色通道”及周边补给线，确保救灾车辆用油无忧。甘肃销售分公司、运输公司及西北销售等单位，共同构筑“救命之油绿色通道”。8月8日—11月8日，集团公司累计向舟曲灾区供应成品油3075吨，其中柴油2571吨。

甘肃省委书记陆浩对公司在舟曲抢险救灾中的成品油保供工作给予了肯定：“中国石油的油品保供工作做得很好、很到位。中国石油在舟曲特大泥石流灾害中担当了国有大型企业的政治和社会责任。”

【海外社区建设】 集团公司海外业务秉承“互利共赢、共同发展”的国际合作理念，认真履行社会责任，追求资源开发利用与环境保护、社会进步的和谐统一，尊重当地风俗习惯和宗教信仰，学习了解当地文化，主动融入当地社区，在促进当地社会发展、环境保护、社区和谐稳定、支持社会公益等方面做了大量卓有成效的工作。

在非洲地区：2010年4月6日，集团公司向苏丹贫困母亲基金会捐资项目正式启动。按照协议，中国石油将在未来3年，每年向基金会提供100万美元慈善捐款，主要用于为苏丹贫困地区修建学校、妇女儿童发展中心等。2010年12月，集团公司捐助苏丹贫困母亲基金会的首个项目—达尔富尔地区助学项目竣工。该项目为北达州首府法希尔市新建了两所小学并扩建了两所高中的6间教室。苏丹贫困母亲基金会和当地政府把这4所学校命名为“中苏友好学校”。2010年，尼日尔项目公司投入3.1万美元实施了当地优秀员工赴中国培训计划。乍得项目公司投入40.1万元用于当地社会公益事业，其中向油田作业区捐建3口水井，向当地古达瓦小学捐赠500个书包，还出资委托玉门炼油厂举办为期3个月的培训班，培训乍得学员50名。

在南美地区：2010年11月，委内瑞拉遭受了严重的洪灾，受其直接或间接影响的灾民达50万人。灾情发生后，集团公司向委内瑞拉政府捐赠30万美元，并以其他各种方式进行积极援助和支持，帮助灾区民众战胜洪灾。集团公司还在委内瑞拉东西部油区投入大量资金和人力，用于当地社区的基础设施建设、医疗和教育等公益事业。秘鲁项目对油田社区8500名土著居民实施扶贫帮困，投入帮扶资金219万元，在当地社区取得了良好效果。

在中亚俄罗斯地区：2010年，集团公司所属各项目资助当地社会公益的支出超过3.37亿元人民币，其中奖学金支出金额超过500万元。哈萨克斯坦阿克纠宾项目全年共支出培养费用106.68万美元，选派了12名哈国优秀的高中毕业生到中国石油大学接受本科教育，使在中国石油大学学习的哈国留学生达到69名。曼格什套项目积极支持哈国体育和文教事业发展，先后出资3082万元用于文化古迹保护、热得拜体育文化活动中心建设和第11届亚洲冬季运动会赞助等。

在中东地区：2010年，集团公司的叙利亚项目共向叙政府纳税9940万美元，为当地提供直接就业岗位1400多个，带动间接就业2000多人次。叙利亚项目还积极参与当地的公益事业，帮助当地人民改善生活、医疗、教育条件，全年公益捐赠总价值达283.6万美元。其中向叙利亚“代尔祖尔发展基金”捐赠120万美元，用于发展当地经济；向油田所在的哈塞克省政府捐赠150万美元，用于建设污水处理厂。阿曼项目通过联合公司支持矿区所在地Ibri市的社会发展，共捐款20.6万美元资助当地的医疗、健康、文化、教育、残疾人福利事业，获得Ibri市颁发的企业社会贡献金奖。

【员工志愿者行】 集团公司员工志愿者大力弘扬“奉献、友爱、互助、进步”的志愿者精神，开展各种形式的志愿者活动。2010年，公司员工志愿者已发展到18万人，青年志愿者服务队6000余支，志愿服务累计达165万小时，为主题的志愿服务活动，为200多万人次提供了义务服务。

1. 红色行动——夕阳关爱

通过开展“红色行动”，用自己的爱心和关怀为老年人送去温暖。长庆油田志愿者为60岁以上老人、孤寡残障老人、无生活来源老人和失能老人，发放爱心免费卡、重点服务卡、生活救助卡、安全出行卡“四卡”，通过生活中的点滴给老人送去温暖。大港油田第二矿区志愿者连续五年帮扶孤寡老人，不仅帮老人解决生活上的实际困难，还用一批又一批志愿者的陪伴给老人的心灵带来慰藉，使老人在大家的帮助下安度晚年。

2. 蓝色行动——维护秩序

社会的和谐需要社会秩序和法律，社会秩序和法律需要大家的维护与执行。集团公司员工志愿者积极开展“蓝色行动”，维护良好的社会秩序，推动社会的稳定和谐。《管道保护法》2010年10月1日实施以来，集团公司员工志愿者就自觉担负起宣传《管道保护法》的任务。西南油气田的志愿者积极行动，印制了《管道保护法》宣传资料和年画，分片区发放到井站和管道沿途村民手中，并且利用业余时间，向管道沿线群众开展普法宣传活动。

3. 橙色行动——爱护儿童

开展“橙色行动”，关心儿童成长。宁夏石化的员工志愿者十分关心农民工子女的成长，积极前往农民工子女比例占93%的银川西夏区回民小学，开展以“心手相连、快乐成长”为主题的关爱农民工子女志愿者服务活动。向农民工子女捐赠了价值近两万元的学习用品，并与他们结为“一助一”长期帮扶对子，深入开展学业辅导、亲情陪伴、自护教育等帮扶农民工子女的活动，让孩子们感受到更多的关爱和温暖。

4. 绿色行动——保护环境

地球是人类共同的家园。员工志愿者们开展“绿色行动”，保护环境，美化家园。大连石化志愿者开展“打造绿色海岸”行动，打捞和捡拾公司沿岸及周边海域海岸边及海面的垃圾，保证了海面清洁和港口美观。兰州石化志愿者开展以“保护环境、关爱母亲河”为主题的青年志愿者活动，捡拾河边垃圾，保护河岸环境。

【倡导文明风尚】 司驾群体既是公司的客户，也是我们的亲密伙伴。司驾人员中不断涌现见义勇为的好司机，他们是和平时期的真英雄。公司以实际行动，努力在社会形成关心和爱护见义勇为英雄的良好氛围，在弘扬见义勇为精神、倡导社会文明风尚、促进和谐社会建设中积极发挥引导作用。

2010年，集团公司连续第七年联合中华见义勇为基金会举办“‘昆仑润滑油奖’全国十大见义勇为好司机评选”活动，并将见义勇为司机评选名额由50名增加到60名，总体经费也由当初的280万元增加至360万元，同时增加了对每名获奖司机的奖励金额。第七届“‘昆仑润滑油奖’全国十大见义勇为好司机评选”共收到群众投票430万张，张青彬等10人获得“第七届‘昆仑润滑油奖’全国十大见义勇为好司机”荣誉称号，赵胜全等50人获得“第七届‘昆仑润滑油奖’全国见义勇为好司机”称号。

七年来，该项评选活动社会影响逐年扩大，各地政府和广大人民群众对其关注和参与度不断提高，已成为广受欢迎和好评的社会公益活动。该活动共奖励见义勇为司机364人次，并有67座城市荣获城市奖，上百家企事业单位荣获组织奖和单位奖，群众投票数量累积达到5893万人次。2007年以来，集团公司还另外拿出资金专门设立“‘昆仑润滑油奖’见义勇为好司机爱心账户”，关注获奖见义勇为司机的工作、生活情况，给英雄带去持久的关爱。

【服务保障世博会和亚运会】 2010年，集团公司作为上海世博会的全球合作伙伴及广州亚运会的油品供应商，全力服务保障世博会和亚运会。特别是在上海世博会筹备和运营过程中，集团公司通过一系列行动，积极履行经济、环境和社会责任，荣获“中央企业参与2010年上海世博会突出贡献奖”。

绿色能源助力低碳世博。从牵手世博那天起，集团公司秉承“奉献能源、创造和谐”的宗旨，进一步完善上海的产品销售网络、天然气管道及物流设施建设，高标准、高质量的满足世博会对油气产品供应和服务要求，为世博会和上海经济社会的发展提供清洁能源。中国石油上海销售公司向上海120多座加油站提供符合沪IV标准的93号和97号汽油，大幅降低了污染物和颗粒物排放。世博会期间，西气东输管道向上海输送天然气超过12亿立方米，相当于减少20万吨有害物质排放，减少412万吨二氧化碳酸性气体排放，为上海天更蓝、水更清、营造“低碳世博”作出了贡献。

石油展馆演绎精彩世博。世博会上，由中国石油、中国石化、中国海油共同建造的石油馆，通过“石油，延伸城市梦想”的宣言，成功演绎了世博会主题。石油馆共运营184天，接待海内外游客361万人次。石油馆围绕石油与人类衣、食、住、行、娱的关系，拉近了石油与大众的距离。在石油馆特别活动日，石油馆发起“节约石油、绿色发展”倡议活动，呼吁全社会携起手来节约石油和天然气等能源资源。

“微笑服务”绽放世博。4月中旬，集团公司“世博微笑服务”系列活动在与上海世博园毗邻的杨思加油站启动，全国各地近 1.8 万座公司加油站都以微笑服务同迎世博。世博期间，集团公司开展了“世博微笑服务明星”评选活动，让员工以饱满的热情服务世博八方来客。集团公司还通过各加油站向广大驾车人免费发放“魅力世博、绿色出行”车贴，倡导低碳生活、绿色出行，并通过推出极具收藏价值的“世博加油卡”、代售世博门票、为世博车辆提供绿色通道等措施，服务和保障世博。

集团全力以赴保障广州亚运。为保障广州亚运会的油品供应，千里之外的大连石化和公司多家在穗企业，全力以赴为亚运“加油”，为把广州亚运会办成高水平有特色的和谐亚运、绿色亚运、文明亚运做出了贡献。亚运期间，集团公司向广州地区累计供应粤Ⅳ车用汽油 20 万吨，保障了广州亚运会绿色油品供应。为实现亚运会清洁环保供油，中国石油广东销售分公司专门铺设输油专用管线，在每个接口处放置托盘，并准备吸油棉，以防止送油接口出现滴油和渗油现象。公司还强化在穗加油站现场管理，以优质服务助力亚运。

（集团公司社会责任报告编辑部）

光　荣　榜

【2010 年全国劳动模范名单（47 人）】

乔卫东　中国石油天然气股份有限公司大港油田分公司井下作业公司第三修井分公司 306 队队长

尤立红（女）　中国石油天然气股份有限公司大港油田分公司第五采油厂作业一区水井管理五组组长

秦永和　中国石油天然气集团渤海钻探工程有限公司总经理

靳占忠　中国石油华北油田公司井下作业工

张吉海　中国石油天然气管道局西气东输东段工程项目经理

刘存柱　中国石油天然气股份有限公司华北石化分公司总经理

姚　伟　中国石油天然气股份有限公司管道分公司总经理

严　峰　中国石油集团东方地球物理勘探有限公司塔里木经理部总工程师

赵林源　中国石油东北炼化抚顺工程建设公司三公司维修车间密封班班长

王　萍（女）　中国石油辽宁丹东销售分公司加油站经理

王悦田　中国石油集团长城钻探工程有限公司非洲区苏丹项目部经理

束滨霞（女）　中国石油天然气股份有限公司辽河油田分公司欢喜岭采油厂采油一区束滨霞采油站站长

李若平　中国石油天然气股份有限公司抚顺石化分公司总经理

王金杰　吉林燃料乙醇有限责任公司机电仪中心主任

高彦峰　中国石油天然气股份有限公司吉林石化分公司建修公司班长

杜海峰　中国石油天然气股份有限公司吉林油田分公司新木采油厂班长

王光军　中国石油天然气股份有限公司吉林石化分公司总经理、党委副书记

侯启军　中国石油天然气股份有限公司吉林油田分公司总经理

郑秋林　中油吉林化建工程有限公司焊接教练（农民工）

何登龙　大庆油田有限责任公司第四采油厂第二油矿五区五队工人

何　琳（女）　大庆炼化公司质量检验部润滑油检验站化验员

胡志强　大庆油田有限责任公司钻探工程公司钻井二公司 1205 钻井队队长

王凤兰（女）　大庆油田有限责任公司勘探开发研究院总工程师

欧信南　中国石油天然气第六建设公司电焊工

吴恩来　中国石油天然气股份有限公司广西石化分公司总经理、党委书记

程纯东　中国石油西南油气田公司重庆天然气净化总厂垫江分厂班长

刘划一　中国石油西南油气田公司勘探开发研究院技术人员

尉　勇　中国石油长庆石化公司运行二部催化三班班长

冉新权　中国石油天然气股份有限公司长庆油田分公司总经理

卢朝鹏　中国石油兰州石化公司炼油厂催化二联合车间催化二班班长

刘玲玲（女）　中国石油长庆油田公司第二采油技术服务处乔河采油作业区关一增压站站长

李润年　中国石油川庆钻探长庆钻井总公司40563钻井队队长

刘　灿　中国石油玉门油田公司油田作业公司C15864队队长

张栋杰　中国石油天然气股份有限公司庆阳石化分公司总经理、党委副书记

王锡军　中国石油天然气股份有限公司青海油田分公司工程建设公司机组班长

尚丽群（女）　中国石油青海销售公司西宁分公司古道加油站经理

宗贻平　中国石油天然气股份有限公司青海油田分公司总经理、党委副书记

邢仙茹（女）　中国石油长庆油田采油三厂虎狼峁作业区柳二转井区区长

雍瑞生　中国石油天然气股份有限公司宁夏石化分公司总经理

李晓华　中国石油天然气股份有限公司新疆油田公司准东采油厂火烧山作业区站长、党支部书记

赵海燕（女）　中国石油吐哈油田公司勘探开发研究院开发三所副所长

高　升　中国石油乌鲁木齐石化公司化肥厂合成车间车间主任

杨自成　中国石油运输天然气运输公司沙漠运输公司国际事业部土库曼斯坦分公司驾驶员

吴平河　中国石油西部钻探克拉玛依钻井公司50585钻井队队长

徐福贵　中国石油天然气股份有限公司独山子石化分公司总经理、党委副书记

周新源　中国石油天然气股份有限公司塔里木油田分公司总经理、党工委副书记

吕功训　中国石油天然气集团公司阿姆河天然气公司项目经理

【中国2010年上海世博会先进集体（中共中央、国务院表彰）】

中国石油天然气集团公司石油馆项目部

【中国2010年上海世博会先进个人（中共中央、国务院表彰）】

刘俊杰　中国石油天然气集团公司大庆油田房地产开发有限责任公司副经理，上海世博会石油馆馆长

【中国2010年上海世博会创先争优先进基层党组织（中共中央组织部、中央创先争优活动领导小组命名表彰）】

上海销售公司党委

【中央企业参与2010年上海世博会突出贡献奖（国务院国资委表彰）】

中国石油天然气集团公司

【中央企业参与2010年上海世博会先进集体（国务院国资委表彰）】

中国石油天然气集团公司办公厅

大庆油田有限责任公司

中国石油上海销售公司

【中央企业参与2010年上海世博会先进个人（国务院国资委表彰）】

王宜林　中国石油天然气集团公司副总经理

李润生　中国石油天然气集团公司总经理助理兼办公厅主任

王志刚　中国石油天然气集团公司办公厅副主任

陈　忻　中国石油天然气集团公司维稳办（综治办）副主任

王广昀　中国石油西南油气田公司党委书记、副总经理

王　昆　大庆油田有限责任公司党委副书记、纪委书记、工会主席

佟福财　中国石油天然气股份有限公司上海销售分公司总经理（满族）

李　荡　中国石油天然气集团公司办公厅副总经济师

葛　庶　中国石油天然气集团公司办公厅副处长（正处级）

李国华　中国石油天然气集团公司维稳办（综治办）副处长

王平太　大庆油田有限责任公司党委宣传部副部长

李天彬　大庆油田工程有限公司民用建筑所主任工程师

王鹏昊　大庆油田房地产开发有限责任公司经理助理

邝　晶　大庆油田有限责任公司党委宣传部副科长

史惠芬　大庆油田有限责任公司采气分公司副处级调研员

【2009—2010 年度全国青年文明号（11 个）】

中国石油集团渤海钻探工程有限公司钻井三公司 50542 钻井队

中国石油长庆油田公司第三采气厂苏里格第二天然气处理厂

大庆油田勘探开发研究院天然气研究室徐家围子断陷勘探部署及储量评价项目组

中国石油独山子石化公司炼油厂第一联合车间

中国石油天然气管道第二工程公司 CPP207 机组

中国石油广西销售北部湾分公司金湾加油站

中国石油吉林销售延边分公司新丰加油站

中国石油塔里木油田公司开发事业部哈得作业区

中国石油云南销售公司张本荷加油站

中国石油工程建设公司华东设计分公司工艺室

中国石油集团济柴动力总厂大件一分厂机体加工中心组

【2010 年度中央企业先进基层党组织（4 个）】

华北油田公司党委

长城钻探工程公 司党委

庆阳石化公司党委

管道局党委

【2010 年度中央企业优秀共产党员（4 人）】

李新民　大庆油田有限责任公司钻探工程公司钻井二公司 GW1205 队平台经理

买买提·尤里瓦斯　中国石油独山子石化公司乙烯厂副厂长、党委副书记

汪长山　中国寰球工程公司项目管理部副主任、四川乙烯项目经理

刘　涛　中石油中亚天然气管道有限公司中乌天然气管道项目副总经理

【2010 年度中央企业优秀党务工作者（4 人）】

曲广学　中国石油长庆油田公司党委书记

高玉江　中国石油玉门油田公司党委书记

李凤鸣　中国石油东北炼化工程公司党委副书记

贾光生　中国石油天然气集团公司思想政治工作部副主任

【2010 年度中央企业青年文明号（6 人）】

中国石油大港油田公司第一采油厂港东联合站

中国石油大港石化公司聚丙烯车间

中国石油新疆销售公司塔中加油站

中国石油大庆石化公司化工一厂加氢抽提二车间丁二烯生产线

中国石油独山子石化公司炼油厂加氢联合车间

中国石油集团海洋工程有限公司钻井事业部 10 平台

【2010 年度中央企业杰出青年岗位能手（1 人）】

付彦丽　中国石油长庆油田公司第一采油厂王窑集输大队

【2010 年度中央企业青年岗位能手（10 人）】

李贺龙　中国石油辽河油田公司

万泽华　中国石油辽河油田公司

王振海　中国石油华北油田公司

董少磊　中国石油兰州石化公司

李　兵　中国石油兰州石化公司

彭远嘱　中国石油兰州石化公司

刘继明　中国石油集团长城钻探工程有限公司

周晓亮　中国石油集团渤海钻探工程有限公司

周兆虎　中国石油工程建设公司

昝　成　中国石油天然气股份有限公司勘探开发研究院

【2010 年度中央企业五四红旗团委（3 个）】

中石油昆仑燃气有限公司团委

中国石油天然气集团公司第六建设公司团委

中国石油技术开发公司团委

【2010 年度中央企业五四红旗团支部（2 个）】

中国石油物资天津公司团支部

中国石油集团工程设计有限责任公司西南分公司油气加工室团支部

【2010 年度中央企业优秀共青团员（2 人）】

于丽霞　中国石油北京销售公司管理三区

张　帅　中国石油天津销售滨海分公司

【2010 年度中央企业优秀共青团干部（3 人）】

王胜波　大庆油田有限责任公司团委组织宣传科副科长

刘　阳　中国石油辽河油田公司团委宣传部部长

徐海云　中国石油天然气股份有限公司北京油气调控中心团委书记

【团中央、中央企业团工委重点工作优秀共青团干部（4 人）】

王欣昀　中国石油塔里木油田公司团委副书记

曾　勇　中国石油西南油气田公司团委副书记（主持工作）

刘　焱　中国石油集团长城钻探工程有限公司团委书记

张儒生　中国石油天然气股份有限公司润滑油分公司团委副书记

【中央企业五四红旗团委创建单位（3 个）】

中国石油工程建设公司团委

中国石油集团钻井工程技术研究院团委

中国华油集团公司团委

【2010年度中央企业青年志愿者优秀组织单位（1个）】

中国石油天然气集团公司直属团委

【中国石油天然气集团公司特等劳动模范（10人）】

伍晓林　大庆油田有限责任公司勘探开发研究院副总工程师

张　敏（女）中国石油西南油气田公司重庆气矿长寿运销部卧龙河集气总站站长

王贵海　中国石油天然气集团公司尼罗河公司3/7区项目副总经理

蔡小平（瑶族）中国石油吉林石化公司碳纤维厂厂长

郑海涛　中国石油独山子石化公司乙烯厂乙烯联合车间副主任

张本荷（女）中国石油云南销售公司昆明分公司小菜园加油站经理

牛星壮　中国石油集团渤海钻探工程有限公司第三钻井分公司70522钻井队队长

史　航　中国石油天然气管道局设计院线路总工程师

龚惠娟（女）宝鸡石油机械有限责任公司研究院陆研所主任工程师

王景奎　中国石油吉林油田公司公用事业管理公司江北排水队排污班班长

【中国石油天然气集团公司标杆集体（10个）】

大庆油田有限责任公司钻探工程公司钻井二公司15152钻井队

中国石油辽河油田公司欢喜岭采油厂采油作业一区103队东滨霞采油站

中国石油长庆油田公司第三采油厂盘古梁采油作业区靖三联合站

中国石油塔里木油田公司开发事业部塔中作业区

中国石油抚顺石化公司石油三厂分子筛车间王海班

中国石油大港石化公司第三联合车间

中国石油吉林销售公司通化销售分公司百里花加油站

中国石油管道公司兰州输气分公司德令哈分输站

中国石油集团长城钻探工程有限公司泰国项目部GW80钻井队

中国石油集团东方地球物理勘探有限责任公司国际勘探事业部北非地区经理部尼日尔项目组

【中国石油天然气集团公司劳动模范（601人）】

大庆油田有限责任公司（44人）

王岩楼　第九采油厂厂长

李世庆　钻探工程公司钻井二公司15152钻井队队长

刁国玉　钻探工程公司市场开发处科长

和传健　钻探工程公司钻井工程技术研究院完井技术研究所所长

隋新光　第一采油厂总地质师

任相财　第一采油厂第四油矿北十一队技师

姜兴国　第二采油厂第二作业区经理

姜峰远　第二采油厂电力维修大队大队长

曹瑞成　海塔指挥部常务副指挥兼总地质师

王渝明　开发部主任

杨　军　政研室主任

雷茂盛　勘探分公司天然气勘探项目部经理

司　军　第三采油厂第一油矿采油206队15号中转站班长

单文辉　第十采油厂第一油矿矿长

蒋德山　井下作业分公司修井一大队修119队队长

王希安　井下作业分公司作业一大队作业102队队长

刘备战　物资供应公司让胡路仓储分公司机械一队刘备战班组班长

杨元建　装备制造集团总经理、党委副书记，力神泵业公司经理

石　前　装备制造集团射孔弹厂研究所技术总负责人

关俊武　化工集团轻烃分馏分公司动力维修车间电气工段工段长

杨庆林　矿区服务事业部物业管理三公司解放供热管理处4号锅炉班班长

夏丽娜（女，满族）矿区服务事业部油田总医院心内科护士长

王玉春　消防支队呼伦贝尔消防队队长

丁洪涛　第四采油厂第四油矿测试队高压班长

李福章　第九采油厂副总设计师、规划设计研究所所长

孟广凡　采气分公司第二作业区采气二队党支部书记

殷季慧（女）天然气分公司规划设计研究所规划室副主任

姜志敏　储运销售分公司北油库主任

张海燕（女） 工程建设有限责任公司化建公司女子大罐预制队队长兼第二工程处副处长

杨春明　工程建设有限责任公司设计院总设计师

施怀根　试油试采分公司试油大队试油十队党支部书记

齐春艳（女） 勘探开发研究院海外石油评价中心高级工程师

刘　波（女） 文化集团大庆油田报社要闻采访部主任

高春富　第五采油厂地质大队地质室主任

胡永军　第六采油厂试验大队大队长

肖德臣　第七采油厂保卫大队大队长

张卫杰　电力集团油田热电厂燃料分厂机械检修班班长

王福军　供水公司水源开发研究所环境监测实验室主任

李东旭　通信公司新技术开发中心副主任工程师

周广军　创业集团庆新实业公司工程材料公司经理

姚　军　昆仑集团上海九天塑料薄膜有限公司经理

刘俊杰　上海世博会石油馆项目部常务副经理

郑有志　第八采油厂第四油矿永一联合站站长

张　勇　测试技术服务分公司第四大队主任工程师

辽河油田公司（28 人）

杨立强　SAGD 开发项目管理部主任

郭野愚　总经理助理兼中油辽河工程有限公司总经理

安九泉（锡伯族） 钻采工艺研究院采油工艺所所长

张　宏　金马油田开发公司采油作业一区区长

程显东　油建一公司经理

赵政超（满族） 总经理助理兼生产运行处处长

尹雪霏（女，满族） 辽河石油装备制造总公司研究所高级工程师

温　静（女） 勘探开发研究院油田开发所所长

周　杰（女） 高升采油厂合作开发作业区高 27 号站站长

胡德祥　总经理助理兼辽河石油装备制造总公司总经理

范英才　欢喜岭采油厂厂长

王家帮　沈阳采油厂厂长

范玉平　兴隆台工程技术处处长

高养军　兴隆台采油厂厂长

史文芳（女） 第二职工医院院长

康劲松　油建一公司一分公司管工班班长

漆佳军　总机械厂井口制造厂精加工车间数控车工

李涛淘　社区卫生服务中心妇婴医院妇产科主任

李　伟　辽宁天意实业股份有限公司副总工程师

唐小军　曙光采油厂采油作业七区 74 号站副站长

闫鹏翱（满族） 曙光工程技术处冀东项目部经理

孙长志　锦州工程技术处修井作业项目二部 206 队队长

常荣华（女） 纪检监察处效能监察室主任

马祥礼　置业总公司特石集输站经理

李雨成　中心医院泌尿外科主任

魏海英（女） 于楼公用事业处物业一公司二队保洁班班长

周　庆　欢喜岭工程技术陕北项目部经理

王　勇　锦州采油厂采油作业四区中心站站长

长庆油田公司（28 人）

郭秀玲（女） 第一采油厂王窑集输大队郭秀玲站站长

谢银伍　第三采油厂副厂长

张文正　勘探开发研究院分析实验中心副主任

潘宏文　第二采油厂副总工程师

仝延超　第四采油厂质量安全环保科科长

张宏明（壮族） 第五采油厂地质研究所副所长

江洪志　第六采油厂安五作业区经理

张凤奎　第八采油厂厂长

晏宁平　第一采气厂地质研究所所长

张建军　第二采气厂人事组织科科长

谭中国　第三采气厂厂长

张秀峰（女） 第五采气厂作业二区采气工

卢克茇　第一采油技术服务处板桥作业区经理

段银虎　建设工程处油气田维抢修中心焊工

王　锐　水电厂安装大队安装二队队长

杨　立　第一输油处沿河湾输油站站长

范银宁（女） 第二输油处庆咸首站站长

许鹏图　第三输油处生产运行科科长

徐　勇　油气工艺研究院科研管理科科长

马艳飞（女） 物质供应处咸阳转运站保管员

刘云鹤　长庆实业集团有限公司陇东产建项目组副经理

杜　彪　西安长庆化工集团有限公司研究所主任

杨宏斌　长庆公安分局刑警二中队中队长

闫中华　矿区事业部红专路社区支部书记
杨　伟　第七采油厂前线指挥部副指挥
王维珍　培训中心培训部主任
李世红　通信处信息中心主任
陈海鹏　安全环保监督部第一监督站副站长
塔里木油田公司（13人）
江同文　副总地质师
张福祥　副总工程师
孟卫华（女）　塔西南勘探开发公司柯克亚作业区试采大队采油班长
艾尼瓦尔·艾木都拉（维吾尔族）　塔西南勘探开发公司石化厂液化气车间责任工程师
蒋云峰　塔石化分公司生产运行处处长
杨刘生　矿区服务事业部退休管理中心员工
李　勇　勘探开发研究院副总地质师
梁向豪　勘探事业部副经理
于志楠（女）　开发事业部油藏工程部副主任
王金山　天然气事业部克拉作业区总工程师
唐　鑫　销售事业部牙哈装车站站长
吕宏光　西气东输气田建设项目经理部科长
胥志雄　塔中勘探开发一体化项目经理部副经理
新疆油田公司（25人）
魏昌建　准东采油厂火烧山作业区采油一队高级技师
闫仁庚　采油二厂天然气处理站站长
李清辉　数据中心总工程师
叶长新　百口泉采油厂百21采油作业区高级技师
库尔班江·阿不都克里木（维吾尔族）　采气一厂采气队克75处理站高级工
霍　进　陆梁油田作业区经理
张新国　重油开发公司经理
王正才　石西油田作业区经理
庞德新　井下作业公司经理
买买提·加马力（维吾尔族）　采油一厂检131采油作业区地质总监
夏惠萍（女）　勘探开发研究院地球物理研究所总地质师
唐青隽　试油公司项目部经理
肖　刚　油气储运公司彩南站维修巡检班班长
辛黎虎　克拉玛依电厂副总工程师
张　辉　供电公司线路工区技师
付　粮　供水公司营销所支部书记
杨永刚　通信公司数据中心主任
周建平　机械制造总公司研究所所长
潘竟军　采油工艺研究院副院长
李海军　新港作业分公司员工
张美枝（女）　克拉玛依物业管理公司金龙镇分公司安全办主任
张喜莲（女）　燃气公司液化气储备站员工
金家宇（女）　彩南油田作业区第三采油站班长
吴爱军　石油工程建设监理部副主任
孙　森　风城油田作业区副总工程师
西南油气田公司（21人）
邹小龙　重庆气矿开县采输气作业区经理
陈　兰（女）　蜀南气矿渝西采气作业区井站长
曾艳丽（女）　川西南公共事务管理中心隆昌石油社区管理站治保中队女子巡逻班班长
鲜　毅　川中油气矿龙岗采油气作业区龙岗1井岗长
余　进　输气管理处处长
王晓东　重庆天然气净化总厂长寿分厂厂长
王天彪　四川华油集团副总经理兼重庆凯源公司总经理、党委副书记
黄建章　勘探事业部副经理
侯宗伦　川西北气矿江油采气作业区采气工
周　炼（女）　物资公司川西物资供应公司川中供应站班长
唐君其　成都天然气化工总厂氦气工程部经理
李　力　采气工程研究院科研管理科科长
杨洪志　勘探开发研究院室支部书记
汤克林　通信公司川西分公司经理
杨　芳（女）　川东北气矿宣汉采气作业区黄龙4井班长
蒋树林　川中油气矿龙岗天然气净化厂常务副厂长
向启贵　安全环保与技术监督研究院副总工程师兼科长
陈晓余　川西北公共事务管理中心副主任、安全总监
潘湘蜀　南充公共事务管理中心西河北路管理站班长
黄　桢　低效油气开发事业部经理
钱　颖（女）　销售分公司夹江营销部调度班长
吉林油田公司（16人）
王毓才　扶余采油厂厂长
王凤玉　乾大综合服务公司经理
周恒涛　长春采油厂厂长
姜云河　建设公司经理

石文杰　总医院院长

于国栋　天然气部主任

张大伟　勘探部主任

阎　阁　矿区服务事业部前郭矿区服务公司计划财务部主任

宋立忠　勘探开发研究院天然气勘探所所长

丛立春（女）　采油工艺研究院油藏改造研究所项目长

王亚林　勘察设计院副总工程师

董国昌　钻井工艺研究院副总工程师

张洪举　新民采油厂采油六队40号井组班长

张凤琳　新立采油厂采油五队队长

刘永彬　英台采油厂生产运行科科长

邢玉军　红岗采油厂采油二队采油班长

大港油田公司（15人）

夏国朝　第三采油厂地质所副所长

周建文　第六采油厂工艺研究所所长

马水平　第二采油厂副总地质师兼地质研究所所长

姚瑞香（女）　第四采油厂地质研究所副所长

李金明　勘探开发研究院党委书记

董继平　滩海开发公司经理助理兼生产运行科科长

项　勇　采油工艺研究院副总工程师兼地面工艺室主任

杨继军　石油工程研究院采油技术服务中心主任

闫广明　井下作业公司经理助理兼华油储气库项目部经理

陈宏宇　原油运销公司经理助理兼生产科科长

白春林　天然气公司天然气处理站站长

张义家　电力公司港东变电分公司经理

周春艳（女）　物资供销公司生产协调部经济师

刘铁云（女）　供水公司质量监督中心主管工程师

顾劲松　第一矿区管理服务公司经理助理兼生产技术部部长

青海油田公司（12人）

王小鲁　勘探开发研究院副总地质师兼天然气开发项目部主任

李吉军　采油一厂开发地质研究所副所长

熊成武　采油二厂跃进二号采油作业区计配九站采油班长

杨　勇　采油三厂花土沟采油作业区采油班班长

刁志刚　天然气开发公司科长

王永强　冷湖油田管理处南八仙试采作业区经理

杨　斌　格尔木炼油厂生产运行四车间班长

于永刚　勘探事业部钻井部主任兼东部项目副经理

杨国辉　钻采工艺研究院副总工程师

方惠军　测试公司格尔木综合测试队队长

任武化　机械厂压力容器车间技师

虎元林　井下作业二公司生产运行科副科长

华北油田公司（18人）

曹树祥　第一采油厂任南采油作业区“曹树祥班”班长

张夜英（女）　第二采油厂岔北采油作业区岔79-2计单元长

高联益　第三采油厂厂长

陈艳芳（女）　总医院影像诊断科主任

王新宪　水电厂修试工区技术组组长

夏　健（女）　采油工艺研究院钻井工程设计科科长

张丽霞（女）　二连分公司锡林作业区采油二班高级技师

蒋　辉　通信公司经理

郝秀敏（女）　第五采油厂地质研究所滚动开发室工程师

李丽英（女）　煤层气勘探开发分公司设计室主任

王万迅　苏里格项目部经理

郭咏梅（女）　第四采油厂廊东工区廊一联合站副站长

黄　杰　勘探开发研究院油气藏评价所副所长兼油气藏评价室主任

张秀成　第十二处综合服务处公用事业管理站维修队电焊工

徐宝成　供应处物资总库党总支书记

谭卫平　第五采油厂荆丘采油作业区荆二联合站站长

王金甫　天成公司飞达石油装备有限公司经理

徐建伟　河北华港燃气有限公司任丘西部门站站长

吐哈油田公司（7人）

李艳明　勘探开发研究院油田开发研究一所所长

王玉成　开发部主任

杨　飚　勘探公司副总工程师

曹祥元　工程院哈萨克斯坦技术服务公司经理

高庆贤　吐鲁番采油厂葡北采油工区主任

董明辉　温米采油厂联合站技师

秦国洪　井下技术作业公司作业三分公司经理

冀东油田公司（3人）
白俊民　陆上油田采油作业区生产运行科副科长
王群会（女）　勘探开发研究院滩海开发室主任
张国龙　勘探开发建设项目部地质科科长
玉门油田公司（6人）
范铭涛　总经理助理
宋先邦　青西油田作业区生产运行部高级主管
李建立　鸭儿峡油田作业区经理
李宏伟　老君庙油田作业区开发技术部副主任
旷军虎　炼油化工总厂催化装置主任
商利民　水电厂水电作业区作业长
浙江油田公司（1人）
梁　兴　勘探开发部副总地质师
中石油煤层气有限责任公司（1人）
刘贻军　鄂尔多斯东缘分公司经理
南方石油勘探开发有限责任公司（1人）
金玉刚　地面工程部工程师
大庆石化公司（10人）
张国静（满族）　炼油厂重油催化二车间主任
王景兴　化工三厂厂长
刘万鹏　热电厂厂长
姜国君　开发公司雪龙包装公司党支部书记
韩月辉　化工一厂裂解车间主任
杨积忠　腈纶厂维修车间钳工
张旭东（女）　化工二厂化验车间化验工
杨　阳（女）　物业中心龙凤保洁公司经理
金朝晨　化建公司安装二公司起重班长
赵秀娟（女）　实业公司兴化土建队队长
吉林石化公司（9人）
丛　强　化肥厂丁辛醇车间化工二班班长
金彦江　副总工程师
赵霁春　炼油厂厂长
陈建军　建修公司经理兼党委书记
王晓塘　运输仓储部经理
姜昌泉　生产运行处处长
王　欣　总经理（党委）办公室主任
王文胜　石化研究院碳纤维研究所副所长
段长森　有机合成厂丁二烯车间主任
抚顺石化公司（10人）
季　红　腈纶化工厂聚合车间值班长
路　锋　石油一厂生产运行部副部长
何晨光（锡伯族）　总经理助理、石油二厂厂长
安明才　矿区服务事业部运输服务中心客车驾驶员
赵宝红（女）　人事处处长
关毅达（满族）　大项目工程建设指挥部设计联络部部长
徐兴华　北天集团油二建安公司安装三队队长
曹科鸣　化工塑料厂维稳办主任
孙克岩　合成洗涤剂厂 BOPP 二车间值班长
陈锡辉（满族）　热电厂电气车间主任
辽阳石化公司（8人）
闫成旺　尼龙厂己二酸车间主任
王　平　硝酸厂车间主任
仇安良　铁路运输部机务车间班长
林海臣　矿区服务事业部公用事务部班长
魏承斌　聚酯厂聚酯车间聚合装置操作工
刘长军　动力厂生产副厂长
吴　伟（满族）　烯烃厂裂解车间主任
庞云华　设备检修部烯烃检修车间班长
兰州石化公司（10人）
黄开炳　石化厂烯烃联合车间乙烯装置压缩岗位高级技师
孙烈华（女）　乙烯厂副总工程师
张志强　合成橡胶厂丁苯二车间运行工程师
吴　凯　副总工程师
张会芳（女）　电仪事业部仪表联合二车间烯烃班技师
王长明　自动化研究院先控所所长、党支部书记
白晓明　维修公司生产计划部主任
于宏业　催化剂厂分子筛联合车间二套装置三班班长
孙建民　维达公司机泵维修钳工二班班长
黄　奇　物业服务公司幸福小区水暖运行班班长
独山子石化公司（6人）
徐凯军　炼油厂蒸馏车间
张学军　炼油厂生产调度处副处长
谢燎原　炼油厂炼油第四项目部副经理
谷　刚　炼建公司乙烯检修分公司
艾合买提江（维吾尔族）　乙烯厂空分空压车间副主任
刘广宇（女）　乙烯厂聚烯烃联合车间
乌鲁木齐石化公司（5人）
王红晨　炼油厂厂长
杜　卫　工程项目管理部副总工程师
李华山　化肥厂仪表车间二化班班长
杨丽君（女）　塑料厂二编车间操作工
马军生　热电厂厂长

宁夏石化公司（3人）
肖惠敏　安装检修公司
张　军　一联合车间班长
刘玉民　炼油业务部经理助理
大连石化公司（6人）
马　强　总经理助理、生产运行处处长
邹本泽　第二联合车间主任
李鸿刚（回族）生产新区主任
荣　征　第五联合车间班长
于春林　安全环保处助理工程师
吴　宇　生产运行处工艺科科长
大连西太平洋石油化工有限公司（2人）
胡文礼　生产二区运行三班班长
张　寒　安全运行部副部长
锦州石化公司（4人）
王　强　生活区改造指挥部总指挥
刘景辉　质检部成品站成品班班长
秦利忠　重整车间班长
霍　建　加氢车间设备主任
锦西石化公司（4人）
张福有　工程总公司工程四公司高级工
高振林　信息管理中心主任
姜元庆　蒸馏车间副主任
郭剑涛　西油品车间大班长
大庆炼化公司（4人）
于国权　机电仪厂厂长
辛公华　科技信息处副处长
索庆华　科技研发部副总工程师
祁树辉　炼油一厂一套ARGG车间大祁班
哈尔滨石化公司（2人）
郝战龙　热网车间副主任
李文鹏　检修车间主任
广西石化公司（1人）
许建枢　工程管理部副主任
中国石油四川石化有限责任公司（2人）
徐云阶　技术发展处处长
蔡永宏　南充炼油厂三车间技师
广东石化公司（1人）
王义东　炼油二厂厂长
大港石化公司（2人）
季德伟　第二联合车间主任
孙国强　第三联合车间生产五班班长
华北石化公司（2人）
于建忠　副总经理
卜锡波　质量安全环保处计量科班长
呼和浩特石化公司（2人）
梁如军　油品车间主任
武利春　催化车间技术员
辽河石化公司（2人）
孙　伟　南蒸馏车间班长
王　静（女）分析化验中心
长庆石化公司（2人）
焦新惠（女）质检部环境监测站监测大班班长
朱　良　运行一部重整加氢区块主任
克拉玛依石化公司（2人）
周　宇　工程管理部工程管理科科长
陈淑建　重整车间班长
庆阳石化公司（2人）
席雄伟　聚丙烯车间
赵秋燕（女）工程建设管理处处长
中石油东北炼化工程有限公司（4人）
徐龙杰　金属结构分公司高级技师
张忠宝　吉林分公司安装一公司班长
付文宝　吉林梦溪工程管理有限公司总经理
葛玉林　锦州设计院院长、党委书记
炼化工程建设项目部（1人）
王　莉（女）工程管理处副处长
东北化工销售公司（1人）
关丰举（满族）橡塑处处长
西北化工销售公司（1人）
赵玉明　总经理助理
华北化工销售公司（1人）
李春兰（女）市场处高级工程师
华东化工销售公司（1人）
刘志军　业务二处高级主管
华南化工销售公司（1人）
马宗立　副总经理兼安全总监
西南化工销售公司（1人）
马　健　副总经理
东北销售公司（2人）
时丕军　抚顺分公司物流师
姜　波　大连分公司副经理
西北销售公司（2人）
樊健伦　宝鸡分公司副经理
朱其勇　新疆王家沟石油商业储备库运行中心计量班班长
润滑油公司（2人）
张伟东　华东润滑油厂生产技术部主任兼党支部

书记

伏喜胜　兰州润滑油研究开发中心主任

中油燃料油股份有限公司（1人）

沈　璠　市场处处长

辽宁销售公司（5人）

潘　辉　抚顺分公司经理、党委书记

刘聚洋　锦州分公司经理

杨晓春　鞍山分公司经理

代　宇　抚顺分公司田屯油库司泵班长

谭丽娟（女，满族）　铁岭开原经营部第一加油站经理

四川销售公司（5人）

余永明（羌族）　绵阳分公司绵阳销售片区党支部书记

孙　宝（藏族）　岷江分公司总经理

罗光辉　宜宾分公司党委书记

黄建国（藏族）　甘孜分公司北线片区经理

王巧燕（女）　达州分公司16公里加油站加油员

广东销售公司（1人）

赵明奎　副经理

内蒙古销售公司（5人）

张厚江　总经理助理兼鄂尔多斯市分公司经理

刘宝平　通辽扎鲁特旗分公司经理

杨永旺（女）　巴彦淖尔分公司临河片区建设路加油站经理

薛丽惠（女）　呼伦贝尔分公司额尔古纳经营部三河加油站经理

程海泉　锡林郭勒分公司锡市零售片区第四加油站经理

北京销售公司（1人）

尹建荣（女，回族）　第五管理片区经理

上海销售公司（1人）

庞爱宁（女）　浦东营销中心振兴加油站经理

黑龙江销售公司（4人）

张天一　哈尔滨分公司哈西供应区文昌加油站加油员

袁义江　伊春分公司嘉荫片区乌云加油站经理

周伟东　双鸭山分公司市区片区第一加油站经理

霍秦霞（女）　佳木斯分公司先锋加油站经理

河北销售公司（2人）

贾会青（女）　保定分公司第一片区经理兼111加油站经理

史政伟　邯郸分公司第一加油站经理

新疆销售公司（5人）

向文涛　乌鲁木齐公司红山路加油站经理

朱长喜（女）　昌吉公司长宁加油站副经理

西力甫江·阿吾提（维吾尔族）　喀什公司友谊加油站经理

王铜恒　阿勒泰公司经理、党委副书记

黄丽莎（女）　哈密公司建国北路加油站经理

山东销售公司（2人）

于　洋　营销处处长

刘学霞（女）　泰安分公司泰东片区经理兼泰安第49站经理、第三党支部书记

陕西销售公司（4人）

田长生　西安分公司西油库主任

刘沣东　宝鸡分公司

闫波克　延安分公司副经理

刘　巧（女）　西安分公司西铜加油站加油员

吉林销售公司（4人）

艾永厚　延边分公司经理

江跃蛟（女，满族）　辽源分公司福达加油站加油员

王丽君（女）　长春分公司民丰加油站经理

许靖国　物资设备分公司安装公司党支部书记

江苏销售公司（1人）

邵从海　南京分公司城东加油站经理

甘肃销售公司（4人）

田旭辉（女）　兰州分公司慧达加油站经理

张爱萍（女）　酒泉分公司金塔片区经理、党支部书记

杨　琪（回族）　天水分公司天水油库司泵维修工、电工

杨福兄（女）　武威分公司诚信加油站营销员

河南销售公司（1人）

岳艳丽（女）　洛阳第十一加油站经理

湖北销售公司（1人）

韩威威（女）　武汉分公司滨江加油站经理

浙江销售公司（1人）

王　琦　副总经理兼工会主席、党委委员

重庆销售公司（3人）

陈鸣红（女）　江北分公司副经理

程　放　江北分公司五里店加油站经理

张世华　万州分公司忠县经营部经理

湖南销售公司（1人）

何　宏　郴州分公司龙泉路加油站经理

安徽销售公司（1人）

陈　斌　蚌埠分公司秦集服务区第二加油站班长

广西销售公司（1人）

桂纯路　河池分公司经理

福建销售公司（1人）

曾建强　莆田分公司经理

大连销售公司（2人）

宋　军（女）　油气零售分公司林海街加油站经理

乔竹苓（女）　旅顺分公司水师营加油站经理

山西销售公司（1人）

芦振刚　忻州分公司经理

天津销售公司（1人）

赵永富　市区分公司山东路加油站经理

宁夏销售公司（2人）

刘春霞（女）　石嘴山分公司红果子加油站经理

张　平　固原分公司长城加油站经理

贵州销售公司（1人）

王华菊（女）　贵阳分公司小碧加油站前庭主管

青海销售公司（3人）

王雪兰（女）　格尔木分公司南山口加油站经理

樊尚珍　海西分公司经理

才仁吉藏（女，藏族）　玉树分公司西杭加油站经理

江西销售公司（1人）

徐章相　南昌分公司瑶湖加油站经理

西藏销售公司（2人）

庞贵生　格尔木分公司经理

万贤忠　拉萨分公司销售部经理

大连海运公司（1人）

曲世鳌　船舶管理部工程师

北京油气调控中心（1人）

张　鹏　调度一处处长

管道建设项目经理部（2人）

杨贵山　西气东输二线新疆项目分部项目经理

郭宝山　副总师

管道公司（5人）

刘保侠　郑州输油气分公司副经理

邓吉红（女）　华中输气分公司武汉西输气站站长

周宝库　长春输油气分公司维修队队长

王立坤　管道科技研究中心机械自动化研究所副主任工程师

宋文武　丹东输油气分公司丹东输油站变电所班长

西气东输管道公司（2人）

张兴龙　宁陕管理处靖边抢修中心主任

郭　刚　压缩机处科长

中石油北京天然气管道有限公司（1人）

吴中林　维抢修中心主任

西部管道公司（2人）

邹永胜　总经理助理兼生产运行处处长

李学亮　乌鲁木齐输油气分公司阿拉山口输油站站长

中石油昆仑燃气有限公司（2人）

张晓军　冀中分公司总经理

张宇杰　市场开发二部副总经理

中石油大连液化天然气有限公司（1人）

陈大军　计划处处长

中石油江苏液化天然气有限公司（1人）

盖晓峰　技术处处长

华北天然气销售公司（1人）

蔡建敏（女）　营销处处长

中石油昆仑天然气利用有限公司（1人）

牛　锐（女）　总经理办公室高级主管

海外勘探开发公司（8人）

窦立荣　中油国际（乍得）有限责任公司总经理

周明平　中油国际（印度尼西亚）有限责任公司油田经理

李星军　中油国际（阿尔及利亚）有限责任公司勘探部经理

孙志华　中油国际（尼日尔）有限责任公司上游项目副总经理

文光耀　中油国际（叙利亚）有限责任公司副总经理

解忠义　中油国际（乌兹别克斯坦）有限责任公司丝绸之路项目部总工程师

王文训　中油国际（阿曼）有限责任公司开发部副经理

李方明　海外勘探开发分公司油气开发部副总工程师

哈萨克斯坦公司（3人）

徐志强　PK项目副总经理

王善珂　管道项目总工程师

杨桂荣（女）　中油阿克纠宾油气股份公司总会计师

伊拉克公司（1人）

张　斌　中油国际（绿洲）公司油田作业区经理

伊朗公司（1人）

刘朝全　北阿扎德干项目副总经理

南美公司（2人）

刘　宇　秘鲁6/7区项目副经理

张春青　委内瑞拉苏马诺项目副经理

尼罗河公司（5人）

陈焕龙　六区项目公司副经理

王　杰　3/7区项目总工程师

郭新文　苏丹1/2/4项目生产部HSE部经理

刘向普　炼油事业部副经理

曹纪元　15区项目总经理

中石油阿姆河天然气勘探开发（北京）有限公司（2人）

吴先忠　钻井作业部经理

刘合年　副总地质师

中石油中亚天然气管道有限公司（2人）

闫洪旭　中哈天然气管道项目施工部经理

刘　涛　中乌天然气管道项目副经理

中俄合作项目部（1人）

周　勇　中俄原油管道黑龙江穿越项目管理部经理

中国石油国际事业有限公司（4人）

张　军　广西中石油国际事业有限公司总经理

宋洪悦　大庆中国石油国际事业有限公司副总经理

张东臣　中国石油国际事业（土库曼斯坦）办事处首席代表

张　涛　中国石油国际事业公司委内瑞拉办事处首席代表

中国石油集团东南亚管道有限公司（1人）

唱焕来　原油码头项目部经理

中国石油集团西部钻探工程有限公司（11人）

阿不拉江玉努斯（维吾尔族）准东钻井公司70043队队长

尹照强　克拉玛依钻井党委书记

王　林　克拉玛依钻井70145钻井队队长

王正源　吐哈钻井公司生产运行部主任

钱德恒　青海钻井公司苏里格钻井项目部经理

王多夏　国际钻井公司副经理

张彦华　准东钻井公司队长

于志刚　测井公司测井六分公司C4489队队长

苏洪生　固井压裂工程公司党委书记

颜　志　克拉玛依录井工程公司四川录井项目部

何太洪　吐哈录井工程公司地质研究所所长

中国石油集团长城钻探工程有限公司（13人）

易发新　长庆分部指挥

韩民久　泰国项目GW80队平台经理

杜立东　能源事业部主任

王玉新　中东大区经理

惠铁盈　美洲大区经理

许建民　非洲大区经理

王绿水　测井公司经理

张　伟　钻井二公司尼日尔项目GW27队平台经理

车天勇　委内瑞拉项目市场部经理

郝玉春（女）　录井公司副总工程师兼信息中心主任

聂维霞（女）　钻具公司管修一车间喷焊工

孙连和　钻井一公司四分公司陕北项目部40503钻井队队长

曾宪江　伊拉克作业区经理兼HSE总监

中国石油集团渤海钻探工程有限公司（11人）

翟仲成　管具分公司经理

石丰甫　第一录井分公司经理

吴立新　市场与生产协调处处长

李英杰　第五钻井分公司40543钻井队队长

魏　兵　测井分公司勘探开发测井作业部经理

陈雅勇　井下作业分公司第三试油工程作业部S06553队技术员

左凤江　工程技术研究院华北分院油田化学研究室主任

田增艳（女）　泥浆技术服务公司钻井液研发中心综合室主任

李增魁　油气合作开发分公司苏20作业区副经理

何　刚　第二固井分公司苏里格项目部经理

解仙逸　国际工程分公司财务资产科科长

中国石油集团川庆钻探工程有限公司（14人）

周　丰　长庆井下技术作业公司经理

王治平　川东钻探公司经理

王爱民　川东钻探公司50712队大班司机

吴明洲　川西钻探公司合川前线指挥部指挥

邢　富　长庆钻井公司40618钻井队大班司钻

阿不都艾力·艾海提（维吾尔族）　塔里木工程公司70561队平台经理

周崇志　国际公司土库曼斯坦分公司副经理

陈爱萍（女）　地球物理勘探公司技术发展中心副总工程师

邹　兵　油建公司经理

刘　伟　井下作业公司压裂酸化公司经理

孙　虎　长庆井下公司党委书记、副经理

石化国　测井公司射孔技术分公司经理

孙海芳　钻采院院长

许云川　蜀渝公司土库曼项目部经理

中国石油集团东方地球物理勘探有限责任公司（10人）

王成祥　物探技术研究中心物探方法研究部副主任

凌　云　副总工程师、油藏地球物理研究中心主任

胡少华（蒙古族）研究院地质研究中心副总地质师、海拉尔研究中心主任

罗福龙　装备事业部总工程师

许　斌　国际勘探事业部北非地区经理部副总经理兼尼日尔项目组经理

罗新勇　国际勘探事业部伊拉克项目组 8637A 队经理

吉新杰　北疆经理部钻井运输服务中心汽车驾驶员

张胜军　敦煌经理部副总工程师、青海探区前线指挥部副指挥

唐传章　东部勘探事业部华北经理部副总工程师

李为斌　辽河物探分公司 2154 队经理

中国石油集团测井有限公司（4人）

董国敏　市场生产处副处长

汤天知　技术中心主任

马　军　青海事业部副经理

高建民　塔里木事业部助理工程师

中国石油集团海洋工程有限公司（2人）

王　勇　船舶事业部中油海 281 船长

孙富全　天津中油渤星工程科技有限公司固井技术研究所高级工程师

中国石油天然气管道局（7人）

岳　林　中亚天然气管道哈萨克斯坦项目经理

高泽涛　局长助理

刘广仁　第四工程分公司项目经理

高亚青　华油工程建设公司第一工程处机组长

高建国　局长助理、国际事业部党委书记、副总经理

高金杰　第一工程分公司项目经理

薛　枫　中亚天然气管道乌兹别克斯坦项目部经理

中国石油工程建设公司（7人）

杜光鑑　苏丹分公司总经理

陈意深　土库曼斯坦分公司总经理

张　励（女）华东设计分公司总经理助理

宁太升　第一建设分公司第一工程处 104 工程队副队长

刘冬勤（女）第一建设分公司质量安全环保部副经理

李焱桥　第七建设公司机电工程分公司经理

张志豪　技术服务分公司岩土工程公司总工程师

中国石油集团工程设计有限责任公司（2人）

宋德琦　总经理助理兼西南分公司总经理

齐建华（满族）北京分公司总经理、党委副书记

中国寰球工程公司（4人）

李艳辉　大连 LNG 接收站项目经理

张素枝（女）项目管理部代理主任兼土建室主任

程立允　第六建设公司总经理

张小平　兰州寰球工程公司工艺部副主任

中国昆仑工程公司（1人）

许贤文　中国纺织工业设计院院长助理

中国石油技术开发公司（2人）

高京建　副总经理

李世举　美欧地区海外总代表

宝鸡石油机械有限责任公司（1人）

张自修　总装成套厂生产主管

宝鸡石油钢管厂（2人）

叶苏锦　辽阳石油钢管厂厂长

李军峰　上海宝世威石油钢管制造有限公司防腐分厂厂长

中国石油集团济柴动力总厂（1人）

刘冬日　热处理分厂装备管理室主任

中国石油集团渤海石油装备制造有限公司（2人）

潘真祥　第一机械厂生产保障中心锅炉运行班班长

陈小伟　巨龙钢管公司科技质量部主任

勘探开发研究院（5人）

马德胜　石油采收率所所长

熊春明　采油工程研究所所长、党支部书记

范子菲　中亚俄罗斯研究部经理

马　洵　计算机应用技术研究所项目经理

寿建峰　杭州地质研究院副总地质师

规划总院（1人）

孙春良　管道所所长

石油化工研究院（2人）

高雄厚　兰州化工研究中心主任

王斯晗　研究中心化工研究所高级工程师

经济技术研究院（1人）
蔡建华（女）　院长助理
钻井工程技术研究院（2人）
刘广华　副院长
王　玺　海外钻井技术研究所所长
安全环保技术研究院（1人）
邓　皓　副总工程师
管材研究所（1人）
贾立仁　党委副书记、纪委书记、工会主席
北京石油管理干部学院（1人）
曹锦玉　后勤处处长
中国石油报社（1人）
阳志华　要闻部副主任
石油工业出版社（1人）
李俊军　社长助理
中国石油审计服务中心（1人）
王彩芹（女）　审计八处处长
中国石油物资采购中心（1人）
刘　岩　总经理助理
广州培训中心（1人）
赖世林　行政管理培训部教师
中国石油天然气运输公司（4人）
陶　冶　国际事业部经理
郭卫华（女）　油田建设开发分公司新疆销售项目部经理
孟　涛　塔里木运输公司原油运输大队技师
徐　辉　中油世桥物流外贸有限责任公司驾驶员
中油财务有限责任公司（1人）
王增业　金融与会计研究所所长
中国华油集团公司（2人）
李海霞（女）　甘肃阳光大酒店有限公司总经理
赵志荣　阳光国际有限公司苏丹分公司副总经理
华油北京服务总公司（1人）
范瑞华　中油住宅管理中心主任
中国石油天然气香港有限公司（1人）
王新良　昆仑能源新捷股份有限公司党委书记
吉林燃料乙醇有限责任公司（1人）
宋跃武　水处理厂单元长
总部机关（3人）
李建康　规划计划部战略规划处处长
吕连浮（女）　财务资产部副总会计师
穆秀平（女）　财务部财务报告处处长

【中国石油天然气集团公司先进集体（500个）】

大庆油田有限责任公司（29个）
海拉尔石油勘探开发指挥部塔南作业区
第一采油厂
第二采油厂第六作业区采油四十九队
第三采油厂第五油矿北十五联合站
第四采油厂第一油矿北六队
第六采油厂第二油矿采油204队
天然气分公司油气加工五大队喇二浅冷站
井下作业分公司修井一大队修107队
化工集团轻烃分馏分公司轻烃分馏车间
矿区服务事业部物业管理二公司阳光家园客户服务中心
通信公司龙南分公司油田114查询台
供水公司供水二分公司中引水厂
勘探开发研究院
第五采油厂第一油矿九区三队
第九采油厂新站采油作业区新一联合站
电力集团宏伟热电厂热工分厂
大庆油田工程建设有限责任公司设计院总体规划室
创业集团华谊实业公司建筑安装工程公司
青岛庆昕塑料有限公司
大庆油田工程建设有限责任公司漠大线PC项目部
装备制造集团力神泵业公司苏丹分公司
钻探工程公司钻井五公司工程开发分公司40106钻井队
物资供应公司实业分公司职业服装公司劳保车间
第七采油厂第三油矿葡三联合站
第八采油厂第四油矿永一联合站
第十采油厂第一油矿五工区
采气分公司第一作业区徐深1工区
储运销售分公司南三油库集输队
试油试采分公司试油大队试油十队
辽河油田公司（20个）
中油辽河工程有限公司
欢喜岭采油厂
勘探开发研究院
兴隆台工程技术处
勘探处
开发处
曙光采油厂热注一区
曙光工程技术处作业一公司
锦州采油厂油藏工程研究所
高升采油厂合作开发作业区

筑路工程公司路面工程处二队摊铺班
辽海公司派普钻具制造有限公司
特种油开发公司采油作业三区一号中心站
油建二公司第二安装工程分公司施工四队
沈阳工程技术处作业一公司 X06286 队
困难职工帮扶中心
总机械厂公用事业公司
油气集输公司坨子里输油泵站
井下作业公司压裂分公司千一队千型班
浅海石油开发公司笔架岭作业区架二号站
长庆油田公司（20 个）
第一采油厂杏南采油作业区
第二采油厂西峰采油一区
第四采油厂杨米涧采油作业区
第五采油厂马家山采油作业区
第六采油厂安五采油作业区
第七采油厂百宝采油作业区
第八采油厂樊学采油作业区
第一采气厂第一净化厂
第二采气厂榆林天然气处理厂
第三采气厂
第四采气厂采气作业区
西安长庆科技工程有限责任公司天然气工程设计部
第一采油技术服务处固城作业区
第二采油技术服务处
第三采油技术服务处产能建设项目组
建设工程处第三施工项目部
泾河园物业服务处物业服务站
勘探开发研究院石油开发二室
油气工艺研究院压裂技术研究室
机械制造总厂抽油机制造分厂
塔里木油田公司（7 个）
塔西南勘探开发公司石化厂
勘探开发研究院碳酸盐岩研究中心
勘探事业部库车项目经理部
天然气事业部克拉作业区
物资采办事业部仓储部
工程技术部井控欠平衡中心
塔西南勘探开发公司化肥厂尿素装置
新疆油田公司（19 个）
数据中心
勘探公司腹部项目经理部
采油二厂
采气一厂
试油公司
陆梁油田作业区石南采油站
风城油田作业区夏子街采油站
井下作业公司 C15339 队
治安保卫中心
石西油田作业区基东采油站
勘探开发研究院地球物理研究所
供电公司自动化所
物资供应总公司金属材料公司
消防支队五大队
采油一厂地质研究所
机械制造总公司阀门制造厂
重油公司集输联合站
彩南油田作业区中心控制室
百口泉采油厂油田地质所
西南油气田公司（14 个）
重庆气矿
重庆气矿卧龙河集气总站
蜀南气矿江安采气作业区
川中油气矿龙岗采油气作业区
川西北气矿梓潼采气作业区
川东北气矿宣汉采气作业区
输气管理处合江输气作业区
重庆天然气净化总厂
天然气研究院
销售分公司夹江营销部叶高山配气站
重庆公共事务管理中心
川南公共事务管理中心纳溪石油社区管理站环卫绿化班
华油集团凯源公司 CNG 分公司
物资公司川西公司川中库楼库班
吉林油田公司（10 个）
新木采油厂采油四队维修班
公用事业管理公司江北排水队排污班
新立采油厂采油五队
勘探开发研究院勘探研究所
井下作业工程公司压裂四队
扶余采油厂
乾安采油厂采油二队
新民采油厂采油六队
松原采气厂
总医院
大港油田公司（10 个）

第三采油厂第一采油作业区
对外合作项目部
信息中心
测试公司解释研究所
通信公司中心电话站
消防支队消防五中队
油田化学公司制造一车间
炼达公司溶剂油厂
客运分公司第一通勤车服务中心
勘探开发研究院基础研究室
青海油田公司（8 个）
采油一厂尕斯中南采油作业区
天然气开发公司
采油二厂乌南采油作业区
勘探开发研究院柴西勘探研究室
井下作业公司 S08820 队
工程建设公司安装公司
格尔木炼油厂生产运行四车间
社区管理中心检修公司
华北油田公司（12 个）
第三采油厂
第一采油厂输油作业区
第四采油厂永清采油工区
二连分公司
通信公司无线事业部
煤层气勘探开发分公司
勘探部
总医院急救中心
地球物理勘探研究院物探室
勘探开发研究院饶阳勘探研究室
第五综合服务处水电管理站
第二采油厂岔南采油作业区
吐哈油田公司（6 个）
勘探开发研究院地质勘探一所
工程技术研究院采油工艺研究所
三塘湖采油厂牛东采油工区
井下技术作业公司作业一分公司 D10763 队
特种车辆工程公司五分公司
销售事业部轻烃储运工区罐装班
冀东油田公司（2 个）
南堡油田采油作业区
井下作业公司
玉门油田公司（4 个）
青西油田作业区联合站
炼油化工总厂特油装置
油田作业公司 S12863 队
建筑安装工程处安装二队
浙江油田公司（1 个）
兴泽作业区
中石油煤层气有限责任公司（1 个）
韩城分公司
南方石油勘探开发有限责任公司（1 个）
综合研究室
大庆石化公司（8 个）
炼油厂
化工三厂
化工一厂裂解车间
矿区服务事业部物业管理中心保洁公司
化建公司安装二公司
塑料厂高压二车间
腈纶厂毛条二车间
热电厂电气车间
吉林石化公司（8 个）
炼油厂
乙烯厂
丙烯腈厂
有机合成厂丁苯橡胶车间
化肥厂丁辛醇车间
动力二厂电仪车间
乙二醇厂环氧乙烷车间化工二班
松花湖疗养院一疗科一疗区
抚顺石化公司（7 个）
石油二厂南催化车间
洗涤剂化工厂
乙烯化工厂环氧乙烷 / 乙二醇车间工艺甲班
大项目工程建设指挥部
石油一厂酮苯车间
矿区服务事业部燃气服务中心充装车间
腈纶化工厂丙烯腈车间
辽阳石化公司（8 个）
CDM-N_2O 减排项目组
炼油厂
烯烃厂
矿区服务事业部公用事务部供电管理所
尼龙厂已二酸车间
动力厂水源车间泵运班
亿方工业公司金兴化工厂
运输部化工叉装队

兰州石化公司（8个）
炼油厂催化二联合车间
炼油厂
乙烯厂
物业服务公司
石化厂乙烯联合车间
橡胶厂丁苯二联合车间
电仪事业部仪表二联合车间
建设公司第一分公司
独山子石化公司（6个）
炼油厂第一联合车间
乙烯厂乙烯联合车间
热电厂化学车间
矿区服务事业部公共事务管理公司660服务中心
乙烯厂乙烯车间
炼油厂加氢裂化车间
乌鲁木齐石化公司（5个）
化肥厂
热电厂
工程项目管理部
炼油厂炼油一车间
矿区服务事业部公用事业服务中心燃气运行工段
宁夏石化公司（3个）
尿素一部
安装检修公司
油品车间
大连石化公司（6个）
第一联合车间
第四联合车间
有机合成厂
储运车间
建安总公司抢修车间
供排水车间
大连西太平洋石油化工有限公司（1个）
生产一区
锦州石化公司（5个）
加氢车间
化工一车间
仪表检修队
矿区服务事业部综合维修公司
蒸馏车间
锦西石化公司（5个）
蒸馏车间
焦化车间
重整车间
热电公司
信息管理中心
大庆炼化公司（5个）
炼油一厂
聚合物一厂丙烯酰胺一车间
聚丙烯厂聚合造粒装置生产运行二班
炼油二厂加氢改制车间生产运行四班
润滑油厂酮苯脱蜡车间小丁班
哈尔滨石化公司（2个）
常减压车间
三催化车间
广西石化公司（1个）
工程管理部
中国石油四川石化有限责任公司（2个）
公用工程部
南充炼油厂一车间
大港石化公司（1个）
第一联合车间
华北石化公司（2个）
生产运行处油品工区
工程管理部
呼和浩特石化公司（2个）
维修车间
重整加氢车间
辽河石化公司（2个）
糠醛白土车间
加氢车间
长庆石化公司（2个）
运行一部加氢裂化区块
运行保障部仪修队
克拉玛依石化公司（2个）
第二联合车间
焦化车间
庆阳石化公司（2个）
搬迁改造项目部第二联合施工经理部
常压催化联合车间
中石油东北炼化工程有限公司（4个）
抚顺工程建设分公司六公司
吉林分公司乌石化项目部
吉林设计院管道室
葫芦岛设计院
东北化工销售公司（1个）
吉林分公司

西北化工销售公司（1个）
储运处
华北化工销售公司（1个）
财务处
华东化工销售公司（1个）
业务一处
华南化工销售公司（1个）
厦门分公司
西南化工销售公司（1个）
重庆分公司
东北销售公司（2个）
大连分公司
调度运输处
西北销售公司（2个）
兰州分公司
陕西分公司油库运行中心发油班
润滑油公司（3个）
西北润滑油销售分公司
大连润滑油研究开发中心
克拉玛依润滑油厂
中油燃料油股份有限公司（2个）
财务处
秦皇岛中油石化有限公司
辽宁销售公司（5个）
盘锦分公司
锦州分公司
营口分公司
沈阳分公司珠江加油站
丹东分公司金山湾油库
四川销售公司（5个）
广元分公司
仓储分公司
德阳分公司旌阳片区
成都分公司龙泉高速加油站
凉山分公司迎宾加油站
广东销售公司（2个）
海南分公司三亚东岸加油站
珠海分公司珠海华联油库
内蒙古销售公司（5个）
呼和浩特分公司八拜油库
鄂尔多斯市分公司伊金霍洛旗零售片区
乌海分公司第一加油站
赤峰分公司钢铁西街加油站
阿拉善分公司阿左旗零售片区第十四加油站
北京销售公司（1个）
第一管理片区柳荫加油站
上海销售公司（1个）
浦东营销中心振兴加油站
黑龙江销售公司（4个）
哈尔滨分公司阿城片区
鸡西分公司虎林片区
北安物流配送中心北安油库
肇东分公司财务部
河北销售公司（1个）
沧州分公司第六加油站
新疆销售公司（5个）
乌鲁木齐分公司红山路加油站
独山子分公司油库
库尔勒分公司龙山女子加油加气站
吐鲁番分公司鄯善销售片区
伊犁分公司营销科
山东销售公司（1个）
烟台分公司
陕西销售公司（4个）
西安分公司北绕汉城加油站
咸阳分公司彬县西郊加油站
汉中分公司
安康分公司白河片区经营部
吉林销售公司（3个）
通化分公司
四平分公司公主岭经营处
吉林市分公司吉林市经营处
江苏销售公司（1个）
苏州分公司
甘肃销售公司（4个）
定西分公司
金昌分公司金昌油库
兰州分公司建新加油站
甘南分公司碌曲贡巴加油站
河南销售公司（1个）
郑州分公司第二十加油站
湖北销售公司（1个）
武汉零售分公司武昌八一路加油站
浙江销售公司（1个）
杭州分公司
云南销售公司（1个）
大理分公司金花加油站
重庆销售公司（3个）

江北分公司人和加油站
永川分公司永川油库
渝中分公司黄花园油气合建站
湖南销售公司（1 个）
长沙分公司
安徽销售公司（1 个）
合肥分公司
广西销售公司（1 个）
玉林分公司华武加油站
福建销售公司（1 个）
泉州分公司晋江恒盛加油站
大连销售公司（2 个）
金州分公司疏港路加油站
油气零售分公司黄河路加油站
山西销售公司（1 个）
太原分公司
天津销售公司（1 个）
市区分公司海珠加油站
宁夏销售公司（2 个）
高速公路分公司滨河加油站
营销调运处
贵州销售公司（1 个）
安顺分公司夏云加油站
青海销售公司（2 个）
营销调运处
德令哈油库
江西销售公司（1 个）
南昌分公司海源油库
西藏销售公司（1 个）
那曲分公司中心加油站
大连海运公司（1 个）
航运部
北京油气调控中心（1 个）
自动化与通信处
管道建设项目经理部（1 个）
涩宁兰复线项目部
管道公司（5 个）
锦州输油气分公司
管道工程第一项目经理部
管道科技研究中心
沈阳输油气分公司
山东中油天然气有限公司
西气东输管道公司（2 个）
甘肃管理处
苏浙沪管理处龙潭维抢修中心
中石油北京天然气管道有限公司（2 个）
大港储气库分公司
陕西输气管理处榆林压气站
西部管道公司（3 个）
乌鲁木齐输油气分公司阿拉山口输油站
塔里木输油气分公司鄯善输油站
甘肃输油分公司西靖输油站
中石油昆仑燃气有限公司（4 个）
大庆燃气公司
黄石中石油昆仑城投燃气有限公司
唐山液化天然气项目经理部
采办处
中石油大连液化天然气有限公司（1 个）
生产处
中石油江苏液化天然气有限公司（1 个）
综合办公室
华北天然气销售公司（1 个）
综合办公室
中石油昆仑天然气利用有限公司（1 个）
徐州华气新能源有限公司 CNG 加气母站
海外勘探开发公司（4 个）
中油国际（印度尼西亚）有限责任公司
中油国际（尼日尔）有限责任公司上游项目
中油国际（乍得）有限责任公司
海外勘探开发公司业务发展部
哈萨克斯坦公司（3 个）
中油国际（PK）有限责任公司运销板块
中油阿克纠宾油气股份公司勘探开发部
管道项目施工部
南美公司（1 个）
安第斯石油有限责任公司
尼罗河公司（4 个）
苏丹 1/2/4 项目公司
苏丹 3/7 区项目现场作业区
苏丹六区项目采油厂
苏丹喀土穆炼油有限公司维修事业部
中石油阿姆河天然气勘探开发（北京）有限公司（1 个）
基建工程部
中石油中亚天然气管道有限公司（2 个）
中哈天然气管道项目部
中乌天然气管道项目
中俄合作项目部（1 个）

中俄原油管道项目组
中国石油国际事业有限公司（3 个）
大连中国石油国际事业有限公司
中国石油国际事业（新加坡）有限公司
原油部
中国石油集团东南亚管道有限公司（1 个）
原油码头项目部
中国石油集团西部钻探工程有限公司（10 个）
克拉玛依钻井公司
吐哈钻井公司
青海钻井公司 30554 钻井队
国际钻井公司
准东钻井公司 70514 队
测井公司塔里木分公司 C1518 队
固井压裂工程公司固井五队
克拉玛依录井工程公录井一公司
吐哈录井工程公司二分公司
克拉玛依钻井工艺研究院
中国石油集团长城钻探工程有限公司（9 个）
录井公司
钻井液公司
钻井一公司陕北项目部
钻井二公司陕北项目部
苏丹测井作业区
古巴项目部
哈萨克斯坦项目部
苏丹项目部
苏里格气田项目部采气作业一区巡井队
中国石油集团渤海钻探工程有限公司（13 个）
第一钻井分公司
第四钻井分公司
塔里木钻井分公司
定向井技术服务分公司
第二钻井分公司 C14565 钻井队
井下技术服务分公司试油 506 队
油气井测试分公司长庆项目部
钻井技术服务分公司井控车间
第一固井分公司冀中项目部第一项目组
第二录井分公司综合录井作业部综合录井中队
长庆事业部环江项目部
国际工程分公司蒙古项目部
华北石油工程事业部
中国石油集团川庆钻探工程有限公司（11 个）
川东钻探公司 40642 钻井队
川西钻探公司 40525 队
长庆钻井总公司 30693 钻井队
长庆钻井总公司 30653 钻井队
塔里木工程公司 70583 队
测井公司四川石油射孔器材有限责任公司
四川石油天然气建设工程有限责任公司川庆油建公司二工程队
川庆国际石油工程有限公司土库曼项目 70140 队
物探公司物探 2116 队
井下作业公司压裂 7 队
长庆井下技术作业公司压裂六队
中国石油集团东方地球物理勘探有限责任公司（9 个）
装备制造事业部大型地震仪器研发项目组
物探技术研究中心 GeoEast 地震数据处理解释一体化系统研发项目组
研究院大港分院
吐哈经理部 2220—2264 联队
海上勘探事业部 2199 队
东部勘探事业部长庆经理部 287 队
塔里木经理部 247 队
装备事业部仪器服务中心项目服务部
辽河物探分公司 2154 队
中国石油集团测井有限公司（3 个）
长庆事业部
吐哈事业部射孔项目部
华北事业部廊坊测井项目部
中国石油集团海洋工程有限公司（2 个）
钻井事业部
天津分公司作业公司
中国石油天然气管道局（9 个）
第二工程分公司
设计院
第三工程分公司 CPP-329 机组
穿越分公司第一工程处
科学研究院
应急抢险中心
廊坊中油管道特种汽车运输有限公司
防腐工程有限责任公司
机械制造有限公司弯管车间
中国石油工程建设公司（4 个）
苏丹分公司
华东设计分公司配管室
第一建设分公司 216 工程队

第七建设公司尼日尔分公司
中国石油集团工程设计有限责任公司（1个）
西南分公司油气加工室
中国寰球工程公司（3个）
第六建设公司
辽宁分公司
独山子千万吨炼油/百万吨乙烯项目部
中国昆仑工程公司（1个）
大庆石化工程有限公司
中国石油技术开发公司（1个）
中亚项目部
宝鸡石油机械有限责任公司（2个）
研究院陆上装备研究所
钢结构厂
宝鸡石油钢管厂（2个）
防腐分厂
中油宝世顺（秦皇岛）钢管有限公司螺旋工厂
中国石油集团济柴动力总厂（2个）
销售公司
内燃机研究所
中国石油集团渤海石油装备制造有限公司（2个）
华油钢管公司制管一车间
中成机械制造分公司潜油电泵制造厂女子下线班
勘探开发研究院（4个）
石油地质实验研究中心
物业管理中心
廊坊分院压裂酸化技术服务中心
西北分院油气地质研究所
规划总院（1个）
计算机信息中心
石油化工研究院（1个）
兰州中心化工催化剂研究所
经济技术研究院（1个）
企业传媒设计部
钻井工程技术研究院（2个）
北京石油机械厂
海外钻井技术研究所
安全环保技术研究院（1个）
HSE评价中心
管材研究所（1个）
北京隆盛泰科石油管科技有限公司
北京石油管理干部学院（1个）
培训部
中国石油报社（1个）
采访通联部
石油工业出版社（1个）
石油科技图书出版中心
中国石油审计服务中心（1个）
审计七处
中国石油物资采购中心（1个）
通用金属材料采购处
广州培训中心（1个）
后勤处车辆管理服务中心
中国石油天然气运输公司（4个）
沙漠运输公司
华北（北京）分公司
辽宁分公司
北京华油国际物流有限公司
中油财务有限责任公司（1个）
国际业务部
中国华油集团公司（3个）
阳光物业管理有限公司北京分公司
甘肃阳光大酒店
华油实业开发总公司贸易六部
华油北京服务总公司（1个）
生活服务公司
中国石油天然气香港有限公司（1个）
昆仑能源有限公司华油天然气股份有限公司
吉林燃料乙醇有限责任公司（1个）
机电仪中心
中油资产管理有限公司（1个）
资产管理部
中意人寿保险有限公司（1个）
兼业代理营销部
总部机关（4个）
勘探与生产分公司勘探项目管理处
炼油与化工分公司总调度室
销售分公司油品一处
办公厅总值班室（应急协调办公室）

【中国石油天然气集团公司先进工会组织（206个）】

大庆油田有限责任公司（6个）
工会委员会
钻探工程公司工会委员会
第一采油厂工会委员会
第三采油厂工会委员会
天然气分公司工会委员会

工程建设有限公司工会委员会
辽河油田公司（5个）
工会委员会
高升采油厂工会委员会
总机械厂工会委员会
特种油开发公司工会委员会
油田建设工程一公司工会委员会
长庆油田公司（5个）
工会委员会
第五采油厂工会委员会
第八采油厂工会委员会
第二采气厂工会委员会
兴隆园物业处工会委员会
塔里木油田公司（3个）
开发事业部东河作业区工会委员会
塔西南勘探开发公司石化厂工会委员会
天然气事业部工会委员会
新疆油田公司（5个）
工会委员会
采油二厂工会委员会
重油开发公司工会委员会
勘探开发研究院工会委员会
物资供应总公司工会委员会
西南油气田公司（5个）
重庆天然气净化总厂工会委员会
重庆气矿工会委员会
蜀南气矿工会委员会
天然气研究院工会委员会
成都公共事务管理中心工会委员会
吉林油田公司（3个）
工会委员会
松原采气厂工会委员会
供电公司工会委员会
大港油田公司（3个）
工会委员会
第三采油厂工会委员会
井下作业公司工会委员会
青海油田公司（3个）
工会委员会
边远油田开发公司工会委员会
格尔木社区管理中心工会委员会
华北油田公司（3个）
工会委员会
二连分公司工会委员会
华美综合服务处工会委员会
吐哈油田公司（2个）
工会委员会
矿区服务事业部鄯善物业管理公司工会委员会
冀东油田公司（2个）
工会委员会
油气集输公司工会委员会
玉门油田公司（2个）
老君庙油田作业区工会委员会
方圆物业公司工会委员会
浙江油田公司（1个）
海安作业区工会委员会
中石油煤层气有限责任公司（1个）
韩城分公司工会委员会
南方石油勘探开发有限责任公司（1个）
福山油田工会委员会
大庆石化公司（3个）
工会委员会
炼油厂工会委员会
化工二厂工会委员会
吉林石化公司（3个）
工会委员会
炼油厂工会委员会
丙烯腈厂工会委员会
抚顺石化公司（3个）
工会委员会
石油二厂工会委员会
石油三厂工会委员会
辽阳石化公司（3个）
工会委员会
烯烃厂工会委员会
芳烃厂工会委员会
兰州石化公司（3个）
工会委员会
石油化工厂工会委员会
炼油厂工会委员会
独山子石化公司（2个）
工会委员会
炼油厂工会委员会
乌鲁木齐石化公司（1个）
工会委员会
宁夏石化公司（1个）
工会委员会
大连石化公司（2个）

工会委员会
生产新区工会委员会
大连西太平洋石油化工有限公司（1个）
生产三区工会委员会
锦州石化公司（2个）
精细化工公司工会委员会
苯乙烯车间工会委员会
锦西石化公司（2个）
工会委员会
机械厂工会委员会
大庆炼化公司（2个）
工会委员会
机电仪厂工会委员会
哈尔滨石化公司（1个）
质检部工会委员会
广西石化公司（1个）
QHSE 中心工会委员会
中国石油四川石化有限责任公司（1个）
南充炼油厂工会委员会
大港石化公司（1个）
工会委员会
华北石化公司（1个）
运销处工会委员会
呼和浩特石化公司（1个）
工会委员会
辽河石化公司（1个）
工会委员会
长庆石化公司（1个）
运行二部工会委员会
克拉玛依石化公司（1个）
热电厂工会委员会
庆阳石化公司（1个）
离退休职工管理中心工会委员会
中石油东北炼化工程有限公司（1个）
抚顺工程建设分公司工会委员会
东北化工销售公司（1个）
工会委员会
西北化工销售公司（1个）
兰州分公司工会委员会
华北化工销售公司（1个）
工会委员会
华东化工销售公司（1个）
合肥分公司工会委员会
华南化工销售公司（1个）
工会委员会
西南化工销售公司（1个）
贵州分公司工会委员会
东北销售公司（1个）
工会委员会
西北销售公司（1个）
陕西分公司工会委员会
润滑油公司（1个）
克拉玛依润滑油厂工会委员会
中油燃料油股份有限公司（1个）
西北销售公司工会委员会
辽宁销售公司（2个）
工会委员会
抚顺销售分公司工会委员会
四川销售公司（2个）
成都销售分公司工会委员会
资阳销售分公司工会委员会
广东销售公司（1个）
广州销售分公司工会委员会
内蒙古销售公司（2个）
呼和浩特销售分公司工会委员会
呼伦贝尔销售分公司工会委员会
北京销售公司（1个）
财务专业线工会委员会
上海销售公司（1个）
工会委员会
黑龙江销售公司（2个）
哈尔滨销售分公司工会委员会
鸡西销售分公司工会委员会
河北销售公司（2个）
工会委员会
石家庄分公司工会委员会
新疆销售公司（1个）
工会委员会
山东销售公司（1个）
工会委员会
陕西销售公司（2个）
西安销售分公司工会委员会
汉中销售分公司工会委员会
吉林销售公司（2个）
工会委员会
长春销售分公司工会委员会
江苏销售公司（1个）
苏州销售分公司工会委员会

甘肃销售公司（2个）
工会委员会
兰州销售分公司工会委员会
河南销售公司（1个）
郑州销售分公司工会委员会
湖北销售公司（1个）
黄冈销售分公司工会委员会
浙江销售公司（1个）
舟山销售分公司工会委员会
云南销售公司（1个）
玉溪销售分公司工会委员会
重庆销售公司（2个）
工会委员会
永川销售分公司工会委员会
湖南销售公司（1个）
长沙分公司工会委员会
安徽销售公司（1个）
宿州销售分公司工会委员会
广西销售公司（1个）
工会委员会
福建销售公司（1个）
漳州分公司工会委员会
大连销售公司（1个）
油气零售分公司工会委员会
山西销售公司（1个）
工会委员会
天津销售公司（1个）
蓟县中油石油销售有限公司工会委员会
宁夏销售公司（2个）
工会委员会
固原公司工会委员会
贵州销售公司（1个）
机关工会委员会
青海销售公司（2个）
工会委员会
西宁销售分公司工会委员会
江西销售公司（1个）
工会委员会
西藏销售公司（2个）
拉萨分公司工会委员会
山南分公司工会委员会
大连海运公司（1个）
台州公司工会委员会
管道公司（3个）
工会委员会
大庆输油气分公司工会委员会
秦皇岛输油气分公司工会委员会
西气东输管道公司（1个）
苏浙沪管理处工会委员会
北京天然气管道有限责任公司（1个）
大港储气库分公司工会委员会
西部管道公司（1个）
工会委员会
昆仑燃气有限公司（1个）
常德中石油昆仑燃气有限公司工会委员会
昆仑天然气利用有限公司（1个）
武汉中油压缩天然气有限公司工会委员会
海外勘探开发公司（1个）
工会委员会
国际事业有限公司（2个）
工会委员会
锦州锦西中石油国际事业有限公司工会委员会
西部钻探工程公司（3个）
工会委员会
克拉玛依钻井公司工会委员会
吐哈钻井公司工会委员会
长城钻探工程公司（3个）
工会委员会
测井公司工会委员会
钻井二公司工会委员会
渤海钻探工程公司（3个）
工会委员会
第一录井分公司工会委员会
第二钻井工程分公司工会委员会
川庆钻探工程公司（3个）
工会委员会
长庆井下技术作业公司工会委员会
四川石油天然气建设工程有限责任公司工会委员会
东方地球物理勘探公司（3个）
工会委员会
北疆经理部工会委员会
辽河物探分公司工会委员会
测井有限公司（1个）
工会委员会
海洋工程有限公司（1个）
工会委员会
管道局（4个）

三公司工会委员会
华油工建公司工会委员会
通信公司工会委员会
管道学院工会委员会
工程建设公司（1个）
第一建设公司工会委员会
工程设计有限责任公司（1个）
新疆石油工程建设有限责任公司工会委员会
寰球工程公司（2个）
工会委员会
第六建设公司工会委员会
昆仑工程公司（1个）
辽宁分公司工会委员会
技术开发公司（1个）
工会委员会
宝鸡石油机械有限责任公司（1个）
工会委员会
宝鸡石油钢管有限责任公司（1个）
工会委员会
济柴动力总厂（1个）
工会委员会
渤海石油装备制造有限公司（1个）
第一机械厂工会委员会
石油勘探开发研究院（1个）
工会委员会
石油规划总院（1个）
工会委员会
石油化工研究院（1个）
兰州化工研究中心工会委员会
经济技术研究院（1个）
工会委员会
钻井工程技术研究院（1个）
北京石油机械厂工会委员会
安全环保研究院（1个）
工会委员会
石油管工程技术研究院（1个）
工会委员会
北京石油管理干部学院（1个）
后勤分会委员会
石油出版社（1个）
工会委员会
石油报社（1个）
工会委员会
审计服务中心（1个）
审计业务管理处工会委员会
物资采购中心（1个）
工会委员会
广州石油培训中心（1个）
后勤工会委员会
运输公司（1个）
塔里木运输公司工会委员会
中油财务有限公司（1个）
工会委员会
华油集团（1个）
中油阳光物业管理有限公司工会委员会
华油北京服务总公司（1个）
机关幼儿园工会委员会
吉林燃料乙醇有限责任公司（1个）
工会委员会
中油资产管理有限公司（1个）
工会委员会
集团公司直属工会（2个）
财务资产部工会委员会
勘探与生产分公司工会委员会

【中国石油天然气集团公司十佳工会工作者（10人）】

陈宜才　大庆油田有限责任公司工会常务副主席
孙　平　中国石油辽河油田公司工会常务副主席
田　云　中国石油长庆油田公司第一采油技术服务处（超低渗透油藏第一项目部）工会主席
张义斌　中国石油大庆石化公司工会副主席
李洪元　中国石油吉林石化公司工会常务副主席
李晓伟　中国石油辽宁销售公司工会副主席
项丽华（女）　中国石油新疆销售公司工会办公室主任
刘新伟　中国石油集团长城钻探有限公司钻井一公司工会副主席
王　莉（女）　中国石油集团川庆钻探有限公司工会副主席
张　弛　集团公司直属工会副主席

【中国石油天然气集团公司优秀工会工作者（195名）】

大庆油田有限责任公司（6人）
王友库　工会宣教文体部副部长
陶炳法　第九采油厂工会主席
殷茹香（女）　井下作业分公司工会常务副主席
姜　春（女）　试油试采分公司工会主席
赵明兴　物资公司工会主席

宫玉舟　矿区服务事业部工会办公室主任

辽河油田公司（5人）

刘桂英（女）茨榆坨采油厂工会副主席

宛全生　曙光采油厂工会副主席

杜广兴　曙光工程技术处工会副主席

陈　铎　兴隆台工程技术处工会副主席

李　敏（女）油田建设工程一公司工会副主席、女工主任

长庆油田公司（5人）

张　玥（女）工会组织民管部部长

郝朋朋　第一采油厂工会干事

蒲亚明　第二采油厂工会干事

胡中平　第一采气厂工会办公室主任

赵　斌　水电厂工会副主席

塔里木油田公司（3人）

任春玲（女）塔北勘探开发项目经理部工会干事

孙　燕（女）工会财务会计

张永新　塔西南勘探开发公司工会办公室主任

新疆油田公司（5人）

王　丽（女）工会副主席

阿不都克里木·阿迪力　准东采油厂工会主席

张　辉　采气一厂工会主席

张兰新　供电公司工会主席

张新平（女）供热公司工会副主席

西南油气田公司（5人）

曹　阳　工会办公室主任

李学斯　华油集团工会副主席

谭　靖　石油总医院工会副主席

王定军　输气管理处工会副主席、经审委主任

王　晓（女）川西北气矿工会副主席、女工主任

吉林油田公司（3人）

张静宇　工会民管保障部部长

谢玉生　扶余采油厂工会副主席

郑珂昕　矿区服务事业部工会办公室主任

大港油田公司（3人）

林　屹（女）采油工艺研究院工会主席

戴映湘　第五采油厂工会副主席

刘红梅（女）工会组织宣传部高级主管

青海油田公司（3人）

何建生　井下作业公司工会副主席

李永胜　管道输油处工会副主席

林　军　职工总医院工会副主席

华北油田公司（3人）

刘玉元　通信公司工会主席

孙占峰　华隆综合服务处工会主席

赵章印　第五采油厂工会主席

吐哈油田公司（2人）

李正武　工会办公室主任

武爱雄　温米采油厂工会主席

冀东油田公司（2人）

吴晓星（女）工会办公室副主任

李志奎　唐山冀东石油机械有限责任公司工会主席

玉门油田公司（2人）

程少林　综合服务处工会主席

李　剑　鸭儿峡油田作业区工会主席

浙江油田公司（1人）

罗怀忠　海安作业区工会主席

煤层气有限责任公司（1人）

王　喆（女）工会副主席

南方石油勘探开发有限责任公司（1人）

吴曼云（女）第一工会小组组长

大庆石化公司（2人）

刘仁权　储运中心工会主席

华　军（女）化工一厂工会主席

吉林石化公司（2人）

李铁夫　矿区服务事业部工会主席

王培顺　有机合成厂工会主席

抚顺石化公司（3人）

赵兴斌　工会主办

依忠学　矿区服务事业部工会主办

邹春明　石油一厂工会副主席

辽阳石化公司（3人）

李宏英（女）工会生活女工部部长

王　欢（女）机关工会副主席

顾　盼（女）炼油厂工会主席

兰州石化公司（3人）

杨小刚　工会副主席

张会民　矿区服务事业部物业服务公司工会主席

王　理　化肥厂工会主席

独山子石化公司（2人）

张发旺　乙烯厂乙烯联合车间工会主席

张光新　炼油厂工会干事

乌鲁木齐石化公司（1人）

陈建洪　工会办公室主任

宁夏石化公司（1人）

胡文平　合成氨一部工会主席
大连石化公司（2人）
刘汉杰　工会副主席
傅家全　建安公司工会主席
大连西太平洋石油化工有限公司（1人）
赵丽华（女）　工会副主席
锦州石化公司（1人）
张贺先　工会生产文体部部长
锦西石化公司（1人）
郭利明　工会副主席
大庆炼化公司（1人）
王　胜　工会副主席
哈尔滨石化公司（1人）
李荣生　工会副主席
广西石化公司（1人）
孟从敏　工会干事
四川石化有限责任公司（1人）
魏兴军　设备检修部工会负责人
大港石化公司（1人）
陈　亮　工会副主席
华北石化公司（1人）
宋永清　工会委员
呼和浩特石化公司（1人）
王海霞（女）　工会主管
辽河石化公司（1人）
朱绍明　工会副主席
长庆石化公司（1人）
韩　灏　运行保障部工会主席
克拉玛依石化公司（1人）
程钟琴（女）　工会干事
庆阳石化公司（1人）
赵　璐（女）　工会女工主任
东北炼化工程有限公司（1人）
张少彬　吉林分公司工会副主席
东北化工销售公司（1人）
白世腾　工会委员
西北化工销售公司（1人）
杜燕玲（女）　工会女工主任、直属工会副主席
华北化工销售公司（1人）
张　欣（女）　工会办公室主任
华东化工销售公司（1人）
陈世忠　工会副主席
华南化工销售公司（1人）
金景森　机关工会主席

西南化工销售公司（1人）
廖良成　工会委员
东北销售公司（1人）
李洪奎　吉林分公司工会主席
西北销售公司（1人）
张立志　宁夏分公司工会主席
润滑油公司（1人）
徐根生　大庆润滑油一厂工会主席
中油燃料油股份有限公司（1人）
高志军　东北销售公司工会主席
辽宁销售公司（1人）
陈金山　丹东销售分公司工会主席
四川销售公司（1人）
陈晓惠（女）　工会干事
四川销售公司（1人）
邓雅玲（女）　凉山销售分公司工会副主席
广东销售公司（1人）
袁银辉（女）　工会委员
内蒙古销售公司（2人）
田雨明　兴安销售分公司工会主席
樊建华　巴彦淖尔销售分公司工会主席
北京销售公司（1人）
段海涛　零售专业线工会主席
上海销售公司（1人）
狄　蓓（女）　工会干事
黑龙江销售公司（2人）
陈立强　黑河销售分公司工会委员
王冰欣（女）　牡丹江销售分公司工会干事
河北销售公司（2人）
周秀霞（女）　保定分公司工会干事
张洪亮　张家口分公司工会干事
山东销售公司（1人）
荣守奇　枣庄销售分公司工会主席
陕西销售公司（2人）
董继华（女）　咸阳销售分公司工会副主席
袁汉荣（女）　安康销售分公司工会主席
吉林销售公司（2人）
池玉田　白城销售分公司工会副主席
李延安　延边销售分公司机关工会主席
江苏销售公司（1人）
杨志勇　工会组织委员
甘肃销售公司（2人）
张寿林　工会副主席
赵　君　天水销售分公司工会委员

河南销售公司（1人）
边　蕾（女）　安阳销售分公司工会干事
湖北销售公司（1人）
周向荣（女）　党群工作处工会干事
浙江销售公司（1人）
常　江　温州销售分公司工会主席
重庆销售公司（2人）
刘　松　工会办公室主任
姜　涛　江北销售分公司工会主席
湖南销售公司（1人）
胡馨文（女）　工会干事
安徽销售公司（1人）
卢忆苹（女）　工会干事
广西销售公司（1人）
王洪利　工会委员
福建销售公司（1人）
李　方　工会委员
大连销售公司（1人）
浦　红（女）　普兰店销售分公司工会干事
山西销售公司（1人）
王卫东（女）　工会副主席
天津销售公司（1人）
王志斌　工会干事
宁夏销售公司（1人）
周凤兰（女）　工会副主席
贵州销售公司（1人）
胡海龙　遵义销售分公司工会主席
青海销售公司（1人）
张爱民　工会干事
江西销售公司（1人）
梅世丽　工会副主席
西藏销售公司（1人）
扎西卓嘎（女）　昌都销售分公司工会主席
大连海运公司（1人）
李　勇　工会委员
管道公司（3人）
王　钰（女）　工会办公室主任
徐　莉（女）　长春输油气分公司工会主席
张秀杰　管道科技研究中心工会主席
西气东输管道（销售）公司（1人）
崔聪玲（女）　工会委员、女工主任
北京天然气管道有限责任公司（1人）
孙国凤（女）　汇园公司工会组长
西部管道公司（1人）
赵爱丹（女）　塔里木输油气分公司工会副主席
昆仑燃气有限公司（1人）
陈　华　云南公司工会主席
江苏液化天然气有限公司（1人）
王金玉　工会干事
昆仑天然气利用有限公司（1人）
栗红英（女）　北京分公司工会干事
海外勘探开发公司（1人）
吕　丽（女）　机关工会副主席
国际事业有限公司（1人）
苏　霞（女）　工会副主席
西部钻探工程公司（3人）
王维荣　工会副主席
许海鸥（女）　测井公司工会副主席、女工主任
方木生　国际钻井公司工会主席
长城钻探工程公司（3人）
王炳云（女）　工程技术研究院工会常务副主席
张维民　录井公司工会副主席
赵耀先　井下作业公司工会主席
渤海钻探工程公司（3人）
白云启　工会委员
朱劲松　定向井技术服务分公司工会主席
杨庆权　塔里木钻井分公司工会主席
川庆钻探工程公司（2人）
徐忠顺　川东钻探公司工会副主席
石玉国　长庆钻井总公司工会主席
东方地球物理勘探公司（3人）
孙智尚　塔里木经理部工会组织管理干事
王继民　海上勘探事业部工会副主席
杨玉民　研究院工会主席
测井有限公司（1人）
雷小娟（女）　工会干事
海洋工程有限公司（1人）
严哲珠　工会副主席
管道局（3人）
孔祥良　工会副主席
石晓海　矿区廊坊服务中心工会主席
张立平　第一工程分公司工会主席
工程建设公司（1人）
段永弟　第一建设公司工会副主席
工程设计有限责任公司（1人）
黄金铎　西南分公司工会主席
寰球工程公司（2人）
姚启龙　工会副主席

任殿喜　辽宁分公司工会主席
昆仑工程公司（1人）
赵光辉　大庆石化工程有限公司工会干事
技术开发公司（1人）
左世云（女）　工会委员
宝鸡石油机械有限责任公司（1人）
张宝吉　工会副主席
宝鸡石油钢管有限责任公司（1人）
梁　娟（女）　工会干事
济柴动力总厂（1人）
李爱珍（女）　工会女工主任
渤海石油装备制造有限公司（1人）
曾　海　中成装备制造分公司工会主席
石油勘探开发研究院（2人）
郭　强　工会副主席
赵国宝　采收率所工会主席
石油规划总院（1人）
张　宁（女）　炼化所工会主席
石油化工研究院（1人）
王　东　大庆化工研究中心工会干事
经济技术研究院（1人）
刘丽波（女）　工会委员
钻井工程技术研究院（1人）
徐晓英（女）　工会干事
安全环保研究院（1人）
李英芹（女）　HSE信息中心工会负责人
石油管工程技术研究院（1人）
王　虹（女）　工会女工主任
北京石油管理干部学院（1人）
张秀兰（女）　工会办公室主任
石油工业出版社（1人）
王忠会　工会干事
中国石油报社（1人）
魏　杰　工会委员
审计服务中心（1人）
杜友军　工会副主席
物资采购中心（1人）
张世平　工会委员、机关分会主席
广州石油培训中心（1人）
冉庆红（女）　工会委员、女工主任
运输公司（1人）
张耀峰　管业公司工会主席
中油财务有限公司（1人）
何　玲（女）　工会干事
华油集团（1人）
吴　芳（女）　机关工会副主席
华油北京服务总公司（1人）
姜学兰（女）　机关工会主席
吉林燃料乙醇有限责任公司（1人）
刘　莹　工会副主席
中油资产管理有限公司（1人）
周　琳（女）　工会副主席
集团公司直属工会（2人）
王金凤（女）　高级主管
白广田　人事部工会主席

【以优秀班组长名字命名的10个班组】

李天照井组　大庆油田有限责任公司采油一厂二矿北八队5-65井组

王海班　中国石油抚顺石化公司石油三厂分子筛车间运行三班

束滨霞采油站　中国石油辽河油田公司欢喜岭采油厂采油作业一区新33站

刘玲玲站　中国石油长庆油田公司第二采油技术服务处（超低渗透油藏第二项目部）乔河作业区关一增压站

曹树祥班　中国石油华北油田公司第一采油厂任南采油作业区维修抢险站维修二班

李树林班　中国石油大庆石化公司建设安装二公司综合班

丛强班　中国石油吉林石化公司化肥厂丁辛醇车间化工二班

赵林源班　中石油东北炼化工程有限公司抚顺工建分公司维修车间密封班

王萍加油站　中国石油辽宁销售公司丹东分公司振八加油站

尚丽群加油站　中国石油青海销售公司西宁分公司古道加油站

（艾中秋）

第十二篇

机构与人物

第一篇
总　述

第二篇
油气勘探开发生产

第三篇
炼油与化工

第四篇
成品油销售

第五篇
天然气与管道

第六篇
工程技术、工程建设
与装备制造

第七篇
国际业务

第八篇
科技与信息

第九篇
安全环保与质量节能

第十篇
企业管理与监督

第十一篇
党建、思想政治工作
与企业文化建设

第十二篇
机构与人物

第十三篇
企事业单位概览

第十四篇
中国石油天然气
集团公司大事纪要

第十五篇
统计数据

第十六篇
附　录

中国石油天然气集团公司组织机构

（机关职能部门 22 个，专业分公司 3 个，控股子公司及直属企事业单位 73 个）

单　位		地　址	备　注
一、集团公司机关职能部门（22 个）			
1	办公厅	北京市	
2	政策研究室	北京市	
3	规划计划部	北京市	
4	财务资产部	北京市	
5	人事部	北京市	
6	预算管理办公室	北京市	
7	资本运营部	北京市	
8	法律事务部	北京市	
9	安全环保部	北京市	
10	质量管理与节能部	北京市	
11	科技管理部	北京市	
12	信息管理部	北京市	
13	物资采购管理部	北京市	
14	国际事业部（外事局）	北京市	
15	党组纪检组、监察部	北京市	
16	审计部	北京市	
17	内控与风险管理部	北京市	
18	矿区服务工作部	北京市	
19	思想政治工作部（企业文化部）	北京市	
20	维护稳定工作办公室（综合治理办公室）	北京市	
21	直属党委	北京市	
22	离退休职工管理局（老干部局）	北京市	

续表

单　位		地　址	备　注
二、专业分公司（3 个）			
1	中国石油天然气集团公司工程技术分公司	北京市	
2	中国石油天然气集团公司工程建设分公司	北京市	
3	中国石油天然气集团公司装备制造分公司	北京市	
三、控股子公司（8 个）			
1	中国石油天然气股份有限公司	北京市	
2	中油财务有限责任公司	北京市	
3	中国华铭国际投资有限公司	北京市	
4	中油资产管理有限公司	北京市	
5	昆仑银行股份有限公司	新疆维吾尔自治区克拉玛依市	
6	昆仑金融租赁有限责任公司	重庆市	
7	吉林燃料乙醇有限责任公司	吉林省吉林市	
8	北京华昌置业有限责任公司	北京市	
四、企事业单位（65 个）			
（一）油气田企业（10 个）			
1	大庆石油管理局	黑龙江省大庆市	
2	辽河石油勘探局	辽宁省盘锦市	
3	长庆石油勘探局	陕西省西安市	
4	新疆石油管理局	新疆维吾尔自治区克拉玛依市	
5	四川石油管理局	四川省成都市	
6	吉林石油集团有限责任公司	吉林省松原市	
7	大港油田集团有限责任公司	天津市大港区	
8	华北石油管理局	河北省任丘市	
9	吐哈石油勘探开发指挥部	新疆维吾尔自治区哈密市	
10	南方石油勘探开发有限责任公司	广东省广州市	
（二）炼化企业（10 个）			
1	中国石油大庆石油化工总厂	黑龙江省大庆市	

续表

单　位		地　址	备　注
2	吉化集团公司	吉林省吉林市	
3	中国石油抚顺石油化工公司	辽宁省抚顺市	
4	中国石油辽阳石油化纤公司	辽宁省辽阳市	
5	中国石油兰州石油化工公司	甘肃省兰州市	
6	新疆独山子石油化工总厂	新疆维吾尔自治区克拉玛依市独山子区	
7	中国石油乌鲁木齐石油化工总厂	新疆维吾尔自治区乌鲁木齐市	
8	中国石油大连石油化工公司	辽宁省大连市	
9	中国石油锦州石油化工公司	辽宁省锦州市	
10	中国石油锦西炼油化工总厂	辽宁省葫芦岛市	
（三）工程技术企业（7个）			
1	中国石油集团西部钻探工程有限公司	新疆维吾尔自治区乌鲁木齐市	
2	中国石油集团长城钻探工程有限公司	北京市	
3	中国石油集团渤海钻探工程有限公司	天津市	
4	中国石油集团川庆钻探工程有限公司	四川省成都市	
5	中国石油集团东方地球物理勘探有限责任公司	河北省涿州市	
6	中国石油集团测井有限公司	陕西省西安市	
7	中国石油集团海洋工程有限公司	北京市	
（四）工程建设企业（6个）			
1	中国石油天然气管道局	河北省廊坊市	
2	中国石油工程建设公司	北京市	
3	中国石油集团工程设计有限责任公司	北京市	
4	中国寰球工程公司	北京市	
5	中国昆仑工程公司	北京市	
6	中国石油集团东北炼化工程有限公司	辽宁省沈阳市	
（五）装备制造企业（5个）			
1	中国石油技术开发公司	北京市	
2	宝鸡石油机械有限责任公司	陕西省宝鸡市	

续表

单　位		地　址	备　注
3	宝鸡石油钢管厂	陕西省宝鸡市	
4	中国石油集团济柴动力总厂	山东省济南市	
5	中国石油集团渤海石油装备制造有限公司	天津市	
（六）海外企业（7 个）			
1	中国石油天然气勘探开发公司	北京市	
2	中石油中亚天然气管道有限公司	北京市	
3	中国石油天然气集团公司南美公司		
4	中国石油天然气集团公司尼罗河公司		
5	中国石油天然气集团公司哈萨克斯坦公司		
6	中国石油天然气集团公司伊朗公司		
7	中国石油天然气集团公司中俄合作项目部	北京市	
（七）科研及事业单位（10 个）			
1	中国石油集团经济技术研究院	北京市	
2	中国石油集团钻井工程技术研究院	北京市	
3	中国石油集团安全环保技术研究院	北京市	
4	中国石油集团石油管工程技术研究院	陕西省西安市	
5	中国石油天然气集团公司休斯敦技术研究中心	美国休斯敦	
6	北京石油管理干部学院	北京市	
7	石油工业出版社	北京市	
8	中国石油报社	河北省涿州市	
9	中国石油审计服务中心	河北省廊坊市	
10	中国石油天然气集团公司广州培训中心	广东省广州市	
（八）其他单位（10 个）			
1	中国石油天然气集团公司咨询中心 （中国石油集团工程咨询有限责任公司）	北京市	
2	中国石油物资采购中心（中国石油物资公司）	北京市	
3	中国石油天然气运输公司	新疆维吾尔自治区 乌鲁木齐市	
4	中国华油集团公司	北京市	

续表

单　位		地　址	备　注
5	华油北京服务总公司	北京市	
6	中国石油天然气香港有限公司	香港特别行政区	
7	中国石油集团东南亚管道有限公司	北京市	
8	中石油（北京）科技开发有限公司	北京市	
9	中国石油学会	北京市	
10	中国石油企业协会	北京市	

（中国石油天然气集团公司组织机构图见图 1）

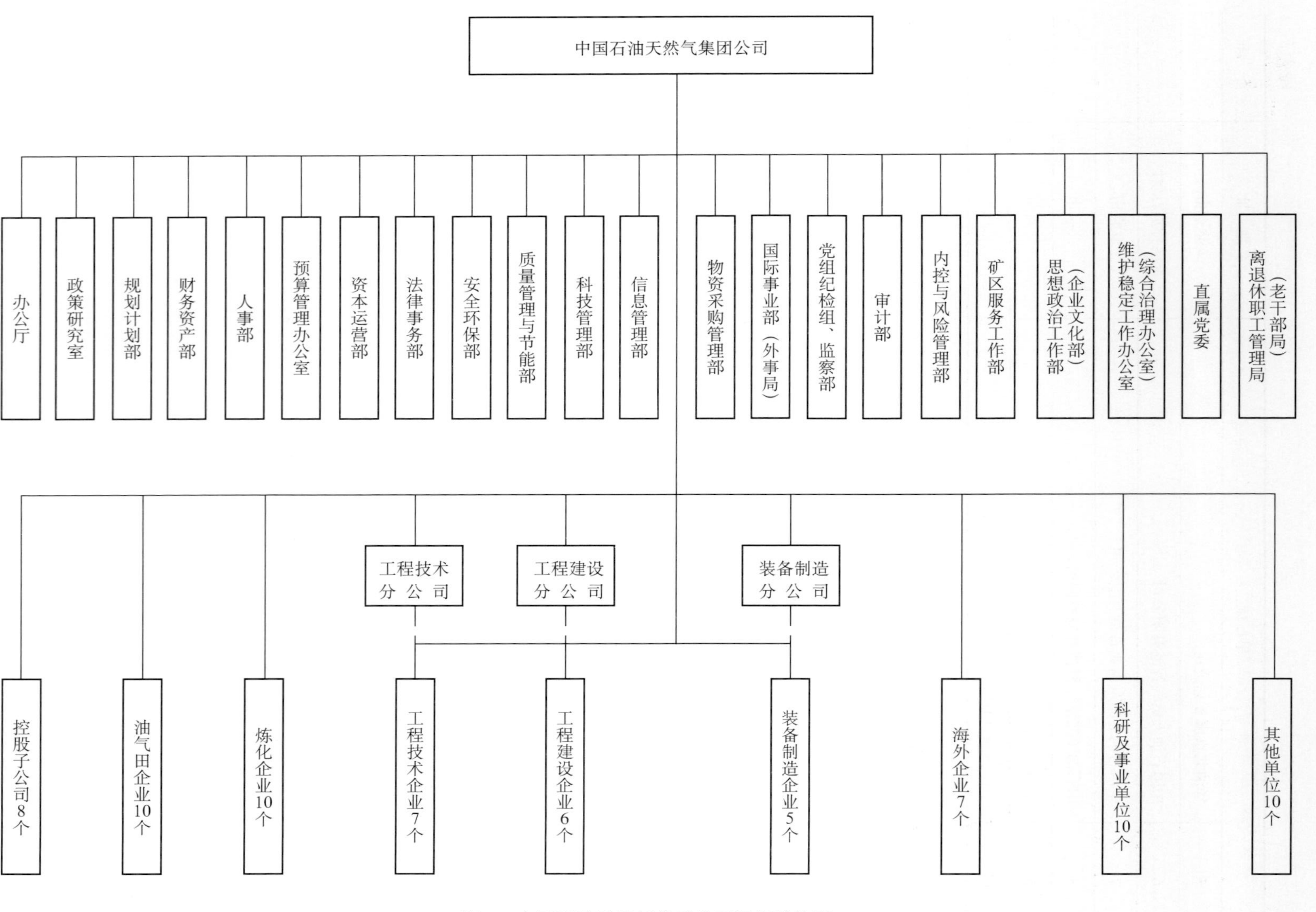

图1　中国石油天然气集团公司组织机构图

中国石油天然气股份有限公司组织机构

单　位		地　址	备　注
一、股份公司总部			
（一）董事会、监事会机构（2个）			
1	董事会秘书局	北京市	
2	监事会办公室	北京市	
（二）职能部门（17个）			
1	总裁办公室	北京市	
2	规划计划部	北京市	
3	财务部	北京市	
4	人事部	北京市	
5	预算管理办公室	北京市	
6	资本运营部	北京市	
7	法律事务部	北京市	
8	安全环保部	北京市	
9	质量管理与节能部	北京市	
10	科技管理部	北京市	
11	信息管理部	北京市	
12	物资采购管理部	北京市	
13	外事办公室	北京市	
14	监察部	北京市	
15	审计部	北京市	
16	内控与风险管理部	北京市	
17	企业文化部	北京市	
二、专业公司（5个）			
1	中国石油天然气股份有限公司勘探与生产分公司	北京市	
2	中国石油天然气股份有限公司炼油与化工分公司	北京市	

续表

	单　位	地　址	备　注
3	中国石油天然气股份有限公司销售分公司（中国石油销售有限责任公司）	北京市	
4	中国石油天然气股份有限公司天然气与管道分公司	北京市	
5	中国石油天然气股份有限公司海外勘探开发分公司（中油勘探开发有限公司）	北京市	
三、油气田企业（15 个）			
1	大庆油田有限责任公司	黑龙江省大庆市	
2	中国石油天然气股份有限公司辽河油田分公司	辽宁省盘锦市	
3	中国石油天然气股份有限公司长庆油田分公司	陕西省西安市	
4	中国石油天然气股份有限公司塔里木油田分公司	新疆维吾尔自治区库尔勒市	
5	中国石油天然气股份有限公司新疆油田分公司	新疆维吾尔自治区克拉玛依市	
6	中国石油天然气股份有限公司西南油气田分公司	四川省成都市	
7	中国石油天然气股份有限公司吉林油田分公司	吉林省松原市	
8	中国石油天然气股份有限公司大港油田分公司	天津市	
9	中国石油天然气股份有限公司青海油田分公司	甘肃省敦煌市	
10	中国石油天然气股份有限公司华北油田分公司	河北省任丘市	
11	中国石油天然气股份有限公司吐哈油田分公司	新疆维吾尔自治区哈密市	
12	中国石油天然气股份有限公司冀东油田分公司	河北省唐山市	
13	中国石油天然气股份有限公司玉门油田分公司	甘肃省酒泉市	
14	中国石油天然气股份有限公司浙江油田分公司	浙江省杭州市	
15	中石油煤层气有限责任公司	北京市	
四、炼化企业（29 个）			
1	中国石油天然气股份有限公司大庆石化分公司	黑龙江省大庆市	
2	中国石油天然气股份有限公司吉林石化分公司	吉林省吉林市	
3	中国石油天然气股份有限公司抚顺石化分公司	辽宁省抚顺市	
4	中国石油天然气股份有限公司辽阳石化分公司	辽宁省辽阳市	
5	中国石油天然气股份有限公司兰州石化分公司	甘肃省兰州市	

续表

单　位		地　址	备　注
6	中国石油天然气股份有限公司独山子石化分公司	新疆维吾尔自治区克拉玛依市独山子区	
7	中国石油天然气股份有限公司乌鲁木齐石化分公司	新疆维吾尔自治区乌鲁木齐市	
8	中国石油天然气股份有限公司宁夏石化分公司	宁夏回族自治区银川市	
9	中国石油天然气股份有限公司大连石化分公司	辽宁省大连市	
10	中国石油天然气股份有限公司锦州石化分公司	辽宁省锦州市	
11	中国石油天然气股份有限公司锦西石化分公司	辽宁省葫芦岛市	
12	中国石油天然气股份有限公司大庆炼化分公司	黑龙江省大庆市	
13	中国石油天然气股份有限公司哈尔滨石化分公司	黑龙江省哈尔滨市	
14	中国石油天然气股份有限公司广西石化分公司	广西壮族自治区钦州市	
15	中国石油四川石化有限责任公司	四川省成都市	
16	中国石油天然气股份有限公司大港石化分公司	天津市	
17	中国石油天然气股份有限公司华北石化分公司	河北省任丘市	
18	中国石油天然气股份有限公司呼和浩特石化分公司	内蒙古自治区呼和浩特市	
19	中国石油天然气股份有限公司辽河石化分公司	辽宁省盘锦市	
20	中国石油天然气股份有限公司长庆石化分公司	陕西省咸阳市	
21	中国石油天然气股份有限公司克拉玛依石化分公司	新疆维吾尔自治区克拉玛依市	
22	中国石油天然气股份有限公司庆阳石化分公司	甘肃省庆阳市	
23	中国石油天然气股份有限公司炼化工程建设项目部	北京市	
24	中国石油天然气股份有限公司东北化工销售分公司	辽宁省沈阳市	
25	中国石油天然气股份有限公司西北化工销售分公司	甘肃省兰州市	
26	中国石油天然气股份有限公司华东化工销售分公司	上海市	
27	中国石油天然气股份有限公司华北化工销售分公司	北京市	
28	中国石油天然气股份有限公司华南化工销售分公司	广东省广州市	
29	中国石油天然气股份有限公司西南化工销售分公司	四川省成都市	
五、销售企业（37个）			
1	中国石油天然气股份有限公司东北销售分公司	辽宁省沈阳市	

续表

单　位		地　址	备　注
2	中国石油天然气股份有限公司西北销售分公司	甘肃省兰州市	
3	中国石油天然气股份有限公司北京销售分公司	北京市	
4	中国石油天然气股份有限公司上海销售分公司	上海市	
5	中国石油天然气股份有限公司湖北销售分公司	湖北省武汉市	
6	中国石油天然气股份有限公司广东销售分公司	广东省广州市	
7	中国石油天然气股份有限公司云南销售分公司	云南省昆明市	
8	中国石油天然气股份有限公司黑龙江销售分公司	黑龙江省哈尔滨市	
9	中国石油天然气股份有限公司吉林销售分公司	吉林省长春市	
10	中国石油天然气股份有限公司辽宁销售分公司	辽宁省沈阳市	
11	中国石油天然气股份有限公司大连销售分公司	辽宁省大连市	
12	中国石油天然气股份有限公司内蒙古销售分公司	内蒙古自治区 呼和浩特市	
13	中国石油天然气股份有限公司陕西销售分公司	陕西省西安市	
14	中国石油天然气股份有限公司甘肃销售分公司	甘肃省兰州市	
15	中国石油天然气股份有限公司宁夏销售分公司	宁夏回族自治区 银川市	
16	中国石油天然气股份有限公司青海销售分公司	青海省西宁市	
17	中国石油天然气股份有限公司新疆销售分公司	新疆维吾尔自治区 乌鲁木齐市	
18	中国石油天然气股份有限公司西藏销售分公司	西藏自治区拉萨市	
19	中国石油天然气股份有限公司四川销售分公司	四川省成都市	
20	中国石油天然气股份有限公司重庆销售分公司	重庆市	
21	中国石油天然气股份有限公司天津销售分公司	天津市	
22	中国石油天然气股份有限公司河北销售分公司	河北省石家庄市	
23	中国石油天然气股份有限公司山东销售分公司	山东省青岛市	
24	中国石油天然气股份有限公司山西销售分公司	山西省太原市	
25	中国石油天然气股份有限公司江苏销售分公司	江苏省南京市	
26	中国石油天然气股份有限公司浙江销售分公司	浙江省杭州市	
27	中国石油天然气股份有限公司安徽销售分公司	安徽省合肥市	
28	中国石油天然气股份有限公司河南销售分公司	河南省郑州市	

续表

单　位		地　址	备　注
29	中国石油天然气股份有限公司湖南销售分公司	湖南省长沙市	
30	中国石油天然气股份有限公司福建销售分公司	福建省福州市	
31	中国石油天然气股份有限公司广西销售分公司	广西壮族自治区南宁市	
32	中国石油天然气股份有限公司江西销售分公司	江西省南昌市	
33	中国石油天然气股份有限公司贵州销售分公司	贵州省贵阳市	
34	中国石油天然气股份有限公司海南销售分公司	海南省海口市	
35	中国石油天然气股份有限公司大连海运分公司	辽宁省大连市	
36	中国石油天然气股份有限公司润滑油分公司	北京市	
37	中油燃料油股份有限公司	北京市	
六、天然气管道储运企业（12 个）			
1	中国石油天然气股份有限公司北京油气调控中心	北京市	
2	中国石油天然气股份有限公司管道建设项目经理部	北京市	
3	中国石油天然气股份有限公司管道分公司（中国石油天然气股份有限公司管道销售分公司）	河北省廊坊市	
4	中国石油天然气股份有限公司西气东输管道分公司（中国石油天然气股份有限公司西气东输销售分公司）	上海市	
5	中石油北京天然气管道有限公司（中国石油天然气股份有限公司华北天然气管道分公司）	北京市	
6	中国石油天然气股份有限公司西部管道分公司（中国石油天然气股份有限公司西部管道销售分公司）	新疆维吾尔自治区乌鲁木齐市	
7	中国石油天然气股份有限公司唐山液化天然气项目经理部	河北省唐山市	
8	中石油大连液化天然气有限公司	辽宁省大连市	
9	中石油江苏液化天然气有限公司	江苏省南通市	
10	中国石油天然气股份有限公司华北天然气销售分公司	北京市	
11	中石油昆仑燃气有限公司	北京市	
12	中石油昆仑天然气利用有限公司	广东省深圳市	
七、海外企业（2 个）			
1	中石油阿姆河天然气勘探开发（北京）有限公司		
2	中国石油天然气股份有限公司伊拉克公司		

续表

单 位		地 址	备 注
八、科研及事业单位（3个）			
1	中国石油天然气股份有限公司勘探开发研究院	北京市	
2	中国石油天然气股份有限公司规划总院	北京市	
3	中国石油天然气股份有限公司石油化工研究院	北京市	
九、其他单位（3个）			
1	中国石油国际事业有限公司	北京市	
2	中国石油天然气股份有限公司对外合作经理部	北京市	
3	中国石油天然气股份有限公司信息技术服务中心	北京市	

（中国石油天然气股份有限公司组织机构图见图2）

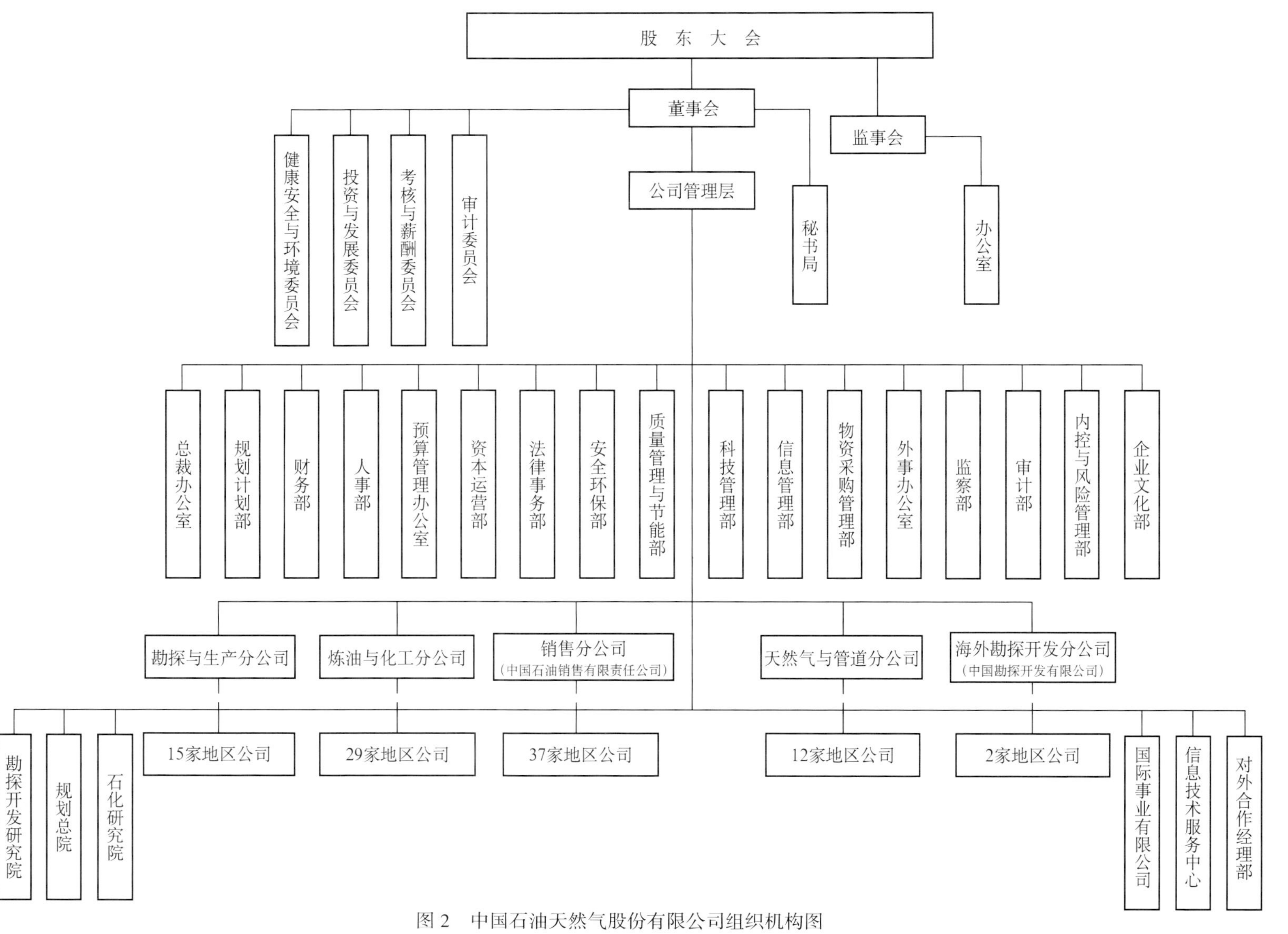

图 2　中国石油天然气股份有限公司组织机构图

中国石油天然气集团公司领导

序号	姓名	职务
1	蒋洁敏	中国石油天然气集团公司党组书记、总经理
2	周吉平	中国石油天然气集团公司党组成员、副总经理
3	王宜林	中国石油天然气集团公司党组成员、副总经理
4	曾玉康	中国石油天然气集团公司党组成员、副总经理
5	王福成	中国石油天然气集团公司党组成员、副总经理
6	李新华	中国石油天然气集团公司党组成员、副总经理
7	廖永远	中国石油天然气集团公司党组成员、副总经理、安全总监
8	王国樑	中国石油天然气集团公司党组成员、总会计师
9	陈　明	中国石油天然气集团公司党组成员、党组纪检组组长
10	汪东进	中国石油天然气集团公司党组成员、副总经理
11	喻宝才	中国石油天然气集团公司党组成员、副总经理

中国石油天然气集团公司总经理助理、副总师

序号	姓名	职务
1	徐文荣	中国石油天然气集团公司总经理助理
2	李润生	中国石油天然气集团公司总经理助理
3	李万余	中国石油天然气集团公司总经理助理
4	郭进平	中国石油天然气集团公司总法律顾问
5	温青山	中国石油天然气集团公司副总会计师
6	王立华	中国石油天然气集团公司副总经济师
7	关晓红	中国石油天然气集团公司副总经济师
8	贺荣芳	中国石油天然气集团公司安全副总监

中国石油天然气集团公司机关部门主要领导

序　号	单　位	主任（局长、书记、组长）
1	办 公 厅	李润生（兼）
2	政策研究室	曹政言
3	规划计划部	吴　枚
4	财务资产部	温青山（兼）
5	人 事 部	单昆基
6	预算管理办公室	贾忆民
7	资本运营部	于毅波
8	法律事务部	郭进平（兼）
9	安全环保部	贺荣芳（兼）
10	质量管理与节能部	于洪金
11	科技管理部	袁士义
12	信息管理部	刘希俭
13	物资采购管理部	李遵义
14	国际事业部（外事局）	章　欣
15	党组纪检组、监察部	李正光
16	审 计 部	孙先锋
17	内控与风险管理部	孙金瑜
18	矿区服务工作部	马桂成
19	思想政治工作部（企业文化部）	关晓红（兼）
20	维护稳定工作办公室（综合治理办公室）	施哲彦
21	直属党委	李晓络
22	离退休职工管理局（老干部局）	樊胜利

中国石油天然气集团公司专业公司主要领导

序　号	单　位	总经理、党委书记
1	工程技术分公司	杨庆理、李越强
2	工程建设分公司	白玉光（总经理）
3	装备制造分公司	张晗亮（党委书记）

中国石油天然气集团公司所属企事业单位主要领导

序　号	单位名称	总经理（局长、指挥、厂长、院长、所长、主任、社长）	党委书记
1	大庆石油管理局	王永春	
2	辽河石油勘探局	谢文彦	
3	长庆石油勘探局	冉新权	
4	新疆石油管理局	陈新发	
5	四川石油管理局	李鹭光	
6	吉林石油集团有限责任公司	侯启军	
7	大港油田集团有限责任公司	李建青	
8	华北石油管理局	苏　俊	
9	吐哈石油勘探开发指挥部	袁明生	
10	南方石油天然气勘探开发公司	石彦明	
11	中国石油大庆石油化工总厂	王德义	
12	吉化集团公司	王光军	
13	中国石油抚顺石油化工公司	李若平	
14	中国石油辽阳石油化纤公司	朱景利	
15	中国石油兰州石油化工公司	玄昌伟	

续表

序　号	单位名称	总经理（局长、指挥、厂长、院长、所长、主任、社长）	党委书记
16	独山子石油化工总厂	徐福贵	
17	中国石油乌鲁木齐石油化工总厂	郝新刚	
18	中国石油大连石油化工公司	蒋　凡	
19	中国石油锦州石油化工公司	裴宏斌	
20	中国石油锦西炼油化工总厂	王洪斌	
21	中国石油集团西部钻探工程有限公司	马永峰	韩　炜
22	中国石油集团长城钻探工程有限公司	张凤山	王忠仁
23	中国石油集团渤海钻探工程有限公司	秦永和	单祥国
24	中国石油集团川庆钻探工程有限公司	胥永杰	蒲建中
25	中国石油集团东方地球物理勘探有限责任公司	王铁军	苟　量
26	中国石油集团测井有限公司	李剑浩	张幸福
27	中国石油集团海洋工程有限公司	黄立功	黄立功
28	中国石油天然气管道局	赵玉建	张学明
29	中国石油工程建设公司	侯浩杰	刘仲秋
30	中国石油集团工程设计有限责任公司	迟尚忠	朱忠虎
31	中国寰球工程公司	汪世宏	刘振军
32	中国昆仑工程公司	周华堂	叶体亚
33	中国石油集团东北炼化工程有限公司	陈青松	陈青松
34	中国石油技术开发公司	毕跃明	李　伟
35	宝鸡石油机械有限责任公司	张永泽	范瑞丰
36	宝鸡石油钢管厂	白功利	李　逵
37	中国石油集团济柴动力总厂	姜小兴	姜小兴
38	中国石油集团渤海石油装备制造有限公司	赵　国	潘建全
39	中国石油天然气勘探开发公司	薄启亮（兼）	王莎莉
40	中石油中亚天然气管道有限公司	孙　波（兼）	孙　波（兼）
41	中国石油天然气集团公司南美公司	叶先灯	叶先灯
42	中国石油天然气集团公司尼罗河公司	孙贤胜	孙贤胜
43	中国石油天然气集团公司哈萨克斯坦公司	孙　波（兼）	孙　波（兼）
44	中国石油天然气集团公司伊朗公司	李庆平	李庆平

续表

序　号	单位名称	总经理（局长、指挥、厂长、院长、所长、主任、社长）	党委书记
45	中国石油天然气集团公司中俄合作项目部	蒋　奇	
46	中国石油集团经济技术研究院	许永发	卢思忠
47	中国石油集团钻井工程技术研究院	石　林	桑珍萍
48	中国石油集团安全环保技术研究院	覃国军	覃国军
49	中国石油集团石油管工程技术研究院	杨　龙	饶永久
50	中国石油天然气集团公司休斯敦技术研究中心	张国珍	
51	北京石油管理干部学院	李玉平	杨炳升
52	石油工业出版社	白泽生	郑玉宝
53	中国石油报社	白泽生（兼）	邱宝林
54	中国石油审计服务中心	李庆毅	郭大伟
55	中国石油天然气集团公司广州培训中心	王基鹏	张守梅
56	中油财务有限责任公司	兰云升	梁　萍
57	中国华铭国际投资有限公司	穆华东	穆华东
58	中油资产管理有限公司	王　亮	李　晶
59	中国石油天然气集团公司咨询中心（中国石油集团工程咨询有限责任公司）	郑　虎	
60	中国石油物资采购中心（中国石油物资公司）	周永强	郭开旗
61	中国石油天然气运输公司	刘　志	张冠军
62	中国华油集团公司	王文沧	朱　龙
63	华油北京服务总公司	田玉军	谷　伟
64	中国石油天然气香港有限公司	李华林（兼）	
65	中国石油集团东南亚管道有限公司	张加林	张加林
66	昆仑银行股份有限公司	谢戈果（代）	谢戈果
67	昆仑金融租赁有限责任公司	贺金霞	杨　信
68	中石油（北京）科技开发有限公司	田玉军	
69	吉林燃料乙醇有限责任公司	段良伟	段良伟
70	北京华昌置业有限责任公司	谷　伟（兼）	
71	中国石油学会	贾承造	
72	中国石油企业协会	胡文瑞	

中国石油天然气股份有限公司董事会成员

序　号	姓　名	职　　务
1	蒋洁敏	中国石油天然气股份有限公司董事长
2	周吉平	中国石油天然气股份有限公司副董事长
3	王宜林	中国石油天然气股份有限公司董事
4	曾玉康	中国石油天然气股份有限公司董事
5	王福成	中国石油天然气股份有限公司董事
6	李新华	中国石油天然气股份有限公司董事
7	廖永远	中国石油天然气股份有限公司董事
8	王国樑	中国石油天然气股份有限公司董事
9	蒋　凡	中国石油天然气股份有限公司董事
10	董建成	中国石油天然气股份有限公司独立董事
11	刘鸿儒	中国石油天然气股份有限公司独立董事
12	Franco Bernabè	中国石油天然气股份有限公司独立董事
13	李勇武	中国石油天然气股份有限公司独立董事
14	崔俊慧	中国石油天然气股份有限公司独立董事

中国石油天然气股份有限公司监事会成员

序　号	姓　名	职　　务
1	陈　明	中国石油天然气股份有限公司监事会主席
2	温青山	中国石油天然气股份有限公司监事会监事
3	孙先锋	中国石油天然气股份有限公司监事会监事
4	于毅波	中国石油天然气股份有限公司监事会监事
5	王亚伟	中国石油天然气股份有限公司监事会监事
6	秦　刚	中国石油天然气股份有限公司监事会监事
7	王莎莉	中国石油天然气股份有限公司监事会监事
8	李　元	中国石油天然气股份有限公司监事会独立监事
9	王道成	中国石油天然气股份有限公司监事会独立监事

中国石油天然气股份有限公司总裁班子成员

序　号	姓　名	职　　务
1	周吉平	中国石油天然气股份有限公司总裁
2	廖永远	中国石油天然气股份有限公司副总裁
3	孙龙德	中国石油天然气股份有限公司副总裁
4	沈殿成	中国石油天然气股份有限公司副总裁
5	刘宏斌	中国石油天然气股份有限公司副总裁
6	周明春	中国石油天然气股份有限公司财务总监
7	李华林	中国石油天然气股份有限公司副总裁兼董事会秘书
8	赵政璋	中国石油天然气股份有限公司副总裁
9	薄启亮	中国石油天然气股份有限公司副总裁
10	孙　波	中国石油天然气股份有限公司副总裁
11	蔺爱国	中国石油天然气股份有限公司总工程师
12	王道富	中国石油天然气股份有限公司总地质师
13	黄维和	中国石油天然气股份有限公司总工程师

中国石油天然气股份有限公司机关部门主要领导

序　号	单　位	总经理（主任）
1	总裁办公室	李华民
2	规划计划部	吴　枚
3	财务部	周明春（兼）
4	人事部	单昆基
5	预算管理办公室	贾忆民

续表

序　号	单　位	总经理（主任）
6	资本运营部	于毅波
7	法律事务部	郭进平（兼）
8	安全环保部	贺荣芳（兼）
9	质量管理与节能部	于洪金
10	科技管理部	袁士义
11	信息管理部	刘希俭
12	物资采购管理部	李遵义
13	外事办公室	章　欣
14	监察部	李正光
15	审计部	孙先锋
16	内控与风险管理部	孙金瑜
17	企业文化部	关晓红（兼）
18	综合治理办公室	施哲彦
19	直属机关党委	李晓络
20	董事会秘书局	李华林（兼）
21	监事会办公室	王一端

中国石油天然气股份有限公司专业公司主要领导

序　号	单　位	总经理、党委书记
1	勘探与生产分公司	赵政璋（兼）、赵文智
2	炼油与化工分公司	沈殿成（兼）、杨继钢
3	销售分公司	刘宏斌（兼）、田景惠
4	天然气与管道分公司	黄维和（兼）
5	海外勘探开发分公司	薄启亮（兼）、王莎莉

中国石油天然气股份有限公司所属企事业单位主要领导

序　号	单位名称	总经理（局长、指挥、厂长、院长、所长、主任、社长）	党委书记
1	大庆油田有限责任公司	王永春	姜万春
2	中国石油辽河油田公司	谢文彦	孙崇仁
3	中国石油长庆油田公司	冉新权	曲广学
4	中国石油塔里木油田公司	周新源	宋文杰
5	中国石油新疆油田公司	陈新发	徐卫喜
6	中国石油西南油气田公司	李鹭光	王广昀
7	中国石油吉林油田公司	侯启军	梁春秀
8	中国石油大港油田公司	李建青	李文强
9	中国石油青海油田公司	宗贻平	
10	中国石油华北油田公司	苏　俊	黄　刚
11	中国石油吐哈油田公司	袁明生	刘玉喜
12	中国石油冀东油田公司	苟三权	杨盛杰
13	中国石油玉门油田公司	刘圣志	张作祥
14	中国石油浙江油田公司	陈　勇	叶　舟
15	中石油煤层气有限责任公司	接铭训	接铭训
16	中国石油大庆石化公司	王德义	郑怀义
17	中国石油吉林石化公司	王光军	申尧民
18	中国石油抚顺石化公司	李若平	白连刚
19	中国石油辽阳石化公司	朱景利	孙洪来
20	中国石油兰州石化公司	玄昌伟	李政华
21	中国石油独山子石化公司	徐福贵	付德新
22	中国石油乌鲁木齐石化公司	郝新刚	刘继远
23	中国石油宁夏石化公司	雍瑞生	许君祖
24	中国石油大连石化公司	蒋　凡	马平凡

续表

序　号	单位名称	总经理（局长、指挥、厂长、院长、所长、主任、社长）	党委书记
25	中国石油锦州石化公司	裴宏斌	李　波
26	中国石油锦西石化公司	王洪斌	张维君
27	中国石油大庆炼化公司	冷胜军	王亚伟
28	中国石油哈尔滨石化公司	魏立东	孙淑红
29	中国石油广西石化公司	吴恩来	吴恩来
30	中国石油四川石化有限责任公司	栗东生	赵增和
31	中国石油大港石化公司	庞晓东	赵益红
32	中国石油华北石化公司	刘存柱	艾　南
33	中国石油呼和浩特石化公司	杜吉洲	陈汇明
34	中国石油辽河石化公司	李天书	李京辉
35	中国石油长庆石化公司	张喜文	张　锋
36	中国石油克拉玛依石化公司	张有林	默新社
37	中国石油庆阳石化公司	张栋杰	刘至祥
38	中国石油炼化工程建设项目部	胡兢克	胡兢克
39	中国石油东北化工销售公司	李殿敏	王　富
40	中国石油西北化工销售公司	火金三	杨　侠
41	中国石油华东化工销售公司	丛瑜滋	削　华
42	中国石油华北化工销售公司	杨天奎	阎效山
43	中国石油华南化工销售公司	张培华	王志学
44	中国石油西南化工销售公司	杨继胜	马生荣
45	中国石油东北销售公司	郭秀竹	李绍双
46	中国石油西北销售公司	蒋尚军	王增岭
47	中国石油北京销售公司	王立学	卢乃洪
48	中国石油上海销售公司	佟福财	杨昌陶
49	中国石油湖北销售公司	李长安	薛彦卓
50	中国石油广东销售公司	何瑞林	朱荣生
51	中国石油云南销售公司	杨子清	兰建彬
52	中国石油黑龙江销售公司	夏济连	朱喜龙

续表

序　号	单位名称	总经理（局长、指挥、厂长、院长、所长、主任、社长）	党委书记
53	中国石油吉林销售公司	刘松林	于　臣
54	中国石油辽宁销售公司	王学泠	杜　斌
55	中国石油大连销售公司	于　力	鲁发展
56	中国石油内蒙古销售公司	刘合合	王永和
57	中国石油陕西销售公司	刘德祥	曹俊文
58	中国石油甘肃销售公司	杨顺义	张国祥
59	中国石油宁夏销售公司	刘　刚	马自勤
60	中国石油青海销售公司	杜丽学	封希声
61	中国石油新疆销售公司	刘守德	悦仲林
62	中国石油西藏销售公司	王　珺	次仁扎西
63	中国石油四川销售公司	姚志强	胡兴东
64	中国石油重庆销售公司	李宝军	徐　毅
65	中国石油天津销售公司	高栋平	刘战明
66	中国石油河北销售公司	杨宁海	冀玉军
67	中国石油山东销售公司	刘宪华	梁作利
68	中国石油山西销售公司	谭立村	闫宝星
69	中国石油江苏销售公司	王力军	张　永
70	中国石油浙江销售公司	赵永河	李　多
71	中国石油安徽销售公司	李占宁	李向宇
72	中国石油河南销售公司	陈长青	张海云
73	中国石油湖南销售公司	徐国才	朱明玉
74	中国石油福建销售公司	王广生	王明富
75	中国石油广西销售公司	刘建明	刘　杰
76	中国石油江西销售公司	金　浩	张　军
77	中国石油贵州销售公司	张　宏	张文荣
78	中国石油大连海运公司	高凤祥	李俊海
79	中国石油润滑油公司	廖国勤	许元科
80	中油燃料油股份有限公司	郑明禹	李久杰

续表

序 号	单位名称	总经理（局长、指挥、厂长、院长、所长、主任、社长）	党委书记
81	中国石油北京油气调控中心	马志祥（兼）	徐会举
82	中国石油管道建设项目经理部	吴 宏	吴 宏
83	中国石油管道公司	姚 伟	姜昌亮
84	中国石油西气东输管道公司 （中国石油西气东输销售公司）	黄泽俊	秦 刚
85	中石油北京天然气管道有限公司 （中国石油华北天然气管道公司）	张 余	李 伟
86	中国石油西部管道公司 （中国石油西部管道销售公司）	凌 霄	汤亚利
87	中国石油唐山液化天然气项目经理部	李 伟	
88	中石油大连液化天然气有限公司	王立昕	王立昕
89	中石油江苏液化天然气有限公司	张成伟	张成伟
90	中国石油华北天然气销售公司	林长海	施 龙
91	中石油昆仑燃气有限公司	项平生	王永纯
92	中石油昆仑天然气利用有限公司	陶玉春	陶玉春
93	中石油阿姆河天然气勘探开发（北京）有限公司	吕功训	吕功训
94	中国石油天然气股份有限公司伊拉克公司	王莎莉（兼）	王莎莉（兼）
95	中国石油勘探开发研究院	王道富（兼）	周 灏
96	中国石油规划总院	王功礼	吴东山
97	中国石油石油化工研究院	蔺爱国（兼）	吴冠京
98	中国石油国际事业有限公司	王立华（兼）	沈定成
99	中国石油天然气股份有限公司对外合作经理部	阎存章	
100	中国石油天然气股份有限公司信息技术服务中心	王国强	

专家队伍

中国石油天然气集团公司两院院士名单

单　位	姓　名	院士类别
中国石油勘探开发研究院	李德生	科学院院士
大庆油田有限责任公司	王德民	工程院院士
中国石油天然集团公司咨询中心	翟光明	工程院院士
中国石油勘探开发研究院	郭尚平	科学院院士
中国石油集团东方地球物理勘探有限责任公司	李庆忠	工程院院士
中国石油勘探开发研究院	戴金星	科学院院士
中国石油勘探开发研究院	胡见义	工程院院士
中国石油勘探开发研究院	田在艺	科学院院士
中国石油天然气集团公司管材研究所	李鹤林	工程院院士
中国石油天然集团公司咨询中心	邱中建	工程院院士
中国石油勘探开发研究院	韩大匡	工程院院士
中国石油天然气股份有限公司总部机关	贾承造	科学院院士
中国石油勘探开发研究院	苏义脑	工程院院士
中国石油天然气集团公司科技管理部	袁士义	工程院院士
中国石油天然气勘探开发公司	童晓光	工程院院士

注：按当选时间先后排序。

2010年新增享受政府特殊津贴人员

序　号	姓　名	工　作　单　位	备　注
1	付英杰	大庆石化公司	专业技术人员（44人）
2	陈忠实	川庆钻探工程有限公司	
3	李杰训	大庆油田公司	
4	隋新光	大庆油田公司	
5	林庆富	中国石油独山子石化分公司	
6	王瑞金	大连石化公司	

续表

序　号	姓　名	工　作　单　位	备　注
7	吴金海	大庆炼化公司	
8	王　旭	渤海石油装备制造有限公司	
9	刘从华	石油化工研究院	
10	赵振峰	长庆油田分公司	
11	张文正	中国石油长庆油田	
12	范爱民	中国石油华北石化分公司	
13	周立宏	大港油田公司	
14	江同文	塔里木油田分公司	
15	贺会群	钻井工程技术研究院	
16	李德旗	浙江油田分公司	
17	曹孟起	东方地球物理公司	
18	杨迪生	新疆油田公司	
19	张其滨	海洋工程有限公司	
20	霍春勇	管材研究所	
21	王国丽	规划总院	
22	贾向东	测井公司	
23	柴细元	渤海钻探工程有限公司	
24	杨庆兰	中国寰球工程公司	
25	陆书来	吉林石化公司	
26	陈若铭	西部钻探工程有限公司	
27	祁晓明	辽河油田公司	
28	杨　雨	西南油气田分公司	
29	熊运实	安全环保技术研究院	
30	齐永新	兰州石化公司	
31	谢崇亮	工程建设公司	
32	齐铁忠	哈尔滨石化公司	
33	高　祁	管道局	
34	余　雷	长城钻探工程公司	
35	张水昌	勘探开发研究院	
36	卞德智	勘探开发研究院	

续表

序号	姓名	工作单位	备注
37	辛俊和	勘探开发公司	
38	李国平	管道分公司	
39	何晨光	抚顺石化公司	
40	秦　光	工程设计有限责任公司	
41	梁宏斌	华北油田	
42	江鲁生	青海油田分公司	
43	刘战君	玉门油田分公司	
44	李　勇	吐哈油田公司	
45	梁庆辉	长庆油田公司	高级技能人员（9人）
46	魏昌建	新疆油田公司	
47	刘　辉	西南油气田分公司	
48	邢恩福	吉林油田	
49	崔启福	辽阳石化分公司	
50	孙青先	兰州石化公司	
51	赵林源	东北炼化工程有限公司	
52	杨砚杭	渤海钻探工程有限公司	
53	王锡军	青海油田公司	

中国石油天然气集团公司高级技术专家

序号	工作单位	姓名	聘任岗位
1	长庆油田分公司	李忠兴	地质综合研究
2	西南油气田分公司	宋家荣	地质综合研究
3	冀东油田分公司	董月霞	地质综合研究
4	塔里木油田分公司	王招明	地质综合研究
5	勘探开发研究院	张义杰	地质综合研究
6	大庆油田公司	陈树民	地质综合研究
7	新疆油田分公司	薛新克	地质综合研究
8	大庆油田公司	曹瑞成	地质综合研究
9	勘探开发研究院	寿建峰	地质基础
10	长庆油田分公司	张文正	地质基础

续表

序　号	工作单位	姓　名	聘任岗位
11	勘探开发研究院	邹才能	地质综合研究
12	勘探开发研究院	汪泽成	地质综合研究
13	勘探开发研究院	宋　岩	地质综合研究
14	勘探开发研究院	王红军	地质基础
15	勘探开发研究院	牛嘉玉	地质综合研究
16	大庆油田公司	冯子辉	地质综合研究
17	勘探开发研究院	魏国齐	地质基础
18	大港油田分公司	周立宏	地质综合研究
19	勘探开发研究院	赵庆波	地质基础
20	勘探开发研究院	张水昌	地质基础
21	勘探开发研究院	李小地	资源评价与储量
22	勘探开发研究院	薛良清	勘探部署
23	青海油田分公司	陈志勇	地质综合研究
24	华北油田分公司	梁宏斌	地质基础
25	勘探开发研究院	王红岩	地质综合研究
26	大庆油田公司	黄　薇	资源评价与储量
27	大庆油田公司	吴河勇	勘探部署
28	辽河油田分公司	李晓光	勘探部署
29	勘探开发研究院	赵应成	勘探部署
30	华北油田分公司	金凤鸣	勘探部署
31	吉林油田分公司	赵占银	地质综合研究
32	大庆油田公司	裴晓含	油气井增产
33	西南油气田分公司	黄黎明	油气矿场集输
34	勘探开发研究院	石成方	提高采收率
35	尼罗河公司	李　薇	油气藏工程
36	勘探开发公司	武兆俊	采油气工程
37	吉林油田分公司	王　峰	采油气工程
38	新疆油田分公司	钱根宝	提高采收率
39	大庆油田公司	庞彦明	油气藏工程
40	长庆油田分公司	赵　勇	油气藏工程
41	勘探开发研究院	刘明新	提高采收率

续表

序　号	工 作 单 位	姓　名	聘 任 岗 位
42	勘探开发研究院	宋新民	提高采收率
43	勘探开发研究院	刘玉章	采油气工程
44	勘探开发研究院	马德胜	采油气工程
45	勘探开发研究院	雷　群	采油气工程
46	冀东油田分公司	廖保方	油气藏工程
47	塔里木油田分公司	江同文	油气藏工程
48	勘探开发研究院	秦积舜	提高采收率
49	勘探开发研究院	丁云宏	采油气工程
50	勘探开发研究院	熊春明	采油气工程
51	伊朗公司	韩　冬	提高采收率
52	勘探开发研究院	胡永乐	油气藏工程
53	勘探开发研究院	李　莉	油气藏工程
54	大庆油田公司	谢荣华	油气藏工程
55	大庆油田公司	程杰成	提高采收率
56	大庆油田公司	隋新光	提高采收率
57	大庆油田公司	王凤兰	提高采收率
58	大庆油田公司	杨　野	采油气工程
59	勘探开发研究院	刘　合	采油气工程
60	勘探开发研究院	贾爱林	开发地质
61	勘探开发研究院	常毓文	规划方案设计
62	大庆油田公司	徐正顺	油气藏工程
63	长庆油田分公司	徐永高	采油气工程
64	辽河油田分公司	刘德铸	采油气工程
65	勘探开发研究院	冉启全	开发地质
66	大港油田分公司	赵平起	油气藏工程
67	玉门油田分公司	刘战君	油气藏工程
68	寰球工程公司	关则新	低碳烯烃
69	广西石化分公司	权剑戟	石油炼制工艺
70	大连石化分公司	刘　强	石油炼制工艺
71	四川石化公司	武大庆	合成树脂
72	抚顺石化分公司	李宏冰	低碳烯烃
73	乌鲁木齐石化分公司	刘林洋	基本有机合成

续表

序　号	工作单位	姓　名	聘任岗位
74	塔里木油田分公司	阿不都热合木	天然气化工
75	兰州石化分公司	邹旭彪	催化剂
76	大庆炼化分公司	吴金海	精细化工
77	石油化工研究院	张忠东	催化剂
78	吉林石化分公司	邹向阳	合成橡胶
79	吉林石化分公司	蔡小平	合成纤维
80	石油化工研究院	赵旭涛	合成树脂
81	石油化工研究院	付兴国	石油炼制工艺
82	石油化工研究院	王斯晗	低碳烯烃
83	规划总院	张福琴	生物能源
84	寰球工程公司	杨庆兰	低碳烯烃
85	工程建设公司	谢崇亮	石油炼制工艺
86	石油化工研究院	兰　玲	石油炼制工艺
87	石油化工研究院	张志华	石油炼制工艺
88	石油化工研究院	高雄厚	催化剂
89	石油化工研究院	赵愉生	石油炼制工艺
90	石油化工研究院	王　刚	合成树脂
91	石油化工研究院	朱博超	合成树脂
92	兰州石化分公司	齐永新	合成橡胶
93	石油化工研究院	梁　滔	合成橡胶
94	石油化工研究院	李吉春	基本有机合成
95	石油化工研究院	刘从华	催化剂
96	润滑油分公司	翟月奎	润滑剂及添加剂
97	大庆炼化分公司	周云霞	精细化工
98	规划总院	杨维军	石油炼制工艺
99	大连石化分公司	吴　宇	石油炼制工艺
100	石油化工研究院	龚光碧	合成橡胶
101	辽阳石化分公司	翁　刚	石油化工装备
102	工程设计公司	向　波	工程规划与设计
103	管道局	张文伟	工程规划与设计
104	寰球工程公司	白改玲	工程规划与设计
105	管道局	史　航	工程规划与设计

续表

序 号	工 作 单 位	姓 名	聘 任 岗 位
106	管道局	孟凡彬	工程规划与设计
107	管道局	高泽涛	工程施工
108	管道分公司	李国平	工艺系统运行
109	管道局	梁君直	工程施工
110	大庆油田公司	李学军	工程规划与设计
111	管材研究所	冯耀荣	石油钢管
112	管道分公司	冯庆善	工艺系统运行
113	勘探开发研究院	张昱文	工程规划与设计
114	大庆油田公司	李杰训	工程规划与设计
115	东方地球物理勘探公司	李培明	地震勘探技术
116	新疆油田分公司	吕焕通	地震勘探技术
117	大庆油田公司	王建民	地震勘探技术
118	勘探开发研究院	王西文	地震勘探技术
119	东方地球物理勘探公司	凌　云	物探理论和新方法研究
120	新疆油田分公司	孙中春	测井解释
121	测井有限公司	陈文辉	测井信息采集
122	渤海钻探公司	柴细元	测井信息采集
123	东方地球物理勘探公司	刘超颖	物探软件
124	东方地球物理勘探公司	詹世凡	物探理论和新方法研究
125	勘探开发研究院	姚逢昌	物探理论和新方法研究
126	东方地球物理勘探公司	王卫华	地震勘探技术
127	东方地球物理勘探公司	姜　耕	物探软件
128	东方地球物理勘探公司	赵　波	物探理论和新方法研究
129	勘探开发研究院	李　宁	测井解释
130	测井有限公司	余春昊	测井资料处理
131	测井有限公司	李安宗	测井方法
132	测井有限公司	孙宝佃	测井方法
133	川庆钻探公司	李亚林	地震勘探技术
134	勘探开发研究院	苏永地	地震勘探技术
135	东方地球物理勘探公司	邓志文	地震勘探技术
136	大庆油田公司	刘兴斌	测井方法
137	勘探开发研究院	周灿灿	测井解释

续表

序 号	工 作 单 位	姓 名	聘 任 岗 位
138	川庆钻探公司	李晓明	钻井工艺
139	西部钻探公司	邹和均	钻井工艺
140	西部钻探公司	许树谦	完井工程
141	青海油田分公司	江鲁生	钻井工艺
142	大庆油田公司	邹 野	钻井工艺
143	勘探开发公司	辛俊和	钻井工艺
144	长城钻探公司	余 雷	钻井工艺
145	塔里木油田分公司	张福祥	油气层测试
146	钻井工程技术研究院	邹来方	钻井工艺
147	渤海钻探公司	运志森	井下信息测量与控制
148	吉林油田分公司	张嵇南	钻井工艺
149	新疆油田分公司	王嘉淮	油气层测试
150	钻井工程技术研究院	盛利民	井下信息测量与控制
151	钻井工程技术研究院	周英操	钻井工艺
152	海洋工程公司	路继臣	钻井工艺
153	钻井工程技术研究院	贺会群	钻井工艺
154	川庆钻探公司	许期聪	钻井工艺
155	钻井工程技术研究院	刘硕琼	完井工程
156	钻井工程技术研究院	孙 宁	钻井工艺
157	渤海钻探公司	王合林	钻井工艺
158	海洋工程公司	郭洪升	钻井装备
159	渤海石油装备制造公司	王 旭	石油钢管
160	济南柴油机厂	李树生	石油工业常用机械与动力装置
161	管材研究所	霍春勇	油气储运设备
162	宝鸡石油机械公司	黄悦华	钻井装备
163	宝鸡石油机械公司	王进全	钻井装备
164	规划总院	王国丽	油气储运设备
165	大庆油田公司	熊华平	应用系统
166	规划总院	袁维宁	应用系统
167	勘探开发研究院	冯 梅	基础设施
168	规划总院	王 华	应用系统
169	兰州石化分公司	曹 巍	应用系统

续表

序　号	工 作 单 位	姓　名	聘 任 岗 位
170	工程设计公司	姜　放	工艺安全
171	长庆油田分公司	李红才	节能技术
172	安全环保技术研究院	邓　皓	环境保护
173	规划总院	段　伟	节能技术
174	安全环保技术研究院	熊运实	环境保护

注：上述人员名单为截至2010年底集团公司在聘专家。

中国石油天然气集团公司管理专家

序　号	工 作 单 位	姓　名	专 家 命 名
1	大庆油田有限责任公司	卢怀宝	中国石油战略管理专家
2	大庆油田有限责任公司	石德勤	中国石油战略管理专家
3	大庆油田有限责任公司	张晓东	中国石油战略管理专家
4	大庆油田有限责任公司	郭伟昌	中国石油审计管理专家
5	大庆油田有限责任公司	王学庆	中国石油财务管理专家
6	大庆油田有限责任公司	王明东	中国石油财务管理专家
7	大庆油田有限责任公司	刘燕杰	中国石油内控管理专家
8	大庆油田有限责任公司	窦春辉	中国石油法律管理专家
9	大庆油田有限责任公司	匡　丽	中国石油 HSE 管理专家
10	大庆油田有限责任公司	杨元建	中国石油国际商务管理专家
11	大庆油田有限责任公司	张　杰	中国石油人力资源管理专家
12	大庆油田有限责任公司	包利文	中国石油思想政治（企业文化）专业管理专家
13	大庆油田有限责任公司	隋东章	中国石油思想政治（企业文化）专业管理专家
14	辽河油田公司	于长武	中国石油 HSE 管理专家
15	辽河油田公司	刘海洋	中国石油国际商务管理专家
16	辽河油田公司	李孟洲	中国石油人力资源管理专家
17	辽河油田公司	徐德臻	中国石油思想政治（企业文化）专业管理专家
18	新疆油田公司	王从乐	中国石油战略管理专家
19	新疆油田公司	陈荣灿	中国石油 HSE 管理专家
20	华北油田公司	金海龙	中国石油人力资源管理专家
21	华北油田公司	杨利民	中国石油思想政治（企业文化）专业管理专家
22	大港油田公司	方　武	中国石油财务管理专家

续表

序　号	工作单位	姓　名	专家命名
23	大港油田公司	刘经华	中国石油法律管理专家
24	大港油田公司	周　标	中国石油思想政治（企业文化）专业管理专家
25	西南油气田公司	刘明科	中国石油战略管理专家
26	长庆油田公司	何炳忠	中国石油战略管理专家
27	长庆油田公司	梁永乐	中国石油战略管理专家
28	长庆油田公司	林健民	中国石油法律管理专家
29	长庆油田公司	高　鹏	中国石油法律管理专家
30	吉林油田公司	尹　旭	中国石油 HSE 管理专家
31	吉林油田公司	米金余	中国石油思想政治（企业文化）专业管理专家
32	青海油田公司	邵文斌	中国石油战略管理专家
33	冀东油田公司	冯俊山	中国石油战略管理专家
34	冀东油田公司	刘占军	中国石油人力资源管理专家
35	中国石油天然气勘探开发公司	葛艾继	中国石油战略管理专家
36	中国石油天然气勘探开发公司	王俊仁	中国石油战略管理专家
37	中国石油天然气勘探开发公司	赵　颖	中国石油法律管理专家
38	中国石油天然气勘探开发公司	蒋满裕	中国石油国际商务管理专家
39	大庆石化公司	曾志军	中国石油 HSE 管理专家
40	抚顺石化公司	王洪洲	中国石油财务管理专家
41	抚顺石化公司	刘文玉	中国石油人力资源管理专家
42	辽阳石化公司	郭志福	中国石油思想政治（企业文化）专业管理专家
43	独山子石化公司	赵宝国	中国石油战略管理专家
44	大连石化公司	郭　强	中国石油市场营销管理专家
45	锦州石化公司	王　强	中国石油战略管理专家
46	哈尔滨石化公司	李景芝	中国石油财务管理专家
47	东北化工销售公司	黄国春	中国石油市场营销管理专家
48	西北化工销售公司	王文博	中国石油市场营销管理专家
49	华北销售公司	张鹏娟	中国石油财务管理专家
50	四川销售公司	蒋胡民	中国石油市场营销管理专家
51	润滑油公司	于文魁	中国石油财务管理专家
52	润滑油公司	杨俊杰	中国石油市场营销管理专家
53	润滑油公司	周亚斌	中国石油质量与节能管理专家
54	西气东输管道公司	房维龙	中国石油战略管理专家

续表

序　号	工 作 单 位	姓　名	专 家 命 名
55	西部管道有限责任公司	郭　臣	中国石油 HSE 管理专家
56	东方地球物理勘探有限责任公司	张　平	中国石油战略管理专家
57	东方地球物理勘探有限责任公司	陶先明	中国石油财务管理专家
58	东方地球物理勘探有限责任公司	张秀君	中国石油市场营销管理专家
59	东方地球物理勘探有限责任公司	郑华生	中国石油国际商务管理专家
60	东方地球物理勘探有限责任公司	耿昌顺	中国石油人力资源管理专家
61	测井有限公司	徐成才	中国石油 HSE 管理专家
62	云南销售公司	兰建彬	中国石油人力资源管理专家
63	长城钻探工程公司	冀成楼	中国石油国际商务管理专家
64	中国石油天然气管道局	范慎荣	中国石油 HSE 管理专家
65	中国石油天然气管道局	杨成生	中国石油思想政治（企业文化）专业管理专家
66	东南亚管道公司	李自林	中国石油战略管理专家
67	经济技术研究院	单卫国	中国石油市场营销管理专家
68	管材研究所	秦长毅	中国石油质量与节能管理专家
69	北京石油管理干部学院	王旭东	中国石油市场营销管理专家
70	对外合作经理部	何　付	中国石油国际商务管理专家
71	中国石油物资公司	慕松林	中国石油战略管理专家
72	销售分公司	王长江	中国石油市场营销管理专家
73	工程技术分公司	郑　毅	中国石油战略管理专家
74	集团公司政策研究室	吕建中	中国石油战略管理专家
75	集团公司科技管理部	赵　明	中国石油战略管理专家
76	集团公司财务资产部	何　涛	中国石油财务管理专家
77	集团公司审计部	高　辉	中国石油审计管理专家
78	集团公司法律事务部	赵要德	中国石油法律管理专家
79	集团公司安全环保部	周爱国	中国石油 HSE 管理专家
80	集团公司质量管理与节能部	王学文	中国石油质量与节能管理专家
81	集团公司人事部	李光华	中国石油人力资源管理专家
82	集团公司人事部	法玉晓	中国石油人力资源管理专家
83	集团公司思想政治工作部	王权汉	中国石油思想政治（企业文化）专业管理专家
84	西北化工销售公司	杨　侠	中国石油思想政治（企业文化）专业管理专家
85	集团公司直属党委	张　弛	中国石油思想政治（企业文化）专业管理专家

注：上述人员名单为 2008 年集团公司评聘，截至 2010 年底减少 4 人。

中国石油天然气集团公司技能专家人员名单

序　号	姓　名	单　位	专　业	工　种
1	孙景阳	大庆油田有限责任公司	钻　井	石油钻井工
2	张连友	大庆油田有限责任公司	钻　井	石油钻井工
3	齐志民	大庆油田有限责任公司	钻　井	石油钻井工
4	田兆亿	大庆油田有限责任公司	钻　井	钻井液工
5	寇生江	大庆油田有限责任公司	测　井	测井工
6	何登龙	大庆油田有限责任公司	采油采气	采油工
7	贾福林	大庆油田有限责任公司	采油采气	采油工
8	何显斌	大庆油田有限责任公司	采油采气	采油工
9	任相财	大庆油田有限责任公司	采油采气	采油工
10	陈祥玉	大庆油田有限责任公司	集　输	输油工
11	王运成	大庆油田有限责任公司	集　输	输油工
12	崔作福	大庆油田有限责任公司	集　输	集输工
13	孔德生	大庆油田有限责任公司	工程施工	油气管线安装工
14	张光洲	大庆油田有限责任公司	仪器仪表安装修理	测井仪修工
15	张福忠	大庆油田有限责任公司	井下作业	井下作业工
16	马庆光	大庆油田有限责任公司	井下作业	井下作业工
17	孙玉才	大庆油田有限责任公司	井下作业	井下作业工
18	金铁钢	大庆油田有限责任公司	工程施工	电焊工
19	刘永庆	大庆油田有限责任公司	工程施工	电焊工
20	刘忠波	大庆油田有限责任公司	工程施工	电焊工
21	司英建	大庆油田有限责任公司	工程施工	电焊工
22	于维敏	大庆油田有限责任公司	工程施工	石油金属结构制作工
23	彭燕龙	大庆油田有限责任公司	机械制造	车　工
24	魏乐欣	大庆油田有限责任公司	机械制造	钳　工
25	李立国	大庆油田有限责任公司	供发电	高压试验工
26	李齐生	大庆油田有限责任公司	供发电	继电保护工
27	王　汀	大庆油田有限责任公司	供发电	继电保护工
28	于凯林	大庆油田有限责任公司	钻　井	钻井液工
29	王维民	大庆油田有限责任公司	测　井	测井工
30	刘　丽	大庆油田有限责任公司	采油采气	采油工

续表

序 号	姓 名	单 位	专 业	工 种
31	高亚全	大庆油田有限责任公司	采油采气	采油工
32	曹 武	大庆油田有限责任公司	采油采气	采油工
33	邹世鑫	大庆油田有限责任公司	集 输	集输工
34	赵春海	大庆油田有限责任公司	井下作业	井下作业工
35	张肃江	大庆油田有限责任公司	井下作业	潜油电泵作业工
36	武海玉	大庆油田有限责任公司	供发电	锅炉检修工
37	東滨霞	辽河油田公司	采油采气	采油工
38	赵奇峰	辽河油田公司	采油采气	采油工
39	郭发德	辽河油田公司	采油采气	采油工
40	徐志强	辽河油田公司	采油采气	采油工
41	徐贻文	辽河油田公司	采油采气	采油工
42	曹建新	辽河油田公司	采油采气	采油工
43	王 勇	辽河油田公司	采油采气	采油工
44	李贵库	辽河油田公司	井下作业	井下作业工
45	赵宝龙	辽河油田公司	井下作业	井下作业工
46	郎书科	辽河油田公司	工程施工	电焊工
47	张殿杰	辽河油田公司	工程施工	电焊工
48	白国文	辽河油田公司	机械制造	车 工
49	赵晓伟	辽河油田公司	钻 井	钻井柴油机工
50	李 云	辽河油田公司	供发电	变电站值班员
51	马春阳	辽河油田公司	采油采气	热注运行工
52	于占勇	辽河油田公司	供发电	配电线路工
53	柳转阳	辽河油田公司	采油采气	采油工
54	姬梦阳	辽河油田公司	采油采气	采油工
55	厉彦东	辽河油田公司	机械制造	钳 工
56	张 云	辽河油田公司	采油采气	热注运行工
57	吴晓媛	辽河油田公司	供发电	变电站值班员
58	张卫玲	长庆油田公司	采油采气	采油工
59	丁巨龙	长庆油田公司	采油采气	采油工
60	梁东平	长庆油田公司	井下作业	井下作业工
61	王亚萍	长庆油田公司	工程施工	电焊工
62	詹 斌	长庆油田公司	工程施工	电焊工

续表

序　号	姓　名	单　位	专　业	工　种
63	梁庆辉	长庆油田公司	采油采气	采油工
64	于建平	长庆油田公司	采油采气	采油工
65	杨义兴	长庆油田公司	井下作业	井下作业工
66	李庆峰	长庆油田公司	井下作业	作业机司机
67	张　明	塔里木油田公司	供发电	电　工
68	胡玉明	塔里木油田公司	机械制造	车　工
69	徐　静	塔里木油田公司	钻　井	钻井液工
70	张喜军	塔里木油田公司	井下作业	潜油电泵作业工
71	魏昌建	新疆油田公司	采油采气	采油工
72	叶长新	新疆油田公司	采油采气	采油工
73	颜富新	新疆油田公司	采油采气	采油工
74	朱安江	新疆油田公司	采油采气	采油工
75	寇秀玲	新疆油田公司	采油采气	采油工
76	张　杰	新疆油田公司	集　输	集输工
77	胡均华	新疆油田公司	井下作业	井下作业工
78	罗秀元	新疆油田公司	井下作业	井下作业工
79	李成军	新疆油田公司	测　井	地层测试工
80	冯忠银	新疆油田公司	工程施工	电焊工
81	林　伟	新疆油田公司	采油采气	采油工
82	肉孜麦麦提·巴克	新疆油田公司	采油采气	采油工
83	史建国	新疆油田公司	采油采气	采油工
84	丁　建	新疆油田公司	集　输	集输工
85	卢风光	新疆油田公司	集　输	集输工
86	彭　辉	西南油气田公司	采油采气	采气工
87	李忠良	西南油气田公司	采油采气	采油工
88	刘　辉	西南油气田公司	采油采气	采气工
89	曾刚勇	西南油气田公司	集　输	油气管道保护工
90	曾云东	西南油气田公司	采油采气	天然气净化操作工
91	林大川	西南油气田公司	仪器仪表安装修理	采输气仪表工
92	谢长生	吉林油田公司	采油采气	采油工
93	于淑华	吉林油田公司	采油采气	采油工

续表

序 号	姓 名	单 位	专 业	工 种
94	刘金成	吉林油田公司	工程施工	电焊工
95	邢恩福	吉林油田公司	仪器仪表安装修理	仪表安装工
96	杨化凤	吉林油田公司	采油采气	采油工
97	王彦军	吉林油田公司	采油采气	采油工
98	高兴业	吉林油田公司	供发电	变电检修工
99	周小东	大港油田公司	采油采气	采油工
100	王怀梅	大港油田公司	采油采气	采油工
101	苏建斌	大港油田公司	采油采气	采油工
102	高长友	大港油田公司	集 输	集输工
103	张树起	大港油田公司	供发电	维修电工
104	左学同	大港油田公司	供发电	变压器检修工
105	刘淑梅	大港油田公司	采油采气	采油工
106	王雁森	青海油田公司	井下作业	作业机司机
107	唐海光	青海油田公司	炼 油	催化裂化装置操作工
108	张华先	青海油田公司	采油采气	采油工
109	张孝伟	青海油田公司	集 输	输油工
110	郭连升	华北油田公司	采油采气	采油工
111	胡东华	华北油田公司	采油采气	采油工
112	靳占忠	华北油田公司	井下作业	井下作业工具工
113	黄 树	华北油田公司	井下作业	井下作业工
114	刘汉国	华北油田公司	工程施工	电焊工
115	李济昌	华北油田公司	机械制造	钳 工
116	金海亮	华北油田公司	供发电	电 工
117	任绍全	华北油田公司	供发电	电气试验工
118	匡 凯	华北油田公司	采油采气	采油工
119	何 群	华北油田公司	集 输	集输工
120	高继宏	华北油田公司	工程施工	电焊工
121	李彦超	华北油田公司	供发电	变电站值班员
122	赵剑伟	吐哈油田公司	采油采气	采油工
123	樊时华	吐哈油田公司	采油采气	采油工
124	刘全才	吐哈油田公司	集 输	集输工
125	徐志民	吐哈油田公司	采油采气	采油工

续表

序　号	姓　名	单　位	专　业	工　种
126	陈　述	吐哈油田公司	集　输	集输工
127	徐志民	吐哈油田公司	井下作业	井下作业工
128	富玉新	玉门油田公司	采油采气	采油工
129	陈全柱	玉门油田公司	井下作业	井下作业工
130	左成玉	大庆石化公司	化　工	乙烯装置操作工
131	包忠臣	大庆石化公司	炼油	催化裂化装置操作工
132	邢世轩	大庆石化公司	化　工	聚乙烯装置操操作工
133	高　彦	大庆石化公司	工程施工	电焊工
134	李树林	大庆石化公司	工程施工	石油金属结构制作工
135	薛兰苗	吉林石化公司	机械修理	机泵维修钳工
136	侯英杰	吉林石化公司	仪器仪表安装修理	仪表维修工
137	宋晓峰	吉林石化公司	化工	丙烯腈装置操作工
138	张胤霆	抚顺石化公司	炼油	常减压蒸馏装置操作工
139	李　俊	抚顺石化公司	炼油	催化裂化装置操作工
140	李　波	抚顺石化公司	炼油	加氢裂化装置操作工
141	张林涛	抚顺石化公司	化　工	乙烯装置操作工
142	田　军	抚顺石化公司	化　工	丙烯腈装置操作工
143	曹柏顺	抚顺石化公司	炼油	催化裂化装置操作工
144	刘　辉	抚顺石化公司	化　工	乙烯装置操作工
145	王　晋	抚顺石化公司	化　工	烷基苯装置操作工
146	崔启福	辽阳石化公司	炼油	加氢裂化装置操作工
147	关文杰	辽阳石化公司	化　工	聚丙烯装置操作工
148	刘　牧	辽阳石化公司	工程施工	电焊工
149	朱海源	辽阳石化公司	机械修理	机泵维修钳工
150	张海献	辽阳石化公司	炼油	延迟焦化装置操作工
151	刘彭豪	辽阳石化公司	机械修理	机泵维修钳工
152	孙青先	兰州石化公司	化　工	乙烯装置操作工
153	黄开炳	兰州石化公司	化　工	乙烯装置操作工
154	邸会敏	兰州石化公司	工程施工	电焊工
155	王忠民	兰州石化公司	仪器仪表安装修理	仪表维修工
156	杨子海	兰州石化公司	供发电	锅炉运行值班员
157	巩国平	兰州石化公司	炼　油	常减压蒸馏装置操作工

续表

序 号	姓 名	单 位	专 业	工 种
158	张志强	兰州石化公司	化 工	丁苯橡胶装置操作工
159	顿天骥	兰州石化公司	机械制造	车 工
160	尹金明	兰州石化公司	机械修理	机泵维修钳工
161	徐凯军	独山子石化公司	炼油	常减压蒸馏装置操作工
162	薛 魁	独山子石化公司	化 工	乙烯装置操作工
163	谷 刚	独山子石化公司	工程施工	电焊工
164	祝雄新	独山子石化公司	机械修理	机泵维修钳工
165	杜胜利	独山子石化公司	炼 油	加氢裂化装置操作工
166	黄 伟	乌鲁木齐石化公司	机械制造	机泵维修钳工
167	樊旭东	乌鲁木齐石化公司	供发电	继电保护工
168	许战军	乌鲁木齐石化公司	化 工	精对苯二甲酸装置操作工
169	杨学智	宁夏石化公司	化 工	合成氨装置操作工
170	于世行	宁夏石化公司	工程施工	电焊工
171	荣 征	大连石化公司	炼 油	催化裂化装置操作工
172	刘丛堂	大连石化公司	仪器仪表安装修理	仪表安装工
173	张清源	大连石化公司	炼 油	蜡油渣油加氢操作工
174	曹善志	大连石化公司	机械修理	机泵维修钳工
175	盖保权	锦州石化公司	炼 油	催化裂化装置操作工
176	褚继勇	锦州石化公司	炼 油	催化重整装置操作工
177	徐 凯	锦州石化公司	机械制造	机泵维修钳工
178	王尚典	锦西石化公司	机械制造	车 工
179	王东华	大庆炼化公司	炼 油	催化裂化装置操作工
180	林树国	哈尔滨石化公司	供发电	维修电工
181	刘 强	哈尔滨石化公司	炼 油	催化裂化装置操作工
182	王 峰	大港石化公司	炼 油	催化裂化装置操作工
183	陈淑建	克拉玛依石化分公司	炼 油	催化重整装置操作工
184	于红伟	克拉玛依石化分公司	炼 油	酮苯脱蜡装置操作工
185	徐龙杰	东北炼化工程有限公司	工程施工	电焊工
186	刘国福	东北炼化工程有限公司	机械制造	机泵维修钳工
187	赵林源	东北炼化工程有限公司	机械制造	机泵维修钳工
188	郑秋林	东北炼化工程有限公司	工程施工	电焊工
189	高振杰	东北炼化工程有限公司	工程施工	电焊工

续表

序　号	姓　名	单　位	专　业	工　种
190	张风光	东北炼化工程有限公司	仪器仪表安装修理	仪表维修工
191	武东生	西部钻探工程有限公司	钻　井	石油钻井工
192	水永青	西部钻探工程有限公司	钻　井	石油钻井工
193	高永杰	西部钻探工程有限公司	钻　井	石油钻井工
194	韦西海	西部钻探工程有限公司	钻　井	钻井液工
195	廖　明	西部钻探工程有限公司	钻　井	钻井柴油机工
196	黄新春	西部钻探工程有限公司	仪器仪表安装修理	测井仪修工
197	张　伟	长城钻探工程有限公司	钻　井	石油钻井工
198	徐长岗	长城钻探工程有限公司	仪器仪表安装修理	测井仪修工
199	程宏基	长城钻探工程有限公司	钻　井	钻井柴油机工
200	张　勇	渤海钻探工程有限公司	钻　井	石油钻井工
201	杨砚杭	渤海钻探工程有限公司	钻　井	钻井柴油机工
202	袁世通	渤海钻探工程有限公司	机械制造	钳　工
203	韩华彬	渤海钻探工程有限公司	供发电	维修电工
204	王　信	渤海钻探工程有限公司	钻　井	钻井液工
205	周　彬	川庆钻探工程有限公司	物　探	石油物探测量工
206	王树毅	川庆钻探工程有限公司	钻　井	石油钻井工
207	曾　龙	川庆钻探工程有限公司	钻　井	石油钻井工
208	唐润平	川庆钻探工程有限公司	钻　井	钻井液工
209	唐富庆	川庆钻探工程有限公司	井下作业	井下作业工
210	杨　平	川庆钻探工程有限公司	工程施工	电焊工
211	宋光熙	川庆钻探工程有限公司	机械制造	钳　工
212	李　豪	川庆钻探工程有限公司	仪器仪表安装修理	地震仪器修理工
213	许绍俊	川庆钻探工程有限公司	仪器仪表安装修理	仪表维修工
214	裴建中	川庆钻探工程有限公司	仪器仪表安装修理	测井仪修工
215	郑家志	川庆钻探工程有限公司	物　探	石油物探测量工
216	高　强	川庆钻探工程有限公司	钻　井	石油钻井工
217	熊　伟	川庆钻探工程有限公司	测　井	测井工
218	王　峰	川庆钻探工程有限公司	井下作业	井下作业工
219	王和富	川庆钻探工程有限公司	工程施工	施工机械操作手
220	冉　鹏	川庆钻探工程有限公司	供发电	电　工
221	刘天耀	中油测井公司	测井	测井工

续表

序　号	姓　名	单　位	专　业	工　种
222	李玉森	中油测井公司	测　井	测井绘解工
223	楚建设	东方地球物理公司	物　探	石油地震勘探工
224	尤庆宇	管道公司	集　输	输油工
225	姚　金	管道公司	机械修理	机修钳工
226	梅　红	管道局	工程施工	油气管线安装工
227	牛连山	管道局	工程施工	电焊工
228	张福强	管道局	工程施工	电焊工
229	邓隆庆	管道局	工程施工	工程电气设备安装调试工
230	孔繁荣	管道局	工程施工	电焊工
231	王俊峰	中国石油工程建设公司	工程施工	电焊工
232	曹遂军	中国石油工程建设公司	工程施工	电焊工
233	刘新儒	中国石油工程建设公司	工程施工	石油金属结构制作工
234	王培玉	中国石油工程建设公司	工程施工	安装起重工
235	董留寨	中国石油工程建设公司	工程施工	电焊工
236	孙国华	中国石油工程建设公司	工程施工	电焊工
237	张速宁	中国石油工程建设公司	工程施工	石油金属结构制作工
238	王兴平	中国寰球工程公司	工程施工	电焊工
239	赵　辉	中国寰球工程公司	工程施工	电焊工
240	陈君龙	中国寰球工程公司	工程施工	电焊工
241	张仕经	中国寰球工程公司	工程施工	安装起重工
242	马新平	宝鸡石油机械有限责任公司	工程施工	石油金属结构制作工
243	胡德虎	宝鸡石油钢管厂	机械制造	埋弧焊管自动焊工
244	强会明	宝鸡石油钢管厂	工程施工	无损探伤工
245	肖文光	济南柴油机股份有限公司	机械制造	内燃机装调工
246	樊少华	济南柴油机股份有限公司	机械制造	内燃机装调工
247	赵延山	渤海石油装备制造有限公司	机械制造	车　工
248	王海生	渤海石油装备制造有限公司	机械制造	电焊工
249	伍华北	渤海石油装备制造有限公司	机械修理	机修钳工
250	皮开忠	运输公司	机械制造	钳　工

注：上述人员名单为 2009 年集团公司评聘，截至 2010 年底减少 3 人。

（本篇资料时间截至 2010 年 12 月 31 日）

（人事部）

奉献能源 创造和谐

CLEAN ENERGY SUPPLY FOR BETTER ENVIRONMENT

中国石油

大庆油田有限责任公司

中国石油天然气集团公司副总经理、
大庆油田有限责任公司总经理、
大庆石油管理局局长　王永春

大庆油田党委书记　姜万春

大庆油田是我国目前最大的油田，也是世界上为数不多的特大型砂岩油田之一。油田位于黑龙江省西部，松嫩平原北部，由萨尔图、杏树岗、喇嘛甸等52个油气田组成。截至2010年，油田含油面积6000多平方千米，登记探矿权面积22万平方千米，累计探明石油地质储量66亿吨，天然气地质储量2800多亿立方米。油田拥有二级单位54个，用工总量26万余人。业务范围包括石油天然气勘探开发、工程技术、工程建设、装备制造、油田化工、生产保障、矿区服务和多种经营，具有较为完整的业务体系和综合一体化的产业优势。

油田重组整合后，形成了一整套较为完整的业务体系，拥有勘探开发、工程技术、工程建设、装备制造、油田化工、生产保障、矿区服务、多种经营八大业务板块，涉及石油行业的各个领域。勘探开发业务，已建成油、气、水井9万多口，各类大型站、库1600多座，平均日产原油11万吨，处于世界同类油田开发领先水平。工程技术服务业务，具备年钻井6000口以上、进尺1000万米的生产能力，实物工作量位居中国石油五大钻探公司之首。工程建设业务，成功进入国内外市场，先后承揽了西气东输等一批国内外重点工程，连续多年入选“ENR中国承包商60强”。装备制造业务，基本实现从设备修理向成套装备制造转型，主导产品进入印度尼西亚、马来西亚、苏丹、加拿大等10多个国家和地区，创出了“力神”、“庆矛”等国际知名品牌。油田

油田公司办公大楼

大庆油田化工集团拥有9套生产装置，可生产35种产品。他们坚持以立足现有装置为主线，向现有装置要效益、保安全、促发展，2010年生产各类产品58.8万吨，销售收入23.7亿元

大庆钻探钻井一公司 DQ012 钻井队在鲁迈拉油田 R512 井钻井施工中，仅用 21 天 3 小时就完钻井深 3390 米的油井，与美国威德福公司创出的 28 天 4 小时历史最高纪录相比，提前了 7 天，成功创造出“中国速度”，实现大庆油田海外钻井施工的历史性突破

大庆油田装备制造集团将“供应油田装备、提供优质服务，满足油田生产需求，保障原油高产稳产”作为一项政治任务常抓不懈，2009—2010 年，为油田累计制造测井测试车 448 台，单车技术改造 62 台

化工业务，可生产甲醇、液氨、轻烃、表面活性剂等 35 种化工产品，已成为重要的油田专用化学品生产基地。多种经营主要是一些面向油田、服务社会的法人企业。2010 年，油田生产原油 4000 万吨、天然气 29.9 亿立方米。

面对资源接替、开发瓶颈、投资回报“三大挑战”，油田解放思想、勇于担当，推进“高效益、可持续、有保障”的 4000 万吨持续稳产。油气勘探坚持“立足长垣、加强深层、精细海塔、拓展三肇、准备西坡、发展海外、探索外围、研究非常规”，优化勘探部署，加大勘探力度，大庆长垣、海塔盆地石油勘探取得新进展，为探明第三个 1000 亿吨奠定了基础。油田开发坚持“立足长垣、稳定外围、依靠技术、夯实基础、突出效益”，优化调整产量结构，切实加强水驱精细开发和聚驱优化调整，有效弥补了每年 7% 的自然递减，在保持 4000 万吨持续稳产的前提下，全年实现产量、效益、投资、成本良性循环，在转变发展方式上迈出重要步伐。尤为重要的是，通过开辟水驱综合治理示范区，强化精细调整，搞好措施挖潜，实现示范区“含水不上升，产量不递减”，油田开发总体形势持续向好，进一步坚定了持续稳产的信心。

由大庆油田工程建设有限公司总承包施工的中俄漠大原油管道工程（中国境内段），全长 927.04 千米，2009 年 5 月 28 日开工建设，2010 年 9 月 27 日全线竣工，2011 年 1 月 1 日正式抽油运行，俄罗斯将通过中俄原油管道每年向中国供应 1500 万吨原油，合同期 20 年

2010 年，大庆油田电力集团顺利完成中俄原油管道漠大线外电工程施工。该工程是国家能源战略保障——中俄原油管道项目的重要电力配套工程。图为空中俯瞰塔兴线和新建的中国最北 220 千伏变电所——兴安变电所

地址：黑龙江省大庆市让胡路区　邮编：163453　电话：0459 – 5994050　传真：0459 – 5973125

中国石油辽河油田公司

总经理、局长　谢文彦

党委书记　周　灏

精细地质研究

中国石油辽河油田公司是我国大型的稠油、高凝油生产基地，主要从事石油天然气勘探开发、工程技术、工程建设、装备制造、天然气利用、多种经营、矿区服务等业务，共有下属二级单位50个，用工总量11.2万人，整体经济规模500亿元以上，固定资产净值达560亿元。

"十一五"期间，中国石油辽河油田公司坚持以科学发展观为指导，认真贯彻中国石油总体部署，全面落实建设"四个基地"、实现"三大目标"工作要求，抢抓发展机遇，积极应对挑战，各项事业在克服困难中创造了新业绩、实现了新发展。油田勘探成绩喜人，累计新增探明石油地质储量2.4亿吨，控制储量3.42亿吨、预测储量3.05亿吨，连续实现储量替换率大于1。油气生产保持稳定，累计生产原油5556万吨，生产天然气42.4亿立方米，保持千万吨规模以上高产稳产，创造了国内外同类油田勘探开发史上的高水平。经济实力不断增强，连年完成集团公司下达的经营业绩指标，累计实现收入2225亿元，向国家上缴税费365亿元，始终处于辽宁省纳税企业前列。科技进步成效显著，致力解决关键技术难题，共获得省部级以上科技成果88项、授权专利620项，形成了潜山勘探、稠油提高采收率、污水深度处理等一大批创新理论和核心技术。

加强油井日常维护

矿区面貌

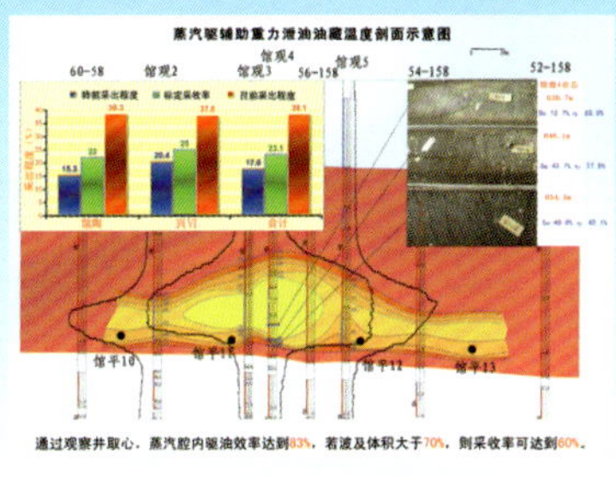
SAGD 动态监测

抗击百年一遇的洪水灾害

天然气市场开发

党的建设和队伍建设在继承、融合、创新中实现新进展，先后荣获“中央企业先进基层党组织”、“改革开放 30 年全国企业文化优秀单位”、“辽宁省思想政治工作先进集体”等荣誉称号，成功组织油田开发建设 40 年庆祝活动，大庆精神、铁人精神得到进一步弘扬。坚持以人为本关注民生，完成重点民生工程 29 项，员工福利待遇有新的提高，油田矿区呈现出安定和谐的良好局面。自觉履行国企三大责任，全力保障油气稳定供应，积极推进油地共建，为促进和带动地方经济社会发展作出了重要贡献。

五年来，辽河油田走过了一段波澜壮阔、极不平凡的风雨历程，集中经历了油田重组整合、市场油价波动、国际金融危机、严重自然灾害等一系列前所未有的困难考验。油田广大干部员工同心同德、迎难而上，步履坚定、危中求进，共克时艰、奋勇向前，实现了生产发展、效益提高、队伍稳定、矿区和谐、成果共享，为下一步发展打下了坚实基础。

进入“十二五”，站在新起点、面对新任务，中国石油辽河油田公司将在集团公司的坚强领导下，深入贯彻落实科学发展观，认真抓好发展、转变、和谐三件大事，按照“打造辽河新形象、提升油田软实力、实现事业新发展”总体要求，全面提升企业综合实力和可持续发展能力，努力建设“千万吨产量规模、千亿元经济规模”的国有骨干企业，为中国石油建设综合性国际能源公司作出新的更大贡献。

开拓基建外部市场

装备制造

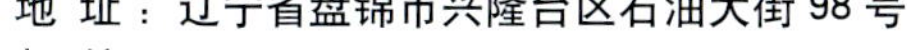

地 址：辽宁省盘锦市兴隆台区石油大街 98 号
邮 编：124010
电 话：0427-7298001

丰富多彩的文化生活

滩海油田

中国石油长庆油田公司

中国石油天然气股份有限公司
副总裁、长庆油田公司总经理、
党委副书记　冉新权

长庆油田公司党委书记、
副总经理　曲广学

2010 年 8 月 18 日，集团公司总经理、党组书记蒋洁敏（中）到长庆油田苏里格气田考察调研

2010 年 5 月 28 日，油田公司常务副总经理杨华（正局级）到宜 6 井检查工作

2010 年 5 月 9 日，集团公司苏里格水平井工程技术交流推进会在西安召开

中国石油长庆油田公司（以下简称长庆油田）主营鄂尔多斯盆地油气勘探、开发、生产、储运和销售业务，矿业权面积 24.93 万平方千米。2010 年，长庆油田油气当量突破 3500 万吨大关，具备了 4000 万吨生产能力，成为我国第二大油气田。40 年来，几代长庆人传承解放军精神、大庆精神和延安精神，创造了以能吃苦、讲奉献、守纪律、重执行为核心的价值观，解放思想，实事求是，自力更生，艰苦奋斗，在自然环境艰苦、地质条件复杂、工作区域分散、社会依托较差的鄂尔多斯盆地，艰苦创业、拼搏进取，实现了跨越式发展。累计开发低渗透、特低渗透油气田 37 个，掌握了居全球领先地位的“三低”油气藏勘探开发核心技术，安塞模式、靖安模式、西峰模式、苏里格模式和超低渗模式为行业首创，低成本、集约化、标准化、市场化、数字化的发展方式，成为科学发展、走新型工业化道路的典范。

按照发展规划，长庆油区将建成我国重要的油气生产基地、技术创新基地、工程技术服务基地、装备制造基地和全国天然气枢纽中心和贡献突出、技术领先、管理现代、绿色和谐、持续发展的西部大庆。

2010 年，长庆油田以科学发展观为统领，紧密围绕 5000 万吨和建设西部大庆发展目标，认真贯彻落实各项工作部署，坚持低成本发展战略，积极转变发展方式，着力抓好发展、转变、和谐三件大事，油气生产整体步入良性循环，安全环保形势稳定，体制机制进一步健全完善，员工队伍稳定，全年业绩指标顺利完成，企业综合实力显著增强，有力地助推了经济社会的发展。

长庆油田确立了“低渗透上也能建设大油田”的重要认识，大力实施勘探开发一体化，油气勘探生产继续保持良好发展势头，实现了苏里格气田和超低渗透油藏经济有效开发。实施浅油层开发和长南天然气开发等重大项目，进一步扩大了发展成果和未来发展空间。

2010 年 5 月 18 日，《中国石油天然气集团公司年鉴》2010 年工作会议在西安召开

2010 年 6 月 6 日，兴隆园社区数字化生产运行管理中心建成投运

采气厂员工认真检修设备，确保及时安全供气

2010 年公司有 7 个采油厂原油产量上台阶、换字头，8 个采油厂产量均超过百万吨。天然气产量大幅攀升，首次跨越 200 亿立方米大关，天然气中心枢纽作用进一步凸显，油气生产整体步入良性循环。着力开展基于管理、技术和制度的全方位创新，大面积“三低”隐蔽岩性油气藏勘探开发主体技术基本形成，未上市业务 3 年扭亏目标提前实现，长庆油区的业务结构和人力资源结构调整基本到位。推广完善标准化设计、模块化建设、数字化管理和市场化运作，全面提高公司科学管理水平，公司综合效益不断提高。全力推进数字化管理，形成了电子巡井、人工巡站、远程监控、中心值守的新的生产组织方式，实现了组织架构的扁平化、指挥控制的自动化和智能化，改变了过去依靠单井蹲守、拉网式巡检的传统方式和一线员工“晴天一身土，雨天一身泥”的工作生活状况。坚持把“环保优先、安全第一、质量至上、以人为本”的管理理念以及“生命和健康高于一切”的安全观落实到生产建设全过程。开展“三防四责”油气泄漏防治体系建设，全面提升公司安全环保防护能力。高度重视环境保护，污水回注率达到 100%，实现了清洁发展。2010 年长庆油田获得省部级以上成果 22 项，申请专利 108 件，均创历史新高。

实践“奉献能源，创造和谐”的企业宗旨，认真积极履行国有企业经济、政治和社会三大责任。带动地方经济发展，支援社会公共事业建设，改善当地人民生产生活条件，营造了和谐发展环境。

2011 年是长庆油田夯实发展基础，提升可持续发展能力的重要一年。在新的机遇和挑战面前，长庆油田始终将以科学发展观统领全局，努力践行“奉献能源、创造和谐”的企业宗旨，一心一意，埋头苦干，如期实现 5000 万吨发展目标，早日建成西部大庆。

采油厂员工积极开展劳动竞赛

又一座现代化集气站开工建设

2010 年，长庆油田油气当量突破 3500 万吨大关

地址：陕西省西安市未央区未央路 151 号
邮编：710018
电话：029 － 88596666
传真：029 － 88599999

中国石油华北油田公司

总经理、局长　黄　刚

党委书记　袁明生

2010 年 8 月 27 日，集团公司总经理、党组书记蒋洁敏到华北油田公司煤层气分公司进行工作调研

2010 年 11 月 16 日，集团公司副总经理、股份公司总裁周吉平到华北油田二连油田检查安全生产工作

中国石油华北油田公司主要从事石油天然气和煤层气勘探与生产、集输及储运、勘探开发工艺研究及规划研究、工程技术和生产服务、矿区以及社会服务等业务。油气勘探区域主要集中在冀中、内蒙古中部和山西沁水盆地三大探区。截至 2010 年底，上市业务固定资产原值 41.35 亿元。拥有油气资产原值 424.70 亿元，净值 197.33 亿元。累计探明石油地质储量 12.79 亿吨、天然气地质储量 270.79 亿立方米；累计生产原油 2.49 亿吨，天然气 109.08 亿立方米；累计工业总产值（现价）1886.62 亿元。

2010 年，华北油田公司积极推进发展方式转变，努力提升科学发展水平，全面建设具有一定经营规模和华北油田特色的地区能源公司，顺利完成年度以及“十一五”规划的任务指标。生产原油 426.03 万吨、天然气 5.5 亿立方米。全年新增预测石油地质储量 7375 万吨、控制石油地质储量 3094 万吨，超额完成任务指标。阿尔凹陷甩开预探，扩大战果，形成亿吨级储量规模，创 1984 年上缴控制预测储量以来单凹陷储量规模之最；集中突破长丰镇地区，部署 6 口探井均获成功，基本形成 5000 万吨整装规模储量，获股份公司 2010 年重大发现一等奖。山西沁水盆地煤层气业务优化勘探部署，探明地质储量 308 亿立方米，形成千亿立方米整装大气田，新建产能 4.4 亿立方米，累计形成 10 亿立

华北油田公司原总经理苏俊荣获2010年“全国优秀企业家”荣誉称号

集团公司命名的“曹树祥班”挂牌仪式

方米生产规模，实现商品气量3.7亿立方米，完成股份公司下达的各项指标。完成苏75系列集气站建设、投产，完钻新井89口，累计投产气井165口，日生产能力突破200万立方米，实现商品气量5.1亿立方米，创造了“三年任务两年完成”的不凡业绩。积极推进城市燃气业务发展，抢上CNG、LNG汽车加气项目，不断扩大市场规模，全年业务收入达12亿元，利润1.3亿元。加大科技创新力度，获省部级以上奖励30项，获国家授权专利51项。“三全”精细管理模式在集团公司宣传推广，成功打造华北油田精细管理品牌。

2010年，华北油田公司党委被国务院国资委党委授予“中央企业先进基层党组织”荣誉称号。“‘三全’精细管理模式构建与实施”项目获得全国石油石化企业管理现代化创新成果一等奖。靳占忠获得“全国劳动模范”和“燕赵技能大师”称号，“曹树祥班”被集团公司冠名表彰，张丽霞等18名同志荣获集团公司劳动模范称号。公司总经理苏俊获“中国企业文化十大贡献人物”、“全国优秀企业家”、河北省“最受关注企业家”荣誉称号；公司党委书记黄刚获“中国企业文化建设十佳个人”荣誉称号。

中国石油重点风险探井——牛东1井开钻

华北油田苏里格合作开发快速高效，图为苏75-2标准化气站

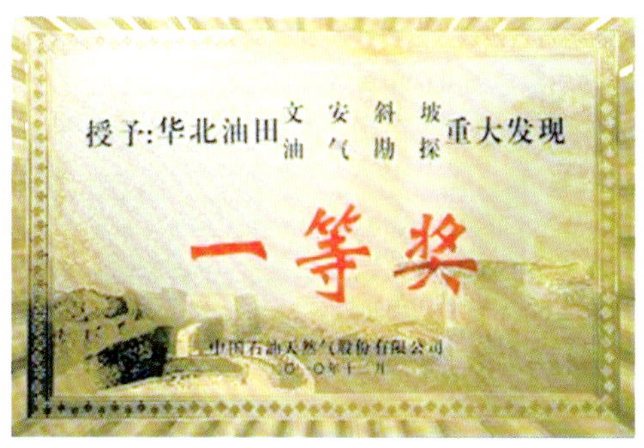

华北油田文安斜坡油气勘探获股份公司重大发现一等奖

学习推广华北油田精细管理经验巡回报告会在华北油田召开

地址：河北省任丘市
邮编：062552
电话：0317-2724876
传真：0317-2725627

中国石油吐哈油田公司

总经理　张志东

党委书记　刘玉喜

火焰山下采油忙

“两新两高”支撑油田持续有效发展

中国石油吐哈油田公司隶属于中国石油天然气股份有限公司，总部位于新疆维吾尔自治区东部门户——哈密。经过20年的艰苦创业，吐哈油田已经发展成为集油气勘探与生产、石油工程技术服务、矿区后勤服务等多种产业于一体，跨国、跨地区经营的大型国有企业，主要从事油气勘探开发、科研服务、井下作业、石油化工、油田建设、水电讯保障、机械制造、物资采购等业务，所属二级单位29个，员工1.83万人，资产总额193亿元。

吐哈油田探区包括吐哈、三塘湖、民和、银额、中口子5个中小盆地，总面积22万平方千米，探矿权面积8.4万平方千米。截至2010年底，已开发油气田21个，累计生产原油4333万吨、天然气175亿立方米。累计实现销售收入950亿元、利润290亿元，上缴各项税费148亿元。吐哈石油工程技术作业队伍遍及西北各油田，22支队伍活跃在哈萨克斯坦、乌兹别克斯坦、苏丹等海外市场，气举采油、地质研究、试油测试等特色技术驰名中亚，吐哈石油品牌影响力不断扩大。油田先后获得“全国五一劳动奖状”、“全国文明单位”、“全国模范劳动关系和谐企业”、“中国优秀诚信企业”、“全国绿化模范单位”

全国绿化模范单位——哈密石油基地

中国石油井下铁军

等多项荣誉，哈密石油基地被评为“全国城市物业管理优秀示范小区”。

站在新的历史起点上，吐哈油田把握科学发展主题，抓住加快转变发展方式主线，确保构建和谐主旨，坚持“两新两高”工作方针，推进“油气增长、持续创新、效益提升”三大战略，发展“油气生产、工程技术、矿区服务”三大业务，利用5年左右的时间，油气当量达到500万吨，利用10年左右的时间，油气当量达到1000万吨，为油田科学发展奠定坚实的物质基础，努力把油田建设成为产量稳定增长、经济效益良好、科技优势突出、安全环保先进、人才充分利用、内部和谐稳定、员工共同富裕、持续有效发展的现代化油田。

地址：新疆维吾尔自治区哈密石油基地
邮编：839009
电话：0902—2764871
传真：0902—2764871

集教育、展览、培训于一体的科技馆开馆剪彩

丰富多彩的文娱活动点燃矿区居民的生活热情

千里油田摆战场

中国石油抚顺石化公司

总经理　裴宏斌

党委书记　白连刚

公司机关办公大楼

建设中的百万吨乙烯技术改造工程

中国石油抚顺石化公司是我国炼油工业的“摇篮”，是集油、化、纤、塑、洗、蜡为一体的大型石油化工联合企业，有83年的发展历史，在中国石油石化工业中具有重要的地位和影响。数十项科研成果填补了国内空白，为全国各地输送了2万多名优秀的管理和技术人才，在我国大陆有炼油厂的地方就有抚顺石化人。新中国成立以来，公司累计加工原油3.52亿吨，实现利税625亿元。公司下辖11个生产企业、1个工建公司、1个消防支队、1个设备研究中心、1个教培中心、1个开发公司、1个矿区服务事业部和1个集体企业集团（18家集体企业）。资产总额221亿元，资产负债率50%。主要生产装置77套。原油一次、二次加工能力均为1000万吨/年，化工生产能力185万吨/年。生产的160多个牌号石化产品畅销国内外，是世界上独具特色的石蜡、烷基苯生产基地。

公司先后荣获了“全国五一劳动奖状”、“中央企业先进集体”、“全国先进基层党组织”等荣誉称号，涌现出中国共产党的十四大、十六大、十七大代表，全国人大代表，全国劳动模范，全国学习型十大标杆班组等一大批先进集体和个人。

以大乙烯为核心的东部炼化企业鸟瞰图

公司远景

公司东部厂区俯视图

公司将坚持科学发展观，按照中国石油整体发展战略和“做精做优炼油、做强做特化工”的原则，努力建成炼油大而有特色，化工专又有规模，技术先进、特色鲜明、竞争力强的“千万吨炼油、百万吨乙烯”炼化生产基地，形成“大炼油—大化工—大园区”炼化一体化的新格局，构建百年企业、世界品牌。

公司“十二五”实现“4421”发展目标：发展四大业务，即生产经营业务效益发展、工建检维业务专业化发展、矿区服务业务社会化发展、多种经营（集体企业）业务特色发展；做好四篇文章，即结构调整——布局和产业调整、精细管理——精细化和基础管理、自主研发——科技创新和产品研发、惠民工程——民生工程和生产生活环境改善；实现两个确保，即技术指标国内领先、经济效益行业前列；完成一大目标，即：建成1500万吨/年以上炼油、120万吨/年以上乙烯、200亿元/年以上利税、1000亿元/年以上销售收入的规模创效企业。

抚顺石化城东新区员工住宅

新建成投产的800万吨/年常减压蒸馏装置

地址：辽宁省抚顺市新抚区凤翔路45号
邮编：113008
电话：024-52421988
传真：024-52420988

庆祝建党90周年文艺汇演

建成投产的240万吨/年延迟焦化联合装置

中国石油独山子石化公司

安全检查

固体化工产品包装下线

独山子是我国石油工业发祥地之一，是我国西部重要的石化基地，是我国西部油气引进、加工、储备的重要枢纽。

中国石油独山子石化公司具备1000万吨/年原油加工能力、122万吨/年乙烯生产能力和500万立方米原油储备能力，资产总额400亿元，73套炼化装置；可生产燃料油、芳烃、润滑油、合成树脂、合成橡胶等26大类600多种石化产品。2009年9月全面建成投产的千万吨炼油百万吨乙烯，是西部大开发标志性工程。工程入选新中国成立60周年“百项重大经典工程”。中央领导在工程开建和投产时两次视察，寄予“建设国际一流现代化石化基地”的嘱托。2010年，公司加工原油873万吨，是“十五”末的2.1倍，生产乙烯120万吨，是“十五”末的4.6倍，实现销售收入514亿元，利税108.8亿元，是新疆维吾尔自治区经济增长的重要助力点。

关注细节，注重执行，瞄准行业先进，提升经济技术指标，29项主要经济技术指标，21项进入中国石油前列，11项名列首位，乙烯燃动能耗低，核心竞争力和驾驭大型现代化企业的能力不断提高。公司1.3多万名员工中，61.5%为大专以上学历。有硕士158人，博士10人，建有博士后工作站；两级专家和学科带头人91名，全国及省部级技术能手47人；85人次在全国及行业技能大赛中获奖，先后夺得蒸馏、催化、裂解等工种第一名。

公司2次获得“全国文明单位”、“全国五一劳动奖状”，4次获得“全国质量效益型企业”，是首批“国家环境友好企业”。

员工培训

装置夜景

职工住宅小区

地址：新疆维吾尔自治区独山子北京路6号　邮编：833600　电话：0992-38710481　传真：0992-3871033

中国石油辽阳石化公司

总经理、党委副书记　朱景利

党委书记、副总经理　孙洪来

千万吨俄罗斯原油加工项目全景

140 万吨/年连续重整—歧化联合装置

中国石油辽阳石化公司是中国石油天然气股份有限公司的地区公司，是大型石油化工联合生产企业。公司下设 15 个职能处室、11 个生产厂和 15 个直属单位。

公司于 1974 年开工建设，经过 30 多年的发展，形成了以炼油、芳烃、烯烃为主体、炼化一体化的产业格局，现有大型炼化装置 67 套。炼油部分拥有加工俄罗斯原油的全加氢炼厂，原油一次、二次加工配套能力达到 1000 万吨/年，每年可为市场提供优质柴油超过 500 万吨。芳烃部分拥有国内较大的芳烃及其衍生物生产能力，年产 70 万吨对二甲苯、40 万吨苯、6 万吨邻二甲苯、80 万吨 PTA、50 万吨聚酯、14 万吨精己二酸和 18 万吨硝酸。烯烃部分有 20 万吨/年乙烯裂解、7 万吨/年聚乙烯、5 万吨/年聚丙烯、20 万吨/年环氧乙烷/乙二醇的生产能力。

80 万吨／年 PTA 装置

厂区夜景

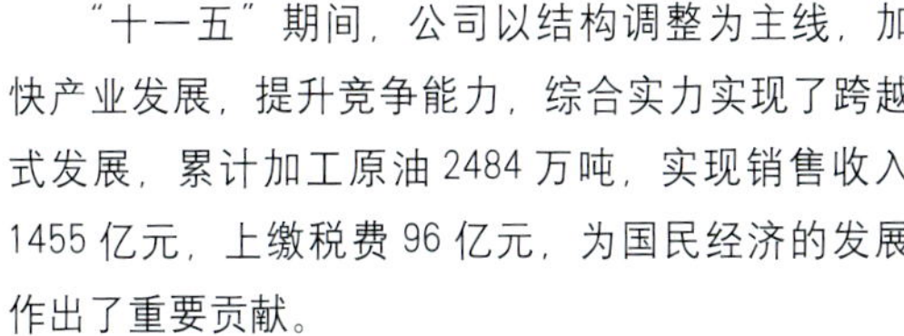

“十一五”期间，公司以结构调整为主线，加快产业发展，提升竞争能力，综合实力实现了跨越式发展，累计加工原油 2484 万吨，实现销售收入 1455 亿元，上缴税费 96 亿元，为国民经济的发展作出了重要贡献。

“十二五”期间，公司将以科学发展为主题，加快转变发展方式，不断提高发展质量，努力实现外延发展和内涵升级的协调统一。力争到“十二五”末，原油加工能力达到 1100 万吨／年，汽油、柴油年生产能力分别达到 100 万吨和 500 万吨，芳烃年产能超过 200 万吨，年销售收入突破 600 亿元，年实现利税 50 亿元以上，将公司建设成为整体结构优化、核心产业突出、基础管理规范、经济效益良好的以芳烃为特色的大型石化基地。

聚酯切片产品

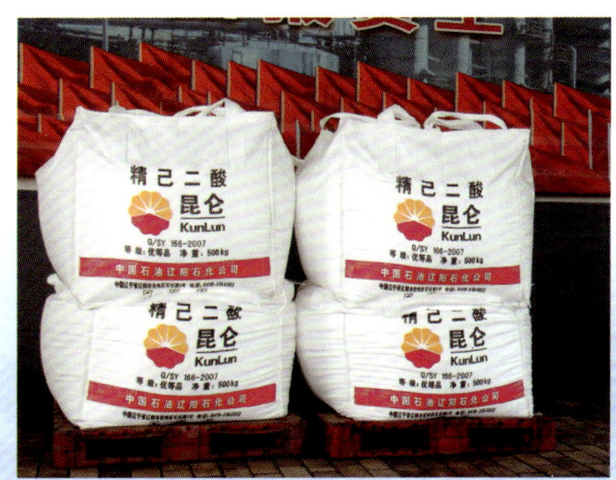

精己二酸产品

地址：辽宁省辽阳市宏伟区火炬大街 5 号
邮编：111003
电话：0419-5152248
传真：0419-5355566

中国石油兰州石化公司

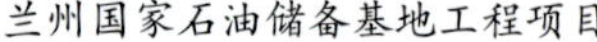
兰州国家石油储备基地工程项目

180 万吨／年汽油加氢装置

中国石油兰州石化公司是集炼油、化工、装备制造、工程技术、工程建设、检维修及矿区服务为一体的大型综合炼化企业，是中国西部重要的炼化生产基地，能源战略地位非常突出。公司地处甘肃省兰州市，拥有权属土地总面积 27.84 平方千米，全民在职员工 2.69 万人，集体及其他用工 0.84 万人，总资产 264 亿元，年营业收入超过 600 亿元。

目前，公司原油一次加工能力达到 1050 万吨／年，乙烯生产能力达 70 万吨／年，化肥、合成树脂、合

化肥厂装置

流光溢彩石化夜景

污水处理

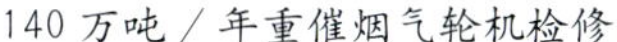

140 万吨／年重催烟气轮机检修

检修乙烯厂裂解气压缩机

750 吨吊车吊装作业

成橡胶、炼油催化裂化催化剂产能分别达到 52 万吨／年、124.5 万吨／年、22 万吨／年和 5 万吨／年。现有炼化生产装置 90 套，加工 7 种原油，能生产汽油、煤油、柴油、润滑油基础油、化肥、合成树脂、合成橡胶、炼油催化剂、精细化工、有机助剂等多品种、多牌号、多系列石化产品；可生产 6 大类 100 多个品种的仪表产品。拥有汽油加氢、丁二烯抽提、丁苯橡胶、丁腈橡胶、碳五加氢石油树脂成套技术，炼化主要工艺技术和炼油催化裂化催化剂领域达到国内领先水平。拥有石油化工工程施工总承包一级资质、大型炼油化工施工能力，以及完备的矿区配套系统和综合服务业务。

和谐社区

地址：甘肃省兰州市西固区兰炼街 10 号　邮编：730060　电话：0931-7933707　传真：0931-7561499

花园式工厂

文艺演出

中国石油乌鲁木齐石化公司

中国石油乌鲁木齐石化公司地处乌鲁木齐市米东区，位于新疆三大油田中央，占地18平方千米，东临吐哈油田300千米，南距塔里木油田480千米，西靠准噶尔盆地313千米。公司始建于1975年4月（前身为乌鲁木齐石油化工总厂），是集炼油、化肥、化纤、塑料于一体的石油化工化纤生产基地，为中国石油天然气集团公司的一类企业。公司目前拥有职工11461人，现有固定资产原值182亿元。公司下设炼油厂、化肥厂等23个二级单位，工程项目管理部、营销调运部等6个直属机构，机关有13个处室，9个附属机构。2002年12月28日公司正式通过ISO 9001、ISO 14001、OHSAS 18001三项体系认证。

公司炼油厂原油一次加工能力为600万吨/年，共有生产装置20套；化肥厂年产75万吨合成氨、130万吨尿素，共有4套生产装置，为全国大型氮肥生产基地；化纤厂现有氧化、三聚氰胺等生产装置，年产化纤、化工产品11.5万吨，是西北地区较大的三聚氰胺生产企业之一；热电厂属热电联产型，有5炉5机，产汽能力1750吨/小时，发电能力175兆瓦；塑料厂有3400万条/年塑料编织袋生产线，具有向中国石油驻疆企业所需塑料编织袋实施供应和服务的基础；净化水厂工业废水处理能力1326立方米/小时，深度水处理能力1000立方米/小时，经处理后的工业废水外排达标率100%。同时，公司还具备完备的转供电、供水、供暖、通信、运输、物资供应、检维修系统；工程建设方面包含工程监理、设备检测等业务，具备参与市场竞争的资质和实力。公司在发展过程中，形成了完整的文化、教育、医疗、保卫、生活服务、物业管理、离退休管理等系统，为公司职工群众提供完善的生活后勤服务。

目前公司可以生产60余种石油化工化纤产品，主要产品有汽、煤、柴等成品油和溶剂油、液化石油气、石油焦、化工产品（石油苯、石油对二甲苯、聚丙烯、三聚氰胺、硫磺）、化肥产品、化纤原料PTA和塑料编织袋等。其中尿素产品获得“中国名牌产品”称号，轻柴油、车用汽油、尿素、精对苯二甲酸等产品先后获得国优、部优和省优名牌产品称号。公司已取得了近100项科研成果，曾多次荣获国家、新疆维吾尔自治区、中国石化、中国石油颁发的新产品开发、科技进步奖，并申请多项专利。公司先后荣获“全国五一劳动奖状”、“全国文明单位”、“全国环境优美工厂”等荣誉称号。

公司通过不懈的拼搏努力，紧紧依靠科技进步，狠抓内部管理，公司近几年在生产经营管理上取得了骄人的业绩，2010年实现销售收入274亿元。站在新的起点，公司将按照现代企业制度要求规范运作，逐步健全和完善新的管理体制，突出效益，加快发展，结合国家西部大开发战略，牢牢把握新的发展机遇，坚持以人为本，从严治企，注重内涵发展，进一步加强企业文化建设，继续深化企业内部改革；以科技进步为先导，以开拓市场为主线，依托新疆丰富的石油和天然气资源，充分利用自身技术和人才优势，发扬光荣传统和优良作风，谋求企业最大利润，使公司以崭新的现代企业形象迎接新的挑战，为新疆维吾尔自治区的经济发展和我国石油石化工业振兴作出更大的贡献。

地址：新疆维吾尔自治区乌鲁木齐市米东区　邮编：830019　电话：0991-6901522　传真：0991-6908888

中国石油宁夏石化公司

集团公司蒋洁敏总经理到宁夏石化视察

公司总经理雍瑞生荣获全国劳动模范，宁夏回族自治区主席王政伟与雍瑞生亲切握手，表示祝贺

中国石油宁夏石化公司坐落在美丽的宁夏回族自治区首府银川市西夏区，被宁夏人民亲切地称为“贺兰山下的一颗明珠”。公司始建于1985年，目前，公司拥有两套大型化肥生产装置和一套即将建成投产的500万吨/年炼油化工装置，可年产尿素130万吨，复合肥40万吨，加工原油500万吨，生产汽油、柴油396万吨，液化气17.4万吨，航煤20万吨，固定资产总值62亿元，年销售收入过百亿元，是集化肥生产、炼油业务为一体的现代化大型企业，也是全国大型的百万吨尿素生产企业之一。公司化肥产品遍及全国20多个省、市、自治区并打入国际市场，汽油、柴油、液化气和聚丙烯等产品也占据了宁夏及周边90%以上的市场份额。

多年来，宁夏石化公司秉承“奉献能源，创造和谐”的企业宗旨，以及“诚信、创新、业绩、和谐、安全”的经营管理理念，积极履行政治、经济、社会三大责任。以人为本，科学发展，不断强化基础工作，提升管理水平，创造了良好的经营业绩，有力地支持了全国农业生产和宁夏回族自治区的经济建设。公司曾先后获得“全国环保先进单位”、“全国绿化先进单位”、“全国花园式工厂”、“全国五一劳动奖状”、“全国民族团结进步先进集体”、“全国思想政治工作先进单位”、“全国精神文明建设先进单位”、“国家职业卫生示范企业”、全国“安康杯”竞赛优胜企业（连续七年）和“中国质量信誉AAA等级企业”等多项荣誉称号。

随着资源整合、炼化一体化发展战略的确立实施，企业规模、生产经营、建设发展、和谐稳定进入了新的历史时期。目前，公司生产经营持续稳定，经济效益稳步增长，企业杜邦安全管理、5S管理、平衡计分卡等科学管理有效推进，走合同能源管理的低碳经济发展之路结出了硕果。2011年，500万吨/年炼油改扩建工程即将建成投产，年产45万吨合成氨、80万吨尿素的国产化天然气大化肥项目也于2011年正式奠基，预计2013年建成投产。

随着两大重点项目的实施，企业综合实力将进一步增强，必将为中国石油建设综合性国际能源公司作出更大的贡献。

公司与清华大学签署战略合作协议

积极参加员工“同心”互助金捐款活动

500万吨/年炼油装置开工仪式

地址：宁夏回族自治区银川市北京西路1338号　邮编：750026　电话：0951-2972361　传真：0951-2021379

中国石油大连石化公司

公司领导班子成员正在精心勾画企业发展的宏伟蓝图

中国石油大连石化公司坐落在美丽的黄海之滨大连，是中国石油天然气股份有限公司的地区公司。经过多年的发展壮大和扩能改建，公司现有年原油加工能力2050万吨，主要从事石油加工、聚酯类化工、港口物流、工程技术服务等业务，为社会提供汽油、煤油、柴油、润滑油基础油和石蜡、苯类、聚丙烯、EPS等多种产品，主要技术经济指标在国内炼化企业中名列前茅，部分达到国际先进水平，是中国石油大型的含硫原油加工基地。

公司始终坚持“奉献能源、创造和谐”的宗旨，秉承“环保优先、安全第一、质量至上、以人为本”的理念，以“国内排头、国际一流，建设中国石油示范性炼化企业”为目标，积极推进技术改造，持续加快科技创新，大力实施国际化经营战略，始终保持健康快速发展的良好势头。“十一五”期间，公司原油加工量由1293万吨／年增加到1779万吨／年，销售收入由475亿元／年攀升至852亿元／年，企业核心竞争力显著增强，港口物流业不断发展壮大，经济总量和纳税总额名列大连市前列，成为中国石油具有规模性、代表性、示范性的炼化企业。

20万吨／年聚丙烯装置

先进的产品质量化验分析设施

公司庆祝中国共产党成立90周年职工大合唱

地址：辽宁省大连市甘井子区山中街1号　邮编：116032　电话：0411－86772529　传真：0411-86672517

炼厂全貌

大连西太平洋石油化工有限公司

总经理　于国文

党委书记　孙克栋

在“十一五”期间，大连西太平洋石油化工有限公司面对复杂多变的市场形势，克服国际金融危机、国家政策调整、外部突发事件等一系列因素的影响，强化管理，开拓市场，抢抓机遇，加快发展，各方面工作取得可喜成绩，企业保持了蓬勃向上的发展态势。

——主要经济技术指标稳步提升。“十一五”期间，公司累计完成原油加工量1760.38万吨，实现销售收入1760.38亿元，上缴税金108.39亿元，出口创汇75.57亿美元，连续12年被评为辽宁省、大连市的纳税和出口创汇大户。1996年开工投产至今，公司已累计出口创汇125亿美元，上缴国家税金413亿元。

公司在“十一五”期间建成投产的150万吨/年加氢裂化装置

——生产受控管理达到行业领先。“十一五”期间，公司形成的以“四有工作法”为核心思想的生产受控管理办法在中国石油系统得到全面推广，在连续实现了三个“三年一修”长周期运行目标后，又首个在国内实现“四年一修”长周期运行目标；连续12年保持安全环保生产无上报事故。

——发展规划项目建设有序推进。“十一五”期间，公司投资20.86亿元建设了150万吨/年加氢裂化装置及配套项目，改善了产品结构，提高了产品质量，企业竞争力和活力进一步增强。

公司在“十一五”期间建成投产的制氢装置

——企业文化建设取得可喜成果。“十一五”期间，公司积极实施“凝心聚力”工程，全面推进企业文化大发展，企业文化建设步入国内先进行列，被评为“全国企业文化建设优秀单位”，聚丙烯和硫磺等产品被评为辽宁省和大连市的名牌产品。

——慈善事业得到社会广泛关注。公司先后6次向“西太平洋石化爱心助学基金”注入善款950万元，帮助6000余名家庭生活困难中学生顺利完成学业。该基金已经发展成为大连市慈善事业的一个品牌项目，得到了社会各界的一致认同和高度评价。

“十二五”期间，公司将坚持“做精做优炼油，适度发展化工”的总体方向，计划投资40亿元，重点完成以“四建两配套”为主要内容的发展规划项目建设，进一步提升企业的活力与竞争力，为中国石油建设综合性国际能源公司作出新的更大的贡献。

中国石油锦西石化公司

总经理　吕文军

党委书记　王洪斌

中国石油锦西石化公司隶属于中国石油天然气股份有限公司，坐落于渤海之滨的葫芦岛市。公司现有员工10622人，下设机关处室13个，直属机构7个，基层单位42个。占地面积640万平方米，资产总额81亿元，主要炼油化工装置19套，原油一次加工能力700万吨／年，二次加工能力430万吨／年，主要加工辽河原油、大庆原油和进口原油。主要产品有汽油、航煤、柴油、石油焦等。公司是供应北京地区京Ⅳ标准汽油和广东粤Ⅳ标准清洁汽油的生产企业之一。公司原油进厂和石化产品运输十分便利，大庆原油、辽河原油可直接管输进厂，另有部分进口原油及海洋原油由锦州港上岸。公司在锦州笔架山设有完备的原油和成品油接卸码头和储运设施，在厂内拥有完善的铁路专用线。沈山铁路、京沈高速公路和102国道从公司附近通过，形成了铁路、公路、海路三路并举的运输格局。

公司先后荣获“全国首批企业管理金马奖”、“国家环境保护先进企业”、“全国文明单位”、“全国思想政治工作先进单位”、“全国五一劳动奖状’、“全国模范劳动关系和谐企业”和“全国先进基层党组织“等20多个国家荣誉称号。2003年9月通过QHSE管理体系认证。

近年来，公司本着“创造能源、奉献和谐”的企业宗旨，积极采用先进技术，完善加工手段，深挖内涵，实施低成本战略，努力将锦西石化公司建成技术先进、手段齐全、结构合理、质量优秀、环保达标的现代化企业。

职工运动会

职工住宅小区

厂区一角

地址：辽宁省葫芦岛市连山区新华大街42号
邮编：125001
电话：0429-2178075
传真：0429-2175888

中国石油长庆石化公司

公司大门

500万吨/年常减压装置夜景

120万吨/年加氢裂化装置

中国石油长庆石化公司位于陕西省西咸新区，始建于1990年，1992年投产，经过两次较大的技术改造，形成固定资产32亿元、原油加工能力500万吨/年的规模。现有主要生产装置15套，其中500万吨/年常减压装置获石油（行业）优质工程金奖和国家优质工程银奖；120万吨/年加氢裂化装置是西部较早建成的同规模大装置。主要产品有93号、97号清洁汽油，+5号、0号、-10号轻柴油，3号喷气燃料，石脑油，化工轻油，石油液化气，丙烯等，销往周边17个省市，航煤直接管输到西安咸阳国际机场，京Ⅳ柴油2007年首家供应北京市场。

公司采用扁平网络化管理方法，机构设置没有分厂，也没有车间（队部），由运行部直接管理到班组，率先成为国内组织层次少、管理流程短、工作效率较高的石化企业。

2001年以来，公司先后通过了ISO 9001、ISO 14001和HSE/OHS 18001管理体系认证；保持了连续18年安全生产无上报事故的良好态势；2009年在全国石化企业中首批荣获“中华环境友好企业”称号，2010年被评为集团公司安全环保双先进。

2010年加工原油521.5万吨，实现含税销售收入311.7亿元，上缴税费51.6亿元。人均实现含税销售收入3000万元，人均上缴利税600万元。公司晋升为集团公司Ⅰ类企业。

公司立足大西北的最前沿，面向中原及两湖市场，随着西咸新区的建设开发和长庆油田油气产量的大幅攀升，将获得更好的发展机遇，展现良好的发展前景。

地址：陕西省咸阳市金旭路
邮编：712000
电话：029－86509616　86509125
传真：029－86509123
网址：www.cqsh.net
邮箱：zjlb@petrochina.com.cn

140万吨/年重油催化裂化装置

中华环境友好企业奖牌

球罐

中国石油广西石化公司

总经理、党委书记　吴恩来

中国石油广西石化公司（以下简称广西石化）是中国石油在南方建设的第一座大型炼厂，也是目前中国西南地区唯一的大型炼厂。

2010年9月，广西石化千万吨炼油工程建成投产，实现了集团公司炼化布局的重大突破。在炼厂建设中，广西石化继承和发扬大庆精神、铁人精神，培育了“协作、创造、奉献”3C企业文化，同时在管理方面作了有益探索和创新，并取得了一定的成绩和经验：联合工程设计模式（JEC），设计工作由国际知名工程公司与国内设计院共同承担，既培养了内部设计力量，又节约了设计费用；联合工程管理模式（IPMT），引进国际先进的管理理念、管理经验、管理体系和管理工具，整合利用社会各界的人力资源，解决了新建炼厂工程管理人员不足问题，在安全、质量全面受控的情况下，用33个月建成并投产一座千万吨炼厂；联合开工管理团队模式（ICMT），有效融合开工队、专家、安保、保运、供货商技术服务人员等各方面的力量，发挥中国石油的整体优势，解决了新建炼厂首次开工人力资源不足问题，实现一次开厂成功。

企业文化——协作、创造、奉献

2010年9月8日千万吨炼油工程竣工投产

炼厂全貌

350 万吨／年重油催化裂化装置

首车成品油发运

广西石化年加工能力 1000 万吨，总加工方案采用全加氢型工艺流程，加工的原油全部从海外进口。主要产品有航煤、聚丙烯、硫磺等，油品质量全部达到欧Ⅲ标准，部分达到欧Ⅳ标准；污水排放达到国家一级标准，清洁生产达到世界一流水平。产品主要销往广西、云南、贵州、广东等地区，为中国石油拓展南方市场提供资源保障，对满足西南地区成品油市场需求、保障国家能源安全具有重要意义。同时，广西石化在推动北部湾开放开发、促进地方经济社会发展中发挥着重要作用。

广西石化致力于建设“国内领先，世界一流”现代化炼厂，根据“一次规划，分步实施”的发展策略，正在建设含硫原油加工配套工程。该工程建成投产后，广西石化将能够加工高硫原油，实现原油资源的多样化，显著提高广西石化经营效益。

地企联动海上溢油应急与消防演练

含硫原油加工配套工程施工现场

荣获“全国五一劳动奖状”

地址：**广西壮族自治区钦州市钦州港经济开发区**
邮编：535008
电话：0777–3885138
传真：0777–3885139

10 万吨级码头

中国石油四川石化有限责任公司

总经理、党委副书记　栗东生

党委书记、副总经理　赵增和

四川石化项目包括1000万吨／年炼油和80万吨／年乙烯两部分，由中国石油和四川省合资建设，批复概算投资373亿元，双方持股比例为90%：10%。工程总占地约500公顷，是目前国内一次性单体投资较大的炼化一体化项目。按照总体部署要求，2011年底主体装置机械竣工，2013年炼化一体化装置开车。

为确保中国石油四川石化有限责任公司（以下简称四川石化公司）经得起全球经济一体化的考验，经得起市场竞争智能化的考验，经得起环保要求严格的考验，炼油、化工主体装置均采用国内外先进成熟专利技术，从根本上保证国内领先、国际一流的工艺技术档次；产品结构突出“集约化、大规模、短流程、低风险”的原则，每年可生产满足欧Ⅳ标准的汽柴油560万吨，供应航空煤油50万吨；每年生产聚乙烯、聚丙烯、顺丁橡胶等五大系列固体化工产品120万吨，乙二醇、苯、对二甲苯等十种液体化工产品180万吨，年产化工产品总量300万吨。

2007年3月四川石化公司成立以来，各项工作有序推进。以2009年4月20日线性低密度聚

四川石化公司综合办公楼

万里管线安装攻坚

设备安装

万台设备安装竞赛

乙烯开工为标志，炼化一体化工程建设正式步入现场施工阶段。目前，全部92个工程子项施工图详细设计基本完成；土建施工、主体设备安装全部结束，全面转入工艺管线安装阶段，安装总量接近50%，工程进度完全满足总体部署要求；设备100%通过进场检验，实现安装一次成功，焊接一次合格率超过99%，工程质量优于国家、行业和国内同类企业标准；安全环保管理严格规范，累计实现安全施工6400万工时，全面实现环境零污染目标；现场文明施工处于同行业先进水平。内涵本质领先、比较优势明显、外在形象优良的炼化一体化工程已初具规模，典范式工程建设胜利在望。

建设四川石化，责任重大，使命光荣。我们将坚决贯彻集团公司党组的各项决策部署，坚持以科学发展观统领创业实践，扎实工作、锐意进取，统筹抓好各项工作，确保建设典范式炼化一体化企业战略目标的顺利实现，为中国石油建设综合性国际能源公司作出应有贡献！

大件设备运输

芳烃抽提

地 址：四川省成都彭州市石化路1号
邮 编：611930
电 话：028—83491009
传 真：028—83491117

土建会战

常压炉对流模块安装进行时

 中国石油大庆炼化公司

总经理　万志强

党委书记　王亚伟

中国石油大庆炼化公司是中国石油地区分公司，于 2000 年 10 月由大庆油田化工总厂和林源石化公司重组而成，此后又于 2006 年 2 月与林源炼油厂进行了二次重组。

企业占地 21 平方千米，下辖 2 个生产区，现有员工 1.18 万人，固定资产 147.35 亿元，具有 600 万吨／年原油一次、二次配套加工能力和 28 万吨／年润滑油、10 万吨／年石蜡、15.4 万吨／年聚丙烯酰胺以及 30 万吨／年聚丙烯等 44 套炼油化工生产装置。可生产汽油、柴油、润滑油、石蜡、聚丙烯酰胺、聚丙烯等 23 个品种 212 个牌号的石油化工产品，是一个集炼油、化工生产和矿区服务于一体的综合性石油化工生产企业。

30 万吨／年聚丙烯二期工程奠基仪式

集团公司领导现场安全检查

公司举行第十届安全环保知识竞赛

公司召开 2011 年度员工技能竞赛总结表彰大会

大庆炼化公司自组建以来，秉承中国石油“爱国、创业、求实、奉献”的企业精神，牢记“奉献能源、创造和谐”的企业宗旨，先后通过了质量、职业健康安全和环境 3 个管理体系认证。2001—2010 年，累计实现营业收入 2054.45 亿元，上缴税费 204.51 亿元，连续十年完成股份公司下达的考核利润指标。企业先后荣获了“全国五一劳动奖状”、“国家重合同、守信用先进企业”、“中国诚信企业”、“全国企业文化示范基地”等 30 多项荣誉称号。在“十二五”起步之年，公司确立了建设“世界级聚丙烯生产基地、世界级油田化学品生产基地、高档润滑油基础油生产基地、全国企业文化示范基地”的发展方向，正在为打造特色炼化企业而努力奋斗。

公司参加“城市之间”代表队胜利凯旋

公司第三届员工运动会开幕式

地址：黑龙江省大庆市让胡路区马鞍山
邮编：163411
电话：0459—5689275
传真：0459—5616111

中国石油庆阳石化公司

中国石油庆阳石化公司积极圆满完成了2010年主要任务和“十一五”各项既定目标。

一是150万吨老厂完成历史使命平稳关停。实现“停得稳、停得优、盲得死、扫得净”和“环保零污染、安全零事故”。二是300万吨新厂历尽艰辛全面建成投运。16个月建成，两个多月完成开车准备，半个多月实现炼油系统流程全面贯通，所有装置均一次成功开车并生产出各种高效产品投放市场，创造了中国石油炼化工程建设和开工新纪录。三是狠抓员工培训，人才强企战略作用充分凸显。所有管理人员、专业技术人员、操作人员经过培训逐步适应新厂新模式运行要求。四是狠抓安全环保节能减排，夯实发展基础。新厂建设取得2300余万工时无事故的成效，安全环保形势持续稳定好转，被评为集团公司2010年“安全生产先进企业”。五是加强对标管理促进经济效益大幅提升。完成原油加工量150.65万吨，同比增长26.85万吨；营业收入87.78亿元，同比增长35.86%；实现税费14.16亿元，同比增长19.09%。六是加快科技创新步伐，提高可持续发展能力。新厂建设中推广应用近100项关键技术和“四新”技术，建成投运中央控制室，实现了正常生产状态下22名员工即可完成全厂15套装置的操作、监控、运行。获集团公司科技进步成果三等奖1项、国家应用型专利技术1项。七是着力构建和谐企业，打造强势庆化。新厂配套工程庆化苑二区创造了“当年规划、当年设计、当年开工、当年建设、六栋楼当年封顶”的奇迹。充分履行三大责任，被评为国家“支持老区建设先进单位”。八是党的建设、思想政治工作和企业文化建设进一步加强，助推企业全方位长足发展。

2010年，新厂建设开工中，涌现出“全国劳动模范”、“甘肃省五一劳动奖状”、“中国石油天然气股份有限公司重点工程建设项目先进集体”、“甘肃省工人先锋号”和“甘肃省青年五四奖章”等近百个先进集体和个人。中国石油“爱国、创业、求实、奉献”的企业精神和“奉献能源，创造和谐”企业宗旨在陇原大地大放异彩。

共商大计

新厂夜景

迈步向前

2011年，公司将深入贯彻落实集团公司工作会议精神，紧紧围绕发展、转变、和谐三件大事，强力推进“31236”工作主线，突出发展方式转变，构建安全环保稳定长效机制，抓好生产优化、结构调整和节能减排，推进科技创新和人才强企，加强基础管理工程建设，加强和谐型企业文化建设，为“十二五”开好局、起好步奠定坚实基础。

中国石油集团
东北炼化工程有限公司

2010年3月3日公司召开第一届职代会，总经理、党委书记陈青松作题为《建设学习型企业 培养专家型员工 不断增强全面协调可持续发展能力》的行政工作报告

2011年7月28日，公司承建的抚顺石化240万吨/年焦化联合装置的延迟焦化工程、仪表安装工程圆满中交

中国石油集团东北炼化工程有限公司隶属于中国石油天然气集团公司，是以技术为先导，以设计为龙头，集科技研发、设计咨询、工程施工、项目管理、工程监理、设备制造、无损检测等多功能于一体，具有工程总承包综合能力的大型国际工程公司。

公司组建4年来，业绩遍及国内20多个省、市、自治区，国外十几个国家和地区。公司先后荣获中国建筑鲁班奖4项、国家建筑工程金银质奖30余项。2009年，公司承建的中海壳牌南海石化80万吨/年乙烯装置、参建的独山子石化1000万吨/年炼油100万吨/年乙烯工程，荣获"新中国成立60周年百项经典暨精品工程"荣誉称号。阿尔及利亚阿德拉尔炼油厂工程，获得国家首批境外工程鲁班奖。公司荣获国家科技进步奖12项、国家优秀工程设计奖15项、国家优秀工程咨询成果奖16项、国家工法7项、省部级工法38项。

公司现有员工12830人，拥有高级专业技术人才近两千人，享受国务院特殊津贴技术专家8人，教授级高级工程师32人，省部级设计大师16人，国家级监理大师1人，一、二级建造师和一、二级结构师等国家注册人员近200人。公司组建了徐龙杰焊接工作室、何天伦电调工作室、于德胜金属结构工作室、刘延虎起重工作室4个技能专家工作室。

公司努力实现"具有较强工程技术转化能力，以炼油、化工工程建设为主，PMC、环境工程和信息工程建设为辅，炼化一体化、国内外一体化，具有国际竞争能力的EPC总承包商"的发展目标，为实现中国石油天然气集团公司建设综合性国际能源公司的发展战略和全面振兴东北老工业基地作出贡献。

2010年7月15日，经过22个月的鏖战，承建的亚洲较大电厂——卡塔尔拉斯拉番蒸汽电厂竣工

吉林分公司承揽的施工总承包合同额较大的海外工程项目——阿尔及利亚液化气处理装置项目，历经18个月的鏖战全面交工

址：辽宁省沈阳市沈河区惠工街124号中韩大厦2108室　邮编：110013　电话：024-22535162　传真：024-22535160

中国石油西北化工销售公司

公司领导班子（右三：总经理火金三；左三：党委书记杨侠）

中国石油西北化工销售公司于2006年6月由西北地区5家化工销售和运输企业重组整合而成，主要负责兰州石化、乌鲁木齐石化、独山子石化、宁夏石化、塔里木石化、庆阳石化生产的化工产品在西北地区的销售业务，以及上述6家公司和四川石化产品向华北、华东、华南、西南等地区化工销售公司调运和配送任务。公司经营的化工产品包括尿素、合成树脂、合成橡胶、合成纤维及聚合和有机化工五大类30余种产品（其中尿素、丁腈橡胶、液体化工产品在全国销售），是目前西北地区大型的化工销售企业和全国大型的尿素销售企业。

公司现有9个职能处室和6个业务处，下设兰州、乌鲁木齐、独山子、宁夏、库尔勒、庆阳6个分公司和彭州分公司筹备组，以及15个销售部、1个销售代表处，现有员工566人。

公司成立5年来，始终坚持贯彻落实科学发展观和集团公司历年工作会议精神，以建设具有国际营销竞争力的化工销售企业愿景目标为指引，先后解决了公司发展中面临的企业融合、统一优化销售和运输发展三大问题，实现了中国石油对公司提出的"整合、集中、优化西北地区化工产品销售和运输业务，推进资源、市场、国际化战略"的需要，公司在市场营销能力、产品运输实力、员工队伍建设等方面取得了突出成效，实现了顺利重组、初步发展、全面进步的目标。截至2010年底，公司共实现整合效益

创先争优活动扎实推进

西北地区化工产业链延伸深入推进，地企资源战略合作迎来新机遇

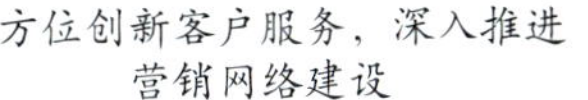
方位创新客户服务，深入推进营销网络建设

顺利开通塔里木石化 80 万吨大颗粒尿素运输专列

“和谐 17”油轮整装待发，乌石化 PX 产品销售顺利贯通铁海联运流程

近 12 亿元，累计销售产品 1759 万吨，运输产品 2354 万吨，累计实现销售收入 554 亿元，为中国石油西北、四川地区化工业务的发展、地方经济建设作出了积极贡献。

随着中国石油在西北地区各生产企业的改扩建，中国石油西北化工销售公司正处在快速发展的重要战略机遇期，到 2012 年，西北地区以聚乙烯、聚丙烯、尿素、芳烃为主的化工产品的商品量将从目前的 410 万吨／年增加到约 1400 万吨／年，届时，公司的经营业务将产生巨大飞跃，发展前景将更为广阔。

中国石油西北化工销售公司将坚持按照中国石油建设综合性国际能源公司总体要求和工作部署，秉承“奉献能源、创造和谐”的企业宗旨，全面推进落实公司“做细市场、做优渠道、做精服务、做好物流、做强团队、做大企业”发展战略，突出企业文化建设，突出优化运营，突出“三基”建设和科学管理、精细管理，突出能力提升、效率提高，为中国石油建设综合性国际能源公司，促进西北等地区的经济发展，构建和谐社会，创造新的业绩，实现新的跨越。

捐助贫困地区教育

地址：甘肃省兰州市北滨河西路85号
邮编：730070
电话：0931-7703008
传真：0931-7703000

全员绩效管理工作

公司成立 5 周年趣味运动会

员工文艺汇演精彩纷呈

中国石油华南化工销售公司

总经理张培华（右）与党委书记王志学（左）合影

纪念建党89周年暨总结表彰大会

法律知识培训班

2010年大用户座谈会

按照中国石油化工产品实施集中统一销售的战略方针，中国石油华南化工销售公司主要负责中国石油所属炼化企业化工产品在华南区域的销售业务，销售市场覆盖广东、福建、广西、海南四省。

公司设有12个处室，其中，7个职能处室、5个业务处室；成立了钦州调运分公司和厦门、深圳、南宁、海口、汕头5个销售分公司，下设3个销售部。按照直接掌握终端市场的营销策略，公司以珠江三角洲为轴心，以广东、福建为重点，以广西和海南作为成长市场，形成了以广州总部为核心、点面结合、覆盖华南四省的销售网络。

2010年，公司销售化工产品118.04万吨，实现销售收入116亿元，实现账面利润1.07亿元。

展望未来，公司将以科学发展为主题，以效益发展为目标，努力培育公司发展新优势。抢抓发展机遇，勇于开拓创新，积极践行中国石油南方战略，大力推进国内一流化工销售公司建设进程，为集团公司建设综合性国际能源公司作出应有的贡献！

地址：广州市天河区黄埔大道中199号中国石油广州大厦21层
邮编：510655
电话：020—38847721
传真：020—38847722

2010年9—10月，公司负责调运的广西石化聚丙烯产品实现首车、首列、首船发运

中国石油西北销售公司

总经理、党委副书记　蒋尚军

党委书记、副总经理　王增岭

中国石油西北销售公司作为中国石油天然气股份有限公司的直属地区公司，主要负责中国石油西部地区13家炼化企业、20家成品油销售企业和9家专项用户的成品油产销衔接、资源配置、物流调运和质量计量监督等工作。公司机关设12个职能处室，下设13个直属分公司和1个控股公司。管理运营西部地区20多家油库，总库容200多万立方米，拥有铁路专用线近20千米，自备罐车5000多辆。

2010年，公司按照集团公司总体部署和销售公司工作要求，遵循“科学、规范、严格、精细”的管理理念和“沟通、协调、服务、顺畅”的服务理念，着重从理顺管理体制、完善运行机制、夯实管理基础方面入手，把精细化管理作为提高企业管理效能、提高大区公司服务保障水平、提升企业可持续发展能力的主线和抓手，精心组织，狠抓落实，实现了“两保一降”（确保炼化企业后路畅通和责任市场稳定供应、降低物流成本）的目标。全年，公司配置油品3033万吨，调运完成6058万吨，实现销售收入1805亿元，上缴税费9.5亿元，实现利润21.38亿元，油库综合损耗率控制在0.1%以下，安全生产实现“三个为零”。

“十二五”期间，公司将牢固树立和落实科学发展观，着力抓好发展、转变、和谐三件大事，以资源配置和物流组织专业化为方向，打造少环节、短流程、低成本、高效率的物流运行模式，实现“两保一降”的目标，加快推进国际水准成品油销售企业建设步伐，为实现中国石油建设综合性国际能源公司的目标而不懈努力。

加强产销衔接，组织召开中国石油西部地区销售企业业务座谈会

做好公路油品发运，保障市场稳定供应

丰富多彩的党群活动

地址：甘肃省兰州市安宁区宝石花路10号　邮编：730070　电话：0931-7608806　传真：0931-7608808

中国石油润滑油公司

KunLun LUBRICANT 昆仑润滑油

中国石油成都润滑油厂

全自动灌装线

中国石油润滑油公司是中国石油天然气股份有限公司的直属企业，集生产、研发、销售、服务于一体的专业化润滑油公司。公司现有2个研究开发中心、13个润滑油（脂）生产厂、6个销售分公司，能够生产28个大类700多个牌号的润滑油（脂、剂）产品。

公司在国内成果和专利多，转化快，综合实力强，除变压器油外，车辆齿轮油、液压油等达到国际先进水平。能够为重点客户量身定制性价比优的润滑油产品。2009年“齿轮油极压抗磨添加剂、复合剂制备技术与工业化应用”获国家技术发明二等奖，是润滑油领域目前唯一一个国家发明奖。

“昆仑”润滑油已经拥有高级别的车用油、工业油和特种油国际认证，与大众、长安铃木、福田、五羊本田、三一重工、东方汽轮机、西门子、国家电网、大亚湾核电、龙源风电等70多家行业龙头客户实现了稳定的商务合作，多种产品被选为建国60周年阅兵专用油。

按照集团公司“国内领先、国际有位”的要求，建立了海外委托加工、欧洲船用油供应及哈萨克斯坦车用油销售网络，船用油、特种油与马士基、ABB、中远等公司建立了长期合作关系，昆仑品牌开始走向国际市场。

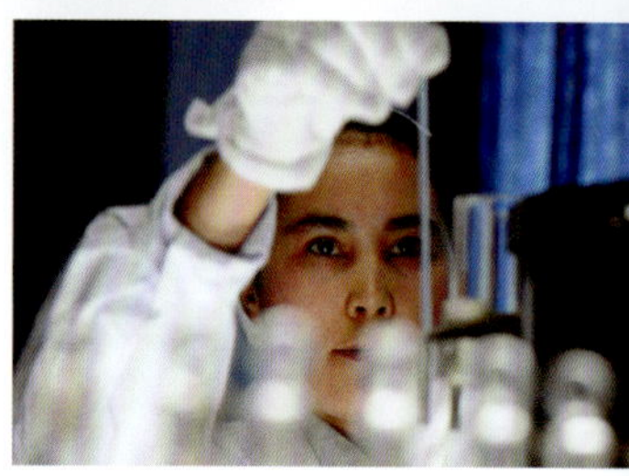

实验室分析检测设备

中国石油润滑油公司成立十周年员工文艺

中国石油润滑油公司与大连海事大学产学研合作启动仪式

中国石油润滑油公司、中国汽车工程学会《商用车润滑导则》发布会

华北润滑油销售分公司
主要负责区域：
北京、天津、河北、山西、内蒙古
电话：010-84983798

东北润滑油销售分公司
主要负责区域：
黑龙江、吉林、辽宁、山东
电话：0411-88804810

中南润滑油销售分公司
主要负责区域：
河南、海南、湖南、湖北、广东、福建
电话：020-28093746

华东润滑油销售分公司
主要负责区域：
江苏、上海、浙江、江西、安徽
电话：021-50818321

西北润滑油销售分公司
主要负责区域：
甘肃、陕西、新疆、青海、宁夏、西藏
电话：0931-8818122

西南润滑油销售分公司
主要负责区域：
四川、重庆、云南、贵州、广西
电话：028-86273239

服务电话：800-810-3001 400-810 30

中国石油四川销售公司

总经理、党委副书记　姚志强

党委书记、副总经理　田玉军

中国石油四川销售公司成立于1952年9月，前身是四川省石油公司，1998年成建制上划中国石油天然气集团公司。公司主要从事成品油批发和零售业务，以及便利店、润滑油、天然气、广告和化工产品等非油品销售业务，是四川成品油供应的主渠道。2007年，公司成功入选四川省大企业大集团培育名单，2007年、2008年连续两年受到四川省人民政府“四川省销售收入跨百亿元台阶奖励”。2008年，公司步入“全国企业文化建设50强”行列，获得党中央、国务院、中央军委授予的“全国抗震救灾英雄集体”称号。截至2010年底，公司资产总额75.36亿元，在用油库30座，拥有资产型加油站1400座，经营机构和营销网络遍布四川全省。近两年，面对新的成品油价格机制形成和启动，面对全球金融危机的严峻挑战，公司经营业绩逆势而上，2010年销售量、零售量、销售收入、税收分别突破600万吨、400万吨、400亿元和9亿元大关。

公司作为国有重要骨干企业，始终坚持把企业自身发展和促进四川经济社会发展有机统一起来，认真履行经济、政治和社会三大责任。坚持把保障供应、稳定市场作为企业的首要政治任务。在成品油供应紧张时期、“5·12”抗震救灾及特大山洪泥石流等危急时刻，有力保障了四川成品油稳定供应。公司始终把“以客户为中心，为客户服务”作为经营宗旨，尽最大努力为消费者奉献安全、清洁、高质量的油品，连续多年荣获“四川省重合同守信用单位”称号。公司牢固树立“安全第一、环保优先”的理念，以“关爱生命、安全发展”为原则，以人民群众的生命财产安全和社会大局稳定为己任，不断加强安全环保基础工作，全面推行质量健康安全环境（HSE）管理体系、节能减排工作，为构建生态四川、平安四川作出了贡献。

公司以全面建设“效益领先、规模发展、管理科学、服务优良的国际一流油品销售企业”为奋斗目标，全面履行“保障供应、稳定市场，安全环保、和谐稳定，提高效益、树立形象，以人为本、富民强企”四项职能，大力实施“资源市场、终端网络、成本领先、管理创新、人才强企、文化兴企”六大战略，为保障四川成品油供应，促进四川经济社会发展，推进中国石油建设综合性国际能源公司作出更大贡献。

2010年，中国石油天然气股份有限公司与成都市人民政府签署战略合作协议

公司举办操作人员技能竞赛

为北川重建加油

地址：四川省成都市顺城大街206号四川国际大厦　邮编：610015　电话：028-86520001　传真：028-86520286

中国石油河北销售公司

总经理　杨宁海

党委书记　冀玉军

总经理杨宁海赴基层开展调研

党委书记冀玉军慰问一线员工

中国石油河北销售公司成立于2000年5月，2009年12月集团公司党组对销售业务体制进行调整，河北销售公司由股份公司直接管理，负责中国石油在河北省境内的市场开发、网络建设和成品油销售等工作。目前，公司机关设14个处室，下辖12家地市分公司、15家股权企业，现有员工11415人，资产总额近70亿元，在营加油站988座，油库25座，成品油年销售能力达450余万吨，市场占有率37.5%，与主要竞争对手的差距逐步缩小。

面对体制机制调整后新的历史机遇和发展起点，河北销售公司新一届领导班子认真分析京、津、冀地区的发展特点、地缘政治经济因素、辖区市场规律和基础，提出了"一年强基础、三年上水平、五年大发展"的工作部署，研究确定了公司"十二五"发展规划，把2010年定位为"强基础"的一年，努力将河北销售公司打造成为以零售为主导、管理指标先进、全面快速发展的系统内先进销售企业。同时，确定了"到2012年末，将河北销售公司打造成为具有较强竞争实力和盈利能力的国内先进销售企业，到2015年末，经过5年的滚动优化调整，市场份额力争与主要

河北销售公司加油站

积极履行社会责任

竞争对手相当，对中国石油的利润贡献达到区外销售企业先进水平，将河北销售公司率先建成具有国际水准的销售企业”的中长期发展目标。

2010 年，河北销售公司紧密围绕“强基础”这一工作主线，加强市场建设，持续扩销增效，理顺体制机制，规范运行程序，加强和推进大预算运行体制和精细化管理模式，取得了销售总量和利润总额实现“两升”、吨油营销成本和吨油商流费实现“两降”、市场占有率和价格到位率实现“两提高”、网络基础和信息化建设实现“两加强”、大预算运行体制和精细化管理模式与公司发展实现“两配套”、内部运行体制和绩效考核机制实现“两完善”、基层党建不断加强和外部环境持续优化，公司发展实现“两推进”的良好工作业绩，“强基础”的目标取得阶段性成效。

谋划长远，放眼未来。河北销售公司将站在新的历史起点上，坚持以科学发展观为统领，按照“规模发展、效益优先、管理科学、服务优良”的总体要求，统一思想、坚定信心、抢抓机遇、加快发展，以强烈的事业心和责任感，以饱满的热情和崭新的姿态，为率先建成具有国际水准的销售企业而努力奋斗。

“忠诚经理”贾会青被授予中国石油“十大金花”加油站经理荣誉称号

河北销售公司与河北省高速公路管理局签订大广高速公路服务区加油站租赁协议

地址：河北省石家庄市和平西路 499 号
邮编：050000
电话：0311–89666013
传真：0311–89666004

中国石油内蒙古销售公司

总经理　刘合合

党委书记　王永和

送油下乡

技术大比武

一丝不苟计量油品

中国石油内蒙古销售公司是内蒙古地区成品油供应的主渠道，承担着内蒙古自治区境内成品油85%以上的市场供应，到2010年已经整整走过了58年的发展历程。公司下辖12个盟市分公司、3个成品油销售控股公司、105个旗县经营部和零售片区，资产总额65.56亿元，运营油库34座，资产型加油站1396座，共有员工19346人。

2010年是内蒙古销售公司“十一五”期间实现科学发展、取得突出成果的一年。一年来，在集团公司党组、股份公司管理层的正确领导下，在新一届领导班子的带领下，内蒙古销售公司认真贯彻落实集团公司的战略部署，坚持规模、质量、效益相统一的发展理念，克服资源紧张、竞争激烈等不利因素，突出效益主题，拓展市场规模，扩大终端销售，推进精细管理，圆满完成了各项任务，主要经济指标实现了新突破。

2010年成品油销售总量突破600万吨，完成652万吨，年增加量首次超过百万吨，零售量突破500万吨，完成530万吨，销售收入431亿元，实现利润9.8亿元。

公司先后荣获“内蒙古自治区五一劳动奖状”、“全国企业文化建设优秀单位”、“中央企业思想政治工作先进单位”、“创建‘五个一’先进基层党组织”、“社会责任贡献奖”、“消防先进单位”、“集团公司维稳先进单位”等荣誉。

地址：内蒙古自治区呼和浩特市新城区成吉思汗大街东段
邮编：010015
电话：0471-6588414
传真：0471-6905319

中国石油山东销售公司

总经理　刘宪华

党委书记　梁作利

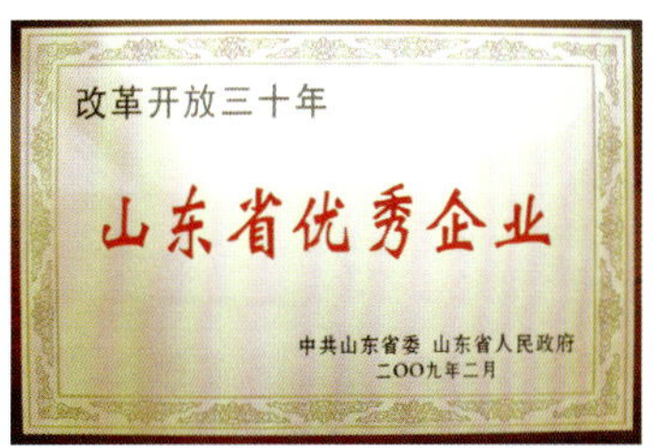

公司被评为“改革开放三十年山东省优秀企业”

中国石油山东销售公司是中国石油天然气股份有限公司在山东省设立的全资分公司，主要从事成品油批发和零售业务。公司自2000年成立以来，坚持以科学发展观为指导，认真贯彻落实中国石油各项战略部署，始终秉承中国石油“奉献能源、创造和谐”的企业宗旨，有效应对各种考验，积极履行三大责任，实现了科学发展、快速发展、和谐发展。

截至2010年底，山东销售公司拥有资产型油库20座，库容44万立方米，年周转能力450万吨，运营加油站875座，零售网络遍布全省17个地市，拥有员工1万多名，资产总额44亿元。2010年全年销售成品油423万吨，实现销售收入260亿元，非油品销售收入达到2.2亿元。目前，公司已初步建立了“以直属资源为主、地炼外采为辅”的资源配置体系，形成了海运、管输、铁路、公路相结合的多元化物流方式，市场保障能力与综合实力大幅提升。2009年被山东省委省政府评为“改革开放三十年山东省优秀企业”，2010年获得山东省“守合同重信用单位”、“消费者满意单位”、“履行社会责任示范企业”荣誉称号。

“十二五”期间，山东销售公司将加快转变发展方式，积极履行三大责任，全力推进国际水准销售企业建设，为中国石油建设综合性国际能源公司，为促进山东经济又好又快发展作出新的更大的贡献。

服务三夏生产，送油到田间

举办职工运动会

址：山东省青岛市崂山区海尔路178-2号裕龙国际中心23A层　邮编：266061　电话：0532-81977689　传真：0532-81977777

济南油库

中国石油江苏销售公司

中国石油江苏销售公司是中国石油在江苏地区的成品油销售企业，主要负责江苏地区的成品油批发、零售业务以及销售网络的开发、维护工作。

江苏销售公司自2008年底成为中国石油天然气股份有限公司直属地区公司，新一届领导班子紧紧围绕建设国际水准销售企业的目标，坚持"三提"发展战略不动摇，坚持以效益为中心不动摇，坚持安全环保不动摇，坚持内涵式发展不动摇，坚持以人为本的理念不动摇，积极稳妥地推进"三年三大步"阶段性发展目标。2010年，江苏销售公司销售成品油417万吨，销售总量同比增长26.9%；零售量305万吨，同比增长51.99%，全年未发生安全环保等级事故，未发生质量、计量责任事故，实现了平稳、有效、较快、协调发展。

"十二五"期间，江苏销售公司将牢牢把握战略机遇期，着力做好"发展、转变、和谐"三件大事。突出零售业务，持续优化销售结构，不断改善销售质量；加快加油站、油库的建设和投用，全力拓展市场网络；积极推进基础管理建设工程，深化精细化管理，加强三基工作；继承和发扬大庆精神、铁人精神，深入开展创先争优和劳动竞赛活动，深入推行干部到基层"蹲点"和挂职锻炼活动，加强队伍建设，大力选树典型，调动和激发员工学知识、钻业务、练技能、争先进的积极性，不断提高现场服务质量和中国石油品牌的美誉度；深化企业文化建设，构建江苏销售公司核心价值体系，有效增强企业发展内生动力，为打造绿色、国际、可持续的中国石油和建设忠诚、放心、受尊重的中国石油作出新贡献。

地址：江苏省南京市上海路15号
邮编：210029
传真：025-83628095

2009年10月22日集团公司总经理蒋洁敏、副总经理周吉平在江苏销售公司视察

股份公司副总裁刘宏斌在城东加油站检查工作

库站管理迈上新台阶

举办庆祝建党90周年"石油工人心向党"红歌赛

江苏销售公司首座绿岛加油站

中国石油重庆销售公司

总经理　李宝军

党委书记　徐　毅

中国石油重庆销售公司是中国石油所属省级销售企业，主要从事成品油批发和零售经营业务。下辖11个分公司、28个区县经营部、3个控股单位。拥有在用油库12座，总储量50万立方米，拥有资产型加油站442座，营销网络遍布全市，是重庆市成品油供应的主渠道。

"十一五"期间，重庆销售公司综合实力显著增强，经营规模持续扩大，资产质量不断改善，核心竞争力、盈利能力和抵御风险能力不断提高。5年总销量达到994万吨，比"十五"增加70%，零售量达到843万吨，同比增加113%。2010年实现销量228万吨，考核利润3.47亿元，税收2.3亿元。公司认真履行三大责任，企业形象不断提升，先后荣获"全国五一劳动奖状"、"全国企业文化建设优秀单位"、"全国厂务公开民主管理先进单位"、"全国模范职工之家"等荣誉称号，涌现了以中国石油·榜样陈鸣红、优秀加油站经理程放等一批全国、省部级劳动模范和先进个人。

"十二五"期间，重庆销售公司将朝着"57253"的奋斗目标率先建成国际水准示范销售企业，即2015年实现销量500万吨、拥有加油站700座，油库总储量70万立方米，实现并保持70%的市场份额，吨油利润达200元，人均销量达500吨，非油销售3亿元。重庆销售公司将深入贯彻落实科学发展观，坚持"巩固、提高、创新、发展"的工作方针，实施三基战略工程，抓住"四大要素"，做到"五个坚持"，实现"五个发展"，为保障重庆成品油平稳供应，促进地方经济社会发展，为集团公司打造绿色、国际、可持续的中国石油和建设综合性国际能源公司作出更大贡献。

重庆市工人先锋号授牌仪式，公司55个库站班组集中授牌

助力重庆市政府成品油应急储备，2011年公司承担储备9万吨的任务

扩容后达30万立方米的兰成渝输油管线末端伏牛溪油库甲区新形象

地址：重庆市渝中区邹容路131号　**邮编：400010**　**电话：023-67325695**　**传真：023-67325514**

中国石油山西销售公司

总经理、党委副书记　谭立村

党委书记、副总经理　闫宝星

股份公司孙龙德副总裁到太原6站调研

股份公司刘宏斌副总裁到太原35站了解经营情况

中国石油山西销售公司是中国石油天然气股份有限公司在山西设立的分公司，成立于2000年9月，主要负责中国石油在山西省境内的成品油零售、批发经营业务以及销售网络的开发、建设业务，并对山西省内中国石油全资、控股、参股等各类油库和加油站及批发企业实施管理。目前下设11个地区分公司，1个控股公司。公司机关设有11个处室，现有在册员工4400多名。实施运营油库13座，总库容36万立方米；投运加油站420座。2010年销售成品油200万吨，市场份额30%。

中国石油山西销售公司始终秉承"爱国、创业、求实、奉献"的企业精神，大力传承艰苦奋斗、自强不息的大庆精神、铁人精神，全体干部员工团结一心、艰苦奋斗、顽强拼搏、勇闯市场，经历了筹备组建、快速发展、规范进步、上划管理等阶段，取得了令人瞩目的成绩。十年来，累计完成投资27.48亿元，销售油品1132.3万吨，实现销售收入436亿元、实现利润5.2亿元，上缴税费6.2亿元。

参与抢险救援

侯马油库

研究客户圈图

准确计量

在实现企业又好又快发展的同时，中国石油山西销售公司努力践行经济、政治和社会三大责任，以诚信经营和优质服务回报社会，积极保障“三夏”用油，开展“双拥共建”，参与打假维权、义务植树造林、建设希望小学、支持矿难救援、为灾区捐款捐物等，先后获得了“国家三夏用油跨区作业先进单位”、“山西省五一劳动奖状”、“山西省安全生产先进单位”、“山西省消防安全先进单位”、“山西省产品质量达标先进单位”等荣誉，其中下属太原六站2010年被国资委评为“中央企业红旗班组”；并有33人次获得省级劳动模范、“山西省五一劳动奖章”和“中国石油十大金花加油站经理”等系统内外较高级别的表彰奖励，在三晋大地树立了中国石油良好企业形象。

“十二五”期间，中国石油山西销售公司将坚持以科学发展为主题，扎实推进战略规划实施、创新创效能力提升与和谐企业构建，紧紧围绕“40%市场份额”目标，全面实施网建、市场、资源“三大战略”，着力加强精细化管理、专业化队伍、思想政治工作“三个保障”，努力实现加油站数量、销售总量、销售利润“三个翻番”，全力推进公司跨越发展，为打造绿色、国际、可持续的中国石油作出新的贡献。

地址：山西省太原市长风西街1号
邮编：030021
电话：0351-7040918
传真：0351-7040018

中国石油西藏销售公司

王珺总经理在基层检查调研

次仁扎西书记在基层检查调研

西藏自治区副主席邓小刚为西藏自治区首座绿色加油站揭幕

拉萨铁路接卸库项目进展顺利

中国石油西藏销售公司成立于1962年1月27日，1998年重组上划中国石油天然气集团公司，具有“散、小、远、苦、险”的特点。目前，公司设10处1室，下辖12个专业经销公司和分公司；在用油(气)库8座，库容12.79万立方米；加油站总数113座，撬装加油设施7座；资产总额17.9亿元；现有员工1771人，其中合同化用工1270人，市场化用工501人。

2010年，西藏销售公司提出“做大销售、做强网络、做细管理”的工作思路，推进“一个目标、两个确保、三场战役”的重点部署，销售成品油47万吨，同比增加9.4万吨，增幅25%，相当于前5年销售增长总量，市场份额为77%，同比增长13个百分点。零售成品油37.47万吨，同比增加6.01万吨，增幅19.1%，零售比例达到78.7%。2011年上半年，西藏销售公司狠抓“一个载体、两项工程”工作重点，各项工作继续保持平稳较快的发展势头，销售成品油27.53万吨，同比增幅29.8%，市场份额达到83%，同比增幅56.7%，零售比例为86.8%，取得了历史性的突破。

西藏销售公司先后被西藏自治区评为“纳税大户”、“优秀流通企业”、“安全生产先进单位”、“维护稳定先进集体”、“‘十一五’扶贫先进单位”等荣誉称号，成为雪域高原上的一颗璀璨的明珠。

地址：西藏自治区拉萨市北京中路71号
邮编：850000
电话：0891—6955565
传真：0891—6824978

西藏首座高速公路加油站

中国石油集团东南亚管道有限公司

总经理、党委书记　张加林

中国石油集团东南亚管道有限公司成立于2009年7月，是由中国石油天然气集团公司直接投资、直接管理的成员企业。

公司主要负责中国石油天然气集团公司中缅油气管道项目缅甸境内的设计、建设、运营和管理。经营范围集交通运输、仓储，项目投资、管理及工程总承包，投资管理及咨询，以及进出口业务为一体。

公司坚守持续有效、快速协调的发展方针，突出管道业务战略、合理的低成本战略、科技与管理创新战略、人才强企的发展战略；明确以绿色、阳光、环保、友谊的现代化管道工程为发展目标，爱国、创业、求实、奉献的企业精神，诚信、创新、业绩、和谐、安全的核心经营管理理念，把奉献能源，创造和谐作为企业宗旨，精心组织、精细管理、精打细算、精益求精作为建设准则，闻风而动、雷厉风行、决战决胜作为工程建设工作作风，全力把中缅油气管道工程建设成为优质、安全、环保、友谊的精品工程。

2011年8月1日，中缅油气管道线路工程1B标段打火开焊

2010年6月4日，集团公司总经理蒋洁敏视察原油码头工程

建设完成的米坦格河跨越施工现场

如期竣工的原油码头工作船码头工程

地址：北京市朝阳区太阳宫金星园8号A座
邮编：100028
电话：010-63591313
传真：010-63591294

中国石油管道公司

总经理、党委副书记 姚 伟

党委书记、副总经理 姜昌亮

中国石油管道公司办公楼

中国石油管道公司是中国石油天然气股份有限公司直属的地区公司，主要负责长输油气管道的建设、运营管理和科研。中国石油天然气股份有限公司管道销售分公司于2010年9月8日成立，与管道公司合署办公，负责涩宁兰、华中两个天然气销售公司管理及新投运管线天然气销售工作。

截至2010年底，管道公司所辖管道总里程为14616.56千米，其中：原油管道5131.8千米，主要包括东北和华北地区的漠河—大庆、大庆—铁岭—大连、铁岭—抚顺、丹东—朝鲜、大连石化、铁岭—秦皇岛—北京、任丘—北京，以及西北地区的马岭—惠安堡—中宁—银川管道、石空—兰州管道等；成品油管道5233千米，主要包括西部地区的兰州—成都—重庆管道、华北地区的大港—济南—枣庄管道，以及兰州—郑州—长沙管道；天然气管道4126.75千米，主要包括华中地区的忠县—武汉管道，西北地区的青海—西宁—兰州以及山东地区的濮阳—沧州、沧州—淄博管道以及东北地区的长岭—长春—吉化管道；水管道125千米。原油输送能力达到7520万吨／年，成

纪念“八三”工程40周年签字仪式

中俄·漠大原油管道正式投产输油庆典

党委书记活动日

"两化融合示范项目"暨"物联网创新中心"
战略合作签约仪式

品油输送能力达到2600万吨/年，天然气输气能力达到136.5亿立方米/年。

管道公司下辖23个输油（气）单位以及矿区服务事业部、管道工程项目经理部、管道科技研究中心等，所属单位和人员分布全国17个省（自治区、直辖市），用工总量14245人。

管道公司拥有集油气管道输送技术研发、服务、培训、检测和监测为一体的专业科研机构，科研力量雄厚，科研设施完备，拥有管道核心技术研发能力。在油气储运工艺、管道完整性管理、管道化学添加剂、管道规划、信息与经济等研究领域整体处于国内领先水平。

2010年，管道公司扎实推进各项工作任务的落实，实现了"十一五"完美收官。全年输送原油5573.25万吨、成品油842.58万吨、天然气78.32亿立方米，全面完成输油气生产任务；完成长长吉输气管道、林源储备库、中银线改造、惠宁线改造、大锦线（新庙—垂杨段）一期、忠武线反输一期等8项工程建设任务；完成了涩宁兰复线（西宁—兰州段）、长长吉天然气管道和石兰、惠银、漠大原油管道的试运投产。稳步推进天然气市场开发和价格改革，完成与华北销售公司辽宁省天然气销售业务管理的交接。管道公司连续第4年获得"集团公司安全生产先进企业"称号。在2009年公司荣获"全国五一劳动奖状"、"全国工人先锋号"的基础上，2010年又获得"全国模范职工之家"、"安康杯优秀企业"称号。

在未来的发展中，"成长性、战略性、历史性"是集团公司党组对油气管道业务的新定位、新要求。管道公司将乘势而上，为管道业务又好又快发展和保障国家能源储运安全作出新贡献。

输气站场

输油站场

漠大线首站罐区

地址：河北省廊坊市新开路408号　邮编：065000
电话：0316-2170808　传真：0316-2170808

中国石油集团测井有限公司

公司具有自主知识产权的
EILog 成套设备

中国石油集团测井有限公司成立于 2002 年 12 月 6 日，是以测井技术研发、测井仪器制造、测井资料处理解释和技术服务、新技术推广应用为主的专业化测井技术公司。重要任务是通过测井技术服务促进集团公司油气储量和产量的增长。

公司成立以来，围绕“一切为了油气”的核心价值，瞄准“国内第一、国际一流”的战略目标，贯彻落实“发展测井技术、增强国际竞争力、促进油气储量产量增长”的发展定位，加快转变发展方式，服务油田勘探开发，研发成功并全面推广应用以油气评价为中心的 EILog 测井技术系列，经济效益、找油找气、科技进步、安全生产、队伍建设全面协调可持续发展，步入了科学发展、和谐发展轨道。

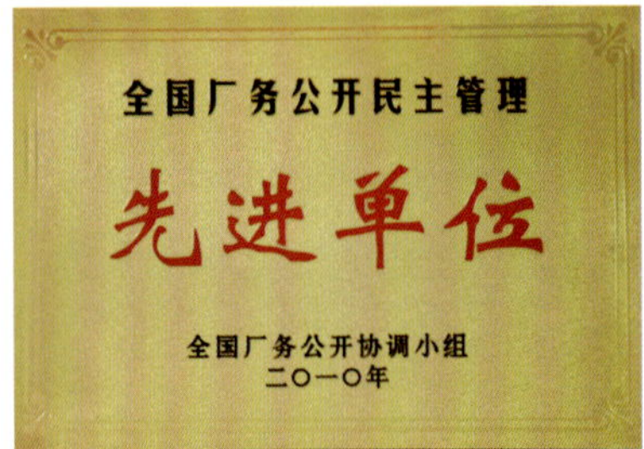

全国厂务公开民主管理先进单位

公司拥有人才优势，荟萃了一大批长期从事测井技术研发、仪器制造和技术服务的优秀人才，形成了以集团公司重点领域或重大项目首席专家、集团公司高级技术专家、公司级技术专家和技术带头人为骨干的科技人才队伍。这支队伍既有深厚的理论功底，又有丰富的实践经验，为中国石油测井事业的发展作出了突出贡献。

公司拥有服务优势，能够独立完成测井、录井、射孔作业，有装备精良、配套齐全、经验丰富、服务一流的施工队伍 239 支，其中具有自主知识产权的 EILog 成套装备队伍 120 支，引进成像装备队伍 19 支，公司全面进入成像测井阶段，作业能力、服务质量大幅提升，年测井能力达到 36000 井次。

全国“安康杯”竞赛优胜单位

公司拥有研发优势，公司技术中心也是集团公司的测井技术中心，建有集团公司测井重点实验室和符合国际标准的测井仪器刻度、量值传递井群，拥有国内极为完善的岩心测试分析设备及相关实验设施，能够开展测井技术应用基础研究、综合化仪器开发、储层评价、测井软件集成、岩石和流体物理性质的实验测量及研究。已研究成功了集成化的常规测井平台；研究成功了“3

公司拥有一支优秀的研发队伍

公司建成国内大型的测井研发制造生产基地

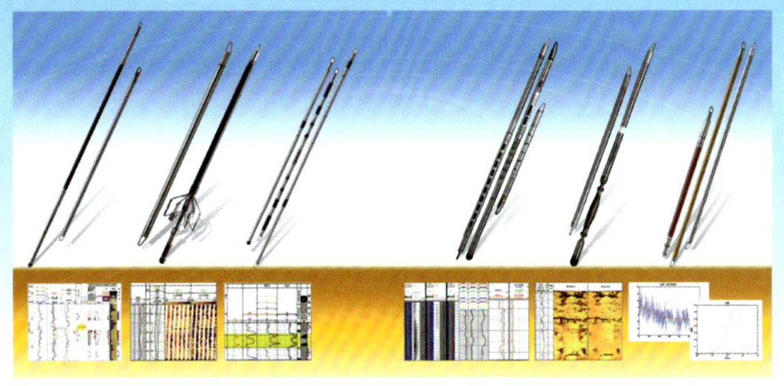

公司自主研发的“3电2声1核磁”成像测井仪

国产随钻测井仪器投产应用

电2声1核磁”即阵列感应、微电阻率扫描、阵列侧向、多极子阵列声波、超声成像和核磁共振6种成像测井系列，除核磁共振测井正在试验外，其他仪器已全面推广应用；研究成功了“3电1声2放射”FELWD地层评价随钻测井仪器，包括定向遥测、感应电阻率、电磁波电阻率、侧向电阻率、声波时差、方位伽马、可控源中子孔隙度等仪器；发明了数字岩心；开发了统一软件；建成了测井网工作平台，是世界上种类齐全、指标先进的测井技术系列之一。

公司拥有装备制造优势，目前具有年产50套EILog快速与成像测井成套装备和20套FELWD地层评价随钻测井系统的规模化制造能力，产品已服务于国内各大油田及中东市场。

公司坚持以人为本、科学发展，注重健康、安全与环境保护，走可持续发展的道路，追求企业与员工、用户、社会、自然环境的和谐进步。连续4年获得全国“安康杯”竞赛优胜单位称号，2010年被评为陕西省唯一一家“全国安康杯竞赛示范企业”，荣获“全国厂务公开民主管理先进单位”和“陕西省文明单位”光荣称号。在中国共产党建党90周年之际，公司张自亮荣获“全国优秀党务工作者”荣誉称号。

公司以建设具有更强油气识别能力的国际一流测井公司为目标，坚持以发现识别油气层为目的和动力，用综合技术为油田勘探开发全程提供双赢服务，秉承“爱国、创业、求实、奉献”的企业精神，高擎“追求卓越、争创一流”的团队旗帜，践行“和谐、创新、诚信、优质、高效”的经营管理理念，按照制定的科学发展目标，做强做大，为油气田勘探开发提供更准、更快、更全面的服务。

微电阻率成像测井仪在乌兹别克斯坦应用

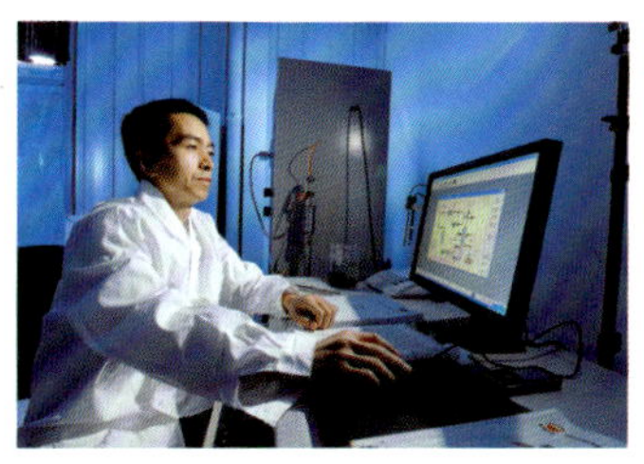

建有集团公司测井重点实验室

张自亮荣获全国优秀党务工作者

以人为本　构建和谐

中国石油西气东输管道(销售)公司

总经理　黄泽俊

党委书记　秦　刚

中国石油西气东输管道（销售）公司，是中国石油天然气股份有限公司直属的地区公司，负责西气东输管道工程建设、生产运营管理和天然气市场开发与销售等业务。

公司随着西气东输工程的建设发展不断成长壮大。2000 年 3 月 8 日，西气东输工程项目经理部成立。2001 年 4 月 22 日，更名为西气东输管道分公司。2003 年 9 月 27 日，西气东输销售分公司成立。

西气东输管道分公司和销售分公司实行一套机构、两个牌子管理。公司采用一级管理体制、扁平化的机构设置。目前，公司在上海设有 16 个职能部门，下设 3 个附属单位，管道沿线设有 18 个地区管理处（分公司）、2 个工程项目部、1 个国家计量测试中心。截至 2011 年上半年，公司共有员工 3093 人。

目前，公司运营管理 2 条干线（西气东输一线和西气东输二线东段）、4 条支干线（常州—长兴、定远—合肥、南京—芜湖、枣阳—襄樊）、5 条联络线（冀宁联络线、淮武联络线、西二线中卫—靖边联络线、襄樊清管站至忠武线襄樊计量站联络线、黄陂联络压气站至淮武线联络线）、13 条支线和长宁线、兰银线，管道总长 10073 千米；1 座地下储气库，1 个计量检定中心；126 座站场。管线途经 16 个省（市）自治区，供气范围覆盖华东、华中、西北东部广大地区，并向华北地区转供天然气，初步形成了塔里木、柴达木、长庆、川渝四大气区联网供气格局。

西气东输一线是以新疆塔里木气田为主供气源，以长江三角洲地区为主要目标市场。管道干线西起新疆塔里木轮南，东至上海白鹤镇，全长 3843.5 千米。管道直径 1016 毫米，系统压力 10 兆帕，设计输量 120 亿立方米／年。通过实施增输工程，目前管道全线输气能力已达到 170 亿立方米／年。

压气站建设

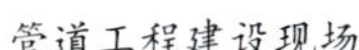
管道工程建设现场

管道保护宣传

西气东输二线主供气源为中亚天然气，管道西起新疆霍尔果斯口岸，总体走向为由西向东、由北向南，东至浙江、上海，南至广东、广西，线路总长约 8600 千米，管径 1219 毫米，东段设计压力 10 兆帕，设计输量 300 亿立方米／年。公司负责运营管理位于甘肃、宁夏两省交界处的 CA000 管线桩以东的线路（含相关干线、支干线和支线）和站场及配套储气库。

西气东输自正式投入运行以来，在集团公司党组、股份公司管理层的正确领导和亲切关怀下，在工程建设、生产运行、市场销售同步进行的较大压力和繁重任务面前，紧紧围绕确保管道安全平稳高效运营这一中心，坚定不移地抓好管道运营和市场销售主营业务，持续深化经营管理，不断加强党建和精神文明建设，圆满完成了各项业绩指标。截至 2010 年底，西气东输销售及分输用户已发展到 144 家。"十一五"期间，公司累计实现管输商品气量 809.77 亿立方米，天然气销售量 771.43 亿立方米，较好地履行了经济责任、政治责任和社会责任，为促进天然气工业和地方经济发展，调整能源结构、改善生态环境、提高人民生活质量作出贡献。公司先后荣获"全国五一劳动奖状"，首届"国家环境友好工程"、"国家开发建设项目水土保持示范工程"和"新中国成立六十周年百项经典暨精品工程"称号。西气东输管道工程通过国家验收。"西气东输工程技术及应用"项目荣获 2010 年度国家科技进步一等奖。

地址：上海市浦东新区福山路 458 号
同盛大厦 17-21 层
邮编：200122
电话：021-58848811
传真：021-58848800

站场巡护

A 类事故抢险演练

中国石油集团渤海钻探工程有限公司

2009 年 5 月 6 日，集团公司总经理蒋洁敏检查渤海钻探公司在冀东 3 号岛钻井队的生产情况

集团公司副总经理廖永远来渤海钻探公司进行安全检查

2011 年 5 月 25 日，渤海钻探公司 BH—VDT5000 垂直钻井系统和 BH 系列钻井液技术正式发布

中国石油集团渤海钻探工程有限公司（简称渤海钻探公司，英文缩写 BHDC）是中国石油天然气集团公司的直属专业化石油工程技术服务公司，拥有钻前工程、钻井工程、定向井工程、固井工程、录井工程、测井工程、钻井液服务、管具服务、修井、酸化、压裂、试油、测试、油气合作开发、石油地质和工程技术研究等业务。资产总额 206 亿元，用工总量 2.95 万人。技术服务队伍遍及华北、大港、冀东、塔里木、内蒙古、青海、玉门、吐哈、海南、陕北、江苏等国内市场，以及印度尼西亚、委内瑞拉、缅甸、伊朗、伊拉克等国际市场。企业获得“全国五一劳动奖状”、全国“安康杯”竞赛优胜企业、“全国企业文化建设优秀单位”、“天津市五一劳动奖状”、“天津市文明单位”、“天津市劳动关系和谐企业（AAA）”等荣誉称号，连年被评为集团公司安全生产先进企业。

渤海钻探公司大力推进“科技兴企”战略，秉承“强化创新、打造特色、引领发展”的理念，以高新技术研发、高端产品研制、技术服务一体化发展为宗旨，大力打造和保持技术竞争优势，形成了国内领先、世界一流的包括定向井钻井技术、深井和超深井钻井技术、欠平衡钻井技术、完井技术、钻井液技术、井下压裂酸化技术、井下测试技术、储气库建造技术、煤层气钻井技术、油藏识别评价技术的十大优势系列技术和包括“德玛”LWD 仪器、垂直钻井工具、“德玛”系列录井仪器、射孔仪系列产品、现场数据远程传输系统、防酸防硫三相分离器的六大特色系列产品。渤海

与国外公司开展合作交流

在“舞动津城”天津市首届职工排舞大赛中勇夺金牌

荣获“全国五一劳动奖状”

渤海钻探公司博士后科研工作站挂牌仪式在天津滨海新区举行

钻探公司是天津市企业技术中心、中国石油天然气集团公司技术分中心，2009 年率先成为国内石油行业规模较大的国家高新技术企业，综合技术实力处于国内同类企业领先地位。

渤海钻探公司牢固树立“人才是第一资源”的理念，大力实施“人才强企”战略，努力打造业务精通的管理人才队伍、技术精专的专家队伍和技能精湛的操作人员队伍，荣获“第十届国家技能人才培育突出贡献奖”，在集团公司组织的钻井柴油机工、钻井井控、井下井控技能竞赛中，屡获佳绩。2011 年 4 月，渤海钻探公司博士后科研工作站挂牌成立，成为中国石油钻探系统首个博士后科研工作站，标志着渤海钻探公司人才引进和技术创新工作开始驶入快车道。

凭借雄厚的技术创新和人力资源优势，渤海钻探公司克服金融危机给石油钻探行业带来的重大冲击，实现了又好又快发展，连年超额完成集团公司下达的经营任务，经营绩效考核均为 A 类，位列集团公司同类企业前列。2010 年实现营业收入 136 亿元，比重组前的 2007 年净增 49 亿元，增幅达到 56%；2010 年实现增加值 73 亿元、利税 18 亿元，比重组前分别增长 112% 和 30%。

高新技术企业
证书

通过国家高新技术企业认定

国家技能人才培育
突出贡献奖
中华人民共和国人力资源和社会保障部
二〇一〇年

国家技能人才培育突出贡献奖

国家级
企业管理现代化创新成果
第十七届

荣获第十七届国家企业管理现代化创新成果一等奖

地址：天津市经济技术开发区黄海路 106 号
邮编：300457
电话：022-25281919
传真：022-25281515

宝鸡石油机械有限责任公司

总经理　张永泽

党委书记　范瑞丰

公司综合办公楼

宝鸡石油机械有限责任公司（简称宝石机械公司）是中国石油天然气集团公司所属的我国建厂早、实力强的大型石油钻采装备研发制造企业。

宝石机械公司的前身是宝鸡石油机械厂，始建于1937年，1953年划转石油系统，2002年改制成立有限责任公司，2008年成为中国石油天然气集团公司独资设立的一人有限责任公司。目前拥有咸阳宝石钢管钢绳有限公司、宝石机械成都装备制造分公司、宝鸡宝石特种车辆有限责任公司3个全资子公司和西安宝美电气工业有限公司、宝石电气设备有限责任公司、北京宝石MH海洋石油工程技术有限责任公司3个控股子公司。共有员工8238人，各类设备4300余台（套），总资产88.13亿元，年销售收入60亿元以上。

公司主要设计制造1000—12000米九大级别、四种驱动形式的常规陆地钻机、极地钻机和海洋成套钻机；500—3000马力的各系列钻井泵；海上钻采平台设备、井控井口设备、特种车辆、钢管钢绳、大直径牙轮钻头等钻采装备配套产品以及电气控制、煤炭矿山机械等产品，覆盖面达50多个类别、1000多个品种规格，其中15大类67项产品获得了美国石油学会API会标使用权。产品远销欧美、非洲、中亚、中东、东南亚等50多个国家和地区。

NDC项目启动

钻机试验

海洋惠州项目

截至目前，已荣获国家和省部级科技奖项 82 项，累计申请专利 406 件，获国家专利授权 346 件，专利技术稳居中国石油装备制造系统榜首。研制的石油钻机和钻井泵 3 次荣获“全国用户满意产品”称号，产量连续 5 年居全球前列。“宝石机械”中文商标及“BOMCO”英文商标图案被认定为“中国驰名商标”，并在海外 12 个国家成功注册；“宝石机械”品牌被确定为“中国行业标志性品牌”；“宝石机械”系列钻机被国家认定为“中国名牌”产品。

以“奉献能源装备，创造和谐社会”为宗旨，宝石机械公司以人为本，致力于和谐社会建设。2005 年以来，公司先后荣获“全国模范职工之家”、“全国实施卓越绩效管理模式先进单位”、“全国五一劳动奖状”、“全国振兴装备制造业重要贡献单位”、“全国石油钻采专用设备制造行业排头兵企业”、“全国企业文化优秀奖”、“30 年中国品牌创新奖”、“中国信用安全 AAA 级企业”、“全国文明单位”、“中国石油石化装备制造业卓越贡献奖”、“中国诚信企业”、“全国模范劳动关系和谐企业”等荣誉，并多次被地方政府授予“陕西经济发展强省单位”、“陕西省经济领跑企业”、“宝鸡工业强市功勋企业”等称号。

进入 2011 年，宝石机械公司从转变发展方式、推进转型升级、实现科学发展的目标出发，按照实施“四大战略”，实现“四大转变”的发展思路，正在为把企业建设成为多元发展的能源装备公司而努力奋斗。

7000 米拖挂钻机

F—2200 钻井泵

地址：陕西省宝鸡市东风路 2 号
邮编：721002
电话：0917—3462000
传真：0917—3462024

宝石机械公司全景

宝鸡石油钢管有限责任公司

总经理　白功利

党委书记　李　逵

2011 年 8 月 13 日，集团公司总经理、党组书记蒋洁敏在宝鸡钢管调研

国家石油天然气管材工程技术研究中心在宝鸡钢管启动建设

宝鸡石油钢管有限责任公司（以下简称宝鸡钢管）是集团公司直属的装备制造企业，创建于 1958 年，是我国“一五”期间 156 个重点建设项目之一，也是我国大口径螺旋埋弧焊管生产厂家。建厂 50 多年来，尤其是 2002 年成功改制、2007 年专业化重组以来，宝鸡钢管已发展成为集科研、制管、防腐、辅料加工于一体的国家大型一类企业，同时也是我国规模大、品种全、市场占有率高、具成长性的专业化焊管企业。

宝鸡钢管拥有宝鸡输送管公司、辽阳钢管厂、资阳钢管厂、宝鸡专用管公司、西安专用管公司、克拉玛依钢管公司 6 个全资直属企业，拥有宝鸡住金公司、上海宝世威公司、秦皇岛宝世顺公司 3 个控股企业。

待在建项目完成后，宝鸡钢管综合产能将达 190 万吨，最大产能可达 260 万吨（其中螺旋缝埋弧焊管 140 万吨、JCOE 直缝埋弧焊管 36 万吨、ERW 直缝焊管 25 万吨、连续管 1.5 万吨、油井管 60 万吨），钢管防腐 2050 万平方米，弯管 3000 件，焊丝 5000 吨，焊剂 4000 吨，涂料 6000 吨，管端保护环 45 万件，螺纹保护器 120 万件。

输送管

油井管

连续管

搬迁建造一新的资阳钢管厂

新建的秦皇岛宝世顺公司

新疆项目奠基

宝鸡钢管技术实力雄厚，拥有国内科研能力强劲的钢管研究院，是我国焊接钢管的生产工艺研究、试验检测和科技情报中心，也是国家和行业焊接钢管标准的起草单位，主办国内焊管行业唯一的技术期刊《焊管》杂志。2009 年，宝鸡钢管成功试制 CT80 连续管，使我国成为世界上少数掌握该项生产技术的国家，宝鸡钢管成为世界上少数生产连续管的企业。目前，宝鸡钢管正在全面建设国家石油天然气管材工程技术研究中心。

宝鸡钢管积极推行国际化战略，建厂至今，已累计生产钢管 1100 万吨 /30 万千米，铺设管线 200 余条。在国内市场上，市场占有率始终保持领先；在国际市场上，产品已出口到巴基斯坦、印度、苏丹、沙特阿拉伯等 20 多个国家。2006 年，宝鸡钢管成功中标印度“东气西送”管线 60 万吨，创造了国际上一次性中标钢管制造合同的大纪录，同时也创造了中国石油装备制造企业产品出口的高纪录。

宝鸡钢管以科学发展观统领发展全局，努力构建和谐企业，是首批“全国文明单位”、“全国绿化模范单位”和“全国五一劳动奖状”、“全国模范职工之家”、“全国五四红旗团委”荣誉单位。主导产品先后荣获“国家免检产品”、“中国名牌产品”、“全国用户满意产品”等荣誉称号。

如今，秉承“与管同行，以优制胜”的经营理念和“哪里有石油，哪里就有宝鸡钢管”的企业目标，朝气蓬勃的宝鸡钢管积极迎接挑战，全面实施专业化、一体化、国际化发展战略，正朝着建设“国内第一，国际一流”的专业化钢管公司目标奋勇前进。

地址：陕西省宝鸡市渭滨区姜谭路 10 号
邮编：721008
电话：0917-3398325
传真：0917-3390847

公司生产的“印度管线”首船钢管发运

公司生产的西气东输二线首批钢管发运

首根直缝埋弧焊管下线

首盘连续油管（7600 米）下线

崭新的直缝埋弧焊管生产线

崭新的油井管生产线

钢管研究院正式挂牌

中国石油集团渤海石油装备制造有限公司

总经理　赵　国

党委书记　潘建全

中国石油集团渤海石油装备制造有限公司（以下简称渤海装备公司）是中国石油天然气集团公司所属全资子公司，是以油气输送管、钻采装备、炼化装备、新兴产业及其他四大系列产品为主要业务的专业化公司。油气输送管、石油专用管、PDC 钻头、螺杆钻具、三抽设备、车载钻修机、烟气轮机、专用车等多种产品的研发技术和制造实力处于国内领先、国际先进水平，行销至全国各大油气田及亚、非、欧、美、澳等 30 多个国家和地区，在保障中国石油油气主营业务和国家重点工程项目中发挥了重要作用。

2011 年中国机械 500 强

国家高新技术企业

油气输送管

PDC 钻头

节能型抽油机

渤海装备公司所属 10 个企业主要分布于天津滨海新区大港、河北青县、任丘及承德，甘肃兰州；另外在江苏南京、扬州等地也拥有分厂，横跨四省(市)。占地总面积 597.5 万平方米，其中厂房占地 89.5 万平方米。截至目前，拥有总资产 96 亿元，从业人员 1 万多人。

渤海装备公司组建以来，在集团公司的正确领导下，认真践行科学发展观，各项工作取得了新进展、新业绩。2011 年，荣获国家高新技术企业证书，并蝉联“中国机械 500 强”，在入选的石油装备制造企业中名列前茅。

按照科学发展观要求，渤海装备公司制定了中长期发展思路，确立了打造“国内领先、国际一流”的综合性石油装备制造企业发展愿景。渤海装备人将以昂扬的斗志、坚定的信心，树立“用人品创造产品打造精品”的理念，为建设绿色、国际、可持续的中国石油贡献力量。

车载煤层气液压钻机

抽油机节能拖动装置

地 址：天津市开发区滨海服务外包产业园 3 号楼
邮 编：300457
电 话：022—59839191
传 真：022—59839199

硝酸尾气透平

中油资产管理有限公司

总经理　王　亮

党委书记　李　晶

香山活动

太阳村活动

在钢铁 1205 钻井队前集体留影

中油资产管理有限公司是集团公司直属全资子公司，专业从事投资和资产管理，是集团公司重要的资本运营平台。2009 年 6 月，公司重组并控股昆仑信托有限责任公司（以下简称昆仑信托），成为集团公司金融板块下的“投资银行”。

重组后的昆仑信托资产管理能力不断提高，经营业绩大幅提升。2010 年，实现营业收入 7.4 亿元，同比增长 72%；利润总额 6.1 亿元，净利润 4.53 亿元，同比增长 66%。公司监管评级升至三级，并取得全国银行间债券市场交易资格、全国银行间市场同业拆借业务资格和以固有资产投资股权业务资格。公司成功当选为中国信托业协会会员理事单位，整体竞争力和行业影响力大大提高。

昆仑信托目前设有股权投资、房地产信托、机构融资和证券投资信托 4 个业务板块。作为集团公司的“投资银行”，昆仑信托为集团公司煤层气开发、储气库建设等项目提供低成本融资，积极助力主业发展；此外，昆仑信托积极支持矿区职工住宅建设，两年来累计提供融资约 90 亿元，建设住宅总面积约 740 万平方米，惠及员工近 5 万户。公司拥有一批优秀的金融人才，一支富有朝气、勇于开拓、善于创新、投资管理能力强的信托基金经理人队伍。公司秉承“昆仑财富，相伴相随”的宗旨，大力开发发行的“昆仑财富”系列理财产品风险可控、收益较高，得到了投资者的广泛认可，在集团公司内外树立了良好的品牌形象。

地址：北京市东直门北大街 9 号石油大厦
邮编：100007
电话：010-59982079
传真：010-62099341

第十三篇

企事业单位概览

大庆油田有限责任公司（大庆石油管理局）

【概述】 大庆油田是中国迄今为止最大的油田，也是世界上为数不多的特大型砂岩油田之一。油田位于黑龙江省西部、松嫩平原北部，由萨尔图、杏树岗、喇嘛甸等52个油气田组成，含油面积6000多平方千米，登记探矿权面积22万平方千米，累计探明石油地质储量66亿吨、天然气地质储量2800多亿立方米。大庆油田有限责任公司（以下简称公司）业务范围包括石油天然气勘探开发、工程技术、工程建设、装备制造、油田化工、生产保障、矿区服务和多种经营，具有较为完整的业务体系和综合一体化经营优势。拥有二级单位54个，用工总量26万余人。

截至2010年底，公司已形成一整套较为完整的业务体系，拥有勘探开发、工程技术、工程建设、装备制造、油田化工、生产保障、矿区服务、多种经营等“八大业务板块”，涉及石油行业的各个领域。勘探开发业务，已建成油、气、水井9万多口，各类大型站、库1600多座，平均日产原油11万吨，处于世界同类油田开发领先水平；工程技术服务业务，具备年钻井6000口以上、进尺1000万米的生产能力，实物工作量位居中国石油五大钻探公司之首；工程建设业务，成功进入国内外市场，先后承揽西气东输等一批国内外重点工程，连续多年入选“ENR中国承包商60强”；装备制造业务，基本实现从设备修理向成套装备制造转型，主导产品进入印度尼西亚、马来西亚、苏丹、加拿大等十多个国家和地区，创出“力神”、“庆矛”等国际知名品牌；油田化工业务，可生产甲醇、液氨、轻烃、表面活性剂等35种化工产品，已成为重要的油田专用化学品生产基地。生产保障业务主要包括水、电、信和物资供应，矿区服务业务主要包括物业、公交、医疗、文化、保险、托幼、离退休和高等教育，多种经营主要是一些面向油田、服务社会的法人企业。2010年，油田生产原油4000万吨、天然气29.9亿立方米。

【原油4000万吨持续稳产】 原油稳产扎实推进，探索了老油田精细高效开发的有效途径。面对资源接替、开发瓶颈、投资回报“三大挑战”，勘探开发系统解放思想、勇于担当，顽强拼搏、锐意进取，扎实推进“高效益、可持续、有保障”的4000万吨持续稳产。油气勘探，坚持“立足长垣、加强深层、精细海塔、拓展三肇、准备西坡、发展海外、探索外围、研究非常规”，优化勘探部署，加大勘探力度，大庆长垣、海拉尔—塔尔察格盆地石油勘探取得新进展，提交探明储量1.04亿吨、控制储量1.01亿吨、预测储量1亿吨，深层天然气勘探新增预测储量603亿立方米，为探明第三个1000亿立方米奠定了基础。油田开发，坚持“立足长垣、稳定外围、依靠技术、夯实基础、突出效益”，优化调整产量结构，切实加强水驱精细开发和聚驱优化调整，有效弥补了每年7%的自然递减，在保持4000万吨持续稳产的前提下，全年实现产量、效益、投资、成本良性循环。尤为重要的是，通过开辟水驱综合治理示范区，强化精细调整，搞好措施挖潜，实现示范区“含水不上升，产量不递减”，油田开发总体形势持续向好，进一步坚定了持续稳产的信心。

【扭亏解困工作】 立足“一年扭亏、三年解困、五年走上健康发展轨道”，充分发挥综合一体化优势，多措并举加大扭亏解困力度，实现未上市部分各业务板块全面扭亏。一是调整结构促扭亏。深化改革重组，优化整合钻探业务、工程建设业务，进一步提升了专业化水平；搞好“三清一退”，清理法人实体203家，总数减少59%，进一步提高了业务集中度；优化人力资源，跨单位、跨行业、跨上市未上市余缺调剂，清退外雇工，初步缓解了队伍结构性矛盾。二是精细管理促扭亏。加强变动成本控制，开展对标分析，深挖内部潜力，积极降本增效，全年变动成本同比降低13亿元，占收入比率同比降低3%。三是优化运行促扭亏。实施钻井“三提”工程，整体机械钻速同比提高7%以上；均衡组织生产运行，冬季钻井同比减少600多口，节省费用6000多万元；强化土地征用管理，变多环节征地为甲方一次性征地，节省投资9500多万元。四是政策引导促扭亏。制定实施内部市场监管、成本专项考核、超额利润奖励等一系列措施，推动了各项业务的稳步发展。

【科研攻关】 科研攻关进展顺利，加快了油田核心主导技术的创新步伐。坚持集中管理优势，完善体制机制，组建成立聚合物驱、复合驱两大项目部，切实加大攻关力度。向斜成藏理论、薄互储层高精度地震、复杂岩性及流体识别评价等技术进一步创新发展，为加快提交规模优质储量提供了有力支撑；水驱精细挖潜、聚驱优化调整、特殊工艺水平井钻井完井、薄差储层细分控制压裂等技术进一步配套完善，为精细挖潜保稳产提供了有效手段。特别是重大现场试验取得阶段性成果，超高分子高浓度聚驱技术降水增油效果明显，与常规聚驱相比，采收率可提高5个百分点以上；聚表剂驱技术日趋完善，有望成为降低化学剂成本，进一步提高采收率的接替技术；三元复合驱举升工艺、采出液处理技术取得新突破，展现了工业化推广的良好前景。2010年，公司共取得各类科研成果240项，获省部级以上奖励48项，其中，“大庆油田高含水后期4000万吨以上持续稳产高效勘探开发技术”获国家科技进步特等奖，这是“八五”以来油田再次荣获国家科技创新最高殊荣。

【经营管理】 经营管理规范有效，提升了经济运行质量和总体经济效益。突出重点领域，抓住关键环节，加强规范运作，加大管控力度，促进了发展质量效益的进一步提升。加强投资管理。充分发挥规划计划的龙头作用，注重投资效益，优化投资结构，控制投资规模，集中有限资金保重点业务发展，全年实施重点工程90项，压缩低效产能103.4万吨，上市部分投资资本回报率达到31.39%。加强财务管理。充分发挥财务政策的导向作用，完善信息平台，健全经营机制，优化内部调配，资金集中管理水平进一步提升，实现安全运作、合理调剂、规模增效。加强资产管理。充分发挥资产设备的保障作用，加强过程管理，加快资产流动，提升创效能力，全年调剂盘活闲置资产9100万元，节约装备资金8500万元。加强物资管理。充分发挥物资供应的整体优势，理顺工作流程，强化价格管理，推进集中采购，全年集中采购额达到221.76亿元，集中采购度达到89.4%，节约了采购资金。

【市场开发】 市场开发形势喜人，推动了海外业务规模、效益的快速增长。站在战略和全局的高度，加强组织领导，完善政策措施，优化整合资源，强化商务运作，初步构建了适应“走出去”需要的管理体制和运行机制。2010年，整个外部市场开发工作呈现出力度大、步子快、势头好的喜人局面。钻探业务在巩固艾哈代布钻修井市场的基础上，中标鲁迈拉钻井大包和哈法亚钻井项目，成功进入蒙古塔木察格以外钻井及测录井市场；工程建设业务首次进入伊拉克、缅甸市场，并在国内获取一批新工程；开发技术业务完成苏丹1/2/4区合作开发方案，中标3/7区找堵水项目；装备制造产品进入乍得和伊拉克市场。海外业务的快速发展，为公司实施国际化战略奠定了坚实基础。

【基础建设】 基础建设更加扎实，促进了企业管理整体水平的持续提升。按照集团公司开展基础管理建设工程的总体要求，坚持传统管理与现代管理相结合，全面加强各项管理基础工作。推进制度建设。以工程建设领域为突破口，清理规范各项规章制度，进一步理顺了投资、合同、招投标、法律事务、价格定额等管理制度和工作流程；以规范未上市业务运行为重点，加强内控体系建设，初步建成了覆盖油田主要业务的统一控制体系。全年清理规章制度684项、废止206项、新建58项，促进了规范运作。推进安全环保基础建设。认真落实总体要求，健全完善HSE管理体系，加强隐患治理，开展专项检查，贯彻《中国石油天然气集团公司反违章禁令》，杜绝了重特大事故的发生。推进质量节能和标准化建设。完善企业标准体系，强化质量监督检查，抓好计量检测工作，落实各项节能措施，促进了产品、工程和服务质量的提升，全年节能28.5万吨标准煤。推进信息化建设。在加快三网合一的同时，全面完成集团公司ERP试点项目3年建设任务，实现上市单位应用系统如期上线，未上市单位项目建设稳步推进，加快了建设“数字油田”的步伐。

【民生工程】 民生工程推进有力，开创了和谐示范矿区建设的新局面。在集团公司的大力支持下，以建设“中国石油和谐示范矿区”为目标，统一规划、分步实施，加大力度、有序推进。搞好老旧小区改造升级。对高平、朝阳等26个居民小区、546栋住宅楼实施综合整治，新建、改造离退休职工活动室37座，有2.77万户居民受益。启动员工住宅改善工程。开工建设汇景花园、明湖花园，建筑面积112.39万平方米，总户数6998户。完善公共设施配套建设。对铁人大道、创业大道等主干路进行升级改造，建成投用油田总医院住院三部，完善提高医疗、公交、供暖、绿化等公共事业服务，建成区绿化覆盖率达38.5%。推进油区环境细部整治。拆除各类违章建筑55.7万平方米、清理各类房屋4100多栋，治理油区面积121平方千米，进一步改善了员工的生产生活环境。在大力推进重点民生工程的同时，深入做好和谐稳定工作，员工收入有较大幅度增长，实现了企业增效、员工增收。

【党建和企业文化】 政治优势充分发挥，保证了生产经营、改革发展的顺利进行。加强和改进企业党建、思想政治工作，在深入开展“珍惜荣誉、高举旗帜、开创未来”主题教育活动的基础上，以“坚持科学发展，永续大庆辉煌”为主题，在各级党组织和广大党员中，积极开展创先争优活动，努力把党组织的政治优势转化为企业的发展优势。坚持把开展创先争优活动，同宣贯实施《大庆油田可持续发展纲要》相结合，围绕推进落实公司的各项战略部署，引导激励党组织和党员，争创“四强”、争做“四优”，自觉履职尽责创先进、立足岗位争优秀，进一步促进了政治核心、战斗堡垒和先锋模范作用的发挥；同弘扬大庆精神、铁人精神相结合，开设“铁人大讲堂”，开展缅怀铁人纪念活动，举办石油魂——大庆精神、铁人精神巡回宣讲，进一步激发了弘扬优良传统、继续艰苦创业的热情；同加强干部队伍作风建设相结合，开展“忠诚事业、承担责任、艰苦奋斗、清廉奉献”教育，突出“责任、能力、自律”三个方面，强化干部轮训，完善惩防体系，倡导“五讲五重”，进一步树立了干部队伍的良好形象。充分发挥工会、共青团组织的作用，推进厂务公开和民主管理，举办员工技术运动会和广场文化活动，开展各种形式的立功竞赛，调动了干部员工的积极性。秉持“安全、成功、精彩、难忘”的理念，高水平完成世博会石油馆参展任务，为石油工业赢得了荣誉。

（陈立民　李淑杰）

中国石油天然气股份有限公司辽河油田分公司（辽河石油勘探局）

【基本情况】 中国石油天然气股份有限公司辽河油田分公司（以下简称公司）地跨辽宁省、内蒙古自治区的12个市、32个县（旗），公司机关设在辽宁省盘锦市。公司主营油气勘探开发、工程技术、工程建设、装备制造、矿区服务、多种经营等业务，下设53个二级单位，用工总量112392人，资产总值540亿元。

2010年，公司新增探明石油地质储量、控制储量、预测储量，分别完成年计划的223%、115%和121%。在受特大洪水影响的情况下，实现原油产量950.01万吨，生产天然气8.01亿立方米。全面完成中国石油下达的经营业绩指标。

【油田勘探】 2010年，公司按照“深化基岩、发展岩性、加快滩海、拓展外围、推进南海”的勘探思路，坚持“勘探开发并行增储、勘探指导开发、开发推动勘探、产量促进储量，勘探开发技术协同应用、地质任务相互兼顾”，深化地质综合研究，致力于整装区带突破和规模储量发现，勘探成果创“十一五”最好水平。兴隆台潜山实现整体探明储量1.27亿吨，被列为中国石油规模储量发现地区之一；大民屯南部潜山勘探取得新突破，新增预测储量6000多万吨，获股份公司重大发现一等奖。新增储量落实程度高、品质好、区块整装；西部凹陷南部碎屑岩新增控制储量明显增加，滩海中东部、辽西地区外围都见到较好苗头。

1. 西部凹陷勘探

按照岩性油气藏的勘探思路，以西部凹陷南部沙一段、沙二段和沙三段为主要目的层，在精细构造解释、沉积微相研究和储层预测基础上，加强对各层组砂体的精细刻画及油源断层和砂体配置关系的研究。追踪沙三段有利砂体15个，面积113平方千米，双台子深层沙二段有利砂体面积16.2平方千米，展示西部凹陷南部良好的勘探前景。

2. 兴隆台潜山勘探

整体勘探兴隆台潜山，预探、评价与开发相结合，在加强中生界、太古宇整体构造特征、太古宇优势岩性、双元多层内幕潜山成藏条件等方面研究取得新认识，探明石油含油面积55.49平方千米，探明地质储量1.27亿吨，初步建成100万吨生产能力，是中国石油东部油田的重要发现之一。

3. 大民屯潜山勘探

深化大民屯潜山成藏条件认识，提出大民屯凹陷潜山“整体含油、局部富集”的勘探理念，在综合评价的基础上，优选近洼部位的负向构造区和低部位潜山进行部署实施。2010年，大民屯中央潜山带南部整体实现新增预测石油地质储量6053万吨，获股份公司重大发现一等奖。

4. 辽河滩海地区勘探

通过圈闭精细描述，在海南—月东东坡落实地层超覆体勘探面积东营组三段162.4平方千米，沙河街组一段、二段143.5平方千米，沙河街组三段124平方千米。通过目标综合评价优选，部署实施的海东1井钻遇良好的油气显示，证实滩海中部具备油气成藏的基本条件。加强滩海区带优选与目标精细评价，深化滩海区带油源与圈闭配置条件研究，力争获得新的发现，开辟滩海整体勘探的有利局面。

【油气开发】 2010年，公司坚持“平稳、均衡、效率、受控、协调”的原则，优化生产组织运行，推行效益生产，提高油田开发管理水平。加快产能建设步伐，全年完钻开发井300口，钻井进尺58.1万米，新建原油生产能力91万吨，平均单井日产油能力11.7吨。油田重点生产区块兴隆台潜山日产油能力达到2700吨以上，形成百万吨生产能力。开展“油田开发基础年”活动，加强老区综合治理，实施提高单井日产量工程，单井日产稳定在2.61吨，比方案设计高0.07吨。搞好老油田二次开发，增强稳产基础，完善配套工艺技术，推进导向技术试验，优化推广规模实施项目，将采油指标层层分解，加强监督和考核，提高单井产量和管理水平。全年实现油井检泵周期439天、同比延长8天，平均泵效43.5%、同比提高0.2个百分点，增加原油产量21万吨。齐40块蒸汽驱工业化应用，开展综合治理和配套增产技术试验，区块产量日产油稳产在1860吨，全年完成注汽573.4万吨，年产油66.1万吨，比蒸汽吞吐采油方式年增油47万吨。SAGD工业试验稳步推进，统筹科技立项和技术攻关，合理调整实施方案，确保先导试验区及新转井组的高效开发，日产油从年初的955吨上升到1150吨。完善提高4种筛管完井防砂技术和水平井管内防砂技术，解决不同类型油藏水平井出砂问题，开发隐形接箍筛管，解决套管井防砂问题。水平井防砂技术推广应用30井次，实现产油13360.6吨，创造产值2633.4万元。完善水平井替泥浆、固定式气举阀一次管柱投产技术，开发大通径气举阀，完善水平井替钻井液、气举诱喷、转抽一体化工艺技术，改善投捞式气举阀的密封性能，提高耐压性能。全年实施220井（次），增油26348.5吨，创效1.23亿元。特别是面对油田历史特大洪水灾害，有序组织停站关井撤离，汛后全力组织开展“全员奋战一百天、力保踏线千万吨”会战，广大员工众志成城、顽强奋战，表现出强烈的大局意识和责任意识，在最短的时间内完成复产上产，提前1个月踏上千万吨日均线，最大限度降低灾害损失，为夺取抗灾复产全面胜利发挥了决定性作用。

【相关产业发展】

1. 天然气业务

2010年，公司贯彻集团公司大连工作会议精神，发挥资源、区位、管理和信誉等优势，集中力量开发天然气市场，全年销售CNG（压缩天然气）1242万立方米，实现收入2365万元。以组建城市管网公司的发展模式，推进双6储气库、秦（皇岛）—沈（阳）输气管道和大（连）—沈（阳）输气管道等重点项目建设。在支线管网建设、市场开发、天然气销售等方面与辽宁省26个市（县）签订天然气业务合作协议，与奥德集团签订控股经营新民、法库等11个县（区）城市燃气项目合作协议。完成锦州煤气公司收购和改制，挂牌成立中石油北燃（锦州）燃气有限公司。推进盘锦市天然气总公司股份制改造，分别与朝阳、营口等市签订天然气业务合作协议，与辽阳、抚顺等市达成合作意向，加快推进合作步伐。并完成大连LNG（液化天然气）销售方案，为下步市场开发提供依据。

2. 工程技术

2010年，公司加强工程技术服务系统生产组织，发挥技术优势，优选国内工程技术服务和井下作业目标市场，提高作业效率和施工质量，服务油田生产；集中内部资源，加大外闯市场力度，全年完成作业工作量2.3万井次。优化施工队伍结构，加大以注汽为主的开采作业技术服务市场和高附加值项目市场开发力度，扩大冀东、大庆、吉林等油田服务项目，76支工程技术服务施工队伍到国内外部市场施工，全年交井1864口，收气完成2144万立方米，交井一次合格率99.4%，资料全准率100%，实现收入5.84亿元。

3. 工程建设

2010年，公司发挥建设集团合力和品牌优势，全面推行EPC和PMC管理，加强工程建设质量体系管理，规范工程建设措施方案审查、工程设计与外部市场管理，履行项目质量管理程序，落实工程质量管理目标。抓住油田内部重点工程和外部重大项目运行，提高保障生产、开拓市场和盈利创效能力。全年实现产值84.3亿元，实现收入59.7亿元。完成各类井口装置442套、采油集输平台27座，完成各类新建、改建井站59座，铺设管线455千米，安装变压器119台、架设6千伏线路128千米。在服务内部市场的同时，积极开拓外部市场，承揽广东天然气管网、大连—沈阳管线等工程，中标漠河—大庆输油管道伴行路工程、奉新—铜鼓高速公路第二合同段路基工程、内蒙古东胜油库、大连油库拆除及恢复工程等项目。加强技术攻关，推广应用小型定向钻技术施工84处，提高穿越施工工效并确保施工安全。天然气利用管网首次使用3PE防腐技术，在建设3PE管道防腐生产线的基础上，开展弯头3PE防腐技术攻关，掌握弯头3PE防腐技术，推广工厂化预制防腐，提高了管道施工质量。

4. 装备制造

2010年，公司完善市场开发和营销体系，加强海工基地、隔热管等重点项目建设，提升技术装备水平和产业集中度。在阿联酋、印度尼西亚、伊朗、阿塞拜疆和大庆、渤海等国内外市场设立销售处，建立国内外销售联络处，搭建国内外销售网络框架。全年生产3000米以上钻机14台（套）、修井机10台（套），海豹6号震源船下水进港，航工平1号平台进入收尾阶段，HTV双体起重船完成分段制造，CP-300钻井平台完成桩靴胎架制造，完成20—100吨规格吊机9台，实现收入9.3亿元。

5. 多种经营

2010年，公司多种经营实现收入100亿元，同比增长9.6%，实现利润总额2亿元，增长13.3%，实现税金7.6亿元，增长4.9%。多种经营从业人员17893人（其中油田在册员工10801人），实现增加值21.4亿元，同比增长19.9%。积极争取政策支持，多种经营骨干企业成为集团公司一级物资供应商。开发伊朗、印度尼西亚等国际市场，拓展石油行业外部市场，外部市场收入比例增加到35%。组建盘锦辽河油田辽河实业集团，发挥品牌效应，打造整体实力。加快培育核心业务和主导产品，特种沥青、钻杆接头等一批重点项目建成投产。建立技术创新体系，建成第一个研究生培养创新基地，省、市级企业技术中心增加到11家。

【企业管理】 2010年，公司根据上市业务持续稳产1000万吨和未上市业务解困扭亏新形势，把握投资方向，优化投资结构，突出油气核心业务发展，保证勘探开发、安全环保、注水综合治理项目，落实三级责任，规范项目过程管理。按照“大预算”的管理模式，建立以效益为中心的预算新机制，突出以业务工作确定预算支出的原则，扩大预算的覆盖面，将收入、折旧、成本、利润纳入预算控制范畴，由成本中心向利润中心转变；对未上市业务实行以工作量核定收入，以平均边际贡献确定利润的原则编制预算，增强预算编制的公开、透明和公正性，增强各单位的经营压力和动力，提高成本控制水平。明确经营业绩考核的重点和方向，完善经营业绩考核政策，调动各单位增产增效的积极性。落实“三控制一规范”（控制机构编制、控制用工总量、控制人工成本过快增长和规范薪酬分配秩序）要求，推进企业内部组织结构调整，完善相关业务管理体制，优化队伍结构，连续第三年实现用工总量负增长。合并物资公司和化学公司，调整职能设置，完善、规范物资采购管理，实行物资供应统一管理、集中采购、分级负责的管理体制，降低采购成本。优化资产结构，控制资产总量，加强资本运营管理，创新资本运营模式，提升资本运营工作水平。加强招、投标管理，增强招投标监督力度，规范市场竞争环境。推进内控体系建设，形成内控监督检查的长效机制，增强业务合规性和风险管控能力，实现上市与未上市业务内部控制一体化管理。严格审计和效能监察，落实依法以规治企的理念，强化刚性监督作用，改善经营管理，提高管理水平。解困扭亏工作见到良好势头，各项业务整体协调发展，全年未上市业务整体减亏1.3亿元。开展“全员精细管理、杜绝百种浪费”活动，推进群众性挖潜增效活动。

【科技进步】 2010年，公司坚持“主营业务驱动”、“效益科技”的发展理念，围绕勘探、开发等5个领域推进国家专项、集团公司和本公司重大、重点项目攻关，取得10项重大技术成果，为主营业务发展提供支撑和保障，提升了科技创效能力。推进国家科技重大项目，完成“渤海湾盆地辽河坳陷中深层稠油开发示范工程”周期建设任务，中报国家专利54项，建立企业标准2项，形成新工艺、新装置10套，取得多项技术突破。“建立高温、高压三维热采比例模型”、“二维可视化比例模型”、“大型火烧油层比例物理模型”等6个系列标志性试验装置，研发“同心式双管注汽管柱和注汽井口”，解决工艺管柱结构优化、蒸汽干度分配等技术难题，实现水平井段两点注汽和注汽量的动态调整；自主研发“大泵配套脱接器”，研制120毫米和140毫米泵径、8米冲程的高温大排量泵，解决杜84块SAGD油井的举升难题；解决多路温度压力实时监测、热电偶在毛细管内穿接制作等13项技术难题，首次在国内实现蒸汽驱、SAGD观察井井下温度压力分层监测及高温、高压条件下井下2点压力、6点温度的实时监测；形成SAGD采出液不掺稀油高温脱水工艺技术，突破高温密闭热化学沉降脱水等5项技术难题。开展外围低信噪比资料处理、基岩/岩性油气藏、铀矿勘探等理论研究和技术攻关，完善基岩岩性识别、优势储层评价等基岩内幕油气成藏勘探技术与理论，首次在国内发现元古宇自生自储油气藏，形成东部凸起具备页岩气成藏条件的新认识，取得大民屯凹陷基岩油气藏勘探新突破和西部凹陷兴隆台潜山带勘探新进展，实现基岩领域新增探明石油地质储量6676万吨；形成适合辽河坳陷斜坡+断裂型的岩性地层油气藏勘探技术系列，解剖鸳鸯沟、铁匠炉和滩海盖州滩断裂带等重点岩性油气藏勘探领域；铀矿勘探形成以矿标志、控矿因素分析为主导的有利区分布预测技术，明确钱Ⅳ块的成矿规律。发挥技术、人才优势，拓展苏丹、阿尔及利亚、哈萨克斯坦等海外稠油技术服务市场。加强工程技术、工程建设、装备制造技术研发，提升市场竞争力和创效能力。推进信息化建设，ERP项目按时上线运行。全年获得省部级以上科技成果奖19项，获奖数量创公司历史新高。申报国家专利160项，获授权47项。规模应用成熟适用技术5020井次，增油68万吨。

【安全环保】 2010年，公司推进“有感领导、直线责任、属地管理”，突出落实领导责任，持续推进HSE体系建设，有效落实《中国石油天然气集团公司反违章禁令》，两级HSE委员会修订完善各类制度、标准、规范55个，审核纠正各类问题1200个。强化宣传教育培训，打牢安全环保工作基础，全年举办各类安全环保干部培训52期、2633人次；组织高危险作业人员、特种作业人员专业培训153期、7019人次，在40家主要生产单位建立安全教育阵地；加强应急管理，完善《突发事件总体应急预案》和18个专项应急预案，组织应急演练549场次，顺利通过集团公司审核。开展安全生产大检查，固化“大讨论、大排查”机制，深刻汲取事故教训。运用HAZOP等分析方法对7个重大项目、6个城区钻井、8个关键设备装置、2个海洋石油作业现场及消防和有害作业场所等进行风险辨识、分析评价、审批、检测和监督。坚持以人为本，突出安全环保，投入隐患治理资金4.5亿元，用于隐患井治理、管线占压清理改造、压力容器更新、储罐加热炉更新改造、轻烃工艺改造、采油集输热注系统更新改造、测液面隐患整改、电力系统治理、噪声治理及热采锅炉安装污水回收降噪装置等271项隐患治理项目。投入海上隐患整改资金1亿元，对海底管线悬空、人工岛岛体冰损破坏等10个重点项目进行集中治理，提升海上安全环保整体水平。在历史最大的洪水灾害面前，在持续70多天的抗灾复产过程中，实现了零伤亡、零污染和零事故。

【党建与企业文化】 2010年，公司深入贯彻落实科学发展观，坚持围绕中心、服务大局，深化党委“五个一”系统工程，抓住重点、选好载体、创新方法，加强和改进党的建设，深化提升思想政治工作、企业文化建设和精神文明建设，全面提高党委工作科学化水平，充分发挥党组织的政治核心作用、党支部的战斗堡垒作用、党员负责人的示范表率作用和党员的先锋模范作用，为保持油田持续稳定、协调健康发展提供保证、奠定基础。按照“推动科学发展、促进社会和谐、服务员工群众、加强基层组织”的目标要求，组织开展建设学习型党组织和创先争优活动，提高党的建设工作水平。加强“四好班子”建设，深化干部人事制度改革，提升各级班子整体功能和管理能力。加强企业文化建设、精神文明建设，有效推进惩防体系建设和信访案件查办工作。开展“增储稳产降成本、创优创效创和谐”形势任务教育，引导广大干部员工认清形势，统一思想，坚定信心，增强广大员工“我是石油人，辽河是我家，我与企业同创业共发展”的责任感和使命感。成功组织油田开发建设40年庆祝活动，中共中央政治局常委、中央政法委书记周永康专门发来贺信，对辽河油田充满深情、寄予殷切期望，令广大员工备受鼓舞。

【和谐矿区建设】 2010年，公司把创建平安和谐示范矿区作为保障工程和民心工程，形成创平安、促和谐、保发展的良好局面。努力将发展成果惠及全体员工群众，在促进油田发展、服务员工群众、构建矿区和谐等方面取得新进展。组织实施“偏散远小”矿区关闭搬迁、离退休活动场所完善、数字化电视改造启动等10项民生工程，不断提高员工群众生活质量。加强细节服务，完善矿区功能设施，提高服务保障水平。提高员工福利待遇，员工收入同比增长13%。实施员工健康疗、休养货币化改革，7万余名员工当年受益。做好“送清凉”活动，慰问一线班组、外部施工现场和科研岗位2322个、岗位员工35918人。加大劳动权益保障力度，安排一线艰苦岗位和特殊岗位人员疗养27批2105人次。落实扶贫帮困长效机制，组织年度“送温暖、献爱心”捐助活动，募集员工捐款769万元、捐物53730件（套）。开展“星级帮扶站”创建活动，全年资助困难家庭学生1413名，发放助学金170.64万元；医疗帮扶252人次，支付帮扶金77.9万元；生活帮扶9032人次，发放帮扶款1504万元；协调76名特困家庭待业子女和25名孤儿、工亡子女实现油田内部就业；组织66名油田青光眼白内障患者接受康复手术，为10名股骨头坏死员工争取到辽宁省慈善基金会每人1.5万元的救助项目。健全信访稳定责任体系，加强源头防范，重点单位、重点群体和特殊敏感时段的稳定工作得到强化。开展油气田及输油气管道治安秩序专项整治，打击涉油犯罪，有效维护了油田整体利益。

（田　英）

中国石油天然气股份有限公司长庆油田分公司（长庆石油勘探局）

【概述】　中国石油天然气股份有限公司长庆油田分公司（以下简称公司）主营鄂尔多斯盆地油气及伴生资源的勘探、开发、生产、储运和销售业务，公司机关位于陕西省西安市。截至2010年底，公司有机关职能部门23个、机关附属部门6个、直属单位17个，二级单位49个；所属矿区服务事业部有职能部门9个、机关附属部门2个、二级单位21个。公司员工总数73426人，其中管理人员12535人、专业技术人员6164人、操作服务人员54727人。

【生产经营】　2010年，公司共生产原油1825.01万吨，位居股份公司第二位，净增252.72万吨；生产天然气211.07亿立方米，位居股份公司第一位，净增21.55亿立方米。完成油气当量3506.81万吨，净增424.38万吨，增幅位居股份公司榜首。全年实现营业收入880.51亿元，首次突破800亿元；实现利润361.95亿元，税金158.58亿元；油气操作成本控制在股份公司下达目标之内。

【油气勘探】　立足全盆地，坚持整体研究、整体部署、整体勘探、整体运行，积极推进新区风险勘探，不断强化老区精细勘探，油气勘探成效显著，新增油气三级储量再超15亿吨，为中国石油储量增长高峰期工程作出重大贡献。2010年，石油勘探新增石油三级储量7.2亿吨。姬塬地区新增储量近5亿吨，已落实姬塬、陕北、华庆、镇北—合水等勘探有利区带，形成4个超10亿吨级的规模储量区，储量总规模可达40亿—50亿吨，为满足2500万吨以上原油上产和稳产找到了资源保障的方向。天然气勘探新增天然气三级储量1.02万亿立方米。苏里格气田整体勘探取得重大进展，形成3万亿立方米大气区；高桥地区与苏里格气田实现复合连片，形成新的规模储量接替区；盆地东部致密气藏通过大井段、多层系压裂改造，单井日产量进一步提高，初步落实5000亿立方米储量，形成又一新的规模储量接替区，天然气储量规模可达5万亿—6万亿立方米。

油藏评价按照“继承性、整体性、进攻性”原则，全面推进勘探开发一体化，快速落实规模储量和含油富集区。整体评价效果显著，华庆整体新增探明石油地质储量2.59亿吨；甩开评价取得重要进展，姬塬长6–8高产油藏落实，镇北—合水长8油藏得以控制，长3取得进展，姬塬、陇东整体储量规模均达10亿吨级。全年完钻井270口，完试井264口，获工业油流井205口，新增整装探明石油地质储量2.59亿吨，可采储量4913.12万吨，完成年计划的103.44%。

【油气开发】　油田开发按照“老井稳产、措施增产、新井上产、精细管理”的工作思路，坚持勘探开发一体化，强化过程控制，油田开发水平显著提升。全年完钻8435口，进尺1949.07万米，验收产能467万吨；完钻水平井40口，投产17口，平均单井日产油7.9吨；完成油井措施1902口，累计增油45.52万吨；完成注水井措施888口，累计增注116.61万立方米；全油田老井自然递减率控制在11.6%，含水上升率控制在2.2%，压力保持水平94%，水驱储量控制程度保持在92%以上，水驱储量动用程度提升至70.5%。姬塬油田坚持立体勘探、立体评价、规模开发，当年建产能232.9万吨，年产油能力突破530万吨；华庆油田坚持整体勘探、整体评价、效益开发，当年实施骨架井37口，建产能43万吨，油田具备90万吨的年生产能力；环江油田坚持甩开勘探、甩开评价、滚动开发，实施探井和评价井54口、骨架井75口，形成环江长8油藏“三线六区”砂体展布大格局，百万吨开发规模基本形成。

气田开发按照“骨架井控制，水平井、丛式井并重”的工作思路，不断转变发展方式，着力推进低渗气藏技术攻关，水平井、致密储层改造取得突破性进展。长庆气区2010年钻井突破1000口，新建产能60亿立方米；完钻水平井97口，有效储层钻遇率达到60.2%，62口求产井平均单井无阻流量60.22万立方米/日，77口投产井平均单井产量6.5万立方米/日。苏里格气田采用地震和骨架井结合优选富集区，精细刻画小层砂体展布，自营区完钻丛式井363口，丛式井Ⅰ+Ⅱ类井比例达到81.3%；完钻水平井28口，完试17口，平均单井无阻流量40.6万立方米/日，同时刷新储层钻遇率、水平段长度、改造规模等多项技术指标。靖边气田以储层描述为核心，地质、地震紧密结合精细刻画前石炭纪古地貌形态，重点区块利用三维地震技术有效预测毛细沟槽展布和小幅度构造展布特征，优化设计水平井轨迹，初步形成适合低渗薄层碳酸岩储层水平井开发技术。子洲气田采用内部完善井网、外围滚动扩边、富水区边缘优化布井思路，强化砂体、构造及生产动态综合研究，实施效果明显。高桥地区上下古生界兼顾，加快试采评价，有利含气范围进一步扩大，为下一步规模上产奠定了基础。

【工程技术】 工程技术管理围绕提高单井产量和确保产能建设安全、优质两大中心任务，强化井控安全和施工队伍管理，强化工程质量监管，规模化应用新工艺、新技术，确保钻井、试油气工程的质量及施工安全，为储量增长高峰期工程和稳定并提高单井产量工程奠定了扎实基础。全年动用各类钻机800多部，动用试油（气）机组600多套，完钻米数、完试层（次）同比均有较大幅度增加。井身质量合格率达100%，平均取心收获率97.3%，固井一次合格率99.6%；压裂一次成功率98.6%，试油气排液合格率100%。

【地面工程】 地面工程建设以实现安全、质量、工期、投资的有效控制为目标，着力推进“标准化设计、模块化建设”，工程建设水平进一步提升。标准化设计覆盖率气田产建站场100%，油田中小型站场100%、大型站场达到95%，全年新建各类场站196座，改扩建场站97座。宁夏80万立方米原油商业储备库和40万立方米生产运行库、咸阳70万立方米原油商业储备库、油坊庄60万立方米生产运行库、惠银输油管线等重点工程建设组织高效，圆满完成节点目标。“苏里格气田50亿立方米产建骨架工程”、“姬塬油田230万吨产建地面工程”双双荣获国家优质工程银质奖和集团公司优质工程金质奖。

【技术创新】 以国家示范工程、上产5000万吨等国家和集团公司重大科技专项为龙头，以超低渗透油藏和苏里格低渗气藏重大开发试验为重点，大力开展“1277”（即12项关键技术、7项配套技术、7项开发试验）科技创新工程，强化先进实用工具研发，为油气上产提供了有力支撑。全年安排科技项目28项，其中国家项目2项，集团公司项目14项。储层快速评价、超前注水、多级压裂改造、井口自动投球、低成本钻采配套等技术获得新突破，形成超低渗透油藏开发的主体技术；气井喷射引流技术、新型远程控制电磁阀、数字化无人值守集气站、不动管柱分层改造等技术获得新突破，为气田增产和稳产提供了技术支撑；裸眼封隔器分段压裂改造工具初步实现国产化，使水平井分段压裂费用不断降低；数字化增压橇、智能注水橇等装置的研发和推广应用，使地面工艺流程从三级布站简化为一级半布站。2010年，公司有1项科研成果获国家科技进步二等奖，22项科研成果获省部级科技奖励；取得授权专利108件，其中发明专利5件；获国家计算机软件著作权登记2项；获集团公司自主创新重要产品认定3项。

【安全环保】 坚持“环保优先、安全第一、质量至上、以人为本”的理念，以全面推进HSE体系建设为主线，严格落实安全环保责任，扎实开展专项检查和安全活动，公司本质化安全水平有效提升。持续推进HSE管理体系建设，编制岗位标准作业程序文件8547份、标准操作卡534项，并全部实现现场目视化看板管理。不断加大安全环保监管力度，在为甲、乙类生产单位配备31名副总工程师的同时，还增设2个安全环保监督站，确保监管分离机制运行顺畅。切实抓好安全隐患治理，投入专项资金5.26亿元，治理各类隐患122项，并确立11个重点治理项目挂牌督办。积极推进“三防四责”油气泄漏防治体系建设，完成环境敏感区72座站、91台输油泵、61座截断阀数字化技术改造，以及油区内9条河流、2个市级饮用水源地12处、8道拦油设施建设。不断完善应急预案体系，正式发布公司第三版应急预案；组织开展公司级应急演练2次，厂处级及以下应急演练8897次；全年共投入2000万元储备各类应急抢险物资。2010年，公司先后参与陕西渭南兰郑长输油管道柴油泄漏、鄂尔多斯长呼天然气管道泄漏、宁夏骆驼山矿井透水、榆林子洲山体滑坡、咸阳旬邑柴油泄漏、陕西洛川污油泥泄漏等事故抢险救援行动，得到国家安监总局和所在地方政府充分肯定。进一步完善“公司、二级单位、作业区（大队）、井区（站）”四级安全培训网络，推行星级达标、能级管理等机制，累计培训处级干部128人，安全管理骨干539人，岗位员工3.6万人。进一步加强生产场所职业危害预评价、控制效果评价和职业病防护设施“三同时”管理工作，实现“零职业病”目标。着力加强消防队伍专业化建设，成立消防支队，组建油气井灭火消防特勤班，投入资金1500万元配置灭火专用设施。全力抓好节能减排工作，积极开展节能技术研究，突出推广超低渗透油藏开发等节能配套技术，全年节能4.6万吨标准煤，节水80.5万立方米，超额完成国家和集团公司下达的考核指标。公司连续4年荣获集团公司“安全生产先进企业”、勘探与生产分公司“安全环保先进企业”称号。特别是在全国性安全生产大检查活动中，公司安全环保工作分别受到国务院安全生产督察组和陕西省、甘肃省安监局的好评。采油一厂、采油二厂还被评为“中华环境友好型企业”。

【管理创新】 深入实施“标准化设计、模块化建设、数字化管理、市场化运作”四化模式，大油田管理水平再上新台阶。数字化建设步伐不断加快。依据“三端、五系统、三辅助”总体建设架构，认真开展油田数字化改造关键技术研究和现场试验。前端建设开展15项关键技术攻关和22项配套技术研发，具有自动调平衡和自动调冲次功能的第二代数字化抽油机研发取得重大突破；数字化增压橇配套控制系统完成开发并现场使用33台；标准场站控制系统完成460个站点的升级改造。中端建设在年初建成并投运公司数字化生产指挥中心之后，上半年又完善了生产运行调度、安全环保监控及应急抢险指挥“三大功能”，实现生产调度、管理方式转变，大幅提高了生产指挥效率和管理水平。目前正在积极推进数字化管理向油田各专业、各层面的覆盖和延伸。后端建设有序展开，油气藏经营管理决策支持系统和管理信息系统（MIS）正在开发，企业资源计划系统（ERP）已上线运行。2010年，全油田共完成数字化改造作业区20个，涉及油水井数23647口，占油水井总数的61.3%。

标准化体系建设深入推进。依据国家标准委员会的分类标准，从技术标准、管理标准和工作标准3个方面建立起标准化体系总体框架，形成管理标准，初步做到工作界面清晰、权责关系明确、管理活动规范、组织运行高效；形成管理岗位工作标准，实现岗位目标、管理标准、岗位职责、岗位权限、任职资格、临时事务、资源配置、工作依据等要素系统集成；建立操作岗位标准作业程序，以安全、质量、效益为目标，分解作业动作，优化作业过程，科学编制操作员工工作标准，夯实了安全生产基础；以风险管理为主线，通过业务流程管理，融合内部控制体系、HSE管理体系、质量管理体系、法律防控体系等单体管理体系，将现有体系全部整合到标准化体系，找到了统一公司所有业务流程的方法和途径。

财务管理持续强化。在投资管理上，严把投资方向，严格项目审查，坚持建设方案两级审查制度，抓好重点项目建设方案的编制与落实，确保了各重点项目实施、投产和运行的平稳有序。在成本管理上，结合股份公司完全成本管理新要求，科学编制和分解下达预算指标，严格过程控制并收到实效；开展油气生产单位成本对标管理，拓宽了挖潜控降成本新空间。在资金管理上，加大“小金库”治理力度，狠抓“三角债”清理及外部清欠工作，资金运营质量有效提升。

【结构调整】 按照建设国际化油公司模式的方向，持续调整优化结构。在业务结构方面，为保障国家能源安全，确保北京及周边城市的天然气安全供给，适时将甲醇厂整建制转型从事储气库建设和管理业务。加快工程建设和机械制造业务转型步伐，将建设工程处全面退出外部市场，转移到公司内部市场，承担气田产能建设、油田大站大库建设和大型油维项目建设；机械制造总厂业务转型从做好增值服务、延伸服务两个方向展开实施。完成水电业务专业化管理，将第三采油技术服务处（超低渗透油藏第三项目部）水电业务、资产及人员划转到水电厂。在组织结构方面，成立中部气田开发指挥部，将苏里格中部、东部、南部气田开发项目部分别更名为第四采气厂、第五采气厂及长南气田开发项目部，有序规范了采气生产单位机构编制管理，进一步提高了气田生产管理水平；围绕油田持续稳产，从公司、科研单位、采油厂、作业区4个层面，健全完善油田注水管理及科研机构的设置，加强了定员配备；进一步理顺安全环保监督和工程监督机构，在安全环保监督部增设第十一、十二安全环保监督站，调整理顺工程监督处职能定位、工作范围和内部机构编制，实现了扁平化管理；将信息中心与数字化管理项目经理部整合为数字化与信息管理部，并明确数字化与信息管理部、通信处以及二级单位数字化与科技信息中心的职能定位和工作界面，提升了公司数字化与信息化应用水平。根据集团公司有关文件精神，平稳组织实施了川庆钻探公司长庆地区部分单位5000人划转长庆油田公司的工作。

【党建和队伍建设】 以创先争优活动为龙头，以“奉献石油当先锋、我为党旗添光彩”为载体，以保促增储上产为中心，组织开展创建“四强”（即政治引领力强、推动发展力强、改革创新力强、凝聚保障力强）基层党委、“六个好”（即书记素质好、领导班子好、党员队伍好、工作机制好、工作业绩好、群众反映好）基层党组织、争当“五带头”（即带头学习提高、带头争创佳绩、带头服务群众、带头遵纪守法、带头弘扬正气）优秀党员活动，全面推进公开承诺和领导点评工作，在“推动科学发展、促进油区和谐、服务员工群众、加强基层组织”方面取得较为显著的阶段性成果；坚持“支部建在井站”，加快数字化、标准化党支部建设，探索建立“支部管理信息化、业务操作流程化、党员管理可视化、作用发挥日常化”管理平台。班子建设突出“四好”（即政治素质好、经营业绩好、团结协作好、作风形象好）核心内容，重点加强工程建设领域管理人员作风建设，研究出台《关于加强工程建设领域管理人员作风建设的意见》；坚持领导班子民主生活会制度，坚持两级党委中心组学习制度，认真贯彻民主集中制原则，严格落实“三重一大”决策制度，领导班子的科学决策、民主决策、依法决策能力有新的提高。队伍建设以提高整体功能为重点，建立健全干部选拔任用和管理监督机制，制定完善一系列干部管理考核制度，组织开展经常性干部培训，积蓄了干部人才；加快公司三级技术专家队伍建设，加强基层与“三院两中心”专业技术人员的双向流动，优化了人才队伍结构；扎实开展员工培训，打造出以培训中心为主体，银川技能实训基地、陇东和西安数字化实训基地等区域性基地为补充的培训格局，全年共举办培训班1372期，培训员工37725人次；广泛开展技能竞赛活动，努力提升员工技能素质，公司荣获2010年度“中央企业职业技能竞赛先进单位”称号。

【基层建设】 基层建设按照“建网络、抓重点、树典型、推方法、强班组、创自主”的工作模式，深化“五型”（即学习型、安全型、清洁型、节约型、和谐型）班组创建工作，组织开展班组“夺油上产、挖潜增效”活动和对标学习交流，创建达标率达90%，超过集团公司3年80%班组达标的目标；加大基层建设典型经验和创新做法的探索研究与案例推广力度，探索形成“四分”（即培训内容上分岗、培训时间上分期、培训方式上分类、培训考核上分层）循环员工培训法、“六心”（即知人心、聚人心、暖人心、乐人心、得人心、安人心）班组和谐管理法等行之有效的工作方法，促进了基层管理规范化、标准化和精细化进程；坚持以示范点打造、优秀班组创建、管理能手培养为载体，大力培植基层建设先进典型，选树命名基层建设示范点25个，其中“刘玲玲站”被集团公司树为中国石油十个命名班组之一。

【企业文化】 公司党委着力培育符合现代企业发展方向、具有鲜明时代特征和石油特色的企业文化，深入总结长庆40年文化特质和管理经验，提炼出的长庆人“磨刀石上闹革命，低渗透中铸丰碑”，“垮的是困难，不垮的永远是石油人的意志”入选“新中国60年最具影响力60句石油名言”。深入开展“珍惜四十年光荣史、我与长庆同发展”、“‘磨刀石’里冒石油”大讨论、“感恩长庆”三大思想教育及“话说长庆四十年”口述历史征文活动，全面推进文化理念最佳实践，初步形成“尊崇标准的工作文化、持续改进的创新文化、经验共享的学习文化、团结协作的团队文化和全面发展的人本文化”。持续推进文化阵地建设，形成企业文化、党建、安全、基层建设、廉洁和矿区建设等10条精品线路100个展点，规划的6个“油田和谐社区建设教育基地”中的燕鸽湖、泾河园教育基地已建设完成。集中展示长庆油田发展成绩、管理创新和精神内涵，“美好生活来自奉献者”展项列展上海世博会石油馆，中央电视台、《人民日报》等媒体和石油行业媒体刊发长庆油田稿件400余篇（条），进一步提升了公司的影响力。

【构建和谐】 坚持把加快民生工程建设作为发展成果惠及员工群体的重要途径，作为维护稳定的治本之策。积极改善一线员工生产生活条件，投入1650

万元在11个条件成熟的基层作业区（生产生活基地）建设文体场所，为一线573个基层井站队配送图书11万册。加大民生工程建设力度，投用泾欣园一期、湖滨花园一期及兴庆路4248套住宅，开工建设西安基地管道临街住房和西仪长庆坊2个项目2630套住宅；着重实施庆阳、河庄坪、礼泉等老旧小区配套设施改造及环境整治，油田矿区绿化覆盖率平均达到37.6%，被评为"全国绿化模范单位"和"全国创建绿色社区先进单位"。全面推进"六位一体"社区医疗卫生工作，建立起4个社区医疗服务中心、9个社区医疗服务站，实现了社区医疗全覆盖；数字化医院建设试点工作圆满完成。"一老一少"服务体系进一步完善，围绕"8893"（即居家养老达到88%，社区养老达到9%，机构养老达到3%）养老服务目标，各大生活基地社区居家养老帮扶1000余户，留守儿童帮扶800多名。下大力气解决就业问题，通过努力全年招收油田员工子女1576人，安置有偿解除劳动关系人员基地服务类岗位再就业2027人；健全完善各项保险与劳动保障制度，提高有偿解除劳动关系人员再就业困难补助、再就业人员劳动报酬标准和劳动家属生活补贴，救济慰问各类困难群体17888人次，发放困难帮扶资金2780余万元。坚持把稳定工作作为硬任务和第一责任，关口前移，重心下移，着力控制和消除不稳定苗头隐患，切实从治本上化解矛盾，从源头上维护稳定，持续确保了无规模性群体性事件，无进京集体上访，未发生影响油田大局稳定的重大问题，信访总量同比下降17.4%。努力建设"平安油区"，适时组织开展严打专项斗争和治安整治活动，危害生产案件同比下降15%，主要输油管道保持"零打孔"的良好态势。

坚持"发展主导、和谐共赢"理念，认真履行企业社会责任，促进和带动地方经济发展取得新成绩。在陕西，把保障西安及周边地区安全稳定供气作为最大的社会责任，公司充分挖掘气田生产潜力，开足马力提产增量，加快定边—吴起—志丹—安塞—宜川地区天然气开发，全年供气27亿立方米；无偿援助地方建设及教育、扶贫、公路建设、生态保护等社会公益事业发展资金1亿元以上。在甘肃，企地联合召开"和谐典范、模范油区"创建工作推进会，全力落实好企地和谐发展重大项目建设工作，支持建设的合水县、庆城县城区供水工程等一批惠民工程相继竣工投运；共同投资1.13亿元的庆城县城区二期工程同步开工；向庆阳市援助扶贫原油折合现金4500万元；援助西峰、南梁等7个县（区）养殖、扶贫、抗旱、道路建设、文化事业发展建设资金8700万元，为带动地方经济发展，改善当地群众生产生活条件作出了积极贡献。同时，与宁夏、内蒙古及银川、呼和浩特等区市"互利双赢、共同发展"的良好关系也进一步巩固。

（李三卫）

中国石油天然气股份有限公司
塔里木油田分公司

【概述】 中国石油天然气股份有限公司塔里木油田分公司（以下简称公司）是集勘探开发、炼油化工、专业化服务、油气及化工产品销售、科研为一体的地区公司。截至2010年底，公司设置机关处室12个，机关直属机构4个，机关附属机构7个，二级单位27个。员工11905人，其中少数民族员工2842人。截至2010年底，资产总额599.3亿元。

【生产与销售】 2010年，公司生产原油554.1万吨，天然气183.6亿立方米，液化气11.1万吨，油气产量当量保持2000万吨以上水平；加工原油41.2万吨，生产汽油15.4万吨、柴油19.5万吨、化肥75万吨。销售原油541.4万吨、天然气173亿立方米（其中西气东输158亿立方米）、液化气11.1万吨、化肥75.5万吨。

【油气勘探】 2010年，公司完成二维地震勘探4779千米，三维地震勘探1998平方千米。全年共有50口探井进行试油作业，完成试油地质层67层（完井地质层58层、中测地质层9层），新获工业油气流井

31 口，探井成功率 62%。全年油气勘探获得 1 个战略性突破、4 个重大发现和 3 个重要进展，全年新增探明石油地质储量 1 亿吨，新增探明天然气地质储量约 1 千亿立方米。

【石油钻井】 2010 年，塔里木油田共引进钻机 22 台，截至年底在册钻机 99 台，全年钻机利用率为 97%。全年正钻井 255 口，总进尺 85.76 万米。部署探井 67 口（其中：预探井 55 口，评价井 12 口）；开钻探井 66 口，完井 53 口（含跨年井 10 口），总进尺 33.55 万米。实际部署开发井 140 口，开钻 137 口，完井 137 口（含跨年井 34 口），总进尺 49.35 万米。平均完钻井深 5933 米，平均钻井周期 132.4 天，全年共创钻井纪录 8 项。2010 年 12 月 23 日，中国石油最深探井克深 7 井井深突破 8000 米，该井还先后创下 273.05 毫米套管下深 7087 米、套管浮重 500 吨、双级固井最深、139.7 毫米套管下至井深 7945.5 米等多项全国钻井纪录。

【柯东 1 井获重大突破】 柯东 1 井位于塔里木盆地西南坳陷昆仑山前冲断带甫沙构造带柯东 1 号构造，钻进过程中古近系—白垩系气测显示活跃，2010 年 4 月 4 日 8 时 20 分，对白垩系目的井段测试，用 4 毫米油嘴放喷求产，获高产工业油气流，日产气 9 万立方米，日产油 58 立方米。这是继 1977 年柯克亚凝析气田发现之后，塔西南昆仑山前 33 年来首次重大突破。柯东地区自南向北发育 3 排区带，发现圈闭及圈闭显示 14 个，面积 936 平方千米，勘探潜力巨大。该井的钻探成功，对塔里木油田特别是塔西南公司的可持续发展，以及南疆经济社会的发展都具有十分重要的意义。

【新垦区块获重大突破】 新垦区块是公司重点预探区块，从 1991 年在该区块钻探东河 7 井开始，直到 1997 年钻探第二口探井哈 5 井，勘探主要针对石炭系，未有大的发现。2009 年，新垦区块完成三维地震，经分析，明确将奥陶系作为勘探目的层。公司 2010 年在该区块针对奥陶系部署探井 9 口，全年完钻探井 5 口。2010 年 6 月 19 日，新垦 6 井率先获得突破，新垦 4、新垦 9C 等井相继获得高产工业油流，该 3 口井均投入试采，日均产油 58 吨，油压和产油量较稳定，含水无明显上升。新垦区块的突破，扩大了哈拉哈塘地区含油范围，证实哈拉哈塘地区奥陶系整体含油，规模巨大，是碳酸盐岩上产增储的重点地区。

【勘探开发一体化】 2010 年，公司进行了自 1999 年重组改制以来最大规模的机构调整。形成以油田公司勘探开发一体化领导小组为决策层，勘探开发部为管理层，库车、塔北、塔中 3 个勘探开发项目经理部及勘探开发研究院、油气工程研究院为执行层的勘探开发一体化组织机构。重点推进 6 项一体化工作：投资部署一体化、科研生产一体化、工程地质一体化、上产增储一体化、生产组织一体化、地面地下一体化，降本增效成果明显。2010 年，塔中地区平均完井作业时间从 2007 年的 43.5 天缩短到 13.7 天，哈拉哈塘地区平均完井作业时间从 2007 年的 28.2 天缩短到 5.5 天。哈 6 区块 2010 年钻井成功率高达 88.2%，所有获工业油气流探井试油结束后即转入试采，截至 2010 年底，哈 6 区块新获工业油气流井已累计生产原油 16.5 万吨。

【制定 10 年油气发展规划】 2010 年 2 月 24 日，集团公司党组原则通过塔里木油田油气发展规划。根据规划，到 2015 年，天然气产量达到 300 亿立方米 / 年、原油产量达到 700 万吨 / 年。到 2020 年前后，天然气产量 400 亿立方米 / 年、原油产量 800 万吨 / 年，油气产量当量达到 4000 万吨，并经过进一步努力，达到 5000 万吨，同时稳产 20 年以上，建成我国重要的油气生产基地。

【大化肥项目建成投产】 2010 年 5 月 19 日 7 时 46 分，塔里木油田年产 45 万吨合成氨 /80 万吨尿素项目顺利打通全部工艺流程，生产出合格大颗粒尿素，全年累计生产大颗粒尿素 28.62 万吨，包装成品尿素 28.4 万吨，销售 28.3 万吨，捐赠巴州地区 0.1 万吨，产销率达 99%。塔里木大化肥项目具有我国单套生产能力最大的化肥装置，项目投产后，每年将新增天然气用量 5 亿立方米，新增销售收入 10 亿元以上，新增就业岗位 600 多个，年上缴利税 5000 万元以上，并带动南疆地区运输、建材、服务等行业的发展。大化肥项目的投产，填补了新疆南部地区大颗粒尿素生产的空白，对促进塔里木油田上下游一体化发展，丰富国内和新疆化肥产品结构，加快推进新疆维吾尔自治区经济社会发展具有重要意义。

【塔中Ⅰ号气田地面工程建成投产】 2010 年 10 月 28 日，我国首个高含硫超深酸性气田塔中Ⅰ号气田建成投产，塔里木油田塔中 400 万吨油气当量产能建设战略进入实质阶段。气田位于新疆维吾尔自治区巴音郭楞州且末县境内的沙漠腹地，设计年生产能力为 10 亿立方米天然气、18 万吨凝析油。塔中Ⅰ号气田第一处理厂为目前国内工艺最复杂、设施最完善、配套最齐全的油气处理厂。其中，硫磺回收和硫磺成型装置在塔里木油田首次应用。2010 年 10 月 3 日，与气田配套的塔中—轮南输气管道复线投产。塔中Ⅰ号气田生产的天然气从塔中Ⅰ号气田出发，穿越塔克拉玛干沙漠、胡杨林、塔里木河，北至西气东输轮南站二期工程，通过273千米的塔轮输气管道复线输送到西气东输末站二区，并由此进入西气东输管道，为西气东输再添新气源。

【南疆天然气利民工程启动】 2010年7月14日，由公司具体承担的中国石油南疆天然气利民工程在新疆维吾尔自治区喀什开工建设。工程计划在2到3年时间内，加快建设覆盖喀什地区、和田地区和克孜勒苏柯尔克孜自治州南疆三地州总长度约2500千米的天然气管网，使当地25个县级城市和21个农牧团场全部用上天然气。

【创先争优活动】 2010年6月4日，公司党工委下发《塔里木油田深入开展“创先争优”活动的实施方案》和《关于成立塔里木油田深入开展“创先争优”活动领导小组的通知》，全面启动“创先争优”活动。油田举办两级领导小组办公室成员培训班及党支部书记培训班，基层26个党委、35个总支、318个党支部、6166名党员作出公开承诺，各级党组织围绕承诺书开展每月讲评，召开以“加强党性修养、履行党员承诺”为主题的各级组织生活会。从6月开始，塔里木油田陆续开展“落实四千万，党员当先锋”主题实践、“忠诚事业、承担责任、艰苦奋斗、清廉奉献”主题教育、学习型党组织创建、“热爱伟大祖国、建设美好家园”主题教育、公开承诺和领导点评系列活动，将创先争优活动不断推向深入。

（刘　云）

中国石油天然气股份有限公司新疆油田分公司（新疆石油管理局）

【概述】 中国石油天然气股份有限公司新疆油田分公司（以下简称公司）主要从事准噶尔盆地及其外围盆地油气资源的勘探、开发、集输、销售及勘探开发研究等业务。截至2010年底，累计探明石油地质储量21.9亿吨、天然气地质储量2175.8亿立方米，油气资源探明率分别为25.2%和8.7%。投入开发油气田29个，累计生产原油2.9亿吨，采出程度18.2%；累计生产天然气534亿立方米（其中气层气196.7亿立方米），已开发气层气可采储量采出程度12.7%。拥有原油输送管道34条、年输送能力1500万吨，天然气输送管道32条、年输送能力120亿立方米。公司资产总额896.57亿元，负债率37.2%。公司机关设有26个职能处室、20个直（附）属部门，基层单位40个；另设相对独立的矿区服务事业部，机关处室10个，机关直（附）属单位4个，基层单位8个。2010年底公司用工总量54293人。

【主要生产经营指标】 2010年，公司深入贯彻落实科学发展观，突出资源掌控和精细开发，强化投资管理和成本控制，加快推进发展方式转变，抓实安全环保、质量管理和节能减排，党的建设、队伍建设、基层建设和企业文化建设全面加强，圆满完成各项业绩指标和年度业绩考核指标。全年生产油气1089万吨、38亿立方米，完成油气商品量1080万吨、18.5亿立方米。新增石油探明储量7690万吨（可采1646万吨）、控制储量8438万吨、预测储量7470万吨，新增天然气预测储量519亿立方米。生产服务全年完成试油203层、井下作业16834井次、供水5844万立方米、发电15.3亿千瓦·时、供电22.8亿千瓦·时、机械制造3.6亿元、物资供应42.49亿元、客运周转量8.4亿人·千米。实现总收入472.16亿元，税前利润174.79亿元。经济增加值（EVA）104.19亿元，税费142.69亿元。

【油气勘探】 2010年，公司坚持油气勘探的龙头地位，实施储量增长高峰期工程，获得一批重大发现。一是准备出3个大场面：石桥1井中途测试获得工业气流，展现车排子凸起及周缘油气富集新领域；南缘冲断带下组合首次钻遇油气显示和发现巨厚储层，西湖背斜重点风险探井西湖1井获得重要苗头，盆地天然气勘探展现新领域；风南5井再获高产工业油气流，展现亿吨级储量大场面。二是整装探明2个千万吨级区块：莫北凸起莫116井区整装探明优质储量1920万吨；风城油田重18井区滚动探明稠油储量3375万吨。三是培植4个千万吨级储量区块：重20井区和北三台凸起西斜坡多层系勘探成效显著，吉木萨尔地区吉7井区3口井试获工业油流，红车断裂带滚动勘探新发现含油层系，1.3亿吨储量规模基本落实。

【油气生产】 2010年，公司扎实开展“稳定并提高单井日产量”工程、“油田开发基础年”活动和“油田注水专项治理”，全油田单井日产量由2009年的1.83吨提高到2.06吨，绝对油量递减比2009年下降2.4%。继续推进克拉玛依油田二次开发，深化三维地震资料成果应用，建产能22.7万吨；开展克拉玛依等8个油田精细注水专项治理，增产原油15.2万吨。承担的6个股份公司级重大开发试验项目进展顺利，其中，聚合物驱具备扩大规模条件；红浅1井区火驱先导试验初见成效；SAGD先导试验达到预期效果，全生命周期开发方案编制完成，燃料结构调整加快推进，完成了规模开发的准备。全年完钻新井1219口，新建产能132.25万吨，新井产油69.7万吨，其中完成水平井145口，建产能27.72万吨。深化克拉美丽气田有利储层分布研究，开展火山岩气藏提高单井产量现场攻关，全年新建天然气产能3.3亿立方米。启动呼图壁储气库建设工程。加强天然气产销综合平衡，实现安全平稳供气。

【经营管理】 2010年，公司持续推进业务结构调整，配合集团公司专业化重组，向昆仑燃气公司划转移交液化气销售业务，上市业务回购采油工艺研究和油田监理业务。积极探索驻外机构管理模式，深入开展热电联供供热模式研究，合作实施注汽锅炉燃料结构调整，有序退出油田送班业务，成功启动合作建设石油钢管厂项目。按照“三控制一规范”要求，规范二级单位组织机构和职能设置。编制完成“十二五”发展规划。加强预算执行过程监控，实施区块效益评价，推动成本管理向作业管理过程延伸。大力推行钻井工程2010计价体系和甲方供料模式，规范钻井工程预结算，提高了资金使用效率和投资效益。稳步推进存量土地调整、整合和置换，积极开展机械制造基地、工程教育基地和物资供应仓储设施搬迁工程征用地工作。完善内控体系和风险防控体系。ERP系统实现单轨运行。推进一级物资集中采购。落实天然气推价工作。实施基础管理建设工程，基础管理进一步夯实。

【安全环保】 2010年，公司以推进HSE管理体系建设为主线，以开展“实现第十个安全生产年”主题活动为契机，全面加强安全管理。大力开展HSE培训，推广HSE工具和方法，深入贯彻15项HSE管理规范，实现HSE体系全覆盖。广泛开展安全经验分享活动，积极推行危险与可操作分析（HAZOP），着力在“转变观念、养成习惯、提高能力”上下工夫，不断延伸和加强监管，为油气生产保驾护航。将承包商纳入HSE体系管理，培训承包商3200人次。健全四级安全监督机制，加大“三违”曝光力度。推进职业卫生健康工作，提高应对职业危害的能力。开展安全生产大检查、驻外机构安全专项检查和重点部位消防检查等活动。投入专项资金2.64亿元，整改安全隐患46项，提高了本质安全水平。持续开展车辆动态管理，交通安全管理进一步加强。开展水体污染应急预案与突发事件新闻媒体应急联动演练，提升了应急反应能力。公司连续第十年实现无生产亡人事故和重大环境污染事故，被评为新疆维吾尔自治区、集团公司安全、环保先进单位。

【节能减排】 2010年，公司投资1.5亿元，实施机电、稠油注汽等系统节能技术改造。彩南联合站节能改造实行合同能源管理，准东石油基地实施热电联供节能改造，闯出节能工作新路子。积极开展能效对标，完成方案编制、人员培训、标杆选定和数据库建设。全年实现节能9万吨标准煤、节水180万立方米，全面完成“十一五”节能节水指标。公司荣获新疆维吾尔自治区、集团公司节能节水型先进企业称号。

【科技进步】 2010年，公司以9个公司级重大科技项目和6个股份公司重大开发试验项目为核心，开展课题攻关和新技术推广应用。定向井侧钻水平井、油水井带压作业、燃煤注汽锅炉等配套技术攻关取得显著成果，国家973项目“二氧化碳植物吸收减排的基础研究”通过验收，研究成果填补多项国内空白。稳步推进专有技术有形化，井下节流器及其打捞工具、一趟管柱挤注桥塞两项技术获集团公司自主创新产品证书。全年获得省部级科技进步奖13项，取得授权专利87件，其中《新型耐高温酸化缓蚀剂的开发与研究》获得首个集团公司技术发明奖。推进海外技术服务，签订4个技术支持项目。数字油田建设不断深化；与克拉玛依市政府联合举办首届信息化创新克拉玛依国际学术论坛，助推数字城市和克拉玛依信息产业发展。开展智能化新疆油田规划研究，确定了智能油田建设蓝图和技术路线。

【队伍建设】 2010年，公司扎实开展创先争优活动，持续推进"四好"班子建设，深入开展领导干部读书学习活动，强化党内巡视和日常监督，完善各级领导班子选拔、配备和管理制度，加强年轻干部培养和后备干部队伍建设，推进干部交流和竞争性选拔工作，领导干部队伍建设得到加强。从源头上拓展防治腐败工作领域，廉洁从业环境得到保障。继续实施"大培训"工程，组织开展系列竞赛活动，实现集团公司采油工种技能竞赛奖牌零的突破。全年培训员工5.9万人次，推荐集团公司高级技术专家4人，评选公司技术能手124人。优化人力资源配置，规范劳动用工管理，修订实施劳动合同和劳动纪律管理办法。深入开展"民族团结年"和"热爱伟大祖国、建设美好家园"主题教育活动，深化结对子、传帮带、学语言活动，各族员工同吃、同住、同劳动，增进了思想交流和感情交融。

【和谐矿区建设】 2010年，公司大力开展和谐矿区建设。天然气入户工程进展顺利，建成燃气管线73千米，1.49万户居民家庭具备通气条件。大力实施居民住宅维修和配套设施建设，维修改造居民住宅405栋；稳妥推进民用水电气暖和物业服务补贴暗补变明补改革。新投公交车170辆，配合政府解决私家车停车难问题。实施企业文体健身场馆资源共享，15家场馆实现油田内部开放。加快居民水电气远程集抄监控系统项目建设，新装电表1.3万户；围绕实现收费和综合服务"一卡通"，在准东、明园物业推行"一站式"服务。加强矿区供暖、供气安全隐患和小区消防隐患治理，矿区业务保障生产、服务生活的能力和水平进一步提高。矿区新增绿地面积32万平方米，公司荣获全国绿化工作模范单位称号。加强帮扶工作，健全困难员工档案动态管理制度，提高特困户、困难户家庭补助标准和大病救治标准，全额报销困难员工家庭子女的学费，全年支出3672万元，帮扶2.6万人次，送温暖工作实现常态化。开展退岗家属补费纳入统筹养老保险管理工作，1.58万名符合参保条件的退岗职工家属补费参保。加强维稳工作。坚持标本兼治和源头预防，严格落实维稳信访责任，集中化解一批影响突出的信访历史积案。认真履行社会责任。积极支援塔城、阿勒泰地区抗雪救灾，打通救援道路4000多千米，解救被困群众7万余人。实施定点扶贫和对口支援等工作，向周边地区捐助资金1800万元。

（刘　晓）

中国石油天然气股份有限公司
西南油气田分公司
（四川石油管理局）

【概述】 中国石油天然气股份有限公司西南油气田分公司（以下简称公司）主要经营四川盆地和西昌盆地的油气勘探开发、油气集输和销售以及与之配套的矿区服务业务。截至2010年底，公司有机关职能处室20个、附属机构8个、直属机构7个；有二级单位36个、基层单位330个；有从业人员39986人。

截至2010年底，公司拥有固定资产原值824亿元、净值429亿元。主要生产设施有油气水井4822口，各型场站1985座，天然气净化装置21套，设计处理能力4450万立方米/日，输气管线12375千米，拥有15万吨/年甲醇装置1套、1200吨/年碳黑生产装置1套、10万立方米/年提氦精制装置1套、5万立方米/年纯甲烷、高纯氮装置1套、5万立方米/日LNG液化天然气装置1套、CNG加气站15座。

【主要生产经营指标】 2010年，公司新增天然气探明储量1171亿立方米、控制储量1748亿立方米、预测储量1590亿立方米，超额完成年度计划，继续保持储量高峰增长。生产天然气153.62亿立方米，为计划的100.01%，天然气商品量144.51亿立方米；石油液体产量13.84万吨，完成计划的106.44%；净化天然气100.56亿立方米。完成投资工作量141.69亿元。新建天然气配套年产能24.9亿立方米、原油配套年产能 1.27 万吨。新开钻探井及开发井 276 口，完成钻井进尺 83.74 万米。实现经营收入 302.12 亿元，实现税前利润总额 31.34 亿元。天然气储量、产量、净化量、销量、钻井进尺 5 项指标均创历史新高。

【油气勘探开发】 2010 年，公司完成二维地震 9536 千米、三维地震 1205 平方千米，新开钻探井及开发井 276 口，完成 224 口，获工业油气井 176 口，获测试日产气 2270.45 万立方米。在四川盆地大川中取得西充—仁寿区块勘探、营山区块勘探、莲花山构造须三气藏勘探、凉水井构造石炭系勘探、川中蓬莱镇构造嘉陵江组勘探 5 个新发现，取得龙岗西剑阁区块立体勘探、大川中须家河组岩性油气藏勘探等 2 个新进展，在城口—鄂西海槽台缘带礁滩气藏勘探取得 1 个新苗头，2 项勘探成果获股份公司 2010 年重大发现一等奖。

三大攻坚战。在龙岗整体勘探开发方面，勘探区域和层系不断拓展，纵向上发现 7 套工业气层，年生产能力达到 20 亿立方米，试采工程全年产气 16.59 亿立方米。国家重大专项“龙岗大型碳酸盐岩气田勘探开发示范工程”考核目标全面完成，取得 14 项重大标志性成果，龙岗高酸性气田示范工程获股份公司标准化设计二等奖。须家河规模效益开发方面，全年在须家河组新增三级储量超过 4000 亿立方米，“万亿立方米”规模储量初步形成，获气井 106 口，测试日产天然气 755.62 万立方米，建成配套年产能 8.15 亿立方米，年产天然气 2.39 亿立方米。在川东北高含硫气田安全清洁开发方面，罗家寨、滚子坪气田开发建设全面展开，宣汉净化厂场平和主体设备基础完工。铁山坡气田 ODP2 启动详细设计，渡口河、七里北气田 ODP3 按国家发改委要求修改完成。

老气田稳产工程。强化老气田精细开发，老气田天然气年产量达到 124.7 亿立方米，占总产量的 81%。持续开展气藏整体治水，抓气田增压开采和老井工艺措施挖潜，增产天然气 7.8 亿立方米。推进老气田二次开发先导试验，在云安场、大猫坪、石宝寨长兴组生物礁和丹凤场须家河组获得重要成果。加强低渗储量有效动用，完成水平井 22 口，井均产气 25.28 万立方米，平均单井产量提高 3—8 倍。

产能建设和重点工程。全年投产新井 132 口，建成天然气配套年产能 24.9 亿立方米，当年产天然气 9.1 亿立方米。广安轻烃回收装置建设、威青线三类及四类地区改线等一批重点工程相继完工。完成增压和气田水回注工程 27 项，北外环输气管道工程、富士康供气工程有序推进，相国寺储气库建设全面展开。全年完成天然气管道建设 750 千米。

页岩气产业化示范区建设。国内第一口页岩气井威 201 井完钻并在寒武系和志留系大型压裂后分别获得工业气流，宁 201 井也在志留系下段大型压裂后获得工业气流，展示出广阔的发展前景。第一口页岩气水平井威 201-H1 井开钻。完成四川盆地页岩气评价选区研究，实施二维地震 970 千米、老资料连片处理 16000 千米。

【市场营销】 2010 年，公司精心编制营销和运行计划，合理安排检修，科学实施“移峰填谷”等措施，保证了重要时段和民用、CNG、公用事业、重点工业等重点用户的用气。持续优化用气结构，不断提高市场控制力和销售效益。实现天然气销售量 145.5 亿立方米，硫磺 16.05 万吨，货款回收率 100%。贯彻落实国家天然气价格调整政策，编制完成天然气推价实施方案，做好与地方政府相关部门的沟通协调和宣传解释工作，确保了推价及时平稳到位。深入调查川渝各地工业园区、开发区天然气市场态势，掌控川渝地区市场主导权。编制完成《宁夏中卫—贵阳联络线川渝黔天然气市场调研报告》等 4 个规划，形成高效市场储备。

【对外油气项目合作】 2010 年，公司全力支撑保障土库曼斯坦阿姆河右岸项目安全平稳运行，该项目完成天然气商品量 36.3 亿立方米，提前 53 天完成计划任务，超产 21%。富顺—永川页岩气联合评价工作全面展开，第一口井开钻。川中 EOG 项目完钻水平井 4 口，成功运用水平井多段压裂并结合微地震压裂监测技术，单井产量大幅提高。川西北梓潼项目梓潼 1 井、义新 2 井完钻，西昌昭觉项目喜德 3 井和金秋项目金华 3 井开钻。全年国内合作项目生产天然气 1.4 亿立方米，完成年计划的 127.3%，生产凝析油 4137 吨。

【科技创新】 2010 年，公司实施科研、新技术推广和现场试验等项目 188 项，10 项成果获集团公司和四川省科技进步奖，其中一等奖 4 项。加强气藏特征和成藏规律研究，须家河组大中型气藏形成条件、礁滩、雷口坡组气藏储层发育研究、震旦系—下古生界基础研究和嘉陵江组嘉二期沉积相带展布研究取得重要成果。不同类型气藏水平井、大斜度井开采效果预测及开发井型优选理论与应用技术取得 6 项重大突破性创新成果，部分达到国际先进水平。水平井裸眼封隔器分段改造工具自主研发获得成功，打破国外垄断格局。中含硫气井井下节流技术填补国内空白，处于国际领先水平。继续大力推广和集成配套应用欠平衡、气体钻、水平井及储层改造等新工艺新技术，钻井速度、单井产量和气田采收率进一步提高。全年开钻水平井、欠平衡井、气体钻井160口。抓好实验基础平台建设，高含硫气藏开采先导试验基地建设全面完成，天然气质量控制和能量计量中心建设稳步推进。9项成果获得国家专利授权，认定公司技术秘密15项，并首次获外国发明专利授权。抓好博士后工作站建设，构筑开放式产、学、研合作关系，科技合作与人才培养工作得到加强。推进ERP信息系统建设，实现系统成功上线和单轨运行。

【企业管理】 2010年，公司抓结构调整，完成液化气销售业务移交工作，全面推行“中心站管理、单井无人值守”生产管理模式，优化一线生产作业方式和资源配置。开展“制度执行年”活动，推行对标管理，提升制度的操作性和实效性，催办督办重点工作198项。强化钻完井作业衔接协调，钻前准备平均周期比控制周期减少7.85天，钻机利用率超过95%。强化承包商和供应商准入考核，完成招标577项，有序开放工程技术服务市场，先后引进6支市场化钻井队。采用丛式井、水平井等先进钻井技术，节约用地670亩。完成规划18项、前期工作313项，形成公司“十二五”发展战略规划的内容体系，公司《300亿立方米天然气发展规划》通过初审，并开展《西南油气田公司3000万吨油气当量发展规划》前期工作。加强财务预算，有效降低非生产性支出，确保资金使用安全和效益；制定扭亏方案，强化未上市业务扭亏解困工作；发挥批量采购优势，节约采购成本上亿元；加大集中采购力度，集中采购度达85%以上，电子商务采购额20.88亿元。加强内控体系建设，通过2010年内控审计。严格合同审查、订立、履行全过程控制，公司连续10年荣获四川省“守合同重信用企业”，并保持全国“守合同重信用企业”称号。加强股权清理、整合和规范管理，完成38个股权项目整合，完成川港燃气有限公司组建工作。开展审计项目37个，提出有价值审计建议69条；开展工程建设领域专项治理和效能监察，对30个项目进行专项监察，提出整改建议315条，建立健全相关制度57项。

【安全与环保】 2010年，公司开展事故警示教育和事故分析大讨论活动，全员安全环保责任感和紧迫感增强。全员签订安全环保责任书，开展“我的岗位我负责、尽职尽心保安全”签名承诺活动。深入开展“五清楚”达标、“安全环保基础年”等活动，员工安全环保意识进一步提高。严格执行HSE管理原则和《中国石油天然气集团公司反违章禁令》，“三违”和“低、老、坏”得到有效遏制。在公司机关及10个二级单位开展HSE管理体系试点工作，被集团公司HSE管理体系运行质量评估为基础A级。强力推行“有感领导、直线责任、属地管理”，确保体系推进工作取得实效。开展HSE管理知识培训，完成19865人次员工培训。组织安全环保大检查以及各种专项检查2次，发现问题和隐患2249项，整改2182项。加强承包商安全环保监管，对存在问题的30家承包商进行严肃处理。严格执行建设项目“三同时”制度，严格追究新项目产生隐患者的责任。利用警企、地企联防联治保护机制，加强采输气管道安全与油气田专项整治工作。全年节能0.61万吨标准煤，节水9.84万立方米，提前一年完成国家发改委下达的节能任务。注重源头和过程质量控制，全年对276个在建工程实施质量监督、检查692次，查处并责令整改工程质量问题582个。强化应急能力建设，发布《突发事件应急管理办法》，明确各层级应急职能职责，加强应急管理和消防管理，推动专职消防队伍专业化建设，全年出警358次。

【精神文明建设】 2010年，公司坚持党委中心组学习制度，提高用科学理论武装头脑、指导实践、推动工作、促进发展的能力。成功召开公司第一次党员代表大会。围绕“发展、转变、和谐”三件大事，深入开展创先争优活动。完善干部考评体系，加大干部交流与轮岗培养锻炼力度，选任及调整交流处级干部87名。落实“三重一大”决策制度，优化决策事项及内容，确保科学、民主决策。举办各级各类培训班269次，培训员工12067人次。开展职业技能鉴定和技能专家考聘工作，对5个工种3404人进行了鉴定。工会、共青团组织广泛开展劳动竞赛、“青工技能振兴”等系列活动。持续深化“五型”班组创建，创建达标率达到87%，实现阶段性创建目标。开展基层“千队（车间、站、库）示范”工程建设，试点工作进展顺利。推广基层建设典型经验，深入挖掘江安采气作业区精细化管理经验，掀起“远学华北、近学江安”的热潮。输气管理处成都输气站、重庆气矿卧龙河集气总站分别荣获“中央企业红旗班组标杆”和“中央企业红旗班组”称号。深入开展“形势、目标、任务、责任”主题教育活动，开展大庆精神、铁人精神、川油精神再教育等系列活动。持续推进学习型企业建设，积极开展“千万图书送基层、百万员工品书香”等读书活动。加强企业文化建设，输气处被评为四川省企业文化建设示范单位和全国企业文化先进单位。强化信访举报案件综合分析，狠抓违规违纪案件查办，开展效能监察和跟踪稽查以及小金库专项检查，确保领导干部正确行使权力和廉洁从业。

【和谐企业建设】 2010年，公司健全、完善矿区医疗卫生体系和功能，加快矿区数字化建设，加强离退休管理和服务，保障生产、服务生活、维护稳定的能力和水平进一步提高，员工群众综合满意度保持在90%以上。推进物业收费管理制度改革，开展增收、增效、节支、降耗工作。推进灾后重建和基地收缩工作，灾后重建主体工程全部封顶，工程量完成80%。基本完成12个规划居住区的关闭、回迁，建成和在建住宅12136套，面积126.18万平方米。组织近万名员工进行职业健康体检，完成919个职业危害场所职业卫生达标检测。开展扶贫济困送温暖活动，发放慰问和送温暖资金2519万元，持续开展“金秋助学”活动，资助困难员工子女1620名。持续健全员工医疗保险，员工医疗保险水平由93.7%提高到98.6%。落实维护稳定工作责任制，畅通信访渠道，信访总量、集访量同比持续下降。积极支持社会公益事业，持续开展捐资助学、对口扶贫等工作。

（陈　燕）

中国石油天然气股份有限公司吉林油田分公司（吉林石油集团有限责任公司）

【概述】 2010年，中国石油天然气股份有限公司吉林油田分公司（以下简称公司）突出油气勘探，科学开发上产，实现储量产量持续增长；加快发展天然气业务，产量突破16亿立方米，油气产量当量跨越750万吨；实现全口径收入294亿元、利润96亿元、税费83亿元，圆满完成“十一五”收官之年各项任务。公司成长为具有油气勘探开发、生产销售和油田工程技术服务、矿区生活服务一体化优势的大型油气田企业，综合实力和可持续发展能力显著增强，同时有力带动了地方经济及相关产业发展，为加快吉林老工业基地全面振兴作出了重要贡献。

【油气勘探】 2010年，公司坚持油气并举，搞好5个勘探，依靠勘探思路创新、地质理论创新和工程技术创新，针对深层天然气、伊通盆地、松南中浅层和东部盆地群四大勘探领域，全年提交探明石油储量4600万吨，完成年计划153%；提交控制石油地质储量4466万吨，完成年计划112%，为产能建设准备了新的接替区块；预测石油地质储量5518万吨，完成年计划110%；预测天然气地质储量333.43亿立方米，完成年计划111%，均超额完成计划目标。2010年更是勘探工作的转折之年。一是让字井斜坡带发现规模储量区。由于埋藏深、物性差，在技术未取得突破之前，单井产量低，储量升级面临瓶颈。通过调整勘探思路和勘探重点，实施以黑帝庙、葡萄花油层为目标的效益勘探、岩性勘探和储量评价工作，新立—新北黑帝庙油层落实控制储量4000万吨以上；长岭葡萄花油层形成亿吨级储量目标区，既保持了勘探的连续性，为“十二五”准备了两个规模储量目标区，也为扶余油层富集规律的研究、瓶颈技术攻关准备了时间。二是针对英台断陷火山岩气藏的复杂性和环保区的限制，精心组织主控因素研究、气藏富集规律研究，梳理勘探思路，实施纵向上多层位兼顾、平面上不同气藏类型兼探的立体勘探，气藏评价积极跟进，并首先在泉一段粉砂岩试气取得突破，英台断陷火山熔岩、火山碎屑岩、泉一段到登娄库砂岩3套气层形成300亿立方米以上探明级储量规模，为“十二五”初期快速探明规模储量奠定了基础。借鉴英台断陷富烃凹陷的勘探实践，针对烃源岩发育的东部断陷带，以寻找原生气藏为目标实施预探，首先在王府断陷取得突破，城9、城深201等井相继在泉一段碎屑岩、火石岭组火山碎屑岩获得较高产工业气流，东部断陷带展示了良好的勘探潜力。

（1）松南天然气勘探获得新成果。龙深303井、龙深202井分别获得日产6.1万立方米和2.7万立方米工业气流；岭深1井获得日产5.6万立方米的工业气流，双9区块新增天然气预测储量333亿立方米；积极预探王府断陷，城9井获得日产17.4万立方米的高产工业气流。

（2）伊通及外围盆地勘探取得新进展。昌43井突破工业油气流关，拓宽了伊通西北缘的勘探领域；实施昌27侧钻和昌古1井、昌47井，积极推进东部盆地群的山地地震野外采集工作，加快推进早期地质研究与评价，在新区新领域勘探上有望取得新的认识和发现。2010年股份公司授予公司外围断陷天然气勘探重大发现一等奖。

（3）松南中浅层岩性勘探取得重大进展。新立新北地区老区再认识取得新成果。针对新33井、新42井、新85井在嫩三段突破工业油流关，部署和实施黑帝庙油层新井位，吉黑102井自喷日产油9.14吨，多口新井均获得工业油气流，2010年整体提交控制石油地质储量4466万吨，在长岭凹陷葡萄花油层落实亿吨级预测储量。落实葡萄花油层1亿吨储量规模，在葡萄花油层整体落实10226万吨预测储量，在让53区块提交石油预测储量5518万吨。红岗—大安地区浊积体勘探展现效益勘探价值。红岗—大安向斜区部署实施大56井、大61井，分别获得日产116立方米和110.4立方米高产工业油流，展示了该区高台子油层的效益勘探价值；让字井斜坡带扶余油层勘探取得新进展。部署实施的乾233井获得日产6.2立方米工业油流，老井孤10井重新试油获得日产油8.6立方米的新成果。

【油田开发生产】　截至2010年底，累计探明23个油田，探明含油面积2606.91平方千米，探明石油地质储量14.18亿吨，可采储量3.21亿吨，标定采收率22.6%。已探明油田中的长春油田和莫里青油田位于伊舒地堑，套保油田位于松辽盆地西部斜坡区，四五家子油田位于松辽盆地东南隆起区，其余均位于松辽盆地中央坳陷区。已探明油田中套保油田为稠油油田，其他油田均为稀油油田。有22个油气田不同程度地投入开发，动用含油面积1279.16平方千米，动用石油地质储量8.67亿吨，探明储量动用率为61.2%，标定可采储量2.15亿吨，标定采收率24.8%。已开发油田绝大部分属低渗透或特低渗透油藏。吉林油区共有油水井28806口，开井21882口，平均单井日产油1.0吨，累计生产原油13235万吨，采出程度15.97%，剩余可采储量8246万吨，可采储量采出程度61.6%，综合含水84.24%，储采比为13.5。

全年生产原油625万吨，其中自营区455万吨，自营区递减率12.5%。深入开展开发基础年活动，强化注水精细管理、作业精细管理、措施精细管理，老区开发基础管理进一步夯实。全年注水5633万立方米，产液3855万吨，同比注水量增加55万立方米，产液量上升303万吨。面对动用资源品位变差的现实，坚持效益优先原则，集中优化方案设计，着力提高单井产量，“十一五”累计建产能417万吨。突出重点地区上产，乾安采油厂连续5年超百万吨，扶余采油厂时隔20年重上百万吨并连续4年保持稳产，树立了吉林油田规模效益开发的两大典范。

【天然气发展】　推进勘探与开发、地质与工程、上中下游3个一体化，新建天然气产能5.5亿立方米，2010年产量突破16亿立方米，天然气业务成为公司最具成长性的业务。长岭气田2008年试采评价以来，创新发展精细气藏描述、安全高效钻井、采气工艺优化等配套技术，成功推行业主+EPC总承包建设模式，刷新中国石油天然气处理站建设工期纪录，仅用3年时间实现含CO_2气藏全面投产，形成年采出和处理10亿立方米天然气综合配套生产能力。以长深登平2井压裂改造成功为标志，登娄库组效益开发试验取得重要突破，为致密砂岩气藏规模有效开发提供了保障。随着长岭气田和小合隆、伏龙泉等气田的开发，松原采气厂天然气油当量由成立之初的10万吨跃升到2010年的102万吨，建成吉林油田第一个百万吨油当量采气基地。形成覆盖油区内部和到松原、长春、吉林市的天然气骨干管网，保障了油田以气代油和重点城市居民、一汽等重点工业用户的用气需求。

【工程技术和工程建设】　2010年，工程技术和工程建设保障能力明显增强。钻井提速提效取得长足进步，深层井平均机械钻速提高到4.1米/小时；实施水平井208口、欠平衡钻井40口，对提高单井产量和保护油气层起到重要作用。井下作业质量效率不断提高，年作业能力达到2.9万井次；完成试油1127层，试油工序一次成功率提高到98.8%；年压裂能力突破6000层，深层单井加砂量超过800立方米；完成大修4079井次，其中成功大修疑难井385口；小修季度返修率下降到4.3%；带压作业规模应用，实施2310口，减少放水376万立方米，少影响产油52万吨。完成一批老区调改和产能配套地面工程，机加制造、电力供应、员工通勤、通信服务等管理得到加强，保证了生产建设和矿区生活需求。

【企业管理】　扎实开展“精细管理基础年”活动，规范、简明、适用的基础管理体系基本建立，38个单位质量管理体系发布运行，标准化、计量等工作基础不断夯实。持续推进管理创新，深化大预算管理，加强投资计划、财务成本、物资采购、设备资产、市场准入等集中统一管理，有效监控重点领域法律风险，完成非主营业务投资和职工股清理，深入开展工程建设领域突出问题专项治理，企业管理更加科学规范。实施一厂一策业绩考核政策，扩大基层奖金分配自主权，薪酬向生产一线、艰苦岗位和骨干人员倾斜，经营机制的激励导向作用有效发挥。强化“三控制一规范”，用工总量得到控制。持续开展降本增效活动，严格投资和成本管理，实施部分项目零支出。通过内部挖潜和外闯市场，强力推动未上市业务扭亏解困。

【科技创新】 以四大配套技术为重点，推进科研与生产、地质与工程紧密结合，推动油气勘探和开发生产上水平。二氧化碳驱油重大科技专项取得重要进展，建成我国首个含二氧化碳气田二氧化碳分离、驱油和埋存系统，基本形成二氧化碳驱油配套技术，年驱油能力达到10万吨，具备了工业化应用条件，成为吉林油田自主创新示范工程。松南中浅层“深盆油”成藏理论创新发展，深层火山岩成藏认识和伊通西北缘断褶带成藏认识不断深化，三角洲前缘相控油理论发展完善，指导了勘探部署和发现。井网优化、有效注水、分层采油技术配套发展，精细气藏描述、井身结构优化、二氧化碳防腐防垢等技术取得突破，水驱后转热采形成20万吨增产能力，扶余调堵工业化试验和扶余聚合物驱、红岗二元驱等开发试验进展顺利。浅层大平台水平井、深层欠平衡钻井技术规模应用，水平井10级分段压裂处于国内先进水平。20条意见得到深化落实，大项目管理模式基本形成，课题制范围不断扩大，一批重点实验室建成投用。信息化建设稳步推进，勘探开发数据资源实现共享，完成数字采气厂、数字采油队试点。2010年通过公司级验收成果130项，获得省、部级奖励10项，专利申请29项、授权19项。

【安全生产】 坚持把安全环保作为发展的战略基础，作为建设科技安全和谐大油田的最高目标之一，深入开展安全环保基础年活动，推进生产安全型、环境友好型企业建设，安全环保形势稳定转好，连续多年被吉林省评为安全生产先进企业，被集团公司评为2010年环境保护先进企业。建立统一规范的HSE管理体系，严格落实直线责任，逐级签订责任书，制定3个事故行政责任追究细则，推进需求型基层HSE培训，全员安全环保意识不断增强。继续投入资金，集中治理行洪区堤防、扶余城区、环境敏感区、套返井等一大批隐患，本质安全水平不断提高。多次组织安全生产大检查，深入开展“反三违”活动，狠抓重点领域和要害部位安全监管，组建两级HSE监督站，加强消防安全能力建设，健全应急体系和演练制度，安全环保管理基础得到巩固。高度重视清洁生产和污染减排，10个采油气单位全部通过吉林省清洁生产验收，英台采油厂被吉林省评为环境友好型企业，热电厂获吉林省电力系统首家环境友好型企业称号。推进以气代油工程和节能示范区建设，节能24万吨标准煤，节水761万立方米，超额完成“十一五”规划指标，连续5年被集团公司评为节能节水先进单位。

【队伍建设】 扎实开展“四强、四优”创先争优、“六个一”党支部创建、“双争双为”党员立功竞赛活动，推进党建三项主体工程，各级党组织和广大党员的作用得到有效发挥。加强干部考核与交流，推行处级行政副职竞聘上岗，各级班子结构不断优化，引领科学发展、促进和谐稳定的能力不断提高。反腐倡廉建设深入推进，“三重一大”决策制度得到有效落实，党员干部廉洁自律意识明显增强，全年未发生有较大影响的案件。突出抓好经营管理人员的精细管理能力培训、专业技术人员的精细研究设计能力培训、操作技能人员的精细操作能力培训，全年举办培训班734期，培训4.4万人次。推进基层建设，“六好”站队达标率达到93%，“五型”班组达标率达到87%。宣传思想工作和工会、共青团工作进一步加强，“六个文化”发展完善，涌现出一批先进模范人物。举行了建矿50周年庆祝活动，展示新时期吉林石油人良好精神风貌，员工群众在重温光荣历史中增强了责任意识，在学习优良传统中汲取了精神动力。

【矿区和谐稳定】 坚持以人为本，持续推进民生工程建设，矿区面貌发生显著变化，环境温馨和谐宜居，发展成果惠及各个群体。认真履行向员工群众作出的承诺，员工收入同比进一步增长。居住条件明显改善，新建住房189万平方米，人均居住面积由17平方米增加到27平方米，边远矿区万户家庭回迁滨江嘉园。健康体检15173人，关爱女工身心健康，组织女工体检16105人，职工外出疗养1.3万人，补充医疗保险缴费比例由1%提高到2%。就医条件明显改善，新建吉林油田总医院门诊大楼，组建健康体检中心，新购一批先进医疗设备，改造边远卫生院所5个。生产生活条件明显改善，新建改建基层队部87个、员工食堂68个、浴池48个，更新改造水电暖系统，数字电视接入千家万户，购置通勤客车236辆，新建镜湖公园、锦江广场，改造文体中心、江南活动中心、老年大学、松江体育场等文体娱乐设施。文化生活更加丰富，成立文体协会31个，举办第十四届员工运动会。扶贫帮困机制基本建立，发放资金1724.32万元，帮扶困难家庭11611户次，资助困难员工子女上学597人。就业工程扎实推进，向社会推荐642名油田子女就业。矿区服务水平稳步提升，顺利完成热电机组扩建改造，全面加强物业管理和公用事业管理，推进社区服务一体化，开通966民生热线，加强离退休工作，严格社保基金管理。加强信访稳定和治安保卫工作，一些历史遗留问题得到较好解决，矿区总体和谐稳定，治安形势持续转好。积极履行社会责任，公司捐款355.62万元支援玉树地震灾区，向吉林省洪涝灾区捐款323.85万元；公司员工向吉林省和松原市慈善总会“双日捐”1422万元，树立了负责任的大型企业形象。公司荣获“全国厂务公开民主管理先进单位”、“全国模范职工之家”等称号。

（魏　君　李怀志）

中国石油天然气股份有限公司大港油田分公司（大港油田集团有限责任公司）

【概述】 大港油田东临渤海，西接冀中平原，东南与山东毗邻，北至津唐交界处，地跨津、冀、鲁25个区、市、县。勘探开发建设始于1964年1月，勘探开发总面积18716平方千米，其中，滩海2758平方千米，海岸线总长146千米。油田总部位于国家综合配套改革试验区——天津市滨海新区，距首都北京190千米，距天津新港40千米，距天津国际机场70千米，地理位置优越，海陆空交通发达，是环渤海经济圈的重要组成部分。

中国石油天然气股份有限公司大港油田分公司（以下简称公司）主营油气勘探开发与生产、生产辅助、矿区服务等业务。根据中国第三次油气资源评价，大港探区石油资源蕴藏量超过20亿吨，天然气资源蕴藏量3800亿立方米；截至2010年底，累计探明石油地质储量11.6亿吨，探明天然气地质储量751亿立方米；累计生产原油1.57亿吨，生产天然气188亿立方米；有各类用工31388人；拥有资产总值485.9亿元（其中上市部分383.5亿元、未上市部分102.4亿元）；设置机关处室16个，机关附属单位3个，直属单位10个，所属单位27个，矿区服务事业部1个（设机关部门9个、机关附属单位7个、下属单位14个）。

【油气勘探】 继续立足歧口富油气凹陷，瞄准“增储10亿吨”战略目标，认真落实“整体研究、整体评价、整体部署”和“精细勘探、效益勘探、科学勘探”的总体要求，按照“规模增储、战略突破、探索发现”3个层次全力推进油气勘探。全年累计实施三维地震采集182.9平方千米，完钻探井34口，新增石油探明储量5679万吨、控制储量4701万吨、预测储量5445万吨，新增天然气探明储量56亿立方米、控制储量335亿立方米，累计新增三级储量达1.89亿吨当量，继续保持储量增长高峰期。

一是歧北斜坡区地层岩性油气藏勘探取得重大成果。歧北斜坡区位于歧口凹陷西南缘，勘探面积750平方千米。历经40年勘探，累计完钻探井465口，发现周清庄、王徐庄油田和歧85含油构造，探明储量1862万吨。2010年，在深化分层系研究与评价的基础上，整体部署并实施探井21口，其中20口探井见油气层，获工业油气流井13口，新增石油探明储量5446.8万吨、控制储量2251万吨、预测储量5445万吨，天然气探明储量56亿立方米，凝析油储量231.8万吨。

二是埕海潜山勘探取得重要进展，形成整装高产天然气田。埕海潜山位于歧口凹陷南部埕北断阶区，由一系列潜山构造构成，勘探面积880平方千米。2010年在海古1潜山主体部署实施海古101井，获高产工业气流。通过该井钻探，海古1潜山新增天然气控制面积26.9平方千米，天然气储量225.2亿立方米，形成整装高产天然气田。

三是滨海Ⅰ号构造展现重要发现苗头。滨海Ⅰ号构造位于歧口主凹区，勘探面积410平方千米。2010年，以歧口凹陷5280平方千米三维地震资料为基础，深化滨海Ⅰ号构造综合地质研究并部署实施滨海2井，见到良好油气显示，展现出天然气勘探重要发现苗头。

四是北大港构造带北翼形成5000万吨勘探增储区。北大港构造带北翼为一夹持于滨海断层与大张坨断层之间的地垒带，勘探面积80平方千米。2010年利用新采集连片处理资料精细构造解释和储层预测，部署实施滨85井取得成功，新增石油控制储量2075万吨，形成5000万吨级规模增储区。

【油气开发】 面对产能建设明显滞后和赵东油田遭遇30年来最严重海冰灾害的客观现实，大力实施稳定并提高单井产量"牛鼻子"工程，持续深化"开发基础年"活动，扎实开展注水专项治理，稳产基础不断夯实，开发效果持续改善，油气产量保持平稳、均衡、受控运行。公司全年累计生产原油478万吨、天然气3.7亿立方米，分别完成年度计划的100%和102.8%。

一是"油田开发基础年"活动与注水专项治理效果显著。2010年，围绕小集、港中、羊二庄、板桥、周青庄、孔店等6个示范油田，着力抓好注水区块调整治理、供注水系统完善配套、专题技术研究、现场试验及开发基础管理等工作。实施水井措施552井次，通过综合调整治理，改善了油藏开发效果，夯实了老油田稳产基础，注采对应率（小集油田）提高2.68个百分点，阶段采收率从25.8%提高到26.7%，注采连通程度从60.3%上升到61.2%，油层动用程度从60.2%上升到60.8%，含水上升率从0.33%降到0.3%，自然递减率从18.27%降到13.39%，水质达标率从82.9%提高到86.8%，污水处理能力从14.5万立方米提高到17.26万立方米，并初步形成小集油田高凝油藏提高采收率模式。

二是滚动评价成绩斐然。围绕富油区带，应用新技术，拓展新领域，整体部署，立体解剖，实现规模增储。全年完成枣园、小集—段六拨、港西—港中地区三维地震资料目标处理780平方千米，完钻评价井35口，新增石油探明储量2130.5万吨、可采储量458.3万吨。

三是产能建设有序开展。全年在22个油田55个区块共完钻新井193口，投产油井155口，建成生产能力55.8万吨。其中，陆地老区完钻新井129口，新建能力26.9万吨；陆地新区完钻新井58口，新建能力15.9万吨；滩海新区完钻新井6口，新建能力13万吨；动用地质储量1751万吨，增加可采储量387万吨。投产新井累计产油22.4万吨，产能贡献率为40%。全年投产天然气井17口，年产气能力1.3亿立方米，增加天然气可采储量3亿立方米。

四是措施挖潜取得实效。在深化油藏剩余潜力研究的基础上，强化油井增产措施研究，加大进攻性措施比例，优化措施结构，努力提高单井产量。全年自营区共实施油井措施696井次，有效率达到80.6%，年增油27.6万吨；全年实施天然气井各类综合措施249井次，年增产天然气4500万立方米。

五是油藏描述扎实推进。紧密结合油田开发重点，精心设置油藏描述项目，为重大开发试验、二次开发、开发调整以及综合治理等工作提供基础保障。在港中、风化店、孔店3个油田开展油藏描述研究，全年共解释地震资料650平方千米；采用2—3米等深线间距，编制各开发单元所有含油砂体顶界微构造图120张；对913口井的32020张测井资料进行标准化处理、解释；对1231口井开展油层复查；对1157口井开展地层对比；对14个开发单元开展三维建模，数值模拟含油面积38.5平方千米，地质储量6204万吨，占建模储量的100%，涉及油水井596口井，147个单砂层。在各个区块历史动静态资料达到拟合精度要求后，分别绘制各个断块模拟层的剩余油饱和度分布图，为油藏潜力研究提供了量化依据。全年，在3个油田编制了22个综合调整方案，提交新井井位54口，已完钻新井25口（油井23口、水井2口），建产能7.89万吨。

【企业管理】 深入开展"精细管理"和"基础管理建设"两大系统工程，扎实推进未上市业务扭亏解困，着力规范合同、招投标和物资集中采购管理，切实加强投资、成本和质量控制，公司经营管理水平稳步提升。在着力巩固油区市场、努力拓展行业市场、全力培育滨海新区和渤海新区等新兴市场的同时，大力实施"走出去"战略，积极进军海外市场，与CNODC签订《战略合作协议》，并在尼日尔项目中展开技术支撑服务的战略性合作，全年市场创收39亿元。2010年，上市业务完成销售收入161.3亿元、实现账面利润40.3亿元、上缴税费40.8亿元，同比分别增长43.4%、120.3%和287%；未上市业务在考核剔除新增因素后完成了年度控亏指标。

【科技创新】 将科技作为转变发展方式的核心动力，优化科技资源配置，加大科技创新力度，坚定不移地走科技兴油之路，取得了一批关键瓶颈技术的重大突破。以歧口重大科技专项为代表的65个项目219个课题扎实开展、成效显著，有力地指导了勘探开发生产实践；以ERP、A1、A2系统为龙头的信息化建设稳步推进、持续完善，有效提升了生产经营管理的规范化、自动化、智能化水平。全年共取得科研成果91项，其中获省部级科技奖20项；申请专利35项，其中发明专利18项。

【安全环保】 牢固树立“环保优先、安全第一、质量至上、以人为本”的理念，始终坚持预防为主，大力强化直线责任，认真落实属地管理，深入践行有感领导，规范HSE体系建设和运行，加强风险防范和控制，注重隐患排查和整治，积极推行清洁生产和节能减排，扎实推进采油污水综合利用调整、自备热电厂、赵东天然气管输上岸等减排重点工程，安全环保节能指标始终处于受控状态。2010年，先后投入专项资金近3.7亿元，彻底整治172项安全环保隐患，公司本质安全程度进一步提升，杜绝了较大及以上安全环保事故；实现节能5.1万吨标准煤、节水144.8万立方米；油田工业外排污水489万吨，其中，COD外排440.7吨，SO_2外排198.5吨（滨海热电厂未正式投产），完成集团公司下达的COD排放676吨、SO_2外排1025吨（包括热电厂）的年度指标任务。“十一五”期间主要污染物COD和SO_2排放量分别下降37%和20%。

【矿区服务】 落实“保障生产、服务生活、维护稳定”三大职责，大力实施民生民心工程，5117户共56万平方米的边远矿区回迁房建设竣工入住，创业路中段拓宽改造竣工通车，投资1.3亿元改造老旧小区7个、维修漏雨楼房1026栋，新增绿地面积12万平方米，矿区环境不断改善，居民生活幸福指数进一步提升；始终坚持情系职工家属，全心全意为职工家属谋福祉，安排116批近3000名职工疗养，大港油田历史遗留的29000余名职工家属河北户口问题得以根本解决；加大特殊困难群体帮扶力度，为困难家庭发放补助款1587万元，为离退休人员和有偿解除劳动合同人员发放慰问金5358万元，为职工子女推介社会化就业515人；深入落实稳定工作责任，认真做好重点时段的维护稳定工作，巩固了矿区和谐稳定的大局。

【党建与企业文化】 着力加强人才队伍建设，在建设科技领军人才、经营管理人才、项目经理人才、国际化人才和高级技能人才方面取得重要进展，在集团公司采油工技能大赛中取得1金3银4铜和团体第一的优异成绩；着力加强党的建设、领导班子建设、反腐倡廉建设、企业文化建设和大庆精神铁人精神再学习再教育，党支部的战斗堡垒作用和党员的先锋模范作用充分发挥，两级班子的政治理论素养和引领发展能力明显增强，腐败风险防控长效机制初步建立，企业文化的凝聚力、影响力和生命力进一步增强。2010年，“五型班组”达标率80%，公司被评为“中国企业文明十佳单位”和“全国厂务公开民主管理工作先进单位”。

（李春艳）

中国石油天然气股份有限公司青海油田分公司

【概述】 2010年，中国石油天然气股份有限公司青海油田分公司（以下简称公司）主营石油天然气勘探、开发、炼油化工、油气集输、储运、销售、勘探开发研究等业务，同时具有石油工程技术服务和矿区服务两大功能业务。

截至2010年底，公司机关设职能处室18个，机关附属单位3个，机关直属单位7个，有主营业务单位13个，工程技术服务单位18个；矿区服务事业部机关设职能处室7个，直属单位1个，矿区服务单位14个。

截至2010年底，公司有合同化员工16445人（不包括市场化用工），其中，专业技术人员2669人，占合同化员工总数的16.2%。

【生产经营】 2010年，公司认真落实科学发展观，紧紧围绕增储、增产、增效目标，突出重点，科学安排，精心组织，狠抓落实，圆满完成了各项生产经营任务。落实油气三级地质储量2.3亿吨，其中探明石油地质储量6209.6万吨；生产油气当量633万吨，其中原油186万吨，天然气56.1亿立方米；加工原油126.5万吨；实现经营收入218.8亿元，税费30.9亿元，国内会计准则利润39.5亿元。

【油气勘探】 2010年，英东构造带发现亿吨级储量区，昆北油田探明加控制石油地质储量超过1亿吨，鄂博梁构造和台南深层天然气勘探见到重要苗头。全年提交油气三级地质储量2.3亿吨，其中探明石油地质储量6209.6万吨、控制5343万吨、预测10641万吨，预测天然气地质储量103亿立方米。

【油气生产】 2010年，主力油田“自然递减率、综合递减率和含水上升率分别同比下降5.8%、7.44%和2.95%。南八仙油田注气试验有了新成果，受益井初期日产从5.9吨提高到11.6吨。乌南油田提高单井产量攻关试验有了新成绩，日产从2.1吨提高到2.4吨，7个泉油田分注合格率同比提高16%。全年生产油气当量633万吨，同比增加103.8万吨，增幅19.6%。生产天然气56.1亿立方米。

【输储炼销】 公司管道抢险措施得力，成功抵御了百年不遇的洪水袭击，实现了油气管输安全平稳运行。油气产品产销两旺，加工原油126.5万吨；轻质油收率达到79.73%，列中国石油26家炼化企业第12位，同比提高5.61%；汽油达到国Ⅲ标准，填补了省内空白。“金昆仑”牌甲醇创全国石油和化工行业知名品牌。

【工程技术服务】 公司加大新产品研发力度，XJ-350电动修井机节能降耗50%以上，油田化学助剂市场占有率达到80.5%。测试资料解释符合率提高到92.4%。格尔木300兆瓦燃机电站实现“安稳长满优”运行，凯腾电站置换电量1.75亿千瓦·时等创了历史最好水平。建立劳保数据库，基本实现了“量体裁衣”。积极参与路桥施工，经营业绩和队伍士气双提升。首次以EPC方式中标酒泉等五市供气支线工程，尝试了设计、采购、施工总承包模式，为今后参与重大EPC总承包项目打下了基础。推广集中采购、电子商务等形式，物资采购价格同比下降6%，节约采购资金3000万元。“油田e通”改善服务质量，开拓市场用户，年净增用户5500个，创收1200万元。LNG、CNG项目进展顺利，CNG销售天然气310万立方米、创收940万元。工程技术服务实现收入比预算增加1.5亿元，其中对外收入同比增长18.24%。

【项目建设】 涩北二号气田产能建设顺利完成，获股份公司示范工程一等奖。涩北—南八仙—马北35千伏供电线路提前40天完工。花土沟联合站扩能改造工程按期竣工投产。尕斯库勒联合站供热系统节能改造工程投产一次成功，年节约天然气625万立方米、节电88万千瓦·时、节水42万立方米。玉树LNG项目仅用117天就建成投用。

【企业管理】 深入学习华北油田经验，推进精细管理，调整业绩考核办法，提高激励的时效性，将重点工程纳入绩效考核，项目管理不断完善。二级厂处推广“一井一法”，建立吨油、方水考核指标，逐步由区块核算向单元核算转变，为分析投入产出关系提供了依据。加快推进ERP与FMIS融合系统建设，实现财务信息安全便捷高效。网上合同上线率达到98.6%。完成工程结算等各类审计项目42项，审减金额3973万元。全年完成投资37.26亿元，完成年计划的95.1%。实现经营收入218.8亿元、利润39.5亿元，分别完成年度预算的122.4%、177.3%；上缴税费30.9亿元，同比增长20.1%。

【科技创新】 圆满完成柴达木盆地重大科技专项成果验收，二期专项通过集团公司批准立项。通过研究成果现场应用，年增效1.258亿元。申报专利8项，6项被国家专利局受理。螺杆泵计量技术达到同行业领先水平，热洗车、蒸汽车油改气取得成功，提高了效率、降低了成本。“柴达木盆地北缘油气分布规律研究及勘探突破”获青海省科技进步一等奖，“涩北气田优快钻井配套技术研究与应用”获集团公司科技进步一等奖。宗贻平获2010年度青海省科学技术重大贡献奖。

【获奖情况】 2010年，涩北二号气田产能建设被股份公司评为示范工程一等奖；2010年5月，“柴达木盆地第四系生物气勘探与研究”获青海省科研成果一等奖；2010年12月，“柴达木盆地英雄岭地区石油勘探”获股份公司2010年度油气勘探重大发现成果一等奖；“柴达木盆地北缘油气分布规律研究及勘探突破”获得青海省科技进步一等奖；“涩北气田优快钻井配套技术研究与应用”获得集团公司科技进步一等奖；宗贻平同志获2010年度青海省科学技术重大贡献奖；油田救援队在玉树抗震救灾中被全国总工会授予“工人先锋号”荣誉称号；油田公司总经理宗贻平、工程建设公司焊工技师王锡军荣获“全国劳动模范”荣誉称号。

【惠民工程】 敦煌基地跃进新区千套住宅工程顺利竣工，格尔木基地新建住宅370套，18栋楼房完成外墙保温、12栋楼房完成了平改坡，改善了员工居住条件。敦煌基地3号公路按期建成投用，增开9路通勤车；开通油田通信信息港，方便了职工家属。"家属工"基本养老保险纳入了青海省基本养老保险体系。帮助421名待业子女和49名残疾人实现就业。丰富了菜篮子品种。

【矿区服务】 敦煌基地跃进小区实现封闭管理，格尔木花园式小区展示了油田新面貌。花土沟职工食堂就餐品种达100余种，服务满意率超过93%。开展夏季"送清凉"活动。开通440服务热线，安装"三表"集抄系统，建立员工电子医疗档案、重大疫情处置和防范体系，职工群众满意度逐步提高。开办"明日星"早期宝宝乐园，填补了0—3岁婴幼儿早期教育的空白。组织昆仑艺术团赴盆地一线、驻外办事处慰问演出，离退休老职工自编、自导、自演《柴达木故事》文艺演唱会，丰富了职工家属的文化生活。兰州蓝宝石酒店强化经营管理，实现收入2350万元，同比增长15%，利润突破千万元。

【党群工作】 建立"三联"示范点4748个，创先争优活动实现了全覆盖。"五型"班组建设成效显著，达标班组86%。组织举办青海省暨青海油田第六届职业技能竞赛，涌现出了16名技术能手。消防支队参加青海省消防比武取得了三金、三银、二铜的好成绩，总分列居全省企业专职队伍第一。举办了第二届文化节，参演项目12个。组织开展了青海油田创业55周年系列活动和"青海油田杯"中国石油电视新闻大赛，提高了油田的知名度和美誉度。广场文化、艺术文化、家庭文化建设深入开展，油田和谐氛围更加浓厚。采取"一帮一"、干部联系特困户等形式，积极帮助职工家属解决实际问题，油田稳定形势持续好转。志愿者服务奉献爱心。广大职工群众为玉树、舟曲等灾区捐款455万元。

【青海油田55周年庆典】 2010年4月30日，公司第二届文化节开幕式暨文艺演出在油田俱乐部隆重举行。5月26日，庆祝青海油田创业55周年"创业风采"大家唱在敦煌基地俱乐部举行，有14个代表队参赛，1427人参加。5月27日，第七届"昆仑杯"青年业余歌手大赛在敦煌基地工人俱乐部举行决赛。5月31日，《柴达木石油精神永放光芒》系列丛书的发放仪式暨青海油田发展史厅、勘探开发厅开馆仪式在敦煌举行。6月1日，公司在敦煌俱乐部召开了青海油田创业55周年庆祝大会。

【支援玉树抗震救灾】 2010年4月14日，青海省玉树藏族自治州玉树县发生里氏7.1级强烈地震，公司迅速成立抗震救灾救援队，抽调专业人员立即赶赴灾区开展抗震救灾工作。公司做出决定：西部前线指挥部负责组建抗震救灾救援队；矿区事业部负责成立医疗救护队；生产运行处、工程技术发展处负责落实发电设备和运输车辆；工会负责抗震救援物资的组织和向灾区捐款等事宜；应急办公室负责信息的收集和汇总，并做好信息报送和传达工作，将各项工作和责任具体落实到相关部门和单位。4月15日，全油田20467名职工家属以及离退休人员参加了捐款活动，累计捐款301.5万元。4月19日，青海卫视举办《永不放弃·向生命致意》大型赈灾晚会，在公司职工捐款301.5万元、捐物243万元的基础上，公司代表中国石油向灾区再捐款1000万元。

4月21日，中华全国总工会授予中国石油青海油田公司抗震救灾救援队"工人先锋号"荣誉称号。

玉树液化天然气气化站灾后重建项目是中国石油响应国家和青海省就玉树地震灾后重建的号召及要求，委托公司负责建设的灾后援建项目。项目于2010年6月立项，2010年7月开工建设，仅用117天于2010年10月25日竣工投产，实现了地震当年让玉树人民用上天然气的目标，是玉树地区第一个建成的永久性援建项目。项目共建成玉树LNG接收（气化）站1座，规模2000万立方米（标况）/年，西宁至玉树道路中途（花石峡）LNG加气站1座、西宁加气站和停车场1座，工程总投资12973.34万元，实际完成投资12973万元，按照中国石油国有资产管理系统要求已于2010年12月31日完成转资工作，所有投资已转为中国石油国有资产。为使项目可持续发展，公司专门成立了玉树液化天然气分公司，现有员工50名。

（李希生　王宝军）

中国石油天然气股份有限公司 华北油田分公司 （华北石油管理局）

【概述】 中国石油天然气股份有限公司华北油田分公司（以下简称公司）主要从事石油天然气和煤层气勘探和生产、集输及储运、勘探开发工艺研究及规划研究、工程技术和生产服务、矿区以及社会服务等业务。油气勘探区域主要集中在冀中、内蒙古中部和山西沁水盆地等三大探区。截至2010年底，上市业务固定资产原值41.35亿元，未上市业务固定资产原值43.63亿元。公司拥有油气资产原值424.70亿元，净值197.33亿元。累计探明石油地质储量12.79亿吨、天然气地质储量270.79亿立方米；累计生产原油2.49亿吨、天然气109.08亿立方米；累计工业总产值（现价）1886.62亿元。共有员工38739人，其中，专业技术人员6629人，技能操作人员21771人；研究生以上学历367人，大学学历7880人。

2010年，公司积极推进发展方式转变，努力提升科学发展水平，全面建设具有一定经营规模和华北油田特色的地区能源公司，顺利完成了年度以及“十一五”规划的任务指标。生产原油426.03万吨、天然气5.5亿立方米。上市业务营业收入166.96亿元，未上市业务营业收入68.63亿元。公司荣获“中国企业文化十佳单位”、河北省“最具影响力企业”和“最具成长性企业”称号；公司党委被国务院国资委党委授予“中央企业先进基层党组织”荣誉称号。“‘三全’（全要素经济评价，全方位整体优化，全过程系统控制）精细管理模式构建与实施”项目获全国石油石化企业管理现代化创新成果一等奖。公司总经理苏俊获“中国企业文化十大贡献人物”、“全国优秀企业家”、河北省“最受关注企业家”荣誉称号；公司党委书记黄刚获“中国企业文化建设十佳个人”荣誉称号。

【勘探开发】 围绕“三凹一区两领域”重点目标，整体认识、整体研究、整体部署。全年新增预测石油地质储量7375万吨、控制石油地质储量3094万吨，超额完成任务指标。阿尔凹陷甩开预探，扩大战果，形成亿吨级储量规模，创1984年上交控制预测储量以来单凹陷储量规模之最；集中突破长丰镇地区，部署6口探井均获成功，基本形成5000万吨整装规模储量，获股份公司2010年重大发现一等奖；廊固凹陷柳泉地区天然气勘探获得新发现，大柳泉鼻状构造东部控制天然气储量20亿立方米；饶阳凹陷孙虎构造带形成新的高效产量接替区；应县凹陷新区勘探正式拉开帷幕。油气藏评价、建产效果突出，在阿尔凹陷实施快速评价、进攻性评价和科学评价，全年钻探评价井23口，基本落实探明地质储量3054万吨。深化蠡县斜坡油藏特征研究，构建岩性油气藏成藏模式，整体探明地质储量4350万吨，按照整体部署、分年实施的开发方案，累计建成产能35万吨。深入开展增储建产工程，在中小潜山、留楚深层、柳泉等复杂断块群高效建产47万吨。围绕稳定并提高单井日产量“牛鼻子”工程，加大精细油藏描述力度，持续深化“调水增油”，扎实开展以注水治理为核心的“开发基础年”活动，有效改善油田注水基础；油气田开发水平不断提高，油田平均单井日产量从2009年底的2.8吨上升到2010年底的3.0吨，注水系统效率提升至56.2%，平均注水单耗下降到6.65千瓦·时。

【新能源和新领域】 山西沁水盆地煤层气业务优化勘探部署，探明地质储量308亿立方米，形成千亿立方米整装大气田；加快建设步伐，新建产能4.4亿立方米，累计形成10亿立方米生产规模；管理水平不断提高，日产气量稳步上升，实现商品气量3.7亿立方米，完成股份公司下达的各项指标。苏里格合作开发快速高效，顺利完成苏75系列集气站建设、投产，完钻新井89口，累计投产气井165口，日生产能力突破200万立方米，实现商品气量5.1亿立方米，创造了“三年任务两年完成”的不凡业绩。储气库项目加强综合协调、加快工作节奏，苏4、文23、顾辛庄等6个气库的可行性研究报告已获股份公司批复，初步设计工作基本完成，兴9储气库完成可行性研究，前期注采试验井顺利钻进。留北潜山地热综合利用项目完成9口提液井的管线铺设、6口井的大排量电潜泵采液和3口井的回灌投注，维温系统实现投产。成功开启与内蒙古自治区煤田地质局、南方油田公司的战略合作，进一步拓展了发展空间。

【多元开发】 多元开发业务定位和发展目标进一步明确，"谋""断"分离、"投""运"分开的指挥决策和投资运营机制初步建立。发展优势业务，退出低效业务，优化产业结构，营业收入"十一五"实现翻番，年度利润突破亿元大关。推行投资收益统一集中管理，2010年实现投资收益4430万元。积极推进城市燃气业务快速发展，抢上CNG、LNG汽车加气等项目，不断扩大市场规模，全年业务收入达12亿元以上，利润1.3亿元，安置油田子女300人。新增协议开发项目26项，协议投资总额7.25亿元，新增预期规模收入6.6亿元。加大对外创收力度，调整市场布局，应对市场变化，加强市场攻关，实现创收11.5亿元。

【企业管理】 "三全"精细管理模式在集团公司进行宣传推广，成功打造华北油田精细管理品牌。战略管理得到加强，在谋划长远、推进企业整体协调可持续发展上发挥了积极作用。体系制度全面融合，未上市企业业务流程、工作程序更趋规范。专业化重组持续推进，顺利完成矿区服务系统、城市燃气业务的重组整合以及井下作业、工程建设、物资供应等未上市业务收购，平稳完成公司机关"五定"工作，管理体制机制、企业资源配置更趋科学合理。内部管控不断加强，形成财务预算、合同招标、价格定额、效能监察、审计监督全方位监管格局，企业运营全面受控，防范了经营风险。2010年，公司获河北省企业管理金奖。

【科技创新】 完善科技创新体系，持续推进科技平台建设；紧跟公司发展要求，设立科研项目231项；首轮28项校企合作项目的研究成果已在勘探开发生产中得到广泛应用。国家、集团公司重大科技专项进展顺利，为煤层气业务发展提供了资金和技术支持，"高阶煤煤层气勘探开发理论和技术突破推动沁水盆地煤层气规模开发"项目入选集团公司2010年"十大"科技进展项目。积极拓宽科技创新奖励申报渠道，获省部级以上奖励30项，获国家授权专利51项。信息化建设步伐加快，A1A2系统持续完善并取得良好应用效果，居民医保系统、物资管理系统上线运行，信息安全防护能力稳固加强。

【安全环保稳定】 强化安全环保直线责任落实，逐级签订安全环保责任书3.8万余份，实现安全环保责任全员覆盖。组织各类安全环保培训班90余期，广泛开展安全经验分享活动，进一步强化员工安全环保意识。突出重点领域、重点部位的安全环保检查，发现并整改问题980个，投资1.96亿元进行安全隐患专项治理，促进了本质安全。利用GPS监控系统强化行车过程控制，保证了车辆安全行驶。持续完善应急抢险设施配备，加强应急预案演练，提高了应急救援能力。扎实抓好节能减排，全年节能2.95万吨标准煤、节水86万立方米。全面完成集团公司、股份公司下达的各项安全环保考核指标和控制指标。开展矛盾纠纷排查调查处理，有针对性地组织积留问题和重复信访专项治理，成功化解多项信访难题。加强总经理、党委书记网上信箱建设，沟通民意、化解矛盾、引导舆论的主渠道作用充分发挥。切实抓好敏感时期的信访维护稳定工作，受到集团公司通令嘉勉。大力加强社会治安综合治理，打防并举，群策群力，有效遏制涉油刑事案件和侵财案件发生，为企业生产和员工群众安居乐业创造了良好的治安环境。

【和谐矿区建设】 油企、油地协调机制逐步完善，工作联络更为畅通，成功召开多次协调会议，在保障生产、服务生活、维护稳定、共同发展上发挥积极作用。矿区服务系统深化"规范管理年"活动，"96700"热线24小时开通，"一站式"服务大厅在部分小区设立，8个社区食堂、10个单身公寓建成投用。开展重点民生工程百日竞赛，"八项"惠民便民利民工程扎实推进。住房建设工程进展顺利，任丘、廊坊、河间、辛集4个矿区完成了集资建房资格审查与公示，任丘矿区"创业家园"部分住宅建设达到5层，外围矿区集资建房部分开始柱基施工；改善房框架意见基本完成。持续加大矿区基础设施维修改造力度，水电暖等基础设施不断完善，东风大社区维修改造开始施工。员工家属医疗养老工程积极推进，总医院医疗综合楼开始方案设计，养老康复中心奠基开工。能源福利改革、计量完善工程取得阶段性成果，矿区服务收费制度改革启动实施，成功开发了"物业服务一卡通"IC卡及收费、报销系统。矿区信息化建设工程稳步推进，完成了安康信息服务项目总体规划，矿区服务业务管理信息系统投入应用，矿区有线电视数字化整转顺利完成，外围矿区视频监控系统正在实施。社会保险惠民工程深得民心，调整了城镇职工基本医疗保险住院、大病门诊支付比例以及补充医疗保险支付比例，将1.8万名“家属工”纳入基本养老保险统筹范围。全员健康工程目标任务全面完成，对1.4万名有偿解除劳动关系人员进行了健康体检，华北油田首家医疗保险定点零售药店康宁药房开业。矿区创收增效工程成效显著，完成上级下达的6.66亿元创收指标。帮扶促进1752名油田子女在驻矿企业以及油田外企业就业，顺利完成本年度189名油田子女的征兵工作。加强矿区人口和计生管理，全面完成第六次人口普查任务，扎实推进矿区人口计生信息化建设，为构建和谐矿区创造了有利条件。深入开展送温暖活动，慰问一线员工、先进人物、困难人员2.5万余人次，发放慰问金1240多万元。

【党建和企业文化】 认真落实学习实践活动整改方案，定期检查督导，确保整改落实。大力开展“四好”班子、“四强”党组织、“四优”共产党员创先争优活动，深入开展基层党建调研，选树先进典型加强引领，积极探索党建和领导班子建设新举措。不断推进惩防体系建设，强化警示教育，严格监督管理，促进源头防范。深入开展形势任务教育活动，组织召开基层建设、思想政治工作专题会议，总结推广“十项”亮点工作，开创了基层建设、思想政治工作的新局面。高标准选树先进，积极打造英模群体。靳占忠获“全国劳动模范”和“燕赵技能大师”称号，“曹树祥班”被集团公司冠名表彰，张丽霞等18名同志荣获集团公司劳动模范称号，第三采油厂荣获河北省“五一劳动奖状”，二连分公司等12个单位荣获“集团公司先进集体”称号，公司党委荣获“中央企业先进基层党组织”称号，公司荣获集团公司“十一五”培训工作先进集体称号。持续提炼创业创新、精细管理、和谐共建的华北油田特色文化内涵，大力加强公司企业精神教育基地建设，文化引领作用日益显著。精心组织华北油田第九届文化（体育）艺术节，开展丰富多彩的文体活动，丰富了广大员工和矿区居民的文化生活，为公司发展汇集了智慧，凝聚了力量。

【领导班子建设】 坚持把思想政治建设放在首位，围绕转变发展方式、战略课题研讨、深化精细管理等专题，组织集中学习19次，增强了班子成员战略思维、科学谋划和掌控全局的能力。自觉坚持和认真贯彻民主集中制原则，健全完善班子决策程序和议事规则，注重调查研究和决策咨询，坚持集体研究决定“三重一大”事项，科学、民主和制度化决策水平进一步提高。切实加强作风建设，深入开展“忠诚事业、承担责任、艰苦奋斗、清廉奉献”主题教育活动，班子成员带头学条规、上党课、参加警示教育，自觉增强党性修养，弘扬优良作风。认真抓好所属班子和干部队伍建设，以处级干部轮训为重点，扎实推进干部培训工作，全面提升干部队伍综合素质。严格执行领导干部选拔任用规定，健全选人用人机制，加大公开选拔、竞聘上岗力度，为业绩突出、群众信任的干部脱颖而出、担当重任创造了条件。

（王　辉）

中国石油天然气股份有限公司
吐哈油田分公司
（吐哈石油勘探开发指挥部）

【概述】 中国石油天然气股份有限公司吐哈油田分公司（以下简称公司）是集油气勘探与生产、石油工程技术服务、矿区后勤服务等多种业务于一体，跨国、跨地区经营的大型石油企业。主要业务涉及油气勘探、开发生产、科研服务、井下作业、油田建设、水电供应、机械加工制造等。截至2010年底，有合同化员工13750人、市场化员工6128人，累计探明石油地质储量44922.02万吨（含凝析油）、天然气地质储量963.20亿立方米（含溶解气），累计生产原油4158.67万吨、天然气175.26亿立方米，上市业务资产总计142.63亿元，未上市业务资产总计50.44亿元。

2010年，公司以科学发展观为统领，坚持“两新两高”工作方针，突出降本增效工作主线，持续推进“油气增长、持续创新、效益提升”三大战略，协调发展“油气生产、工程技术、矿区服务”三大业务，全面完成各项生产经营任务。全年落实三级石油储量7032万吨，生产油气当量263万吨。上市业务实现经营收入70.65亿元、完成年度预算的108.52%，实现税前利润8.27亿元、完成年度预算的219.36%；未上市业务实现经营收入42.54亿元，完成集团公司考核指标。安全环保形势保持平稳，企业内部和谐稳定，油田12人荣获全国、新疆维吾尔自治区和集团公司劳动模范称号，公司连续6年荣获全国“安康杯”竞赛优胜企业称号。

【油气勘探】 2010年，油气勘探按照“立足吐哈、三塘湖盆地，加快勘探致密砂岩气、立体勘探三塘湖、精细勘探吐鲁番坳陷、战略准备东疆石炭系”的工作思路，精细勘探和战略预探并重，完成二维地震采集750.67千米，三维地震采集644.01平方千米（含油藏评价110平方千米）；油气预探全年钻探井39口，进尺10.89万米，年新获工业油气流井6口，低产油气流井3口，预探井成功率39%；油藏评价钻井36口，进尺6.2万米，新获工业油气流井8口，低产油气流井8口，评价井成功率67%。全年新增探明石油地质储量3278.85万吨、可采储量513.51万吨，分别完成年度计划的131%和135%；预测石油地质储量3753万吨，完成年度计划的125%；预测天然气地质储量286.70亿立方米、预测凝析油地质储量202万吨，完成年度计划的123%。

天然气勘探获得新突破，开辟了北部山前带和南部斜坡带2个1000亿立方米大场面。南部斜坡带风险探井吉深1井首次在下侏罗统获得工业油气流，日产气1.6万立方米、凝析油12立方米，开拓了致密砂岩气又一勘探新领域，荣获股份公司重大发现一等奖；疙17井日产气2.3万立方米、凝析油3.3立方米，台北凹陷斜坡带有望整体形成1000亿立方米勘探场面。巴喀区块天然气扩展勘探进展顺利，柯23井、柯24井、柯28井获工业油气流，新增预测天然气储量286.7亿立方米、凝析油202万吨，累计落实三级天然气储量620亿立方米；红旗坎区块估算天然气储量规模426亿立方米，北部山前带1000亿立方米规模储量基本落实。

三塘湖盆地立体勘探获得重要进展，新发现2个3000万吨级规模储量区。马北和西峡沟区块砂岩油藏探明石油储量3278.85万吨。西峡沟新发现二叠系火山岩油藏，马49、马491等井获高产油流，条17井块二叠系火山岩油藏规模进一步拓展，条17、条171等井获工业油流，预测石油储量3753万吨。芦草沟组裂缝型油藏预探取得成功，马50水平井获日产4立方米工业油流，有望开辟又一个勘探新领域。

吐鲁番坳陷精细勘探持续推进，吐2井、果7井获高产油气流，发现2个优质稀油储量区块，落实了新的建产区块。

【油气田开发】 2010年，公司生产原油163万吨，生产天然气12.51亿立方米。

油田开发面对原油产量低位运行的严峻形势，持续优化新井部署，按照“精细研究，滚动认识，及时跟踪，持续优化”的思路，将温西三区块和巴喀部分新井进行全区优化，优选好块和好井，先打、早打高产井，减少低效井，全年完成新钻井185口、投产139口，单井初期平均日产油7.6吨，比方案提高10%，累计生产原油14.68万吨。

持续优化油井措施，坚持“一块一策、一井一策、一层一策”，优选措施增产区块，精细选井选层，实施油井措施645井次，措施有效率76.8%，累计增油12.8万吨，比方案超产2.1万吨。

持续优化注水工作，按照“开发基础年”活动要求，完善注采井网，强化精细注水，完成注水井措施489井次，有效注水665万立方米，重点区块水驱状况逐渐改善，鲁克沁稠油、牛圈湖砂岩油藏自然递减率控制在10%以内，温米、丘东自然递减率控制在20%以内，鄯善、吐鲁番自然递减率控制在25%左右。

炼化业务完善24项生产受控管理新规定，严格执行开厂方案，精细生产管理，科学调整装置负荷，优化生产参数，确保4套装置安全平稳运行。全年生产甲醇7.7万吨、顺酐1.45万吨、溶剂油4.1万吨、柴油3.4万吨。炼化产品实现增效2.1亿元，完成年计划的120.4%。

【安全环保】 2010年，公司着力构建“大安全”格局，连年保持集团公司和新疆维吾尔自治区“安全环保先进单位”称号。全员签订安全环保责任书，强化“有感领导、直线责任、属地管理”理念，落实安全环保责任。修订公司HSE管理手册及程序文件，推行15项安全管理新规范，识别各类风险2.3万项，完善操作规程1298个，HSE管理体系持续改进。严格执行集团公司反违章六条禁令，查处“三违”行为，有效控制了安全风险。不断强化隐患治理，夯实安全环保基础，投入专项资金4649万元，治理各类隐患41项。修订公司应急预案，开展两级应急演练81次，成功应对“4・23”强风沙尘等应急事件。积极推进节能减排，应用节电节水新技术，节能1.52万吨标准煤、节水64.55万立方米，分别完成年计划的116.9%和179.3%。严格落实环境保护目标责任制，推行ISO 14000环境管理体系，加强污染治理设施监管，强化环境监督管理，实现一般及以上环境污染与生态破坏事故为零，主要污染物排放量和削减指标控制在集团公司和地方政府下达指标范围内；规范建设项目环境管理，"三同时"执行率100%，完成"三废"减排指标，实现了清洁生产。

【科技进步】 2010年，公司深化科技体制改革，推行首席专家制和项目负责制，科技创新活力进一步增强，54项重点科研项目通过验收，获省部级科技进步奖7项、国家专利授权30项，通过集团公司自主创新重要产品认定2项。

全年投入科研经费6300万元，重大科研项目和瓶颈技术攻关取得新进展。油气勘探初步形成火山岩油气藏、致密砂岩气藏等勘探评价配套技术。油田开发"三低"砂岩油藏超前温和注水技术基本成熟，超深稠油开发形成注水加天然气吞吐技术路线，老油田二次开发主体配套技术日趋完善。工程技术攻关试验取得积极进展，柯19-3井实施纤维加砂大规模压裂，致密砂岩气压裂工艺水平进一步提高；吉深1井实施四级分层压裂合层开采，大幅提高了致密砂岩油气产量；牛16-5井首次实施体积压裂技术，日增油5.5吨。加快勘探与生产ERP系统建设与推广，优化业务流程201个，采集各类数据7万多条，实现ERP系统单轨运行。数字档案馆、勘探开发数据管理、矿区信息管理等系统建设得到完善，油田信息化水平进一步提高。

【工程技术服务】 2010年，工程技术服务于吐哈、三塘湖、塔里木、陕蒙及中亚、非洲等国内外市场，创收36.38亿元。加大方案优化和技术攻关力度，全年优化井筒方案224井次、地面建设方案62个，节约投资和成本4578万元；开展钻井提速，钻井59口，平均机械钻速同比提高2.4%，完钻周期平均缩短3.3天；完成欠平衡钻井、水平井钻井等特殊钻井43口，实施水力喷射、水平井分段压裂、直井分层压裂合层开采攻关试验47井次，在储层保护、提高油气产量等方面发挥了积极作用。优化市场结构，提高市场集中度，塔里木、陕蒙、冀东等国内市场进一步巩固。地质综合研究成功开辟哈萨克斯坦曼克斯套油田开发市场；气举采油技术享誉中亚，采出原油已占哈萨克斯坦扎纳若尔油田总产量的90%；中标苏丹6区气举采油大包项目和伊朗阿扎德甘油田气举服务项目，海外市场进一步拓展。

【精细化管理】 2010年，公司积极推行以划小管理单元、划小核算单元、划小考核单元为核心的"三划小"精细管理模式，9个单位试点取得较好效果。加强计划投资管理，修订《投资管理实施细则》等9项管理办法，建立小额投资管理制度，优化投资结构，狠抓过程控制，投资计划完成率进一步提高。加强全面预算管理，建立财务预警机制，强化资金资产和成本管理，推行会计一级集中核算，采取全过程控制措施，各类成本均控制在预算指标之内。推进物资招标采购，与10家厂商签订战略联盟协议，物资采购招标率达81.6%，生产厂家直采率达63%，保证了采购质量，降低了采购成本。严格市场管理，取消110家有不良记录供应商的准入资格。开展基础管理建设工程，修订规章制度75项，优化业务流程584项，形成较为完善的管理制度体系。推进内控体系建设，强化经济责任、基建工程、专项资金等专项审计，认真开展效能监察，加强合同管理和法律防范，降低了企业经营风险。精细设备管理，盘活资产1000多万元，设备完好率保持在98%以上。

【人力资源管理】 2010年，公司平稳高效完成两级机关机构标准化设置，实现"机构总量、领导职数、人员编制"3个不突破目标。根据集团公司绩效考核新变化，层层分解指标，推行全员绩效考核，坚持严考核硬兑现，考核激励约束作用进一步发挥。3支队伍建设稳步推进，重点培养领导人员管理能力，举办中高级管理人员和中青年干部培训班，交流领导干部71人，选拔和竞聘领导干部41人。加快专业技术人才培养，引进本科以上优秀毕业生120人，评聘高级职称50人、中级职称390人。完成95个工种、3034名员工的技能鉴定，选拔技师和高级技师38人、技术能手52人，获集团公司采油工职业技能竞赛银牌。认真落实年度培训计划，举办各类培训270期，培训员工8000多人次，员工整体素质进一步提高。

【民生工程】 2010年，公司着力解决员工群众最关心、最直接、最现实的问题，为群众办了8件实事。一是完成员工调资补发和业绩考核兑现，员工收入稳步增长。二是为全体员工投保大病及交通意外商业保险；调整离退休职工养老金，离休职工人均增长19.6%，退休职工人均增长9.2%；为离退休职工增发取暖费，把家属工纳入基本养老保险。三是推进住房建设，10区2期住宅建成投运，新增住房440套，员工住房矛盾得到缓解。在三塘湖基地新建2栋职工公寓和1座职工食堂，生产一线后勤保障得到加强。

四是帮助169名员工子女在油田就业，与1196名协解人员签订再就业协议。五是开展“送温暖”、大病救助、金秋助学等活动，投入261万元，帮扶4250人次，困难群体生活得到保障。六是促成20户家庭开展学生托管服务，解决了前线员工的实际困难。七是哈密基地科技馆、鄯善基地数码影院建成投运，方便和丰富了员工的文化生活。八是认真办好员工食堂，完成哈密基地10个生活网点改造，居民生活更加便利。同时，积极履行社会责任，向地方平稳供气8亿立方米，完成巴里坤县定点扶贫任务，为油田发展营造良好的外部环境。

【党建和企业文化】 2010年，公司各级党组织以“融中心、凝人心、树形象、保稳定、推发展”为主题，深入开展创先争优活动，凝聚力和战斗力进一步增强。加强“四好”领导班子建设，通过党委中心组集中学习、辅导讲座、脱产培训、交流研讨等方式，提升领导班子引领科学发展的能力。坚持民主集中制，修订公司工作规则、会议制度和“三重一大”决策制度实施细则，全年120项“三重一大”事项全部通过会议集体研究决策，实现了决策民主化和科学化。加强作风建设，开展“忠诚事业、承担责任、艰苦奋斗、清廉奉献”主题教育，提升干部整体形象。落实惩治和预防腐败体系实施方案，突出工程建设领域和“小金库”专项治理，党风建设和反腐倡廉工作得到加强。召开企业文化推进会，发布《企业文化手册》，表彰企业文化建设示范基地和优秀成果，提升了企业文化建设水平。开展劳动竞赛、青年油水井分析等活动，充分调动广大员工工作积极性，涌现出全国劳动模范赵海燕、中国石油榜样李辉军等一批先进典型。

（李　勇　朱晓龙）

中国石油天然气股份有限公司冀东油田分公司

【概述】 中国石油天然气股份有限公司冀东油田分公司（以下简称公司）主营油气勘探开发生产，油气集输处理与销售，以及机械制造、物资供应等业务。截至2010年底，公司下设24个二级单位（分公司）、机关处室16个、直属机构3个，有合同化员工4913人，资产总额313亿元。

2010年，公司深入贯彻科学发展观，坚持“建设科技绿色和谐的现代化大油田”目标不动摇，牢牢把握“倾力谋发展、倾情建家园”工作主线，调整发展思路，转变发展方式，有效应对各种复杂局面，取得可喜成绩，呈现出科学发展、和谐发展的崭新局面。全年生产原油173万吨，完成计划的100%；生产天然气4.3亿立方米，完成计划的143.9%。销售原油173万吨，销售天然气3.0亿立方米，实现销售收入76.94亿元，上缴税费9.77亿元。

【油气勘探】 把“资源优先”作为发展的第一战略，按照“重点突出古潜山、积极评价古近系—新近系、精细详查高柳庙”的勘探方针，把握“勘探开发一体化、上产增储一体化、储量效益相统一”的勘探原则，主攻南堡油田古潜山，积极评价南堡油田中深层、中浅层，不断深化南堡陆地精细勘探，加强风险勘探目标评价，大力推进庙岛新区勘探，资源勘探取得新突破、新成果。油气预探项目共计完成探井23口，钻井进尺8.47万米，完成各类探井试油交井25口，获工业油气流井21口，探井成功率72.41%。

南堡油田中浅层勘探取得重要进展，4号构造中浅层6口探井试油均获工业油流；南堡油田中深层岩性油藏勘探获得重要突破，风险探井堡古1井发现沙一段含油层系，5毫米油嘴试油日产油75.88立方米，日产气1.03万立方米；南堡凹陷潜山勘探取得重要突破，南堡1-89井、唐180X2井喜获高产工业油气流，南堡1-89井6毫米油嘴裸眼试油折日产油44.4立方米，折日产气10.6万立方米，唐180X2井中途测试折日产油248.4立方米；南堡凹陷陆地精细勘探取得重要认识，明确了中浅层复杂断块油气藏、高柳沙三段油气藏等勘探领域与有利目标；提交预测石油储量1609万吨，完成计划的107.3%。勘探领域有新拓展，取得山东庙岛群岛探矿权，增加矿权面积4358平方千米，完成重力采集8083个测点，磁力7796个测点。

【油田开发】 抓住“稳定并提高单井产量”牛鼻子工程，着力开展“油田开发基础年”活动，全面实施注水专项治理与二次开发工程，不断夯实老油田稳产基础，基本实现了开发秩序的正常化。

一是产能建设优质高效。通过持续优化产能建设部署方案，不断完善钻完井工艺设计，大力推广应用优快钻井技术，强化生产运行组织，产建到位率100%，钻井成功率98.2%，建成原油生产能力50万吨。

二是开发效果持续好转。持续完善注采井网，加大细分注水力度，着力推进调剖调驱工作，水驱效果进一步改善，注水开发储量、水驱储量控制程度、水驱储量动用程度分别提高到51.1%、66.7%、50.6%，平均动液面比2008年上升171米。与2008年相比，南堡陆地老井自然递减率下降5.3个百分点，含水上升率下降2.9个百分点；南堡油田老井自然递减率下降23个百分点；油田措施有效率提高14.3个百分点。

三是南堡陆地二次开发工作初见成效。以重构地下认识体系、重建井网结构、重组地面流程为核心，柳北和高深北区二次开发工作取得较好效果，新井产能达到设计要求，区块日产油量上升了141吨，综合含水下降了5.6%。

【工程项目建设】 坚持“经济、规范、美观、简洁”的原则和“标准化设计、模块化施工”的思路，优化设计方案，适时调整规模，分期组织实施。100万立方米原油商业储备库建设工程竣工，井场数字化改造工程建设竣工。南堡油田3号人工岛地面建设工程投产新井67口，集输系统、气举系统、注水系统、消防系统、供电系统和临时中控室投产。南堡油田4-1、4-2号人工岛建设工程竣工。

【科技工作】 按照建设科技油田的要求，始终把科技创新作为油田发展的一项重要战略，持续优化科技资源配置，积极搭建科技创新平台，注重科技成果有形化、集成化，取得显著效果。承担集团公司科技项目11项，公司下达科研项目37项，完成26项。获河北省科技进步奖1项，获集团公司科技进步奖1项。

强力推进自主研发体系与能力建设，整合研究院物探室，提高了地震资料解释处理能力；组建南堡作业区和陆上作业区工艺研究所与地质研究所，增强了基层的科研力量；出台《技术专家、技术骨干队伍管理办法》、《公司勘探开发生产类成果直接参评科技成果奖暂行规定》等制度，完善了激励约束机制。以国家科技重大专项“滩海油气田高效开发技术”和股份公司重点项目“南堡滩海东营组重大开发试验”为抓手，通过开展先导试验，逐步摸索出南堡油田开发的技术体系，即：1条技术路线、5种建设模式、6大配套技术系列和24项单项主体成熟技术。完善成熟了大井斜长位移定向井钻井技术、水平井钻采技术、潜山油藏大位移水平井欠平衡钻井技术、气举采油工艺技术、强敏感性储层有效注水等技术。气举采油整体配套工艺技术在南堡3号人工岛成功运用，并见到良好效果。

【深化改革】 按照集团公司“三控制一规范”总体要求，公司强力推进机构改革，整合管理职能，精简管理机构，压减富余人员，取得了显著成效。

一是持续调整精简机关管理机构。对机关业务相同或相近的部门进行整合，合并总经理办公室与党委办公室、人事处与党委组织部、企业文化处与党委宣传部（团委、机关党委），土地管理及外协业务和生产运行处合并，撤销土地管理处；加强相关业务部门，成立机动设备处、信访保卫部；加强专业化管理职能，将4个直属部门转变为机关职能处室。公司机关部门及附属单位减少3个、机关人员减少26人。

二是整合陆上3个作业区。将原高尚堡、柳赞、老爷庙3个陆上采油作业区整合为陆上油田作业区，撤销采油队编制，实施“作业区—井区”两级管理，作业区基层单位和机关科室由29个精简为15个，领导班子成员由30人减到7人，机关人员由188人减到80人，压减幅度达57.5%。通过改革，减少中间管理层次，作业区科研力量、监督力量、一线管理力量得到加强，各种资源得到整体优化，在保障油井产量、控制生产成本、盘活存量资产等方面发挥了显著作用。

三是拉开二级单位改革调整的序幕。在公司组织架构基本调整到位之后，按照“精干管理层、精干非生产人员；减少分包管理、扩大自营施工；实现全员满负荷工作”的思路，对油建公司进行改革调整试点，精减机关人员12人、压缩非生产人员89人，岗位工作量相对饱满，工作效率显著提高，实现了扭亏为盈。

四是转换矿区服务系统经营机制，实现由原来“被动服务”转变为“主动服务”，由“要我服务”转变为“我要服务”，调动了矿区系统员工工作主动性和积极性，提高了服务质量和服务水平。

【企业管理】 大力实施低成本战略，坚持走“低成本”开发的路子，学习兄弟油田精细管理经验，全面组织实施“开源节流、降本增效”攻坚战，扭转了经营管理的被动局面。

在投资控制方面，以确保“安全、质量、单井产量”为前提，优化设计方案，调整投资结构，确保投资效益最大化。钻井工程项目通过细化方案部署、优化井身结构、调整钻机结构、设备物资国产替代进口、严格钻前工程审批等措施，钻井综合成本全面下降。

在成本控制方面，以确保“安全环保、生产运行、员工基本收入”为前提，优化生产运行，强化预算管理，全方位落实成本控制责任，全过程实施压减成本，低成本战略得到贯彻落实。修旧利废、盘活闲置资产等节约投资3047万元；库存设备物资外部调剂，回收资金4773余万元。

按照“规范制度、责权清晰、运行顺畅”的原则，根据职能整合、机构调整的结果，重新梳理和规范业务流程，健全完善各类规章制度225项，形成一整套制度体系；按照“岗位靠竞争、收入凭贡献”的原则，突出产量、效益和安全环保与薪酬挂钩比例，加大考核力度，拉大收入分配差距，建立完善有利于调动广大员工工作积极性和创造性的激励机制；以推进内控体系建设、惩防体系建设、ERP系统建设为核心，进一步完善监督约束机制。

坚持岗位责任制检查考核，积极推行“五型”班组建设和“6S”管理模式，稳步推进基础管理建设工程，扎实开展对标管理，积极推进信息化建设，企业管理水平进一步提升，为油田各项工作的高效运行提供了有力支持。

【工程技术】 坚持有所为有所不为的方针，按照“保重点、占高端、抓关键、放一般”的工作思路和走内涵式发展道路的方向，支持为油工程技术服务业务的发展，支持引导多元经济企业拓展新业务、研发新产品，促进了工程技术服务和多元开发业务健康发展，服务保障和盈利创收能力显著增强。

【安全环保】 把安全环保作为“天字号”工程，牢固树立“人的生命与健康高于一切”的思想，深入落实HSE九项管理原则、反违章六条禁令和十五项HSE标准，积极践行有感领导，强化属地管理，落实直线责任，持续推进HSE体系建设，狠抓各项措施落实，推进安全环保长效机制的建立，安全环保工作保持了良好的发展态势。坚持“环保优先、以人为本”、“奉献能源、保护海洋”的理念，强化废弃物综合利用、环境污染治理、清洁生产和生态环境保护，2010年实现环保零污染、零赔偿，COD、石油类和SO_2污染物实际控制指标比集团公司下达任务分别消减15.5%、16.3%和57%。从技术、管理和机制入手强化节能工作，着力提高五大系统效率。2010年荣获集团公司安全生产先进企业、环保先进企业称号及节能先进单位称号。

【民生工程】 持续改善基地基础设施，矿区面貌日新月异，员工家属幸福指数大幅提升。组织冀东石油家园、唐山鹭港、唐海基地住房出售工作，改善了员工家属住房条件。帮助安置油田子女就业，解决家属工的基本养老保险，调整企业年金缴费比例和补充医疗管理办法，员工年金待遇水平稳步提升，职工大病医疗进一步得到保障。提高离退休人员养老金待遇、有偿解除劳动合同再就业人员工资和退岗劳动家属生活补贴标准。高度关注员工家属身心健康，坚持每年开展员工家属健康体检，安排从事有毒有害作业员工职业体检，组织员工健康疗养。全面启用“一卡通”，实现物业服务、水电暖费用由暗补变明补，全体员工、家属得到了实惠。完成唐山、唐海基地天然气入户工程，方便了员工家属生活。坚持开展“送温暖”慰问活动和“金秋助学”活动。认真履行社会责任，支持和带动地方经济发展，树立良好的企业形象。

【党建与企业文化】 深入开展创先争优活动，党的思想、组织、作风、制度、党风廉政建设取得新成果。发布B版党建工作质量管理体系文件，提升了党建工作规范化、制度化、科学化水平。不断深化“四创”和基层党支部“六个一”创建活动，党员队伍整体素质进一步提升。丰富“形势、目标、任务、责任”主题教育，开展“立足岗位学劳模、尽职尽责做贡献”主题教育活动和“法纪·道德·感恩”全员思想教育活动，举办中国石油劳动模范事迹报告会，增强了干部员工责任意识和主人翁意识。扎实开展企业文化建设，建成勘探开发成果陈列室。扎实推进惩治和预防腐败体系建设，开展“忠诚事业、承担责任、艰苦奋斗、清廉奉献”、“两个务必”作风建设等专题教育活动，有序推进工程建设领域突出问题专项治理工作，强化效能监察，营造了风清气正的良好环境。加大综合治理和维护稳定工作力度，突出抓好源头预防，有效化解不稳定因素，保持了队伍和谐稳定。坚持全心全意依靠工人阶级的方针，注重发挥工会、共青团等群众组织的作用，深入开展“稳定并提高单井产量”、“对标管理、夯实基础”主题劳动竞赛，有效调动了员工群众的积极性和创造性。公司工会荣获“集团公司先进工会组织”称号，公司荣获“河北省企业文化建设示范单位”称号。

（付建华　高福仲）

中国石油天然气股份有限公司玉门油田分公司

【概述】 中国石油天然气股份有限公司玉门油田分公司（以下简称公司）主要从事勘探开发、炼油化工和工程技术服务等业务。截至2010年底，共有合同化员工12167人，其中管理人员1973人，专业技术人员1671人，下设机关职能部门14个，机关直属机构4个，二级单位30个。拥有固定资产原值102.24亿元，净值61.84亿元。2010年，公司共生产原油48.2万吨，加工原油205万吨，实现营业收入113亿元，利润－9.9亿元，上缴税费19.5亿元。

【油气勘探】 坚持"立足酒泉，深化酒西，加快酒东；强化新区新领域"的思路，强化油气勘探，新增控制石油地质储量578万吨。一是酒东长沙岭K_1g_3油藏范围基本探明。精心组织开展长沙岭构造K_1g_3评价勘探和凹陷内的预探工作，4口评价井获得工业油流，并准备出丰乐、下河清、双营东、双营西4个K_1g_3预探目标和1个中沟组岩性目标。二是新区新领域油气勘探获得新发现。取得3项油气勘探成果：雅布赖盆地的3口探井见到油流，小湖次凹具备形成规模岩性油藏的条件；南祁连盆地勘探快速启动，落实3个坳陷，初步明确区域勘探目标；武威盆地落实营盘和头道湖2个凹陷，具有常规和非常规油气勘探潜力。三是酒西勘探目标认识进一步深化。利用二次三维地震资料，深化油气富集规律认识，综合评价认为：鸭西白垩系有规模勘探潜力，鸭儿峡古近系—新近系具备扩边潜力，老君庙志留系潜山为下步探索目标。四是煤层气勘探启动运行。积极展开煤层气综合研究、配套技术准备等工作，确定潮水、南祁连煤层气勘探部署方案，并组织实施了实物工作量。

【油田开发】 继续按照"深度调整、强基蓄势、优化运行、降本控费"的思路，精心组织原油复产，完成原油生产任务，原油生产基础逐步夯实。一是酒东产能建设效果显著。按照勘探开发一体化、上产增储一体化的部署，加大产能建设力度，酒东油田形成年产10万吨的试采规模。二是稳定并提高单井产量的"牛鼻子"工程见到成效。坚持优选措施方案和产能建设区块，进一步完善配套开发工艺，单井日产量由1.76吨上升到2.07吨。老君庙油田完成水平井12口，平均单井日产油2.1吨，是直井的3倍。三是油田开发基础年活动深入开展。以老君庙油田为主开展注水专项治理，完成主干工作量76井次、辅助工作量273井次，增加注水井点45口，日增注水量685立方米，油田注水开发状况进一步改善。四是老油田二次开发持续推进。试验区井网状况得到改善，水驱控制程度显著提高，开发指标逐步好转。五是地面流程改造继续推进。重点组织实施老君庙油田整体改造标准化建设工程，集输流程、供电系统、注水系统3个改造项目获股份公司优秀项目二等奖。完成酒东油田10万吨简易原油储输设施建设，实现污水全部回注，解决了原油集输、脱水及环境保护问题。

【炼油化工】 优化生产运行，强化检修组织管理，加快实施技术改造，经济技术指标有所改善，实现安全检修和平稳运行。短流程加工方案启动实施。委托完成方案研究，关停润滑油和特油系统的8套装置，水、蒸汽及动力消耗下降。继续优化产品结构调整，编制汽柴油质量升级配套方案，汽油生产实现高标号和清洁化。优质完成检修任务，强化检修安全和质量控制，注重提高检修深度和广度，重点解决设备腐蚀、安全隐患、能耗损失等突出问题，实现安全清洁检修，检修后运行水平稳步提高。

【工程服务】 油田作业，完成潮雅探区钻井、试油和压裂施工，承担了钻修作业和酸化压裂任务，在稳定塔里木作业市场上取得一定效果，并实现安全生产无事故。水电业务，为油田生产提供安全可靠的水电热保障，完成西气东输、西部管道外电线路春检、电气设备预防性试验。机械加工，抽油杆技术改造工程按计划运行，外贸出口日渐恢复，打开了煤层气开采装备生产销售新市场，经营状况逐步改善。建筑安装，在全力配合好油田重点工程建设的同时，完成宝鸡石油机械有限公司厂房主体工程改造及昆仑燃气嘉峪关、金昌天然气利用等工程，对外创收取得新成果。

综合服务，车辆服务配合正点，CNG业务安全运营，包装产品销售稳定，实现服务水平和收入稳步提升。规划设计，努力提升设计水平和服务质量，承揽昆仑燃气公司河西五城市燃气等工程的监理业务，实现收支平衡。物资供应，保证生产和工程建设物资需求，西气东输玉门中心库和西部管道玉门代储库的物资仓储服务配合有力，争取到西气东输加气站扩建物资中转服务，取得增收创效的良好效果。通信网络，基础网络运行水平进一步提升，西气东输通信线路维护和西部钻探公司通信施工任务顺利完成，与中国联通和中国电信的合作进一步深化，做到用户满意和外部市场稳定。消防保卫，加强玉门矿区、酒泉基地的治安防范和消防管理，为保障安全稳定的生产生活环境发挥了积极作用。

【对外合作】 成立对外合作部、海外研究中心和海外项目北京工作站，海外项目运行管理逐步完善，对外合作体制逐步健全。与中国石油勘探开发公司、长城钻探工程公司分别签署战略合作协议，海外市场开拓稳步推进。乍得上游Ronier和Mimosa油田投产方案和生产管理方案顺利完成，开厂方案正在按计划编制，成功进入清蜡、测试和特车服务市场；下游炼油厂聚丙烯装置设计通过审查，人力资源培训圆满完成，50名乍方员工学成归国，51名油田员工赴乍得项目部工作。阿尔及利亚对口支持项目逐步扩大，Adrar油田现场服务管理项目受到好评，并成功中标5口加密井的地面工程，438B区块开发方案通过最终验收，350区块研究项目圆满完成。组织完成管理和科研人才外语及专业强化培训100名，新入厂大学毕业生转专业100多名，海外项目人员培训有序推进，海外人员储备比较充实。

【安全生产】 强化安全管理，扎实开展整治活动，安全形势逐步好转。汲取事故教训，针对“2·12”、“5·15”事故暴露出的突出问题，扎实开展“狠反违章、排查隐患、堵塞漏洞、消除死角”专项整治活动；强化安全管理，细化禁令，发动员工辨识危害因素、事故隐患和三违行为，有针对性开展4次综合性和5次专项安全大检查；完善HSE管理体系，结合集团公司HSE新规范，对18项规范进行转化发布，落实内审和外审167个不符合项的纠正预防措施，确保了体系的持续改进。

【内部管理】 强化大预算管理和费用标准化工作，加大降本控费力度，压缩低效无效工作量，成本费用得到有效控制，降本控费成效显著；开展“小金库”清理，进一步规范经营管理；加强人工成本分析评价和预警，严控用工总量，新增用工同比减少18%；落实压缩非生产性支出措施，五项费用完成控制目标；扎实推进节能减排，开展节能对标挖潜活动，实施烟气脱硫、采油污水处理等污染治理项目，实现节能1.56万吨标准煤，节水38万立方米，炼化污水实现达标排放。深入推进精细化管理，优化勘探部署，依据勘探进程及时调整钻井和地震施工任务，勘探工作质量和效率显著提升；加强油藏精细管理，把挖潜方案细化到油藏、区块、层系、井组，有效促进单井产量的提高；制定基础管理建设工程总体规划，完成199项规章制度的评价、167个内控流程的优化以及质量计量标准化实施方案编制等工作，基础管理建设工程全面展开。深化地质综合研究，“营尔凹陷目标评价与勘探部署”等4项科研项目进展顺利；持续开展优快钻井攻关，钻井提速取得显著效果，平均钻井周期缩短55天；开展特殊储层增产改造工艺研究，在酒东和雅布赖探区取得重要进展；实施炼化超声波破乳脱盐、催化提升管进料等技术改造，促进装置运行水平的提高；积极推进以ERP系统为核心的信息系统建设，信息化应用能力增强，科技管理见到良好效果。

（吴海燕）

中国石油天然气股份有限公司浙江油田分公司

【概述】 中国石油天然气股份有限公司浙江油田分公司（以下简称公司）是中国石油天然气股份有限公司在南方从事油气勘探开发的地区分公司。其前身是成立于1970年10月的浙江省第五地质大队。

是集油气勘探、开发、研究、生产、销售为一体的石油公司，实行油公司管理模式。公司拥有探矿权项目10个，分布在江苏、安徽、云南、贵州、广西、四川6省（区）的5个中小盆地（或坳陷），勘查面积33334.16平方千米。依据第三次全国油气资源评价成果及近几年南方勘探评价研究的新认识，10个矿权勘查区块的天然气总资源量在3万亿立方米以上，石油总资源量近5亿吨。目前，已建立了海安油田、白驹油田、管镇油田3个主力产区，生产油水井总数105口，原油日生产能力在180吨以上；按照股份公司要求，正在建设云南昭通页岩气产业化示范区。公司目前下设办公室、勘探开发处、人事处（党委组织部）、财务处、规划计划处、党群工作处、生产运行处、质量安全环保处、审计监察处（纪委办公室）9个机关处室；设信息中心1个机关附属部门；设地质研究所、采油工艺研究所（工程技术中心）、兴泽作业区、海安作业区、物资装备部、苏北物资器材供应站、交通服务站、矿区服务事业部8个下属单位。公司目前用工总量435人，离退休人员772人，员工家属近万人，2000年有偿解除劳动关系人员482人。

2010年，公司深入学习实践科学发展观，以“快发展、要稳定、得安全、有改善、能进步”15字工作思路为指导，以完成全年各项生产经营指标为主线，把握油气并举发展机遇，突出降本增效，突出精细管理，突出基础建设，知难而进，锐意进取，团结一心，艰苦奋斗，较好完成各项任务，顺利实现原油产量跨越5万吨目标。

【油气勘探】 进一步突出油气勘探工作的首要地位，坚持“推进苏北盆地整体勘探，突出页岩气领域勘探，加强矿权保护工作”思路，依靠技术进步和管理创新，大打勘探进攻仗，油气勘探取得可喜成果。在苏北盆地实施三维地震勘探179.58平方千米，实施探井9口，评价井7口，在新领域、新层系又取得新突破，获得探明地质储量78.3万吨、控制地质储量159万吨、预测地质储量121万吨，顺利完成全年新增300万吨预测地质储量计划任务，完善三级储量系列，改写了公司成立以来没有油气探明储量的历史，进一步夯实了“3511”发展目标的资源基础。页岩气勘探工作牢固树立责任意识和忧患意识，克服诸多困难，确保示范区建设工作扎实推进。全年完成路线踏勘、地质调查2000千米，实测古生界页岩地层剖面26条，完成罗甸探区二维地震400千米，滇黔北页岩气勘查区二维地震567.02千米，超前实施昭通示范区二维地震勘探1670千米，顺利组织实施昭101井、昭103井、昭104井及4口浅井的钻探工作。优选出沐爱、管坝和芒部3个页岩气突破有利区，明确了今后勘探部署的重点。

【油田开发】 油田开发工作牢固树立产量意识，坚持技术与管理并重，一手强化老区稳产，一手优化新区建设，切实在提高开发质量、夯实基础工作上下工夫，顺利完成全年5万吨原油生产任务，同比去年增产29882吨，完成年初计划任务的500%。深入开展“开发基础年”活动。加快海安油田注水开发，积极开展补充能量方式论证、注采井网规划、注水流程、注入水水质标准等研究工作，在海1联合站因环境评估、外协等原因工期延误的情况下，率先建设橇装注水系统，对袁1井等4口转注井实施橇装注水，有效弥补地层亏空，为全面注水开发奠定基础；精细白驹油田注水开发，以注好水、注够水、有效注水、精细注水为目标，加强注采调控和调堵施工，注水区块静态水驱控制程度有明显提高。大力实施提高单井产量“牛鼻子”工程，以提高单井产量和油井综合利用率为核心，推行区块和单井精细量化管理，狠抓作业质量监督，努力提高老油田稳产能力。全年实施油水井措施38井次，措施有效率84.2%，措施增油1925吨，井下作业合格率达到100%，油田水质达标率由2009年的73%提高到78.8%。油田递减得到有效控制，油田稳产能力进一步增强。加快地面建设步伐，加强项目管理和优化施工力量组织，集中优化方案设计，严格控制投资规模，努力提高产能建设的效率和效益。全年新建产能总井数41口，新建产能3.06万吨，投产各类新井40口，新井当年产油10531吨。

【经营管理】 认真学习华北油田精细化管理模式，出台精细管理实施办法，细化管理单元，精细投资成本核算，量化绩效考核指标，促进了企业管理科学化、规范化、精细化。全面实施基础管理建设工程，编制实施质量计量标准化管理、流程管理、制度管理实施方案，为夯实基础工作、加强企业管理奠定良好基础。顺利完成“十二五”规划编制工作，对公司各方面因素进行综合分析，准确把握业务发展走势和技术发展趋势，科学制定分年发展目标，使规划真正发挥统一思想、凝聚人心、鼓舞士气、引领发展的作用。持续强化效益发展意识，继续深入开展“控投资、降成本、增效益”活动，牢固树立过紧日子思想，大力加强成本控制，抓住影响经济效益的关键环节，对资金、资产、价格、质量、能耗等重点要素，对工程建设、物资采购、现场试验等重点领域，规范管理、严格控制、深入挖潜、节约创效，促进了总体经济效益的提升。2010年，公司全面完成了股份公司勘探与生产分公司下达的投资任务，在完成全部计划工作量的情况下，节约投资近3000万元；单位原油操作成本由2009年的47.23美元/桶下降到30美元/桶，下降幅度达36.5%；严格控制非生产性支出，五项费用得到有效控制。加强内控工作，进一步完善业务流程，完成84项业务流程建设和215项业务流程修订工作，持续提高流程执行力。

【安全环保】 始终牢记“安全是硬指标，是第一责任”，时刻把安全环保工作作为“天字号”工程常抓不懈。安全生产方面，不断完善安全环保责任体系，逐级签订安全环保责任书，层层分解指标，人人明确任务，狠抓全员责任的落实。认真宣贯《中国石油天然气集团公司反违章禁令》，贯彻执行集团公司开展安全大检查工作要求，深入开展自查、自改工作，突出重点领域、重点单位、重点部位的安全环保巡查检查，累计查出整改问题隐患803项，自查工作获得集团公司的表彰。强化员工安全教育培训工作，培训员工207人次，员工安全素养进一步提升。加强交通管理，保证了车辆安全平稳行驶。高度重视环境保护，采油污水全部回注，完成24个井场54个钻井液池的固化，杜绝“三废”排放，确保了苏北油区清洁生产。加强应急队伍建设，配备应急抢险设备、物资，积极开展应急演练工作，全年共组织开展应急演练31次，参加员工370余人次，提高了应急管理和救援能力。在全体员工的共同努力下，顺利实现“第六个安全生产无事故年”目标，获集团公司2010年度安全生产先进单位称号。

【队伍建设】 认真贯彻落实集团公司“三控制一规范”要求，平稳高效完成公司升格后的机构设置和人员调整工作，实现了“机构总量、领导职数、人员编制”3个不突破目标。开展薪酬费用标准化工作，按照集团公司统一部署，持续推进费用规范工作。加强干部队伍作风建设，启动机关后勤中层干部下基层挂职和公司领导、后勤部门领导到前线调研工作，共有10人挂职，56人次调研，形成调研报告30份，发现整改问题100多项，充分达到服务基层、锻炼干部、转变作风的目的。强化员工技能培训，全年实施培训项目90个，培训人员952人次，员工队伍整体素质进一步提升。

【和谐稳定】 高度重视稳定工作，畅通信访渠道，及时消除不稳定因素，切实抓好敏感时期的信访维护稳定工作，确保了全国“两会”、上海世博会和广州亚运会期间稳定，受到集团公司通令嘉勉。坚持“照顾离退休老同志，关爱下岗人员，关心弱势群体，关注低收入家庭，消除绝对贫困”的工作方针，继续推进实施“扶贫帮困”、“送温暖”、“金秋助学”工程，在公司财政极度困难情况下，再度把有偿解除人员补助提高到650元/月，斥资80多万元对有困难员工家庭进行帮扶，使困难员工家庭切实感受到组织的温暖和企业的关怀。积极构建和谐企地关系，主动向地方党委政府、有关部门汇报沟通，赢得了理解和支持，营造了良好发展环境。

【矿区服务】 不断提高矿区服务水平和质量。深入开展“规范管理年”活动，加大矿区安全隐患治理，加强直管小区环境整治，认真组织实施940余万元的民生工程，全力推进“绿色矿区”建设，提升公司整体环境质量，持续构建宜居矿区。按照“重心要继续向生产一线前移，重点关注页岩气勘探一线员工、驻单井点员工生活”的工作要求，全力做好前线生活服务保障。顺利完成苏北倒班点设施配套及搬迁入住，确保了倒班点办公、就餐、住宿、卫生医疗、治安保卫、文化娱乐等功能的有效发挥。对昭通页岩气示范区临时生活办公点进行设施配套和管理服务，并进行自建基地的选址、建设方案编制等建设前期工作。

（刘遵尧　叶冰清　徐慧明）

中石油煤层气有限责任公司

【概述】 中石油煤层气有限责任公司（以下简称公司）主要从事煤层气的勘探开发、国内对外合作、集输与储运、煤层气销售等业务。截至2010年底，公司机关设5处1室、3个直属机构（勘探开发项目部、对外合作项目部、管道与销售部），公司下设韩城分公司、吕梁分公司、临汾分公司、河南项目经理部和陕西技术服务分公司，控股经营中联煤层气国家工程研究中心和中石油渭南煤层气管输有限责任公司。

2010年，公司认真贯彻落实集团公司总经理办公会议精神，紧密围绕建设“国内第一、国际一流专业化煤层气公司”的工作目标，着力加快增储上产速度，着力增强自主创新能力，着力创新经营管理模式，着力提升科学管理水平，着力建立安全环保长效机制，争当“煤层气业务技术主导者、标准规范制定者、业务发展领跑者”。集煤层气勘探开发、管网集输、产品销售于一体的产运销格局趋于完善，公司品牌知名度和行业影响力明显提升，国内煤层气排头兵地位基本确立，煤层气业务呈现出跨越式发展的良好局面。

【勘探工作】 立足鄂尔多斯东缘，以低成本规模探明储量为目标，整体评价、整体规划、整体部署，突出重点、掌控资源，取得了勘探新突破与新发现。一是新增煤层气探明地质储量713.82亿立方米，创我国一次性提交煤层气探明储量最高纪录。二是临汾区块深层煤层气勘探实现重大突破。吉19、吉4、吉5等一批井在800米以深获工业气流。三是渭北区块获得重要发现。合阳井区探井排采首获工业气流，新揭示一个超千平方千米有利勘探区，展现渭北区块勘探开发良好前景。四是吕梁区块取得重要进展，保德井区成为近期最现实的规模增储上产区。五是完成首条纵贯鄂尔多斯东缘南北的650千米地震大剖面，为整体研究、统一规划鄂东煤层气田勘探开发提供了重要依据。六是首次在国内实施煤层气三维地震项目，资料品质明显改善，开创了用三维地震进行煤层气勘探开发方案部署的新模式。煤层气勘探在韩城、合阳和临汾区块均取得新进展，获股份公司2010年度油气勘探重大发现成果奖二等奖。

【开发工作】 公司坚持低成本开发，整体部署、分步实施，择优建产，有序接替，实现规模效益开发。2010年鄂东气田累计投产348口排采井，日产气量达到11.9万立方米，同比增加112%。韩城5亿立方米/年产能建设开发井陆续投产。韩1集气站投产运行，日外输气量10万立方米；中心处理厂、韩2集气站开工建设。

【对外合作】 按照“细化管理、规范执行、积极推进、重点突破”的原则，进一步加强对外合作。推动作业者投入7亿元启动12个合作项目，为公司成立后项目投资总和的65%，创国内煤层气对外合作年度投资新高。韩城南、三交区块提交了探明储量，启动了总体开发方案编制和报批工作。石楼北、石楼西和三交北项目的探井相继获得工业气流。与壳牌公司签订大宁区块联合评价协议，是公司成立以来首个成功开发的拟对外合作项目。首次与河南煤化集团展开合作，在其所辖的安阳、焦作矿区优选3口井进行了先导性试验。对外合作区块全年完成二维地震760千米，钻井41口。

【储运销售】 国内投资最大、距离最长、技术先进、功能齐全的煤层气管道——韩渭西煤层气管道开工建设。采用管道运营、CNG、LNG、零散气利用、煤层气发电和煤层气化工等销售方式，与19家企业达成用气意向并签订供求意向书。全年向韩城市区、龙门产业园区供气1360万立方米。

【企地关系】 主动与国家有关部门和地方各级政府密切合作关系，积极履行社会责任，树立良好的企业形象，创造了有利的发展环境。本着“互利双赢、协调发展”的原则，与煤炭企业签署合作协议，建立战略合作伙伴关系，开创了我国采气、采煤企业协调发展的崭新模式。临汾分公司获“2009年度山西吉县优秀企业”，吕梁分公司获山西临县“2009年度外籍来临投资优秀企业”称号。

【技术进步】 积极研究掌握和“领跑”煤层气勘探开发技术，主导我国煤层气产业发展。创新丰富了中低煤阶煤层气地质理论，发展完善了煤层气综合评价配套技术、低成本钻完井配套技术、高效煤层改造增产压裂配套技术、定量化排采配套技术、低成本自动化地面集输配套技术、低压管输及建设配套技术，基本形成具有自主知识产权的六大特色技术系列，居国内领先水平。加快建设国家级煤层气实验基地，基础设施配置能力和研发实力又有新提高。成立国家能源行业煤层气标准化技术委员会，制定行业标准规范26项。OA系统上线运行，视频会议系统投入使用，气水井生产数据管理系统上线试运行，启动了勘探与生产ERP系统建设，信息化支撑作用日益突出。全年实施科技项目及课题30项，取得科技成果23项，实施新技术推广5项，完成新工艺新技术现场应用试验5项，申报专利技术18项、软件著作权5项。

“十一五”国家科技重大专项部分完成验收，阶段性成果得到国家发改委、国家能源局、国土资源部等部门领导的高度认可。完成国家科技重大专项“十二五”可研和预算编制，并通过国家发改委和财政部审查。大型油气田及煤层气开发65个重大专项中，示范工程19被国家能源局列为“十二五”六大重点项目之一，是煤层气领域的唯一重点项目。牵头组织实施股份公司重大科技专项。

【成本控制】 坚持低成本发展、市场化运作，在技术创新增效、投资节约挖潜、新技术新方法应用、严控成本费用、节能节水节地等方面狠下工夫，保证了每亿立方米产能建设投资控制在3亿元以内。一是推广应用丛式井技术，降低了占地费、地面建设费及生产过程的生产成本；二是优化压裂方案，降低了压裂成本；三是优选施工队伍，降低了施工成本，缩短了施工周期；四是建立生产数据自动采集系统，减少排采人员，降低了人工成本；五是采用新型钻井堵漏技术，缩短建井周期，提高了生产时效；六是以排采成果确定压裂层位，减少了压裂费用；七是优化设备配置和选型，提高了设备使用效率和效益；八是推行业主+PMC+EPC的项目管理模式，保证了项目工期和质量。

【经营管理】 厘定管理界面，强化风险防控，不断提升管理水平。根据业务发展需要，及时调整了相关机构设置，建立了针对性更强、分工更加科学合理的组织机构序列，保障了生产、经营和管理的正常运行。建立完善21大类201项规章制度，具有煤层气管理特色的制度体系初步形成。严格市场准入，完善队伍淘汰机制，市场化管理体制和机制更加健全。规范财务管理，优化资金运营，保证了全年生产经营工作的运行。实施审计项目9个，审计建议采纳率100%，重点领域的经营风险得到控制。

【安全生产】 牢固树立安全发展理念，全面加强生产现场管理，实现“零事故、零伤害、零污染”目标，继续保持安全平稳运行良好态势。一是落实安全生产责任制，公司建立“管工作必须管安全”的机制，编制《安全生产责任制管理暂行办法》，与分公司签订《安全环保责任书》，明晰了各级领导和业务部门的安全责任，促进了“有感领导”、“直线责任”和“属地管理”的落实。二是健全机构、强化队伍建设，为加强现场安全生产监管工作提供了有力保障。三是推进HSE体系，完善制度，完成公司第一版HSE体系文件的修订工作。四是加强源头和生产过程管理，安全环保平稳受控。新建项目开展安全预评价、环境影响评价和“三同时”工作，从源头上预防了潜在隐患；通过开工前验收、施工中监督，加强了对承包方的监管；地面工程建设和管道建设实施业主、项目管理方、监理方、承包方四位一体管理，实现了优质安全。五是挖掘节能减排潜力，环保工作持续推进。集中处理排采污水后再重复利用，既实现污水达标排放，又节约了水资源；提前进行管网连片，节能效果明显；及时恢复或绿化临时用地，促进了煤层气清洁生产、绿色开发。六是加大培训，提高员工的胜任能力。培训HSE内审员和应急培训10人、处级管理干部30人、兼职驾驶员66人。集中举办9期钻井和井下作业HSE培训。七是加大监督检查，组织4次安全生产大检查活动，提升了安全管理水平。八是整治隐患，创建了良好的生产环境。对50余处井场道路进行了维修，为70辆野外用车安装了GPS监控系统，为30台皮卡车安装了防护架，完成重大隐患治理项目23项。九是以人为本，加强员工健康保护。组织机关及分公司员工参加健康体检；为一线员工订单、棉安全帽536顶，单、棉工作服2000多套；改造井场值班房，改善了一线员工的工作与生活条件。

（白　勇）

南方石油勘探开发有限责任公司

【概述】 南方石油勘探开发有限责任公司（以下简称公司）由原中国石油天然气总公司和中国石油物资装备总公司共同出资，在中国石油天然气勘探开发公司原所在广州机构和人员的基础上组建，以“南方石油勘探开发有限公司”名称于1995年11月29日在广东省工商行政管理局登记注册成立。原为中国石油天然气总公司的全资子公司，1997年划归中国石油天然气勘探开发公司统一管理，2008年9月11日调整为集团公司直属单位，业务上归口股份公司管理。主营业务是负责海南、广东、广西等地的油气勘探开发和综合地质研究工作，公司组织机构分为：机关部门、所属单位、福山油田公司、控股和参股公司4部分。其中机关部门10个，所属单位2个，公司现有在册正式职工106人，其中大专以上学历96人；高级职称37人，中级职称31人。

【主要生产经营指标】 2010年，公司全年计划投资7.29亿元，累计完成投资7.12亿元，完成计划的97.66%。其中，勘探投资完成4.35亿元，完成计划的94.6%；开发投资完成2.77亿元，完成计划的102.88%。完成三维地震105平方千米，为计划的105.6%。新井48开50完，完成进尺17万米。新井试油55层/33口，28口获得工业油气流；完成补孔5层/5口，酸化3层/3口，压裂6层/6口。生产原油19.89万吨（其中原油16.26万吨、液化气3.63万吨），完成计划的104.7%；天然气1.84亿立方米，完成计划的102.4%。销售原油16.45万吨，销售液化气3.8万吨，销售天然气1.42亿立方米。油气销售收入实现9.88亿元，是年度预算的167%。其中，原油销售收入6.04亿元，天然气销售收入1.45亿元，液化气销售收入2.39亿元。实现利润总额5.39亿元，净利润4.74亿元，是年度预算的214%，实现净现金流0.84亿元。单位操作费4.8美元/桶，比预算5.0美元/桶低0.2美元/桶。资产总额34.17亿元，平均固定资产回报率32.47%，上缴各种税费1.48亿元。

【油气勘探】 遵循集团公司赋予公司的新定位和集团公司南方油气发展战略，按照“加快海南、突破广东、准备广西”的工作思路，以海南福山凹陷为油气勘探开发重点，加深研究，加大投入，加快工作，为公司油气产能规模建设打下坚实基础；加强广东三水盆地油气勘探研究，尽早实现工业突破；重新钻探评价广西合浦等陆相中小盆地，落实油气资源潜力；在滇黔桂地区开展海相地层含油气评价和综合地质研究，准备后备油气勘探领域。

（1）海南福山凹陷。海南福山凹陷属于北部湾盆地南缘的一个新生代生油凹陷，面积约2920平方千米，其中岛上陆地部分1900平方千米，滩海部分（0—5米水深）140平方千米，琼州海峡部分（大于5米水深）880平方千米。凹陷最大深度（即新生界最大厚度）约9000米。福山凹陷纵向发育3套生储盖组合，主力烃源岩为流沙港组灰黑色、黑灰色泥岩，累计暗色泥岩厚度超千米。用盆地模拟法资源预测福山凹陷油气聚集量为2.94亿吨，其中陆地部分约1.6亿吨。几年来，公司不断加大海南福山凹陷的勘探力度，相继发现花场—花东油气田，并对花场油气田、美台油田进行滚动勘探开发。截至2010年底，海南福山凹陷累计探明天然气地质储量115.59亿立方米、探明石油地质储量1844.57万吨，控制天然气地质储量32.87亿立方米、控制石油地质储量1346.36万吨，为50万吨油气产能建设奠定了基础。海南福山油田是近十多年来在长江以南陆上发现的第一个有商业价值的油田，为我国南方陆上小盆地、复杂断块找油积累了经验。

（2）广东三水盆地。广东三水盆地位于珠江三角洲西北部，面积3375平方千米，有效勘探面积1000平方千米，是一个白垩系—古近系残留盆地。经过多年勘探，三水盆地发现宝月—竹山岗2个小型油气田：探明含油面积2.2平方千米，石油地质储量60万吨，可采储量9万吨，探明含气面积1.23平方千米，天然气地质储量4589万立方米，可采储量2219万立方米。先后有17口油井投入试采，初期一般单井日产原油1—3立方米，最高可达20—30立方米，目前累计产油约5万立方米，天然气620万立方米以上。此外，还发现高岗含油构造及一批出油点、二氧化碳气及盐岩富集区。2006年集团公司决定重新将三水盆地勘探开发工作交予南方石油勘探开发公司，对三水盆地重新进行评价。从2006年下半年，公司用400多万元收购了中国海油的竹山岗油田，重新处理三维资料，开展地质研究工作。

【油气开发】 海南福山凹陷经过十多年的勘探和滚动开发，发现了花场—花东、美台2个油田，永安、金凤、朝阳和白莲等4个含油构造，其中主力油田花场—花东油气田的油气产量占福山油田油气总产量的90%以上。油气产量逐年攀升。广东三水盆地自公司接手以来累计打井15口，有10口试油获工业油气流。其中竹1-6X井产油14立方米，竹6-1X井产气1.9万立方米。已建成产能超过1万吨油当量。天然气管线已铺设好，管线正式给三水开发区供气。

【油气经营】 公司立足于海南市场，实行油气并举，上下游一体化协调发展，搞好油气的综合利用，尽可能实现油气产品进一步增值，延伸产品价值链，取得了较好的经济效益。

（1）建设花场油气处理中心，实现功能与效益的统一。花场凝析油气田，油气质量好，加上海南岛较为封闭的市场环境，搞好上下游一体化、实现勘探开发的进一步延伸，可以进一步提高油气产品的经济效益。因此，公司及早抓了福山油田花场油气处理中心的建设，实现油气集中处理、深加工，实现油气集中处理和产品增值。花场油气处理中心集油气集输、轻烃液化气回收、原油加工为一体；年加工能力为天然气3亿立方米，凝析油15万吨，液化石油气7万吨，稳定轻烃8000吨，外输干气2亿立方米。在国内建设中具有独特性，而且布局合理、环境整洁，加上目前已建的天然气压缩站、液化天然气及今后的原油精细化工等项目，该区正在成为海南省工业示范区和小型石油化工城。

（2）开展管道天然气项目，供应海口市场。在取得工业性的突破以后，公司超前规划了天然气的综合利用，提前进行天然气管道供气工程的建设，为加快天然气利用、减少资源浪费、在竞争中占领市场赢得了时间。公司与海口市煤气管理总公司合作，成立"福山天然气利用发展有限公司"，修建从花场到海口的新管道16.7千米，旧管线修复24千米，2002年5月6日投产一次成功，正式向海口居民及沿线工业用户供气，目前日供气量10万立方米，为海南省的环境建设和城市用气作出了贡献。

（3）开展CNG项目，为海南建设生态省提供清洁能源。深南、大众公司在海南已建成30座加气站，其中海口17座，文昌、琼海、三亚等13座加气站也已陆续投入运营，目前日供气量达20万立方米。在近年来油价节节攀升，成品油缺口较大的形势下，为平稳物价做了较大贡献，给出租车及中巴车行业带来了较大的经济效益，产生良好的社会效果，受到市民的好评，更为海口市环境保护树立了良好的典范。

（4）开展LNG项目，实现产品的进一步增值。中国石油大港油田海然公司兴建的液化天然气（LNG）项目，由海然公司投资1.9亿元，兴建年处理天然气1亿立方米原料的液化天然气站，2005年3月试投产成功，日处理天然气25万立方米，日生产液化天然气100—150吨，主要供应文昌清澜电厂和广东、广西中小城市。2009年由公司以2.1亿元收购。

（5）成功收购三亚先锋燃气管道公司（三亚项目部）。三亚先锋燃气管道公司原属于五矿总公司，位于三亚亚龙湾的黄金地段，拥有三亚亚龙湾燃气管网的经营权及40亩土地的使用权等。该公司为亚龙湾地区酒店供液化气，气价高，气款回收及时，有较好的经济效益。随着亚龙湾知名度的日益提高，多家著名酒店将陆续投入使用，也必将产生更高的经济效益。过去供用液化气不安全，收购后，公司对其进行全面改造，由供用液化气改用优质环保的天然气，扩大了油气销路，增加了效益。

（6）开展以LNG为气源的天然气发动机钻井工业性试验项目，取得圆满成功。按照集团公司的安排，开展"以LNG为气源的天然气发动机置换柴油发动机项目"配套钻机的工业性试验，第一口井钻井选定在福山油田"花109-1X"井场，进行针对配套链条传动的机械钻机的试验。试验从2009年12月21日正式开始，至2010年1月13日结束，历经23天，达到设计井深2540米的要求，试验取得圆满成功。

【经营管理】公司坚持科学的管理理念，坚持体制创新，狠抓规范制度体系建设，整体管理水平跃上新台阶。

（1）严格构建油公司体制。公司严格控制进人渠道，人员不但没有增加，反而从158人减少至106人，公司机构设置也因地制宜，人员大都能人尽其才。对于油田生产的日常运营，采用"公开招标、费用总包、成建制聘用队伍"新聘用模式。这种模式可以利用兄弟油田成熟的管理队伍、管理经验、管理办法，采取"拿来为我所用"的办法，迅速组建成为自己队伍，确保公司高效运转，有效地解决了公司发展面临专业队伍及管理人员不足的瓶颈问题，避免了按老的发展管理模式所产生的增加人员编制、工资福利、家属子女住房后勤管理等带来的弊端，为南方公司"油公司"体制的建设积累了经验。

（2）抓成本管理，实现经济勘探。降本增效是企业求生存、求发展、提高市场竞争力的内在要求。公司在海南的勘探工作是按一套人马，两块牌子的运作模式由海南福山油田公司来实施完成。实际上形成一套包含投资主体、科研主体、成本控制主体、质量监督主体的勘探组织管理体系，建立源头上控制成本的体制和机制。在运行机制上，海南福山油田公司常设生产作业部、油气销售部、公共关系部等部门。广州公司本部各职能部门及时提供服务并不定期派人到现场办公，研究部门则提供技术支持，要求勘探人员不仅要做地质师，还要成为"经济师"。在决策上，大到勘探方针，小到单井井位，形成自下而上的勘探决策程序，认真做好研究、部署、设计。由采办合同部、勘探开发部、计划经营部、财务资产部组成的合同小组做好大项目招投标、合同谈判、概预算，参与施工验收、投产。

（3）重视计划，实行全过程项目管理。公司坚持"两手抓"，一手抓投资，一手抓收钱。前者是抓项目立项、设计、项目招投标管理和合同签订执行，并根据项目执行情况及时调整计划；后者是抓项目施工验收，竣工结算和末端销售。做到保证工期，保证质量不突破计划预算，获得较好的投资效益。

（4）坚持财务预算管理，加强资金管理。预算管理是企业管理的重要组成部分。一是坚持企业的一切收支必须纳入预算，包括油气主业的收支、海外石油项目管理费、人员费和各种对外投资，以及各种债务的借贷和偿还。二是坚持各部门（单位）的预算指标必须做到严考核、硬兑现，把预算执行结果与奖惩紧密挂钩，确保了各项收入按预算执行。公司还高度重视资金管理，对《资金管理办法》作了2次大的修改，并采取了一系列措施，实行资金的集中统一管理：为避免对基层单位的拨款形成沉淀，做到既保重点项目的资金需求，又避免资金分散可能出现的风险，对所属各经营单位的财务人员，做到3个集中，即人员集中、办公集中、资金集中；理顺了管理体制，提高了资金使用效益；坚持实行收支两条线的管理办法，不仅从制度上而且在实际工作中避免发生以收抵支及截留问题。

【安全环保】 安全是企业的最大效益。公司一直十分重视安全生产，认真落实“安全第一，预防为主”的安全生产工作方针。在勘探、开发、油气处理、销售工作的过程中，公司始终认真贯彻落实有关法律、法规，公司全体工作人员及承包方的全体员工，均严格按照HSE管理体系及各自制定的各项规章制度、安全操作规程进行运作。多年来，公司一直坚持生产单位、广州基地的中国石油南方大厦定期自查、机关部门定期检查、公司领导关键要害部位抽查的三级检查制度。并制定各级应急反应预案（包括承包作业单位），定期进行应急救援演练。落实岗位责任制，确保安全生产，十多年来公司未出现重大伤亡事故和要求上报的设备损坏事故，公司广州基地车队还连续多年被评为广州市安全行车先进单位。

海南是环保生态大省，公司始终坚持绿色环保理念，按照国际标准，贯彻执行HSE体系。教育和要求乙方作业队伍增强环保意识，监督和敦促他们狠抓地貌恢复、水土保护、弃土弃渣治理，并实行全过程跟踪检查，严格把好验收关。

（付殿敖）

中国石油天然气股份有限公司对外合作经理部

【概述】 中国石油天然气股份有限公司对外合作经理部（简称对外合作经理部，英文名称：PetroChina Foreign Cooperation Administration Department，简称CCAD）负责行使股份公司石油勘探开发国内对外合作业务的管理职能，归口管理股份公司国内油气田勘探开发国际合作项目，经营管理业务独立核算。

（1）负责国内上游项目对外招标、合同和开发生产补充协议的谈判及签订工作，办理合同变更和终止手续。

（2）参与相关项目总体开发方案审查，负责组织审查调整开发方案及其他技术方案和设计。

（3）初审中方年度计划和预算，负责授权支出审批和采办管理，审定外方承担全部投资项目的年度工作计划和预算，管理项目联合账。

（4）负责对外合作项目执行的考核和管理，负责中方人员的资格审查，制订并组织实施中方人员培训计划。

（5）参与对外合作后备区块筛选评价和审查。

对外合作经理部机关编制55人，共设7个处，分别是：综合处、计划发展处、财务资产处、法律事务处、项目管理处、天然气项目管理处、新项目处。各油气田根据实际需要设立对外合作项目部或项目公司。

截至2010年底，先后与12个国家和地区48家国际石油公司累计签订（或通过转让获得）石油合同73个、联合研究协议35个，包括风险勘探合同、提高采收率合同、难动用储量合同、单井服务合同、物探作业合同等。吸纳外资约60亿美元，探明石油地质储量7.53亿吨、天然气地质储量5157.87亿立方米；引进技术150余项；培训员工1.7万多人次；以健康安全环保为代表的管理经验得到广泛推广。合作项目累计生产原油4050万吨，生产天然气147.51亿立方米。

2010年，对外合作经理部坚持以“特色发展、互利双赢、发挥优势、服务整体”为指针，以年度生产经营指标为导向，全面落实各项工作安排，持续加强生产运行管理，不断提升项目管理水平，较好地完成了全年各项工作任务，HSE 管理和表现良好。

【主要生产经营指标】 2010 年，对外合作科学组织生产经营，密切跟踪生产运行动态，制定切实有效的调控措施，使油气生产始终处于受控状态。全年共完成油气作业产量 668.7 万吨油当量，为年计划的 104.8%。其中，原油 377.8 万吨，为年计划的 100.5%；天然气 36.5 亿立方米，为年计划的 111%。中方账完成销售收入 57.2 亿元，实现税前利润 34.2 亿元，中方账桶油操作费为 9.25 美元 / 桶，较预算指标 11.75 美元 / 桶下降 1.91 美元 / 桶，节约 21.6%。对外合作 HSE 表现优良，全年无安全环保事故发生。

【发展规划】 完成对外合作“十二五”发展专业规划编制。规划全面系统总结对外合作“十一五”取得的成果，突出服务整体的重要作用。在坚持“特色发展、互利双赢、发挥优势、服务整体”方针的基础上，进一步突出“适度发展、均衡发展、服务整体”的发展思路，编制完成对外合作技术引进和人才培养规划，为对外合作未来 5 年的平稳较快发展提供了重要依据。

【项目执行】 在执行项目有序推进，生产经营运行势头良好。

（1）川东北项目。罗家寨气田地面工程初步设计获得股份公司批准，净化厂场平工作基本完成并开工建设；铁山坡、渡口河和七里北气田总体开发方案获中国石油审查通过并上报国家发改委；完成风险井治理 53 口，为项目今后实现安全环保高效开发创造了条件。

（2）长北项目。HSE 管理保持良好纪录，实现 1400 万无损失工时纪录。全年完钻 4 口双分支水平井，总体开发调整方案获国家发改委批准，稳产期年产量由原方案的 30 亿立方米提高到 33 亿立方米。2010 年长北项目天然气产量达到 35.1 亿立方米。

（3）苏里格南项目。开发建设前期准备工作全面启动。2010 年开展 ODP 优化和审批、产品分成合同和销售协议谈判、作业权移交和开发准备等一系列工作，正在履行 ODP 的报批程序，有效推进了项目的开发进程。2010 年 11 月 10 日双方签署《苏里格南区块天然气开发和生产合同修改协议》，该协议已得到商务部批准。

（4）川中八角场气田。角 64-2H 水平井成功实施第二阶段八级压裂，初期日产天然气 40 万立方米（井口压力 10 兆帕），稳定日产量约为 10 万立方米，稳定单井日产量比直井提高 5—10 倍，表明应用水平井多段多级大型压裂技术开发八角场气田获得了阶段性成功。

（5）赵东项目。克服渤海湾 30 年一遇的严重冰灾影响，保障了人员和平台生产设施的安全。中外双方采取有效措施弥补产量，降低成本，圆满完成 101 万吨净产量，操作成本控制在 7.76 美元 / 桶之内。

（6）海南—月东项目。总体开发方案获国家发改委核准，人工岛建设、钻井和试采等开发建设工作有序推进。

（7）高升项目。高升项目稠油火驱实验初见成效，一线油井平均单井日产油量由 1.9 吨提高到 3.1 吨，国内稠油油田首次规模化火驱试验开发取得实质性进展。

（8）其他油气项目。金秋项目完成地质及储层评估，2010 年 12 月 22 日 JH3 井正式开钻。煤层气对外合作项目快速推进，韩城和三交项目总体开发方案编制和报批工作全面启动。

【新领域开发】 签订《中华人民共和国准噶尔盆地大井区块天然气合同》、大宁煤层气联合评价协议和大庆致密油联合研究协议；富顺—永川页岩气联合评价协议执行进展顺利；与 BP 公司合作，成功引进煤层气有利区快速筛选方法；开展多种气藏综合勘探开发及页岩油的合作探索；中国石油获国家批准成为煤层气对外合作试点企业，法律地位明确，为煤层气资源对外合作“十二五”乃至中长期的发展铺平了道路；以非常规油气资源合作为重点，探索新的勘探开发领域，创新发展新的合作模式等工作逐步展开。海内外一体化战略合作步伐进一步加快，推动中国石油与国际石油公司战略伙伴关系的形成，促进了国内油气资源的开发利用。

（赵进锡）

中国石油天然气股份有限公司大庆石化分公司（中国石油大庆石油化工总厂）

【概述】 中国石油天然气股份有限公司大庆石化分公司（以下简称公司）是以大庆油田原油、轻烃、天然气为主要原料，从事炼油、乙烯、塑料、橡胶、化工延伸加工、液体化工、化肥、化纤生产，并承担工程技术服务、生产技术服务、机械加工制造、矿区服务等职能的特大型石油化工联合企业。

截至2010年底，公司有员工3.2万人，资产总额206亿元（上市155亿元，未上市51亿元）。年可加工原油650万吨，乙烯生产能力为60万吨/年，聚乙烯56万吨/年，聚丙烯10万吨/年，丙烯腈8万吨/年，丁辛醇8万吨/年，苯乙烯9万吨/年，聚苯乙烯2.5万吨/年，SAN 7万吨/年，ABS 10.5万吨/年，顺丁橡胶8万吨/年，腈纶丝6.5万吨/年，合成氨45万吨/年，尿素76万吨/年，可生产62个品种255个牌号的产品。

公司下设机关处室15个，直属机构4个，临时机构1个。二级单位分别为生产单位、经营单位、生产服务单位。矿区服务事业部下辖6个基层单位。

【主要生产经营指标】 2010年加工原油658.3万吨，实现历史性突破；生产乙烯54.3万吨、合成氨48万吨，主要产品产量均超额完成计划。销售收入达到479.7亿元，完成利润13.2亿元，上缴税费77亿元，盈利水平稳居中国石油炼化企业前列。全年累计完成商品总量737.4万吨，增幅3.4%。公司根据市场行情，以效益测算为基础，通过外购芳烃和MTBE来增加高标号汽油产量，增效7916万元；通过优化重催油浆流向，减少油浆出厂4.7万吨，增效5188万元；通过降低尿素负荷、增加液氨出厂，增效1240万元；通过增设沉降罐等措施，提高辅锅焦油利用率，实现焦油不出厂，增效4900万元。在节能减排方面，通过优化加热炉热效率、减少热力管网散热损失、加强水量跟踪和管网堵漏等措施，全年累计节能4.9万吨标准煤、节水210万吨、减排6万吨，同比分别降低2.7%、4%和0.3%。公司66项主要能耗、物耗指标50项优于计划，炼油综合能耗、吨油耗水等22项指标创历史最好水平。

合理配置资源，将油浆改送焦化装置，掺炼生产汽柴油，提升附加值，合理规避出厂税费，降低燃料成本；优化产品结构，利用化工区乙苯调和高辛烷值汽油，全年增产97号乙醇汽油16万吨；调整优化柴油和煤油加工方案，增加产量28.8万吨；优化检修方案，压缩SAN、ABS装置清洗时间，提高产量1万吨；做好市场调研分析，保持合理库存，避免高库存影响出厂价格。坚持管理与技术并举，用能、用水、排污总量与同比分别降低6.5万吨、245万吨、10万吨，降幅3.3%、5.6%、0.6%，超额完成年度指标。提高计划准确率，合理确定质量标准，控制独家采购，加强行业对标，降低采购价格，节约资金1.1亿元；阶段性暂停非生产物资采购供应，节约资金2100万元；加强采购管理，平库利库5598万元；严格控制差旅费、会议费等五项费用，全年节约600万元。

【安全生产】 公司把“循规蹈矩，不走捷径”的理念贯穿于安全生产全过程，通过强化安全意识，落实直线责任和属地责任，推进HSE体系建设、生产受控管理、安全经验分享等工作，不断提升安全可靠度。为发挥监管作用，公司专门设立安全监督站，与安全管理部门双向介入、协同管理，推出停止作业卡、动火原因分析、承包商和外用工信息化管理等6项监管新举措，强化装置生产、项目施工、检维修作业、三废排放等关键领域和重点环节的监督管理。2010年，公司动火次数同比下降12%，违章现象明显减少，安全风险得到有效控制。

2010年公司确定28项“三老两高”隐患治理项目，启动储运罐区完善、卧龙管带隐患治理、电气隐患治理、气防站建设等项目22个，完成11个；拆除合成、焦化等炼油报废装置6套，下架废弃管线133千米；对一套常减压等暂时无法关停的隐患装置，强化特护预防，规避安全风险。

从提高设备可靠度入手，重点强化日常巡检和关键机组特护，狠抓包机包区、状态监测、预知性维修和设备达标创完好工作，设备完好率达到99.8%，非计划停工次数、时数同比下降28%和29%。针对装置连续运行3年、隐患瓶颈问题增多的实际，公司组织实施化工、化肥系统49套装置5503项大检修，解决高压控制系统更新、苯乙烯氧化脱氢反应器隔离、抽余油汽车装车栈桥增设、大乙烯管线碰头等150余项技术改造攻关及安全隐患治理项目，并实现开车一次成功。年内完成裂解老区压缩机调速系统和DCS系统改造，以及投资1.6亿元的裂解炉改造等重点项目。

【降本扭亏】 2010年，公司通过非生产物资阶段性休眠采购，节约资金1600万元。通过对生产物资先对标后采购、减少独家采购、合理确定质量标准，降低采购成本。仅三剂一项采购成本下降20%。通过推进物资改质代用、供应商回购库存、闲置物资内部调剂、减值拍卖等工作，优化库存结构，减少资金占用6678万元、平库利库5215万元。通过跟踪市场、错峰低谷采购，减少资金支出4380万元。严格实行“五级审批制”，强化费用集中管控，削减五项费用746万元。2010年，为落实总部“三控制一规范”要求，撤销复合肥厂、仪表公司、园林公司3个二级单位，精简13个机关部门及直附属单位定员，分流机关人员179人，节约管理成本近千万元。坚持把成本控制关键点前移至项目投资起始环节，建立项目超计划预警机制，控制建设成本。大乙烯项目全密度装置风送系统优化设计项目节省投资2200万元。

公司推进未上市业务扭亏增盈工作，成立领导小组和管理办公室，细化《未上市业务扭亏解困实施方案》，按时段分解3年扭亏目标，各项扭亏措施有序推进。本着“有进有退，进而有为、退而有序”原则，关停扭亏无望的复合肥厂、清理亏损小法人实体12家、重组保卫及仪表修造检测业务，减亏7740万元。鼓励优势业务闯市场，扩大外部收益。装备制造业务完成公司丙烯塔、加氢反应器、全密度反应器、四川石化高通量换热器等重型装备、特种设备的制造任务，技术水平步入国内先进行列。检修安装业务占据四川石化、广西石化、大庆炼化的保运、安装和检修市场，达成大连石化千万吨炼油、独山子石化120万吨/年乙烯的2011年检修意向。承担四川石化、庆阳石化信息化建设和保运任务并拓展国外市场，年效益超2000万元。全年未上市业务控亏2.4亿元，扣除增资等因素，完成年度控亏目标。

【企业管理】 坚持以管理强基础，以改革促发展。健全目标执行体系，将目标任务分解为装置运行、生产经营、收入利润、成本控制等九大奋斗目标，建立配套考核体系，各单位相应制定具体目标和措施，构建自上而下的目标激励机制。清理完善规章制度，系统整合KPI指标、HSE体系、受控管理、基层建设、岗位责任制等相关内容，形成一套涵盖广泛的HSE管理体系，减轻基层负担。总结推广成功经验，以包机包区管理和标准化巡检工作法为主要内容，完善装置运行静态检查和动态风险控制机制，基层管理和一线操作水平得到提升。实施“三控制一规范”工作，制订《公司机关机构和人员调整方案》，完成17个车间级单位的业务整合，减少用工925人，促进人力资源有序流动和优化配置。

以市场为导向、以效益为中心，科学组织生产经营。落实生产受控管理和“四有工作法”，严格装置达标，科学统筹检修，主要装置非计划停工次数和损失明显降低。裂解、丁辛醇、二高压、一空分等装置创长周期历史纪录。

【科技创新】 公司发挥在炼油、乙烯、聚烯烃、基本有机原料化工等领域的技术优势，推进成套技术开发、科技攻关和新产品研发工作。全年完成科研项目48项，取得创新成果14项，获得专利5项，开发新产品5个。被列为国家863重大科技攻关项目、自主研发的大型乙烯装置工业化成套技术取得重大突破，打破国外技术垄断，填补国内空白，扭转中国石油在乙烯技术上的落后局面，节约技术引进资金7000万元。己烯-1成套技术开发项目工业化试验装置完成考核标定，填补中国石油该项技术的空白，达到国际先进水平。ABS树脂生产技术开发取得突破，实现600纳米超大粒径胶乳工业化生产并在吉化ABS装置成功应用，使公司ABS树脂生产技术达到世界领先水平。此外开发生产高腈SAN树脂、食品专用树脂、异型瓶专用料、高压涂层料4种新产品，市场竞争力得到增强。

【队伍建设】 公司各级党组织坚持融入中心，服务大局，抓思想、抓班子、抓队伍、抓廉政，为创效发展凝心聚力。开展大庆精神、铁人精神再学习再教育，使其融入生产经营管理各环节，贯穿思想政治工作全过程，提高干部员工的政治觉悟、职业操守和行为养成。强化学习意识，巩固扩大学习实践科学发展观活动成果，提升党的建设科学化水平。开展“创新争优”活动，强化党组织战斗力和党员先锋模范作用。加强员工思想教育和形势任务教育，在员工中开展讲责任、讲发展、讲贡献主题实践活动，共谋发展之计。确立“一带四”基层建设模式，以“提升员工素质，加强基层建设”为主题，以深化“四好”班子、“六好”车间、“五型”班组和“五星”员工创先争优活动为载体，增强基层党支部活力。集团公司以现场会形式，推广公司基层建设典型经验。加强人才队伍建设，成功举办覆盖97个工种、2万多名员工参与的生产技术运动会，涌现出93名行业状元、856名标兵和能手。在集团公司技能大赛上，公司参赛选手获得乙烯和加热炉赛区2金1银5铜、团体第二名的好成绩。强化稳定工作责任制的落实，在超前预防上下工夫，加强政策宣贯与思想疏导，强化预测预报，与政府部门构建联防联动体系，共同解决维护稳定突出问题，营造和谐稳定的良好环境。

【矿区服务】 矿区服务坚持将发展成果惠及员工群众，推进民生工程建设。实施大规模的生活区改造工程，对住宅、地下管网、道路及部分办公场所进行隐患治理、功能完善和绿化亮化；开展生活区环境卫生、交通秩序、施工现场、消防安全和绿化建设等专项整治行动，拆除影响环境的隐患建筑，平整为绿化用地，达到“四化一畅”标准。二期工程顺利启动，改善员工居住条件。整合运输资源，优化通勤线路，提高运转效率，改善跨区员工通勤条件；建成投用职工医院门诊楼，通过联合办院、专家出诊等方式，提高医疗水平，满足员工群众的就医需求；增设离退休职工活动室、电影城、拓展培训基地等场所，改善文体活动条件，丰富员工业余文化生活；开展走访慰问和帮扶助学等活动，累计发放慰问金和医疗救助款247万元；通过推荐待业人员企业外就业、扩大帮扶救助服务站、创造内部就业岗位等方式，解决396名困难职工家属的就业问题。

（赵　超）

中国石油天然气股份有限公司
吉林石化分公司
（吉化集团公司）

【概述】 中国石油天然气股份有限公司吉林石化分公司（以下简称公司）前身吉林化学工业公司，是新中国“一五”期间兴建的以“三大化”为标志的第一个大型化学工业基地。1954年开工建设，1957年建成投产，1998年上划中国石油天然气集团公司，1999年重组为中国石油天然气股份有限公司吉林石化分公司、吉化集团公司，2000年吉化集团公司与吉林石化分公司正式分立运行，2007年吉林石化分公司与吉化集团公司整合管理。2010年7月，中国石油授权公司对吉林燃料乙醇有限责任公司实施一体化管理。

公司作为新中国化学工业的长子，新中国的第一桶染料、第一袋化肥、第一炉电石就诞生在这里。50多年来，公司先后为全国各地输送和培养各类人才6万多人，累计向国家上缴利税500亿元，取得科研成果700多项，获得国家级荣誉100多项，为中国化学工业和国民经济的发展作出了突出贡献。

截至2010年底，公司由最初的染料、化肥、电石“三大化”，发展成为拥有原油加工能力1000万吨/年、乙烯生产能力85万吨/年、总资产270亿元、在岗人员5.5万人的大型炼化一体化企业。

【主要指标】 2010年，公司认真贯彻落实党中央、国务院、集团公司党组的一系列部署，紧紧围绕“五建五保”（加强党的建设保稳定、加强基础建设保安全、加强项目建设保发展、加强机制建设保效益、加强文化建设保和谐）和燃料乙醇一体化管理扎实工作，各项工作取得了新的业绩。全年加工原油724万吨，生产乙烯83万吨；实现主营业务收入506亿元，同比增长28%；炼化业务实现考核利润11亿元，同比增长21%；实现税金69亿元，同比增长2%，原油加工量、主营业务收入和税金均创吉化建厂以来最好水平。

【安全环保】 公司深入开展"无事故工厂"创建、事故事件资源价值挖掘、安全大讨论、"三违"记分卡等工作，增强了员工安全意识，规范了安全行为；强化正面激励，评选奖励"安全型"模范班组及个人32个，增强了员工工作积极性和主动性。完善环保设施，加大监管力度，在生产总量大幅增加的情况下，出水COD浓度稳定控制在72毫克/升以下，被推荐为国家"资源节约型"、"环境友好型"试点企业。

【发展建设】 公司按照"千万吨炼油能力、百万吨乙烯规模、国家碳纤维研发生产中心、中国石油东北地区碳四碳五资源集聚加工基地和建设燃料乙醇新业务板块"的"四加一"发展定位，加大发展建设工作力度，发展工作取得新的突破。在短短15个月时间内，完成千万吨炼油项目建设和开车任务，公司炼油能力达到1000万吨/年；开展乙丙橡胶技术攻关，新装置实现平稳运行，乙丙橡胶生产能力达到5万吨/年，巩固了乙丙橡胶国内领先地位；第三丙烯腈生产线建成投产。40万吨/年ABS、32万吨/年苯乙烯项目5月开工建设，将于2012年建成投产；推进燃料乙醇项目，开展浙江和江苏燃料乙醇项目前期工作，取得了积极进展；在集团公司炼化系统率先开展ERP建设，10月实现单轨运行，建立起以信息化为主导的管理模式。

【生产经营】 公司牢固树立"没有计量就没有管理"的理念，围绕"三低一高"（采购价格低、消耗定额低、费用开销低、销售价格高）目标，强化经济活动分析，开展生产优化和对标管理，有517项技术经济指标创出公司历史最好水平。组织召开优化会议50次，累计创效2.5亿元。深入开展未上市企业扭亏、法人清理等工作，未上市业务同比实现大幅减亏。完善原油计量管理，克服各种困难，实现原油末站计量交接。强化两级集中采购，建立仓储超市，制定储备定额，盘活库存资金5929万元。完善销售工作机制，适时调整产品价格2768次，2010年实现主营业务收入506亿元。

【改革与管理】 公司持续推进机构整合，优化职能，压缩编制，机关部门由年初20个减到16个，进一步提高了工作效率。推进燃料乙醇一体化管理，调整补充了吉林燃料乙醇有限责任公司董事会、经理层人员，初步形成了一体化管理格局。完善经营业绩考核体系，增补经营性单位增效减亏考核方案，开展EVA业绩考核试点工作，形成绩效优先的价值导向。建立健全培训机制，推进"十百千"人才培训工程，队伍综合素质持续提升。强化基础管理，逐步形成靠制度管理、按程序办事的管理氛围，提高了依法治企和风险防控水平。

【和谐企业建设】 公司加强源头治理，重点解决了九大类影响稳定的突出问题，信访总量同比下降23%。做好世博会、亚运会等敏感时期稳定工作，维护了大局稳定，受到集团公司和省市通报表扬。持续开展扶贫帮困、金秋助学活动，帮扶困难人员21865人次。支持集体企业基本解决了员工医保、社保等重大历史遗留问题，企业包袱不断减轻，确保了大局稳定。牢固树立"四个不等于"理念（产业化不等于扩大规模、提升服务质量不等于加大投资力度、事业部不等于事业单位、和谐不等于福利化），明确矿区业务定位和发展思路，矿区改革与发展走在集团公司前列。

【党建和企业文化】 公司深入开展"创先争优"活动，激发了基层党组织的活力。开设"吉林石化论坛"，搭建了沟通交流平台。持续开展大庆精神、铁人精神再教育和吉化"四种精神"宣贯活动，有效发挥了企业文化的育人功能。开展工程建设领域突出问题专项治理，得到中央企业检查组充分肯定。开展"双五工程"创建活动，创成1459个"五型"班组、655个"五好"家庭，公司"丛强班"被命名为"央企红旗班组标杆"、"中国石油丛强班"。开展"金牌工人"评选活动，20名一线员工被评为"金牌工人"。开展特色青年活动，发挥了团员青年生力军作用。

（林　业）

中国石油天然气股份有限公司抚顺石化分公司（中国石油抚顺石油化工公司）

【概述】 中国石油天然气股份有限公司抚顺石化分公司（以下简称公司）是集“油化纤塑洗蜡”为一体的大型石油化工联合企业，有在册全民员工26409人、集体企业在职职工10854人，下辖11个生产企业、1个工建公司、1个消防支队、1个设备研究中心、1个教培中心、1个开发公司、1个矿区服务事业部和1个集体企业集团（13家集体企业），资产总额282亿元，资产负债率50%。有主要生产装置77套，设备新度系数0.32。原油一、二次加工能力均为1000万吨/年，化工生产能力185万吨/年，主要生产装置和技术大部分从国外引进，具有一定的规模和产品特性优势。公司整体通过QHSE管理体系认证和测量管理体系认证。生产的160多个牌号石化产品畅销国内外，是世界上独具特色的石蜡、烷基苯生产基地。

公司是中国炼油工业的“摇篮”，20世纪60年代我国炼油技术的“五朵金花”中的流化催化裂化、催化重整、延迟焦化就诞生在这里。新中国成立以来，抚顺石化累计加工原油3.47亿吨，实现利税545亿元。为全国各地输送了2万多名优秀的管理和技术人才。公司资产总额、原油加工量、销售收入等主要指标在国内同行业中居于前列。先后荣获全国五一劳动奖状、中央企业先进集体、国家级重合同守信用企业、中国AAA级信用企业、全国最具影响力企业、全国精神文明先进单位、全国企业文化示范单位等称号，涌现出全国学习型标兵班组、全国最受关注企业家、全国劳动模范等一批先进集体和个人。

辽宁省头号工程、抚顺市振兴工程——抚顺石化“千万吨炼油、百万吨乙烯”大型炼化生产基地将于2011年全面中交，并陆续开工投产，抚顺石化生产结构将从炼油主导型发展成为“大炼油—大化工—大园区”炼化一体化的新格局，资源优势充分发挥，生产布局更加合理，产品结构更加优化，技术创新步伐加快，管理运行科学高效，创效能力持续增强，实现“国内领先、世界一流”的目标。以此为依托，全面建设抚顺石化新城，推进抚顺资源枯竭型城市经济转型。

【主要经济技术指标】 2010年，累计加工原油898.5万吨；化工商品总量172万吨。实现销售收入502.6亿元，同比增加62.28亿元；实现利润总额0.64亿元，其中上市业务实现利润1.21亿元（炼油0.76亿元、化工0.45亿元），未上市业务-4036万元，比预算减亏964万元。实现税费91.92亿元，同比增加9.9亿元。可比全口径炼油单位加工费245.16元/吨，比预算指标增加24.16元/吨；可比化工商品现金加工成本606.07元/吨，比预算指标降低18.93元/吨。

【安全环保】 全面强化安全环保责任制的落实与考核，大力宣贯《反违章禁令》，实施异体监督和“停止作业卡”制度，制止违章行为500起，奖励2万元。投入1.11亿元，对80项隐患进行了治理。开展各类安全环保大检查，查出问题108项，100%整改。HSE体系运行规范有效。全年安全培训5991人次，教育外来施工人员1.75万人次。全面加强施工过程安全受控监督检查，强化承包商“五关”管理。组织开展应急预案演练987场、2.8万人次。有序推进烟气脱硫、锅炉改造、污水回用等环保项目综合治理，强化“三废”在线监控，工业废水、COD、SO_2排放量同比分别降低6%、4%、9%。固体废弃物规范处置率100%。

【生产优化】 240万吨/年延迟焦化、15万吨/年石蜡加氢、8000吨/年硫磺等新建和搬迁装置及扩能改造的重油催化、烷基苯装置实现一次开汽成功。高效完成19套在运装置改造及检维修。关停石油一厂新区、化塑厂苯乙烯等8套装置。生产汽油211.95万吨，其中，高标号汽油产量达到197.47万吨，同比增长25.5%；生产柴油366万吨，其中低凝柴油14.87万吨，同比增长16.88%。大线日输油量突破1.2万吨，全年输油329万吨。生产乙烯16.75万吨，烷基苯20万吨、同比增长13.32%，丙烯腈8.35万吨，甲乙酮3.96万吨、增长41.52%，醇醚4.08万吨、增长6.58%，催化剂1545吨、增长23%。持续深入开展装置对标管理、瓶颈技术攻关，采取加热炉热效率达标、地下水管网测漏、系统能量优化、电平衡测试以及东部氮气优化平衡等多项措施，综合商品率92.52%、增长4.26%，轻油收率76.59%、增长0.1%，加工损失率0.68%，双烯收率48.84%；炼油综合能耗69.78千克标准油/吨，乙烯能耗715.29千克标准油/吨，新鲜水单耗0.57吨/吨。节能8.79万吨标准煤，节水111.71万吨。"三剂"费用3.4亿元，减少1573万元。热电厂锅炉负荷率81.52%，提高5.22个百分点。持续深化预算管理，可控费用同比降低2423万元。积极开展EVA考核。深入开展吨油利润、库存指标等经济活动分析。科学筹划资金使用，财务费用同比下降1.05万元。清回欠款1.82万元。科学研判市场动态，加强产运销衔接，产销率达到100.27%。出口石蜡13万吨，甲乙酮8348吨，烷基苯1.57万吨。自备车利用率达80%以上。采购金额39.2亿元，规范招投标管理，节约1.5亿元。煤炭直采率、直发率均为100%。

【项目建设】 公司"千万吨炼油、百万吨乙烯"项目建设完成既定目标。2010年，股份公司下达投资计划69亿元，累计实际完成75.29亿元。

炼油项目：全年完成投资14.6亿元，完成当年下达投资的97%。详细设计完成总量92%。业主负责采购的设备、材料采购完成率达96%。焦化联合装置、石油一厂新区搬迁工程的石蜡加氢、石蜡成型装置以及公用工程系统的区域变电所、西循环水场一期、制冷站、硫磺联合装置、火炬系统、中控室、系统管带、罐区等陆续建成并投用；苯乙烯、35万吨/年糠醛、30万吨/年酮苯脱蜡、西循环水场二期、中心化验楼等进入收尾阶段。

化工项目：全年共完成投资58.4亿元，完成当年下达投资的108%。项目设计工作全部完成。由业主负责采购的设备、材料采购完成率达97%。丁烯-1、丁二烯、芳烃装置机械竣工，其他装置处于安装收尾阶段；消防水泵站、南/北总变电所、空压站等建成，具备投用条件，乙烯裂解炉低温烘炉结束。热电项目当年完成2.29亿元，自开工以来累计完成投资4.97亿元；基础设计结束，施工图设计全面展开。"三大主机"招标完成，正在进行主厂房基础施工，1号锅炉钢铁构架安装完成，汽包吊装就位。

【业务发展】 上市业务开展资本性支出项目59项（不包括大项目），投资9535万元；未上市业务开展资本性支出项目6项，投资9650万元。编制完成"十二五"发展规划。完成东部消防站整合规划、检维修中心整合规划和公司汽柴油质量升级方案。石油二厂新标准达标治理改造工程土建完成。锦郑线管道建设、"三老两高"（老装置、老设备、老工艺，高能耗、高污染）、天然气利用等项目的前期工作顺利开展。"热电厂安全隐患项目改造"等8个项目通过炼化板块组织的可行性研究报告审查。

【科技研发】 开展科研项目36项，科技总投入3601万元。完成股份（集团）公司级科研项目8项；公司级科研项目7项。生产驱油用烷基苯1.3万吨；"重烯烃烷基化中试技术研究"项目通过了股份公司专家评审待批复。具有自主知识产权的聚丙烯催化剂试验成功，成为集团公司"炼油催化剂研制开发与工业应用"重大科技专项承担单位。聚丙烯纺丝专用料HY525生产技术成功转让。聚丙烯瓶盖专用料EP6306和高透明高流动聚丙烯专用料M2000E实现试生产和市场推广。微晶地板防水蜡、人造板专用防水蜡等新产品开发工作进展顺利。信息化建设和应用迈出新步伐，ERP系统、资金管理平台上线运行，MES系统应用更加广泛，112通信资源管理系统正式投用，中油邮件系统统一实施，门户网站功能更加完善、实用、便捷。

【队伍建设和基础管理】 深化"四好"班子创建活动，出台《公司领导干部管理暂行办法》等5项管理制度，调整、任免直管干部45人。开展正处级领导干部集中分批培训。推荐37名优秀专业技术骨干赴海外留学或攻读硕士学位。荣获集团公司财务系统英语演讲比赛炼化企业团体第一名；参加中国石油炼化企业乙烯装置操作工、工艺加热炉操作工职业技能竞赛，荣获2枚银牌、1枚铜牌。举办第六届练兵比武和技能竞赛。2010年培训7.6万人次。评选出12个公司级"学大庆"标杆单位、26个公司级优胜单位、71个厂级达标单位。全面推进内控体系建设，组织开展"三重一大"业务流程梳理。工业直链烷基苯被评为2010年度石油和化工行业知名品牌。选派优秀班组长参加现代企业管理技能培训班。承办全国班组建设工作会议，中华全国总工会等四部委联合下发《关于开展向"王海班"学习活动的决定》，"王海班"的影响力进一步扩大。明星评选活动扎实推进。"三控制一规范"陆续实施。优化人力资源配置，向大项目选派328人；对石油一厂、石油三厂、化塑厂、热电厂、洗化厂等单位人力资源进行厂际间调剂配备。工建公司重新划归抚顺石化。开展后勤服务区域化管理试点。

【党建与思想政治工作】 开展“讲党性、树形象、做表率”活动，共梳理问题443项，解决401项。两级中心组理论学习效果明显。新命名“六个一”党支部434个。组织基层党建工作专题调研，召开公司党的建设暨“三先两优”表彰大会。完成《公司惩防体系建设2009—2012年实施办法》年度工作任务。出台《公司“三重一大”决策制度实施细则》，制度管人、管权、管事的反腐倡廉工作理念和工作机制得到强化。扎实推进廉洁文化“五进”活动。完成工程建设领域突出问题专项治理阶段性工作和小金库专项治理工作。效能监察实现经济效益3571万元。“双学促三基”主线教育活动有效开展。采取有力措施有效监控企业舆情。民主管理、民主监督持续深入，广大团员青年的生力军作用有效发挥。落实维稳工作责任制，超前主动工作，公司集体访大幅下降，进京集体访得到有效控制，个体访的访量持续走低。圆满完成世博会石油馆安保消防任务。

【民生工程】 员工生产生活条件持续改善，和谐矿区建设深入推进。城东员工住宅工程24方块37万平方米、20栋住宅全部主体封顶，28方块完成止水帷幕施工。2栋18层大学生公寓具备交付使用条件；2栋12层住宅主体竣工验收。20.24万平方米危旧房拆迁工作按社会化方式移交政府。员工住宅小区基础设施改造规划有序实施，8个住宅小区及零散住宅，230栋、89万平方米小区改造工程一期35万平方米除平改坡外全部完工。投入792万元更新15台空调大客车上线运行。优化、新增通勤线路10条。有线电视网络数字化改造工程敷设主干线和支干线光缆70多千米，安装光站170多台。千方百计提高员工收入和各项福利，员工基本工资、误餐补助、住房公积金、社会养老保险等持续提高。带薪休假和健康疗养制度有效落实，1.87万人带薪休假，发放健康疗养费5870万元。住房货币化改革补贴按月纳入工资发放。实施医疗制度改革并建立补充医疗保险制度。石化总医院加入沈阳盛京医疗联盟，2010年健康体检22421人次。发放公益性岗位补贴1590万元、爱心基金1276.5万元。真情关心、关爱离退休人员，落实各项政策待遇。举办迎春长跑、棋牌类、游泳和毽球比赛等文体活动，组织“和谐中秋、与你同行”慰问演出，开展“十佳女员工”“十佳女员工模范岗”评选等活动。

（王文杰）

中国石油天然气股份有限公司辽阳石化分公司（中国石油辽阳石油化纤公司）

【概述】 中国石油天然气股份有限公司辽阳石化分公司（以下简称公司）是特大型石油化工联合生产企业，也是中国重要的俄罗斯原油加工基地。

公司以炼油、芳烃、烯烃为主体、炼化一体化的产业格局，拥有大型炼化装置67套。炼油部分拥有加工俄罗斯原油的全加氢炼厂，原油一、二次加工配套能力1000万吨/年，每年可为市场提供优质柴油超过500万吨。芳烃部分拥有国内较大的芳烃及其衍生物生产能力，年产70万吨对二甲苯、40万吨苯、6万吨邻二甲苯、80万吨PTA、50万吨聚酯、14万吨精己二酸和18万吨硝酸。烯烃部分有20万吨/年乙烯裂解、7万吨/年聚乙烯、5万吨/年聚丙烯、20万吨/年环氧乙烷/乙二醇的生产能力。公司下设15个职能处室、11个生产厂和15个直属单位，员工总数2.1万人。

【主要经济指标】 2010年，公司加工原油550万吨，炼化商品总量542万吨，同比分别增加50万吨和37万吨；实现主营收入333亿元，同比增加64亿元，上缴税费39亿元，同比增加7亿元；化工业务实现账面利润4.9亿元，同比增加5.8亿元；未上市业务控亏4.46亿元，完成了集团公司利润考核指标。

【生产经营】 科学组织生产经营，全力提高经济效益。生产运行质量不断改善，年产柴油302.8万吨，完成计划的105.19%；裂解装置生产负荷首次达到91.45%，已二酸2010年产量达到14.7万吨，超计划3.58%。顺利完成18套装置、11729台设备检修任务，为装置下一生产周期平稳运行提供了保障。以对标管理为主线，深入开展优化攻关，55项指标完成总部下达的考核值，炼油轻油收率达到86.4%，同比提高1.19个百分点，加工损失率降到0.41%，同比下降0.06个百分点；乙烯收率、综合损失率和综合能耗均创历史最好水平；三苯总产量达到58万吨，芳烃总收率提高到59.21%。

优化产品和市场结构，增加企业经济效益。围绕产品边际贡献，调和汽油14.3万吨，增产低凝柴油17万吨，增效2亿元；同比增产邻二甲苯、PTA、环氧乙烷等高效产品17万吨，增效1.4亿元；优化目标市场结构，在东北市场同比多销聚酯等产品1.6万吨，创效316万元；积极开展国际贸易，出口已二酸等产品1.9万吨，创汇2344万美元。公司及时推价保价，统销和自销产品价格始终保持在系统平均水平之上，2010年综合产销率达102%。科学配置铁路运力资源，货运总量606万吨，同比增长2%。

【企业管理】 全面强化基础管理，提升全员执行力。公司扎实推进强化管理阶段各项工作，制订《关于全面开展强化基础管理，提升执行力工作的意见》和配套的实施方案；修订、完善规章制度33项，工作职责体系进一步完善；完成“三重一大”流程梳理工作，调整关键流程61个，决策程序更加规范；完成人事劳资、工程项目管理系统机构整合，业务管理不断理顺，机构设置更加科学合理；以ERP为代表的信息系统上线运行，管理的规范化、集约化、信息化水平大幅提高；开展全公司岗位责任制大检查，发现问题及时整改，有效推动基础管理工作的持续深入。加强员工培训，公司获得集团公司工艺加热炉操作工竞赛团体第一名和乙烯装置操作工竞赛团体第三名。

以成为集团公司10家试点单位为契机，积极推进HSE体系建设。制定落实《践行有感领导》、《落实直线责任》、《实施属地管理》实施方案，体系运行实效性明显提高。完善监督体系建设，强化对临时作业的监管。完善应急体系，修订应急预案1446项，组织应急演练774次，公司总体应急预案顺利通过辽宁省应急指挥中心专家评审。加大环保工作力度，完善环保考核指标体系，全面启动污水综合治理、污泥干化处理项目，公司外排污水实现“双达标”。

做好EVA考核准备。加大库存清理和低效、无效资产处置力度，2010年报废资产原值3.4亿元，夯实了资产质量。加强项目前期估概算审查，全年审减金额3878万元。从源头上加强合同管理，控制预付款规模，减少资金沉淀，全年降低财务费用841万元。严格费用管理，“五项”费用支出比总部下达的指标降低12.45%。加大清欠力度，完成清欠工作目标。

【项目建设】 胜利完成千万吨炼油、140万吨/年重整两大项目建设，增产5万吨/年环氧乙烷和成品油长输管线项目建成投产。其中，140万吨/年重整项目经过17个月紧张施工，于2010年8月30日建成中交，项目内容包括新建140万吨/年重整—歧化联合装置、新建一套火炬系统，新建循环水场及配套系统，11月23日，该项目实现开车一次成功；千万吨炼油项目于2009年8月15日开工建设，新建200万吨/年加氢精制、100万吨/年加氢裂化和3万吨/年脱硫及硫磺回收系统，全部工程于9月28日中交，使公司具备千万吨俄油加工能力，产业规模实现跨越式发展。

围绕建设以芳烃为特色的大型石化基地的目标，编制完成公司“十二五”发展规划。确定以140万吨/年重整、90万吨/年PX、15万吨/年环氧丙烷等项目为重点的“十二五”发展规划，随着项目的初步落实和前期工作的顺利推进，基本完成以千万吨炼油为龙头，以芳烃为主体，以优势化工业务为补充的业务发展战略布局，以芳烃为特色的大型石化基地整体框架更加清晰。

【科技进步】 强化科技进步对企业发展和生产运行的支持和保障作用。全年实施科技攻关项目36项，实施汽油调和质量攻关，科学调整各组分油的调和比例，汽油质量不断改善；开展PX装置工艺优化攻关，保证了PX的产量和质量；开展环氧乙烷产量攻关，消化改造技术，环氧乙烷产能由6.5吨/小时提高到14吨/小时。加大科研开发力度，2010年获得授权专利8项、受理专利17项；聚烯烃中试装置顺利建成，集团公司聚烯烃研究基地正式落户辽阳石化。氯化聚乙烯高速挤出型专用料实现工业化生产，填补了国内空白。使用自主研发的JM1催化剂，成功开发出满足PEX-A管材生产要求的交联聚乙烯专用料产品，公司成为国内唯一一家利用自有技术实现交联聚乙烯专用料工业化生产的企业。推进节能减排工作，安排专项资金实施11个重点节能降耗项目，顺利完成“十一五”节能指标。更换N_2O装置催化剂，完善运行方案，装置保持高效运行，全年累计减排温室气体当量1233万吨。实施炼油、芳烃低温余热综合利用项目，减少装置工艺伴热和生活区采暖蒸汽用量，年节能7.4万吨标准煤。完成公司4台锅炉脱硫改造工程，全年减排二氧化硫7千吨。

【民生工程】 密切与员工的联系，群策群力推动企业发展。公司关注民情民意民生，建立民主管理座谈会制度，定期与员工代表面对面交流，倾听基层员工声音，改进公司工作；在此基础上，开通总经理信箱，进一步拓宽员工反映问题、建言献计、参与管理的渠道，拉近员工与企业领导层的距离，深化民主管理和民主监督，形成群策群力推动企业发展的良好氛围。

加快安居工程建设，员工居住条件持续改善。完成宏伟区第二、第三、第四老生活区2706户居民搬迁和43栋旧楼拆除工作；26.3万平方米回迁住房规划建设进展顺利，首批3.5万平方米回迁房及其配套设施施工完毕，558户居民已经回迁到位；完成龙鼎山小区部分区域封闭改造和龙源小区配套设施建设收尾；启动生活区3个景观湖清淤治理项目，新增绿地面积18.8万平方米。

推进生活区配套改造，公共服务设施不断完善。加大投入，完成部分生活区水、电、路、信、暖等基础设施改造，道路交通状况得到改善，数字电视转播正式开通入户，辽化体育馆装饰一新，为丰富员工业余文化生活创造了有利条件。加快推进医院门诊楼改造项目前期工作，启动医院磁共振中心项目建设，引进1.5T磁共振成像系统、全数字式血管照影系统等高端医疗设备，医疗硬件水平再上新台阶；加盟盛京医院联盟，投用龙鼎山小区社区医疗卫生服务站，医疗服务条件进一步改善。

（赵　智）

中国石油天然气股份有限公司兰州石化分公司（中国石油兰州石油化工公司）

【概况】 中国石油天然气股份有限公司兰州石化分公司（以下简称公司）是集炼油、化工、装备制造、工程技术、工程建设、检维修及矿区服务为一体的大型综合炼化企业，是中国西部重要的炼化生产基地，能源战略地位非常突出。公司地处甘肃省兰州市，拥有权属土地总面积27.84平方千米，有合同化员工2.69万人，集体及其他用工0.84万人，总资产264亿元，年营业收入超过600亿元。

截至2010年底，公司原油一次加工能力1050万吨/年，乙烯生产能力70万吨/年，化肥、合成树脂、合成橡胶、炼油催化裂化催化剂产能分别达到52万吨/年、124.5万吨/年、22万吨/年和5万吨/年。有炼化生产装置90套，加工7种原油，能生产汽煤柴油、润滑油基础油、化肥、合成树脂、合成橡胶、炼油催化剂、精细化工、有机助剂等多品种、多牌号、多系列石化产品；可生产6大类100多个品种的仪表产品。拥有汽油加氢、丁二烯抽提、丁苯橡胶、丁腈橡胶、碳五加氢石油树脂成套技术，炼化主要工艺技术和炼油催化裂化催化剂领域达到国内领先水平。拥有石油化工工程施工总承包一级资质、大型炼油化工施工能力，以及完备的矿区配套系统和综合服务业务。

【主要技术经济指标】 2010年，加工原油1033.72万吨，生产汽煤柴油总量688.79万吨，其中高标号汽油190.31万吨，同比增长57.92%；乙烯69.48万吨，同比增长0.17%；合成橡胶18.65万吨，同比增长14.05%；炼油催化剂4.91万吨，同比增长20.75%。全年有17项主要炼化指标创历史最好水平，炼油综合商品收率94.43%，同比提高1.08%；原油加工损失率0.54%，同比降低0.05%；吨油耗新鲜水0.47吨/吨，同比降低41%；炼油综合能耗65.75千克标油/吨，同比降低2.58千克标油/吨；大乙烯装置“双烯”收率47.29%，同比增加0.27%；大乙烯综合能耗644.44千克标油/吨，同比降低19.74千克标油/吨。全年实现营业收入657亿元，同比增长11.17%；实现税费117亿元，连续两年成为甘肃省纳税超百亿元企业。在消化汽油质量升级、工资调整、固定资产减值、动力涨价等不利因素共计 15 亿元的情况下，仍实现账面利润 3 亿元。

【生产运行】 公司以调整优化生产结构为出发点，以努力减少非计划停车为目标，继续调整生产结构、装置结构、产品结构，优化资源利用，优化生产运行。积极争取优质资源，充分发挥炼化一体化优势，精心组织炼化生产，生产经营管理更加科学有效；积极破解汽油质量升级难题，汽油全部达到国Ⅲ标准，高标号汽油比例大幅增长。进一步优化调整对标指标体系，积极组织关键技术经济指标“十大攻关”活动，累计有 55 项关键性指标刷新历史纪录。积极推进关键设备技术改造，精心组织装置大检修，大力开展水质攻关，装置达标率达到 95%；加大装置长周期平稳运行攻关和考核，加强生产过程控制和设备专业技术管理，认真落实关键机组联检制，加强状态监测、故障分析和预知维修，长周期运行成效显著；配合完成兰石原油管道、铁路接卸设施完善等 25 项投运工作，实现 140 万吨 / 年重催等 17 套装置检修后开工一次成功。强化质量管理，质量攻关成效显著，过程质量控制力和产品质量竞争力进一步提升，各项质量指标再创新高。完善价格监管体制，落实厚利产品增产增效措施，产销率保持 100%；强化财务预算管理和成本控制，“五项费用”等可控费用持续降低；完善质量管理新机制，质量、计量、标准化管理对企业创效的支撑作用更加明显。

【安全环保】 树立“安全是大爱”的管理理念，转变安全管理思想认识，广泛深入开展“学禁令、反三违、查问题、全员管”安全主题活动，开展事故隐患、专业管理短板、基层管理薄弱环节“三大排查”整治活动；邀请杜邦公司对公司进行安全管理现状评估，针对存在问题制定改进思路和措施，组织成立观察与沟通等 9 个委员会，编写 HSE 改进计划，稳定有序推进 HSE 改进工作；修订完善《兰州石化公司事故事件管理》等 15 项管理制度，总结提炼并发布实施《十大不可违背安全条款》，在全体员工中认真学习贯彻；修订发布总体应急预案和 13 个专项应急预案，全面启动炼化生产单位应急预案和岗位应急操作卡编制工作；组织开展事故隐患排查，共排查上报隐患项目 1485 项，评估后，970 项列入第一批隐患治理计划，140 项列入第二批治理项目。稳步推进清洁生产工作，外排污染物实现稳定达标排放，实现环境污染事故为零；全年废水总量、废水中 COD、废气中二氧化硫排放量比 2005 年分别减少 17%、36%、23%。2010 年 8 月 18 日，公司顺利通过甘肃省安全生产监督管理局组织的安全生产标准达标审核。

【节能减排】 认真落实国家、甘肃省和中国石油节能减排的举措，认真做好装置能量梯级利用，全年实现节能量 7 万吨标准煤和节水量 250 万吨，全面完成集团公司和地方政府下达的年度节能节水任务，提前完成上级下达的“十一五”减排指标。持续深入推进清洁生产，加强关键环节和重点领域监督管理，积极推进达标排放和污染项目治理，认真落实“630”环保治理计划，建成“三级防控体系”，先后投用 300 万吨 / 年重催装置再生烟气脱硫、化肥厂燃煤锅炉脱硫、1080 吨 / 小时炼油污水深度回用等重点环保设施，环境抗风险能力显著增强。

【项目建设】 积极研究论证和编制“十二五”整体发展规划，主动谋划内部产业布局，形成炼油生产结构由脱碳型向加氢型转变、化工原料结构由馏分油向天然气转变的思路，确定了上市业务、未上市业务、矿区服务业务、多种经营业务整体协调发展的基本思路。全力推进工程项目建设，2010 年完成投资 44 亿元，实施项目 27 项，其中 180 万吨 / 年汽油加氢装置实现当年动工、当年建成、当年投产，300 万立方米兰州国家石油储备基地储罐安装完成 40%，100 万立方米生产运行原油储备库完成 60%，一批有利于结构调整的工程项目有序推进。

【科技进步】 启动炼油催化剂和千万吨级炼油成套技术开发两个重大专项；先后组织开展 SP179 产品性能质量攻关、航空活塞式发动机燃料质量攻关等 25 项攻关项目；认真落实新产品开发工作计划，合成树脂专用料比例达到 55.92%，成功生产出 SP179 汽车保险杠树脂等一批高附加值新产品；信息化建设水平稳步提升，完成国家“863”项目课题研究工作，档案信息管理系统上线投用。2010 年共获得集团公司科技进步奖 7 项、技术发明二等奖 2 项，甘肃省科技进步奖 3 项，申请专利 19 项、授权专利 10 项。

【企业管理】 切实加强基础制度建设，重点修订发布采购、销售、招投标、工程造价、采购价格等一批重大专业管理制度，2010 年共修订发布规章制度 18 篇 122 项（章）；全面清理精简各类台账报表，报表台账由 1123 类减少到 496 类，减轻了基层负担；完成全部业务流程的梳理和规范，初步形成涵盖财务报告风险、经营风险和法律风险“三位一体”的较为完整的风险防控体系；全面恢复和推行岗位责任制大检查，逐步完善岗检标准，形成互动的岗检新模式，初步建立起公司季检、分厂月检、车间周检、班组日检的岗检运行机制，促进了干部走动式管理和员工不间断巡检。

【队伍建设】 持续推进改革重组，组织机构和人力资源结构得到有效改善。全面调研和分析人力资源现状，初步形成公司人力资源优化方案及2010—2015年人力资源规划意见；制定组织机构及领导职数设置规范和二级单位党群机构设置及定员编制规范；加大清理清退力度，完成集团公司下达的522人清退减员指标；完善绩效考核和薪酬分配体系，制订实施各类用工薪酬调整方案；全年投入培训费用2800余万元，完成各类培训班和讲座2443期，培训员工7.5万余人次，在集团公司技能大赛中取得1个团体第一、1个团体第三和6金、1银、1铜的好成绩。

【关注民生】 公司大力推进民生工程建设，物业服务和通勤客运业务服务满意度持续攀升，离退休、幼教服务继续保持特色和优势，矿区服务得到员工及家属好评；加快旧街区改造和新开工项目报批报建，12号街区建设取得重大突破，A区3088套住房竣工并陆续交付使用，东四旧街区改造等1070套住房也已交付使用；制订水电气暖和物业服务收费制度改革方案，实现民用液化气"六统一"管理；认真落实涉及员工切身利益的8件实事和5个难点问题，医疗报销制度平稳并入社会医疗保险体系，制定实施符合实际的退役士兵安置方案，确保各项措施平稳运行；全年累计发放帮困扶贫资金1917万元，先后救助各类困难人员3.47余万人次。制定实施员工健康管理计划，建立健康管理平台，实行重点群体健康干预试点，员工健康管理意识明显增强。

【企业文化】 公司坚持学习和发扬大庆精神铁人精神，重点开展"高严细实"作风再学习、再教育、再实践活动，开展"发扬优良传统作风和企业精神"主题大讨论，创新和完善领导干部选拔任用管理制度，在年度测评和考核的基础上对13个领导班子进行调整，对51名领导干部进行交流调整，建立结构合理、数量充足的后备干部队伍；切实加强领导班子廉政建设，确保"三重一大"集体决策的科学民主、公开透明、阳光操作；选树出以公司首届"十大杰出员工"为代表的一批先进典型，营造学习先进、赶超先进的浓厚氛围；广泛开展喜闻乐见的文化体育活动，调动员工参与生产管理的积极性和创造性，丰富了员工的文化生活。

【主要荣誉】 2010年公司荣获甘肃省精神文明创建年活动先进单位，全民国防教育先进单位，甘肃省职工节能减排"先进单位"，集团公司先进工会组织，全国"三八"红旗集体，集团公司"十一五"统计目标管理工作先进集体，2009年甘肃省产业安全数据直报工作先进单位，甘肃省保密先进单位，集团公司密码工作先进集体，集团公司2008—2009年度财务会计报告先进单位，集团公司2009年度安全生产先进企业，集团公司2009年度信息化工作先进单位，2009年全国亿万职工健身活动月先进单位，集团公司2009年度节能节水型先进企业，2010年全国计量诚信优秀单位。

（李晓星　张天德）

中国石油天然气股份有限公司独山子石化分公司（新疆独山子石油化工总厂）

【概述】 中国石油天然气股份有限公司独山子石化分公司（以下简称公司）是集炼化生产、科研开发、矿区服务等为一体的世界级规模的大型炼化企业，是我国管输进口哈萨克斯坦、俄罗斯原油集中加工基地和西部油气引进、储运的战略枢纽。具备1000万吨/年原油加工、122万吨/年乙烯生产能力。主要生产装置75套，可生产燃料油、聚烯烃、橡胶、芳烃等26大类600多种炼化产品。公司下设14个职能处室，10个机关附属单位和34个二级单位。资产总额400亿元。员工总数1.3万人，其中大专以上学历占

61%。

2010年，公司按照集团公司工作部署，贯彻落实科学发展观，围绕“科学运作好世界级规模炼化一体化企业”奋斗目标，埋头苦干，拼搏进取，生产建设快速发展、综合实力大幅增强、民生工程有序推进，KPI指标全面完成。

【主要生产经营指标】 2010年加工原油873万吨、生产乙烯120万吨，同比分别增长46%和240%。实现销售收入514亿元，同比增长190%；利税总额108.8亿元，其中利润27.8亿元。29项主要经济技术指标，21项进入股份公司前三，11项名列股份公司第一。配套业务24项对标指标，16项比2009年提高。

【生产经营】 落实“平稳、均衡、效益、受控、协调”要求，炼油持续优化资源结构和加工方案，强化操作受控，实施老区汽油加氢催化剂撇头、新区加氢裂化停工消缺等措施，最大限度保证平稳均衡生产。化工快速消化新技术、新工艺，强化关键机组特护和设备预知维修，实施产品差别化战略，新老区优势互补，灵活转产，实现平稳优化运行。电力系统优化机炉运行方式，科学匹配新老电站，提升系统保障能力，各项指标快速向行业先进看齐。营销系统提高“五定班列”和成组直达列车发运效率，力保生产后路畅通。工程施工、机电仪修、运输通信、矿区服务等配套业务健康发展，对主业的服务保障作业不断增强。2010年，公司主要经济技术指标在炼化板块名列前茅。高标号汽油比例达100%，低凝柴油、航煤、顺丁橡胶等高附加值产品同比分别增产27%、23%和12%。化工专用料比例达87%，同比提高6.7个百分点。供电、供热耗标准煤指标进入股份公司先进行列。电气预试连续7年实现“零事故”。

【科技进步】 围绕新产品开发、新技术应用和瓶颈攻关，强化科技进步对企业发展和安全优化生产的支撑和保障作用。着力推进研发能力建设，原油评价实验室成为股份公司重点实验室，树脂、橡胶、防腐中心初步成为中国石油特色技术研究中心。加快化工新产品开发，PE100管材料、K9928洗衣机专用料、SBS产品T171等19个新产品投放市场，填补中国石油空白。支持企业长远发展，储备了锂系、钕系橡胶工业化等10项领先技术，新获5项国家授权专利。持续消除生产“瓶颈”，实施降低汽油辛烷值损失、延长丁二烯运行周期等25项重点攻关，汽油辛烷值提高1个单位，丁二烯运行周期由1年延长到30个月，流化床锅炉连续运行达到6个月。全面加速信息化建设，ERP系统功能拓展实现单轨运行，信息化应用、自控水平不断提升。公司连续第三年荣获集团公司信息化建设先进单位。

【队伍建设】 强化全员培训，着力打造管理、科技和操作3支队伍。突出制度学习、体系培训和履职能力提升，全年累计培训9万人次。完善技术专家培训机制，强化技术人员动态管理，为企业发展提供人才支持。加强领导班子建设，完善干部选拔、任用机制，不断优化干部队伍整体结构。连续八届举办公司职业技能竞赛，累计参赛员工约5000人次，公司在职技师达到342人。组织开展143个工种3090人参加的技能鉴定考试，操作服务人员高级工比例增至41%。2010年在股份公司加热炉操作工技能竞赛中，取得一金二银二铜、团体第二的好成绩，在集团公司石油金属结构制作工技能竞赛中夺得铜牌。目前公司拥有硕士158人，博士10人，两级专家和学科带头人91名，工人技师408人，全国及省部级技术能手47人。85人次在全国及行业技能大赛中获奖，先后夺得蒸馏、催化、裂解等工种第一。公司被授予“集团公司‘十一五’培训工作先进集体”。

【重点工程】 立足优化国际一流石化基地布局，加快推进重点工程建设。储运配套、污染治理等一系列重点项目快速实施。全国首套焚烧炉进入施工后期，新区炼油碱渣处理设施、危险废物填埋场预处理单元达到中交条件，提高了环保水平。石脑油火车及轻烃汽车卸车项目5项单元中交，为扩大乙烯原料来源奠定了基础。石油萘扩建项目一次试车成功，推进了产业结构调整。实施老区危旧房搬迁、建筑外墙保温、保障性住房建设、屋面漏水维护等民生工程，打造矿服660等便民服务精品，促进了和谐矿区建设。

【安全环保工作】 践行“安全要诚实、安全要治本、安全要养成文化”的理念，全面落实有感领导、直线责任和属地管理，持续夯实安全基础。开展关键单元工艺危害分析（HAZOP），加强电网罐区、“盲肠”死角、火炬系统、报警连锁、地下管网等专项检查，全年整改各类隐患739项。推行看板管理，规范“两书一表”，集中整治受限空间、涂装等重点作业，实现检修、施工安全受控。落实《反违章禁令》，查处各类违章2950起，停工整改57次，清除42人，全年上报事故为零。公司被评为2010年集团公司安全管理先进单位。HSE体系评估成绩名列股份公司第一。低碳循环发展取得阶段性成果。实施裂解炉衬里改造、蒸汽管网智能监测、烟气脱硫除尘、废渣综合利用、污水深度处理回用等30多项重点节能环保项目，实现“三废”达标排放，年度节能减排目标提前实现。全年节能 5.6 万吨标准煤，节水 65 万立方米。万元产值 SO_2 及 COD 排放量分别降低 58% 和 21%。供热锅炉煤耗指标名列集团公司第一。空气质量优良率达到 99%。

【企业管理】 适应国际一流石化企业运营需要，持续提升管控能力。实施基础管理建设工程，加强制度建设、流程管理，推进质量、计量与标准化工作。将安全、内控、预算、绩效评价、目标管理五大体系融为一体，覆盖各个领域。深入开展生产操作受控、设备创完好、现场规范化等管理活动，联合车间管理模式运行有效、掌控有度。瞄准行业先进，盯紧短板指标，持续开展攻关，轻油收率、乙烯燃动能耗等 11 项指标位居股份公司前列。配套业务和改制单位跟踪炼化主业，管理水平快速提高。2010 年，在集团公司经营综合评价中位居炼化企业第一。

【精神文明建设】 深化“形势、目标、责任”教育，弘扬大庆精神、铁人精神，扎实开展创优争先活动。注重典型引导，高度关注一线，坚持“特殊贡献奖”评选。组织劳动竞赛、青年志愿者等活动，崇尚实干，敬业奉献。开展“一封家书”、安全歌曲征集、原创诗歌朗诵比赛等活动，丰富企业文化内涵。形成了“忠诚石油、埋头苦干、精细管理、勇创一流”的特色企业文化。涌现出全国“三八”红旗手李静，集团公司特等劳模、铁人奖章获得者郑海涛、中央企业红旗班组炼油厂加氢裂化车间工艺三班等一批感召全员的先进典型。成功承办了集团公司领导干部会议，全方位展示了企业的整体实力、精细管理和队伍素质，集团公司党组给予“零缺陷、高水平”的高度评价。成功举行集团公司科学发展观独山子石化公司建设国际一流现代化石化基地专题报告会，赢得广泛好评。

（刘晓玲）

中国石油天然气股份有限公司
乌鲁木齐石化分公司
（中国石油乌鲁木齐石油化工总厂）

【概况】 中国石油天然气股份有限公司乌鲁木齐石化分公司（以下简称公司）是集炼油、化肥、化纤、塑料于一体的石油化工化纤生产企业。2010 年，公司实现原油及原料油加工 533.9 万吨，尿素产量 92.62 万吨。截至 2010 年底，公司资产总额 138.28 亿元，有员工 11647 人，下设炼油厂、化肥厂等 23 个二级单位，工程项目管理部、营销调运部等 6 个直属机构，以及 14 个机关处室、9 个附属机构。

公司炼油厂原油一次加工能力 600 万吨 / 年，共有生产装置及配套设施 20 套；化肥厂年产 75 万吨合成氨、130 万吨尿素，共有 4 套生产装置，为全国最大的氮肥生产基地之一；化纤厂现有氧化、三聚氰胺等 3 套生产装置，年产化纤、化工产品 11.5 万吨，是西北地区最大的三聚氰胺生产企业之一；热电厂属热电联产型，有 5 炉 5 机，产汽能力 1750 吨 / 小时，发电能力 175 兆瓦；塑料厂有 3400 万条 / 年塑料编织袋生产线；净化水厂工业废水处理能力 1326 立方米 / 小时，深度水处理能力 1000 立方米 / 小时，处理后工业废水外排达标率 100%。公司具备完备的转供电、供水、供暖、通信、运输、物资供应、检维修系统；工程建设方面包含工程监理、设备检测等业务，具备参与市场竞争的资质和实力。

公司主要产品有汽煤柴等成品油、溶剂油、液化石油气、石油焦、化工产品（石油苯、石油对二甲苯、聚丙烯、三聚氰胺、硫磺）、化肥产品、化纤原料 PTA 和塑料编织袋等 60 余种。

【生产及效益指标】 2010 年，公司进厂原油及原料油 526 万吨，同比增加 19.39 万吨；加工原油及原料油 533.9 万吨，生产轻质油 432.53 万吨，炼油综合商品收率 94.46%；生产合成氨 52 万吨、尿素 92.62 万吨、工业用精对苯二甲酸 5.49 万吨、聚酯 2.48 万吨、短纤维 1.21 万吨、三聚氰胺 1.92 万吨，发电 11.22

亿千瓦·时，产蒸汽1241万吨，生产塑料编织袋2591万条，生产新水2826万吨，转供电2.58亿千瓦·时。净化污水回用率达到76.15%，外排污水综合合格率100%，工业废气排放达标率100%。

全年累计销售汽煤柴油373.66万吨，尿素87.87万吨，工业用精对苯二甲酸3.37万吨，聚酯切片1.26万吨，短纤维1.21万吨，三聚氰胺1.87万吨，实现营业收入273.6亿元，上缴税金49.56亿元。

【生产经营】 2010年，公司紧紧围绕生产优化运行、新装置试车和大炼油项目建设三条主线，克服原油天然气资源不足、国Ⅲ汽油生产、原油重质化比例加重等困难，加强产供销综合平衡，保证了生产优化运行主线工作的正常进行。全年天然气进厂4.62亿立方米，首次突破4.5亿立方米大关；高标号汽油比例提高到94%，增产了低凝柴油，柴汽比达2.04；热电厂发电量首次突破10亿千瓦·时大关，年发电量达到10.7亿千瓦·时，同比增幅35%，减少外购电77.1%；新峰公司聚丙烯产量5.6万吨，创历史最好水平；油品和化纤产品实现降库，汽煤柴油产销率达到101%，化纤产品产销率达到100%。炼油、化肥、化纤生产物料消耗水平控制在年度计划目标内，原油进厂损失率首次完成年度计划，达到0.46%，同比下降25%。

【设备管理】 公司以设备创完好为基础，组织编制《乌石化公司设备管理创完好工作标准手册》，统一创完好活动标准，扎实推进设备完好管理。组织开展"降低机泵维修率"小指标劳动竞赛等活动，进一步提高了设备诊断分析水平。

2010年，公司利用生产装置检维修的机会，认真安排设备检验计划，全年共检验锅炉10台，压力容器456台，工业管道4294条、632583米，校验安全阀1344台，全面完成检验计划。同时委托中国特检中心对化肥厂14.5千米地下管网进行了检验。对公司范围内的电梯、起重机械进行了检验。办理了1327台压力容器的取证工作，全公司2949台在用压力容器已全部取证，取证率100%。

公司认真组织开展炼油厂、化肥厂等二级单位的部分装置检维修工作，并全面推行"日控制"和"班前喊话"，加强规范化管理，进一步细化检维修施工管理，严把开工审查关、施工监督关、竣工质量验收关，确保检维修工作全过程受控。

【安全与环保】 2010年，公司时刻紧绷安全生产这根弦，层层落实安全环保责任制，严格落实反违章六条禁令，加强监督考核和责任追究，进一步强化HSE体系建设，组织了《反违章禁令》、HSE九项原则再学习，将"五大危险作业"增加至"七大危险作业"，积极推进安全经验分享工作，全面实现健康、安全、环保"三个为零"目标，杜绝一般A级及以上安全生产事故。

公司坚持把承包商纳入HSE体系统一管理，严格入网审查，严肃查处承包商违约行为，属地管理责任进一步落实，风险管理和控制力度不断加大。进一步强化安全隐患治理，完成115项隐患治理。"三同时"工作不断加强，完成炼油升级改造项目7套装置安全设立评价、环境影响评价和职业病危害预评价。开展25套装置在役评价工作。进一步完善应急预案，加强环境日常监测，强化污水排放和污水库管理，配合政府完成在线监测表的安装及联网工作。热电厂1号、2号、3号炉烟气脱硫设施于12月25日顺利建成投用。公司连续7年获得"全国'安康杯'竞赛优胜企业"，荣获首批"全国'安康杯'示范企业"称号。

【技术管理】 2010年，公司针对原油趋于重质化难题，开展中石化西北局原油加工技术攻关活动，通过应用近红外快速原油性质分析和原油评价方法，使西北局原油掺炼比例逐步提高。开展"二三胺"与"一尿素"联产技术攻关，取得了良好效益。完成"三老两高"项目可研18项，安全隐患项目可研14项。装置达标深入推进，股份公司级9套达标装置中有8套达标，公司级9套达标装置中有6套达标。扎实推进节能减排，全年累计节能1.0674万吨标准煤，节水70万吨。

【工程建设与试车】 2010年公司安排资本性投资计划16.10亿元，总计116项，全年累计完成14.43亿元。

100万吨/年芳烃项目于6月30日中交，12月26日产出合格产品。一化扩能项目打通全流程，10月3日试车成功转入正常生产。热电三期工程两炉两机均已产汽发电。

2010年，120万吨/年延迟焦化装置获集团公司批复，炼油一次加工能力850万吨/年项目获国家发改委批文，100万吨/年PX芳烃联合装置一次开车成功，成为公司发展史上的里程碑，对实现公司"三大基地"建设目标具有重大的意义。

【矿区建设】 公司紧紧围绕"保障生产、服务生活、维护稳定"的工作定位，牢固树立"服务无止境"的思想，持续优化业务流程，矿区面貌明显改观。一是服务持续改善。建立并完善了水、电、气、暖等入户检查、回访等制度，食堂、文体场馆、托幼、医疗、内退、离退休等便民服务进一步规范。二是建设项目逐步投用。新建职工住宅1828套，已交付使用1540

套；6 区运动场、13 区餐饮一条街建成投用，数字电视改造全面完工；一站式报修平台投运；新建 2 个停车场和 1 条主干道。三是安保稳定工作进一步规范。重点加强了生产区特别是新装置试车区域的安保管理，加强生活区新区收尾、老区改造施工区域管理，加强流动人口的管理。乌石化矿区基本达到“一路一树、一街一景”的既定目标，荣获“全国绿化模范单位”称号。

（吴　斌）

中国石油天然气股份有限公司宁夏石化分公司

【概述】 中国石油天然气股份有限公司宁夏石化分公司（以下简称公司）面对生产经营任务繁重，项目建设任务艰巨的双重挑战，公司上下坚持以科学发展观为统领，坚决贯彻集团公司的决策部署，充分发挥重组整合优势，加快 500 万吨 / 年炼油改扩建项目工程建设和 45/80 国产化天然气大化肥项目前期工作步伐，坚定不移地推进科学管理，保持生产平稳运行，努力构建和谐企业，实现全年各项目标。

【主要生产经营指标】 2010 年共加工原油 167.68 万吨，生产合成氨 61.16 万吨、尿素 98.83 万吨、汽油 55.01 万吨、柴油 73.46 万吨、聚丙烯 2.42 万吨、复合肥 3.66 万吨，销售液氨 4.47 万吨。实现销售收入 102 亿元，同比增长 22%；上缴税费 21.51 亿元，同比增加 2.99 亿元。剔除因原油价格上涨及天然气供应不足等因素影响，超额完成集团公司下达的 KPI 指标。

【安全生产】 公司安全管理已经逐步实现由严格管理向自主管理阶段转变，部分单位进入自主管理阶段。化肥业务和炼油业务跨年度连续安全生产分别达到 3672 天和 3120 天，事故、事件同比下降 16.9%，实现上报质量、安全、环保事故为零的目标，取得了连续 10 年无上报安全、环保事故的优异成绩。

通过安全管理改进计划稳步推行，公司安全管理已逐步跨入自主管理阶段。全年开展“安全生产月”等活动 1742 次，查找问题 1400 余项，累计参加人数达 29708 人次。安全培训常抓不懈，2010 年培训各级人员 13754 人。定期进行安全检查，坚持开展公司季度检查、处室每月检查、车间每周检查工作，班组每日检查，结合节前安全检查和专项检查，通过层层落实安全生产责任，分级监控，安全工作 PDCA 循环，公司安全管理形成良好的自我监督、自我改进机制。HSE 管理体系持续完善，修订下发 QHSE 体系文件 92 个，及时调整 HSE 委员会及分委员会的组织结构，成立 24 个基层 HSE 委员会，健全安全管理组织。组织开展抗震、氨泄漏、办公楼着火、网络与信息安全等公司级应急演练，各单位自行开展应急演练 538 次，修订完善《宁夏石化公司重大事故应急预案》等 14 项专项预案、38 个生产预案、96 项车间级专项生产事故预案。

公司全年查找各类安全、生产、设备隐患 8153 项，整改 7823 项，整改率 95.95%。特别是合成氨二部先后 5 次及时发现 NG-04109 管线泄漏，为抢修和恢复生产赢得宝贵的时间。尿素二部及时发现 E-203 漏点，消除重大安全隐患。一联合车间先后 4 次发现常压转油线、常压塔器壁泄漏，避免重大事故的发生。

【主要措施和成果】（1）“5S”管理持续推进。通过持续深入的自查、整改、检查、讲评和跟踪反馈，促进推行工作的持续开展，消除安全隐患，规范员工及外来施工人员的行为，进一步改善公司环境，提高员工素养，提升公司形象，涌现出尿素一部等一批标杆单位。

（2）建立了以平衡计分卡为核心全员绩效考核体系。发动广大干部员工积极参与测评，优化完善绩效考核体系，突出岗位难度系数，突出效益和业绩，严考核硬兑现，调动全体员工的积极性和创造性，对确保公司年度总体目标全面实现发挥显著作用，使全体员工的收入在公司生产经营稳步上升的基础上得到明显提高。

（3）不断优化人力资源配置。对炼油业务部供排水车间与动力车间实行整合，对化肥业务除灰、除渣等业务归口新型建材厂管理，对炼油业务一联合车间、二联合车间、三联合车间重新划分管辖区域、调整管理范围，明确管理界限，有力地促进了科学管理、项目建设和生产准备各项工作。公司还对60多个单位的部门职责重新明确，相应的100多幅岗位配置图进行重新设计，梳理全公司1200多份岗位工作说明书。2010年调配人员140人次，业务划转调整人员75人次，加强生产处室专业人员配置11人次，引导后勤单位员工流向一线车间5人次。

（4）合同能源管理不断深入。公司与天津排放权交易所有限公司签订并逐步实施一化肥工艺尾气回收再利用项目、4号锅炉给水泵电动机改蒸汽透平项目、二化肥循环水电动机改水力透平的技术改造项目，收到良好的效果。

（5）创新培训方式全力提高员工素质。2010年共实施各类培训项目597项，其中内培项目374项，外培项目223项，培训员工22180人次。中层干部职业素质LD培训班连续举办20期，培训800多人次，不断提高了干部员工忠诚企业、爱岗敬业的职业素养，收到较好效果。特别是500万吨／年炼油改扩建项目生产准备积极开展内外培工作，其中，内培785人次、外培465人次，为项目开车生产积累人才和技术力量。公司还与清华大学加强战略合作，为公司下一步发展，提供人才和相关科研成果转化创造条件。

（6）走出国门拓展国际合作空间。缅甸化肥项目作为我国近年来第一个自有化肥技术出口项目，由中国石油寰球工程公司总承包，公司承担项目的培训及开车技术指导。项目组全体人员克服生活、工作、环境等种种考验，长期奋战、坚守在开车一线培训、指导，历时8个月帮助开车成功，进入平稳、满负荷运行。目前，公司已介入越南化肥项目开车准备工作，进一步拓宽公司走出国门、走向国际合作的空间。

（7）信息化工作迅猛推进。以生产受控系统、ERP融合、数字化生产指挥系统、现场监控系统、档案数字化为重点，大力推进已建系统的应用、推广、使用力度，充分发挥信息化对生产、经营管理的助力和提升作用，实现公司信息化与工业化融合。

（8）生产要素全面受控。公司依托生产受控平台将工艺操作控制、现场作业管理、装置存在问题跟踪、生产装置运行关键数据、单项操作卡全部实现在线管理，实时监控，实现所有现场作业和调度指令完全受控和无误差执行，有效避免各类风险的发生，确保装置安全平稳运行。

通过采取以上措施，装置长期处于高负荷、长周期、低能耗状态运行。炼油业务日均加工量4607吨、全年原油加工量167万吨，均创历史最好水平，轻油收率、炼油单位完全加工成本和吨油综合能耗等技术经济指标排在炼化板块前列。一化肥装置保持100%以上负荷运行；二化肥装置在多数时间负荷达到90%，日产合成氨突破1380吨，最低单耗达到993立方米（标况）/吨氨，尿素日产达到2300吨以上，创造了二化肥装置历史最好成绩。

【工程建设】 500万吨／年炼油改扩建项目稳步推进，主体装置顺利安装启动，全面进入设备安装阶段。全面完成主要控制节点的土建任务，实现单元开工61项，完成总进度42.63%，安全生产615万个工时，安全、质量全面受控，主要土建工程完工，部分单元已初具规模，实现年度目标。

45/80国产化天然气大化肥项目经过一年的紧张工作，环评、安评、选址等全部得到批复，并一举通过年产45万吨合成氨工艺包、80万吨尿素技术方案审查。工程项目工厂总承包（EPC）启动工作框架总协议书在京签署，开始项目初步设计工作，集团公司批准项目立项，已划拨部分投资，为项目开工建设创造条件。

公司积极与昆仑能源有限公司开展合作，为缓解公司用气不足，同时将使尿素制造成本显著降低的乌海焦炉气项目已经开工建设，乌海焦炉气项目建成后该管线每年将向公司提供焦炉气约10亿立方米，既解决公司原料问题，又履行节能减排承诺。

【和谐企业建设】 各生活区水电气三表集抄系统改造工程全面完成；危房改造项目顺利推进，多年难题即将解决；依托中卫碳减排基地的资源优势，绿色有机蔬菜上餐桌。物业服务24小时热线听诉求，问题快速解决；“星级驾驶岗位”活动推进通勤服务水平不断提升。公司积极开展岗位慰问、团拜会、职工春节文艺演出、元宵节焰火活动以及系列文体活动等，不断丰富职工业余文化生活。全年帮扶、慰问困难职工、退休老干部、劳动模范、军烈属、困难职工子女等2200余人，发放帮扶、助学资金169.75万元。给玉树地震灾区和西南干旱灾区捐助10.8万元。千方百计解决员工子女大学生就业困难，全年录用近百名职工子女进入公司工作。重新修订公司员工疗养方案，提高员工误餐补贴标准，在充分了解各方利益诉求前提下，全力做好维护稳定的各项工作。年初年末，冬季严寒，全国天然气供应出现紧缺，公司就停运化肥装置，确保银川及周边民用天然气供应，树立负责任的国有大企业形象。同时，公司炼油业务开足马力，确保每天2000吨优质柴油供应宁夏、内蒙古及周边市场，有效缓解宁夏及周边地区“柴油荒”，为构建和谐社会作出积极贡献。

（王建清）

中国石油天然气股份有限公司大连石化分公司（中国石油大连石油化工公司）

【概述】 中国石油天然气股份有限公司大连石化分公司（以下简称公司）坐落在黄海之滨的大连，是中国石油最大的含硫原油加工基地，年原油加工能力2050万吨，业务遍及石油加工、聚酯类化工、港口物流、工程技术服务等，提供汽油、煤油、柴油、润滑油基础油和石蜡、苯类、聚丙烯、EPS等多种产品，远销60多个国家和地区，产品出厂100%合格，主要技术经济指标在国内炼化企业中名列前茅，部分达到国际先进水平。2010年底，公司上市部分在册职工4593人，资产总额211亿元；未上市部分在册职工2477人，资产总额27亿元。

【主要生产经营指标】 2010年，公司按照深化精细管理，推进内涵发展的工作思路，细化管理，全面对标，保持安全高效运营的良好态势，各项主营业务均达到历史最好水平，为“十一五”画上圆满的句号，并向国际一流企业目标稳步迈进。炼油业务完成原油加工量1779万吨，同比增加175万吨，再创历史新高；销售各类产品1627万吨，同比增加167万吨；代表集团公司稳定供应沪Ⅳ标准汽柴油65.58万吨，粤Ⅳ标准汽油21.25万吨，进一步提升了公司的市场声誉。化工业务完成商品量32.5万吨，销售各类产品34.19万吨。实现营业收入达到852亿元，同比增加242亿元，实现税费165亿元，均创历史最好水平。完成综合商品率95.53%，同比增加2.16个百分点，加工损失率0.51%，同比降低0.22个百分点，轻油收率83.43%，同比增加6.44个百分点，全部进入集团公司前5名行列。未上市业务实现营业收入6.5亿元。

【科技进步与节能降耗】 2010年公司科技开发项目立项39项，完成科技开发项目13项，组织验收科技成果8项，“中国石油原油快速评价试验研究”项目和“催化裂化装置烟机结垢、磨损及振动的研究及解决措施”项目分别获集团公司科学技术进步二等奖和三等奖。

2010年，公司围绕消化吸收，坚持开展综合优化，实现了“节能降耗指标上台阶，产品质量全面改善，设计管理逐步规范，科技开发为生产运行保驾护航”的目标。在节能降耗方面，以加热炉管理为主线，进行三蒸馏热供料、燃料油系统以及加热炉节能改造，加热炉平均热效率达到90.28%，同比提高0.8个单位；开展装置运行平稳率竞赛和节电竞赛，促进装置优化和系统优化运行；建立能耗KPI平台，加强蒸汽系统运行监控，主要节能指标再上新台阶，完成炼油综合能耗63.16千克标油/吨，同比降低14.7%，降幅位居集团公司第一名；完成单因耗能8.26千克标准油/（吨·因数），同比降低8.1%，位列集团公司首位；全年吨油耗新鲜水0.43吨，同比降低10.4%，各项指标均创历史最好水平。在质量管理方面，强化过程控制，实行闭环管理，完成汽油和柴油产品、加氢裂化尾油生产润滑油质量升级方案；在设计管理方面，成功引入E+PC管理模式，使设计管理步入规范化轨道；在科技开发方面，坚持以生产需求为导向，以解决生产实际问题为主线，国内首套原油快速评价系统在质量环保检测中心投入试运行，大幅提高了原油加工效益；具有国际领先技术的油液分析仪器在建安公司投入使用，进口高压软启动器首次在公司最大的同步机组使用，具有国际水平的国内首个船舶油气回收装置在港务车间投资建设，提高了公司整体科技水平和技术含量。

【安全环保】 2010年，公司坚持“环保优先，安全第一，质量至上，以人为本”的方针，以“强化有感领导”、“直线责任”、“属地化管理”为重点，使HSE基础管理实现了“质”的提升。进一步细化完善HSE评价标准，在8个单位正式开展HSE评价工作。各基层单位结合评价标准，对属地化管理内容进行细化，并广泛开展作业前安全分析和工艺危害分析，加强现场作业受控管理，严格控制非计划动火，有效降低了作业和装置运行风险。进一步完善安全经验分享和激励机制，鼓励员工积极参与安全管理，建立HSE技能培训评价系统，定期进行各种应急预案演练，岗位员工基本技能、应急能力和解决实际问题能力进一步增强，全年先后有125名基层员工在生产过程中发现并处理各种险情72次，有效预防了各类事故发生。加强厂区和门岗治安保卫管理，强化现场监督检查，推进现场定置管理、设立蒸汽排凝组立标牌等，狠抓现场低标准问题治理，现场面貌大有改观。加大环保项目建设力度，污水二期除臭项目一次开车成功，国内首套船舶油气回收装置的主体模块安装调试完成。大力加强污水运行管理，投用水污染三级防控体系，水环境应急能力得到本质提升。公司在炼化板块组织的HSE评估检查中得分排名第一。

【企业管理】 2010年，公司以开展基础管理建设工程为契机，推动企业内部管理更加集约高效。加强规章制度和业务流程建设，搭建不同层面的质量信息定期沟通平台，强化生产全过程质量监督管理，推进测量管理体系认证，细化原油进厂和罐区计量管理，深入开展炼油催化剂集中采购业务，基础管理水平得到有效提升，公司被评为“全国计量诚信优秀单位”和“中国石油天然气集团公司集中采购工作先进单位”。

按照专业化、集约化管理思路，对7个机关处室和生产车间内部设置进行规范；扎实开展固定资产清查、“小金库”专项治理等工作，成为股份公司资金管理平台第一批上线单位；加强投资分析预测，实施建设项目全过程质量管理和动态的造价控制管理，项目投资得到有效控制；加大信息化建设力度，成功实现ERP系统单轨运行，完成MES系统升级改造，公司各项业务管控能力得到新的提升。

【队伍建设与企业文化】 2010年，公司扎实推进创先争优活动，积极选树在生产经营和建设发展过程中表现突出的典型人物，深入推进“四好”班子建设，基层党组织战斗堡垒作用和党员干部的带头表率作用进一步显现。建立后备技术人才选评制度，全面推行员工培训“学分制”管理，先后举办63期不同专业的培训班，进一步完善了技术人才队伍培养的长效机制，生产新区渣油加氢装置五班被国务院国资委授予“中央企业红旗班组”荣誉称号，第五联合车间班长荣征获得“中央企业先进职工”的殊荣。

2010年，公司群团组织结合生产经营、安全环保开展形式多样的主题活动和文体活动，进一步丰富了职工文化体育生活。重新修订《企业年金管理办法》和《补充医疗保险管理办法》，简化补充医疗保险报销程序，进一步健全了职工保障体系。矿区工作把为员工办实事放在首要位置，继续改善职工工作生活环境，使发展成果切实惠及到每位员工。公司第一座融历史、文化和发展成果于一体的多功能综合性展馆建成投用，5个基层文化建设示范点相继建设完成，激发了员工的历史责任感和对企业的自豪感、荣誉感，进一步促进了基层文化和管理的融合。

（孙璐璐）

大连西太平洋石油化工有限公司

【概述】 2010年，大连西太平洋石油化工有限公司（以下简称公司）狠抓毛利测算分析，及时调整产品结构，挖掘装置加工潜能，利用政策空间增加免税产品的生产销售，优化原油选择和运输方式，以综合效益为核心开展来料加工，全年完成原油加工量874万吨，与上年基本持平；实现销售收入354.47亿元，同比增长26.8%；上缴税金44.7亿元，同比增加2300万元；出口创汇9.9亿美元，同比增长190%；实现利润总额11.6亿元，同比增长186.4%，成为继2004年之后历史上第二个利润超10亿元的年份。2010年，公司主要经济指标完成情况见表1。

表1　2010年大连西太平洋石油化工有限公司主要经济指标完成情况

指标	单位	实际完成	比2009年增长%
资产总额	亿元	103.73	1.70
工业总产值	亿元	357.15	26.20
工业增加值	亿元	62.01	-0.80
产品销售收入	亿元	354.47	26.80
产品销售率	%	99.70	-1.10
利税总额	亿元	56.30	16.10
其中：利润	亿元	11.60	186.40
出口创汇	亿美元	9.90	11.20

【安全环保】 2010年，公司认真贯彻国家有关安全环保生产的各项法律法规，严格执行集团公司的反违章禁令，进一步深化安全管理制度建设，修订完善《生产运行管理标准》等8项管理标准，完善生产操作变动审批及分级管理制度，编制《清罐作业管理暂行规定》等专项要求，坚持日作业计划制度和动火日制度，定期检查作业票执行情况，严格施工作业风险辨识和安全“双向交底”，强化施工作业过程的安全监督和条件确认，分级组织应急预案培训演练，连续12年实现安全环保生产无上报事故。

【运行管理】 2010年，公司通过提高检修质量，强化日常操作、保运维护、供货质量等管理，完成重油加氢装置更换催化剂任务，为三季度抢抓市场机遇，提高加工负荷奠定了良好的物质基础，并首次实现“四年一修”长周期运行目标，创造了国内长周期运行的新纪录。

【发展建设】 2010年，公司按照董事会的决策部署，完成150万吨/年连续重整项目基础设计及概算的审查，获得政府立项，同时修订完成配套芳烃项目可研报告；完成160万吨/年延迟焦化项目基础设计和概算的审查，获得政府环评批复，并编制完成配套CFB炉项目的可研报告；27万吨/年高级溶剂项目已获得政府环评批准，签订了专利技术引进合同，开始进行工艺包设计，项目用地及立项申请报告均已提交政府主管部门，正在履行审批程序。

【新建项目】 2010年，公司催化烟气脱硫项目顺利建成投产，并通过大连市环保局竣工验收。该项目于2009年9月动工建设，2010年4月实现中交并投入使用，经过验收和标定，脱硫效果和外排废水水质均达到设计标准要求，再生烟气经脱硫净化后二氧化硫排放平均浓度达到每立方米（标况）120毫克，远低于每立方米（标况）700毫克的国家排放标准要求，年减少排放二氧化硫3000吨以上。

【节能降耗】 2010年，公司实施重大节能节水项目9项，其中，优化液力透平运行、优化催化装置运行、确保烟机长周期稳定运转项目，使年度电单耗同比降低2.23千瓦·时/吨原油；一循系统改造、优化二循运行方式等项目，使全年新鲜水单耗实现0.38吨/吨原油，低于2009年水平；优化加热炉管理和燃气流程项目，解决了加热炉温度波动大问题，使全厂综合加热炉热效率提高到88.02%；加氢裂化释放氢和0.35兆帕蒸汽综合利用等项目，获得显著的节能效果，全年炼油综合能耗实现61.75千克标准油/吨，远低于69千克标准油/吨的预定目标，折算年度节能9315吨标准油。

【党群工作】 2010年，公司党委以凝心聚力为目标要求，紧密围绕公司生产经营和改革发展等中心工作开展活动。围绕落实三届六次职代会精神，开展形势任务教育活动，拍摄了《形势任务访谈》、《经济技术指标对比分析讲座》两部专题片；围绕重点和难点工作，先后三次开展劳动立功竞赛活动；围绕提升公司管理水平和盈利能力，连续第三年开展以“查一项安全隐患、提一项合理化建议、创一项技术指标”为主要内容的“三个一”活动；举办公司第二届操作员工岗位练兵、技能比武活动；开展创先争优活动；完成聘任领导（技术）干部的任期考核和换届聘任工作；认真落实每月一次的企业文化培训制度，强化思想政治工作，加强对内对外宣传，企业和谐局面得到巩固，队伍凝聚力进一步增强。全年发展新党员11名，截至2010年底，公司党员总数354人，占员工总数的34.7%。

【生活改善】 2010年，公司在为国家、社会、股东创造财富的同时，想方设法改善员工的工作、学习和生活条件，开展“送电影卡，建和谐家”活动，为生产单位操作岗位配备微波炉，给员工每人定购一套运动服，组织劳模、先进和生产骨干专程赴上海参观世博会，组织一年一度的员工健康体检，实施办公地点整合，对部分区场办公室进行改造，重新修缮员工浴池、理发室，以操作员工和班组为主体开展各种文体活动等，活跃了员工的业余文化生活。深入实施“送温暖工程”，坚持重大节日走访、慰问住院和退休员工，连续两年在重阳节为退休员工办理购物卡，全年为81名员工发放困难补助费10.47万元，为82名员工发放住院补贴费6.06万元，帮助生活困难员工解除了后顾之忧。

（王桂瑾）

中国石油天然气股份有限公司锦州石化分公司（中国石油锦州石油化工公司）

【概述】 中国石油天然气股份有限公司锦州石化分公司（以下简称公司）广大干部员工以科学发展观为指导，坚持“安全必保、效益更好”的工作思路不动摇，有效应对年初市场需求低迷所引发的低负荷、高库存、产品产量全面下降的严峻形势，巧妙化解公司主要装置大修、新装置开车所带来的生产组织难题，较好地完成各项生产经营任务，实现年初职代会确定的各项目标。

【主要生产经营指标】 2010年，公司按照“宜轻则轻、宜重则重、效益优先”的原则，积极购入海洋原油，全年累计完成海洋原油配置计划97.17万吨，较年计划增加47.71万吨；努力争取苏丹达尔原油44万吨；加工进口原油183.1万吨。严格遵循“平稳、均衡、效率、受控、协调”的工作方针，围绕三套催化长周期运行、两套蒸馏加工负荷调整、开好减压深拔、焦化一炉两塔低负荷运行、提高重整装置苛刻度、统筹兼顾开展物料等各系统平衡工作，全年完成原油加工总量655万吨。石油产品综合商品率完成92.78%，比年度预算提高0.78个百分点；轻油收率完成71.52%，比年度预算提高0.47个百分点；加工损失率完成0.58%，比年度预算降低0.14个百分点。

公司通过精细调整汽油调和组分、开辟汽油下海输送通道等办法，生产93号汽油71.97万吨，使高标号汽油比例由年初的不足10%上升到41%。全年完成汽煤柴产量463.90万吨。完成化工、添加剂产品24.13万吨，其中，橡胶年产量突破3万吨大关，实现利润7195万元，是橡胶装置开车以来的历史最好水平；异丙醇完成8.18万吨，苯乙烯完成4.3万吨，苯酐完成2.7万吨。主营部分实现营业收入275亿元，比年度预算增长2.24%；吨油收入4178元，比年度预算增加75元；炼油完全加工成本217.54元/吨，比预算下降2.46元/吨；期间费用比年度预算减少2.81亿元。实现考核利润15.05亿元，完成年度预算的139%。非主营部分实现营业收入5.77亿元，比年度预算增长171%，实现考核利润433万元，超额完成预算指标。

【安全环保】 2010年，公司认真贯彻国家、集团公司安全环保指示精神，以安全管理六要素的贯彻落实为切入点，以《反违章禁令》执行为保障，坚持落实HSE管理原则，全面推进HSE体系建设，先后组织对9个部门，8个直属单位，37个基层单位的28个要素进行HSE体系评估，实现了三个比较，三个提高的预期目标。

公司采取一系列措施，确保各项安全规章制度在实际工作中得到执行，达到规范员工安全行为的目的：一是组织全员签署安全环保责任书，实现压力逐级传递，促使员工践行其承诺。二是强化监督检查，增加公司联合检查和基层单位自查频次。设置违章举报电话和邮箱，在公司网站主页开设“现场监察曝光台”。三是实施激励机制，严格兑现考核，做到奖罚分明，以正向激励鼓励安全行为，以负向惩罚遏制不安全行为。

全年人均安全培训为42.25学时。坚持日常培训与系统集中培训相结合的方式，先后开展以“安全管理六要素”、HSE体系基础知识、反违章六条禁令、HSE管理九项原则及无漏项管理、零缺陷控制为内容的全员培训。组织安全专业人员进行以危险化学品安全技术、安全管理制度、事故分析、安技装备管理等为内容的专业培训。全面推行承包商管理，规范施工现场作业秩序，组织施工队伍开展作业许可、土建作业、临时用电、脚手架搭设等方面的安全培训。

以“安全发展、预防为主”为主题，开展“安全生产月”活动；以安全生产活动月为契机，在工程、维检修系统组织开展规范管理专项整治月活动；开展“身边无事故，安全在手中”主题讨论活动；开展冬季安全生产大检查活动等。通过全员参与，深入查摆各类低标准和隐患问题735项，有效保证公司安全生产。

环保方面，年内投资建成煤电厂脱硫装置，工程建成后，装置脱硫效率可达93%以上。预计年减少二氧化硫排放量520吨。全年各项环保目标指标中，外排污水综合合格率完成100%，污水中化学需氧量、石油类、废气中二氧化硫排放量、环保污染事故均完成考核指标；在锦州市环保局考核的废水中一项污染物（化学需氧量）和废气中两项污染物（二氧化硫、烟粉尘）排放量指标全部在总量控制指标要求内。

【节能增效与科技创新】 2010年，公司“炼油厂能量系统优化示范工程”课题获得实施，课题组识别出不投资或少投资节能增效机会96项，投资优化机会18项，共讨论审核节能增效优化机会方案54项，该措施在实现节能减排目标的同时可创效益6945万元/年。

公司利用装置检修时机，先后进行常减压及催化装置低温热采出改造等节能改造措施，累计投资1690万元，完成节能措施20项、节水措施12项，其中，节蒸汽措施8项、节油措施4项、节电措施8项。实施后实现节油2.8吨/小时、节新鲜水73吨/小时、节软化水21.5吨/小时、节蒸汽22.7吨/小时、节电1762千瓦·时/小时，共计每年可取得效益730万元。

通过延长烟机稳定运行周期，减少检修周期，控制循环水温差。实施机泵变频改造和淘汰高耗低效设备等节电措施。有效地节约电力消耗。其中投资约1000万元，更换高耗低效机泵150多台，使电动机效率提高10%；通过加强用水考核、整治落地水、用循环水替代新鲜水、提高水的重复利用率达到节约用水的目的，有针对性地提出节水措施11项，其中节新水措施7项、节循环水措施1项、节软化水措施3项、合计取得经济效益110万元。全年节水69.05万吨，完成节水计划的138.10%；通过优化各装置工艺流程、加大技术改造力度，提高装置余热锅炉效率，更换疏水器等节汽措施；热电公司通过严控煤质提高煤热值、科学合理组织煤炭进厂和保持合理库存、优化平稳生产等增效7002万元，全年完成节能量1.02万吨标准煤，完成节能指标的204.64%。通过组织开展降低油电厂渣油燃烧量、二常使用节油剂、加热炉技术攻关等措施，加大能降耗力度。其中加强加热炉操作管理，使加热炉热效率大幅提高，全公司加热炉加权平均热效率由2009年的88.3%提高到90.5%，达到国内先进水平，全年可创经济效益1159万元。

全年综合能耗完成92.65万大卡❶/吨，炼油能耗完成65.88万大卡/吨，下降1.42万大卡/吨，下降幅度为2.11%。非炼油能耗完成26.77万大卡/吨，单位能量因数耗能完成9.3585万大卡/（吨·因数），同比下降0.1299个单位。

2010年，公司围绕产品质量升级、装置长周期运行、节能减排等关键领域开展技术攻关。全年共完成科技推广应用13项，组织编写专利6份，其中，委内瑞拉超重油焦化方案研究课题，已经应用于辽河石化焦化工业试验装置设计；环丁烯砜合成连续化工艺探索研究课题取得研究进展。“脱丙酮研究”、“重油催化油浆制备优质针状焦研究”、“丙烯精制装置丙烷总硫超标治理”、“热加合烯酐合成工艺中试放大研究”、“N-甲基二乙醇胺替代碱液吸收T202装置H_2S”、“改进航煤质量技术研究”等项目分别取得重大突破和预期效果。“异丙醇新工艺、新标准研究及工业应用”获集团公司2010年度科技进步二等奖，创造经济效益1.5亿元。

【工程建设与设备维护】 2010年公司“工程管理年”，全年建设项目共计42项，其中，新建项目14项，续建项目18项，收尾项目10项。项目总投资8.7亿元，占地2.2万平方米的公司“十一五”规划重点建设项目——130万吨/年加氢裂化装置于12月2日实现一次开车成功，标志着公司产品质量升级，原油一、二次加工能力配套跃上新台阶，为产品升级换代打下良好基础；加氢裂化配套的5万立方米（标况）制氢装置开工建设，目前装置主体已基本建成；西山罐区改造4台1000立方米新建的液化气球罐主体已经完工；重整拔头油储运设施完善项目接近尾声，火车栈桥也更新改造完毕，具备投用条件；220千伏变电所投入生产运营；新建100万吨/年催化汽油加氢脱硫装置开工建设。

圆满完成一常、二催、三催、连续重整、芳烃抽提、一套气分、一套异丙醇、聚丙烯、煅烧回转窑、添加剂、含硫污水、化工污水装置以及系统管带和热电公司3号机系统等14套装置的检修任务。本次大修以一常深度检修为主线，在停检时间、停检规模上均为近年来最大的一次。从7月5日开始到于9月1日结束，历时59天。大修在“无漏项管理、零缺陷控制”思想指导下，重点整改装置上存在的问题，公司各级管理部门认真贯彻“精品、责任、执行”的工作方针，狠抓工程受控和过程动态监控管理环节，杜绝“三违”现象，规范作业行为，成功实现“清洁检

❶　1大卡＝4.19千焦。

修、完善中交”的工程管理宗旨。检修后，装置面貌焕然一新，设备可靠性大幅提升，实现“检修一套，完好一套”的工作目标。

设备创完好工作在“无漏项管理、零缺陷控制”思想指导下继续开展，积极推行从物资采购到设备安装，从设备投入使用到设备维护保养，不断提高设备运行的可靠度。设备隐患治理项目形成良性循环，提高加热炉热效率、地下管线实施阴极保护、煅烧回转窑焦冷器改造、添加剂设备隐患整改、二套气分空冷改造、高耗能机泵更换、储罐清理维修、防腐保温等项目顺利实施，使设备本质完好程度明显提高。

公司以设备专业管理平台建设推广应用为契机，完成设备台账主数据录入61292条，运行记录录入2696条，检修记录录入6583条；重新梳理公司装置、区域位置数据1848项，为公司信息化建设全面推行奠定基础。系统投入使用后，设备KPI指标实现自动生成，指标功能得到初步展示，设备动态RAM分析全面展开，故障代码在设备管理工作中真正使用，常用备件消耗正式投用，公司状态监测信息全面并入信息化系统，设备专业化管理平台开展初见成效。

【企业文化】 2010年，公司为活跃员工业余生活，营造和谐的企业文化氛围，先后举办春节联欢会、游园活动、职工美术书法摄影展、消夏晚会、电影晚会和羽毛球比赛等文体活动。承办全国石油职工“锦州石化杯”桥牌比赛，来自全国各地石油战线的200名选手云集兴城疗养院参与竞技。组队参加集团公司拔河比赛取得团体第七名；参加集团公司羽毛球比赛并取得团体第六名；公司选送的配乐诗朗诵《走向辉煌》，在辽宁电视台《我爱红诗，走进锦州》大型诗歌咏诵会上播出，取得较好的反响。

公司深入开展读书自学、岗位成才活动。充分利用“职工书屋”为平台，全力推动员工读书自学、岗位成才活动向纵深发展。职工书屋现有藏书6万余册，其中包括省总配送的图书2000余册，期刊192种，报纸20余种，每天约160人次借阅。公司在基层单位设立读书角，配备专用书架和大量业务类图书，使员工在工作之余，能够及时学习和补充专业业务知识。2010年公司被全国总工会授予全国优秀“职工书屋”示范单位称号。

公司不断加强阵地建设，积极发挥文联各协会的作用。公司文联下设书法协会、美术协会、文学协会、音乐协会、摄影协会、发烧友协会、夕阳红艺术团舞蹈队、管乐队、民乐队、腰鼓队、京剧队、合唱队等协会和专业队，定期开展主题鲜明、内容丰富的创作、演出活动。广大会员还自发地组织、参与坚持常年的文体、健身活动。这些活动，不仅丰富员工的业余文化生活，而且对弘扬企业文化，促进员工队伍的稳定起到积极的促进作用。

公司组织劳动模范、十佳党员赴上海中国共产党一大会址、上海世博园等地参观考察，企业共有60名“劳动模范”及“十佳党员”参加参观考察活动。

公司工会继续保持“全国模范职工之家”和“全国群众体育先进单位”荣誉称号；4人获“集团公司劳动模范”荣誉称号；1人获“辽宁省五一劳动奖章”；1人获“锦州市五一劳动奖章”，5个单位获“集团公司先进集体”荣誉称号；1个单位获“辽宁省工人先锋号”荣誉称号。

【和谐发展】 公司将改革发展成果实实在在惠及广大员工，不断提高员工收入和各项福利待遇：实施带薪休假和健康疗养制度、提高员工误餐费补助标准、建立补充工伤保险制度、稳妥推进医疗制度改革，对企业补充医疗保险政策进行调整，提高在石化医院就医的报销比例。完成生活区绿化工程、阳光园一户一阀改造、楼房平改坡和墙体保温试点、生产岗位送餐、数字电视升级等12项惠民工程。从2010年10月1日开始，为近2600余名70岁以上离退休职工每人每天发放一袋牛奶。公司下大力度改善员工居住条件，2010年3月，公司启动石化生活区老区改造工作和八家子石化新区全面建设工程。此次生活区房屋改造使近万名员工及家属直接受益。

（曹继辉）

中国石油天然气股份有限公司锦西石化分公司（中国石油锦西炼油化工总厂）

【概述】 中国石油天然气股份有限公司锦西石化分公司（以下简称公司）现有员工10622人，下设机关处室13个，直属机构7个，基层单位42个，占地面积640万平方米，资产总额81亿元，主要炼油化工装置19套，原油一次加工能力700万吨/年，二次加工能力430万吨/年，以辽河油、大庆油为主，原油直接管输进厂，另有部分进口原油及海洋原油，经锦州港上岸。主要产品有汽油、航煤、柴油、石油焦、聚丙烯等，公司是供应北京地区京Ⅳ标准汽油的主要生产企业之一。

【生产管理】 2010年，公司加强生产组织，严格受控管理，实现装置稳定运行。同时，坚持以市场为导向，优化生产方案，提高产品质量，完善蒸馏装置带炼进口原油系统；适时调整原油采购计划，降低了原油采购成本，开展来料加工贸易原油46万吨，返出成品油39万吨；努力提高汽油辛烷值，多生产京Ⅳ、粤Ⅳ、97号国Ⅲ等高标号汽油，高标号汽油比例由2009年的13%上升为43%，公司是集团公司第一批供应广州亚运会93号粤Ⅳ汽油的三家企业之一。公司狠抓节能节水工作，加强对标管理，严格监督检查，全年炼油综合能耗较2009年下降0.52千克标准油/吨，炼油水耗较2009年下降0.03吨/吨。"十一五"期间，累计完成节能量11.8万吨标准煤，节水量212万吨。

【设备管理】 2010年，公司以"设备本质安全"为主线，以装置"三年一修"长周期运行为目标，严格基础管理和制度落实，深入开展"创完好"活动，加强设备的日常维护，推广"四新技术"应用。大机组运行状态良好，保证生产装置的水、电、蒸汽、风供应。加强汛期防雷防静电和防洪防汛工作，防雷防静电测试率100%。维修、电气、仪表等保运队伍服从大局，充分发挥保驾护航作用。维修车间在二催气压机组安装、调试过程中，干部员工连续三天三夜奋战在现场，保证开车工作的顺利进行。在物资采购方面，锦西石化严格招投标制度，推进集中采购，降低采购成本，保证采购质量。全年完成采购合同额10.5亿元，其中电子商务采购超额完成计划。

【安全环保】 一是加强全员的教育培训，提高全员安全意识。持续推进快乐安全文化建设，举办"维护快乐"、"营销快乐"、"天天快乐"、"相聚渤海"等节目，快乐安全理念深入人心。历时2个月，开展"安全经验分享"大讨论活动，收到良好效果。分层次开展应急预案演练，组织公司级应急演练一次，员工处置突发事件能力得到检验和增强。

二是继续推进HSE体系建设，健全第三层作业文件，梳理完善各专业管理文件，规范非主营业务体系运行，通过了中油认证中心监督审核。吸取"7·5"承包商亡人事故教训，完善管理制度，强化安全、环保、交通和承包商受控管理，"直线责任、属地管理"原则进一步明确。

三是加强"三同时"管理，项目验收进展顺利，锦西公司2个5万立方米原油罐和厂西火炬的安全验收工作取得验收批复；焦化隐患整改、煅烧焦密闭输送、气体分馏装置扩能改造项目、汽油质量升级工程项目完成安全设立、安全设施设计及安全试生产方案备案工作；15万吨聚丙烯项目完成了安全设立和试生产的批复，准备进行安全和职业病危害验收评价；委托开展"三老两高"项目安全设立评价和职业病危害预评价。

四是严格环保管理，实现排放达标。公司以清洁生产、全面达标、建设清洁炼厂为目标，以源头治理为核心，以末端治理为手段，理顺生产与环境协调发展的关系，完成了全年环保指标：杜绝环境污染事故，较大以上环境污染事故数为零；污染物排放合格率100%；COD、石油类、SO_2等主要污染物满足集团公司总量控制指标；建设项目"环评"和"三同时"

制度执行率达100%；自觉实施第三期清洁生产线。

【产品销售与财务管理】 2010年，公司克服市场波动、装置检修、天气变化、运力不足等困难，实现产销率100%。年初渤海湾出现30年来最严重冰情，船只进出港困难。公司汽柴油库存高达20.6万吨。经过积极努力，运输船只通过海军禁航区进出港口，缓解了生产压力。同时，科学预测市场走势，及时调整自销产品价格，灵活调整出厂策略，确保效益不损失。

公司坚持以预算和业绩指标为核心，加强精细化管理，统筹上市和未上市业务，兼顾炼油、化工、科研3个板块，层层分解降本增效和解困扭亏指标，加强分析筹划和目标落实，规范各项费用支出，降低加工成本。细化资金收支预算，深化资金集中管理，发挥资金管控职能，缓解资金紧张状况，保障企业资金需求，推行存货库存定额管理，大范围开展库存物资和固定资产清查，从实物管理和价值管理两方面入手，实现财务资产规范化管理。公司获集团公司年度财务工作评比一等奖。

【项目建设】 2010年，公司共有项目35项，其中2009—2010年跨年项目12项，2010年新项目23项，涉及产品质量升级、装置扩能、"三老两高"、节能减排、安全环保隐患治理、储运设施完善等方面，项目进展全部实现年初目标。完成了二套催化隐患整改、气体分馏扩能改造、延迟焦化隐患整改、重整拔头油储运设施完善、5个1万立方米成品油罐建设等重点项目。顺利实施2项股份公司级、11项分公司级科技开发项目。信息化项目，未上市部分ERP项目达到上线要求；MES、ERP配套基础设施改造项目基本完成；安全受控项目正式投入试运行。公司被评为集团公司信息化工作先进单位。

【基础管理】 按照集团公司部署，公司启动质量、标准化、计量管理等基础建设工程。深入开展"质量月"活动，修改完善原料及产品标准，化验准确率达到99%，公司通过葫芦岛市首届市长质量管理奖评审。油品进出厂计量监督工作得到持续加强。部分产品出厂由原来的人工检尺改为计量表商业交接，排除人为因素，进一步降低产品出厂损失。

法律工作严格资质和经济合同审查，认真办理诉讼案件，扎实开展普法教育；内控工作推进核心业务流程梳理和试点，启动了矿区内控体系建设；审计工作坚持监督与服务并重，提出审计建议30条，审减金额1622万元。

人事劳资管理，严格执行集团公司"三控一规范"，同时，认真做好员工培训工作，全年举办培训班59个，培训9000人次，技术技能竞赛活动顺利实施，广大员工素质不断得到提高。

公司按照集团公司未上市企业三年扭亏解困提出的要求，制定实施扭亏方案，未上市所属单位经营情况不断好转，工程总公司积极转型、稳步发展，完成产值4100万元，实现净收入2800万元，减亏150万元。机械厂积极承揽机加工业务，配合检修加工各种配件，取得较好的经济效益。华亿公司强化队伍管理，提供优质服务，减亏19万元。热网公司着力打造服务品牌，继续保持赢利水平。

【矿区建设】 2010年，公司矿区服务事业部积极开展矿区"规范管理年"活动，矿区服务水平和保障能力不断增强，职工生活环境有了新改善。南山区危旧楼改造工程按计划实施，这是继棚户区改造工程以来的又一重大民生工程。整个工程将历时3年，总投资6.1亿元。为改善矿区居民生活环境，配套完善基础设施，完成了莲花馨园高层、职工医院系统配套工程、东门区中心幼儿园、农贸服务中心、东门区楼房平改坡等项目建设，有的已经开始投用。大力实施送温暖活动，走访困难家庭3912户次。完善补充医疗保险、年金制度，制定健康疗养办法，员工收入水平和福利待遇得到提高。

【党群工作】 公司认真贯彻党中央和集团公司部署，积极开展"创先争优"活动，努力探索党群组织融入生产经营途径，收到良好效果。着力消除无党员"空白班组"，提升党员班组长比例，2010年发展新党员91名。"四好"班子创建活动稳步推进，"四好"班子总数达到25个。开展"忠诚事业、承担责任、艰苦奋斗、清廉奉献"主题教育，修改完善"三重一大"制度，强化工程建设领域突出问题专项治理，党风廉政建设进一步加强。2010年，公司党委继续保持辽宁省先进党委称号；同时，公司还获得了辽宁省思想政治工作先进单位、辽宁省重视统战工作先进党组织及葫芦岛市"平安建设示范企业"等称号。

公司积极推进劳动竞赛和"五型"班组创建活动，至2010年底树立"五型"标杆班组11个，"五型"班组338个。9月，公司举办第十一届职工运动会（每五年举办一届），运动会上，先后有55个受检方队接受检阅，3200人表演广播体操，600人表演太极扇，千人集体舞《舞动石化大家跳》，展示了锦西石化独具特色的广场文化景观。运动会项目设立既有传统的田径比赛项目，也有关阀门、金鸡下蛋、党政工青接力、赛龙舟、爱心传递、同心勇闯独木桥与炼化企业生产实际紧密联系的趣味项目。通过这次运动会，展示公司综合实力，鼓舞员工士气，提高企业的凝聚力。共青团工作以服务企业和青年为宗旨，加强思想教育，打造成长平台，广泛开展青年志愿者活动。

（李牧民）

中国石油天然气股份有限公司大庆炼化分公司

【概述】 中国石油天然气股份有限公司大庆炼化分公司（以下简称公司）设机关职能部门14个，机关附属部门8个，直属单位6个，二级单位23个；有员工1.18万人，具有大专以上学历人员占40.1%，中级以上专业技术职称人员占13%。企业固定资产原值145.55亿元，具有600万吨/年原油一、二次配套加工能力和20万吨/年润滑油、10万吨/年石蜡、17万吨/年聚丙烯酰胺，以及30万吨/年聚丙烯和相当1.1万锭粗纺精纺针织绒、120万平方米/年丙纶提花地毯织机等44套炼油化工和纺织生产装置。可生产汽油、柴油、润滑油、石蜡、聚丙烯酰胺、聚丙烯、羊绒针织绒、地毯等23个品种212个牌号的石油化工和轻纺产品，是集炼油、化工、轻纺生产和矿区服务于一体的综合性石油化工生产企业。公司先后荣获全国五一劳动奖状、国家“重合同、守信用”先进企业、中国诚信企业、全国企业文化示范基地等30多项荣誉称号。“心相通、情相融、力相合”、“身在大庆学大庆、铁人身边做铁人”两条文化理念，成功入选“新中国60年最具影响力60句石油名言”，公司企业文化展厅被评为集团公司企业精神教育基地。

【生产经营成就】 2010年，加工原油556.6万吨，完成计划的101.2%，同比增加12.11万吨；营业收入329.4亿元，首次突破300亿元大关，迈上历史新台阶；实现账面利润14.06亿元，位列中国石油炼化板块第五位；现金贡献12.32亿元，位列炼化板块第四位。

通过建立对标管理体系，各项指标均好于对标值，且有较大的改善和提升。轻油收率64.62%，比计划提高2.12个百分点；可比综合商品率91.79%，比计划提高0.29个百分点；加工损失率0.51%，比计划降低0.23个百分点；炼油综合能耗78.92千克标准油/吨，比计划降低1.08个单位。

【安全环保】 公司牢固树立“环保优先、安全第一、质量至上、以人为本”的理念，深入推进生产受控和HSE体系建设，持续提升安全环保工作绩效。2010年首获集团公司安全、环保双先进。

深入推进HSE体系建设，持续加大反违章禁令教育，严格执行生产受控管理制度，实现安全环保总体稳定的目标。一是严格落实安全环保责任制。将各生产厂主要领导纳入公司HSE委员会，增设12个生产厂安全管理人员；全面推行安全环保责任制目标管理，通过全员风险抵押、增加过程性指标考核、认真剖析事故原因、加大小事件责任处理，促进了全员、全方位、全过程的责任落实。二是夯实安全环保基础。对承包商、事故事件管理等33项规章制度进行修订和完善；加强安全环保培训，完成3424人次特种作业人员取证和复证培训，持证上岗率100%；持续改进HSE体系建设，对2个管理手册、43个程序文件、539个作业文件进行修订和完善。三是努力实现本质安全环保。严格执行《反违章禁令》和《HSE管理原则》，持续开展反违章专项整治工作，通过岗位技能培训、安全知识竞赛、安全经验分享等多种形式，增强了员工反违章的自觉性。加大突发事件反应能力训练，修订完善三级救援预案132个，投资280万元进行应急物资储备，开展各级应急演练183次，公司整体应急能力不断提高。加大隐患治理力度，全年投入2.48亿元，对147项隐患项目进行全面治理，特别是解决了低压燃气系统长期以来存在的设备老化、库容小、工艺落后、处理量低的问题，为今后的安全生产提供了有力保障。四是积极实施污染减排项目。按照标本兼治、管理与治理并举的原则，落实重点环保监控措施，持续开展清洁生产审核，实现了经济效益与环境效益的双赢。

【科技进步】 2010年，公司坚持“立足应用、突出特色、注重创新”的总体思路，不断加快新产品研发和新技术的推广应用。一是强化技术管理。通过优化炼油工艺流程、改善汽油辛烷值、解决化工生产瓶颈，强化技术管理，确保生产平稳、流程优化、产品高效。同时，大力开展装置达标活动，全公司50套装置有46套完成达标任务，其中11套达到优秀标准，综合达标率为96.85%。二是深化技术研究。按照国Ⅳ与国Ⅴ标准兼顾、节约投资与技术先进性兼顾、油品质量与化工原料需求兼顾、经济效益与炼油能耗控制兼顾的原则，制定汽柴油质量升级方案，得到总部的充分认可。三是科研开发取得显著成效。年内提交5项国家发明专利申请，石油磺酸盐表面活性剂中试生产取得明显进展，产品在大庆油田先导性试验中，达到综合含水下降14.94%、阶段提高采收率11.86%的良好效果；开展驱油用功能化聚合物中试产品研究，并进行逐级放大试验，生产中试产品40吨；开展非酰胺级丙烯腈在生物法丙烯酰胺生产中的应用研究。2010年，依靠科技创新，公司聚丙烯、油田化学品、润滑油、石蜡等产品赢得市场认可，聚丙烯酰胺在稳定发展大庆油田市场的同时，进入吉林油田，特别是在总部支持下，会同大庆油田与马来西亚国家石油公司进行技术交流，同时借助大庆油田在阿曼国家石油公司聚合物现场试验项目的招标，为聚合物产品进入海外市场取得了良好开端。

【节能减排】 按照标本兼治、管理与治理并举的原则，落实重点环保监控措施，持续开展清洁生产审核，实现经济效益与环境效益双赢。2010年，节能2.25万吨标准煤，完成集团公司年度指标2.2万吨标准煤的102%；节水20.3万立方米，完成集团公司年度指标20万立方米的102%。炼油新鲜水单耗0.73吨/吨，同比降低0.02个单位。工业污水实现深度处理回用，全年污水回用装置产量为258万吨，同比增加1万吨，保证了循环水系统补水量的稳定。2010年10套装置和5个专业厂通过上级审核，实施清洁生产方案287项，实现年减排污水39.8万吨，减排COD44.6吨，减排废气4749万标立方米，减排固废374吨，创造经济效益6112万元。

【企业管理】 大力开展“精细管理夯实基础年”活动，成立基础管理建设工程领导小组和推进办公室，制定具体的实施方案，各项基础管理工作得到有效推进。在优化业务流程方面，共梳理完善流程45个，精简流程46个。根据集团公司“三控一规范”要求，调整、整合单位及部门30个，组织机构更加精干高效。通过抓“建标、定标、达标和创标”4个环节，完成三级对标管理体系建设。继续深入开展整治“低老坏”活动，“低老坏”现象同比降低29.5%。不断完善质量、计量和标准化管理，落实质量责任，推进质量体系认证，有效提高了工作、产品和服务质量；完成产品标准有效性核查，复审产品和实验方法标准57项并上报股份公司备案，累计配备各类技术标准19种300余册，满足了公司生产的需要；强化计量管理，完善计量管理办法，提高计量检测水平，计量数据准确率达到98%以上。不断加强班组建设，“五型”班组达标率81.02%，圆满完成3年预期指标，基层班组执行力、凝聚力得到有效提升。持续推进信息化建设和应用，ERP项目全面上线，为实现决策科学、管理规范、流程清晰、监管有力提供了坚实的保障。

【矿区服务】 积极推进民生工程建设，实施老区楼房整体维修、地下管网更新、完善医疗卫生和文化体育设施，新增生产生活区监控系统。2010年，投资3395万元完成12个大修项目，老干部活动室建成投用、各类场馆设施更加完备、业余文化生活逐年丰富，生产生活环境发生新的变化。强化社会治安综合治理，生产生活秩序明显好转，营造了文明祥和、安居乐业的良好环境。

【企业文化】 继续推进企业文化建设，强化文化建设研究的交流与推介，夯实文化落地基础，取得了文化落地实效。完成《企业文化手册》改版，新命名12家基层企业文化建设示范单位，使公司内部示范单位达到22家，企业文化落地实践和先进单位示范效应日益凸显。群团组织围绕生产经营开展“反习惯性违章”、“百日节能降耗专题点子征集”、“女工巧手扮靓岗位”等活动，取得了良好效果。以精心工作、精细管理、精益指标、精品工程为内容的“四精”理念内涵逐步丰富并被广大员工所接受和践行。始终关心关注员工生活，大力实施送温暖工程，全年发放慰问金341万元，拨款100万元专项用于员工日常临时性补助，解决了员工生活中发生的实际困难。通过开展细致的思想工作，及时化解内部矛盾，实现了稳定工作“三无”目标。

（李德龙）

中国石油天然气股份有限公司哈尔滨石化分公司

【概述】 中国石油天然气股份有限公司哈尔滨石化分公司（以下简称公司）原油一次加工能力500万吨/年，有60万吨/年连续重整，80万吨/年中压加氢、30万吨/年气体分馏、3万吨/年甲乙酮、5万吨/年MTBE，8万吨/年聚丙烯等17套生产装置，固定资产原值36亿元。系统配套，工艺先进，清洁生产，环保达标，产品质量全部达到国家标准。公司主要以大庆原油作为加工原料，生产93号、97号国Ⅲ汽油，93号、97号乙醇汽油和0号、–35号等低凝点柴油，航空煤油，聚丙烯树脂粉料，工业丙烯，丙烷，液化气，甲乙酮，MTBE，纯苯等15大类26个牌号产品。公司现有员工2300多人，其中各类大中专毕业生600多人。

【主要生产经营指标】 2010年加工原油331.75万吨，同比提高30.11万吨，再创公司历史新高；轻质油收率80.68%，比计划高0.18个百分点，同比提高0.51个百分点；综合商品率92.70%，比计划高0.60个百分点，同比提高0.51个百分点；加工损失率0.66%，比计划降低0.02个百分点，同比持平；综合损失率0.70%，比计划降低0.03个百分点，同比持平；炼油综合能耗61.56千克标准油/吨，比计划降低6.44个单位，同比降低6.48个单位，创历史最好水平；新鲜水单耗0.59吨/吨，比计划降低0.01个单位。实现营业收入177.47亿元，同比增加44.29亿元，增长33.25%，创公司历史新高；实现账面利润3.93亿元，位居炼化板块第9位；实现税费42.3亿元，创历史最好水平；炼油完全单位加工费240.76元/吨，完成集团公司考核指标。

【主要产品】 生产汽煤柴油257.31万吨，同比增长11.85%，其中汽油110.16万吨、柴油143.58万吨、航空煤油3.57万吨；生产液化气13.83万吨、精丙烯6.72万吨、丙烷3.12万吨、MTBE 1.45万吨、聚丙烯4.74万吨、甲乙酮2.77万吨、苯1.96万吨、硫磺0.28万吨。值得关注的是高标号汽油比例97.56%，高效产品比例40.73%，排名炼化板块第四；生产97号乙醇汽油组分15.86万吨、–35号低凝柴油18.86万吨，同比分别增加14.72万吨、7.12万吨，创公司历史新高。成功生产–50号低凝柴油，填补黑龙江市场空白。

【主要措施和成果】 以完成330万吨加工量为核心，各专业系统协调配合，圆满完成全年加工任务，主要生产技术经营指标全面提升。计划部门积极优化资源配置，优化资源结构，提高俄油配置比例；生产系统通过加强受控管理，保持全厂物料平衡，实现装置的平稳运行；营销部门全力争取铁路槽车和管输计划，提高地付装车数量，保证生产后路畅通。加强产运销的组织衔接，通过召开日价格例会、旬产销衔接会，对加工计划和生产方案进行优化，多产高档高效产品，使公司生产经营实现历史性突破。

公司原油加工量、主要产品产量、综合商品率、炼油综合能耗、高效产品比例、营业收入、税费、自销化工产品创效比例、考核利润9项指标创历史新高。在炼化板块26家企业指标排名中，有7项指标跻身前10名。其中，高效产品比例、吨油收入排名第四，炼油综合能耗排名第六，综合损失率、吨油利润排名第七，账面利润排名第九，新鲜水单耗排名第十。

【科技创新与技术改造】 依托技术创新，科技管理、节能节水、信息化建设取得新成绩。加强科技基础管理，完成21套装置新版操作规程修订和8套装置技术标定工作。深化技术攻关和科研开发，联合装置稳定运行优化达产、一常压能耗攻关等7大科研攻关项目全部完成，“轻质油脱硫”、“脱硫醇精制固体碱技术及应用”荣获石油和化工联合会技术发明二等奖。MES系统升级、视频监视系统完善、信息门户改版等信息化重点项目全面完成，信息化建设水平不断提高。实施储运罐区节能优化等26个项目，开展“红旗加热炉”竞赛活动，10台运行的加热炉热效率全部达到90%以上。全年累计节能2.75万吨标准煤、节水8.63万吨，超额完成年度目标。2010年，公司被工信部授予首批60家“信息化与工业化融合促进节能减排试点示范企业”。

【工程建设】 抓发展机遇，投资2.4亿元，全面完成年度项目建设任务。酸性水汽提—硫磺回收装置2010年4月开工建设、10月底硫磺单元投运，投资与国内同类项目相比节约资金近2000万元，创造当年规划、当年设计、当年施工、当年投产的最好纪录；气柜隐患项目2座干式气柜及内烯压缩机、膜回收单元建成投运，技术水平居于国内领先地位；完成投资1500万元，对装置、储运罐区及物料进出厂计量设施进行升级改造，提高计量准确度，减少效益流失；单电源隐患整改项目9月份获得股份公司批复，厂外基础设施施工全面完成；生产控制中心、液态烃罐区、成品油罐区隐患治理全部完成进度目标；编制完成《“十二五”发展规划》，产品质量升级规划通过炼化板块审核。

【安全生产】 加强隐患治理和检查，推进HSE体系建设，实现安全生产、环保达标。深入开展安全大讨论、HSE体系评估、冬季安全生产检查等活动，全面解决思想作风、制度建设、隐患治理等领域的突出问题，全年累计排查问题658项，整改467项，提高本质安全水平。修订《领导干部定点承包安全生产责任区管理办法》和《安全环保责任书》，划清管理界限、明确岗位责任，将安全生产各项任务落到实处。加大责任考核和追究力度，对发生事故的单位和个人，坚决“一票否决”，严格考核兑现，强化广大员工的安全环保责任意识。抓好HSE体系和应急管理体系建设，修订131个体系文件，编制12个公司级应急预案和369个现场处置预案。加强清洁生产管理，11套装置通过股份公司清洁生产审核验收，COD、石油类排放量完成年度考核指标。

【企业改革与管理】 理顺管理体制机制，企业管理步入科学化、规范化轨道。落实“三控制一规范”要求，推进机构改革，建立规范的企业组织架构。启动基础管理建设工程，开展“查思想、摆问题、促整改”活动，整改9个专业的各类问题1626项。加强内控体系专项流程梳理，通过股份公司的评价测试。加强物资采购和仓储管理，全年节约采购资金2067万元，降低库存154.8万元。加大工程决算管控力度，审核工程造价1.42亿元，审减率6%。开展工程建设领域突出问题专项治理，完成联合装置竣工决算审计和芳烃抽提装置核销专项审计，顺利通过中央检查组、集团公司审计中心的专项检查。

狠抓现场管理标准化，以常减压装置为样板，树形象，创品牌，带动公司标准化管理迈上新台阶。按照检修一套完好一套的思路，对二催化、气分等5套装置实施标准化整改，累计整改低标准项目1765项，修整保温2900余处，拆除管线2800余米，钢结构防腐970吨，设备喷漆580台套。为确保整改取得实效，成立以总经理为组长、分管副总和专业部门组成的联合考核组，对整改情况进行细致的梳理排查，现场整改解决问题，促进现场管理的规范化、精细化，创建规范有序、安全清洁的作业环境。

【精神文明建设】 以“树红旗、抓典型、促和谐、保目标”活动为主线，不断深化班子建设和队伍建设。组织10个副科级岗位公开竞聘，对事故负有责任的领导干部进行严肃处理，建立能者上、庸者下的干部任用机制。深入开展创先争优活动，推广三催化车间、常减压车间、联合装置、郝战龙班组在三基建设上的先进经验，增强基层党组织的凝聚力和战斗力。开展反腐倡廉教育和廉洁文化建设，提高各级干部遵纪守法、廉洁从业的意识。开展安全环保制度、专业技能基础培训，全年累计培训2365人次，提高员工队伍的素质。修订完善《企业文化手册》，深入开展企业形象宣传，全面展示企业实现精特优发展的成就。同时，企业将发展成果惠及全体员工，实施基本工资制度改革，使广大员工获得实惠。全力解决员工生活困难，发放慰问金46.25万元，帮扶困难员工382人次。落实各项福利措施，组织5批次250名员工外出疗养，安排23名省市级劳动模范参观上海世博会。加强与地方的沟通交流，积极争取政策支持，企业发展的外部环境进一步优化。

（杨岸冰）

中国石油天然气股份有限公司广西石化分公司

【概述】 中国石油天然气股份有限公司广西石化分公司（以下简称公司）坐落在素有北部湾天然良港之称的广西壮族自治区钦州港，是中国石油于2005年9月为贯彻国家西部大开发战略，优化炼油化工产业布局，建设广西1000万吨/年炼油工程而设立的地区公司。

公司千万吨炼油工程主要包括：1000万吨/年常减压蒸馏、350万吨/年重油催化裂化、220万吨/年蜡油加氢裂化、220万吨/年连续重整、240万吨/年柴油加氢精制、60万吨/年气体分馏、120万吨/年汽油精制、20万吨/年聚丙烯、1万吨/年硫磺回收等十余套主体生产装置以及公用工程、罐区、码头及码头库区、铁路专用线、100万立方米原油商业储备库等配套工程。工程总加工方案采用全加氢型工艺流程，主要工艺技术分别从美国UOP及DOW化学等公司引进。工程于2006年6月21日获国家环保总局环评批复，2007年2月12日获国家发展和改革委员会正式核准，2007年11月8日破土动工，经过33个月的施工建设和生产准备，于2010年9月8日一次开工成功。

公司年加工能力1000万吨，加工的原油全部从海外进口。主要产品有柴汽油、聚丙烯、硫磺等，油品质量全部达到欧Ⅲ标准，部分达到欧Ⅳ标准；污水排放达到国家一级标准，清洁生产达到世界一流水平。产品主要销往广西、云南、贵州、广东等地区，为中国石油拓展南方市场提供了资源保障，对满足西南地区成品油市场需求，保障国家能源安全具有重要意义。同时，公司在推动北部湾开放开发，促进地方经济社会发展中发挥着重要作用。

公司根据“一次规划，分步实施”的发展策略，正在建设含硫原油加工配套工程。该工程建成投产后，公司将能够加工高硫原油，实现原油资源多样化，显著提高公司经营效益。

【工程建设】 2010年2月27日，重油催化裂化、连续重整、聚丙烯、制氢等11套生产装置中交，基本实现了“2·28”工程主体完工的目标。在工程收尾阶段，组织开展“大干50天”攻坚活动，全体建设者冒大雨、顶酷暑，全身心投入工程收尾攻坚战。生产人员和UOP公司等专利商技术人员全面深入开展“三查四定”工作。设计、采购、施工等各个方面加强协调，明确方案，监督落实，狠抓尾项整改，共完成尾项整改8000余项，于5月30日实现生产装置全面中交，取得了千万吨炼油工程建设全面胜利。

钦州至南宁成品油管线、100万立方米商业储备油库、销售设施完善工程等同步建成中交。产品下海工程、生产准备单元、制氢配套工程等如期建成投产，为全厂开工及产成品顺利出厂提供了保障。

【全厂开工】 根据《总体试车方案》的安排，积极组织落实各项生产准备工作。补充开工力量，成立开工领导小组和联合开工团队（ICMT）；编制各装置开工方案和操作规程；完成操作人员相关培训及取证；实施代储代销模式，建立应急采购渠道；原油、三剂、化工原料等物资准备到位；环评、营销、资金等各项外部条件逐项落实；大机组试车组织到位，顺利试运；水、电、气（氮）、风等公用工程全面投产。至2010年6月底，开工指挥机构、制度体系、开工方案、操作规程、人员上岗取证、应急物资储备、销售后路、外部条件以及消防应急处置等各方面工作基本就绪，具备试车条件。

经过严格、细致的开工条件确认，6月28日常减压备料开车，7月初各装置投料试车全面开展。开工中，工作安排科学合理，组织指挥有条不紊，操作执行恰如其分，开工队协助到位，专利商、供应商现场技术服务到位，施工单位保镖人员、时间、力度到位，异常情况下的退守、应急处置得当。经过80天艰苦卓绝的奋战，9月8日打通全厂流程，实现一次开工成功，并成功举办千万吨炼油工程竣工投产仪式，赢得了股份公司、地方政府以及社会各界的赞誉。

【生产运行】 公司成立航煤、产品调和、铁路、地付、凝结水等专项工作组，快速解决了一批影响“安稳长满优”（安全、平稳、长周期、满负荷、优效）运行的突出问题。动力站等公用工程消缺完成。计量仪表、在线监测仪表基本整改到位。工艺、设备消缺工作稳步推进。污油跑冒、雨水排放等环保隐患及时消除。UOP公司及其他专利商和技术人员密切协作，共同研究，调整优化操作，各项参数向设计靠拢，如期完成主体装置的标定工作，工艺、设备、能耗、物耗等各项技术经济指标均达到设计值。生产整体受控，海路、公路、铁路运输系统全面打通，2010年产销基本平衡，累计加工原油280万吨，单月最大加工量突破80万吨。技术人员、操作人员对装置的认识进一步提高，对工艺、设备有了全面、深入、细致的了解，并积累了丰富的管理、技术、操作经验，实现了安稳运行，并为“长满优”运行奠定了良好基础。

同时，紧紧抓住降本增效的关键环节，在计划编制、原油进口、生产运行、产品销售等方面做了大量卓有成效的工作。顺利实现在广州港锚地和香港公海过驳，并积极推动钦州原油过驳锚地建设，原油物流风险和运输成本进一步降低。生产运行不断优化，能耗物耗等经济技术指标持续改善。市场研判能力不断提高，计划、生产、销售的衔接不断完善。黑色产品持续降低，产品结构不断改善，财务指标、经营效益逐月改善和提高。

【含硫原油加工配套工程】 项目安评、环评、可行性研究报告已获总部及相关部门核准。完成全部6套装置技术询价文件的编制、审查和发放。渣油加氢脱硫等4套装置技术调研已完成，技术商短名单已选定。渣油加氢脱硫装置、硫磺回收装置、制氢装置已完成技术澄清、技术附件签订及部分商务澄清。完成项目设计单位选定、上报、批复及设计委托，全面启动项目设计工作。在总结千万吨炼油工程项目管理经验的基础上，研究并初步确定含硫原油配套工程管理模式、合同策略、设计管理、采购策略、项目计划管理等。编制并发布了项目一级计划，确定了项目前期设计、采购、施工准备、组织、合同等各项工作的目标。

【企业管理】 通过调整部门职责、健全制度体系等工作，生产运行体系逐步完善，满足了生产要求，确保了生产经营活动有序开展。经营管理水平也在降低成本、提高效益的努力中得到提高。

组织人事方面，完成了“五定”（定岗、定编、定员、定责、定薪）工作；结合后续工程，优化外聘工程管理人员配备；健全并落实业绩考核体系，规范薪酬制度。建立员工养老保险；制定相关管理制度，建立青年员工的人才成长机制；加强了劳动纪律管理。

企业管理商务方面，进一步完善招标委员会决策机制；建立标准文本库；发布284项管理程序文件，全面覆盖生产经营的各个管理环节；内控体系文件正式颁布。

生产管理方面，完成现场安全目视化、视觉形象目视化工作；生产受控管理基本得到落实；开展基础管理工作大检查活动，规章制度、操作规程、机电仪设备管理等进一步完善，并为下一步强化基础管理工作积累了经验；设备管理平台建成投用，MES系统全面建成上线，基本实现生产管理信息化。

财务管理方面，调整和完善会计核算业务流程；成本核算及成本控制工作顺利起步，成本管理制度建立并初步执行；公司预算分析体系初步形成，并开展了月度经济活动分析及效益测算等专项分析；初步建立了计量管理、生产统计体系；理顺了销售开票及结算程序。

【党群工作及员工生活】 围绕生产开工这一中心，开展创先争优活动；以千万吨炼油工程竣工投产为契机，制作公司宣传片和宣传画册，建立公司展览厅，编辑出版《企业文化手册》，在新华网等主流媒体开展宣传工作，展示企业特色和炼厂建设成就，为公司发展营造良好的舆论氛围。本着薪酬待遇逐步向一线员工倾斜的原则，调整薪酬体系，提高关键、艰苦岗位人员的薪酬；建成投用装修美观、设施完善的钦州公寓职工之家，丰富广大员工、家属的业余文化生活；完成员工住房货币化，并将相应补贴发放到位；建成石油公寓二期并以商品房形式配售，为所有员工及家属创造了安居乐业的条件。

（胡　林）

中国石油四川石化有限责任公司

【概述】 中国石油四川石化有限责任公司（以下简称公司）紧紧围绕建设典范式炼化一体化企业的战略部署，锐意进取，攻坚克难，妥善处理各种矛盾交织、积极应对多条战线交叉的复杂局面，圆满完成年初制定的工作任务，为夺取典范式企业建设的决定性胜利奠定基础。

【主要生产经营指标】 2010年，公司共完成投资104亿元，超计划18亿元；92个工程子项初步设计审查全部结束，施工图设计有序推进，43个子项顺利封图；大型设备陆续到场，设备安装总量突破20%；生产经营总体平稳，加工原油100.5万吨，典范式企业建设继续保持强劲的发展势头。

【工程建设】 92个工程子项全部开工，装置开工率实现100%；“万人百日土建会战”顺利结束，质量、安全、环保、投资、进度等关键环节全部受控，顺利通过国家环保部环评落实情况和炼化板块安全质量大检查；“万台设备安装竞赛活动”按期开展，常减压装置提前进入工艺配管阶段，乙烯装置设备安装稳步推进，100万立方米原油储备库主体工程基本完工，年初确定的建设目标基本实现。

【生产准备】 为确保开车一次成功，坚持工程建设和生产准备同步，统筹推进生产运营体系建设，生产运行、生活后勤两个保障支持系统建设和生产操作队伍建设。生产运营体系整体构架正在抓紧搭建，生产调度指挥系统初步建立，规程文件集中编制，总体试车方案完成初稿；按照一体化外包的要求，通过与生产厂家和供应厂商的深入交流，基本确立服务外包的范围、方式和标准，明确一体化、属地化的管理原则，两个保障支持系统管理思路逐步明晰；生产操作队伍基本组建完毕，按照以我为主开车原则，大力强化操作技能培训，已到位951名操作员工全面进入上岗实习阶段。

【规划发展】 结合集团公司能源战略规划，统筹系统原料资源和产业资源，综合产业链延伸、结构布局优化和地方产业基础等因素，全面启动南充炼油厂规划发展工作。为全面加快发展进程，委托中国石油昆仑工程公司编制完成发展方案，确定100万吨/年PTA、10万吨/年燃料乙醇和6万吨/年生物柴油项目为近期发展重点。100万吨/年PTA装置合资建设前期工作全面启动，可研报告具备上报条件；6万吨/年生物柴油及10万吨/年燃料乙醇项目可研报告编制完成，待征求炼化板块意见后即可报送总部。

（朱　磊）

中国石油天然气股份有限公司大港石化分公司

【概述】 中国石油天然气股份有限公司大港石化分公司（以下简称公司）始建于1965年，截至2010年底，员工总数2554人，其中管理和技术人员781人，原油加工能力500万吨/年，固定资产原值51.05亿元、净值29.93亿元，厂区占地面积193.63万平方米。

【经济技术指标】 深入开展对标管理，突出生产运行优化和产品结构调整，加强经济活动分析，主要技术经济指标持续改善。全年加工原油385.08万吨，轻油收率77.01%、同比提高0.89个百分点，综合商品率91.69%、同比提高0.59个百分点，综合损失率0.9%、同比降低0.06个百分点，炼油综合能耗75.55千克标准油/吨，新鲜水单耗0.68吨/吨，炼油完全加工成本287.91元/吨，实现营业收入191.45亿元，实现利润总额3.81亿元，吨油利润98元，上缴税费

42.62 亿元。

【安全生产】 强化生产受控管理，切实加强监督检查和过程控制。突出每周事故事件统计分析，加强安全隐患排查整治，强化岗位巡回检查和生产应急处置演练，对及时发现隐患、确保装置安全的员工进行重奖。狠抓工艺设备基础管理，积极开展公用资源平衡攻关，加大应急预案演练力度，实现主要装置安全受控生产。结合成品油市场变化、原油资源状况和装置生产实际，细致安排月度生产计划，加强产供销衔接，确保生产平稳有序。

【HSE 体系试点】 以宣贯 HSE 管理原则和反违章禁令为重点，深入开展“安全文化执行年”活动，积极推行个人安全行动计划和 HSE 承诺，营造浓厚的安全文化氛围。完善各级 HSE 责任书，开展领导干部 HSE 述职，促进属地职责和直线责任落实。继续推进 HSE 制度转换实施，新发布实施设备完整性等管理程序 2 个，HSE 制度总数达到 31 个。加强工艺危害分析和工艺设施变更管理，落实生产风险防控削减措施，工艺安全基础更加牢固。顺利完成 HSE 体系试点任务，及时总结体系建设经验，深入查找差距和不足，明确下一步工作任务，为后续 HSE 体系完善指明方向。

【装置检修】 2010 年 4 月 1 日至 5 月 9 日组织开展装置停工检修工作，完成常减压、加氢裂化等 16 套生产装置以及储运、动力等辅助系统常规检修，实施焦化扩能等 90 余项技改技措项目，完成罐区自动化、部分装置控制系统升级迁移，消除生产瓶颈制约，为下一周期运行奠定了基础。检修期间，突出“停工交检修、检修交生产”两个界面管理，严格落实 HSE 工作方案，狠抓卡点项目管理和现场组织协调，严格施工质量验收，实现安全、清洁、优质、高效、文明检修。在装置停、开工过程中，严格执行操作规程和停开工方案，实现所有装置及系统平稳顺利停、开工。

【重点工程项目建设】 10 万吨 / 年聚丙烯装置在完成 2384 项隐患问题整改后，于 2010 年 10 月 14 日顺利建成投产，装置配套的丙烯储罐、尾气回收装置也完成建设并投用。承担的中国石油 100 万立方米原油商业储备库在 259 天有效施工时间内，完成 10 个 10 万立方米油罐及辅助系统全面建设，2010 年 12 月 15 日一次中交验收合格，2011 年 1 月 8 日正式进油投产。500 万吨 / 年含酸油改造项目完成常压塔、常压炉等主体装置建设，及配套工艺管线、设备安装。积极承担集团公司项目港东“12 井”污染治理，建设完善污水、污泥处理设施，2010 年完成污水处理 10.2 万立方米，成功实现安全度汛，获得上级的高度认可和肯定。

【企业管理】 按照集团公司部署，启动为期 3—5 年的基础管理建设工程，成立领导小组和工作机构，深入基层调查研究，制订加强基础管理实施方案。在质量管理上，完成汽油、柴油产品升级方案研究和评审，加强出厂产品质量监督，产品合格率保持在 100%。在计量管理上，修订完善原油及产品计量交接协议，及时更新、标定计量设施，加强数据监督校核，确保计量准确。在制度建设、流程管理和标准化工作上，加强制度执行情况检查，修订内控手册，上线投用 ERP 系统，完善企业产品标准，推进现场目视化管理，促进了内部管理规范化。结合年度重点工作，调整业绩考核体系，完善员工奖金发放方式，加大考核兑现力度，进一步调动基层自主管理的能动性和员工工作的积极性。

【基层建设】 巩固扩大深入学习实践科学发展观活动成果，突出抓好整改措施落实检查，促进公司发展方式转变。启动为期 3 年的党内创先争优活动，创新基层党组织主题实践活动内容和形式，进一步发挥党组织和党员队伍先锋模范作用。在党员干部中深入开展“读书年”活动，组织读书心得交流和好书推荐分享，建设学习型党组织，培育知识型党员、知识型干部。开展领导干部与员工“交朋友、心连心”活动，与员工真诚沟通，切实改进工作作风。深入开展“忠诚事业、承担责任、艰苦奋斗、清廉奉献”主题教育活动，分批次进行中层干部培训，加强领导班子和领导干部履职考核，落实党风建设责任制和惩防腐败体系实施计划，促进了“四好”领导班子建设。全面推广“一岗一单、一人一单”培训模式，突出培训课件建设和阶段抽查测试，员工培训效果进一步显现。第三联合车间荣获集团公司十大标杆集体称号，公司获得全国安康杯劳动竞赛优胜企业称号。

【和谐企业建设】 坚持用大庆精神、铁人精神育人铸魂，广泛开展“形势、目标、任务、责任”主题教育活动，举办建厂 45 周年征集历史故事、编辑历史成就宣传画册、职工艺术作品展、厂庆晚会等庆祝活动，积极发挥政研会、文联、体协作用，加大企业文化理念宣贯力度，员工队伍保持了良好精神风貌；及时关注员工队伍思想动态，积极做好一人一事思想政治工作，工团组织紧贴公司中心工作开展群众性活动，队伍的凝聚力、执行力和战斗力进一步增强。调整提高员工工资收入待遇，增加误餐补贴、防暑降温、疗养补贴等福利费用，员工生活条件进一步改善。

（孟海英）

中国石油天然气股份有限公司华北石化分公司

【概述】 中国石油天然气股份有限公司华北石化分公司（以下简称公司）始建于1987年。截至2010年底，公司拥有常减压、重油催化、加氢、重整等主要生产装置20多套，员工1800多人，其中大中专以上学历900多人。2010年是公司500万吨/年炼油装置及配套工程投用后平稳运行的第三年，也是持续改进、加快发展的一年。公司认真贯彻落实股份公司会议精神，加强管理，优化生产，积极应对各种困难，生产经营等各项工作都取得了较好成绩。

【主要生产经营指标】 2010年，完成原油及外购原料油加工量462.94万吨，其中原油加工量460.79万吨；综合商品率91.38%，可比综合商品率91.61%；轻质油收率70.87%；生产柴油187.87万吨，汽油132.62万吨，柴汽比1.42；累计完成京Ⅳ汽油55.61万吨，京Ⅳ柴油24.48万吨；综合自用率7.64%，加工损失率0.75%，综合损失率0.95%；完成化工商品量47.67万吨，其中聚丙烯产量8.13万吨，苯乙烯产量1.68万吨；炼油能耗74.26千克标准油/吨，新鲜水单耗0.75吨/吨；实现销售收入238.6亿元，账面利润2.78亿元。

【生产管理】 2010年，严格执行生产计划，科学组织生产运营，调整优化产品结构，各项主要技术经济指标全面改善。

（1）运行管理。开展能效对标分析，运用MES系统，抓好操作平稳率和加热炉效率考核，各装置通过与设计值、同比、环比分析找差距，使特殊生产操作处于受控状态。加强操作变动管理，实现二、三级操作变动管理规范化；修订30套工艺卡片、操作规程，完成烟气脱硫试验装置开工、加氢加热炉优化、在线调和系统东罐区部分试投用等8个项目。重整还原氢采用膜分离氢，纯度达到95%以上，消除了还原氢含烃类高的隐患。克服装置检修、成品油库存高、冬季柴油紧缺等给生产经营带来的压力，强化生产运行管理，积极协调计划销售单位，组织原油进厂和产品运销，启用大小鹤管同时装车等措施，提高了装运效率，6月6日首列自备车实现装车。克服上半年非计划停工、装置检修等造成生产被动的困难，下半年稳扎稳打，步步为营，科学提高加工量，年末前一天完成全年加工任务，并创日单产1.46万吨的历史新高。改造40万吨/年汽油脱硫系统，及时调和北京公交用-10号和-20号柴油，首批60号道路调和沥青和全新牌号的聚丙烯产品成功下线，满足市场需求，为创造良好的经济效益和社会效益打下了基础。

（2）节能管理。把开发建设信息化作为提高公司工作水平的一项重点工作来抓。运用MES系统，抓好操作平稳率和热炉效率，年度燃料动力成本计划分解落实到各单项消耗，加强水、电、气、风等指标对标分析，通过控制减少硫磺、PSA开工、各装置改用热水伴热等措施，实现能耗指标同比大幅降低，炼油综合能耗完成74.22千克标准油/吨；单因耗能完成9.5516千克标准油/（吨·因数）；吨油耗水完成0.75吨/吨；按炼油综合能耗计算，2010年完成节能量16468吨标准煤，完成全年指标（1.6034万吨标准煤）的103%；“十一五”累计完成节能量110233吨标准煤，累计完成“十一五”节能总目标（10.98万吨标准煤）的100.4%。投用热进料、常减压热出料和二三催热进料比例达80%，热柴去三联合项目节能效果显著。抓好节能节水日常管理，完成液化气罐区伴热改热水工作并已投用；采取新增螺杆压缩机，降低工业风管网压力0.5—0.1兆帕，节电400千瓦/吨；各装置改用热水伴热，降低操作压力，减少中压蒸汽消耗约3—5吨/小时；用净化水代替新鲜水措施，实现年节约新鲜水消耗252000吨。

【安全管理】 加强重点部位和危险作业监控，完成HSE信息系统数据的清理工作，改进和完善非计划停工、安全信息等系统，录入隐患11387项，治理11259项，治理率98%。强化安全环保管理，通过完善考核指标，分解减排任务，增加监测项目和频次等措施，实现废水、废气、废渣、噪声达标排放；氧化塘外排污水合格率达100%。建立全面质量管理体系，严格执行产品检验计划及标准，抽查成品分析40样次，合格率达到100%。做好计量监督专业化管理，搞好全厂各装置计量仪表的维护、检修和定期标定工作，确保计量数据准确，维护了公司利益和信誉。做好国庆、春节、两会、世博和公司重大活动期间的安全稳定工作，加大装车场、油品罐区、外输线重点区域的巡检和安全隐患排查力度，消除安全隐患15次，处理各类案件14起，保持了公司及周边安全稳定的良好局面。

【设备管理】 依托ERP、MES系统，强化设备运行管理，实现资源共享。

（1）推行项目例会制度。有效集合计划、生产、机动、安全、基建、设计、采购等专业管理部门的力量，提高项目决策科学性，投资完成率达到98%。强化生产维修项目管理，依托ERP系统对每一个工单进行预算测算，有效控制生产维修费用，日常运行维护、装置检修、零星维修量有较明显下降。

（2）高质量完成大检修任务。认真执行“生产交检修”、“检修交生产”两个界面的交接，组织施工技术方案编制与审查，合理确定检修程序及工期，完成三催化、聚丙烯、苯乙烯、1号柴油加氢等7套装置大检修任务。改造部分仪表、电气系统，优化三催化装置、苯乙烯装置UPS、锅炉风机变频调速，实施应用大机组事故报警技术、关键机组在线监测系统及机泵群点检系统技术，取得较明显效果。从安全和质量两方面入手，通过加大考核力度，加强现场工程施工管理，发现问题隐患及时整改，完成三年隐患治理项目22项，投资项目4项。

（3）推广应用设备新技术。组织常减压装置油雾润滑系统投用，功率超过600千瓦。苯乙烯装置干气压缩机组技术改造如期完成，投运2台新购螺杆空压机组，实现非净化风系统降压运行，为公司千万吨项目建设中同期推广使用提供了有力的技术支持。

【科技创新与技术改造】 实施39个低温热利用改造、催化用能优化、全厂气体检测报警系统改造等投资项目、安全生产费用、检修设计项目；“京Ⅳ汽油工艺技术的研究和应用”项目研究，获得集团公司科技创新成果三等奖，“聚丙烯新产品LI28F的开发”和“聚丙烯新产品CPP专用料的开发”2个项目被集团公司推广。加快信息系统建设，投资千万元完成行政办公短信提示、安全信息自动考核、项目管理自动考核、ERP领料自动考核、考核管理系统等14项新系统的设计开发和测试工作，累计开发应用各类信息系统达87个，其中自主开发66个。做好计算机、网络运行维护和IT服务，保证信息系统可靠运行。通过信息化建设和应用，提升了公司科学化定量规范管理水平和工作效率。

【企业管理】 以ERP、MES、行政办公系统为核心，加快数据库的兼容性开发，实现自动提醒考核，提高工作效率。发挥计划管理龙头作用，清理投资项目46个，编制甲方预算5.8亿元，解决项目投资遗留问题，审减额6600万元；审计工程项目305个，审减工程造价993万元，完成审计工作量3.99亿元；全面运行ERP与FMIS新融合方案，保证会计核算质量，收回清欠货款1055万元，实现应收账款为“0”。强化市场准入及客户授信管理，签订各类合同1044份，合同金额7.09亿元。制定市场网络评审程序，加强内控管理，完成考核84.09万元。

抓好技能鉴定工作。员工计算机统一考试6000余人次，班长优良率达98%，比2009年有所提高。升级计算机考试系统，完成8万余道规章制度题库建设任务。规范业务流程，推进招标专家库系统的搭建、17类一级物资集中采购的技术和代储代销系统准备工作，优化招标管理、物资管理、物资采购监管流程，实现库存物资超期限出库的自动考核，集中采购3914.29万元，有效降低库存。完善“三重一大”制度，推行“自驾车”等办公流程，500万吨/年装置获验收。

【千万吨项目】 组织千万吨项目可研修改并通过集团公司批复，天津港—华北石化原油管道项目的可行性研究也纳入项目议程。与中国寰球工程公司签订项目合作框架协议，初步确定项目主要生产装置EPC总承包等项目管理模式。完成4个进口工艺包商务合同的小签工作，为下一步加深对外合作奠定基础。项目土地工作进展顺利，初步具备进场施工条件；同步做好千万吨项目人力资源保障工作，完善了组织机构及定员标准方案，制定了三修等项目外包方案。

（姜志国　赵新红）

中国石油天然气股份有限公司呼和浩特石化分公司

【概述】 中国石油天然气股份有限公司呼和浩特石化分公司（以下简称公司）是内蒙古自治区境内唯一的一家炼油企业，是国家“八五”重点工程之一，与二连油田开发、阿赛输油管线并称内蒙古3项石油工程。公司从1988年开始筹建，1990年7月破土动工，1992年9月一次投产成功，现有常减压蒸馏、催化裂化等8套生产装置，原油加工能力150万吨/年，以加工二连原油、长庆原油为主，能生产4大类15种产品，主要目标市场是内蒙古中西部、山西北部、河北张家口等地区，并出口蒙古。

【主要生产经营指标】 2010年，加工原油125.56万吨，超计划15.56万吨，提前1个月完成全年加工任务；实现蒙古原油来料加工复出口6772吨；综合商品率91.56%，轻质油收率69.90%，高标号汽油比例68.02%，原油综合损失率1.71%，新鲜水单耗0.66吨/吨，炼油综合能耗69.58千克标准油/吨原油；实现销售收入62.16亿元，上缴税费14.68亿元，实现考核利润1.33亿元，完全加工成本244元/吨。2010年底公司被集团公司评定为二类企业。

【主要产品及产量】 2010年，汽油产量42.10万吨，柴油产量47.31万吨，精丙烯产量1.10万吨，聚丙烯产量0.63万吨，液化气产量10.93万吨。

【主要安全环保指标】 2010年，公司环境污染事故为零。污水处理场运行效果大大改善，污水排放合格率达100%，污水中COD含量只有40—50，远低于国家二级排放标准；排放污水63万吨，其中COD37吨，比总量控制指标60吨降低23吨。固体废物、危险废物处置利用率为100%，严格执行国家规定，共计处置危险废物612吨。火炬基本处于熄灭状态，动力锅炉有半年以上停运，减少了污染物排放，有控废气排放达标率达到99.8%，排放二氧化硫629吨，比总量控制指标900吨降低271吨。

【安全环保】 2010年，公司安全生产形势巩固、稳定、可控，未发生一起B级及以上生产安全事故，无一例非计划停工，实现了清洁生产、达标排放，全面完成股份公司下达的安全环保指标。作为集团公司HSE体系推进十家重点指导企业之一，公司扎实开展体系建设，成立领导小组，召开启动会，制定下发推进规划及2010年推进计划。开展两次全要素内部审核，开具38项不符合项，督促相关单位检查整改，并做好验证跟踪工作。公司于2010年3月顺利通过北京中油健康安全环境认证中心的认证审核，获得了体系认证证书。加强HSE培训，举办各类培训班36期，培训1700余人，对82名相关管理人员进行了HSE体系审核员培训。层层签订安全环保责任书，继续开展冬季安全生产劳动竞赛、安全观察与沟通、安全经验分享等活动，各级领导共完成安全观察与沟通报告表4766份，观察时间1771.49小时，观察安全行为5108人次，沟通不安全行为5695人次，促进了安全平稳生产，提高了生产受控管理水平。注重应急预案演练，全年共组织公司级应急演练4次，车间级58次，参加人员达1400多人次。组织7个车间进行职业危害因素辨识，组织1863人进行体检，体检率达93%，职业体检率达96.5%。坚持隐患排查，落实治理整改。2010年，投用专项资金4000多万元对18项安全隐患、202处盲肠死角、400多个问题进行治理。坚持对及时发现隐患、避免事故的员工给予奖励，先后对77起避免事故人员奖励6.38万元。严格审批各种作业票4077张，实现了作业受控。针对重点阶段、重点区域和重点防范内容，公司先后组织各类安全大检查28次，检查并督促整改各类问题810项次。对施工、检维修作业坚持属地管理、业务部门监督、安全部门检查，努力做到常态化、制度化。纠正和制止违章行为2000多人次，处罚390人次（含施工人员），罚金近12万元。通过严格监管，有效促进了规范化管理水平的提升。加强承包商安全管理，制定下发《承包商安全考核办法》，与54个施工单位签订安全合同，对4142名施工人员进行三级安全教育，将考试不合格的32人清除出厂，并要求乙方对6人解除劳动合同。2010年共查处施工单位违章作业61次，对发生事故的承包商按照

"四不放过"原则，进行严肃处理，使事故单位责任人和相关人员都受到了教育。

【项目建设】 2010年，公司500万吨/年炼油扩能改造工程总体设计于1月28日正式获得批复。初步设计及"业主+装置EPC"管理模式于6月29日获得批复。项目开工仪式于7月27日举行。先后与3家工程建设单位正式签订了EPC合同。按时间节点完成了4套装置拆除、新装置土建及地管施工任务，完成常压、催化裂化、聚丙烯等11套装置及配套工程自采及"甲控乙采"招标或谈判采购173项，累计采购金额8.3亿元，为2011年全面开展安装奠定了坚实的基础。为充分调动参战人员的积极性，公司适时开展以土建和地管施工为主要内容的专项劳动竞赛活动，有力促进了工程建设的顺利进行。

【挖潜增效】 2010年，在宁波召开的炼化企业竞争力分析研讨会上，公司作了题为《正视差距，瞄准目标，努力提升经济技术指标》的典型发言，并获得成本管理先进单位、综合商品率和综合损失率进步奖2项荣誉，提升了公司的企业形象。在以往工作的基础上，2010年公司又提出2大类18项挖潜增效指标，如：重点开展原油综合损失率攻关活动，从原油入厂、加工、储运到产品出厂各个环节入手，确定攻关课题，落实到单位和个人，找差距、查原因、定措施、抓整改，基本解决了综合损失率偏高的问题，由2009年的1.82%下降到2010年的1.71%，下降了0.11个百分点。公司从源头狠抓燃煤质量管理，加强全过程控制，2010年耗煤4.2万吨，比2008年减少4.3万吨，按500元/吨计算，降低采购成本2100多万元，减少了环境污染，优化了操作环境。积极开展清欠工作，截至2010年底，公司累计清理欠款2230万元，共收回货币资金329万元，物资10万元，核销坏账1891万元，完成股份公司下达1500万元指标的149%。2008年至2010年未发生一起新生欠款，同时全部完成了对2000年前历史陈欠的清理。通过多形式、多渠道挖潜，2010年增效6000多万元。坚持按月组织召开经济活动分析会，在开实、讲透上下工夫。通过对标分析，拓宽了思路，如4套装置拆除前外购含丙烯的原料气4182吨，提高了气分装置加工负荷；外购MTBE原料，努力提高高标号汽油调和比例；全年外销干气6527吨，既消灭了火炬排放，又提高了综合商品率。聘请国际知名咨询公司，持续开展人力资源优化管理活动；引进了经济增加值（EVA）等指标，制定全员绩效考核管理办法。

【生产管理】 2010年，坚持实施技改技措，提升装置运行效能。利用2010年停工检修的机会，实施了催化裂化装置MGD工艺、常减压装置超声波电脱盐两项技术改造，以及催化油浆与初底油的热联合、回炼油泵增加变频器等7项能量优化项目，年实现直接经济效益584.3万元。新增烟气监测在线分析系统，实现了各类外排污染物的在线联网。认真抓好节能节水工作，通过采取降低炼油装置、辅助系统对比能耗、优化蒸汽用量，降低动力产汽水耗与煤耗、开好中水回用装置等措施，降低了装置能耗、水耗。在停工检修与装置拆除期间，提前着手，精心组织，优化停工方案，全力抓好环保和节约两个环节，对于停工中所需排放的气体，能回收的全部回收。经测算停工回收液化气180多吨，回收使用瓦斯50多吨，节约价值合计约110多万元，取得了很好的经济效益和环境效益。持续开展生产受控管理活动，生产系统未雨绸缪，针对4套装置拆除后的物料平衡，及早准备，优化生产方案，优化产品结构，做到了平稳操作、稳定运行。强化工艺技术考核分析，充分发挥MES系统作用，深化平稳率的考核。全年共处罚违反工艺纪律、操作纪律141起，扣罚46950元；表彰34起，奖励42800元，提高了装置长周期平稳运行水平。

【队伍建设】 2010年，采取多种形式，加大培训工作力度，员工技术技能水平进一步提升。持续推进高层次人才培养工程，6名中层管理干部参加内蒙古大学工商管理硕士（MBA）学习，27名管理人员和高级专业技术人员参加大连理工大学项目管理工程硕士学习。继续推进五型班组创建工作，有86个班组又跨入了五型班组行列。认真落实三级培训计划，按照"学以致用、提升业务、促进工作"的原则，选派优秀的管理、专业技术和操作人员153人次参加了集团公司、股份公司组织的各类培训班91个。选派102人次参加集团公司以外的培训班32个。在生产车间和调度中心全面推行四班两倒一培训模式，保证培训时间，增强培训效果。组织公司级培训班18个，共培训员工11000多人次。抢先抓早，认真抓好500万吨/年炼油扩能改造工程人员培训，有计划、分期分批赴兄弟企业学习，先后组织95人分别赴大连石化、大庆炼化学习培训1—3个月，还组织了23人到庆阳石化实践观摩。

【精神文明建设】 2010年，矿区面貌进一步改善。职代会承诺的4件实事全部完成，特别是员工期盼已久的职工住宅楼已全面开工建设，深受大家欢迎。企业文化进一步深化。补充完善制作了公司简介片和公司画册，深入开展了"三同"团队理念教育，企业文化理念深入人心，在铸魂、导向、塑形、聚力方面发挥了较好的作用，2010年，公司荣获了由中国文化管理学会颁发的“中国企业文化示范单位”光荣称号。公司的企业文化成果得到了集团公司领导的充分肯定和高度赞扬。精神文明建设再上新台阶。公司先后荣获了全国“安康杯”安全生产劳动竞赛优胜企业、“全国模范职工之家”、内蒙古自治区五一劳动奖状、社会治安综合治理长安杯和呼和浩特市“社会治安综合治理特别奖”等诸多荣誉称号。

（刘新利）

中国石油天然气股份有限公司辽河石化分公司

【概述】 中国石油天然气股份有限公司辽河石化分公司（以下简称公司）是股份公司直属的地区炼化公司。年原油加工能力500万吨、销售额近200亿元的现代化特色炼化企业。公司下设12个机关处室、9个直属部门、29个基层单位。在册员工2919人。企业固定资产原值35.9亿元。公司拥有3套可加工不同品种原油的常减压装置以及催化裂化、柴油加氢、润滑油加氢、汽油加氢、延迟焦化、润滑油糠醛白土联合精制、气体分馏、聚丙烯、制氢、污水处理场、酸性水汽提等18套装置。主要加工石蜡基原油、低凝环烷基原油、辽河油田超稠油和进口重油。主要产品有沥青、润滑油、燃料油系列，特色产品包括重交通道路沥青、机场沥青、水工沥青、改性沥青和环保型橡胶填充油等。

2010年是“十一五”规划收官之年，公司以建设稠油加工基地、打造现代化特色精品企业为目标，从加强各项基础工作入手，进一步夯实企业管理基础，生产经营再创佳绩，发展步伐不断加快，圆满完成2010年的各项工作任务。

【主要生产经营指标】 2010年，公司完成原油加工量443.82万吨，同比增加12.72万吨，在股份公司排列第16名。其中，加工大庆原油69.51万吨，加工辽河稀油53.28万吨，加工大混合油70.41万吨，加工辽河超稠油91.04万吨，加工低凝油79.67万吨，加工6种进口油合计79.91万吨，创历史新高。全年生产汽油31.79万吨，同比增加4.1万吨；生产柴油128.53万吨，同比增加10.77万吨；生产沥青138万吨；生产石脑油36.96万吨；生产聚丙烯3.03万吨。全年实现销售收入188.04亿元，同比增加48亿元；实现利润11.15亿元；上缴税费31.7亿元，同比增加3亿元；完全单位加工费207.8元/吨，实现了成本控制目标；经济技术指标位居股份公司26家炼化企业前列。

2010年，公司克服装置不配套、储运系统能力不足等困难，根据不同品质原油，优化调整加工路线，确保每月加工任务的完成。深入推进对标工作，制定赶超先进的具体标准和整改措施，全年共确立优化项目40项，组织实施26项，累计创效4086万元。公司整体用能水平进一步下降。新鲜水单耗下降37.6%，蒸汽单耗下降25.4%。坚持以市场为导向，产品生产紧随市场，努力实现效益最大化。执行生产周优化、月考核机制，及时调整生产方案，优化产品结构，以公司效益为中心。规范产品销售定价机制，探索营销新模式，使产品推价到位。全年组织聚丙烯落地料、蜡油等产品公开竞价销售，增效276万元。

【安全环保】 2010年，公司重点抓好属地管理，重新修订HSE考核方案，将管理重心向安全管理、现场管理倾斜。开展流动红旗竞赛，实施属地月度考核、评比，将考核结果与奖金挂钩，定期讲评和张榜公示，激励各单位不断提高管理水平，有效提升了现场安全管理水平。通过开展深化属地管理的专项活动，共排查低、老、坏等问题396项，确定整改方案和时限，投入资金实施整治，完成整改319项。进一步提升干部员工的安全意识。加大对一级动火计划的控制、监管和考核力度，收到初步效果，全年实际发生一级动火1230次，同比减少2108次。通过全面开展属地安全监督，强化检修、抢修各环节的界面安全条件交接确认，实现了检修安全无事故。加大对承包商管理力度，在承包商中树立安全业绩突出的典型，促进承包商安全工作整体水平的提高。完成15项新制度转化并正式发布，利用近半个月时间，对车间主任、技术组长、安全员、工程项目负责人进行专题培训，收到良好效果。

2010年，公司从源头抓起，治理污染源，针对厂区空气污染问题，多次组织大气污染源排查工作，治理14处废气排放点，消灭加氢火炬，厂区空气质量明显改善。全年完善环保监测计划，明确考核指标，实现HSE属地管理与环保达标考核的对接，确保一级排放口达标排放。2010年，公司荣获集团公司“安全管理先进企业”和“环境保护先进企业”称号。

【设备管理】 2010年，公司设备完好率99%，主要设备完好率100%，静密封点泄漏率0.2‰，仪表完好率、使用率和控制率分别为98%、98%和95%，东、西水场循环水质合格率分别为96%和96.5%，机物料消耗为1558万元，检维修费为10000万元。完善考核管理体系，全面升级设备综合管理平台，开展季度隐患排查，全年共查出各类隐患587项，消除475项，整改率85.4%，设备隐患大幅降低。持续推进设备“创完好”活动，下发设备问题整改单956项，及时反馈整改831项，整改率86.7%。全年较大以上设备事故为零；非计划停工次数明显减少，全年因设备原因引起的非计划停工4次，比2009年减少3次。2010年，公司对催化系统进行小修，完成对催化、气分、聚丙烯、MTBE4套生产装置和酸性水汽提、液化气双脱、干气脱硫3套环保装置以及钳、电、仪等相关检修内容，共完成检修项目285项，技改项目6大项。积极推进电力系统隐患整改项目，完成石化变合环试验，解决了新增负荷的供电问题，为公司发展奠定了动力保障基础。

【科技创新与成果】 2010年，公司围绕加强工艺纪律管理和生产受控管理，重点抓好工艺纪律管理、操作卡管理、操作平稳率、加热炉管理、岗位巡检的管理和生产受控活动等工作。在承担的集团公司劣质重油轻质化关键技术研究重大科技专项任务中，克服较多困难，确保研究试验、归纳总结、评审等工作有序进行。承担股份公司重大科技专项所有专题，通过股份公司组织的中期评估验收，取得了阶段性成果。西蒸馏及减黏装置加工委内瑞拉原油试验历经33天，在确保装置安全平稳运行的基础上，圆满完成重大科技专项13项任务中的6项试验任务，实现委内瑞拉超重油单独加工，填补了中国石油在此项工作中的多项空白。公司成功开发新的高附加值产品，首次生产出合格的环保型橡胶填充油和93号汽油，全年共生产环保型橡胶填充油2124吨，93号汽油27万吨，并成功将产品推向市场。2010年，公司参与的“重油催化裂化后反应系统关键装备技术开发与应用”和“提高轻质油品收率的两段提升管催化裂化技术”两个科研项目，均荣获国家科技进步二等奖。

【企业发展】 2010年，公司完成60万吨/年连续重整装置和120万吨/年柴油加氢改质装置的可研批复和基础设计批复。通过积极沟通协调，投资额度达到预期目标，获得总投资131548万元。完成项目的投资控制编制工作，制定投资控制办法、建设项目考核管理办法，编制完成投资控制手册，保证了项目投资控制有章可循。通过第一阶段的投资控制，采购工作已完成采购额31646万元，节余额1995万元，节余5.93%，完成采购量的42.97%，投资控制按节余5%核定，低于控制标准近一个百分点。“1. 5万立方米/小时制氢装置”项目快速推进。该制氢装置是公司推进加氢、重整装置建设过程的配套项目，总投资15296万元。前期工作准备充分，通过沟通和协调，2010年底已进入可研批复行文阶段，与加氢、重整装置建设同步。着手制定“十二五”规划，确定公司750万吨/年的发展目标，并按该目标积极开展工作。

【工程建设】 完成60万吨/年连续重整和120万吨/年柴油加氢改质项目建设前期工作，全面进入工程开工建设阶段。通过招标已落实土建、安装的承包商和监理单位；施工图正在设计中，现场已完成桩基工程量的70%；组织设备订货前技术交流、谈判21次，签订技术协议26份；物资订货已完成长周期大型设备等部分工作量，金额达2.4亿元，完成采购量的43%，项目进展总体顺利。公司逐项落实梯级分离、减黏改造、消防基地、二电源建设、二食堂、三号门建设、改性沥青扩容等项目的资金计划，并完成建设工作。火炬气回收、液化气和沥青架台安全隐患治理等项目的可研报告，顺利通过专家组评估。

【企业管理】 2010年，公司对原有考核体系进行调整和完善，实现考核体系向系统化、实用化的转变。业绩合同与考核挂钩，专业管理细则更加完善，奖金分配基本体现多劳多得，通过奖金的杠杆作用，调动了干部员工的积极性。全年完成对标工作26项，验收项目20项，共创直接经济效益4086.28万元。加氢车间投入加氢尾气回收设施，实现3套加氢装置尾气的精制和回收利用，不仅增强了装置的脱硫能力，解决了硫平衡问题，而且脱硫后的干气可直接进入公司火炬回收装置，并入燃气管网，作为燃料供各装置使用，并取消了存在十年之久的加氢火炬，改善了大气质量，降低了炼损。通过对标，全年主要技术经济指标持续改善，装置加工损失率、综合商品率保持同行业先进水平，其他指标也有大幅提升。公司投入专项资金，加大计量仪表的配备力度和深度，改变计量仪表陈旧、无备用表的现象，二级计量工作不断加强。进一步加强误差管理，炼油综合损失率大幅下降，原油进厂损失率0.12%，比上年下降0.17%，创历史最好水平，减少原油损失7362吨，原油进厂减亏工作实现质的飞跃。公司紧密跟踪市场动态，积极做好物资供应工作。通过引进多家优秀供货商，全年共节约采购资金6000余万元。以成本控制为“牛鼻子”工程，制订切实可行的成本控制计划。抓好成本控制各个环节，积极采用先进的信息化管理技术，ERP系统实现单轨运行，及时掌控各项成本费用的支出情况，为公司决策提供翔实的数据支持。

【队伍建设】 2010年，公司党委提出“六抓六促”的工作思路：抓思想，促先进理念引领；抓作风，促队伍素质提高；抓表率，促先进作用发挥；抓载体，促特色精品文化；抓执行，促制度有效落实；抓融合，促科学和谐发展，在全公司范围内开展了“比学习，争当观念更新的表率；比规范，争当制度执行的模范；比技能，争当业务工作的尖兵；比贡献，争当企业发展的先锋”的“四比四争”主线活动。认真开展政治理论学习，编写12期基层政治理论学习要点。开展“忠诚事业、承担责任、艰苦奋斗、清廉奉献”主题教育活动，加强反腐倡廉教育，通过开展一次宣讲、上一次党课、过一次组织生活、进行一次警示教育、组织一次答题的“五个一”活动，深入推进廉洁文化建设。按照集团公司的总体要求，公司工会组织开展创建“学习型、安全型、清洁型、节约型、和谐型”班组活动。积极开展“五五”普法活动，将法治教育纳入党建工作一项内容，先后有2800余人次接受了警示教育。统一购买法制教材发放到基层单位。通过一系列活动，干部队伍和员工队伍的凝聚力和活力显著提升，促进了和谐与稳定。

【党组织建设】 公司坚持德才兼备、以德为先的用人原则，在完成重大任务、解决复杂矛盾中考察识别和使用干部，在干部选任工作中充分听取各方面意见。完善和落实组织人事重大决策事项报批报备制度和干部任职前公示等制度。在集团公司党组的支持下，公司班子和领导层力量得到了加强。对公司62名中层干部进行了岗位调整，基层班子结构得到改善，干部队伍状态发生了可喜变化。在建立完善后备干部队伍的基础上，首次举办两期中青年干部培训班，为干部队伍建设奠定了良好基础。公司从思想建设入手，领导中心组认真坚持学习制度，2010年集中学习18次。基层班子采取个人自学、集中学习、理论学习成果共享等学习方式，营造了重视学习、崇尚学习、坚持学习的浓厚氛围，提高了学习效果。对基层党支部状况进行全面摸底，调整机关党支部设置，组织基层45个党支部换届选举。在部分单位配备专职党支部书记。举办党支部书记培训班。“七一”前夕，筹备召开公司第二次党代会，完成了党委班子按期换届，党组织的战斗力得到增强。完善监管制度，规范党员领导干部和重要岗位人员从业行为。与191名副科级以上领导人员签订《领导干部党风建设责任制》、《领导干部廉洁从业承诺书》，建立了《廉洁从业档案》。进一步明确重要岗位范围，重要岗位扩大到300余个，人员由218人增加到625人，并重新签订《重要岗位人员廉洁从业承诺书》。制订下发《辽河石化公司深入开展创先争优活动实施方案》，各党支部按照文件要求，成立领导小组和工作机构，细化活动方案。认真落实党建“三联”示范点、公开承诺、领导点评和群众评议等各项工作要求，先后制定下发4个相关文件，制定各种工作模版，对基层党支部创先争优活动进行规范、指导。全年有54人向党组织递交入党申请书，新增申请入党人数是2009年的2.5倍。

【企业文化】 公司结合自身特点，构建以“聚合光热、播撒欢喜”为核心内容的“辽河石化特色精品文化”构架。围绕企业文化建设，编印《企业文化宣传画册》和《企业文化手册》，编纂出版《100篇企业文化小故事》和《千人感言》。通过开展“学习在石油·每日悦读十分钟”活动，培养员工崇尚读书、自觉读书的良好习惯。围绕励志、敬业、责任、团队、执行、忠诚等内容，推荐员工选读书目，进行潜移默化的学习文化渗透。先后成立职工业余合唱团，书法、美术、摄影协会，乒乓球协会，成功举办“石化金秋”合唱音乐会和盘锦市新年合唱音乐会，展示公司员工的风采和精神风貌，树立了良好的企业形象。2010年，公司获得“全国企业文化建设优秀单位”荣誉称号。在集团公司组织的企业文化建设成果评选中，公司获优秀成果一等奖。

【矿区建设】 2010年，公司投入资金对基层单位的操作间、倒班间进行改造，修缮了员工浴池、运动场和员工体育馆，改善员工通勤车车况等，改善了员工的生产、生活条件。关注员工身心健康，增加员工体检科目，提高体检标准，发放健康管理手册。开展困难员工帮扶救助工作，建立“员工同心互助基金”，开展“金秋助学”活动，为女员工购买“女性安康保险”等。公司持续保持和谐稳定的局面，2010年，被评为辽宁省“平安单位”。

（马德君）

中国石油天然气股份有限公司长庆石化分公司

【概述】 中国石油天然气股份有限公司长庆石化分公司（以下简称公司）是股份公司直属地区分公司，固定资产32亿元、原油加工能力500万吨/年。现有主要生产装置14套，可生产各种标号清洁汽油、轻柴油、3号喷气燃料、石脑油、化工轻油、丙烯和苯等十多种产品。在册员工1143名，大专以上文化程度占67.7%。

2010年，加工原油521万吨，同比增长18%；实现含税销售收入311亿元；财务账面利润8.8亿元；上缴税金51.6亿元，其中地税4.8亿元、同比增长34.2%；工业总产值256.9亿元，同比增长36.8%；工业增加值54.57亿元，同比增长8.9%。公司晋升为集团公司Ⅰ类企业。

【生产经营】 公司继续深化对标管理，大力调整产品结构，以优化催化裂化原料性质为重点，做好减压、加氢裂化和溶剂脱沥青3套装置的均衡控制，增加高标号汽油、丙烯等高附加值产品产量。2010年高标号汽油比例达到92.7%，同比提高17个百分点，高附加值产品累计增效2.3亿元，占账面利润总额的27.3%。其中，在连续重整装置仍处于建设的情况下，通过提高重整汽油辛烷值和后期调和等手段，生产97号汽油8.1万吨。

严格设备受控管理，完成主要生产装置操作规程和工艺卡片的换版修订工作，共出版操作规程22套、修订工艺卡片21份，绘制操作图2451张。坚持设备创完好活动，强化设备强制保养和预知检修，计划检修率达到86.4%，同比增加1.3个百分点。

【安全环保】 对安全生产中的14项违章行为进行明确，提高处罚标准，同时实行责任追究连带制，有效促进员工安全意识的提升。HSE体系推进工作进展顺利，通过集团公司及炼化板块组织的HSE体系运行质量评估。完成液化气罐区隐患治理、生活污水回用、蒸汽改热水伴热等6个隐患治理项目。充实和完善公司应急物资库，修订完善公司级专项应急预案6项，装置应急处置程序167项。环保设施运行率平均达到97.1%，污水处理量同比增加22.2%。完成MBR扩量、中水深度处理等减排项目，使中水回用率达到78.4%，同比提高6.8个百分点；吨油COD排放量同比下降30.3%；吨油SO_2排放量同比下降20%。公司保持连续18年安全生产无上报事故的良好态势，获得集团公司安全环保双先进。

【节能节水】 将中水改入厂区管网，设置12个用水点，供厂区冲洗、绿化及工程使用，降低新鲜水取水量。通过资源优势互补，引入相邻化工企业生产甲醇的富氢池放气作为制氢装置的原料补充，减少天然气用量840万立方米，减排二氧化碳4万吨。对加热炉实行动态管理，使热效率保持在90%以上，同比提高1.27个百分点。抓好变频、蒸汽透平等节电设施运行，节电790万千瓦·时。建成投运蒸汽改热水伴热、加氢裂化低分气回收和中水深度处理系统3个节能减排技措项目。全年累计完成节能量1.9万吨标准煤，节水量33万立方米，超额完成“十一五”节能节水目标，荣获上海世博会联合国千年发展目标公益主题活动“中国节能减排优秀企业奖”和集团公司“节能节水型企业”称号。

【科技信息】 修订《科学技术奖励办法》、《专利管理办法》、《科学研究与技术开发项目管理办法》等5项制度。与石油化工研究院共同申报发明专利6项，自主申报实用新型专利4项。“LEO-1000催化剂试用项目”获集团公司科技进步一等奖；“催化裂化-C4溶剂脱沥青组合工艺优化及工业应用”成果获集团公司科技进步三等奖；“陶瓷膜凝结水除油除铁装置”成果获陕西省科技进步三等奖。信息化建设以ERP系统完善为重点，顺利实现单轨运行。

（殷　涛）

中国石油天然气股份有限公司克拉玛依石化分公司

【概述】 2010年，中国石油天然气股份有限公司克拉玛依石化分公司（以下简称公司）下设机关处室12个，直属机构2个，基层单位23个，其中二级单位4个，二级半单位5个，员工总数3600余人。加工规模达到500万吨/年，并正在完善配套建设600万吨/年加工能力。

公司高档润滑油生产能力60万吨/年，重交通道路沥青生产能力100万吨/年，是产品特色突出、具有较强市场竞争力的炼油企业。公司现有主体装置40套，固定资产53.8亿元。自备热电厂发汽能力为520吨/小时，发电能力24兆瓦/小时。炼油化工研究院拥有科研人员196名，科研仪器及设备先进齐全，具备较强的稠油加工及润滑油和沥青科研实力。公司已成为国际上最大的变压器油生产企业之一，产品占据国内60%以上市场份额。BS光亮油产品质量标准达到国际先进水平，打破国外产品在国内长期垄断的局面。中高档橡胶油占据国内70%以上市场份额。开发投产的新型环保轮胎橡胶油符合欧盟环保法规，取得进入国际轮胎橡胶油市场的通行证，改变国内环保轮胎橡胶油长期依赖高价进口的局面，使轮胎及橡胶行业成功突破贸易保护技术壁垒。冷冻机油产品在国内具有极高的声誉，市场占有率达85%，同时依托自主开发的先进生产工艺，产品品质不断提高，实现冷冻机油新产品向新日本石油、爱默生石油等外资企业的稳定销售。高等级重交通道路沥青生产能力达到100万吨/年，生产量占中国石油沥青生产总量的25%，是西北地区最大的生产基地，为西部多省区指定首选沥青产品，已铺设80余条高速公路，占有西北地区30%以上市场份额，承担新疆地区100%的沥青供应。

截至2010年底，公司可生产各类石油化工产品160多种，主导产品40余种，28种产品获省优、部优产品称号。L-DRA/A46冷冻机油等5种产品荣获国家银质奖。环烷基橡胶油产品被中国质量协会评为全国用户满意产品，重交通道路沥青被新疆维吾尔自治区评为新疆名牌产品，环烷基油系列产品获得集团公司中国石油优质产品称号。公司连续17年保持新疆维吾尔自治区文明单位荣誉称号。先后荣获全国守合同、重信用企业，中国企业诚信经营示范单位，集团公司质量管理卓越企业等称号，荣获新疆维吾尔自治区开发建设新疆奖状和“全国五一劳动奖状”。被评为新疆维吾尔自治区30强工业企业（集团），被新疆维吾尔自治区列为首批循环经济试点单位和新疆维吾尔自治区级环境友好企业，并荣获新疆维吾尔自治区项目环境保护三同时先进企业称号。

【炼油生产】 2010年，公司克服生产经营、发展建设面临的诸多困难和压力，取得了较好的生产经营业绩。全年共加工原油471万吨，加工稠油317万吨。生产中高档润滑油65万吨、沥青68万吨、汽油56万吨、柴油189万吨。全年实现主营业务收入229亿元，实现利润31亿元，上缴税费51亿元。多项经济技术指标再次刷新公司历史纪录。

【安全管理】 2010年，公司狠抓全员安全环保责任落实，层层分解、签订责任书2700余份。分别在上半年、下半年组织开展领导干部安全述职活动，参加述职领导54人次。继续做好集团公司HSE九项原则、反违章六项禁令的贯彻落实。环保优先、安全第一、质量至上、以人为本的理念以及安全源于责任、源于设计、源于质量、源于防范等认识逐步深入人心。大力推进HSE管理体系建设，在对公司HSE管理体系现状进行量化评估打分和分层次开展培训学习基础上，完成了集团公司15项规范的转化，其中作业类程序已在3个单位试行，其他程序全部开始执行。继续坚持危险作业周计划审批制度，在各生产单位开展无危险作业竞赛活动，开展每周安全监督和“三违”查处通报讲评，提高各类作业现场的风险受控程度。抓好安全隐患排查治理的动态化管理。逐步建立完善应急管理体系。组织完成公司级突发事件总体及12个专项应急预案的修订、审核和评审，并向股份公司和政府主管部门备案。

【环境保护】 2010年，公司环保工作以污染减排、节能降耗、保障污染物稳定达标排放为重点，大力开展“安全环保基础年”活动，积极推进环境隐患治理项目。顺利完成新疆维吾尔自治区、集团公司及本公司提出的各项业绩指标，再次实现重大环境污染责任事故为零和5万元以上环境污染事故为零的总目标。积极推进污染治理项目，先后完成热电厂烟气脱硫、Ⅱ套污水回用等项目的建设。其中热电厂烟气脱硫项目已投产，该项目的投用大大改善金龙镇地区的环境空气质量。2010年，公司“三废”排放得到有效控制和削减，获得新疆维吾尔自治区重点污染企业节能减排先进单位荣誉称号。

【质量管理】 2010年，公司建立《模拟蒸馏测定馏分油馏程》、《溶剂组成和溶剂含量》等分析方法，认真抓好质量管理。组织开展全面质量管理活动，全年共注册涉及生产、质量、节能等11个方面90个QC小组。公司QC小组成果获省部级一等奖1个、二等奖3个。完成11项企业标准、协议标准。负责中国石油天然气集团公司标准《橡胶油安定性试验法》、《橡胶油紫外光安定性试验法》等的制定工作。完成国家交通部对公司生产的重交通道路石油沥青的产品认证年度审核工作。完成中国石油统一应对欧盟REACH法规的石油产品物质检测分析及对标等工作。全年实现3406批次成品出厂任务，未出现1起厂内及厂外质量事故。上级抽检产品质量合格率100%，全年共6次接受新疆维吾尔自治区、股份公司等上级部门对公司9个品种23个批次的抽检，抽检的所有产品全部合格通过。

【规划计划】 2010年，公司组织编制“十二五”发展规划，完成安全环保、节能节水、油品质量升级、设备装备技术进步、人力资源、企业文化、科研发展、矿区服务等11个专项规划。全年共下达股份公司投资计划项目9项，总投资63892万元。其中炼化项目5项，计划投资额62530万元；公用工程项目4项，计划投资额1362万元。全年无计划外项目，无超投资项目。

【设备管理】 2010年，是公司连续实现两个“三年一修”后的第一年，为持续巩固2009年设备大修改造成果，公司克服稠油性质恶劣造成设备腐蚀严重及加工路线长等困难和不利因素，以不断提高设备可靠性及工艺技术安全性为主线，狠抓技术创新，提高检维修质量，做好设备运行维护、工艺优化、安全保障等工作，保证公司装置的安全平稳运行，并创国内加工高酸值稠油装置长周期运行先进水平。

【科研开发】 2010年，公司共开展各级科研项目34项，其中，股份公司级科研项目13项（含新开项目4项），公司级科研项目21项（含新开项目13项）。为解决生产、营销过程中发生的各类不同问题，开展临时性科研任务59项，取得科研为生产服务的“短、平、快”效果。全年投入科技经费7004万元，通过股份公司统一上报并得到受理的专利申请16项，获得专利授权10项，其中，发明专利4项、实用新型专利6项。评审公司技术进步奖一等奖4项、二等奖8项、三等奖17项、鼓励奖10项，获奖项目分别涉及工艺技术、设备仪表、生产运行、规划发展、科研开发、安全环保、信息化建设等多个专业领域。公司“环烷基油深加工技术研究及产品开发应用”项目获得集团公司科学技术进步奖一等奖，“薄层结构专用硬质道路沥青研制”项目获得中国石油和化学工业联合会科学技术进步奖二等奖，“准噶尔盆地环烷基原油深度开发质量监控体系的建立及应用”、“焦化液化气除焦除硫制备化工原料的技术研究及应用”两项目分获三等奖。

【审计工作】 2010年，公司认真做好工程项目审计工作，切实堵塞管理漏洞。全年开展实施审计项目22项，其中，工程项目结算审计17项，项目结算审计覆盖率达到100%；完成集团公司财务专项审计1项，完成公司财务专项审计4项，财务审计计划完成率100%；离任审计率100%；审计建议采纳率达90%以上。通过审计，核减工程造价240.85万元，审减率为1.49%。

（黄国强）

中国石油天然气股份有限公司庆阳石化分公司

【概述】 2010年，是中国石油天然气股份有限公司庆阳石化分公司（以下简称公司）建设发展历史上极不平凡的一年。公司克服了国际金融后危机、新厂建设开工工期紧、关键时期雨雪冰冻期长等重大挑战和考验，顺利实现以“关老厂、投新厂、住新房”为主要任务的各项建设发展目标。

“十一五”期间，公司仅用两年多时间提前实现原油加工量、工业总产值、销售收入、上缴税金、员工收入“五个翻番”。老厂加工量跨越百万吨大关，用中国石油最落后的炼油装置创造了同行业的中等管理水平。搬迁地处偏远乡村、运行近40年的生活基地，实现全员从农村进入城市生活的重大跨越。300万吨新厂快速全面建成投运，原油加工能力由50.23万吨上升到300万吨，增长6倍。5年加工原油617.76万吨，实现营业收入318.72亿元，实现税费31.65亿元。公司价值、竞争力和影响力明显提升。企业综合实力由甘肃工业企业前五十强进入前八强。

【主要生产经营指标】 2010年加工原油150.65万吨，同比增长21.7%，可比综合商品率91.85%，综合商品率91.89%，轻质油收率82.90%，综合能耗69.92千克标准油/吨，加工损失0.62%，综合损失0.99%，新鲜水单耗0.78吨/吨，实现销售收入87.78亿元，上缴税金14.16亿元，实现利润3.9亿元，单位现金加工费113.11元/吨，吨油完全加工成本239.80元/吨，剔除新厂开工影响因素，各项业绩指标全面完成。

【主要产品】 汽油、柴油、燃料油、石油液化气、丙烷、丙烯、MTBE、聚丙烯、石油苯、硫磺、石油助剂等系列产品。

【主要措施和成果】 全面贯彻“管好炼好停好150万吨、建好开好管好300万吨”工作部署，克服“两线作战”的不利条件，积极落实“三抓（抓对标管理、抓受控、抓培训）四保（保重点、保业绩、保安全、保稳定）”措施，持续深入开展“月月拔指标、天天拔指标、班班拔指标”活动，将对标管理作为公司的“牛鼻子工程”和挖潜增效、严控成本费用、节能降耗的重要手段，强化装置的维护和管理，杜绝非计划停工，广泛开展劳动竞赛，建立健全对标管理机制，开展各业务层面对标，认真查找指标差距，通过大量艰苦细致的工作，老厂各项生产指标持续改善，达到历史最好水平，于2010年6月30日顺利实现安全平稳停厂，新厂顺利实现建成开车一次成功，运行逐步向设计水平接近，优势指标和标志性指标逐步向中国石油同行业先进水平靠拢。

【技术改造与四新技术应用】 在新厂建设中，组织对50多家石化兄弟单位、研究院、设计院、高等院校进行技术考察，通过借鉴学习和分析评价老厂运行近40年所积淀的先进、成熟技术和经验，为新厂建设提供支撑，推广应用了近100项关键技术和“四新”技术，达到短流程、热供料、低能耗、在线调和、在线计量的目的。全面建成投运涵盖九大控制系统的新厂中央控制室，建成以生产经营决策、生产运行管理和生产操作控制3个层面为主体架构、具备统一计划调度管理等多个功能软件的信息系统。2010年，公司荣获集团公司科技进步成果三等奖1项，国家应用型专利技术1项，2项科技成果通过省级科技成果鉴定，有87人次在国家二级以上刊物发表各类论文32篇。

【工程建设】 克服新老厂相距一百多千米“两线作战”、连续阴雨期、降雪冰冻早、交叉作业多等诸多不利因素，开展新厂建设两次“百日大会战”和“决战百日”、“建功立业、争先创优”、“火线入党”、“活流程、无泄漏”等竞赛活动，各项工作快速、平稳、超常推进，2009年3月15日开工以来，仅用16个月时间建成、2个多月时间完成开车准备、半个多月时间实现炼油系统流程全面贯通，所有装置均实现一次开车成功，并生产出合格产品，创造了中国石油重大炼化工程建设和开工的新纪录。

【安全环保和节能减排工作】 层层落实安全环保责任制，持续推进统一规范的HSE体系建设，严格执行《反违章禁令》，集中开展重点隐患治理，强化生产受控管理，全面执行“三同时”原则，加强生产和建设全过程安全监控与管理，健全完善应急管理体系，严把承包商审查“五关”，全面完成安全生产、污染减排目标。2010年底发生一般A级及以上工业安全生产和环境污染事故，新厂建设取得2300余万工时无事故的业绩。主要环保控制指标持续改善，主要污染物排放量持续下降，全年完成节能量4138吨标准油，节水量6.25万吨，实现安全环保形势持续稳定好转，公司被评为集团公司2010年度“安全生产先进单位”。

【队伍建设和矿区服务】 以开好管好新厂为目标，以全体操作员工达到联合装置操作为任务，通过脱产培训、岗位培训、仿真培训、外出学习培训、建设介入培训、应急培训等各种形式，确保新厂全部装置中交前所有管理人员、专业技术人员、操作人员都能适应新厂高效优化运行的基本要求。全力推进新厂配套工程庆化苑二区建设，实现“当年规划、当年设计、当年开工、当年建设、当年封顶”，成就公司40年来最大最实的利民惠民工程。持续完善薪酬制度，高水准落实集团公司各项工资政策，调整工资结构，理顺分配关系，促进员工收入持续增长。深入推进矿区安全环保隐患专项治理，老厂窑洞住户搬迁入住楼房，部分员工子女实行寄宿制管理，解决员工后顾之忧。开展矿区服务系统“规范管理年”活动，矿区收费与集团公司全面接轨，离退休职工管理工作平稳有序推进。职业健康监管不断加强，持续开展员工健康检查，提高劳动保护水平，发放疗养补助。有序推进温暖工程，健全帮扶济困长效机制，建立完善特困职工动态档案，持续提高扶贫济困标准。积极开展“爱心赈灾”活动，向玉树、舟曲等地捐款捐物，认真履行企业的社会责任。

【党群工作和企业文化建设】 深入开展“四好”班子创建和党支部“六个一”创建活动，结合新厂建设，开展“重温入党誓词”、“火线入党”活动。进一步建立健全教育、制度、监督并重的惩治预防腐败体系，加强源头防范，狠抓《党风廉政建设责任书》落实考核，狠抓工程建设领域突出问题专项治理，深入开展“小金库”专项治理，严格新厂建设中承包商资质管理、工程和物资采购管理、技术质量价格咨询管理、合同管理、造价定额管理、总经理办公会议事管理，新厂建设50多亿投资没有出现腐败问题，最大限度地维护了中国石油和庆阳石化的整体利益。工青妇团工作齐头并进，文体协会发挥优势，成功举办新厂投产庆典，向社会充分展示庆阳石化40多年来发展成果和“十一五”期间全体员工创造的辉煌业绩。

【公司荣誉】 2010年公司总经理张栋杰荣获“全国劳动模范”，公司涌现出“集团公司先进集体”、“集团公司劳动模范”、“中央企业先进基层党组织”、“甘肃省关心下一代工作先进集体”、“甘肃省十二运突出贡献单位奖”、“支援老区建设发展贡献单位”等一批国家级、省部级先进集体和先进个人。特别是在新厂建设开工中，全体干部员工和参战单位、人员充分发扬“5+2”、“白加黑”的项目建设精神，超常规、满负荷、快节奏、高效率推进新厂建设和开工。涌现出了“甘肃省五一劳动奖状及奖章”、“甘肃省工人先锋号”、“甘肃省五一巾帼奖集体及个人”、“甘肃省五四青年奖章集体及个人”、“甘肃省青年文明号”、“甘肃省青年突击队”、“甘肃省青年岗位能手”、“甘肃省优秀共青团员”、“中国石油天然气股份有限公司重点工程建设项目先进集体及个人”等近百个先进集体和个人。

（申　伟）

中国石油集团东北炼化工程有限公司

【概述】 中国石油集团东北炼化工程有限公司（以下简称公司）是以技术为先导，以设计为龙头，集科技研发、设计咨询、工程施工、项目管理、工程监理、设备制造、无损检测等多功能于一体，具有工程总承包综合能力的大型国际炼化工程公司。公司具有施工总承包特级和多个勘察设计、建设监理甲级资质。主要代表性工程有吉林“三大化”，大庆、吉化30万吨乙烯，惠州80万吨乙烯等多套乙烯装置。在设计监理队伍中，有8名设计专家享受国务院特殊津贴，1名被授予“中国工程监理大师”称号。

2010年，公司认真贯彻落实集团公司工作会议精神，坚持一体化发展方向，实施“六化”战略，以“建设学习型企业，培养专家型员工”为目标，精心组织，扎实工作，积极稳妥地推进公司业务重组，实现了队伍稳定和安全生产，总体经营业绩好于预期，各项工作创造了一系列新的亮点。公司实现主营收入57.74亿元，同比增加10.26亿元，增幅22%，消化减利因素8460万元，比预算减亏10409万元。截至2010年底，资产总额345763万元，比年初增长21%。

【企业管理与监督】 2010年，公司基础管理不断夯实，经营管理规范有序。全年新增制度24项，在用规章制度162项；完成“三重一大”决策流程的规范化工作，确认业务流程11项、风险52个，控制59个；建立公司机关档案室，完成公司机关成立3年来的各类文书档案1151件、财务档案84卷的归档工作。2010年，公司工程设计资质取得化工石化医药行业甲级资质，是公司成立以来取得的第一个工程设计行业甲级资质；制定完善《中石油东北炼化工程有限公司财务预算管理规定》等15项制度。

2010年，公司取得高级职称人员53人，中级职称198人；开展职业技能鉴定，新签定晋升高级工136人、中级工245人，新评聘技师52人、高级技师8人。全年新增技能专家工作室3个，形成覆盖公司主要操作服务工种的技能专家工作室网络。

围绕“建设学习型企业，培养专家型员工”这一目标，组织开展大学习、大培训、大练兵活动，举办公司首届职业技能竞赛，有42名员工参加钳工、起重工、电工和电焊工4个工种公司级决赛，4名员工荣获技术状元。

2010年，公司对原有的劳动组织、业务结构进行适当调整。组建工程造价中心、技术中心，调整审计中心编制，物资采购实行集中管理，成立国际分公司、吉林兴油电仪公司，将吉林化建所属吉林石化工程设计有限公司（江南设计院）管理权上移。

【装置检修与维护保运】 2010年，公司累计投入4566人次，完成东北、华北区域内9家炼化企业的29套生产装置停产检修任务，实现检修产值15460万元。至此，公司组建以来承担的停产检修企业达到14个、装置百余套，全部实现检修任务目标，受到各炼化企业好评。

在生产维护方面，抚顺工建分公司积极协调维护力量，快速反应，及时处理设备故障。全年共发生施工作业票54112张，较大抢修549次。特别是及时启动应急预案，圆满完成抚顺石化5·31东部生产厂大面积停电抢修，确保生产装置快速恢复生产，赢得生产企业的良好评价。

广西分公司一对一为广西石化公司提供维护保运服务，并多次处理险情，避免事故发生，为广西石化千万吨炼油装置一次开车成功作出了突出贡献。

【安全生产】 2010年，公司加强HSE体系建设，顺利通过北京中油诚信认证中心审核，并取得HSE管理体系认证证书。积极践行有感领导，公司领导带头参加安全承包联系点安全活动，带队对抚顺、天津、内蒙古、大庆、成都等施工项目群进行安全监督检查，累计30余次，有效地促进了公司安全环保工作深入开展。公司全年修订各类应急预案253个，组织实施各类应急预案演练305次，累计参加11000人次，提高了各级人员应急处置能力。

2010年，公司新注册安全工程师101人。开展安全监督检查，制定下发《“停止作业卡”使用及奖惩管理规定》，累计安全监督检查552次，发现问题847项。加强隐患治理，完成“吉林分公司搅拌站封闭”、“吉林分公司污水沉淀及排水系统改造”、“吉林亚新检测放射源储存库改造”、“抚顺工建分公司电气隐患治理”4个安全环保隐患治理项目，为安全生产提供了保障。

【工程建设】 截至2010年底，公司在建工程项目76项，合同额约121亿元，其中，国内约95亿元，国外约26亿元；集团公司内部约69亿元，集团公司外部约52亿元。项目分布在成都、抚顺、吉林、大庆等15个地区以及阿尔及利亚、乍得、卡塔尔等国家。

承建的抚顺石化240万吨/年焦化装置、吉化千万吨炼油扩建工程600万吨常减压装置、庆阳炼油搬迁改造工程柴油加氢及硫磺回收装置等已建成投产、一次开车成功。总承包的四川大乙烯4套装置、抚顺大乙烯3套装置和大唐18万吨合成氨30万吨尿素项目，投资、质量、进度、安全均达到业主要求，进展顺利，合同履约正常，无安全、质量事故。

在抚顺大乙烯10月份现场考评中，总包的3个项目分获第一名、第二名、第三名。承建的新疆独山子石化公司140万立方米原油商业储备库工程，荣获石油优质工程金奖；盘锦华锦集团聚乙烯装置、聚丙烯装置，葫芦岛锦华集团TDI装置分别获得2010年度化学工业优质工程奖。

为加强工程建设的现场管理，全年共组织检查9次，发现问题99项，全部进行落实整改。同时，建立了公司工程生产周调度会机制。

【科技创新与成果】 2010年，公司编制完成“十二五”海外一体化发展规划、“十二五”信息化建设专项规划和科技发展规划。公司参与的股份公司级“差压热耦合低能耗蒸馏新技术开发工业化试验”、“丙烯酸共沸精馏技术开发”、“20万吨/年乳聚丁苯橡胶成套技术开发”、“高效螺旋折流板换热器的研究开发”4个科技项目都取得了重要进展。参与的集团公司重大科技专项“炼化能量系统优化研究”，已经完成部分导则大纲和内容。集团公司科技管理部的重大专项“千万吨级炼厂成套技术开发”专项，由公司负责牵头的3个专题已经全部开展工作。

【精神文明建设】 2010年，公司召开第一次党代会，制定基层党支部工作制度7项；举办3期共144人参加的基层党支部书记培训班，发展党员80人。公司被评为辽宁省思想政治工作先进单位。2010年，赵林源、郑秋林被评为全国劳动模范，4人被评为集团公司劳动模范，4个基层单位被评为集团公司先进集体。

公司创办《炼化工程报》，2010年共出版28期。公司积极组织做好节日走访、慰问工作，共发放扶贫帮困资金423万元，确保每名贫困职工都能过一个温暖祥和的节日。

（金　鑫）

中国石油天然气股份有限公司炼化工程建设项目部

【概述】 中国石油天然气股份有限公司炼化工程建设项目部（以下简称炼化工程部）于2007年12月27日由股份公司批准成立，为股份公司直属单位，负责重点新建炼化工程的建设组织，并协助做好在建大型炼化项目的过程监督和管理工作。

【工程建设】

1. 前期项目顺利推进

（1）炼化工程部接受中国石油云南1000万吨/年炼油项目建设管理任务后，认真研究项目特点，总结炼化工程建设管理经验，克服各项困难，积极开展各项筹备工作。经过不懈努力，截至2010年底，云南炼油项目各项前期报批文件均取得了实质性进展，部分支持性文件已获得批复。

（2）炼化工程部加快推进浙江东海炼化一体化项目。截至2010年底，项目可行性研究报告已经编写完成，并受到合资各方的高度评价，成为中国石油炼化项目前期研究内容最深、最细的可行性研究报告，环境影响评价报告也已按时完成。

（3）炼化工程部积极有序推进江苏长江项目各项报批工作进程。编制完成了一系列合同管理体系文件以及12项文控专业管理体系文件，为实现对项目管理活动的有效监督与控制奠定了基础。

2. 援建项目高效执行

广西田东项目是中国石油履行社会责任，支援革命老区经济社会发展的具体体现。炼化工程部秉承“昔日老区点革命星火，今朝中油献一片真情”的责任感，发扬大庆精神、铁人精神，克服了现场高温多雨、资源有限、地域偏远、生活不便等诸多困难，在整个项目建设过程中，坚持“精心组织、科学统筹、强化管理、规范操作、倡导服务、合作共赢”的原则，践行中国石油“环保优先、安全第一、质量至上、以人为本”的QHSE理念，强化安全质量管理措施，通过开展“样板工程”、“安康杯”、“安全卫士”评比，营造良好的安全质量氛围，同时强化对监理、施工承包商的QHSE体系建设的要求，强化对执行的监督检查，建设期间做到了“零事故、零伤害、零污染”，连续实现2814528个安全工时；焊接质量一次合格率98%以上、单位工程合格率100%；通过费用分解、随时跟踪的举措，保障费用得到有效控制，实现概算不超并略有结余；通过专项计划管理及会战的形式，使项目建设进度得以顺利推进。2010年底，项目建成并达到中交条件，比集团公司的要求提前半年，比承包商的合同工期提前两个月完成。

3. 协管项目有序进行

根据炼油与化工分公司委托，炼化工程部积极参与大庆石化、抚顺石化、四川石化、广西石化等8个在建重点项目的协调管理工作，在炼油与化工分公司的指导下，积极协助各地区公司，力争将这些项目建设成为“质量零缺陷、安全零事故、国内先进”的大型炼化项目。

【QHSE 管理】 炼化工程部不断完善制度，健全机制，做好体系内审，全面完成 QHSE 管理体系认证工作。2010 年 6 月，炼化工程部全面启动 QHSE 管理体系建设工作，正式发布管理手册，梳理体系文件，修订程序文件、内控流程，明晰 QHSE 管理职责，全面建立起炼化工程部 QHSE 管理体系。2010 年 12 月 20—22 日，炼化工程部 QHSE 管理体系认证审核通过，炼化工程部获得 QHSE 体系认证证书。

炼化工程部始终将所承担项目的 HSE 工作放在首位。项目现场全面实施 HSE 管理体系，狠抓 HSE 培训和应急演练，编制实施《HSE 风险控制计划书》（CASE）和《作业安全分析（JSA）》，落实项目 HSE 管理强制性要求，严格规范危险作业许可管理，落实危险作业相应的安全措施。

培训工作处于 QHSE 管理的重要位置。炼化工程部以“全国安全生产应急知识竞赛”、“全国安全生产月活动”为载体，加大全员 HSE 管理知识培训力度，提高 QHSE 专业人员业务水平和突发安全事件应急能力。同时不断完善 HSE 装备，为各部门配备消防应急箱、医疗急救箱，为员工配备消防应急包等劳保用品。

2010 年，炼化工程部负责执行的项目和本部工作实现了零事故、零污染，质量安全环保工作全面达标。

【企业管理】（1）设计管理工作水平提升。炼化工程部全年以三维设计为切入点，多措并举，确保了设计管理工作水平的提升。针对项目承包单位三维设计专业应用水平偏低，对设计软件应用及建模技巧知识积累较少等特点，炼化工程部组织专家对设计单位开展三维模型设计技术培训，普及推广并审查三维模型设计技术，解决技术难题，对更新设计理念、创新设计手段，发挥了积极促进作用，并在田东项目试运初见成效。

（2）工程管理工作日趋完善。炼化工程部建设标准规范查询数据库系统。截至 2010 年底，已收集国内外、各行业标准规范有效版本 2220 份，实现查询标准规范化、便捷化，极大地提高了管理工作效率，在项目建设管理中取得了积极的效果。炼化工程部对广西田东、浙江东海炼化一体化等项目开展项目管理评审工作，及时发现项目管理中的盲点，明确岗位职责，形成全员参与、全面覆盖、有序改进的协作机制，促进项目规范执行和精细管理。

（3）物资采购工作逐步加强。在集团公司物资采购管理部的领导下，炼化工程部推进炼化项目的集中捆绑采购，顺利完成呼和浩特石化、庆阳石化和辽河石化项目的集中捆绑采购工作，降低了工程成本，充分体现出集约化、专业化采购的优势。

（4）内控体系全面完善。炼化工程部内控与风险管理工作实现内部控制体系完善、流程执行强化两方面并重。①对内控手册进行整体延伸扩展，重点对“三重一大”、信息管理、内控与风险管理、财务、国际事业等专项业务流程进行了梳理，共新增各类流程 55 个，修订 71 个，并相应新增制度 23 项，修订制度 19 项，使炼化工程部内控体系覆盖更全面。②推广、实施《内控流程岗位责任制》，普及内控管理基础知识，在炼化工程部内部建立起遵章守规、按流程办事的浓厚氛围，提高了各级管理者和执行者的责任意识及工作规范性。

（5）财务制度完善、管理规范。炼化工程部财务工作“六个制度，一本书”于 2010 年上半年正式发布执行，是财务管理制度的一项新创举；《炼化工程项目财务结算与竣工资产移交操作手册》正式运行，并在广西田东项目现场进行宣贯、培训；创新完成了有关项目转资财务管理制度，全面完成工程财务体系建设工作。

（6）信息系统逐步成型。为打造一体化、电子化的工作平台，切实提高工作效率，炼化工程部加大信息化系统建设开发力度，初步建成了安全可靠、集成统一、先进实用的项目信息平台 ProNET。该平台涵盖了实现项目过程动态管理的“项目管理系统（PMS）”，实现物资采购全过程管理的“物资管理系统（MMS）”，以及实现工程信息全生命周期管理的“文档管理和数字化工程系统（DMS）”。

（7）党建、思想政治工作与企业文化顺利开展。经集团公司批复同意，中共中国石油炼化工程建设项目部委员会、中共中国石油炼化工程建设项目部纪律检查委员会分别于 2010 年 3 月 12 日、4 月 28 日正式成立；一届一次工会会员代表大会暨中共中国石油炼化工程建设项目部委员会第一次全体党员大会于 4 月 19 日顺利召开。在炼化工程部党委领导下，各党群机构成功组建，有效推动了炼化工程部党务工作、党风廉政建设、职工工会建设、精神文明建设和企业文化建设等各项党群工作的开展。

（刘　佳）

中国石油天然气股份有限公司东北化工销售分公司

【概述】 中国石油天然气股份有限公司东北化工销售分公司（以下简称公司）始建于2006年6月，是按照集团公司战略部署，围绕做大做好做专化工销售的目标，建立起的具有集约化优势的区域性销售公司，下设7家分公司、17个职能处室，员工总数440人。2010年，公司围绕建设国内一流化工销售企业的奋斗目标，大力实施资源、市场、国际化战略，以营销竞赛活动为载体，全面推进销售、调运、管理各项工作，主要经营指标稳定增长。

【发展思路】 公司成立以来，从自身发展定位和肩负使命出发，坚持科学发展观，形成了一套战略发展思路：坚持发展为第一要务，明确转变发展的方式和提高发展质量的思路与措施；坚持安全为第一要求，把安全作为企业的“天字号”工程，任何时候都不放松；坚持创新为力量之源，持续推动管理创新、机制创新，建立严密科学的制度体系；坚持和谐为兴企之本，强化外部协作共建，加强内部融合共展，积极营造全面和谐的良好氛围；坚持党建为重要保证，贯彻落实党的各项方针政策，保证公司改革发展的正确方向；坚持文化为发展动力，继承弘扬大庆精神铁人精神，建设符合现代石油企业特征、化工销售特点的企业文化。

【主要经营指标】 2010年，实现化工产品销量368.2万吨，实现销售收入237.6亿元，完成化工产品调运量649.3万吨，产品直销率75.4%，购销率100%，产品价格到位率100.55%，固定资产4.6亿元，安全、环保事故为零。

【市场营销】（1）坚持稳步推进战略合作，以加强合作、共同发展为基础，积极推动联手、联合、联盟。进一步推进合同化销售，与近800家企业签订购销合作协议，合同化用户同比增加14%；进一步加强产销互动与合作，研究优化生产方案，增产增销高附加值产品，与生产企业积极配合，顺利完成东北地区“三苯”产品统销工作；进一步加强企地共建，直接参与地方招商引资，与东北三省八市签订战略合作协议，激活了地方产业链的快速发展。

（2）坚持加快整合资源，集中优势，推动东北市场布局与发展。与公司成立时相比较，2010年统销商品量增长55%，东北地区销量增长31.8%，鲅鱼圈海运中转基地、自备车购置项目投资如期落地，中国石油化工销售首家海运中转基地、企业自备车按时建成投用。

（3）坚持以市场开发为抓手，调整销售结构和优化市场布局。实施集成销售与公关，加强一站式服务，开展产品推介和技术开发，挖掘现有市场，拼抢新兴市场，占领空白市场，拓展国际市场，开发高端新产品市场；实施辽西战略，蒙东市场开拓取得历史性突破，高效市场占有率、直销率稳步提升，东北市场产品销量265万吨，产品直销量279万吨。

（4）坚持抓好服务。在加强技术服务、差别化服务和做好新产品研发上求实效；拓展销售渠道，推进差别化服务，积极开展公司领导联系服务战略用户、业务部门联系服务重点用户、销售业务员联系服务直供用户的“三联服务”活动；密切关注炼化企业新建扩建装置进展情况，提前做好新产品市场开发、用户储备和产品预销工作；在市场信息反馈与服务上，推动差别化高附加值新产品规模化产销条件，加快聚丙烯汽车料、三元共聚膜料等专用料研发速度。

【物流调运】 积极推进物流体系建设，鲅鱼圈海运中转基地高质量通过验收、全面投入使用；动态优化调整公司自备车，不断提升效率；在化工销售系统中率先建立起“设施完善、功能齐全、渠道多样、运转高效”的仓储物流配送体系；加强与铁路部门、中国石油运输公司和中海集运协调配合，采用冰保车、装箱班列和陆海联运循环车组等运输渠道；加强仓储、发运过程精细化管控与监督，降低成本，减少商务。全年完成海运中转基地化工品转运量90.6万吨，自备车使用率由2009年初的46%提升至2010年末的54%，运输公路铁路海运比例为17.2 ∶ 40.4 ∶ 42.4，产品调运计划完成率100%，发生商务量770吨，同比下降69%。

【基础建设】 不断强化基础建设，积极落实集团公司基础管理建设工程各项部署，按照“过程标准化、衔接无缝化、责任定量化、管理制度化”的要求，全面规范制度、流程、职责管理，抓好管理流程优化和再造。开展为期4个月的规章制度培训。以营销竞赛为平台，扭住关键经营管理指标，推行精细化管理，在化工销售系统营销竞赛排名位居前列。推行招标采购管理，实现了降本增效。

【安全环保】 坚持HSE体系动态推进，强化“有感领导、直线责任、属地管理”；严格执行领导干部安全联系点机制，推进HSE体系建设，修订完善体系文件，深化内部审核，强化安全教育，积极组织开展“安全经验分享”活动。认真落实《反违章禁令》和HSE管理原则，突出重点领域、要害部位、关键环节、特殊时段的安全环保管理；建立销售、调运、管理共同监管机制，实行承运商合同化管控，严格危险化学品承运单位、运输车辆和下游用户的资质检查；加大风险识别与排查力度；加强应急管理与演练，坚持不懈做好储运安全效能监察工作。全年开展综合性安全检查6次，查出整改各类问题、隐患34项。

【队伍建设】 公司坚持德才兼备的用人原则，通过推荐选拔和公开竞聘，配齐辽西、抚顺分公司领导班子，提拔处级干部5人；做好干部交流工作，促进机关与分公司干部的交流，2010年交流科级及以上干部5人；着眼于干部培养，为公司后备干部组织进行《管理心理学与领导力》专题培训；着眼于员工素质提高，制订并下发2010年培训计划，共组织培训3727人次，外出培训39人次；组织员工持证上岗考试，共有388人次参加考试；加强人员调配，调整员工队伍结构，弥补专业人员缺口，共有5人采用借聘方式内部流动，借用地区石化公司专家4人，接收大学生2人。

（王晓东）

中国石油天然气股份有限公司西北化工销售分公司

【概述】 中国石油天然气股份有限公司西北化工销售分公司（以下简称公司）于2006年6月由西北地区5家化工销售和运输企业重组整合而成，主要负责兰州石化、乌鲁木齐石化、独山子石化、宁夏石化、塔里木石化、庆阳石化、四川石化生产的化工产品在西北地区的销售业务（其中尿素、丁腈橡胶、液体化工产品在全国销售），以及向华北、华东、华南、西南等地区化工销售公司调运化工产品。2010年，公司化工产品总销量331.54万吨，其中区内销量240.3万吨；完成产品调运量610.7万吨，同比增加22.4%，创历史最高水平，其中调运区外公司产品270.8万吨，同比增加96.8万吨。全年化工产品购销率93.96%，价格到位率100.84%；实现营业收入121.92亿元，同比增加28.1亿元；实现利润8786.88万元，为预算指标的135.18%；五项费用2247万元，比预算节约53万元；吨化工产品营销成本58.6元，完成年度考核指标。

【企业管理】 2010年，公司按照“精益求精、提升能力、科学发展”的经营管理主题，持续推进组织结构、业务流程优化，加强财务全面预算管理，完善内控体系，管理信息化再上新水平。一是按照“纵向负责，横向服务”的思路，强化内部监督和服务体系，建立公司领导与员工、处室和分公司以及各单位之间的定期沟通机制，各单位之间主动配合与相互服务的能力得到加强。二是以内控体系建设为抓手，继续对基本业务、重要业务涉及的58项控制程序进行梳理优化，强化了对销售、储运、定价、财务等业务的有效约束。三是充分发挥财务工作在企业经营管理中的核心作用，加强资金管理、全面预算管理，严考核硬兑现，积极开展勤俭节约、挖潜增效主题实践活动，全年各项费用总计2.97亿元，控制在预算指标之内。四是大力推行管理精细化、信息化建设，企业管控能力持续提升。推进“看板管理”，使各项工作始终处于受控。实行“旬计划”管理，突出销售均衡性。建立库存预警机制，加强库存盈亏评价，形成计划、价格、运输、销售的快速反应机制。按照“审计评估”发展模式，持续开展内部审计，全年共实施9项审计，发现问题37个，提出28条整改建议。坚持

"三重一大"决策制度，对重大经营活动和关键事项实行集体决策，严格执行每天价格委员会和每月经济活动分析会制度，实现决策层、管理层与业务执行层的零障碍沟通，确保各项业务规范、高效运行。进一步提高 ERP 信息系统运行效率，整合各类管理资源，实现经营管理模式和业务流程的优化改善。改造完成视频会议系统，提高了经营决策指令和信息收集反馈的执行效率。五是加强制度建设和企业文化建设，积极推进民主管理。主动适应企业内外部经营环境的变化，立足企业经营现状、重组整合、业务扩展以及未来发展的需要，按照固化管理理念、强化风险控制、明晰管理职责、优化管理流程的工作要求，修订完善并形成 11 大类、189 项规章制度。坚持文化引领发展模式，完成《企业文化手册》第二次修订。完善总经理信息员队伍，定期召开领导沟通会，引导和鼓励员工参与企业管理。

【市场营销】 充分发挥整合优势，强化营销能力建设，提高公司营销质量，增强营销实力。一是优化前沿市场布局，积极推进自身营销网络建设，整合成立 13 个销售部和 3 个代表处。二是区内市场占有率进一步提高。2010 年，在尿素资源比计划减量 48.5 万吨的情况下，区内销售量达到 240.3 万吨。特别是合成树脂产品在同国内外厂商竞争中取得较大突破，实现销量 43.42 万吨，同比增加 10.22 万吨，区内市场占有率由 89.5% 上升到 92%。三是直销率不断提高。通过构建大客户长期合作战略机制，加大产品后加工应用技术服务力度，加强资源保障、质量跟踪、投诉处理、信息反馈管理，2010 年产品直销率达到 71%。四是价格到位率继续保持高水平。加强市场预判和及时反应，充分发挥资源、信息、运输、销售一体化运作和系统联动优势，优化量价的合理配比，采取挂翻牌、"一单一谈"和"一票到岸制"等模式，分品种、分市场积极、稳妥、适度推价，公司价格到位率保持在 100% 以上。五是新产品开发成效显著。根据市场需求，积极协助和配合生产、科研单位开展新产品开发，产品结构不断优化，产品系列化程度和专用料、高端产品比例进一步提高。其中，合成橡胶以丁腈胶系列化为方向，开发 NBR 2906 和 3304 等 5 种新牌号产品，并快速推向市场，全年共销售丁腈橡胶 5.16 万吨，产销率达到 100.2%，实现销售收入 9.95 亿元，产品销量同比增加 2.65 万吨；销售 SODm 尿素新产品 16 万吨，同比增加 13.5 万吨，增幅 509%。热收缩膜聚乙烯专用树脂 1810D 工业开发与应用科研项目获集团公司 2010 年科技进步二等奖。六是西北地区化工产业链延伸和地企资源合作迎来新机遇。2010 年，先后与新疆乌鲁木齐、昌吉、塔城等 7 个地州（市）政府签订 16 种化工产品的资源供应协议，积极培育和扩大区内市场需求，地企合作的前景更为广阔。全年向新疆"奎屯 – 独山子工业园"供应苯乙烯、聚乙烯、聚苯乙烯等产品 5.2 万吨。

【仓储运输】 围绕重点项目开展保运促销，加强运输资源的整合与优化，公司产品调运实力创出新水平。一是持续整合优化运输资源和运输手段，灵活调整资源流向，2010 年产品调运计划下达率、完成率达 99%。继续加大与铁路局、地方经委的运输协调，夯实兰州、乌鲁木齐铁路局大客户资质，2010 年厂内专线敞、盖车日均 180 台，比 2006 年提高 57%。针对独山子百万吨乙烯产品运输，加强"直达专列"和"五定单向班列"车辆保障，截至 2010 年底，独山子大乙烯产品发运累计开行专列和五定班列 567 列，日均 1.7 列，发运产品 156.5 万吨。采用行包发运独山子 SBS 弹性体，解决了产品亏吨严重、运费净增等问题，同时将置换出的棚车发运两聚产品 3036 车，在不增加棚车供给的情况下有效提高了铁路运量。二是公路配送、仓储管理日趋高效规范，储运成本的控制能力显著增强。全面推进兰州、宁夏和塔里木石化尿素产品的公路配送业务并向中油运输公司顺利移交，通过承运单位招标，规范管理，优化到站分布，提高配送效率，全年累计节约运输成本 271 万元。加强库房损耗管理、标准化库房达标创建和库房布局的调整优化，产品中转和异地仓储能力稳步提升，仓储物流费用下降显著。优化库房布局，通过库房清退调整，库房总数从 125 个下降到 95 个，并创建达标库房 75 个，达标率 79%。通过协调兰州石化提前 4 个月投用大乙烯新库房，洽谈降低广东赤兔库租赁费等措施，2010 年累计节约仓储费用 161 万元。三是根据业务发展积极协调组织自备车采购，优化自备车运营效率。完成乌鲁木齐百万吨 PX 运输所需 500 辆自备罐车的采购招标工作。截至 2010 年底，公司购置的 640 辆铁路自备罐车累计运行 2162 车次，发运液体 13.3 万吨，租费收入 1352.27 万元。自备车检修通过选择最优车辆检修周期和地点，全年节约费用 150 万元。

【保运促销】 2010 年，圆满完成塔里木石化 80 万吨 / 年大颗粒尿素和庆阳石化 10 万吨 / 年聚丙烯装置投产后的保运促销任务，并为乌鲁木齐石化百万吨 PX 的销售运输积极做好准备工作。一是针对塔里木石化 80 万吨 / 年大颗粒尿素，克服南疆需求小，大部分产品需要外运，以及南疆铁路运力紧张，车辆过山能力不足等困难，开通直达专列运输模式，商谈租赁机车解决过山能力不足问题；提前布局销售流向，加强周边市场开拓力度，最大限度实现就地销售。2010年，共销售塔里木石化大颗粒尿素16.77万吨。二是针对庆阳石化10万吨/年聚丙烯装置投产后，丙烯等临时性产品数量多、厂区无铁路专线等困难，在加强汽车运力保障的同时，成功打通平凉南站铁路分流发运庆阳聚丙烯流程，2010年共完成庆阳石化丙烯、聚丙烯销售量4287.9吨和262.6吨。三是在乌鲁木齐石化百万吨PX装置投产之前，就先后4次派出调研组，提前开展与客户、仓储单位、铁路部门和生产企业的对接与协调，落实客户需求意向、储罐租赁、车辆采购、接卸设施改造和储运杂费中转协调等销售储运准备工作。

（柳小龙）

中国石油天然气股份有限公司华北化工销售分公司

【概述】 中国石油天然气股份有限公司华北化工销售分公司（以下简称公司）组建于2006年2月，主要负责股份公司所属炼化企业生产的合成树脂、合成纤维、液体化工和合成橡胶四大类石油化工产品在华北区域的统一销售业务，销售网络覆盖北京、天津、河北、河南、山东、山西、湖北、内蒙古六省（区）两市。截至2010年底，公司机关设置13个处室、下辖4个分公司、2个代表处、4个销售部、员工总数198人。

2010年，顺利完成全年各项KPI指标，产品销量及利润创历史新高，销售业绩在炼化板块举行的销售大区劳动竞赛中名列前茅。

【主要经营指标】 2010年，公司完成产品销量153.61万吨，购销率101.36%，同比上升3.51个百分点；实现销售收入153.34亿元，净利润1.24亿元，吨产品利润80.5元/吨；四项费用比预算减少9万元。

“十一五”期间，公司产品销量从2005年的59万吨增长到2010年的153万吨，增长159%；销售收入从2005年的58亿元增长到2010年的153亿元，增长163%；仓储布局进一步合理，仓储库由2005年的14个增长到2010年的23个，增长64%；组织机构进一步健全，员工总数由2005年的138人增至2010年的198人，其中销售业务人员增加59.57%。

【市场营销】 随着独山子石化、大港石化、中石化天联等炼化装置项目相继开工和顺利投产，产品大量投入市场，给化工市场带来产品增量的巨大挑战。面对严峻的市场形势，公司积极挖掘老用户的潜力，维系原有客户渠道；确保大型直供生产企业资源的稳定供给，提高下游直供厂购货的积极性；定期走访市场，不断拓展新的销售渠道，通过多种措施开发下游直供企业；坚持动态跟踪市场信息，适时抓住市场机遇及时上推价格，做好量价配合。

以炼化板块开展“保销量、降库存、控费用、增效益”劳动竞赛活动为契机，层层分解落实五项竞赛指标，每周对完成进度情况进行讲评，分析问题、落实营销策略。加强计划执行监督力度，通过分析客户计划执行情况，进一步细化对客户计划执行情况的考核，挖掘潜在市场，客户计划执行率稳步提高。注重与同行业其他企业的比价，正确处理比价工作与客户的关系、比价与战略措施间的协同关系，注重做好与其他销售单位的比价工作，不断提高比价工作的时效性，有效稳定市场价格，确保公司效益目标实现。

继2009年签订五家聚乙烯管材料战略合作伙伴后，2010年又签订一家聚丙烯和两家橡胶的战略合作伙伴，全年战略合作伙伴用户产品销售量比2009年增加51%。

【产品推广与技术服务】 全年与地区公司及石油化工研究院合作8个新产品开发项目，组织召开6次阶段性专题技术总结交流会议；顺利接转与辽阳石化合作的“高速挤出氯化聚乙烯专用HDPE树脂的研制开发及市场推广”项目，并完成两次批量试应用工作，使老项目取得新进展。

2010年推广13个新牌号的产品。其中低压聚乙烯4个牌号产品，分别为独山子石化新装置生产的

PE100管材产品TUB121N3000、高强度聚乙烯双峰薄膜产品J50-08、高流动性薄壁注塑产品DMDA8920和复合丝专用料8920S。线性聚乙烯1个牌号，即大庆石化的茂金属产品HPR18H20DX。聚丙烯6个牌号，分别是独山子石化的高流动性抗冲共聚丙烯产品K9928、BOPP专用料F1002B，大连石化的纤维料H39S-2产品，锦西石化新开聚丙烯装置生产的扁丝产品1102K和1102L，大港石化10万吨/年的新开聚丙烯装置生产的T30S产品。合成橡胶3个牌号，即制鞋专用SBS产品T171、线性沥青改性专用料T6302、溶聚丁苯橡胶RC2557。

根据华北市场需求，对客户开展个性化技术服务工作。积极跟踪市场使用情况，先后18次到现场进行技术指导，并提出改进建议，把相关信息及时反馈到化工板块及独山子石化公司和大港石化公司。加强市场调研及走访，及时发现市场需求，合理开发有针对性的新产品。以书面形式完成地区公司信息反馈30份，接待及参加各种信息交流22次，为用户提供ROSE检测报告、REACH物质证明、食品卫生检测报告及MSDS报告等100多次，函审中国石油企业标准12个。

【仓储物流体系建设】 根据销售业务发展需要，公司对仓储库的布局进行合理调整。新增天津化轻和湖北宜昌2个仓库，取消原有库房1处；增加黄村、武汉和德州仓库承租面积，有效提高仓储库容量。开展自有库房建设的前期准备工作，对天津和武汉两地的物流仓储设施建设进行深入的市场调研，为后期建设工作做好铺垫。将现有库房管理权下放到分公司，根据所辖地域将前沿仓储库划分给4个分公司，理顺了管理关系；建立健全前沿仓储库管理制度，定期召开仓储库管理交流会，推广服务承诺卡，规范服务流程和沟通的渠道。对分公司库房管理进行严格考核，加强仓储库抽检，确保公司仓储货物的安全。

加强物流体系建设，优化运输结构，降低汽运比例。在铁路运输紧张、必须启动汽车运输的时候，尽量协调保证产品在时间、空间上合理分布。为保证对战略合作伙伴的产品供应，新增从大庆炼化到武汉金牛管业公司的海运集装箱“门到门”运输方式，在铁路运输受限时启用；加大从大庆、吉林到龙口和威海仓库的海运集装箱运输。强化计划执行，加强对铁路货物到站的均衡安排，确保新开工的独山子大乙烯产品顺利运输。全年汽运量降低4.59%。

【销售团队建设】 持续推进销售代表工作是2010年工作的重中之重。销售代表制在实战中不断得到锻炼，体制逐渐成熟。通过深入市场调研，各分公司根据区域特点分别制定营销策略，先后开发出信一包装、内蒙古亚通、山东华业无纺布、临沂佳润塑胶、威海都程等数十家销售代表，还储备了北京远大、埃罗西（天津）电子、始丰塑胶、英利伟塑业有限公司、晶鑫无纺布厂等潜在销售代表用户，培育了新的效益增长点。

2010年，新上马天津大港石化聚丙烯、独山子石化K8003、5502和N3000等新产品项目，各分公司采取“典型厂家试用、集中快速推广”的开发策略，加强售前、售中和售后服务，采取超前准备、周密安排、严抓落实、密切跟踪的策略，取得了良好成效。4个分公司全年完成销售代表销量22.75万吨，同比增长42%；固定销量完成14.15万吨，同比增长8%。销售代表用户的销售品种由原来的以通用料为主，发展到以专用料为主，专用料占产品总销量的比例从2009年的57%提高到68%，增加11个百分点。

【基础管理】 一是通过内部控制管理强化基础管理，完善制度建设。建立健全三重一大决策与监督流程，夯实文档管理、住房管理、保密管理、信息管理制度，结合内部控体系建设规范日常工作内容，做到根据流程决策、执行和监督，重大事项、大额资金使用、重要人事任免均由集体决策，杜绝个人越权和舞弊行为。加强人事管理“三控一规范”，严格薪酬管理，积极推进人力资源管理ERP系统的建设、使用和维护。保持公司政令、信息传递畅通，决策执行有力，保障了公司高效规范运转。

二是借力预算管理，严格执行资金集中统一规范管理，强化过程控制。深化预算管理，对经营所需的批复预算外事项，及时与上级主管部门沟通，努力保障经营需求；按月进行预算执行情况通报，积极推动资金支出与预算项目、预算指标挂钩，抓好源头控制，强化过程控制，严格进行考核，确保预算执行到位。严格遵循资金集中统一管理，加强票据管理，有效保障资金安全。公司全年累计资金收支300余亿元无差错。

三是严格按照上级要求，进一步修订完善内部控制管理制度与流程。梳理现行规章制度72个，新制定公司管理规章制度15个。各分公司根据实际工作，制定内部业务流程42个。公司正在运行的业务流程总计87个，基本覆盖公司各方面经营管理工作。8月顺利通过股份公司外部评价测试。

【党建与队伍建设】 根据《中国石油天然气集团公司建立健全惩治和预防腐败体系2008—2012年实施计

划》的要求，结合销售行业特点，出台公司《惩治和预防腐败体系 2008—2010 年推进计划》。认真抓好中央下发的《国有企业领导人员廉洁从业若干规定》等 4 个反腐倡廉文件的贯彻和落实，加强党性党风党纪教育，有针对性地开展示范教育、警示教育、岗位廉政教育，组织广大党员干部认真学习贯彻集团公司纪检监察会议精神，观看警示教育片，局处两级人员开展廉洁从业答题活动，班子成员签订《股份公司高级管理人员职业道德规范确认书》，不断提高党员干部廉洁从业的自觉性。

在开展“创建优秀团队、打造优秀员工”活动的基础上，融入“培养优秀中层干部”的内容，大力提升全体员工的大局意识和工作责任感。结合“创先争优”活动，以“深入学习实践科学发展观，推进综合性国际能源公司建设”为主题，以“奉献石油当先锋、我为党旗添光彩”为名载体，全力打造作风好、本领强、过得硬、富于合作的团队，全员战斗力、凝聚力明显提升。在炼化板块开展的劳动竞赛活动中，获得大区公司销售业绩第一名。

（李　娟）

中国石油天然气股份有限公司华东化工销售分公司

【概述】 中国石油天然气股份有限公司华东化工销售分公司（简称公司）成立于 2005 年 12 月 2 日，是按照中国石油化工统销战略部署，在始建于 2000 年 7 月 12 日的原中国石油天然气股份有限公司化工与销售华东分公司基础上整合而来。公司作为中国石油天然气股份有限公司所属地区公司，主要负责中国石油所属企业生产的石油化工产品在华东区域的统一销售业务，负责中国石油在上海的石化专业要素市场的建设与管理。公司总部位于上海市浦东新区。

截至 2010 年底，公司主要经销合成树脂、合成橡胶、合成纤维和部分有机原料四大类共数十个品种、上百个牌号的化工产品，销售区域覆盖上海、江苏、浙江、安徽、江西四省一市。公司还开展了化工产品贸易、物流、石化要素市场管理与商务服务等业务。

公司目前下设 6 个业务处、7 个职能处、3 个直属单位及上海中油石油交易中心有限公司，在上海、南京、杭州、宁波、合肥、南昌设有 6 个销售分公司及余姚、上海 2 个仓储分公司。公司目前员工总数为 276 人，其中，95% 的员工具有大专以上学历，49% 的员工具有中高级职称，党员比例 53%，员工整体知识层次较高，年轻化、专业化特征比较突出。

【主要生产经营指标】 2010 年，公司主营业务发展取得新突破，实现销售量 218.43 万吨、销售收入 220.42 亿元、净利润 1.8 亿元，创历史新高；实现购销率 100.3%、直销率 57.3%、吨商品现金营运费用（不含运杂费）50.03 元，比预算减少 2.74 元，均好于预算指标，在炼化板块营销劳动竞赛中综合运营指标名列前茅。在炼化板块考核与中石化华东公司对标比价的 12 个品种中，有 7 个品种全年销售均价处于领先，取得较好成绩。全年扩销实现销量 8 万吨、净利润 1547 万元，继续保持连年盈利，“十一五”扩销累计实现销量 36 万吨、净利润 3569 万元，未发生任何风险。公司所属上海中油石油交易中心拥有会员 210 家，年市场交易额近 600 亿元，2010 年交易中心实现净利润 247 万元。公司继续保持应收账款为零、货物报损为零、安全环保事故为零、合同诉讼纠纷为零。

【市场营销】（1）拓展终端市场，推进战略合作。

2010 年，公司认真落实市场战略，巩固发展成熟市场，拓展江浙沪高端高效市场，抢占安徽、江西新兴潜在市场，通过强化技术服务保障终端市场开发与维护，通过推进战略合作巩固扩大市场份额，坚持为终端用户提供优质的系统化配套服务，为战略客户提供精细优质的差别化服务。

截至 2010 年底，公司有合作客户 1286 家，比 2005 年增长 3 倍；年合作量千吨以上终端用户 138 家，比 2005 年增长 6 倍；年合作量万吨以上终端用户 27 家，比 2005 年增长 8 倍；138 家大中型终端用户年采购量占总销量的 48%。五年来，在上游乙烯产能增长 1 倍、公司销量翻番情况下，直销率达到 58%，大幅提升，大中型终端用户成为销售主渠道。

（2）强化对标管理，加强精确销售。

一是认真落实股份公司以对标管理推进精细化管理的要求，主动加强与中国石化和兄弟企业的定期沟通，从主要经营指标和竞争力分析入手，加强对标管理与优化运行。二是积极开展营销劳动竞赛，将购销率、比价成绩作为竞赛指标并扩大比价品种，将任务落实到每名业务员。三是牢固树立精确销售理念，健全“日跟踪、周通报、月讲评”的经营分析制度。建立市场论坛，应用价格预测模型辅助分析，提高准确研判大势的能力。

（3）注重产销衔接，逐鹿高端市场。

公司加强新产品市场开发，主动服务上游炼化业务布局和结构战略性调整，积极促进上下游产销衔接与技术交流，努力争取科研项目，联合或配合上游成功开发了一系列专用料。2010 年，与兰州石化合作开发的聚乙烯瓶盖料 L5102、L5202 销量连续 3 年达到 2 万吨，华东市场占有率 26%，销售均价好于通用料 200 元 / 吨。在中东电缆料冲击国内市场情况下，与兰州石化合作在原 2210H 基础上改进推出新电缆料 2240H，全年合计销售电缆料 6671 吨，其中销售 2240H 共 4065 吨，销售均价高于通用料 250 元 / 吨，稳定了市场份额。吉林石化、独山子石化 PE100 实现销售 3.5 万吨，华东市场份额 13%；大庆炼化 PA-14D 实现销售 2 万吨，华东市场份额 35%，尤其是 PA-14D 打破了进口料垄断华东市场的局面，销售均价比通用料高 1 千元 / 吨。

除上述产品外，抚顺石化复合丝专用料 2911FS 年销量达到 2.7 万吨，与国内最大的卫生材料生产商江南高纤达成今后每年 5 万吨的合作协议；大庆石化娃哈哈异型瓶专用料 5500B 年销量超过 1.4 万吨，售价比通用料高 300 元 / 吨；独山子石化大中空专用料 5420 实现销售 2.2 万吨，华东市场份额 29%；独山子石化专用料 K8003 打入世界第三大包装企业威康特，年销量超过 9 万吨，华东市场份额 14%，同比增长 10 个百分点；与抚顺石化合作开发的聚丙烯瓶盖专用料 EP6306 在娃哈哈集团上线测试，初步通过加工试验，加工性能达到或接近巴塞尔公司同类产品水平，填补了中国石油聚丙烯瓶盖专用料的空白；独山子石化洗衣机专用料 K9928 实现规模化生产，填补了中国石油空白；与全球最大白色家电制造商惠而浦实现合作，2010 年，K9928 实现销售 1.6 万吨。

截至 2010 年底，公司经营专用料 60 个牌号，“十一五”期间与上游合作开发专用料 18 个，其中塑料 16 个、橡胶 1 个、化纤 1 个。2010 年，专用料销量为 43.8 万吨，占合成树脂销量的 33%，专用料品种、销量、销售比例不断提高，高端市场份额持续扩大，替代了部分进口产品，为上下游企业实现了可观的经济效益。

2010 年，全年销售吉林石化、兰州石化环保型橡胶 3.9 万吨，比 2009 年增长 45%。

积极开发己二酸市场应用新领域，成功进入国内锂电池制造企业新宙邦，实现稳定合作，年销量近 3000 吨。

线性聚乙烯成功打入国内最大的人造草坪制造商淮安耐美和国内最大的包装用缠绕膜生产商华通联合，老品种有了新市场，老产品有了新应用。

（4）推进重组整合，完善基础设施。

公司在前期重组基础上，着力构建以化工统销业务为主，扩销、出口贸易为辅，信息、物流、交易要素市场管理与商务服务相配套的业务体系，努力实现协调发展。

2009 年底，余姚仓库改扩建工程竣工并通过验收，库容 1.5 万平方米，年货物吞吐量 24 万吨，连续两年对外经营保持盈利。2010 年，公司着手开展上海仓库收购，目前进展顺利，进一步推动了物流业务快速发展。

上海中油石油交易中心主动争取浦东财政优惠政策，加强招商引资，积极开展化工贸易，保持了平稳较快发展。成为华东规模和影响力最大的石化要素市场之一。“十一五”期间，交易中心市场交易总额 3023 亿元，会员纳税总额 11.33 亿元。

2010 年，出口业务稳定发展，出口己二酸 1846 吨，创汇 419 万美元。

公司信息化工作，以 ERP 为核心、覆盖各项工作的集中统一信息系统平台基本形成，服务水平不断提高。

（5）优化营销网络，加强规范管理。

积极推进营销网络建设与优化，扩大分公司业务范围和经营品种。

2010 年，分公司经营合成树脂、合成纤维、合成橡胶 3 大类 16 个品种，占统销品种数的 76%；分公司对外加价销售，全年实现销量 35 万吨，比 2006 年增长 1 倍；实现净利润 517 万元，比 2006 年增长 4.2 倍；总体直销率 78%；全部 6 家分公司均有专用料特色品种，专用料年销量 9.9 万吨，占分公司合成树脂总销量的 33%。

（李文娟）

中国石油天然气股份有限公司华南化工销售分公司

【概述】 中国石油天然气股份有限公司华南化工销售分公司（以下简称公司）成立于2004年5月18日，按照中国石油化工产品实施集中统一销售的战略方针，公司负责中国石油所属企业化工产品在华南区域的销售业务，销售市场覆盖广东、福建、广西、海南4省（区）。

【经营指标】 2010年，公司累计销售化工产品118.04万吨，实现销售收入116亿元，购销率101.65%，直销率48.19%；实现账面利润1.07亿元，完成考核利润指标的137.2%。

【营销工作】 2010年，公司坚持以市场为导向，以效益为中心，紧盯市场需求及社会库存变化，适时调整营销策略，保持购销基本平衡。同时，努力把握市场反弹的有利时机，快速领先推涨价格，控制销售节奏，把握好量价配合，最大限度地将销售环节的效益拿到手，为集团公司弥补“销售短板”作出了贡献。

为确保广西石化芳烃产品顺利运抵华南前沿市场，并快速实现销售，6—9月份，公司适时、适量地开展芳烃产品预销售工作。外采的5000吨甲苯、3000吨二甲苯均顺利运抵东莞罐区，全程运输损耗仅为1.4‰，且全部实现销售。期间，共开发芳烃产品客户40余家。通过有效开展预销售工作，公司芳烃产品的销售、运输、接卸、保险、仓储、易制毒备案、商检、盘点和结算等各个环节全部打通，为此后芳烃产品销售工作的顺利开展，积累了经验，锻炼了队伍。

按照集团公司年初提出的“搞好新产品开发，加大新产品推介力度”的要求，公司在做好新产品市场需求信息收集、研究和反馈工作的同时，着力推进中国石油新产品在华南区域的试用和市场开拓工作：强调在新产品到达前沿市场的1个月内，市场开拓工作必须取得实效，并形成正式的新产品市场开发报告，呈报炼化分公司相关领导，同时反馈至炼化分公司营销处及相关炼化生产企业，以切实做到快速反应。截至12月底，7042H、HD5502XA、K9928、J901G等牌号的新产品已完成试用工作，并实现常规销售。全年，公司共销售新产品20.49万吨，新产品销售已成为公司新的利润增长点。

公司十分重视强化价格对标管理，并将其作为一项重点内容纳入公司月度经济活动分析。着重针对重点牌号产品进行深入对标分析，督促营销单位、部门和人员进一步增强竞争意识、效益意识，不断总结经验，查找不足。在年度6个销售大区价格对比中，公司5000S、EPS30R和1712三个牌号产品销售价格排名第一，展示了公司较高的营销水平。

【产品调运】 调运工作是公司全新的业务领域，也是公司2010年的重点工作之一。公司从扎实做好前期准备、加强现场组织与协调、密切关注广西石化生产装置运行、有效应对突发状况等多方面入手，突出抓好产品调运工作，确保广西石化生产装置投产后产品顺利投放市场。8月下旬，公司成立华南公司广西石化化工产品调运工作现场领导小组，靠前指挥，确保调运工作高点起步，平稳运行。在现场领导小组的带领下，公司克服重重困难，顺利实现广西石化固体、液体化工产品的首车、首列和首船发运，这标志着广西石化化工产品陆、海运输流程已全面打通。截至2010年底，公司已成功开通广州、厦门、昆明等10个到站的火车发运和汕头、广州、佛山等6个到港的海运航线，累计发运广西石化液体化工产品43921吨、固体化工产品36299吨。

【基础管理建设】 2010年，基础管理建设工程全面启动，并取得了阶段性成果。规章制度建设方面，在过去制度体系已初步建立的基础上，以公司机构规格升级为契机，在全公司范围内，利用100天时间，集中开展“五加二，白加黑，学铁人，见行动”规章制度建设工作。经过认真起草，公司领导班子集体研究，建立、修订了覆盖企业管理、营销、调运、审计、人事、财务、法律、新产品开发、党群建设等公司运作所有方面的共计106项规章制度，为公司各项工作规范有序可控地开展提供了有效的制度保障。ERP系统建设方面，紧密结合公司组织机构和管理模式调整进程，在及时全面完成公司总部系统变更运行的基础上，圆满完成了下属分公司ERP系统变更和上线工作。内控工作方面，在公司前期内控自测工作取得良好效果的基础上，顺利通过了集团公司的内控评价测试。效能监察方面，公司专门成立了效能监察领导小组，建立了主要领导挂帅、分管领导负责、监察部门协调、业务部门职能部门参与的效能监察工作机制，顺利通过了集团公司化工产品销售管理效能专项检查。

【分公司建设】 为确保下属分公司调运和销售业务顺利进行，公司统筹规划，组织骨干力量多次到各分公司进行业务指导，协助分公司进行ERP系统、财务系统建设，为分公司的独立运行提供强大的信息技术支持；3—8月份，经过广大员工共同努力，6家分公司先后实现财务独立核算。针对分公司实现独立核算时间短、经验少的实际情况，公司及时对分公司开展一次资金安全专项检查，有效防范分公司资金安全风险。同时，公司成立专项审计组，以财务基础工作、成本管理、资金管理和财务内控制度执行为重点，分别对2家分公司进行财务收支审计，并针对审计中发现的普遍性问题，形成具体整改指导意见，督促各分公司抓好审计整改完善工作，达到以点带面的目的，为进一步强化公司整体内部控制、防范经营风险发挥了积极的作用。

【安全环保】 公司结合销售企业特点，以强化危险化学品运输、仓储、资金、交通和办公场所安全为重点，与各处室、各分公司签订安全环保责任书，层层分解，层层落实。在公司范围内进行了应急演练、安全教育和培训，开展了办公场所安全隐患排查，在危化品及易制毒化学品管理、仓储管理、运输管理以及车辆管理上下工夫；广西石化装置投产后，为确保广西石化化工产品在调运实施过程中的安全和环保，公司利用一个多月的时间，建立了一系列安全环保管理制度，并全程跟进，督促调运单位和调运部门及相关单位增强安全环保意识，提高安全环保工作管理水平。公司实现了全年“零伤害、零损失、零事故”的安全环保工作目标。

（叶婉英）

中国石油天然气股份有限公司西南化工销售分公司

【概述】 中国石油天然气股份有限公司西南化工销售分公司（以下简称公司）在2002年按照中国石油化工统销战略部署整合成立，原名为中国石油天然气股份有限公司化工与销售西南分公司，2009年4月机构规格由处级调整为副局级。公司主要负责中国石油在四川、重庆、湖南、陕西、云南、贵州5省一市的化工产品统销业务，主要经营股份公司所属炼化企业生产的合成树脂、合成橡胶、合成纤维、有机原料4大类近200个牌号的化工产品，统销覆盖面积约150万平方千米、区域人口近3亿。

公司机关在四川省成都市，设有5个业务处室、9个管理处室和四川、重庆、湖南、陕西、云南、贵州6个销售分公司。截至2010年底，公司员工总数189人，其中，本科以上学历占72%，中高级职称人员占35%。

【主要经营指标】 2010年，公司实现销量82.6万吨，同比增长32%，实现销售收入80.7亿元，同比增长51%，实现账面利润8017万元，完成考核指标的145%；购销率96.8%，直销率65%，市场占有率达60%以上，年度经营指标综合评价结果在化工销售六家企业中排名第二。

【营销工作】（1）加大区域销售力度，创新营销思路和措施，深入开展销售攻坚。细化分解责任，优化结构，控制节奏，扎实有序推进销售业务。定期召开用户座谈会和计划对接会，与用户共同研究市场、维护渠道，引导用户诚信经营、稳健发展。深入推进区域化销售，分公司狠抓二次销售、二次推价和二次创效，全年共销售产品53万吨，占公司总销量的64%。

（2）科学组织，优化资源，全年共买断资源85.4万吨，超年度预算5.9个百分点。将“两高一无”（高成本、高库存、无动态）产品纳入管理视野，实施警戒库存实时监控，及时调整优化，保障合理库存。加强产品流向的优化和考核，努力实现资源向高效市场流动。高度重视大客户的主力作用，按照“责权对等、互惠共赢”的原则，制定和实施大客户管理办法，调动大客户的积极性。

（3）加快新产品开发和推广应用。PE100级管材专用树脂、沥青改性专用料T161B等5个项目作为股份公司级科研开发项目立项，经过与上游企业和科研院所联手开发，2010年度共计20个牌号、20多万吨新产品投放市场，填补中国石油空白。进一步完善技术服务体系，从公司技术服务部门、各销售分公司、经销商到终端厂家的技术服务力量已形成梯次。大力实施“技术支持”战略，承办“独山子百万吨乙烯新产品推介会”，并首次组织客户代表到兰州石化、独山子石化考察参观技术交流活动，提高用户对昆仑牌产品的认知度、信任度和忠诚度。

（4）市场开拓向纵深方向发展。充分发挥中国石油整体优势，先后与成都、重庆、南充等地方政府签署战略合作协议，与BASF（巴斯夫）、重庆建峰等企业签订原料供销协议，四川石化160万吨/年液体产品的目标市场基本确定。与云天化、普什集团签订了战略合作协议，云南千万吨炼化项目近100万吨资源的销路基本落实。

【企业管理】（1）强化基础建设，推进管理提升。全面开展“管理提升年”活动，按照“制度为纲、细节为本、提高效率、注重实效”的理念，持续打牢基础、整章建制、理顺流程。修订完善并发布了100项规章制度和2011版内控手册，管理基础进一步夯实。加强分公司建设，全面推行区域化管理和区域化销售，实施“综合、业务和财务”三条线的管理模式，分公司内控、HSE体系全面建立和运行。

（2）坚持财务管理向公司经营全过程延伸，每日进行成本分析测算，及时反映公司当日盈亏水平，为公司制定营销策略提供数据支撑。利用ERP、财务管理信息系统的平台优势，实现业务、财务一体化管理，规范销售流程，提高了工作效率。

（3）深化对标管理，主要指标明显改善。将价格管理、成本控制全面纳入对标管理，开展专题分析和攻关。充分发挥价格杠杆调节作用，细化价格管理机制，合理制定价格策略，采取有效措施强化全员推价增效和量价配合意识，8月份后连续5个月价格到位率、吨利润名列前茅。

【仓储物流管理】　完成达州、岳阳、遵义等二级库和销售代表处的建设，截至2010年末，公司有6个中心库、10个二级库、8个储备库，初步建成了覆盖西南区域一级市场、二级市场的立体营销网络。全面开展仓储达标，库房管理权限下放，通过简化出库流程，统一仓储费用标准，推行服务监督卡等措施，提高产品流转效率和服务质量。大力实施“五个优化”（优化运输方式、优化运输结构、优化运输流向计划、优化运输线路、优化重点产品发运），加强运营成本控制，全年重点计划完成率达90%，区域均衡运输差率20%。

【安全环保工作】　全面加强库房、车辆、人员、办公场所等安全管理，组织6次节前安全检查、4次特殊时段的安全专项检查，查出并整改隐患43项，开展“安全生产月”、“119消防日”和“火灾逃生演练”等活动，提高员工的安全素质和应急能力。突出源头治理、超前防范，修订完善8项涉及安全管理的制度办法。加强办公场所和食堂安全管理，完善消防设施配备和使用培训。把安全达标作为库房达标管理的先决条件，全面落实安全协议和风险抵押。针对西南地区夏季洪涝灾害频发的特殊情况，公司上下及时沟通，深入排查隐患，落实应急措施，没有因自然灾害而出现任何货物损失。

【队伍和文化建设】（1）推进“人才强企”战略，坚持每月2次在公司经营例会上进行好文学习，积极创建“学习型”企业。加大员工培训和人才培养力度，全年共参加集团公司培训48期73人次，组织内部培训18期312人次。完善公司组织机构，细化部门和岗位职责，加强干部员工管理，各项人事基础工作逐步规范，管控能力进一步加强。

（2）坚持“文化兴企”战略，具有西南公司特色的核心价值观、经营理念、管理理念、人才理念和发展战略得到认同。《西南化工销售报》等内部刊物服务中心，导向鲜明，有声有色，成为深受员工欢迎的精神文化交流平台。倡导“愉悦工作、阳光生活”，实施全员健康工程，积极开展各类文体活动，员工身体素质得到提高，队伍士气更加旺盛。

（梁　东）

中国石油天然气股份有限公司东北销售分公司

【概述】 中国石油天然气股份有限公司东北销售分公司（以下简称公司）主要负责东北、华北地区13家直属炼化企业成品油资源的收购、调运和结算；负责东北（含内蒙古中东部）、华北、华东、华南等区域内中国石油销售企业所需资源的均衡稳定供应、物流组织和结算；负责物流区域内沿海、沿江、沿成品油管道具有集散和储备功能、需跨省调拨油品大型油库的建设和管理。公司机关设15个处室，即总经理办公室、资源配置处、调度运输处、财务资产处、审计监察处、质量安全处、企业管理处、信息处、投资处、油库管理处、人事处、党群工作处、综合管理办公室、机关党委、清欠办公室。公司下辖大庆、哈尔滨、吉林、松原、抚顺、鞍山、大连、营口、盘锦、锦州、葫芦岛、秦皇岛、大港、冀中、自备车管理分公司、油品监督检测中心16家分公司，在职员工2400多人。

【主要经营指标】 2010年，是公司发展史上非常不平凡的一年。全年成品油市场形势跌宕起伏，运行形势数次急转，保后路和保供应的压力交替出现；自然灾害频繁发生，大事要事接连不断，企业的运行调控能力、保障能力和抗御市场风险的能力，经受了严峻考验。公司广大干部员工经受住了考验，赢得了挑战，胜利地完成了全年各项工作任务。

主要经济指标同比大幅增长。全年实现成品油销售总量5236万吨，同比增加363万吨；实现销售收入3112亿元，同比增加636亿元；实现利润1668万元，实现了全年扭亏为盈的工作目标；实现吨油商流费用132.53元，同比增加1.76元。

【主要工作情况】（1）精心抓好运行组织，努力实现两保一降。2010年，运行形势大体成“V”字形。上半年产销矛盾突出，港口冰冻、持续低温、春耕用油启动时间偏晚，炼化企业库存较高。1月上旬，东北、华北炼化企业库存峰值达到226万吨，再创历史新高。从第三季度开始，直至11月上旬，市场需求持续旺盛，特别是柴油资源供不应求，个别地区再现“油荒”。10月中旬，东北炼化企业库存为99万吨，是2005年以来历史同期最低水平，保供难度空前加大。进入12月份，受海上大风、大雾天气影响，船舶上行、下行均不顺畅，东北、华北炼化企业库存急剧上涨，单月上涨幅度超过40万吨，为历史罕见，保后路的难度又骤然上升。面对急剧变化的市场形势，公司运行系统精心制定运行方案和应急预案，采取了各种有力措施，始终牢牢掌握了运行工作的主动权。当一季度炼化企业库存居高不下之际，紧急租赁5座、81万立方米区外油库组织收储，累计收储资源32.39万吨，对于缓解运行紧张局面，起到了重要作用。当下半年各流向要货积极、资源供应偏紧之时，努力协调炼厂增加资源投放，积极组织国储油轮换，有所侧重地保证重点地区、重点行业和重大活动所需油品供应，履行了企业的三大责任。当12月份区内炼化企业库区再度高企、生产后路受阻之时，重点关注北部企业的库存变化情况，统筹考虑0号柴油进港和进库收储，灵活掌握海陆运力，加快运行节奏，提高运行效率，确保了炼化企业库存处于可控范围之内。2010年，在各个运行关键时期，开展了“大干十天、迎接虎年”、“优化运行质量月”、“大干五月份”等多项活动，有力地促进了优化运行，提高了运行质量和经济效益。

（2）加快储运设施建设，提高了运行保障能力。大连商储库投入正常运行。大庆炼化至龙凤油库成品油管线完成了在线调试及系统运行测试，标志着公司投资兴建的第一条输油管线达到投用标准。冀中分公司购置的200辆自备车按期上线运行，为华北石化生产后路畅通提供了有力保障。划转接收了宁波油库、三江口油库，承包租赁南沙油库，增强了公司的运行调控能力和保障能力。长春油库项目进展顺利，主体工程顺利完工。千米桥油库维修改造项目、龙凤油库地付设施改造项目、滨江油库0号柴油冬季接卸加温设施改造项目顺利立项，成为跨年施工项目。

（3）夯实基础管理工作，提升了科学管理水平。一是全面加强了精细化管理。认真贯彻落实销售公司精细化管理工作会议精神，召开了启动会议，组建了领导机构和工作机构，制定了精细化管理实施方案，明确了目标，落实了责任，每月进行考核汇总，促进了公司精细化管理水平的提升。二是及时启动了基础管理建设工程。及时制定下发了流程控制、制度建设、计质量管理和标准化建设为主要内容的实施方案。开展了“三重一大”决策流程梳理，加强了规章制度管理体系建设，按期启动了质量管理体系贯标认证工作。三是加强了3个体系建设，进一步夯实了各项基础工作。强力推进销售ERP系统的补录工作，在9月份按期实现了单轨运行。从强化预算管理、结算管理、资金管理和财务预测、分析入手，从严控制各项成本费用支出，提高了财务工作对运行的支持和保障能力。在12月份，配合销售公司制定了针对东北销售分公司的扭亏方案，当月完成扭亏4.2亿元，为实现全年扭亏为盈的工作目标奠定了坚实基础。妥善处理了122起计质量商务纠纷，重点加强了区外租赁油库的库存商品管理。全年共开展审计监察项目16项，发现问题32个，提出管理建议48条，取得直接经济成果132.9万元。完成大项目外委审计3项，送审25648万元，审减1780万元。全年审查各类合同567份，出具法律意见572条，提高了合同审批效率，加大了合同履约力度，维护了企业合法权益。

（4）持续深化内部改革，增强了企业发展动力。对下属13家分公司的领导班子进行了充实和调整，共涉及分公司领导班子成员18人，其中提拔使用10人。按照组织程序，任命了3名分公司经理助理。为进一步加强公司系统的油库管理，成立了油库管理处。经过公开竞聘，选拔了信息处和企管处处长。按照股份公司的批复精神，结合公司机关实际情况，编制了机关机构改革实施方案。积极推动企业升级考核工作持续深入开展。根据2009年度企业升级考核结果，组织了考核兑现，修订完善了2010年企业升级考核方案，使之更加符合企业实际，企业升级考核工作成为提升公司运行管理水平的有力抓手。

（5）抓好安全环保稳定，营造了和谐发展环境。认真贯彻落实集团公司安全环保工作会议精神，进一步严格落实安全环保责任制，层层签订了安全环保责任书，细化了安全联系点制度，完善了应急体系建设，强化了隐患治理。在重点工程项目建设和汛期、国庆安保期间，采取了有针对性的防范措施，没有发生任何安全生产责任事故。在大连新港“7·16”火灾事故发生后，大连分公司反应迅速，处置得当，确保了大连新港油库安全。7月末，吉林地区发生了百年不遇特大洪水，吉林分公司快速启动抗灾救灾应急预案，努力保运行、保安全，确保了运行平稳，保证了员工及家属的人身安全和公司的财产安全。

在维护稳定的敏感时期，坚持关口前移，重心下移，努力将不稳定因素化解在萌芽状态，从源头上防止发生规模性群体访和进京访事件。加大了扶贫帮困送温暖的力度。针对员工关注的子女就业安置问题，研究制定了相关办法，分步组织实施。积极组织为西南干旱地区和青海玉树地震灾区捐款活动，体现了“一方有难、八方支援”的团结互助精神。

（6）进一步加强党建、领导班子和员工队伍建设，为企业健康发展提供了坚实的政治和组织保证。

（孙　伟）

中国石油天然气股份有限公司西北销售分公司

【概述】 中国石油天然气股份有限公司西北销售分公司（以下简称公司）作为中国石油销售公司的派出机构，主要履行产销衔接、区域资源配置和一次物流组织职能，具体负责西北、西南、华北地区13家炼化企业，陕、甘、宁、青、新、藏、川、渝、滇、黔、桂、湘、鄂、豫、晋及内蒙古中西部等16个省（区、市），军队、铁道、民航、兵团等9家专项用户的成品油产销计划衔接、资源优化配置、物流调运组织和质量计量监督。

截至2010年底，公司机关设14个处室，下辖兰州、新疆、广西、郑州、陕西、宝鸡、永登、川渝、玉门、宁夏、呼和浩特、青藏、宝鸡制桶厂、兰州服务中心、新疆服务中心15个分公司，控股管理成都新成石化有限公司，员工总数3012人。

【主要经营指标】 2010年，公司配置油品超过3000万吨，调运总量超过6000万吨，实现销售收入1805亿元，实现投资收益356万元，上缴税费9.5亿元，实现账面利润21.38亿元，吨油运费186.24元，剔除运费涨价及公路补贴因素后，同比降低8.46元。“十一五”期间，公司累计完成资源配置超过1.27亿吨，调运超过2.2亿吨，结算超过1.3亿吨，上缴税费26.4亿元。

【企业发展】 认真研判公司在运行方式、业务领域、运行机制、管理体制、管理方式等方面面临的重大转变，深化企业改革，努力转变发展方式。

（1）强化服务，“两保一降”成效显著。按照“沟通、协调、服务、顺畅”的要求，坚持公开、公正、透明的原则，与炼销企业共同制订业务计划。按照“日监测、周分析、旬通报、月总结”的业务管理模式，实时监控业务运行，加强运行分析和总结，全力提高计划执行的严肃性、均衡性和兑现率，全年产调率100%，配置计划兑现率98%。按照板块“资源配置向高效市场、区内市场倾斜”的要求，确定重点配置省区，提升销售企业整体效益。提前制定市场保供方案，保证了格炼、玉炼、克炼检修和庆化停工期间周边市场的稳定供应。面对西南旱灾、玉树地震、南方水灾、舟曲泥石流等自然灾害，与省区公司销售共同应对，共克时艰，1—4月完成滇黔桂配置78.7万吨。玉树地震后，紧急从新疆、兰州发运“抢”字头专列9列，及时将2.53万吨救灾油品运送到抗震一线；6—7月份累计向南方洪灾地区供应资源144.23万吨；8月份向甘肃供应资源31.51万吨，确保了灾区的资源供应。

（2）精心组织，确保两新厂后路畅通。加强与各业务单位对接协调，抽调业务骨干常驻一线，贴近服务。公司完成广西石化投产后成品油调运153.96万吨、小产品14.79万吨，确保了广西石化后路畅通，保障了中国石油南方战略的实施。克服庆咸管道不通等难题，顺利实现庆阳石化老厂安全关停、新厂产品畅通外运。

（3）抓好项目组织，扩展储运设施功能。编制完成公司“十二五”储运设施发展规划。全年落实投资3517万元，完成40个维修项目的现场施工和工程结算。西固油库管控一体化项目顺利完工投运，王家沟油库铁路栈桥改造项目竣工投运。实施郑州油库配套项目改造，按期推进庆阳石化、长庆石化成品油计量交接中心项目。实验室管理信息系统在质监中心上线试运行。完善以ERP为核心的统一平台建设，完成郑州、武汉等油库网络布置。

【精细化管理】 按照“科学、规范、严格、精细”的管理理念，深入推进业务运行、安全环保、油库管理、制度建设、流程梳理等方面的精细化工作。

（1）大力推进业务运行精细化管理。不断优化产品结构，按照“以销定产、以产促销、产销联动”的模式，全面提高市场信息反馈的及时性、预见性和准确性，引导炼厂调整优化生产结构，生产适销对路产品。西部13家炼厂高标号汽油交货同比增加152.33万吨，西部地区97号汽油销售实现自给自足；生产柴汽比同比增加0.19，增产柴油50万吨。采取淡储旺销、夏储冬用策略，反季节收储-35号柴油9.66万吨。推动航煤增产，煤油产量同比增加8.23万吨，西部炼厂产品结构进一步优化。持续优化运输方式，按照以管道为主，铁路、公路、水运为辅的原则，全力推动管输上量，全年管输量达到2962万吨，同比增长18%。自备车周转率同比提高0.067次/月，相当于增加运力480车/月，铁路单日发车首次达到1130车。公路发运完成1177万吨，同比增长26%。持续理顺海运业务，完成海运180船次86.18万吨。大力优化运行模式，先后3次召开炼销企业座谈会，加强上下游沟通协调，取得良好效果。发挥各单位驻厂组贴近炼化企业、分公司贴近属地市场的优势，实行“点对点”信息沟通和服务，炼销企业满意度达到98%以上。

（2）努力夯实基础管理。深入推进精细化管理工作，成立领导小组和工作组，明确分工、协调推进；定期进行总结和通报，加强宣贯。开设精细化管理专栏，共总结、提炼7大类111项成果，共享了智慧。按照集约性、系统性原则，对制度体系进行系统优化和整合。强化考核的区分和导向作用，完善区外承包油库、单车装载量考核标准，及时刷新业务整合和新建单位的考核系数。强化考核的严肃性，实现考核过程和结果的公开、透明。推进控本降费、挖潜增效工作，引入对标管理，在盈利能力、成本控制等4类14项指标上开展对标；组织油库费用定量定额化管理研究，进入试运行阶段。完成近年来长期往来挂账的清理，实现资金平台上线运行。全面加强质量管理，建立起ISO质量管理体系，通过第三方审核认证，成为销售系统首批通过质量管理体系认证注册的单位。乌鲁木齐石油产品质量监督检验中心取得实验室资质认定资格，质监中心获得出具具有法律依据的检验报告资质。完成西部13家炼化企业、18座油库、48座加油站的质量监督抽查工作，共抽取油品 265 批次。全年节能 153 吨标准煤，节水 4172 立方米。

【安全管理】 认真贯彻“谁主管、谁负责，谁操作、谁负责”的安全管理要求，健全完善体制机制。整合安全、油库、质量管理机构，健全完善各单位安全机构，建立起从安全总监、储安科长到油库主任、安全员的安全管理体系。召开安全总监、油库主任座谈会，建立油库主任岗位津贴，调动和尊重各单位的管理权限，实现责权利对等。开通“安全信箱”、“安全论坛”，征求安全工作建议。全面梳理 HSE 制度，修订 84 项，HSE 体系建设更加顺畅、更切合实际。层层签订 HSE 目标任务责任书，对公司安委会成员和安全管理人员全部实行安全风险抵押金制度。开展“安全经验分享”和“安全生产月”活动，强化监督检查，加大对“三违”行为处罚力度，有效遏制了“三违”现象发生。实施 12 项隐患整改、设备维修项目。推行设备预知维修，设备完好率达到 100%。将安全管理与现场监督、体系审核有机结合，对现场进行滚动式监督审核，全年累计开展各类专项检查 17 次，检查问题 343 项，整改完成 327 项。规范作业管理，强化过程监督，实现日常作业、特殊作业、承包商作业和新油库新工艺投用的全面受控。修订完善公司突发事件应急预案，开展各类应急演练 137 次，提升了应急处置和实战能力。

【人力资源管理】 整合新疆、宝鸡地区机构，实施质监中心属地化管理；整合机关部分处室职能，明晰了业务界面。按照销售板块专业化管理的要求，顺利接管郑州、武汉、南宁油库。按照“三控制一规范”要求，编制上报公司组织机构设置方案，得到批复。重新修订各单位、各部门“五定”方案，实现职能划分明确，岗位设置统一。严格控制新进人员数量，把好入口，敞开出口。对新成立和重组单位的科级干部、一般岗位开展公开竞聘，优化岗位设置，激发队伍活力。严把选人用人关，不断优化班子结构，调整交流助理级以上干部 39 名。修订完善《领导班子及领导人员综合考核评价暂行办法》，实现多维度评价和量化考核，干部考核优秀率达到 93%。认真落实集团公司工资总额管理办法，加大对薪酬总额、人工成本的管控力度，员工薪酬水平稳步增长。制定《市场化用工工资指导意见》，落实向一线倾斜政策。

【队伍建设】 持续深入开展“四好”班子创建活动，全面推进领导干部“树立形象、争做表率、向我学习”活动，“四好”领导班子优秀率达到 97%。各级干部认真践行思想引领、行为导向、以身作则、率先垂范的要求，带头为员工授课，经常深入油库和班组，工作更加求真务实。召开党建思想政治工作经验交流会，全面部署党的建设及思想政治工作。表彰劳动模范和各类先进，充分发挥先进典型的示范引领作用。扎实推进惩防体系建设，严格落实党风廉政建设责任制，强化监督检查。开展大庆精神、铁人精神再学习再教育系列活动，进一步凝聚和激发了广大员工干事创业的智慧和力量。大力实施人才强企战略，明确党委书记是各单位的人力资源总监，重点加强员工培养和队伍建设。全年培训 5842 人次，完成 3 个主体工种 12 批次 301 名员工的技能鉴定，计划完成率 100%。

（陈　斌）

中国石油天然气股份有限公司润滑油分公司

【概述】 中国石油天然气股份有限公司润滑油分公司（以下简称公司）是集润滑油生产、研发、销售、服务于一体的专业化公司，拥有 12 个润滑油（脂）生产厂、6 个销售分公司、2 个研发中心。总资产 63 亿元，固定资产 26 亿元。员工总数 5000 人。公司能生产 20 个大类上千个牌号（规格）的润滑油（脂、剂）产品，润滑油研发能力在国内处于领先水平，营销服务信息网络覆盖全国市场，并逐步走向国际。

【经营指标】 2010 年，完成销售总量 184 万吨。其中，包装油 86 万吨，中小包装 35 万吨，同比分别增长 6.2% 和 15.9%。实现销售收入 151.2 亿元，实现利润 1.55 亿元。

【主要产品】“昆仑”包装润滑油以“昆仑”为主品牌，由昆仑天元、昆仑天润、昆仑天籁、昆仑天骄、昆仑天威、昆仑天工、昆仑天鸿、昆仑天力、昆仑天歌、昆仑天蝎、昆仑之星及昆仑工业油12个副品牌组成，形成涵盖轿车用油、商用车用油、摩托车用油、中低档（农用）内燃机用油、车辆辅助产品及工业油、特种油、润滑脂等大类的完整的品牌构架。此外，还有中国石油系统内加油站和海外专销系列用油。

【经营管理】 2010年，按照“扩大销量，优化结构，努力创效，实现新高”的总体要求，统筹资源平衡，深化渠道建设，市场掌控能力进一步增强。一是强化品牌管理，抓好区域市场规划。继续赞助见义勇为好司机评选，活动影响力持续增强，已成为集团公司赞助的一项重要公益活动；独家冠名“昆仑润滑油杯”、“中国心”十佳发动机评选活动，取得较好的宣传效果。完成品牌架构整体调整方案，品牌构架进一步趋于完善。根据不同产品线，结合区域经济发展、行业和企业分布、竞争态势和销售现状，开展区域市场规划试点工作。二是统筹资源平衡，努力扩大资源来源。在股份公司支持下，积极与炼化企业沟通，加强内部基础油资源衔接，计划兑现率明显提高，品种结构有较大改善。与美孚、韩国GS、马来西亚PETRONAS等多家国际油公司进行技术交流和商务谈判，并有效组织资源进口，为结构调整提供了保障。三是强化渠道建设，努力提高销售质量。细化调整一级经销商网络，加强签约率和履约率考核，注重二级网络开发与服务，加大重点行业和可控终端用户开发力度，一级经销商签约率、可控终端销量进一步提升，推广类和新特产品市场开发工作取得明显进展。VIC全年销量同比增长82%，SJ及以上高档汽油机油同比增长53.24%。加油站系列产销衔接有序，全年完成1万吨销量。快速换油项目抓规范化管理，部分换油站接近盈亏平衡，全年销售82吨高档汽油机油。海外业务稳固拓展供油网络，船用油和特种油销售形成稳固市场，车用油和润滑脂出口量快速提升，全年销量1万吨。

【QHSE管理】 强化安全检查，跟踪隐患治理，全面落实安全生产责任制，HSE和体系建设扎实推进。有效开展安全专项治理，完善应急处置预案，组织华东厂企地安全应急演练等活动，提高了员工应变能力和HSE意识，全年实现安全生产无事故。生产运行和质量管理不断强化，应用科技新成果，对现有工艺配方技术进行改善，实施新工艺，加强技术攻关和交流，顶级汽油、柴油机油产品与国际标准保持同步。深化质量追溯管理，加大质量监督抽检力度，产品质量一致性得到提升。有效拓展资源利用空间，加强技术储备和生产预案管理，组织生产协调和技术攻关，提高了现场管理水平和市场保障能力。

【科研创新】 坚持自主研发与技术创新，科研创新能力不断提升。加强科研项目全过程管理，围绕市场需求开展立项研究，完成集团公司科技创新基金项目成果2项。完善公司知识产权管理制度，评选出21项技术创新奖，获国家授权专利9项。获集团公司科学技术进步奖一、二、三等奖各1项，与克拉玛依石化公司联合申报的“环烷基油深加工技术研究及产品开发应用”也获一等奖。通过重点实验室、台架投资和科研项目。编制完成“十二五”科技规划，进一步明确了科技发展思路和目标。完成高档润滑油生产技术有形化工作，通过集团公司审查。

【企业管理】 推进精细化管理，努力提高管理水平。一是持续做好市场动态、行业动态、竞争对手三个方面跟踪研究，深化对标工作。围绕总体产销和结构调整，加强生产经营计划管理，大宗散油、特种油和VIC计划准确率和订单执行率进一步提高。加强工程建设管理，细化施工方案，加强过程控制，华东厂、北京厂等重点工程建设按计划有序推进。二是财务管理实现ERP与FMIS融合，启动预算信息系统的论证和蓝图设计，强化预算过程控制和经济活动分析，严格五项费用管理。继续深化资金集中管理，推进小法人和股权清理工作，认真开展资金安全专项检查和“小金库”专项治理。深化内控体系建设，重点领域风险管理进一步加强。严格执行授信管理规定，加大清欠力度，应收账款同比下降34.7%。三是持续深化“控费、降本、增效”专项活动。规范添加剂、包装物管理，建立供应商考核评价体系，完善价格调整机制，严格执行招投标规定。继续优化物流，提高内部自备车利用率，整合仓储。添加剂、包装物、运输费、仓储费等得到有效控制。严格非生产性费用预算和审批，实施过程控制，层层分解各项指标，加大考核力度，全年非生产性费用同比有所下降。四是狠抓信息系统安全运行，整合外部网站，优化网络运行，持续做好企业信息门户的改进及运维工作，公司内部门户网络逐步完善。ERP实现上线运行，产销衔接、成本费用、价格管理做到合理控制、及时调整，公司整体运营水平进一步提高。五是加强合同管理，严格审查程序，合同运行逐步规范。做好商标维权法律工作，加大纠纷案件管理，较好地化解了法律纠纷，维护了公司利益。

（孙兆文）

中油燃料油股份有限公司

【概述】 中油燃料油股份有限公司（以下简称公司）成立于1997年1月，是中国石油下属的一家集资源进口、生产加工、仓储中转、期货贸易、系统内炼油小产品统销、产品研发于一体的全资子公司。截至2010年公司注册资本50亿元，总资产189亿元，下设4个沥青厂、3家油库和6个大区销售公司。公司年原油进口量千万吨以上，年加工能力1250万吨，仓储能力550万吨，具备年中转各类油品2000万吨以上的能力，6家区域销售公司负责公司所属炼厂及中国石油系统内23家炼厂炼油小产品统销工作，销售网络有效覆盖全国。

作为中国沥青市场最大的经销商和重要的炼油小产品供应商，公司坚持按照专业化定位和“做特、做优、做强”的发展思路，立足国内外两种资源、两个市场，以资源优化为基础，以产品研发为支撑，以生产和仓储设施为依托，以生产高附加值产品为增长点，以销售网络和期货交易为平台，以技术服务为保障，全力打造国际有名、国内著名的“昆仑”沥青、船舶燃料油品牌，将公司建设成以沥青、船舶燃料油为主，其他特色炼油产品为辅，主要产业链一体的专业化公司。

【主要经营指标】（1）2010年，公司销售各类油品1780.55万吨，同比增加308.94万吨，增长42.44%，完成预算销量指标的142.44%；实现营业收入674.58亿元，同比增加234.22亿元，增长53.19%，完成预算收入的172.74%。

（2）合并实现利润总额24.46亿元，同比增加11.11亿元，增长83.22%，完成预算指标的203.83%。

（3）吨油营销成本38.77元/吨，比预算指标降低0.8元/吨，降低2.02%。吨油加工成本111元/吨。

（4）累计缴纳各项税费21.56亿元，同比增加7.22亿元，其中缴纳增值税6.62亿元，消费税6.75亿元，企业所得税5.95亿元，其他税费2.24亿元。

（5）全年累计完成固定资产投资23226万元，同比增加6477万元，完成年度投资计划的98%。

（6）截至2010年底，公司总资产189.23亿元，比年初增加35.95亿元，增长23.45%；净资产63.36亿元，剔除年度内分配滚存利润7.57亿元因素后，比年初增加13.54亿元，增长23.59%。年末资产负债率为66.52%，公司财务风险处于合理可控水平。

（7）资源采购与中转量平稳增长，生产加工量稳步提升。全年采购各类油品1692万吨，其中，重油903万吨，燃料油80万吨；采购炼油小产品523.6万吨；其他采购186.2万吨。中转各类油品1961.1万吨，油库有效中转6次。

加工各类油品10种，加工原油432.1万吨，完成年度计划的104%，同比增加3%；其中，自有炼厂加工336.1万吨，委托加工95.9万吨。

（8）安全环保管理工作持续完善。公司一般生产安全事故B级以上事故为零，一般环境污染事件为零，废水、废气中各类主要污染物达标排放率100%。二氧化硫、COD、石油类累积排放量分别为805.4吨、45.9吨、1.9吨，远低于集团公司下达的控制指标。

【生产经营组织】 针对市场需求持续旺盛的趋势，组织对部分单位生产装置进行扩能改造工作，继续开展代加工业务，与山东东明石化集团成立合资公司，公司整体加工能力达到1150万吨/年，为公司迅速提高产能、抢占市场份额、加快所属厂装置扩能升级赢得了时间与主动。

注重做好市场分析，成立市场商情分析小组和价格管理领导小组，密切关注国际油价和国内宏观经济政策对国内各种油品产成品市场的影响，制定和调整产品销售价格，提高了市场应变能力和抗风险能力。

根据各厂加工流程、生产装置特点，优化资源组织，择机通过期货市场进行锁价，有效规避市场风险，降低了进口原料成本。对生产原料进行评价，组织开发、试验生产，全年共加工原油品种10个，未发生质量事故。根据市场需求，对自有厂、委托加工、统销的产品资源进行统一调配，保证了销售效益最大化。突出安全与效益原则，优化物流组织，细化降费增效措施，保证了物流组织的优化。

【生产受控管理】 完成体系的年度审核和修订工作，通过按月对体系运行情况进行考核，确保了制度执行到位和体系运行效果。严格执行《反违章禁令》，持续推广“四有工作法”，广泛运用工艺卡片，严格要求并监督落实新版操作规程，有效规范了员工的操作行为。充分发挥操作图系统在设备检修、运行管理中的作用。制定并加强油品加工量、生产计划兑现率等相关技术指标的考核工作，切实提高了产品加工效率。全年，公司生产计划完成率超过 90%，加工损失率 0.4%，综合能耗 18.8 千克标准油 / 吨，产品合格率 100%。

【设备、信息化管理】 建立设备管理月报制度，及时了解各单位设备运行、维修、保养情况，通过监督检查特种设备台账管理、年检和特种作业取证工作，加强设备防腐措施落实及腐蚀监测工作，为装置长期运行打下了基础。全年各单位设备完好率每月均能达到 98% 以上，静密封泄漏率均能控制在 0.5‰以内，没有发生设备事故。

持续加强各类信息系统项目的组织与协调，完成公司门户网站的升级及 9 家分（子）公司门户网站的搭建，实现机关及各单位视频会议系统的升级与建设、网络宽带的升级改造，ERP 系统成功上线，公司信息化建设迈出新步伐。

【安全环保管理】 深入运行 HSE 管理体系，组织并通过外部单位对公司 HSE 管理体系的监督审核。在层层签订《安全环保目标管理责任书》的同时，进一步加大有感领导、直线责任、属地管理的宣传和落实力度，广泛推行安全经验分享活动。组织开展对基层和外包单位经营资质、安全证照和安全管理人员、岗位操作人员资格证书的清查工作，梳理并明确与外包方的管理界面，确保公司合法、合规运行。组织编制《安全生产管理手册》，形成 6500 项考核细则，并投入试点运行。组织风险评估，提升风险作业管理水平，全年未发生任何火灾、伤害及未遂事故。组织开展各类应急演练 326 次，有效提高了突发事故的应急处置能力。

充分挖掘节能潜力，结合能源管理、生产工艺流程优化、节能技术和设备推广应用等方面开展节能减排改革和改造，促进了能源利用向高效化、清洁化方向发展。全年节能总量为 5290 吨标准煤，节水量为 14.93 万立方米。全年“三废”全部达标排放，全面完成集团公司下达的污染减排指标。

跟踪并积极推动相关厂库完善水污染三级防控体系、完善可燃气体检测报警系统、污水处理系统、酸性水汽提与安全环保隐患治理项目，切实提高了风险防范水平。

【技术研发】 公司成立技术研发中心，建立沥青产品研发、原油评价实验室，初步形成沥青产品研发、技术售后服务的科研基础。

【企业改革】 按照“专业化管理、集约化经营”的要求，对公司机关组织架构进行重新搭建，对处室职能进行定位和划分。调整后，专业化管理的力度进一步加大，组织结构更加合理、业务职能更加清晰、业务运作更加顺畅。

本着产销分离、加强专业化管理的原则，对销售业务进行重组整合，新成立 3 家大区销售公司，实行属地化管理，使业务运行与组织机构相适应，有效规避了同一市场内部交叉销售的无序竞争现象。

【基础管理工程建设】（1）按照“简捷、简单、效率和受控”原则，深入开展涉及各层面的流程梳理和职责明确工作，重点对生产受控、招投标、投资、营销等 8 大类 210 项制度标准进行重新修订和完善，配套制定考核奖惩办法，进一步提高了执行力。

（2）针对公司产品标准存在的命名混乱、采标随意、技术水平低的问题，根据各单位主要产品质量情况，参照相应的国家或行业标准，初步拟定公司级 7 大类 36 个产品标准。

（3）规范销售管理，公司价格管理领导小组根据市场变化情况，及时制定产品销售价格，严格督促各销售单位执行，保证了销售工作的规范性、科学性和严肃性。

（4）建立和完善生产经营情况视频通报会等 5 个会议制度，为公司实现上下情况沟通，及时对生产经营工作作出安排和部署提供了传输平台。

（5）开展了生产技术指标、经济技术指标、财务指标的建标工作，为下一步开展对标和达标工作奠定了基础。

（罗　虹）

中国石油天然气股份有限公司辽宁销售分公司

【概述】 中国石油天然气股份有限公司辽宁销售分公司（以下简称公司）主要承担辽宁地区（不含大连市）石油成品油经营业务。2010年，在中国石油“促发展、上规模、增效益”劳动竞赛中获得的流动红旗居销售企业榜首，获得省部级以上各类荣誉50余项。

【市场营销】 2010年，国内成品油市场风云变幻，上半年供大于求，竞争激烈；四季度柴油紧张，保供困难。面对严峻形势，公司坚持“满足市场需求，及时投放到位，努力降低费用”的原则，密切关注市场动态，积极购进适销资源，科学调整营销策略，一面保炼厂后路畅通，为上游企业分忧；一面尽力满足市场需求，为广大用户解难，赢得了竞争主动权，保住了市场份额。

积极筹建客户服务中心，巩固机构用户，吸纳零散客户，为企业发展蓄积了销售潜力。省市公司领导身先士卒，带头联系机构客户；片区经理、加油站经理主动出击，全力拓展小额配送，终端销售比例上升。科学掌握销售节奏，强化激励约束机制，促进了零售增量。加快加油站包装改造，全方位开展优质服务工程。深入农村开展需求调查，挖掘县域市场潜力，经营部零售量大幅度提高。加强成品油行业协调，清理整顿成品油市场，查处仿冒中国石油商标的多家加油站，维护了市场秩序，保护了企业形象。

【非油品业务】 公司非油品销售业务多措并举，采取普通商品销售与大宗商品销售并重，日常销售与节日促销并重，店面建设与储运设施建设并重，便利店管理与供应商管理并重，业务发展与队伍建设并重，实现了外延与内涵同步发展。

【润滑油业务】 利用国内、国外优质资源，公司抢占省内、省外润滑油高效市场，一手与鞍钢、沈鼓等大型企业合作，稳固销量效益，一手抓小包装油品零售，扩大了市场覆盖。

2010年4月14日，中国石油销售分公司在桂林召开“销售企业加油站润滑油零售表彰会”，公司获“加油站系列润滑油”零售业务优秀零售组织奖，2座加油站获“加油站系列润滑油”零售明星加油站奖，1人获“加油站系列润滑油”零售金牌站长奖，5人分别获“加油站系列润滑油”零售能手一、二、三等奖。

【网路开发与建设】 结合地方政府“十二五”规划和上级公司发展战略，精心编制企业“十二五”发展规划。积极争取投资计划，多方沟通，上下协调，为网络开发提供资金保障。各级领导高度重视，积极协调地方政府，抢夺网络开发先机。网络开发纳入业绩考核指标，重奖网络开发功臣，激励机制效果明显。积极推进项目后评价，网络规模和质量都有了实质性提高。以库、站改扩建，信息化、自动化改造为重点，推进工程建设，国家商业储备库如期运行，做到经营、建设“两不误”，质量、安全、进度“三保证”，为企业完成经营任务和长远发展夯实了硬件基础。

【企业管理】 加强内部控制体系管理，梳理各类管理制度，确保事事有章可循；明晰组织职责，完善业务流程，全面自我测试，整改例外事项，实现了风险控制。加强预算管理，编制预算求实，注重前瞻性；分劈预算从细，注重科学性；执行预算从紧，体现严肃性。完善综合考核体系，使41项指标涵盖经营管理各个环节。初步建立了投资、薪酬、效益一体化管理、各类业务统筹发展的“大预算”管理框架。加强资金集中管理，梳理万条客户信息，建立了统一管理平台。完善ERP与财务管理信息系统融合，建立定期业绩公告和财务报告制度。重点围绕库存商品、加油站资金、物资采购等开展效能监察，受到集团公司油库溢余油专项效能监察组的高度评价。以国务院国资委“小金库”治理检查、集团公司“三重一大”检查和股份公司监事会财务检查为契机，查摆问题，落实整改，总结经验，规避风险。加强库存商品盘点，抓好数量盈亏审核，严格控制油品损益，堵塞管理漏洞。2010年，稽查组行走11万千米，检查加油站、油库，发现大小违章行为和隐患及时处理，为基层单位解决具体困难96项。更新ERP系统基础数据，全力推进零售管理系统和油库管理系统上线，探索运用二次物流优化，信息系统建设进一步完善。加强对区外油库的承包管理，健全管理制度，加强应急演练，开展技术革新，安全环保工作走在当地企业前列。

【安全管理】 作为集团公司10家试点单位之一，全面开展HSE管理体系推进工作，把HSE内审与安全环保大检查结合起来，重点查处违反集团公司“六条禁令”行为和违反“HSE九项管理原则”行为，践行有感领导、直线责任和属地管理，树立“业绩、安全同等重要”、“管工作必须管安全”的观念，形成了“大会小会讲安全，时时处处想安全，培训技能会安全，常抓不懈查安全，严守程序保安全”的管理氛围。加强承包商队伍安全监管和突发事件应急管理，开展应急演练，特种作业及作业票管理培训1500余人次，自然灾害防范应对能力得到全面提高。2010年8月，丹东地区遭遇罕见洪灾，丹东市公司防范准备充分，抗灾措施得力，全体员工连续10天不分昼夜奋战在岗位，不仅确保了库站安全度过汛期，同时保证了当地抗洪抢险用油供应，受到地方政府赞誉和集团公司表扬。

【队伍建设】 抓好管理人员、专业技术、操作员工“三支队伍”建设，教育锻炼培养人才，公开竞争选拔人才，一批德才兼备的优秀员工通过竞争走上了各级管理岗位。注重抓好两级领导班子建设，增强领导干部政治意识和大局观念，竞聘选拔机关、基层副处级以上领导干部，干部队伍的文化结构、年龄结构更加合理。全年举办各类培训班102期，培训员工12477人次；派出人员参加上级举办的培训班37期，培训167人次。大石桥培训中心启用，培训条件明显改善，技能鉴定站通过国家认证验收，4608名员工参加技能鉴定，3100人成绩合格。

（曲长生　马　丽）

中国石油天然气股份有限公司四川销售分公司

【概述】 中国石油天然气股份有限公司四川销售分公司（以下简称公司）是中国石油设立的地区销售公司。截至2010年底，公司下辖28个二级单位，员工1.67万人；拥有在用油库30座，总库容80万立方米，营运资产型加油站1400座；资产总额75.36亿元。

【主要经营指标】 2010年，公司销售各类油气产品609.58万吨，其中销售汽柴油605.75万吨、同比增长16.82%。自营加油站零售汽柴油487.97万吨、同比增长19.30%，零售比例80.56%，单站日销量11.26吨。实现销售收入407.13亿元、同比增长34.69%；上缴税费9亿元、同比增长10.97%。实现非油业务总收入5.61亿元、同比增长150.38%，实现非油利润2493万元、同比增长109.41%。

【市场营销】 面对上半年成品油市场需求低迷、下半年需求快速上升、四季度柴油供应持续紧张的市场形势，提前预判市场，及时调整策略，较好完成了前期促销上量和后期市场保供任务。调运工作有力保障了销售总量增长，通过加大协调力度，优化运输组织，积极做好外采。营销工作主动适应市场变化，前3个季度通过交界市场贴近作价、纵深市场稳价促销、竞争对手稳价促销等措施，实现市场份额和效益同步增长；四季度通过加强资源集中调度、优化资源摆布、协调国储油出库等措施，稳定了市场供应。突出零售业务的核心地位，切实做好加油卡销售，全年发卡43万张，储值金额43.98亿元，消费39.68亿元。加油站综合面貌有新的改善，通过开展“世博微笑服务”系列活动、加油站环境综合整治和强化现场稽查，形象和服务水平明显提高。非油业务高效率发展，润滑油、便利店、广告、化工销售业务协调推进，全年百万元店新增34座，总数达到50座，进入了由起步打基础向规模增效益转变的新阶段。

【网络建设】 全年争取投资计划11.48亿元。新开发立项加油站121座，租赁21座，发展橇装加油设施30座，完工投运加油站超过100座，新增年零售能力41.8万吨。特别是取得了成绵高速复线和乐宜高速等服务区12座加油站的开发经营权，通过股权管理模式和资本运营，整体开发高效站21座。重点工程项目全面推进，7101油库项目建成完工，舒平、田家沟油库项目全面开工，广元、资阳、隆昌3座油库项目前期工作全面启动，彭州52万立方米油库项目获得政府规划立项审批并通过总部评审。灾后重建项目进展顺利，2个生活区项目、5个办公楼重建项目、7个大学生周转房改造和新建项目已建成投入使用。

【安全环保】 加大HSE管理体系执行力度，以有感领导、直线责任、属地管理为抓手，推动安全环保责任落实到位。继续强化风险、未遂事故管理，从严查处“三违”行为。加快安全文化建设，发布公司《安全文化手册》，拍摄了安全文化宣传片，强化安全经验分享，促进了安全环保形势稳定好转。加强安全环保监管，扎实开展库站隐患、加油站、交通安全和施工、检维修专项整治，强力推行特殊时段安全承诺制度，杜绝了事故发生。特别是面对特大山洪泥石流灾害，组织有力，应对得当，确保了企业和员工生命财产安全。持续抓好质量、计量和节能减排工作，没有发生较大数质量和新闻危机事件，维护了企业良好形象。

【企业管理】 全面启动精细化管理工作，全年挖潜增效3.11亿元，9项管理创新成果荣获行业部级表彰。制度流程方面，按照集团公司制度建设3年规划的要求，全面完成新业务的流程梳理描述，编制公司业务流程管理实施细则，发布营销、投资、安全领域的授权指引，制度流程体系完备有效、运行到位。财务管理方面，以强化月度预算执行为重点，切实提高经营分析质量，积极开展对标管理，增强了预算管理对决策的支持力。制定降本增效等专项奖励政策，初步形成标准化费用体系，吨油营销成本控制在预算之内。内部监督方面，狠抓工程建设领域突出问题专项治理，开展灾后重建投资项目和加油站优化运行专项审计，组织经营纪律、升溢油、小金库、促销费等专项检查，全年审减工程建设投资决算4299万元、预算1382万元，审减灾后重建工程项目造价1335万元。法律股权方面，扎实开展法人清理工作，加强股权企业目标考核管理，取得股权处置收益1122万元。信息化建设方面，完成12个二级公司营销指挥中心建设和车载视频监控及物联网系统的试点工作，油库、油站基础管理系统上线应用，财务稽查系统全面推广，信息化对提升管理效率的作用进一步发挥。

（刘纯珂）

中国石油天然气股份有限公司
广东销售分公司

【概述】 中国石油天然气股份有限公司广东销售分公司（以下简称公司）负责中国石油在广东、海南两省的成品油销售、网络开发建设工作。截至2010年末，公司拥有资产型加油站906座，资产型油库13座，总库容139.85万立方米，年销售能力近700万吨；公司共设有13个机关处室，21个地市分公司，员工13122人。

【主要指标】（1）油品销售。销售成品油689万吨，其中，汽油278.6万吨，柴油410.4万吨。小产品销售弥补了公司业务的空白，当年实现销量20.2万吨。零售达到428万吨，同比增长19.89%，零售比率62.1%，终端销售比例83.1%，市场占有率达到28.4%。

（2）经济效益。实现销售收入454亿元；上缴税费6.27亿元；吨油商流费341元/吨；实现利润3.27亿元。

（3）网络建设。完成网络建设投资12.5亿元，累计签约加油站项目147座，开发105座，投运90座。启动8座油库项目的开发建设，完成3座油库主体工程，新增运营库容74万立方米。

（4）非油品业务。实现非油收入5.2亿元，毛利1.1亿元；吨油非油收入达到124元，同比增长7%。建成并投运非油品中央仓，集中采购成本同比下降12.5%。

（5）安全生产。实现全年安全无生产事故、无污染事故、无数质量事故。

【市场营销】 牢固树立“增量必增效，量效双升才是真英雄”的理念，密切关注市场需求、库存变化和价格动态，科学收放资源，准确掌控节奏，努力做到市场上行时推价上量，市场下行时预降先销。3月，准确判断市场形势，连续11次上推价格，扭转首季必亏的被动局面，实现盈利4500万元。二、三季度密切关注市场动态，科学制订调价方案，及时调整油品结构，品种搭配扩大销量，基本实现全品种正毛利销售。外采资源62.83万吨，与同期下海油购进价格相比，节约采购成本1.4亿元；与最低批发价格相比，增效1.22亿元。11月，国内成品油市场再次出现资源紧缺的状况，而亚运保供任务又十分艰巨。为确保亚运期间的市场供应，公司积极争取上级和兄弟公司的支持，有效组织计划资源。同时，严格控制营销节奏，控批发保零售。整个亚运会和亚残会期间，广东省内所有中国石油加油站没有出现断档限量的情况，出色地履行社会责任。

【网络建设】 两级投资部门结合实际，采取多元开发方式，全力推进网络开发，全年开发加油站105座，投运90座，启动8座油库项目的开发建设，完成3座油库主体工程。各地市分公司克服重重困难，排除各种干扰，全年开发橇装加油装置55座，实现投运50座，单站日销量3.6吨，月增销量5000余吨。对广东成品油管道建设进行前期调研踏勘，工程项目建议书已上报广东省发改委。

【资源调运】 仓储管理千方百计降本增效。一是改“长租库”为“短租库”，规避长租风险。一季度柴油滞销堵库，临时租用小虎岛等3座油库，增加柴油罐容3.5万吨，避免长租库造成的仓储成本增加。二是改“大罐容”为“小罐容”，完善仓储品号结构，置换优化两不误。广东地区上半年全面置换国Ⅲ油品，公司综合考虑地区品号需求，调整中山等5个地区的仓储结构，通过分解罐容和完善仓储品号，提高了配送效率。三是“化零为整，有取有舍”，退租20万立方米利用率不高的包租油库，加大现有包租库运作力度，包租库月均周转率达1.01次，同比增加0.21次，包租库吨油仓储费同比降低19元。物流管理精打细算降低费用。一是从源头入手，优化船型配比，增加二级直入资源，降低周转费用。通过增加万吨以下船舶到港量，减少一级仓储、二次倒拨周转费用，全年二级库直入量达127万吨，节约一级仓储费用4580万元，二级倒拨节约运费4400万元。二是优化水路配送路线，减少远距离油品配送。充分利用美视油库辐射广、运费低的优势，加大周转量，降低水路运输费用。三是优化油库布局，降低配送半径。通过调整油品仓储比例等手段，尽力满足第一提油点多品种提油的需求，减少迂回运输和装卸次数，降低运输成本。四是优化车船使用。最大限度使用包租船，包租船装卸优先，适当免除到货港检船作业，提高其运转效率。全年包租船节省运费近400万元。充分利用多仓大车优势，实现多品种一站配送，提高油站资源供给能力，减少油站接卸作业量，提高车辆满载率。

【企业管理】 落实板块精细化管理会议精神，认真学习兄弟单位的先进经验，全面贯彻精细化管理要求。财务部门以效益为中心，加强预算、税务和资金、资产管理，充分发挥“综合服务、决策支持、风险防范”的基本职能。信息部门加快ERP系统、加油站管理系统、油库管理及二次物流管理系统建设，协助基层做好网络开发和维护工作。企管部门适应管理体制的变化，修订完善187项管理制度。地市分公司干部员工将精细化管理落实到每个工作环节，基层管理水平有较大的提升。7月初，对全公司41座3吨以下油站采取精细化管理挂牌督导措施，截至2010年底，已经有38座加油站销量超过了3吨。汕头分公司以仅占市场4.5%的加油站数量，占据当地10%的零售市场份额。深圳分公司先进加油站核算员姜艳婷发明“三指收银法”，有效提高工作效率。

【党群工作】 各级党组织围绕企业中心工作，积极开展创先争优活动。两级党员领导干部实行加油站挂牌承包，取得显著效果。本部900余名党员签订岗位创先争优公开承诺书，在各自的岗位上作出表率。公司“七一”表彰22个先进基层党组织、29名优秀共产党员和10名优秀党务工作者。1名员工、2个集体分别获集团公司“劳动模范”和“先进集体”的荣誉称号。公司本部全年共培养入党积极分子298名，发展预备党员199名，122名预备党员通过转正申请。各级团组织加大“青年文明号”创建力度，16个青年集体获地市级“青年文明号”，4个青年集体获省级“青年文明号”，深圳先进加油站被评为“第三届广东省杰出青年文明号”，仑头油库杨成被评为“广东省青年文明号活动十五年杰出号长”。公司青年岗位练兵活动获省团委充分肯定，赵鹏、许立国被授予“广东省青年岗位能手”称号。

【队伍建设】 公司干部队伍得到切实强化。机关部门主要负责人重新竞聘上岗，调整并充实了各地市分公司领导班子，培训销售、财务、投资经理69人次，中层干部能力建设进一步加强。完成员工培训项目162项，培训员工12063人次。公司技能鉴定中心顺利通过国家技能鉴定认证，参加鉴定人员培训率达100%，共鉴定库站员工1286人，员工业务技能和整体素质稳步提高。

【安全环保】 强化地市公司HSE管理的主体地位，

层层落实责任，加强监督管理。全面签订《安全环保责任书》，切实做到了管理、监督、执行的主体到位，人员到位。公司坚持每季开展安全生产大检查，狠抓问题整改，举一反三自查自纠。全年安排隐患治理和技改资金4407万元。充分发挥油品检验中心的平台作用，全年完成全分析检验297批次，节省外委检测费用165万元，外部抽检合格率100%。将承运商、承包商纳入公司HSE管理范畴，严格坚持“三同时”原则，组织承包商安全培训，加强现场安全监督，全年未发生承运商、承包商责任事故。按照上级污染减排和节能降耗部署，结合亚运会大气质量达标要求，积极推进珠三角地区油气回收达标改造工作。亚运会前完成197座油站、4座油库的油气回收改造，验收通过率为100%。特别是亚运会举办期间，公司针对不同关注等级的油站，制定出不同的针对性措施，反复进行安全检查和实战演练。由于部署周密，执行到位，公司出色完成亚运期间的安全保障工作，得到亚组委和集团公司党组的高度肯定。

（龙　毅）

中国石油天然气股份有限公司内蒙古销售分公司

【概述】 中国石油天然气股份有限公司内蒙古销售分公司（以下简称公司）是中国石油在内蒙古设立的地区销售公司。公司下辖12个盟市分公司、3个成品油销售控股公司、105个旗县经营部和零售片区。截至2010年底，资产总额65.56亿元，营运油库34座，资产型加油站1396座，员工总数19346人。

【经营指标】 2010年，销售量完成652.26万吨，同比增加107.22万吨，增长19.67%，其中：汽油销售158.6万吨，同比增加20.5万吨，柴油销售493.66万吨，同比增加86.72万吨；零售量530.65万吨，零售比重81%，单站日销量10.94吨；实现销售收入431亿元，考核利润9.8亿元。

【市场营销】 2010年，面对复杂严峻的市场形势，公司研究市场调思路，多措并举抓资源，积极有效促销售，市场份额巩固在85%，市场控制能力和盈利能力进一步增强。加强市场分析研究，建立营销日志、周例会、月度营销视频会议制度，提高了营销策略的针对性和及时性。积极与陕西延长集团、宁夏宝塔石化等地方炼化企业建立合作关系，全年购进地炼资源162万吨，市场份额贡献率达21%，增加收益4000多万元。强化客户开发，新增公路、铁路等投资领域的机构用户，全年新增机构用户200家，新增销售量115万吨。大力推行加油卡业务，344座加油站同时启动发售IC卡业务，累计发售加油卡21.9万张。面对主要竞争对手低价占市场的攻势，76座加油站开展“点对点”竞争，单站日销量平均增加3吨，零售量增加2万吨。积极拓展非油业务，组织开展“迎世博、送清凉”等促销活动，积极组织化肥进销，增设地磅、餐饮等业务，全年实现非油业务销售收入2.62亿元，同比增长69.5%，实现利润1633万元。

【网络建设】 全力推进网络开发与优化，以呼和浩特、包头、鄂尔多斯地区和经济发展较快的盟市以及中心城市、城市中心、城市新区、高等级公路及重点能源开发区作为网络开发的主攻方向，采取购、建、租、控等多种方式，全年开发加油站191座，其中：新建加油站49座，改扩建10座，收购45座，租赁50座，扩建8座，橇装站29座。以调整油库布局、扩容增效、提高油库储运能力为重点，加快油库建设，全年新建扩建东胜油库、新贤城油库等6个项目，新增库容41万立方米；加大油库技术改造投入，完成满洲里油库、桑根达来油库铁路专用线龙组改造、临河油库加温设施改造等20座油库的改造任务，储运接卸能力进一步增强。制定“区域管道网络战略”，启动区内第一条呼和浩特—包头—鄂尔多斯成品油管道项目，明确“十二五”4条输油管道干线建设任务和6条支线远景规划，为企业持续发展和提升营销能力奠定了坚实基础。不断提升信息化水平，4月1日顺利完成销售ERP系统单轨运行；加快加油站管理系统和油库管理系统建设，完成1313座加油站环境部署改造，上线1307座，完成22座油库环境改造，为规范运营、科学管理提供了有利条件。

【加油站管理】 组织开展加油站规范管理“百题必答”、油品数量管理“百日会战”、加油站营销能力、精细化管理“百人宣讲”和加油站发卡用卡“百座标杆”主题活动，13800名员工和1482名站经理参加考试，强化了加油站规范管理和操作能力。整改1056座没有底部取样器的加油站、901个油罐容积不准、900个液位仪读数不准和2140个油罐超出清洗周期等9类问题。组织百名优秀加油站经理进行先进理念和典型做法演讲，促进了经验交流和推广；开展万吨级加油站培育，全年打造万吨站109座；坚持开展三级考核、达标创星和神秘顾客访问制度，进一步增强了加油站的监控能力。

【安全环保稳定】 从建立安全管理长效机制、实现企业本质安全出发，大力推进HSE体系建设。以呼和浩特、呼伦贝尔分公司为体系建设试点单位，以落实有感领导、直线责任、属地管理为关键，重点在“转变观念，养成习惯，提高能力”上狠下工夫。各级领导干部带头制定个人安全行动计划509份，签订安全环保责任书17045份；对公司12个处室、所属15家单位165个部门进行职能界定和职责归位，明晰管理界面和责任内容，健全了“谁管工作，谁管HSE”和“谁组织，谁负责”的管理机制。从解决设备设施不安全状态着力，加大安全隐患治理力度。开展“风险辨识月”活动，识别各类风险13类332条，健全完善四级隐患台账，制定了翔实的隐患整改计划；建立起隐患治理机制，全年投入隐患整改资金1.57亿元，重点解决了油库122项和加油站817项隐患。从规范操作行为下工夫，加大反违章稽查力度。全年共开展全系统安全检查3次，处理违章人员348人次，有效遏制了自选动作。积极采用节能技术，创新节能锅炉和节能灯改造工作方式，全年节煤3505吨标准煤，节水12.3万立方米。

深入开展矛盾排查化解工作，层层分解责任，做到每个群体的信访工作都有专人负责包案，每个不稳定动向和线索都有专人负责掌控和跟踪，每个不稳定因素都有专人化解和平息，全年排查各类问题22个。圆满完成全国“两会”、“上海世博会”、“广州亚运会”等重要时期的维稳任务。

【企业管理】 将精细化管理作为主线，贯穿于公司各项工作始终。实行全面预算管理，将投资、成本、费用、收入、薪酬等经营活动纳入预算，建立以计划引导、对标管理、月度总结、每周分析、每日调控为主要方式的全方位、全过程大预算管理体系，制定内蒙古公司、盟市公司、油库和加油站3级预算指标，每月按照下达的滚动预算指标实行有效控制。建立起两级月度对标分析考核制度，对外找差距，对内做评比，促进各单位工作方式的改进。细化费用管理，制定《财务开支预算管理实施方案》，进一步规范费用开支审批程序，明确审批权限和责任。对招待费、差旅费实行定额管理，其他费用归口管理，吨油流通费用317.26元，同比降低19.8元。不断完善用工管理，严格控制用工总量增长，实现了量增人不增。在呼和浩特分公司开展基层岗位测时写实，制定了绩效改善方案；在鄂尔多斯分公司开展用工一体化管理试点，在呼和浩特、鄂尔多斯分公司推行加油站经理年薪制试点。2010年人均销售量334吨，同比增长19%；人均资产型零售量272吨，同比增长19%；吨油人工成本149元。有效整改内控测试例外事项，在12月普华永道外审内控补充更新测试中，公司以零例外通过内控测试。加大监督管理，有效规避风险，全年完成7座油库改扩建工程和84座加油站竣工决算审计，针对10个方面27类问题提出整改意见。开展加油站经营管理、油品损益处理情况、工程建设领域突出问题专项治理等专项审计监察，纠正处理违规违纪问题3392万元，取得直接成果2013万元。配合工商管理部门，对全区40个社会加油站盗用和仿冒中国石油标识的行为进行整治，维护了企业的合法权益。

（郑　涛）

中国石油天然气股份有限公司北京销售分公司

【概述】 中国石油天然气股份有限公司北京销售分公司（以下简称公司）主要负责中国石油在北京地区

的成品油批发和零售、市场开发等业务。2010年底，公司员工总数3614人，拥有在用油库7座，总库容9.73万立方米，年成品油总周转能力197万吨。投运加油站总数206座，其中全资站40座，控股站23座，参股站21座，租赁站122座。年成品油零售总能力135万吨，资产总额30亿元。

【主要经营指标】 2010年，公司完成成品油销售量204万吨，同比增加50万吨，增幅32.5%；纯枪销售量99.03万吨，同比增加8.14万吨，增幅9%；利润完成2.7亿元，同比增加3.6亿元；非油业务收入1.05亿元，同比增加1582万元，增幅17.7%；非油利润859万元，同比增加576万元，增幅203.5%；润滑油销售量1837吨，收入1645万元，毛利192.88万元；吨油营销成本399.53元，同比降低93.48元，降幅19%。

【市场营销】 外拓市场、内保油源，公司营销质量显著提升。公司经营各专业线强化"一盘棋"思想，加强沟通和配合，加强合作与协调，各项指标齐头并进。全年购进资源202.28万吨，超预算47.28万吨，保障了供应；科学预测市场走势，把握销售节奏，灵活价格管理，全年共调整批发价格67次，批发价格到位率达95.49%，同比提高2.39个百分点，保障了效益；加强客户开发，累计走访1000余家客户，新增客户428家，成功开发中国国航、金隅水泥、万家通等机构用户。

【调运组织】 加强协调、强化管理、优化流程、提高效率，资源调运保障有力。全年资源调运兑现率103.87%，超计划5.87%；二次配送单车周转率2.5次，超预算67%；自有油库周转率13.48次，比预算提高1.48次。优化物流配送，在调运量比预算增加10.47万吨的基础上，节约费用5530万元。规范各项流程，狠抓基本功训练和基础建设，油库管理基础得到夯实。

【加油站管理】 促销上量、强化服务、开发客户、狠抓执行，加油站管理扎实推进。全年纯枪量完成99.03万吨，同比提高9%。与北京工行、北京移动公司、北京市出租车协会等开展合作，提高终端销量，资产型加油站平均单站纯枪日销量13.7吨；加大发卡力度，新增IC卡28万张，同比增长35%；开展"市场大调查、客户大走访"活动，累计走访加油站周边零售客户5419家，新增零售客户899家。零售市场占有率达到28%，同比提高1个百分点。

【非油业务】 强化培训、加强管理、科学考核、加强运营，非油业务稳健发展。全年实现非油业务收入1.05亿元，其中，便利店收入实现4541万元，剔除促销因素影响，纯便利店销售收入同比增长1136.28万元，增幅34.65%。30万元级以上便利店达到63座，其中，百万元级店20座。50万元级店23座、30万元级店20座。

【润滑油业务】 市场引路、技术推介、综合营销、开发客户，润滑油业务实现新突破。全年召开技术交流会5次，推介会22次，开发中煤矿机、武警水电部队等客户57家，成功进入中油渤海钻探、沧州金牛化工等29家企业市场，建立了稳定的客户群体。在销售公司开展的"促发展、上销量、增效益"劳动竞赛中，全年连续3个季度荣获"油库管理项目"第一名、连续2个季度荣获"营销项目"先进单位、"物流优化项目"前三名、"节能降耗项目"先进单位和"降本增效项目"先进单位等称号。

【网络建设】 围绕加快发展方式转变的战略要求和国际水准首都销售企业的战略目标，集中精力，灵活策略，科学谋篇布局，新站开发实现新的发展。加油站项目全年上会评审21个，通过18个，新开9座、新投9座，橇装供油设施新投22座；大力实施"总部方式"战略，先后与金隅集团、福田汽车、黄金集团、中国盐业等实力雄厚、信誉良好的国有企业成功签署战略合作协议，可新增年销售量42万吨；强化管理、规范运作，工程建设管理得到强化。全年新建、翻建加油站2座、加油站改造包装10座、安装橇装供油设施22座、加油站检修389项、加油站管理系统环境部署153座、安装改造32座加油站161台加油机；投资计划完成9765万元，完成率98%。严格审查，完成工程项目造价审查690项，审定工程结算8053万元，审减率40.2%。

【体制改革】 按照股份公司《销售企业组织机构设置规范》要求和对公司体制调整方案的批复，实现了平稳整合。借鉴国际先进销售企业成熟做法，搭建公司一级管理扁平化组织架构，顺利完成"7C"专业线管理模式调整；机关处室和专业线管理团队合二为一，管理团队深入一线，服务基层库站，实现"一对一"垂直领导；各专业线一垂到底或通过派出人员的方式，直接管到基层终端，管理链条缩短，管理权限上移，管理效率大幅提高。

【企业管理】 2010年，公司持续深入推进精细化管理：一是深化"大预算"体系，细化对标管理，深挖发展短板，加强资金管控，财务精细管理得到强化。科学编制预算，均衡费用支出，吨油营销成本比预算降低106.53元，降幅21%，居销售公司第一位，吨油利润居区外销售公司第一位；取消银联POS机，降费203万元；合理筹划税收，减少所得税支出275万元；搭建适应公司发展的核算体系，会计信息质量提高，风险管控能力加强。二是强化责任、抓住关键、狠抓落实，信息统计工作再创佳绩。全年圆满完成ERP单轨运行、加油站管理系统上线、一次和二次物流系统上线、油库管理软件系统工程、财务系统和ERP融合等任务目标；连续3年荣获集团公司统计先进单位。三是清理改制，规范统一，强化股权管理。完成中油国门清算、中油东浦转让和中油天健体制改革，股权结构得到优化；构建法律防控体系，避免经济损失；开展商标维权活动，对查出的侵权加油站及时交涉整改。四是整合机构、规范薪酬、完善考核、强化培训，人事劳资工作全面加强。完成公司组织架构设计和各岗位人员选配工作；构建薪酬分配管理体系，统一薪酬标准；建立完善基于“一级管理、两个层面、三级考核、全员覆盖”的考核体系。五是精打细算、厉行节约，千方百计增收节支，支持服务得到强化。强化物资采购管理，发挥规模优势，降低运营成本，提高采购效率；强化食堂、物业、车队、水电暖和通信等费用管理，通信费、车辆运行费、物业费等费用大幅降低。六是深化体系建设，强化安全监督，加强预案演练，本质安全得到保障。修订完善HSE文件，基本覆盖公司业务管理；坚持开展安全经验分享活动，扎实推进有感领导、直线责任、属地管理，安全意识普遍增强，安全精细化管理得到落实；加强安全生产日常监督和安全检查，增强安全预案演练的针对性和时效性；推行加油站地罐交接，加强入库油品质量管理，开展数质量专项检查，数质量精细化管理持续推进；强化经营管理重点部位和关键环节的审计监督，审计项目计划完成率超过100%。

【队伍建设】 完善各级党工团组织，调整惩防体系建设领导小组，落实党风廉政责任制，逐级签订责任书，开办《廉政之窗》专栏，组织开展廉洁自律教育活动，扎实推进教育、制度、监督并重的惩防体系建设。畅通信访渠道，加大信访处理力度，信访案件初核了结率达到100%。各级党工团组织围绕中心任务，深入开展劳动竞赛、五型班组创建、职工之家、青年文明号和形式多样的文体活动，利用《加油》杂志、公司网站和《宣传快讯》等载体，扎实开展主题教育活动，增强员工凝聚力；大幅提升一线员工收入，库站员工平均收入同比增幅达10%以上；为基层库站配备畅销图书，认真做好节假日走访慰问一线员工、困难员工帮扶和员工健康体检工作，关爱员工温暖人心；加强企业文化宣贯，唱响《北京销售之歌》，为企业发展营造良好氛围。

（司明霞）

中国石油天然气股份有限公司上海销售分公司

【概述】 中国石油天然气股份有限公司上海销售分公司（以下简称公司）成立于1998年5月，2008年底上划股份公司直接管理，主要负责中国石油在上海市的成品油经销、市场开发和网络建设等工作。公司机关有14个处室、9个附属机构，下辖2个独立核算机构和6个营销中心，员工总数2167人，资产型油库3座，运营加油站154座，资产总额30.87亿元。公司坚持以科学发展观为指导，重点推进创新发展、高效发展、和谐发展，计划利用5—8年时间，率先建成规模发展、效益领先、管理科学、服务优良的国际水准销售企业。

【主要经营指标】 2010年，公司销售成品油205万吨，市场份额28%，同比提高3个百分点；零售量85万吨，零售比率40%，纯枪零售量54万吨。销售燃料油及其他油品9万吨，非油品业务实现收入7295万元。发行加油卡总数24万张。实现销售收入132.4亿元，缴纳税费6605万元。实现利润1.01亿元，扣除考核剔除因素，实现考核利润1.39亿元。吨油利润指标由年初区外第10位攀升到年底区外第5位；吨油营销成本和人均零售量指标始终位列区外销售企业首位。完成网络建设投资1.59亿元。累计签约加油站项目10座，完成预算指标；投运21座，比预算增加6座。

【市场营销】 2010年，公司以效益为中心，在坚持

"做好"效益的基础上，力争"做大"市场，销量任务、市场份额、利润指标均大幅超额完成预算目标。一是紧跟市场变化，把握销售节奏，努力推价到位，"零售保效益、批发保份额、沪Ⅳ保零售、国Ⅱ保市场"策略得到有效落实。在加油站大规模停业改造和沪Ⅳ油品价格高地的双重影响下，坚持日算账、周分析、月总结，使销售工作受控运行，实现销量和效益双增长。二是加强市场研判，争取增量资源。全年下海油预算兑现率达到104.4%，在区外名列前茅；加大外采力度，全年外采油品31.6万吨，其中3月上旬准确预判市场触底，及时购进低价资源2.3万吨，实现毛利345万元。三是非油品业务量跨越式增长。非油收入同比提高122%，比预算增加108%；便利店质量不断提高，百万元店和50万元店数量翻番，单店日均销售额增长52%。四是燃料油业务顺利起步，销售渠道和业务流程初步建立。全年完成3.3万吨的购销任务，实现毛利371万元。五是超额完成83万吨零售量预算任务，加油卡销售实现重大突破。全年新发行加油卡22万张。六是机构用户开发成效显著，新开发机构用户420多家，新增机构用户销量30万吨。

【网络建设】 围绕到2015年"再造一个上海销售公司"的发展目标，不断细化完善"十二五"发展规划；解放思想，开拓思路，加大网络开发力度，2010年新开发加油站10座，同比翻了一番。在时间紧、任务重、安全压力大等困难条件下，本着"一次改造、全面达标"的原则，在世博会开幕前精心组织完成50座站的形象包装和98座站的油气回收改造工程，崭新的罩棚、醒目的加油岛、令人耳目一新的便利店，使加油站整体形象大为改观，成为上海一道亮丽的风景线。其中6座世博样板站，得到各级领导的首肯，发挥了样板示范作用，充分展示世博会合作伙伴的良好形象。立足内涵挖潜，全面打响加油站投运攻坚战，针对30座长期未能运营的加油站，落实"三定"原则，增强投运工作的紧迫感、责任感，解决了一批历史遗留问题，全年投运加油站21座，同比增加12座。橇装加油装置开发取得零的突破，成功进驻世博园区，打开了上海橇装加油装置市场，全年成功开发17座。

【基础管理建设工程】 2010年，公司加快转变发展方式，坚持把精细管理、内涵挖潜作为持续推进基础管理建设工程的重要措施来抓，全面开展岗位职责及业务流程梳理，管理制度体系进一步修订完善。借助世博契机，大力开展微笑服务、加油站定置化、规范化管理。狠抓质量计量管理、地罐交接试点、严厉打击油品盗窃等措施，购进环节损耗率降低6.5%，零售损耗率降低52%，仓储盘盈率增加87.5%，油品质量抽检合格率始终保持100%，全年没有发生一例质量计量纠纷。规范和加强股权企业管理，全年完成投资收益6688万元，超预算180%，创历史最高；7家股权企业处置工作顺利完成，9家具有控制权的控参股单位纳入并表范围，全年增加销量27万吨，增加利润3629万元；非并表股权单位账面实际分红875万元，同比增长258%。重要历史遗留问题处理取得突破，妥善处置上海华东中油案件，减少对公司利润影响近3000万元；申隆项目真实情况基本查清，避免经济损失700多万元。全新改版公司门户网站，实现ERP、加管系统单轨运行，资金管理平台顺利上线推广，考核指标跃居销售企业前列。实现121座全资管理、控股、租赁加油站数字专线全网联通覆盖，发卡充值网点站站覆盖，实现了14座参股站无障碍刷卡。

【保障服务世博】 做好上海世博会保障服务工作，是2010年集团公司党组赋予公司的光荣历史使命。公司上下坚持"两不误、两促进"，始终以高度的责任心和使命感，以特别能吃苦、特别能战斗、特别能奉献的实际行动，全身心投入保障服务世博会工作。累计为上海市供应沪Ⅳ油品69万吨，并全面实现安全环保零事故、油品供应零断档、油站服务零纠纷、质量计量零事件等目标。公司累计接待各级领导和来宾4953人次，展现了全新的企业形象，公司经营发展外部环境更加和谐；广大员工以大公无私的奉献精神、吃苦耐劳的拼搏精神、忠于职守的敬业精神、严谨求实的负责精神、戮力同心的团队精神，换来了公司保障服务世博会的全面胜利。公司收到上海市政府的感谢信、集团公司的贺信和销售公司的嘉奖令，并荣获"中国石油集团、中国石化集团、中国海油联合参展中国2010年上海世博会先进集体杰出贡献奖"；公司党委被中共中央组织部、中央创先争优活动领导小组授予"上海世博会创先争优先进基层党组织"荣誉称号，还有6名同志受到上海市委、市政府和上海世博会事务协调局的表彰。

（夏飒飒）

中国石油天然气股份有限公司黑龙江销售分公司

【概述】 中国石油天然气股份有限公司黑龙江销售分公司（以下简称公司）主要负责黑龙江省行政区域范围内石油成品油销售业务和非油商品销售业务。公司机关设有13个职能处室、4个机关附属机构，2个直属单位、16个分公司、7个物流配送中心、75个片区；员工总数15928人，其中合同化用工7780人，市场化用工8148人。资产总额44.69亿元，有油库35座，资产型加油站998座。

2010年，公司成品油销售总量407.85万吨，完成年计划的110.23%，同比增加23.02万吨；零售总量333.83万吨，完成年计划的112.02%，同比增加28.97万吨；市场份额达到87.7%，同比提升1个百分点；单站日销量9.22吨，比计划提升0.8吨，同比提升0.86吨；主营业务收入274.45亿元，完成年计划的130.88%，同比增加51.91亿元；实现考核利润7.01亿元，完成年计划的110.76%，同比增加1.2亿元；吨油利润171.95元，比预算提升16.71元，同比提升20.86元。非油业务销售收入2.4亿元，完成年计划的104.7%，实现利润891万元，同比增长100.27%。

【市场营销】 2010年，在市场竞争、资源趋紧的形势下，积极出台新措施抓好主营，努力确保主营，主营业务迈上新台阶。与11个地市签订战略合作框架协议，争取良好的经营环境。坚持把农用柴油供应放在突出位置，保证全省春耕和秋收生产用油，受到省政府批示表扬。出台提高市场份额25条措施。坚持抓市场调研，抓资源到位，抓服务提升，抓非油效益，实现箭头向上，全省销售一片“红”。被评为集团公司“十一五”统计工作先进单位和销售系统零售统计分析先进单位。

【企业管理】 用制度加强管理，工程建设严格执行规章制度，进一步明确工程结算“三审制”及库存商品监督管理制度，补齐了关键环节制度建设短板，有效防范了企业的经营风险。用检查推进管理，认真开展预算、费用、小金库、资金、计质量、库站基础工作等抽查和检查，强化了财务管理和库站基础工作。用活动深化管理，先后开展加油站晋档升级奖励活动和“服务、质量、作风”主题活动，全年新增万吨级站12座、总数达到53座，新增7000吨级站20座、总数达到48座，新增5000吨级站34座、总数达到88座，新增3000吨级加油站37座、总数达到169座。用内控和法律监督保证管理，配合普华永道和集团公司测试组完成内控测试工作，对27个例外事项进行整改，共审查法律事务合同419份、标的金额7.9亿元，工程项目送审金额1.98亿元，审减金额748万元，审减率3.77%，减少了资金流失和浪费，维护了企业利益。用信息化规范管理，完成ERP、零售管理、油库信息和二次物流配送系统建设，财务资金管理平台实现单轨运行，975座加油站实现加油站管理系统上线运行，上线率达到97%。建立IC卡充值网点331个，共发卡36.38万张。

【项目建设】 全年投资总额3.78亿元，工程建设项目173项，投资计划完成率98.9%。新建、收购、改扩建、安全隐患整改加油站96座，新安橇装加油站15座，增容改造续建、安全隐患整改油库12座，油库信息系统改造31座，为上台阶、保跨越、增销量起到了保证作用。通过质量管理体系认证，促进了质量管理体系建设。

【安全管理】 牢固树立“安全第一”的理念，坚持全员、全方位、全过程抓安全环保。开展以“强基础、反违章、除隐患”为主题的安全竞赛、以“要我安全与我要安全”为主题的大讨论活动、执行HSE 9项管理原则和反违章6条禁令两个“回头看”活动以及习惯性违章专项整治活动，习惯性违章得到有效遏制。加强安全检查，落实直线责任和属地管理，落实领导安全责任制，保证了公司平稳发展。公司被集团公司评为“安全生产先进企业”。

【基层建设】 提倡“三分之一工作法”，关注基层，为基层解决问题。力量往一线配备，为一线岗位招收大学生146名。薪酬往一线倾斜，调整薪酬分配格局，确定一线操作人员奖金系数为1.2，高于机关和片区一般管理人员。荣誉往一线安排，在加油站层面开展评选表彰奖励“四个十佳”员工活动。精神食粮往一线分发，开展“书香满龙江·悦读十分钟”读书活动，为基层发放图书近20万册。宣传重点往一线贴近，大力宣传一线典型经验和好人好事，更新重建公司门户网站，设置基层动态、一线故事等9个栏目，刊载稿件1259篇。在集团公司网站投稿和发稿量均居集团公司系统前三名。

【队伍建设】 把反腐倡廉当做头等大事来抓，严格执行决策制度，认真践行《党风廉政建设责任书》和《领导干部廉洁自律承诺书》，加大教育、预防、监督力度，引导干部增强廉政意识。充分尊重和切实维护广大员工的知情权、参与权、建议权和监督权。发展新党员166名，其中一线员工106名，占64%。深入开展“学习发展年”活动，充分发挥公司培训基地作用，举办培训班45期，培训员工3300人。公司技能鉴定站顺利通过国家质量管理体系认证，2010年职业技能鉴定3755人次，累计7868人次，完成了一线员工首轮鉴定任务。累计培养具有国家资质的考评员45人、质量督导员10人、内审员10人和考务管理人员10人。被集团公司授予“先进职业技能鉴定中心”称号。技能鉴定中心还为西藏、吉林、东北等公司进行鉴定和外部督导，受到上级有关领导的表扬。

（鞠　婧）

中国石油天然气股份有限公司河北销售分公司

【概述】 中国石油天然气股份有限公司河北销售分公司（以下简称公司）主要负责中国石油在河北省行政区域的成品油、非油品商品销售业务以及市场网络开发。公司成立于2000年5月，2009年12月上划股份公司直接管辖。截至2010年底，机关设14个处室，下辖12个地市分公司、15个股权企业，有员工11415人，资产总额近70亿元，在营加油站988座，油库25座，成品油年销售能力达450余万吨。

【经营指标】 2010年，完成成品油销售总量443.05万吨，同比增加56.45万吨，实现零售量311.54万吨，同比增长10%，零售比例达到70.3%；市场占有率37.1%，同比提高1.49个百分点；累计价格到位率96.2%，同比提高近1.8个百分点；实现利润总额2.15亿元，同比增加4.53亿元；全年累计开发加油站98座，取得经营权的高速公路加油站75座，新增高速公路加油站份额达到50%。

【市场营销】 2010年，公司紧密围绕“上规模、优结构、增效益”的目标，坚持宏观把握与精细分析相结合，实现业务规模、销售结构和经营创效的同步提升。一是业务规模不断扩大，积极推动“大市场”建设，强调地市分公司经营运行主导作用，充分发挥新体制优势，辖区市场份额达到37.1%。二是销售结构逐步优化，不断提高零售能力，纯枪环节新开发年需求量60吨以上客户2400个，月均机构用户销量突破10万吨；全年发售卡60多万张，新卡发售10万余张，全年新增储值25亿元，同比增长77%；全年实现非油销售收入1.52亿元，销售总量、零售量、利润总额创历史最高水平；高标号汽油销量、月均走枪量刷新历史纪录。三是创效能力显著增强，针对辖区市场价格特点和公司竞争优势，设定价格梯度和布局，以任丘地付为辐射中心和销量突击区，以张家口、承德、秦皇岛等高价区为效益增长带，以唐山、保定、石家庄等经济强市为销量增长区，以邢台、邯郸等山东地炼毗邻地区为低价油阻击带，区别实施梯级价格，价格到位率同比提高1.8个百分点。

【物流建设】 加速推进适应公司快速发展的“大物流”体系建设，初步形成“购进渠道多、网络布点多、配送方式多、运行费用少”的“三多一少”物流运行体系。一是资源保障“多样化”，通过提高资源配置量、加大串换与外采、增加高效市场投放量以及加强对任丘炼厂、大港炼厂资源计划的执行力度，确保有限资源发挥最大效益。全年完成直炼资源调入总量368.3万吨，超板块下达计划4.9万吨，实现串换40.5万吨，外采64.5万吨。二是资源摆放“规范化”，持续优化配送网络，退租承德八二油库、廊坊宝隆油库，强化库存管理与控制，涨价时涨库增效益，降价时降库降风险，加强铁路运输流向管理，统筹安排东北油进关、西北油东调、境内油地付计划，减少压车、压船现象，自备车返空及时率达到98%，同比提高3个百分点。三是组织配送"高效化"，加快实现资源投放与油品配送的"无缝衔接"，分北、中、南3个资源投放区，充分依托任丘、秦皇岛、葫芦岛地域优势，保障油品需求，提高配送效率，确保了大预算盘子整体目标的顺利实现。

【网络开发】 一是网络开发实现量效齐增，开展"大干一百天，打赢全年网建攻坚战"活动，积极推进网络布局从"注重数量"向"数质并重"、增长方式从"依靠中介"向"自主开发"、网络开发从"直线管理"向"上下结合"的"3个转变"，全年累计开发加油站98座，其中，一、二类站比例达到78%；开发高速公路加油站31座，取得50%的份额；投运加油站71座，新增零售能力52.2万吨；曹妃甸、河北钢铁等集团项目取得新突破；杨官林、承德、李天木油库建设顺利推进。二是项目建设监管实现全范围、全过程覆盖，坚持"一体管理、两级实施"的总体思路，全年完成改造加油站和划转维修加油站等合计1000多座，工程合格率达到100%。三是低效站治理实现内涵式增长，按照"一站一策、分类指导"的原则，建立"1+1"挂点联系加油站和开业倒计时制度，对高效站定期指导、对低效站定点帮扶，关停、退租、治理低效站105座，停业站恢复营业22座，月均零售量提升7000多吨，有效提高了加油站经营管理水平。

【安全生产】 一是抓全员安全教育，贯彻落实《反违章禁令》，积极践行"有感领导"，加强警示教育，组织技能培训，加快推进专业人员取证工作，组织计量操作、安全资格取证、内审员取证及HSE系统业务培训等合计850余人次。二是抓全范围体系建立，加快构建新的HSE管理体系，组建"1+12"应急体系架构，建立健全应急管理组织体系，全年组织预案演练13000余次，基层员工应对突发事件的能力不断提高。三是抓全过程安全监管，围绕春节、国庆、世博会、政府"两会"等特殊敏感时期，对库站进行全覆盖、全过程检查，加强承包商安全"一体化"管理，强化施工安全责任落实，严格执行作业许可审批制度，库站安全运营水平不断提升。

【企业管理】 管控架构上，将各区域调整为地市分公司，对条件成熟的股权企业，在不改变法人治理结构的前提下，进行有序整合；对油库管理、物流配送、财务管理等实行"专业化管理、属地化运行"；对机关处室职能进行有序归并，组建任丘物流储运管理中心。管理模式上，对管理层、执行层、操作层的职能职责进行明确定位，确立"大预算"管理、绩效薪酬考核管理、市场建设管理和精细化管理"四位一体"的管理模式。在大预算管理模式的搭建上，率先在销售企业中推行"大预算"管理，使预算管理全面涵盖市场开发、经营创效、结构优化、物流配送、成本控制、员工及薪酬管理等各个方面。在财务管理上，开展资金专项大检查和"小金库"专项治理工作，加快资金管理平台推广应用，规范油品、非油品结算流程及核算方法，强化资产管理，优化纳税环境，财务工作水平稳步提升。人事管理上，加大"三控制一规范"工作力度，严控用工总量，提升劳动效率，采取公开竞聘与组织任命相结合的方式配备管理人员，机关人员由162人精减为132人。基础管理上，深入推进精细化管理，规范物资采购流程，节约采购资金近千万元，明确KPI考核指标，建立全员绩效考核体系。数质量管理上，推进地罐交接，加大日常稽查，强化损益指标管理与盈亏考核，定期开展分公司自查、各单位互查、公司抽查，有效堵塞管理漏洞。信息化建设上，ERP系统成功实现单轨上线运行，大零售管理系统有序推进，系统上线加油站953座，上线率97%，达到板块95%的上线要求；公司自主研发的"加油站宽带微波网络接入项目"入选板块科技项目，公司被集团公司评为"信息化工作先进单位"。

（彭英军　侯忠山　李　军）

中国石油天然气股份有限公司新疆销售分公司

【概述】 中国石油天然气股份有限公司新疆销售分公司（以下简称公司）是中国石油设立的地区销售公

司。公司下设13个职能处室、3个直属单位，在14个地州市设立16个分公司（50个销售片区）和1个润滑油分公司。截至2010年底，共有员工12918人，其中合同化员工6257人，劳务用工6661人。资产总额48.77亿元，拥有资产型加油站1001座，运营744座，占全疆运营加油站的45.81%；资产型分销油库9座，总库容40万立方米，年周转量697万吨；铁路专用线4条（总长度7046米），铁路装卸鹤位122个。

【经营指标】 2010年，销售成品油423.93万吨，同比增长16.20%；零售320.99万吨，同比增长17%；实现销售收入265.06亿元，同比增长34.36%；实现利润3.08亿元，同比增长1.04%。

【市场营销】 一是收购社会富余油品5.1万吨，串换中国石化资源19.3万吨。配合执法部门开展市场整顿，查处不合格油品13批次，清理侵权加油站40座，维护了市场秩序。二是细分目标市场，紧盯重点工程，加强客户开发，为全疆105个建设项目累计供油10.3万吨，全年开发100吨以上机构用户841家，实现销量25.5万吨。三是开展农忙季节送油下乡活动，在媒体上公布涉农加油站保供名单，开辟鲜活农产品车辆加油快速通道。四是制定下发《2010年度增销上量奖励办法》，激励员工全力促销上量，实现站前零售量276.92万吨，同比增长13.46%。五是突出销售质量，改善销售结构，提升销售效益，终端销售比率达到89.59%，高标号汽油销售比例达73.89%、同比提高11.86个百分点，单站日销量11.62吨、同比提高1.91吨，人均销量330.95吨、同比提高59.37吨，人均零售量263.86吨、同比提高49.96吨。六是共发售加油卡20万张，与全系统同步实现“一卡在手、全国加油”的目标。七是持续推进资源调运的精细管理，提高可控性和精准性，核减配送运距6661千米，加强承运油罐车施封、验封和路查路检工作，运输损耗始终控制在最低水平。

【加油站管理】 推广加油站现场管理“六化四有法”（即：加油站形象标准化、服务规范化、检查常态化、评先制度化、设施定置化、服务项目明确化；做到员工着装有要求、服务有规范、动作有标准、效率有规定），有力地促进了零售业务管理，万吨级加油站达到49座、同比增长64%，五千吨级加油站达到143座、增长16%，单站零售量达到11.62吨、同比提高1.91吨；加油站综合服务满意度达到89.23%、同比提高4.33个百分点。加油站管理水平和现场服务质量获得在新疆召开的集团公司领导干部会议代表的一致好评。

【非油品业务】 全年新开便利店163座，完成12座“昆仑好客”便利店改造，建设样板便利店12座，便利店总数达到510座，占营业加油站的68.55%。供应商由13家增加到50家，商品数量由2500种增加到3500种。积极与大型供应商联手开展促销活动，提升“昆仑好客”的品牌认知度。开展化肥、轮胎新业务，在重点区域开设新疆特产和汽车用品专柜。全年非油品业务收入2.35亿元、同比增长111.71%，非油品业务利润1953万元、同比增长389%。新增百万元店27座、50万元店50座、30万元店37座。非油品收入在中国石油销售系统排名第七、毛利额排名第二，并获年度劳动竞赛奖。

【工程建设】 全年实现投资6.58亿元。主要完成阿克苏油库改扩建后续工程，九道湾、伊犁、独山子油库项目前期工作。启动喀什、阿勒泰、吐鲁番油库建设项目，中国石油驻乌鲁木齐企业联合生产指挥中心工程顺利进行。全年新开发加油站23座，续建加油站10座，橇装加油设施20座，投运26座（含橇装6座）。先后与昌吉等10个地州政府签订战略合作框架协议，加强企地合作，取得新建5条高速公路服务区36座加油站开发建设权。完成746座加油站管理系统上线应用，布置发卡点261个。启动油库信息系统建设。ERP系统在业务部门得到深入应用。油库、加油站液位仪系统和视频监控系统更趋完善。

【安全生产】 牢固树立“环保优先，安全第一，质量至上，以人为本”的理念，逐级签订《安全环保目标管理责任书》，落实责任主体，严格责任追究。扎实推进HSE体系建设，修订发布作业许可等7项安全管理制度，坚持以制度保证各项安全规程在实际操作中得到贯彻落实。修订完善突发事件应急预案，组织预案演练1871次，有效提高库站员工的安全意识和应急操作技能。高度重视安全隐患治理工作，投资9715万元，对153项库站安全隐患进行彻底整治，库站整体安全水平持续提升。组织开展安全生产大检查活动，发现问题隐患539项，完成整改471项，对未整改项目制定整改计划，落实责任部门和责任人，进行消项管理。圆满完成乌鲁木齐“7·5”事件一周年和上海世博会期间治安保卫任务，公司受到集团公司通令嘉奖。

【企业改革与管理】 一是持续推进“三控制一规范”工作，初步完成两级机关组织机构设置及人员定编工作，直属企业精简机构4个，轮岗交流管理人员73人次。新成立非油品业务处、科技信息管理处；将工程管理部与规划计划处整合为投资建设管理处，设立高速公路加油站开发和车用燃气业务发展2个项目部；组建综合服务公司。界定明确营销、调运、库站管理、质量计量、安全环保等部门职能，将加油站管理处调整为库站管理处，撤销审计中心，理顺管理职能，简化业务流程，提高了管理效率。二是贯彻落实股份公司精细化管理会议精神，成立精细化管理工作组织，梳理业务流程118项，修订完善规章制度45项，安排部署制度建设3年规划，各项工作有序推进。三是持续推行年度降本增效方案，严控重点项目、关键环节费用支出，吨油商流费较预算减少6.69元；制定《炼厂地附提油奖励办法》，鼓励直属企业利用炼厂地附设施收购油品81万吨，同比增长40%，节约采购成本5267万元。制定《公司实施经济增加值考核指导意见》，树立资本成本意识，力求理性投资，注重资本回报，企业盈利能力逐步增强。四是加强用工管理，研究制定用工总量控制计划，推行用工总量“双向控制”。加强培训教育，举办各类培训班792期，培训员工14821人次，一线操作服务队伍整体素质有新的提高。强化技能鉴定工作，持续推进操作服务队伍的职业化进程，全年完成鉴定1612人。制定《员工健康疗养管理实施办法》，统一规范员工健康疗养标准。落实市场化用工成才政策，对符合条件的12名市场化用工转换身份，激励员工岗位成才、岗位发展。

（王　瑞）

中国石油天然气股份有限公司山东销售分公司

【概述】 中国石油天然气股份有限公司山东销售分公司（以下简称公司）是股份公司在山东省设立的从事成品油销售业务的地区分公司。截至2010年底，公司机关设职能处室15个，在全省17个地市设分公司15家，统筹管理控股子公司15家、参股公司1家；拥有资产型油库20座，库容44.48万立方米，运营加油站875座，在岗员工11379人，资产总额43.84亿元。

【经营指标】 2010年，公司实现成品油总销量422.6万吨，完成预算指标的114%，同比增加46.7万吨；实现零售量298.8万吨，完成预算指标的113%，同比增加37.9万吨；发售中国石油加油卡47.9万张，充值27.4亿元，沉淀资金1.68亿元；实现非油品销售收入2.2亿元，完成预算指标的122%，同比增加6800万元，实现毛利3719万元，毛利率达到16.8%；实现利润1.56亿元，同比增加6.2亿元；吨油营销成本246.42元，比预算节约17.73元，同比降低10.95元；完成投资6.18亿元，考核计划完成率99.8%；发生投资新开发项目93个，完成销售公司下达任务的186%；新投运加油站110座，完成销售公司下达任务的478%，新增零售能力63万吨，运营加油站总数达到875座；实现质量安全环保责任事故为零、应收账款为零。

【市场营销】 2010年，面对复杂的市场形势，公司科学组织营销，积极构建三大体系，竞争能力持续增强。

一是构建较为稳定的资源保障体系。充分利用多元化的物流方式，全年购进直炼资源290.98万吨，计划兑现率达到97.68%。积极开展资源外采，通过规范业务流程、完善质检手段、设立驻厂办等措施，推动外采业务由操作型向管理型转变，全年外采油品124.6万吨，同比增加26万吨，实现毛利2.2亿元。

二是构建以客户为中心的营销体系。实行与客户级别相匹配的价格等级优惠策略，实施与客户类别联动的客存管理，结合客户忠诚度供给资源，营销手段更加贴近市场，库发销量同比增加30%。开展“辖区内十大客户开发”、“公交系统客户开发计划”等专项活动，十大客户实现销量34万吨，同比增加16.6万吨。烟台、青岛、济南等7家公司与辖区内所有公交汽运客户开展了合作。全面推进客户经理制，发挥客户经理在客户开发维护中的纽带作用，110名客户经理实现销量58万吨，占所属公司批发量的38%，人均销量达到5400吨。

三是构建集约化的物流体系。积极争取、努力协调，实现管输油品 95 万吨，同比增加 28 万吨。充分利用智能配送系统优化二次物流，保障了自有零售网络油品的及时稳定供应，配送优化度同比提高 1 个百分点。最大限度提高外采油品直接入站比例，全年直接入站油品 24.69 万吨，节省二次物流费用 1261 万元。加强流动加油车监管，流动加油车运行效率保持较高水平。稳步推进地罐交接工作，成功在莱芜公司试点，并在全省推广。开展公路运输联合稽查，加大公路运输监管力度，保证了配送业务安全平稳运行。

【加油站管理】 2010 年，公司以提量增效为目标，全力打造精品终端，加油站运营质量稳步提升。一是以现场管理为基础，通过开展达标验收、录像稽查、低销量站治理等活动，推进星级站培育与样板站建设，加油站标准化、规范化水平有效提升。二是以客户开发为重点，全面开展“市场大调查、客户大普查”，加强加油站周边市场客户形态分析，积极挖掘潜在客户，新增零售客户近 1.3 万个。三是以提高汽油销量为突破口，抓住国Ⅲ油品置换有利时机，加大高标号汽油销售力度，全年实现汽油纯枪量 72 万吨，同比增长 12%。四是以中国石油加油卡发售为抓手，加快发卡充值网点建设，发卡网点总数达到 392 个，持续规范加油卡业务运行，为进一步开展卡营销、做强卡业务、实现“油卡非”联动奠定了基础。五是以优质服务为着力点，积极开展“2010 世博微笑服务”系列活动，服务水平稳步提升。

【非油品业务】 2010 年，公司非油业务坚持发展与规范并行、规模与效益并重，实现了量效齐增、快速发展。一是中央仓建成投运，非油品业务运营管理模式实现重大转变，效益大幅提升。实现商品全省统采统配，提高谈判议价能力，非油品毛利率提高 4 个百分点；实现两级公司管理职能的分离与优化，使分公司主要精力放在现场管理和商品销售；规范供应商引进与管理，便利店 20 个大类、96 个小类、2500 余种商品实现统采统配，配送周期缩短 5 天。二是加强商品管理、现场管理、库存管理，商品结构持续优化。筛选出 135 个品牌、886 种核心商品，建立便利店“必有必保”商品名录，淘汰滞销品 1311 种；清理库存 738 万元，库存周期缩短 19 天，库存周转能力提升 20%。三是开展非油品销售能手竞赛，将业绩指标完成情况、毛利水平与奖励政策挂钩，充分调动了一线员工积极性。四是加强旗舰店建设和低收入店治理，低收入店数量减少 273 座。青岛、威海公司实现了低收入店为零。五是发掘新的利润增长点，有序推进广告、汽车服务等非油品新业务。积极开展汽车服务项目试点，威海汽车服务试点项目正式营业，得到销售公司的充分肯定。

【网络建设】 2010 年，在网络争夺白热化、土地成本骤增、项目审批日趋艰难的情况下，公司坚持全年开发、投运任务不动摇，强力推进项目投运，网络布局日趋完善。

在网络开发方面，按照双“T”型发展战略，进一步完善了公司 2011—2015 年发展规划。积极落实集团公司与山东省政府签订的战略合作框架协议。全年签订加油站新开发合同 205 个，同比增长 170%，其中城区站比例达到 82%。当年开发、当年投运加油站 89 座，创历史最好水平。在销售公司组织的劳动竞赛中，公司网络开发、投运等指标完成情况位列销售系统第二、区外第一，荣获销售公司“网络开发先进单位”称号。

在工程建设方面，继续以规范管理为主线，以“质量、安全、投资、工期”控制为重点，以加强工程管理队伍和服务商队伍建设为基础，通过加大考核、强化在建项目检查、将检查纳入岗检内容等方式，突出抓好工程项目管理。密切跟踪检查中发现的问题，做到“问题不解决，考核不销号”，并采取通报、月度例会等方式进行案例共享，工程管理水平稳步提高。将服务商纳入统一管理，完善服务商考核管理，建立了长期合作机制。严格项目结算审核，全年审核库站项目 293 个，审核金额 1.18 亿元，审减率 1.92%。

【精细化管理】 2010 年，公司认真落实中国石油油品销售精细化管理会议精神，逐步将精细化管理融入企业管理全过程，基础工作进一步夯实。

一是安全环保基础更加牢固。全面推进 HSE 管理体系建设，领导班子带头践行有感领导，HSE 管理理念深入人心，执行更加有力。严格落实安全生产责任制，关键环节、要害部位和重点领域安全监管进一步加强。突出设备设施专项治理，投入安全资金 1149 万元，劳保费支出 1373 万元，排查治理隐患 25 项，巩固了本质安全。加强油库标准化管理，全年库均周转次数 8.5 次，人均吞吐量 9400 吨，运行效率持续提高。狠抓油品计量质量管理，动态跟踪油品出入库质量，油品质量抽检合格率 100%。认真抓好世博、亚运会期间应急实战演练，全年开展各类演练 4461 次。公司获得集团公司“2010 年度安全生产先进企业”、“2010 年度节能节水型企业”等荣誉称号。

二是人事管理水平持续提升。推行加油站工时制度改革，组织开展计量员转岗、核算员兼岗，加油站全面执行岗位技能工资，所属14家公司取得当地劳动社会保障部门综合工时制认证。采取预分解指标办法，优化了业绩考核流程。完善薪酬福利分配体系，完成工资套改，提高了员工收入水平。紧密围绕经营管理重点，组织培训班7752个，累计培训3.3万人次。继续开展职业技能鉴定，鉴定通过2033人，通过率76.9%。推进岗级管理，初步形成公司岗级管理体系。深化HR系统应用，人事管理不断规范。

三是财务管理成效显著。ERP系统与FMIS系统成功融合并单轨运行，会计信息质量、核算水平不断提高。资金管理平台顺利上线运行，资金运行效率和风险防范能力稳步提升。运用信息化手段，将预算管理与资金计划、网上报销系统有机结合，在费用预算、资金控制、审批报销和会计核算4个层面严格把关，实施动态管理和刚性控制，确保了成本费用受控。深入开展经营活动分析，突出量价效动态平衡，积极进行对标管理，决策支持作用更加明显。全面梳理业务流程，强化内控体系建设，完成ERP系统内部控制规范的制定、发布和信息管理风险评估项目试点。公司分别荣获集团公司、股份公司“2009—2010年度财务工作先进单位”、“2010年度财务报告先进单位”称号。

四是信息化建设步伐全面加快。ERP系统、加油站管理系统、油库管理系统应用水平大幅提升，对经营管理的支撑作用更加显著。稳步推进二次物流系统试点，积极开发客户关系管理系统，库站基础信息管理系统成功上线运行。推动两级公司网络基础设施建设，网络设备管理水平和安全性能持续提升。加强运行维护体系建设，运行维护能力进一步提高，保障了40多个应用系统的稳定顺畅运行。公司被评为集团公司“2010年度信息化工作先进单位”。

五是综合管理工作扎实推进。实施基础管理建设工程，完成《山东销售公司规章制度汇编》。持续强化岗检工作，岗位责任制得到有效落实。开展企业管理现代化优秀论文、优秀成果评比。开展商标侵权整治等。成立中国石油山东地区合资公司董事局、监事局，调整完善了部分股权单位法人治理结构。加快股权处置进度，完成牟平中油等5家单位股权清算。妥善处理莱州中油资产拍卖等法律纠纷，挽回经济损失3100余万元。公司及所属15家公司分别被评为省、市级“守合同重信用”单位。

六是审计监察工作有效开展。深入开展领导干部经济责任、油库油品溢耗管理等专项审计，加强对非油业务、促销费管理等重点部位及关键环节的效能监察，认真开展工程建设领域突出问题专项治理，对经营管理切实起到了服务监督作用。强化内控体系监督，开展管理层自我测试，推动了内控体系的有效执行。全年审计及效能监察单位覆盖率、项目完成率、意见采纳率均达100%。

（刘学磊）

中国石油天然气股份有限公司陕西销售分公司

【概述】 中国石油天然气股份有限公司陕西销售分公司（以下简称公司）下辖10个分公司、1个润滑油公司、1个油品质量监督检验站、5个驻省内炼厂采供站及102个片区经营部，公司机关设12个职能处（室）。截至2010年底，资产总额27.66亿元，有运营油库15座，运营加油站827座，各类在册员工11092人。

【主要生产经营指标】 2010年累计销售成品油409.57万吨，同比增加78.13万吨，超预算59.57万吨；零售353.53万吨，同比增加62.47万吨，超预算61.53万吨，市场份额74.68%，同比提高5.02个百分点；税前利润7.1亿元，同比提高0.45亿元，超额完成全年预算指标。全年未发生安全环保等级事故，未发生质量、计量责任事故。

【企业管理】 全面启动基础管理建设工程实施工作。公司成立基础管理建设领导小组及办公室，并分设质量、计量和标准管理、业务流程管理和规章制度管理3个专业组，制定实施《中国石油陕西销售公司基础管理建设工程工作实施方案》。在质量计量标准化方面，完善质量管理和监督体系，取得质量管理体系认证书，72 名管理人员取得质量管理体系内审员资格；全年质检中心共检验油品 2199 个，器具 6293 件，在国家质检总局的抽检中全部合格。在业务流程管理方面，发布执行“三重一大”决策流程控制规范；全面加强公司内部审计和风险控制流程，形成全套内审业务流程规范和风险控制管理文档体系。在规章制度管理方面，组织开展规章制度清理评价和规划工作，对公司现有规章制度进行系统梳理和评价，并完成 2010 年度规章制度的制修订计划。

精细化管理进一步推进。一是注重细节，控本降费。倡导无纸化办公，充分利用网络信息技术，减少打印、复印数量，推行安装机打发票，2010 年办公费用节约 296 万元；推行异地网上报销，召开视频会议，减少差旅会议费支出，节省直接报账成本约 20 万元。二是改进溢余油管理模式。由专门部门实行总体组织、分段配合、立体管理，逐步建立起“日监督、周分析、月盘点”制度。三是优化物流配送。全年公路自提一次性平均运距下降到 121.03 千米，同比减少 17.53%，节约运费约 4200 万元。四是加强财务管理。制定下发《加油站、营业网点资金安全管理检查标准》、《资产出租管理暂行办法》和《成品油 ERP 核算管理办法》，从制度上规范操作行为，保证公司资金财产安全。

弘扬先进企业文化。加强党风廉政建设，“两书”签订率 100%。制定下发《陕西销售公司关于落实“三重一大”决策制度的实施细则（试行）》。深化创先争优活动，党支部和在岗共产党员全面完成公开承诺阶段任务。强化重点部位和关键环节的监督，深入开展工程建设领域突出问题专项治理工作。有序推进“千万图书下基层、百万员工品书香”活动，为 324 座加油站配发图书 6.38 万册。修订下发了 2010 版《员工手册》。

【网络建设】 加油站开发稳步推进。坚持实行加油站开发建设任务奖罚制度，全年新开发加油站 11 座，完成续建站 2 座，改扩建加油站 28 座；争取到西禹、黄延高速公路服务区 7 座加油站的经营权。

重点油库建设加快。榆林油库、延安油库完成选址等工作，进入安全评价及环境评价等前期准备阶段，汉中石马坡油库 2 万立方米隐患治理项目进入全面施工阶段，安康五里油库扩容项目完成前期准备工作，西安西油库、宝鸡福临堡油库下装发油设施改造竣工投运，咸阳茂陵油库新建 2 万立方米库容竣工投运，渭南高田油库通过竣工验收，6.5 万立方米库容投入运行。

【市场营销】 以劳动竞赛为契机，带动全员销售热情。坚持开展“促发展、上规模、增效益”劳动竞赛活动，按月考核，在竞赛的不同阶段，根据市场适时调整促销奖励办法，充分发挥全员主动性、积极性、创造性。下属西安分公司成品油销售量跨过百万吨大关，零售量接近百万吨。

紧抓市场节奏，开发客户资源。加强市场跟踪和分析，做到日监测、周分析、月总结。以分公司、片区为单位，分级建立市场档案，实施动态管理。下半年在全省加油站开展“市场大调查、客户大普查”活动，全面掌握辖区内市场情况，进一步提高加油站客户开发、服务、维护水平。截至 11 月底，共新开发机构用户 1100 余家，预计增加销量 11.8 万吨。

保障陕西市场油品稳定供应。10 月下旬柴油短缺，公司建立日动态报表，加强市场监测。积极向股份公司申请追加 2.8 万吨柴油配置计划，争取到 8 万吨国储局陕西储备库柴油。陕西省副省长景俊海两次来公司调研柴油供应情况，对公司的保供工作给予充分肯定。

【加油站管理】 规范加油站现场管理。开展标准站复制推广工作，在全省选建 8 座标准站，以点带面，有序推进；加强加油站现场管理，对 10 个分公司、90 个片区、403 座加油站进行检查，把市、片区两级加油站检查制度的落实作为重点，督促两级领导到站检查。2010 年平均单站日销量 11.96 吨，同比增幅 18.53%。

加大加油卡发行力度，锁定客户。贯彻“8 个提量”方针，积极开展“市场大调查，客户大普查”主题活动。出台《陕西公司加油卡业务岗位职责及业务流程（试行）》，稳步推进加油卡销售工作。全年累计发卡 262479 张，储值资金 29764.76 万元。

【非油品业务】 加大便利店开设力度，全年增开便利店 137 座，增长 111.38%；抓好重点商品、新商品销售，全年共实现香烟销售 790.8 万元，完成化肥销售 1825.77 吨；把握春节、中秋等销售时机，开展特色促销。坚持“以销定购，勤进快销”，加速润滑油库存周转，实现全年销售润滑油 8183 吨，同比增长 37.9%。2010 年公司非油品销售收入 12942.92 万元，同比增长 68.81%，其中销售收入达百万元的便利店 5 座。

【安全环保】 扎实推进 HSE 管理体系规范持续有效运行。落实直线责任制，全系统《安全环保责任书》签订率 100%。通过第三方质量管理体系认证并获得证书，确定一、二类危险作业审批人 78 人。定期组织员工对危险源和环境因素进行辨识，对重大危险源和重要环境因素制定HSE管理方案和预防控制削减措施。加强应急管理和预案演练，提高应急处置能力，全年开展各类应急预案演练1231次，累计参加9012人次。

认真做好各项安全生产检查活动。落实有感领导，坚持机关副处级以上干部深入加油站检查督导安全工作制度，全年公司处级以上领导干部检查加油站累计269座，各分公司科级以上干部到库站检查560人次。在2010年安全生产大检查中，公司结合自身特点，创新"八防"内容，增加"十查"为"十一查"，先后对12座运营油库、2座在建油库、1座关停油库和51座加油站进行检查。11月18日集团公司安全生产第九检查组来公司调研，给予充分肯定。

加大隐患整治力度。2010年从安保基金返还款中列支271.49万元，对库站油罐管线、储输油设备、配电设施等存在的隐患进行集中整改；投入536.78万元、对油库的44个隐患项目进行整改；投入733.93万元，对195个加油站进行整改，库站安全得到进一步提升。

按时完成国Ⅲ汽油的置换工作。根据全省和直属炼厂、地炼实际情况，制定汽油国Ⅲ标准的置换方案，克服库存高、空容小的矛盾，精心组织，合理调整，按时完成实物置换和账务处理工作，确保销售汽油达到国家环保要求。

【科技创新与成果】 积极做好加油站管理系统上线工作，12月底完成815座加油站，上线比例达到97%。积极推进油库管理系统建设，完成7座油库的信息化集成平台建设和自动化系统改造。提高ERP系统应用水平，10个分公司库发业务已统一使用系统单据，批发业务、库发业务实现实时录入，零售数据的实时录入得到有效改进。

（马力佳）

中国石油天然气股份有限公司吉林销售分公司

【概述】 中国石油天然气股份有限公司吉林销售分公司（以下简称公司）下辖9个市（州）分公司、3个直属公司、50个经营处，是吉林省成品油流通的主渠道。公司有员工12362人，加油站1013座，营运油库28座，库容总量52.6万立方米。2010年实现销售总量332.6万吨，销售收入223亿元，利润6.1亿元。

【市场营销】 正确履行"三大责任"，市场竞争和保障供应能力明显提高。以扩销增效为主旋律，组织开展"促发展、上规模、增效益"劳动竞赛，采取积极的促销手段和灵活的价格政策，通过开拓机构用户、实施差异化营销、推进全员营销等措施，不断提高市场竞争力。全年零售比例79.3%，市场占有率保持90%以上。以保障稳定供应为首要任务，千方百计筹措资源，优化资源配置，诚信经营，确保不脱销、不断档，赢得地方政府和广大顾客的广泛赞誉。加强与地炼企业的沟通与协作，收购地炼油品43.5万吨，收购率102%。稳步发展非油业务，全年实现非油销售收入15480万元、利润1346万元，同比分别增长46.4%和17.8%。共有427座加油站设立便利店，其中百万元店、50万元店分别达到18座和40座。润滑油销售遵循效益优先的原则，强化内部管理，加强市场开发，销售质量和效益同步提升。全年实现润滑油销售量4.3万吨，同比增长28.0%。持续拓展规范车用燃气业务，加大网点开发建设力度，奠定了可持续发展的基础。

【安全环保】 安全环保工作常抓不懈，实现全年零事故、零伤亡、零污染目标。进一步完善和落实责任制，落实直线责任和属地管理原则，严格执行《反违章禁令》和《HSE管理原则》，员工安全环保意识明显提高。强化HSE管理体系建设，完善相关文件、程序、制度和标准，增强科学性和实效性。持续开展"安全环保基础年"活动，开展动态隐患排查，强化隐患治理，全年投入资金10240万元，解决隐患问题200余项。高度重视重点领域、关键环节、要害部位以及特殊时段的安全环保工作，加强施工作业现场监管，强化对承包商的管理，保证了施工安全。加强应急管理，完善各类应急预案，强化培训演练，提高了应急救援能力和快速反应能力。抓好防恐反恐工作，加强巡视监督，强化责任落实，实现了受控运行。

【网络建设】 营销网络建设快速推进。完成投资6.8亿元，购建加油站47座、扩建加油站12座、迁建油库1座、扩建油库2座。积极占领高速公路市场，继江珲高速公路12座加油站后，成功取得长松白高速公路等22座加油站租赁经营权。投入4000万元，对部分加油站进行标准化改造和隐患整改。拓宽网络开发渠道，与吉林、通化等地方政府签署战略合作协议，形成互利双赢、协同发展的良好氛围。

【加油站管理】 加油站服务品质和管理不断提升。严格落实《加油站管理规范》和《加油站细节管理手册》，实施情感营销，执行内部稽查、行风监督、检查考评制度，强化定置化管理和标准化建设，认真做好服务的每个步骤和细节。推进达标创星站和精品站建设，2010年底，五星级加油站达到39座、四星级52座、三星级81座、达标站363座。全面服务农村、农业和农民，开展“支农到一线，送油到村屯”活动，开通支农“绿色加油通道”，延长农忙时节加油站营业时间，保证农村用户用油需求。配套便民服务措施，出动流动加油车，开展小额配送业务，发放宣传册、便民服务卡，提供休息室、维修工具、饮用水等服务，提高客户的认知度与满意度。全年免费小额配送油品12.8万吨。

【企业管理】 精细化管理持续加强，发展方式进一步转变。制定实施《基础管理建设工程实施方案》和《精细化管理工作实施意见》，稳步提高企业管理水平。组织开展以市场营销、资金管理、库存管理、“小金库”清理为主要内容的基础管理工作大检查，进一步夯实管理基础。制定实施《油品数量管理实施细则》和《油品质量管理实施意见》，数质量管理工作更加规范。严格执行全面预算管理，积极推进大预算管理，强化资金管理，会计信息更加规范准确，资产管理体系不断深化，对标管理深入推进，财务分析质量明显提高。深入挖潜增效，成本费用得到有效控制。严格执行《投资管理办法》，按照投资回报率优选项目，严格决策程序，投资管理水平进一步提高。加强内控体系建设，完成流程梳理、ERP系统建设等工作，企业管控能力明显增强。健全完善法律风险防控体系，实行合同集中统一管理，推行标准文本，严格合同审查和运行监督，强化纠纷案件处理，依法治企水平不断提升。审计监察工作有效开展，全年投入4265个审计工作日，完成审计项目5个，审计成果1041万元。信息化建设取得重要进展，ERP管理系统、加油站管理系统、油库管理系统建成应用，二次配送系统建设全面启动，资金管理平台等各业务领域专业应用系统相继上线运行，办公自动化、视频会议系统应用不断深化，对提高管理水平和工作效率发挥了重要作用。不断完善吨油含量工资制度，实施超销、网络开发等专项奖励，薪酬分配更加合理，激励约束作用更加明显。

（杨冠宇）

中国石油天然气股份有限公司江苏销售分公司

【概述】 中国石油天然气股份有限公司江苏销售分公司（以下简称公司）负责江苏地区成品油批发和零售、网络开发、油品仓储和配送、非油品经营等工作。公司设有12个机关处室、13个地市级分公司、1个专业管理公司、1个控股子公司，另有控股单位14个、参股单位8个、全资单位3个。截至2010年底，公司有员工7538人，其中合同化员工100人。公司资产总额52.02亿元，负债总计23.42亿元。拥有各类油库22座，加油站776座。

【主要指标】 2010年，销售成品油417.53万吨，其中汽油139.81万吨，柴油276.28万吨，销售总量同比增长26.9%；零售成品油305.55万吨，同比增长51.99%；实现销售收入262.4亿元、同比增长52.42%，实现利润3.22亿元，同比增加6.55亿元；吨油商流费264.66元、同比下降4.66元，吨油利润77.05元、同比增加189.62元。市场份额27.2%、零售份额22.9%，同比分别上升3.7和2.1个百分点；非油销售收入1.39亿元，实现利润1657.42万元，同比分别增长79.87%、49.59%。全年未发生安全环保等级事故，未发生质量、计量责任事故。

【资源组织】 积极与上游企业沟通协调，克服恶劣天气频发、海船运力紧缺、春节涨库、四季度柴油资源紧缺等重重困难，确保配置计划的足量兑现。全年共完成资源购进404.94万吨，计划完成率109.9%；累计接卸海船598艘，二级油库倒拨3407船次，终端配送18.35万车次。公司还组织外采资源30.05万吨，同比增加17.51万吨，增幅137%，有力地缓解了苏北地区配置资源到货不均衡的矛盾。同时，公司牢固树立成本意识，从资源购进、损耗管理、运费成本等环节入手，努力降本增效。全年累计降本降费3498万元，节约物流成本2212.50万元；查处超耗事件19起，索赔油品259.19吨，索赔金额175.85万元，卸货环节损耗率同比下降0.1个百分点。

【市场营销】 面对资源库存高位、供大于求、市场油价起伏以及柴油资源紧缺等不利因素，坚持“日算账、周分析、月对标、季小结”，统筹利用批发、零售“两个通道”，结合每个阶段市场特点，灵活调整经营策略，加强结构和节奏的控制。年初，由于油品销售不畅、上游资源涨库，公司突破重重困难，以抓销量为主，兼顾经营效益，有效地履行了“疏堵”的责任。二三季度，市场供需矛盾相对缓和。公司根据消费者对市场油价的预期，持续加大油品零售力度，将批发作为销售的“调节阀”，实现了“多卖油”和“卖好油”的有机统一。四季度，针对柴油资源持续紧张的市场特点，公司一方面加大汽油促销力度，平抑柴油供应不足带来的紧张局面；一方面积极履行社会责任，有计划地实施柴油保供工作，加强柴油零售现场管理，保持经营秩序稳定。同时，公司还努力创新客户开发与维护机制，并借助加油卡发行工作锁定客户。南京、苏州等分公司通过电视台、交广网等，大力宣传加油卡促销活动。公司联合江苏电视台、交广网、车友会等举行世博微笑服务活动暨世博卡发行启动仪式，有力促进加油卡发行工作。全年累计发卡24.41万张，充值20.75亿元，消费19.53亿元。

【加油站管理】 将零售作为提升公司效益的主渠道，全方位促进零售提量增效。3月初，公司结合加油站经营特点，开展以“大干一百天，纯枪上六千”为主题的劳动竞赛活动。竞赛带动全年纯枪销量同比增长22.8%，单站日均纯枪量由2009年的9.02吨提升到10.62吨，增幅17.74%。加强现场管理，改善服务质量，提升车辆的回头率和加满率；继续推行主动营销、送油上门、装桶销售等服务形式，特别是在苏北春旱、春耕、“三夏”、秋收等季节，坚持在加油站开辟“绿色通道”、送油到田间地头等，扩大了中国石油加油站的影响力。公司还通过挖掘日销20吨以上站潜能、促进低效站上量等办法，不断提高加油站零售量效水平。在非油品销售方面，本着“成熟一个开发一个，开发一个提高一个，提高一个总结一个”的原则，全力打造精品门店。2010年非油门店发展至560座，其中百万元以上规模门店34座，50万元以上门店38座，日均销售收入达到2470元。年内先后开展“滴滴浓香在中油”白酒主题促销活动、夏季饮料促销活动、传统节假日促销活动等，均取得良好的效果。

【网络建设】 发挥中国石油与江苏省政府战略合作框架协议和“长江项目”的带动作用，加强与各地政府的沟通和联系，争取地方支持和政策倾斜。在加油站开发方面，各分公司主动开展项目规划，进一步强化城市中心、高速公路、规划新区、发达城镇和配套设施等区域的网络开发，零售网络进一步完善。全年新立项加油站101座，新签订合同加油站87座，新付款加油站68座，新增年可研零售能力58.7万吨。新增投运加油站61座，其中续建项目22座，新开项目18座，恢复营业加油站21座。在油库和管道建设方面，按照“市市有油库”的仓储格局要求，各地油库项目进展迅速。宿迁油库已完成建设任务，盐城、徐州、淮安油库建设进度过半，预计2011年均可投运；泰州、扬州、宜兴、苏州、南通等油库项目前期工作进展顺利。全省管道建设已被纳入江苏省“十二五”专项规划；过江管道（靖江—江阴段）项目已获江苏省能源局批准，并完成环评批复。在库站达标改造方面，按照“五统一”要求，结合安全环保隐患整改、信息化建设、非油业务发展、检维修项目实施等，在严格审查和筛选的基础上，认真组织实施改造计划。全年共完成10座油库、77座加油站共93个改造项目，为公司可持续发展打下了坚实的基础。

【安全环保管理】 深入推进“安全环保基础工作年”活动，抓住重点环节、关键环节和敏感环节，加强安全隐患整改，努力保证企业运行本质安全。逐级签订《安全环保责任书》，层层分解安全生产指标，全面落实安全生产责任。组织全体员工分别签订反违章禁令承诺书和HSE管理原则承诺书，不断深化禁令与管理原则的执行与落实。通过推行干部联系点制度、资金安全专项检查、安全生产专项检查等活动，及时发现和整改安全隐患。此外，公司以世博会期间企业安全保卫工作为重点，严格按照上级公司工作部署和江苏省政府实施“环沪护城河”工程的要求，以“突出重点、分级保护、覆盖全员、责任明确、协调统一、一以贯之”为工作原则，制定企业安保实施方案，成立专门领导小组，强化责任落实。省、市两级公司管理干部坚持24小时值班，提高应对突发事件的反应速度和处置能力。全年共检查和整改各类安全问题1200余个，有效保证了企业的平稳运行。

【企业管理】 实施全面预算管理，自下而上编制年度预算，强化事前控制的计划性和有效性；细化年度预算指标，建立月度滚动预算管理制度，总结分析并定期通报月度预算完成情况。强化财务稽核和应收款管理，银行上门收款率83.56%。资产管理深入开展，实现实物资产由数量管理向质量管理的转变。建立和落实内控体系、质量体系、HSE体系，有效防范和化解经营风险。加大股权管理力度，提高对股权企业的控制力和影响力。深化ERP系统、零管系统推广与应用，分别于4月底和12月初实现单轨上线运行。层层分解业绩指标，逐级签订绩效合同，形成全员业绩考核管理体系，考核兑现率100%。成立水上管理公司，并对苏州、连云港地区和水上销售业务重新整合，进一步理顺机构设置。按照“三控制一规范”要求，优化、规范两级机关机构设置。推行基层员工薪酬“二次分配”，劳动效率明显提高。坚持每年开展两次基层基础岗位责任制大检查活动，并与精细化管理有机结合，覆盖安全环保、资金管理、质量计量、损益油管理、工程建设、库站检维修、车辆管理、党群工团等各个方面，全面消除管理“盲区”，夯实基层管理基础。加强股权、投资、盈余油、非油品等业务的审计力度，保持敏感领域管理工作的有效性和规范性。

（张　亮　马卫林）

中国石油天然气股份有限公司
甘肃销售分公司

【概述】 中国石油天然气股份有限公司甘肃销售分公司（以下简称公司）成立于1953年，主要从事汽油、煤油、柴油、润滑油及特种油品的批发、零售业务，承担着甘肃省工农业生产和人民群众生产、生活用油的供应任务。截至2010年底，公司拥有遍布全省、布局合理、功能完善、形象统一的销售网络，拥有17个所属分公司和1个控股子公司、14座油库、1078座资产型加油站、1座加气母站、3座加气子站、100辆铁路自备槽车、9.7千米铁路专用线、22.6千米输油管线，总资产近21亿元，各类在册员工8706人。

【经营业绩】 全年完成油品销售总量360.6万吨，同比增加64.36万吨，增长22%。其中零售306.71万吨，同比增加47.03万吨，增长18%。润滑油销量突破4万吨。成品油单站日均销量13.84吨，同比增加2.34吨，增幅20%。实现销售收入228.83亿元，较预算增长45%。吨油利润113.8元，实现内部考核利润6.54亿元；非油业务实现销售收入1.75亿元，利润0.15亿元；实现各类税费4.95亿元。

【加油站管理】 深入培育精品站、打造高效站，实施标准精细化管理，持续推进定置化管理，科学设计作业现场划线管理，建立公司“月通报”、所属分公司“勤检查”、加油站“严落实”的三级联动加油站管理责任机制。对加油站投诉处理的职责和工作程序进行细致梳理界定，加大现场服务整改力度，开展服务礼仪“送培到站”活动，持续提升服务质量。高起点运作加油卡业务，建立健全机制，狠抓规范落实，成功发行“中国石油·中国移动联名加油卡”，成为中国石油销售系统首家发行联名卡的单位，全年发售加油卡18.43万张。通过加强加油站培育，高效站、精品站比例进一步提高，与2009年相比，吨级站由324座增加到363座，万吨站由48座增加到71座，达标站由469座增加到524座。

【非油品业务】 坚持规范非油品，突出自营销售。深入贯彻落实“三步走”战略，积极开拓经营项目，紧抓节日主题促销，不断扩大经营规模；进一步强化供应链管理，成功运行中部中央仓，持续优化统配商品，提升运营效率，毛利率达 25%；强化加油站管理系统应用，实施 uSmile 便利店课堂复制式培训，并下发《便利店陈列手册》，严格规范便利店布局及商品陈列，全年打造样板便利店 50 座，进一步推动非油品业务规范化运作。截至 2010 年底，有百万元便利店 34 座，同比增加 14 座；50 万元便利店 59 座，同比增加 33 座。全年非油品销售收入达到 1.72 亿元，实现利润 1478.7 万元。

【网络建设】 加强与省市政府部门沟通联系，结合甘肃省成品油销售网络现状，确定“总量控制、优化布局、迁建为主”的规划原则。组织编制甘肃省成品油分销体系“十二五”发展规划。继续将大中城市、高速公路沿线等高效市场，作为网络开发主攻方向和投资重点，先后立项实施康临、天定高速公路服务区加油站，新建加油站 8 座，新增橇装加油站 9 座，收购城区加油站 5 座，并对发展前景好、位置优越的 12 座加油站顺利实施迁建和改扩建，对 146 座加油站进行形象包装。顺利实施白银油库扩容工程，并投入运营，完成陇西油库扩容可研及初设评审，2 座油库项目实施后新增库容 6.2 万立方米。全年共争取网络建设投资 2.98 亿元，是上级公司预安排计划的 7 倍。完成油库加油站新建、改扩建及整体改造项目 38 个，是年初下达考核指标的 237%。

【QHSE 管理】 以贯彻落实 QHSE 管理体系为目标，继续完善加油库站安全环保规章制度，改进安全环保考核体系，严格落实“勤检查、重处罚、更重整改”措施，“屡查屡犯”及“屡查不改”的顽疾得到有效整治。制定《中国石油甘肃销售公司电气安全管理规范》，填补了销售系统电气安全管理标准的空白。践行有感领导，大力开展安全生产月、电气安全整治等专项活动，加强风险管理和隐患治理，为 66 座加油站安装了 HAN 阻隔防爆装置。在库站推行安全例会、安全经验分享、风险交接等管理模式，员工安全意识和安全技能得到提高，实现了全年零污染、零伤害，库、站安全等级事故为零，重大责任事故为零的目标，连续 7 年获得集团公司“安全生产先进单位”荣誉称号。

【市场管理】 公司始终将市场管理作为企业发展的生命工程，制定了五级市场管理责任，建立了左右互动、上下联动的市场管理网络。前瞻性地掌握和发现竞争对手的经营动态和投资取向，对地理位置好、竞争能力强、效益影响大的社会加油站，采取控股、收购、租赁等多种形式，遏制竞争对手抢占网络的步伐。紧紧盯住竞争对手资源、销售和价格动向，运用“点对点”竞价策略，通过比规模、比服务、比效率、比感情，抢夺客户市场。与甘肃省军区、兰州军区联勤部军需物资油料部、甘肃机场集团签订全面合作协议，不断强化市场控制力。调整对社会加油站的管理模式，将社会加油站作为公司的客户和竞争对手实行双重管理，94% 的社会加油站与公司签订供油协议。配合政府执法部门，参与全省成品油市场秩序整治工作，市场经营环境进一步优化，市场地位进一步巩固。

【内控体系】 公司按照“完善体系抓拓展，落实制度抓执行，优化流程抓基础，强化培训抓队伍”的工作思路以及《中国石油甘肃销售公司基础管理建设工程实施方案》（流程管理部分），持续完善内控体系，不断拓展风险防控领域，提升风险防控水平；继续加强流程管理，强化内控监督，保障内控体系有效运行；对 232 个流程、552 个风险、701 个控制进行梳理，完成了“三重一大”决策、内部审计、财务管理流程和《内部控制管理手册》（甘肃销售公司分册）的修订和发布工作；通过多层次培训，夯实内控工作基础，打造一批高素质人才队伍，并顺利通过内控测试。

【社会责任】 在企业得到长足发展的同时，切实履行央企的政治责任、社会责任。2010 年，共上缴各类税费 4.95 亿元，继续名列“甘肃省纳税十强”企业行列。面对突如其来的舟曲特大泥石流地质灾害和陇南洪涝灾害，公司在第一时间启动省、市、片区、加油站四级联动的抢险救灾资源保供预案，连夜绕道调运救援油品 180 吨，协调紧急追加 2.5 万吨资源计划，先后有 90 多车次成品油送往灾区，派出 12 辆流动加油车昼夜服务在救援现场，14 座加油站开辟“绿色通道”，甘南分公司以自制的小铁桶，手提肩扛为救灾现场提供油品 30 多吨。灾区油品梯次供应，远近搭配，运营库站保持高位库存，共为灾区配送油品 1600 吨，有力地保障了抢险救灾用油，涌现出一批先进典型，受到国家、省、市（州）各级政府的表彰。公司党委被中共甘肃省委授予“抢险救灾先进基层党组织”称号，公司总经理杨顺义被全国防总、人社部、总政部授予“全国抢险救灾先进个人”。公司积极响应国家“支农”、“惠农”的新农村建设政策，最大限度地满足农业用油需求，先后派出送油车队 136 台次，为 256 个乡镇、农村配置油品 1.16 万吨，有力地保证了农村市场供应。在特殊时期彰显了“保重点、保民生、保稳定”的企业形象，奠定了公司作为甘肃最大成品油供应商主导地位、发展后劲和长期竞争力的基础。积极开展爱心捐款活动，向玉树地震灾区捐款110万元，资助灾区共渡难关；向甘南舟曲捐款61万元，用于舟曲城关第一小学的灾后重建。

（张　翔）

中国石油天然气股份有限公司河南销售分公司

【概述】 中国石油天然气股份有限公司河南销售分公司（以下简称公司）成立于1999年2月，2008年12月上划股份公司直接管理，主要负责中国石油在河南地区的成品油批发零售、市场开发以及销售网络建设维护工作。截至2010年底，公司资产总额44亿元，拥有加油站715座，油库12座，总库容27.18万立方米。公司机关设14个处（室），下辖16家地市分公司、7家控（参）股公司。共有员工7600人，大专以上学历人员比例达到33%。

【主要经营指标】 2010年，公司累计销售成品油317万吨，同比增加22万吨；零售量221.3万吨，同比增加35.3万吨，零售比例70.3%。非油品销售收入1.37亿元，同比增长67.2%。新投运加油站28座，许昌油库建成，具备投运条件，新增库容4.7万立方米。新立项橇装加油设施92座、投运60座。全年安全环保等级事故为零，油品抽检合格率100%。

【市场营销】 2010年，公司针对资源供求波动大，仓储能力薄弱的挑战，围绕“资源、品牌、质量、服务”主题，积极增销、扩量、抢市场，营销工作理念更加主动。一是资源保障突出多元。坚持铁路、公路、管道三路并举，统筹资源平衡；深化与东明、延长集团等地方炼厂合作，增加资源供应；与国储局签订战略框架协议，利用储备资源，调剂市场供应。二是营销策略更加有效。强化商情信息研判，根据市场变化，灵活采取推价、稳价、促销等策略，科学组织营销，抓住国III汽油置换有利时机，开拓市场、培育客户，全年销售汽油70万吨，同比增加19.2万吨。三是零售创效主题凸显。深入开展“促发展、上规模、增效益”劳动竞赛活动，全面推行走动式管理、跑动式服务，深化领导干部挂点承包联系制度，认真落实老站挖潜和低效站治理措施，提高吨油含量工资，加大增量部分考核力度，实行三星级以上加油站经理年薪制，调动基层零售增量积极性。零售出枪量同比增长27万吨，增加7000吨级以上站3座、5000—7000吨级站13座、3000—5000吨级站30座，1000吨级以下站减少58座。

【客户开发】 开展市场大调查、客户大普查活动，完善三级客户开发模式，维护固定客户，开发潜在客户，锁定优质客户，吸引游离客户。全年新增批发机构客户258家，成功开发月消费10万元以上的零售大客户35家。特别是四季度，利用资源、服务、网络优势，大力推广发行全国加油卡，新增全国加油卡10.5万张，持卡消费比例17%，同比提高5个百分点。

【非油业务】 引进供应商竞争机制，优化商品配送模式，加强营销策略与销售技巧研究，开展灵活多样的促销活动；加强商品研究，优化品种结构，注重适销对路商品销售，大力拓展润滑油和农资商品店外销售业务，实现量效双增。全年增加100万元店18个，50万元店20个，30万元店37个；非油利润率达到10.3%。

【网络建设】 （1）发展环境持续改善。2010年8月26日，集团公司蒋洁敏总经理到河南调研指导工作，集团公司与省政府成功签订战略合作协议，争取到库站开发优惠政策。集团公司闲置土地划拨给公司160亩，增强了发展基础。

（2）开发流程实现优化。坚持顶层设计和限时办结制度，成立8个网建工作小组，完善开发流程，优化合同管理，建立倒逼工作机制，强化过程督导和控制，提高项目开发效率，缩短实施周期，全年新立项加油站125座、投运50座。围绕公交公司、物流公司、新农村建设等网点，延伸网络，新投运橇装加油设施60座，日增销量180吨。

（3）工程改造效果明显。全年完成加油站技改、安改136座，信息系统环境改造605座，加油站改造后单站日均枪量增加1.5吨。样板站建设初见成效，郑州 29 站、15 站改造后，销量实现翻番。

【精细化管理】（1）贯彻顶层设计精细化。遵循全面、简单、可控、有效的指导方针，编制《精细化管理手册》和《加油站操作手册》，全面推进精细管理纵向延伸。推行制度建设，加强重大业务风险控制，新增制度 12 项，完善业务流程 41 个。

（2）推进费用管理精细化。优化预算管理平台，实现费用月度自动控制，严格成本标准和定额管理，统筹优化物流运行方案，加强储运销各环节管理，提高自营油库周转率，同比减少仓储费 419 万元、运费 2710 万元，油库综合损耗率同比降低 1 个千分点。

（3）加强过程控制精细化。坚持预算管理，以月度、季度计划落实保证全年任务完成。成立物管中心，严格招投标管理，强化物资采购管控，有效降低了采购成本。认真开展经济责任审计、工程审计，狠抓工程建设领域突出问题专项治理，堵塞管理漏洞，节约工程资金 927 万元。层层签订保密责任书和承诺书，强化各级领导干部及全员保密意识。

（4）加快信息应用精细化。加油站管理系统顺利实施，提前完成 593 座加油站的部署任务；销售 ERP 系统全面推广，实现单轨运行；油库管理系统按时上线，运行良好。

（5）落实本质安全精细化。颁布实施 B 版《HSE 管理体系手册》，进一步强化“谁主管、谁负责”原则，突出风险控制重点，完善全方位监督机制和持续改进机制。加强重点领域、要害部位和关键环节的监管，安全生产直线责任和属地管理责任进一步落实。检查安全隐患 3387 项次，整改完成率 98.7%。全年无等级以上安全质量环保事故发生。

【队伍建设】 公司持续开展“四好班子”创建活动，严格聘任程序，中层以上管理岗位公开竞聘，两级机关管理人员、油库主任及加油站经理全员竞聘上岗。完善三级培训，全年培训两级机关人员 1370 人次、库站人员 10904 人次，技能鉴定 2513 人次，1359 人通过鉴定考核。

【履行社会责任】 组织参加全国小麦跨区机收启动仪式，成功召开“三夏”保供誓师动员大会，积极开展“服务三农、支援三夏”系列活动，实施价格优惠，发放“爱心礼包”，开辟“绿色通道”，送油到田间地头，组织为贫困村、贫困户免费割麦公益活动，加大服务宣传力度，落实“中国石油麦收加油队在行动”，宣传品牌，树立形象，履行责任，得到集团公司肯定和河南省政府通报表彰。主动融入当地政治、经济和社会生活，积极赞助洛阳牡丹花会、全国农运会、河南省运会等文化体育事业。2010 年，根据集团公司安排，公司作为对口帮扶单位，开始承担河南范县和台前县的定点扶贫任务，得到省、市、县各级领导和当地群众的肯定与赞誉。

（姚学丽）

中国石油天然气股份有限公司湖北销售分公司

【概述】 中国石油天然气股份有限公司湖北销售分公司（以下简称公司）主要承担中国石油在湖北地区的成品油销售及市场开发业务，机关设 13 个职能处室，下辖 13 个地市销售分公司和 1 个武汉物资分公司、2 个控股子公司，员工总数 6921 人，运营加油站 662 座，运营油库 14 座，市场份额达到 35.2%。

【经营业绩】 2010 年，公司购进成品油资源 273.7 万吨，销售成品油 286.2 万吨、同比增加 40 万吨，实现零售 199.86 万吨、同比增加 44 万吨，成品油市场份额达到 35.2%、同比提高 2.7 个百分点，零售份额 35.7%、同比提高 5.4 个百分点。实现销售收入 177 亿元，实现考核利润 1.64 亿元，吨油利润 57.47 元、同比提高 52.79 元，吨油营销成本 306.8 元，上缴税费 1.16 亿元，实现非油收入 1.15 亿元、同比增加 5942 万元。完成网络建设投资 9.04 亿元，新增开发加油站 106 座，新增投运加油站 62 座、同比增加 31 座，累计投运加油站 662 座。累计开发橇装加油设施 12 座，投运 5 座。新增投运资产型油库 2 座，有 6 座油库项目开展前期工作。

【调运管理】 2010 年，面对柴油资源持续紧张、铁路水路运力不足、管道运行不均衡等严峻形势，公司从调控、保供、增效三方面入手，努力实现资源组织科学高效。年初，根据市场需求，大量调入配置资源，为春节前汽油消费和三四月份春耕用油提供了有力保障；3月份国家调价前，提高库存，库存总量达到27万吨，做到了有效增库。进入第三季度以后，柴油资源紧张，库存持续下降，及时采取细排计划、每日分析、销售受控等一系列有力措施，保证了公司经营在低库存状态下均衡运行。第四季度抓住政策调整有利时机，加强与销售板块和东北、西北大区销售公司沟通协调，完成配置资源51.3万吨，提升了资源的创效能力。

【营销管理】 面对日益变化、竞争不断加剧的形势，公司上半年研究应用"变速跑"营销策略，掌控销售节奏，应时增量，顺势取效，较好地应对了市场变化。三四月份，面对主要竞争对手在零售环节采取的低价策略，公司采取"推价为主、跟价为辅、局部反制"的应对策略。5月份，根据市场竞争的需要，公司合理选择站点，实施价格策略，零售日均纯枪量突破4000吨大关，赢得了市场竞争主动权。三四季度，面对柴油资源持续紧缺，因势利导，灵活转变销售策略，以柴促汽，全力提升汽油销量。在销售公司"促发展，上规模，增效益"劳动竞赛评比中，公司获得3项指标第一、12面流动红旗、3座奖杯。

【零售管理】 全面开展市场大调查、客户大普查活动，摸清并整理6万多名客户详细资料，开发了一大批高端优质客户。将加油站分片组合，采取抱团式、联动式、外拓式、流动式开发等策略，打造局部网络优势，提升了区域竞争力。深化联合营销模式，与好车网、车路阳光、银商通、省道路协会等单位联合发IC卡3.5万张，丰富了IC卡营销渠道。对全省16个发卡中心、111个加油站进行硬件改造、系统升级，有序推进转卡工作。截至年底，累计发放全国卡18.99万张、储值金额9.4亿元、消费8.1亿元、沉淀资金1.3亿元。

通过扎实有效的工作。纯枪单站日销量达到7.76吨、同比提高1.5吨，零售比例达到69.8%、同比提高11.4个百分点，批零综合价格到位率达到96.2%、同比提高2.3个百分点。黄冈、十堰、襄阳等分公司以提升纯枪销量为重点，落实公司零售政策，取得了量效双升。

【投资管理】 坚持以大中城市、城市新区和高速公路等高效市场为主攻方向，取得了加油站建设的新进展。一是大力推进省会城市中心站建设。2010年，武汉地区新增立项加油站37座，平均单站可研销量24吨，新增投运16座，累计投运加油站达到121座。二是全力争取高速站建设。武荆高速全线建成投运加油站8座，取得了该路段的市场主导地位。全年新增投运高速加油站14座，累计投运高速加油站达到31座。油库建设完成黄冈、应城、十堰、恩施、武汉南、荆门6座油库项目前期工作，顺利完成襄阳、宜昌2座油库的投运任务。

【安全管理】 全面落实集团公司"直线责任，属地管理"的原则，切实落实安全环保责任，树立全员安全风险防控管理意识。全年签订安全环保责任书635份、安全生产合同5558份，与工程承包商签订HSE合同569份。建立安全联系点138个，检查656次，整改安全隐患72项。持续推进HSE体系建设，修订印发B版《HSE管理体系手册》，培训各级管理人员560人次，对14个分公司机关、82座加油站审核检查，发现问题511项，整改率95%。深入开展质量体系认证，完成第二阶段认证检查工作。

按照"谁主管、谁负责"的原则，健全公司、分公司、片区及加油站三级四层安全管理体系，认真落实专业线直线责任，确保加油站安全运营。深入开展工程建设、水污染、防洪防汛等专项安全检查，排查加油站29座，整改问题29项。聘请集团公司专家，对库站电气进行专项检查，摸清了电气隐患。注重重要时段、关键环节的安全管理，落实"库8站10"应急预案演练，开展应急演练7314次，全面提升了应急管理能力和水平。结合季节特点，重点抓好加油站防汛、防爆、防雷等工作，突出抓好"上海世博"、"亚运会"等特殊敏感时段的安全环保管理，确保敏感时段公司和谐稳定。加强油品的数质量管理，成品油综合损耗率同比下降1.14‰。3月2日，公司获得"湖北省市两级安全生产红旗单位"荣誉称号。

【财务管理】 强化预算管理，规范资金管控，防范资金风险。借助信息化手段，持续不断地规范经营过程各个环节的管理，顺利实现ERP系统和财务系统的融合。完成资金管理平台上线运行，实现业务运行与资金循环相互衔接、相互控制。根据经营情况"量体裁衣"设计经营报表体系，把传统的每月31张增至46张，动态掌控有关指标，为经营分析搭建了多口径、多角度、多层次的数据支撑平台。成立资金稽查中心，全面深入开展资金稽查工作，累计查处问题43个，并对相关违规责任人进行严肃处理，全员风险防范意识明显增强。从完善规章制度入手，进一步规范仓储费、租赁费、促销费等费用管理。牢固树立"过紧日子"的思想，持续在管理挖潜上下工夫，加大对"5项费用”的管理和控制。合理掌控费用额度和比例，吨油营销成本同比下降6%，管理增效效果明显。12月13日，公司获集团公司2010年度财务工作三等奖。

【精细化管理】 按照中国石油油品销售精细化管理会议的安排部署，围绕仓储调运、市场营销、零售管理等经营管理重点环节，制定更加精细的管理方案，重新修改完善资源组织、物流运输、仓储管理、营销策略、销售业绩考核等管理制度和管理标准，有效提升了公司的经营管理水平。编发《2010年零售工作白皮书》，将经营指标细化为10大类，细化加油站现场管理，有效提升了服务水平和零售销量。完善加油站稽查管理办法，落实涵盖加油站客户、经营、现场、油品、HSE及非油管理等日常稽查，丰富神秘顾客访问、交叉复查、专项检查以及夜查等检查方式，切实落实加油站三级稽查管理体系。

按照“专业归口，监管分离、职责明确，流程清晰”的原则，修订下发其他物资与服务采购、招标管理、供应商考评实施细则等办法，完成盖28大类221项物资采购管理目录，初步构建了顺畅、高效的采购招标工作机制。明确供应商入围资质条件，提高工程施工、监理、防腐清罐作业等危险性较大的服务供应商准入门槛，取消了47家供应商入围资格。在销售系统率先建成全员防控体系，拟定两级管理层面和一级操作层面233个岗位的法律风险及防控措施，与900多名销售人员签订履职承诺，基层关键岗位私签合同、预收款不入账等法律风险得到有效防控。分专业线对公司各项决策、经营和管理制度进行系统梳理，梳理制度132项，企业管理更加规范。组织6次业务流程梳理，规范业务流程192个，梳理风险点249个。组织开展内控测试73次，测试分公司机关18家、加油站545座，抽取实施证据5万多份。

【组织架构】 按照“三控制一规范”的要求，对两级机关、有关地市分公司进行优化和调整，确保政令畅通、责权清晰、运转高效。调运与仓储分离，实现业务衔接与监管的融合。结合市场实际，调整武汉市场的管理构架，将水上加油站划归属地分公司管理，有效解决战线过长、管理粗放的问题，使沿江加油站的安全环保工作进一步受控；同时组建新的武汉销售分公司，实现批发与零售业务优势互补、有效互动，充分发挥省会市场的拳头优势，机构整合也大幅降低了管理费用。

信息、财务、营销、加管等专业线密切配合，加快推进实施销售ERP、加油站管理系统的升级、迁移工作，实现两大系统的单轨运行；大力实施以信息化为手段的无纸化办公系统，实现文件流转、信息发布、报表统计等业务系统的移动办公和网络共享，提升了工作效率，降低了办公费用。

（张宏宇）

中国石油天然气股份有限公司浙江销售分公司

【概述】 中国石油天然气股份有限公司浙江销售分公司（以下简称公司）成立于1999年1月，2008年12月上划股份公司管理，主要承担中国石油在浙江地区的成品油批发和零售业务，同时负责在浙江地区三级销售网络的开发建设和管理工作。公司下设12个机关处室、3个直属机构，下辖17家地市销售公司，其中全资12家、控参股5家，以及2家控股仓储公司。共有员工5410人，其中本科以上学历504人，高级职称25人，中级职称92人。共有资产性油库13座，总库容23.7万立方米。共开发加油站479座，其中全资站206座、控股站127座、租赁站138座、参股站8座，投入运营站404座。

【主要指标】 （1）油品销售。2010年实现成品油销量302.3万吨，同比增加54万吨，完成板块计划的112%。其中零售量198.4万吨，零售比例66%，同比增长24%；纯枪量147.3万吨，同比增长38%；市场份额24.1%，同比提升3.6个百分点。

（2）经济效益。全年实现销售收入189亿元，同比增加61亿元。利润2.92亿元，同比增加7.19亿元；吨油利润96.46元，同比增加269元。

（3）非油品业务。非油业务收入1.32亿元，同比增加6120万元；利润1188万元，同比增加674万元；利润率9%，同比提高2个百分点。

（4）股权收益。股权投资收益7919万元，同比增加3495万元。

（5）网络建设。完成投资2.79亿元，开发加油站41座，投运33座；开发橇装加油设施7座。

【市场营销】 2010年公司实行"控放结合、量效并举"的营销方针，强化资源组织，科学调整营销策略，经受住成品油市场上下半年冰火两重天的考验，出色完成了前期扩销增效和后期市场保供任务。

（1）实施淡储旺销策略。一季度收储汽油、柴油42万吨。世博限航期间，提前预判、主动应对，加强水路和公路运力组织协调，及时投运嘉兴油库，有效保障了杭绍嘉湖地区油品稳定供应，被销售公司授予"保障服务世博模范集体"称号。在配置资源不足的情况下，加大外采力度，全年外采油品53万吨，同比增加32万吨，创利润1.41亿元。四季度按照省委省政府柴油保供要求，配置与外采相结合，多渠道组织资源，全力做好油品接卸和配送工作，确保资源在最短时间内到达一线销售市场。省委书记赵洪祝、副省长金德水对公司柴油保供工作专门作出批示，给予高度评价。

（2）根据季节性消费特点和市场波动特点，采取积极的营销策略，提高推价稳价能力，取得了量效的主动。全年新增终端机构用户500家，批发终端销售比例91%，同比提升12个百分点。一季度市场低迷，资源宽松，采取领涨与跟随并重策略，积极推价上量，增量成效明显；二三季度需求旺盛，敏锐捕捉涨价商机，控制节奏，实现量效齐升；四季度合理调整批零资源分配，有效实施沿海和内陆地区资源摆布，提高汽油销量，控制柴油销售节奏，实现了保价保量。下属台州分公司全力开拓终端客户，充分发挥大客户潜能，销售增量全公司第一；宁波分公司准确把握量价关系，吨油利润全公司第一。"海上浙江"战略取得初步成效，燃料油销售由舟山、宁波拓展到台州、温州和杭嘉湖地区，市场由船舶运输扩展到工矿企业，全年销售燃料油16万吨，增幅220%。舟山分公司全年销售燃料油10.9万吨，同比增长163%。

（3）坚持一站一策、一线一策、一区一策，开展市场与客户大普查。收集竞争对手资料1000余份、客户资料20余万份，为准确把握市场需求打下较好基础。开展客户攻坚，全年销售昆仑全国卡15.8万张，预收资金7.2亿元，刷卡销售收入6.4亿元。固定客户开发取得突破性进展，大客户达到2823个。绍兴分公司全年新开发客户175家，增加销量5.3万吨。深入实施形象包装、扩能改造、品号调整、达标创星等基础建设，实现量效齐升。嘉湖地区15座加油站经过形象包装和扩能改造，平均单站日销量由6吨提高到11吨。全年销售高标号汽油57.4万吨，同比增长56%，占汽油比重的77.5%。温州分公司高标号汽油月均增量1657吨。创新小站承包、小额配送、领导包保等营销机制，纯枪日均销量站稳4500吨。积极培育和打造标杆示范站，万吨站达到19座，5000吨级站79座，5000吨以上站数占运营站总数的24%。

【网络建设】 按照"倒金字塔"开发模式，集群式与规划点式开发齐头并进，自主开发与借势借力多措并举，扎实推进营销储运网络建设。

（1）加油站开发取得重要进展。经过艰苦攻关和不懈努力，取得杭长高速公路两对服务区4座加油站经营权，实现零的突破。实施战略性开发，与地方国企联合组建义乌中油合资公司。采取竞合策略，取得嘉兴海宁尖山区、金华顺畅、台州东扩3座加油站土地经营权。公司领导成员分片包干，重点项目开发取得可喜进展，诸暨海越和中球冠2个集群项目完成立项评审。杭州分公司实施加油站精细化开发策略，全年开发加油站11座，投运6座，增加可研日销量101吨。

（2）湖州油库、杭州油库完成可研编制，启动龙湾、兰溪油库扩容改造项目可研编制，嘉兴油库、衢州油库项目完成前期意向谈判和选址工作。编制完成成品油管道项目规划，待省发改委规划许可认定。

【非油品业务】 油品与非油品互动灵活营销，非油品业务实现快速发展。创新非油品营销理念，开展团购营销、油非互动营销、单品促销等活动，规范便利店布局和商品陈列，强化润滑油、燃油宝、烟草和饮料4类核心商品销售，非油销售总体规模实现快速扩张。杭州中油中转仓试点运营，为杭嘉绍地区商品配送提供了保障，提升毛利空间3个百分点。温州分公司优化商品供应渠道，大力开拓站外销售，非油收入同比增长53%，利润同比增长84%。全年公司开展非油业务的加油站达到389座，"昆仑好客"便利店增加到24个，百万元店发展到29个，50万元店发展到42个。

【安全环保】 坚持把安全环保质量作为公司天字号工程，大力推进HSE管理体系建设，狠抓安全环保责任制落实，强化源头控制、受控管理和操作执行，突出风险识别和隐患治理，严肃责任追究，严格执行反违章禁令，本质安全进一步提升，安全基础进一步夯实，安全形势整体稳定。一是深入推进HSE体系运行，修订完善体系文件，强化理念宣贯，开展体系内审，公司被评为集团公司HSE信息系统运用先进单位。二是开展风险识别和隐患治理，识别出重大危害因素260项，分别制定风险削减及整改措施；查出安全问题和隐患976项，整改完成率93.5%。对历年来自然灾害影响进行普查和评价，在应对暴雨、滑坡、台风等自然灾害方面认识到位，预防有力。三是加强施工作业现场监管，严格执行施工作业许可管理制度，派驻安全监督指导高危作业，有效降低了施工作业风险。四是进一步加强质量管理，顺利通过国家ISO 9001质量管理体系认证；加大外采油品质量管理，累计退回不合格油品19批次3.3万吨。五是加强油库标准化建设，统一制作标识标牌，梳理和规范了管理类和操作类台账。

【企业管理】（1）管理体制不断优化。按行政区划设立分公司，撤销象山分公司，成立衢州和丽水2个分公司，销售业务战略性布局调整基本完成，象山中油扭亏为盈，衢州、丽水地区销售规模、市场份额、管理水平和品牌影响力都有新的提升。完成公司管理流程再造，建立以计划管理为龙头，以合同管理为主线的大预算管理机制，实行年度预算、季度计划、月度调整相结合的预算管理模式，生产经营实现了按计划有序规范运行。理顺工程投资建设管理流程，建立起项目可研立项、计划落实、市场选商、合同签订、施工管理、验收结算、项目后评价等程序由不同部门分工负责、相互协作的管理链条。加强工程项目前期造价管理，初步建立价格体系，全年审减各类工程投资1921万元，节约投资1132万元。市场管理引入竞争机制，通过招标和竞价节约资金680万元。物资管理充分发挥集中采购优势，比质比价，全年节约采购成本192万元。

（2）降本增效成效明显。优化仓储布局，减少二次配送量，合理控制损耗，物流优化效果明显：全年减少损耗2.2万吨，减少费用支出1.3亿元。深入开展降费增效、节能降耗活动，严控各项非生产性费用支出，5项费用比预算减少150万元。开展优化劳动组织工作，有效控制用工总量增长，全年比上级规定用工总量节约300人。积极开展税收筹划，合理减轻税负，水利建设基金减免420万元。节能节水工作不断加强，吨油销量综合能耗同比下降3.5%、水耗同比下降0.2%，全年库站节能19.7吨标准煤、节水9000立方米，分别完成板块考核指标的131%、136%。

（3）投资风险防控能力不断增强。规范股权企业管理，提高了股权投资质量。严格经营活动全过程法律调查及合同审查，积极处理纠纷案件，有效防范各类交易风险，切实维护了公司权益。全年历史遗留案件结案8个，挽回经济损失1200万元。加强制度建设，出台新制度27项，修订制度11项。通过非油品、股权管理专项审计，分公司经理离任审计和内控测试，规范了油品、非油品、资金、工程、股权等方面的管理和流程执行。内控体系建设不断完善，形成了内控测试、考核评价、持续改进的良性循环。

（4）信息化管理稳步推进。销售ERP系统顺利单轨运行，实现了油品销售物流、资金流、信息流的集成和统一，提升了销售业务规范化、标准化运行水平。信息部门精心组织，业务部门积极推进，实施队伍全力保障，加油站管理信息系统上线335座，上线率97.6%，为昆仑全国卡推广、提高加油站经营管理水平奠定了重要基础。集团公司统建的预算管理系统、资金管理平台，公司自建的物流管理系统等专项信息系统相继上线运行，核心机房改扩建、财务服务器更新、网络链路资源优化、运行维护体系建设等基础工作扎实推进，初步搭建了稳定安全的信息化管理平台，向国际水准销售企业迈进了一大步。

【队伍建设】 深入开展“创先争优”、“四好班子创建”等主题活动，严格执行“三重一大”决策制度，两级班子科学决策、民主决策水平和管控力、执行力进一步提高。坚持重品行、讲业绩的干部选拔任用标准，加强干部教育培训，举办中层以上干部培训班。选派部分中层干部到集团公司党校学习、到中油BP公司挂职培训，干部队伍引领发展、开拓市场、精细化营销和精细化管理的能力得到增强。

重视和加强员工的培养和选拔，探索职业经理人队伍建设，实行万吨站经理公开竞聘和年薪制，选拔人才充实一线。建立培训师队伍，通过常规教学培训、岗位练兵、导师带徒等多种培训形式，库站员工操作技能进一步提高。全年培训员工10894人次，选派各级管理人员和业务骨干外出培训195人次。2061名库站员工参加职业技能鉴定，1398人通过鉴定。

推进文化强企战略，构建起以大庆精神、铁人精神为根脉，吸收浙商文化、融合地域先进文化、彰显区外销售企业特点的公司企业文化体系。公司荣获“全国企业文化建设2010年度优秀单位”称号，总经理赵永河荣获“2010年度全国企业文化建设先进工作者”称号。开展丰富多彩的文体活动，搭建企业文化建设平台。

（齐 誉）

中国石油天然气股份有限公司云南销售分公司

【概述】 中国石油天然气股份有限公司云南销售分公司（以下简称公司）主要经营中国石油在云南省的市场开发、成品油、非油品销售和网络建设等业务。公司设有13个职能处室、2个专业机构、14个市州分公司及2个控股子公司，员工总数6278人，其中管理人员648人，占员工总数的10%；大专以上学历1520人，占员工总数的24%。截至2010年底，有运营加油站425座，租赁、资产型油库12座。

【主要经营指标】 2010年，共销售成品油300.57万吨，同比增加98.63万吨，增幅48.8%；市场份额37%，排名区外销售企业第一，同比增长5个百分点；零售量212.28万吨，同比增加78.84万吨，增幅59%；单站日销量14.78吨，同比增加1.52吨。开发加油站202座，同比增加138座，在板块排名第一；新增投运加油站87座，在板块排名第五，同比增加43座；开发投运综合指标在板块排名第三。实现非油收入3.06亿元，在板块排名第三，同比增长163.9%；实现非油利润1449万元，同比增长6倍。

【网络建设】 加油站开发坚持以大中城市、高速公路、交通干道为重点投资方向，采取“参与规划、政府协议、合作经营、委托开发”等方法，成功实现昆明、昭通78个加油站项目整体打包开发；全线控制6条高速路的32座加油站；开发昆明地区和高速公路项目89个，占开发总数的44%；新投自营站平均单站日销量10.51吨，开发规模和质量创公司“十一五”以来最好成绩。油库建设有序推进，昆明、曲靖油库主体工程完工，油库铁路专用线建设取得进展；7座新建、2座扩建油库获省商务厅核准，“两干四支”6条成品油管道项目获省发改委预核准。借力炼化管道项目优势，加强与地方政府沟通协调，着力改善外部环境，公司与15个州市签订《销售网络建设合作协议》，与云南省公投公司签订合资合作框架协议，700座站、11座库及6条成品油管道的布局规划得到政府协议认可。

【市场营销】 针对淡旺季、抗旱救灾、资源紧张等不同时段市场特点，建立完善多层次市场信息收集、分析和预测机制，采取淡季促销稳价、旺季增量保价、短缺时期保供推价等营销策略，实现资源、市场、价格的有机互动。始终坚持客户就是市场、就是销量、就是销售业务生命线的理念，全面开展市场调研；实行客户星级定价，稳固客户关系；建立专职客户经理队伍，成功开发昆钢、云天化、诺仕达等大型优质客户。全年新开发客户373家，其中机构客户219家，新增销量20.9万吨。

【零售业务】 牢牢牵住“纯枪增量创效”牛鼻子，积极开展“客户大普查、市场大调查”活动，市场分片、客户分群，实施一片一策、一站一策、点对点竞争等主动进攻策略；持续培育吨级站，大力推进“小站改大站、弱站变强站”，实施存量挖潜；开展小额配送和橇装业务，延伸销售触角。公司万吨站达到48座，三千吨级以上站达到56%；整治低效站17座，挖潜增量3.4万吨；开发橇装设施51座，投运31座；零售比例71%，同比提高5个百分点。大力推进IC卡发售工作，通过全员推卡、转卡优惠等多样化营销手段广泛吸纳客户，与银行、车行、电信等单位开展联动促销。全年发卡25.1万张，在板块排名第三，充值金额11.27亿元，沉淀金额1.63亿元。坚持以规范管理促进加油站精细化建设，实施神秘顾客访问、电子巡检，开展对标分析，加强基础工作专项整治，加油站精细化管理持续推进，品牌形象得到提升。全年打造标准站30座，特别是以全新标准打造的张本荷精品样板站，品牌效应显著。

【非油业务】 通过专家咨询、内部论证、局部试点，从体制机制、人员配备、薪酬激励等方面配套推进非油业务改革，非油业务呈现快速发展态势。加强与专业机构、供销企业合作，共同开发便利店直供商品，开展润滑油、化肥、名烟名酒业务，新增适销商品500余种；与诺仕达、云天化、澜沧江等4家省内大型企业建立合作关系，与行业内优秀专业公司合作开发餐饮和汽车服务中心项目。突出样板打造，落实便利店标准方案，加快非油网点布局，昆仑好客便利店达到109座，非油业务覆盖14个州市的272座加油站；按照高标准形象样板店、高质量服务示范店、高水平管理精品店标准，打造了以张本荷加油站便利店为代表的一批品牌旗舰店，非油业务呈现规模质量齐头并进趋势。全年新增百万元店20个，30万元以上便利店比例34%，单店日均收入1057元。

【安全环保】 以HSE体系有效运行为抓手，强化培训和检查审核，员工安全环保意识、技能和体系运行绩效持续提升；完善应急管理体系，加强应急物资储备，强化值班值守，应急管理水平不断提高；狠抓施工作业、交通安全、员工动态及特殊时期的安全监管，库站运行平稳有序。加强安全隐患治理，逐站逐库排查事故隐患，安排1.1亿元资金用于检维修、技改技措和隐患治理，完成整改180座库站、517项隐患项目；建立起覆盖298座站和5座油库的视频监控系统。积极开展质量管理体系建设，质量体系通过第三方认证，油品质量抽检合格率达到100%。完善制度流程，建立专项监督举报奖惩制度，强化重点环节监控，开展专项检查和稽查盘点，油品综合损耗同比下降18.5%。安全环保管理实现了“零事故、零伤害、零污染”目标。

【基础管理】 开展“基础管理年”活动，制订实施方案和考核办法，大力实施59个基础管理项目；开展检查面最广、检查专业线最全的基础工作精细化管理大检查，库站基础管理得到有效促进。持续完善内控体系建设，修订业务流程72个、新增71个；修订制度93个、新制定49个；内控体系通过上级评价测试，发布了2010版内控手册。加强财务管理风险防控，坚持财务工作重心下移，组织开展固定资产清查、资金安全管理检查，梳理关键控制点，制定控制措施，形成风险提示。加快推进信息化建设，系统编制信息化建设“十二五”规划；投入3100万元专项资金用于基础建设；ERP系统在集团公司第三批实施单位中率先实现单轨运行；加油站管理系统顺利完成单轨前内控测试；协同管理系统、配送业务系统成功上线。

【党建和企业文化】 加强两级班子建设，公开选拔中层管理人员，共交流干部47人。启动创先争优活动，推进基层党建工程，党组织健全率100%。开展“作风建设年”活动，发布禁酒令、网络建设“八不准”，加强责任追究，强化廉政建设。深入开展劳动竞赛，共获得股份公司劳动竞赛10面季度流动红旗，在年度表彰中荣获3项先进单位和32个先进集体、个人，获表彰数量位居板块前列；划拨140万元资金，帮扶困难员工1000余人次；投入300万元建设“五小”工程。典型选树活动成绩显著，张本荷荣获集团公司“十大特等劳动模范”、“铁人奖章”；王玉琼荣获“中央企业优秀员工”；金花加油站荣获集团公司“先进集体”，并被推荐为全国“三八”红旗集体；玉溪公司工会荣获集团公司“先进工会组织”；新创建12个省级青年先进集体和个人，青字号品牌工程取得11年来最好成绩。积极履行社会责任，全力开展抗旱救灾、油品保供，支援地方经济建设，各级政府给予高度评价。昆明公司党委、彭国强分别荣获省抗旱救灾先进基层党组织、优秀共产党员；大理中青公司荣获省劳动关系和谐企业及大理白族自治州“五一”劳动奖状。

（李海忠）

中国石油天然气股份有限公司重庆销售分公司

【概述】 中国石油天然气股份有限公司重庆销售分公司（以下简称公司）下辖7个销售分公司、3个专业分公司、28个区县经营部和2个中型控股企业。截至2010年底，共有员工7307人，其中在职7134人。拥有营运加油站519座，油库12座，总库容28.14万立方米。资产总额30.13亿元，净资产17.67亿元，资产负债率41.35%。

【主要经营指标】 2010年，公司成品油销量228万吨，同比增长18%；零售200万吨，同比增长22%；高标号汽油销售同比增长34%。营业收入150亿元，同比增长35%；非油收入9700万元。实现考核利润3.47亿元，吨油利润152元。

【资源调运】 加强资源统筹调度，多管齐下增加资源供给，在管输比例仅有55%的情况下，协调各承运商加强调度输转，未因运力紧张发生脱销断档。全年调进222万吨，同比增加32万吨，外采36万吨，发挥了保供、稳市、降本、增效的综合作用。置换国储资源13万吨，并在年底柴油供应紧张时期，调入3万吨柴油，缓解了重庆市场压力。

【市场营销】 强化市场分析，每日收集市场信息，每周召开运行分析例会，编辑《市场信息》62期，上报专题分析135次，为营销提供了决策参考。优化营销策略，完善市场快速反应机制，应对决策制定时间缩短至2小时。实行用户信誉等级制度，进行差异化营销。分时段、分区域制订营销方案，提高针对性和应变性。资源宽松时，灵活运用价格策略，在竞争激烈情况下，全年平均价格到位率达到97.98%。资源紧张时，以“保民生、保交通、保重点”为己任，全力组织调运，全力稳控市场，认真履行政治责任和社会责任。开拓创新，狠抓零售业务，开展“客户大普查、市场大调查”活动，建立客户档案5万余个、竞争对手档案883个，受到总部肯定和推广。完善《零售客户管理办法》，健全集团客户维护机制。通过战略合作等方式巩固大客户开发成果；通过与银行、影院、旅游业和汽车销售业的合作，丰富了促销资源和服务内涵；通过车友会等第三方推广储值卡，锁定大量零散客户。2010年，公司零售量增长占销量增长的104%。

【非油业务】 非油业务快速发展，销售规模不断扩大，香烟、润滑油、便利店销售同比分别增长42%、41%和53%。业务范围不断拓展，50座便利店悬挂“中国烟草”标识；34座加油站安装上多媒体设备，新开辟广告业务，提升了加油站形象。与润滑油公司合作开设汽车换油中心，提供更多的车辆保养服务项目。响应重庆市政府“早餐工程”号召，增加便利店快餐项目，得到国家商务部领导肯定。

【网络建设】 2010年，公司将网络建设提到新的战略高度，提出“提速推进，攻坚突破，全面发力，实现销售网络快速扩张”的指导思想。成立网络建设领导小组，建立各级领导干部联系点制度，储备加油站开发项目经理，一支能征善战的网络建设队伍正在形成。简化审批流程，发布总经理“计划令”，定期召开网络建设协调会，为加快网络建设提供体制机制保障。出台网络开发奖励办法，网络建设任务纳入业绩考核，促进全体员工齐心协力建设好“生命工程”。争取到一系列有利于发展的新政策，促使集团公司与重庆市政府战略框架补充协议初步完成。先后与20多个区县政府、大型企业集团签订战略合作框架协议，政企合作关系进一步融洽，网络开发环境进一步改善，一批高效站点通过协议得到推进和落实。按照“标准化设计、模块化建设、集约化采购、规范化管理”的要求，梳理完善工程建设管理制度，确保安全、质量、进度、投资受控，项目建设的速度和质量有了较大提升。销售网络建设攻坚战取得成效，全年新开发加油站51个，储备103个；开工建设30座，完工16座；伏牛溪甲区项目全部完工，朝阳河项目主体完工，公司库容总量达到50万立方米。

【加油站管理】 以“八个常态化”和“反服务违章禁令”为抓手，深入开展迎世博、迎亚运等主题活动，全面贯彻“三会”、“三送”、“三起来”服务要求，推动加油站管理再上台阶。组织加油站拉网式大检查、设备大普查、隐患大排查，启动加油站规范化集中整治活动，取得良好效果。投入5000多万元进行加油站形象包装和达标扩能改造，一批功能全、形象好的昆仑好客便利店开业，加油站面貌发生较大变化。资源紧张时，努力维护好加油站工作秩序。在全市成品油市场管理现场会上，公司加油站标准规范化管理被树为标杆，9名员工被评为“重庆市百佳商业服务明星”。

【安全环保】 以HSE管理体系建设为主线，以严格执行《HSE原则》和《反违章禁令》为重点，强化有感领导、直线责任和属地管理，提高了全员安全环保意识。投入4750万元用于消除隐患。认真开展水污染防控专项检查和以“强三基、反三违、查隐患、堵漏洞”为内容的安全生产大检查。狠抓重点领域、要害部位、关键环节的安全风险管理，突出库站现场和承包商监管，严格作业许可审批，实现操作过程受控。发布1 + 10应急预案，完善4级预案体系和应急救援物资配置标准，应急管理得到加强，本质安全进一步提高。加强节能减排，参与项目环评，加强环境保护，避免环境污染，确保环境安全。公司安全环保形势进一步好转。

【精细化管理】 一是启动基础管理建设工程和精细化管理工作，制定基础管理实施细则，编写并发布质量管理体系手册，定期召开精细化管理工作推进会，着力完善规章制度形成机制，管理上的一些薄弱环节得到改进和加强。二是深化全面预算管理，强化财务对标分析，加强成本管理，认真开展厉行节约和纠正不正之风自查，严格控制5项费用，对费用的统筹和管控能力不断提高。通过外采和阳逻油库水路运输，全年节约运费762万元。严格控制用工增长，用工总量比集团公司核定编制减少526人。三是狠抓计量质量管理，维护品牌形象，修订印发《成品油计量管理实施细则》等4项制度，完善油品月度盘点、季度交叉盘点和稽查通报机制，商品损耗率控制在2.7‰以内。联合中国石油运输公司开展为期4个月的商品数量、质量管理专项整治活动，公路配送工作正常有序开展。提高油品质量检测能力，严格油品入库、储存和外采质量全样分析，送检抽检合格率100%。四是发挥内控、审计、监察作用，堵塞管理漏洞。强化内控体系的日常监督、测试和改进，及时纠正粗放管理习惯。继续规范合同管理，有效防范了交易领域的法律风险。开展“小金库”专项检查、工程建设领域专项治理、油品管理专项审计和工程建设管理、水上加油站管理、油品损益、物资采购、油品销售等专项效能监察，有效防范了经营风险。推动经济责任审计由事后向事中转变，提高了领导干部的履职意识。

【信息化建设】 ERP管理信息系统完成运行调试，实现单轨运行。在412座加油站安装并启用零售管理信息系统，油品业务和非油业务信息系统全面上线运行，1个月内发行近8万张昆仑卡，为“一卡在手、全国加油”奠定了基础。调控暨应急指挥中心完成与多系统之间的接口，实现调运可视化、监控实时化、应急网络化、集成多样化、采集自动化、展现图形化等初期目标，公司信息化建设实现质的突破。

（赵丽丽）

中国石油天然气股份有限公司湖南销售分公司

【概述】 中国石油天然气股份有限公司湖南销售分公司（以下简称公司）设有14个机关处（室），14个地市分公司，2个参、控股公司。截至2010年底，有员工5395人，加油站用工占83.84%；累计投运加油站552座，其中资产站471座，占85%，控股站6座，租赁站75座；油库14座，其中资产型5座，库容10.65万立方米；租赁油库9座，库容12.26万立方米。

【主要经营指标】 2010年，公司销售成品油201.36万吨，纯枪销量突破100万吨，销售总值达到146亿元，公司步入中国石油二类企业行列；销售IC卡13.4万张，储值金额13亿元；非油销售达到7151万元，均创历史最好水平。

【市场营销】 公司坚持营销方式向卖服务转变，销售结构向零售增量转变，品种结构向汽油销售倾斜，自营能力快速提升，纯枪增量、销售总量特别是自营销量实现长足进步。坚持“管理精品、服务精品、形象精品、效益精品”的理念，开展“优质服务年”等主题活动，借助资源优势，全方位开发客户，提供增值和特色服务，全面推进品牌营销，拓展销售空间；适时调整销售结构，优化销售节奏，探索差异化营销，实现效益最大化；突出机构用户开发，注重对高速公路工程、铁路建设、公交系统、钢铁电力等重点客户开发；稳步发展非油业务，市场份额不断扩大。

【资源调运】 公司坚持科学、经济、安全调运，全面提升资源调运质量。全年调运资源195.56万吨，资源兑现率达到95%；油库布局进一步优化，衡阳油库、长沙丁字油库投运，新租油库2座，油库网络布局不断完善，资源保障能力进一步提高，二次配送吨油成本明显降低。

【网络建设】 公司坚持主攻高速站、争夺城区站、巩固水上站、发展橇装站、进军县城站的思路，强力推进网建开发，新投站点的数量和质量明显提高。全年立项加油站101座，开工85座，投运47座；收购常德油库，投运衡阳油库，建成岳阳油库，立项长沙、永州、怀化、郴州油库；长沙先导区、高速公路、地市中心城区等一批重点项目进展顺利；橇装加油设施开发异军突起，全年开发200座，成为终端销售新的增长点。

【油站管理】 公司坚持培植高销站，挖掘潜力站，提升低销站，激活停业站。加大政策扶持力度，在万吨级站和高销量站实行站经理年薪制，完善零售激励机制，调动员工积极性；稳步试行低销量站治理，采取对外租赁、合并管理、合作经营、内部承包等多种方式，盘活存量资产。

【安全维稳】 公司牢固树立“安全是天、人命为本”的安全理念，坚持安全发展、清洁发展、和谐发展，持续推行 HSE 管理体系建设和运行，严格落实安全环保责任制，加强安全环保监管，治理隐患，杜绝责任事故。强化全员安全意识，开展春秋两季安全大检查，治理隐患，消缺补遗。全年投入 4800 万元用以安全技术改造，整改隐患 2300 余个，实现安全环保无等级责任事故，连续第五年荣获“湖南省安全生产先进单位”。

【企业管理】 全面推行库站完全成本核算，理顺流程，完善制度，规范行为，控制人工成本增长，控制二次配送费用增长，控制吨油成本增长，控制五项费用增长，企业创效能力有较大提高。试行库站完全成本核算，优化用工，人工效益不断提高；整合业务职能，优化机构设置，管理层级更加清晰，业务运行更加有效；成立油库管理中心和物资采购中心，专业化管理迈出新步伐；积极做好审计和监察工作，管控能力明显增强；加大依法维护企业权益力度，解决历史遗留纠纷 9 个，挽回经济损失近千万元。强化基层建设，完善规章制度，修订建立制度 168 项；举办各类培训班 323 次，培训员工 12135 人次。

【党建和思想政治工作】 继续开展“四好班子”和“创先争优”活动，两级班子建设进一步加强；以完善预防和惩治腐败体系为主线，着力强化反腐倡廉教育，党风建设取得成效；召开首次思想政治工作会议，建立完善了思想政治工作保障体系；深入开展“忠诚中国石油、爱我湖南销售”等主题活动，员工对企业的忠诚度进一步提高。各地市分公司配强配齐专兼职党委书记，发展新党员 110 名，52 座库站实现有党员，成立首个加油站党小组，为企业协调有序快速发展提供了坚强的组织保证。

【企业文化】 企业文化是企业竞争力的灵魂。公司不断丰富具有湖南销售特色的企业文化内涵，实施企业文化建设工程，培育核心价值理念，创办各类文化载体，积极推行库站文化建设。以公司成立十周年为契机，开展多种形式文化活动，丰富员工业余生活，以文化铸魂育人，凝心聚力，初步形成了具有湖南销售特色的企业文化体系。2010 年，公司荣获“全国企业文化建设先进单位”称号。

（李志民）

中国石油天然气股份有限公司安徽销售分公司

【概述】 中国石油天然气股份有限公司安徽销售分公司（以下简称公司）成立于 2002 年 9 月，公司机关设在安徽省省会合肥市，下设 10 个二级分销公司，有员工 4110 人，运营油库 10 座，库容 20.7 万立方米，加油站 459 座，营销网络基本覆盖全省。总资产超 30 亿元。

【主要经营指标】 2010 年销售油品 208.01 万吨，完成预算销量 104%，同比增加 39.49 万吨，增幅 23%；零售量 154.93 万吨，完成预算销量的 107%，同比增加 31.37 万吨，零售比例达到 74%，平均单站日销量 12 吨；实现销售收入 128.14 亿元，完成预算指标的 120%；非油业务收入 6922 万元，完成总部下达预算指标的 138%，实现利润 965 万元；新开发加油站 103 座，新投运加油站 75 座。实现安全生产无事故。

【市场营销】 2010 年，根据年初制定的工作目标，公司积极适应外部环境变化，落实应对措施，开展全员劳动竞赛活动，切实在增资源、挖潜力、提销量上下工夫，加大外采力度，及时调运到位，保障终端销售，超额完成了全年 200 万吨销量的目标。为实现明年 260 万吨销量的目标打下了坚实基础。

在油品销售中，始终遵循“三服务”原则，积极应对市场变化和主要竞争对手的营销策略，调整措施、强化管理，攻克乙醇汽油调和难题，实现自主调和。提升了公司的实力和影响力，市场占有率达到 30%，超额完成年初制定的 29% 的目标。

多渠道大力发行加油卡，全年累计发行加油卡

18.56万张，充值总额16.5亿元，持卡消费占纯枪销量的20%以上。其中巢湖分公司利用发行加油卡新增客户400余个，超额完成年初任务1倍以上；六安分公司与汽车4S店联合开展“购车送卡”活动，提前锁定汽车用户；公司年底与平安保险商谈发行联名卡，利用油卡开发维系客户。积极开展小油罐车配送业务取得成效，蚌埠分公司小罐车配送量占该公司零售量8%以上。

纯枪日销量实现质的飞跃。公司周平均纯枪日销量从2700吨上升到4000吨以上，同比提高48%，并实现“两个高于”，即纯枪销量增长高于销售总量增长，汽油纯枪增长高于柴油纯枪增长。

通过与主要竞争对手沟通协调，积极推价到位，价格到位率达到96.5%，同比增加3.5个百分点；吨油收入实现6160元，同比提高1108元；高标号汽油销售43.43万吨，同比增长54.2%；外采量23.03万吨，同比增加7.86万吨；全年销售收入128.14亿元，实现利润7089万元，吨油利润位居区外公司上游水平。

【网络建设】 公司实施“百城百站”计划，强化政策支持和开发考核兑现力度，网络开发成绩突出。全年累计加油站项目立项166座，签订合同116座，开发完成103座，同比增加57座；当年投运75座，同比增加48座。成功签下宁洛高速栖凤湖服务区，高速项目取得积极进展。

合肥分公司开展橇装加油设施推广网络开发大会战，于10月成功在滨湖区及高新区公交公司设置2座橇装站，实现了公司橇装加油站投运“零”的突破；芜湖分公司借助昆仑信托与铜陵市政府开展铜陵大桥服务区合作，施工队伍已顺利进场施工；六安分公司全年开发17座加油站，提前实现五县四区全面布点。

2010年工程建设开工88座，完成全年任务的110%；竣工80座，其中新建项目竣工20座，改造项目竣工60座，组织加油站网架防腐及彩钢瓦更换60座，檐面包装74座，经改造后的加油站在零售销量上都有大幅提升。

2010年新布局合肥、阜阳、宁国3座油库；成立重点项目攻关办公室，管线进皖工作取得顺利进展，总部已同意将安徽省纳入管线首批计划。

【民生工程】 认真落实以人为本，把关心员工生活、维护员工利益摆在重要位置，着力改善员工工作、生存环境，提高一线员工收入，保持队伍稳定。2010年调整吨油提成，汽油每吨增加3元，柴油每吨增加2元，全年共计增发220万元；在此基础上，给基层员工每个月增发150元伙食补贴，一线员工工资收入同比增长30%以上；以改造加油站为依托，完善“五小”工程建设，员工工作环境进一步改善。实施员工意外保险和“送温暖”工程，全年累计赔付62.5万元，发放救助资金14.3万元；积极做好2010年上海世博会、亚运会等重点时期的维稳工作，巩固了和谐稳定大局。

【企业管理与改革】 立足理清管理界面、完善业务流程、规范内部管控、强化风险防范，进一步加强精细化管理，推进信息化进程，提升工作效率和企业素质。

对公司机构进行调整优化，根据市场和公司发展需要，2010年新成立宣城、铜陵2个分公司和马鞍山、亳州2个项目开发部，并实施竞聘上岗；实行综合计划和预算管理工作制度，加强职能沟通，提高工作效率；推进内控体系建设，制定内控体系手册，完善公司规章制度，理顺主要业务流程；经过内审和外审，逐步完成质量体系建设，进一步增强管控能力；推进信息化进程，以合肥南天站和芜湖三山油库为试点，推行加油站管理系统和油库收发油系统，ERP系统1月正式上线、4月单轨运行，实现数据信息的网络化管理；强化安全环保节能基础工作，深入开展库站安全管理大检查，着力加强隐患专项治理，全年未发生安全事故，强化损耗管理，全年油品盘盈1.9万吨，同比增长4615吨；继续树立“过紧日子”思想，降本增效，其中阜阳分公司实现可控费用同比降低5%；管理工作数据化、精细化、规范化、前瞻性进程加快，为公司赢取了更多效益。

【党建工作】 以“做大做强安徽销售、创新实践科学发展”为主题，推动领导班子和干部队伍建设，各级领导干部的党性修养和领导能力不断加强。全面推进基层党建工作，开展党员示范工程活动，进一步发挥了党支部战斗堡垒和党员先锋模范作用。认真贯彻落实“三重一大”集体决策制度，坚持“用制度管人管事”、“用制度管钱管物”；按照《建立健全惩治和预防腐败体系实施方案》的总体部署，积极推进惩防体系建设和党风廉政建设；以两级机关为重点，组织职能部门相互考评打分，推进机关作风建设；开展员工满意度调查，了解员工需求，积极整改到位，增强企业凝聚力；发挥群团组织优势，创办公司《崛起》杂志，加强对外宣传力度，大力开展“工字号”企业活动和“青字号”建设，把各方面力量凝聚到推动公司发展上来，为公司健康平稳发展提供了政治保障和群众基础。

【社会责任】 在“三夏”、“秋收”、“抗旱保苗”等重点时段，推广宿州分公司“早动员、早宣传、早协调、早落实”的经验，主动配合政府做好保供，获得地方政府的信任和肯定。全面开展领导承包片区责任制，加强与地方政府汇报沟通，2010 年与铜陵市、合肥市瑶海区政府、芜湖市南陵县政府等地市成功签订《战略合作框架协议》。主动参与第四届全国体育大会、徽商大会等重大活动，密切了与政府之间沟通联系。为青海、云南等受灾地区捐助共计 18.3 万元，为安徽贫困山区小学捐助建立爱心图书室 16 个，用实际行动回报社会。

（杨　帆）

中国石油天然气股份有限公司广西销售分公司

【概述】 中国石油天然气股份有限公司广西销售分公司（以下简称公司）组建于 2000 年 10 月，2008 年 12 月由西南销售公司上划股份公司管理，主要负责中国石油在广西壮族自治区的成品油销售、网络开发建设工作。截至 2010 年底，公司拥有加油站 343 座，资产型油库 6 座，总库容 32.67 万立方米，年销售能力 230 万吨；公司设有 12 个职能处室和 6 个直（附）属机构，下辖 12 个地市分公司、4 个控（参）股公司，员工总数 4847 人。

（冯再生　寸雅丽）

【主要指标】（1）油品销售。2010 年公司实现成品油销量 230.34 万吨，同比增幅 33%，超额 12% 完成股份公司下达的指标。其中汽油 51.50 万吨，柴油 178.84 万吨，同比分别增长 34.36% 和 32.67%。

（2）零售业务。公司实现零售 154.18 万吨，同比增加 50.83 万吨，增长 49%；平均单站日销量 18.36 吨；零售市场占有率 26%，同比提高 5 个百分点。

（3）经济效益。2010 年，公司实现销售收入 142.02 亿元，同比增加 51.69 亿元，实现股权收益 553.79 万元，全年累计实现盈利 7730.69 万元。

（4）网络建设。全年完成投资 12.09 亿元。新投运油库 1 座，新增库容 2 万立方米，全年累计评审通过加油站项目 214 座，开发加油站 110 座，投用加油站 95 座，公司便利店达 192 座。

（5）非油品业务。实现非油品收入 1.06 亿元，同比增长 153%，实现非油品利润 104.68 万元。

（曾　中　潘　峰）

【网络建设】 公司将网络开发作为公司发展的生命工程，通过科学规划、合理布局，加大网络开发建设力度，初步形成较为完善的营销网络架构。

（1）全面加快抢滩布点。通过新建、收购、租赁、控（参）股等方式，积极控制终端市场，使网络建设快速发展，加油站数量少、布局不合理的局面有明显改善。截至 2010 年底，公司在营加油站已达 343 座，遍布全区 14 个地（市），4000 吨级以上加油站达 52.9%，共有四星、五星级加油站 71 座，汽油站、高速公路加油站比例明显提高，网络开发、投运两项指标继续位居销售系统前列。

（2）坚持贯彻“油站加快、油库提速、支管线全面推进”的工作思路，积极推进“一线两库”建设，完成南宁—柳州成品油管线可研、环评和初设等工作，配套的柳州、桂林油库已进入施工建设阶段。同步开展河池、崇左、贵港、梧州、贺州 5 座新建油库和百色、玉林 2 座扩建油库建设。

圆满完成广西钦州炼厂重点配套工程——南宁屯里油库的建设及交接工作，项目建设主体工程从开工到竣工仅 6 个月，创销售系统工程建设速度新纪录，也为公司大项目建设积累了宝贵经验。

（3）不断深化与广西壮族自治区及各级地方政府沟通与协调。分别与河池、贵港 2 个地级市政府签订战略合作框架协议，进一步坚定了广西壮族自治区党委、政府和各级地方政府支持中国石油发展的态度。同时与铁路、公交、高速、联通等单位进行广泛合作，通过股权合作形式，分别成立了海祥石油公司和通祥石油公司，拓展了公司发展空间。

（江南萍　韦丹萍）

【市场营销】 2010 年，公司坚持贯彻“量效兼顾，效益优先”的经营方针，科学掌控营销策略，合理把握销售节奏，销售总量再创历史新高。

（1）大力加强市场分析研究。坚持日监控、周分析、月总结制度，建立完善销售信息数据库，及时跟踪国际、国内、广西市场、竞争对手和周边市场的变化，准确把握市场脉搏，科学掌握销售节奏，市场控制力、保障力得到有效提升。

（2）深化推进客户经理人制度。将开发机构用户和集团客户作为增量创效的主渠道，坚持“抓大不放小、抓新不放旧”，全面实施“一户一策”的差异化开发策略，密切关注政府投资项目，全年新增机构客户200余个，实现机构客户销量91万吨。

（3）持续优化物流。以“低成本、大效益”为原则，加强与钦州炼厂、西北销售产运销衔接，统筹资源平衡，合理组织物流运行和资源串换，减少配送环节，缩短配送距离。进一步理清一次物流油品交接界面，完善交接方式、损耗标准和索赔处理程序，逐步推行加油站地罐交接，减少人为因素对接卸油环节损耗的影响。

（陈　晖　马　婧）

【加油站管理】 以打造“黄金终端”为目标，以中心城市、旅游景区加油站为重点，从软硬件两个方面做好样板站、精品站培育工作，全面提升加油站整体管理水平。

（1）以规范化建设为抓手，着力提升加油站现场服务水平。深入落实《加油站管理规范》，全面推行神秘顾客访问、行风监督和检查考评制度，制作并下发《广西公司加油站标准化服务》培训光碟，建立公司第二批标准化服务小分队，组织开展标准化服务现场培训700余人次，加油站现场服务水平持续提高。

（2）全面推广加油站标准化、模块化建设。坚持树立科学严谨、安全高效的标准化工程管理理念，合理安排公司加油站检维修、技改项目计划，着力推进加油站规范达标改造。特别是加强工程项目的全过程控制，严格项目审批，优化工程设计，严把安全、质量、工期、投资“四关”，确保加油站项目整改工程保质按期顺利实施。

（3）突出零售核心地位，不断改善销售质量。将零售上量作为销售上量的主攻目标，深入开展“促发展、上规模、增效益”劳动竞赛，紧紧围绕单站纯枪量这一核心指标，坚持向零售要效益、向汽油销量要效益。加大IC卡推广力度，着力解决阻碍零售上量的体制机制问题，加快形成有利于科学发展的长效机制，确保了年度任务的完成。

（楚　珩　李　昕）

【非油业务】 坚持以中国石油品牌为依托，紧紧抓住公司跨越式发展的契机，全面加快便利店网点的开发和投运速度，努力实现非油业务的规模发展、有效发展。

（1）坚持高标准、高要求，着力抓好非油业务标准化建设。推行“三个保持”：保持网点设计理念和标准一致；保持材料选择和色调搭配与规范一致；保持门店功能划分与实际有机结合。进一步抓好服务标准化规范，狠抓服务和营销技巧培训，突出“磁吸效应”，全年新增非油销售网点85座，累计包装“uSmile”形象便利店54座。

（2）积极拓展非油业务领域。探索建立集加油、购物、用餐、休息、汽车保养与维修等一体化综合服务体系，打造一站式服务平台。积极开发潜在利润增长点，特别是做好小包装润滑油、香烟、包装饮料等主要商品销售工作，有针对性地开展季节促销活动，充分挖掘节日市场消费潜能，确保了效益与份额齐升。

（3）进一步加大管理创新力度。建立区级中央仓，充分发挥统一采购的优势，不断优化商品种类，拓展利润空间，提升非油业务专业化管理水平。针对区域发展实际，坚持一店一策原则，合理细分顾客类别，突出特色商品销售。

（潘　峰　李凯萍）

【安全环保】 持续开展安全警示教育，深入推进HSE体系建设，努力构建安全和谐的经营环境，让“环保优先、安全第一、质量至上、以人为本”的安全理念深入人心。

（1）认真落实直线责任和属地管理，强化有感领导，突出抓好要害部位、关键环节安全监控和考核，制定实施《安全监督管理实施细则》和《安全生产考核奖惩办法》，坚持过程考核与结果考核相结合，促进安全环保形势进一步好转。

（2）认真开展安全检查和隐患治理，坚决执行反违章禁令，努力实现本质安全。突出抓好承包商安全管理，强化施工现场监控，确保安全受控。全年累计投入隐患整改资金4700余万元，完成隐患整改2000多项，实现了零事故、零伤亡、零污染的工作目标。

（3）切实做好季节性灾害和重大事项期间的安全防范与应急工作，针对易发突发事件，组织开展应急演练，有效提高应急反应能力。全年开展各类应急演练近千人次，突发事件应急处置能力大幅提升。

【企业管理】 坚持以改革为动力，以创新为根本，不断完善具有广西销售特色的管理模式，妥善处理好速度与质量、效益与安全、和谐与创新的关系，逐步建立起符合公司发展实际的制度体系和管理机制，为公司全面协调可持续发展提供了强有力的保障。

（1）深入推进“三控制一规范”，推动企业管理体制的变革。对两级机关、地市公司进行了优化和调整，大力推进干部竞聘和岗位竞聘，持续完善内控体系建设，组织开展内部业务及管理流程梳理，强化内控例外事项整改，进一步理顺部门职能，公司管理基础明显加强，集约化经营、专业化管理、一体化运作的体制机制进一步完善。

（2）着力加强战略研究，投资规划水平持续提升。坚持以规划统领各项工作，科学编制“十二五”发展规划，建立完善包括投资管理、中长期业务发展规划、可行性研究、初步设计、投资统计、项目后评价、内控流程等相关规定；进一步优化、细化投资管理，切实增强计划编制和执行的科学性、严谨性，确保了“十一五”确定的各项目标任务顺利完成。2010年完成投资金额12.09亿元，同比增长107.7%。

（3）立足管理创新，不断夯实基础工作。积极实施“牛鼻子工程”，从更新管理观念、转变管理方式、改进管理方法、完善管理制度入手，进一步加大管理创新力度，持续提升公司经营管理基础水平。进一步强化制度规范的执行，组织研究制定公司中长期精细化管理目标及措施，量化考核目标，增强管控的准确性，努力将精细化管理贯穿于生产经营的各个方面。

（4）扎实推进公司信息系统建设工作。坚持突出信息系统的应用功能，形成一套完善的信息化运行和维护体系，初步建立起以销售ERP系统为核心，加油站管理系统、油库管理系统为支撑，多个系统有效集合、覆盖全区所有库站的信息化应用架构，信息化建设在公司生产经营中的作用日益凸显。

（曾　中　潘　峰）

中国石油天然气股份有限公司福建销售分公司

【概述】 中国石油天然气股份有限公司福建销售分公司（以下简称公司）主要负责中国石油在福建的成品油销售与网络建设业务。2008年12月5日，按照集团公司党组部署，公司从原华南销售公司独立，恢复省公司建制，上划股份公司直接管理，规格调整为副局级。公司机关设12个处室，下辖9个地市分公司。截至2010年底，公司共有员工3750人。

【主要指标】 2010年，公司共销售成品油182万吨、同比增加36万吨，市场份额25%、同比提高3.2个百分点，完成零售116万吨、同比增加16万吨，完成非油品销售5065万元、同比增长19.5%，实现利润1060万元、同比扭亏4.47亿元。截至2010年底，公司共开发加油站438座、同比增加99座，投入运营344座、同比增加81座，运营油库6座、库容32.2万立方米。

【市场营销】 2010年，公司面对市场及资源的严峻挑战，以大营销为理念，建立省级批发客户管理体系，统筹谋划，精细管控，牢牢把握量效联动关系，加强资源与销售互动平衡，优化销售结构，增强盈利能力，共完成100万吨批发销售任务，实现毛利6000余万元；积极拓展小品种业务，燃料油销售实现突破。

与同行推价稳价，兼顾量效，争取效益最大化，扭转了“价格洼地”的不利局面。坚持“直炼为主、地炼为辅、串换弥补”的原则，拓展渠道，平抑成本。以沿海资源置换山区资源，中转油库弥补网络缺陷，实现山区资源成本最小化。

按照“无空白、无交叉、高效率”的原则，全省设定35个销售区域客户经理，加强了一线营销队伍力量。完善星级客户管理体系，促进客户以稳定的购油量换取最优惠的价格和服务。规范价格管理，将最好的政策导向最优质的客户，拓展了中铁建等集团性机构用户的开发。通过配备小油罐车、橇装加油设施、大胆运用非价格因素、个性化服务等措施，增加油品附加值，开发优质机构用户。

突出规范化管理、标准化建设、定置化要求，进一步提高油库管理水平；强化油库间的横向对标，加强油库、公路运输、加油站“装、运、卸”等各环节的监督管理，推进地罐交接，降低油品损耗。全年下海油的总体损耗率为2.36‰，同比降低0.74个千分点；减少损耗 1065 吨。其中油库接卸损耗为 0.29‰，同比降低 0.71 个千分点，零售损耗 2.1‰，同比降低 0.4 个千分点。

【网络建设】 把网建开发作为公司的“生命工程”和“一把手”工程，层层分解任务，各级领导和相关处室分片包干，贴近一线，靠前指挥；开发项目与绩效考核挂钩，总经理奖励基金大部分用于重奖网络开发有功人员。全年共完成投资 4.73 亿元，组织项目评审会 23 次，评审通过加油站项目 187 个。

积极研究投资策略，探索创新开发模式，坚持以收购、新建为主，参股、租赁、控股为辅等，全面开发市场网点，按照“锁定中心城区市场，规划推进新建干道，完善布局发达乡镇”的方针，坚持现有项目和新规划项目“两手抓”。一方面高度重视现有存量项目的市场争夺，重点突破东部沿海经济发达城市，稳步开拓西部、北部山区工业城市；另一方面积极参与地方政府发展规划的编制，大力推动政府新规划项目的开发，努力实现山区、沿海两线布局。紧紧抓住橇装设施这一新型销售终端，集中开发一批公交集团、运输公司、物流车队和大型重点建设项目。全年签约橇装项目 62 座。

高度关注重点项目开发，锁定拟建在建高速公路、政府规划新区、海西石化产业园区建设等一批重大项目，持续加大政府公关和高层协调力度。成功开发武邵高速 2 对、南厦高速 1 对服务区项目，实现高速公路网点零的重大突破。武邵服务区项目与高速通车同步，实现当年开发、当年建设、当年投运。

成立投运领导小组，认真排查，大力推动历史遗留问题的解决和施工项目的建成投产。深入贯彻“在工程建设上要与地方经济高度融合”的工程建设思想，完成土建安装等十大类常用物资属地化招标，引进有实力的地方企业；完善工程建设管理流程，组织工程培训，统一管理、统一标准；招聘区内工程管理专业人才，有效加强工程建设管理力量。全年改造竣工加油站 88 座、油库 3 座，在建项目 45 座，象山加油站工期减半提前投入运营。

【零售经营】 公司成立零售客户开发工作小组，对加油站周边市场和客户结构进行地毯式调查，在锁定忠诚客户、巩固现有客户的同时，着力挖掘潜在客户，省公司、市公司、加油站分级负责开发核心客户、重要客户和一般客户。对低产低效加油站采用小规模承包或试点夫妻站的经营模式，降低运营成本，提升销量。成功举办福建“的士英雄”和资助心脏病儿童等大型公益活动，提升公司的知名度和美誉度，促进了 IC 卡发行推广。全年累计发卡 17.5 万张，充值 13.7 亿元，消费 13.1 亿元，沉淀资金 5800 万元。新增万吨站 9 座，累计达到 14 座；完成纯枪量 80 万吨，同比增长 32%；单站日均销售量 10.8 吨，纯枪单站日均同比增加 1.3 吨；月零售毛利突破 6000 万元，同比增加 1 倍。销售 ERP、加油站管理系统运行情况良好，在集团公司考核中名列前茅。

【非油品业务】 按照“自主经营、因地制宜、规范发展、稳步推进”的原则，狠抓百万元规模店、旗舰店、样板店建设，加强订货、收货和库存管理，提高了运作效率；探索中央仓管理新模式，按照“一店一策”原则，优化商品结构；丰富支付手段，延展品牌商品的深度和广度，增加服务内涵，满足各层次客户需求。全年完成非油品销售收入 5065 万元，同比增长 39.5%。

【安全环保】 以列入集团公司 HSE 管理体系十家推进重点指导单位为契机，深入贯彻落实有感领导、直线责任、属地管理等要求。开展第一次 HSE 内审和质量评估工作，取得良好效果。积极开展各类安全教育，提高全员安全管理意识。自上而下层层签订《安全环保责任书》，落实各级安全环保责任和 HSE 承诺。因地制宜举行防台风、防汛、防恐、防火等应急预案演练，提高队伍应急实战水平。全年公司未发生重大、特大安全环保事故。

【综合管理】 以开展精细化管理活动为契机，确定“大营销”、库站现场、网络开发等 11 个方面精细化管理方向，制定 149 条具体措施。加强财务管理，建立符合实际的预算管理体系，推行惯用标准定额管理。建立两级专兼职稽核组，推行常态化的加油站综合稽查工作。着力完善内控体系，加大制度建设力度，出台网建、营销、信息化等系列管理办法。加强法律风险防范，抓好纠纷案件集中管理。加强“四好”班子建设、“六个一”党支部、“五型”班组和基层建设，落实“三重一大”决策制度，完善党建工作责任制。密切关爱困难员工群体，各级领导走访慰问困难员工 265 人次，发放扶贫慰问金 46 万元。成功举办首届员工运动会等大型活动。创新油站经理管理模式，提高油站经理待遇，畅通员工成才渠道，激发了员工上进心和事业心。在板块劳动竞赛中，共赢得 6 面红旗、11 个先进集体和 11 个先进个人。

（朱　婧）

中国石油天然气股份有限公司大连销售分公司

【概述】 中国石油天然气股份有限公司大连销售分公司（以下简称公司）是股份公司在大连地区的成品油销售企业。主要从事成品油、液化石油气等石油产品的销售业务。公司员工总数4805人，其中合同化员工1234人、市场化用工278人、劳务用工3293人。下设12个机关职能部门、10个分公司和1个项目经理部，授权管理3个股权单位。截至2010年底，公司运营油库5座，库容11.65万立方米；拥有加油站310座，油轮3艘，油码头2座；资产总额18.93亿元，资产负债率41.49%。

【主要经营指标】 全年完成销售总量185.4万吨，同比增长13.33%；成品油销售量157.21万吨，同比增长8.37%；成品油零售量113.84万吨，同比增长12.62%。实现销售收入120.52亿元，同比增长34.83%，其中，实现非油业务收入7088万元，同比增长167.57%。全年实现利润2.64亿元，同比增长18.9%，超额完成考核计划的47.4%；实现税费2.2亿元。全年新开发加油站11座，整体或局部改造加油站23座，完成投资3.2亿元。全年发放加油卡17.6万张，发卡量累计突破24万张，沉淀资金4.42亿元，持卡消费率达到21.27%，同比增长2.4个百分点。全年5项管理费用同比降低9.9%，吨油运费同比降低2%，盈余创效同比增长23.39%。

【量效齐升】 公司始终坚持“量效并举，效益优先”的销售原则，统筹处理销量、价格、效益、份额的关系，牢牢牵住零售创效这个“牛鼻子”，统筹发展油品与非油品、润滑油、燃料油、液化气等小产品经营，实现以批发业务为主到零售业务为主的经营模式转变和单一汽油、柴油销售向多种产品经营的转变。截至2010年底，公司零售销量同比增长12.62%，零售比率达到72.3%，同比增加2.6个百分点，零售市场份额达到82.1%，同比增加3.7个百分点；非油品业务年销售收入突破7000万元；小产品经营毛利达到4770万元，占公司利润总额的5.5%。公司以“增销、稳价、降费、增效”为工作主线，加强市场分析，优化调运组织，调整营销策略，努力克服困难，量效齐升取得了实实在在的效果。

【网络建设】 公司始终紧抓库站基础建设，不断完善储运设施和营销网络，截至2010年底，全年完成投资3.2亿元，油库库容达到11.65万立方米，加油站数量增加11座，总数达到311座，市场份额达到89.7%，逐步形成与目标市场相匹配的营销网络，市场主导地位显著增强。在网络开发建设过程中，从依靠投资拉动向注重结构优化转变，不断巩固优化成熟区域，重点开发高效市场、空白市场，库站规划建设与城市发展同步跟进，投产一批优质高效加油站，市场规模不断扩大。持续调整库站布局和结构，综合考虑物流优化实际，关停低效库，多措并举优化调整低效站，库站运行效率和市场保供能力显著增强。加强基础建设，以点带面推广实施样板库站建设，有效提升中国石油品牌形象和库站运行质量。

【安全环保】 一是强化责任落实。牢固树立“没有安全就没有一切”的安全理念，层层签订安全环保责任状，实施全员风险抵押金制度，全面强化安全环保责任落实。二是严格监督检查。改变以往侧重设备等硬件设施的检查方法，引进HSE体系现场审核理念，在检查的频次、范围、深度和广度上狠下功夫，全年累计组织开展各类专项检查和例行检查23次，查改问题732项，静电跨接、设备渗漏、电气防爆、灭火器胶管龟裂等问题得到有效解决，记录表单得到规范统一。三是开展隐患排查治理。充分利用上级公司安全生产专项治理费用和投资改造资金，在项目安排上优先考虑安全环保隐患项目，不断加大隐患整改投入力度。全面累计投入隐患改造资金约5800多万元，消除隐患36项。前后对4座油库的消防泵机组进行更换，对12座加油站的配电设备进行升级改造，对4座油库的16块柴油流量计进行升级，对285座加油站的电气系统、信息系统进行防雷改造，对8座安全距离不足加油站进行整体改造。对5座加气站的主要设备和工艺进行升级改造，将103座加油站燃煤锅炉改造为蜂窝煤炉，25座加油站的取暖改为空化热泵取暖。四是强化风险控制。通过实施作业许可、升级审批和现场监督作业，有效控制作业风险。全年累计审批罩棚吊装、油罐安装等危险性HSE作业计划书20余份，现场监督作业16次。为控制高处作业风险，购置3台高空作业车，有效保障高处作业安全，大大提高工作效率。五是增强应急保障能力。成立两级公司应急领导小组，明确应急管理职责，建立以办公室为主线的应急信息接收报送、安全环保为主线的日常管理和运维中心为主线的应急值班体系。制定《安全生产应急管理统计分析和总结评估工作制度》，每季度组织开展一次应急管理统计分析和总结评估。逐级修订完善应急预案，公司层面对总体预案和专项预案进行修订，各单位对库站应急程序进行简化，健全预案体系。坚持开展应急演练，重点加强互动和联防演练，全面提高应急处置能力。全年累计组织开展互动联防演练12次，680人参加演练。

【精细管理】 公司立足实际，超前谋划，紧扣集团公司、销售板块工作主题，全面推进精细化管理，筑牢竞争和创效根基。通过实施精细化管理，公司初步形成“制度化管理、规范化经营、流程化运作，定量化考评”的运行机制；建立商流、物流、资金流“三流”统一优化配置的集约化经营模式；健全库站管理规范、便利店管理规范、质量计量标准化管理、工程建设标准等基础管理规范；建立HSE、内部控制、大预算、法律风险防控等管控体系；推广实施基础管理建设工程、薪酬考核分配办法、“三控一规范”、对标管理、反违章禁令等制度，公司管理开始向精细化、科学化转变，管控水平显著增强，发展质量显著提高。

【信息化建设】 公司持续推进信息化建设，全面实施成品油营销管理信息系统建设方案，截至2010年12月，在销售系统率先完成ERP系统、二次物流优化系统、加油站管理系统、油库管理系统四大信息系统建设任务，实现传统管理向信息化管理的转变。通过信息化建设，公司逐步实现批发、零售、物流、油库、客户管理等业务与财务、税控系统的集成，油库、加油站液位仪等自动化数字采集系统普及应用，油品进、销、调、存管控能力大幅增强。全面实施加油IC卡系统建设，完成新老卡切换及卡数据全国联网，实现“一卡在手，全国加油”。搭建并完善视频会议、门户网站等信息沟通平台，促进工作效率大幅提升。大力推广流程一致、报表规范、数据准确及时的应用系统建设，建设完成合同、物资、资金、资产、人事、制度、流程管理等30余个业务管理系统，目前公司70%业务实现应用系统管理。

【队伍建设】 公司大力加强干部、党员、库站经理人和一线操作人员4支队伍建设，树立“人才存在于员工之中，经过培养锻炼人人都能成才”的人才理念，从侧重人才使用向培养与使用并重转变。以“四好”班子创建活动为牵动，两级领导班子的整体功能和管理能力进一步提高，廉政勤政意识进一步增强。积极推进用人机制创新，实行竞聘上岗、内部晋升和助理等制度。2010年，公司面向各类用工开展两级机关管理岗位竞聘工作，通过严肃竞聘纪律、严格结果执行，建立起“优胜劣汰、能上能下”的内部竞争机制，在选拔人才的同时，进一步规范两级机关管理岗位设置。两级机关管理人员总数比竞聘前减少8人，占用工总量比例降至9.6%，平均年龄由竞聘前的38岁下降到36岁，本科及以上学历占77%，有效提升干部队伍整体素质和竞争意识。大力开展岗位大练兵、大比武活动，一批关键岗位操作技能人才迅速成长。创造性地从劳务用工中招聘市场化用工，为劳务用工创造更为广阔的发展平台。大庆精神、铁人精神在员工队伍中发扬光大，精细文化逐步形成，整个队伍保持奋发向上的良好精神风貌。

（吕　颖）

中国石油天然气股份有限公司山西销售分公司

【概述】 中国石油天然气股份有限公司山西销售分公司（以下简称公司）负责中国石油在山西省的成品

油销售和网络开发建设工作。截至2010年底，公司下设12个地市分公司、1个控股子公司，公司机关设11个处室、2个附属机构、1个项目办。在册员工4442名。实施运营油库13座，总库容36万立方米，投运加油站424座。

【主要生产经营指标】 2010年实现油品销售总量200.29万吨、同比增长51.5%，市场份额30%、同比提高6个百分点，实现零售总量159.56万吨、同比增长50.8%，单站日销量10吨、同比提高28.2%；实现非油业务销售收入3200万元，同比增长251%；吨油商流费294元，比预算节约11.88元/吨，同比减少77.85元/吨；实现利润4881万元，完成预算100.62%；网络建设新立项加油站114座，新投运加油站59座；扩建港盛油库开工，忻州油库、长治油库确定选址，油库建设稳步推进；质量抽检合格率100%，各类等级事故为零。

【资源调运】 形成稳定的铁路运输渠道，开通公路运输通道。全年完成调运总量195.66万吨，同比增长50%；其中：直炼资源完成率达87%，外采资源50.12万吨，占资源调运总量的25.62%。按照“运距最短、流向最佳”的配送原则，2010年日均二次配送量达2600吨，运营费用同比下降5.08%。

【客户开发】 开展以加油站零售为主的“客户圈”、以机构大客户为主的“商圈”、以小额配送为主的“服务圈”建设。坚持“研究客户与研究员工积极性同步”，结合地区公司客户开发的特点，分别制订激励方案；利用劳动竞赛契机，定期组织评比，对零售客户开发、批发客户开发、小额客户开发第一名的分公司颁发流动红旗，发放奖金。全年公司共摸排零售客户31万家、大型机构客户1900多家、小额配送客户1.2万家，绘制各类“圈图”近500张，每张“圈图”都标明客户位置，链接客户相关资料，建立客户电子档案，为持续推进客户开发工作奠定基础，实现了被动开发向主动开发的转变。截至2010年底，新增零售客户2.7万家，新增销量18.4万吨；新增机构客户274家，新增销量6.67万吨；新增小额配送客户327家，新增销量0.39万吨，客户“圈图”建设见到了实效。

【非油业务】 完善和理顺非油管理业务流程和规章制度。开展便利店建设，完成便利店包装改造126座，其中高级店65座，标准点61座。加强非油进、销、存各个环节管理和人员培训，非油业务管理逐渐规范。

【网络建设】 开展“网建”圈图建设，全年摸排、踩点可开发网点700多个，绘制网建圈图40多张，完成《中国石油山西销售公司网络建设圈图汇编》，为“十二五”期间网络开发奠定了基础。在网点摸排的基础上，确定了项目的可开发性、开发形式及开发策略，把网点整体情况细化到各可开发站点，由站的摸排上升到站的投运计划，将当年可投运的租购项目列为重点开发项目，全年实现新项目立项114座，新投运加油站59座，加油站投运总数达到424座，同比增长16%。加快油库建设步伐，按照规划开展港盛油库的扩建工程，截至年底，主体工程已基本完成，可新增8万立方米库容；忻州、长治油库均具备开工条件，为2011年油库建设创造了条件。结合山西省工矿企业多、大型煤矿多，实施转型绿色发展的实际情况，试点橇装加油设施项目，制订《橇装加油设施发展规划》，协调主管部门，积极推动出台行业政策。按照销售公司“一次改造、完善到位、全面规范、整体达标”的要求，完成加油站达标改造143座，加油站新、改、扩建项目24座，加油站亮化包装项目66项，屋面防水项目135项，加管系统改造项目298项，彩钢瓦维修、网架刷漆专项工程110项，油品字号牌安装工程213项。同时，完善网络建设开发程序，进一步规范投资原则、权限、职责以及项目管理流程，修订公司《零售网络建设管理办法》、《工程建设项目管理办法》，理清两级机关管理权限，为网络建设健康发展奠定了基础。

【企业管理】 开展精细化管理建设，规范制度流程，保证了企业的健康发展。安全管理方面，进一步落实安全生产责任制，严格落实《反违章禁令》、《安全行为问责制》和“三严禁、四必须”制度，推行“周安全检查”制度，开展“主题月”活动。全年共进行周安全检查34期次，检查库站210余座，发现大小问题540余项。组织机关及所属单位开展危害因素、环境因素辨识、评价工作，共识别、评价出重大危害因素20项，重大环境因素11项，建立重大危害因素台账和重大环境因素台账。举办2期库站负责人和4期安全管理人员资质培训，先后有362名人员一次通过考试并取得安全资质证书。以安全知识学习为基础，以岗位练兵为依托，开展“学、练、建”活动和全员安全培训工作，员工上岗持证率100%。数质量管理方面，在各分公司设专职机构和专职人员，明确管理职责，加强重点环节监控，明确油品入库、储存、运输配送、加油站入库、库站销售等各个环节管理办法，开展业绩考核、监督、标准化、计量保证、技术支持等体系建设，建设6个常规化验室、1个中心化验室，开展地罐交接试点工作，提高了油品数质量控制能力。物资采购管理方面，修订公司《物资采购管理办法》、《招标管理办法》、《物资供应商管理办法》，制定《加油站、油库设备供应商目录》，定期更新。全年就17大类、134个小类物资举办招标会、商务谈判19次，涉及采购金额6284万元，降低采购成本68.96万元。

【队伍建设】 为加强库站基础管理，提高机关管理人员业务素质，公司从管理人员、计量员、核算员"三大员"入手，组织开展"学业务、懂设备、会管理"两级机关管理人员业务学习活动和"管理人员会操作，操作人员懂管理"的库站、数质量、资金管理三路专业培训，先后组织专业培训和集中培训43次，参培人员5430人次；机关处室和各分公司牵头联系专业授课教师、加油站场地，集体组织员工下站练习操作70多次；1997人次参加理论考试和实践操作考试，管理人员考核合格率达到100%；关键岗位员工业务素质明显提升。开展"创先争优"活动，1个先进基层党总支和3名优秀党员受到省直工委表彰。积极参加销售公司组织开展的劳动竞赛，有8个集体和16名员工获得劳动竞赛先进集体和优秀个人称号。公司太原六站被国务院国资委评为"中央企业红旗班组"，公司工会被集团公司党组评为"先进工会组织"，公司获得"山西省五一劳动奖状"、"省商贸先进企业"、"山西省安全明星企业"、"全国和谐商业企业"等称号，树立了中国石油良好的企业形象。

（常化平）

中国石油天然气股份有限公司天津销售分公司

【概述】 中国石油天然气股份有限公司天津销售分公司（以下简称公司），主要负责中国石油在天津市的油库及加油站网络投资建设、加油站经营管理、成品油仓储与销售业务。公司采用两级管理体制，下设12个职能处室、5个附属机构、6个分公司、8个股权企业（不含控、参股加油站）。总资产23.3亿元。有员工3073人，其中合同化员工180人，市场化员工2893人。运营加油站191座，油库5座。

【主要经营指标】 全年完成销售总量181万吨，同比增加30.2%；其中零售销量107.5万吨，同比增长25.9%；单站日销量16.2吨。实现利润8103万元。全年固定站、橇装供油设施新增立项突破双百，超过过去5年新增立项的总和。

【市场营销】 注重营销质量，积极扩销增效，市场营销方式发生重大改变。一是超前研判，果断出击，抢占市场先机，实现量效齐增。年初，面对资源与市场的双重压力，制定积极有效的营销策略，实现一季度销量开门红。市场回暖后，抓住良机，加大扩销上量力度。全年批发销量同比增长37.1%。二是狠抓存量升级，多措并举，挖掘潜力，零售质量大幅提升。按照高效开发、存量挖潜、低效优化的思路，扎实推进"存量升级工程"。把加油站作为市场竞争的"桥头堡"、主阵地，实行一站一策，单站日纯枪销量同比增长11.9%，其中高标号汽油增幅达35.3%。持续开展创星达标活动，全年新增星级加油站41座，星级加油站已占公司开业加油站总数的65%。做强做大高效站，公司万吨级站达到16座，同比增长33%。

【网络建设】 "生命线工程"建设取得骄人业绩，全年固定站立项81座、同比增长440%，新开30座、同比增长500%，投运22座、同比增长122%。一是科学规划，抢占高端，战略性开发取得突破性进展。紧跟集团公司市场战略，采用职能处室与分控股公司两级联动的开发模式，瞄准滨海新区、中心城区、高速路和快速路等高效目标，加快在滨海、市区等高效市场抢滩布点。二是解放思想，借势用势，为后续开发奠定了良好基础。在网络开发突飞猛进的同时，通过与社会各界广泛联系，尤其是全心全意为当地经济社会发展服务，使中国石油天津销售的影响力迅速扩大。

【企业改革】 站在新起点，以市场为导向，尊重业绩，强化激励，深化企业改革，创新体制和机制，企业迸发勃勃生机与活力。一是新的体制在抢占市场、高效发展上彰显生机。两级管理、三级业务运行，各种营销手段运用灵活、及时有效、执行有力，体制优势日益显现，竞争实力大幅提升。二是新的机制在扩销上量、快速发展上彰显活力。以充分体现劳动贡献率为核心，按照“尊重业绩、强化激励”分配原则，制定出台《加油站升油工资分配管理办法》，薪酬与销量、效益挂钩，多劳多得，极大地调动了加油站员工的积极性，加油站日均销量普遍大幅提升。实行“量效挂钩”的激励机制，打造了一支士气旺盛、敢打能赢的客户经理队伍。

【精细化管理】 把管理放在与市场营销、网络开发同等重要的位置，精细管理正逐步成为公司竞争软实力。一是安全管理不断加强。强化直线责任，层层签订安全责任状，全面落实安全生产责任制。对安全隐患采取拉网式排查，所有隐患全部建立台账，逐一消项，使安全环保事故从源头上得到有效控制。全年等级生产事故、等级交通事故、等级环境事故为零。公司成功取得质量管理体系认证证书，被集团公司列为2011年HSE管理体系推进工作重点企业。二是建立起合规有效的内控体系。全年编制修订完善119个规章制度，描述155个流程，建立129个风险控制文档，发布公司内部控制管理手册，顺利通过股份公司内控评价测试。

【队伍建设】 大力实施人才兴企战略，把员工个人的成长与发展作为企业的重要工作，倾心抓实抓牢。一是全力为员工打造完善自我的提升平台。加大培训力度，实现人才增值。全年共开展培训项目132个，培训6044人次，受训人员涵盖公司所有层次和各个领域，1859人取得上岗证书，库、站一线岗位持证上岗率达97.2%。二是全力为员工打造实现自我的进步舞台。全年通过公开竞聘，有67名来自基层的优秀人才充实到中层干部队伍；两级机关及附属机构的200多个一般管理岗位，全部实行双向选择，让人才“有为就有位”。一大批德才兼备的市场化员工被提拔到处、科级重要岗位，成为公司发展的中坚力量。三是全力为员工打造展示自我的英雄擂台。大力开展“促发展、上规模、增效益”暨争夺“六杯”竞赛活动，以及“学规范、强基础、大干100天”和“强基础、快发展、大干100天”劳动竞赛，促进员工素质与公司各项工作水平同步提高，使员工人生价值在竞赛、竞技中得到充分体现。公司十分重视将改革发展成果惠及广大员工，一线员工收入大幅增长。

（严　天）

中国石油天然气股份有限公司宁夏销售分公司

【概述】 中国石油天然气股份有限公司宁夏销售分公司（以下简称公司）内设11个处（室），下辖6个分销公司、5个油库、3个直属单位。截至2010年底，员工总数3702人（其中，合同化员工1596人，市场化用工2106人），总库容16万立方米，资产型加油站218座，资产总额14.6亿元，净资产6.4亿元，资产负债率55%。

公司先后获得“全国五一劳动奖状”、“全国质量诚信5A级品牌企业”、“全国安康杯优胜企业”、“宁夏回族自治区五一劳动奖状”、“宁夏回族自治区工业保增长先进企业”、“宁夏回族自治区消费服务示范单位”、“宁夏回族自治区十大公益企业”等荣誉称号；公司党委被评为“宁夏回族自治区先进基层党组织”。

【经营指标】 2010年，公司销售成品油138万吨，同比增长23%；零售量130万吨，零售比率93.9%。实现单站日销量16.87吨，同比增加1.57吨；实现销售收入89.8亿元，考核利润1.36亿元，同比增加5505万元。实现非油业务收入1.01亿元，考核利润1139.7万元。万吨级加油站41座，占加油站总数的18.9%；5000吨级以上加油站112座，占加油站总数的51.6%。

【客户开发】 2010年，公司做大销售、做强零售战略迈出坚实步伐，为加快发展积累了经验。一是资源和配送组织合理高效。全年资源配置计划兑现率达到101%；有效实施淡储旺销策略，紧抓4次调价机遇创效4000多万元；加大宁夏炼地付提油数量，增加毛利2015万元；优化配送流程及路径，不断降低运输费用。二是机构用户开发效果明显。全年开发机构用户417家，机构用户总数达到580家，销量14.73万吨，占总销量的11%；选聘专兼职客户经理，实行包干责任制，给予开发维护费，激发了全员开发机构用户的动力。三是零售市场实现量效齐增。重点关注主要竞争对手和交界市场的信息，及时研究制定针对性的竞争策略，为抢占市场赢得了主动；灵活组织营销，及时调整营销策略，较好地实现了量价互动。

【加油卡业务】　采取灵活多样的营销方式，将加油卡销售业绩与薪酬分配紧密挂钩，将储值额度与折扣优惠紧密衔接，将机构用户开发与加油卡销售紧密结合，全力调动全员售卡动力，激发客户办卡热情。全年累计发卡9.17万张，充值11.16亿元，沉淀资金9014万元。

【非油业务】　公司非油业务快速发展，销售收入突破亿元大关。一是销售网络进一步完善。开展非油业务的加油站达到189座，投运便利店165座，餐厅10座，化肥销售网点131个，租赁业务83处，汽车服务业务3处，住宿业务3处。二是专业化管理水平进一步提升。加快品牌建设，完成36座标准店包装改造。对大宗商品实行统采统配，努力提高配货及时性，节省物流成本，扩大了毛利空间。三是销售领域进一步拓宽。不断做大化肥业务，紧密产销衔接，实施“淡储旺销”；开展烟草专卖的便利店达到129座，同比增加30座；紧密结合不同季节和节日，精心组织开展促销活动，增加了非油收入。

【网络建设】　紧抓宁夏经济社会发展的良好机遇，紧盯热点市场和潜力市场，多措并举全力加快网络建设。全年投资1.87亿元，完成固原油库旧罐区改造和中宁油库卸油系统改造，新开发加油（气）站51座，其中：新建站3座、收购站17座、新建加气站5座，取得建设权26座；续建站7座，改扩建站9座，技改维修600多项。特别是面对激烈的“黄河金岸”网点建设竞争，抓住集团公司总经理蒋洁敏与宁夏回族自治区领导友好会谈的契机，切实加大沟通力度，取得全部16座加油站建设指标，基本控制了宁夏未来经济建设重心的成品油市场。进一步规范投资建设管理，完善工程建设项目、检维修项目、工程项目前期费用及工程签证等一整套管理制度，规范工作流程，完善管理标准，保证了投资建设项目各环节的受控运行。

【安全环保】　公司安全环保工作取得新进展，实现了安全运营。一是全力推进HSE管理体系建设。加强HSE培训，提升全员HSE素质，举办15期344名管理人员、4期217名专业技术人员HSE理念培训班和专项培训班，组织培训HSE内训师队伍，增强全员HSE理念。强化HSE风险管理，组织部分库站进行HSE评价和隐患整改，组织全员开展“风险从我身边识别”活动，进一步完善了各岗位的风险清单。修订和完善HSE程序文件，推行“目视化管理”和关键部位检维修“上锁挂签”制度，逐步实现本质安全。开展“学查练考谈”活动，营造“我要安全、我会安全、我对安全负责”的工作氛围。二是持之以恒抓好隐患排查和治理，健全事故隐患问责制，落实隐患登记、整改、跟踪和销项制度，奖励发现隐患、参与突发事件处置的员工34名。三是扎实做好特殊敏感时期、关键环节、薄弱部位的安全监管，认真组织开展“安全生产月”活动，确保了安全运营。四是持续开展反违章操作、卸油操作和施工现场等专项检查，严肃追究“三违”行为，保证集团公司《反违章禁令》得到落实。五是加快推进质量管理体系建设，通过质量体系认证，进一步提升了质量管理水平。

【精细化管理】　公司精细化管理扎实推进，基础管理水平不断提高。一是不断推进管理创新。进一步规范机构设置和部门名称；将5座油库单设运行，提升了油库仓储配送专业化水平；积极推进机关处室设科，科长全部公开竞聘上岗。二是强化内控管理。全面开展业务流程梳理，完成ERP系统与业务流程整合、“三重一大”决策流程、财务管理业务流程、工程结算相关业务流程等规范工作，组织修订完善物资采购、薪酬考核、IC卡管理、损益油管理、小额配送管理、代储油管理、库站维修管理、合同管理等重点环节的管理制度，完善风险防控体系，规范了管理行为。开展标识清理整顿活动，共清理9座侵权加油站，维护了中国石油的品牌形象。三是强化费用管理。创新预算管理模式和手段，形成两级预算管理框架，突出了费用指标执行、利润完成与薪酬挂钩的导向作用。开展公司内部各单位、加油站之间以及公司与销售系统西北四省公司的对标分析，对提升公司管理水平发挥了重要作用。抓好降费增效工作，将5项费用预算分解到加油站，定标准、定措施、定责任，有力保证了预算和执行的有效结合。严格落实《体积交接奖惩办法》，着力推进地罐交接，明确油库接卸定额损耗和超定额损耗责任及处理，加强了各环节的油品管理。吨油费用同比减少26.2元，比预算减少13元；5项可控费用全部受控运行，同比下降11.7%，与预算基本持平。四是强化库站现场管理。

制定完善现场稽查、库站账表册、油品计量、油品盘点等管理办法，为加强库站基础管理奠定了基础。继续加强精品库站建设，落实精品站建设标准和实施方案，完成150座油站和5座油库的标准化建设。完成加油站类别评定和加油站经理岗位规范管理，建立起任职与薪酬挂钩体系，为提升加油站经理整体素质提供有效激励。通过引入神秘顾客访问、视频稽查、定期检查、随机抽查、通报奖惩等方式，加强库站稽查工作，提升了库站管理水平。五是强化信息化建设。全面完成加油站和油库2个管理信息系统的上线运行，进一步规范核心设备运维流程，切实做好信息设备和网络的故障排查及维护工作，提升了信息化建设、应用和管理水平。

【队伍建设】 公司队伍建设呈现新局面，为可持续发展奠定坚实的人才保障。一是进一步规范管理干部选拔任用机制。先后出台管理干部选拔任用、管理岗位竞聘、副处级以上管理干部离职离岗管理等规定，初步建立起干部有序退出通道，有16名干部提前退出原岗位，提任2名正处级干部，公开竞聘12名副处级干部和助理，选拔30名科级干部，副处级以上干部平均年龄由48.7岁降到47.4岁。切实加大加油站经理队伍建设，推进任职资格制度，全面推行竞聘上岗，全力提升加油站经理整体素质。二是加快推进专业技术和操作服务队伍建设。加大宣传和培训力度，强化政策引导，积极鼓励员工参与职称考试；精心开展职业技能鉴定，组织加油站操作工、储运调和工、油品计量工3个工种的职业技能鉴定；加快主体专业人才培养步伐，选派16名员工参加中国石油大学硕士研究生课程学习，40名员工参加西南石油大学油气储运和化验分析课程学习；继续加大内部培训力度，举办各类专业培训班36期，培训员工1365人次。三是进一步规范用工管理。按照“精干机关、充实一线，横向合并、纵向压缩”原则，基本完成两级机关定岗定编工作。开展加油站测时写实，逐步摸清加油站排班倒班方式、客流规律和汽柴油站员工劳动强度，为优化加油站用工管理奠定了基础。

【社会责任】 区域市场保供任务圆满完成。在四季度供求矛盾突出，成品油保供进入关键时刻，公司及时成立保供领导小组，启动销售应急预案，多渠道筹措成品油资源，加大市场投放，把握销售节奏，严肃销售纪律，保重点、保民生、保增长，全力支持宁夏回族自治区经济建设，获得社会各界充分肯定，宁夏回族自治区政府向集团公司发去感谢信，政府副主席李锐高度赞扬了公司保供工作，宁夏媒体也进行了大量报道宣传。

（周　扬）

中国石油天然气股份有限公司贵州销售分公司

【概述】 中国石油天然气股份有限公司贵州销售分公司（以下简称公司）主要负责中国石油在贵州省市场的成品油销售。公司设有14个处室，9个市（地、州）分公司，员工2700余人；油库2座、库容3.4万立方米，在营业加油站218座，服务网点遍及全省高速公路、国道、省道和中心城市、重点集镇。2010年，公司坚持以效益为中心，全力开拓市场，奋力扩张网络，努力提高销量，大力挖潜增效，不断夯实基础，各项工作取得显著成效；积极稳定成品油市场供应，积极参加贵州省抢险救灾，赢得社会各界广泛赞誉，公司被贵州省评为“最具社会责任感企业”。

【主要指标】 全年销售成油品130.8万吨，同比增幅20.7%，市场份额同比提高2个百分点。销售收入83.7亿元，利润6220万元，缴纳税金1.2亿元。其中零售80万吨，零售比例超过60%。非油销售收入3200万元。开发加油站146座，投运52座。全年安全生产责任事故为零。

【网络建设】 全力打造黄金终端，加油站开发取得重大突破。按照“做大黔中城市群，做强高速公路线，做优旅游风景区”的市场开发策略，与政府签订战略合作框架协议，积极协调政府规划部门，把公司未来发展站点纳入政府发展规划，积极储备和抢占39个优质项目，取得城市5条快速路22座加油站项目，全年开发、投运加油数量创公司历史最高纪录。努力克服仓储瓶颈，成立 8 个油库建设项目组，油库开发建设取得阶段性成果，久长、安龙油库项目取得省发改委、商务厅批复同意，在其他市地州的油库项目选址工作有序推进。

【工程建设】 精心组织施工，工程建设质量进一步提高。全力推行三级现场施工管理，引进系统内专业队伍，强化新标准执行，项目现场管理和对承包商的考核进一步加强。在系统入围单位内优选物资供应商，加强入场材料验收，物资采购进一步规范，项目质量明显提高。合理划分施工单元，明确隐蔽工程质量控制点，隐蔽工程管理得到加强，全年新建、改扩建项目工程质量合格率 100%。

【营销管理】 多方组织资源调入，有效保证市场供应。全年共调入配置资源 71.76 万吨，外采油品 55 万吨，外采比例达到 44%，实现毛利 2.1 亿元，补量增效效果明显。加强与兄弟单位资源协调，从云南、湖南公司采购油品和与中国石化互供油品，节约运输成本 1100 万元。加强与中航油、国储局及社会单位的合作，弥补仓储能力不足，提高了市场保供能力。科学谋划市场营销，实现量效齐增。根据各地区网络建设和区域市场环境差异，实行“一地一策”、“一户一策”差异化营销策略，年销量同比增长 20.4%，市场掌控能力进一步提升。强化汽油销售，全年销售汽油同比增加 6.5 万吨，高标号汽油销售比例同比提高 20 个百分点。加强客户队伍建设、积极开发和维护客户，全年新增机构用户 446 个，销量增加 7 万吨。客户经理人均月销量达到 361 吨，同比增长 36%。

【零售管理】 扎实做强油品零售，提升销售质量。以开展“促发展、上规模、增效益”主题劳动竞赛为契机，狠抓纯枪上量，全年纯枪量同比增加 12.86 万吨。通过开展系列营销活动、完善发卡充值网点，全年发售加油 IC 卡 17 万张，充值资金 4 亿多元，卡销比例达到 10.5%。在贵阳、毕节大型厂矿以及铜仁梵净山安装橇装加油装置，抢占市场，提高纯枪量。制定完善考核激励机制，激励政策直接落实到加油站，提高了加油站员工积极性。持续加大万吨站培育，大力推进“小站改大站”、“大站变强站”等活动，全年培育万吨加油站 19 座，提升低效加油站 15 座。

【非油管理】 大力开展非油业务，不断完善非油管理，加强中央仓管理，强化非油配送和促销，全年开展非油业务的加油站达到 147 座，打造百万元店 3 座，50 万元店 4 座。

【安全环保】 牢固树立“环保优先、安全第一、质量至上、以人为本”的安全环保理念，深入落实安全直线责任和属地管理原则，层层落实安全环保责任，形成全员参与、人人有责的安全环保工作格局。加强安全环保基础业务梳理，制定安全环保规章制度 26 项，发布实施《HSE 体系手册》及 17 个安全控制文件，HSE 管理体系进一步完善。加大安全环保培训力度，开展安全经验分享，营造了浓厚的安全文化氛围。定期开展体系审核检查，强化“PDCA”循环管理，安全管理水平得到有效提高。针对库站存在的安全隐患，制定全年隐患整改计划，风险管理重心下移、关口前移，全年隐患治理 149 项。加强计量源头管理，统一计量标准，降低误差损耗，油库损益控制在国家标准范围内，零售综合损耗率同比下降 87%。

【精细化管理】 精细化管理稳步推进，发展基础进一步夯实。进一步理顺公司工作机构职能，机关处室及分公司之间的职能、操作界面更加清晰。财务及内控体系有效运行，全面实行预算管理，加强经营活动分析，推进账户扁平化，优化资金内部流转，提高了资金流转效率。科学筹划税收，全年降低税费 2000 万元。认真梳理规章制度和业务流程，健全末级流程及风险控制点，建立法律风险防控体系，组织内部测试 4 次，通过外部审计，实现内部控制零缺陷。信息化建设步伐加快，基本建成以 ERP 系统为核心、覆盖所有库站的信息系统，综合业务监控系统稳步推进，省级数据集散中心作用显著增强。加油站管理系统运行平稳，系统应用考核位于销售系统前列。二次物流系统项目正式启动，油库管理系统完成前期调研，信息化对优化业务运行的作用逐步显现。

【队伍建设】 通过加强作风建设和举办中层干部培训班，两级机关干部工作作风扎实，服务意识、业务水平、管理能力显著提升。全年举办各级各类培训班 143 个，培训 5294 人次，员工队伍素质得到提升。加强关键技术人才引进，人员结构持续优化。围绕安全、法律、职业健康和接待礼仪等主题，全年组织开展 8 次两级机关“每月一讲”大课堂活动。举办为期 18 天的 MBA 考前辅导培训班，37 名业务骨干参加了集中培训；优选 10 人参加 MBA 统考，为年轻优秀员工成长成才创造了条件。加强两支经理人队伍建设，培训加油站经理 145 人次，培养后备加油站经理 150 人，培训客户经理 35 人次，轮训油库操作员工 66 人次，培训油库后备操作人员 22 名，员工成才渠道进一步拓宽。扎实开展“服务、质量、作风”主题教育活动，基层领导班子和广大员工主动工作，积极解决生产中的难题，形成相互理解、相互支持、上下同心的良好局面，为圆满完成全年生产经营目标奠定了良好的基础。

【社会责任】 坚持企地合作，强化沟通联系，积极履行社会责任。先后与贵阳、毕节、安顺等地方政府签订战略合作框架协议。在百年一遇的大旱期间，公司上下齐动员，领导带头慰问灾区，抗旱小分队送油送水到农户，加油站开辟绿色通道保抗旱，党团员捐款捐物献爱心，公司代表集团公司向贵州灾区捐款500万元，有力地支援了抗旱救灾工作。在关岭泥石流灾害救援行动中，公司连夜组织救灾物资到现场，保证了救灾工作顺利开展，赢得贵州省委、省政府和安顺市委、市政府高度赞扬。在“三创一办”活动中，公司勇当央企在黔排头兵，被省政府评为“在黔中央企业‘三创一办’先进单位”。在油品保供中，公司勇担社会责任，受到各级政府和人民群众高度评价，中央电视台、新华社、香港文汇报等主流媒体多次报道公司先进事迹，树立了公司良好的社会形象。

（岑义林）

中国石油天然气股份有限公司青海销售分公司

【概述】 中国石油天然气股份有限公司青海销售分公司（以下简称公司）地处青藏高原，属高海拔缺氧地区，库站平均海拔3200米以上，最高的清水河加油站海拔在4560米，机关所在地西宁市海拔2200米。公司承担着保障青海省汽油、柴油、煤油、润滑油等成品油稳定供应的责任，是全省成品油流通领域的主渠道，为满足全省成品油需求和促进地方经济发展提供了有力的能源支撑，扎实履行了政治、经济和社会三大责任。公司连续3年上缴利税超过亿元，连续11年成为青海省上缴利税大户。

截至2010年底，公司拥有资产18.74亿元，运营资产型加油站183座，直属油库4座，总库容量21.6万立方米；下设9个二级销售分公司，37个经营部；现有员工3328人，其中社会市场化用工1940人，占员工总数的59%。

【主要经营指标】 面对自然环境差、经济发展滞后、城镇化程度低、市场发展空间小、人力资源缺乏等不利因素，公司以科学发展观为统领，紧紧抓住加快转变发展方式主线，把确保和谐稳定作为主旨，强化管理，夯实基础，各项主要经营指标超额完成，高原先进销售企业建设迈出了新步伐。2010年，公司实现销售136.6万吨，其中汽油、柴油118.4万吨，完成年度销售任务110万吨的108%，同比增长20万吨，人均销售384吨，同比增加56吨；零售104.9万吨，同比增长27.4万吨，高标号汽油销售13万吨，同比增长3.6万吨；单站日销量12.2吨，同比增长2.1吨。实现销售收入82亿元，上缴税金1.2亿元。完成投资2.8亿元，库容总量达到21.6万立方米，储运能力进一步增强，为支撑公司长远发展打下了坚实的基础。

“十一五”期间，公司销量由2005年的58.04万吨提升到2010年的136.6万吨，市场份额由2005年的78%提高到2010年的88%，零售量由2005年的40万吨提高到2010年的104.9万吨，单站日销量从2005年的5.3吨提高到2010年的12.2吨，主营业务实现了从稳定性增长到跨越式发展的转变。

【主要营销措施】 统筹制定营销策略，主要经济指标明显增长。一是超前开展市场研判。掌握了市场主动，实现了扩销增量。二是有序组织抗震救灾、市场紧张等多个特殊时段油品供应。面对骤然而至的玉树强烈地震，立即制定油品保供方案，“用生命坚守、为生命加油”，全力保障灾区油品供应，受到了省委省政府和集团公司的高度赞扬。针对资源严重短缺，积极争取资源计划，确保了青海省成品油市场的稳定供应。三是健全客户服务体系。紧盯政府发展规划，紧盯工程项目客户开发，有效开发了盐湖集团等重点客户，机构用户同比增加41家，增加销量2.8万吨。开通400服务热线，搭建互动平台，24小时受理客户投诉及业务咨询，稳定了客户群体。四是努力净化市场环境。积极与省政府及相关部门协调，在主要省际交界地区设立6个成品油稽查点，累计送返外来油品1752吨，3个非法销售窝点被取缔，市场清理整顿规范初见成效。

突出抓好零售创效，市场驾驭能力显著提高。一是不断创新服务内容。建立客户和竞争对手信息档案，分类别、分阶段制定多个特色营销方案，较好地满足了不同时段、不同区域、不同客户差异化的油品服务需求。积极开展“2010年世博微笑服务活动”、“加油站百日优质服务活动”，开展神秘顾客访问，提升了加油站服务管理水平。二是积极拓展销售渠道。全力推进“八零售增量法”，提高了机出纯枪销量。在重点矿区、玉树灾区等地安装橇装加油设施15套，累计销售汽油、柴油1.5万吨，提高了零售量。利用小额配送车，及时将客户需求的油品送到现场，全年配送油品3.9万吨。三是大力推行IC卡发行应用。在全省范围内扩大宣传，全年发放IC卡10万张，储值金额7.1亿元，消费金额5.9亿元，沉淀资金1.2亿元，固定客户数量明显增加。四是有效规范非油销售。优化非油业务流程，统一形象、统一品牌、统一进货、统一配送、统一核算，保证了便利店的规范运营。2010年，公司开展非油业务的加油站达到152座，非油收入达到5254万元，实现利润539万元。

【投资工程建设】 狠抓投资工程管理，储运网络建设快速推进。一是统筹编制“十二五”滚动规划。及时启动公司“十二五”滚动规划编制工作，编制分地区、分经营部的销售网络建设发展规划手册，并向地方政府进行了专题汇报，确保与地方经济发展同步规划，滚动实施。二是有序推进重点工程项目建设。德令哈油库改扩建工程快速推进，实现“当年设计、当年施工、当年投运”目标，公司储运能力进一步增强。围绕工矿主产区、交通集散地等重点区域加快网络设施建设，完成39座加油站新建、改扩建工程，加油站形象进一步提升。启动怀头塔拉、鱼卡等6座高速公路服务区加油站的前期施工建设，填补了公司无高速公路加油站的空白。三是投资建设基础管理不断夯实。完善招投标、物资采购、检维修项目等管理制度，加强设计、施工、竣工验收等各环节的细节管理，做到有台账、有批示、有记录，实现了“痕迹管理”。全面使用中国石油系统内部监理单位，推进专业化管理，实现了投资工程建设的提速提效。四是基层建设稳步推进。马坊小区居住环境工程规划方案进入审批阶段，场地拆除已经完成。经济开发区综合配套楼工程获得批复，员工的生产生活条件将持续改善。投资650万元完成了马坊小区“穿衣戴帽”工程，提升了小区整体形象。

【安全环保稳定】 一是强化安全责任。进一步明确“有感领导、直线责任、属地管理”的原则，全面推进HSE管理体系建设，加强事故管理和责任追究，强化反违章禁令的贯彻落实，促进了安全工作由全员参与向全员责任转变、由被动执行向主动负责转变。二是强化隐患治理。加强重点领域、要害部位、特殊时段和重点项目监管，按分级、分类负责的要求落实隐患治理责任，重大隐患由专人负责，挂牌督办。组织开展春季、秋季安全大检查和随机抽查，对检查发现的问题及时反馈整改，取得较好成效。三是强化应急管理。增强全员应急意识，开展油库消防应急演练，切实提高处置突发事件能力。四是强化数质量管理。规范计量操作流程，查找管理中的薄弱环节，切实维护了“中国石油”的品牌形象。五是稳步规范薪酬福利体系。完善“吨油含量工资”、“复转军人薪酬”等方案，调整科级及以下人员绩效兑现办法，实施员工健康疗养计划；继续实施“金秋助学”、扶贫帮困等活动，和谐企业建设效果显著。

【企业基础管理】 一是积极推进发展方式转变。有序推进高原先进销售企业项目，逐步清晰了公司未来发展的目标体系。印发公司推进发展方式转变实施意见，分6个方面，30条具体措施，公司上下形成了在发展中促转变、在转变中促发展的良好局面。二是全面实施精细化管理。针对物流、财务、工程等8项具体工作认真分析，制定公司《精细化推进方案》，向管理要效益。丰富大预算管理，优化业绩考核办法，企业管理更加科学规范。三是深入开展劳动竞赛。按照“月比、季评、年考核”的工作思路，每月对劳动竞赛项目进行评比，每季度汇总考核，极大地调动了全员参与劳动竞赛、展现岗位风采的热情。四是强化信息系统建设。积极开展调度指挥中心、客户呼叫中心和工程检维修中心“三合一”信息服务系统整合优化，公司应急处理和市场反应能力得到提升。全面开展加油站管理系统、油库管理信息系统和二次物流优化系统等信息系统建设，努力实现信息共享。

（王 辉）

中国石油天然气股份有限公司江西销售分公司

【概述】 中国石油天然气股份有限公司江西销售分公司（以下简称公司）成立于2002年3月，同年10月正式开始营运。主营成品油批发和零售业务。公司本部设14个处室，在南昌、九江、新余、鹰潭、抚州、宜春、吉安、萍乡、上饶、景德镇、赣州11个地市设有二级分销公司。截至2010年底，有员工1686人，油库7座（全资油库2座，租赁油库5座），加油站214座，资产总额13.46亿元。

【主要经营指标】 2010年，成品油销售总量100.43万吨，同比增加16.29万吨，增幅19%；零售总量42.49万吨，同比增加9.15万吨，增幅27%；非油销售收入1951万元，增幅96%；实现市场份额18%。

【市场营销】（1）合理调配资源，营销业务实现新发展。一是加大调配力度，破解油库短板。二是制定科学营销策略，努力扩销增效。公司密切监控市场走势，制订多种营销策略，取得显著效果。三是大力开发机构用户，拓展市场空间。公司加强机构用户开发和管理，建立详细的客户档案，实行分级管理，培养了一批忠诚客户。

（2）加强市场分析，开展劳动竞赛，零售销量再创新纪录。一是开展“双百双千”劳动竞赛，充分调动零售人员积极性，零售销量屡创新高。二是加强市场研究分析，零售销量不断提升。三是开展促销活动，非油业务量效齐增。四是注重宣传激励，积极推广加油卡。五是排除隐患提升形象，打造标杆加油站。

【网络建设】（1）积极与地方政府合作。实施“以资源换市场、以资金换市场”，7月份，与赣州市政府签订战略合作框架协议，获得15座加油站规划，已在赣州市城区开发加油站2座，打破了竞争对手一统赣州的格局。8月份，与宜春市政府签订战略合作框架协议，规划加油站14座，并初步达成意向，“十二五”期间将在该地区新增80座加油站。

（2）稳步推进管道项目。与兰郑长成品油管道项目部积极配合，江西支线已取得省水利厅、省国土厅以及萍乡、宜春相关部门的批复，江西省商务厅及能源局已将该管道纳入“十二五”规划。在股份公司规划计划部组织召开的兰郑长成品油管道江西支线可研中间审查会上，公司汇报了管道沿线成品油市场的规划情况。

（3）严格工程建设标准。公司修订并下发《工程建设管理办法》及《补充规定》等文件，规范了项目招投标、材料设备采购、开工报告审批、施工过程管理、现场变更及签证、竣工验收及工程预（结）算等各个环节的管理，使工程项目始终处于受控状态。同时，在政策允许范围内寻求解决办法，妥善解决遗留问题。

【安全管理】 一是开展安全生产大检查，加强隐患排查整改。多次全面检查所辖各单位生产经营、安保反恐、油品运输以及工程建设等领域的安全生产工作，确保安全受控，全年没有发生一起生产安全事故。二是将油品计量、质量管理重点盯在要害部位上，严防油品“流失”，有效降低质量、计量事故风险。2010年库站油品损益控制平稳。

【企业管理】（1）财务管理。在两级公司推行经营预警机制，每周进行一次经营预警和月度效益预测，反馈经营效益，支持经营决策。建立以财务简报、月度经营分析、重点分析为主的财务分析体系。实行分公司分析质量考核评比，提高工作能力和水平。

开展大预算管理，充分发挥预算的导向作用，完善月度预算机制，用月度预算落实和完善年度预算，使预算真正贴近市场，指导公司经营。每月组织召开大预算工作会，下达预算指标和月度工作重点，细化落实方案，明确工作责任。每周跟踪工作进展，实行考核通报，推进月度指标和重点工作的完成。

在两级财务系统开展管理层面和指标层面对标工作，管理层面对标向上级单位学习管理意识、向同行业学习管理方法、向同系统学习管理深度、向其他系统学习管理广度。通过对标，抓重点，补短板，创效益。

从资金安全风险控制入手，强化加油站管理人员和操作人员的责任，对核算员定期轮岗，组建稽查小组，开展资金安全检查，保障了资金平稳运行。

（2）内控管理。建立月内控推进会制度，每周跟踪工作进展，月初召开内控月度例会，月底分组检查，增强了内控主动性。开展制度修订、流程梳理，修订各项制度19项、新增25项。重点梳理了包括ERP系统控制、“三重一大”、非油品业务、物资采购、内部审计、财务管理等160余个业务流程。开展ERP内控建设，并顺利通过内部测试验收，在销售企业中居于前列。全年清理股权项目2个，固定回报项目1个。法律事务、股权管理、合同管理等工作得到加强。

制定精细化实施方案，完善精细化对照表、明确2010年及中长期精细化管理工作计划。将精细化每项工作落实到部门和个人。在全公司范围内开展精细化课题研究，各单位共上报课题研究成果52份，内容涉及投资管理、工程管理、销售管理、费用管理、加油站管理、合同管理、人员管理、损耗管理等，查找出相关业务领域薄弱环节，提出改进措施，工作效率明显提升。

（3）人事管理。开展中层管理干部考核工作，参加测评人数548人，参与访谈人数214人，形成综合访谈材料11份，有效履行了干部监督职能。薪资调整坚持向基层一线倾斜，加油站各岗位工资均作了调整，平均岗位工资增幅30%。积极开展培训工作，累计培训12243人次。

（4）审计纪检监察。开展“中心组学习每周一题”活动，公司领导班子成员及机关处室长全部参加学习，使主题教育常态化。利用公司网站和内部刊物开展主题教育，制作“反腐倡廉教育”网上专栏，发放300本学习材料。累计评估近50个加油站收购项目，完成结算审计项目61项，送审金额4113.2万元，审减额625.8万元，审减率15.2%。

（5）信息化建设。加油站管理系统和ERP系统并轨运行，完成同现有系统与手工账对账工作，实现系统账与财务系统账、手工账基本一致。8月底加油站管理系统通过集团公司内控流程审查，正式单轨运行。

（孙光国）

中国石油天然气股份有限公司西藏销售分公司

【概述】 中国石油天然气股份有限公司西藏销售分公司（以下简称公司）设在拉萨市北京中路71号。下辖8个地区公司（拉萨、日喀则、山南、昌都、那曲、阿里、林芝、格尔木）、2个专业经销商公司（液化气经销公司、润滑油经销公司）、1个采调处和1个直属油库，拥有成品油储存库8座，加油站104座（万吨级加油站1座），员工总数1771人，其中合同化用工1270人，市场化用工501人，藏族和其他少数民族1078人。

【企业管理】 以“讲规矩、守纪律、重品行、懂礼仪、知感恩”为要求，转变机关作风，机关员工作风形象呈现新面貌。按照“三控制一规范”的要求，对机关机构人员进行改革，首次开展机关全员竞聘上岗，公司机关由130人减到78人，加油站、油库平均用工基本控制在8人至20人以内，制定公司机关工作规则，提高了工作效率；开展“如何做一名合格的管理者”大讨论活动，185人次撰写了心得体会。开展创建学习型机关活动，组织机关学习10次，提升了机关干部素质。开展机关作风治理活动，着力解决“懒、混、乱、绕、拖、卡、浮、散”的突出问题，机关作风明显好转。

【经营指标】 2010年，销售成品油47万吨，同比增加9.4万吨，增幅25%，相当于前5年成品油增长总量。零售成品油37万吨，同比增加5.5万吨，增幅17.6%，零售比例达到78.7%。销售润滑油1100吨、液化气1700吨，分别增长32.7%、41.1%。发生商流费用52239万元，剔除不可比因素影响，同比减少903万元，下降2%。实现利润4047万元，剔除不可比因素影响，同比增加2154万元，增幅20.3%。

【资源调运】 2010年，加大资源调运力度，购进成品油 50 万吨，同比增加 16.6 万吨，增幅 49.6%，市场保供能力持续增强。优化一、二次物流，格尔木至拉萨管线管输油品 13 万吨，青藏铁路运输进藏油品 8.8 万吨，青藏公路运输油品 13.9 万吨，日喀则承运商拉萨定点加油，青藏线加油站改变配送流程，物流优化共节约费用 3127 万元。加快推进公路承运商集中管理，青藏线以及拉萨、那曲市场实现了统一承运。

【市场营销】 强化营销力度，市场营销日趋科学化，建立日监测、周分析、月总结的销售运行机制，市场敏感度、反应度和掌控度明显增强。与 34 座社会加油站签订供油协议，实现供油 4.5 万吨；开发 153 个机构用户，实现供油 12.2 万吨，其中拉萨火电厂 2010 年供油 5.3 万吨；开发工程用户 89 家，2010 年供油 3 万吨，市场份额同比提高 13 个百分点。采取“点对点”竞争，积极开展各类主题促销活动，小额配送油品 10.5 万吨，实现发卡 10000 张。单站日销量、纯枪量、高标号汽油同比分别增长 6%、4.8% 和 21.7%。

【投资管理】 2010 年，公司共完成投资 5.7 亿元，拉萨铁路油料接卸库顺利开工建设，年末基本完成主体工程；优化关停加油站 10 座，新增投运加油站 14 座，投运橇装加油设施 8 座，加油站总数达到 104 座；改扩建加油站 46 座、油库 3 座，油库站形象与功能发生巨大变化；ERP、零售管理等信息系统陆续投用，对企业管理模式和运营效率产生深刻影响。

【财务管理】 2010 年，公司财务工作紧紧抓牢“精细化管理”这个牛鼻子，完善财务管理机制，创新工作方法，全面提升管控能力。一是资金安全得到深入保障，资金使用效率有效提高。深入开展资金信息化建设，加大加油站 POS 机安装力度，市区加油站安装覆盖率达 100%；启用现金平台账户信息系统，完成公司 68 个账户的录入维护，使公司银行账户管理信息化，为资金管理平台的正式上线奠定了坚实基础。二是资产管理得到稳步推进，资产保值增值日益彰显。加强资产管理，严格按内控流程操作，2010 年共拨款 395 笔，拨款金额超过 26000 万元。完成固定资产、无形资产的转资工作，本年转资固定资产 518 项，金额 7445 万元，无形资产 15 项，金额 7078 万元。开展资产清查，大力开展土地使用权清查，建立和完善相应台账，明确土地使用权权属，补充和变更土地使用权登记手续，清理土地使用权 168 项，发挥了存量资产功效。开展账外资产清理，建立账外资产台账，集中处理闲置车辆，提高了企业效益。三是税务工作得到较大提升，纳税更加科学、及时。通过招标，聘请有资质的税务师事务所对公司企业所得税纳税基数开展鉴证，历时 2 个月，完成公司本部及所属 11 家下属单位的企业所得税汇算清缴鉴证，合理规避了税收风险。积极与拉萨市财政局沟通协调，取得增值税返还资金 1735 万元，其中本部 1476 万元，拉萨公司 259 万元，为公司创造了较大效益。开展税收筹划工作，合理进行加油站收购避税，每笔采购由供货方提供增值税专用发票，直接或间接地降低成本费用约 350 万元。积极争取政策，取得西藏自治区政府《关于中国石油西藏销售公司有关成本费用涉及所得税问题意见的批示》，将公司增发的第 13 个月工资列入成本费用核算，缓解了人工成本紧张的状况，合理规避了税务风险。四是财务管理质量得到提高，财务管理更加精细。结合公司实际，有组织、有计划、有步骤地全面推进精细化管理工作，制订并下发《关于印发〈西藏销售公司精细化管理工作方案〉的通知》(藏油销字〔2010〕350 号)。加强精细化管理的指导，根据精细化管理要求，历时 1 个月，修订完善制度共计 22 个，下发 22 个，促进精细化管理健康发展。五是财务信息化得到大步推进，流程更加清晰合理。完成 AMIS7.0 资产管理信息系统和 FMIS 融合系统的对接，实现资产折旧凭证自动生成，提高了工作效率；强化业务培训，组织财务人员学习资金管理平台，为 2011 年资金管理平台上线打牢了基础；成功实现预算管理信息系统向二级公司延伸，确保预算管理的全面信息化，有效推进了预算管理的精细化水平。

【加油站管理】 完成 15 座加油站定置化配置，达标站、星级站达到 28 座，万吨站达到 4 座，加油站管理和服务水平进一步提升。采取有效的促销手段，小额配送油品 10.5 万吨，实现发卡 10000 张，单站日销量、纯枪量、高标号汽油同比分别增长 6%、4.8% 和 21.7%。与 5 年前相比，非油业务收入实现零的突破，达到 233 万元；实现利润由 3138 万元提高到 4047 万元，年均增长 5.2%。

【HSE 与油品数质量管理】 2010 年，公司集中组织召开 2 次安委会，出台安全风险抵押金制度，安全环保责任制得到较好落实。全面推进 HSE 体系建设，识别新增风险 3200 余条，组织应急演练 82 场次，培训管理人员 170 人次，坚持每周上报安全事件和会前安全经验分享，开展干部“六个一”安全行动计划，有感领导、属地管理、直线责任得以确认和强化。深入开展安全大检查，2305 条安全问题及时进行了整改。补充更新 94 项规章制度，建立发布质量管理体系，完成加油站地罐标定 33 座，开展油库对账盘点

9座，基础管理进一步夯实。强化重点时期安保防恐，确保了“3·14”、昌都解放60周年等重要时期的运行平稳，受到集团公司维稳办的嘉奖和自治区综治部门的肯定。

【党建工作】 2010年，以公司召开第一次党代会为契机，以“强核心、固堡垒、塑形象、提技能、强党性、心连心”为载体，大力推进创先争优，党建工作形成新格局。发布党员领导干部“十条禁令”，落实“一岗双责”要求，12家单位实现经理、书记交叉任职。首次与各单位、各部门签订《党建工作目标责任书》，实现了与经营工作同部署、同考核。28人参加书记培训班，机关30名党员参加“红色信仰”讲座，10名处级干部深入堆龙德庆县东嘎村联系点开展共建活动。创先争优活动得到西藏自治区第一指导检查组的高度评价。以“转作风、提素质、促团结、作表率”为标准打造干部队伍，班子建设再上新台阶。出台干部民主评议、问责、谈话等5项制度，提拔配备、调整交流25名中层干部。开展“忠诚事业、承担责任、艰苦奋斗、清廉奉献”主题教育、转变作风落实年活动及专题民主生活会，55名领导干部对照标准进行自查，征求群众意见14类80条，整改回复率达100%。公司领导班子下基层调研30次，两级中心组集中学习108次，领导班子的管理能力得到进一步提升。

【思想政治工作】 以“强基础、促销量、增份额、提效益、重执行”为主题，开展全员劳动竞赛，服务保障作用发挥新功效。获得中国石油劳动竞赛营销、零售和节能降耗3个项目的流动红旗，4个集体、7位员工获得中国石油年度劳动竞赛先进。6个集体、6位员工获得公司劳动竞赛先进，全年发放劳动竞赛奖金448万元。以“形势、目标、任务、责任”为主线开展宣传思想工作，和谐企业建设取得新进展。以“五小工程”、“民生工程”、“温暖工程”为重点，加大投入力度，员工生活水平得到新提高。投入180万元，为107个加油站配备电冰箱、乒乓球台等生活、文体设备。开展“千万图书送基层、百万员工品书香”活动，为62个加油站配备图书12.2万册。开展“送温暖”活动，慰问困难员工1147人次，发放慰问金120多万元；发放“金秋助学”金16.6万元，救助大病重症患者18.5万元。争取政策支持，建立了补充医疗保险。推进团购房和集资建房，积极为困难员工帮助解决住房问题。

【企业文化建设】 以“大庆精神、铁人精神和老西藏精神”为灵魂建设特色文化，企业文化建设取得新成果。完善新闻宣传机制，丰富公司门户网站，创办《雪域宝石花》，完善了企业文化阵地。创办内部《工作动态》，统一宣传口径，在系统内外媒体发表文章116篇（条），宣传了企业形象。邀请中国石油“宝石花”艺术团进藏演出，举办演讲比赛、拔河、知识竞赛，共有120多人参加了活动。女员工委员会开展“展雪域英姿、显巾帼风采”主题服务活动，团委组织拉萨地区50多人到油库站义务劳动。

（杨藏英）

中国石油天然气股份有限公司大连海运分公司

【概述】 中国石油天然气股份有限公司大连海运分公司（以下简称公司）成立于1999年5月，主要负责中国石油下海成品油的海上运输组织工作。截至2010年底，公司拥有成品油轮10艘、10万载重吨，日常租用船舶190余艘、120多万载重吨，各类船舶年运行航次3500多个，年运输能力超过2200万吨，运输网络覆盖中国沿海及长江中下游大部分区域；公司机关设置7部1室，下辖3个办事处，授权管理全资子公司、参股合资公司各1个；公司员工总数105人（不含外聘船员用工），资产总额10.35亿元。

【经营指标】 2010年，公司完成下海成品油运量2236万吨，同比增长11.47%，运输计划兑现率达到101.64%；完成运输周转量195亿吨海里，同比增长5.40%；实现运费收入24.6亿元，同比增长9.86%；实现利润总额7264万元，同比增长35.07%；吨油运输成本103.75元，低于预算指标2.25元；实现投资收益530万元；未发生较大及以上生产安全和环境污染责任事故。其中，运量、运输周转量和运输收入3

项指标再创历史新高。

【生产运行】 深化实施内贸大船精细化管理举措，科学把握外贸大船租用规模，进一步提升大船运行效率，全年3万吨以上大船运行231个航次，完成运量876万吨，同比分别增长36%和29%；积极稳定中小运力队伍，细化安排小船运行航线，进一步加强中小运力控制和运输优化，全年一次直达配送比例超过50%，定点运输比例达到60%；灵活采取市场化运力配置方式，因地制宜实施包量运输模式，顺利承接广西石化下海油运输任务，9月份以来累计运送广西石化下海油84万吨；千方百计筹措运力，攻坚克难组织运输，切实加强船舶安保防恐工作，圆满完成上海世博会和广州亚运会期间运输保供和船舶安保任务，为"平安世博"、"平安亚运"作出了应有贡献；持续改善与下游收货单位沟通衔接机制，有效发挥代理公司现场协调职能，进一步加大重点区域疏港力度，全年发生滞期费用5209万元，降幅达47%；严格执行《下海油计量、质量管理交接细则》，进一步强化数据采集和分析，切实加强船舶舱容管理和压舱水监控，全年油品运输环节损耗率和下海油总损耗率分别降低0.04‰和0.25‰；自有船舶实施专人分船对标管理，细化调度管理流程，密切船岸沟通，紧凑航次衔接，加强运行全过程监控，海务机务管理精细严谨，着力加强访船工作，细化制定9大项、473小项检查项目，强化运行数据分析，把握船舶航行和燃油消耗特点，结合港口、航道和气象状况，科学测算、量身订制不同船舶经济航线，船舶运营效率和效益稳步提升，全年自有船舶运行222个航次，完成运量195万吨，综合营运率达到96.32%，同比提高2.65个百分点。

【安全环保】 进一步突出"严、细、实"的工作方针，建立健全安全环保责任体系，逐级签订《安全环保责任书》，全面细化运输、代理、燃油供应商《安全服务合同》条款，内、外部安全环保责任制有效落实；下大力气抓好体系建设，SMS先后组织6次共21个文件修改，换版工作全面完成并顺利通过年度审核；HSE体系完成承包商和供应方评价、危害和环境因素辨识等工作，体系运行持续有效；质量管理体系文件编写、内部审核、管理评审和第三方认证有序推进，质量体系全面建立；继续严把准入船舶资质审核与勘验关，全年审查各类证书5200余份，勘验船舶197艘次，对在用船舶提出安全整改建议80多条，退租不合格船舶12艘，准入运力中双壳双底船舶同比增加45艘、21万吨，一级油轮增加42艘、25万吨，船舶整体技术状况持续优化；重点加强特殊季节、特殊气象、特殊区域、特殊时段的船舶航行和装卸作业安全指导，全年实地考察港口20余个，切实履行承租人安全告知义务，共发出告知函500余份，船舶运行安全得到可靠保障；深入开展"安全生产月"和安全生产大检查活动，广泛宣传《反违章禁令》和HSE管理九项原则，认真做好节能宣传和减排统计，安全环保基础进一步夯实。

【企业管理】 积极开展"责任管理年"活动，全面推进精细化管理工程，全员责任意识、管理精细程度、岗位工作质量进一步提升；持续推进全面预算管理，不断强化经营活动分析，单船燃油消耗定额标准和自有船舶对标分析体系全面建立；积极筹措资金来源，全面提高结算效率，对外结算周期比年初缩短20%；持续优化资本结构，提前偿还船舶投资贷款4.51亿元，吨油财务费用同比降低0.70元/吨，节约财务费用1360万元；切实加强与地方财税部门的沟通协调，逐步理顺租船业务处理和发票抵扣流程，提前实现差额纳税，全年降低流转税费负担70%，节约税金5437万元；重新设计财务收支科目体系，制定出台《船舶成本核算与管理规范》，会计核算标准化程度进一步提高；全面完成"三重一大"决策流程梳理和风险防控体系程序化设计，组织开展ERP内控测试、内控手册换版和内控审计，内部控制体系持续改进；编制完成《"五五"普法依法治企规划》，细化完善《法律风险防范控制文档》，依法治企水平和法律风险防控能力不断提升；梳理评价现有规章制度，组织编制今后3年规章制度修订计划，制度管理体系更加健全完备；积极推进效能监察工作，认真开展"昆仑油003"轮船上物资使用管理监察项目，效能监察作用有效发挥；持续提升《海运信息参考》内容质量，试点实施《督查督办工作专报》制度，信息服务和督办调研功能进一步增强。全力抓好重点工程和项目，2.8万吨油轮建造工程8月底正式启动，ERP系统10月份实现单轨运行，重点项目实现运作有力，推进到位。

【队伍建设】 以增强责任感、强化执行力、提升素质技能为目标，以细化岗位管理、强化考核培训、优化专业结构为手段，积极开展岗位说明书编制和岗位价值评估体系开发工作，全面引入岗位胜任模型和工作态度指标，岗位管理精细化程度进一步提高；切实抓好合同签订、跟踪执行、指标考核、绩效激励4个环节，认真分析并及时纠正考核过程中发现的问题，持续完善考核制度和激励机制，考核质量和效率不断提升；重点开展脱产学习、在船实践、油轮从业资历以及法律、体系知识学习等 8 大培训项目，受训人员总量超过 450 人次，员工培训覆盖率达到 100%，培训工作收到良好效果；进一步加强船员选聘和日常管理，全年完成船员调配 260 多人次，人品可靠、素质较高的回流船员比例超过 80%，相对稳定的船员队伍逐步建立起来。

（唐海龙）

中国石油天然气股份有限公司北京油气调控中心

【概述】 中国石油天然气股份有限公司北京油气调控中心（以下简称调控中心）主要负责中国石油所属长输油气管道实施远程监控、操作运行、调度管理和抢维修协调，有员工 170 人，其中调度人员 119 人。截至 2010 年底，中国石油所属 50 条在役长输油气管道已全部纳入集中调控运行，管道总里程 4 万多千米。其中，天然气管网 2 万多千米，年输气能力 1000 多亿立方米，贯通中亚、塔里木、青海、长庆、西南几大气区和 25 个省市、1000 多家大型用户，惠及近 5 亿人口；原油管网 7000 多千米，承担进口原油及国内 13 个油气田原油外输和 30 多个炼厂原料供应任务，连接 42 个油库、3 个港口码头和 7 个铁路装车点，年输油能力约 1 亿吨；成品油管网约 7000 千米，年输油能力近 4000 万吨，向西北、华东、华中、西南的 40 多个地区供应汽油、柴油。

【主要运营指标】 2010 年公司主要生产运营指标见表 2：

表 2　2010 年主要生产运营指标

序号	项　目	年度计划指标	实际完成值	完成率
1	原油管网输油量	6785 万吨	6727.9 万吨	99.16%
2	天然气管网输气量	394 亿立方米	416.85 亿立方米	105.80%
3	成品油管网输油量	1250 万吨	1324.08 万吨	105.93%
4	节能	3.93 万吨标准煤	4.64 万吨标准煤	118.07%
5	安全生产	零事故	全年无事故	100%

【管网运行调控】 面对调控业务的快速增长和日趋复杂的油气生产形势，调控中心始终坚持站在全局高度，在协调油气管网运行各方关系上，主动承担责任，积极推动工作。在内部管理上，严抓细管，科学组织，超额完成了年度输油气任务。

天然气管道联网运行优势得到充分发挥。随着中亚和西气东输二线等一批重要能源通道投入运行，长输天然气管道已达 23 条、2.4 万多千米，用户数量持续攀升，用气结构日趋复杂，管网调峰难度和保供压力不断加大。调控中心充分发挥骨干管线联网运行和集中调控优势，综合采取上游增供、管网调剂、管存调节等手段，优化资源配置。全年管输天然气 416.85 亿立方米，管网相互调气达 160 亿立方米，实现了跨地区公司、跨管线、跨地域的气量综合调配，季节性、气候性、区域性用气需求不均衡矛盾得到有效缓解。

液体管网调控运行水平进一步提高。调控中心通过创新技术、创新工艺，成功实现西部原油管道冷热交替掺混输送，有效解决石兰原油管道地形起伏大、中间泵站不可越的运行难题，顺利实施漠大线特殊供油模式下的满负荷运行测试，提高了原油管道安全经济运行水平。全年管输原油6727.9万吨，同比增加324.4万吨。通过增油源、找出路，持续加大产运销协调，全年输送成品油1324万吨，同比增加190万吨，增幅达17.8%。在输量增长的同时，进一步加强油品质量控制，混油界面跟踪技术达到国际一流水平。其中，兰成渝和西部成品油管道平均单批混油量同比分别减少8.9%、4.2%。

协调衔接和应急处置能力进一步增强。随着中国石油上下游一体化战略的深入推进，调控中心在产运销业务链中的协调中枢和桥梁纽带作用日益突出。调控中心把加强上下游沟通协调作为调控业务的关键环节，主动上手，牵头协调，保证了上下游生产和现场作业活动的有序开展。在应对突发事件，协调管道、油库动火，实施油气管网工艺改造等现场作业活动中，调控中心与地区公司整体联动，提高了工作效率，增强了作业活动的安全性，降低了对用户的影响。特别是在中亚及西气东输二线管道出现冰堵时，调控中心反应快速、措施得当、处置及时，有效遏止了事态发展。

【科技创新与技术改造】 为加快国际一流调控中心建设步伐，调控中心坚持把创新工作与国际对标结合起来，深入推动管理和技术创新，着力优化调控业务支撑体系，技术保障能力进一步提升。

依靠科技创新解决生产实际问题。调控中心坚持把技术创新与解决生产中的突出问题相结合，立项求实、成果求真，重大课题与“短平快”项目统筹兼顾，攻克一批调控中心建设发展中亟待解决的技术难题，为生产运行提供了有力的技术支持。2010年，先后完成“天然气管道自动分输技术”、“兰成渝管道调度操作支持系统开发”等6项重点技术开发，重点科技攻关项目“油气管道SCADA系统国产化研发”通过集团公司开题论证，前期工作稳步推进。技术创新有力推动了调控中心科技进步，夯实了调控中心发展根基，进一步增强了调控中心自我“造血”功能。

自动化与通信系统专业化管理取得明显实效。按照专业公司授权，调控中心承担了油气管道自控与通信业务归口管理职责。在新建管道的可研、初步设计、调试、投用等阶段，严格贯彻标准与管理规程，逐步推进两个业务系统与管道主体工程“同步设计、同步建设、同步投产”。通过不断探索，逐步打破地区间两个业务服务与技术的隔阂，实行统一规划、统一建设标准、统一运维办法和统一应急响应，专业化水平不断提高，促进了长输油气管道集中调控优势的发挥。通过调整优化通信资源，退租20余条公网电路，启动光通信波分系统建设项目，进一步降低运行成本，通信系统的运行效率和稳定性有了质的提高。自动化与通信系统两大专业的归口管理，也成为集团公司其他业务实行专业化管理的有益探索。

国际对标工作提高调控业务水平。调控中心始终紧盯国际一流水平，一批国际对标成果已经转化为现实生产力。2010年，通过改进控制系统HMI画面，方便了调度人员日常操作；通过PID改进，西部成品油管道实现一键启泵，减少57%的操作指令，提高了调度操作效率和安全系数；通过压缩机组控制技术改造，实现压缩机组远程控制操作，改写了天然气管道压缩机组只能站控操作的历史，推动天然气管网调控能力向国际一流水平迈进。经过一批对标项目的实施，调控中心整体测评得分由74.17分上升到84.85分，与标杆单位Enbridge公司的差距由13.04分缩小至2.36分，加快了国际一流调控中心的建设步伐。

【工程建设】 2010年，是新建管道工程数量最多的一年，工程配套的建设任务和投产工作非常繁重，工期十分紧张。新投产管线里程长、频次密集、技术要求高。调控中心通过加强协调、统筹安排、扎实推动，有力地保障了新建管道工程顺利投运。

全面实现建设项目的过程控制和建设目标。2010年，调控中心承担19项新建管道、4项在役管道配套工程建设任务，始终坚持调控中心工程与主体工程同步推进，把SCADA和通信系统的先进性、兼容性、可靠性作为建设的重点，紧盯工程关键环节，发挥监理方的职能，质量进度两手抓，整体推进，如期完成新增43000多个数据点的调试和166个光端站、32个卫星小站、24条公网数字电路的开通工作，确保了管道的正常投产和安全平稳运行。

圆满完成新建管道工程投产任务。在承担投产任务中，调控中心按照“四个坚持”的工作方法，化解了投产中的许多矛盾和难题，保证了各条管道的顺利投运。一是坚持提前介入。紧密跟踪工程进度，提前编制运行规范，提前安排调度人员赴管道站场熟悉掌握一线情况，提前协调上下游生产调整，提前落实投产所需软硬件条件。二是坚持模拟运行。在每条管道投产前，都利用仿真系统反复开展模拟演练，推演确认控制要点，识别运行风险，完善投产方案，为投产工作提供有力技术支撑。三是坚持靠前指挥。在漠大、石兰、惠银、西气东输二线等重要管道投产过程中，调控中心主要领导到投产现场检查督导，协调指挥，主管领导和部门负责人在投产指挥室值班带班，基层管理骨干吃住在投产指挥室，及时研究协调解决重大问题，确保了各项工作的顺利开展。四是坚持及时沟通。充分发挥中控优势，统揽全局，全年发送实时信息或指令8万余条，使相关各方及时掌握投产动态，明了存在问题，为上级的科学决策提供了有力支持。

【节能降耗】 2010年，调控中心进一步发挥管网优势，不断优化生产工艺技术，推进节能管理，全年实现节能4.64万吨标准煤，超额18%完成了任务。

强化管理机制推动节能降耗。引进科学的管理手段，实施“能源管理系统”平台建设，拓展能耗指标管理和预测功能；在抓计量和输损管理中，监控细，反应快，工作主动；在推动设备节能降耗中，坚持做好一级管道压缩机和泵机组失效分析，督促整改问题隐患，保证了设备运行效率的持续提高。

发挥管网优势促进节能降耗。充分利用在线仿真系统，建立天然气管网24小时运行分析机制，提高瞬态工况预测精度，使运行调整更加科学，运行方案更加优化，管网运行更加平稳，保证了增输增效、降本增效；综合利用地下储气库调峰、管存调节、管网联络线调配等多种方式平衡供需矛盾，有效降低了调峰成本。

优化工艺技术保证节能降耗。针对西部原油管道低输量运行实际，科学实施加热加剂综合热处理工业试验和超低输量停输再启动试验，科学组织混合输送方式调整，全年燃油消耗由投产初期的3万吨降至0.54万吨。在成品油管道，通过加强批次计划管理，优化运行安排，切割混油量持续降低，资源配置和流向更加合理高效。

【安全生产】 调控中心坚持安全生产警钟长鸣，各级工作安排促安全，调度交接班讲安全，员工开展活动议安全，典型案例教育和安全经验分享已经常态化。通过深入开展风险排查和隐患整治，针对风险控制的关键环节，配套制定预防措施和应急预案，安全理念不断提升，风险意识不断强化。通过开展规范操作行为活动，强化对调度规程的执行监督，明确各岗位在操作中的监督配合责任，为安全生产提供了制度保证，安全管理的基础更加牢固。2010年，调控中心全面实现安全生产零事故目标。

【企业改革与管理】 开展“基础管理年”活动，围绕“夯基础、强管理”这条主线，积极推进发展规划研究，进一步充实完善制度标准体系，各项业务流程进一步规范，管理水平又有新的提高。

业务发展规划全面启动。管道通信网和SCADA系统两大规划完成滚动调整，并有效实施，保证了油气管网通信与自动化系统的规范有序建设、安全高效运行。实施《人才队伍建设规划》，“三支队伍”建设初见成效。推动调控中心提高核心竞争力，提高技术创新能力的科技规划和指导调控中心整体业务发展的“十二五”规划全面启动，中长期发展的基本思路进一步清晰，配套措施进一步得到落实。

管理制度体系不断健全。2010年，调控中心质量管理体系发布实施，HSE和内控体系通过审核测试，实现了三大管理体系与现行管理制度层层融合、一体运行。按照体系管理的要求，在对中心日常管理制度进行梳理、修订的基础上，新出台调度业务、综合管理、项目建设等方面的10余项重要制度，各项业务的管理流程更加规范，为推行精细化管理，夯实管理基础，保障国际一流调控中心建设的顺利推进做好了制度准备。

综合管理能力不断提高。计划财务工作以强化项目前期工作为重点，完成调控中心工程费用取费标准研究，推动投资计划管理上水平；以强化经费支出过程控制为重点，细化预算项目，有效降低了运营成本。综合保障业务水平也有明显提高，文秘和督办职能有效发挥，保密工作得到持续加强，档案管理进一步规范。

窗口作用更加凸显。调控中心高度重视窗口部位建设，坚持不断更新，持续优化应急指挥室和参观连廊的环境设施和日常管理，对参观接待解说材料和中、英、俄文3版调控运行系统简介电视片进行动态更新调整。2010年，共迎接视察指导、参观考察、调研交流团组105个，其中，省部级24个，国际团组10个。经过近几年的建设，调控中心已成为展示集团公司发展成果、展示我国能源工业形象的重要窗口。

（韩锋刚）

中国石油天然气股份有限公司管道建设项目经理部

【概述】 中国石油天然气股份有限公司管道建设项目经理部（以下简称项目经理部）于2007年2月由中国石油天然气股份有限公司批准成立，总部设在北京。按照“建管分离”的原则，项目经理部代表中国石油对新建长输管道项目实施专业化集中统一运作与组织管理。

项目经理部承担着中国四大能源通道中的三个通道和国家骨干管网的建设任务，自组建以来，认真按照集团公司党组的部署和要求，始终坚持以建设国家能源通道为己任，牢固树立强烈的责任感、使命感和紧迫感，积极组织协调各种建设资源，不断推进战略能源通道和骨干管网建设。截至2010年底，承建项目从组建初期的8个增加到62个，管道建设总里程达13600多千米，覆盖全国29个省市，基本建成连通海外、覆盖全国、横跨东西、纵贯南北的油气骨干管网布局。

【管道建设项目】 2010年，同步组织25个建设项目，9个项目建成投产。西二线东段中卫—黄陂段提前1年建成投产，实现中亚天然气首次进入华中地区，沿线9个省市近1亿人口受益。中俄原油通道打破冬季不能土建施工的禁区，攻克极端严寒地区永冻土施工的世界级难题，实现低温、空管、冷投运一次成功，开辟了我国陆路进口俄罗斯原油的新通道。中缅油气管道开工建设，对于实现我国油气进口通道多元化具有重大战略意义。涩宁兰复线、石兰线和惠银线竣工，为长庆油田增储上产创造了必要的外输条件；兰郑长克服大落差难题，建成我国线路最长、难度最大的成品油管道；陕京三线建成投产，为北京市和环渤海地区天然气平稳供应增加了新的保障。能源通道和骨干管网建设顺利完成“十一五”建设目标。

【科技创新与技术改造】 项目经理部紧紧抓住管道建设大发展的历史机遇，引进和借鉴国外先进技术与管理经验，着力推动我国管道设计、制造、施工水平全面提升。一是在国际上首次大规模实施X80高钢级、大口径、高压力长输管道建设，制定X80钢相应技术标准及完成配套产品国产化，使我国管道建设实现了从追赶到领跑世界先进水平的历史跨越。中国石油不仅具备了承担国际化、长距离、大口径管道的设计、施工和管理能力，而且拥有了世界长输管道制造标准的“话语权”。二是以重大建设项目为依托，加快关键设备的国产化研发。在管道建设核心技术、大口径高钢级管材、燃压机组、大口径阀门等多个方面取得重大进展。2010年，西二线西段3座电驱压气站首次配置国产压缩机，东段不断扩大压缩机装备国产化，11个压气站中有4个站选用国产压缩机，其中高陵站全套电驱压缩机组的压缩机、变频器和电机全部实现国产化。三是先进的设计理念和方法首次在我国管道建设中采用。针对漠大线岛状、多冰冻土区与国外冻土的差异性，创造出“多年冻土地区管道施工技术”等多套全新工法，确立了冻土施工、低温焊接等10余项施工方案，编制完成我国冻土地区首套管道工程建设标准。兰郑长多油源、多分支、多注入成品油管网优化技术的应用，缩小了我国成品油管道建设与国际先进水平的差距。将基于应变的设计方法引入变形钢制造和强震断裂带穿越设计中，攻克复杂地质地貌下的管道设计难题。采用国际先进的系统风险评价方法，从设计源头提高工程安全建设水平。首次进行油气双管并行敷设技术研究，发布实施由项目经理部自行组织编制的《油气管道并行敷设设计规定》，填补了我国大型长输管道并行设计技术方面的空白。

【质量安全环保】 项目经理部始终把狠抓质量安全环保工作放在首位，扎实推进统一规范的HSE体系建设，认真落实有感领导、直线责任、属地管理，严格执行HSE管理原则和反违章禁令，深入开展安全经验分享活动，切实加强事故管理，深刻汲取经验教训，安全环保理念在广大参建员工中深入人心。引入风险监控管理理念，建立完整的风险监控管理系统，使安全管理的思维、方法和手段发生了根本性转变。把HSE专项检查和“飞检”结果作为对承包商的重要考核依据，加大事故处罚力度。认真开展专项检查，逐步形成由风险识别、风险控制、事故应急预警与响应组成的风险管控闭环体系。漠大线在穿越5个自然保护区的施工中，实现了不死一个人、不着一把火、不冻坏一台设备、不发生一次环保事故的“四不目标”。

定期对制管厂、防腐厂以及施工现场等重要工序进行质量检查，从每道工序规范质量行为，强化施工承包商的质量责任意识和责任心，有效杜绝违规行为的发生。2010年5月在西二线西段首次清管作业中，336千米的试验段仅排出残液11.42立方米，创造了国内大口径管道投产首次清管质量最好纪录。加强产品及原材料质量把关，通过实地检查、现场抽检、盲检等各种检测方式，保证出厂产品100%受控。

项目经理部全面推行环境监理工作，在日东线招标中第一次把环境监理的要求纳入招标文件。积极组织落实水源地划分、预留管廊带和荒漠保护区防护等相关措施。启动西气东输二线果子沟—赛里木湖段生态修复项目，制定西二线创建环境友好型和水土保持示范工程的专项方案，创造了长输管道施工作业带的极限并节省大量土地，仅漠大线就多保留8210亩森林资源。西气东输二线工程（西段）水土保持设施顺利通过国家水利部组织的竣工验收。2010年，项目经理部分别荣获“黄河流域（片）大型生产建设项目水土保持先进单位”和“松辽流域生产建设项目水土保持工作先进单位”称号。

【企业改革与管理】 项目经理部成立以来，深入践行建管分离体制机制，统一组织领导、统一工作方法、统一工作标准、统一工作程序，建立起资源统一调配、项目统筹建设、外协统一开展、物资集中采购的一级管理模式，形成了管理团队精干高效和项目群建设集约化、专业化、一体化的优势。

通过完善管理体系、优化管理流程、加快推进标准化建设，全面梳理和完善Q/HSE体系、内控体系及各项规章制度，使项目群管理工作实现在统一的体系、流程、标准和管理平台上运行。逐步建立完善综合计划信息管理平台，已完成兰成、中贵项目的综合计划管理系统上线。大力实施区域化核准与外协工作制度，充分发挥各项目（分）部的地缘优势，统筹协调属地内管道建设项目的前期工作和征地补偿。坚持“业主+PMC+EPC”的主导管理模式，培育出管道局、大庆建设集团、辽河油建、川庆钻探、工程设计公司等一批具有EPC总承包实力的施工企业。盾构、顶管、隧道、定向钻等大型穿跨越施工技术手段得到广泛应用，沙漠、戈壁、黄土塬、山地、水网、高寒地区等复杂地形地貌条件下的施工能力得到整体提升。通过统一技术标准实施多项目物资集中采购，大幅降低采购成本。采取钢厂+管厂、管厂+中转站的运输方式优化物流环节，有效保证工程建设进度，实现了中国石油利益最大化。

（刘　爽）

中国石油天然气股份有限公司管道分公司（管道销售分公司）

【概述】 中国石油天然气股份有限公司管道分公司（以下简称公司）主要负责长输油气管道的建设、运营管理和科研，2010年9月8日成立中国石油天然气股份有限公司管道销售分公司，与公司合署办公，负责涩宁兰、华中2个天然气销售公司管理及新投运管线天然气销售工作。

截至2010年底，公司所辖输油气水管道总里程14616.56千米，其中：原油管道5131.81千米，主要包括东北和华北地区的漠河—大庆、大庆—铁岭—大连、铁岭—抚顺、丹东—朝鲜、大连石化、铁岭—秦皇岛—北京、任丘—北京，以及西北地区的马岭—惠安堡—中宁—银川管道、石空—兰州管道等；成品油管道5233千米，主要包括西部地区的兰州—成都—重庆管道、华北地区的大港—济南—枣庄管道，以及兰州—郑州—长沙管道；天然气管道4127千米，主要包括华中地区的忠县—武汉管道，西北地区的青海—西宁—兰州，山东地区的濮阳—沧州、沧州—淄博管道以及东北地区的长岭—长春—吉化管道；水管道 125 千米。原油输送能力 7520 万吨 / 年，成品油输送能力 2600 万吨 / 年，天然气输气能力 136.5 亿立方米 / 年。

公司下辖大庆、长春等 23 个输油（气）单位以及矿区服务事业部、管道工程项目经理部、管道科技研究中心等，所属单位和人员分布于全国 17 个省（自治区、直辖市），用工总量 14200 余人。

公司拥有集油气管道输送技术研发、服务、培训、检测和监测为一体的专业科研机构，科研力量雄厚，科研设施完备，具备管道核心技术研发能力，在油气储运工艺、管道完整性管理、管道化学添加剂、管道规划、信息与经济等研究领域整体处于国内领先水平。

公司被授予“2010 年度中国石油天然气集团公司安全生产先进企业”、“2010 年度中国石油天然气集团公司环境保护先进企业”称号。2010 年获全国模范职工之家、安康杯优秀企业称号。

【主要生产经营指标】 2010 年，公司圆满完成各项业绩考核指标，全年输送原油 5573.25 万吨、成品油 842.58 万吨、天然气 78.32 亿立方米，全面完成了输油气生产任务；输差损耗和运营成本得到有效控制；全年未发生工业生产安全事故，继续保持安全生产和队伍稳定的良好局面。

【油气运销】（1）管道运行。2010 年在役原油、成品油管道管输能力与排产计划之间矛盾突出，东部管线按庆油、吉油与俄油顺序输送，兰成渝、长吉、惠宁和中银管道超负荷运行，尤其是庆铁线限压运行，新建三线与老系统连头动火作业频繁，公司严格落实“平稳、均衡、效率、受控、协调”的要求，科学优化东部管网低输量运行方案和保障措施，强化二级调度管理和运行衔接，抓好运行分析监控和设备检修维护，确保了输油管道安全运行。

（2）天然气销售。成立专门机构，稳步推进天然气市场开发和价格改革。2010 年 11 月 25 日，管道销售分公司在辽宁省沈阳市组织召开《辽宁省天然气销售和利用业务工作衔接会》，与华北销售分公司现场签订《关于辽宁省境内天然气销售业务交接备忘录》，完成辽宁省天然气销售业务管理的交接。涩宁兰、华中天然气销售公司针对实际情况，制定切实可行的天然气销售方案和运行计划，加强与地方和有关单位的沟通协调，保证了安全平稳供气。

（3）新线运行筹备。2010 年，公司新线投产任务繁重，全年接管运行 2354 千米新线。组织专门力量，编制石兰、惠银、秦沈、漠大线试运投产方案，完成涩宁兰复线（西宁—兰州段）、长长吉天然气管道和石兰、惠银、漠大原油管道的试运投产。漠大线作为国家能源安全的战略通道，地位十分重要，在生产准备过程中，与有关方面协调配合，完成了生产运行、计量交接、应急抢险、漏油环保处理等相关协议的对俄谈判，12 月 31 日东北管网成功接收漠大线来油。

（4）管道保护。按计划开展管道检测评价、缺陷整治和管道地面标识整治。安排专项资金，对 110 项水工保护、地质灾害隐患进行了整治。认真贯彻落实《中华人民共和国石油天然气管道保护法》，构建立体交叉防护体系，加大反打孔盗油工作力度。全年共发生 10 起打孔盗油案件，扣除新增管道因素，与 2009 年持平。

（5）应急管理。完善公司应急预案体系，建立总体、专项及现场处置三级预案。有计划地开展应急预案演练，全年开展一级演练 2 次，二级演练 40 余次，各类专项应急预案及现场处置预案演练百余次。针对汛期洪水给兰成渝、兰郑长、忠武线和东北管道造成的险情，以及第三方施工损伤管道等突发事件，迅速反应，及时处理，有效保障了管道安全运行。

【工程项目建设】 2010 年，公司完成长长吉输气管道、林源储备库、中银线改造、惠宁线改造、大锦线（新庙—垂杨段）一期、忠武线反输一期等 8 项工程建设任务。公司严格执行基本建设程序，规范项目管理，克服了建设时间短、冬季施工、地下障碍物复杂、密集动火、新建工程和在役设施相互影响等困难，各项工程建设实现按期、优质、安全、环保、高效目标，实际完工和投产时间符合工期要求，焊接一次合格率均为 98% 以上，防腐补口合格率均为 99% 以上，已进行质量验收的工程合格率均为 100%。廊坊压缩机组维检修中心工程按计划推进，部分完成相关协议签订、关键设备采购、设计审查、人员招聘、培训等工作。

【安全环保】 严格落实集团公司《反违章禁令》、HSE 管理原则和安全环保工作要求，推动“有感领导”，落实安全环保责任。以精细化管理为抓手，不断强化“三基”工作。对管道线路和林源、郑州、秦皇岛、丹东、垂杨、石空、沈阳等大型站库进行量化风险评价。持续开展国际安全管理升级，对公司机关和济南、大连、锦州、兰成渝等分公司进行安全评级内部审核和推广改进工作。完善员工职业健康管理，对所属19家输油气单位126个站场进行职业卫生监测，摸清公司职业危害因素种类与分布。加强工业动火等危险作业的管理与监督，顺利实施一级动火131次、二级动火586次。加强交通安全管理，组织开展交通安全专项整治活动，共开展各级交通安全检查620次，有效避免了交通安全事故。

【科技创新与技术改造】 2010年，公司承担股份公司科研课题32项，全年应用于生产实际的新成果22项。管道完整性管理技术成果已在股份公司推广应用，自主研发的大型天然气管网仿真软件（RealPipe-Gas1.0）正式发布。漠大线冻胀融沉风险区域监测技术研究、多功能油品和天然气减阻剂研发、纳米材料对含蜡原油流动改性技术研究、储罐底板缺陷的定量在线检测方法研究以及大功率输油泵机组国产化研究等，都取得重要进展。2010年申报专利50项，获得专利授权19项，其中发明专利10项。“减阻聚合物油基悬浮分散工艺”获美国、英国和俄罗斯3国专利授权。全年获集团公司科技进步奖二等奖3项、三等奖2项。3个信息化重点项目列为工信部“两化融合”示范项目。ERP系统深化应用成为集团公司10家先进单位之一。

【企业改革与管理】 大力实施基础管理建设工程。持续强化“三基”工作，整合改进QHSE管理体系，8月2日公司E版体系文件正式发布，共计配套关联各级业务流程1256个，梳理转换原有规章制度243个，实现了“一贯到底”。结合体系改进，深入推进精细化管理，推行前置指标管理、强化业务流程管理、实施全面预算管理、创新投资计划管理，企业管理水平和执行力进一步提升。清理和规范多种经营业务，圆满实现了年初确定的目标。

【矿区建设】 加大矿区基础设施建设投资和环境综合整治力度，完成5项较大的安全隐患改造项目，23个小区内供排水、供电供暖系统改造项目，41个小区住宅楼、监控设施改造和大修项目等。推进新建单位后勤服务系统建设，投资建成兰郑长、漠大线员工公寓，一定程度上解决了员工后顾之忧。充分利用文化活动场所，组织开展丰富多彩的文体活动，营造了健康向上、温馨和谐的矿区文化环境。

（李　巍）

中国石油天然股份有限公司
西气东输管道分公司
（西气东输销售分公司）

【概述】 中国石油天然气股份有限公司西气东输管道分公司（以下简称公司）负责西气东输管道工程建设、生产运营管理和天然气市场开发与销售等业务。西气东输管道分公司和西气东输销售分公司实行一套机构、两个牌子管理。公司采用一级管理体制，扁平化的机构设置。公司在上海设有16个职能部门，管道沿线设有15个地区管理处、3个工程项目部、1个国家级计量测试中心和长宁输气分公司。截至2010年底，公司共有员工2990人。

【主要生产经营指标】 “十一五”期间，公司运营管道总长度由4188千米增至8959千米，站场由35座增至102座，压缩机组由12套增至63套，销售与分输用户由35家增至144家。管输商品气量累计实现809.77亿立方米，天然气销售量累计实现771.43亿立方米，其中目标市场销售量681.61亿立方米。五年累计实现主营业务收入1081.28亿元、利润总额274.4亿元、税费78.43亿元。节能22万吨标煤，超额完成指标。2010年，公司实现管输商品量221.5亿立方米，销售量199.7亿立方米，其中目标市场销售量174.62亿立方米。实现营业收入320.3亿元。其中，管输收入136.87亿元，为年计划的106.2%；天然气销售收入179.11亿元，为年计划的124.7%；利润72.28亿元，为年计划的116.4%。

【生产运行和安全管理】 总结提炼并严格落实“七个不放松、七个下功夫”的运行管理要求，科学组织，精细维护，有效应对全线高负荷运行和生产经营规模逐年快速扩大的挑战，管道运行始终保持安全平稳，公司荣获股份公司"十一五"期间运销工作先进集体称号。强化设备维护保养，加快推进关键设备国产化，有效提高设备运行可靠性和完好率，压缩机组运行故障率明显降低，在压缩机组运行时数年均增长超过20%、累计超过84万小时的情况下，GE、RR燃驱机组和电驱机组每千小时故障停机次数分别由投产初期的6.13、2.13、4.2降到0.64、0.27、0.47。关键设备实现自主维检，运行效率进一步提高。严格落实安全环保责任制，扎实推进质量、HSE管理体系建设，切实抓好永和改线等隐患治理，公司安全生产保持良好态势。全面推行管道完整性管理，加大地质灾害风险监控和防治力度，强化第三方伤害风险管理，管道保持零占压、零伤害。周密做好北京奥运、国庆60周年、上海世博会等重要时期的维护稳定、安全保卫及防恐工作，多次受到集团公司、上海市嘉奖。

2010年，实现天然气输送245亿立方米。特别是年初遭遇低温寒潮天气，天然气需求激增，公司全力保证天然气供应，日均输气量达8000万立方米以上，同比增长近40%。强化重点部位、关键环节的安全监管，顺利实施一级动火55次，二级动火551次。加强管道保护，强化第三方施工监控，组织开展以"防断缆、保畅通"为主题的"安康杯"劳动竞赛，在第三方施工同比增加12515点次的情况下，断缆事故发生9起，同比下降68%。对新疆轮南—四道班段管道开展内检测，对主干线站内埋地管道开展防腐层大修，增设区域阴级保护系统，保障管道运行安全。

【工程建设】 "十一五"期间，公司先后建成冀宁、淮武、沁水煤层气、金坛—镇江、江都—如东、甪直—宝钢等管道，总长超过2500公里。开展增输工程建设，干线年输气能力由西段120亿立方米、东段90亿立方米增至全线170亿立方米，淮武管道年输气能力由15亿立方米增至22亿立方米。金坛储气库日均造腔达2600立方米，累计造腔190多万立方米，形成地下库容4.7亿立方米，基本满足应急调峰要求。刘庄储气库开工建设，金坛二期、淮安、平顶山、云应、安宁储气库前期工作展开。完成干线光通信工程和40多座站场适应性改造。建成南京计量测试中心和西二线中卫黄河隧道。接管长宁线、兰银线、西二线东段中卫—黄陂段管道。公司管网联通塔里木、长庆、川渝、青海四大气区，供气范围覆盖华东、华北、华中、西北东部地区，为构筑我国天然气骨干管网奠定了坚实基础。2010年，公司进一步加大整体组织协调力度，优质高效地完成了工程建设任务，完成基本建设投资54.96亿元。

【天然气市场开发与销售】 根据国家天然气利用政策，稳妥发展城市燃气用户，积极发展可中断工业、发电用户，下游用户结构不断完善。公司下游市场已由"十五"时的四省一市扩大到六省一市。强化销售计划管理，充分发挥管网、储气库、下游用户的调峰能力，科学统筹并有效实现了产运销储的合理衔接，多次经受住了极端天气的考验，有力保障了市场需求。2010年，公司与江苏、河南、上海、陕西、江西、深圳等省市的大部分用户签订了西二线的天然气销售协议，江苏LNG一期350万吨资源量全部落实。

【经营管理】 始终坚持扁平化的一级管理体制，实行中长期规划和滚动计划相结合的计划管理体制，坚持全面预算管理，资金、债务、核算集中的财务管理体制，建立以源头治理和过程控制为核心的内部控制体系，公司经营管理工作逐步迈上科学化、规范化轨道。始终坚持"三控一规范"管理，按照生产经营实际及时调整机构设置和人力资源配置，公司劳动生产率在国内同行中处于领先水平。2010年，公司进一步强化全面计划管理，严把项目立项关，严格控制工程投资，有效降低工程造价。积极推行大预算管理，强化预算的控制和执行，成本费用尤其是"五项费用"得到有效控制。强化绩效考核和薪酬激励，优化人力资源配置。加强工程结算、财务收支审计和经济合同审查，强化招投标监督，发挥审计的监督服务职能。突出抓好业务流程管理，强化执行，加强监督，保证了内控体系持续有效运行。

【科技创新】 以提高管道运行安全可靠性、降低运行能耗和生产成本为方向，开展科技项目攻关。"十一五"期间，共承担专业公司级科技项目10项，公司级科技项目27项，荣获国家科技进步一等奖1项，省、部级奖励9项，申报国家专利3项。以天然气长输管道关键设备国产化研制为标志，相关国家级、省部级重大科研示范项目正式启动，为科技创新能力的提高创造了条件。加强信息化建设，满足了生产运行、综合研究和决策支持的需要，2010年，公司被评为集团公司信息化工作先进单位。大力实施人才强企战略，形成了素质优良、专业齐全、梯次合理、充满朝气、满足发展需要的人力资源格局。以压缩机运行维护、天然气管道运行专业为重点，大规模锻炼培养专业技术与生产管理人才，为适应生产规模不断扩大和快速高效发展提供了人才保障。加大员工培训力度，开展各类培训项目。

（李　伟）

中石油北京天然气管道有限公司（中国石油天然气股份有限公司华北天然气管道分公司）

【概述】 中石油北京天然气管道有限公司（以下简称公司）成立于1991年7月，是中国石油和北京市共同出资组建的合资公司。注册资本102.4亿元，其中中国石油占60%；截至2010年底，资产总额232亿元，资产负债率46.6%；法人治理结构包括股东会、董事会、监事会和总经理领导的管理层；机关设有16个职能处室，所属9个单位；共有员工2325人，其中合同化员工182人，劳务用工745人，社会化招聘用工1397人（包括后勤服务、巡线、看护工等）。主要负责陕京管道输配气系统的建设和运营管理，以及华北地区天然气管道的运营管理工作。

陕京管道输配气系统包括陕京一线、二线、三线及永唐秦输气管道等干线，港清线等多条支线和大港、华北2个储气库群共9座储气库，管道总长3400多千米，共有站场、阀室193座，其中压气站7座。2010年输气能力达到270亿立方米/年，储气库工作气量达到18.6亿立方米。截至2010年底，累计输送商品天然气750亿立方米，其中向北京市供气385亿立方米。

2010年，公司紧紧围绕安全平稳供气这个中心任务，以科学发展观为指导，精心组织生产运行，大力推进工程建设，狠抓安全基础工作，不断提升管理水平，各项业绩指标再创历史新高，完成商品天然气输送量，同比增长19%，储气库注气同比增长1.2亿立方米，实现重大生产安全事故、环境污染和生态破坏事故及较大工业生产安全事故为零，圆满完成世博会、亚运会等重大活动的供气保障和安保防恐任务。

【设备和线路管理】 组织完成18个站场PDA巡检系统安装工作，完成全线ESD测试及26座站场功能测试，对全线阀门执行机构、紧急截断、线路截断阀等设备进行了单体功能测试；完成通州东站扩建工程，向北京供气能力由80万立方米/小时提高到150万立方米/小时。按计划完成所有工艺设备维护保养及各种仪器仪表校验工作，各专业设备完好率均达到99.3%以上。组织完成王疙堵水库改线工程，完成春季水保工程383处，汛期水毁整治254处；开展管道防腐检测和治理859千米，新建28座杂散电流排流站。全面加强交叉工程管理，全线281处交叉和相关工程均处于受控状态。管道线路和站场完整性管理水平进一步提高。

【工程建设】 陕京三线管道工程充分发挥建管分离优势，与各参建单位密切协作，公司投产运行人员提前上手，协助进行工程建设和质量控制，并对回填管道进行巡线管理，确保了动火作业和投产顺利进行，12月31日实现全线贯通。京58储气库群8月8日实现注气系统投产，12月8日采气系统投运。为北京和华北地区提供了新的供气通道和资源保障。忻州、石家庄基地建设、永唐秦增加分输站改造、大港储气库加快达容及注气能力扩建等工程均按计划进行，各基建项目总体实现“四大控制”目标。

【安全环保】 严格落实HSE九项原则和反违章六条禁令，不断深化QHSE体系的贯彻执行。制定了有感领导、直线责任、属地管理、安全目视化、行为安全管理、经验分享等9个专项实施方案。公司225名站队长以上领导干部全部制定个人安全行动计划；机关各部门管理人员编制了安全行为准则；各单位全面加强属地管理和直线责任落实，扎实做好风险识别评价和整改工作，识别一般以上风险44项，全部纳入两级隐患跟踪系统，加强整改监督和消号管理。加强作业JSA分析，建立了工艺流程由操作人员逐步确认、安全措施由作业监护逐项确认、作业工序由作业指挥逐步确认的“三确认”现场管理程序。安全环保基础进一步夯实。

【基础管理建设】 公司以QHSE、成本控制责任、全员绩效考核、内控和惩防“五大”体系建设为抓手，推动精细化管理上水平。一是成本控制责任体系明确了各部门、单位成本控制责任，增强全员成本责任意识，强化了预算执行过程控制和成本控制。认真组织资产清查工作，摸清公司家底，为精细化管理奠定了基础。二是全员绩效考核体系制定了相关管理办法和实施细则，并全面实施。三是内控体系组织完成“三重一大”等5项业务流程梳理，开展9项审计，较好发挥了防范风险作用。四是惩防体系认真落实2010年推进计划，开展工程建设领域专项治理活动，进一步加强了物资采购等关键环节的监督力度。五是基础管理建设工程扎实推进，质量计量和标准化、流程管理、规章制度建设均取得明显进展。各部门、单位围绕“牛鼻子”和“红线”管理，深入查找管理短板和关键环节，努力推进精细化管理，公司基础管理水平迈上新台阶。

【法规宣贯】 公司组织召开《中华人民共和国石油天然气管道保护法》专题培训会议，进行了全员知识测试。所属各输气管理处、分公司利用沿线村镇集市、节假日，通过网络、标语、宣传栏、录像等多种形式开展法制宣传，产生了积极效果。公司员工逐步建立守法运行、依法保护管道的意识。

（张保军）

中国石油天然气股份有限公司西部管道分公司（西部管道销售分公司）

【概述】 中国石油天然气股份有限公司西部管道分公司（以下简称公司）是股份公司从事长输油气管道建设、运营和油气销售的专业化地区公司，主要负责运营管理甘肃兰州以西的原油、成品油管道和甘宁交界以西的天然气管道，统购统销新疆境内进入西部管道的原油和进口哈萨克斯坦原油，负责西二线在新疆、甘肃境内的天然气销售业务，同时受托管理鄯善、兰州原油商业储备库。截至2010年底，公司所辖管道总长约8982千米，储油罐库容544万立方米，油气输送周转能力1327亿吨·千米/年，原油输送至东西部7个省区市13家炼厂，成品油供应中东部8个省区市，天然气配送到国内1/3区域。公司机关设14个职能部门、4个直属单位、5个附属单位，下辖7个二级单位、80个基层站队，员工总数3533人（其中，主营业务用工2522人），资产总额422.7亿元。目前，公司共有西部管道分公司和西部管道销售分公司“两块牌子”，实行一个机构、分账核算。

【主要经营指标】 2010年公司输送原油1620万吨、成品油707万吨、天然气55.1亿立方米，同比分别增加19%、21%、546%。其中，出疆干线输送原油668万吨、成品油482万吨、天然气44亿立方米。销售原油1526万吨，同比增加16%；销售天然气4.6亿立方米（注：天然气销售为2010年新增业务）。油气管输单位现金成本、输差损耗等各项指标均控制在下达指标范围之内。保持了“零事故、零伤害、零污染、零侵害”。

【管道运营】 加强上下游产运销储协调衔接，采取加热、加剂等一系列措施，使双兰线、阿—独线等所辖管道实现安全、平稳、受控、清洁运行。开展成品油管网增输研究，北疆管网实现增输97号汽油，乌—兰成品油管线输量同比增加27%，解决了炼厂不均衡生产带来的输送瓶颈问题。加强西二线西段投产初期运行管理，完成2097千米管道清管作业和896千米管道变形检测；主动参与支线建设和压缩机调试投运，乌石化、独石化等2条支线和7台压缩机实现投产一次成功、有序交接。

【工程建设】 稳步推进王—化成品油管道复线等6项续建、新建项目建设，实现安全、质量全面受控，进一步优化了西部油气储运设施结构。伊宁—霍尔果斯煤制气支线前期工作全面展开，兰州、鄯善、玉门储备库遗留问题整改工作全部完成，鄯—乌输气管道煤层采空区治理工程建成投产，西部原油成品油管道工程通过集团公司初步验收。建立健全项目管理体系，工程建设管理PCM系统上线运行。

【油气销售】　采取规范管理、加强协调等措施，圆满完成销售任务，销售货款回收率、系统外销售合同履约率达到100%。发布“原油、天然气销售管理办法”，建立原油、天然气客户信息档案，进一步规范了销售管理。积极克服兰石化油源不足、客户油款不到位等困难，加强与专业公司、独山子石化、新疆油田等单位联系协调，合理安排铁路中转发运计划，有效提高兰州铁路装车效率，最大限度地满足了上下游企业油气资源需求。积极开发西二线西段天然气市场，与独石化等5家单位签订了购销协议。

【安全环保】　持续改进HSE管理体系，推进国际安全评级，公司DNV国际安全评级和资产完整性管理分别达到4级和5级，连续5年被集团公司和新疆维吾尔自治区授予安全生产先进单位、环境保护先进企业等荣誉称号。狠抓隐患治理，投入4401万元实施25项安全环保隐患治理项目，促进了管道本质安全。扎实筹备集团公司长输管道突发事件专项应急预案演练，组织实施8个科目抢险作业，8支维抢修队伍、25家单位235人参加演练，圆满完成承办任务，实现了预期目标。

突出节能减排管理，强化“绿色站（队）”创建和清洁生产推进计划实施，通过掺混输送、减少加热等一系列措施，全年实现节能1.16万吨标准煤。坚持承包商月度、季度HSE例会制度，推行内部准驾、行车路单和“三交一封”等交通安全监管措施，承包商管理、交通安全实现全面受控。注重保障员工健康，组织员工健康体检，开展职业危害因素监测，积极推行有感领导，引导员工提高安全防范意识，员工健康体检率100%、职业病发病率为0。

【科技进步】　大力实施科技兴企战略，围绕安全生产、节能减排开展科研攻关，取得一系列科技成果。“多品种原油同管道高效安全输送新技术”获2010年集团公司科技进步一等奖，被列为“中国石油2010年十大科技进展”。西部原油成品油管道工程HSE一体化管理研究成果由新疆维吾尔自治区推荐参评国家安全生产科技成果奖。管道完整性管理（PIS）系统建设有序推进，ERP、PPS等系统应用范围逐步扩大，公司被评为2010年“集团公司信息化工作先进单位”。

【管理创新】　稳步推进国际先进水平管道公司建设，发布实施1个总体规划、17个专业规划和6个分公司建设规划，举办4期341人次建设规划培训班，进一步统一了思想认识和奋斗目标。全面展开基础管理建设工程，质量、计量、标准化等专业管理得到加强。扎实推进站场区域化管理研究，初步形成实施方案。建立健全生产技术、维抢修等内部服务市场运行及配套制度，重新布局维抢修及管道巡护管理范围，市场化运行机制取得初步经验，公司管控水平得到提升。

【维稳防恐】　细化落实6个阶段、9个节点工作安排，圆满完成“两节两会”和“世博亚运”期间维护防恐任务，公司受到集团公司3次嘉勉。加强《中华人民共和国石油天然气管道保护法》宣贯，采取警企联合宣教方式，发放《中华人民共和国石油天然气管道保护法》5万余册，营造“合法建设、守法运行、依法保护”的氛围。全面贯彻集团公司安保防恐工作部署，开展“西部管道平安走廊”工程研究，实施甘肃省境内266千米管段公安巡护试点，制定并落实管道安保防恐工作方案，层层签订责任书，强化防恐维稳“四防”措施，有效防范打孔盗油、恐怖袭击和第三方施工破坏，确保了管道平安畅通、企业和谐稳定。

【党群工作】　制定创先争优活动实施方案，全面启动创先争优活动。学习实践活动整改落实方案整改工作按计划推进。持续加强基层建设，命名达标“五型”班组63个，建成“四室”35个，80%的基层站队实现创建达标。发布公司《企业文化建设规划》、《视觉形象指导手册》，规范企业标识使用。健全完善纪委、女工组织，召开公司第一次团代会。公司及所属单位先后荣获“全国企业文化建设优秀单位”、“集团公司先进工会组织”等省部级以上集体荣誉11项，有6名员工分别被评为“全国企业文化建设先进工作者”、新疆维吾尔自治区“劳动模范”等省部级以上先进称号。

【社会责任】　积极参与社会公益，组织员工向“4·14”玉树地震捐款20余万元，向西南五省干旱灾区捐款42306元，发扬了一方有难、八方支援的优良传统。按照新疆维吾尔自治区扶贫工作安排，落实150万元资金，定点帮扶新疆乌什县阿克托海乡苏盖特麻扎村和亚曼苏乡尤喀克牙曼苏村，改善了民族同胞居住条件。投入10万元资金，与乌鲁木齐市天山区团结路街道瓷厂社区开展社区共建活动，在改善社区办公条件、维护社区稳定等方面作出了应有贡献。大力开展绿化工作，累计投入绿化资金474万元，植树3.42万株，绿化面积达10.86万平方米，营造了宜居的良好环境。

（李金超）

中石油昆仑燃气有限公司

【概述】 中石油昆仑燃气有限公司（以下简称公司）是经中国石油天然气集团公司批准、国家工商管理总局核准，于2008年8月6日，由中石油天然气管道燃气投资有限公司、中国华油集团燃气事业部、中油燃气有限责任公司重组整合成立，是中国石油全面从事城市燃气业务和液化石油气（LPG）销售的专业化公司，公司注册资本金60.6亿元。2008年底接收吉林石化、大庆油田的城市燃气业务。根据集团公司部署，先后接收35家炼化、油田等生产企业液化石油气销售业务，基本实现了中国石油全部液化气商品资源的统销和买断销售。公司直接供气的居民、公福和工业用户336万多户，年销售规模超过80亿方天然气当量，已成为国内燃气销量最大的燃气公司。公司设有14个机关处室，1个直属单位，24个二级单位，员工近1.2万人。

【主要业务】 公司主要业务范围包括城市燃气管网建设、城市燃气输配、天然气与液化石油气销售以及售后服务等。负责中国石油燃气业务中长期发展规划、市场开发、资本运作、股权管理、生产经营、质量安全环保、管理规范及标准体系建设等工作，参与城市燃气资源的统一协调配置，负责中国石油集团液化气的统一销售。依托中国石油在天然气、液化石油气资源、资金、技术、人才和品牌等方面的多种优势，昆仑燃气实施专业化管理、集约化经营，全力打造中国石油昆仑燃气品牌，燃气业务已遍布东北、华北、华东、华中、华南、西南、西北等地区近30个省、市、自治区，覆盖北京、哈尔滨、昆明、武汉、合肥、兰州等100多座城市。通过与各地政府的密切合作，确保了安全稳定供气，履行了责任，树立了形象，规范了服务，赢得了市场。

【主要生产经营指标】 2010年销售天然气和人工煤气28亿方，销售液化石油气437万吨，同比分别增长41.8%和399.4%，公司总的燃气销售折合天然气当量达到82.5亿立方米，实现收入255亿元。

【市场开发】 转变开发思路，突出规模项目，完善开发程序，丰富开发手段，城市项目不断增加，公司市场迅速扩大。兰州公司正式成立，成为继哈尔滨、昆明项目之后，昆仑燃气又一个整体进入的省会城市项目。2010年，签订合作协议49个，注册成立天津、江苏淮安、广西河池、湖北襄樊、甘肃酒泉、辽宁抚顺等城市燃气公司26个。销售规模迅速扩大。优化供气结构，强化销售计划，将各运行单位月度购销计划纳入股份公司管道生产系统统一管理。实施非管道气和过渡气源集中配送，保证了LNG气源单位平稳供气。狠抓扩销增量，大庆、哈尔滨、北京、霸州、永清、昆山、芜湖、菏泽、黄石、常德、昆明、兰州等12家公司销量都达到1亿立方米以上。华北分公司液化气销售量达到133万吨，黑龙江分公司、辽宁分公司达到80万吨以上。

【液化气营销】 2010年，按照集团公司部署，接收14家油田等生产企业剩余液化石油气销售业务，基本实现了中石油全部液化气商品资源的统销和买断销售，并整合控制了30多万吨社会资源。通过资源的优化配置等手段，逐步推高销售价格，涨幅远高于同期大庆原油价格。与统销前相比，推动炼化企业液化气销售价格最高时平均每吨上涨近1900元，为股份公司累计增效70亿元，大幅提升了中国石油液化气资源的价值。2010年终端销量达到55.6万吨，从统销前占资源量的不足1%，迅速增加到12%。通过加强工作衔接、稳定销售渠道等措施，确保了生产后路畅通，保障了安全运行，保持了队伍稳定。

【安全生产】 2010年，公司安全生产工作持续强化，被评为集团公司安全生产先进单位。按照集团公司"以人为本、预防为主、全员参与、持续改进"的HSE方针和昆仑燃气"理念、意识、能力、文化、责任"十字安全工作方针，层层签订安全环保责任书，坚持实施安全风险抵押金制度，严考核、硬兑现。加强交通安全管理，严格长途车审批，开展不安全驾驶行为专项整治活动。修订完善HSE体系文件，新制定液化气管理分手册，共编写各类作业文件179份，完成12家单位体系认证。持续加强与上游单位沟通协调，天然气保供能力进一步增强；加强LPG调运管理，合理组织运力调配，液化气跨区调运平稳、上游炼厂油田后路畅通。积极推进信息化建设，生产指挥系统和视频会议系统建设基本完成，完成69个接入点的局域网建设。安全检查和隐患整改力度进一步增强，先后迎接上级检查8次，公司内部组织各类检查154次，对查出的问题及时整改，对重点安全隐患治理项目实行消项整改。编制了铁路槽车运输、燃气泄漏等专项预案，初步形成“1+16”应急预案体系。推广“报告、断电、关闸、撤人、警戒、处置”现场应急处置十二字工作法，基层单位编制现场应急处置预案1267个，开展各类应急演练738次。制定《三级维抢修设置方案》，投入1500万元专项资金为47家单位配备三级维抢修机具，与管道局签订《应急抢修合作框架协议》，应急技术保障能力得到提升。组织编写了《城市燃气典型事故案例选编》，从居民用户端事故、城市管网事故、液化石油气事故等六个方面，汇选了40个典型案例，用案例警醒教育员工。通过发放宣传单、发送手机短信、报纸、电视等多种形式，向居民用户和沿线厂商宣传安全用气知识。

【经营管理】 全面实施管理年建设活动、基础管理建设工程和精细化管理，加强集中管理，各项业务运作逐步规范。

（1）重组整合工作。顺利完成管道燃气、中庆控股及所属单位的吸收合并与注销变更，统一了城市燃气业务投资主体。在试点基础上，全面推行区域化管理体制，对城市天然气和液化气业务实行一体化重组和区域化整合，组建了16个区域公司，初步建立了“昆仑燃气—区域公司—运营公司”的三级管理架构，公司直接管理的单位减少了76%，初步实现了资源、资金、技术、人才等集中配置和高效利用。

（2）投资管理工作。以规划促发展，加强投资全过程控制，保障重点项目投资，严格控制非生产性投资，基本保证了新项目开发、运行项目发展和扩销增量项目的投资需求。

（3）财务和内控管理工作。推行全面预算管理，建立会计一级集中核算系统，发布实施昆仑燃气会计手册，初步建立分公司收支两条线、合资公司双向委托贷款的资金债务集中管理模式。坚持开展经济活动分析，加强价格管理，规避涉税风险，实施保险集中，促进企业集约经营。51家单位建立了内控体系，有效规避了经营风险。

（4）人事劳资管理工作。开展人才规划，加强员工培训，提升队伍素质。严格落实“三控制一规范”，优化用工方式，对运行单位开展“五定”工作。开展城市燃气基本工资制度试点，规范企业领导人员薪酬标准，强化工资总额管控，推进社会保险和住房公积金区域集中。

（5）股权管理工作。强化股东行权，建立专职董监事制度，“内部程序”与“法定程序”相结合，规范股权企业法人治理结构，监督定期召开“三会”，实现对股权企业的有效管理。加强股权收益管理，实行股权投资收益预算、长期股权投资决算管理。组织开展国有法人清查和国有产权登记工作，进一步规范了国有出资行为。

（6）合同法律工作。强化重大项目开发的法律支持，妥善处理股权转让纠纷案件。加强授权和审批权限管理，强化合同审查，编制实施标准合同文本，规范了合同管理，有效防范了经营法律风险。严把服务商质量关，做好市场准入工作。实施分类分级管理，开展经营业绩考核，与国内知名燃气企业开展同业对标，找差距、补短板，促进了企业快速发展。

（7）工程建设和物资采购工作。组织召开落地项目推进会，与36家公司签订《工程建设目标责任书》。临夏项目、中宁二期项目试行EPC总承包建设模式，缩短了工期、降低了成本、保证了质量、提高了效率。开展标准化设计与改造，完成36家企业48个库站和营业厅改造。强化供应商管理，建立物资分级目录，实行集中采购，有效降低物资采购总金额。

（8）审计和监察工作。组织开展4项经济责任审计、2项财务收支审计，有序开展工程竣工决算和固定资产投资跟踪审计，及时整改审计过程中发现的管理薄弱问题。开展物资采购效能监察，参与重大投资项目招投标监督，组织“小金库”治理、液化气价格执行等专项检查，及时查改问题，堵塞漏洞，促进了管理的规范。

（邓　科）

中国石油天然气股份有限公司华北天然气销售分公司

【概述】 中国石油天然气股份有限公司华北天然气销售分公司（以下简称公司）成立于2004年12月28日，是股份公司按照国际惯例组建的首家分立于油气田生产、管道运输的专司天然气销售业务的地区公司。主要负责组织通过陕京线、沧淄线、冀宁线、港沧线、中沧线、永唐秦线、泰青威线等输气管道，进入京、津、冀、鲁、晋、陕（东部）等华北6省市的中亚进口天然气和国产天然气的销售、气款结算、售后服务及管道沿线市场开发；承担中国石油在华北地区拟建、改建天然气输气管线的前期市场调研，提供需求立项资料，开发培育用户及后期销售工作。同时受托管理中国石油天然气股份有限公司天然气销售结算中心（2009年12月组建）日常工作，负责买断纳入中国石油统购统销范围内的天然气，并分销给各天然气销售企业。

公司总部位于北京市朝阳区慧忠里甲118号，设有6个职能处室。机关附属资金结算中心，在北京市、天津市、山西省、河北省、山东省设有驻外销售处。截至2010年底共有员工89人，签订合同用户114家，实现供气用户87家。

2010年，公司认真贯彻落实集团公司党组、股份公司管理层和天然气与管道分公司的决策部署，坚持以产定销、严格合同的原则，扎实推进天然气销售业务发展，较好地完成华北地区远期需求调研、市场开发培育、营销计划执行、日常运行管理和天然气价格推升等各项任务，全面完成年度业绩考核指标，连续6年实现以确保北京市为重点的华北地区安全、平稳、有序供气的目标。

【主要业绩指标】 2010年，公司销售天然气143.6亿立方米，完成年计划指标的107.16%，同比增长26.7亿立方米；实现销售收入157.97亿元，完成年预算指标的122.69%，同比增加52.94亿元；实现税前利润15.33亿元，完成年利润指标的125.34%；应收账款周转天数控制在预算指标5天以内；全年天然气供应安全、资金安全和交通安全“三项安全”控制率达到100%；内控、员工总量、内外部审计、稳定、廉政各类专项指标都控制在业绩合同规定之内。

【应急保供能力建设】 持续加强应急保供协调能力建设。针对华北地区冬季资源短缺、极端天气频繁、高峰用气压力大等实际，公司加强与天然气生产、输送等单位，以及所有用户的领导、部门和主要岗位之间多层次沟通，开通24小时沟通热线，建立冬季应急衔接保供机制，根据用量变化趋势，及时合理调配气量，实施滚动调整按周供气方案。组织开展冬季销售量和高日用气峰值科学预测，跟踪落实储气库当年12月至次年2月期间可采气量，精心制定冬季应急平衡供气方案和应急预案，增设蓝色、黄色、橙色及红色四级预警状态，依据保供次序，及时调减管道沿线工业、化肥和发电用气，全力保证民用气。在总结近年来应对管道突发事件期间与政府协调、气量调控、跨区域调配CNG和LNG保供等成功经验基础上，进一步完善天然气销售应急预案，细化减量、停供次序和应急抢险保供措施，与重点地区用户商谈，督促建立接受CNG、LNG等气源接替设施，确保事后救援和处置工作及时到位，减少或避免了事故、事件发生后造成的不利影响。

【资源需求平衡】 强化资源需求平衡和销售计划管控。认真组织开展各地区年度、冬夏两季以及重点用户的用气增长规律和历史数据分析，严格审核用户申报需求量，逐家核实增量需求，精心制定年度、月度销售建议计划，加大夏季用气计划的执行考核力度，协调用户把增量放在夏季，对计划符合率较低的用户采取正式书面通告、消减虚报量等措施，促使用户不断加强自身需求侧管理，用户计划上报准确性逐年提高，2010年月计划符合率达到98%以上。

【市场开发调研】 一是积极落实现有管道沿线市场用气新增需求，协调有关单位进行在役管线场站适应性改造，按时完成陕京一二线向山西省天然气公司新增开口供气，上报的冀宁线、沧淄线和中沧线等7个阀室分输站改造工程顺利通过上级有关部门评审。二是按照秦沈、大沈、泰青威等新建管道同步投产工作要求，积极跟踪配套供气支线、站场以及用户相关配套设施的建设进度，协调解决供用气双方对接过程中存在的问题，组织编制秦沈、大沈和泰青威管道泰青段等3个同步投产分输建议方案，完成秦沈管道朝阳支线市场调研报告，为3条新建管道的路由优化、分输量确定、分输站场阀室设置，以及下步市场规划研究提供准确的基础数据。三是扎实开展华北区域市场发展规划调研，按时完成大唐煤制气买断销售的前期调查，提交可什克腾大唐煤制气调研及成本、价格研究初步分析报告；重点开展山东省17个地级市、辽宁省14个地级市、山西省2个地级市、河北省5个地级市的市场规划调研，初步完成辽宁省19个县市的LNG市场需求调研；编制完成《山东省天然气一体化发展规划》和《辽宁省天然气一体化发展规划》，制定“十二五”期间华北各省市分用户销售规划。结合陕京三线途经路由，对山西、内蒙古和北京三省市沿线市场开展调研，对潜在用户进行分类。2010年与40个用户签署长期供气合同，与27个用户签署意向书，落实了公司销售的后续发展空间。

【清欠推价增收】 在对用户冬季和夏季用气量进行测算、同时兼顾新增用户试运行期基础上，合理调整预付款额度，全力推行买方付息银行承兑汇票贴现办法，突出抓好用户信用评价管理，严格落实并执行冬夏两季预收款制度。对用户结算周期、计划量、气费、工业比例以及管输费价格等数据实行货款结算动态管理，认真分析研究拖欠货款用户的特点，及时调整清欠策略，采取电告、函催、专人上门清欠等措施，有效保证了货款按时回收。2010年6月国家发改委基准气价调整后，积极宣贯解读调价政策，采取与用户谈判、实地调查，审查用户供气合同、发票和统计报表，核定居民用气比例和CNG用气结构等措施，确保大部分用户按时推价到位，实现增收19.57亿元。

【统购统销结算业务】 天然气销售结算中心2010年1月开始运行以来，持续梳理改进结算程序、优化管理流程、强化税收筹划，努力克服管道冰堵、煤层气计量差异纠纷，以及正反输调气、无表交接、气量计量难以确认等困难，扎实开展长输管网天然气结算业务，为西二线西段顺利投产结算，实现中亚气与国内气联网供气结算创造了条件。2010年累计购进天然气388.04亿立方米，结算金额340.99亿元；销售天然气384.6亿立方米，结算金额364.28亿元。通过平衡税赋运作，全年有效降低进项留抵18.89亿元，节约税费合计3.96亿元。

【经营管理】 持续推进客户信息管理系统开发，实现87家一级客户动态信息，以及8条主要管线相关参数与ERP、PPS、电子表格管理系统和多媒体系统有效融合，形成多类数据对比、分析、预警的图形化动态直观展现。按照HSE管理体系和内控体系建设要求，梳理公司岗位流程，明确岗位职能，理清内外管理界面，强化员工业绩考核，健全完善各项制度，落实防范措施，开展定期经营活动分析，严格用户燃气经营资质审查，天然气销售商务模式进一步完善，基本形成与内控相结合、岗位相配套的制度体系和工作标准，处室的行为能力和员工的执行能力不断增强。推进资金集中管理，实行资产全过程、动态化管理，强化资金管理风险分析，严格会计核算，突出降本增效，加大管理性支出和五项费用控制力度，细化过程管理，合理筹划税种，梳理排除风险和隐患，有效规避纳税风险，财会基础工作管理更加科学规范。公司获集团公司2009—2010年度财务工作一等奖。

（马迎祥）

中石油昆仑天然气利用有限公司

【概述】 中石油昆仑天然气利用有限公司（以下简称公司）是按照中国石油实现专业化、集约化、一体化发展天然气下游业务的部署，整合、重组中国石油系统内从事压缩天然气（CNG）业务的资产与人员，于2008年9月在深圳组建的实体公司，注册资本金20亿元人民币。公司主营业务：一是建设省市级天然气输气支线和高压管网；二是代表中国石油在全国投资天然气发电业务；三是在全国范围内推广压缩天然气；四是负责深圳600万吨液化天然气接收站的建设与运营。通过两年来的深入实践和不断完善，公司推动科学发展、转变发展方式的思路更加清晰，措施更加得力，成效更加显著。

截至2010年底，公司的业务已扩展到北京、上海、天津、山东、辽宁、河北、江苏、广东、江西等22个省区的100多座城市，其中直辖市3个（北京、上海、天津），省会城市11个；有全资、控（参）股公司120家，员工总数为3400余人。CNG站点总数171座。其中，母站33座、子站138座。

【主要经营指标】 2010年，实现天然气销售量5.02亿立方米，同比增长114.38%；销售收入9.98亿元，同比增长395%。

【天然气支线管网业务市场开发工作】 2010年，公司将主要精力放在重点省市支线管网的开发建设上，先后取得石家庄两环两线管网、临沂高压输配管网和江西省天然气二期管网的建设运营权，所形成的临沂模式、江西模式，得到集团公司领导的认可，为在其他省市统筹上游资源，开发下游市场，实现天然气二次增值创造条件。2010年12月29日，江西省天然气管网二期工程（萍乡接收站）开工，拉开由中石油昆仑天然气利用有限公司所属江西省天然气投资有限公司投资建设的江西省天然气管网二期工程的大幕。

【天然气发电业务】 发展天然气发电业务是集团公司党组在分析未来天然气资源供求关系，着眼于国家主干管网应急调峰作出的重大决策，是实施“发展城市天然气下游业务，实现天然气二次增值”战略的重要组成部分。2010年1月7日，天然气与管道分公司下达《关于开展天然气电力项目相关工作的通知》，正式明确由中石油昆仑天然气利用有限公司作为天然气发电项目的市场开发和投资主体，积极有序推进天然气发电业务。2010年，公司配合规划总院完成《中国石油天然气发电业务发展规划》，重点对珠三角、长三角和环渤海地区的45个天然气发电项目进行调研，签署19份《合作意向书》，优选17个优势电厂项目上报专业公司审查。2010年，华电仪征项目已经成立合资公司并开工建设；苏州蓝天热电联产项目已经得到集团公司参股批复、合资谈判基本完成；华能金陵、华能苏州、东莞樟洋、广州协鑫4个项目已签订合作框架协议；根据管道干线的建设和项目核准情况，深圳光明、深圳大唐宝昌、惠州丰达、华电常州4个项目合作框架协议洽谈工作进展顺利。

【CNG加气站营销网络】 公司是在整合集团公司内部CNG业务和人员基础上组建的，CNG业务是公司的立身之本。2010年，公司按照专业公司的统一部署，调整发展思路，在优化业务布局、突出效益发展上下功夫，发挥重点省市的辐射和带动作用，加快CNG加气站营销网点的扩展，实现全国CNG业务良性发展的起步。截至2010年底，通过整合收购与开发建设，公司CNG站点总数达到171座。累计完成投资14.2亿元，形成天然气销售能力20亿立方米/年。初步形成了CNG业务在全国的市场布局。

【深圳LNG项目前期工作】 深圳LNG应急调峰站是西气东输二线工程的配套项目，主要功能是统筹解决西二线东段天然气应急调峰，满足粤港地区的天然气需求。中国石油天然气股份有限公司已经与香港青山发电有限公司签署《关于合作建设深圳LNG项目外输管道工程框架协议》，确定中国石油和青电共同负责建设、运营和管理深圳LNG项目外输管道工程。由于航道原因，经国家能源局油气司多次协调，该项目迁至深圳东部地区重新选址并开展选址方案研究。

【安全环保】 2010年，公司结合开发建设和生产经营的实际情况，继续开展以“强三基、反三违、严达标、除隐患”为主题的“安全环保基础年”活动，强化安全环保目标管理，狠抓过程控制，严格落实责任制，一手抓紧整合项目的安全隐患治理，一手加强新项目的HSE体系建设。公司从“高标准、高起点、高水平”的要求出发，以国际HSE水平为目标，与挪威船级社进行全面合作，查找公司HSE体系和现场管理的“短板”，应用国际先进管理理念和标准，提出公司HSE总体策略、规划。全面加强应急管理，编制1个公司级总体预案、8个专项预案、275个现场处置预案，保持安全环保工作的良好局面。

【科技创新与技术改造】 2010年，由公司主要起草的《CNG加气站建设管理规范》、《CNG加气站运行管理规范》通过集团公司和天然气与管道分公司等有关部门的评审，正式以集团公司Q/SY 1260—2010、Q/SY 1261—2010企业标准颁布实施，填补中国石油CNG企业标准“零”的空白，为集团公司CNG场站标准化建设和运营作出贡献。公司负责编制的《中国石油天然气集团公司视觉手册应用形象设计系统——7（CNG加气站）》已经达到评审条件，将为规范集团公司CNG加气站场视觉形象，树立中国石油服务品牌作出贡献。

【企业管理】 2010年，继续开展以强化内部管理体系建设为重点的“管理规范年”活动。公司围绕内控体系和QHSE体系建设的要求，进一步健全组织机构，明确部门职责，划清业务界面，狠抓建章立制，共配套制定各类规章制度120多项，修订完善主要业务管理程序45项，确定风险控制节点269处，保证公司管理体系建设的质量和进度。内控体系建设按期完成，并通过股份公司组织的内部测试；QHSE 体系已经正式发布实施，为形成安全生产的长效机制提供系统的制度环境。

【队伍建设】 2010 年，公司坚持以基层建设为核心，加强和改进党建和思想政治工作，深入开展"创先争优"系列活动，推进"四好"班子、"六个一"党支部。员工收入稳步增加，业余文化生活丰富多彩。深入开展"项目投资、工程质量和队伍作风"大讨论活动，通过集体学习、分组讨论、撰写心得体会等形式，将全体干部员工的思想统一到公司的决策上来。认真开展大庆精神、铁人精神再学习再教育再深入活动，积极推进企业文化建设，扎实开展劳动竞赛，努力打造高素质团队，保持了昂扬向上、拼搏进取的良好精神风貌。

（李　萍）

中国石油天然气集团公司哈萨克斯坦公司

【概述】 中国石油天然气集团公司哈萨克斯坦公司（以下简称公司）于 2008 年 9 月 11 日在中油国际（哈萨克斯坦）有限责任公司的基础上组建，主要负责对集团公司在哈萨克斯坦油气业务进行统一管理。

公司所属共 8 个项目，其中，上游项目 6 个，包括 PK、阿克纠宾、曼格什套、北布扎奇、ADM 和 KAM 项目；管道项目 2 个，包括中哈管道和西北管道项目。

截至 2010 年底，公司剩余原油探明可采储量 4.71 亿吨，累计生产原油 14759 万吨；勘探区块面积 2.72 万平方千米，勘探业务已延伸至里海海域；原油年产量 2423 万吨；中哈原油管道累计向国内输送原油 3800 万吨以上。

根据集团公司率先建成中亚地区海外油气合作示范区的战略部署，哈萨克斯坦地区作为海外油气生产主力区和油气运输的主要通道，公司将全面贯彻落实集团公司资源、市场、国际化三大战略，坚持效益优先的经营理念和互利共赢、共同发展的合作理念，尽快实现经营方式由生产经营型向国际化经营型的转变，探索出一套符合集团公司整体利益最大化的国际化管理模式，按照"统筹规划、分步实施、有序推进"的方针，通过几年的努力，力争到"十二五"末，实现油气生产当量超过 3500 万吨 / 年，全面建成中亚油气合作示范区主体。

【主要生产经营指标】 2010 年，公司共完成投资 15.42 亿美元，完成年计划的 100%，投资受控情况良好；共生产原油 2423 万吨，完成了年计划的 101%；天然气产量 72 亿立方米，完成年计划的 118%；新增石油可采储量 1163 万吨，完成年计划的 103%；全年加工原油 401 万吨，完成年计划的 100%；中哈管道全年向国内输油 1010 万吨，完成年计划的 101%。HSE 和安保工作继续保持较好形势，全年未发生较大及以上安全生产事故、较大及以上环境污染事故、较大及以上交通事故、杜绝了井喷失控事故，全面实现了年度安全生产目标。

【重点工程进展】 一批制约油田上产的地面配套工程陆续建成投产，有利保障油田生产平稳运行。阿克纠宾项目第四油气处理厂、希望油田转油站和湿气回注三项工程当年施工，当年建成。PK 项目 Kyzylkia 油田获得开发许可，Aryskum 和 Kyzylkiya 油田 35 千瓦电力系统建成并投入使用，Kumkol 油田 6 千伏电力供应系统升级工作完成。北布扎奇项目完成年原油处理能力 200 万吨中心处理站扩建工程。

【经营管理】 2010 年，公司狠抓基础管理，不断夯实可持续发展基础。借鉴国际油公司的成功实践，坚持业绩与过程相结合、业绩与奖惩相挂钩，有序地组织员工确定年度工作目标、业绩跟踪及个人发展规划，初步建立起一套以公司与员工共同发展为导向的员工绩效管理体系，为实现"员工职业化"提供有效手段。

逐步探索集团公司特色的海外人才对口支持与引进模式，力争从根本上缓解人才不足。按照人才规划以及"先业务、后语言"的原则，从国内对口支持单位选拔技术管理骨干，完成国内和哈国二个阶段强化培训，合格后送项目工作。按照“先语言、后实践”的原则，选拔留俄毕业生，按照国内油田和项目公司“双导师”见习培养方式，经过国内油田1—2年锻炼后，充实到项目上。另外，通过对口支持、毕业生与社会招聘、零星借聘等多个渠道，引进、培养和储备各级、各类专业技术管理人员，一定程度上缓解了俄语后备人才不足的压力。

在中国石油与哈油层面，推进与哈油研究院的技术合作，搭建中国石油与哈油之间的技术合作平台，建立中方专家赴哈萨克斯坦技术支持的通畅法律渠道。

【HSE管理】 2010年，公司继续强化HSE和安保工作基础，牢固树立“环保优先、安全第一、质量至上、以人为本”的理念。健全HSE统计指标体系，量化HSE考核指标，纳入业绩合同考核，HSE制度体系建设与考核得到进一步完善。着力推进社会安全管理体系建设，编制完成《社会安全管理体系推进方案》。在条件成熟的项目，引进国际先进安全管理理念和手段，不断提升安全管理水平，目前阿克纠宾项目正着手引进和建立杜邦公司安全管理体系。逐步推行股东安全责任审计，全面落实安全环保责任制，全面推行“红、黄、绿牌”制度，加强对承包商的监管。开展专项检查，积极推进HSE隐患治理，高度重视反恐防恐工作，使HSE和安保工作继续保持了好的形势。全年未发生较大及以上安全生产事故、较大及以上环境污染事故和较大及以上交通事故，杜绝了井喷失控事故。

【精神文明建设】 2010年，公司以扎实有效、富有海外特色的党建工作，有效发挥党组织的政治核心作用，大力营造和谐合作氛围，保障生产经营、安全环保、社会公益等多个方面取得新成果、新成绩，为建设中亚油气合作示范区打下良好基础。

员工思想教育方面。针对员工远离祖国和亲人，来自国内不同地域、聘用方式多种多样等原因，公司各级领导干部和管理者从实际出发，通过与员工谈心、交朋友等方式，了解员工的思想动态。鼓励员工融入当地文化，并创造学习当地语言、拓宽知识面的良好条件，使员工工作和生活更加充实，激励员工以积极、健康、向上、进取的心态投身示范区建设。针对员工思想压力大、工作负荷重、不同程度存在后顾之忧的实际，积极创造条件，帮助员工缓解压力，轻装上阵。公司把解决思想问题与解决实际问题相结合，倾心建设温暖的“职工之家”，设身处地为员工解决各种实际困难。

基层党组织建设。坚持按照“三同时”原则，建立健全基层党组织，选好配强党支部书记和支部委员。在建立党总支时充分考虑项目所在地域，以油区为中心采取相对集中管理的原则，保证党组织的全覆盖和领导力，方便了日常管理和协调。2010年以来，公司及时调整了3个党总支、3个直属党支部及下辖的10个基层党支部，每个总支或支部都配备了兼职支部书记和组织、宣传、纪检委员，确保支部活动能够正常开展。高度重视党员的教育和管理，严格按照中央要求，贯彻落实保持共产党员先进性的制度，让每一名党员虽身在异国他乡，但时刻不脱离组织。党费收缴管理使用、党内三会一课，特别是民主生活会等制度都正常开展。认真执行《中国共产党章程》关于吸纳积极分子入党的程序和规定，吸收项目工作一线、艰苦岗位的同志加入中国共产党，激励他们树立崇高的信念和高尚的道德情操，自觉把自己的事业融入示范区建设的洪流中去，实现一名共产党员的自身价值。2010年共发展新党员10名，批准预备党员转正2名。

员工队伍建设。初步建立了立体式人才选拔机制，采取现职海外中高层管理人员在职学习提高、专业人才对口支持、毕业生选拔引入等方式，实现人才选拔、培养、使用和轮换的良性循环，培养和造就了一批复合型、开拓型、创新型人才，不仅保证了示范区主体建设对人才的需要，同时为中亚地区其他项目输送人才160余名，成为中亚地区国际化人才培养和输送的摇篮。建立以事业为中心的团队合作机制。以党支部为单位建立相对独立的工作团队，这些团队实行类似“事业部制”的管理模式，得到充分授权，每个成员都能在职责范围内独立开展工作。团队成员之间、上下级之间建立以信任为基础，以责任和使命为纽带的团队精神，在各自的工作领域创造性地开展工作，敢于承担急、难、险、重任务，保持了高效率、快节奏的工作作风，缔结了一种相互负责的工作关系，形成了一个动态而又牢固的责任网络。

【履行社会责任】 公司秉承中国石油“奉献能源、创造和谐”的企业宗旨，坚持“互利双赢、共同发展”的合作理念，在实现油气业务持续快速发展的同时，认真履行社会责任，积极参与公益事业，帮助当地人民改善生活、医疗、教育条件，树立中国石油负责任的国际大公司形象，为海外业务发展创造了良好的外部环境。

作为合法守信的在哈萨克斯坦企业公民，公司自觉依法经营、履行纳税义务，截至2010年底，在哈萨克斯坦项目已累计纳税140亿美元以上，有力促进了哈萨克斯坦经济发展。阿克纠宾项目被哈萨克斯坦总统誉为“中哈经济合作的典范”。

公司所属项目每年与项目所在地政府签订并认真执行社会经济发展赞助备忘录，积极开展公益事业，捐助修建铁路、公路、学校、医院，支持当地教育、文化卫生等事业，截至2010年底，公益事业支出累计2亿美元以上；培训当地员工，强力推进本土化，累计提供就业岗位31000多个。各项目共资助当地184名优秀青年赴中国、哈萨克斯坦和其他国家的大学深造，为项目可持续发展和油区社会经济发展培养后备人才。支持当地基础设施建设，以各种形式持续对教育、医疗卫生、文体事业提供赞助，如资助奥运亚运冠军、功勋歌唱家等，资助文物保护、文体中心建设等。截至2010年底，阿克纠宾项目向阿克纠宾州的基础设施建设、教育、医疗保健等领域提供资助额超过807万美元，为阿克纠宾市居民和企业供应售价仅为周边市场价格1/4的廉价天然气累计超过90亿立方米，同时为当地居民提供柴油40.6万吨。注重环保，建设环境友好工程，强化天然气综合利用，减少排放和污染。2010年，PK项目和阿克纠宾项目分别获得“哈萨克斯坦企业最佳社会贡献总统奖”，曼格什套项目获“哈萨克斯坦企业年度最佳集体合同银质奖”。

（吕剑龙）

中国石油天然气股份有限公司伊拉克公司

【概述】 中国石油天然气股份有限公司伊拉克公司（以下简称公司）成立于2009年12月23日，是集团公司为加强伊拉克地区油气业务的组织管理，发挥整体优势，促进海外油气业务发展而成立的海外地区公司，下辖哈法亚、鲁迈拉、艾哈代布3个项目部和伊拉克公司机关8个部门，以及北京、巴格达、迪拜、伦敦4个办事处。截至2010年底，公司和3个项目部中方员工203人；现有当地雇员4260人，国际雇员244人。

伊拉克公司机关所在地位于伊南方石油公司所属的巴吉西亚区，据巴士拉城20多千米。该地区为海湾战争和伊拉克战争的主战场，战争留下的贫铀弹、二恶英含放射性物质，污染土壤和水源，对在公司工作员工造成很大威胁；战争遗留下爆炸物和地雷的分布广泛，鲁迈拉油田更是爆炸物和地雷的重灾区，作业区内存在大量的地雷。在主路之外的地方触雷的事件时有发生。在油田范围内，2010年4月和7月就发生了两次触雷事故，全年共有7次触雷事故报告，事故使受害人造成了永久的伤害。油田公路以外的作业，清雷是一项必要的工作。截至2010年，鲁迈拉油田已经清雷面积达15000平方千米，发现爆炸物3658枚。由于鲁迈拉油田开发存在着资金和技术问题，油田开发中的伴生气（相当于2—2.5万桶/日油当量）长期放空燃烧，造成空气质量极差，也严重影响员工身体健康。伊拉克公司3个项目工作区自然环境恶劣，全年夏季最高温度达58.8℃，创世界之最。

2010年是公司的开局奠基之年，也是公司上下团结一心、顽强拼搏，各项工作取得阶段性重要成果的一年。一年来，公司按照集团公司党组关于集中力量打好“3+1”歼灭战、全力推进重点油气合作区建设的决策部署，面对伊拉克政局不稳、安全形势严峻、自然条件恶劣等一系列困难，发扬大庆精神、铁人精神，发挥集团公司一体化整体优势，团结协作，顽强拼搏，各项工作取得了阶段性重要成果，在与国际大石油公司同台激烈竞争的舞台上，为中国石油赢得了荣誉。

【油气项目】

1. 艾哈代布项目

艾哈代布项目是中国石油和中国北方工业公司各自出资50%成立的绿洲石油公司与伊拉克北方石油公司组成联合体共同运作的项目，也是中国石油首次担当作业者的项目，2008年11月中伊双方签署《艾哈代布油田开发生产合同》，绿洲公司占总股份的75%，伊拉克国家原油销售公司（SOMO）占股份

25%。

艾哈代布油田位于伊拉克中南部，距首都巴格达约 160 千米，油田位于伊拉克中部瓦锡特省首府库特城附近，北邻底格里斯河，油区气候炎热干燥。油田面积 100 平方千米。油田合同模式为服务合同，按合同规定每桶收取报酬费 6 美元；绿洲石油公司占股份的 75%，伊拉克国家公司占 25%；合同期限 23 年，可申请延长 5 年；原油地质储量 29 亿桶，天然气地质储量 500 亿立方米；合同规定 3 年内原油日产量可达 2.5 万桶，6 年内将形成日产 11.5 万桶的生产能力。

自 2008 年 11 月启动以来，按照集团公司把"艾哈代布项目建成中东标志性项目"的要求，在极为困难的条件下，创造性工作，实现合同生效 3 个月油田地震采集按时开工、半年内第一口钻井顺利开钻，一年内第一口甩开评价井试油获得 7700 桶 / 日的高产，兑现了集团公司对伊方的承诺，展示了中国石油言出必果的能力，树立了外国石油公司在伊拉克作业的典范。

按照"提前启动、并行作业、关键风险甲方把控"这一工作策略，地面工程建设全面铺开。目前，5 座办公生活营地，5 个作业区，5 个后勤服务区均已建成，形成了"三大一统一"的实物形态。CPF 土方工程已经结束，罐群、管廊、设备基础、综合控制楼和首站控制室均按计划逐步成形；三条外输管线作业顺利推进，全年安全焊接管线 201 千米，成为伊战后境内唯一启动的管道建设合作项目。新增 4 号管线，中国石油天然气管道局已中标，线路勘测、后勤支持系统已经启动，安保部署逐一落实，为解决原油外输提供保障。

按照"打好、打快、打省、打安全"的钻井目标，与大庆钻探公司加强协调沟通，优化钻井技术，钻井作业实现了规模化。

根据三维地震资料解释和评价井资料分析，落实了各含油层系的含油特征和油藏类型，证实油田主产层 Kh_2 闭合面积扩大到 162.1 平方千米，较原认识增加了 23.7 平方千米，油田 3P 储量增长至 6.23 亿吨，较初期认识增长了 30.3%。伊方专家对上述研究成果及储量计算充分认可，为油田开发方案的最终锁定和审批奠定了基础。

"十二五"期间，艾哈代布项目以"中东标志性项目"建设为目标，坚持和完善艾哈代布发展模式，通过经济高效的油田建设和运营，实现 2011 年底 600 万吨产能建设和 2014 年 800 万吨产能扩建目标。"十二五"期间，生产原油 3044 万吨，钻井 219 口，完成项目总投资 25.89 亿美元，实现投资静态回收；"十二五"期间，项目将建成"中东标志性"项目，成为伊拉克石油合作的典范。

2. 哈法亚项目

哈法亚项目是中国石油与合作伙伴法国道达尔公司、马来西亚石油公司同伊拉克米桑石油公司组成联合体运作的项目，也是中国石油第一次以作业者身份，在大型项目上与西方大石油公司进行合作的项目，该项目于 2009 年 12 月 11 日中标，2010 年 1 月 27 日正式签署合同。中国石油担任作业者并持有 37.5% 的权益，道达尔公司和马来西亚石油公司分别持有 18.75% 的权益，伊拉克南方石油公司持 25% 的干股。

哈法亚油田位于伊拉克东南部，含油面积 300 平方千米，核实地质储量 160 亿桶，目前油田日产水平约 1 万桶，综合采出程度 0.05%，基本处于未开发状态。合同模式为服务合同，合同有效期 20 年，可申请延长 5 年；合同期内报酬费每桶 1.4 美元。按照合同要求，以中国石油为主导的联合作业体将使该油田高峰日产量提高到 53.5 万桶。

哈法亚项目现有 116 名中外员工，其中：中方员工 66 人、伙伴派遣高级顾问 2 人、国际招聘 32 人、当地招聘 16 人。另外油田现场接管 135 人，队伍结构符合国际惯例，体现了精干高效的原则，得到了合作伙伴和 MOC 的认可；按照 2014 年产油 1500 万吨生产能力编制了哈法亚项目组织机构设置方案，该方案由支持机构和现场作业区两大部分组成；建立了一套完整的、符合国际惯例的人事、财务、招标采办、HSSE、行政管理、内控制度和决策等管理体系，为项目的成功运作提供制度保障。

哈法亚项目开展油田初始开发方案（PDP）研究，在充分考虑油田地质、油藏特点、地面工程状况和外部油气输送能力等因素的基础上，先后设计了 20 套方案进行对比、优化，并报海外板块批准，最终确定了以最小投资、最短时间实现初始商业产量的初始开发方案。该方案在伊拉克第二轮中标的油公司中第一个获得政府批准，展示了中国石油的技术实力，这对项目全面启动具有里程碑意义，是快速实现初始商业产量的关键，是实现项目 IRR 高于 10% 经营目标的前提。

2010 年 9 月初，哈法亚项目迪拜办公室正式投用、油田现场基地 12 月 8 日正式运营。目前，加密卫星网络、IP 电话、视频会议系统正式开通运行，迪拜办公室作为项目组织管理中心、油田基地作为项目现场指挥调度中心的办公格局基本完成。借助开通的空中走廊和高精度视频、无线网络等现代化通讯手段，哈法亚项目实现了无障碍办公，工作效率大大提高。油田现场基地建成运营，是第二轮中标油公司的第一家，为加强与MOC沟通、靠前生产指挥提供了保障。

哈法亚项目2010年共招评标59项，授标54项。中方获得了三维地震、钻机和大部分钻井服务合同，占总合同额的45%；斯伦贝谢、威德福、哈里伯顿、西门子等著名西方公司获得总合同额的43%；土建工作量100%对当地授标，占合同额的12%；积极做好地震作业和钻井作业的各项准备工作，2010年12月5日由BGP承担的三维地震采集作业正式开始，12月11日中国石油集团渤海钻探工程有限公司和大庆钻探公司两部钻机同时开钻，油田现场作业取得重大进展。

"十二五"期间，哈法亚项目坚持以"最少投入、最快速度、最高回报"为目标，确保"十二五"末原油产量2000万吨水平，并完成年产油3000万吨的工作准备；计划中方权益投资28.55亿美元，钻井221口，完成日产30万桶的地面工程建设，同时启动日产60万桶的高峰产能建设。

3. 鲁迈拉项目

鲁迈拉项目是中国石油与英国BP石油公司、伊拉克南方石油公司组成联合体共同运作的项目，是中国石油第一次在国际大石油公司的主导下，以合同者身份参与作业的巨型项目，也是中国石油在伊拉克第一轮招标中唯一成功中标的项目，实现了中国石油在伊拉克新项目开发的重大突破，具有里程碑的意义。该项目于2009年6月30日中标，11月3日正式签署油田服务合同，12月17日合同正式生效，中国石油拥有项目37%的权益，BP和伊拉克国家原油销售分别拥有项目38%和25%的权益。

鲁迈拉油田位于伊拉克南部的巴士拉省，该油田包括南、北鲁迈拉油田两个部分，油田区块长80千米、宽10—14千米，油藏埋深浅，储层厚度大，分布稳定，储层物性好，综合采出程度22.1%；油田可采储量315.56亿桶，剩余可采储量177亿桶，该油田现有的原油日产量超过120万桶，几乎占到伊拉克日产原油总量250万桶的一半，是伊拉克第一大油田，世界第四大油田。鲁迈拉油田为技术服务合同，有效期20年，可申请延长5年；产量恢复至基础产量的110%时即可启动费用回收，合同期内报酬费每桶2美元；合同生效之日起6年内要达到投标高峰产量目标。

鲁迈拉项目自2009年11月合同正式签署以来，该项目以油田全面接管和实现增产10%（IPT）的产量为目标，与BP、SOC通力协作、密切配合，强化中方引导作用，积极开展联合作业协议谈判，深入现场搞好生产组织和管理，各项工作取得了积极的成果。

2010年7月1日，由BP、中国石油、SOC三方组成的鲁迈拉油田作业管理机构正式接收鲁迈拉油田作业管理权，标志着联合体正式接管油田并开始油田作业，新组成的ROO立即着手建立和健全新的符合国际标准的财务、采办、HSSE以及油田作业等管理的体系，在2010年年底全面按着新的体系运作。

【主要生产经营工作】 2010年，公司充分发挥宏观指导、规范管理、协调沟通、支持服务的职能，加强与资源国政府和伙伴公司的协调沟通，推进联合作业协议、伙伴合作等协议的签署，认真落实"三大一统一"指示精神，建立完善一体化的安保防恐体系，正确处理内外部关系，努力营造和谐的外部环境，积极推动各项目组织好油田上产和工程项目建设，全面完成各项生产建设任务，全年未发生大的安全生产事故和人员伤亡事故。

艾哈代布项目：全年到位10部钻机，完井25口，完成试油29层；CPF罐区和3条全长370千米的外输管线等地面工程建设加速推进，焊接管线244千米；储量规模进一步扩大。

哈法亚项目：提前完成实现初始商业产量7万桶/日开发方案的编制和上报批复工作，油田基地一期按期建成投用，三维地震采集提前开炮，第一口评价井顺利开钻，第一轮招标圆满结束，全面完成油田生产作业权接管，成为伊拉克第二轮招标的7个中标公司中作业推进最快、成绩最为突出的项目，充分展现中国石油作为项目主导者的国际化运作效率和实力。

鲁迈拉项目：实现联合作业体对油田作业权的接管，全年动员7部新钻机、13部修井机，钻井41口、修井103口、连接生产管线122千米，大力实施新井投产、老井恢复、电潜泵提液等措施，在油田增产台阶高、设施陈旧、生产保障能力差和油田自然递减率实际高达15%左右的情况下，全力推进油田上产工作，于12月25日成功实现在油田初始产量106.6万桶/日的基础上增加10%的IPT目标，伊拉克南方石油公司已同意鲁迈拉项目自2010年12月31日起开始服务成本回收，并开始获得报酬费，比合同规定提前2年进入投资和费用回收阶段，这对降低投资风险，尽早实现滚动开发具有里程碑的意义，也是集团公司中东“3+1”歼灭战初战告捷的重要标志。

公司统筹谋划，积极推进工程技术服务队伍进入伊拉克市场，目前，中国石油8支工程技术服务队伍正在伊拉克执行合同66个，合同额28.55亿美元，占合同总额42.99亿美元的66.41%。另外，在鲁迈拉项目第二轮招标中和在艾哈代布项目一条200千米36英寸管线施工招标中，中国石油有望中标5.81亿美元的合同额，已成为伊拉克服务市场的中坚力量。

【党建和班子建设】（1）及时组建基层党组织。为夯实伊拉克地区油气业务发展的根基，大力加强党的基层组织建设，增强基层党组织的创造力、凝聚力和战斗力。根据伊拉克地区业务发展需要，及时成立了公司机关党总支、哈法亚项目党总支、鲁迈拉项目党总支、艾哈代布项目党总支和相应党支部等机构，配备支部书记和兼职党务人员，健全基层党组织，为党建活动的开展提供保障。

（2）围绕生产工作任务和目标，切实加强支部建设，发挥党支部战斗堡垒作用。公司党工委精心布置安排了“庆七一、向党的生日献礼”的系列活动，把党日活动与全面完成生产任务、加强党员思想教育、弘扬党的先进性，增强党的凝聚力有机地结合起来，推动了安全文明生产和各项工作的有效开展。

深入开展创先争优活动。公司在基层党组织和党员中深入开展创先争优活动，进一步彰显党组织的先进性。鲁迈拉项目在广大党员中广泛开展“岗位做奉献、实现IPT目标”主题活动，充分发挥共产党员先锋模范作用，实施了“党员示范岗”、“先锋工程”等活动，在生产工作中发挥了良好效应。在党员的先进事迹影响下，2010年先后有5名员工向党组织新递交了入党申请书，目前正在培养考察之中。有3名同志被吸收为中共预备党员，为党的肌体注入了新的活力。

（3）加强班子建设。为提高伊拉克公司党工委和领导班子工作的科学化、规范化、制度化水平，实行科学民主决策，自觉接受监督，形成行为规范、运转协调、公正透明、廉洁高效的领导制度和工作程序，及时制定了《公司党工委和领导班子工作制度》；根据工作需要，健全和完善了干部评价考核和激励体系，加大考核力度，做好对党政主要领导干部和新提拔干部的考核评价工作，坚持党管干部和民主集中制原则，规范干部管理，同时做好干部后备队伍的建设工作。有效地加强了二级单位领导班子的力量。

（4）加强党风廉政教育，使广大党员干部牢固树立正确的责任意识、权利意识和廉洁自律意识。一是广泛征集意见，组织公司、项目两级班子召开了专题民主生活会，进行深入的讨论，切实开展了批评和自我批评；二是在各基层党组织和广大党员中认真开展了“看案例、促廉洁”主题教育活动，各党支部和部分党员写了观后感，起到了很好的现实教育意义；三是分层次组织领导干部学习十七届四中全会、中纪委讲话和有关反腐倡廉的党纪、政纪和条规。使广大党员干部，特别是领导干部，以身作则，正确行使手中的权力，始终做到清正廉洁，自觉地与腐败现象作斗争。四是组织领导干部签订《廉政建设责任书》和党员干部签订《廉洁从业承诺书》，按照谁主管谁负责的原则，公司重点抓好责任落实、责任监督、责任追究，开展好党员领导干部廉洁自律、党纪政纪条规教育和正反典型教育工作。五是以《中国共产党党内监督条例》和《中国共产党纪律处分条例》为准绳，进一步强化党员自律意识，发挥党员的民主监督作用；完善厂务公开、民主评议等有效形式，发挥员工的民主监督作用；加强制度建设，强化法规监督、舆论监督。

【企业文化】（1）认真抓好宣传工作。围绕生产经营的中心工作，着眼于统一思想，凝聚力量，振奋精神，增强信心，正确引导舆论；不断改进宣传工作方式，突出宣传工作主题，提高宣传工作质量，开拓宣传途径。组建宣传报道网络，举办一期通讯报道员培训班，促进通讯员业务能力的提高。认真研究宣传报道工作的新思路、新举措，及时报道可喜成果，积累的好经验、好做法和各岗位涌现出来的典型事迹。2010年，公司主办《伊拉克简报》29期、《伊拉克要闻》15期、《伊拉克快讯》13期，正式创刊《伊拉克油气合作》。在《中国石油报》等新闻媒体上发表《中国石油伊拉克公司建设中东油气合作区》、《伊拉克鲁迈拉项目开展生产大动员》、《伊拉克公司开展交流活动促进员工成长》、《伊拉克政府研修班成员访问集团公司》、《感谢中国爸爸妈妈》、《艾哈代布，见证中国速度》等20篇稿件；公司对外发表的稿件还被其他新闻媒体转载50多次，有效地提高公司的知名度和影响力。

（2）积极开展业余文化活动。在重大节日、重大活动期间，及时组织健康有益、形式多样、业余为主、参与面广的文体活动。“五一”、“七一”、“十一”、“元旦”等重大节日，巴士拉、艾哈代布和哈法亚现场员工举办丰富多彩的文体活动，丰富和活跃海外一线员工的业余文化生活、减轻严峻安保形势带来的压力，且促进了企业文化建设，增强了员工的凝聚力和向心力。

（3）切实关心职工生活。在认真调研的基础上，公司借鉴其他海外项目营地管理经验，雇佣专业安保公司为营地提供安保服务，确保人员居住安全和出行安全；依托伊拉克当地公司提供劳务和食品供应以及营地维护等服务，通过阳光国际公司与之签订各项合同，有效降低公司面临的各种可能法律风险；同时要求阳光国际公司提供包括项目经理、会计、客房、餐饮、会务等在内的管理团队，对营地进行系统的管理和服务，切实搞好员工的餐饮服务工作。公司领导利用回国休假的机会，开展慰问活动，及时探望员工家属和病人，并给予物资上帮助，诚心诚意地解决职工群众的实际问题。通过开展“三心”活动和送温暖活动，关心职工疾苦，为他们排忧解难，使员工切身感受到了党组织带来的温暖，烘托出企业良好的和谐氛围。

【环境保护和社会公益】（1）环境保护工作。公司高度重视环境保护工作，致力于人与自然环境的和谐发展。

艾哈代布项目按照合同要求完成了环评报告，坚持废弃钻井液无害固化处理，工业垃圾焚烧处理；同时，将环境友好融入工程设计和作业安排，提前投产天然气处理系统，减少酸气排放，主动策划和推动有效利用冗余天然气方案，节约清洁能源，提高空气环境质量。

哈法亚项目建立完善的HSE管理体系，及时组织召开了油田现场承包商HSE大会，明确承包商的环境保护责任，制定环境管理体系，强化排放和垃圾处理的源头管理，取得了较好的效果。

鲁迈拉项目在推进油田开发建设的第一年，按照合同完成鲁迈拉油田环境影响基础研究，从油田生产的各个方面着手，对鲁迈拉油田的环境现状进行调查，采用最佳国际标准建立HSE管理体系，逐步落实环境保护措施，营造良好的开端。

2010年，公司未发生任何环境污染事件，实现零事故、零伤亡、零污染。

（2）社会公益活动。为树立中国石油在伊拉克的良好形象，提升公众的认知程度，公司制定社会公益计划，并开始分步骤地实施。

2010年9月，公司向巴士拉的2所孤儿院赠送了空调、节日服装、文体用品和节日礼物。中秋节期间，公司向伊拉克友人赠送中国月饼；在开斋节、宰牲节等当地传统节日到来时，公司自行设计带有当地风俗的贺卡、贺信，发送给友好人士达数百人次。

艾哈代布项目在资金有限的情况下，积极承担社会责任，加大本地化用工力度，提高当地居民收入和技能，满足项目建设的劳动力需求，促进社区和谐。通过与伊拉克高校联合，艾哈代布项目为巴格达科技大学提供生产实习基地，也为项目储备高层次人才提供机会；2010年，艾哈代布项目为当地居民提供1703个工作岗位，本地化程度达到58%；结合油田建设实际需要，艾哈代布为油区村镇修路架桥，改善当地的基础设施。中国石油为推动伊拉克社会和当地油区进步所做出的贡献，赢得了合作伙伴、油区居民、当地政府的信赖和认可。

（王正安）

中国石油天然气集团公司
伊朗公司

【概述】 中国石油天然气集团公司于2004年进入伊朗，开始在伊朗开展油气投资和油气田工程技术服务等业务。在集团公司“充分利用国内、国际两种资源，开拓国内、国际两个市场”决策的指引下，2004年5月中国石油天然气集团公司伊朗公司（以下简称公司）与加拿大Sheer Energy公司正式签署伊朗M.I.S油田项目股权转让协议，2005年5月公司中标伊朗三区勘探开发项目。M.I.S油田开发项目和三区勘探开发项目成为集团公司在伊朗的两个实验性项目，敲开了伊朗石油界认识中国石油的大门，同时也锻炼了中国石油执行回购合同的队伍，为后续获得、运行好大型项目，创造了很好的条件。

2009年，在集团公司“做大中东”战略的指导下，海外勘探开发公司加大了伊朗市场开发力度，经过艰苦努力，获取了两个大型开发项目：北阿扎德甘油田开发项目和南帕斯11区气田开发项目。两个大型开发项目的获得，使集团公司在伊朗形成了相当的规模。2009年12月，集团公司决定成立中国石油伊朗公司。

2010年，公司又获得南阿扎德甘油田开发项目。南阿扎德甘油田与北阿扎德甘油田同属一个地下构造，共同构成了阿扎德甘油田，该油田是世界范围内30多年来发现的最大的陆上油田之一，也是目前世界上最大的未开发油田。

在伊朗地区公司成立之初，即制定了人事、财务、计划、采办、行政、安全管理等规章制度和程序；组建了人事、招标、预算、HSE、技术5个委员会，意在逐步实行集中统一管理、为今后“大且高效、大而不乱、大且规范”制定制度保障。此外，地区公司党工委的建立、地区公司协调领导小组的建立对于确保CNPC在伊朗的各项活动有序、有效、可控起到了关键作用。

截至2010年底，公司共运作5个上游油气合作项目，分别是：M.I.S油田开发项目、三区勘探开发项目、北阿扎德甘油田开发项目、南帕斯11区气田开发项目和南阿扎德甘油田开发项目。

公司中方人员共有124人。

【2010年主要业绩】 伊朗对外油气合作采用十分苛刻的回购合同模式，加上伊朗特殊的商务环境，使得获取伊朗项目难度很大，执行好伊朗项目更是难上加难。尽管如此，通过不懈努力，公司仍然取得了令人瞩目的成绩。

与总部密切协作，成功获得了南阿扎德甘油田开发项目，为确保国家能源稳定供给奠定了坚实的资源基础。

M.I.S油田是中东地区发现的第一个商业油田，有着上百年的历史。面对百年老油田，公司首次在伊朗陆上油田采用电潜泵采油，15口生产井平均单井配产1700桶/日，使百年油田焕发青春，在伊朗引起巨大反响。

北阿扎德甘油田项目，仅用4个月时间，批准了24个合同规定的管理文件，创造了最快的纪录，同时也在探索钻井工程和地面工程建设的高效运作模式。2010年11月8日，该项目NAZ-1井顺利完钻，钻井作业实现了2010年度计划。

伊朗生产条件复杂、艰苦。M.I.S油田项目高硫化氢；阿扎德甘油田是雷区、军事禁区、湿地、热极（夏季平均气温54摄氏度）；德黑兰交通事故频发，伊朗航空空难不断。公司狠抓安全生产和交通安全，规定领导干部上现场必须附有安全检查的责任，制定了严格规范，项目自查自改，干部带头执行，员工自觉遵守。公司一直保持“无事故、无污染、无伤亡”的三无纪录。

（王克宁）

中国石油天然气集团公司南美公司

【概述】 南美是中国石油最早开展国际油气合作的地区，经过17年的探索和发展，中国石油天然气集团公司南美公司（以下简称公司）已经在委内瑞拉、秘鲁、厄瓜多尔、哥伦比亚4个国家，经营管理着7个油田开发项目和3个勘探区块，是项目分布国家最多、跨度最大、合同模式最多、管理幅度最大的海外地区公司。公司现有中方员工161人，副高级以上职称占55%，大学学历以上占89%，党员占68%。公司及各项目雇佣当地员工2515人。

【“十一五”成果】 “十一五”是公司油气业务持续发展的五年。一是油气业务初具规模，作业产量连续三年超过1000万吨。二是新项目开发取得重大突破，油气资源掌控量大幅增长，奠定了5000万吨/年规模产能的物质基础。三是油气业务领域得到扩展，业务结构不断完善。四是经营管理水平不断提升，项目盈利能力持续增强。五是经过艰苦谈判，实现项目成功转制。六是发挥中方技术优势，提高油田开发效果和管理水平。七是加强人才队伍建设，打造具有南美特色的经营管理及技术团队。八是建立起一套具有自身特色的HSE长效机制，连续17年保持优异的安全环保业绩。

【勘探开发项目】 公司现运作管理委内瑞拉MPE3项目、陆湖项目、苏马诺项目和胡宁4项目，厄瓜多尔安第斯项目，秘鲁塔拉拉油田6/7区项目、1AB/8区项目，哥伦比亚项目。

1. 委内瑞拉MPE3项目

2001年12月27日，CNPC与委内瑞拉国家石油公司（PDVSA）签署“奥里乳化油合资经营协议”。2006年3月31日，乳化油项目一期工程建成投产，5月8日第一船乳化油运往中国。2006年9月27日，委内瑞拉政府正式通知合资公司进行全面转产转制。中委双方就乳化油项目转资改制进行了艰苦谈判，最终于2007年10月签署合作开发MPE3区块重油协议，中方占40%股份。2008年2月11日，MPE3项目合资公司正式运行。

2010年，由于PDVSA长期拖欠服务商服务费，导致油田无法正常操作。在合资公司工作的中方员工，克服各种困难，出主意想办法，通过加抢投新井、细化油田管理、优化采油井参数、加大开井时率等一系列措施，实现了油气产量的稳中有升。原油日产量从年初的7.6万桶，上升到年底的10万桶。全年生产超重油478万吨，圆满完成了调整产量。

2. 委内瑞拉陆湖项目

1996年11月，CNPC参与委内瑞拉第三轮石油招标。经过激烈竞争，于1997年6月中标卡拉高莱斯油田和英特甘博油田，1997年7月与委方签订《石油作业协议》，并分别于1998年2月和5月接管2个油田。CNPC运用其成熟的油田开发技术和经验，在接手后的3年时间里，该项目取得了突破性进展，原油日产水平由接管初期的4905桶，提高到1999年底的1.29万桶，2000年底日产突破4万桶，是接管时的8倍多。根据委内瑞拉新石油法，2006年8月中委就该项目签署转合资公司协议，中国石油占25%股份，委方同意对取得项目的3.58亿美元贡金给予1.6亿美元补偿，合作期限延长8年。

2010年，该项目克服设备老化、故障频繁、偷盗严重等重重困难，实现产量稳中有升，全年生产原油42.2万吨。

3. 委内瑞拉苏马诺项目

2006年8月24日中委双方签署苏马诺合资经营协议，PDVSA占60%股份，中国石油占40%股份，合同期25年。2007年11月19日，油田开发权利转移给合资公司的总统令生效，中方正式参股该油田。2008年2月22日，PDVSA将油田的操作权移交合资公司，合资公司正式开始操作油田。

2010年，该项目在没有新井及进攻性上产措施的情况下，加强油田精细管理，全年生产原油32.8万吨。

4. 委内瑞拉胡宁4项目

2005年1月29日，中委签署《关于共同开发奥里诺科重油带合作项目的谅解备忘录》。2006年8月24日，签署《CNPC与PDVSA共同开发胡宁4区块的合作协议》。2007年3月26日，集团公司总经理蒋洁敏与委方签署《扩大奥里诺科重油带合作项目协议》，提出一体化合作的概念和合作模式，得到两国领导人和两个油公司的高度肯定和认同。2008年5月9日，集团公司副总经理周吉平与委方签署《开发奥里诺科重油带胡宁4区块成立合资公司的框架协议》和《中国炼厂项目合资公司框架协议》。

2010年4月17日，集团公司总经理蒋洁敏代表集团公司签署了《中委长期融资合作框架协议》，股份公司副总裁、海外勘探开发公司总经理薄启亮代表中国石油与PDVSA签署《关于CNPC与PDVSA成立合资公司共同开发胡宁4区块的谅解备忘录》。12月1日，胡宁4项目《合资公司组建和经营合同》在北京正式签署。12月22日，委内瑞拉总统颁布《权利转移令》，授予胡宁4合资公司PETROURICA, S.A.对能源石油部界定区域进行开发的权利，合资公司正式启动运行。

5. 厄瓜多尔安第斯项目

2005年9月13日，中国石油和中国石化组成联合体（中国石油持有55%的股份）与加拿大能源公司签订收购协议，以15.03亿美元现金购买其在厄瓜多尔的全部油气及管道资产。该项目探明石油地质储量10亿桶，可采储量3.41亿桶，剩余可采储量1.83亿桶。

2010年，安第斯项目连续在Tarapoa区块打出高产井，特别是Alice-16H井日产原油达到7593桶，创厄瓜多尔单井最高产量纪录。项目全年生产原油283.9万吨。

2010年，安第斯项目加快分红步伐，全年向总部上交现金贡献8656万美元，仅用4年时间就实现了15.03亿美元投资的全部回收，比收购时评价的回收期提前了2年。

2010年11月，根据厄瓜多尔新的石油法规，安第斯项目经过艰苦谈判，成功转制为服务合同，并取得比预期好的效果，为项目下步可持续发展奠定了基础。

6. 秘鲁塔拉拉油田 6/7 区项目

该项目是中国石油在海外运作的第一个油田开发项目，被集团公司领导誉为海外创业的“星星之火”。6/7 区项目 17 年探索和实践形成的“四精”管理经验，被集团公司和海外板块树为典型推广。

2010 年，该项目继续深入挖潜，深化地质研究，优化新井部署，打出了 4 口日产超百桶的好井，全年生产原油 17.6 万吨，比 2009 年度增产 1.4 万吨

7. 秘鲁 1AB/8 区项目

2003 年 7 月 11 日，中国石油与阿根廷 Pluspetrol 公司就秘鲁 1AB/8 区项目签订谅解备忘录。11 月 21 日，双方签署合作协议，中国石油获得该项目 45% 的股权，Pluspetrol 占 55% 股权，为作业者。

2010 年，项目公司制定合理的油井工作制度，加强钻修井作业管理，积极实施检泵等维护性措施，实现了油田稳产。全年生产原油 187.1 万吨，比 2009 年度增产 8.3 万吨。

8. 哥伦比亚勘探项目

2008 年，中国石油与 Pluspetrol、KNOC 组成联合体（中方权益 30%），中标哥伦比亚 CPE-7 区块、CPO-2 区块和 CPO-3 区块。CPE-7 区块面积 1.23 万平方千米，合同类型为技术评价协议，合同期 3 年，期满后可申请勘探开发合同或选择放弃。CPO-2 区块和 CPO-3 区块均为勘探开发合同，合同期 35 年，面积分别为 701 平方千米和 645 平方千米。

2010 年 1 月，在北京完成哥伦比亚 3 个区块资料交接工作，随后参股 CPO-2、CPO-3 勘探区块，并成功参与 CPE-7 区块评价工作。南美公司正式进入哥伦比亚油气市场。

【生产经营】 2010 年，南美各项目公司加强油田综合研究和油田现场管理，加大与合作伙伴协调力度，采取积极应对措施，实现产量稳中有升。原油日产从年初的 18.4 万桶，上升到年底的 20 万桶；全年完成原油作业产量 1041.6 万吨，权益产量 452.5 万吨；实现天然气销售 1.36 亿立方米，中方权益 5134 万立方米。

公司将“加快投资回收、强化在委合资项目分红工作”作为第一要务来抓。成立了以总经理为组长的催收分红工作领导小组，与 PDVSA 建立了高层协调机制，定期召开指导委员会会议，同时从股东会、董事会层面推进分红工作。通过艰苦努力，在委内瑞拉的 3 个合资公司分红工作基本实现正常化，经营效益实现根本好转。厄瓜多尔和秘鲁项目也大幅度超额完成计划指标，其中安第斯项目实现投资全部回收。公司 2010 年完成年度考核指标的 238%，取得了公司成立以来最好的成绩。

【新项目开发】 经过 5 年的艰苦努力，终于签署委内瑞拉胡宁 4 项目。2010 年 4 月 17 日，中国石油与委内瑞拉方签署了胡宁 4 区块合作谅解备忘录，12 月 1 日合同最终文本在北京签署。标志着中委双方在能源领域的合作进一步深化，中国石油在委内瑞拉油气合作进入规模发展的新阶段。

胡宁 4 项目位于奥里诺科重油带西部，合同区面积 325 平方千米，地质储量 436 亿桶。合同期 25 年，还可申请延期到 40 年。中国石油在合资公司中占 40% 股份，担任副总裁、副总经理和 7 个部门经理职务。规划日产超重油 40 万桶，稳产 20 年，并在委建设一个改质厂。计划于 2013 年实现早期生产，2016 年建成 40 万桶 / 日产能。中委双方人员正陆续到位，相关工作也在积极推进中。

2010 年 11 月 23 日，经过与厄瓜多尔方 2 年的艰苦谈判，厄瓜多尔安第斯项目成功转制为服务合同。转制后，中方不仅取得与转制前相当的经济收益，而且还争取到合同延期 10—20 年、区块面积扩大 2538 平方千米等一系列重要成果，达到了复杂经营环境中生存与可持续发展的目标。

2010 年，公司实现进入哥伦比亚，正式参股 CPO2、CPO3 勘探区块，并成功参与 CPE7 区块勘探评价工作。

【企业管理】 公司新一届领导班子严格按照“三重一大”决策制度和“三控制一规范”要求，坚持“集体领导，民主集中，个别酝酿，会议决策”原则，规范议事规则、遵守决策程序，营造民主和谐、公平公正的新氛围。理顺管理关系，撤销秘鲁和厄瓜多尔项目综合管理部，启用国家公司和总经理建制，但不增加人员和编制。对公司机构设置进行调整优化，机关部门从 12 个减至 9 个。同时，建立考核考评和激励机制。进一步完善休假管理、考勤管理、培训管理等政策规定，加强行政、档案、公文管理，统一财务、人事、法律等工作流程，逐步实现管理规范化。全力解决重大历史遗留问题，有效控制和防范法律和经营风险。

针对小股东项目，积极创新管理思路，发挥高层指导委员会和股东会、董事会“三会”的交流平台作用，用好合资经营协议和公司章程赋予小股东的权利，建立与资源国政府、国家石油公司以及合资公司

的有效沟通协调机制。积极推动合资公司组织机构、岗位设置调整，获得了与中方股权相当的管理岗位和职权。MPE3合资公司中方岗位由原来的12个增加到26个，而且争取到8个经理级重要岗位，扭转了过去中方没有实质性管理权的被动局面。推进并建立了合资公司财务管理委员会、招标委员会。补充制定了小股东管理人员的岗位描述和职责，注重发挥中方技术和管理优势。探索小股东有效监管的新路子，维护中方利益。2010年组织了对MPE3合资公司的股东审计，是2008年委内瑞拉项目转制以来，第一次以小股东的身份对合资公司进行审计。

加强公关工作，创造良好的外部环境。努力修复与委内瑞拉能源石油部、PDVSA及合资公司的关系，建立了高层指导委员会，加强双方的高层互动。从公司管理层、部门经理，到合资公司中方人员，主动加强与委内瑞拉方的沟通，扭转了被动局面，为历史分红款回收、新项目开发和在委内瑞拉乙方服务费回收发挥了关键作用。高度重视并做好与集团公司内部的汇报交流，加强与驻委使馆、经商处的联系，得到了各方的大力支持。

【精神文明建设】 公司党委不断加强党的基层建设，认真开展“创先争优”活动，充分发挥党员的先锋模范作用和党组织的战斗堡垒作用，新发展党员4名，预备党员转正4名。2010年，公司及所属单位12次获得集团公司和海外板块先进集体称号，42人次获得各类先进个人荣誉称号。

深入开展“忠诚事业、承担责任、艰苦奋斗、清廉奉献”主题教育活动。加强党风廉政建设，营造了清正廉洁、平等公正的氛围。努力打造“政治坚定、业务扎实、作风过硬、和谐进取”的国际化管理团队。

在强化西语培训的基础上，加大管理和技术培训，鼓励管理人员学技术学西语，技术人员学管理学西语，西语人员学管理学技术，加快复合型人才培养步伐。打造一支热爱海外、奉献南美、拼搏进取、建功立业的国际化员工队伍。

以创建“相互关爱、团结向上”的和谐企业为目标，加强企业文化建设。坚持以人为本，解决员工的后顾之忧，改善工作生活条件。营造朝气蓬勃、奋发有为、心情舒畅、健康和谐的氛围。

认真总结、大力推广秘鲁塔拉拉油田6/7区项目17年来生产经营运作的成功经验，提炼了“技术上精雕细刻，生产上精益求精，运行上精心管理，经营上精打细算”的“四精”经验，被誉为集团公司海外事业发展的宝贵财富。

【安全环保】 公司坚持“环保优先、安全第一、质量至上、以人为本”理念，狠抓HSE管理，充实人员，完善制度，层层落实安全环保责任制。继续实行HSE差异化管理。对公司为作业者的厄瓜多尔安第斯项目、秘鲁塔拉拉油田6/7区项目，以油气生产和作业井控安全检查监控为重点；对于公司为非作业者的1AB/8区和在委内瑞拉的3个项目，以监督检查合资公司安全生产措施及落实为重点。努力搞好秘鲁、厄瓜多尔的油区社区关系，避免了发生重大的社区关系冲突事件。针对委内瑞拉治安形势，认真做好突发事件应急预案的编制、演练和培训。通过强化有效防范和过程管理，杜绝了工业安全事故和中方人员被绑架、被抢劫事件的发生，继续保持一贯的HSE优异业绩。2010年，南美公司被评为集团公司安全生产先进企业。

（解明夫）

中国石油天然气集团公司尼罗河公司

【概述】 中国石油天然气集团公司尼罗河公司（以下简称公司）是集团公司直属的苏丹项目投资负责机构，是根据中油人事〔2008〕324号文件，在原中油国际（尼罗）公司基础上，于2008年7月2日成立的，公司机关设在苏丹首都喀土穆。公司设有勘探部、开发生产部、人事部、经营计划部、财务资产部、法律事务部、HSE办公室、综合办公室、党群工作部、工程部、采办部、作业部、管道部、炼化部、公共关系部、协调组办公室、北京办公室。截至2010年底，公司机关管理人员18人，公司所属各投资项目中方干部员工513人（含成建制借聘235人）。

苏丹项目始于1995年。截至2010年底，苏丹项目共有5个上游投资项目和3个下游投资项目。上游项目合同区总面积19.12万平方千米；下游项目年炼油能力500万吨，聚丙烯年生产能力18000吨，编织袋年产2000万条；建成了3600多千米输油管道。2010年，苏丹项目原油生产继续保持高位运行，经济效益良好，全年无重大工业安全环保事故。

【项目完成情况】

1. 上游项目

1/2/4区项目：1997年3月签订产品分成合同，1997年6月联合作业公司（GNPOC）成立，中国石油持股40%，1999年5月投产，1999年8月30日第一船原油出口。

3/7区项目：2000年11月签订产品分成合同，2001年9月联合作业公司（PDOC）成立，中国石油持股41%，2006年7月投产。

6区项目：1995年签订产品分成合同，中国石油承担100%投资业务、95%利润油权益和100%管道合同者权益；苏丹能矿部持有5%利润油权益。

15区、13区2个项目：位于苏丹东北部，是海上项目。2个项目产品分成合同分别于2005年8月和2007年6月签署，目前均处于勘探阶段。

2. 下游项目

喀土穆炼油厂：1997年3月签订合资协议，中国石油和苏丹能矿部各持股50%（中国石油股份将在2015年以后降至10%），1997年7月在苏丹喀土穆注册成立，1998年8月开工建设，投资6.38亿美元，于2000年5月16日建成投产；二期产能扩建于2006年完成，年炼油能力500万吨。

喀土穆化工公司：2001年6月签订合资协议，中国石油持股95%，苏丹能矿部持股5%。拥有年生产聚丙烯18000吨、编织袋2000万条的能力。

石化贸易公司：于2000年12月在苏丹喀土穆注册成立，现有成品油库1座（容量8000立方米），加油站6座。

3. 总体效益情况

苏丹项目取得多赢的良好效果，中国石油实现整体投资回收，并帮助苏丹建成上下游一体化的石油工业体系。苏丹项目还带动中国石油工程技术、物资、装备和劳务出口，培养一大批国际化石油技术和管理人才。

【主要油气业务指标】 2010年，尼罗河公司在苏丹政局动荡、安全形势持续严峻、投资环境日趋复杂、油田上产稳产难度增加、老油田设施老化等重重困难和挑战下，坚持以科学发展观为指导，认真贯彻落实集团公司和海外勘探开发公司工作部署，紧紧围绕推动苏丹项目规模有效可持续发展战略和适应规范整体化运营方针，以内抓“三基”、外抓安全、生产、和谐为主线，全体干部员工发扬大庆精神、铁人精神，紧密团结，顽强拼搏，圆满完成公司年度生产经营任务。

（1）原油生产：全年生产原油完成年计划的99.9%，累计原油产量突破2亿吨。

（2）炼油化工：原油加工473.7万吨，生产聚丙烯1.81万吨，销售成品油12.42万立方米。

（3）勘探：新增石油可采储量1.12亿桶，完成年计划121%。

（4）经营：2010年，净现金流创历史新高，完成考核指标的159%。

（5）安全环保：实现全年无人身伤亡事故，无环境污染事故，无生产安全事故。

【主要工作】

1. 增储上产和原油加工

勘探完成二维地震2854千米，三维地震518平方千米，完钻探井35口，评价井6口，新增可采储量1589万吨，相当1.12亿桶，完成年计划1300万桶的121%。累计地质储量突破140亿桶，累计可采储量超过35亿桶。

2010年完钻开发井158口，生产原油完成年计划的99.9%，累计原油产量突破2亿吨。下游项目也超额完成生产任务，其中，炼厂加工原油473.7万吨，完成年计划的102%。化工厂生产聚丙烯1.81万吨，完成年计划的121%。石化贸易公司销售汽柴油12.42万立方米，完成年计划的138%，油气生产形势继续保持良好发展态势。

2. 经营管理

从开展对标工作入手，加强内部经营管理，成本控制见到明显成效。2010年尼罗河公司平均开发成本1.94美元/桶，比年初设定考核指标2.74美元/桶节省29%，单位操作成本4.05美元/桶，比年初设定考核指标4.43美元/桶节省9%，投资预算完成程度96%，达到考核指标95%—100%的要求。

3. 安全与环保

2010年，HSE管理实现全年无人身伤亡事故，无环境污染事故，无生产安全事故。安保工作在应对当地复杂动荡形势过程中不断加强，以应对苏丹总统大选及2011年1月苏丹南方公投为重点的反恐安全应急机制进一步完善，并积极实施应对取得良好效果。

4. 地区公司管理

积极帮助相关单位协调解决劳工纠纷、个人所得税等问题，成立苏丹地区个人所得税工作领导小组，指导各单位规范个人所得税管理工作。特别是针对苏丹大选，对安全防恐应急预案准备、加强内部“三基”工作、做好对苏丹政府和部落的公关、全面搞好安全生产大检查等统一进行部署，明确要求，促进集团公司在苏丹各单位的目标和思想进一步统一，各项工作稳步协调推进。

5. 公益事业

认真履行集团公司总经理蒋洁敏与苏丹总统巴希尔夫人法蒂玛女士签订的对苏丹贫困母亲基金会捐助协议，于2011年4月初在法蒂玛女士的见证下，在苏丹宾馆签订捐助项目启动协议；在双方的共同努力下，捐建达尔富尔的2所小学和扩建的2所中学已于12月16日竣工投用，被当地政府命名为“中苏友好学校”。向苏丹喀土穆州社会发展部捐助2010年度20万美元慈善基金，自此，集团公司已按双方协议完成总计100万美元慈善捐助的80%。向炼厂子弟学校捐助价值10万美元的教学配套设施，改善其教学条件。继续加强环境保护，将世界最先进的生物降解技术从1/2/4区推广到3/7区；喀土穆炼厂股东双方共同投资3000万美元，新建二期工程环保配套完善项目，在投产十周年之际顺利投用。代表中国石油出资60万美元，与中国扶贫基金会签署合作开展苏丹公益项目协议。2010年3月，公司代表中国石油出席联合国全球契约组织冲突地区负责任投资专家会议，发表题为《CNPC在苏丹最佳实践》的报告，得到联合国契约组织官员及与会人员的充分肯定。

6. 党建及宣传思想政治工作

公司党委于年初制定《中国石油尼罗河公司党委2010年工作要点》。认真组织学习党的十七届四中、五中全会精神，继续深入抓好学习实践科学发展观活动整改方案落实工作。进一步完善和加强基层党组织，根据项目人员、岗位变化实际，对基层党组织进行全面调整和充实。调整后，公司共有18个基层党组织，包括4个党总支、14个党支部，并全部配齐配全各级党组织负责人。在此基础上，公司党委举行基层党务干部培训班，公司党委书记及多位委员亲自授课，进一步提高基层党建工作水平。公司共评选出集团公司和CNODC各类先进人物近40人，公司党委专门制发文件，号召全体员工向先进人物学习。继续加强以爱国主义为核心的大庆精神、铁人精神教育，首次组织8批、79个家庭共246名员工家属到革命老区井冈山、上海党的一大会址参观学习，进一步培育员工家属的爱国主义情操。克服困难不断改进餐饮质量和生活条件，投用新公寓、新球场等，对宿舍电视机全部进行更新，开展多种形式的文体活动与节日慰问，广泛深入开展谈心活动，先后组织召开苏丹项目上产3000万吨骨干人员座谈会、老同志座谈会、职工家属座谈会和青年座谈会，倾听大家的意见和心声，有效促进党群干群关系，同时通过谈心，全体员工进一步明确公司的形势和目标。

（王红岩）

中石油阿姆河天然气勘探开发（北京）有限公司

【概述】 2010年，中石油阿姆河天然气勘探开发（北京）有限公司（以下简称公司）以转变生产方式为主线，以精细化管理为手段，克服自然条件恶劣、地质条件复杂、工程技术高难、基础设施薄弱等困难，积极应对资源国政策调整给项目运行带来的挑战和影响，勘探再获重大突破，供气任务超额完成，投资实现快速回收，HSE管理屡创佳绩，圆满完成年初预设的各项工作目标。全年井口作业产量40.258亿立方米，累计向中亚管道外输商品气36.256亿立方米，提前53天完成30亿立方米生产任务。

【生产运营情况】

1. 天然气生产

2010年平均日开井18口，累计天然气作业产量402582.04万立方米，平均日产1102.96万立方米；累计生产净化气362953.61万立方米，平均日产994.39万立方米；累计向中亚天然气管道输送商品气362563.38万立方米，平均日外输993.32万立方米。累计生产凝析油29313.45吨，平均日生产80.30吨；年累计销售25246.23吨，平均日销售69.17吨。累计生产硫磺122212.05吨，平均日生产334.83吨；年累计销售83510.45吨，平均日销228.80吨。

2. 全年内外输系统生产运行

巡井4441井次，巡线805线次；外输站1号压缩机本年累计运行3964小时；2号压缩机本年累计运行4423小时（2009年1号机累计运行2小时；2号机累计运行49小时）。

3. 维护作业

为保证四列装置平稳生产运行，2010年对四列装置进行了各种日常维护、检修及更换保养工作。

自2010年10月15日起对第一天然气处理厂进行全面停产检修，第一列装置于10月26日开始逐步恢复供气。

【海外油气勘探】

1. 物探作业

针对阿姆河右岸勘探对象复杂等特殊情况，2010年度阿姆河天然气项目在地震勘探上安排BGP实施采集处理解释一体化项目运作模式，采集、处理、解释提前介入。技术上相互渗透，质量上、工序间相互监督约束，确保地震资料处理地质效果。

通过采用可控震源、井炮和气枪等多种震源激发，以应对复杂地形的采集，填补了山地、沼泽和湖泊等勘探空白区，确保了阿姆河右岸整体勘探部署的实施。

2010年完成二维地震采集1017千米，完成计划的100%；三维地震采集1992平方千米，完成计划的100%。

2. 钻井工程

2010年共动用钻机12台（4台70D、8台50D），新开钻探井15口，完钻16口（含2009年结转7口），钻井总进尺49907米。

取心工作：所钻井共取心14井次，取心总进尺536.66米，总心长533.09米，平均收获率99.33%。

钻井工程质量：井身质量合格率100%，未完钻井井身质量合格率100%。

固井质量：共完成20英寸套管固井5井次、$13^3/_8$英寸套管固井16井次、$9^5/_8$英寸套管双级固井13井次、7英寸套管双级固井8井次，7英寸套管悬挂固井4井次，7英寸套管回接固井4井次，累计完成50井次固井，固井质量合格率100%。

钻井速度指标与钻井时效：2010年钻井总进尺49907米，平均机械钻速3.66米/小时，平均月速1048.61米/（台·月）。

3. 探井测试作业

2010年完成探井测试作业6口（Met-23、San-21、Sand-21、Aga-21、Oja-21、Gir-21）。

2010年公司坚持以滚动勘探加区域甩开、岩性预探的思路，合同区地震采集和钻井作业高效有序。截至2010年底，累计完成三维地震采集5936.28平方千米，二维地震采集3677.18千米；累计开钻井49口（开发井8口、勘探井41口），完钻井42口，其中开发井8口，评价井18口，成功率100%；探井16口，成功率93.75%。通过实施快速勘探，储量大幅增加，基本形成5个千亿立方米气区。

主要取得以下重大突破：

（1）A区块储量大幅增加。

公司坚持采用国内尖端的勘探技术，通过静动态储层精细描述，准确预测了A区萨曼杰佩气区的潜力层有利区分布规律，突破了苏联、土库曼认为层状和互层储层没有价值的认识，使萨曼杰佩气田储量大幅增加，P1级地质储量从可研时的849亿立方米提高到1431亿立方米，增幅超过50%；单井产能翻番，平均日产能从20万立方米提高到70万立方米，对A区块和B区块西北部层状和互层的潜力分析和勘探具有实际的指导意义。

目前A区块三级地质储量2077亿立方米，基本探明储量1774亿立方米，确保了第一处理厂的改扩建和长期稳定供气的储量基础。

（2）B区南部奥贾尔雷圈闭获得大突破。

2010年部署的探井Oja-21井第二层射孔作业取得成功，经17毫米气嘴放喷测试，井口压力39.0兆帕，稳定日产气143.9万立方米，日产凝析油36.2立方米。测试结果表明，奥贾尔雷气田是一个厚度大、丰度高、物性好的优质高产气田。经综合研究后认为，奥贾尔雷含气面积48.09平方千米，探明和控制地质储量499.6亿立方米；奥贾尔雷斜坡带分布有类似奥贾尔雷气田的多个构造—岩性圈闭，预计可获得地质储量2330亿立方米。南部奥贾尔雷气田的发现，突破了原苏联沉积相带划分理论，找到了不同于目前右岸已有气田类型、埋藏深的生物礁隐蔽气藏，开辟了阿姆河右岸勘探的新战场。

（3）东部阿盖雷构造带千亿立方米的大气田雏形已基本形成。

东部阿盖雷地区根据二维地震实施的区域探井Aga-21井，两层测试获得日产20—30万立方米，发现了阿盖雷大构造，揭示了东部勘探潜力，圈闭面积达到245平方千米，初步计算探明和控制储量552.3亿立方米，预测储量670亿立方米，构造带上千亿立方米的大气田雏形已基本形成。

（4）别列克特利—皮尔古伊气区基本探明。

因盐下点礁、滩相储层分布复杂、预测难，巨厚盐膏层钻井难，以及浅层高压次生气安全钻井难等限制，B区块中部别列克特利、皮尔古伊等气区过去一直无法探明。项目公司进入后，充分利用中国石油地震、地质综合研究以及钻井工程等技术优势，准确刻画出储层分布规律，快速、安全钻井，基本探明了该气区。目前，该气区基本探明储量1095亿立方米，确保了第二处理厂的储量基础和地面工程按期建设。

（5）基尔桑气田获得高产。

Gir-21井在目的层卡洛夫—牛津阶实施裸眼钻试一体化作业，获得高产气流，22.2毫米气嘴测试，井口压力29.3兆帕，井口产量达210万立方米/日。预测基尔桑—别希尔构造带圈闭面积148平方千米，探明+控制地质储量136.7亿立方米，预测地质储量96.2亿立方米。

经过近3年的预探和详探，项目三级储量由评估时的4469亿立方米增加到7459亿立方米，增加2990亿立方米，增幅67%；截至2010年10月底，项目基本探明（探明+控制）地质储量5200亿立方米，比项目评估时增加1556亿立方米，增幅43%；与评估时相比，项目规划动用储量增加2764亿立方米，增幅67%，确保了年产商品气量从130亿立方米增加到155亿立方米。

【海外油气开发生产】

1. A区块开发工作完成情况

萨曼杰佩气田："萨曼杰佩气田开发调整方案"得到油气署批准，公司对气田单井进行了科学合理的配产，加强了萨曼杰佩气田的动态分析及监测。

（1）完成5口井的修复、10口井的补孔、酸化作业。继续对具有增产潜能的井进行措施作业，进一步提高气井产量及储量动用程度。

（2）完成12口井的系统试井。通过大量测试工作，充分掌握气藏单井产能、压力分布特征及储层物性参数等资料，为制定合理配产方案以及核实气藏动态储量提供可靠依据。

（3）利用5月下旬处理厂临时停工及10月大修机会，获取丰富的动态监测资料。再次对气藏压力分布特征进行分析，重新复核气藏动态储量，确保60亿立方米/年产能合理性及可靠性，为气藏动态分析奠定坚实基础。

（4）编制并实施萨曼杰佩气田动态监测方案，确保气田科学高效开发。通过资料分析，进一步加强气田动态及乌兹别克强采状况分析，取得较好效果。

（5）通过对萨曼杰佩气田生产情况的密切跟踪，提出了科学合理的生产建议。

（6）根据油气署要求，启动了基于三维地震资料的开发调整方案的编制。

麦—亚气田：已完成麦捷让—亚希尔杰佩气田的试采方案编制。麦捷让和亚希尔捷佩气田位于A区块西部，作为第一处理厂的补充气田，合计可达到5.1亿立方米/年的产量。

根吉别克气田：2010年底初步完成根吉别克气田试采方案的编制，正根据专家意见和建议对方案进行修改。

2. B区块开发工作完成情况

完成扬古伊、恰什古伊—希林古伊、别列克特利—皮尔古伊等4个气田的试采方案编制并提交油气署。4个气田合计可达到54亿立方米/年的产量，是第二处理厂的主供气田。

2010年底初步完成鲍塔—坦格古伊—乌兹恩古伊气田试采方案的编制；初步完成基尔桑气田试采方案的气藏地质特征研究。正根据专家意见和建议对方案进行修改。

别列克特利—皮尔古伊气田钻大斜度开发井1口（B&P-101D），截至2010年12月31日，完成进尺1370米，计划2011年完钻。

3. 井下措施作业

2010年完成老井大修1口（Sam-31），完成A区排液求产作业11口（Sam-57，Sam-56，Sam-40，Sam-47，Sam-52，Sam-66，Sam-31，sam-67，Sam-61，Sam-34，Sam-42）。

完成12口井13层的酸化作业（Met-23，Shi-21，Sam-57，Sam-56，Aga-21（2层），Sam-40，Sam-47，Sam-66，Sam-31，Sam-67，Sam-34，Sam-42），酸化效果较好。

完成补孔作业10口（Sam-57，Sam-56，Sam-40，Sam-47，Sam-52，Sam-66，Sam-31，Sam-67，

Sam–61、Sam–42）。

【地面工程建设】 2010年在全面总结一期工程经验教训的基础上，启动二期工程建设。完成的主要工作如下：

（1）第一天然气处理厂硫磺成型。

编制硫磺造粒EPCC招标文件；完成硫磺造粒LLI招标的ITB中、英、俄文版文件；完成第一天然气处理厂硫磺造粒中、俄文版初设文件（0版）和概算书；完成硫磺成型装置技术规格书；启动硫磺成型造粒装备及码垛机的招标，完成招标策略编制并报油气署审批；向油气署提交硫磺成型优化推荐水造粒方案，根据油气署的要求完善硫磺造粒方案。

（2）麦捷让、亚希尔杰佩气田集输。

完成麦捷让、亚西尔杰佩气田集输系统的初步设计方案和评审。召开麦捷让、亚希尔杰佩集输初步设计HAZOP分析会并根据HAZOP分析审查会议的要求，修改完成麦捷让、亚希尔杰佩气田集输初步设计。进行麦捷让、亚西尔杰佩气田集输系统的详细设计，设计院提交麦捷让、亚希尔杰佩气田集输详细设计文件。按照油气署的要求，准备麦捷让、亚西尔杰佩气田集输系统招标。

（3）A区第二供水管线。

完成A区水源地至第一天然气处理厂30千米供水管线EPCC招标ITP英文和俄文版文件编制；发布第二供水管线管材招标标讯。

（4）第二天然气处理厂基本设计。

2月启动第二处理厂基本设计，9月向油气署提交基本设计俄文版，12月完成第二处理厂基本设计最终审查，同时进行第二天然气处理厂EPCC和长线设备采购招标的前期工作。

（5）B区4个气田集输系统概念设计。

已完成中、英、俄文版B区4个气田概念设计并出版；12月下旬向油气署提交了B区4个主力气田概念设计文件。

（6）B区供水项目。

8月完成中、俄文设计文件，签订B区供水管材采购合同，至12月，供水管材全部到达现场，准备施工建设。

（7）35千伏供电工程。

所有工作全部完成，项目已投入运行。

（8）自备电站项目。

自备电站于3月15日授标，3月26日项目正式开工建设，1号机组已完成安装、调试，2号机组安装、配线已完成，正在进行单系统调试，公用工程施工、安装已全部完成，2010年完成项目总体进度的93.4%。

（9）道路建设。

A区至B区主干道路建设全部完成并通车。B区探区已完成从恰什古伊—基尔桑—捷列克古伊的49.7千米的探区干线路，合同区内的干线网基本形成。

【通信系统、网络建设】 2010年开通阿什哈巴德到巴格德雷2号营地地面光缆，开通了土库曼斯坦的10兆internet出口；完成首都、前线机房的网络监控及1号营地、料场视频监视系统建设、跨土库曼斯坦—乌兹别克斯坦边境光缆的连接，以及外输站和油气署计量站之间光缆、跨土库曼斯坦—乌兹别克斯坦边境光缆的连接。

【HSE工作】 2010年，阿姆河天然气项目一期工程转入正式生产，二期工程建设序幕全面拉开。公司遵循“环保优先、安全第一、质量之上、以人为本”的方针，以推行本质安全型管理为主线，规范推进HSE管理体系建设，实施精细化管理，落实全员HSE管理，严格执行集团公司反违章禁令，认真执行九项管理原则，加强安全培训教育、加强监督管理和HSE规章制度的执行，狠抓责任落实，强化源头治理，着力创建本质安全工程，确保了各项工作安全顺利进行。

截至2010年12月31日，累计实现6601万人工·时安全生产无事故。全年交通安全行驶3905万千米，项目防止和杜绝了人身伤亡、井喷、火灾爆炸事故、责任交通事故、环境污染事故、职业病事故以及人员被绑架等安保事件。公司连续3年获得集团公司安全生产先进单位荣誉称号。

【社会公益】 按照合同规定和集团公司“树立互利合作、多元发展、协同保障的新能源安全观”的要求，项目始终恪守资源国法律法规，充分尊重当地文化传统和风俗习惯，积极开展文化、教育、医疗及残疾人事业救助等社会公益活动，着力改善基础设施条件，充分吸收当地人员就业。公司先后资助59名土库曼斯坦优秀学生到中国、加拿大留学，赞助多台医疗检查设备，为学校修缮教室和供暖设备，受到当地居民的欢迎。阿姆河项目协调组统一筹划，各技术服务公司分头实施，累计为资源国提供超过10000个就业机会，在社会公益事业方面投入超过2412万元资金，成功树立了中国石油的良好社会形象，受到土库曼斯坦社会的广泛称赞，被当地政府评为最受欢迎的外资企业。

（张　琳）

中石油中亚天然气管道有限公司

【概述】 中石油中亚天然气管道有限公司（以下简称公司）为集团公司直属单位，负责中亚天然气管道项目建设、项目投资与投资管理、技术开发、技术咨询和投产后的运营管理，中亚天然气管道（以下简称管道）是中国首次从陆上引进境外天然气资源的战略通道，起自土库曼斯坦和乌兹别克斯坦边境的格达伊姆，经乌兹别克斯坦、哈萨克斯坦，由新疆维吾尔自治区霍尔果斯进入中国境内，与国内西气东输二线相连，是该线的主供气源。管道单线全长1833千米，管径1067毫米，设计压力9.81兆帕，A/B双线设计输气能力300亿立方米。

继2007年8月开工，用时28个月实现A线竣工投产，创造“中亚管道速度”后，2010年10月B线投产通气，首站二期30兆瓦压缩机投入运行，2010年全年累计向国内输气44.02亿立方米，惠及14个省、市、自治区，占我国同期进口天然气总额的26.5%。HSE表现良好，全年未发生工业生产安全事故、环境污染事故和社会安全事件，百万工时失时工伤事故率（LTIF）0.28，总可记录事件率（TRIR）为0.93。

【运行管理】 适时调整工作重心，确定建设运行并举的工作方针，大胆探索跨多国管道运行管理方法，输气任务全面完成，管道运行平稳可控。实现全年连续不间断向国内输气，累计接收土库曼斯坦天然气46.57亿立方米，转供国内44.02亿立方米，完成调整计划的105.8%，为上海世博会顺利召开和解决国内冬季用气高峰期需求提供了有力保障。“以中方为主导、合资公司为平台、中方掌控为目的、四国七方协调为手段”的运行管理体系基本形成。加强中国石油内部协调，建立输气计划中方内部调整程序，实现了气量的合理调配。加强应急保障体系建设，乌兹别克斯坦段布哈拉维抢修中心建成投用，依托管道所在国当地资源，充实维抢修力量，通过应急培训和应急演练，提升了管道应急反应能力。完成政府间安全运行协调机制研究，协调机制方案已通过国家能源局专家组验收，为下一步开展相关工作奠定了基础。

【A/B线建设】 2010年，公司加强组织和协调，A/B线主要建设节点目标如期完成，输气能力按计划提升。9月上旬首站二期30兆瓦压缩机组顺利投用，10月26日1833千米B线成功投产，双线贯通，12月14日哈萨克斯坦段4号站竣工，其余各压气站建设按计划稳步推进，管道年输气能力由年初50亿立方米顺利提升至150亿立方米。维抢修中心有序推进，乌兹别克斯坦段布哈拉维抢修中心、哈萨克斯坦段塔拉兹维抢修中心分别于7月、12月建成，管道应急维抢修能力进一步得到增强。通信及SCADA系统建设进展顺利，成功实现了布哈拉调控中心、阿拉木图调控中心与北京协调中心三地卫星通信连接和数据传输，全线自动化调度、运行管理能力明显提升。

【新项目建设】 公司积极落实国家和集团公司将管道年输气能力增加至550亿—600亿立方米的战略部署，在建设运行任务十分繁重的情况下，大力推进新项目建设，扩大发展的基础得以夯实。经过对多种方案进行优化比选，确定沿现有A/B线铺设C线的方案，完成了预可研编制，为集团公司决策提供了科学依据。根据哈南线项目实施计划，积极跟进哈萨克斯坦方开展工作，成功主导联合可研中主要技术参数，完成合资公司创建协议谈判和注册相关工作，2010年12月21日举行了现场开工仪式。

【企业管理】 企业经营管理水平不断提升。以KPI指标和管理目标责任书为抓手，初步建立了公司绩效管理体系。开展季度生产经营分析、动态跟踪绩效指标完成情况，及时解决公司经营管理中存在的问题。严格执行“以项目为基础、以总部为统筹、以年度规模为框架、以批次逼近为过程控制”的投资管理模式，季度跟踪投资计划完成情况，不断优化投资大盘和年度投资框架，年度投资和总投资均控制在预算范围内。在中方和合资公司两个层面建立了集约化的资金、会计、税务管理体系，形成“闭环管理系统”，财务集约化管理得到加强。积极推进2011年临时管输协议和管输费谈判，管输费维持在合理较低水平。合理调整机构设置，加强人员选拔和到岗，充实中层干部队伍，实施全员考核，加强员工培训，人力资源管理得到进一步深化。

【HSE 管理】 大力推进 HSE 管理体系建设，认真落实防恐安全措施，推动开展合资公司第三方 HSE 审计，持续开展隐患治理，HSE 管理水平得到进一步提升，保障了管道建设运行安全平稳。全年完成 1235 万人工·时，无人员伤亡事故；车辆行驶总里程 1256 万千米，无交通事故；施工作业面横跨 3 国 7 个州，管线途径 7 个沿线国家级自然生态保护区和 4 个一级水源地，无环境污染事故。全年总可记录事件率 1.73，失时工伤事故率 0.41。2010 年，公司被评为集团公司“安全生产先进企业”，乌兹别克斯坦计量站、霍尔果斯末站被评为集团公司“绿色基层站队”。

【精神文明建设】 全面提高海外项目党支部建设水平，学习实践科学发展观，深入开展创先争优活动，大力推动首站标杆站建设，公司基层党组织和企业文化建设成效显著。中哈、中乌天然气管道项目组荣获“中国石油先进集体”荣誉称号。中乌天然气管道项目副总经理刘涛、中哈天然气管道项目施工部经理闫洪旭荣获“中国石油劳动模范”荣誉称号。刘涛同志被评为“中国石油榜样”，此外，还获得“中央企业优秀共产党员”荣誉称号，成为中国石油集团 4 名获此殊荣的共产党员之一。此外，18 个单位和 42 人受到集团公司直属机关、海外勘探开发公司的表彰奖励。

（徐海艳）

中国石油天然气集团公司中俄合作项目部

【概述】 中国石油天然气集团公司中俄合作项目部（以下简称项目部）成立于 2007 年 9 月，主要承担集团公司中俄合作项目的前期准备和项目执行工作，在集团公司海外发展中具有重要的战略地位。

项目部主要职责是：根据集团公司国际化发展战略和总体规划，组织编制中俄油气合作发展建议规划和年度生产、投资建议计划，经批准后组织实施；组织开展中俄油气合作项目前期的调研、评价、投标、谈判和签约等工作；组织实施中俄油气合作勘探开发项目、原油和天然气管道合作建设项目、天然气下游市场合作开发项目等；参与组织协调中俄石油上下游合作、长期贸易以及国内队伍参与俄罗斯油气技术和工程技术服务等项目。

【业务发展】 2010 年，项目部以中俄原油管道工程建设为重点，大力推动中俄天然气合作，积极开展对俄油气上游合作，各项主营业务取得积极进展。

1. 中俄原油管道提前竣工投产

中俄原油管道关键工程——黑龙江穿越工程主管道导向孔 2009 年底贯通后，2010 年 4 月 28 日完成主管道回拖作业，6 月中旬完成备用管道回拖；8 月中旬俄罗斯吉尔斯干管道检测公司先后对黑龙江穿越主管道和备用管道进行防腐层绝缘性能检测及管道内检测，其检测结果符合俄罗斯穿越管道施工验收规范要求，其中主管道防腐层绝缘电阻超出规范要求的 20% 以上，可以保证该管道安全运行 50 年以上。9 月 27 日中俄原油管道全线竣工，中俄两国元首参加在北京人民大会堂举行的竣工典礼。11 月 1 日中俄原油管道开始试运投产并充填原油，12 月 18 日俄罗斯原油输送到大庆，标志着该管道试运投产一次成功。2011 年 1 月 1 日中俄原油管道正式投入商业运营，中俄双方通过该管道每年向中国输送原油 1500 万吨。

顺利完成工程协调和相关合同谈判工作。2010 年中俄合作项目部先后组织并参与六次高级别重要谈判，先后签订《黑龙江穿越工程内检测合同》、《黑龙江穿越工程四方设计监督服务合同的补充协议》等重要文件。中俄双方专家就黑龙江穿越大开挖方案的实施、防腐层外保护材料的确定及使用、管道防腐层绝缘性能检测及内检测标准的确定、中国境内清管器接收筒安装尺寸的修改、黑龙江穿越管道试压标准的确定及试压方案的实施等问题进行专题讨论，双方在许多工程施工和技术问题上达成共识。在做好与俄方协调工作的同时，项目部积极组织并推进与当地政府部门协调，办理征占用林地许可及永久征地手续，办理跨境管道微波通信和卫星通信频率，落实黑龙江穿越管道在两国边境线上的准确位置等。各项谈判和协调工作为黑龙江穿越工程和中俄原油管道工程按期建成投产创造有利条件。黑龙江穿越施工中逐一破解工程施工难题，取得多项技术创新，如在管道穿越工程中创造性地采用光固化套保护技术，积累高寒地带永久冻土带管道施工技术等，为我国类似工程建设提供借鉴和参考。

2010年5月，冰封数月的黑龙江全线开江，在全流域出现了大块的冰排，在定向钻穿越的施工地段（从俄罗斯加林达镇下游至漠河县兴安镇）出现多年未遇的流冰堆积的洪涝现象（“倒开江”）。俄方封闭区内积水严重，威胁到区内的33位中方员工。俄方业主第一时间调用气垫船将中方员工分批疏散至封闭区外俄方境内的高处，后来临时安置在俄境内加林达镇边防站，居住地有暖气装置，有床和食物，生活保障齐备，俄方还准备在必要情况下，派遣医疗保障人员进驻。在危急时刻，俄方本着以人为本的理念给予中方员工很大的关心和照顾，再一次体现了中俄友谊。

2010年11月24日，经项目部提议和运作，温家宝总理在莫斯科为参与中俄原油管道建设作出突出贡献的俄同行颁发奖章，称赞中俄原油管道是联系两国政治、经济、文化的管道，是深化两国合作取得共赢成果的管道，是为两国人民世代造福的管道。

2. 中俄天然气合作取得重大进展，发展态势良好

天然气西线项目稳步推进。为执行中俄两国政府签署的谅解备忘录和两国企业签署的框架协议，项目部认真做好与中俄天然气商务谈判有关各项工作，配合推进与俄罗斯天然气公司的商务谈判，及时向国家发改委、国家能源局汇报进展。项目部及时向国家发改委副主任、国家能源局局长张国宝呈报《关于中俄天然气合作进展的报告》，并起草呈报张国宝致俄联邦副总理谢钦的信函，通过政府推进天然气合作。项目部配合集团公司推进商务谈判，使气价谈判获重大进展，边境气价差距显著缩小。中俄双方商定气价公式的油价区间，并就正常油价区间内适用的气价公式斜率达成一致；就天然气购销协议的一些关键商务条款达成一致。2010年9月27日，集团公司与俄气公司签署西线项目《俄罗斯向中国供气主要条款框架协议》。

天然气处理与化工项目前期研究工作如期开展。根据中俄天然气合作谅解备忘录及集团公司与俄罗斯天然气公司签署的天然气合作框架协议，项目部与俄罗斯天然气公司谈判达成《关于合作开展俄天然气处理和化工项目可行性经济技术研究的协议》，于2010年3月31日正式签署。根据协议规定，项目部组织规划总院认真开展有关产品市场、产品方案、产品数量、厂址方案、技术方案、项目经济评价等方面的研究工作，先后与俄罗斯天然气公司举行4次专家组会议，交流双方研究成果，于6月30日就合作研究报告达成一致，按时完成合作研究协议规定的任务。9月27日，集团公司和俄罗斯天然气公司签署了《关于完成天然气处理和天然气化工项目经济技术分析工作成果备忘录》，决定进一步开展天然气化工项目研究。

开展配套专题研究，为推进天然气合作做准备。针对中俄天然气合作面临的形势和需要解决的问题，开展多项专题研究，主要开展天然气国际贸易中长期合同价格发展趋势研究，天然气提氦、氦气精制及运输技术研究，俄罗斯东西伯利亚和远东地区油气资源开发的研究等，为推进天然气合作开拓思路，提供决策依据。

3. 加强参与合资公司管理，积极寻找合作机会，上游合作稳步推进

2010年，对俄上游合作稳步推进，合资公司东方能源完成现有勘探区块地震采集义务工作量，并进入到部署探井测算储量阶段；集团公司与俄油公司就新项目收购融资原则达成一致，即将启动收购新资产联合研究。

签署合作备忘录，上游进一步合作再现曙光。2010年11月22日，集团公司与俄油公司签署《关于扩大油气田勘探开发（上游）领域合作的备忘录》。双方首次就通过合资公司收购俄东西伯利亚地区有探明储量的勘探资产和油气资产的融资原则达成一致意见。备忘录的签署打破俄油公司在其上游与中方公司合作中始终遵循的“乌德姆特合作模式”，保障中方投资者的权益，标志着双方在俄上游领域的合作迎来新的发展阶段。除东西伯利亚和远东地区的陆上油气资产外，还为双方未来在俄大陆架区块上的合作打开通道。

积极参与合资公司东方能源的管理和技术支持。2010年，项目部继续加强参与合资公司的管理，从合资公司招标制度入手，明确中方权利，同时继续坚持以技术促管理方针，以集团公司技术优势为切入点，以合作研究为突破口，寻求中方技术人员和力量介入合资公司业务管理和科研机会，逐步介入合资公司的基础研究工作，为中方争取更大话语权，进一步保障中方投资者利益。中方一名地球物理专家于

2010年5月正式进入合资公司工作，主管合资公司地球物理工作。坚持推进合资公司制度建设，积极促成公司招标管理条例出台。2010年4月27日的董事会上通过体现中方管理理念的“东方能源招标管理条例”，在招标管理条例中，再一次明确招标委员会主席是公司的第一副总经理（中方），明确总经理、管理委员会、董事会、股东会之间的权限划分以及签订合同金额大小的权限。从制度层面保障大金额合同的签署必须经双方股东一致同意，增加中方在重大事项决策的话语权，从而保护中方小股东权益。

积极跟进研究新项目，为扩大在俄上游合作做准备。2010年，项目部根据新数据、新形势锁定有规模储量的大油田，组织对远东输油管道沿线周边的上游资产再一次摸底排队，收集相关地质特征、勘探开发资料，评估各目标资产的生产能力，研究中方参与资产交易的策略，为中方适时出资收购远东输油管道周边资产做好基础准备。

依据集团公司与俄油公司2009年10月13日签署的《关于推进上下游项目合作谅解备忘录》，促进俄油尽快启动其推荐的3个上游项目的联合研究工作。在双方对资产收购和开发融资原则存在不同意见的情况下，坚持中方关于“投资与义务对等”的原则，促使俄方最终放弃“资产收购资金由中方全部承担”的立场。2010年项目部重点对东方能源现有区块附近和靠近俄远东石油管道的上游项目等开展系统评价，对TNK-BP公司的新西伯利亚油气公司、托木斯克地区的托木斯克公司、雅库茨克贝萨赫塔凝析气田等项目进行初步评估，丰富俄罗斯地区项目基础资料。

【科技和管理创新】项目部高度重视科技应用和管理创新，特别在中俄原油管道黑龙江穿越工程中，项目部组织中方专家经过多次优化论证后，提出采用定向钻穿越方式，既缩短建设工期，又节省工程投资，避免长期遗留的安全隐患，同时还创造在俄罗斯境内同类地质条件下采用定向钻穿越施工的先例。为保证穿越管道的施工质量，中俄合作项目部组织设计单位和专家经过充分调研和论证，提出采用光固化材料作为管道防腐层外保护措施，得到较好的效果。在此基础上，项目部申报的《中俄原油管道黑龙江穿越工程技术创新与实践》荣获2010年度海外勘探开发公司科技进步一等奖。

项目部鼓励干部员工在管理上创新，通过管理创新，提高工作效率。2010年，为全面提高项目部自主创新能力，充分调动员工的积极性、主动性和创造性，提高员工专业素质和分析解决问题的能力，体现项目部通过管理创新在对俄油气合作各方面所取得的经验和成果，项目部积极参加海外勘探开发公司管理创新项目申报，2010年推荐“推动俄罗斯地区成为海外最大油气供应基地的管理实践”、“创建学习型党组织量化分析的探索与实践”和“创新分配模式，应用多种手段最大限度激励对俄合作队伍”3个项目参评。同时组织开展项目部首届管理创新成果申报、评选工作，共评选出一等奖4项、二等奖5项和三等奖5项。通过评选，总结经验，开拓思路，营造项目部创先争优的积极氛围，增强对俄合作信心和提高对俄合作水平。

【安全环保】严格工程安全管理，规范环保工作。黑龙江穿越工程施工没有出现安全事故，项目部HSE体系分项指标包括死亡率、误工伤害率、总可记录事件率、交通事故起数、环境污染事件起数、职业病患病率等控制为零。

项目部牢固树立“安全第一、环保优先、以人为本”的施工理念，按照“严、细、实”的工作要求，以风险管理为核心，强化各级HSE责任落实，做好职业健康监护，实施清洁生产，加强应急管理，努力实现本质安全。使黑龙江穿越工程项目安全风险持续处于可控状态。

黑龙江穿越工程作为一个大型跨国界工程，在环境保护上既要遵守中国的环境保护法律、法规和相关标准，同时也要遵守俄罗斯联邦的环境法律、法规，同时环保工作涉及两国政府和企业，协调难度大。项目部通过优化设计理念保护生态环境，建立环境保护沟通机制，坚持尽量少占地、少破坏植被的原则，强化环境保护措施，聘请专业机构实施环境监测，强化环保意识，加强协调，推进中俄两国环境保护领域的合作，确保穿越施工未出现环保事故。

【党建工作】创新党建工作，积极探索“以数字析党建、以学习促党建”，党建工作水平显著提高。项目部党总支以深入学习和实践科学发展观和创先争优活动为契机，不断加强党建和思想政治工作，强化理论学习，突出能力建设，2010年党总支重点提出创建学习型党总支，量化分析党建工作，努力追求党建工作的科学化。项目部党总支探索“以数字析党建、以学习促党建”新模式，形成党建工作新特色，为中俄原油管道按计划投产、大力推进天然气引进和更大范围合作提供有力的支持和保障。

项目部党总支创建学习型党组织从总体规划入手，强调确立目标、建立制度、强化组织、夯实基层、培植软实力、重结果应用。对党员学习规定五类目标：政治理论和企业文化、俄语、国际形势和思维理念、专业知识、自己的实践总结和他人的成功经验。先后建立党员和党员领导干部学习制度、学分制度、翻译人员的翻译水平促进制度、学习兑现制度、学习结果应用制度等。党总支将基层党支部建成学习型“堡垒”，按照集团公司“三基”工作要求，以加强党支部建设和班子建设为核心，以强化基础管理为重点，以强调持续学习为促进，以提高员工基本素质为根本，不断增强队伍的凝聚力、战斗力和执行力。

创建学习型党组织活动以来，由于动员到位、制度有效、组织得力，尤其是对其实行量化评价和量化分析所产生的促进作用，使创建活动收到良好效果，使项目部党总支的硬实力、软实力、持续学习能力等都有明显增强。该项目也获集团公司2009—2010年度思想政治工作创新成果二等奖。

【队伍建设】 2010年，项目部通过集团公司系统内调入借聘借用、引进毕业生和留学生等多种方式充实8人，使所需人才有了保障。项目部继续加大培训力度，采用语言类培训、内部分享式培训、专题讲座等多种集中学习方式，还利用外部优质培训资源“请进来、走出去”，有针对性地组织高端学习、参观调研。2010年共举办各类讲座17次，参加337人次。参加集体公司和海外勘探开发公司组织的培训数十次，全年度组织培训3187学时，人均达113.8学时。12月18—19日，项目部组织“模拟国际天然气大会”，项目部员工分别代表中国、俄罗斯、韩国、中亚、欧洲和日本等国家和地区的天然气专家，用汉语、俄语和英语做了专题发言，并与项目部参会人员进行现场交流。通过此次论坛交流，项目部员工更加深入了解国内国际天然气的发展状况和未来趋势，进一步明确对俄天然气合作的战略和措施，坚定对俄天然气合作信念；员工也得到一次非常有益的素质锻炼。

（刘贵洲　王占东　林　敏）

中国石油国际事业有限公司（中国联合石油有限责任公司）

【概述】 中国石油国际事业有限公司（中国联合石油有限责任公司）（以下简称公司）作为中国石油的国际贸易专业公司，统一归口管理和组织实施中国石油的原油、成品油、天然气、石化产品、节能减排的国际贸易业务，负责实施本系统海外炼油、仓储、运输及终端网络等投资业务。

公司总部设有13个部门，下设8个大区公司和6个直属分支机构。其中境内2家大区公司和6家直属分支机构以炼厂和沿海、沿边口岸为主设置，海外6家大区公司以石油资源地、消费地为主设置。2010年底公司中方员工总数651人。

【经营指标】 2010年，公司实现贸易量1.94亿吨，同比增长26%；贸易额1095亿美元，同比增长66%；贡献销售收入660亿美元（4469亿元人民币），同比增长72%。共签订各类合同14535份，未发生重大法律纠纷，保持了较好的发展势头。

【国际贸易业务运作】 2010年，公司在异常严峻的市场竞争中，克服重重挑战，团结一致，共克时艰，开展一系列卓有成效的工作，实现了跨越式发展。

原油业务掌控资源的能力显著提高，全年实现贸易量1.24亿吨，其中实货贸易量首次超过1亿吨，为公司持续、快速、稳健发展发挥了主力军作用。全年进出口原油5631万吨，国际贸易量6785万吨。坚持以服务中国石油炼化企业为原则，完善采购流程，精选油种，优化采购方案，努力降本增效。为四大通道积极筹措资源，成功开展多项大型融资贸易，以预付款和长期合约的方式获取苏丹、南美优质资源。加大市场分析力度，综合利用各种价差关系以及期货、期租船、保税储罐等多种工具，提高了贸易技术含量。

成品油业务规模进一步扩大，2010年全年实现贸易量6139万吨，其中为中国石油进出口成品油902万吨，转口5237万吨。完成来料、进料加工项下成品油出口380万吨，提高了炼化企业出口效益。拓展海上船加油和机场加油业务，中国船舶燃料有限责任公司实现海上批发零售燃料油1517万吨，同比增长15%，并取得了良好收益。全球成品油仓储能力不断提高，充分利用仓储设施，通过调兑、锁定价格、跨市贸易、批发等手段，延长贸易价值链，提高运作质量。

化工品业务进出并举，稳步发展。2010全年实现贸易量420万吨，其中，为炼化分公司出口化工品88万吨，占其年度出口总量的96%，石油焦、石蜡、化肥出口量均创历史最高水平，合成树脂、合成橡胶出口实现了突破，为缓解国内销售压力，提高炼化企业经济效益发挥了积极作用。巩固和拓展东北亚和中东地区的资源，加大南亚、南美等地区市场开发力度，开发新的国内终端用户，提高了对硫磺、尿素等大宗产品的运作能力。

2010年天然气业务在管道气和LNG两条战线同步推进。建立天然气贸易、执行、结算流程，实现中亚管道天然气采购量47.34亿立方米，积极协调中国、土库曼斯坦、哈萨克斯坦、乌兹别克斯坦四国关系，与管道过境国运输企业签署相关运输协议以及中乌、中缅购销协议等法律文件，正式启动中俄管道气合作谈判。与壳牌、BP等供应商洽谈LNG现货合同。

海运业务的支持保障能力大幅提高。2010年完成运输量6649万吨，周均运营船只60艘。与委内瑞拉、俄罗斯等国际石油船运公司开展合资造船业务，以"造船+期租"的创新方式壮大船队规模。开辟广西石化进口原油中转过驳、外轮直靠的全新运输途径，为炼厂节约了成本。积极寻求中国海军护航，确保常年运输安全无事故，为服务中国石油海上能源通道作出了贡献。

【海外油气运营中心建设】 海外油气运营中心取得重大进展。亚洲油气运营中心初具规模，完成新加坡石油公司、日本大阪炼油公司、香港腾龙集团的整合，较好地发挥了协同效应，成为新加坡市场船用燃料油最大供应商，在新加坡燃料油普氏定价交易中居第一位，在远东地区汽油、柴油和航空加油市场占据领先地位。欧洲油气运营中心建设取得重大突破，已正式签署在欧洲建立贸易和炼油合资公司的框架协议。美洲油气运营中心建设顺利推进，开拓了美洲地区的原油管道份额，在全球范围内优化配置资源的能力进一步加强。

【风险管理】 坚持以财务管理为核心，以风险控制为基本点的管理运营体系。持续深入开展内控体系和规章制度建设，建立健全各项制度流程，将新业务、新市场全部纳入管控。开展制度执行情况检查，确保制度有效落实。风险管理委员会、期货管理委员会和客户资信委员会有机结合，通过公司三级风险控制体系分级监控、分级预警，更新客户信用数据库，每日监控纸货敞口，每周形成信用风险报告。加强合同管理，完善标准化合同文本，法律人员提前介入重大项目谈判，规避法律风险。坚持内部自查和外聘专业机构检查相结合，以审计、财务检查、纪检监察等多种手段进行联合监督，充分发挥事前、事中的监督管理职能，提升了公司的管理水平。

信息化建设进入新的历史时期。公司对ICTS交易系统、SAP管理系统以及FMIS财务系统、先锋系统、OA文件管理系统相继进行客户化开发和版本升级，对公司运营效率的提升和风险的管控发挥了重要作用，公司据此也调整了业务组织方式和管理方式，为未来发展奠定了良好的基础。

【人事管理】 坚持人才本土化、待遇市场化的用人理念和国际化的用人机制，海外人才属地化比例达到86%。不断完善薪酬体系和考核办法，人均绩效水平不断提高。加大员工培训力度，推进重点培训项目，做到"培训项目、经费、人员"三落实，全年开展培训项目227项，培训员工3200人次，超额完成每人每年8个工作日的培训时间标准。

【HSE体系建设】 加大日常安全环保宣传教育和监督检查力度，安全环保责任深入人心。在项目建设中认真执行环保安全设施与主体工程同时设计、同时施工、同时投用，从源头上控制风险；在业务流程中认真制定执行、检查岗位责任制，推行合同标准化的执行文件；在实体资产运营中，认真执行培训、考核和预案演练，强化直线责任和属地管理理念，将安全责任落实到岗位，落实到个人。积极推进HSE体系的完善与实施，组织学习安全环保法规和集团公司《反违章禁令》，消除安全隐患，实现了安全环保形势的总体稳定。

（刘　馨）

中国石油集团东南亚管道有限公司

【概述】 中国石油集团东南亚管道有限公司（以下简称公司）于2009年7月7日正式注册成立。承担着中国四大能源通道之一的中缅油气管道项目建设任务。

中缅油气管道工程天然气管道起点位于缅甸西海岸兰里岛，经若开邦、马圭省、曼德勒省和掸邦，从云南瑞丽进入中国。天然气管道长793千米（改线前870千米），设计年输量120亿立方米，管径1016毫米，设计压力为10兆帕，钢管材质X70。估算建设投资20.1亿美元。

中缅油气管道工程原油管道起点位于缅甸西海岸马德岛，经若开邦、马圭省、曼德勒省和掸邦，从云南瑞丽进入中国。原油管道长771千米（改线前848千米，全线与天然气管道并行或同沟敷设），设计年输量一期1200万吨（二期2200万吨），管径813毫米，设计压力6—13.5兆帕，钢管材质X70。估算建设投资22.52亿美元。

与原油管道配套的30万吨级原油码头，位于缅甸西海岸皎漂湾内的马德岛北岸线的东端，占用马德岛岸线长度为800米。该码头为固定式码头，包括1个30万吨级的原油接卸泊位和1个5000吨级的工作船泊位，年接卸能力2200万吨，设计到港船型主要为15—30万吨级。

中缅天然气管道项目，由四国六方即中国石油、大宇国际集团、印度石油海外公司、缅甸油气公司、韩国燃气公司、印度燃气公司共同合资建设，中国石油集团东南亚管道有限公司股比为50.9%。

中缅原油管道项目，由中国石油和缅甸油气公司合资建设，中国石油集团东南亚管道有限公司股比为50.9%。

【工程项目建设】 从2005年两国能源领域的领军人物共同发起了中缅油气管道项目，到2010年两国的国家领导人共同宣布工程正式开工。2010年1月开始钢管等主要设备材料采购；2010年3月注册合资公司，2010年10月全线开工；油气管道将于2013年4月建成，达到投产条件。

1. 中缅油气管道获得国家核准，工程项目正式开工

2010年6月3日，在缅甸首都内比都，中国国务院总理温家宝和缅甸联邦政府总理登盛共同触摸电子球，宣布中缅油气管道工程正式开工建设。6月4日及6月22日，国家发改委先后批复了中缅天然气管道（缅甸境内段）、原油管道（缅甸境内段）项目的核准。中缅管道项目从前期筹备全面转入建设实施阶段。

2. 工程建设稳步推进，工作船码头顺利竣工

公司以先进的项目管理理念和管理方式为统领，细究技术环节，严把工程质量，各项关键工程进展顺利。截至12月31日，米坦格河跨越工程第一榀桁架焊接已经完成、河中桩基钻孔、钢筋就位、混凝土浇筑工作均按时有序进行，施工综合进度为总工程量的50%，质量合格率100%；伊洛瓦底江穿越工程用板房、设备、材料、车辆的进口许可证已得到缅甸商务部批复，工程施工设备、钢管等物资全部到达施工现场，进场道路修建、施工临时设施搭建均已完成；卡拉巴海沟和耶冈春海沟穿越工程设备物资已取得进口许可证；完成了生活营地的选址，临时卸货码头已经开始修建。

作为对整个项目工期进度起着至关重要作用的工作船码头工程，在2009年10月31日正式开工，码头项目部及全体参建人员团结协作、夜以继日、高效推进建设工作，并成功抗击了超强台风袭击，实现了设备设施无一损坏，项目人员无一伤亡的佳绩。于2010年11月6日，成功建成了护岸长289.5米、泊位长150米、水深-8.5米、顶面标高5米的工作船码头，并取得了建设队伍自登岛以来405天“零事故、零伤害、零污染、无治安纠纷发生、无传染病例、无质量事故、无违规操作”的安全生产业绩，为下一步原油大码头的建设提供了坚实保障。

3. 油气管道合资公司注册成立，业务步入正常轨道

通过大量细致的前期准备工作，2010年6月，东南亚原油管道有限公司（以下简称原油管道公司）

及东南亚天然气管道有限公司（以下简称天然气管道公司）先后取得了注册证书和商业登记证书，油气管道合资公司在香港的注册工作全部完成，四大主要协议顺利签署。原油管道公司于2010年召开了1次董事会、1次股东大会；天然气管道公司召开了4次董事会、3次股东大会。董事会和股东大会的召开，先后确定了合资公司组织机构设置、经营计划、年度预算、在缅甸成立分公司以及费用分摊及资产归属划分原则等重大事项。

截至2010年11月9日，天然气管道公司完成了第一次筹款，中方股东筹资近1亿多美元，韩印四方股东筹资近0.8亿美元，合计近1.83亿美元；2011年1月6日，原油管道公司完成了第一次筹款，中方股东筹资近1.8亿美元，缅方股东筹资近12亿人民币。原油管道公司和天然气管道公司的顺利筹资为下一步各项工作开展提供了坚实的资金保障。

原油管道公司和天然气管道公司成立伊始就遵循国际化企业运作模式，科学管理，规范运作，狠抓建章立制，并克服了公司成立初期人手紧、业务多、一套人马三套工作的困难，面对来自四国六方的股东和董事，通过加强沟通和协调，最大限度地消除了误会，化解了隔阂，建立了理解和互信，使中缅油气管道项目各项业务在合资公司的模式下顺利推进。

4. 公平公正公开组织招标工作，项目大型招标稳步进行

通过招投标方式采购优质物资、选择良好队伍，是确保工程施工质量的根本保障。但由于股东文化背景差异、油气合资公司分设，招标流程严格，开标地点通信、交通、金融环境等基础设施落后所带来的限制，为招标工作造成了重重困难。公司各招标主办部门细致入微、耐心对待，与各股东方紧密配合，本着“公平、公开、公正”的原则，严格执行规范化、程序化、制度化操作，认真做好前期调研，严格实行资格预审，细致落实对投标商的澄清和答疑工作，切实加强开标评标全过程的联合监督，高效组织了控制性工程、线路EPC、工程监理、无损检测、物流与管理、油气钢管采购、健康环保监理、钢管驻厂监造、码头工程EPC、码头工程监理、水库工程等大小14项招标工作，大部分招标结果已经通过了审批，签订并开始履行合同。各项招标工作的全面推进为工程顺利施工创造了良好条件。

5. 高度重视勘察设计工作，设计方案得到不断优化

设计是工程的灵魂，公司始终把设计管理作为保证工程质量、降低工程投资的有力抓手，要求设计单位加强重大设计方案的专题研究和对比论证，并结合中缅项目实施过程中出现的实际情况，最大限度地优化建设方案。2010年7月，初步设计正式得到集团公司批复，并于9月，委托了施工图设计。截至2010年12月30日，南塘河以南线路段施工图设计累计完成55%；南塘河以北线路段施工图设计累计完成73%；原油罐区施工图设计累计完成66%；码头工程施工图设计累计完成48%；控制性工程施工图设计已完成互审并提交施工单位。

陆上管道勘察测量均已完成，并根据航测段的设计优化，进行补充勘察。5.6千米海底管道勘察工作已于2010年1月10日开始进行，目前完成总体的10%。完成新康丹泵站、曼德勒泵站、地泊泵站、任安羌分输站、眉缪压气站、当达分输站详勘，占总体的78%。完成油气管道阀室详勘合计50座，占总体的84%。

随着中缅项目现场工作的深入开展，考虑到规避工程风险，节约工程成本的需要，东南亚管道公司及设计单位人员经过多次踏勘和论证，将若开山隧道和南罕隧道取消，改为油气管道地面并行敷设方案。既避免了因山体岩石破碎、涌水量大给工程施工人员带来的安全隐患，又累计节省了近800万美元的建设投资，可谓一举两得，对项目实施大有裨益。

6. HSE工作扎实推进，安全生产万无一失

贯彻集团公司蒋洁敏总经理提出的“赴缅工作人员一个都不能少”和“建设环保工程、安全工程、优质工程、友谊工程”的具体要求，公司高度重视HSE管理工作。夯实各项基础工作，加强施工现场监督管理，完善各项应急预案，强化防恐及各类突发事件的应急演练，开展移动医疗设备采购，使“环保优先、安全第一、质量至上、以人为本”的HSE理念深入人心。在公司全体员工的共同努力和各参建单位的大力支持与密切配合下，安全事故得到了彻底杜绝，自然环境得到了有效保护，健康医疗防护体系初见成效，“有感领导、直线责任、属地管理”的HSE文化逐步形成，实现了“零事故、零污染、零职业伤害”的总体目标，全力保障了中缅油气管道精品工程建设。

7. 充分发挥前线办公室作用，为建设一线提供优质服务

为保证和促进项目各项工作的顺利开展，公司先后成立了内比都办公室、曼德勒办公室、仰光办公室、土地办公室、工程现场督导办公室、云南办公室、香港办公室。

内比都办公室与缅甸各相关部委保持紧密沟通和联系，及时互传双方领导信函信息，定时召开例会落实每周亟待解决事宜；曼德勒办公室组织协调各施工单位，与当地政府、军队、领事馆、华人华侨协会等保持良好沟通，积极推进防恐反恐工作；仰光办公室承担起了集团公司驻缅协调组的具体工作，积极协调联络当地使馆、华商会、缅甸政府相关部门、中国石油驻缅各企业等，出色完成了5次大型会议接待，建立健全了公司人员接待体系；云南办公室打通了与云南各级政府的联络通道，实现大批人员由缅甸驻昆明领事馆办理签证入缅，努力开辟公司人员、物资、设备从云南边境入缅的渠道；土地办公室完成了马德岛、米坦格河的征地补偿工作，确认了马德岛水库用地并签订了用地协议；工程现场督导办公室按照公司规定的职责范围，与各处室密切配合，深入现场进行勘察、测量、施工的督导工作，杜绝了重大安全环保隐患。

前线办公室发挥及时、高效、面对面解决问题的优势，树立服务意识，增强协调作用，稳固后援支持，保障项目稳步推进。同时，对于缅甸社情关注密切，反应迅速，闻风而动，雷厉风行，成为公司领导决策部署和执行最有效的保障。2010年11月，缅甸皎漂地区承受特大风灾侵袭。内比都办公室、仰光办公室与码头项目部积极配合，迅速与缅甸能源部、交通部等部委取得联系，第一时间获取灾情信息，及时向总部领导汇报，当月8日，东南亚管道公司即代表中国石油向缅甸灾区捐赠了5万美元善款，码头项目部现场还为当地政府居民开展灾后重建工作。缅甸政府对于中国石油及时、务实、真诚的善举给予了高度的评价和由衷的感谢。

8. 打造精英人才队伍，营造和谐企业文化

公司高度重视人才工作，实施“人才强企”战略，秉承“以人为本”的理念，将企业的改革发展与员工个人成长和自我价值的实现相结合，人才队伍建设取得丰硕成果。2010年，通过内引外联，引进了一批适合于国际合作以及管道建设和运营管理方面的专业人才，专业人才队伍不断发展壮大；切实强化专业知识、管理能力以及外语等方面的培训，全年共培训各类人才260人次，人员整体素质得到明显提升；坚持给想干事的人以希望、给能干事的人以舞台、给干成事的人以前途，先后选拔20名同志到处级领导岗位工作，充分发挥他们的领导才能和技术专长；严格落实《绩效考核工作实施方案》，不断调整优化薪酬分配体系，极大地激发了各类人才的工作积极性和创造性。

公司系统总结、整理、提炼出了彰显中缅特色的企业文化，领导班子坚持把企业文化理念作为管理和行为的依据，在工作中带头严格落实企业文化。在最艰苦的谈判和最困难的现场踏勘中，领导干部身体力行，不畏艰难，展现出企业文化要求的“坚定勤勉，团结清廉”的良好形象；公司坚持以人为本，在工作和生活上关爱职工，为职工做好事、办实事、解难题，使员工备感企业的温暖和关怀，促进了企业文化落地生根。

公司专门成立了宣传工作小组，加强项目的宣传报道工作，通过板报、报纸、摄影摄像等多渠道多载体的专业宣传手段，展示和记录中缅管道人的风采和足迹。为完善公司企业文化体系、构建公司集体价值理念，打造东南亚管道公司整体形象创造了良好条件。

9. 坚持围绕中心抓好党的建设，党建工作水平不断提高

公司党委高度重视和加强党的建设，紧紧围绕中缅油气管道工程建设谋划和组织开展党的活动。

加强领导班子和领导干部思想政治建设。贯彻落实集团公司党组《关于进一步推进学习型党组织建设的实施意见》，组织各级干部学习政治理论和业务知识，提高了各级领导干部的理论素养。抓党风廉政建设，加强对领导干部的廉洁自律教育，与处室负责人签订党风廉政建设责任书，落实廉洁自律的各项制度规定，杜绝违法、违纪案件的发生，保持党员干部队伍的先进性和纯洁性。

坚持工作开展到哪里，党的组织就建立在那里的思路，不断调整完善组织设置。成立中缅管道项目前线党工委，全面负责驻缅各参建单位党的工作，设立9个基层党支部，配齐配强了支部班子。按照集团公司党组的要求，制定《关于深入开展创先争优活动实施方案》，确立了“深入学习实践科学发展观，加快推进中缅油气管道建设”的主题，实现“三个确保目标”（确保工程进度、确保工程质量、确保无重大事故）的实践载体活动。重视加强党对工会、共青团工作的领导，切实发挥群团组织的职能作用。支持工会、共青团组织围绕党委的中心任务开展工作。有了党组织的战斗堡垒作用，有了党员的先锋模范作用，面对各种复杂的政治局面、艰苦的工作环境，面对缅甸屡次发生的爆炸事件而临危不乱，面对缅甸20年来的政治大选而沉着冷静，面对高强度的工作而任劳任怨，保障了中缅油气管道项目的稳步推进。

（张　静）

中国石油集团西部钻探工程有限公司

【概述】 截至2010年底，中国石油集团西部钻探工程有限公司（以下简称公司）下设14个机关处室、11个直属附属单位和14个二级单位。员工总数20302人，拥有公司级以上技术技能专家、学科带头人75人，中高级技术职称780人，中高级技师347人。现有资产总额112亿元，大型工程技术服务设备655台（套），年钻井能力370万米，综合测井1万井次，录井2800口，固井1300口。国内服务区域在新疆、吐哈、青海、玉门、塔里木等8个油田，位于新疆、青海、甘肃、内蒙古、四川5省区。其中，关联交易油田3个，国内其他油田5个。具备支撑西部和中亚地区油气业务发展的雄厚实力。国外主要分布在哈萨克斯坦、乌兹别克斯坦、沙特阿拉伯、埃及4个国家。其中，公司配套工程技术服务在哈萨克斯坦、乌兹别克斯坦两国具有主导优势，社会和品牌影响力不断增强。西部钻探坚持自主研发，特色技术优势突出。垂直钻井系统、欠平衡钻井用套管阀、过套管电阻率测井系统达到国际先进水平，综合录井仪达到国际水平，直井定向射孔等技术达到国内领先水平，深井、超深井、钻完井等技术达到国内先进水平。2010年，公司始终把推进科学发展放在首位，团结奋斗、真抓实干，首次全面完成集团公司下达的各项业绩指标，实现生产经营形势整体稳定向好，为“十二五”良好开局赢得主动。全年先后荣获国家级高新技术企业，自治区安全生产先进企业、节能工作先进集体，集团公司安全生产先进企业、钻井工暨井控职业技能竞赛团体亚军等荣誉称号。

【生产经营指标】 2010年，公司坚持以科学发展为主题，以转变发展方式为主线，认真落实集团公司工作部署，更新观念，谋划思路，优化布局，精细管控，实现了“十一五”圆满收官。共开钻井1166口，完成进尺271.8万米，同比增长39.1%；其中，国内完成238.3万米，国外完成33.5万米；综合测井8102井次，同比增长57%；录井2080口，同比增长75.4%；固井1499口，同比增长47.8%。实现总收入82亿元，全面完成了集团公司下达的各项任务。

【生产建设】 公司始终把提高服务能力、促进油气业务增长作为首要任务，努力提高施工质量效率，为西部和中亚地区各油田目标任务完成作出贡献。一是进一步巩固关联交易市场主体地位。坚持把新疆、吐哈、青海油田作为生存发展的基础市场，与油田建立定期沟通联系制度，双方合作更加紧密，生产运行的连续性和均衡性明显提高。回迁多部钻机，在3个油田分别开展钻井上产会战，有力支持油田产能建设，成功钻探石桥1、风南5、吉深1等一批重大发现井。全年共完成进尺195.5万米、增幅39.9%，平均队年进尺1.62万米、增幅50.2%，工作量占有率高于钻机占有率8.3个百分点。二是优化调整外部市场，实现规模和效益同步增长。抓住塔里木上产的有利时机，公司上下联动，新进钻机6部，测、录、固等业务全面跟进，使南疆地区钻机总量达到20部，规模实力显著增强，同比增收49%。三是积极培育新的经济增长点，发展后劲不断增强。测井专业主动开拓市场、创造客户需求，获得韩城煤层气项目；过套管电阻率测井技术得到市场认可，南疆、长庆和海外市场工作量同比分别增长66.7%、90.3%、96.6%。录井专业紧跟油田需求，着力发展优势项目，水平井综合录井地质导向技术、远程传输系统全面推广，累计向外部市场走出队伍11支。固井压裂公司以边际贡献为工作量取舍标准，迅速做大经济总量。积极向油田推介特色技术和产品，四级分支井、井下套管阀等项目成功进入西南、辽河和冀东等市场，推动了高附加值业务加快发展；新疆油田特殊工艺井总包项目运行良好，青海油田水平井市场开拓取得显著进展，全年在国内外完成特殊工艺井服务308口。苏里格项目圆满完成各项任务，取得了苏77区块“当年评价、当年建产、当年投产”的优异成绩，实现油气合作开发业务良好开局。

【科技创新】 2010年，公司突出科技创新在转变发展方式中的支撑作用，持续推进特色技术战略，加快自主创新步伐，核心竞争力又有新提高。认真组织重大科技项目攻关，强化先进成熟技术推广应用，技术进步对主营业务发展的支撑作用得到有效发挥，实现科技创效2.85亿元。一是围绕油田勘探开发难题，组织实施重大科研项目 68 项，荣获省部级成果 4 项，顺利通过国家级高新技术企业资格认证；利用科技优势助力油田勘探开发，推广全过程欠平衡钻井、气体钻井等特色技术，在提高单井产量、提高油气发现率、钻井提速等方面效果显著；其中，在吐哈马 491 井应用氮气欠平衡钻井技术，机械钻速较常规钻井提高 3 倍，产量较邻井提高 3—4 倍。二是围绕生产现场技术难点，完善西部复杂深井超深井优快钻完井配套技术，解决玉门酒东区块测井成功率低、塔河油田承压堵漏时间长等一批技术难题。三是围绕油田所需的高端服务，加快推进科技利器产业化，控压钻井技术研究取得阶段性进展，过套管电阻率测井仪升级取得突破，垂直钻井系统性能进一步完善，雪狼录井仪、卡壁式预应力固井地锚、尾管悬挂器 3 项产品被列入集团公司自主创新重要产品名录。

【国际化经营】 2010 年，公司围绕海外业务既定发展目标，扎实推进项目目标管理、市场开发、设备更新改造、后勤支持保障、安全和 HSE 及防恐、海外员工本土化管理和外事、外宣等各项工作，海外业务取得公司组建以来的最好成绩。加大现有市场及接替市场开拓力度，走出各类队伍 12 支。强化项目管理，积极推行大包服务模式，提升创收空间。新签合同额近 3 亿美元，其中大包井合同额占 86%，同比提高 20%，更加凸显经营效益。哈萨克斯坦各项目高效组织生产，并积极开拓市场，新进钻井、录井、技术服务队伍 11 支，业务规模持续扩大；其中，阿克套项目收入突破 7000 万美元、完成年度计划的 146%。乌兹别克斯坦项目针对钻机等停的严峻形势，努力拓展修井、固井市场，有效改善经营状况。沙特阿拉伯项目精心运作水井项目，使钻机全面投入生产，顺利扭亏为盈，取得进入该市场以来的最好效益。埃及项目依托 ECDC 公司平台，保持了平稳运营。秘鲁项目正在筹建，有望拓出新的效益市场；与吉尔吉斯斯坦多家油公司建立合作关系，待局势稳定后启动。

【安全环保】 2010 年，公司面对国际、国内严峻的安全环保形势，扎实开展各项工作，在安全环保难度日益增大的情况下，有效应对一系列重特大自然灾害的冲击和影响，经受住施工难度增大、业务领域不断拓展、作业场所分散等各种考验，保持安全环保大局持续稳定，连续 3 年荣获新疆维吾尔自治区、集团公司安全生产先进单位。一是融合杜邦经验的 HSE 体系建设有序推进，各级干部的体系管理意识和能力进一步增强。二是完善全员责任体系，层层签订责任书，认真落实各级领导、机关定点联系安全生产要害部位制度，以安全生产责任制为核心的岗位责任制得到有效落实。三是突出风险管理。抓好井控安全，对 37 个作业区域进行全面风险评估，对重点井加强监控，在特殊工艺井、深井强化司钻岗前培训，全年发现处置溢流 25 起。狠抓交通安全，利用 GPS 监控系统加大车辆监控力度，开展交通安全培训 870 人次，违章行为同比降低 68%。四是全面执行开工验收等制度，结合不同阶段的安全生产重点，及时开展大检查活动，治理隐患，严查“三违”，“三基”和“三标”工作不断夯实。五是广泛开展安全轮训、安全家书等安全文化活动，组织队站和班组井控、防硫化氢等应急演练，开展大规模联合演练，员工安全意识和队伍作战能力进一步提升。

【节能降耗】 2010 年，公司投资 2027 万元用于节能节水项目，推进主要耗能设备设施的升级换代，通过应用钻机“油改电”，节能发电机、直流电动钻机无功补偿装置、气动隔膜泵、冬季钻井用余热保温油罐改造、钻井液回收重复利用和污水处理循环利用等 20 项节能节水技措项目，实现技措节能 2406.54 吨标准煤，技措节水 4.52 万立方米，加上钻井提速，总共实现节能 3.39 万吨标准煤、节约新鲜水 10.41 万立方米，减少 CO_2 排放 7.35 万吨，减少 SO_2 排放 93 吨，创效 1.64 亿元，被评为集团公司 2010 年度节能节水型企业。一是节能钻机及钻井液回收重复利用技术节能降耗成果显著。全年投入的 6 部“油改电”钻机和 1 部电动钻机，使用公网电力作为能源驱动钻机，钻进 11.25 万米，减少柴油消耗 6667 吨，创效 1962.95 万元；应用钻井液回收重复利用技术，将完成井钻井液罐的钻井液回收处理后应用到其他井上，每回收 1 立方米钻井液可节约 0.6 立方米的新鲜水量，累计实现钻井液回收重复利用 3.93 万立方米，减少新鲜水用量 2.36 万立方米，节约钻井液成本 1178.37 万元。二是积极开展能源审计，规范管理行为。按照国家和行业要求，对公司重点用能用水单位进行能源消耗综合审计，编制《节能节水专项审计报告》，对审计反映出来的各类问题，逐项整改消项。三是加大现场监督检查，杜绝资源浪费。对用能、用水全部实行定额管理，现场“跑、冒、滴、漏”现象得到有效遏制。四是积极开展“中国水周”和“全国节能宣传周”的宣传工作。系列宣传报道 50 余篇；悬挂宣传横幅标语 60 余条，张贴宣传画 127 张；办黑板报宣传 148 块；开展节能节水知识讲座 70 场次，3000 余人参加，并组织观看《人・水・法》宣传片；征集“我为节能节水束言献策”256 条；全面开展钻井提速“大节能“宣传，全力降低能源单耗等活动，节能节水意识明显增强。

【精细管理年活动】 2010年，公司全面开展“精细管理年”活动，大力推进精细管理和规范管理，以预算管理和成本控制为重点的经营管理水平明显提高。在经营管理方面，严格按照年度预算目标，按季度细化下达工作量、收入、成本、费用指标，全员签订业绩合同，严考核硬兑现；定期开展经营分析活动，并采取效能监察、联合审计等综合性措施，及时查找问题，提高经营管控能力。在财务管理方面，境外项目会计集中核算系统上线运行，实现国内外一体化会计集中核算；完善关联交易基础资料，深入开展成本、价格测算，为推进结算工作提供详实数据。在成本管控方面，严控投资，减少支出，压缩外租车辆，规范小车管理，管理性支出和五项费用继续下降；强化长期待摊资产清查和管理，费用同比大幅下降；积极推行单井、单队、单项工序、单项业务“四单预算”，严控钻头、油料、钻井液、运费“四项费用”，推广节能减排项目，钻井进尺综合能耗下降10.9%，超额完成群众性挖潜增效指标。在基础管理方面，扎实推进以质量、计量、标准化为重点的基础管理建设工程，规范流程和制度管理。

【改革调整】 公司按照建设专业化钻探公司的总体思路，在管理与制度上持续创新，管理体制和运行机制进一步理顺。在考核激励方面，加大考核兑现力度，鼓励创收创效，出台超额完成指标分成政策，进一步树立收入凭贡献的政策导向；建立专项奖励基金，对玉门提速、苏里格投产、处置险情等作出突出贡献的单位和个人给予重奖，调动广大员工建功立业的积极性。在内部改革方面，对苏里格、长庆、南疆市场队伍进行划转调整，基本形成每个单位面向2—3个市场的业务格局；推进物资系统改革，成立物资管理部和物资采购中心，基本理顺物资系统管理体制，为规范物资管理、降低采购成本、提高采购效率创造条件。在人才选拔方面，出台基层工程技术骨干人才选拔机制，对集团公司职业技能竞赛获奖员工在待遇和岗位晋升方面给予政策支持，评选公司“十大杰出青年”，进一步畅通员工成才渠道。

【党群工作】 2010年，持续深化“四好”班子创建活动，大力开展党支部建设“六个一”工程和“创先争优”活动，深入推进“忠诚事业、承担责任、艰苦奋斗、清廉奉献”主题教育，效益观念、责任观念、竞争观念在各级班子和干部队伍中有效树立，谋长远、想大事、干实事的风气进一步形成。推进干部公开推荐选拔，加大交流力度，使一批受到群众拥护的优秀干部脱颖而出。深入开展形势目标任务责任主题教育，大张旗鼓宣传先进典型，营造“比市场开发业绩，比经营管理业绩，比安全稳定业绩，比廉政建设业绩”的干事创业氛围。积极推进基层建设，培育绿色作业队78个，“五型”班组创建达标率达到80%。

【综治维稳】 2010年，敏感节点多，特殊时段长，上级要求高，维护稳定任务十分繁重。公司重点围绕“两节”、“两会”、集团公司领导干部会议等特殊敏感时期，做了大量细致的工作，确保公司大局稳定、员工队伍稳定和一方平安，3次受到集团公司电报嘉勉。一是重视维护稳定责任体系构筑。在全国“两会”和上海世博会期间等特殊时期，公司向13个单位下发了维护稳定责任令，基层各单位、驻外各项目也分别与244个队站（车间）签订世博安保防恐责任书（状），建立公司、基层单位、队站（车间）三级维护稳定责任网络。二是重视矛盾纠纷排查化解。组织所属单位开展不稳定因素和矛盾纠纷、安保防恐隐患拉网式排查10次，查出影响稳定的信访问题和安保防恐隐患74项，整改率100%。针对信访热点、难点问题，召开联席会议4次，落实信访办结时限和责任人。深入各单位开展安保防恐督导检查5次，发现隐患7项，整改率100%。三是重视应急处突能力训练。修订完善《群体性事件应急预案》，组织应急演练13场次。与所在地政府加强应急预案对接，组织参与地方安保防恐应急演练2次，锻炼和提高队伍的应急反应能力。四是重视平安创建和网络舆情管控工作。制订《平安单位创建活动实施方案》，全面启动平安单位创建工作。组建网络评论员队伍，随时关注公司局域网、国际互联网论坛发帖，牢牢把握舆论导向。定期举办各种维护稳定培训班，丰富维护稳定安全保卫专业知识和业务技能。

【和谐企业建设】 2010年，公司坚持以人为本，规范和提高市场化、劳务用工和合同化员工待遇标准，加快推进玉门下山工程等一批民生项目，发展成果进一步惠及广大员工。深入开展劳动关系和谐单位创建活动，努力扶贫帮困送温暖，发放帮扶金527万元，筹集互助金114万元，安排疗养4477人、健康体检9402人。大力推进企业文化建设和精神文明建设，加强职工书屋建设，为基层配发图书4.7万册、书箱223个，组织劳动模范参观上海世博会，营造和谐的文化氛围。落实维护稳定责任，开展平安单位创建活动，确保了企业平安稳定。

【履行社会责任】 公司在快速发展的同时，始终牢记使命，积极履行社会责任。2010 年，先后参与青海玉树地震救灾、阿勒泰暴雪抢险，树立良好的企业形象。年初，新疆阿勒泰地区遭受 60 年不遇的雪灾，造成人畜大面积受灾，房屋、道路等生产生活设施大量损毁。闻讯后，公司立即成立抗雪救灾突击队，集结了 30 余人、7 台大型推土机、1 辆装载机、8 辆运输车、2 套应急发电装置、GPS 车辆导航仪、1 部海事卫星电话等设备，在克拉玛依市政府的统一领导下，于翌日上午 11 时直奔灾区第一线。截至 2 月 2 日，公司抗雪救灾突击队连续奋战 10 昼夜，在阿尔泰市和哈巴河、布尔津、富蕴、吉木乃 4 县的 5 个救灾点实施救援工作，共打通道路 1170 千米，连通乡镇 12 个、牧场 2 个、村庄和冬窝子 126 个，解救各族群众 16259 户、61580 人，圆满完成抗雪救灾任务。2 月 4 日，阿勒泰地区在哈巴河县举行赠旗仪式，地委副书记、行署常务副专员刘忠东，代表地委行署和各族群众向公司抗雪救灾队赠送了锦旗。当天，阿勒泰市委、市政府联名向公司发来感谢信，对公司在整个抗雪救灾期间所作出的贡献，表示衷心地感谢。

（杨全荣　许　均）

中国石油集团长城钻探工程有限公司

【概述】 2010 年，中国石油集团长城钻探工程有限公司（以下简称公司）完成钻井进尺 437 万米，同比降低 6.9%；常规测井 12906 井次，同比增长 11.2%；录井 3025 井次，同比增长 3.9%；大修侧钻 748 井次，同比增长 38.8%。公司实现收入 168 亿元，同比增长 11%。其中，国外工程技术服务收入同比增长 13.8%，是国内增速的 2 倍。非关联交易市场收入占总收入的比例由重组之初的 60% 上升到 80%；国际市场收入占总收入的比例由重组之初的 20% 上升到 45%。钻井、测井、能源开发 3 个板块收入分别同比增长 8.6%、16.8%、62%。呈现出主要经济指标持续增长，市场化、国际化步伐明显加快，收入增幅高于工作量增幅，利润增幅高于收入增幅，测井、能源板块增幅远超钻井板块，海外工程技术收入增幅高于国内的良好局面，全面超额完成集团公司下达的业绩指标，公司内涵式发展成效显著。

【主营业务】 2010 年，公司强化生产能力提升和转移，注重市场升级，实现发展速度、质量、效益的有机统一。全年国际市场新增队伍 109 支，建成国际化生产能力 9.4 亿元。主动调整队伍布局，国内市场将 15 部钻机从低效区域移至吉林、大庆海塔等效益较好市场；长庆地区主动减少低效常规油井工作量，将钻机向探井、评价井、水平井和子米区块等效益较好的项目集中。国际市场完成 10 个国家 22 部等停钻修机跨项目、跨国家调整，有效盘活了生产能力。

1. 国内市场

2010 年，公司辽河油区全年完成钻井进尺 68 万米，同比增长 84%，实现收入 42.5 亿元，同比增长 32%，钻井、固井一次合格率达 100%。国内非关联交易市场积极开拓效益区，中标榆林储气库水平井总包项目，带动测井、录井、固井等专业整体进入；苏里格气田合作开发收入增长 52%；反承包市场中标富顺、金秋项目，累计签约 4 亿元，实现空白区战略进入。新疆喀什北项目实现产值 1.2 亿元，后续接替工作量落实，山西永和气田合作项目正式启动。全年实现收入 50.5 亿元，同比增长 10.2%。

2. 国际市场

2010 年，公司国际市场扩容增项见到实效。非洲大区新签合同额同比增长 70%，乍得、尼日尔、阿尔及利亚等项目收入增幅达 40% 以上。美洲大区哥伦比亚项目中标 3 部钻机和定向、录井、钻井液、固井等技术服务；加拿大中投项目注册公司进展顺利；委内瑞拉 2 台钻机续签 5 年合同，成功进入全油基钻井液市场；古巴 CUPET 总包项目第一口大位移井顺利完钻，新增钻井液、定向、测录井等专业服务。中亚大区哈萨克斯坦阿克纠宾总包项目新增 4 部钻机，新签合同额 1.27 亿美元，非中国石油市场成功中标 4 个项目，收入的 22% 来自非中国石油市场；印度尼西亚项目克服地震、火山喷发等自然灾害影响，收入同比增长 70%；在阿塞拜疆占有陆上钻修井市场 90% 份额，新签合同额同比增长 85%。中东大区伊拉克项目有效规避社会安全风险，收入同比增长80%；鲁迈拉项目成功中标5部修井机，合同额9200万美元；在伊朗占有陆上测试市场95%份额，成功进入海上测井市场，北阿总包项目先期中标1部钻机和建井技术服务。全年国际市场中标合同额14.08亿美元，完成工作目标的128%，实现收入75亿元，同比增长18%；非中国石油市场收入占海外总收入的53%。

【企业改革】 2010年，公司海外区域化整合全部完成，对阿尔及利亚、利比亚、叙利亚等8个钻修井项目部与测井作业区进行合并，实现海外同一国家由一个综合项目部管理全部业务。国内扁平化调整实现预期，撤销分公司建制，设立63个精干高效的地区市场项目部，优化项目管理和市场开发服务能力。二级单位和项目部精减机关科室33个，减少14%；精减机关人员编制498个，减少15%；精减科级干部职数138个，减少11%；向一线项目充实207人，实现人力资源合理流动。

【企业管理】 2010年，公司进一步加强经营管理，实行资金收支两条线和境内外一体化核算，加强税收筹划，严格资金预算和投资计划管理，将有限资金用于市场开发和提升核心竞争力。2010年减少资金占用成本5762万元，减少汇兑损失2118万元，申报出口退税2亿元，在通货膨胀情况下，成本增幅低于收入增幅4个百分点。进一步优化人才队伍，全年引进关键岗位人才45人、高校毕业生845人，新增基层技师142人，清理劳务用工447人，开展各类培训6.5万人次；为海外选配各类人才113人，调剂用工292人，一线人才短缺问题得到缓解，海外员工当地化率达到77%。进一步提高物资管理水平，完成22大类近3万项的年度物资集中采购，集中采购率超过95%；改变采购策略和方式，采购周期大幅缩短。装备保障能力切实增强，与设备服务商联合成立设备运行支持组，修保人员、配件最短时间内到达，在提高效率的同时平抑当地价格；超前准备潜在项目所需设备，备份重点项目关键设备，满足市场开发对设备的需求。信息化建设步伐加快，ERP系统正式上线；协同办公、数据中心、生产远程控制与应急指挥等平台建设进展顺利；生产运行管理系统在国内全面应用；信息交流平台在公司管理层及生产单位覆盖率达100%。法律工作步入正轨，法律风险有效防控，法律纠纷及时处理，经营管理合法规范，法律意识进一步增强，实现合同管理信息化。

【质量、安全、环保管理】

1. 安全生产

2010年，公司HSE体系推进成果显著，有感领导、直线责任、属地管理的理念和“否定、肯定、提升”措施得到落实，《HSE管理原则》和《反违章禁令》得到刚性执行。应急管理和风险防控进一步规范，制订15项应急处置方案和16项重点风险防控方案，建立应急专家库，完善应急平台，填写STOP卡5万余张，有效控制作业风险。井控管理全面加强，开展“井控达标建设年”活动，下发《井控十大禁令》，开展井控专项大检查，杜绝井喷失控事故。社会安全防范体系进一步完善，健全较高风险项目社会安全管理机构，为12个项目配备当地安保781人，开展防恐培训1201人次，较高风险项目人员培训率达到100%。

2. 环境保护

2010年，公司实施了“钻井现场物料及废物污染控制研究”HSE技术措施项目，并对井场的噪声、锅炉的废气、燃料柴油的含硫率、柴油机的污染物排放速率、固井的粉尘、煤层气的采出水等开展了第三方环境监测。

3. 质量管理

2010年，基础管理建设工程全面启动，两级质量管理体系网络逐步形成，标准化计量和质量技术监督工作进一步规范，卓越绩效试点工作取得新进展。

4. 节能节水

2010年，公司预计全年综合能源消耗量控制在21万吨标准煤以内，新鲜水消耗量125万立方米；通过电代油和双燃料钻机措施的应用，预计新增技术措施节能量为2500吨标准煤，节水量为2.4万立方米。

【科技进步】 2010年，公司自主研发的重大装备、软件及配套技术取得突破，为开拓市场提供强力支撑。LEAP800-A测井系统通过集团公司成果鉴定，总体性能达到国际先进水平；具有完全自主知识产权的LWD系统各项指标达到设计要求；LEAP-PM录井仪通过辽宁省新产品鉴定，目前已制造19套，扭转了录井设备长期依赖购买的被动局面；超短半径径向水平井技术现场试验获得成功，为老井挖潜和低渗油气藏增产提供有效手段；全油基钻井液进入委内瑞拉市场，公司成为集团公司首家在国际市场进行全油基钻井液技术服务的企业；过套管电阻率测井仪完成升级改造，取得20口井合格资料。提高单井产量特色技术得到成熟应用。苏53区块富集区水平井整体开发试验获得成功；四级分支井技术实现成熟推广，六级分支井完成样机并进行地面试验；欠平衡水平井一体化技术在沈北地区得到推广，单井产量提高50%。

全年完成水平井171口，欠平衡井43口。全过程钻井提速见成效。通过应用技术模板，国内市场辽河、海拉尔和4000米以上深井平均机械钻速同比分别提高14.3%、18.3%、12.4%。海外市场哈萨克斯坦平均机械钻速同比提高15.9%。

【党建思想政治工作】 2010年，公司推动领导班子和干部队伍建设，各级班子、党员干部党性修养、领导能力和廉洁自律意识不断增强。积极探索新时期党建管理方式方法，持续抓好基层党组织和党员队伍建设。不断完善党建工作信息化教程，跨国跨区域党建工作逐步理顺。深入开展“传承、创新、超越”形势任务主题教育，形成良好的思想舆论氛围。制定《企业文化“十二五”规划》，启动海外文化信息工程，企业文化建设取得阶段性成果。加大典型培养选树力度，榜样的示范带动作用得到充分发挥。不断加强机关作风建设，促进机关作风进一步转变。扎实做好维护稳定工作，确保公司大局稳定。

（杨　金）

中国石油集团渤海钻探工程有限公司

【概述】 截至2010年底，中国石油集团渤海钻探工程有限公司（以下简称公司）用工总量29518人，其中，合同化员工22949人，管理和技术人员11018人；研究生以上学历194人，大学学历5566人，大专学历5006人。拥有固定资产原值104.14亿元，净值48.78亿元。拥有油气资产原值40.04亿元，净值26.04亿元。

【主要生产经营指标】 2010年，实现工业总产值167.95亿元，同比增长23.2%；实现营业收入136.25亿元，同比增长17%；实现利润3.77亿元，超额完成集团公司下达的经营指标。完成钻井进尺472.67万米，同比增长23.9%；完成录井、定向井、测井、固井、井下作业工作量分别同比增长12.5%、30.8%、25.9%、22.8%和9.8%；完成天然气商品量11.64亿立方米，同比增长13.4%。井身质量合格率、固井质量合格率、测井资料合格率、录井资料合格率、试井资料合格率均为100%。完成天然气商品量10.27亿立方米，同比增长11.4%。安全环保形势持续稳定。员工收入稳步增长。

【市场开发】 围绕打好“提高装备利用率进攻战”，周密安排部署，严格考核兑现，钻机利用率达到80%，提高5个百分点。

（1）国内市场。实施华北、大港、冀东“一体化”运作，在钻机同比减少8部的情况下，完成进尺211.58万米，增长34%；拓展塔里木、长庆、吐哈、青海、海南等市场，完成进尺103.3万米，实现收入41.48亿元，分别增长61%和33%；巩固玉门、浙江、塔河、华油储气库等市场，开辟煤层气、页岩气等非常规能源市场，实现收入3.18亿元；扩大总包服务规模，实现收入11.82亿元，增长78.8%。国内市场共完成进尺456.69万米，增长43.1%；实现收入119.92亿元，增长27%。

（2）国际市场。成功进入伊拉克，中标哈法亚、鲁迈拉项目，标的额2.4亿元；启动委内瑞拉、缅甸等停设备，钻修机利用率达到72%，提高12个百分点；扩大伊朗市场，中标4.72亿元；回撤蒙古19部钻机，将损失降到最低限度；转移印度尼西亚市场低效钻机3部，盘活了闲置资源。在蒙古、印度尼西亚市场减收12亿元的情况下，国际市场创收15.88亿元，实现了扭亏为盈。持续完善市场考核体系，加大管控和奖惩力度，规范内部秩序，创收和风险抵御能力显著增强。

【生产保障】 围绕打好“事故复杂歼灭战”，不断提高作业效率和工程质量，在平均井深2876米的情况下，平均钻井和建井周期分别缩短3.62%和3.63%。进一步优化生产组织，内部配合更加顺畅，钻井生产时效达到95.3%，提高0.96个百分点。扎实推进工程提速，华北、大港、冀东、塔里木、吐哈等市场平均建井周期分别缩短7.13%、10.93%、2.35%、3.39%和30.69%；4000米以上井，平均建井周期缩短11.7%；进尺超过3万米的钻井队达到23支；共有35支队伍在11个市场创造105项提速纪录。严格责任事故追究，有效控制事故复杂，累计减少损失20125小时，减幅50.34%。服务保障“牛鼻子”工程，共完成定向井745口、水平井91口、欠平衡井26口、4000米以上深井超深井121口，分别增长26.3%、87.2%、52.9%和34.4%。精心实施重点工程，冀东3号岛大位移井、塔里木超深井及牛东1井、海古101井等重点项目和重点井实现安全顺利施工。强化苏里格气田地质研究，大力实施水平井开发，平均建井周期缩短至88天以内，控制了投资规模，提高了单井产量，超额完成了产建任务。

【科技进步】 取得公司级以上科研成果64项，其中，集团公司科技进步一等奖2项、二等奖1项，获得专利24项。加强科技成果管理，组织认定自主创新重要产品28项，颁发了科技创业奖。高端技术研发实现预期目标，其中，旋转导向系统列为国家和集团公司重大科技专项，完成了总体技术方案；垂直钻井工具完成7套，进一步扩大了服务规模；强抑制性无固相钻井液、"三高"钻井液体系完成核心处理剂研制，申报发明专利3项；水平井分段压裂技术配套工具在苏里格实现5段压裂；175摄氏度LWD/MWD、PWD仪器完成样机制造；德玛综合录井仪实现升级换代。特色技术产品应用取得显著效果，其中，超深井技术在克深7井创集团公司井深等7项纪录；连续油管技术在新垦7井创国内大管径连续油管下入最深纪录；防漏堵漏技术在霸91井一次成功封堵3个大溶洞；大位移水平井技术在冀东3号岛首次实现大规模推广；欠平衡钻井技术在南堡23-P2001井应用获高产工业油气流；煤层气井安全钻进技术得到提升，在郑试平4井实现了突破。

【安全环保】 围绕打好"安全环保保卫战"，切实加大管控力度，实现了安全清洁生产。加快体系建设，召开体系推进会，研究制定新版体系框架，修订完善钻井等专业作业规程。践行"有感领导"，实施领导干部HSE行动计划，改进挂点联系检查方式；落实"直线责任"，逐级签订HSE责任状；推进"属地管理"，在基层试点单位推广应用新工具、新方法，落实了岗位责任。出台《安全监督管理办法》，明确监督责任与义务、监督程序等内容，实行监督级别升降制度，发挥了现场监督作用。完善井控管理制度，突出抓好溢流管理，强化井喷模拟培训，加强重点井监控，加大井控检查力度，共对8支钻井队和4支井下作业队实行末位处罚，正确处置溢流12起，实现了井控"绝无一失"。狠抓风险和专项管理，推进基层"三标"建设，实施安全隐患专项治理，落实危险作业审批制度，强化重点领域、要害部位、特殊时段和重大项目监管，开展安全生产大检查，加强海外防恐和环境保护，杜绝了各类责任事故。

【人力资源开发】 围绕实施人才强企战略，全面加强人力资源开发，有效提升了全员素质。建立基层队自我培训机制，配备培训教具，编制24个队（种）培训课件，选拔294名兼职教师。成功承办集团公司钻井及井控技能大赛，获得两个团体第一，井控班组第一、第二，个人12金、15银、4铜的优异成绩。落实"出四进一"政策，强化内部调剂，压缩劳务用工，2010年共减少用工594人。加快人才开发，新增集团公司级技术专家2名，录用重点院校硕士生、博士生8人。通过博士后工作站审批，搭建起人才引进与施展才华的良好平台；健全激励机制，出台优秀青年技术人才和海外优秀员工奖励办法，激发了各类人才的潜力。

【企业管理】 围绕夯实发展基础，大力加强精细管理。编制完成"十二五"发展规划，进一步明确发展目标、思路和举措。持续推进专业化重组，整合第四、第六钻井公司，提升了管理效能；重组"两院"，增强了科研实力；将长庆事业部和国际物资公司列为二级单位，将工程院下套管业务划入钻井技术服务公司，发挥了专业优势；调增塔里木四勘领导及管理力量，强化了管理职能。围绕"打好成本费用阻击战"，严格落实成本控制措施，累计压缩成本支出2.8亿元。强化物资与设备管理，物资集中采购价格同比下降8.6%，节约采购资金1.2亿元，调剂使用闲置设备134台套。加快信息化建设进程，ERP系统在集团公司未上市企业中建设周期最短、上线运行最快、实现单轨最早，A7系统在钻探板块率先上线运行。加强内控体系建设，梳理优化业务流程，初步建立起有效的风险防范体系。同时，基础工程建设、维护稳定、审计监察、法律事务、外事管理等也取得了较好成绩。

（刘荣军　解高岩）

中国石油集团川庆钻探工程有限公司

【概述】 中国石油集团川庆钻探工程有限公司（以下简称公司）主营地震勘探、钻井工程、井下作业、测井射孔、录井、油气田地面建设、油气合作开发等业务，具有油气工程技术服务完整的业务链，是国内外业务一体化、跨地区、跨国经营的专业化公司。在国内主要服务于西南油气田、长庆油田、塔里木油田，队伍分布于四川、重庆、陕西、甘肃、宁夏、内蒙古、新疆7个省市区。国际市场主要集中在土库曼斯坦、巴基斯坦、厄瓜多尔3个国家。公司有机关处室15个、附属机构16个，机关直属单位9个，二级单位25个，独立法人单位10个。截至2010年底，资产总额334.52亿元，所有者权益176.26亿元。从业人员52887人，其中合同化员工35136人，市场化用工8550人，劳务用工8904人，非全日制用工297人；在合同化员工中，有经营管理及专业技术人员12622人（含教授级高级技术职称28人，高级技术职称254人，中级技术职称92人，助理及以下技术职称9人）。工程技术服务队伍948个，其中物化探队29个，钻井队287个，固井队15个，录井队332个，测井队43个，射孔队17个，井下作业队103个，管道及油建施工队69个，汽车运输队44个，机电仪维护车间9个。主要设备14125台（套），其中钻机252台，物探钻机788台，地震仪28台，测井设备1886台，运输车辆2657台；主要设备综合完好率97.81%，新度系数0.53。

【工程技术服务】 2010年，公司坚持以科学发展观为指导，紧紧围绕“加快转变发展方式、努力实现科学发展”的工作要求，真抓实干，锐意进取，公司整体继续保持平稳有序的发展态势。

协调推进各项业务，整体实现有效发展。围绕勘探开发部署，高效组织生产建设，各项业务完成工作量平稳增长。全年完成进尺771.72万米，同比增长9.14%。物探完成二维地震采集13782千米，同比增长25.9%，完成三维地震采集2131平方千米，同比减少55.7%。测井完成2388井次，同比增长1%；射孔完成1792井次，同比增长16.7%。固井完成3157口，同比增长6.8%。井下作业完成5948井次，同比增长12%；压裂酸化完成5544井次，同比增长13.4%；试油完成2050层，同比减少1.8%。完成工程建设产值78.28亿元，同比增长1%。生产天然气15.51亿立方米，同比增长9.8%。海外市场继续抓好土库曼斯坦阿姆河右岸勘探开发，开钻14口，完钻11口；有序推进南约洛坦100亿立方米天然气产能建设项目。大力开拓外部市场，先后中标雪佛龙川东北、壳牌富顺—金秋页岩气、香港年代喀什北等多个项目。油建伊朗M.I.S项目、哈萨克斯坦湿气回注工程、川东北罗家寨净化厂、中兰贵管线等重点工程有序推进。南干线东段项目顺利竣工，北外环一期主体工程已完成。全年公司实现营业收入285亿元，同比增长8.69%，实现利润9.66亿元，同比增长126.23%。

深入推进提速提效，服务保障能力进一步提升。持续推进大提速工程，整体提速取得明显成效。在川渝地区，推广应用低密度欠平衡钻井和PDC钻头等集成配套技术，开展单机单队全方位对标，平均机械钻速达到3.25米/小时，同比提高10.46%。在长庆地区，全面推广“一趟钻”及其配套技术，油田定向井“一趟钻”比例达到45%。在塔里木地区，积极应用新工艺新技术，平均机械钻速达到5.16米/小时，同比提高27.41%。在大北6井，创造山前构造砾石层机械钻速、日进尺、单只牙轮钻头进尺、最深雾化钻井井深4项新纪录。强化区域生产组织协调，坚持靠前指挥，全方位细化措施，强化过程衔接，各专业效率进一步提高。钻井生产时效92.69%，同比提高1.58%。综合测井占用井口时间同比减少16.5%，井下单井作业周期同比下降6.07%，钻井搬迁周期同比下降0.59天。加强工程技术管理，强化设计和原材料工具“两个源头”控制，开展事故复杂高发区、钻具事故、井下事故“三个专项”治理，事故复杂得到有效控制。全年事故复杂时率3.6%，同比降低27.73%。通过提速提效，各区域完成工作量稳步增长。川渝地区完成钻井进尺72.47万米，同比增长7.44%，首次突破70万米大关；长庆地区完成钻井进尺642万米，同比增长13.63%；塔里木地区完成钻井进尺35.57万米，同比增长63.54%。有效保障相关油气田的增储上产，公司服务保障能力得到新提升。

【科技进步】 召开公司首次科技大会，明确"十二五"期间技术创新发展方向、目标和重点项目。投入科研经费4.36亿元，安排科研项目174项。全年获授权专利72件，其中发明专利10件。公司被列为全国企事业单位知识产权试点单位和四川省创新型企业试点企业。加强技术有形化、产业化。成功研制水平井裸眼分段压裂酸化工具，打破国外公司垄断，具备11级分段压裂酸化能力，已在28口井成功应用，增产效果明显，成本较国外同类工具下降60%。整体推出世界上第一套针对山地复杂油气勘探的采集、处理、解释一体化的GeoMountain软件系统，在国内外多个项目中广泛应用，产生直接经济效益8960万元。自主研制旋转控制头全套装备，首次实现海洋钻井平台全套国产欠平衡钻井设备的自主化应用。精细控压钻井技术国产化取得重大突破。"178型高孔密大孔径射孔器"、"油气井井下作业分压管柱"被列为集团公司自主创新重要产品目录。深穿透系列5种射孔器产品顺利通过API认证。推广应用气体/欠平衡、水平井技术，大力发展储层改造技术，有力支撑提高单井日产量"牛鼻子"工程。在合川001-28-X3井实施全过程欠平衡精确控压钻井，获得产量是邻井的14倍。全年，共完成气体/欠平衡钻井160井次，完成水平井100口。在龙岗62井通过裸眼转向酸化，获日产天然气98.22万立方米。在角68-2H井，创造压裂分段最多、加砂规模最大、注入液量最多、连续施工时间最长4项国内纪录。在合川地区，国内首次应用连续油管喷砂射孔环空机械封隔分级压裂作业新工艺获得成功。采用"三维地震+气藏精细描述+水平井+现场地质综合导向+分段压裂"集成技术，苏5、桃7区块Ⅰ+Ⅱ类井比例达到93.3%。在桃7-17-19H井，通过裸眼分段压裂酸化作业后，获天然气无阻流量101.82万立方米/日。研制并推行柴油机集中监控系统及井口自动化工具，钻井自动化水平进一步提高。加快推进信息化建设。ERP、A7生产运行管理系统全面上线运行，积极推广应用普OA办公系统，完成一批信息化基础设施建设。

【改革与管理】 持续推进内部结构调整。将长庆管具公司整合进入长庆钻井总公司，将钻采院和长庆工程院整合成立钻采工程技术研究院，调整长庆指挥部职能，专业化一体化的业务布局更加合理。与长庆油田公司联手推动改革，移交长庆地区部分业务。认真开展精细化管理工作，突出抓好挖潜增效。加强投资管理，全年完成投资26.37亿元，投资计划完成率97%。建立标准成本体系和管理性支出体系，"五项费用"同比下降6%，成本费用利润率达到3.5%，同比增长47.06%。加强油料管理，推行修旧利废、钻具内部调剂，加强汇率风险和授信管理，加大资产全过程动态管理，全年实现增效3.6亿元。进一步强化物资采购管理，集中采购度达到80%以上，完成电子商务采购8.18亿元。强化审计和效能监察，核减投资603.56万元，挽回经济损失132.68万元。严格落实"三控制一规范"。加大规范清理用工力度，减少各类用工1977人，员工总量控制在集团公司下达的范围内。强化扁平化管理，在物探队开展劳动组织结构调整，减少物探队3支。在地面建设、运输等业务积极发展劳务外包，探索钻井队劳动结构调整，业务转型上取得有效进展。狠抓基础管理。全面开展风险管理和内控体系建设工作，形成《风险管理手册》模板。积极推进基础管理建设工程，启动流程梳理工作，形成末级流程437项。开展"十二五"规划编制工作，总体规划、专业规划、专项规划基本完成。

【质量安全环保】 扎实推进HSE体系建设，新增装备安全HSE分委会，安全管理责任实现全方位覆盖。层层签订HSE责任书，加大过程指标考核力度。以"3351"推进模式为指引，分片区、划区域、定专人深入基层进行指导。HSE综合管理评分从推进前的1.2分上升到2.15分，体系建设取得阶段性成果。持续深化员工安全培训教育，总结不同专业、不同岗位员工行为安全规范化模式，发动员工把正确的行为写下来，编制形成《行为安全规范手册》，形成安全行为管理全员参与、全员推动、全员执行的良性发展态势。扎实抓好井控管理，前移井控安全关口，推进井控工艺安全管理，杜绝井喷事故的发生。扎实抓好交通、消防、海外防恐等重点领域和要害部位的安全监管，有效杜绝重大事故的发生。加强应急管理，有效应对川渝地区特大暴雨洪灾影响，未出现任何事故。加强隐患治理，投入1.87亿元对138个项目进行治理，一批重大隐患得到整改。深入开展"人人讲安全、个个查隐患"、"安全生产月"和安全警示日主题活动，认真开展安全环保大检查，有效遏制事故的发生。与2009年相比，事故起数下降24.1%、重伤人数下降27.5%、轻伤人数下降30.5%。扎实抓好节能减排工作，在钻井队实施油改电、使用网电、LNG、双燃料发动机等措施，全年节能3159吨标准煤，节水18万立方米，全面完成“十一五”节能减排目标。推进质量管理体系建设，计量、标准化工作不断加强。井身质量、固井质量保持100%。公司各项安全指标均控制在集团公司下达的范围内，安全环保形势继续保持平稳。

【队伍建设】 加强领导班子建设。深入开展“四好”领导班子创建活动，认真贯彻落实党的十七届五中全会精神，各级领导班子引领科学发展的能力进一步提升。培训经营管理干部174人次、中青干部35人，综合素质不断增强。大力实施人才强企战略。加强人才队伍建设，出台公司“十二五”人才队伍建设规划。抓好高层次人才队伍建设，完成3名集团公司高级技术专家的考核，推荐15人参加集团公司高级技术专家选聘，考核新聘28名公司级技术专家工作。接收大学生和引进专业技术人员550人。大力开展提素工程，全年培训各类人员70921人次。不断加强企业文化建设。深入开展大庆精神铁人精神再教育活动，继承和弘扬石油工业优良传统，全体员工共同的思想基础不断巩固。制定企业文化建设“十二五”规划，发布企业文化、员工行为规范和视觉形象应用手册，有效发挥文化的激励导向作用。编辑印发《时代风采》丛书，组建宣讲团，广泛宣传、大力弘扬劳动模范先进的感人事迹与崇高品质。围绕“工程技术要来一场革命”开展大讨论，广大干部员工思想观念进一步转变。持续推进基层建设。出台“十二五”基层建设规划，实施基层建设和基础建设管理工程“双基”联动，认真开展基层管理标准化工作，基层建设进入新阶段。队伍单机单队作业能力显著提升。川渝地区有5支钻井队队年进尺同时上2万米；长庆地区产生队年进尺上5万米的气井钻井队；新疆地区产生进疆23年来的首支队年进尺上2万米的钻井队。

【和谐企业建设】 加强厂务公开和民主管理，充分保障职工权益。深入开展群众性合理化建议活动，提出合理化建议5406条。完善员工基本工资制度，加大收入向基层一线、关键艰苦岗位和骨干人员倾斜力度，调整塔里木地区少数民族津贴，员工收入实现稳步增长。开展“千万图书送基层，百万员工品书香”活动，建立基层“职工书屋”41个，向基层送书10.95万册。开展扶贫帮困送温暖活动，发放帮扶资金1152.65万元。修订完善职工疗养管理办法，安排职工疗养15186人，发放疗养费5072.43万元。全面实施员工心理健康援助计划，237名员工接受心理健康援助。公司及多个单位，获得全国、省“安康杯”竞赛优胜企业和优秀班组称号。油建女子焊工班被国务院国资委授予“中央企业红旗班组”荣誉称号。1人获全国劳动模范、1人获全国五一劳动奖章、省级劳动模范19人、省级五一劳动奖章2人，10人被集团公司授予技术标兵。加强维护稳定和综合治理，特殊时期、敏感节点控制较好，保持大局稳定。加强与油田公司战略合作伙伴关系建设，与塔里木油田签订战略联盟合作协议。主动向地方政府汇报工作，企地关系更加和谐。积极履行社会责任，参与神华集团骆驼山煤矿透水事故、延长油田井喷事故抢险救援工作，圆满完成交办任务。

【灾后重建】 公司灾后重建工作由总经理胥永杰、党委书记蒲建中负总责，副总经理赵业荣具体负责，规划计划处、财务资产处、总经理办公室等部门负责灾后重建的日常工作。

“5·12”汶川特大地震发生后，公司向集团公司上报灾后重点基础设施建设项目7项，2009年集团公司共批复2项：（1）公司科研综合楼项目。地址位于成都市成华区猛追湾街2号，建筑面积50000平方米。2009年开工建设，2010年项目续建。截至2010年12月底，完成基础施工，进入主体三层施工，全年完成投资4391.6万元，累计完成投资14735.18万元。按照公司计划，预计2013年6月完成竣工验收。（2）川西钻探公司钻具井控生产基地项目。汶川特大地震发生后，地处重灾区四川省江油市的川西钻探公司钻具井控生产基地11栋工房及办公用房破坏严重，经鉴定确定为危房，受损建筑面积8880平方米。新建地址位于成都市新都区，建筑面积21451.6平方米。2009年开工建设，2010年项目续建。截至2010年12月底，橡胶库房、工房、综合实验楼等均已完成主体施工，全年完成投资3940.8万元；累计完成投资5389.8万元。预计2011年5月进行竣工验收。

（杨运杰）

中国石油集团东方地球物理勘探有限责任公司

【概述】 2010年，中国石油集团东方地球物理勘探有限责任公司（英文缩写BGP，以下简称公司）牢牢把握“找油找气、科学发展、构建和谐”三大任务，有效提升服务保障和竞争能力，较好完成全年目标任务。

截至2010年底，公司设备资产总值136.9亿元，净值59.6亿元。其中地震仪器63.7万道，可控震源449台，测量仪器1744台（套），运载车辆5935台，深海勘探船5艘，大型计算机CPU 15831个。有机关职能处室14个，机关附属机构5个，公司直属机构5个，公司二级单位21个，控股子公司1个（英洛瓦（天津）物探装备有限责任公司）。公司拥有地震队125支，非地震队21支，具备在陆上、浅海及过渡带、深海等各种复杂区域作业能力，陆上市场份额连续8年位居全球第一。有合同化员工20824人，其中在岗19282人，具有中专及以上学历的13490人，具有中级及以上职称的5333人，员工平均年龄40.1岁。员工中有中国工程院院士1人，集团公司技术专家8人、管理专家5人、技能专家1人，河北省管优秀专家1人，公司专家59人、科技带头人156人、技能专家20人。

【主要经济指标】 2010年收入148.03亿元，利润0.42亿元，实现企业增加值66.67亿元，上交税费7.99亿元，资产总额达到221.95亿元。在市场持续低迷、价格不断走低的情况下，营业收入首次与全球排名第二的物探公司基本持平，行业前三强的地位更加巩固，品牌影响力进一步扩大。

国内勘探坚持“稳定区内、开拓区外”的策略，加强市场开发和商务谈判，全面超额完成年度经营指标，分别为年度预算的118.57%、119.72%，并按计划完成承担的股份公司年度新区新领域各项任务。海外勘探在市场动力不足、竞争更加激烈的形势下，实施更加积极的开发策略，以规模保效益，收入同比增长25.58%，为年度预算的119.56%，占公司主业收入的60.34%。

成长性业务发展势头得到加强，深海业务落实市场11.98亿元，完成收入8.24亿元，实现扭亏为盈；多用户业务在安哥拉取得实质性进展；处理解释业务收入和利润稳中有增；信息业务持续快速发展，实现收入4.01亿元，同比增长81.6%，成为公司增长速度最快的业务。

【地球物理勘探】 投入地震队125支，完成二维项目108个，工作量68748.59千米，获记录1792390张；完成三维项目126个，工作量52764.02平方千米，获记录10689084张。投入VSP队9支，完成VSP测井项目153个。

非地震勘探投入综合物化探队18支，实施62个采集项目。完成重力剖面59434.6千米，三维重力1169平方千米；磁力剖面109530.4千米，三维磁力1169平方千米；电法剖面3514.8千米，三维电法1169平方千米；工程勘察206.03千米。

地震资料处理完成二维项目94908.72千米，三维项目满覆盖面积61271平方千米。成果解释及综合研究发现圈闭1531个，面积65829平方千米，提供井位3474口，被采纳井位2368口。

【国内地震资料采集】 投入地震队57支，投产119队次（二维53队次，三维66队（次）），分别在塔里木、准噶尔、吐哈、柴达木、三塘湖、民和、武威、华北、鄂尔多斯、松辽、渤海湾、滇黔、大同、南祁连等盆地或地区开展地震勘探工作，向中国石油所属的塔里木、新疆、吐哈、玉门、青海、长庆、辽河、大港、浙江、华北、吉林、南方等油气田和煤层气公司、西气东输管道公司等，以及中国海油天津分公司、中国年代能源投资（香港）有限公司、神华鄂尔多斯煤制油分公司、陕西榆林康隆能源有限公司、瑞弗莱克油气有限责任公司、龙门汇成投资有限公司、安徽淮南矿业集团等甲方提供服务。完成二维地震勘探采集项目53个，工作量20796千米，获记录345184张，其中一级品305401张，一级品率88.47%；全部记录合格率99.95%。完成三维地震勘探采集项目 64 个，工作量偏前满覆盖面积 10380.81 平方千米，获记录 1527141 张，其中一级品 1464917 张，一级品率 95.93%；全部记录合格率 99.98%。

【海外地震资料采集】 依据“全球化、一体化、数字化”战略，立足陆上、发展海上，持续推进制度、技术、管理创新，投入地震队 68 支（陆上队 63 支，深海船队 5 支），投产 118 队次。在保持中东、北非、中亚规模市场稳定的同时，初步形成西非规模市场，成功拓展拉美、东南亚市场，带动 3 支国内队伍走向海外。二维采集项目主要分布在苏丹、肯尼亚、安哥拉、沙特阿拉伯、巴基斯坦、伊朗、伊拉克、也门、马达加斯加、泰国、菲律宾、文莱、乌兹别克斯坦、哈萨克斯坦、土库曼斯坦、乍得、利比亚、尼日尔、毛里塔尼亚、阿尔及利亚、越南等国家，完成项目 55 个，工作量 47952.59 千米，获记录 1447206 张。三维采集项目主要分布在叙利亚、文莱、苏丹、也门、伊朗、伊拉克、巴基斯坦、沙特阿拉伯、阿曼、乌兹别克斯坦、哈萨克斯坦、土库曼斯坦、乍得、利比亚、尼日利亚、喀麦隆、乌干达、尼日尔、阿尔及利亚、厄瓜多尔、墨西哥、蒙古、孟加拉、印度等国家，完成项目 62 个，工作量 42383.21 平方千米，获记录 9161943 张。

【地震资料处理与成果解释】 处理二维地震测线 3143 条，野外记录 1552388 炮，剖面长度 94908.72 千米；三维地震资料一次覆盖面积 80967 平方千米，满覆盖面积 61271 平方千米，野外记录 9188722 炮。项目交付合格率 100%，项目验收一次通过率 100%。

解释综合研究区域面积 1395076 平方千米，完成二维地震反演 46538 千米，三维地震反演 48865 平方千米；完成各种成果图件 5579 张；发现圈闭 1531 个，面积 65829 平方千米；复查圈闭 2881 个，面积 42885 平方千米；提供井位 3474 口，被采纳井位 2368 口。在股份公司 2010 年 31 项重要勘探成果中，7 项重大突破全部参与；8 个重要苗头参与 7 项；16 个规模区块参与 15 个，总体参与率达到 94%，海外重大发现参与率继续保持 100%，保障油气资源战略成效突出。

【专业化服务】 做好物探资料采集技术支持工作，为确保地震队项目有效运作和获取高质量勘探数据提供了技术保障。全年完成采集技术支持项目 232 个。在推广应用 GEO-Design、GEO-Static、GEO-Analyze、GEO-QC 四大类软件的基础上，加快了新一代地震采集工程软件系统的推广与完善。

装备与技术支持加强资源协调力度，地震仪器、可控震源、测量仪器等核心设备利用率均达到 75% 以上，突出发挥了装备资源集中管理优势。2010 年共完成国内专业化服务项目 104 个，投入地震仪器 120 套（次），地面采集设备 46.2 万道（次），测量仪器 980 台（次），可控震源 213 台（次），协调专业化服务 3929 人（次）。海外作业参与 53 支地震队施工，投入地震仪器 67 套（次），地面采集设备 30.2 万道（次），测量仪器 1309 台（次），可控震源 344 台（次）。

物资供应发挥集中采购优势，拓展源头渠道，完善物资采购管理，进口统订物资源头直接采购率达到 80.63%，在原材料价格持续上涨的情况下，保持了总体采购价格同比基本持平，2010 年节约采购成本 506.69 万元。充分利用内部供应网络和外部市场资源，年吞吐 18.4 亿元物资，保证了国内外项目的物资需求。严格执行物资先平库后采购制度，加强库存物资管理和利用，主要类别物资周转 3.25 次，同比提高 0.64 次。

装备制造持续加大物探装备技术研究，推进产品国际认证和品牌建设，加快大型地震仪器研发和产业化进程，全年总收入 63824 万元，同比增长 29.69%。被列为集团公司“十一五”重点科研项目的大型地震仪器——ES109，经过科研人员攻关，先后取得 6 项重大成果，掌握了多项关键技术，申请专利 17 项，成果与国外同类地震仪器技术水平相当，通过了集团公司组织的专家鉴定。

【科技创新】 2010 年投入科技资金 4.97 亿元，科技创新能力稳步提升，有力保障了集团公司油气资源战略的顺利实施。共承担国家级科技项目 2 个、集团公司重大科技专项和现场试验项目 6 个，落实股份公司重点攻关项目 12 个、新区新领域研究项目 16 个，中青年科技创新基金课题 15 个。承担或参与的 11 项成果获省部级以上奖励。

科技研发应用取得重大进展，国家油气重大科技专项研究进展顺利。“三项关键技术”完成“十一五”阶段性目标，复杂区勘探技术进一步集成完善，油藏地球物理技术形成井地联采、3.5 维、四维综合技术系列均达到国际水平。深海勘探完善软硬件和一体化勘探技术，推动业务快速发展。高效采集技术更趋成熟，在阿曼项目平均日效达到 1.3 万炮。KLSeis 软件继续保持国际领先地位，GeoEast 软件常规功能更趋完善。推出的 GeoEast-Lightning 叠前深度偏移与层析速度建模软件达到国际一流技术水平，填补了国内空白，被集团公司评为年度十大科技进展之一。

GeoEast V2.0 规模化应用持续推进，完成资料处理工作量占到 25%，现场处理版国内安装率 100%。

积极推进对外技术合作交流，与国际公司合作开展的低频勘探技术成果在 SEG 年会引起广泛关注。开展海外高端学术交流 12 次，在 SEG、EAGE 年会上发表论文 31 篇。全年申请专利 61 项，其中国内发明 29 项、国外发明 8 项；获得授权专利 27 项，其中国内发明专利 7 项，美国发明专利 1 项；取得软件著作权登记 33 项、商标证书 23 项。

【人力资源管理】 按照集团公司“三控制一规范”要求，2010 年底前平稳有序完成公司机关、附属单位的机构调整，优化机关机构设置，原 16 个处室减至 14 个，精简管理人员 86 人，其中处级领导职数减少 16 人，科级领导职数减少 56 人。对国内东部勘探资源进行整合，压缩管理层级，撤销东部勘探事业部，将原下属的华北经理部、长庆经理部改为公司二级单位，将东部勘探事业部本部及下属的新区经理部与井中地震中心资源进行整合，面向市场成立新兴物探开发处，拓宽了服务领域。国际业务机构实施扁平化管理，国际勘探事业部撤销了中东、北非、中亚等三大地区经理部，改为直接管理各项目经理部和项目组。在企业资源持续重组中，完成辽河分公司处理解释业务、物资供应业务专业化集中管理。

坚持“德才兼备、以德为先”用人标准，制定《公司公开选拔任用中层管理人员补充办法》，加大公开选拔工作力度。2010 年考察提职 18 人，其中正处级 9 人，副处级 9 人。调整交流 75 人，考核试用期满的 14 人，并办理了 14 名退职、2 名免职、1 名降职人员的相关手续。

重视“三支人才队伍”建设，再次成功从国内外引进 3 名高级技术人才，引进 5 名博士后进入博士后工作站工作。投入培训费 5188.4 万元，举办培训项目 557 个，培训 29495 人次。公司被评为集团公司“十一五”培训先进集体。

【生产经营管理】 持续强化项目组织管理，按照提速、提素、提效的“三提”要求，完成 113 支物探队、252 个地震采集项目、33 个非地震勘探项目、135 个 VSP 测井项目的资源协调和项目管理以及技术支持等工作，确保管理体系有效运行，2010 年跨国跨区调剂设备原值 4.49 亿元，地震队平均队年产值同比提高 6.1%。加强质量、计量、标准化工作，认真梳理业务流程，强化制度建设，在集团公司的支持下，信息化建设稳步推进，物探生产管理系统开发成功进入试点阶段；集团公司 SAP ERP 系统、工程技术生产管理系统（A7）顺利上线运行。完善投资管理，突出业务发展战略方向和重点，全年完成投资 15.48 亿元，其中主营业务占 93%，保证了生产顺利进行。完善全面预算管理，建立 EVA 考核指标核定机制，积极推进费用标准化体系建设，非生产性支出得到有效控制，五项费用同比下降 3.72%。完善会计一级集中核算，有效发挥会计信息决策支持作用。扎实推进资金集中管理，合理安排生产资金，减少利息支出。积极应对汇率变动风险，减少汇兑净损失。抓好应收款项回收工作，清欠指标综合完成率 118.79%。强化经营风险防控，持续深化内控体系建设，全面完成年度工作计划。规范股权管理与处置工作，完善法律风险防控体系建设。深入开展中层以上领导离任经济责任审计和基建工程、财务收支等常规性审计工作。围绕物资采购、安全生产、设施维修、地震队施工补偿和工程建设管理等 19 个项目开展效能监察，避免经济损失 670 万元。深化内部审计监督与服务，开展审计项目 34 个，资金覆盖率 71.98%，取得经济成果 7808.82 万元，审计建议采纳率 85.64%。

【企业并购重组整合】 完成 ION 公司陆上装备研发制造业务并购交易，组建由公司控股的 INOVA 公司，同时收购 ION 公司 16.66% 的股份，获得高水平物探装备研发团队和 248 项专利、64 项软件、11 个注册商标，成为集团公司并购美国技术公司首个成功案例，开创中国能源领域技术并购先河，受到国家有关部委充分肯定。完成公司钻修井业务在集团公司层面的专业化重组和西塞公司与赛赛尔俊峰公司股权重组，退出三九济世公司控股地位。

【HSE 管理】 公司作为集团公司与杜邦公司开展 HSE 管理咨询合作的 6 家试点单位之一，2010 年按照 HSE 管理体系推进总体部署，以“安全是公司核心价值观”为统领，以体系有效运行为主线，以直线责任、属地管理为抓手，扎实推进“五个保障机制”建设，全面落实体系推进第一、第二阶段工作成果，积极开展第三阶段试点和第四阶段优化提升工作，发布实施 13 项推进成果，对所有单位体系运行审核定级，顺利完成试点工作阶段任务，年内通过集团公司验收。

按照“管工作必须管安全”的原则，形成“自上而下”完整的 HSE 目标责任体系。紧扣作业现场及重点领域、环节和时段安全管理，持续加大《反违章禁令》实施力度，深入开展隐患识别和治理，识别隐患 12.48 万个，投入资金 3407 万元，治理重大隐患

102 项。

深入开展 HSE 培训和安全文化建设“四进”活动，持续强化层级安全检查，切实增强了全员安全责任意识。完成集团公司下达的安全环保指标，公司自 2002 年成立以来，首次实现全年无重伤以上安全事故，5 年来首次分别获集团公司安全、环保先进单位称号。首次承办亚太地区 IAGC/OGP 北京会议，提升了公司 HSE 形象与品牌。以人为本，有效应对安哥拉项目遇袭、尼日尔“2 · 18”政变等事件，确保了员工的安全。

重视企业节能减排，完成集团公司下达的“十一五”期间节能 8000 吨标准煤、节水 14 万立方米目标，连续 3 年获集团公司节能节水型企业称号。其中 2010 年投入 3705 万元，对矿区节能减排重点工程进行技术改造，至年底节能 2419 吨标准煤，节水 6.66 万立方米，超额完成集团公司下达的节能 2000 吨标准煤、水 2.8 万立方米的年度指标。

【和谐企业建设】 公司各级党组织按照党建系统工程总体部署，严格落实党建工作责任制，积极推进党建思想政治工作制度创新，打造党建工作网络平台，深入开展“创先争优”活动，使党建工作科学化水平明显提升。按照突出中层以上管理人员能力建设，增强班子整体功能的要求，持续深化“四好”班子和“四强”党委创建活动，深入进行“忠诚事业、承担责任、艰苦奋斗、清廉奉献”主题教育，全面实施中层管理人员 KPI 绩效考核，公司所属处级单位创建“四好”班子达标率 90% 以上。党风廉政建设扎实推进，惩防体系建设持续深化，完成“三重一大”民主决策、重要人事任免、设备采购招投标、投资项目验收、工程成本核算 5 个体系文件内控植入，完善了公司风险数据库。基层建设工作成效显著，“三项管理规范”、“六项工作经验”和“五型”班组创建活动得到有效落实，一线职工生产生活条件持续改善，队伍作业能力和创效水平明显提升。宣传思想工作和企业文化建设持续加强，“大庆精神、铁人精神”再教育和“践行科学发展，永做找油先锋”主题教育活动深入开展，先锋企业文化不断发展完善。公司工会、共青团充分发挥职能作用，围绕中心工作，积极开展企务公开、“三比四优”劳动竞赛、群众性经济技术创新、职工之家建设、岗位练兵和技术比武及“青”字号工程系列活动，为公司发展发挥了重要作用，公司被评为全国厂务公开先进单位，公司工会被集团公司评为先进工会组织。落实稳定工作责任制，开展“扶贫帮困送温暖”活动，全年慰问和救助 35425 人次，发放救助慰问金 1753.71 万元。积极与驻地政府有关部门协调，为 3996 名家属办理当地养老保险统筹，为职工子女提供社会就业岗位 395 个，切实发挥了维稳“护城河”作用。矿区事业投入 1.3 亿元，有效改善了院区生活环境，物业服务水平稳步提升，离退休管理成绩突出，水电气暖收费制度改革和信息化建设走在集团公司前列，惠及员工群众“八件实事”件件落实，绿色矿区建设成效显著，公司获全国绿化工作先进单位称号。

（周　宏）

中国石油集团测井有限公司

【概述】 中国石油集团测井有限公司（以下简称公司）是集测井技术研发、测井仪器制造、测井资料处理解释和技术服务、新技术推广应用为主的专业化测井技术公司。截至 2010 年底，公司有员工 5570 人（合同化用工 4154 人）。其中博士 8 人，硕士 146 人，大学本科 1720 人，大专 1311 人；正高级职称 16 人，副高级职称 470 人，中级职称 1169 人；高级技师 19 人，技师 94 人；集团公司级技术专家 4 人，高级技能专家 2 人，公司级技术专家 67 人。公司拥有 EILog 快速技术与成像测井成套装备 105 套，引进成像测井装备 19 套，作业队伍 250 支，约占集团公司测井队伍总数的 38.8%、射孔队伍的 33%，其中新组建 6 支随钻测井队。国内服务长庆、华北、吐哈、青海、玉门、塔里木、冀东、海南福山等油田和煤层气市场；国外立足于集团公司投资项目，积极参与国际竞争，市场遍布多个国家。

【生产经营】 2010 年完成完井测井 8010 口、生产井测井 2670 口、射孔 60479 米、录井 296 口，分别比 2009 年增长 22%、21%、-2.6%、12.6%；仪器下井一次性成功率 99.46%，裸眼井测井单井平均作业时间为12.6小时，同比减少2.3%，促进了提速、提效工作。识别油气层64782层、270731米，探井、开发井油气层识别准确率分别为81.23%、94.44%，比2009年有较大幅度提高，为油田勘探开发提供了可靠保证。测井一次成功率89.76%。科研计划完成率95%以上，科研成果转化率95%以上。制造计划完成率95%以上，一次产成品交验合格率为100%。实现了安全生产。

识别油气层64782层，同比增加990层，增加0.16%。在多个区块发现新的含油气层，为集团公司增储上产作出了积极贡献。在长庆油田，识别油气层41108层、196468.60米，成功解释新油气层104层；在华北油田，识别油气层6536层、22668.60米，成功解释新油气层91层；在吐哈油田，识别油气层1748层、10594.90米，成功解释新油气层51层；在青海油田，识别油气层15781层、42232.20米，成功解释新油气层174层。

完成总产值23.54亿元，实现收入19.62亿元，实现利润0.2653亿元，税费总额0.6023亿元，利前税净额2.81亿元。完成了应收账款清欠和五项费用控制指标。2010年完成投资2.76万元，投资计划完成率符合集团公司考核要求。

【测井技术】 坚持成像测井与数字岩心结合评价油气含量的工作要求，形成了以评价油气为中心的EILog技术系列。大力推广应用集成化常规测井装备，形成了"三电两声一核磁"国产化成像测井系列，实现了规模推广。成立了5个示范应用测井队，在新疆、塔里木、四川等测井20余口。126支阵列感应测井仪，在长庆、华北、吐哈、青海、冀东、吉林、玉门、海南福山等油田全面投入应用，实现了找油找气和经济效益的协调统一。阵列侧向测井仪、微电阻率成像测井仪、超声成像测井仪、阵列声波测井仪推广应用效果显著，在复杂油气层的识别与评价方面优势明显。核磁共振测井样机研制成功，开始下井试验。国内首套三参数地层评价随钻测井系统投入现场应用，在长庆、玉门、塔里木成功测井，得到合格资料。国内第一支可控源随钻中子测井仪器样机试制成功，实现了绿色环保测井。过套管电阻率测井仪器研制成功，已开始下井试验。模块化地层测试器研制取得较大进展，完成了基本功能模块的制作。

数字岩心技术推广应用取得良好效果。研制完成了6支旋转井壁取心仪，在长庆、华北油田替代了部分钻井取心，为钻井提速发挥了重要作用。建立了3套快速岩心测试系统，已在长庆、吐哈和青海油田推广应用。建立了数字岩心信息与孔隙度、渗透率、饱和度参数的转换关系，并制作了图版。开发了数字岩心数据库，正在与测井解释数据库挂接。启动了地层水矿化度测井方法的研究工作。

统一软件LEAD3.0开始在油田推广应用。建立了测井资料库、数字岩心库、解释知识库，为实现测井资料、岩心参数、解释标准的集中统一奠定了基础。解释过程中自动调用以上3个数据库相关信息，为解释人员发现识别油气层提供了快速准确的工作平台。在长庆、华北油田已处理500多口井资料，显著地提高了解释时效。

测井网集音频、视频、数据传输和各信息应用系统为一体，实现了不同层级、不同业务的协同工作，实现了基地对作业现场的实时支持，实现了现场数据的实时传输和处理应用，形成了采集、实验、解释一体化的测井方式。与长庆油田协同开发了"实时传输与协同工作平台"，利用物联网技术，把测井装备、测井人员、油田公司人员"融合"起来协同工作，实现测井信息采集准确化、处理专家化和成果应用快速化，为长庆油田油气田勘探开发提供快速准确的油气解决方案。

按照集团公司领导"解放思想，勇于突破，实现致密性天然气藏的大发展"的指示精神，公司对致密性天然气测井技术进行了工作部署，与长庆、吐哈油田合作，开展了致密气项目研究。"致密气藏开发重大工程技术研究"课题"致密气藏测井采集处理与储层评价技术研究"的技术攻关任务得到集团公司高度评价。

国家重大专项"油气测井重大技术与装备"项目在京通过可行性论证，标志着该项目正式启动实施。

"十一五"国家863计划3个课题："多频阵列感应成像测井技术研究"、"微电阻率扫描成像测井技术研究"和"方位声波成像测井技术研究"完成了验收。

以2010年中国油气论坛——石油测井技术专题研讨会为平台，对EILog测井成套装备进行了展示，提高了EILog品牌的知名度。

在第十九届全国发明展览会上展出的过套管电阻率测井仪和利用全波列、偶极横波测井资料确定气层的方法两项技术发明，被中国发明协会授予银奖。

加快建设北京测井技术研发中心，与集团公司休斯敦研发中心达成了合作共识。

【经营管理】 制定《加快转变发展方式纲要》。纲要是在全面总结测井发展实践经验、深入研究测井发展规律，针对公司和测井专业的重大战略问题，经过长时间研究、征求各单位各部门意见、战略研讨和领导班子反复讨论的基础上形成的。是指导公司科学发展、实现公司“十二五”发展目标的纲领性文件。

以经济效益为中心加强企业管理。把延伸产业链、搞好市场布局、提高市场占有率和用户满意度作为重点加强市场管理。加强生产协调管理，以市场需求为目标，以“三提”工作为主导，发挥公司整体优势，合理调配生产技术资源，提高了生产效率。建立健全设备电子档案，确保测井设备的完好运行。加强科研管理，以成套装备、数字岩心、统一软件和测井网建设为重点，安排科技项目（课题）。加强规划计划管理，紧密围绕公司发展战略，按照发展目标要求，深入贯彻公司加快转变发展方式纲要，统筹兼顾，完成“十二五”发展规划编制。严格落实投资管理办法，坚持量入为出，强化项目论证，突出投资效益，使投资服从、服务于产业结构、资产结构和队伍结构的调整，重点实施了过套管电阻率测井仪、核磁共振测井仪、随钻测井仪、旋转式井壁取心仪等设备投资计划，有力地保障了生产经营活动，提高了核心竞争力。突出抓好财务成本管理，进一步推行全面预算制度，加强预算执行过程控制，及时研究判断效益情况，果断采取应对措施；有效控制刚性成本增长，调减成本项目，压缩可控成本，规避收入下滑带来的风险，确保公司管控指标和预算目标的实现；加强资产全过程控制，积极开展“勤俭节约、挖潜增效”主题实践活动，牢固树立过紧日子的思想，通过技术进步和加强管理改善成本结构，提高效益，材料、维修成本比重均有下降，主营业务成本降低。按照“全面审计、突出重点”开展审计工作，提高了公司目标管控能力；通过检查预算、五项费用、清欠等指标执行情况，促进了降本增效；加强在线支出合同审计和基建工程审计。

强化 ERP 系统应用，提升管理水平。系统实现基础数据统一和共享。经过强化应用和持续性能改进，系统功能日臻完善，数据录入及时、准确，完整性逐步提高，用户操作应用更加熟练，系统运行稳定。丰富的数据资源为公司生产经营对比分析、资源优化配置、人员装备考核评比等提供了重要依据，为公司高效管理、快速决策提供了有力支持。《内部控制管理手册》运行良好。深入开展风险评估和流程梳理，完成投资业务、“三重一大”决策制度、流程梳理和风险识别建设。结合工作实际和内控规范要求对各类制度进行了梳理。

【队伍建设】 扎实开展“党的基层组织建设年”活动。制定下发《党的基层组织建设年活动实施方案》，重点抓好基层“六个一”党支部以及党员队伍建设。认真开展党建“三联”活动。制定下发《关于开展党建“三联”活动进一步提高党建科学化水平的实施意见》。公司 6 名党委委员与 9 个二级单位党委建立联系点，83 名党员领导干部建立对应科室和基层党支部联系点 98 个，生产一线 125 名党支部委员建立作业队、班组联系点 149 个，生产一线 660 名党员联系生产经营岗位 660 个。

严格执行党风廉政建设责任制，建立完善惩治和预防腐败体系，领导干部廉洁自律意识不断增强。认真落实“三控制一规范”要求，按流程和职责健全机关设置，进一步理顺管理体系。认真组织实施“双千人”培训计划，员工队伍素质全面提升。2010 年参加集团公司培训 86 期培训 142 人次，其中管理人员 137 人次、专业技术人员 5 人次。公司举办 C、D 类培训 30 项 35 期，共计 2066 人次，公司所属各单位组织举办培训 15657 人次。培训计划落实率和评估优良率 100%，培训人次完成年度计划的 95.8%，培训合格率 99.47%。举办了对外培训 5 期，共计培训 106 人次。员工生产生活条件得到进一步改善，产业化生产基地一期工程正式投入使用，部分员工已入住樱花园小区。认真落实维护稳定责任制，关注员工合理诉求，积极解决员工的实际困难，确保了队伍稳定。唱响“我为祖国献石油”主旋律，开展大庆精神铁人精神再学习、再教育，为建设有更强油气识别能力的国际一流测井公司提供了舆论保证和精神动力。公司有 35 个集体和个人分获“全国工人先锋号”、“中央企业劳动模范”、“陕西省青年文明号”等省部级以上荣誉称号。

【安全环保】 坚持把“环保优先、安全第一、质量至上、以人为本”的理念和“零事故、零伤害、零污染”的目标落实到生产经营全过程。积极落实“有感领导、直线责任、属地管理”的要求，认真履行职责，强化安全环保责任制落实。深入贯彻落实《HSE 管理原则》和《反违章禁令》，强化规程和制度的执行力，规范安全行为。深化 HSE 管理体系运行，完善制度，持续改进，HSE 管理水平得到进一步提高。加强放射性源库、辐射防护设施和火工品库等安全环保隐患治理和应急管理，提高本质安全和风险防控能力；积极组织开展“安全经验分享”、“安全月”、“应急周”等活动，不断提高员工的安全意识。强化监督约束机制，以网络监控和现场监督相结合，狠抓交通、放射源、火工品、现场作业和基地设施5项安全重点，确保安全生产。公司连续5年无重大安全责任事故并获得全国“安康杯”竞赛优胜企业，集团公司2010年度安全生产先进企业。

【创先争优活动】 认真组织开展创先争优活动，进一步统一思想，明确目标。制定活动实施意见，明确“推动科学发展、构建和谐测井、服务职工群众、加强基层组织”活动目标，按照“三个阶段”、“十一项工作安排”稳步推进活动深入开展。公司各级党组织和广大党员紧紧围绕科学发展上水平这个核心，抓住各级领导班子和党员干部这个重点，以推进建设有更强油气识别能力的国际一流测井公司为目标，各级党组织和广大党员努力做到公司党委提出的目标，凝聚了人心，凝聚了力量，加快了测井公司实现科学发展的步伐。

【党群工作】 党的组织建设全面推进。坚持“三同时”原则，党组织建立健全率达到100%。公司各基层党支部深化《党建工作管理体系》运行，加强党员的教育管理，党员参加学习和民主评议的覆盖面均达到100%；按程序做好发展党员工作，全年发展党员89名，其中科研生产一线70名，党员队伍结构进一步改善，有党员作业队（班组）达到95%。

充分发挥工会、共青团组织的生力军作用。各级工会、共青团组织大力开展“安康杯”竞赛、“测得好、测得快，发现油气层成果多”劳动竞赛、“测井发展、青年先行”等群众性经济技术创新、青年创新创效活动，成功举办第四届陕西省“测井杯”职业技能大赛，激发了广大员工学技术、钻业务、练技能的热情。华北事业部以增强全员市场意识为重点，积极开展劳动竞赛，工作效率和服务水平明显提高，保证了内部市场稳固和外围市场拓展。

坚持以人为本。不断改善员工生产生活条件，健康体检和带薪休假形成制度，全年解决子女就业27人、两地分居42人。与江汉、吐哈油田签订职工借聘协议，创造条件努力解决职工的实际困难。2010年共帮扶特困、困难、患大病及家庭突发变故职工209人次，发放帮扶资金43.9万元；金秋助学共资助困难职工子女37人，发放助学资金6.21万元。有7名被资助学生先后完成大学、研究生学业。

先后组织“创新测井”文艺晚会、庆祝建党89周年文艺晚会、第三届职工乒乓球比赛、全民健身月、厂歌嘹亮征集等系列文体活动，对提高职工文化修养和促进职工身心健康起到了积极的促进作用。文化建设有声有色。弘扬大庆精神和铁人精神，积极构筑以制度文化、廉洁文化、安全文化、现场文化和品牌文化为主要内容的文化体系，文化建设融入生产经营管理的各个环节。在《中国石油报》、《中国能源报》等报刊上刊发新闻稿件137篇，全面宣传和展示了公司的发展，提升了公司的知名度和影响力。荣获“全国企业文化建设优秀单位”称号，通过了西安市文明创建检查验收，并被推荐为“陕西省文明单位标兵”。

公司内外环境和谐稳定。各级党组织高度重视稳定工作，及时有效化解不稳定因素，全力做好“上海世博会”等重点阶段的维稳工作，营造和谐稳定的发展环境。特别是地处海外和民族地区的国际事业部、吐哈事业部、塔里木事业部、青海事业部，通过扎实细致的工作，经受住了维稳安保以及防恐的考验。同时，深化与长庆油田、华北油田的协调与共建，加强与陕西省委、省政府及有关部门的沟通，有效构建了和谐的企地关系，职工队伍和谐稳定。

（罗连涛）

中国石油集团海洋工程有限公司

【概述】 中国石油集团海洋工程有限公司（以下简称公司）业务范围涉及海洋石油钻井、固井、井下作业、试油试采工程，海上运输、基地码头保障服务，海洋工程建造、安装、使用和维护以及海洋石油相关业务研究、设计，油井水泥外加剂和防腐保温产品质量检验、油气工程质量监督、石油工程建设标准化管理等领域。拥有海洋石油工程设计甲级、海洋石油工程总承包二级、工程造价咨询甲级、国内及国际水路运输等资质。

公司机关设12个处室及伊朗项目部，下设钻井事业部、天津分公司、海工事业部、船舶事业部、工程技术研究院、渤星公司、工程设计院7个单位。共有员工 3738 名（合同化员工 2486 名），其中教授级高级职称 14 人，副高级职称 240 人，中级职称 459 人；硕士研究生及以上学历 188 人，大学本科学历 1127 人。公司注册资本 39.4 亿元，资产总额 78.75 亿元。拥有各类移动式平台 14 座、模块钻机 1 套，船舶 27 艘，海工建造基地和渤海湾生产支持基地各 1 座，具备海上油气勘探开发工程一体化服务能力。

【主要生产经营指标】 2010 年，面对内部市场工作量急剧减少、外部市场竞争日益加剧等严峻挑战，公司上下践行科学发展观，认真贯彻落实集团公司工作会议和领导干部会议精神，紧紧围绕“开发市场、谋求发展，控制成本、严格管理”这一工作主线，突出服务保障，努力开拓市场，取得较好的生产经营成果。全年开井 58 口，交井 63 口，进尺 14.64 万米，其中总包井开井 15 口、完井 17 口，进尺 5.05 万米，日费井 9.59 万米；井下作业 69 井次，试油 17 层，采油 1.6 万吨，采气 231 万立方米；钢材加工 3396 吨；动用自有船舶 25 艘，5795 航天，拖航 80 井次；生产销售固井、防腐产品 1.2 万吨；承担各类科研项目 35 项，科研计划完成率 100%。全年实现营业收入 20.84 亿元，利润 8600 万元，超额完成集团公司下达的利润指标。

【企业管理】 加强规划计划管理，提高投资使用效益，完成投资 5.52 亿元。推进设备操作标准化、运行合理化、保养规范化，提高设备完好率。实施物资集中采购，严格准入制度，集中采购度超过 85%，采购价格平均降低 10%。严格预算和成本费用管理，五项费用支出均控制在集团公司下达的指标之内。加强资金集中管理和税收筹划，节约利息及税费近 600 万元。围绕工程建设领域突出问题专项治理工作，加强效能监察和专项审计，重点对两个基地建设项目进行跟踪检查，梳理并整改问题 31 项，审减金额 2972 万元。开展法律事务管理，在公司重大经营决策中较好地发挥支持和保障作用。加强内控体系建设，推动基础管理建设工程，重点围绕“三重一大”决策制度的落实等 7 个方面梳理流程，评估风险，制定措施，风险防控能力明显增强。推进信息化建设，ERP 与 FMIS 财务信息融合系统实现单轨运行，A7 系统、事件报告系统和海上数据无线传输系统均已上线并运行良好。进一步规范矿区管理，企业发展环境更加和谐。精细化管理取得显著成效，公司荣获集团公司 2010 年度财务工作先进单位一等奖。

【市场开发】 紧紧围绕集团公司海上油气勘探开发工作部署，统筹六项业务，科学组织生产，努力提高服务能力和专业化水平，全力为冀东、辽河、大港 3 个油田提供优质服务，服务保障率达到 100%。合理调配资源，高效组织重点探井作业施工。中油海 6 承钻的滨海 10X1 井完钻井深 4891 米，机械钻速比邻井提高 23.5%，钻井周期 44.3 天，创该区块最短纪录。井下作业积极开辟新业务，圆满完成滨海 6 井酸化压裂施工，喜获高产油气流，实现日产原油 103.6 吨、天然气 2.9 万立方米，创造了渤海湾海上最大规模油层改造纪录，展示该区块勘探开发的良好前景。海工建造强化项目管理，科学安排施工，优质高效地完成 NP1 和 NP1-2 导管架平台拆除施工，得到业主的充分肯定。船舶服务克服渤海湾近 30 年来最严重的冰情，成功打通赵东平台航道，避免原油冒罐、关井停产的严重后果，为油田公司消除海上生产的重大隐患。工程设计全力满足业主需求，拓展服务能力，设计水平不断提高。南堡油田 1-5/1-29 区块海上集输工程设计、建造、安装、投产一体化服务项目荣获集团公司 2010 年优秀工程设计奖。科技研发和成果转化紧紧围绕集团公司重点项目和公司海上生产，提供技术和产品服务，应用海上移动平台插拔桩技术指导滨海 28 井和新港 3 井的插拔桩作业，降低平台作业风险。优质完成伊拉克鲁迈拉项目的固井技术服务，为集团公司拓展中东高端市场发挥重要作用。顺利完成西气东输二线、漠大线、陕京三线等集团公司 21 个重点工程项目、共 4400 多千米的管道防腐驻厂监造任务，行业服务作用得到有效发挥。

在服务保障内部市场的前提下，树立全员开发市场的理念，落实市场开发责任制和联动机制，冲破重重壁垒，勇闯外部市场，取得较好的经济效益。钻井业务先后中标哈斯基东海项目和中国地质调查局黄海项目，首次走出渤海湾，迈进东海和黄海。尤其是哈斯基东海项目是公司首次实施的反承包总包项目，首次在 60 米水深作业，单井盈利 3500 万元，实现锻炼队伍、树立品牌、安全环保、实现效益的工作目标；取得胜利油田埕北 25GB 井组项目，实现中国石化市场零的突破。井下作业充分利用酸化压裂和连续油管设备，与哈里伯顿、BJ 公司开展业务合作，进入康菲和中国海油市场，实现对外服务的新突破。海工业务逐步培育竞争优势，取得中国海油绥中 36-1 平台扩建项目、中信天时月东油田海管涂敷项目。船舶业务进入中海油、康菲、洛克和阿纳达科等市场，先后取得 10 艘船舶的服务工作量。科技成果转化业务发挥固井产品与服务的技术优势，针对伊拉克哈法亚项目提出建设性方案，拓展海外高端市场。海外海上市场实现零的突破，喜获集团公司伊朗南帕斯11区块钻井设计和海工设计合同，为下一步开展钻井、海工服务打下良好基础；与伊朗PDC公司、科威特拉萨德公司开展商务交流与合作，各项工作进展顺利。全年实现外部市场收入8.5亿元，占总收入的41%，有力地缓解经营压力。

【安全环保】 针对“4·20”美国墨西哥湾平台井喷爆炸事故，从技术、装备、安全管理等方面深入剖析，引以为戒，编制《海洋石油作业警示录》、《安全五分钟》等教材，开展安全经验分享，做到警钟长鸣。为有效防范海上井喷事故，总结提炼井控“八杜绝”，进一步增强防范意识和防控能力。推进规范化、标准化管理。调整公司标准化委员会，编制实用性、可操作性强的平台HSE管理手册，规范平台的HSE管理。广泛开展“全员、全岗位、全组织、全过程”的风险管理活动。推行安全训练观察卡、工作安全分析（JSA）等有效的管理方法，成功应用到哈斯基东海项目钻井施工、滨海6井大型酸化压裂、平台拖航等作业中，成为施工现场熟练应用的HSE管理工具。深入开展安全大检查，累计查出各类问题3800多项，全部得到及时整改。全年实现工业生产安全环保无事故的工作目标。

【重点项目】 中油海263、264、101船顺利交船，标志着公司“十一五”装备建造计划圆满完成。青岛海工建造基地加快辅助生产设施建设，重点完善功能配套，规范运营管理，组块车间、涂装车间、滑道和码头岸线等已初步形成生产能力。唐山生产支持基地适时调整管理模式，积极推进行政审批与资质办理，稳步实施后续工程建设，第1至第5标段已全部顺利完工，初步具备服务能力。渤星公司防腐厂搬迁项目已完成初步设计内部审查并上报审核。

【科技创新】 围绕集团公司重点工程和公司海上生产实际，初步形成了高温海水基钻井液、拖航精确就位、深井与复杂天然气井固井三大技术利器，并在现场成功推广应用，解决生产难题。推进“三提”工作。推广使用控压钻井、优选钻头、快装套管头、高温海水基钻井液等技术，取得较好的钻井提速效果。中油海6平台承钻的南堡17-1511井，机械钻速达19.52米/小时，较相邻井提高21.7%。全年承钻的2800米以上深井，机械钻速同比提高6%，事故复杂率同比降低0.75个百分点。建成了三大科技研发平台。海洋工程重点实验室、涂层材料与保温结构研究室、固井工艺与材料研究室相继投入使用并顺利通过集团公司验收，公司科技研发能力得到进一步提升。全年共开展各类科研项目55项，其中“滩浅海钢平台设计、安装、检测关键技术”等9个项目取得阶段性成果，“钻井集成配套技术”等4项成果得到推广应用，“4000HP全回转多用工作船研制”、“松辽盆地深层天然气井固井配套技术研究与应用”分别获集团公司2010年科技进步二、三等奖。

【队伍建设】 优化组织机构和队伍结构，盘活用好现有人力资源，招聘成熟人才和高校毕业生73人，清退劳务用工75人，在保证各项工作平稳顺畅的同时，较好地控制队伍规模。加强干部队伍建设，调优配强基层领导班子，各级领导班子整体功能得到加强。加快推进专家队伍体系建设，初步形成集团公司专家3人，公司专家9人的专家队伍。创新激励措施，开展全员绩效考核，签订涵盖776个岗位的年度绩效合同，覆盖率达到100%。强化全员培训工程。组建以现场技术和操作能手为主体的内部培训师队伍，首批聘任68人。突出一线主体队伍工艺技术培训、国际化人才培训，举办首届职业技能大赛，进一步调动岗位操作人员学技能、练本领的积极性。全年完成各类培训8200人次，培训率超过230%，员工素质得到明显提高。推进基层建设工程。持续开展“五型”班组创建活动，“五型”班组达标率达到95%以上，基层班组的执行力和战斗力进一步增强。深入开展金银铜牌队创建活动，3个钻井平台分别获集团公司金银铜牌钻井队称号，1个作业平台获作业银牌队称号。

【党群工作】 围绕生产经营实际，将学习型党组织建设与创先争优活动有机结合、同步推进，基层党支部战斗堡垒作用和党员先锋模范作用得到有效发挥。以“齐心协力渡难关、开发市场降成本”为主题，大力开展形势任务教育。持续推进反腐倡廉建设，完成惩防体系与内控体系相结合课题研究，形成工程技术服务领域廉洁从业风险数据库。进一步深化民主管理，认真落实职代会代表提案，探索民主管理的新途径，积极开展职工代表巡视工作。大力实施“送温暖工程”，累计救助困难员工家庭273户，发放帮扶款43.7万元。举办青年读书节、青年科技论坛等活动，为青年员工搭建成才的舞台。关心离退休老职工，认真落实相关待遇。关注热点难点问题，及时做好政策解释和思想疏导工作，将问题解决在萌芽状态。公司工会被中华全国总工会授予“全国模范职工小家”荣誉称号，公司团委荣获“中央企业‘五四’红旗团委”称号。

（李历欣）

中国石油天然气管道局

【概述】 中国石油天然气管道局（英文缩写 CPP，以下简称管道局）成立于 1973 年，是集团公司的管道工程专业化公司。管道局秉持创造与奉献无极限的理念，奉行“挑战、精细、创新、团队、和谐”的核心价值观，致力于建设国内第一、国际一流的国际管道工程总承包商，为国家建设油气战略通道、为集团公司建设综合性国际能源公司提供服务与保障，为业主、员工和社会创造财富与价值。

管道局坚持以管道工程为核心、高端业务为重点、施工能力为基础，实施储运建设一体化、施工服务一体化、国际国内一体化、陆上海洋一体化的产业发展思路。拥有从管道科研、勘察、咨询、设计、采办、施工、防腐、管件制造到检测、维抢修、数字通信、投产试运完整的管道建设产业链及其核心技术，能为客户提供“一揽子”解决方案和“一站式”服务。

管道局具有化工石油工程施工总承包特级资质，工程设计综合甲级资质，管道工程勘察、咨询、设计、监理甲级，通信工程总承包一级资质，通过质量、健康、安全、环保标准体系认证。具备 EPC 总承包管理、PMC 项目管理能力，能够同时组建 10 个 1000 千米以上管道 EPC 项目部、3 个 1000 万立方米储罐 EPC 项目部、5 个 100 万吨 / 吨产能油气田地面建设工程 EPC 项目部。拥有上百个标准化施工机组，年陆上管道施工能力 6000 千米（按 711 毫米口径计算），年海洋管道施工能力 80 千米，年储罐施工能力 1000 万立方米，年穿越施工能力 140 千米，年油田地面产能建设能力 500 万吨，年中型炼化装置安装能力 9 套。

管道局自 2000 年重组至今，累计在国内外建设大型长输油气管道 40 多条、近 5 万千米，建设国家和企业储备库 2000 万立方米。其中在国内建设西气东输天然气管道、西气东输二线天然气管道、兰郑长成品油管道、涩宁兰天然气管道、涩宁兰复线天然气管道、陕京二线天然气管道、陕京三线天然气管道、西部原油成品油管道、兰银线天然气管道、漠大线原油管道、兰成渝成品油管道、忠武天然气管道等工程，发挥管道建设主力军作用；在国外，先后在苏丹、利比亚、莫桑比克、印度、泰国、哈萨克斯坦、乌兹别克斯坦、俄罗斯、阿联酋、乍得、尼日尔、缅甸、伊拉克等十多个国家，承建 80 多个油气管道、储罐项目，其中 EPC 总承包项目 30 多个、PMC 项目 4 个，建设管道 1 万千米，树立国际知名品牌。

“十一五”期间，管道局 EPC 总承包建设中亚、西二线等国内外长输油气管道 1.8 万千米，安装大型储罐 1200 万立方米，充分发挥国家油气管道建设主力军作用，彰显管道工程专业化公司的品牌实力。

管道局现有合同化用工和市场化用工近 3 万人，下设 7 个直属机构、35 个二级单位。2010 年实现收入 246 亿元，盈利水平同比有新的提高，超额完成年初利润指标，各项工作均取得新的成果。

【生产建设】 2010 年，管道局凝心聚力，加快推进重点工程建设，共承担国内外重点工程 22 项、管道里程近 9000 千米，责任重、工期紧，控制性工程多、建设难度大。面对前所未有的困难、压力和挑战，管道局开展百日攻坚，全力推进工程建设。

（1）国内。西二线东段中卫至黄陂段 11 月 18 日投产，为两湖、川渝、华东等 9 省市冬季供气提供有力保障。陕京三线 12 月 31 日全线贯通，2011 年 1 月 10 日进气投产，确保首都和华北地区供气安全。兰郑长 7 条支线已投产，剩余 4 条支线具备投产条件。涩宁兰复线 9 月 19 日全线投产。苏里格气田苏 75 区块 10 亿立方米产能建设提前一年完成。日东管道、泰青管道均按计划向前推进。

（2）国际。中亚管道 B 线 8 月 22 日投产，有效缓解国内天然气供应紧张局面。中缅管道 6 月 3 日开工建设，米坦格河跨越综合进度过半。阿布扎比管道综合进度达 95%。乍得、尼日尔管道完成主体焊接，场站阀室安装有序推进。肯尼亚 4 号线增输管道进度超前。

特别是几项关键控制性工程，广大参建员工讲政治、讲大局、讲奉献，顶住巨大压力、克服重重困难，按期优质建成，树立品牌形象。黑龙江定向钻穿越，经受住低温严寒、复杂地质和高标准技术要求等考验，攻克世界级穿越难题，4月28日主管穿越成功，6月21日备用管穿越成功，为中俄原油管道按期投产奠定基础。沙河大开挖穿越，克服开挖距离长、有效施工时间短、频遭特大洪水来袭等困难，精心组织，昼夜奋战，10月30日按期贯通，为西二线东段中卫至黄陂段投产赢得了主动。惠—银线黄河定向钻穿越，在兄弟单位五次穿越失利、工期告急情况下，仅用20天就一次穿越成功，为集团公司油田上产作出贡献。

【企业管理】

1. 扎实推进六大建设，精细管理明显提升

管道局认真贯彻落实集团公司基础管理建设工程总体部署，结合企业实际，制定为期3年的管理精细化实施纲要，并将2010年定为精细化管理年，明确6个方面、18项重点工作。（1）体系建设方面。内控体系4月1日建成运行，内控手册2010版完成，国内项目全部纳入平台管理；HSE管理体系建设扎实推进，“有感领导、直线责任、属地管理”理念深入人心、有效践行。（2）制度建设方面。全面梳理242项现行管理制度，新出台招标管理、项目预算、施工资源、分包管理、市场准入、项目后评价、工商登记、合同管理等制度办法，管理制度更加健全。（3）机制建设方面。用工机制、薪酬分配机制、全员绩效考核机制建设取得重要成果。（4）流程建设方面。优化工程项目管理三级流程128个、技术服务业务流程4个，编制管道局本部经营管理核心业务流程100个，主要业务流程基本建立。（5）标准建设方面。参与制定国家标准及法规9种、行业标准10种、集团公司企业标准49种，安装工程内部综合预算定额编制即将完成，《国内工程项目管理手册》、《国际EPC工程项目管理手册》、《施工管理手册》、《HSE管理手册》、《员工手册》编制完成。（6）文化建设方面。编制完成“十二五”企业文化建设规划，明确今后五年企业文化建设的指导思想、目标要求、具体任务和保障措施。以上六大建设成果，为实现管理的科学化、规范化、精细化奠定了坚实基础。

2. 强化国际项目管理，盈利能力大幅增强

在国内重点工程建设任务繁重的情况下，管道局坚定不移地推动实施国际化战略，着力提升项目管理水平和盈利能力，国际业务利润占到全局的70%。加强投标管理，建立技术标模板，投标文件内容、格式更加规范。狠抓风险管理，重点对项目所在国的财税、金融、保险、劳务、法律进行全面调研和风险评估，提高风险识别与防范能力。强化索赔管理，建立项目索赔与反索赔制度，推进索赔工作的标准化、规范化，最大限度地保证项目效益。加强基础管理，建立设计信息资源库、物资采购价格数据库、分包商资源库、评标专家库、供货商名录数据库。加强与梅森、德恒等世界知名咨询机构合作，提高项目管理和商务运作水平。强化海外HSE管理和防恐工作，有效防范政治风险和自然灾害，保证员工生命财产安全。成功组织第六届国际管道展暨论坛会，促进交流合作，提升品牌形象。管道局2010年ENR国际承包商排名第76位，比2009年提升44位。

【科技创新与成果】 2010年管道局开展科研课题111项，申请专利48项，登记计算机软件13项，认定技术秘密13项。着力加强自主创新和工业应用，西二线工程关键技术二期项目研究取得阶段性成果；大口径高压管道快开盲板、高压绝缘接头实现工业应用，全年批量生产盲板81台、绝缘接头700余件；掌握高钢级管件埋弧自动焊工艺，填补行业空白，已在西二线工业应用；成立非开挖技术研究所，集中进行地质影响、钻井液体系、钻具组合、成孔机理等技术攻关和工艺创新；滩海管道设计及施工技术研究成果，在南海深水陆上终端工程和埕海油田赵东海底管道建设中得到应用；光固化新工艺和防腐补口新装备、新材料研究取得阶段成果；中亚、西二线西段清管作业，开创国内大口径、高压力管道清管先河；与美国西南研究院合作研究的裂纹检测项目，已进入原型机试验及检测器整体设计阶段。

深入推进科技资源整合，搭建以国家工程实验室为主体的科技创新平台，增强科研攻关整体合力。成立储运、焊接、防腐、检测、施工5个科技专业委员会，增强5个重点专业领域的科技创新能力。国家工程实验室大楼建设启动，维抢修分实验室通过集团公司验收、投入使用。廊坊抢险中心、东北抢险中心获得国家长输油气管道带压封堵甲级资质。

【精神文明建设】

1. 认真组织创先争优，党的建设全面加强

管道局党委以创建“四强”党组织、争当“四优”共产党员活动为载体，创新方式方法，扎实开展创先争优活动，提高党建工作整体水平。以学习贯彻廉政准则和若干规定为重点，认真开展“忠诚事业、承担责任、艰苦奋斗、清廉奉献”主题教育，提高领导干部党性修养，增强廉洁从业意识。扎实推进惩防体系建设，健全党风廉政建设责任制、“三重一大”决策、联席监督、党风巡视、纪委书记述职等制度，形成较为完善的反腐倡廉制度体系。积极配合审计署西二线东段跟踪审计，加强沟通交流，争取理解

支持，强化整改落实，项目运作更加规范。认真开展重点工程建设领域突出问题专项治理和“小金库”专项治理，突出源头防范，立足自查自纠，严肃责任追究，有效堵塞管理漏洞，规范权力运行。

持续优化领导班子和干部队伍结构，全面推行副处级干部公开竞聘，全局处职领导人员中40岁以下比例占20%，大学本科及以上学历占74%，年龄梯次、知识结构更加合理。持续加强干部交流，进一步激发领导干部干事创业激情。

大力弘扬大庆精神、铁人精神和管道优良传统，成功组织庆祝“八三”管道建设40周年系列活动，激发员工爱国爱企热情。不断丰富企业文化内涵，开展形式多样的宣贯活动，企业使命更加深入人心，发展愿景进一步达成共识，核心价值观成为广大干部员工共同的思想基础。紧紧围绕百日攻坚、精细化管理、转变发展方式等主题，强化新闻宣传，营造良好的舆论氛围。有效发挥工团组织作用，广泛开展劳动竞赛和主题实践活动，激发广大员工的劳动热情和创造活力，推动重点工程建设，涌现出一大批先进典型。管道局党委荣获中央企业先进基层党组织称号。

2. 坚定实施民生工程，和谐稳定大局良好

以推进实施四项民生工程为重点，持续改善生产生活条件，不断将改革发展成果惠及员工群众。一是危旧房改造工程，廊坊基地一区改造全面动工，徐州基地北一区改造开工建设，铁岭基地改造行政审批全部完成，中牟基地已拆除22栋危旧房，官渡花园小区第四期工程开工建设。二是总医院改扩建工程，住院楼系统改造和土建装修全面展开，门诊急诊楼改造开始打桩，医疗楼建设手续办理基本完毕。三是家属工参加基本养老保险工作成果显著，驻冀单位家属工全部参保，首笔养老金已发放到位；员工家属子女参加城镇基本医疗保险工作全面启动。四是矿区暖气费“暗补”改“明补”工作，已研究出台实施方案。

管道局还根据地方调整最低工资标准等政策，再次提高有偿解除劳动合同人员未就业困难补助金和再就业收入标准。对廊坊基地临街楼进行美化亮化，对运通家园小区进行热计量改造，对廊坊、铁岭基地60栋住宅楼进行外墙保温，对沈阳、铁岭、徐州等基地进行环境整治、路面翻修、防水维修和管线大修，社区环境更加优美，功能设施更加完善。组织开展“关爱员工，感恩企业”主题教育，持续开展平安创建活动，有力地推进和谐企业建设，巩固和谐稳定局面。

（朱晓颖）

中国石油工程建设公司

【概述】 中国石油工程建设公司（英文缩写CPECC，以下简称公司）隶属于集团公司，是专门从事石油工程设计、制造、施工和工程总承包的专业公司，并发展成为集团公司在国内外石油工程建设领域最具代表性的公司。

CPECC建设功能完善，技术力量雄厚，拥有一大批熟悉国际惯例、技术水平高、管理经验丰富的专业技术和管理人才，具备设计、采购、制造、施工一体化全功能，能够在高原、沙漠、滩海等各种条件下，按照国际标准和惯例，提供大型石油工程项目前期咨询、可行性研究、环评安评、勘察测量、设计、采购、施工、制造、监理、试运投产和运行维修等各项服务以及项目总承包（EPC）和项目管理承包（PMC）服务。

CPECC始终坚持“诚信，创新，服务，共赢”的经营理念，以先进的技术和管理，努力为客户提供优质高效、安全环保的服务和产品，不断创造和提升客户投资价值。先后在50多个国家和地区承接完成一大批油气集输、油气处理、长输管道、海洋工程、石油炼制、石油化工、油气储库、电站、道路桥梁、民用建筑等大型项目的可研、设计、环评安评、施工、监理和EPC总承包，均实现投产一次成功，实现了质量与安全的统一，创造了建设与环境的和谐，赢得了业主、项目所在地政府和公众的高度赞扬和信任。

自2003年以来，公司先后获国家、省部级以上优秀工程勘察设计奖48项，优质工程奖33项；荣获全国对外承包“十佳”企业、“AAA级信用企业”、“全国百强设计院”、“全国100家最佳建筑企业”等称号；连续17年被美国《工程新闻记录》（ENR）评

选为全球最大225家国际工程承包商之一，2010年位列全球225家最大承包商第46名，连续7年入选“中国承包商企业60强”，并荣膺“2010年中国最具成长性承包商”称号。

2010年，新签合同281.6亿元，为年计划指标的110%；完成营业收入334亿元，为年计划指标的106%，再创历史新高。公司继续名列全球最大225家国际承包商前列，再次入选“2010年中国承包商企业60强”，并荣膺“2010年中国最具成长性承包商”。

【市场开发】 公司紧跟集团公司国内外油气开发的部署，坚持把优先保障集团公司投资项目放在首位。同时，着力开发国际石油高端项目，努力培育后续战略性市场，不断改善市场资源结构，提高市场规模和质量，市场开发工作取得显著成绩。

（1）海外市场开发取得较大进展。2010年海外市场共追踪开发项目41项，涉及金额32亿美元，实现合同额122亿元。相继在苏丹中标包括3/7区Palouge二期电站在内的7个项目，在哈萨克斯坦中标第四油气处理厂等3个项目，在土库曼斯坦中标巴格德雷合同区域自备电站EPC项目。组织召开中东协调会，明确了要把中东市场建成持续、稳定、成规模、有效益的战略市场的总目标，哈法亚一期已开标，等待业主授标；鲁迈拉正在组织3个项目的投标。阿尔及利亚分公司又获图瓦注水项目。中亚天然气管道乌兹别克斯坦2号、3号压气站成功中标。

（2）国内市场开发进展顺利。国内市场共签约项目61项，金额151亿元。天津东方1300万吨/年和广东2000万吨/年炼油项目与业主达成EPC总承包意向。华东设计分公司加强高端炼油项目和储运项目市场开发力度，逐渐形成以炼油设计项目为核心的5个规模市场；大连设计分公司以优势炼油装置、节能环保、储运系统3大类项目为重点，市场份额大幅增加；新疆设计分公司进入天然气管道新兴市场；北京设计分公司不断加大海外上游项目设计与技术支持力度，实现设计水平和能力的快速提高；一建、七建突出集团公司战略工程和重大工程的开发，在大炼油和大乙烯市场上不断取得新突破，施工主力的地位更加巩固；技术服务分公司坚持“三个紧跟”，系统外市场份额进一步增大。

【在建项目执行】 2010年，公司执行项目共689项，其中，海外32项，国内直属EPC项目2项、国内设计120项、技术服务268项、施工安装和制造267项；海内外炼化和油气重点项目62项。

（1）海外项目顺利实施。海外竣工投产项目10项，在建项目执行顺利。阿布扎比原油管线项目完成总体进度90%；苏丹地区5个项目实现投产，喀土穆炼厂环保项目提前完工，得到集团公司和业主的高度赞誉；伊拉克艾哈代布项目总体进度超前计划；中亚天然气各段的6个在建项目有序展开；哈萨克斯坦分公司克服种种困难，布里诺夫油田预脱水站竣工投产，4号压气站机械完工，阿克纠宾第四油气处理厂达到投产条件；乍得恩贾梅纳上下游一体化项目突破内陆运输瓶颈，开展劳动竞赛确保工程目标；阿尔及利亚水泵站1号、2号、3号站成功试运。

（2）国内项目有序推进。宁夏石化500万吨/年炼油工程快速平稳推进，工厂化总承包优势凸显。广西石化、庆阳石化和抚顺石化等一批大炼油工程顺利投产，进一步提升了公司炼油设计水平和安装实力。设计业务以广东2000万吨/年重油加工总体设计为重点，各个项目有序推进；一建、七建承担的世界单系列规模最大的乌鲁木齐石化100万吨/年芳烃装置、中国陆上单套产能最大的塔里木大化肥45万吨/年合成氨和80万吨/年尿素装置一次投产成功，创造了新的施工纪录；技术服务分公司承担的山西港盛油库PMC项目推动了工程监理向项目管理业务的转型。

【质量安全管理】 质量管理方面，积极推进质量基础管理建设工程，对重点项目、关键部位推广旁站式监控模式，强化对分包队伍施工质量的监管，投产项目一次成功率100%。公司参建的独山子石化乙烯、土库曼斯坦巴格雷德A区块工程等被树为石油天然气建设质量样板工程，苏里格气田产能建设骨架工程和独山子原油商业储备库工程荣获石油优质工程金质奖。宁夏项目正以国家优质工程标准稳步实施。

安全管理方面，严格实施领导人员定点联系制度，开展基层班组安全管理、安全文化建设经验交流和危害因素辨识与风险评估，多角度、全方位筑牢安全防线。进一步完善海外社会安全管理体系和安保机构，强化项目社会安全风险评估。全年投入7787万元进行安全隐患治理。2010年累计122个百万人工·时安全行驶4100万千米。

【企业管理】（1）发展规划方面。召开公司重点工作务虚会和转变方式精细管理研讨会，对影响公司持续健康发展的前瞻性问题进行深入研究，编制完成《公司转变发展方式推进精细化管理框架方案》，各单位形成实施细则和具体目标分解计划，确定质量效益型发展模式及其目标、思路与主要措施，谋划了公司今后科学发展的战略布局。

（2）科技创新方面。公司牵头的“千万吨级大型炼厂成套技术研究开发与工业应用”集团公司重大科技专项由立项阶段转入正式实施阶段。“劣质重油轻质化关键技术研究”项目公司所参与的5个专题都按计划顺利展开。海外油气田橇块的设计研发等施工安装及制造业务的5个重点课题已经完成，新型高压换热器制造技术等关键科技项目陆续启动。

（3）人才强企方面。建立公司技术、管理和技能专家评聘机制，开辟了人才成长发展的新通道。引进7名中外籍设计专家，统筹调配440名各类管理及技术人才。全年累计培训22697人次，EPC国际工程高级项目经理班圆满结业，学员已安排到海外重点项目挂职锻炼。以组建第一支苏丹当地雇员为主体的井口施工队伍为标志，海外员工本土化取得新进展。

（4）集约化采购方面。2010年完成采购订单2485项，合同金额25.7亿元。出口退税率保持在96%以上。集中采购度达到90%以上，电子商务网上交易完成率113%，采购对公司的效益贡献率明显提升。

【党建和企业文化建设】 以“创先争优”为主线，创新党建工作的方式、方法，认真做好维护稳定工作，不断调动员工积极性，增强队伍凝聚力。一是积极推进学习型党组织、学习型企业建设，营造了比学赶超的舆论氛围。二是继续推进学习实践科学发展观整改问题的落实，自查、抽查和督察相结合，重点整改措施得到全面贯彻。三是认真落实《公司开展“四好班子”创建活动实施方案》，修订《公司党委会议制度》等一批党建规章。四是进一步健全和规范基层党建工作，海内外基层党组织健全率100%，发展新党员192名。五是成立公司党建思想政治工作研究会，产生了一批优秀政研成果。六是充分发挥职代会民主管理作用，积极开展扶贫帮困献爱心捐款活动，共募集帮扶资金123万元，分配专项资金125万元。离退休工作和矿区公用事业管理水平进一步提高，“职工之家”和“民心工程”建设快速推进，企业保持和谐稳定。

（严　峰　周学文　陈　璐）

中国石油集团工程设计有限责任公司

【概述】 中国石油集团工程设计有限责任公司（英文缩写CPE，以下简称公司）是集团公司直属的，具有自主研发能力的，以上游业务为主的EPC总承包商、PMC服务商和相关产品（设备）供应商。2010年，公司上下认真贯彻集团公司工作会议精神，全面落实“突出一个重点，做好三篇文章，推动五个升级”的工作总体思路，各项工作取得新的成绩。

【生产经营】 全年实现经营收入62.4亿元，利润总额1.7亿元，上缴税费4亿元，均超额完成集团公司下达指标，实现“十一五”圆满收官。

（1）市场开发取得突出成绩，经营业绩再创历史新高。坚持把市场开发作为生产经营头等重要的工作时刻摆在首位，切实加强大型、重点和EPC项目市场开发，全年新签合同额一举突破百亿大关，达到115.7亿元，充分发挥市场开发对公司发展的强劲拉动作用。

（2）EPC业务发展势头良好，公司“转型”进入紧要关头。坚持把EPC作为公司核心业务，倾尽全力加以培育和推进，瞄准大型、重点项目，提升EPC业务能力，狠抓EPC市场开发，全年EPC新签合同额69亿元，占合同总额的59.6%，EPC实现经营收入45.1亿元，占总收入的72.3%，标志着公司“转型”进入紧要关头。

（3）海外业务实现跨越式发展，服务保障能力持续提升。对各单位海外市场分工进行了细分，积极开展国际合作，以我为主，整合全球资源，努力为集团公司海外业务发展提供技术支持和服务保障，海外业务新签合同额44.4亿元、占合同总额的38.4%，实现经营收入11.8亿元，占总收入的18.9%。

（4）科研及基础工作卓有成效，科技产业化实现稳步发展。围绕集团公司油气核心业务，公司投入3000万元专项资金，组织开展科研项目20项、技术基础工作14项；强化成果意识，评选优秀论文220篇，新获专利授权19项、省部级奖励87项；落实“培育核心技术，实现科技产业化”的科技理念，科技产业化实现经营收入4.5亿元，占总收入的7.2%。

【改革与管理】（1）积极稳妥地推进重组整合。充分发挥公司的培训优势，对新疆两家单位开展“冬季培训”4期20多场（次），培训员工8000多人次；强化制度和模板对口宣贯，规范视觉形象标识，广泛开展企业文化宣贯。北京分公司、新疆油建公司和新疆设计院积极理顺管理体制，精简机关职能和人员配置，梳理、完善制度和模板，理清发展思路，明确发展目标和发展战略。2010年，三家单位均实现快速发展，“四个对接、四个满意”的目标初步实现。

（2）深入推进创新制度化。召开2010年度创新立项评审会和优秀管理创新项目评审会，验收创新成果7项，发布创新立项8项，评选优秀管理创新项目18项。组建兴油项目管理公司；创新劳动用工方式，通过业务外包等减少直接用工892人，依据考核结果将161名市场化员工转换为合同化用工、79名人才派遣员工转换为市场化员工，解聘社会化用工32人。

（3）持续深化管理法治化。在全公司组织开展了制度建设大检查，检查制度676项、模板540项、台账327本，提出问题和建议166条；召开制度建设推进会，持续深化制度建设，全年制（修）订制度611项、管理模板440项。组织全公司编制了“十二五规划”和“三年滚动发展计划”，深入开展精细化管理活动，全面推行“例行管理”，管理法治化水平进一步提升。

（4）切实加强EPC项目管理。继续将全面推广应用“EPC管理体系”作为深化项目管理的重点，完善“EPC项目管理体系”施工管理部分内容，在全公司开展体系宣贯和实战培训450人次；完善项目管理制度，建立工程项目台账，完成了193家分包商资格审查，积极深入项目现场开展协调服务与监督管理。2010年公司共运行项目3370项，生产组织运行平稳。

（5）持续开展CPE品牌建设。召开品牌建设工作会议，完善品牌管理制度，进一步规范品牌管理；组织编制《品牌·CPE》手册，全面开展“创建品牌建设样板工程”活动；制定发布了《CPE设计文件编制格式统一规定》，为形成具有CPE特色的设计产品标准奠定了基础。深入落实问责制，全年共下达问责通知单317份，问责626人次，其中处级干部21人次。

（6）不断强化QHSE管理。将安全作为各项工作的重中之重，编发安全管理制度14项，组织100人取得集团公司应急审核员和安全管理员资格证；在全公司组织开展安全大检查3次，发现和纠正各类安全问题71项；完善海外防恐及社会安全机制，强化海外安全管理，举办海外防恐培训班7期、防恐演练4次；强化体系建设，严格内审，保障QHSE管理体系有效运行，全年公司未发生安全事故。

（7）各项管理工作全面推进。开展了会计基础工作大检查，完善资金收支两条线和封闭结算管理，实行全面预算管理；切实加强规划计划、投资管理、合同管理、设备管理、物资采购管理、实物资产管理、内控体系建设、商业秘密保护和统计工作，认真做好工程建设领域突出问题专项治理和“小金库”专项治理，深入开展重点项目专项审计和效能监察，ERP系统按期上线运行，协会及外事管理稳步推进。

【领导班子与队伍建设】（1）加强领导班子建设。深入实施“五个一”工程，处以上干部讲课2234人次，发表文章81篇，全员研读书目10027本次，开展学习交流7885次。举办公司第四期处级干部和第二期中青年干部培训班，结合年度考核结果，调整充实部分单位领导班子，班子结构不断优化，领导管理能力持续提升。

（2）加强队伍职业化建设。发挥各单位功能优势，积极筹建四大职业化培训基地，以企业文化、职业化、品牌建设和“转型”为重点，组织开展第二轮员工职业化系列讲座，全年组织员工参加培训761期、培训15283人次。加强专家队伍建设，向集团公司推荐各类专家67人，选聘公司级专家188人、杰出青年人才67人。

【精神文明建设】（1）切实加强企业文化建设。完善公司视觉形象手册，规范项目现场视觉形象标识，提升公司整体形象。坚持“生龙活虎、神采飞扬、个性突出、内容丰盛”的宣传方针，深入开展“我就是CPE”主题教育活动，推动干部员工思想观念转型，全年举办专题展览7期，发行《CPE报》20期，在局级以上媒体发表文章281篇。

（2）全面开展“创先争优”活动。根据集团公司党组统一部署，在全公司深入开展“创先争优”活动，组织基层党组织和广大党员认真做好公开承诺活动，扎实开展党建三联示范点调研活动。开展庆祝建党89周年系列活动及“两优一先”评比表彰。

（3）深入开展人文关怀活动。深化健康管理，全年举办健康讲座21场次，组织员工体检6176人、健康疗养3640人，健康评估率、建档率均达到100%。完善人文关怀工作机制，全年帮扶困难员工328人次，发放帮扶资金78.19万元；深入现场开展节日慰问133项次，征集合理化建议1468条，开展劳动竞赛32场次；深化职工之家建设，妥善做好离退休管理、民族团结、维护稳定和信访、计划生育及群团工作，营造和谐发展氛围。

（曹海文）

中国寰球工程公司

【概述】 中国寰球工程公司（以下简称公司）是集团公司的全资子公司，是以技术为先导，以设计为龙头，集咨询、研发、设计、采购、施工管理、设备制造、开车指导等多功能于一体的，具有项目管理承包和工程总承包综合能力的国际工程公司，是智力密集、技术密集的科技型国有骨干企业。

公司现有从业人员9875人，其中，教授级高级工程师165名，高级工程师1103名，在国际工程公司工作和培训2年以上的人员180多名，具有硕士和博士学位的人员710名，取得各种高级别执业资格人员1471人次。公司拥有7家全资子公司、4家控股子公司和2家分公司。

公司拥有工程设计综合甲级资质，获得国家授权专利42项，受理专利22项；国家级工法2项，省部级工法13项；有41项具有竞争优势的专有技术，10余项自行开发或正在开发的具有市场价值的工艺创新技术。荣获国家和省部级发明奖、科技进步奖、优秀工程设计奖等423项奖项，主编和参编国家标准规范18项、行业标准规范34项、协会标准规范8项。

1999—2010年，公司连续12年被美国《工程新闻记录》（ENR）评选为全球最大225家工程承包商和全球最大200家设计公司之一，位居建国60周年全国勘察设计行业“十佳工程承包企业”之首，建设部公布的2010年度国内工程项目管理和工程总承包双排名均首次超过国内业界同行。

【生产经营指标】 2010年，公司新签合同总额244亿元，同比增长13.5%；实现营业收入153.7亿元，同比增长44.1%；实现利润总额5.52亿元，同比增长43.3%。资产总额达112.9亿元。全年执行的大中型项目达105项，其中总承包项目56项，特别重大和重大项目18个，创公司历史新高。采购额总计超过80亿元，采购量同比增长15倍，平均节资率达到19.35%，集中采购规模化、专业化、低成本、高效率的优势得到进一步发挥。

【重点项目建设】 调配骨干资源，保障系统内重点项目。四川炼化一体化项目、抚顺乙烯、江苏LNG、大连LNG全力奋战施工高峰；大庆乙烯项目现场土建工作稳步推进；唐山LNG、安塞LNG、宁夏PP与气分、呼炼6套装置全面开展详细设计；云南炼油项目完成总体流程方案优化；广西钦州1227项目顶住压力正点到达投产，为集团公司国际原油收储战略提供坚实保障；江苏LNG接收站作为集团公司首个设计、采购、施工和开车完全自主化的大型LNG接收站项目已机械完工，广西石化多套装置、大港PP、庆阳PP等项目也成功建成。

精心组织力量，推进系统外战略项目。青海多晶硅项目顺利产出电子级高纯度合格产品，标志公司在新能源领域成功迈出第一步；内蒙古煤基合成油项目作为国内首套煤间接液化装置实现一次开汽成功；兰化润滑油储罐更新项目、广东壳牌（珠海）润滑油项目均顺利中交。

攻克种种困难，提升海外工程业绩。意大利倍耐力新厂项目首只轮胎成功下线；沙特PK项目经受了最严格的国际项目管理挑战，全面完工投产；缅甸化肥项目顺利投产运行；斯里兰卡H罐区项目、越南化肥项目、古巴LNG气化装置项目、西恩富戈斯炼油厂扩建等项目均顺利平稳推进；中东、新加坡子公司的发展得到集团公司领导高度评价。

【市场开发】 公司加强统筹协调，全力提升系统内外重点战略市场控制力，努力突破海外高端市场，及时调整海外业务市场开拓战略，向安全、高端市场转移。与集团内部多家公司签署海内外合作协议，为开拓集团公司海内外市场，以及后续项目顺利承接奠定了基础；抓住新疆加速发展的机遇，加强与疆内系统内外合作伙伴的沟通交流与业务合作；与知名的国际大公司就共同进行技术开发及在相关项目上广泛合作进行磋商，达成了初步意向。

在集团内部市场，先后承接华北石化4套引进炼油主装置、呼炼4套装置、陕西延长石化炼油部分装置；顺利签约大庆乙烯总承包、唐山LNG项目总承包、宁夏石化大化肥工厂总承包框架协议、大庆PP和宁夏PP设计服务、抚顺石化公司医用综合楼EPC承包项目、四川南充生物制柴油及兰州石化原油储备库总承包、独山子新增石脑油火车及轻烃汽车卸车设施等合同；塔里木阿克苏化肥项目可研编制工作已经完成，正在跟踪后期的承包工作。

在系统外部市场，宁煤一期2套甲醇制烯烃项目签署战略合作框架协议，青海多晶硅二期明确了下一步的EP工作，承接了中国海油、卡塔尔合资的海南洋浦大型烯烃石化工程、中电投/道达尔合资内蒙古MTO项目、珠海PTA三期等一批前期服务项目；签署了抚顺页岩油设计合同和延长乙苯/苯乙烯EPC合同、路博润滑油添加剂初步设计、顺昌润滑油调配等项目。

在国际市场，成功签署古巴炼油设计合同、土库曼斯坦二期PMC合同、缅甸120万立方米储罐设计合同、沙特KAYAN PC预试运项目合同，签订中石油秘鲁公司6/7区天然气集输项目EPC总包合作备忘录。此外还完成古巴炼厂OBCE、古巴LNG、沙特硫磺回收和公用工程、新加坡公用工程项目的报价；加大了对越南、沙特、阿联酋、委内瑞拉、澳大利亚等地项目的跟踪力度，主动参与集团公司在北美、南美、中东地区投资的油砂处理厂、重油改质厂和LNG厂等项目的前期咨询，为后续项目承接打好基础。

【技术创新】 2010年，公司共开展57项科技开发项目，其中，集团公司重大专项4项、集团公司一般项目8项、寰球公司层面4项、二级单位层面41项；新申请专利16项，已受理9项，获得专利证书13项。

集团公司重大科技专项实现新突破。“大型乙烯装置工业化成套技术开发”成果顺利应用于大庆石化乙烯项目，实现自主开发技术成果向工业化应用的转化，正在积极争取国家“863”科技项目立项；“大氮肥成套技术集成开发”稳步推进，计划任务书已获得集团公司批准；“天然气液化关键技术研究”依托安塞项目的工艺包和基础设计基本完成，设备国产化技术方案逐步明朗；“LNG接收站关键技术集成研究”通过项目中期评估，正推动列入集团公司重大科技专项；参与的“千万吨级大型炼厂成套技术开发”项目正式启动。

其他科技项目研发取得新进展。“聚丙烯国产化技术分析研究”完成中期评估；“煤制合成天然气（SNG）技术开发研究”准备立项；积极推动“国家能源液化天然气（LNG）研发（实验）中心”设在寰球公司；“独山子石化稀土顺丁橡胶装置”完成工艺包编制；“湿法挤压生产ABS树脂成套技术研究及高性能ABS树脂的开发”完成结题验收；“碳五加氢石油树脂成套技术和新产品开发”完成工艺包编制；“混合碳四异丁烯制叔丁醇成套技术开发”完成了除水合反应部分外的所有工艺包设计内容；“煤制油中试工程开发”签署了专有技术使用许可合同；与华东理工大学合作开发的100万吨/年甲醇合成与分离成套技术正在筹备市场推广。

【安全生产】 公司认真贯彻落实有感领导、直线责任和属地化管理要求，贯彻落实HSE管理九项原则和六条反违章禁令，从“三个强化、四个狠抓、一个提升”等8个方面对安全环保工作进行重点部署，分解细化形成69项具体工作，HSE管理重心进一步向现场一线前移；全年累计安全管理投入9194万元，实现安全9020万工时，累计组织开展监督检查13688次，发现问题13388项，完成整改13388项，整改率达100%，有效遏制了亡人事故发生；强化体系机制建设，编制完成公司现场HSE管理文件汇编，成立安全环保中心，明确安全管理岗位一正三副的领导力量配置结构，建立了项目现场工作协调例会制度和安全督导机制；落实各级安全环保责任制，加强本质安全建设，加强项目的设计策划、设计评审和设计论证等关键环节质量管理，对1227、越南化肥等项目加大HAZOP分析力度；狠抓过程控制，实行项目全过程风险识别和动态管控，海外项目在加强自身风险识别的同时，着力加强社会安全风险管理；强化应急管理，完善公司各类应急预案，理顺应急组织机构和职责，进一步强化了总值班管理；狠抓培训教育，在各项目现场建立HSE培训教室，配备培训师和培训设施，全年完成培训118499人次，其中管理人员19695人次，基层作业人员98840人次；认真开展“安全生产月”、“6·16安全警示日”和领导安全述职等活动，营造良好的安全文化氛围，安全管理基础更为扎实。

【基础管理】 2010年是集团公司基础管理建设工程实施启动年，公司将基础建设作为转变发展方式的一项重大举措，以扎实工作为工程开局。将成本费用分析管理作为公司业务发展过程中的“牛鼻子”，加快EVA指标的应用和考核，实时测算资本使用效率和价值创造能力。全面推进完善大寰球QHSE管理体系，下大力气整合修订发布了2010年版QHSE管理体系文件，QHSE管理体系运行更加平稳有效。注重规章制度的梳理、废止、出台工作，使制度体系整体协调、合理、更加完善。结合重点工程建设、新技术推广、质量升级和管理创新，健全完善公司标准化管理机制，参与制定国家标准及法规13项、行业标准18项、集团公司企业标准3项。按照“体系可靠、风险可控、运行可持续”的总体要求，内控体启动试运行；结合公司经营特点和重点风险领域，完成重点业务流程的梳理及风险控制管理工作，严格推进惩防体系建设、工程专项治理、效能监察、内控体系建设、“小金库”专项治理等工作，全面严控风险。

（刘 佳）

中国昆仑工程公司

【概述】 中国昆仑工程公司（以下简称公司）是集团公司的全资子公司，是集咨询、研发、设计、采购、施工管理、开车指导和工程监理、工程总承包、项目管理承包、技术服务等多功能于一体的国际工程公司和国有科技型骨干企业。2009年底，根据集团公司对工程建设业务进行专业化重组的决定，由中国纺织工业设计院与中国石油大庆石化公司所属大庆石化工程有限公司，中国石油集团工程设计有限责任公司辽宁分公司重组而成，现拥有4家全资子公司，2家控股子公司和1家分公司。

公司持有国家颁发的工程设计、工程勘察、工程咨询、工程监理、工程造价、工程总承包、环境治理等多项甲级资质证书；通过了ISO 9001质量体系、ISO 14001环境管理体系、OHSAS 18001职业健康安全管理体系和中国石油HSE管理体系认证；建有先进的计算机网络平台和应用体系；拥有国际先进的工程设计、项目管理及办公自动化等应用软件和数据库；享有国家授予的对外经营权。

公司长期致力于石油化工、纺织化纤、煤化工、环境工程、建筑工程等领域的建设、创新与发展。承担设计和建设完成各类大中型石油化工、化纤及其原料和民用建筑等工程数千项，国外经援、经贸工程百多项，遍布全国及26个国家、地区。获国家科技进步一、二等奖，全国、省部级优秀勘察设计特等奖、金质奖、优秀奖、管理奖数百项。拥有雄厚的科研和技术实力，承担了多项国家重大科技攻关任务，在大型连续缩聚聚酯（PET）、精对苯二甲酸（PTA）、顺丁橡胶、ABS、己烯－1、工业废水处理等领域拥有专有技术，获国家授权专利48项，其中，PCT专利10项。参编国家、行业及协会标准规范56项，其中主编25项。

公司现有在职职工1457人，其中，工程技术人员1029人，国家设计大师3人，教授级高级工程师30人，高级工程师370人，享受政府津贴专家44人，特殊贡献的中青年专家1人，具有各种国家高级别执业资格人员650人次。

公司被评为国庆60周年勘察设计行业“十佳工程承包企业”，获得中央企业先进集体、首批“AAA级信用企业”和北京市“高新技术企业”荣誉，连续10年被评为中央国家机关和首都文明单位，公司一直位居国家勘察设计百强企业名列，在国内外工程建设领域享有较高知名度与良好信誉。

【主要生产经营指标】 2010年，公司实现主营业务收入约30.6亿元，同比增长51%；实现利润总额7355万元，同比增长31%；年底资产总额近31亿元，同比增长52%，全面完成集团公司下达的各项考核指标，持续保持平稳较快健康发展势头。

【主要措施与成果】 2010年，公司认真执行集团公司一系列重大决策部署，通过整合、优化配置资源，大力开拓工程业务市场、积极转化自主研发的科技成果、加强基础管理建设，强化项目执行等措施，持续增强竞争优势，大幅提升综合实力，各项工作取得明显成效，企业和谐发展稳定，面貌发生了巨大变化。

公司精心组织力量，与业主、施工等各方紧密协作，严格控制工程质量、工期进度和现场安全，确保四川石化、抚顺石化、大庆石化、宁夏石化、广东石化、辽阳石化等集团公司重点在建工程顺利执行，在所承担的四川石化项目中诞生了中国石油工程建设史上首个“球罐王”。

依托专有技术和服务优势，公司继续保持芳烃领域PTA和聚酯工程的领先优势。全年共承担40多套国内外聚酯总承包工程，占国内新增市场的近75%，其中，宁波康鑫聚酯工程获建设部2009年度工程设计金奖；浙江东华、滁州安邦聚酯工程分获石油行业和纺织行业优秀工程设计一等奖。继四川蓬威年产120万吨PTA国产化装置建成投产后，又成功签约绍兴远东年产140万吨大型国产化PTA装置，进一步确立了公司在PTA工程领域的技术领先优势。

【科技创新】 公司大力推进科技创新，加强知识产权管理，取得多项新成果：一是继“百万吨级PTA装置工艺技术及成套装备研发项目”荣获中国纺织工业协会2010年度科技进步一等奖后，持续优化PTA国产化技术，“百万吨级PTA装置工艺配套技术开发”课题被评为集团公司优秀项目；“炼化污水高效处理及回用技术开发”等多个项目入选集团公司级研发项目。二是聚酯单线生产能力达到日产1500吨，继续保持在聚酯领域的国际领先乃至领导地位。三是科技部科技支撑计划项目“年产1000吨纤维级聚乳酸工艺技术和成套装备开发”已通过专家验收。截至2010年底，公司申报专利77项，其中发明专利28项，已获授权48项，其中，PCT专利10项。

结合重点工程建设、新技术推广、质量升级和管理创新，公司进一步健全公司基础管理建设机制，完善企业标准规范体系，强化标准化、信息化建设，积极参加国家和行业标准规范编制，2010年，主编和参编标准规范6项。

【工程建设】 2010年是公司生产经营任务最为繁重的一年，工程建设业务全年所承担的工程项目建设投资超过100亿元。

在石油化工领域，主要承担了四川石化、抚顺石化、大庆石化、宁夏石化、广东石化、长江项目等集团公司重点项目，以及江苏海伦、绍兴远东等大型国产化PTA工程项目；在合成材料领域，承担了抚顺石化、四川石化、大庆石化等聚乙烯、聚丙烯、顺丁橡胶多项工程；以及浙江桐昆、印度FILATEX等40多套聚酯工程；在煤化工工程方面，承担了河南煤业煤制乙二醇、通辽金煤等项目；在特种纤维工程方面，承担了吉林石化、中蓝晨光等项目；在环保工程领域，承担了宁夏石化、辽阳石化等大型石油化工污水处理工程，以及佳龙石化、嘉兴石化、恒力石化等大型化工装置污水处理承包工程；在民用建筑领域，承担了中科院高能物理所、普仁医院、华油集团涿州小区等工程项目。

【安全生产】 公司始终坚持把安全环保作为天字号工程和第一要求，扎实开展HSE体系建设，着力构建安全环保稳定长效机制，隐患治理成效显著，应急管理体系逐步完善，坚决执行集团公司海外防恐安全规定，强化外事管理，严格海外风险评估和防恐外事教育，制订安全防恐应急预案，确保海外人员人身安全，2010年所承担工程没有发生一起安全、环境、健康责任事故。

2010年，重点做好以下工作：一是落实安全责任制，全员签订责任书，层层传递责任；二是加强全员HSE管理培训，持续提高技能和管理；三是实施综合管理过程的监视和测量，确保体系持续改进；四是加强承包商安全管理，严格施工现场质量与安全管理。公司本部和所属大庆公司均顺利通过质量和HSE管理体系认证。

【企业改革与管理】 公司认真贯彻落实集团公司各项部署和要求，持续完善机制体制和业务结构，突出提升队伍建设和管理能力，不断促进企业和谐健康和稳定发展。

继2010年3月集团公司党组对公司领导班子进行调整后，9月又经过民主公开程序，选拔聘任了3名同志进入公司领导班子，理顺了职责分工，提升了管理水平；10月，根据集团公司相关程序，结合企业实际，对公司本部及部分二级单位进行了机构调整，新增3名总经理助理，选拔聘任了一批中层干部，为企业发展提供了坚实的政治和组织保障。

公司认真探索吸引、培养和使用人才的有效机制，人力资源继续得到优化，培养、锻炼了一支适应企业发展需要、吃苦耐劳、奉献拼搏，敢打硬仗，具有良好精神状态与时代风貌的人才队伍。与此同时，积极推进员工培训、用工、绩效考核和薪酬分配等机制创新，劳动生产率水平不断提高。

2010年，公司不断提升项目管理能力，突出关键特色技术研发应用，始终把工程建设质量和安全环保放在第一位，持续强化EPC和PMC管理水平，工程建设服务和保障能力大大提升。

（鲍世庆　肖春宏）

中国石油技术开发公司

【**概述**】 中国石油技术开发公司（英文缩写 CPTDC，以下简称公司）肩负着协调指导集团公司各装备制造企业销售业务职能，统筹协调国内销售市场业务的开拓，统一组织集团公司装备制造产品的出口贸易，带动产品出口，同时为集团公司海外投资项目建设提供物资装备保障。公司在全球 40 个国家设立了 55 个海外机构，已将产品出口到美洲、中东、独联体、亚洲、非洲、欧洲等 70 个国家和地区，在世界主要产油区建立起稳定的市场营销网络，年签约额超过 20 亿美元，是中国最大的石油石化物资装备专业国际贸易公司。

公司拥有专业化的技术支持体系，能够针对国际用户的不同需求，提供从物资装备、技术方案、质量控制到安装调试、售后服务等完整的解决方案。截至 2010 年底，公司已累计销售 218 台钻机、457 台修井机和 7000 多千米长输管道。公司在全球建立 14 个寄售库、维修和服务中心，及时快捷、专业化的售后服务得到用户的广泛认可和一致好评。

公司共有中外员工 968 人。其中，中方员工 508 人，大学本科以上学历占 89%，博士生 12 人，研究生 185 人；中、高级职称 213 人；外籍员工 460 人。

公司总部机关设有 11 个职能处室；根据地区和专业，设有独联体分公司、亚非分公司、美欧分公司、中东分公司、石化分公司、管道分公司、中亚管道项目部、海洋工程分公司、物流分公司、钻探装备部、开发装备部和综合装备部 12 个直属经营机构。

【**主要生产经营指标**】（1）签约额再创历史新高。2010 年共实现签约额 25 亿美元，达到历史同期最高水平，共涉及 35 个国家和地区、902 个合同，合同个数同比增加 45%。共与 112 个外资客户签约 15.76 亿美元，占总签约额的 63.10%，是 2009 年外资市场签约额的 2.88 倍。集团公司海外项目签约 9.22 亿美元，中资市场平稳发展。

（2）各地区和专业分公司业务持续发展。中东分公司实现签约 4.05 亿美元，亚非分公司 4.03 亿美元，独联体分公司 3.67 亿美元，同比分别增长 103%、37% 和 32%；美欧分公司克服后金融危机的不利影响，实现签约 2.7 亿美元。石化分公司实现签约 6.3 亿美元，管道分公司 3.27 亿美元，中亚管道项目部 5425 万美元，海洋工程分公司 4000 万美元。

（3）主导产品签约显著增长。全年签约化工品 6 亿美元，钻修井机 4.7 亿美元，长输管道 3.8 亿美元，开发装备 4.35 亿美元，油套管 2.57 亿美元。化工品、钻修设备、开发装备和油套管签约额均达到历史最高水平。

（4）多种营销方式成绩斐然。2010 年通过多种贸易方式实现签约 8.3 亿美元，是 2009 年的 13 倍，达到历史最高水平。其中转口贸易 5.1 亿美元，租赁服务合同 1.58 亿美元，利用政府优惠贷款签约 1.1 亿美元，通过仓储寄售实现签约 4000 万美元。

（5）新客户新产品开发取得突破。2010 年共与 26 个国家的 39 个新客户实现签约 7.27 亿美元，电泵、反应器、催化剂等产品成功进入 BP、雪佛龙、埃克森等公司的全球供应商体系，与俄罗斯石油运输公司实现长输管道签约，并创造 28 天完成运输的国内最快发运纪录；修井机首次进入苏丹外资市场，顶驱及近钻头地质导向系统首次向加拿大销售，俄罗斯苏尔古特实现 16 套震击器签约，哈萨克斯坦实现特殊螺纹套管的首次销售；海洋钻机模块、注水项目物资供应、测井成套设备等新产品实现首次出口，共签约 3960 万美元。

【**主要工作及成果**】 2010 年，面对市场开发中出现的新情况、新问题，公司将 2010 年确定为“市场开发年”。进一步解放思想，创新思路，集中精力抓市场，千方百计扩规模，市场开发取得显著成效，共实现签约额 25 亿美元、营业收入 94.5 亿元、利润 10 亿元。

（1）贯彻实施集团公司扩大装备制造产品出口“三步走”的战略目标。为确保“三步走”目标的实现，公司编制实施《中国石油 2009—2020 年装备制造产品出口业务发展规划》，公司的发展思路更加清晰，工作重点更加明确。广大海内外员工坚决贯彻集团公司扩大出口的决策部署，不断转变发展方式，创新业务模式，进一步加快国际营销网络建设，进一步强化多种营销方式的实施，积极应对国际金融危机的不利影响，各项经营指标连创新高，国际市场开发取得重大进展，实现公司的快速发展。

（2）服务保障和带动作用有效发挥。为保障集团公司海外五大油气合作区建设，公司充分发挥集团公司综合一体化优势，提前介入，认真筹划，积极为集团公司海外项目提供资金、人员和物资供应保障，先后参与苏丹、哈萨克斯坦、土库曼斯坦、尼日尔、伊朗等22个国家海外勘探开发、炼厂建设等项目的物资装备供应，开展尼日尔、伊拉克、乍得等高风险国家“门到门”的物流服务。注重加强与制造企业的协同配合，充分发挥制造企业的优势，联合组建营销团队，建立国际市场开发的联动机制，有力带动制造企业的产品出口，促进制造企业的产业升级、技术升级和质量升级，推动装备制造业务的有效发展。

（3）国际营销网络布局和功能建设稳步拓展。公司坚持“巩固深耕传统市场，积极拓展新兴市场，着力培育潜在市场”的市场开发思路，加快国际营销网络布局，完善营销网络功能。公司共在22个国家新设29个境外机构，其中亚非地区新增13个，美欧地区新增7个，独联体地区新增6个，中东地区新增3个，覆盖1000万吨以上产油国的70%；在北美、南美、中亚、非洲、中东等地区建立14个具有维修、仓储、售后服务和备件供应等功能的服务中心，有力支撑出口规模的快速发展。积极与国家石油公司和海外专业服务公司开展合作，与委内瑞拉、利比亚、土库曼斯坦、叙利亚等21个国家石油公司、91个服务公司建立长期的合作关系，客户范围继续保持增长。

（4）主导产品出口格局基本形成。为加强对市场的专业化技术支持，公司成立3个产品装备部。各技术支持部门、专业分公司不断加强与地区分公司和境外机构的沟通和配合，大力开展技术先行，主动走出去开发市场，在技术方案制订、服务组织和为客户提供综合解决方案方面，有力推进市场开发和客户关系的维护。持续推进技术有形化，形成各种大型成套钻机的标准化技术方案。加强科技研发工作，立项开展33个科研项目，已获得2项发明专利和1项实用新型技术，油田化学品专利已经成功运用到乍得、苏丹等市场的开发。注重资源体系的持续完善和优化，坚持供应商年度动态评审，不断优化产品资源体系建设，拓展特色服务和新产品等350个资源厂家，建立了由集团公司内部资源、国内社会优势资源和国际资源组成的产品资源体系，实现了主导产品规模出口的格局。

（5）国际大型项目运作能力不断提升。为确保每年在40个国家近千个项目的实施，公司进一步强化项目管理，项目运作水平不断提高。一是项目管理基础进一步夯实。在总结经验的基础上，规范项目的管理控制内容和流程，形成钻机、长输管道、炼化设备等项目运行的管理体系，成套设备和大型项目管理更加规范化和科学化。所有重大合同、重点项目均成立由公司领导和有关部门组成的领导小组和项目组，不断建立和完善领导小组会议制度和协调决策机制。注重加强项目管理人员的培训，40多人取得美国项目管理学会的PMP证书，对项目质量、进度、成本和风险等关键要素的管理能力不断提高。二是形成项目管理的协同机制。各处室、直属机构选派精干人员参与项目管理，认真组织产品资源、物流运输、法律咨询、资金筹措、安全管理和售后服务等方面的工作，努力为项目运作提供支持、服务和保障。各海外机构积极配合项目管理，支持售后服务的开展，及时协调解决现场出现的各种问题。三是重大项目的运作能力不断提升。在各地区分公司、海外机构和技术部门的共同努力下，完成乌兹别克斯坦、委内瑞拉、伊朗等国家94台套钻机的现场安装和售后服务，年均派出近200人次到境外开展现场服务。通过实施聘请国际第三方监理、驻厂监造等措施，确保印度9台反应器的产品质量。针对中亚管道项目工期紧、任务重等方面的特点，公司专门成立中亚项目部，组织协调国内外40多家钢厂、管厂、防腐厂和物流公司，在海外建立6个堆场，在阿拉山口和霍尔果斯建立2个前线工作组，创建“绿色通关”模式，通过项目的高效运作，提前3个月圆满完成了1800多千米、近80万吨管线供管和运输任务，有力保障中亚天然气管线项目的按期竣工，也为公司大型项目运作积累了宝贵经验。

（6）风险管控能力显著提高。管理工作是公司健康发展的重要基础，也是防范风险的有效措施。根据公司发展战略和快速发展的要求，大力实施基础管理工程建设，不断创新管理，建立涵盖国际贸易全过程的经营管理体系。各相关处室编制完成经营管理、财务管理、人力资源、法律事务等主要业务的管理制度汇编，建立和完善涉及经营管理、项目执行和新业务领域等方面的制度35项。加强财务管理，逐步推进境外资金收支两条线管理，完善境外子公司的财务管理制度并统一财务管理软件，全部17家公司纳入合并报表，境内外一体化的财务管理体系初步建立。加强投资全过程管理，强化投资项目的论证，规范股东行权和收益管理。加强总部机关运行机制建设，建立督办制度，进一步规范档案、保密和行政后勤服务。为有效防范风险，编制《内部控制手册》，建立法律风险防控体系，审计工作向事前、事中的过程监控转变。为加强法律事务管理，成立了合同条法处，加强重大合同、投资项目的法律咨询、合同审查等方面的工作，每年100万美元以上合同的审查比例达90%以上，组织编制42个合同范本，有效防范经营风险。为加强经营管理工作，公司定期开展经营活动分析，及时编发销售、采购、应收账款、资源建设等专题简报，为经营决策和业务开展起到促进作用。通过以上措施的实施，有效防范经营风险，提升了公司的风险管控能力。

（7）境外机构的管理水平不断提高。海外机构对公司市场开发具有不可替代的重要作用。各海外机构认真贯彻落实公司的各项部署和要求，努力做好市场开发的各项工作，进一步强化基础管理，管理水平不断提高。一是市场开发能力进一步增强。各境外机构认真做好市场信息获取、客户关系维护、多种贸易方式实施、售后服务协调等各方面工作，积极组织产品推介活动，为各地区和专业分公司提供市场开发支持，有效发挥在市场开发中的作用。二是管理体系和制度建设进一步完善。各海外机构按照驻在国的法律法规和公司的管理要求，结合海外机构管理评审提出的建议，不断完善管理制度，明确岗位职责，优化业务流程，为规范管理、控制风险奠定了基础。三是总部对海外的指导、支持和服务进一步加强。总部各处室积极支持海外机构各项工作的开展，通过现场办公、专项检查、管理评审等方式，加强对海外机构工作的指导，及时了解和掌握海外机构的管理需求，努力改善海外员工的生活条件。

（8）安全环保基础进一步巩固。认真贯彻落实集团公司安全工作的部署和要求，根据公司经营业务的特点，积极践行“环保优先、安全第一、质量至上、以人为本”的方针，强化责任落实，狠抓体系建设，严格执行《反违章禁令》，强化交通安全管理，全员安全意识明显提高，风险防范能力持续增强。一是不断强化安全环保责任落实。按照“管工作必须管安全”的要求，大力推进有感领导、直线责任和属地管理，与所属单位海内外领导签订安全环保责任书，进一步完善承包商的管理，签订项目承包商安全生产合同，组织全员签订“HSE承诺书”，建立“纵向到底、横向到边”的安全环保责任体系。二是持续强化安全环保体系建设。公司成立安全委员会，坚持月度工作例会制度，定期研究HSE工作的新情况；建立健全安全环保组织机构，指定各处室、直属机构的安全员，中亚管线、委内瑞拉钻机、苏丹电泵等重点项目和高风险地区项目，设立专职安全监督。各海外机构认真建立安保、防恐制度和应急预案。公司先后两次进行体系文件的修订换版，推行项目HSE“两书一表”，实施境外风险告知制度，以风险受控为核心的HSE管理体系基本形成。三是不断提升安全风险管控能力。公司狠抓社会安全、交通安全和项目作业安全风险管理，严格推行公司内部准驾制度；境外机构常驻和高风险地区人员防恐安全培训率达到100%；开展新建机构的前期安全评估工作，加大安保硬件投入，严把承包商“五关”，狠抓现场HSE管理，项目安全管理水平不断提高；坚持开展隐患排查整改活动，持续完善应急预案，强化突发事件预警工作，成功应对乍得内战、尼日尔政变和苏丹大选等事件。

【和谐企业建设】　公司党的建设始终围绕市场开发和经营管理的中心，积极探索，努力实践，党建各项工作取得新成效。一是各级干部引领发展的能力不断增强。二是党建思想政治工作彰显生机和活力。在苏丹等4个地区建立党支部，实现党员教育管理的全覆盖。党员队伍不断壮大，先锋模范作用得到进一步发挥。中亚项目部、苏丹分公司获得集团公司先进集体荣誉称号，涌现出集团公司和公司级的一批先进集体和先进个人。三是企业文化建设不断深入开展。四是民主管理和职工之家建设取得新成效。公司连续荣获中央国家机关文明单位，公司工会被中华全国总工会授予“2010年全国亿万职工健身活动月优秀组织奖”、集团公司“先进工会组织”、直属机关“先进职工之家”荣誉称号，公司团委先后荣获集团公司直属机关、中央企业“五四红旗团委”称号。

（包文涛）

宝鸡石油机械有限责任公司

【概述】 宝鸡石油机械有限责任公司（以下简称公司）是集团公司所属的全国建厂最早、规模最大、综合实力最强的石油钻采装备研发制造企业，也是全球最大的陆地石油钻机和F系列钻井泵研发制造基地以及全国最大、能力最强的重要场合用途钢丝绳研发制造基地。公司本部位于陕西省宝鸡市，其前身宝鸡石油机械厂，始建于1937年，1953年划转石油系统，2002年改制为宝鸡石油机械有限责任公司，2008年成为集团公司独资设立的一人有限责任公司。公司下设11个职能处室、16个直属机构和20个二级单位，包括咸阳宝石钢管钢绳有限公司、宝石机械成都装备制造分公司、宝鸡宝石特种车辆有限责任公司3个全资子公司和中油辽河宝石石油装备有限公司、西安宝美电气工业有限公司、宝石电气设备有限责任公司、北京宝石MH海洋石油工程技术有限责任公司4个控股子公司。共有员工8207人，其中高级以上职称253人，博士、硕士94人，享受政府特殊津贴专家2人，陕西省有突出贡献专家1人，集团公司技术专家3人、技能专家1人。有各类设备4388台（套），总占地面积290万平方米，建筑面积43万平方米，总资产83.15亿元，年产值60亿元以上。

【主要生产经营指标】 2010年，公司共产出钻机63台，钻井泵及泵组432台（套），两项主导产品产量继续保持全球领先地位。完成钢丝绳及精密钢管产量5.80吨，钻头8229只。完成工业总产值38.86亿元，实现销售收入46.15亿元，利润1.7亿元，所有者权益31.58亿元。全年新增订货53.34亿元，海外市场新增订货22.16亿元，同比增长39.52%，创下历史新高。

【主要产品】 公司主要设计制造1000—12000米9大级别、4种驱动形式的常规陆地钻机、极地钻机和海洋成套钻机；500—2200马力❶的各系列钻井泵；海上钻采平台设备、井控井口设备、特种车辆、钢管钢绳、大直径牙轮钻头等钻采装备配套产品，覆盖面达50多个类别、1000多个品种规格，其中15大类76项产品获得美国石油学会API会标使用权，是国际上拥有该会标使用权最多的企业。

❶ 1马力（公制）= 735.5瓦。

【主要措施和成果】 2010年，公司紧紧围绕“转变发展方式，推动转型升级”这条主线，深入推进“三个拓展”，努力开拓国内、海外、海洋三大市场。国内市场上，在北京、内蒙古、宁夏等地建立新的客户网络，减轻了国家石油公司订货锐减造成的影响，全年新增钻机订货55套9.94亿元，钻井泵及泵组273台（套）2.83亿元，部件及配件2.73亿元；海外市场上，新开辟了肯尼亚市场，并在伊拉克、加拿大等国开展新的业务，全年海外市场新增订货22.16亿元，同比增长39.52%，创下了历史新高；海洋石油装备市场上，成功中标韩国大宇造船海工株式会社总价值超过1.6亿元的海洋平台钻机项目（坐底式海洋钻井平台钻井系统），加快了向世界海洋石油装备主流市场进军的步伐。

【新产品研发】 2010年完成新产品开发48项（包含单元部件类），申请专利100件，新获专利授权108件（含2009年申请项目），其中发明专利5件，均创公司最高纪录。其中国家863项目——深水钻井隔水管样机亮相OTC展会受到广泛关注；TZG-130铁钻工在北京石油装备新产品发布会上一经推出，就受到参展人员高度评价；研制成功的9.7米单臂吊环，刷新了由公司保持的国内单臂吊环长度纪录。10月份，公司在2010年新产品发布会上展示的21项新产品，赢得了专家与用户的高度评价。

【工程建设】（1）公司本部技改搬迁项目完成齿轮螺纹规、钻采部件制造、热处理3个单元的主体建设，另有锻造、绞车2个单元基建工程工作量过半。

（2）咸阳宝石钢管钢绳有限公司搬迁及技术改造项目主体基建工程基本完成，公辅设施区域管网主管道与各支线已连接，试生产以及一条生产线贯通工作实现并有产品产出。

（3）宝石机械成都装备制造分公司搬迁改造项目厂房主体等土建工程全部完工，基本达到初验收条件。

（4）宝石明德沁园1046套团购住宅楼房交付使用，并完成了托儿所、医疗点等配套建设工程，冬季到来前接通了暖气。

（5）2010年底，公司本部开工在建的高层住宅楼共有6栋，总面积15.8万平方米，是公司发展史上同时在建高层住宅楼最多的时期。其中，36号高层住宅楼室内外装饰装修完成总工作量的60%，37号、38号高层住宅楼主体11月份顺利封顶，39号高层住宅楼和东山1号、2号高层住宅楼开工建设。

【安全生产】 安全管理以创建自主审核和自主管理班组为抓手，推动管理重心下移；以强化风险管理为主线，深化HSE体系运行。全年未发生生产安全、交通、火灾及爆炸事故，也未发生职业病患；全面完成“十一五”政府节能节水考核指标，顺利通过集团公司2010年节能节水型企业验收，废气、废水、固体废弃物稳定达标排放，公司被评为集团公司“HSE信息系统先进单位”。

【企业改革与管理】（1）机构改革顺利推进。从提高新形势下企业环境应变能力和市场响应能力出发，将本部机关职能处室由15个精简为11个，加大对二级单位考核力度，有效提高了生产运营效率。

（2）基础管理得到加强。全面启动基础管理建设工程，梳理规章制度11大类151项。认真实施内控建设规划，对“三重一大”事务工作程序进行梳理设计，完善了风险控制流程；物资集中管理成效显著，实现了“互惠互利、阳光采购”，节约采购资金上亿元。对科技管理、信息管理等6项流程进行了梳理，修订完善了本部及各分子公司内控手册，初步建立了符合自身特点、满足集团公司要求的内控体系。对公司信息门户内外网站进行了改版建设和域名迁移工作，使其更好地发挥“宣传阵地、交流平台、形象窗口”的作用。

（3）产品质量稳步提升。实施分级考核，推动质量管理重心下移；持续改进和加强外协外购产品质量控制，有效提高实物质量。产品一次交验合格率98.81%，超过96%的目标值。公司先后被评为“全国推行全面质量管理30周年优秀企业”、“2010年度全国质量守信企业”和“全省质量服务双满意单位”。

【精神文明建设】 公司被中国文化管理学会评为“中国学习型组织示范单位”，获得了陕西省企业信用3A级证书，被评为“陕西省协调劳动关系和谐企业”，并被推荐为“全国劳动关系和谐企业”。公司积极参与地方扶贫工作，向西山两个村提供帮扶资金30万元进行基础设施和村委会建设，被宝鸡市委市政府评为“实施突破西山战略先进单位”。

【品牌建设】 公司坚持“以至诚之心为人，用唯美标准做事”的核心价值观，致力于为客户提供能够创造卓越价值的石油机械产品。石油钻机和钻井泵3次荣获“全国用户满意产品”称号，产量连续5年居全球首位。“宝石机械”中文商标及“BOMCO”英文商标图案为“中国驰名商标”，并在海外12个国家成功注册；“宝石机械”为“中国行业标志性品牌”，“宝石机械”系列钻机为“中国名牌”产品。公司连续9年荣登“中国企业新纪录”、连续7年入选“中国机械500强”，连续5年进入“中国企业信息化500强”，连续4年荣膺“中国机械工业百强企业”，位居“石油石化制造企业50强”首位。连续2年入选“中国制造业500强”，并2次荣获“世界市场中国（石油机械）十大年度品牌”。

（卫建武）

宝鸡石油钢管厂

【概述】 宝鸡石油钢管厂（以下简称宝鸡钢管）是集团公司直属的装备制造企业。宝鸡钢管是集科研、制管、防腐、辅料加工于一体的国家大型一类企业。

宝鸡钢管总部位于陕西省宝鸡市，企业总资产76.07亿元，员工总数6523人；拥有宝鸡输送管公司、辽阳钢管厂、资阳钢管厂、宝鸡专用管公司、西安专用管公司5个全资直属企业，拥有宝鸡住金公司、上海宝世威公司、秦皇岛宝世顺公司3个控股企业。待在建项目完成后，钢管综合产能将达170万吨（其中油井管60万吨，连续管1.5万吨）。

在国内市场上，市场占有率始终保持第一；在国际市场上，产品已出口到巴基斯坦、印度、苏丹、沙特阿拉伯、哥伦比亚等20多个国家。

【主要生产经营指标】 2010年，由于国内市场出现波动，中缅线、兰成线、中贵线等重大管线推迟启动，致使宝鸡钢管主要生产经营指标同比出现大幅下跌。

全年实现钢管订货量 119.78 万吨，同比下降 29.21%；实现钢管产量 105.33 万吨，同比下降 24.39%；实现钢管销量 109.17 万吨，同比下降 24.93%；实现营业收入 70.20 亿元，同比下降 36.76%；实现利润总额 29281 万元，同比下降 42.36%。

【主要产品】 宝鸡钢管集科研、制管、防腐、辅料加工于一体，产品类型主要有钢管产品、管件产品、辅助产品和钢管防腐四大类，主要用于石油天然气长输管道工程建设和油气勘探开发。其中钢管产品包括输送管、油井管、连续管 3 种。输送管又细分为螺旋缝埋弧焊管、JCOE 直缝埋弧焊管和 ERW 直缝焊管。输送管最大管径 1420 毫米，最高钢级 X100。管件产品主要有弯管；辅助产品主要有焊丝、焊剂、涂料、管端保护器、螺纹保护器；钢管防腐主要有 3PE、3PP 外防腐以及双组分减阻型内涂层。

宝鸡钢管始终坚持“与管同行，以优制胜”的经营理念和“像呵护婴儿一样对待每一根钢管”的质量理念，全力为客户提供高品质的产品和卓越服务。主导产品输送管先后荣获“国家免检产品”、“中国名牌产品”、“全国用户满意产品”荣誉称号。

【科技创新】 宝鸡钢管持续推进科技创新战略，2010 年将焊管研究所扩建为钢管研究院，成功申报了“国家石油天然气管材工程技术研究中心”创建项目。紧紧围绕市场需求推进新产品研发和核心技术研究，取得了一系列突破性的成果。在油井管研发方面，成功研发了 N80Q 油井管和工业化卷板；推进了正火态 J55 油井管和工业化卷板的研发。在连续管研发方面，CT80 连续管顺利通过集团公司科技成果鉴定，并成功研发了 HQ70 速度管柱和 X52C 连续管线管。在输送管研发方面，成功试制了 X100 ϕ1219 毫米 ×15.3 毫米螺旋焊管，研发了 X80 环焊缝焊丝和 X100 高强度高韧性埋弧焊丝，掌握了 X80 弯管热煨、热处理工艺；同时，成功试制了第一根海洋输送管。

【工程建设】 着眼于未来可持续发展，在集团公司关怀支持下，宝鸡钢管近两年先后启动了一系列重大发展建设项目。2010 年有 1 个项目完成了竣工验收，1 个项目成功试制出新产品，2 个项目启动建设。

（1）资阳钢管厂搬迁改造项目。该项目顺利通过竣工验收和后评价，圆满完成项目建设全部工作。项目形成钢管综合产能 20 万吨，并以其精良的装备和优美的环境，成为四川省资阳市的标杆企业。

（2）宝鸡专用管项目。该项目总投资 11.97 亿元，建成后可形成油井管综合产能 20 万吨。项目于 2009 年 9 月 24 日举行奠基仪式，经过全体参建人员艰苦卓绝的努力，取得阶段性成果。于 2010 年 11 月 26 日，顺利生产了首批 ϕ154 毫米 ×14 毫米 J55 接箍产品，于 12 月 26 日，成功试制出第一根油井管。

（3）西安专用管项目。该项目总投资 12.89 亿元，建成后可形成油井管综合产能 30 万吨。项目于 2010 年 5 月 18 日举行奠基仪式，计划于 2012 年 6 月全面建成。截至 2010 年底，项目一期的进口设备已全部订购，土建施工全面展开，厂房基础已完成 60%，办公楼、综合楼已完成 50%。

（4）辽阳钢管厂搬迁改造项目。该项目总投资 2.22 亿元，建成后可形成钢管综合产能 20 万吨。项目于 2010 年 4 月 29 日举行奠基仪式。截至 2010 年底，办公楼、综合楼已封顶，主厂房已完成 75%，设备已到货 80%。

【安全生产】 2010 年宝鸡钢管没有发生 HSE 上报事故，全面推行“有感领导、直线责任、属地管理”，取得了较好的成效。认真落实安全环保责任，严格执行“管工作必须管健康安全环保”的原则，工厂层层签订《HSE 目标责任书》，全员缴纳安全风险抵押金 355.73 万元。全面推进 HSE 体系建设，工厂于元月、10 月分别启动两批体系推进单位；举办决策层、管理层、骨干层培训班 7 期，参培人员 800 余人次。强化安全警示教育，全年开展了“安全生产月”、“百日安全无事故”、“安全点亮幸福人生”文艺演讲等多项主题活动。突出抓好现场安全管理，工厂修订下发了第二版《安全风险管理手册》。狠抓安全环保隐患治理，全年投入 HSE 资金 579.7 万元。

【企业改革与管理】 按照集团公司“三控制一规范”要求，宝鸡钢管致力于打造“哑铃型”企业。一是整合销售、研发资源，于 2010 年 4 月 22 日成立了销售总公司和钢管研究院，初步构建了国际化营销和一体化研发工作架构。期间，将各成员企业的销售部对应调整为总部的销售分公司，推进了营销工作一体化。二是实施管控模式改革，按照“总部 + 分公司”模式，逐步规范管理层级，于 6 月 8 日成立了宝鸡专用管公司；于 7 月 8 日成立了宝鸡输送管公司，将原宝鸡本部的生产单元分立重组，变更为二级单位建制管理，实现宝鸡钢管总部分立；于 8 月 30 日成立了西安专用管公司。通过管控模式改革，调整管理业务 71 项；宝鸡钢管总部设机关处室 11 个、直属机构 5 个，下属二级单位 10 个，形成了规范的集团化管控模式。

【和谐企业建设】 宝鸡钢管坚持加强厂务公开和民主管理工作，工厂工会 2010 年被评为集团公司“先进工会组织”。切实为员工群众办实事、解难事。为26对青年员工举办了“心系宝管、情定一生”集体婚礼；秦皇岛“宝顺花园”顺利封顶，450名员工喜购新房；积极创造条件，尽力解决了148名职工子女的就业问题，全年安排428名职工及家属进行了培训疗养，为2580名家属办理了意外伤害保险；工厂连续第七年举办了文化艺术节、三项球类比赛等丰富多彩的文体活动。加强内保和综合治理，企业保持全面稳定。坚持做好矿区服务，工厂被评为“全国绿化模范单位”。

（唐荣华）

中国石油集团济柴动力总厂

【概述】 中国石油集团济柴动力总厂（以下简称济柴）是集团公司下属唯一的动力装备研发制造企业，始建于1920年，2010年1月12日正式更名为中国石油集团济柴动力总厂，已发展成为世界主流石油钻井动力制造商，是中国规模最大的非道路用中高速中大功率内燃机研发制造企业，也是中国唯一获得大功率内燃机金牌产品及非道路用内燃机产品中国驰名商标的企业，连续4年入选“中国机械工业500强”。

主要从事内燃机、压缩机、液力传动装置、燃气动力集成装置、动力电气控制装置等产品的研发、制造、销售与服务，有山东济南、四川成都、河北青县、湖北武汉江夏4个生产基地。

拥有27项国家及行业标准制定权。内燃机、天然气压缩机分别为山东省、四川省名牌产品。企业质量信誉为3A级，技术中心为省级技术中心。

现有控股子公司1个（济南柴油机股份有限公司，控股60%），参股公司1个（济柴聊城机械有限公司，参股49%）。截至2010年12月底，员工总数3402人，总资产38.58亿元。

【主要产品】（1）内燃机。拥有可应用于多燃料、适用于多领域的大中小缸径系列陆用机、船用机、气体机产品集群，功率范围200—6300千瓦。广泛应用于石油钻探、船用动力、可燃气体利用、电站、机车、军用等领域，产品遍布全国油气田和32个省、直辖市及自治区，出口到50多个国家和地区。

（2）压缩机。拥有5个系列100多个规格型号的往复活塞式压缩机系列产品，其中整体式天然气压缩机等荣获国家科技部等5部委联合授予的“国家重点新产品证书”。产品功率覆盖85—3500千瓦，可满足天然气工业上、中、下游，即天然气开发（增压采输、气举、轻烃回收等），管道集输（主干线、支线、储气库等），炼化企业（加氢压缩机、氮氢气压缩机、二氧化碳压缩机等）和气体钻井的需求，国内市场占有率30%以上。

（3）液力传动装置。已形成多个系列的液力耦合器、液力传动装置、充油调节离心涡轮变矩器等系列化产品，并通过哈尔滨工业大学专家组技术评价，具有节能、高效、环保等优点，受到国内外用户广泛欢迎。

（4）燃气动力集成装置。主导产品有300千瓦以下中高速燃气发电机组、燃料处理装置、热电综合利用装置等集成产品，功率覆盖5—400千瓦。其中多项产品填补国内动力装备的空白，在节能减排方面拥有广阔前景。

（5）动力电气控制装置。包括柴油发电、气体发电、风力发电机组的控制系统、监控仪表及自动控制设备，开展中低压配电设备的成套、西门子等各类电气元件的经销及服务等。

【主要经营指标】 2010年，实现营业收入25.07亿元，同比增长30%；实现利润10956万元；主导产品完成内燃机及机组配套2538台（套），压缩机组60台（套）。

【业务和市场拓展】 2010年，济柴“1+4”业务实现有序发展，其中内燃机核心业务持续稳步增长，压缩机业务同比增长23%，液力传动装置收入同比增长300%，燃气动力集成业务同比增长100%，规模和效益都大幅提升。同时，围绕石油、社会、国际三大市场，全方位、多举措向各应用领域挺进。石油市场，突出油气业务上中下游的全面覆盖，实施气机打井项目、高可靠发动机项目，落实“以市场换技术”、技贸同进的重大决策，全面进入地下储气库建设项目。社会市场，突出大功率高端市场的各个击破，先后中标国家发改委援藏工程阿里过渡电源、国内最大的北京垃圾填埋气发电等项目，进入中国海油气体机市场，并实施了船机动力气化试验项目。国际市场，突出集团公司海外项目的紧密跟进，中标伊拉克鲁迈拉项目，创下济柴历年最大的9700多万元出口订单；乍得、尼日尔发电站项目受到用户的称赞，大功率发电机组进入伊朗市场。2010年，国际市场新增订货2亿元以上，同比翻了一番。

【科技创新与成果】 2010年，济柴完成或进入工业性试验阶段的新产品开发项目48项，完成国家、行业和企业标准制修订11项；全年获得授权专利10项，受理发明专利4项，实现专利申报质的飞跃。内燃机业务，完成首台26/32和首台JC15发动机的用户对接，均进入工业性试验阶段；175型柴油机完成概念设计和布置设计，结束基础研究工作；32/40柴油机和天然气机研发，完成首台样机的总装；设计完成1000千瓦沼气发电机组，并举行发布会，推向了市场。压缩机业务，3500千瓦国内最大功率往复活塞式压缩机完成总装配套，6000千瓦大功率压缩机已投入主机试制并着手工业性试验，“地下储气库用3500千瓦气机驱压缩机组研制”成功列入国家科技重大项目。大修及再制造业务，柴油机大修重油化改造项目试验取得成功，液压蓄能修井机提前完成单台试制并开展井场试验，首件再制造曲轴成品已经下线。液力传动业务，推出天然气打井用液力耦合器、变矩器、泵箱合一集成装置等新产品，并实现当年研发当年销售。燃气动力集成业务，围绕建设油气站应急供电系统，研发了HSEE发电机组并形成系列化，示范站点建设已基本告捷，即将推向全国的加油站、加气站。动力电气控制业务，围绕风电技术、自动化集成控制平台等项目开展研发，首台（套）风电变流、偏航控制系统工业性试验协议已经签订。

【工程建设】 济柴始终着眼于企业未来可持续发展，2010年实施了一系列重大项目建设，加快战略布局调整和产品结构优化。JC15、26/32发动机产能建设项目，于2010年9月21日举行开工仪式，并全面开工建设。190发动机产能扩建及整机库房建设项目，于2010年7月30日举行项目开工仪式，已完成主体框架80%。190发动机总装线改造及清洁度提升项目，于2010年6月开始实施，已具备设备安装条件。试验基地建设项目，建成以5套标准性设备为代表的、集团公司装备制造企业中唯一的研发平台，于2010年12月通过集团公司试运行评审。大功率节能液力耦合器传动装置项目，于2010年5月正式开工建设，建筑工程已完成主体验收。压缩机扩能技术改造项目，于2010年10月竣工投产，形成年产100台压缩机的生产能力。大功率压缩机制造及成橇建设项目，可研报告于2010年10月15日通过集团公司专家评审，正在组织编制初步设计报告。发动机再制造项目，2010年6月成立再制造技术研发部，12月底具备年产1500根再制造大型轴类的能力。

【企业管理】 2010年，济柴大力推进管理创新，企业各项管理工作得到不断改进和加强。治理结构得到优化调整。2010年初，通过布局策划和有效发展，各个业务初具规模，济南、成都、河北三大基地已基本形成；同时，按照“宏观受控、统分结合”的思路，突出强化总厂对各个业务的指导和管理，对管控模式进行调整，已经形成集团式的架构。质量管理持续强化。开展“追求质量卓越年”活动，积极推行卓越绩效管理，济柴被评为“全国实施卓越绩效模式先进企业”。围绕提高产品可靠性，细化质量改进计划，完成厂级质量改进项目21项，二级质量改进项目73项。针对重点项目产品制造，开展全品种、全数量、全项点的零部件检验，每月对整机进行复查，拆检超过半数，全年就地销毁不合格外购件20余个批次。2010年，国家质量权威部门对济柴进行调查评价，顾客满意度为85.27%。生产响应能力明显提高。2010年重点项目多、特殊机型多、临时追加多，生产各单位克服困难，全力以赴。强化日配送制的有效运行，做到每天配送日事日毕。强化按月存货分析，实行科学预投，增加计划频次，降低平均占用，存货较年初大幅降低。安全环保消除短板全面强化。全面督查整改安全隐患，加大安全保障设备投入，从严整治生产环境和道路秩序，强化现场监督检查，推动安全经验分享，“三违”现象明显减少。2010年完成集团公司下达的污染减排指标，顺利通过节能节水型企业验收，废气、废水、固体废弃物稳定达标排放。全年未发生工业生产、火灾爆炸、环境污染和职业病事故。基础管理更趋规范。内控体系建设有力推进，规范了“三重一大”事务程序；完善薪酬制度，建立绩效考核体系，引导作用已经显现；信息化建设有力推进，财务融合系统实现上线，在集团公司装备制造企业中首批实现ERP单轨运行；“三支队伍”建设得到加强，全年培训3100多人次，计划完成率达97%；效能监察深入开展，5个项目全部结项，18条建议全部被采纳；审计工作完成项目26个，实现了审计资金、审计项目100%覆盖。

（史梅云）

中国石油集团渤海石油装备制造有限公司

【概述】 2010年，中国石油集团渤海石油装备制造有限公司（以下简称公司）面临成立以来前所未有的诸多挑战，在经受金融危机影响、管道大项目启动推迟、国际反倾销加剧、主要产品售价锐降等严峻形势下，审时度势，攻坚克难，内强管理，外拓市场，持续创新，圆满完成“管理创效年”的各项任务，超额完成年度指标，发展质量大为提升。公司实现签约额153.63亿元，营业收入107.37亿元。全年净资产增加了8.19亿元，资产负债率54.28%，同比下降4.9个百分点。2010年公司蝉联“中国机械500强”，排名由2009年的第80名上升到第74名，在入选的石油装备制造企业中名列第一；荣获天津市100强企业，位列第39名。

【企业管理】 全面强化精细管理，解困扭亏成效显著。按照“管理创效年”部署，重点推行以“创效增值”为导向的双百分绩效考核、生产经营“三分三保”和“四牌预警”等经营管理举措，企业管理基础持续提升，创效能力不断增强，生产经营平稳运行。公司细抠成本，按市场价格、同业对标进行成本倒逼，采取“开源、节流、堵漏、提档、内协、帮扶”6项措施，对亏损企业对症下药、多措并举。所属10家二级企业，2009年盈利的只有4家，2010年全部实现盈利。公司加强生产管理，突出现场协调，钢管产量突破100万吨，达到103.6万吨，其中油套管生产25.3万吨，同比增长21.9%。

【重点项目】 强力推进重点项目，发展后劲明显增强。公司成功举办“10+3”项目竣工暨新项目启动大会。10个竣工项目，总投资5.3亿元，新增产能10亿元。大直缝埋弧焊管项目新增高端管产能17万吨，在高钢级、大壁厚管加工上处于世界领先水平，填补了X80大壁厚弯管用母管的国家空白。钻杆项目新增产能1.8万吨，具备了全系列API钻杆制造能力，成为国内实力最强的钻杆制造企业之一。大中型高压阀门、镦锻抽油杆、螺旋焊管异地搬迁3个新启动项目，与德国、俄罗斯和中国宝钢集团高位嫁接，发挥高端、高新、优化布局等“两高一优”功效，计划投资4.5亿元，建成后将新增产值12亿元。

【科技创新】 构建科技创新体系，产品品质亮点纷呈。公司整合内部科技资源，构建“一院四所”研发体系。与勘探院、钻井院、管材院和石油大学战略合作，形成“三院一校”合作体系；组建由57名技术专家、22名技能专家和49名总（主任）工程师组成的3支科技专家队伍，其中集团公司级技术专家由过去的1名增到5名，公司四大主业都有领军人物。以市场为导向，瞄准高端、耐用、新能源、节能低碳的方向，开发7种高新产品。在X80输送管参加上海世博会展出、成为行业领跑者的同时，又试制出X100输送管，在高钢级、抗大变形钢管研制上达到国际一流水平。试制出国家重大科技专项——煤层气千米车载钻机和液氮泵车。试制出40英寸、100千克压力的高端球阀。改革质量管理体制，层层签订质量责任状，狠抓23个质量提升项目。螺旋管焊缝一次通过率高出指标4.3个百分点，钻采产品一次交检合格率均处于行业领先水平。集团公司组织的16类22批次产品质量抽检，合格率100%，创近三年来最好成绩。

【市场营销】 完善市场营销体系，市场开发效果凸显。公司细分市场，构建与中国石油技术开发公司合作的亚、非、欧、美、澳国外市场营销网络；细分客户，成立以北京、大庆、长庆、新疆等区域代表处为触角的国内市场营销网络。与大庆油田签订战略合作框架协议，为所属单位搭建起有效的市场开发平台。以订单为龙头，实施两级“一把手”订单工程，对重点客户和重大市场，统一组织高层拜访和产品推介。克服大量困难，实现市场签约额153.63亿元，同比增加6.68亿元，增长4.54%，其中，油套管签约额19.94亿元，同比增长77.93%；钻采及炼化产品签约额 49.62 亿元，同比增长 23.68%；外部市场实现签约额 42.3 亿元，同比增长 16%，外部收入占总收入的 36.4%。

【优化产业结构】 稳步推进结构调整，产业布局得到初步优化。公司成立评委会、聘请专家，对现有 47 种产品从市场营销、科技质量、盈利能力、制造能力和人才保障能力等方面，与国内外一流产品对标，完成产品竞争力评估，为结构优化打下基础。按照“进、退、合、减、转”的总体要求，遵循“靠近市场、不增产能、提升技术”等原则，通过南下、西上，使青县 711 机组搬迁到扬州，实现靠近市场、升级技术的产业调整。通过有进、有退，顺利完成兰州石油化工机械厂的划转工作，进入炼化装备制造新领域；顺利完成石油机械厂深泽厂区“三低一无”业务整体退出，相关人员平稳分流，优化产业结构。

【和谐企业建设】 抓好基层重视民生，发展基础更加坚实。公司出台《基层班组建设与管理指导意见》，党政工团齐抓共管，选树“黄玉梅班”等典型班组，开展“五型”班组创建活动。打破班组长的身份和岗位界限，鼓励大学生到一线锻炼竞聘班组长，基层干部选拔注重从优秀的班组长中产生。投资 1.34 亿元，完成了矿区经济适用房、旧楼外墙保温加固、离退休职工活动中心、园区锅炉房和便民超市建设项目。解决青县园区 440 无房户青工的住房问题，加固美化危旧居民楼，改善 490 户老职工的居住环境，使得为公司发展作出突出贡献的产业园区生活条件大为改观。坚持“六个必须、一个确保”要求，狠抓“5S”现场管理、隐患治理、承包商管理、危害辨识和关键要害岗位的检查，全年安全环保平稳运行，首次进入集团公司先进单位行列。

（古　悦　曾定有）

中国石油天然气股份有限公司勘探开发研究院

【概述】 中国石油天然气股份有限公司勘探开发研究院（英文缩写 RIPED，以下简称研究院）成立于 1958 年，是中国石油上游主要的综合性研究机构，是中国石油全球油气业务发展的战略决策参谋部、重大理论与技术研发中心、技术支持与服务中心以及科技人才培养中心。研究院主要包括北京院区、廊坊分院、西北分院、杭州地质研究院 4 个部分，业务领域涉及国内与海外石油天然气勘探、开发及工程各个方面。截至 2010 年底，有员工 2709 人，其中，集团公司高级技术专家 38 名、教授 113 名、高级工程师 949 名，具有研究生以上学历 1269 人；建有提高石油采收率国家重点实验室、国家能源页岩气研发（实验）中心 2 个国家级实验室，以及 14 个集团公司重点实验室，拥有众多国内外高精尖仪器设备，以及中国石油信息中心和勘探开发资料中心，建立了广泛的学术交流与合作关系。建院 50 多年来，累计获得国家和省部级科技成果 640 余项，培养造就了以 15 名院士为代表的一大批国内外知名专家，在国内外石油界和科技界具有良好声誉。

【科研成果】 2010 年，研究院共承担国家和集团公司级科研项目 520 项，课题 678 项。根据年终科研检查结果，所有项目都按计划完成任务，取得了一批重要成果。

（1）获得国家科技进步奖、国家自然科学奖 2 项，省部级科技进步奖、技术发明奖 43 项。

“大庆油田高含水后期 4000 万吨以上持续稳产高效勘探开发技术”获国家科学技术进步特等奖，“中国天然气成因及鉴别”获国家自然科学二等奖。

43 项成果获得省部级科技进步奖、技术发明奖。其中，“滨里海盆地东缘中区块油气综合地质与地震勘探技术研究”、“中国煤层气成藏机制及经济开采基础研究”、“吉林油田 CO_2 驱油、埋存及含 CO_2 气田开发配套技术”、“特低渗透油藏储层评价和非线性渗流规律研究”、“歧口凹陷复杂油气层综合评价配套技术攻关与应用”、“涩北气田与海塔盆地优快钻井配套技术研究与应用”获集团公司科技进步一等奖，“稠油开采物理模拟方法及应用”获集团公司技术发明一等奖。

（2）专利、专著、论文获得丰收。2010 年，研究院注重抓好专利申报、专著出版和论文发表工作，取得了丰硕成果，共获授权专利31项，出版专著49部，发表论文1169篇，其中，268篇被EI、SCI、ISTP收录。

【科研生产工作】（1）勘探业务突出战略接替领域优选，强化基础理论创新，有力支撑了公司油气勘探业务发展。

风险勘探获得4项战略突破、6项重要发现和3项发现苗头，重大风险领域研究成效显著。提出岭深1等6口风险探井的部署建议，推动23口风险探井的论证与实施，为公司风险勘探的战略突破与重要发现作出了重要贡献。进一步加大基础研究力度，连续型油气成藏理论、非常规油气地质、海相碳酸盐岩等研究取得新进展。大力发展特色技术，测井采集解释处理一体化软件CIFLog被列为“2010年集团公司十大科技进展”，前陆复杂构造地震叠前成像技术取得突破，全二维气相色谱分析等一系列实验新技术逐渐形成。

（2）开发业务紧密围绕提高单井产量这一重大技术需求，加强技术集成创新，引领了公司油气田开发技术发展。

高含水油田提高采收率技术研究取得丰硕成果，为大庆油田4000万吨稳产和渤海湾相关油田提高采收率提供了理论与技术支撑。特低渗透油气田开发技术取得重要突破，为特低渗透油气田上产和稳产提供了技术保障。加强稠油开发应用基础理论与新技术新方法研究，为辽河、新疆稠油开发新技术先导试验基地建设提供了技术支持。新一代油藏数值模拟软件研发取得新进展。“十二五”油气田开发规划研究为公司业务发展提供了决策支持。

（3）工程技术业务坚持与生产紧密结合，加强新技术、新产品研发，攻克多项技术瓶颈。

高效深部液流转向与深部调驱技术取得新进展，为改善老油田开发效果、夯实稳产基础和转换开发方式提供了技术支持，在新疆油田和大庆油田现场试验中增油效果明显。超深高温高应力油气藏压裂酸化改造取得重大进展，为塔里木盆地深层天然气开发提供了技术支持。攻克水平井层间隔离和对水平井产出液人工控制两项关键技术，有效提高了水平井的开发效果，在冀东、新疆等油田现场应用效果良好。

（4）海外业务持续加大技术支持力度，着力提升生产应用实效，有力助推了公司海外业务加速发展。

丰富和发展石油地质理论及勘探技术，在乍得、尼日尔、滨里海、阿姆河等项目中取得显著应用效果，获得重大发现和战略性突破。高效开发技术对苏丹项目持续稳产、中亚地区油田上产、南美MPE3区块丛式水平井开发实践、阿姆河B区块气田群开发方案编制发挥了重要作用。高水平完成伊拉克的哈法亚、艾哈代布、鲁迈拉和伊朗的阿扎得甘等一系列特大型油田开发方案或增产方案，获得合作伙伴和政府的高度赞誉，现场实施效果十分显著。初步建立拥有集团公司自主知识产权的全球油气资源信息库，探索了一套全球油气资源评价方法。

（5）加大决策支持和技术服务力度，为中国石油总部和油气田公司提供良好支持。

坚持服务总部战略，撰写报送11篇高水平的《决策参考》，得到集团公司领导的高度重视和重要批示。全面参与公司“十二五”发展规划编制工作，《国家天然气储备“十二五”规划》研究成果得到公司管理层采纳，为公司战略决策提供了科学依据和技术支撑。加强塔里木、渤海湾、四川、准噶尔、松辽盆地等国内重点探区项目部建设，贴近生产一线，为相关油田提供良好的技术支持和服务，得到相关油气田公司一致好评。

（6）信息业务努力提升研究院信息化水平，全力做好公司信息化工作技术支持。

科研管理公共信息平台研发工作进展顺利。全面监督中国石油数据中心建设工程进度和质量，精心组织机房布置和设备搬迁，已进驻22个应用系统，推动了数据中心顺利竣工并投入使用。全面参与中国石油昌平数据中心的可行性研究、设计单位招标、初步设计方案审核等工作。启动办公管理二期和网络安全域等重点项目，有力地支持了集团公司信息化进程。科技文献、档案管理、标准化等相关工作发挥了良好的支持与服务功能。

（7）重点实验室建设与国家重大专项管理取得重要进展。

提高石油采收率国家重点实验室通过国家验收。国家能源页岩气研发（实验）中心正式挂牌成立。14个公司重点实验室全部获准挂牌试运行。牵头组织国家油气重大专项的15项研究工作，承担的7个项目在专项成果检查中被评为优秀。

（8）加强国内外学术交流与技术合作，进一步推进国际化进程，提升研究院影响力。

组织召开碳酸盐岩储层研讨会、石油地球物理技术交流会（CEG）、提高采收率技术研讨会和页岩气开采技术研讨会等16个国际学术研讨会。邀请40余位国际知名专家讲学交流，派出500余人次参加国际学术会议和技术交流活动。开展国际科技合作研发项目15项，取得一系列重要研究成果。召开首届研究院科技座谈会，举办首届中国石油勘探开发青年学术交流会。加强与高校的交流合作，与北京大学联合招收培养博士研究生。

【企业管理】 2010年，研究院深化体制机制改革和大院一体化发展，完善人才、资金、项目、设备的统一管理，实现资源的有效整合。北京院区、廊坊分院、西北分院、杭州地质研究院明确发展定位，突出技术特色，增强发展合力，实现了整体协调发展。

加强科研成果管理，完善成果评定审查制度，建立重大成果专报制度，加大知识产权、标准化等成果有形化力度、全面推进业务流程梳理和规章制度建设。完成“三重一大”、矿区服务、内部审计等业务流程的梳理，规章制度和内控体系得到全面完善，科学性和可操作性进一步增强。

坚持公平公正，强化全员业绩考核，完善激励与约束机制，让每个人的聪明才智和贡献大小得到公正的评价与激励，让每位员工都有获得发展的机会，营造了积极向上、人人争先的氛围。

继续加强学科建设，制定学科序列表，根据学科发展需求引进专业人才。充分发挥各级专家作用，注重培养青年科研骨干，努力打造一流的创新团队。研究院的科研、管理和服务人才队伍得到进一步锤炼，为实现可持续发展打下了坚实的人才基础。

（贺新春　徐　斌）

中国石油天然气集团公司咨询中心（中国石油集团工程咨询有限责任公司）

【概述】 中国石油天然气集团公司咨询中心（以下简称咨询中心）是全国第一批取得甲级工程咨询资质证书单位，是国际咨询工程师联合会（FIDIC）会员和国家发改委委托投资咨询评估单位。

咨询中心负责对油气勘探开发发展规划、重大勘探部署和油气田开发方案进行调研、论证，提出咨询意见；对油气田地面工程和炼油化工工程的大中型项目进行咨询评估；对石油天然气上下游重大发展战略、技术经济、工程技术等问题开展专题研究；受国家发改委、石油石化企业及国内外其他行业、单位委托进行咨询评估。

咨询中心设五部两委，五部为综合技术部、勘探部、开发部、炼化部和工程经济部，现有在职员工31人，主要由年轻的高学历人才构成。两委为专家委员会和石油天然气专业委员会，专家委员会由55名专家组成；石油天然气专业委员会是国家发改委所属中国工程咨询协会授权设立的全国性专业协会，主要对全国33家石油石化咨询机构进行行业指导。

2010年咨询中心在集团公司的正确领导下，围绕中心，服务大局，进一步深化咨询工作，不断加强内部管理，大力加强实力建设，圆满完成了各项任务，为推动集团公司科学发展和综合性国际能源公司建设作出了积极贡献。全年开展咨询项目236项，完成191项，同比分别增长19.19%和30.82%，其中，2010年承接项目178项、接转项目58项，在咨询项目236项中，评估项目（包括后评价项目）199项、调研项目2项、专题研究项目35项。

【研究成果】 开展专题研究项目35项、调研项目2项。开展了“中国石油天然气股份有限公司油气勘探战略研究（三期）”、“中国石油天然气股份有限公司开发战略研究”、“长庆油田5000万吨油气当量稳产油田开发接替技术调研”、“中国石油工程技术业务发展战略研究”等一批研究项目，提交的研究成果和调研报告，为集团公司科学决策起到了积极的作用。

2010年开展的“中国石油勘探战略研究（三期）”项目成果丰硕。“三期勘探战略研究”设3个课题，分别为：中国大面积非常规石油（重点以四川为例）、中国大面积非常规天然气和非常规油气勘探战略。通过大量的实物工作量调研，项目组认为：川中侏罗系石油资源虽然历经半个多世纪的勘探开发，潜力仍然很大。项目组从资源量、油层特征、油藏类型和勘探开发工艺技术适应性四个方面进行重新认识，提出龙岗地区具备发现亿吨级大型油田的基础地质条件，建议“十二五”设立四川石油重大科技专项开展研究。集团公司总经理蒋洁敏在呈批件中作出批示，“专家组的工作卓有成效，四个重新认识极有见地。感谢大家！4万平方千米整体研究的认识、技术等方面获得突破，实现资源增长，产量增长。同意设立科技专项”。在此基础上，勘探部老专家向国务院提出“善待本土资源，积极开发非常规”的建议。温家宝总理责成国家能源局、国土资源部并三大公司研究处理。

完成的“不同油价条件下勘探发展策略”项目影响较大。研究成果首先认为，随着资源成本上升，油价底部逐阶抬升，目前处于80—90美元为中轴的平台期，预计在此价位将会停留较长的一段时间。天然气短期供过于求，北美页岩气的开发将加速油气价格脱钩的机制。目前处于较低气价运行期。预计随着低碳理念的进一步强化，气价将走出一波探底回升的行情。油价的理性回归和气价的下行将为中国经济持续发展提供难得的战略机遇期。报告在分析中国石油面临的勘探形势后指出，中国石油良好的勘探形势后面也有隐忧。当前面临勘探对象复杂化，资源品位持续下降的风险；国家政策压力越来越大，资源的油价敏感性增强。此外，各探区不同程度地存在“探明储量开发难度大，控制和预测储量升级率不高”的问题。针对存在的问题，报告提出了五点策略：一是稳定工作量投入，保持勘探投资占总投资的20%以上，持续推进油气储量增长高峰期工程；二是提前谋划重要新区新领域研究，并推荐了10个重要的突破区；三是针对“低、深、难”领域，建议总部与油田互动采用上产增储的策略，这是解放资源、实现全面突破的捷径；四是考虑长远，跟踪并有序地展开非常规资源探索，以煤层气的发展为鉴，切莫大上大下；五是以科技创新为先导，加强综合能源的发展，为海外发展提供基石。这五点建议，得到集团公司领导的高度重视。

完成的“中国石油工程技术业务发展战略研究”课题，得到集团公司主要领导的高度重视和评价。这项研究，对工程技术分公司各企业进行了深入调研，认真分析了工程技术分公司业务发展的现状及存在的问题。同时调研了国内外工程技术服务公司的管理经验及先进的技术，结合集团公司工程技术的现状，设计了工程技术应坚持持续创新、一体化发展、成本领先、国际化发展四大发展战略，以及发展目标和发展部署，并提出“持续结构调整，整合一体化能力；完善管理机制，推动工程技术服务业务快速发展；加强技术创新，实现领先技术快速形成；加强市场营销管理，促进国内外市场快速发展；抓紧人才队伍建设，为实施国际化战略提供人才保证；提高企业管理水平，弘扬石油企业文化”六项保障措施，为工程技术分公司制定“十二五”发展规划提供了战略性意见。

【评估项目】 开展评估项目（后评价项目）共174项，提交的评估报告和独立后评价报告得到了集团公司和委托部门的高度评价。

2010年围绕加快储气库建设工作，开展了“中国石油储气库建设技术指导意见”的评估，专家组梳理出63条意见，为储气库建设提供了指导，规范了储气库建设工作；又先后对西南相国寺等8个储气库工程可研报告进行评估，指导了储气库工程可研报告的科学编制，为勘探与生产公司项目决策提供了依据。

完成的“锦州石化延迟焦化装置安全隐患改造和5万标立方米/小时制氢”项目，委托方给予了高度的评价。锦州石化延迟焦化安全隐患改造项目旨在解决因使用时间较长出现的安全隐患问题，制氢项目是产品质量升级的配套项目，两个项目的建设均是必要的，但设计院及建设单位未对可研报告编制工作给予足够的重视，提交的可研报告关键内容论述不足，缺少相关章节，达不到可研报告的深度要求，炼化部门组织专家进行了预审，要求设计院及建设单位重新编写可行性研究报告，复审合格后召开了评估会。委托方对炼化部认真负责的态度给予了高度赞许。

完成的“宁夏石化成品油外输管道工程”评估项目，宁夏石化成品油外输管道工程由1条干线和1条分输支线组成。专家组评估认为：项目建设是必要的；管道设计规模偏大，应根据目标市场不同季节对不同油品的需求量，优化管道顺序输送油品种类，合理确定管道设计规模；管道投产前8年油品输送任务量小，流速低，混油量大，应根据核实后的输送油品种类、数量和物性，优化规模，核减管径；银川首站应与宁夏石化扩能改造工程统一规划建设，利用宁夏石化成品油库，不再异地建设管道首站。修改后的设计基本采纳了专家组意见，管道设计规模由220万吨/年调减为191万吨/年，管道顺序输送油品种类由7种核减为4种，并根据核实的管道设计规模，重新优化了管径和设计压力。取消了原拟单独建设的银川首站，改为建在宁夏石化厂区内，由中银原油管道银川末站改扩建，所需油库由宁夏石化500万吨/年扩能改造工程统一建设管理。项目总投资由原来的124998万元调减至87522万元，减少37476万元，减幅30.0%。

【专家工作】 2010年专家作用得到进一步发挥，并得到集团公司领导的充分肯定。2010年聘请专家457人、3615人次。专家是咨询中心的主体和主力，咨询中心开展的每一个咨询项目，完成的每一个调研报告，提交的每一份研究成果，都凝聚着专家们的智慧和心血。

2010年11月咨询中心召开一年一度的专家座谈会，有25位专家发言，围绕油气勘探开发、炼油化工、工程技术、低碳经济、经营管理和转变发展方式等，为集团公司提出了10个方面的建议：一是关于设立四川石油重大科技专项的建议；二是关于制订油气应急产能实施预案的建议；三是关于加强天然气需求侧管理，进而提高供气可靠性的建议；四是关于介入燃气发电领域相关问题的建议；五是关于应用推广中国石油自主开发的汽油质量升级工艺技术的建议；六是关于加快碳捕捉与封存技术开发与应用的建议；七是关于推动工程技术服务业务健康发展的建议；八是关于成品油销售中增加有效销量的问题与建议；九是关于在HSE管理体系运行中切实落实每位操作人员岗位责任制的建议；十是关于提升集团公司EVA水平的相关建议。在会后上报的呈批件上，蒋洁敏总经理作了重要批示："建议很好，总体符合实际。请政言同志将其分解有关部门和单位，深入研究，提出方案"。

【管理工作】 2010年，咨询中心认真贯彻落实集团公司提出的全面实施基础管理建设工程的要求，年初在全员范围内开展"提素质，保质量，进一步提升咨询评估工作水平"的活动，编制发布《中国石油咨询中心工程咨询管理手册》，推动咨询管理工作走上规范化、标准化、制度化、科学化的轨道。进一步加强保密管理，调整咨询中心保密组织，召开保密工作会议，全体职工和多项目专家分别签订了《保密责任书》和《保密承诺书》。在9月份《中华人民共和国保密法》宣传月活动中，完善了计算机网络保密的物理隔离和对便携式计算机及存储介质的保密措施。还通过墙报、挂图、标语、知识答题等措施，推动《中华人民共和国保密法》宣传教育的开展，增强了全体专家和员工保密意识和保密纪律，提升了咨询中心保密工作水平。

2010年为加强咨询队伍建设，咨询中心狠抓了注册咨询工程师执业资格考试工作，召开专门会议研究部署，通过认真组织、积极安排和备考人员的共同努力，报考14人通过7人，通过率为50%，远高于2010年全国注册咨询工程师执业资格考试17%的通过率。

【专业委会工作】 2010年完成两批13家工程咨询单位的初审工作。优秀工程咨询成果评奖，共收到22个工程咨询单位申报的77项咨询成果，通过专家评定，共评出一等奖8项、二等奖16项、三等奖24项。

（吴云海）

中国石油天然气股份有限公司规划总院

【概述】 中国石油天然气股份有限公司规划总院（英文缩写CPPEI，以下简称规划总院）成立于1978年，作为中国石油重要的决策支持机构，是石油石化工程总体规划及建设项目前期研究中心、油气田开发地面建设技术支持服务中心和石油技术经济发展研究中心，在战略研究、规划、可行性研究、咨询评估、技术经济研究、科技开发与设计论证等领域中，具有较强的技术实力。拥有油气集输、油气储运、炼油、石油化工、技术经济、信息工程等20多个主体专业和辅助专业，共有员工近600人，大学本科学历以上人员占90%以上，其中硕士以上学历占40%。

2010年，规划总院共运行项目854项，同比增长7.3%，取得了一批重大成果，得到国家部委、总部领导、机关各部门以及相关地区公司的高度评价。

【战略规划】 国家能源战略研究科学性进一步增强。开展了中亚天然气管道安全运营协调机制研究、国内外炼油产业现状及发展趋势研究、我国进口原油加工布局优化及发展战略研究、炼油行业综合评价体系研究、海合会国家石化产能扩张及对我国石化产业的影响分析、中国石油战略新兴产业专业规划等项目，成果得到国家部委和集团公司的肯定。

集团公司战略研究深度和创新性进一步提高。重点开展“十二五”发展规划研究工作，研究范围涉及集团公司未上市和股份公司各主营业务。完成西部、东北、环渤海、长三角、中部、珠三角、海西等全国性区域发展规划，成为集团公司领导全面掌握中国石油在全国不同地区综合情况的第一手资料，已作为“十二五”规划重要组成部分印刷出版。进一步细化区域发展规划，分别编制、完成24个省市一体化规划。开展30个省市油气管网“十二五”发展规划研究。同时，针对节能、生物能源、LNG、煤层气、天然气发电、CNG、城市燃气、物流、港口码头、矿区基地调整改造等业务进行专项规划。进口原油和资源配置优化研究等一大批专题研究项目为战略研究提供了有力的技术支撑。

技术经济研究水平有新的突破。发布2010年经济评价参数，组织完成石油行业经济评价参数测算，“老油田二次开发经济效益评价研究”已由勘探与生产分公司作为“二次开发经济评价和技术规定”下发。完成天然气价格改革方案研究、天然气可承受价格能力分析、进口中俄、中亚天然气的价格研究等课题，为未来天然气价格形成机制及天然气业务的发展提供理论支持。完成科研经费编制细则、科研经费编制手册和科研经费编制参考指标，初步建立了科研经费数据库。完成股权投资项目可行性研究报告编制规定、集团公司投资项目后评价年度报告和管道、炼化、销售项目后评价以及国内对外合作项目后评价管理体系研究工作。

造价管理、咨询评估、设计审查的投资把关作用明显。圆满完成降低炼化工程、长输管道工程造价，钢材等原材料价格变动对投资影响等造价管理专题研究，对标分析国内外同类建设项目投资，为集团公司投资控制提供了重要支持。开展计价依据、管理规定、价格管理等方面18项基础工作，合理确定定额水平，确保了计价依据科学性和合理性。为管道建设项目经理部编制标底14项，为管道建设投资控制和工程的顺利实施作出了应有的贡献。咨询部完成项目136项，造价中心完成可研和初步设计概算审查90项，油气田所参与审查批复地面工程建设重点项目32项，使工程建设投资得到了有效控制。

新能源研究领域进一步深化。开展电动汽车发展趋势及对策建议、中国石油发展生物燃气产业等项目研究，再次拓宽了新能源业务的范围。开展吉林地区燃料乙醇业务可持续发展、西南地区生物柴油原料保障体系和燃料乙醇原料多元化、能源项目数据库及信息平台建设等课题，完成国内外生物质能源发展技术经济水平分析、燃料乙醇进口贸易研究等课题，巩固了规划总院在生物能源研究领域的地位。

【重大项目前期研究】 2010年，是跨国项目、重点项目较多的一年，相继开展西气东输三线、四线、五线、中亚天然气管道二期、C线、中缅油气等大型跨国项目研究，以及陕京四线、青藏气管线、中贵联络线、楚雄—攀枝花成品油管道等国内重点可研项目，共踏勘选线50余次，行程8万余千米，向国家和集团公司领导汇报达40余次。炼化业务方面，完成云南、河南千万吨炼油可研、长兴岛大炼油项目预可研、长江项目两个中心可研工作。LNG业务方面，开展山东、福建、广东、广西等中国石油各LNG接收站的前期研究，为中国石油LNG业务战略布局提供了依据。同时，完成大连中国石油国际储备库项目、钦州中国石油国际储备库项目工程前期研究。

【科技与基础工作】 科技发展规划和战略研究方面，在《集团公司“十二五”科技发展规划》研究与编制中圆满完成油气田地面工程、炼油化工、节能及生物质能源等专业规划研究及重点项目框架设计，顺利通过科技管理部组织的预验收，将直接指导集团公司“十二五”科技立项工作。圆满完成《中国石油的天然气可持续发展战略研究》中的课（专）题工作，取得一大批创新性成果，已应用于公司“十二五”有关业务发展规划的编制工作。

重大科技专项方面，“炼化能量系统优化研究”初步构建了炼化能量系统优化技术体系，基本掌握了国际先进的炼化过程模拟技术和能量系统优化技术。示范及推广工程全面进入实施阶段并取得较为明显的节能成效，取得了重要的阶段成果，并初步培养了一支能够独立模拟和优化的技术骨干队伍。其他重大专项子课题也完成重要阶段成果。

其他科研项目方面，“管道内腐蚀直接评价技术研究”首次建立了一套适合我国液体管道内腐蚀的检测技术体系、评价方法及标准。“国内成品油市场需求预测方法及应用研究”首次建立了适合国内成品油行业特点的全国成品油月度、季度需求预测模型。加油站管理系统测试中心研发了扩展性强、支持多种支付方式且通过以太网与后台管理系统进行数据交换的卡机连接加油机和自助售卡机，获得国家专利局授予的专利证书。“油气田开发地面工程建设标准化技术研究”、“中国石油炼油化工科技体制及运行机制滚动研究”、“炼化新技术评价及推广应用研究”、“炼化企业工艺加热炉节能技术筛选研究”等项目也取得较好的成果。

基础工作方面，全年新立项目22项，投入经费480万元，取得一批有助于提高工作效率和水平的新成果。"生物柴油上下游一体化规划布局方法研究"和"海外油气勘探开发项目经济评价方法研究"等方法论建设，进一步提升了规划总院的核心竞争力。"国内成品油市场预测体系信息平台建设"、"炼化项目可行性研究投资估算数据研究"丰富了规划总院专业知识库。"以天然气为原料和以煤为原料生产尿素的竞争力分析"、"碳减排核定及评价方法研究"等超前储备项目为规划总院有关业务提供了有力支持。"总院信息技术应用研究实验室建设"初步搭建了统一的信息系统研发平台。

【生产运行支持】 主营业务生产运行技术支持保障作用突出。在成品油短期市场预测方面，月度、季度市场预测模型不断修改和完善，预测结果与发改委公布的实际消费数据相比，预测精度达到97%以上。在油气田方面，连续5年开展"天然气处理厂生产运行动态分析"。

ERP系统基本建成，信息化运维工作得到加强。加油站管理系统完成1.6万座加油站的推广实施，在全国31家销售公司全面推广应用，一卡在手、全国加油的目标基本实现；销售ERP系统在销售公司36家单位上线运行；管道ERP应用得到进一步深化，管道生产系统围绕管道板块终端业务积极拓展；物流项目启动实施，一次配送系统全面上线，二次配送系统在9家单位试点，油库管理系统完成150余座油库的实施；炼油与化工运行系统全力做好总部MES的应用支持，炼化物料优化与排产系统在生产运行业务上得到深入应用；人力资源管理系统的功能持续完善，还完成信息化研究与技术支持服务、天然气销售系统可研编制、信息化成果报告发布等工作。

【海外业务】 海外业务在前期研究、设计、PMC等一系列工作中取得突出成绩，研究范围覆盖油气田地面工程、管道、炼化、经济评价、工程造价等多个业务领域。开展尼日尔与乍得原油外输管道、乍得H区块至多巴原油管道可行性研究。首次承担尼日尔、乍得炼厂原油管道工程的PMC工作，有10多人次赴非洲管道施工现场，圆满完成协调管理、质量控制等工作，业主多次发来表扬信，充分肯定规划总院PMC工作。在规范海外项目前期研究、申报和后期评价工作方面，开展了一系列研究。

承担中缅原油管道工程（缅甸段）站场工程马德首站原油罐区、小田湾油品仓储工程、普兴沥青库改扩建工程、宁夏石化矿区服务大楼方案等设计工作，保持了传统业务特色。

【决策支持服务】 为总部机关提供技术服务。2010年，规划总院派驻总部机关协助工作430人月，完成总部交办的临时任务98项。贯彻集团公司发展意图和理念，为塔里木油田、西气东输、抚顺石化、中燃油、贵州销售、西部管道等地区公司提供服务。为寻找中国石油发展机会、取得更多的信息，为北京、河南和宁夏等地方政府提供服务。

节能标准管理水平进一步提高。完成集团公司节能节水统计及上报、"十一五"专项投资的项目管理工作，并协助质量节能部和专业公司开展创建节能节水型企业的考核、固定资产投资项目节能篇审查。充分发挥石油工程建设、NACE等标准化机构和协会学会的作用，加大标准的研究编制及管理力度，共报批39项国家、行业和企业各类标准制修订项目。

【改革管理】 按照集团公司部署，开展基础管理建设年浮动，规范各项管理，强化自身建设，提升员工素质，工作质量和效率不断提高。

（1）技术质量管理不断深化。

制订规划总院管理体系运行计划，精心组织内外审、换版认证及"质量月"等活动，确保质量管理体系有效运行。首次举办规划总院数据库查询比赛，制定并发布实施《加油卡管理中心制卡部管理规程》、《加油站管理系统测试中心日常管理制度》等规定。评选出规划总院科技成果奖35项，获国家科技进步一等奖1项、省部级奖励10项、专利和软件著作权各1项。完成中国石油档案管理系统在规划总院实施的准备工作，存档量和利用率进一步提高。

（2）人力资源开发得到强化。

调整用工方式，优化人才队伍结构，制定相应的五年计划和具体措施。为海外发展未雨绸缪，与CNODC商讨确定全面做好技术支持的合作框架；全年142人次出国工作，通过项目实践培养国际化人才。大力加强各级人才队伍建设，有8人通过集团公司高级技术专家专业组评审；主任工程师在技术管理、专业建设和人才培养等带头作用日益明显；出台员工赴外实践锻炼管理规定，增强年轻人发展后劲。大力开展全员培训，全年邀请业内知名专家举办高水平讲座和技术交流30余次，培训近1000人次。完善计算机信息中心激励约束机制，探索建立统一的岗位体系和薪酬体系。

（3）计划财务经营水平继续提高。

计划管理强化生产进度控制和项目协调，保证项目运行有序。成本管理方面继续加强对五项费用专项指标控制，成本费用指标符合集团公司要求，预算更加刚性化；财务管理方面加强资金管理和集中核算，多次接受并通过各种审计检查，完成ERP系统上线；经营工作适应形势变化，理顺内外部关系，逐步把经营融于服务之中。开展内控自我测试，接受内控评价测试，完成2011版手册修订。法律、合同管理进一步规范。

（4）综合管理规范化水平得到提升。

建立HSE管理体系，并取得中设认证。改善办公环境，完成地下室档案库改造；完成综合楼回收，增加单身公寓床位；完成装备资产配置、调配，及时购置办公家具、扩充电话数量；组织职工健康体检，完成日常医保报销；严格保密管理，部署保密软件，职工保密意识进一步增强；文秘、外事、物业、通信、单身公寓、绿化、计划生育、公务用车等管理进一步细化；重大活动组织及接待工作规范有序；狠抓安全工作制度落实，实现全年安全无事故，交通安全和消防安全工作通过地区安委会验收。

（5）解决离退休职工管理问题。

经与工程设计公司协商，并报人事部批准同意，在2010年9月妥善解决了离退休职工的管理问题。成立离退休职工管理中心，建立活动中心，研究福利待遇等相关政策，认真落实“两项待遇”，并做好相关的服务工作。

（吴小卫）

中国石油天然气股份有限公司石油化工研究院

【概述】 中国石油天然气股份有限公司石油化工研究院（以下简称石化院）成立于2006年6月，下设兰州化工研究中心、大庆化工研究中心以及北京院部9个研究室，并对吉林化工研究中心、辽阳化工研究中心实行业务领导。

石化院主要从事炼油、石油化工工艺和催化剂研发，合成树脂和合成橡胶等新产品开发，炼化节能环保技术开发，炼化产品标准化和质量检测，炼化知识产权研究，炼化科技信息研究，炼化科技人才培训，炼化业务决策支持等。目前，石化院在催化裂化催化剂、催化汽油加氢脱硫催化剂、石蜡加氢催化剂、高档润滑油基础油加氢异构催化剂、乙烯裂解馏分加氢系列催化剂、丙烯酸催化剂、丁苯橡胶和丁腈橡胶等技术研发上达到国内先进水平。

截至2010年底，共有员工1147人，其中集团公司高级技术专家14人；教授级高级工程师21人、高级工程师243人，中高级职称人员691人，占员工总数的60.3%；硕士博士340人，占员工总数的29.7%；大学本科以上学历人员743人，占员工总数的64.8%。院内设有国家合成橡胶质量检验中心、中国石油化工专利信息平台、集团公司炼化专业标准委员会秘书处、股份公司化工清洁生产中心等多个国家和集团公司、股份公司技术机构，编辑出版《合成橡胶工业》和《石化技术与应用》杂志。设有博士点1个，博士后科研工作站2个，硕士点5个。截至2010年底，拥有仪器设备总数7013台（套），当年增加设备仪器1033台（套），其中大型仪器设备53台（套）。固定资产原值6.36亿元。已建成重质油加工、清洁燃料、合成树脂、原油评价4个重点实验室以及催化裂化催化剂与制备工艺中试基地、加氢催化剂与工艺工程试验基地、聚乙烯催化剂与工艺工程中试基地、聚丙烯催化剂与工艺工程中试基地、合成橡胶试验基地5个基地。

【技术研发】 承担集团公司6项重大科技专项。一是己烯-1成套技术开发，高水平完成重大专项规定的各项攻关任务，通过集团公司验收，达到国际先进水平，已在独山子石化建设2万吨/年工业装置上应用。二是劣质重油轻质化关键技术研究，委内瑞拉超重油100万吨/年供氢热裂化工业应用，达到国际领先水平；改质法生产沥青、脱盐脱水、加工腐蚀防护等多项专有技术将在广东石化获得工业应用。三是炼油催化剂研制开发与工业应用，牵头提出炼油催化剂研制开发与工业应用的攻关任务和具体目标，7个课题进展顺利；重油深度转化催化裂化催化剂LDO-70

在乌鲁木齐石化等企业实现工业应用，柴油异构降凝、加氢裂化、渣油加氢脱硫等重要催化剂研发取得新突破。四是大型乙烯装置工业化成套技术攻关，建立了石脑油、轻烃、加氢尾油3类主要裂解原料裂解和结焦动力学模型，为大庆石化60万吨/年乙烯装置设计提供了依据；碳二后加氢催化剂首次实现在辽阳石化工业应用；5立方米镍基裂解汽油加氢催化剂在大庆石化完成装填和钝化，将开展工业试验。五是大型氮肥工业化成套技术开发，完成国内主要合成氨装置用9种催化剂优选评价，1立方米钌基催化剂在福建南平3万吨/年合成氨厂工业试验，提高产量最高可达40%。六是千万吨级大型炼厂成套技术研究开发与工业应用，完成汽油加氢、润滑油基础油生产等工艺包开发的年度攻关任务。

5项重大工业试验项目。一是催化汽油加氢改质组合工艺技术开发，完成催化剂生产，以乌鲁木齐石化FCC汽油为原料，加氢脱硫降烯烃后，产品达到国Ⅳ标准，2011年6月底60万吨/年汽油装置改造升级完成后，开展DSO-TM组合工艺的工业试验。二是超低硫柴油加氢精制催化剂，在大庆石化新建120万吨/年柴油加氢精制装置上一次开车成功，达到国内领先水平。三是LDO-75重油深度转化催化裂化催化剂，在大连石化350万吨/年催化裂化装置工业试验，每年可为用户创造效益1.5亿元以上。四是液相本体法聚丙烯催化剂PSP-01，形成新型载体制备、新型给电子体合成和催化剂制备工艺一整套具有自主知识产权的球形聚丙烯催化剂技术，在抚顺石化10万吨/年聚丙烯装置工业试验成功。五是焦化柴油/蜡油络合脱氮技术，在锦西石化焦化蜡油络合脱氮装置工业试验，完成大港石化工业试验的可行性报告编制工作。

重点科研项目。PAI-01碳八芳烃异构化催化剂，在辽阳石化芳烃厂25万吨/年PX芳烃联合装置稳定运转16个月，碳八收率大于97.2%，超过国外同类催化剂水平。聚乙烯催化剂载体硅胶，在大庆石化8万吨/年LLDPE装置工业应用，催化剂成本降低约30%，主要指标达到国外Davison公司955硅胶水平。环保型丁苯橡胶1723N，用克拉玛依石化NAP-10填充油，在兰州石化5.5万吨/年丁苯橡胶装置生产，制备的环保轮胎已成功出口欧盟。

【技术服务】（1）合成树脂、合成橡胶新产品开发和技术服务。与广西石化、大港石化等签署技术合作框架协议。联合开发了T28FE、5500B、T38FY等7大类15个牌号高附加值合成树脂新产品，有力促进了合成树脂产品结构调整，为公司汽车专用料SP179、高融指抗冲聚丙烯K9928、PP-R管材料PA14D等产品达到国内领先水平作出了贡献。聚乙烯瓶盖料L5202-Ⅱ成为名牌产品，国内市场占有率达到26%，销售均价比通用料高200元/吨。BOPP专用料T28FE加工线速度提高至420米/分钟，同比T38增加10%。开展了吉林石化30万吨/年HDPE装置PE100管材料GC100S聚合工艺技术优化工作，解决了GC100S成品管材出现麻点的技术问题和近千吨过渡料使用问题。开展橡胶相含量、特性黏数的配方设计和工艺优化，解决了SP179抗冲击性能不稳定问题。积极进行NAP-10填充油制备环保型丁苯橡胶SBR1723N技术攻关，产品通过多家轮胎骨干企业应用试验，为参与国际市场竞争打下了良好基础。开发NBR2906、NBR3304、NBR3306、NBR3307等4种丁腈橡胶新产品，解决了下游用户使用过程中遇到的技术问题，实现了5万吨/年NBR装置达产全销无库存。

（2）油品质量升级技术与产品推广应用服务。一是加氢脱硫催化剂，在玉门32万吨/年催化汽油加氢脱硫装置上第二次装填应用，为云南炼油厂120万吨/年催化汽油加氢脱硫装置提供了完善的技术解决方案。二是超低硫柴油加氢催化剂，在乌鲁木齐石化新建120万吨/年装置上工业应用。三是劣质柴油加氢改质降凝组合催化剂，进行了大庆炼化60万吨/年、呼和浩特石化25万吨/年、华北石化60万吨/年装置的全面调研，为工业应用奠定基础。四是催化裂化装置直接生产93号汽油专用系列催化剂，研制出高辛烷值型重油催化剂和助剂，实现了催化裂化装置直产93号汽油的目标。五是最大限度降低汽油硫含量催化裂化工艺，其产品相继在兰州石化、呼和浩特石化成功应用。

（3）催化裂化催化剂等自主产品市场服务。一是催化裂化催化剂自主创新能力进一步提升，自主新产品生产1.3万多吨，占FCC催化剂产量的37%，兰州石化催化剂厂采用石化院自有技术比例达到80%以上。二是海外市场开拓取得新突破，石化院自主开发的6个催化剂产品，与台湾中油公司进行了互评，关键技术指标得到认可。正式与古巴国家石油公司签订催化裂化催化剂合同。与韩国GSC公司、印度尼西亚国家石油公司、新加坡SRC公司、印度尼西亚巴隆干炼厂等进行了深入交流，为拓展海外市场打下了良好基础。三是乙烯配套催化剂市场占有率继续提高，一段加氢催化剂系统内占有率提高至50%，增加了10个百分点；二段保持90%，与四川石化、沈阳蜡化、上海石化签订了协议。四是VAH气相醛加氢催化剂成功中标山东建兰化工公司18万吨/年丁辛醇装置。

（4）原油和乙烯原料评价技术服务。持续做好大庆石化1000万吨/年炼厂改造原油评价工作，为地区公司评价原油原料21种，获得分析评价数据1万多个，为优化资源配置、优化生产和设计方案提供了核心数据支持。完成30余种乙烯原料裂解性能评价、41台次裂解炉现场标定，乙烯原料优化技术服务工作覆盖了全公司。

（5）标准体系建设和决策支持服务。一是承担完成国家标准7项、行业标准7项、集团公司企业标准6项，同比增长1倍以上。二是应对REACH法规工作，完成62种出口量大于1000吨/年物质的注册，完成IT系统平台搭建和试运行，在法规研究、策略制定、注册物质数量和完成质量方面走在国内前列。三是针对集团公司高标号汽油生产技术的迫切需求，通过对19个炼化企业32套炼化装置的全面调研，提出了利用石化院催化剂和工艺优化提高汽油辛烷值方案。积极开展26家生产企业汽柴油内控指标调研，为集团公司制定相关标准提供依据。四是牵头完成集团公司《“十二五”炼化科技发展规划》编制、“中国石油炼油化工知识产权战略研究”等重点决策支持项目，编发《全球石化快讯》52期、《炼油化工科技进展》12期，编译《NPRA 2010年会译文集》。五是作为组长单位，完成集团公司25家企业危险化学品石油产品生产许可证认证工作。六是申报专利160项，4人通过专利代理人资格考试，石化院专利代理人增至12人，正式成立院知识产权服务中心。

【成果专利】“两段提升管催化裂化技术”获国家科技进步二等奖。全年获得中国专利优秀奖4项、金奖提名1项；获集团公司和省部级科技进步一等奖3项、二等奖6项，申报专利160项，比2009年增长39%，获授权42项，比2009年增长27%，其中2项获美国专利授权。

【科研基建】完成6项科研平台建设任务，科研环境继续改善。科研平台及其基础设施持续建成投用，承担重大项目的条件保障能力明显增强。聚乙烯、加氢、合成橡胶试验基地和原油评价重点实验室等4个平台建成投用，高质量高水平完成集团公司交给的全部科研平台建设任务；总建筑面积8万多平方米的北京新院区建设取得突破性进展，可行性研究报告获得集团公司批复；长江项目塑料中心完成建设方案调研完善及实施方案修订，提交总部有关部门。

【人才队伍建设】一是引进国家级炼化高层次人才，建立了院级专家队伍。引进国家“千人计划”2人，1名海外博士后人员到石化院工作，引进聚烯烃催化剂、加氢工艺专家各1人，科研、管理骨干15人。招收新员工28名，其中博士研究生11名。二是实施专家制，完善专家队伍，在第二批集团公司高级技术专家选聘中增选了13名，首次选聘了30名院一级专家。推荐8名人员参加教授级高级工程师评审，30名人员晋升副高级职称，62名人员晋升中级职称。三是加快急需专业人才培养，组织和承办了4次集团公司炼化业务专项培训，参加集团公司管理业务培训20期，自行举办技术培训40期。四是制定9类30项绩效指标体系，院部试行了项目经理制。五是全年20个团组、60人次出国参加国际会议、项目合作、国际交流。2010年，1人荣获全国第五届“发明创业奖”特等奖，1人荣获中国青年科技奖，1人入选“新世纪百千万人才工程”国家级人选。

（黄格省　姚士文）

中国石油集团经济技术研究院

【概述】2010年，中国石油集团经济技术研究院（以下简称研究院）下设14个二级单位，现有职工210人。其中，在岗局级领导5人，处级干部40人（含1名副总工程师、1名院长助理、1名副总经济师）。专业技术与管理人员176人。其中，集团公司专家3人，研究院专家12人，硕博士77人。高级职称78人，占45%；中级职称77人，占44%。全院还有多名同志被聘为国家有关部门和北京市政府在能源政策研究方面的顾问以及有关高等院校的客座教授。

2010年，研究院以科学发展观为指导，不断深化新定位赋予的责任认识，坚持以提升服务集团公司战略发展和领导决策需求为宗旨，以建设国内一流、有国际影响力的能源信息研究机构为目标，创新发展思路，创新体制机制，顺利实现了定位转变，初步搭建起支撑“一部三中心”功能作用的业务框架，整体实力显著增强。

【发展思路和发展目标】 研究院坚持“一部三中心”定位，始终将服务集团公司战略发展和领导决策需求作为第一要务，始终将能够多为集团公司战略发展和领导决策提供有价值的信息与研究成果作为各项工作的出发点和衡量标准，确立建设国内一流、有国际影响力的能源信息研究机构的目标。围绕提升决策支持水平，提出和实施“强优创特”工程和“成果立院、人才强院、和谐兴院”战略，力求加快形成鲜明的核心业务优势，提升发展的实力和竞争力。

【科研业务结构】 通过整合，初步形成了以国内外宏观环境、国内外油气市场、海外投资环境、世界油气科技发展趋势和科技管理创新、国内外油气信息开发5大研究领域、16个重点研究方向为主的科研业务框架以及企业社会责任报告研究编辑与影视、信息资源共享与网络运维服务、学术刊物与外文翻译等业务能力，一批科研业务和服务工作持续成长，研究院整体协调发展的能力和优势更为显现。围绕集团公司“三大战略”，与集团公司有关部门共建了成品油市场、财税政策、海外投资环境3个研究中心。国家级、公司级重大科研项目实现从无到有，从参与到牵头组织，先后承担和参与“国家能源发展战略研究”、“中国石油天然气可持续发展战略研究”、“全球油气资源评价”、“中国大型油气田及煤层气勘探开发技术发展战略研究”等一批高层次重大科研项目。

【科研成果】 五年共有95份信息与研究报告得到集团公司领导批示，9项科研成果荣获集团公司科技进步奖和专题研究优秀成果奖，19项信息与研究成果荣获院优秀成果奖和创新奖。其中，集团公司“十一五”竞争力分析、我国天然气供需预测、成品油市场竞争态势、老油田三次采油技术发展、做大油品贸易、资源国石油政策调整变化等一批研究成果受到集团公司和国家有关部门重视与采纳。连续编撰发布《国内外油气行业发展报告》产生良好反响，有效提升研究院和集团公司的声誉与影响力。承担编撰的公司社会责任报告和国别报告，多次在国内外获奖。《石油基础数据要览》、《石油情报》等已成为广受关注和欢迎的品牌性产品。

【科研基础能力建设】 研究院采取不同形式拓展国内外竞争信息来源，获取渠道已达120多家。多方筹措和加大资金投入，基本建成石油石化基础数据、石油公司、国内外石油法律法规、国内外专利、科技文献5大数据库，成为集团公司信息数据最为齐全丰富的信息资源中心。初步研发成功国内石油与天然气市场中长期预测、国内成品油月度需求预测、国际油价中短期预测等4个预测模型。同时，开发运用资源共享平台，引入采用TDA、德尔菲等一批研究分析方法，有效完善科研体系，增强研究工作的科学性。

【对外交流合作】 研究院先后与美国IHS集团及所属机构、日本能源经济研究所、中国科学院有关部门签订交流合作协议和意向书。与美国能源信息署、东西方中心、PFC及BP、挪威国家石油公司等外国机构、公司以及国务院发展研究中心、发改委能源研究所、中国石油大学等国内研究咨询机构保持经常性交流合作关系，与日本能源经济研究所共同成功举办4次研究成果发布会。每年都有研究人员在国内外重要学术会议上发表论文，并举办不同规模、不同研究内容的学术交流会和报告会，美国、新加坡、俄罗斯国家政府官员和BP、IHS集团公司高管及研究机构专家学者先后来研究院访问。在集团公司统一安排下，承担东北亚天然气与管道论坛中国研究中心秘书处的工作，参与国家石油公司论坛以及与挪威、马来西亚国家石油公司有关合作框架下的石油市场信息交流等工作。初步构建开放式研究格局，有效拓宽和提升研究视野与水平，在国内外同行中赢得了声誉。

【人才开发力度】 研究院坚持把人才作为立院之根、兴院之要，努力改善和提高队伍结构与整体素质。在员工总量基本未增下，硕士、博士比例由19%提高到了40%以上，副高职称以上人员的比例明显提高，分两批选聘两届院级专家17人，并有3人受聘为集团公司管理专家和技术专家。设立青年成长基金，扶持35岁以下青年研究人员刻苦钻研，加快成才。中青年研究人员担任项目长的数量明显增多，在科研业务中发挥骨干作用。加大培训资金投入力度，多方式开展以提高政治和业务技能为主的全员培训。落实集团公司要求，2010年参加英语考试的人员中，通过率达到66%。

【创新体制机制】 改革管理体制，实施了院—所（中心）两级扁平化管理模式，处级单位由27个精简为18个。创新科研项目管理，统一项目类别，实行科研经费分块管理。落实“一个全面、三个集中”财务管理制度，实现资金收支两条线管理、全面预算管理和会计一级集中核算。分三类部门建立业绩考核机制，建立优秀信息与科研成果奖励制度。认真执行

"三控制一规范"要求，推进干部人事制度改革，处级干部全部实行竞聘上岗；采取多种用工形式，能进能出，应对人员紧张的矛盾。大力推进内控体系建设和ERP建设，废除和修订完善规章制度50多项，修订规范130多项业务流程，财务ERP系统已正式上网运行。重视加强安全环保和保密工作，未发生一起安全事故和泄密事件。科学化、规范化管理水平得到提高，管控能力明显增强。

（廖　钦）

中国石油集团钻井工程技术研究院

【概述】 中国石油集团钻井工程技术研究院（以下简称钻井院）是集团公司直属科研机构，是集团公司总部的钻井技术参谋部、钻井高新技术的研发中心、国内和海外钻井生产的技术支持与服务中心、钻井高新技术产业化基地。

具备承担国家和集团公司重大科研攻关项目的能力，重大工程现场技术支持能力，硕士研究生以上高学历和高层次专业技术人才培养能力，钻井最前沿专项技术、产品和装备的研发能力以及技术服务能力。其中特色技术：井下控制工程技术、欠平衡（气体）钻井技术、套管钻井技术、分支井（大位移水平井）钻井技术、膨胀管（波纹管）技术、连续管技术与装备、钻机配套的机电液一体化装备、钻井液与储层保护技术、完井固井技术、煤层气（新能源）钻完井技术、储气（油）库建设技术。

钻井院下设5个职能部门、9个研究机构、1个机械制造厂、1个公司和1个实验基地。截至2010年底，全院共有员工798人，其中直接从事科研工作人员381人。包括：院士1人，博士、硕士研究生193人，本科以上学历285人，占59.9%；教授级高级工程师18人，高级职称以上人员180人，占47.5%；中级职称人员198人，占24.8%。

【科研成果】 2010年，钻井院共承担各类研究课题160项，包括国家课题29项、集团公司课（专）题55项、股份公司课题9项、院级课题及院青年基金课题21项、技术支持与横向服务课题46项，各类课题全部按计划进度实施。取得一批优秀科研成果与奖励，获得省部级成果奖励9项，包括国家能源局科技进步一等奖1项，集团公司科技进步一等奖2项、二等奖1项、三等奖2项，中国石油和化学工业联合会二等奖2项、三等奖1项，院内评选出年度课题执行情况进展优秀奖26项。在抓科研出成果的同时，进一步强化了知识产权的保护，全年共组织申报国家专利56项（其中发明专利26项），获得专利授权36项（其中发明专利6项）；组织申请软件注册16套，并向国家版权中心递交了13套软件的著作权登记申请。全年在原有技术积累的基础上，取得10项重大科技新进展。

（1）研制出LG360/60T连续管作业机，并通过成果鉴定。继2009年攻关研究之后，完成了样机试制，并在辽河油田顺利完成现场试验获得圆满成功，通过了集团公司科技管理部组织的成果鉴定。

（2）膨胀式尾管悬挂技术走出国门，服务海外。钻井院自主研制的膨胀式尾管悬挂器在哈萨克斯坦成功应用9口井，施工成功率达到100%，环空密封性能良好，增产效果明显，打破了国外厂商对膨胀式尾管悬挂器的市场垄断。

（3）地质导向钻井技术应用规模不断扩大，走向海外服务市场。仪器的性能得到不断提升，测量参数也进一步扩充。已先后在辽河、冀东等油田完成33井次的现场试验、技术支持和商业服务，在油层厚度仅为0.66米的薄油层钻进，储层钻遇率达到100%。产品已于2010年12月走出国门，销往加拿大使用。

（4）研制出4³/₄英寸煤层气电磁波地质导向及远距离穿针技术与装备。在山西沁水郑试平4井成功进行现场试验，实现了预期各项功能。穿针工具具备5米以内的近距离测量功能，实现了穿针工艺的三维可视化；EM-MWD的最大传输速率达到11比特/秒。

（5）氨基钻井液体系现场试验成功，并服务海外市场。具有自主知识产权的氨基钻井液体系（SIAT）成功在华北和新疆进行现场应用，有效解决了井壁失稳及泥页岩掉块等问题。产品已运往海外项目使用。

（6）研究形成抗高温大温差固井技术。针对复杂天然气固井开展综合防窜技术研究，合成了抗高温、大温差固井添加剂，经过600组样品，2300次试验，可满足抗高温（180℃）、大温差（70—100℃）条件下的固井作业要求。

（7）自动垂直钻井系统试验效果明显。研发了一种与国外同类产品完全不同的液压系统高压动力源提供装置，形成了井下精确测量与控制系统。自主研制的12¹/₄英寸自动垂直钻井系统已定型，并在玉门薛1井现场试验成功，达到预期目的。完成16英寸自动垂直钻井系统工业样机的试制。

（8）研制出控压钻井地面压力控制装置样机。完成了控压钻井地面压力控制装置联机测试，系统各部分硬件和控制软件有效地完成了联动，控制精度达到0.5兆帕。

（9）初步研制出一套自主品牌的钻井工程设计与工艺软件。与协作单位一起，开发出钻井数据库和井史管理系统，搭建了钻井工程设计软件平台，开发了7个方面的钻井工程设计及分析软件子系统。目前软件系统已进行现场试验，完成了著作权登记与商标注册，即将进入用户试用阶段。

（10）连续钻井循环系统已完成所有部件的加工制造和调试。在主机设计，钻井液分流控制技术、高压旋转密封等关键技术上取得了突破和创新，编制了操作控制软件，为样机制造和现场试验打下了坚实的基础。

【技术支持与服务】 围绕集团公司重点工程和重大试验项目，在决策参谋和技术支持工作中取得良好成绩，凸显多项技术支持亮点。

（1）集团总部的决策参谋作用充分发挥。编写完成了集团公司钻井科技、业务、信息、装备制造、海外一体化发展和国家863计划、973计划“十二五”规划报告；跟踪分析墨西哥湾漏油等重大热点事件。跟踪分析集团公司重点井、水平井和欠平衡井，为集团公司2010年完成产量作出了积极贡献，突出亮点是水平井在苏里格地区得到了规模化应用，单井产量提高8—10倍，欠平衡技术继续在勘探发现及开发井提高单井产量方面发挥出越来越重要的作用。

（2）海外技术支持作用明显。在中东、中亚、非洲和南美等地区11个国家13个重点项目上开展技术支持和攻关研究，累计派出支持人员15人，现场工作3300人·天。保证了海外项目安全顺利实施，促进了水平井等先进适用技术的推广应用，提高了勘探开发效果。尼日尔项目机械钻速提高100%，钻井周期缩短34%；阿姆河右岸气田实现了钻井成功率100%，A区钻井周期缩短74%，B区钻井周期缩短85%。开展钻井动态跟踪分析，制定了《中国石油海外勘探开发公司钻井工程设计管理办法》；跟踪国际最新技术进展，提出在海外项目应用的建议。

（3）吐哈、玉门、塔里木和海—塔地区钻井提速取得新突破。针对2010年集团公司重点勘探开发地区钻井难题，开展对吐哈、玉门、塔里木和海拉尔—塔尔察格等地区的技术支持，取得了较好的提速效果。其中玉门酒东完成14口井，同比2009年平均机械钻速提高了49.3%、钻井周期缩短了26.7%；海拉尔—塔尔察格完成209口井，同比2009年平均机械钻速提高了20.2%，钻井周期缩短了17.6%。协助塔里木油田编制了工程技术10年发展规划，跟踪了塔中地区精细控压钻井技术应用，开展了大北等复杂地区提速技术研究，探索了大北地区水平井钻井技术可行性。

（4）承担集团公司工程技术资质的审核、现场审查、年审、证书管理及技术支持等工作，完成了135家企业、1800余支队伍的资质审核，171台钻修井设备检测评估，为规范基层队伍管理、保证施工作业安全提供了重要支持。完成钻机、修井机及配件监理任务160余项，促进了中国石油钻采设备质量的稳步提升。

【生产经营】 2010年，钻井院CGDS近钻头地质导向系统已正式形成产业化，膨胀尾管悬挂器应用、钻井液等化工产品研发与应用、设备监理国外业务开拓等都取得了积极进展，取得了较好的横向收入。

钻井院北京石油机械厂在巩固传统优势产业的同时，加快新技术、新产品的产业化进程，并围绕客户需要，努力培育提供个性化产品和开展特色技术服务，有效缓解了生产经营压力。全年累计生产顶驱装置40台、液控装置155台、CGDS近钻头地质导向系统5套，完成CGDS现场技术服务33井次，订货额和利润与2009年同比分别增长了27.3%和17.7%。

钻井院江汉机械研究所在积极开展科研攻关的同时，紧跟市场需求，发挥技术优势，加快推进连续管作业机产业化，并继续做好油田水处理、表面处理、杆管无损检测等传统产业，实现优势互补、平稳发展。生产连续管作业机3套、水处理设备7套。产值总额、销售收入和回款与2009年同比分别增长19%、24%和68%。

钻井院康布尔公司为集团公司在役设备检测评估、队伍资质评价和管理，并实施海外设备监理业务。

【科技创新体系】 钻井院坚持把科技创新体系建设作

为支撑发展的重点，在实验室、人才队伍和学术环境建设等方面取得了重要进展。

（1）科研环境不断优化，直属研究院的政治地位逐步提升。2010 年 4 月股份公司下文批准钻井院设立“中国石油天然气股份有限公司钻井工程技术研究院”，对钻井院更好地发挥对股份公司总部的钻井参谋部和钻井技术支持作用，从管理体制和运行机制上提供了保障。同时钻井院还与中国石油海外勘探开发公司联合成立了“中国石油海外钻井完井技术中心”，提升了对集团公司海外钻井的技术研究和支持保障；与石油大学（北京）、渤海装备公司签署了战略合作协议，建立了科研、学术交流、研究生培养等合作关系；完成了 14 项石油行业技术和产品标准的制（修）订工作，增强了在核心技术和主导产品上的话语权。

（2）完成科研平台建设，创新能力不断增强。由钻井院牵头建设的集团公司科研基础条件平台已基本完成，钻井工程国家实验室及 8 个重点实验已挂牌运行，6 个试验基地也即将挂牌。在科研基础条件平台建设项目实施中，钻井院自主研发了多项试验方法和标志性设备，并在国家和集团公司重大科学实验研究中发挥了重要作用。为加快科研基础条件平台建设，克服实验场所不足，钻井院在天津塘沽建立了临时实验室和试验基地；与渤海钻探公司合作建设了科学实验井。

（3）鼓励参与学术交流，科研氛围不断活跃。钻井院支持科研人员参加国际性学术交流。全年，共派出 7 批 20 余人次参加了国际性学术会议和考察活动。积极参加第十届中国国际石油石化技术装备展览会和在美国举行的 OTC 展会，展示钻井院部分新产品和特色技术；参加 SPE 和第二十届（2010）国际海洋与极地工程学术年会，还邀请 ISOPE 创始人之一 Jin S. Chung 教授到钻井院进行交流。2010 年钻井院累计在国内外学术杂志上发表论文 124 篇（其中在国际刊物上发表 8 篇，国际会议上宣读 8 篇）。

（4）重视人才队伍建设，人才保障不断增强。钻井院 2010 年有 6 人获集团公司级高级技术专家评审资格，院内调整了院级技术专家管理办法，改善了技术人员成长渠道。在人才引进和培养方面，围绕油气钻井工程等相关专业，通过博士后进站、外调和招聘毕业生等形式，引进各类专业人才 22 人，采取联合培养硕士、博士研究生的方式引进学生 15 人，进一步充实了钻井院科研队伍。为增强现场经验，提升科研能力，组织 33 名青年员工赴油田现场学习，选派 10 名科研骨干到塔里木进行为期 2 年的学习交流与技术支持。

【基础建设】 2010 年，钻井院加强基础管理，实施量化考核，严格科研经费管理，细化物资采购管理程序，修订资金管理、科技管理、信息管理、资本运营、内控与风险管理、国际事业、内部审计等业务流程，完善内控体系建设并通过集团公司内控评价测试。全年共制定各类管理制度 11 项、修订 4 项，制度建设力度创建院以来新高。高度重视信息化工作，建立财务 ERP 系统，完善财务信息系统设置，加快推进 ERP 与 FMIS 融合系统建设，实现了财务信息安全便捷高效；多次大幅度提高了网速，建设了远程视频会议系统；对网络主页进行 2 次改版，内外部信息更新加快，信息的价值不断提高，活跃的信息引起了内外部较强关注。2010 年钻井院被评为集团公司信息化工作先进单位，钻井院北京石油机械厂被国家科技部认定为“制造业信息化科技工程应用示范企业”。

【安全稳定】 积极推行 HSE 体系建设，顺利通过外部审查。注重安全教育培训，强化安全管理和责任意识。落实一线岗位持证上岗制度，先后举办了井控培训班、防恐培训班和消防知识讲座，赴海洋技术支持人员取得了“五小证”。对海外人员安全和交通安全实行周报指导。以实验室和生产现场为重点，组织开展了消防演练和安全大检查。以实施对重点单位、特殊人群重点监控为手段，保持了稳定大局。全年实现安全稳定“四零”目标。

（王洪艳）

中国石油集团安全环保技术研究院

【概述】 2010 年，中国石油集团安全环保技术研究院（以下简称研究院）牢牢把握科学发展主题，紧紧抓住加快转变发展方式主线，始终确保和谐稳定主旨，转变工作作风，增强创新能力，提升服务水平，较好地发挥了“一部三中心”作用，共运行项目823项、同比增长19.1%，新增项目592项、同比增长19.8%，实现经营收入2.1亿元、是研究院成立时的3倍，资产总额达2.7亿元、是成立时的5.5倍，全员劳动生产率超过80万元。

【科技成果】 2010年，研究院共组织申报国家部委、集团公司、北京市和有关协会等各类奖项19项，13项成果获得奖励；申报专利9项，获得授权专利6项，其中发明专利2项；软件著作权登记5项。全年共发表和参与学术交流论文110篇。

【技术研究】 2010年，研究院紧紧围绕集团公司领导“要占领高端，要占领要塞，要解决关键问题、突出问题、重大问题”的要求，坚持“开放研究、合作发展、重点突破、突出特色、有所作为”的工作方针，潜心研究，刻苦攻关，全年共开展技术研究课（专）题89项。

（1）在科研立项方面，在国家、集团公司和企业三个层面都获得了比较重要的课题。一是承担国家级科研课题，成功获得国家应对气候变化谈判分项目“推动中国绿色发展的重大战略及技术问题研究—行业减排机制研究”和“碳关税、碳市场相关研究”2个国家“973”项目专题研究；参与国务院参事室承担的该重大专项中另一个国家“973”项目专题“化石能源碳排放的产业链分析”的相关研究任务；国家科技支撑计划项目“千万吨级炼化工业园区污水与废泥高效利用技术及集成示范”课题顺利通过国家科技部组织的专家开题审查。二是集团公司重大专项前期研究成功启动并取得实质性进展。组织“中国石油炼油化工污水高效处理及‘零排放’技术研究”、“中国石油低碳技术研究”和“中国石油应急支撑关键技术研究”3个集团公司重大项目的立项申报工作，其中，“中国石油低碳技术研究”和“中国石油应急支撑关键技术研究”2个课题的前期研究获得集团公司科技管理部的经费支持，中国石油低碳重大科技专项已获准立项。

（2）在科研项目组织与管理方面，加强科研项目计划管理，并根据计划任务书按照年度任务分解到每个季度，明确项目年度的工作目标和任务，并纳入业绩指标考核，强化动态管理，对项目进展的各个环节进行跟踪，有效保证了科研工作的重点指导和计划管理。

【决策支持】 2010年，研究院共承担决策支持类项目113项。

承担编制集团公司“十二五”各专项规划。《集团公司绿色发展行动计划》、《集团公司“十二五”环保发展规划》、《集团公司“十二五”安全发展规划》、《集团公司“十二五”安全环保与节能节水科技发展规划》获得集团公司“十二五”发展规划优秀成果奖。用于指导全国第一次污染源普查的《石油天然气开采业产排污系数研究》获得国务院全国第一次污染源普查办公室、环境保护部、农业部的表彰。《石油天然气行业环境保护标准化“十二五”发展规划》通过全国石油天然气标准化技术委员会审查，为“十二五”环境保护标准的立项提供了依据。

承担集团公司HSE相关标准规范的制修订工作。承担并完成《石油天然气工业健康、安全与环境管理体系》、《油气田总体开发规划环境影响评价技术导则》等国家标准8项、集团公司企业标准33项。

为集团公司HSE应急管理提供技术支撑。完成国务院国资委《中国石油四川汶川特大地震抗震救灾志》的编纂工作，完成集团公司《应急预案备案管理办法》、《应急预案备案审核指南》等文件的研究编制。开展销售分公司、天然气与管道分公司、工程建设分公司等专业公司的应急技术支持工作，编制完成的《墨西哥湾溢油事故应对研究报告》，得到集团公司办公厅高度肯定。

承担集团公司事故调查和分析工作。对11个销售分公司、1个炼化企业遭受的自然灾害、事故损失理赔情况进行核查，共核查加油站508座、油库9座，编写核查报告23篇。参加“12·30”渭南柴油泄漏事故、“7·16”大连输油管道爆炸着火等多起事故调查。收集2006—2010年工业生产事故案例104起，分类整理形成2006—2010年集团公司生产事故案例汇编。

【技术支持】 2010年，共承担技术支持类项目60项。

（1）在HSE体系推进方面。研究编制《集团公司2011—2015年HSE管理体系建设提升计划》；完成宁夏石化分公司、新疆油田分公司等10家企业的HSE体系推动审核、4家企业专项审核、11家企业HSE体系评估工作；参与跟踪指导川庆钻探、大港石化等4家试点企业HSE推进试点工作；组织起草完成HSE管理制度11项；完成物探施工和长输管道建设2个专业“两书一表”模板编制研究。

（2）在HSE培训方面。主动培育HSE培训特色业务。开发编制集团公司HSE标准制度培训课件11个，并为地区公司免费“送教上门”；举办集团公司HSE体系运行质量评估研讨班3期，培训评估师150

余人；举办HSE管理者代表培训班2期、HSE审核员培训班4期、HSE应急审核员培训班4期，培训学员2300多人；举办工程建设、管道运行专业“两书一表”培训推广班5期，培训专业管理人员300多人；到塔里木油田、吐哈油田、克拉玛依石化、独山子石化和云南销售等62家单位开展HSE信息系统用户现场培训99期，共培训5656人；协助安全环保部组织举办环境监测技术培训班4期。

（3）在HSE信息方面。全天候为总部和企业提供系统维护，全年共处理各类运行问题7237个。完成59家重组企业、763个二级单位和12081个基层单位HSE系统调整、数据迁移；完成HSE体系审核模块等12项新功能拓展和提升；完成98家企业HSE信息系统考核和集团公司所属137家企业的环境统计工作。

（4）在HSE检测方面。编制2010年度集团公司污染源在线监测系统工作方案，对污染源在线监测（控）中心数据管理平台进行维护和管理，对集团公司42个排污口监测数据进行监督和数据收集。参加集团公司组织的污染减排、在线环境监测设备运行管理情况现场调研，完成15个企业的调研工作。还完成铁岭—大连线、大港—济南—枣庄线两条输油管道的环境现状监测，西部管道公司6个地区输油气分公司的污染源调查与监测，北京地区8座加油站油气回收系统检测等工作。

防雷防静电检测业务积极服务于生产企业。对湖南销售分公司、西南油气田分公司、青海油田分公司等集团公司所属6家地区分公司进行防雷防静电检查和检测，检查检测油罐与液化气球罐102座、生产装置18套、加油站26座、天然气净化厂2个、天然气集气站4座、采油井20口共计8499项，检查检测出不符合要求605项，全面完成了集团公司2010年度电气及防雷防静电检查检测工作。

（5）在海外HSE方面。持续密切关注和认真收集国外有关国家的安全形势信息，编辑《海外社会安全形势周报》178期、《海外防恐安全及HSE信息专报》267期。完成伊朗、苏丹等5个较高风险国家的社会风险评估报告。承担集团公司海外防恐安全培训工作，举办海外管理人员和操作人员防恐安全培训班372期，培训学员27290人。承担集团公司国际业务社会安全管理体系文件的研究开发工作，编制完成《国际业务社会安全管理体系管理手册》和《风险管理》、《设施安全》等12个程序文件。

【技术服务】 2010年，评价、认证和新技术推广十分重视市场开发和项目管理工作，生产经营效益持续增长。

（1）评价业务。全年共承担西气东输三线工程、西气东输四线工程、东北天然气管网、陕京三线管道工程、中缅油气管道工程等项目186项，工程范围涉及除西藏、福建和台湾以外的29个省、市、自治区。其中大部分都是集团公司战略性重大工程。

（2）认证业务。全年实现新增认证企业72家，是近几年来新增企业最多的一年。完成体系认证审核446家次、认证评定369项、制颁证书426张。积极开展HSE审核员注册和企业内审员备案工作，受理、注册HSE审核员251名。研究院被国家认证认可协会评选为常务理事单位，同时被国家认可委评定为A类认证机构。

HAZOP分析工作顺利推进，完成“四川石化有限责任公司常减压等15套装置”、“乌鲁木齐石化公司新建60万吨/年催化汽油升级选择性加氢装置”、“华北油田古一联合站”等5个项目的HAZOP分析，并顺利通过验收。已经或正在开展四川石化、乌鲁木齐石化、抚顺石化、吉林石化等企业20多个炼化项目的HAZOP分析，并按HAZOP分析的要求，提出2000多条改进意见。

【人才队伍建设】 2010年，进一步强化技术专家和科研人才队伍教育培训工作，全年安排参加集团公司培训39期78人次，参加资格培训10项239人次，选派6名员工到加拿大、英国、美国参加进修培训，选派8名员工到印度、墨西哥、美国参加国际学术技术交流，组织研究院内部培训7期共700余人次。

（1）技术专家队伍建设方面。研究院有9人顺利通过集团公司安全环保和信息专业评审岗位竞聘。推行职务“双序列”，选聘副主任工程师等技术职务135人。

（2）特色专业人才培养方面。选送5名优秀青年人才到清华大学、中国石油大学（北京）等高校攻读硕士研究生；与有关大学共建研究生工作站联合培养人才，已接收在校博士生1名、在校硕士研究生9名进站。

推行“师带徒”制度，制定《院师带徒管理暂行办法》，全院共有50对师徒签订协议；继续推行挂职锻炼制度，选派16名专业技术人员赴油田、炼化企业开展项目合作研究或现场实习。

【内控和资质管理】 以推进“有序、和谐、精细、高效”管理为着力点，切实加强管理。

（1）内控体系建设。围绕“流程统一、控制集中、界面清晰、简洁高效”的总体目标，先后完成自我测试、集团公司的评价测试和后期的整改测试工作。结合研究院内控体系建设和运行的实际，完成2010版手册修订和发布工作，业务流程及风险系统建模已挂接到集团公司内控部信息平台。在研究院门户网站上建立了内控管理体系主页。选派9人次参加集团公司内控与风险管理部组织的培训，组织研究院内培训3次。

（2）资质管理。业务资质在安评、环评和职评顺利通过国家年审的同时，成功获得海洋石油天然气安全评价资质，并在国内三大石油公司中率先获得国家首批能源管理体系认证资质。HSE认证顺利通过国家年审，并扩展了10个大类专业的认证资质。

【基础建设】 2010年研究院进一步推进基础建设工作，狠抓落实，工作取得了实效。

（1）科技园区建设。编制昌平科技园区实验室配套设施投资计划，顺利得到集团公司批复。编制完成《昌平科技园区配套设施技术条件》，并通过研究院组织的专家审查，已按照相关程序完成招标工作。

（2）集团公司HSE重点实验室建设。完成HSE重点实验室仪器设备的购置和试制，并已开始投入使用。建立《科研仪器设备台账》、《实验仪器设备运行记录》和《仪器设备维护维修记录》。成立HSE重点实验室学术委员会，确定石油石化固体废物处理与资源化利用研究室、设备安全运行技术研究室和防火防爆技术研究室的学科带头人，并组建3个实验室的研究团队。2010年12月24日，HSE重点实验室顺利通过集团公司科技管理部组织的试运行验收。

（3）ERP系统建设。按照集团公司统一要求，成立研究院ERP项目指导委员会和项目经理部，明确“认真组织，充分沟通，协调落实，快速推进”的工作原则，初始培训人员73人次、岗位用户培训127人次，召开业务流程梳理研讨会28次，整体更新业务蓝图模板4次，梳理流程85个、共性流程51个，最终启用流程66个，于2010年11月起正式上线运行。

（彭其勇）

中国石油集团石油管工程技术研究院

【概述】 中国石油集团石油管工程技术研究院（英文缩写TGRC，以下简称管研院）原名管材研究所，2010年4月经集团公司批准更名，同年5月经批准加入股份公司，挂牌中国石油天然气股份有限公司石油管工程技术研究院，“两块牌子”、一套机构、合署办公。

管研院主营业务涉及石油管工程的科学研究、质量技术监督和工程技术服务三大板块，承担国家自然科学基金项目、国家973项目，集团公司、股份公司重大专项，应用基础研究和技术开发项目等重大科研任务。研究方向包括油井管与管柱力学、输送管与高性能管线钢、管道安全评价与风险评估、石油管腐蚀与防护等。同时，还承担石油管工程标准化、石油管材的质量检验和评价、石油管及装备的失效分析、石油管材的研究开发及驻厂监造、石油管道及压力容器的检测与安全评价、石油工业防腐设计和防腐工程、石油管工程技术咨询等质量技术监督和工程技术服务工作。

【科技成果】 2010年，管研院形成以特殊螺纹油套管优化设计及开发、高抗挤套管设计及应用、复杂工况油套管柱安全可靠性、油套管选用和适用性评价4项专有技术；成功开发首个具有自主知识产权的非API油井管产品——XGC1特殊螺纹接头，已具备批量生产和下井试验条件，并将基于应变的设计方法和管柱完整性技术成功应用于新疆油田稠油热采。同时，针对抗硫钻杆、耐蚀合金油管、膨胀管、高性能缓蚀剂等产品的开发与应用都取得重要突破。

形成以X80管件自动焊成套技术，应用自主开发的焊丝以及配套的焊接工艺和热加工技术，试制出性能优良的三通产品；与钢厂合作，试制出X70/X80大变形钢管，产品综合性能达到国际先进水平；制定X100钢管关键技术指标，起草发布CNPC X100直缝钢管和钢板标准，并开发出X100高钢级钢管，为建设X100试验段做好技术准备；编制11项中缅原油天然气管道技术条件并得到工程应用。

全年申请专利58项，其中发明专利30项；已获授权25项，其中发明专利6项；完成软件登记11套；制定国家、行业或院级标准24项；出版专著和论文集6部；发表论文274篇；超级13Cr专用酸化缓蚀剂获集团公司自主创新重要产品认定；获国家和省部级科技成果奖励13项，创历史新高。

【技术监督】 加大国家质检中心自主抽查力度，主动为集团公司集中采购的26批次产品进行生产现场质量抽检。制定下发国家质检中心产品质量监督抽查计划，完成13家企业47批次5类产品的抽查任务，并首次开展4批次非API套管产品抽查。同时，为保证塔里木、长庆等重点油气田和重大管道工程管材质量，开展大量试验检测评价工作。完成80家企业的压力管道元件制造许可和型式试验，为石油管市场规范运行提供了保证。为及时掌握石油管质量动态，完成并发布12期质量监督月报。

【工程技术服务】 充分发挥重大工程项目领导小组决策指挥、组织协调、技术把关等作用，确保重大工程项目相关工作顺利进展。管研院承担的西气东输二线重大科技专项一期4个课（专）题所取得的成果得到及时转化和应用，并顺利通过验收。专家组认为该项目取得了重大突破，为西气东输二线建设工程提供了重要的决策依据和有力的技术保障。完成24批（次）产品试验检测评价工作，保证了重大工程用管材质量。为西气东输二线东段及支干线、陕京三线等重大工程项目完成7100千米、192万吨钢管驻厂监造工作。

强化科研成果和成熟技术推广应用。以西部分所为平台，瞄准塔里木等西部油田需求，开展全方位的技术支持与服务工作。制定管柱适用性评价规范，为塔里木油田提供油井管工程一体化解决方案，与塔里木、宝钢联合开发的超级13Cr特殊螺纹油管在塔里木油田成功应用，解决了“三超”气井管柱泄漏及管材腐蚀问题。经过多次深入现场调研，为新疆油田制订稠油热采管柱优化设计及管材选用方案，正与相关钢管生产企业合作开发热采井专用套管。

落实战略合作协议，持续为长庆油田提供管材适用性研究等系列技术服务，拓展了服务领域。全年监造油井管9万吨，工作量同比增长15%。加强石油管材失效分析及预防工作，建立失效分析网数据库，成立中国石油学会石油管材专业委员会失效分析与预防中心，完成塔里木、西南、长庆、长城钻井、兰郑长、西气东输二线及尼日尔管线等重大失效分析43项。

【标准化工作】 2010年制（修）订国家、行业和企业标准23项，同比增加77%，创历年之最。其中，国家和行业标准14项，企业标准9项。制定11项中缅管道管材双语版技术标准，修订7项管道建设管材通用技术标准，形成X70及以下钢级系列管材通用技术标准。进一步完善非API油井管标准体系，制定19项非API油井管标准。举办3次技术标准宣贯及技术交流会，促进了标准的贯彻实施。积极参加国际标准化工作，针对输送钢管国际标准ISO 3183/API SPEC 5L的相关内容，研究提出4项修订提案，其中2项提案通过会议讨论并进入技术程序。

【对外合作】 成功举办第三届高钢级管线钢应用技术和第三届非API油井管技术国际研讨会。与意大利CSM公司合作，在国际上首次开展X80螺旋焊管气体爆破试验，掌握了气体爆破试验前沿技术和方法，显著提升了管研院在高钢级管道断裂控制研究领域的技术实力和国际影响力。进一步深化与塔里木、新疆、长庆等重点油气田的合作，形成稳定的战略伙伴关系。拓展与中技开、宝钢、天钢、金洲管道、八钢、衡钢、北京科技大学等单位的合作，签署战略合作协议，并落实了技术服务合同。

【安全生产】 牢固树立“以安全促质量，以质量保安全”的理念，坚持质量和安全并重，两手抓、两手都硬。确定2010年4月为管研院质量安全月，全面安排部署质量安全整治工作。以基层和现场为重点，组织开展了近年来范围最广、深度最大的质量安全大检查。经过现场检查，发现并整改问题143个。基础工作进一步夯实，基层建设成效显著，管理水平明显提高，现场质量安全工作得到根本性改观。全年未发生任何质量安全事故，确保了一方平安。

（王　虹）

北京石油管理干部学院

【概述】 北京石油管理干部学院（以下简称学院）是集团公司高级培训中心和党校。学院成立于1984年，占地92亩（61336平方米），建筑面积8.55万平方米，拥有1座综合楼、3座教学楼、8座公寓楼、6

座保障楼。拥有学员宿舍1065间，1500个床位，教室44间，2600个座位，具有1000人/日在院培训能力。

截至2010年底，学院资产总额6.4亿元，其中固定资产2.44亿元；合同化用工161人，市场化用工183人，劳务派遣用工100人；具有高级专业技术职称任职资格的有65人，其中教授级15人；集团公司管理专家1人。

2010年，学院继续坚持以建设“国内领先，国际一流”的集团公司高级培训中心为目标，以“做杰出的培训服务提供者”为愿景，认真履行“传播中国石油文化，促进中国石油发展”的重要使命，积极秉持“我们与学院共同提升”的核心价值观，为集团公司及其下属企事业单位提供了优质高效的培训服务。继“十五”之后再次被集团公司评为“十一五”培训先进单位，党校继续保持中央党校授予的“办学先进单位”荣誉称号。

【培训工作】 学院累计举办培训班222个，培训学员15319.4标准人次（1标准人次为1人15天或1天15人）（表3）。其中，举办中高层培训班105个，学员9160标准人次，接近总标准人次的60%。圆满完成2期企业主要领导培训班、2期党校班和1期中青班等高端培训项目，为集团公司培训局级干部近500人；为国务院国资委完成2期党校班、2期国有企业重要骨干领导人员培训班等培训项目；完成中央党校中央国家机关分校、国家机关和大型企业等单位的多个培训项目，实现培训层次、规模、质量和效益的全方位提升。

表3　2010年培训项目数据汇总表

序号	项目类别	培训班次	培训人数	标准人次	标准人次比例，%
1	集团公司计划内A类项目	9	728	2063.3	13
2	集团公司计划内B类项目	25	2285	4051.6	26
3	集团公司计划外项目	35	5077	1994.3	13
4	企业委托项目	74	3200	2728.5	18
5	国务院国资委委托项目	19	1895	2928.9	19
6	其他企事业委培项目	28	1457	1152.5	8
7	会　议	32	1482	400.3	3
总　计		222	16124	15319.4	

【教学科研】 学院累计完成75个培训项目的教学设计工作，经测评优秀率为83.6%，优良率保持100%；学院教师在重点班授课的人数逐渐增加，经测评优秀率为58.9%，优良率为94.5%；学院累计完成177个培训项目的教学管理工作，经测评班主任工作优秀率保持100%。学院坚持教研结合、以研促教的原则，承担集团公司级科研课题6项，其中1项已经通过验收，发表论文24篇，出版著作3部，编写的《中国石油员工政治经济理论知识读本》、《中国石油员工法律基础知识读本》即将由集团公司发行。《中国石油财会》出版6期，采访约稿12篇，审稿500多篇，发行2.5万份；《北京石油管理干部学报》出版6期，采访约稿12篇，审稿600多篇，发行2.3万份。

【队伍建设】 学院注重员工业务培训，累计派出44人次参加集团公司和地方组织的培训，组织中层干部参加12次听课学习，分两批组织处级以上干部和教授到中国井冈山干部学院、中国浦东干部学院和上海国家会计学院进行对口学习考察，按照“三控制一规范”的规定，选拔任用1名处级干部和7名科级干部，推荐3名优秀青年骨干参加集团公司在职攻读硕士学位的考试，按计划招聘优秀大学毕业生充实到教学保障的第一线，按市场规律从外部引进急需高级技能人才，为推进“人才兴院”战略提供有力保障。

【基础建设】 2010年，学院先后完成新建学员公寓C座主体工程、精装工程、广场铺设绿化、东大门和门卫室建设等任务，顺利通过通风、空调、消防、强弱电、给排水等系统的安装调试，完成防雷检测、室内空气环境污染检测、人防验收等验收工作，10月正式投入使用。学院实行教学活动区地面无车化管理，为学员和员工创造了安静、舒心、有序的学习工作环境。

【思想建设】 学院认真学习贯彻党的十七届四中、五中全会精神和集团公司工作会议精神，开展“四好班子”和“六个一”党支部创建活动，注重加强党员队伍建设和入党积极分子的教育培养，持续开展“形势、目标、任务、责任”主题教育和大庆精神铁人精神的再学习再教育活动，结合学院实际大力开展创先争优活动，积极营造学习先进、崇尚先进、争当先进的浓厚氛围。认真贯彻落实《国有企业领导人员廉洁从业若干规定》和党风廉政责任制，积极开展了“忠诚事业、承担责任、艰苦奋斗、清廉奉献”主题教育活动，取得了扎实的效果。

【安全稳定】 学院紧密结合工作实际，对“两节”、“两会”期间的安全稳定工作进行认真的部署和检查，先后两次扎实开展“安全生产月”和“安全生产大检查”活动，共进行6次全面检查验收和回头看。学院严格落实安全责任制和各项安全制度，对学员和员工认真开展安全教育、培训和演练，对重点部位、关键岗位和重要活动时节开展定期不定期的现场检查，及时纠正问题消除隐患，从而实现了全年安全稳定无事故的目标。

（褚林涛）

中国石油报社

【概述】《中国石油报》是经中共中央宣传部批准，集团公司主管，中国石油报社（以下简称报社）承办的集团公司党组机关报。报社于1986年3月18日组建，1987年1月7日创刊。《中国石油报》以报道石油天然气勘探开发、炼油化工、管道运输、油气销售为主，涵盖相关产业；以百万石油职工为主要读者群，面向集团公司内外公开发行。报纸现为对开八版、周五刊彩色印刷。《金秋周刊》创刊于2008年1月，周六出版，对开四版，面向集团公司40多万名离退休职工赠阅。《中国石油报》发行量达16万份，100余份进中南海，600份送到中央部委；47万份《金秋周刊》送到离退休职工家庭。报社按照集团公司要求和主管部门委托，还承办了《石油商报》、《汽车生活报》、《石油画报》、《石油政工研究》、《地火》、《新闻之友》和中油网，并负责中国石油新闻工作者协会和中国石油作家协会的日常事务性工作。报社在全石油系统共设立54个记者站。

【报纸工作】 2010年，报社坚持50字办报方针，围绕集团公司建设综合性国际能源公司加强深度报道。全年出版报纸296期、1956块版；《金秋周刊》49期、196块版；石油新闻网一年播发15万篇稿件，各路网媒转载量15000篇次；《中国石油画报》出刊14期，承办专刊3期；《石油商报》出刊98期；《现代司机报》更名改版为《汽车生活报》，出刊99期。

2010年报纸宣传报道工作精彩纷呈，亮点频现。精心策划30多次重点主题报道，主要有“石油九望——看零九，话开局”、集团公司工作会和领导干部会、西气东输二线、中俄原油管道、广西石化建设、中缅原油管道重点工程、海外合作项目的报道，还有中国石油保供青海玉树地震、舟曲泥石流救灾的报道。由于对上海世博会的成功报道，报社获得世博会杰出贡献奖。结合重大活动，推出“中国石油榜样·优秀党员”、“话说天然气”等特刊、专题、专栏报道。第四季度开始的“百日新闻会战”报纸期期有重点，周周有新特刊。年底推出的“辉煌‘十一五’、奋进‘十二五’”专题报道内容厚重、形式新颖。

在重点主题报道方面，全年深入开展转变发展方式、创先争优、中国石油榜样、科学发展系列报告，以及股份公司上市10周年、安全生产大检查宣传报道工作，突出石油和企业特色，坚持精采精编。探索尝试“信息制图”、“视觉设计”新理念，推出“品书”、“视觉新闻”、“石油地理”、“石油院校”特色专版。“读者来信”、“一线声音”栏目让石油一线员工感觉更加亲切。2010年集团公司领导对报纸新闻报道方面的批示近20次，对《中国石油报》的成绩和作用多次予以肯定。

【经营工作】 以效益和利润为主要考核指标，加强对经营工作的考核力度。修正考核内容和条款，把握整体利益、团体利益和个人收益之间的关系，形成有效激励，经营单位的经营指标明显上升，全社经济效益显著提高。广告部内部广告稳定增长，社会广告保持2009年水平，全年广告收入比2009年增长24.5%。《汽车生活报》大力开拓市场，拓宽发展空间，利用自身品牌充分开展会展、商务活动，全年实现较好利润。《石油画报》增加页码、扩大发行，继续保持经营成绩，发行量创历史新高。陆海油公司大力开展文化创新业务，为加油站服务业务实现了跨越式发展。印刷厂经营状况有了较好改善。

【企业管理】 推进管理建设，促进发展方式转变。针对以往不同程度存在的管理方式粗放问题，借集团公司基础建设年的东风，狠抓基础管理建设工作。

（1）在采编流程方面，完善管理制度，先后形成以“日激励、周评选、月评报”为核心内容的三级新闻质量评价体系，以及《采编人员绩效考核办法》、《稿件流程管理办法》、《三会五表制度》、《标题会制度》等一批新的管理制度。规范和加强记者站管理与建设，通过分级分类考核，推动记者站工作。

（2）在招投标程序方面，将全社办公设备维修和维护委托外包服务，对大宗物资商品的采购和工程施工全部实行招投标。降低了用工风险，保障了设备的正常使用。

（3）在计划财务工作方面，强化资金管理，加强会计基础工作，梳理财务管理制度，配合中介机构对全社资金的使用进行审计，提高资金使用率，完成内控体系的建设和内控测试的整改，开展“小金库”自查自纠工作，强化预算执行过程的监督。

【业务建设】 落实蒋洁敏总经理提出的关于报纸要“进一步提高质量和水平、提高品位和价值”的要求，开展深度报道和日常报道创新“双攻关”活动，加强业务工作研究。打破常规，组织3期新闻理论系统提升全员轮训班，抽调编辑部和记者站三分之一的采编人员脱产学习，集中研究新闻业务。派中层干部去《人民日报》社跟班学习，举办各种业务沙龙、选题会及采编业务研讨，定期组织业务考试，提高采编人员业务素质和理论水平。命名表彰“十大岗位能手”，评聘7名首席记者和编辑。

坚持开门办报，引进“外脑”参与报纸的策划和编排，精心设计，精心组织，与高校和都市媒体的高级记者和编辑建立联系。组织“都市媒体高层论坛”。邀请《工人日报》、《中国青年报》、《北京青年报》及人民大学等媒体的专家、学者参加新闻业务研究，对报纸进行分析。外聘专家每天与版面编辑、记者面对面交流，探讨标题制作、图片运用、版面编排，实施标题会制度、坚持专家评报制度、读者评报制度，提高了报纸质量。

（魏　杰）

石油工业出版社

【概述】 石油工业出版社是集团公司主管的中央级专业出版社，其前身为1951年3月成立的燃料工业部燃料工业出版社，于1956年1月正式建立。2010年，完成出版品种共1885种，同比增长7.7%，其中，出版图书1235种、同比增长3.2%，出版标准630种、同比增长39%，出版期刊20种。完成总印量762.886万册，同比增长4.2%。实现出版总码洋2.686亿元，同比增长0.2%。全年实现总收入2.2164亿元，同比增长7.5%，其中主营业务收入1.8723亿元、增长16.2%；实现利润484万元。全社图书出版和生产经营继续保持稳定发展良好态势。全社资产总额达到4.3714亿元，其中固定资产9790万元，职工总数为240人，市场化用工130人。

【图书出版】 2010年，出版新书567种，其中，石油类新书331种，占全年新书品种的58.3%；实现出版码洋5319.085万元。石油科技图书出版自主策划选题图书增加，新书出版码洋增长，图书结构趋向合理。《中国油气田开发志》、《中国石油勘探开发百科全书》（精要本）等重大图书工程进展顺利。石油教材出版工作以院校教材和培训教材出版为重点，稳健发展，继续保持较快增长态势。一批经典本科院校教材多次修订出版，有效延续了教材品牌。

全年出版社会类新书236种，占新书品种的42.7%，实现出版码洋5824.82万元。社会图书出版面对市场严峻形势，主动出击，创新选题，狠抓原创，英语、阅读、经管、健康等主要板块站稳市场，排名市场前列。《读点石油财经》系列丛书出版12种、码洋623.94万元，其中低碳经济类图书受到市场关注和欢迎。

全年出版各类石油标准630种，同比增长39%；其中，新版标准433种、重版标准197种；实现出版码洋1453.6万元，同比增长7.8%。完成《中国石油天然气集团公司年鉴》2010卷和《中国石油勘探》、《中国油气》（英文版）、《石油科技论坛》3种杂志出版任务。

全年图书编校质量抽签合格率达到100%。图书重印品种量保持稳定，重印图书码洋达到1.3725亿元，同比增长9.5%；新书单书码洋平均增长率保持稳定。版权贸易有新进展，石油科技类图书首次进入欧美市场。《天然气管网运营安全与效益化模块研究》和《石油石化员工应急知识读本》分别荣获2010年度全国石油石化企业管理现代化创新优秀著作二、三等奖。《中国石油勘探开发技术攻关丛书》等28种出版物获石油工业出版社2010年度优秀出版物奖。

【经营工作】 面对金融危机后效应的严峻考验，坚持以科学发展观为指导，着力转变发展方式，夯实发展基础，提升发展能力，推动主营业务发展，保持经营工作稳健运行。2010年，累计入库图书码洋2.399亿元、同比增长4%，实现图书发货码洋2.4亿元、同比增长23%。全年实现图书销售收入6919万元，其中石油类图书收入3461万元，社会类图书收入3458万元。展览业务完成项目20多个，实现经营收入2950万元。其中为上海世博会提供的“能源综合沙盘”在主题场馆的城市未来馆展出，成为展区亮点；为中亚管道通气典礼提供的沙盘模型，为各国来宾所称道；为中国石油大厦建设的展览厅基本完工，受到集团公司领导的赞誉。印刷生产提升装备技术含量，夯实管理基础，扩大经营范围，实现销售收入3402万元，实现加工产值1949万元，同比增长25.1%。

【企业管理】 落实集团公司部署，积极实施以标准化管理为主要内容的基础管理建设工程。强化质量管理，通过关口前移，严格控制编辑出版流程，努力提高图书选题质量和编校质量。扎实推进预算管理制度，全年各项资金支出全部纳入预算管理。大力推进内控体系建设，内控体系手册得以完善和发布实施，顺利通过集团公司内控体系测试。认真做好清欠工作，到2010年底，应收账款账龄（额）90%以上控制在一年以内，应收账款欠款同比下降26%。按照集团公司要求，认真控制机构编制、用工总量和人工成本，规范薪酬秩序，加强劳动用工管理。按照国家新闻出版总署统一部署，认真做好并完成转企改制工作。

【“千万图书送基层、百万员工品书香”活动】 2010年是开展“千万图书送基层、百万员工品书香”活动、实施“送书工程”的第二年。出版社继续把送书工作作为全年工作的重中之重，确保完成送书任务，确保送书工作“质量不出纰漏、资金不出问题、安全不出事故”。组织3个调研小组分三路赴基层单位调研，广泛征求意见，提出“扩大范围、高速模式、加快进度、增强针对性”等一系列措施，进一步完善送书工程实施。狠抓送书工作制度管理，进一步明确目标任务管理、成本管理、质量控制等制度。设立31个送书子项目，形成16个专业队送书目录，确定96个送书图书选题，通过集团公司验收，提高配送图书的针对性和适用性。组织编写《中国石油员工基本知识读本》（10种），以及《中国石油领导干部文库》（10种），工作进度不断加快。先后组织16批162人次完成658种图书质量检查，确保配送图书质量。合理调整图书库存，加强图书配送，确保图书及时送到基层员工手中。全年共为17827个基层站队配送图书343万册、码洋1.15亿元，分别是2009年的2.5倍、3倍、2.9倍；同时配送书架16084个、书籍2115个。

（许进军）

中国石油审计服务中心

【概述】 中国石油审计服务中心（以下简称中心）组建于1990年，是集团公司从事企业内部审计工作的专业机构，正局级建制。业务上接受集团公司审计部领导，依照法律及集团公司有关制度规定，行使内部审计监督的职能。办公地址在北京市西城区德胜门东大街8号。

中心下设8个从事审计业务的专业处；机关设有办公室（党委办公室）、人事劳资处、计划财务处、党群工作处和业务管理处，共13个处级建制。截至2010年底，中心在编人员167名，其中具有高级技术职称41人，中级技术职称71人；具有注册会计师执业资格45人；博士研究生1人，硕士研究生15人，本科以上学历122人。形成专业结构基本合理，人员基本素质较高且具有一定规模的审计专业队伍。

中心的主要职责是：

（1）贯彻执行国家有关法律、法规、政策和集团公司有关管理规定及制度，行使好企业内部审计职责，承担相应责任。

（2）向集团公司、审计部及有关部门通报审计情况，提出制定和完善有关政策的建议。

（3）依据《中华人民共和国审计法》的规定，完成集团公司和有关部门委托的各项审计任务。

（4）组织专业审计培训。

（5）承担集团公司和有关部门交办的其他审计查证事项。

【审计工作】（1）加强科学调度，审计工作质量继续提升。2010年，围绕各项重点工作任务，以质量管理为核心，通过强化项目管理、过程控制、业务创新和素质培养，审计内容、范围和方式、方法上又有新收获。全年共计完成各类审计项目160个，其中审计部下达项目126个，集团公司机关各部门委托项目21个，其他单位委托项目13个。审计项目计划完成率100%，合格率100%，综合服务满意度100%，优秀率保持在70%以上，审计金额6530亿元，获得各类奖项24人次。有19个审计项目和专题报告得到集团公司党组领导重要批示。13个项目被集团公司审计部评为优秀审计项目，其中，一等奖6个，二等奖7个。

（2）加强项目管理，审计任务顺利完成。2010年是审计任务较多的一年，为了确保审计质量和审计计划的有效执行，加强了计划管理。根据每个处的特点和业务力量分布，合理安排审计任务，制定周密的实施方案，对每个项目的进点、实施、完成时间做精心安排部署，工作节奏平稳。加强资源配置，针对重点项目、新项目增多的实际，改变以往常规做法，打破处室界限调剂审计力量，对技术性较强的项目聘请外部专家参与审计。在信息系统等项目审计中，全中心范围内抽调有特长的人员组成审计组进行联合攻关；重大审计项目由中心领导亲自挂帅，跟进指导，有效地促进重点任务的完成和质量提升。加强信息沟通。加大现场审计综合协调的工作力度，对审计中的难点和遇到的各类问题，及时与委托方和相关部门沟通协调，促进审计现场工作效率的提高。

（3）加强能力培养，保证业务水平的持续改进。针对新形势需要，积极推动理念创新，加大审计工作深度。开展了56个专项审计和经营管理审计，组织90人次参加为期40天的集团公司“小金库”大检查，配合中纪委和监察部3个重大案件核查，实施昆仑银行和中意保险公司的审计，10个信息系统审计和26家销售分公司2008年以来油品损益管理检查等重点和新项目。从审计结果看，在管理能力、专业深度、新业务的掌控、理念的转变和审计效果上均有提高和突破，得到各委托方的较高评价和肯定。在审计理论研究方面也取得较好成绩，由中心研究撰写的《石油企业金融业务内部审计研究》课题，获得中国内审协会和石油分会优秀审计论文一等奖。注重业务培训，冬季培训兼顾战略性、前瞻性、针对性和实用性，进行系统的知识更新、案例交流和业务总结。全年共选派42人参加了集团公司组织的各类重点项目培训，在队伍能力提高的同时，审计工作的地位作用进一步增强。

【党建与企业文化】 围绕中心，服务大局，积极推进党建工作，加强精神文明建设，提高了队伍的凝聚力和战斗力。

（1）加强党的建设，创建学习型党组织。利用中心组学习、领导宣讲、答题等多种形式，认真学习贯彻十七大精神和新党章，修订下发党群工作管理体系文件。开展形势、目标、责任、任务教育、党支部“六个一”创建活动，广大党员的党性意识、宗旨意识明显增强。

（2）加强各级班子建设，增强引领科学发展的能力。积极开展“四好”班子创建活动，加大领导干部廉洁从业监督力度，重点抓好审计现场廉政建设、人事任免等领域的监督检查。加强中层干部日常管理工作力度，对暴露出的部分党员领导干部作风方面的问题，及时进行诫勉谈话。继续坚持领导干部选拔任用公开竞聘制度，增强各级领导班子的战斗力和执行力。

（3）加强干部队伍建设，增强干事创业的本领。为了提高干部队伍的综合素质，先后组织召开支部书记座谈会、处长座谈会等专题会议。注重典型引导，开展形式多样的创先争优活动，选树集团公司级先进集体和劳动模范。

（4）加强基层建设，发挥员工的主人翁作用。

认真开展基层建设活动，组织干部员工集中学习大庆精神和“铁人”事迹，调动广大员工“我为祖国献石油”的创业激情。按照党员领导干部廉政建设“八不准”和《中国石油天然气集团公司审计组审计纪律规定》，严格审计纪律，坚持监控责任体系建设，较好地坚持《廉政意见书》回访制度。工会和共青团组织充分发挥桥梁纽带作用，组织开展各种主题活动30多项次，征集合理化建议65条，不断深化“爱岗敬业”主题实践活动，发挥广大团员青年生力军作用。积极探索企业文化创新内容和途径，丰富员工群众的文化生活。中心团支部2010年被中央企业团工委授予“中央企业五四红旗团支部”荣誉称号。

【培训工作】 2010年，中心始终把提升员工业务素质和技能作为推动中心发展的重要举措。继续坚持抓好冬季集中培训的同时，还选送42人次参加了集团公司组织的各类培训班。根据审计中心业务发展的需要，有针对性地开展信息系统审计、工程审计、销售企业审计、金融保险审计、节能与能源审计等专项业务培训，还举办旨在提升员工综合素质的执行力、公务礼仪专题讲座16期，培训人员1406人次。

2010年，有5人参加在职硕士专业学位研究生学习，3人参加专升本学习，3人取得硕士学位，16人取得本科学历证书，2人取得大专证书；有19人获取高中级职称任职资格（其中：高级2人，中级17人），8人取得国际注册内部审计师、国际注册信息系统审计师证书。1人被聘为高级审计师，6人被聘为会计师，5人被聘为助理审计师。

【企业管理与改革】 2010年，努力适应中心管理幅度逐步扩大和发展节奏加快的需要，实施以“强基固本”为主要内容的管理措施。重点以QHSE管理体系为依据，各类工作均按照计划、实施、检查、持续改进的模式有序推进，有效促进中心管理秩序的规范；以内控体系建设为载体，有效促进中心各项管理工作流程的建立和完善；以控制费用和非生产性支出为重点，实行全面预算管理，严把资金计划编制和使用关，严格控制“五项费用”，有效促进各项非生产性支出的管控；以整体推进夯实管理基础为重点，将管理的触角覆盖到中心每一个环节，有效促进审计一线、机关、后勤管理水平全方位的同步改进和提升。

（1）实施目标任务管理，推进管理能力提高。以《目标责任书》为载体，将全年审计任务、工作指标、廉政建设挂钩，同步下达，逐级落实责任，实现权责统一，有效推进各级管理者的执行力，以此带动和提高中心的整体管理能力。

（2）加强过程控制，保证审计质量的稳步提升。严格执行审计工作程序，确保项目规范运行。各审计组按照QHSE程序和审计规范要求，坚持审前广泛搜集被审单位相关资料，制订详细作业计划，保证审计过程不离主线。审计实施中，组长、主审与助审及时沟通，落实审计底稿三级复核制度，保证审计内容准确有效。坚持项目在“审计信息管理系统”下运行，保证中心领导和业务管理部门及时了解审计进度，指导现场审计。加强项目审理，严格后期质量管控，把好问题描述、证据充分、适用法规准确等质量关口，促进审计质量的提高。

（3）规范财务收支管理，有效控制成本支出。探索建立宏观预算管理制度，不断完善成本联动和绩效挂钩机制，建立定期费用支出分析例会和指标完成情况通报制度，明确各处室、各部门费用指标运行状态，严格控制业务招待费等五项非生产性支出，确保各项经营指标控制在预算之内。

（4）加强人力资源管理，激发员工创新活力。积极争取政策支持，按照“三控制一规范”的要求，强化用工管理，合理控制机构编制和用工总量，提高劳动生产率。加大人员有序进退，提高用工效益。

（5）推进内控体系建设，提高基础管理水平。大力推进内控体系建设，规范17类、223项规章制度，初步建立了中心管理框架体系、工作流程和业务内控体系，提高总体管理水平。认真落实责任和措施，安全工作得到加强。层层签订安全责任书，广泛开展安全教育培训，狠抓应急预案演练，提高全员安全素质，车队实现安全无事故、无违章运行。

（6）大力推进规范管理，服务水平逐步提升。机关部门以“规范管理年”活动为契机，不断完善管理制度和服务标准，按照“首问负责”制的标准，开展“服务一线、服务基层、服务群众”的活动，先后为审计一线、困难家庭、危重病员提供多项服务，方便中心广大员工、家属，管理水平和服务质量明提高显。

（沈忠良）

中国石油物资采购中心（中国石油物资公司）

【概述】 中国石油物资采购中心（以下简称中心）是集团公司的专业化物资采购企业，于2007年底以中国石油物资装备（集团）总公司（装备制造业务除外）为基础组建而成，主要承担集团公司、股份公司物资集中采购任务，包括大宗物资、重要物资、长周期物资、安全物资、成套设备、大型工程项目所需物资的采购业务以及急需物资的供应保障和战略储备物资的仓储管理。中心拥有国内外贸易、国际国内招标、电子商务、运保商检、仓储物流等一体化物资采购服务功能，拥有甲级机电产品国际招标资质、中央投资项目招标资质、工程项目招标资质、北京海关AA类企业管理资格、危险化学品经营许可、辐射产品经营许可、进口付汇核销A类资质、电信与信息服务业务经营许可、石油专用管材检测实验室资质等多项专业资质和许可。

中心本部共设有10个管理处室、8个业务处室以及2个副处级附属机构，下设沧州、郑州、沈阳、天津、上海5家地区公司以及中油物采信息技术有限公司等6家直属单位。截至2010年底，中心总资产68.82亿元，有在职员工572人，其中合同化职工450人，市场化用工及劳务用工122人。

【主要生产经营指标】 2010年，实现物资采购额564.7亿元，采购成本降低率8.55%。其中，直接采购额246.17亿元，集中采购额299.81亿元，受托和社会化经营18.72亿元。签订直接采购合同602份，合同总额239.8亿元。完成国际招标授标额4.76亿美元，节资率24.11%；国内招标授标额252.55亿元，节资率7%。承运货物总额28.37亿元。完成仓储货物吞吐量72.42万吨。能源一号网站全年实现网上交易总额422.29亿元。

【措施和成果】（1）持续优化集采运行机制，管理支撑作用进一步发挥。不断强化管理小组建设，积极开展市场调研，以阳光采购为宗旨，实现采购方案、实施过程和采购结果的公平、公正、公开，圆满完成21个管理小组的各项工作任务。修订完善管理制度和业务流程，完备基础信息录入和管理，加强交流协调和运行分析，业务运行机制持续优化。积极配合集中采购管理基础工作，协助编制相关制度与规范，选派骨干全职参与物采系统建设，承接并落实物资采购管理部下达的协同工作单221份。

（2）组织采购再上新台阶，业务规模不断提升。作为集团公司物资集中采购主力军、排头兵，中心及时调整工作思路，采取灵活的策略和周密措施，通过带量采购、定商定价、定商三种方式扩大组织采购规模。一是带量组织采购大幅增长。2010年完成带量采购130项，金额297.46亿元，同比增长69.65%，降采率6.62%。其中，组织实施国产API标准油、套管年度网上招标采购和26批次后续追加采购，采购数量182.34万吨，金额112.66亿元，降采率9.72%；组织实施管道工程用板材及钢管和原油储备库储罐板20批次集中采购，数量146.33万吨，金额102.35亿元，降采率5.97%；组织实施11批次煤炭集中采购，数量1843万吨，金额57.75亿元，保障了生产建设所需，保持了总体价格稳定。火工产品、钻井液处理剂和部分压裂用化学剂、管线防腐材料、压缩机和锅炉、石油专用设备、安全帽、载客车辆、管道高中压阀门等物资带量集中采购也取得了显著成效。二是焊接钢管和中厚钢板、载客车辆、管道高中压球阀等物资定商定价采购全面推进。三是压井节流管汇、顶驱、钻井液处理剂等物资选商定商工作有序开展。

（3）直接采购工作积极推进，服务能力不断提升。2010年，以满足油气田、炼化企业和管道等重大工程建设项目物资需求为己任，加强市场调研和采购策略分析，进一步提升服务质量和效率，优质高效地完成了油气田和工程技术服务企业44.32亿元，抚顺、四川、大庆、广东石化等8个炼油和乙烯项目16.22亿元，以及西二线、山东管网、大沈线等17个管道工程项目164.65亿元的物资采购任务，有力保障了生产现场需求。全年签订采购合同602份，合同总额239.8亿元，降采率10.40%。累计采购石油专用管材 2.97 万吨，金额 3.9 亿元；采购普通钢材 231 万吨，金额 148.59 亿元；机电设备 16026 台套，金额 73.68 亿元。

（4）“参与”业务继续深入，专业能力不断提升。中心将所有“参与”任务分解落实，选派 49 人次参与大庆油田、新疆油田等 13 家被授权单位石油钻具、电缆等 18 个管理小组的集中采购工作，配合解决了运作过程遇到的部分问题。通过“参与”，广泛汲取其他管理小组的先进经验和好的做法，掌握相关物资品种供需市场情况，了解产品性能及工艺流程，专业技术能力得到不断提高。

（5）努力延伸服务领域，受托和社会化经营取得成效。在确保完成授权集中采购任务的同时，发挥自身优势，上下联动，积极开展一级物资以外的受托采购业务和社会化经营业务，努力服务集团公司整体利益，取得一定成效。受托业务方面，2010 年为系统内用户开展医疗器械、备品配件、部分化工原料等二级物资国内采购 4.79 亿元，并签订 50 万美元以下小额进口合同 9553 万美元，同时根据系统内用户委托组织采购银行办公设备、科研仪器 4100 万元。社会化经营方面，全年共签订系统外物资采购合同 238 份，金额 7.14 亿元。仓储商检业务方面，以中国石油内部企业为重点，全年实现仓储吞吐量 72.42 万吨，检验石油专用管材 417 批次 11.03 万吨。

（6）稳步提升配套服务能力，集采一体化优势进一步加强。一是物资招标规范有序开展。2010 年完成机电产品国际招标 313 项，同比增加 69.18%，授标金额 4.76 亿美元，继续名列全国招标行业前茅，有效质疑为零。完成国内招标 47 项，授标金额 252.55 亿元，同比增加 243.32%。二是能源一号网站交易平台运行平稳。完成 ICP 许可证申办和有关工商变更登记手续，能源一号网站公司正式成为中心的全资子公司。加强设备运行监控，采取优化、分离、扩容等一系列措施，保证了系统平稳运行。维护上载产品目录 53.95 万条，申请产品编码 2.26 万条，完成电子采购交易 3.19 万笔，实现交易额 422.29 亿元，同比增长 9.17%，累计突破 2500 亿元。三是物流服务能力进一步增强。主动参与集团公司物流业务管理，承担进出口物资物流服务商准入的具体实施任务。汇总提报铁路运输物资计划，强化完善与铁道部工作协调机制，运用中亚、西二线铁路运输“绿色通道”模式，协调解决中缅等重点管线工程运力保障等问题，得到集团公司领导和有关单位的认可。四是延伸集采服务链条，积极推进集中储备，炼化备品备件集中储备、一般无缝管和合金钢管集中储备列入首批启动实施计划。

【基础管理与体系建设】 严格按照基础管理建设工程方案和实施计划，按进度要求组织实施，在质量、标准化、流程和规章制度管理方面均取得新进展，管理基础进一步夯实。内控体系有序运行，顺利通过集团公司评价测试，风险管控能力得到加强。落实安全环保责任，加大反违章禁令宣传力度，健全完善应急管理体系，安全管理不断强化。HSE 体系规范有效运行，通过集团公司总部专家组审核和第三方体系认证审核。把流程再造和机制完善作为增强企业活力的重要抓手，梳理规范了物资招标、集中采购、议事决策的工作流程和相关的运行机制，理顺了管理职责，完成 ERP 系统建设，提升了专业化商务运作能力和综合协调能力。

【企业管理】 完善资金管理流程，强化关键节点风险控制措施，资金计划准确性、资金集中度及资金使用效益大幅度提高。协调解决纳入集团公司会计集中核算系统后发现的问题，实现分户报表和合并报表在本部层面一次性自动生成。编写完成中心《会计核算操作手册》，奠定会计核算规范化、标准化、程序化基础。贯彻人才强企战略，制定两级技术专家队伍建设办法，规范培训基础管理，加强学习与培训管理，组织各类培训近 900 余人次。明确不同层级员工的考核原则、内容、程序和方法，实现横向到边、纵向到底、全员覆盖的绩效考核。将合同管理模式由“事后备案制”调整为“事前审查制”，进一步完善合同标准文本制度和授权委托管理，合同管理进一步加强，法律风险得到有效控制。修订完善保密工作制度，明确商业秘密保护范围和重点。推进档案分级集中管理，完善软硬件管理环境，强化档案整理培训和技术指导，2010 年统一归集各类档案 26000 余件。

（唐晓飞）

中国石油天然气集团公司广州培训中心

【概述】 中国石油天然气集团公司广州培训中心（以下简称广培）是集团公司重点培训基地。主要负责中国石油中高层经营管理人员和专业技术人员培训，拥有教育培训、科学研究、综合服务和形象窗口4大功能，具备年培训6000人次，可同期容纳500人的规模和能力。现设机构有办公室、财务资产处、人事处、党群工作处、培训管理处、市场开发部、远程教育部、国际业务教学部、管理业务教学部、学员事务部、信息管理部及后勤处。有教职员工147人，中、高级职称人数占61%。2010年底，固定资产1.55亿元。广培获集团公司"'十一五'培训工作先进集体"，1人获"培训管理先进个人"，5人获"优秀培训师"，1人获集团公司劳动模范，车辆管理服务中心获集团公司先进集体。

【培训业绩】 2010年，全面完成集团公司经营业绩考核目标，培训项目质量评价均达优秀，国际化人才千人班、PMP班、人事处长班、纪委书记班、矿区主任班等重点项目获得主办方赞誉。"国际化人才千人班"培训班参训学员在集团公司组织的托福模拟考试中，成绩优异。PMP培训考试通过率94.5%。全年完成培训项目共136个，培训人数8515人。全年培训班次及人数情况分类统计见表4。

表4 2010年培训情况统计

A类项目		B类项目		C类项目		D类项目		合 计	
班次	人数	班次	人数	班次	人数	班次	人数	班次	人数
1	66	27	3114	10	389	98	4946	136	8515

【培训品牌】 广培的培训特色体现在4个方面。

（1）培训项目品牌精炼"两类"。一是国际化类项目，包括集团公司国际化人才培训、集团公司高级技术专家英语培训、海外项目管理与技术骨干培训、PMP项目管理专业人士资格认证考试培训、国际财务管理培训；二是管理类项目，包括集团公司人事处长培训、企业中层干部系列培训、企业基层班（组）长系列培训、培训组织与管理系列培训、企业兼职培训师系列培训等，突出重点，适应企业培训需求。

（2）培训教学推行"三活"。内容鲜活，方式灵活，氛围活跃。实施培训项目"测评—反馈—整改—提高"四步机制，保障培训教学质量。

（3）培训成果产生"三多"。交流研讨多，问题研究多，思路对策多，保障培训效益。

（4）培训服务奉献"三心"。专心、细心、用心，亲情服务，家庭温暖，满意学员，感动企业，保障服务质量。

【培训研究】 培训教学与研究持续创新，按照成人学习特点，强调全过程教学设计和管理，交流教学心得与体会，探索"英语培训教学设计中应注意的问题"、"如何搞好国际化人才外语培训"，共同提高教学研究水平。在"大庆钻探工程公司海外项目管理人员培训班"增开阿拉伯语培训教学，为油田企业送教上门解决生产一线"精神食粮"。根据中层干部能力素质模型，以工商管理知识为核心，设计了政治思想、人文素养、管理技能、学员论坛、现场教学等模块，全方位提升学员的综合素质，在青海油田、大港油田、新疆油田及销售企业都取得了很好的培训效果和社会效益。

2010年，完成科研课题8项，公开发表学术论文20篇，其中《跨国文化背景下企业文化建设的探索与实践》荣获集团公司企业文化优秀成果二等奖，《中心管理者领导力与执行力探索与研究》荣获集团公司党建思想政治工作研究会优秀政研成果二等奖，《企业常用公文培训之案例教学法初探》荣获广东省写作学会第十四届学术年会论文二等奖。

【培训市场】 拓展培训市场，向石油企业发放《广州石油培训中心培训宣传册》(2010年版)，宣传推广培训特色、文化理念、品牌项目、服务优势。与中国海洋石油总公司惠州炼油厂签订《培训基地合作框架协议》，确定了广培第一家有合作协议的培训现场教学和参观考察基地，与广东省职业培训和技工教育协会等单位建立合作联系。

【企业管理】 加强基础管理建设，抓好“三控制一规范”。以人事制度改革为重点，推进体制机制改革，优化机构设置，完善分配制度。加强员工队伍建设，全年员工参加各类培训63人次。加强合同管理，提高法律风险防控能力。加强会计基础工作，推进费用标准化，严格审核各类报销票据，堵塞漏洞，确保数据准确、资金安全。统一培训费用预算、开支、结算把关，有效监控培训实施费用。加强招投标和投资控制管理，全过程跟踪监督，确保工程质量与工期，节约投资，效果较好。完成广培“十二五”发展规划（讨论稿），为今后五年的可持续发展定好战略目标，打好工作基础。

【信息化】 完成ERP系统建设、内控体系自我测试及评价整改，校园网络改建升级，信息门户网站改版成功，建立和完善信息技术支持服务规范，开展网络安全及技能培训，保障信息安全。综合档案室被广东省档案局评估良好，人事档案以95.3高分通过集团公司检查验收。

【安全生产】 加强校园安全检查整改、施工安全管理、校卫队员安全专业技能培训，开展员工安全教育与应急训练，参加全国安全生产应急知识答题，完善校园安全标识，提高员工安全意识和防范能力，确保校园安全。

【基础建设】 2010年，完成基建投资1683万元，包括2号公寓改造、体育场馆改造等工程。

（田　园）

中国石油学会

【概述】 中国石油学会（以下简称学会）创立于1978年，是由中国石油、中国石化、中国海油广大科技工作者组成的学术性群众团体，是中国科学技术协会的组成部分，英文名称为Chinese Petroleum Society（简称CPS）。主要任务是团结石油、石化、海油科技工作者，积极开展国内外学术交流活动，推动石油、天然气和石油化工科学技术的发展并迅速转化为生产力；普及石油、天然气和石油化工科学技术知识；出版学术期刊；开展对石油、天然气和石油化工发展战略及经济建设重大决策的咨询服务。学会经过重新登记注册的会员为6.4万名，全国有28个省、市、自治区建立了地方性学会。理事会下设分会、专业委员会、工作委员会21个。国外著名石油、石化专家可以被吸收为通讯会员。中国石油学会每年举办全国性各类专业学术交流会议40—50次，并组织若干次国际学术交流活动。每年举办青少年、教师石油科技夏令营和科技人员联谊活动，各省、市、自治区石油学会每年也组织大量学术交流活动，为发展中国和国际石油、天然气和石油化工科学技术作出了积极贡献。

【学术交流活动】 2010年，学会和各省、市、自治区石油学会及各分会、专业委员会共组织开展各类学术技术交流活动626次，参会代表32602人，征集论文9925篇，会议交流论文4430篇，出版论文集29次。其中，学会及各分会、专业委员会共组织国内外学术活动75次，参会代表13745人，征集论文6747篇，会议交流论文3312篇，约占征集论文的1/2，并出版论文集9次。

1. 国内重点学术活动

（1）2010年8月9—11日，学会组织召开“2010年物探技术研讨会”，会议主题是复杂断块区油气藏精细勘探开发技术。来自中国石油天然气集团公司、中国石油化工集团公司和中国海洋石油总公司系统物探企业及相关科研院所的400多名代表参加会议，共收到论文255篇，有164篇论文进行了会议交流。内容涵盖了复杂断块区地震资料采集、处理及解释技术研究与应用，高精度地震勘探技术研究及应用，岩性油（气）藏地震勘探技术与应用，海上地震数据采集、处理及解释技术研究与应用，非地震勘探技术研究与应用，物探装备研发与应用，油气勘探中的地球物理新技术、新方法等。此次会议的成功召开为我国石油地球物理勘探技术的发展起到积极的促进作用。

（2）2010 年 9 月 1—2 日，学会组织召开天然气学术年会，会议主题是以科技进步促进天然气产业又好又快的发展，满足经济和社会发展的需求。来自三大石油集团（总）公司的 320 多名专家学者和工程技术人员出席会议。中国工程院院士童晓光在会上作了题为《大力提高天然气在能源结构中比例的意义和可能性》的专题报告；国土资源部专家车长波作了题为《我国天然气未来十年发展趋势》的专题报告。中国石油廊坊分院万玉金等 10 名专家分别在地质勘探、开发开采、钻井集输 3 个分会场作了专题报告，另有 76 名工程技术人员在会上进行了论文交流。此次天然气学术年会的成功召开为我国天然气工业的快速发展起到积极的促进作用。

（3）2010 年 10 月 20—22 日，学会组织召开第六届石油炼制学术年会，会议主题是低碳经济对中国炼油工业的挑战。会上，王基铭院士作了题为《低碳经济下我国炼油工业发展》的报告，贾承造院士作了《中国石油工业上游的成就与前景》的报告，曹湘洪院士作了《面向后石油时代我国炼油工业技术对策的思考》的报告，闵恩泽院士作了题为《迎接低碳经济的生物质车用燃料》的报告，中国石油化工集团公司石化研究院院长龙军作了题为《高酸原油全馏分催化裂化脱酸技术研发——从认识到实践》的报告。中国汽车工程学会常务副理事长付于武、中国石油大学（北京）副校长徐春明、中国石油天然气集团公司石油化工研究院院长刘显法、中国海油惠州炼化公司总经理董孝利、华南理工大学教授华贲、中国石化催化剂公司总经理谈文芳以及中国神华煤制油化工公司、中国石化工程建设公司、中国石化信息系统管理部的专家，分别作了《中国汽车产业发展及趋势》、《重油加工的基础研究与应用》等相关内容的大会报告。这些报告从不同侧面讨论了我国炼油工业在低碳经济下面临的挑战以及存在的机遇，提出了相应的应对措施和建议。另有 91 篇报告分别在炼油工艺与工程，炼油催化剂与催化材料，石油产品与添加剂，炼油分析、设备与信息技术和替代燃料 5 个分会场进行了交流。

（4）2010 年 8 月 17—19 日，学会与河北省石油学会联合举办低渗油气层评价与试油压裂技术研讨会。来自中国石油天然气集团公司、中国石油化工集团公司和中国海洋石油总公司以及延长石油（集团）公司所属 17 个单位 80 多名专家和工程技术人员参加会议。中国科学院院士郭尚平在会上作了报告。与会代表围绕我国各油田在低渗低孔油气藏勘探开发方面所取得的最新技术成果，进行了广泛交流与研讨。会议发表学术论文 18 篇，对推进我国低渗透油气藏勘探开发技术的提高具有重要意义。

（5）2010 年 8 月 25—26 日，学会与中国石油天然气集团公司煤层气有限责任公司共同举办 2010 年中国非常规天然气勘探开发技术研讨会，会议的主题是创新高技术，加快非常规天然气发展。来自中国石油、中国石化、中联煤层气公司等企业和有关研究院所、高等院校的 300 多名专家和技术人员参加会议。会上，胡文瑞作了题为《中国非常规天然气资源开发与利用》的主题报告，贾承造作了题为《我国煤层气勘探生产的重大科技问题与进展》的主题报告。研讨会共收到相关论文 101 篇，内容涵盖煤层气政策与法规、资源评价与基础理论研究、采气采煤协调发展以及页岩气压裂技术等诸多方面，有 8 篇论文获得优秀论文一等奖、22 篇论文获得优秀论文二等奖。

2. *国际学术交流重点活动*

（1）2010 年 6 月 8—10 日，学会与国际石油工程师学会（SPE）联合主办，中国石油天然气集团公司、中国石油化工集团公司和中国海洋石油总公司协办的 2010 年中国国际石油天然气会议暨展览在北京召开。来自世界 37 个国家近 200 个国际知名石油公司和服务公司以及科研机构的 1600 多名高级管理人员、专家学者和工程技术人员参加会议。同时，40 多家国际石油公司和服务公司参加了展览，展出面积达 1250 平方米，有 4000 多人参观了展览。会议的主题为动荡环境中的机遇与挑战。会议执行委员会主席、中国石油天然气集团公司副总经理、中国石油天然气股份有限公司总裁周吉平作了《石油工业的变革与机遇》的主题报告。会议执行委员会联合副主席、中国石油化工股份有限公司高级副总裁王志刚和中海石油（中国）有限公司执行副总裁陈壁分别作了《发展低碳技术，创造优美环境》和《发展中的中国海洋石油》的主题发言。会议还举行了高端研讨大会和 3 个专题会议、45 个学术分会、学生教育周、青年专业人员研讨会等学术交流活动。会议共安排 15 个专题发言，宣讲和张贴论文 300 余篇，并围绕“对应目前和未来的能源挑战”、“技术与创新管理”和“亚太地区油气开发的机遇与挑战”3 个议题展开了讨论。

（2）2010 年 6 月 21—25 日，学会和国际海洋与极地工程师学会（ISOPE）联合主办，中国海洋石油总公司承办的 2010 年北京国际海洋与极地工程学术年会在北京召开。会议的主要目的是推动浅海、深海、极地工程等领域技术的进步以及加强国际间的学术交流，并通过会议扩大中国海洋石油工业在世界海洋石油领域的国际知名度和影响。来自全球50多个国家的800多位专家学者和工程技术人员参加会议。中国海洋石油总公司副总经理、中国工程院院士周守为作了题为《中国海洋石油发展前景》的主题发言，美国埃克森—美孚公司上游区域总监Mr.Michael Ray作了题为《Global Energy Demand and its Implication for Frontier Resources》的主题报告，挪威国家石油公司Bernt Bjerkreim作了题为《Subsea Compression-Ormen Lange》的发言。会议共收到论文1875篇，在149个分会场对750篇论文进行了交流。

（3）2010年8月13—15日，学会与俄罗斯欧亚地球物理学会联合主办的第六届中俄测井国际学术交流会在山东省青岛市召开。出席会议的国内外代表160多名，共交流论文43篇，其中中方26篇，外方17篇，内容涵盖测井技术发展综述、地层测试、脉冲中子测井、电法测井、声波测井、核磁共振测井、生产动态监测、处理解释软件、测井资料应用等10多个领域。

（4）2010年5月26—28日，学会与日本石油产业活性化中心（JPEC）和韩国石油管理院（K-Petro）三方联合举办的2010年中日韩炼油技术研讨会在韩国庆州召开。会议的主题为石油加工与替代燃料。会议共发表三方演讲基调报告3篇、技术报告16篇，有76人出席会议。中国石油学会代表团一行12人参加了会议。曹湘洪副理事长代表中方作了题为《Sustainable Development Strategy of China Refinery Industry》的基调报告。日本石油联盟Masaaki SUGIYAMA和韩国SK能源高级副总裁Seok-Chan JANG分别代表日方和韩方作了题为《Measures for Preventing Global Warming and Approach to Biofuels in Japanese Oil Industry》和《New Challenges for the Korean Refining Industry》的基调报告。日韩两国代表交流了10篇技术报告。

（5）2010年10月29—30日，学会与世界石油大会中国国家委员会、国家科技部等单位联合举办的中国油气论坛——2010石油测井技术专题研讨会在北京召开。会议的主题是石油测井——油气勘探开发的眼睛，这是迄今国内举办的层次和水平最高的测井技术专题研讨会。国际职业测井分析家学会（SPWLA）主席Matt Bratovich、中国石油天然气股份有限公司副总裁孙龙德、斯仑贝谢公司电缆测井全球副总裁Stephen Harrison、世界著名岩石物理学家、马来西亚国家石油公司Lutz Riepe分别作了题为《测井评价技术的未来》、《中国石油工业测井技术进展与展望》、《电缆测井的历史沉积与发展进步》、《岩石物理在油气工业中的过去、现在和未来》等综述性学术报告。来自斯仑贝谢、哈利伯顿、贝克休斯、威德福等国外著名油田技术服务公司，以及中国石油、中国石化、中国海油、中国中化、中国石油大学及有关院校和研究单位的310名专家、学者对石油测井新技术进行了交流和研讨。会议征集到论文82篇，其中60篇在会上交流。

（6）2010年8月27—28日，学会与中国石油石油管工程技术研究院、塔里木油田分公司和石油管工程重点实验室联合举办的第三届非API油井管工程技术国际研讨会在新疆乌鲁木齐召开。来自美国、日本、德国、阿根廷的技术专家和国内三大石油集团（总）公司所属油田科研单位及国内外油井管生产企业代表150多人参加会议。会议共征集学术论文72篇，并出版了论文集。

（7）2010年8月12—13日，学会与中国科协学会学术部、中国科学院院士工作局、中国工程院学部工作局、新疆维吾尔自治区科协和克拉玛依市政府联合主办的首届信息化创新克拉玛依国际学术论坛在克拉玛依市召开。本次论坛的主题是信息化城市与数字油田。来自国内三大石油集团（总）公司、10多个大中城市和美国、英国、加拿大、法国、德国、新加坡、伊朗、俄罗斯等10多个国家的100多名外国专家学者以及760多名中方代表和参展商参加了本届论坛。与会代表围绕“信息化城市与数字油田”、“数字城市建设与发展”、“数字油田建设与发展”、“信息产业建设与发展”等议题，进行了广泛的研讨和交流。

【学术期刊编辑出版】（1）2010年《石油学报》编辑部认真执行《精品科技期刊工程项目合同书》，圆满完成项目合同书的各项任务，全年共发表学术论文189篇，其中有98%属于国家和省部级各类基金项目，优秀论文率达到98%。

（2）期刊刊载量继续增加。在保证期刊质量和未增加人员的前提下，努力扩大刊载量，已连续多年增加期刊的页码。2010年由2009年的160页/期（全卷192万字），增加到176页/期（全卷211万字），增幅约为10%。平均发行量2000册，总印数12000册，与2009年持平。

（3）期刊网站进一步完善，对稿件远程在线处理系统进行了升级，优化了编辑流程，扩大了审稿专家库，进一步提高了工作效率。截至2010年12月底，网站点击率达427116次。《石油学报》近15年发表论文的中、英文摘要已全部上网。

（4）加强期刊的审读工作。编辑部严格实行稿件"三审四校一读"制度，期刊编校质量一直较好，得到了有关专家学者的好评。

（5）加强编辑队伍建设，引进高层次人才充实编辑队伍。2010 年 10 月原主编退休，学会聘任了具有博士学历和教授级高级工程师职称的专家担任专职主编，顺利完成新老主编交替。2010 年编辑部有 6 人参加编辑业务培训，10 人次参加了有关专业学术会议。

（6）2010 年编辑部在积极主动向学报编委和有关专家约稿的同时，加强了优秀科研骨干的组稿力度。

（7）期刊主要量化指标稳步上升。根据 2010 年中国科学技术信息研究所最新发布的《中国科技期刊引证报告》,《石油学报》的主要量化指标在 2009 年的基础上，又有新的提高，总被引频次由 2009 年的 3240 提高到 3723，提高 15%；影响因子由 2009 年的 1.702，提高到 2.07，提高 21.6%。影响因子和总被引频次均达到历史最高水平。在全国 6063 种科技期刊中，影响因子排名第 47 位，在能源科学技术类期刊中综合排名第 2 位。2010 年连续第 9 次荣获"百种中国杰出学术期刊"奖。

（8）期刊继续被国外 8 家著名检索系统或数据库收录，包括美国工程索引（EI 核心库）、美国剑桥科学文摘（CSA）、美国石油文摘数据库（PA）、日本科学技术文献数据库（JST）、俄罗斯《文摘杂志》（AJ）、波兰哥白尼索引（IC）、美国化学文摘（CA）和美国地质文献数据库（Geo-Ref）。2010 年《石油学报》发表的论文全部被美国工程索引（核心库）和美国石油文摘数据库收录。

（9）2010 年《石油学报》更加注重报道具有创新性的基础理论和应用研究成果，追踪重大项目的研究进展。例如,《中国多旋回叠合盆地立体勘探论》、《准噶尔盆地石炭系油气成藏组合特征及勘探前景》、《四川盆地大中型天然气田分布特征与勘探方向》、《高含水油田油藏地球物理技术——中国石油物探的新领域》等论文提出了许多新观点，为今后油气勘探提供了新的思路和依据，并且前瞻性地提出中国油气勘探的潜在领域和方向，这些论文对于中国油气勘探都具有重要的指导意义。

（10）通过实施精品科技期刊工程项目，编辑部增强了为石油科技工作者服务的意识，2010 年继续对 500 位在各领域有影响的专家免费赠阅期刊，为推动石油科技自主创新发挥积极的作用，受到专家学者普遍欢迎。继续对在校大学生和离退休科技人员订刊实行半价优惠，对学会团体会员单位订刊 6—8 折优惠（根据订刊数量），对特别优秀的论文（一般为组稿）免收论文发表费或给予较高的稿酬。这些措施产生了较好的社会效益。

（11）《石油学报》（石油加工）全年出版期刊 6 期，发表稿件 166 篇，总字数 170 余万字。比 2009 年发文增加 12%，总字数增加 20 余万字。其中：属于国家自然基金会项目论文 127 篇，优秀论文数量占论文发表总数的 76.5%。2010 年《石油学报》（石油加工）期刊全年稿件发表周期为 11 个月，平均发行量 1200 册，总印数 7200 册，与 2009 年持平。同时，与炼制分会联合出版第六届石油炼制学术年会论文集和增刊，增刊发表论文 50 篇，论文集发表 185 篇。

《石油学报》（石油加工）期刊的总引频次数、影响因子等各项期刊评价指标逐年提高，在能源科学技术类期刊的学科排名稳步提升。在 2010 年中国学术期刊影响因子年报中,《石油学报》（石油加工）期刊综合指标位列石油化工领域（下游领域）第一名。

《石油学报》（石油加工）已被美国工程文献索引《EI compendex》、《化学文献》（CA）、俄罗斯《文献杂志》（AJ）、日本《科学技术文献速报》（CBST）和荷兰《斯高帕斯》（Scopas）等国际重要检索系统收录。2010 年发表论文已全部被（EI）收录并入选荷兰《斯高帕斯》数据库。同时,《石油学报》（石油加工）已被 CSCD、CSTPC、CNTI、万方、维朴、《中国学术期刊文摘》、《中国学术综合评价数据库》等收录。

《石油学报》（石油加工）期刊自 2006 年建立网站以来，2010 年访问量超过 3 万次。

《石油学报》（石油加工）期刊 2010 年再次荣获中国科协精品科技期刊称号。

（12）各省、市、自治区石油学会、各分会和专业委员会主办的各类学术期刊也都取得了较好的成绩。例如，新疆石油学会主办的《新疆石油地质》、甘肃省石油学会主办的《岩性油气藏》、吉林省石油学会主办的《吉林石油工业》、石油物探专业委员会主办的《石油地球物理勘探》、石油经济专业委员会主办的《国际石油经济》、石油管材专业委员会主办的《石油管工程》等学术期刊，为广大会员和科技工作者科技学术理论水平的提高起到了积极的促进作用。

【科普咨询工作】 学会继续积极开展具有石油、石化特色的科普宣传工作，发挥了科普工作主力军的作用。通过组织一批石油、石化行业的科技工作者，积极开展各类贴近油田、贴近炼厂和贴近社会的科普活动，达到普及和宣传石油、石化知识的目的。

（1）2010 年 3 月 26—28 日在广西南宁组织召开中国石油学会第二届石油石化专用软件交流会暨科普报告会。来自中国石油、中国石化、中国海油及相关院所和国内外石油石化专用软件供应商等单位的 200 多名代表参加会议，共同探讨交流了石油石化专用软件业的产品应用情况和技术发展前景。

（2）认真举办石油地质科普考察活动，努力提高科技人员的专业技能。根据学会年度计划安排，2010 年 4 月，学会与江西省石油学会联合举办石油科普报告会暨地质考察活动，来自国内各石油企事业单位的 40 多名代表参加了活动。

（3）继续发挥《石油知识》科普读物的作用。全年出版《石油知识》杂志 6 期，刊登稿件 273 篇，总计 90 余万字，发行 60000 册。并通过中国石油外网《石油知识》栏目，发布各类油气科技信息 385 条。在各石油、石化企事业单位大力压缩报纸杂志经费的情况下，《石油知识》杂志社继续坚持“自筹经费、以刊养刊”的原则，积极组织创收，努力做到自负盈亏，减轻了学会的压力，保持了队伍的稳定，为学会逐步向市场经济转换作出了有益尝试。

（4）各省、市、自治区石油学会、各分会和专业委员会结合本省、本地区的实际情况和中国科协组织的“全国科普日”活动，通过举办展览、讲座、发放科普宣传材料等形式，开展大量丰富多彩的科普宣传活动，为提高石油、石化行业广大职工和社会群众的科学文化素质作出了贡献。

【组织推荐工作】 根据中国科协有关通知精神，2010 年，由学会推荐的 4 名“全国优秀科技工作者”候选人全部当选。

【科技咨询服务工作】 根据中国石油天然气股份有限公司勘探与生产分公司与中国石油学会签订的“国内外低渗透油田提高单井产量的措施与方法”项目要求，韩大匡院士出任项目组长，积极组织有关专家到大庆、吉林、延长等油田进行调研和现场试验。在各有关油田大力支持下，该项目工作进展顺利，已进入编写报告阶段，争取在 2011 年上半年全面完成项目验收。

此外，各省、市、自治区石油学会充分发挥学会人才优势，积极开展富有成效的科技咨询服务工作，为企业解决技术难题，也为学会创造了一定的经济收入，推动了学会持续健康发展。

（康　剑）

中国石油企业协会

【概述】 2010 年，中国石油企业协会（以下简称石油企协）认真执行国家有关规范和加快协会商会发展工作的方针和政策，认真贯彻落实石油石化企业 2010 年工作会议精神，以积极、规范、秩序、和谐、发展为路径，继续把石油企协各项工作推向前进；拓开和拓宽服务新渠道和新内容，继续把石油企协能量放大并产生影响；扭住企业改革和发展中的重点和难点，努力实现“一报二刊三评”的品牌效应；坚持不懈地抓好协会建设，以制度建设促进自身建设；认真贯彻落实集团公司总经理蒋洁敏的重要批示精神，发挥协会这一社团组织的独特优势，有效构建服务和协调石油石化企业的平台，加大“建设性意见”和“建言献策”的工作力度，为进一步增强石油石化企业软实力建设和积极推进综合性国际能源公司建设作出了新贡献。

【组织建设】（1）石油企协 2010 年工作会议于 1 月 26—27 日在北京召开。石油企协全体员工及各分会、中国海油、中国化工等部门的有关负责同志共 80 余人参加了会议。石油企协专职副会长兼秘书长彭元正总结了 2009 年的工作，并就 2010 年工作进行了部署安排。

（2）石油企协六届二次理事（常务理事）会议于 2010 年 9 月 25—27 日在辽宁丹东召开。会议期间，胡文瑞会长到会作重要讲话。石油企协专职副会长兼秘书长彭元正作了题为《更加自觉地承担起服务企业、服务行业、服务社会的光荣责任，为石油石化企业全面协调可持续发展再做新贡献》的工作报告。会议表决并通过了有关决议和议案。来自国务院国资委和中国石油、中国石化、中国海油、中国化工以及陕西延长石油的领导和代表共 180 余人参加会议。

（3）2010 年石油企协继续巩固深入学习科学发展观教育活动的成果，注重在建立长效机制上下工夫。不断加强和优化自身建设，积极发展优秀分子入党，培养优秀干部走上处级领导岗位，组织员工进行专业专题培训，积极完善和优化各项管理制度，加强和指导对分支机构的领导和管理。并于 2010 年 10 月召开党员领导干部民主生活会，围绕石油企协科学发展的主旨，结合创先争优的目标，达到了总结提高、相互激励和促进发展的目的。

【企业管理评审】（1）石油企协行业部级、全国石油石化企业管理现代化创新优秀成果、优秀论文、优秀著作的评审（以下简称“三评”）工作持续上水平。2010 年度的“三评”工作，共收到来自石油石化企业（单位）上报的 185 项参评成果、444 篇参评论文和 19 部参评著作。为进一步优化“三评”程序和质量，石油企协实施量化试行意见和初评筛选的举措。2010 年 8 月中旬，石油企协在山东青岛召开“三评”会，共评出获奖优秀成果 126 项，获奖率为 68.10%；评出获奖优秀论文 309 篇，获奖率为 69.59%；评出获奖优秀著作 10 部，获奖率为 52.63%。2010 年 10 月下旬，石油企协在贵州贵阳召开 2010 年度“三评”发布表彰交流大会，并通过《人民日报》、《经济日报》、《中国石油报》、《中国石油企业》、新浪网、人民网、中国经济网、中国财经网等媒体即时报道，向社会和企业进行发布和交流。

（2）积极组织会员企业（单位）参加其他国家级评审（选）活动。

一是组织“全国企业新纪录”的评审工作，169 项全国石油石化企业新纪录全部通过审定，其中 1 项获重大创新项目，13 项获重点推荐项目。石油企协连续 3 年获得“中国企业新纪录优秀组织单位”荣誉称号，中国石油天然气管道局连续 2 年荣获“优秀创造单位”称号。

二是组织国家级创新成果的推荐工作。石油企协在获得本年度管理现代化创新成果一等奖成果中，精选出 8 项成果，推荐参加第十六届国家级管理现代化创新成果评审。股份公司财务部《大型跨国上市石油公司财务报告的独立编制与披露》和长庆油田《基于全方位创新的特大型低品位油气田开发与管理》2 个成果，经过全国企业管理现代化创新成果审定委员会审定，获得国家级奖项一等奖，其余 6 项成果获二等奖。

三是组织推荐全国优秀企业家候选人的推荐工作。中国石油长庆油田分公司总经理冉新权经推荐被评为 2009 年度全国优秀企业家。

四是组织申报参加全国企业文化优秀成果、优秀案例、优秀论文评审。由石油企协组织推荐的 10 项企业文化优秀成果、优秀案例、优秀论文，在第八届全国企业文化年会受到表彰并发布。

【期刊编辑】（1）2010 年《中国石油企业》杂志社牢牢把握正确舆论导向，坚持为石油石化企业改革和发展服务的办刊宗旨，在办刊思路、理事会服务和通联队伍建设、杂志营销等方面开拓前进，杂志质量和经营能力实现新的提升。特别是在宣传企业深化改革和创新管理上，2009 年 10 月和 2010 年 7 月分别对中国石油长庆油田分公司和中国石油管道分公司进行 2 期专刊报道，其企业形象在读者和社会上产生了积极影响。

（2）石油企协办公室（秘书处）编辑出版的《决策信息报告》，一年来继续上水平，受到各级领导同志的好评。隶属于中国石油内部管理的石油企协网站和石油企协建立的外部网站（www.zgsyqx.com），继续优化栏目，扩大影响，外部网站被誉为协会组织的优秀网站。

【咨询与培训】（1）根据集团公司思想政治工作部有关“出版 10 本书”的工作要求，石油企协承担了《中国石油员工管理基础知识读本》编写工作，成立了编委会并组织专家力量，反复研究读本提纲，认真撰写内容，编写工作进展顺利。

（2）组织专家组总结中国石油管道企业成立 40 周年的改革和管理经验，完成《管道全方位安全风险预控管理模式的创建与实践》项目咨询研究。该研究成果荣获全国石油石化企业管理现代化创新优秀成果一等奖。

（3）会同中国石油大学专家教授启动《中国油气产业年度发展分析与展望蓝皮书》（年度报告）的研究和编撰工作，该书 2011 年初出版面世。

（4）承担陕西延长石油集团油气勘探公司《油气勘探公司管理体系设计与研究》管理咨询项目。

（5）石油企协应邀参与国家发改委和工信部组织的《我国重点工业企业技术创新能力问题研究》的国家级系列课题研究，胡文瑞会长被特邀为研究负责人，并主持组织专家开展《中国石油石化产业技术创新报告》的研究。该研究成果于 2010 年 10 月完成。

（6）在培训认证方面，积极开展多期国家物业管理师、职业经理人、“五型”班组建设、企业内控体系建设、高级管理咨询师等资质的培训和认证。2010年6月，在辽河油田分公司研究院举办《中国非常规天然气的开发与利用》专题报告会，石油企协胡文瑞会长作专题报告。石油企协还与辽河油田分公司开展勘探开发专题实践培训，于2010年7月在秦皇岛连续举办两期“油田勘探开发理论与实践培训班”，先后有182名基层专业技术骨干参加培训，聘请集团公司资深专家授课，组织学员深入现场学习实践，深受基层员工的欢迎。

（张慧芳）

中国石油天然气运输公司

【概述】 中国石油天然气运输公司（以下简称公司）成立于1953年，是集团公司直属的大型专业化运输物流企业。主要为新疆三大油田、四大炼厂等全国113家油田、炼化、销售、管道、燃气企业提供专业化运输、石油石化产品配送及其他综合配套服务。拥有国家一级道路货运企业、涉外运输、危险品运输、国际国内海陆空货运代理、进出口贸易、建筑安装、路桥施工、境外投资与对外承包工程等经营资质，并通过国家质量管理与质量保证体系认证，位列“中国百强道路运输企业”前3强和“中国物流百强企业”第4名，被评为国家5A级运输物流企业，是行业内实力最强、规模最大的公路运输物流企业。公司本部设在新疆维吾尔自治区乌鲁木齐市，并在北京设立生产调度指挥中心，在全国31个省市区设有分公司，在460个地级城市设立配送中心（运输车队），在尼日尔、利比亚、阿联酋、乍得、缅甸设立项目部，在土库曼斯坦和哈萨克斯坦设立分公司。截至2010年底，机关设18个职能处室，下属64个生产经营和后勤服务单位。共有员工33423人，各种车辆17757台，资产总额100亿元。

【主要生产经营指标】 2010年，公司完成货运量8171万吨、货物周转量103.7亿吨·千米，实现经营收入170.3亿元、考核利润1.12亿元，同比分别增长25.2%、31.1%、43.2%和28%。

【主要业务】 公司主营业务包括油田运输（沙漠运输）、成品油配送、化工产品运输、燃气运输、钢管运输、航油运输、非油配送、特种大件运输、国外（涉外）运输、社会运输（集装箱运输）、汽车修理、国际货代、物流贸易等；兼营业务包括放空天然气回收、钻井液回收利用、制氮车和连续油管车作业、硫化氢检测防护、油气管线巡护、地面测试、气动自动加重、钻具修理、重晶石粉加工、井场环保、道路施工，车辆设备、轮胎的集中采购，润滑油、汽车、轮胎销售，进出口货物代理，化工产品销售，钢结构和压力管道制作安装、机械加工制造、复合型材、玻璃钢、塑钢门窗、路桥建设、节水灌溉、防腐维修、驾驶培训等涉及基建工程、多种经营和油田服务的业务。

【主要经营成果】 紧跟集团公司发展步伐，充分发挥专业化优势，进入新疆油田、西部钻探井迁市场；整体接管华北油田运输和长庆油田运输；拓展了吉林松原、大庆海拉尔和海南福山油田的原油运输市场，市场占有率分别达到15%、27%和100%。成品油配送业务持续推进，占有中国石油成品油零售配送市场份额的86%。与中国石油铁建油品销售有限公司签订成品油公路运输框架协议，承担中铁建黑龙江、山西、云南和青海地区成品油配送工作。化工产品运输拓展了塔里木石化、庆阳石化、大连石化、大港石化、钦州炼厂的固体和液体化工产品公路运输市场，整体接管了锦州和宁化的运输业务，货运量达到335万吨。燃气运输实现昆仑燃气运输业务总承包，开拓了辽河、塔里木、长庆等12个地区及钦州炼厂的液化气运输市场，整合了甘肃、大连、河北任丘、天津和内蒙古的燃气运输市场。钢管运输巩固了西二线华县段、南昌段、黄坡段和襄樊段等国内钢管运输市场，完成尼日尔、中亚、乍得、利比亚等国外项目的收尾工作以及陕京三线太原段的钢管运输任务。航油运输新增河北唐山、邯郸等6座支线机场的航油运输任务，航油运输机场达到93个。非油配送新增河北、河南、江西和广西的配送市场，配送省市达到21个。特种大件运输承揽了乌石化、塔石化、寰球工程公司和特变电工、中远物流、援疆企业等社会大件运输任务，货运量同比提高20%。国外运输全面启动阿克纠宾油气运输项目，累计完成货运量155.8万吨、货物周转量2.5亿吨千米、吊车55.5万吨·小时、施工机具5144万马力·小时，实现收入6.5亿元。社会运输新增厦门金龙客车、中冀斯巴鲁轿车和上海二手商品车的运输业务。修理业务承接了渤海钻探、西部钻探等境外井队设备、发电机组、工程机械的检维修工作，为塔里木、川庆钻探维修发电机624台。国际货代、进出口贸易取得较好业绩，经营收入同比提高46.2%。

【企业管理】 完成公路运输、"三重一大"和矿区服务等9个专项业务领域的流程梳理工作。出台运输生产作业"三规一限"运行管理规定，增强了生产运行过程的受控管理。配合销售公司做好地罐交接工作，并在大连、四川、江苏、上海开展车载视频试点工作。全面推行生产安全例会制度、领导下基层召开座谈会和服务质量回访工作。新建标准化配送中心31个、修理总厂12个、修理分厂14个。清理了16家单位的GPS外部平台，初步实现了车辆的统一管理与数据共享。

【培训管理】 认真落实培训目标，举办处级干部、配送中心主任（车队长）、青年员工等培训班674期，累计培训27821人次。举办视频培训69期，培训22736人次。开展汽车驾驶员和修理工职业技能大赛，组织技能比赛197场次，参加比赛12365人次。持续推进员工持"双证"上岗培训工作，开展会计从业资格和企业法律顾问等取证培训，626人取得专业技术职务任职资格，1429人取得各类职业资格，进一步提高了员工队伍的整体素质。

【科技创新与技术改造】 塔中放空天然气回收项目累计回收天然气1.61亿立方米，该项目通过国家发改委气候变化司审核，并获准备案。加工制造业务新增复合管生产线6条、高压玻璃纤维管生产线8条，型材产品应用于新疆乌鲁木齐市、巴州地区统建房及吐鲁番城区改造工程。钢结构大口径箱型柱技术水平和生产能力位居新疆第一，2010年生产钢结构产品6000吨以上，同比增长25%。完成高架罐、钻井液罐、成品油罐制造384个，并开展了汽车双燃料改装和试运行工作。

【工程建设】 承担兰州国家原油储备库基础工程、宝石机械公司25000平方米钢结构厂房、乌石化住宅楼及塔里木油田迪那、塔中气田和阿姆河天然气公司道路建设工程等531个基建维修项目，经营收入同比提高18.4%。新建生产厂房、配送中心等工程40项，维修改造配送中心（车队）的食堂、宿舍等配套设施102项。

【安全生产】 大力推进HSE体系建设，在42家运输单位开展HSE管理体系内审工作。深入开展安全管理工程及安全经验分享、安全演讲比赛等活动。发布实施《驾驶员安全行车风险管理办法》等8项制度。组织消防、交通和突发意外事故等应急专项演练794次。对15302名驾驶员和修理工进行安全能力评价。审批发放内部准驾证5142个。举办安全资格、注册安全工程师、安全培训师等取证培训班，培训805人次。2010年累计开展各类安全检查5363次，检查车辆65315台次，查出并整改各类隐患和问题3211项。

【履行社会责任】 在青海玉树地震、甘肃舟曲特大泥石流、新疆阿勒泰、塔城地区特大雪灾等自然灾害和全国"两会"、上海世博会、广州亚运会等关键时期，充分发挥专业化公司的网络优势和资源优势，科学组织，统一调度，累计配送油品197万吨，有力地保障了特殊时期的油品保供工作。

【和谐企业建设】 实施乌鲁木齐石油新村基地锅炉"煤改气"项目、住宅楼外墙保温改造项目和数字电视平台建设项目。解决夫妻两地分居91户，安排就业再就业445人，组织11336名驾驶员进行健康体检。稳步提高员工队伍尤其是驾驶员的收入水平，人均收入同比提高8.2%。投入1250万元，慰问和资助困难人员19381人次。落实"五七厂"家属工的相关政策，为首批参保的1091名"五七厂"家属工办理了养老保险。

【精神文明建设】 连续20年保持新疆维吾尔自治区"文明单位"称号。加强党风和反腐倡廉建设，聘请党风建设监督员14名。加强员工队伍作风建设。举办运动会、歌咏比赛等活动，丰富了员工的文化生活。公司获得"中国物流杰出企业"、"中国危险品物流行业模范单位"等荣誉。先后荣获国家级、省部级先进集体和个人96个，所属沙运司员工杨自成荣获"全国劳动模范"称号。

（王军强）

中油财务有限责任公司

【概述】 中油财务有限责任公司（以下简称公司）是为满足集团公司财务发展战略目标要求，提高资金管理效率，由集团公司和股份公司共同持股，经中国人民银行批准，在国家工商行政管理总局注册的一家非银行金融机构，是全国银行间债券市场、中国外汇交易中心会员，中国证监会认可的首批IPO询价对象。公司注册资本金54.41亿元人民币（含1.2亿美元），营业范围涵盖存款、贷款、结算、拆借、票据承兑贴现、担保等银行业务，拥有证券投资、结售汇、外汇交易等业务资格。

2010年，在集团公司和公司董事会的正确领导下，公司坚持以科学发展观为指导，积极开拓思路，抢抓机遇，克服困难，主要业务实现快速发展，信贷、证券、外汇等主要业务板块资产规模均突破千亿元大关，规模实力和管理效率显著提高，服务能力和价值创造能力大幅提升，圆满完成了各项经营指标和任务，行业领先地位进一步巩固。

【"十一五"成果回顾】（1）发展速度大幅提高。"十一五"期间，公司资产总规模年均增加近600亿元，是"十五"期间年均增幅的3.3倍；公司权益年均增长超过32亿元，是"十五"期间年均增幅的5.2倍。"十一五"期间实现收入377亿元，是"十五"期间收入的2.9倍；实现利润150亿元，是"十五"期间利润总额的3.5倍。与"十一五"规划目标相比，公司资产、收入、利润水平分别提高了200%、197%和211%。

（2）经营规模大幅增长。"十一五"末，公司资产总规模超过4600亿元，收入超过100亿元，利润超过40亿元，管理账户超过2700个，吸收存款超过2400亿元，结算量超过17万亿元，贷款规模超过2500亿元，证券投资超过1200亿元，外汇资产规模近180亿美元。与"十一五"规划目标相比，公司吸收存款规模提高142%、结算量提高165%、人民币信贷资产提高205%、证券投资规模（自营）提高204%、外汇资产（自营）提高588%。

（3）公司服务能力和创造价值能力不断提升。"十一五"期间，公司共办理结算64.2万亿元，发放本外币各类贷款9508亿元，外汇交易量1450亿美元。15年来，公司累计为集团公司节约周转性流动资金906.8亿元，其中"十一五"期间达到392.7亿元，占比43.3%；累计为成员企业节约各项成本费用106亿元，其中"十一五"期间达到62.1亿元，占比58.6%；累计实现账面利润211.2亿元，其中"十一五"期间实现利润150.2亿元，占比71.1%。

（4）国际业务发展迈上新台阶。先后获得境内经常项下外汇集中管理、40亿美元境外放款额度，结售汇业务资格，以及成立香港、迪拜境外分支机构等政策支持。目前国际业务已涵盖外汇结算、外汇资金归集、存贷款、外汇交易、外汇理财投资、汇率利率风险管理等金融服务，成为行业引领者。

【主要经营指标】 2010年底，公司资产规模4603.87亿元，同比增加759.13亿元，增长19.75%。其中：自营资产3249.47亿元，同比增加457.74亿元，增长16.40%；委托资产1354.41亿元，同比增加301.41亿元，增长28.62%。全年总资产平均余额4262.85亿元，同比增加1120.44亿元。全年实现收入107亿元，同比增加34.29亿元，增长47.16%；实现利润总额40.67亿元，同比增加10.66亿元，增长35.53%（如果剔除资产减值损失等一次性因素，全年实现利润49.59亿元，同比增加22.76亿元，增长84.82%）。

公司主要监管指标均优于银监会监管要求。年末资本充足率为17.24%，高出监管要求7.24个百分点；不良资产率0.0000%，远低于（≤4%）监管要求；资产损失准备充足率334%，远高于（≥100%）监管要求。

【结算业务】 主动贴近市场，了解客户需求，先后将中亚天然气公司、中缅项目部等纳入结算体系，新增开户单位105个，结算金额846亿元；积极促进金融板块协同发展，开展结算、贴现承兑和网上银行等协同业务；全面配合集团司库体系建设，设计完成司库账户体系架构方案并获得央行批复，协助起草完成《集团公司司库管理办法》、《司库结算管理办法》及《司库结算管理实施细则》等系列规章制度。

2010年共办理本外币结算103.7万笔，同比增加7.9万笔，增长8%；结算金额17.2万亿元，同比增加3.6万亿元，增长27%。年末吸收存款余额2427亿元，同比增加91亿元；人民币日均存款余额1808亿元，同比增加598亿元，增长49.5%。

【信贷业务】 加强客户沟通及上门服务，巩固市场份额，2010年新增国储油、商储油贷款227亿元、置换高息贷款2亿元；密切跟踪专业化重组新客户，开发新市场，全年新增地区公司贷款近18亿元，新增参控股和二、三级企业贷款超过11亿元；拓展服务范围，积极扩大商业银行票据转贴现业务，简化集团内部保函业务流程，增加保函业务。

全年发放人民币各类贷款2220亿元，期末余额1749亿元，同比增加372.9亿元，增长27.1%。其中：自营贷款余额913亿元，同比增加302亿元，增长49.5%；受托贷款余额836亿元，同比增加70亿元，增长9.2%。

【证券投资业务】 抓住市场有利时机，调整出售债券，实现盈利1亿元并释放相应投资规模；加大银行理财产品和信托产品投资规模，完成理财产品投资415亿元、信托产品投资460亿元；审慎参与ETF指数基金和可转债投资，实现价差收入6255万元；做好受托投资和债券托管业务，全年为成员单位实现委托投资收益6.35亿元、支付托管债券本息44.4亿元。

2010年底人民币证券资产总额1264.1亿元，同比增加238.7亿元，增长23.3%。其中：自营投资余额1023.6亿元，同比增加218.7亿元，增长27.2%；受托投资余额240.5亿元；另有托管债券余额245.4亿元。

【国际业务】 努力增强融资功能，2010年新签融资授信额度92.8亿美元，累计融资83.3亿美元；支持海外项目资金需求，完成乍得炼厂、加拿大油砂等一大批项目的融资安排，发放各类贷款158亿美元；审慎利用衍生工具的套期保值功能，强化汇率风险管理，全年完成衍生品交易133.5亿美元。其中，澳大利亚煤层气（Arrow）澳元收购项目、加拿大油砂加元收购项目等折合79亿美元远期交易，为企业节约成本1.4亿美元；强化业务创新和政策研究，首次开展境外人民币业务；继续做好境外资金集中管理、投资管理和头寸管理等工作，外汇资金集中度88.6%。

2010年底公司外汇资产总额达到179.4亿美元，同比增加51.2亿美元，增长39.9%；各类贷款余额127.1亿美元，同比增加21.8亿美元，增长20.7%。全年累计办理外汇交易582.7亿美元（其中结售汇和货币兑换449.2亿美元），为集团成员节约汇兑成本5.6亿元。

【分支机构管理】 大庆、沈阳、吉林、西安4家分公司积极应对环境变化，提高服务的主动性和服务水平，稳定老客户，消化不利因素影响，保持了良好发展势头。分公司全年累计办理结算47.1万笔，结算金额4万亿元，分别占分公司总量的45.4%和23.3%。期末资产总额71.75亿元，实现拨备前利润8771万元。

香港子公司发挥海外融资平台和桥头堡作用，为多家成员企业开展境外人民币兑换业务，发放各类贷款119.6亿美元，2010年底资产达到132.8亿美元，实现经营利润8210万美元。

全年各分公司克服地区公司重组和存款资金“大搬家”造成的困难，发扬“挖野菜”、“拣芝麻”精神，充分发挥一线服务窗口作用，实现了在困境中持续发展。结算业务量同比增长25%，拨备前利润同比增长95.2%。

【财务管理】 及时准确完成日常会计核算和各项报表填报，配合相关部门加强分公司预决算管理，强化业务检查指导及报表汇总审核；完成集团公司财务会计基础工作专项检查、银监会现场检查和香港公司重点抽查、国务院国资委对金融衍生业务现场审计，以及银监会“小金库”自查和专项抽查等四大重大审计检查；依法合规开展税收工作，多次荣获“诚信纳税A级企业”和个人所得税代扣代缴先进单位称号，办理香港公司免税离岸业务，节省税款约1亿元。

【信息化建设】 加快大司库结算平台系统升级改造，完善总体规划方案，完成公司业务和银行模块测试，编写新系统用户培训手册，2010年底3家企业已成功上线试运行；完成电子商业汇票系统设计开发，完成与中国人民银行电子票据系统对接、上线和运行；完成ORACLE财务系统的更换与平稳切换工作；继续参与和配合集团公司司库项目建设、股份公司资金管理平台建设，加快实现财—银、财—企互联；强化网银服务，上门为客户安装网行、培训及电话服务达700多人次，新增网银客户25家，客户总数达1975家，有效账户数3292个。

【内控及风险管理】 利用3个多月时间对各部门所有业务流程和关键控制点进行内控自测并及时整改，顺利通过集团公司内控测试并获得“优秀”评价；配合银监会对香港子公司、国务院国资委对金融衍生品和银监会对治理“小金库”的检查，加强分支机构管理和现场检查工作；加强对信贷资产分类、商务合同谈判、反“洗钱”工作及投资业务的参与和监督，强化风险管理。

【人事工作】 做好人员编制申请及人事调配工作，配合集团公司干部考察组完成公司局级干部的提拔考核和班子副职、总经理助理等的充实配备，按照集团公司要求规范各类津补贴，完成保险清理，组织各类培训班23个，参加人员29人次。

【金融研究】 配合集团公司编制、完善金融业务“十二五”规划和公司“十二五”发展规划，强化公司在金融板块中的积极作用，获得集团公司“优秀成果奖”；细化行业对标分析，积极宣传和反映公司正面形象，为公司发展提供有益建议；加强外汇市场分析研究，每周出具一份市场分析报告，为外汇管理提供决策参考和支持；主动跟踪证券市场监管政策变化，对关联交易进行专题研究并取得实质性进展，部分研究成果已由行业协会呈报银监会、证监会等监管部门，引起政策关注；围绕改善公司政策环境和提高经营效率目标，主动选题并深入研究，取得良好效果，得到内外部认可。

【综合管理】 组织完成公司增资、股权结构调整、公司章程修订等重大事项的变更登记及备案工作，提高了管理的规范性；扎实推进基础管理建设工程，组织各部门、分公司梳理清查现有规章制度及业务流程，制（修）订工作方案；强化档案管理，规范公文运行管理，完成1312件文书、图像资料档案的归档；做好各类综合行政管理与服务保障工作，协调组织完成重大会务30多次。

（何　玲）

昆仑银行股份有限公司

【概述】 2010年是昆仑银行股份有限公司重组转型后全面夯实发展基础，实现跨越式发展的一年。在监管部门的指导、广大股东的支持和监事会的监督下，全行以科学发展观为统领，按照“高起点、快发展、可持续”的发展理念，努力建设“产融结合的特色银行”，经过全行干部员工共同努力，圆满完成各项经营管理目标，取得了可喜成绩。

【主要经营指标】 （1）规模实力大幅提升。2010年，全行资产总额826亿元，比年初增长2.8倍，是重组前的30倍；负债总额761亿元，比年初增长3倍；净资产65亿元，比年初增长1倍；资金结算量3555亿元，同比增长1.7倍。

（2）盈利能力明显增强。2010年实现营业收入11.08亿元，同比增加9.03亿元；营业支出2.96亿元，同比增加1.8亿元；利润总额8.1亿元，同比增加7.2亿元。

（3）资产质量持续向好。核心监管指标达到二级行标准。全行资本充足率17.16%，核心资本充足率16.36%；流动性比率57.05%；不良贷款率0.06%，比年初降低0.02个百分点；拨备覆盖率达到1861%；最大单一客户贷款集中度8.37%，比年初降低1.29个百分点。

【主营业务】 加大市场开拓力度，主营业务发展成果丰硕。

2010年，对公信贷业务积极营销同业机构和重大项目，努力提高自营占比。年末贷款余额118亿元，比年初增长21.8%，其中自营61亿元，增长101%。积极拓展对公存款业务，年末对公存款余额540.8亿元，比年初增加371.5亿元，其中自营存款142.5亿元，比年初增长4倍。积极开展中小企业金融服务，年末贷款余额5.47亿元，比年初增加2.3亿元。

个金业务依托石油石化职工市场，银行卡、代发工资、代理理财产品、个人住房信贷等业务呈现倍增式发展。年末全口径储蓄存款26.1亿元，比年初增长2.5倍；个贷余额1.68亿元，比年初增长39%；代发工资13.8万户，增长近19倍；累计发卡27万张，比年初增长10倍。

金融市场业务积极开展债券回购、债券分销、存放同业等业务，资金营运效率显著提升。截至年底完成资金配置372亿元，完成计划的116%；实现收入7.6亿元，超额实现收入2.3亿元，完成年度计划的143%，债券交割量位居全国第215名。

国际业务紧密配合集团公司国际化战略，冷静应对国际金融局势复杂多变的挑战，克服业务开办初期的重重困难，业务联系不断拓展，与22个国家的58

家银行建立代理行关系，打通了伊朗地区资金结算通道，国际结算、跨境人民币结算和外汇交易业务均取得实质性进展。

各分支机构平稳运行，经营业绩亮点纷呈。克拉玛依营业部狠抓经营，存贷款增量在当地同业双双排名第一。乌鲁木齐分行昆仑卡基本实现石油企业全覆盖。库尔勒分行在当地同业对公存款增量排名第二。吐哈分行存款增量进入当地同业前三名。大庆分行开业半年时间，对公存款和昆仑卡增量均位列当地同业第一位。乐山昆仑村镇银行和西安分行实现当月开业，当月盈利。

【服务网络建设】 合理规划机构布局，服务网络建设成效显著。

2010年完成5家分支机构开业，实现跨区域经营。完成新建、改建支行级机构10个，自助银行6个。年末全行共有7家独立经营的区域性机构、19家支行级物理网点对外营业，服务能力显著增强。

网上银行和“超级网银”顺利上线，客服中心开业运行，短信平台成功投产，电子银行渠道建设取得重大进展，有力提升了市场竞争力，巩固和发展了客户关系。截至2010年底，网银用户1.2万个、受理电话8.5万次、发送短信267万条。

【内控风险建设】 建立健全制度体系，内控风险建设不断深化。

印发《规章制度汇编》、《法律文件汇编》、《内部控制手册》和《风险管理手册》，内控风险制度体系基本建立。初步建立覆盖全行的授权管理体系，持续开展合规检查，专项推进案件防控与反洗钱工作，建立监管联络长效工作机制，关联交易管理更加规范。构建全面风险管理体系，启动巴塞尔新资本协议计量项目，搭建风险集中垂直管理模式及平台，推行风险管理报告制度，风险激励约束机制和风险决策辅助功能逐步发挥。内部审计监督机制基本形成，配合完成银监会检查、集团公司经营管理审计等审计检查，督导全行落实整改，有效促进全行规范化经营。

【信息化建设】 全力构建业务支撑，信息化建设取得重大突破。

核心、信贷系统成功升级，国际结算、电子票据、呼叫中心、现金管理、资金交易、村镇银行、POS收单系统从无到有，综合理财、昆仑卡项目有序推进，有力支持了全行业务快速发展；完成北京数据中心建设，成功实现生产系统迁移，日常运行保障能力大幅增强；IT人员队伍逐步壮大，初步构建了覆盖全行的信息科技支撑体系。

【人力资源建设】 实施全过程管理，人力资源建设取得积极进展。

加强领导班子建设，建立各级干部聘用、高管资格申报及干部问责制等多项制度。调整完善总分行组织机构及岗位设置，尝试区域性业务中心管理。加大人才引进力度，全年新招聘600余人。强化培训工作，全行共举办各类培训151期次，培训3000余人次。建立绩效考核与薪酬管理体系，完成全员入岗定级。搭建完成人力资源ERP信息系统、年金管理系统，为提升人力资源管理效能打下良好基础。

【企业文化建设】 党群工作深入开展，企业文化建设取得阶段性成果。

建立健全各级党群组织，持续开展党风廉政建设，大力加强形势任务教育，深入推进“创先争优”活动。加强企业标识使用和品牌管理，统一设计全行视觉识别系统。融合石油文化和银行商业文化，总结提炼企业文化的理念体系，形成《昆仑银行企业文化手册》。

（苏雪山）

中国华油集团公司

【概述】 2010年，中国华油集团公司（以下简称公司）实现经营收入118亿元，完成利润4.8亿元。安全环保工作被集团公司授予安全生产先进单位称号，保持企业和谐、队伍稳定。

【主要经营活动】 2010年，公司生产经营继续保持良好势头，企业整体实力持续增强，生产经营业绩迈上新台阶。

（1）酒店品牌影响力显著提升。围绕为中国石油服务和创建“阳光”民族品牌，通过行业重组、购建资产和输出酒店管理等方式，酒店旅游、物业管理业务逐步做强做大。截至 2010 年底，共有酒店 58 家，其中自有酒店 42 家，输出管理及特许经营 16 家，客房总数近万间；五星级酒店 10 家，四星级酒店 13 家，三星级及疗养度假村 35 家。阳光酒店集团所属酒店多次承办大型会议和接待任务，通过扎实有效的营销与服务，行业影响力进一步提高。2010 年，阳光酒店集团、上海浦东公司联合成功地为上海世博会提供服务，被上海市委授予“中国 2010 年上海世博会杰出贡献奖”。“阳光”文化逐渐形成，艰苦奋斗和亮剑精神是阳光文化的精髓，是大庆精神、铁人精神在服务行业的传承和延续。

物业服务稳健快速发展。从服务北京中国石油大厦起步，积极向有中国石油企业的中心城市拓展，业务发展迅速，已在北京、广州、长沙等地运营 6 个项目，服务管理面积 52 万平方米；在乌鲁木齐、武汉、大连、上海等地成立项目部，介入在建项目 5 个，面积 43 万平方米；前期参与调研论证项目 4 个，面积 26 万平方米，为改善中国石油企业办公条件和提升形象作出了积极贡献。阳光物业公司一贯注重员工素质提高，坚持“用户至上”服务原则，保持“每一次都是第一次”的服务心态，高起点、高标准，出色完成各项服务任务。2010 年，在北京石油大厦接待访客 165297 人次，接待会议 18971 场，完成集团公司领导出席的会见、接待、签字仪式等重要活动 1113 场，接待就餐人员 913917 人次，得到广泛好评，树立良好的企业形象。

国际业务发展亮点纷呈。华油阳光国际坚定为中国石油国际业务服务的宗旨，秉承阳光文化，积极发挥后勤支撑作用，取得较好的社会和经济效益。目前已在 24 个国家为中国石油的 141 个项目提供配餐、物业、酒店和基地建设等后勤服务。随着中国石油在伊朗、伊拉克等海外项目的发展，公司的后勤服务保障队伍已经同步跟上。2010 年，阿斯塔纳北京大厦成功地接待了多次中国国家高访团。

（2）物流贸易危中求机实现新增长。面对物流贸易业务市场复杂多变的形势，华油实业公司坚持做好焦炭、钢材和食糖 3 个传统项目，及时分析市场信息，把握变化规律，防控风险和应对市场变化能力不断增强。焦炭业务年销售 100 多万吨，钢材业务年销售近 200 万吨，食糖年销售 19 万吨，成为业内知名的成熟大宗贸易商。2010 年开发的煤炭业务成为新的经济增长点，年销量达到 85 万吨。2010 年，华油实业公司实现销售收入 80.5 亿元，同比增长 129%，为华油集团经营规模大幅提升发挥了重要作用。

（3）房地产市场由外向内取得新成效。面对宏观调控和政策限制，公司及时调整房地产发展方向，确定以改善石油员工居住条件为目的，以石油企业现有存量土地资源为基础，以石油内部业务为主的发展思路。在顺利完成北京东方雅苑项目开发销售后，兰州营门滩项目、涿州东方公司住宅项目陆续破土动工。截至 2010 年底，房地产业务累计开发面积达到 100 万平方米。同时，积极与各石油单位联系，进行大量前期市场调研和项目论证，储备项目资源。

（4）油田风险作业低成本发展再获新佳绩。油气合作开发业务坚持自我积累、滚动发展的原则，创造可观的现金流和经济效益。加强技术研究，实施低成本战略，努力提高单井产量和采收率，在艰苦的作业环境中保持生产管理的有序正常进行。2010 年共钻井 185 口，完成投资 43900 万元，已投产油井形成产能 9.7 万吨。截至 2010 年底，油气合作开发实现跨越式发展，合作面积达到 500 平方千米，拥有油井 700 多口，实现商品总量 131 万吨。2010 年中标尼日尔油田技术服务项目，首批 20 多名专业技术服务人员已赶赴海外。

【企业改革与管理】 加强管理是企业发展过程中永恒的主题，2010 年，着重强化了六项管理。

（1）投资计划程序进一步完善。为贯彻集团公司控制投资的精神，立足规划、审慎投入、注重产出，加强项目的前期论证，形成规划计划、设备物资、纪检监察三位一体的招投标管理程序，从严控制投资关口，规范化程序化水平不断提高。

（2）内控体系建设进一步加强。制定华油集团《预算管理考核办法》、《成本费用管理暂行办法（草案）》、《现金流预算管理办法》和《预算执行分析规范》等；编制华油集团《基本业务流程目录》和《重要业务流程目录》，其中基本业务流程目录末级流程 328 个；制定华油集团内控手册，优化流程，明晰关键点和风险点，全面通过集团公司测试。

（3）财务监督管理进一步规范。加大资金、债务、核算的集中管理力度，收支两条线范围不断扩大，资金集中度不断提高，取得巨大的经济效益。积极开辟融资渠道筹措主业发展资金，开展财务资产重要业务稽查和税务专项检查工作，防范和控制企业风险。

（4）人事劳资管理制度进一步完善。按照“三控一规范”工作要求，着力控制机构编制、控制用工总量、控制人工成本和规范薪酬分配秩序，逐步建立完善人事劳资管理制度，积极推进ERP人力资源管理系统上线，建立华油集团绩效考核、员工发展、培训管理、招聘管理4个模块，人力资源管理水平得到进一步提高。根据集团公司薪酬管理要求，出台了《华油集团薪酬管理暂行办法》，并对8个直属单位、6个三级单位进行全面推行。

（5）股权管理水平进一步提高。为进一步优化资源配置，提高资本管理和运营能力，积极推进燃气、酒店及出租车股权整合或转让，完成常德、湖南、涿州、霸州等8家燃气公司的产权交易；按照“两级出资、三级法人”的要求，结合公司股权现状，清理了14家法人实体，有效地减轻了企业的历史包袱和负担。

（6）法律风险防控能力进一步增强。坚持法务先行，加强对合同签订、履行各环节的控制，及时防范重组、并购过程中的法律风险，确保交易安全，维护公司的合法权益；不断加强合同管理的规范化、信息化。本年度对外授权共计65份，华油集团及所属单位新签合同共计1250份。

【安全生产】 2010年，按照集团公司安全环保体系建设的总体要求，进一步健全HSE监管组织机构，完善HSE监管体系，配齐专兼职安全总监和专兼职安全员，狠抓安全目标管理责任制、基层安全、现场安全和重点安全部位的隐患排查。安全工作做到“严、细、狠”，即管理严，检查细，处罚狠。2010年，各直属单位与基层单位共签订安全环保责任书7420份，全年累计检查现场18个，查改问题隐患202个，投入安技措资金1500万元，特种岗位操作人员持有效证书上岗率100%。通过系统、扎实的HSE工作，基本保持安全生产的良好局面。

（王卫东）

华油北京服务总公司

【概述】 2010年，华油北京服务总公司（以下简称公司）紧紧围绕打造综合性高端物业公司的战略目标，突出抓好“发展、转变、和谐”三件大事。物业管理面积大幅增长，服务水平不断提高，企业管理得到加强，和谐企业建设取得积极成效。

公司在2010年6月召开的务虚会上，提出把公司建设成以“规模华服、品牌华服、人才华服、效益华服、和谐华服”为主要特征的综合性高端物业公司，实现专业化管理、市场化经营、社会化运作、品质化服务、效益化强企，公司的发展内涵更加丰富，发展重点更加突出，发展目标更加集中，有力促进了各项业务的发展。

【服务保障】（1）整体服务水平又上新台阶。持续开展“学精神、找差距、定措施、上水平”活动，坚持树立先进与查找问题并举，员工的为他意识和主动服务意识进一步增强，2010年评选出服务明星775人次，服务亮点工程10项，优秀服务团队76个，收到用户感谢信、表扬信292封，锦旗61面，综合服务满意率98.52%。

（2）各单位创造了新业绩。住管中心加强对老社区楼宇设施预检修，腾退房交接实行一站式服务，克服热改收费带来的影响，在60年不遇的寒冬期间努力保证供暖温度，第17次荣获北京市先进供暖单位称号，一号锅炉房被授予北京市“安全与节能管理标杆锅炉房”。生活公司在管理幅度加大、物价上涨的情况下，做到饭菜花样不减、餐饮质量不降、伙食成本不超，2010年实现65万人次安全就餐无事故无投诉，获得全国后勤工委“示范规范化食堂”等荣誉称号。中油宾馆开展“质量提升年”活动，完善硬件设施，实施“绅士淑女”精品工程，服务再上新台阶，实现扭亏为盈，超额完成业绩指标，被评为集团公司思想政治工作先进集体。机关车队主动征求用户意见，不断改进工作，加强安全和设备管理，优质服务进一步深化，安全平稳运行200多万千米。行政处克服队伍年龄偏大、人手不足、服务面宽等困难，增加服务项目，改造公共设施，服务水平不断提升。通信处确保总部机关和153个石油企业、33个国外项目部2万门电话平稳运行，开通伊拉克专网电话，圆满完成中俄原油管道工程竣工仪式视频互动项目，为中国石油和公司赢得荣誉，集团公司总经理蒋洁敏作出重要批示："这是史无前例的典礼，为此而光荣和自豪！感谢同志们的努力。"房地产公司顺利完成二轮住房配售，组织丰和园1000多名业主认选电话号码，办理1000多户腾退房交接和房产证，工作细致周到。门诊部拓展医疗领域，为职工配备小药箱，积极推进门诊持卡实时结算，第二次荣获北京市医保工作年度一等奖，业务收入同比增长17%。文印处发扬不怕连轴转、不怕加班多的优良作风，圆满完成文印任务，赢得广泛赞誉。幼儿园推出双语班，常规项目推陈出新，在幼儿园突破500名大关。业务收入765万元，同比增加195万元，提高34%，获得集团公司青年文明号荣誉称号，实现了两个文明双丰收。华服高新物业公司超前谋划，精心组织，完善管理制度，组织人员招聘，编制财务预算，各项准备扎实有效，为开展工作打下良好基础。科隆公司加强市场开发和生产管理，交联剂和测试剂产销两旺，营业收入同比增长34.7%，利润增长228%。退管中心积极实施离退休职工关爱工程，建立健康信息档案，主动照顾、看望、慰问孤寡病残老人，组织健身郊游和体育比赛，活跃了老同志精神文化生活。机关各部门围绕打造学习型、协调型、创新型、服务型机关，狠抓自身建设，提高工作效率，为基层提供优质服务，为完成各项任务作出了贡献。

（3）精心组织运筹，打赢两场硬仗。丰和园建设、交房和管理的硬仗。工程公司深入施工现场，积极协调开发商和监理单位，严格按照时间节点，抓运行、抓安全、抓质量，确保了按时交房。华油物业公司完善管理制度和工作标准，集中办理1000多名业主入住及装修手续，举办集体采购，加强装修管理，实现安全通气和及时供暖，园区基础工程改造升级和服务质量创出新水平。科技园取得全部用地和A12地块第一期建设的硬仗。科技开发公司创造北京市建筑行业获得同等规模土地的最快纪录，被集团公司赞誉为科技园建设的"里程碑"。加强施工管理，A12地块建设实现结构封顶，为按时投用争取了时间。

【队伍建设】 公司从全面落实科学发展观、推动跨越发展的高度出发，实施人才强企战略，全方位关心员工，促进队伍全面发展。一是实施"人才华服"工程，着力提高队伍素质。公司着重激活存量人才，既大胆使用有发展潜质的青年同志，又注意发挥经验丰富的老同志作用；既选用有突出贡献的干部，又把踏实工作的同志提拔到相应岗位，使各个层级的干部各得其所，实现了施展抱负有平台、干事创业有机会、发展进步有台阶。编制"十二五"人才规划，提拔113名中青年干部和46名年过50岁的干部，选拔48名科处级后备干部，聘任9名工人技师和高级技师，选聘16名操作人员进入管理岗位，为干部队伍增添了新生力量。举办后备干部培训班，开展军训，组织新入职员工赴玉门实地学习，强化管理人员绩效考核，置于群众监督之下，有效调动了履职积极性。二是实施和谐企业建设工程，凝聚职工队伍。公司高度重视把企业发展成果惠及全体员工，实施一系列惠民生、顺民意、得民心、解民忧的措施，使员工感到企业有盼头、日子有奔头、工作有干头，增强了凝聚力、向心力。

【基础管理】 公司持续推进管理创新，企业管理得到加强，一是安全工作实现了零事故目标。强化安全工作领导，增设安全副总监，组建质量安全处，健全了组织领导体系。投资近2千万元，更新改造幼儿园和六铺炕办公区、危旧平房的安全设施，治理安全隐患。开展安全大考，提高了全员安全意识。"安全生产月"活动扎实开展，在建项目受控管理全面加强，应急管理体系逐步建立。严肃处理安全隐患责任人和责任单位，起到了处罚个别、教育一片的作用。二是财务管理得到加强。积极推行财务管理一体化，建设网上报销系统，稳步推进基建工程核算管理，实现了向经营过程的延伸。物资集中采购范围和规模不断扩大，降本增效成果显著。三是内控体系管理更加规范。梳理"三重一大"决策流程和服务、内部审计流程，内控手册体系测试、培训、修订工作顺利开展。法律纠纷案件管理得到加强，合同审批责任更加明晰，普法宣传和法律培训不断深化，审计监察有效开展，企业管控能力明显增强。

（王学海）

中油资产管理有限公司

【概述】 中油资产管理有限公司（以下简称公司）是集团公司直属全资子公司，专业从事投资和资产管理，是集团公司重要的资本运营平台。公司注册资本人民币50.2亿元，下属昆仑信托有限责任公司（以下简称昆仑信托，持股比例82.18%）和天津排放权交易所有限公司（持股比例53%）两家控股子公司。

【主要经营指标】 2010年，按照集团公司"高起点、快发展、可持续"的要求，公司依法合规经营，取得了较好的经营业绩。截至2010年年末，公司资产总额87.1亿元，负债总额20.7亿元，净资产66.4亿元。全年实现收入8.14亿元，利润6.7亿元，净利润4.95亿元。其中，昆仑信托实现营业收入7.4亿元，利润总额6.1亿元，净利润4.5亿元，年末信托资产规模535亿元，固有业务收益率达9.2%。

【服务集团】 昆仑信托作为集团公司的"投资银行"，始终把发挥信托优势、实践产融结合作为工作的重中之重，2010年顺利完成以"两大一小"项目（即集团公司煤层气、储气库项目融资及"昆仑财富1号"理财产品）为代表的各类服务集团业务。

（1）打通煤层气、储气库等重大项目的融资渠道。公司创新开发了"联合开发/建设"的信托模式，打通了煤层气、储气库、装备制造等项目的融资渠道。全年为华北油田公司、煤层气公司等项目单位提供融资28亿元，资金成本比银行同期贷款利率降低15%。同时积极配合集团公司财务资产部，争取到国家税务总局税收优惠政策，即信托资金采取联合开发模式投资的项目，建设期内取得的增值税专用发票，可按现行规定予以抵扣。

（2）依法合规为石油员工住宅建设提供融资。公司积极配合集团公司矿区服务部，坚持市场化运作，全成本出售，累计为大庆油田、华北油田、大庆石化等14家矿区提供融资90亿元，建设住宅总面积约739万平方米，惠及员工近5万户，实实在在地把集团公司对员工的关怀、关爱落到实处，并得到集团公司领导的充分肯定。

（3）成功运作"昆仑财富1号"。在证券市场持续下跌，多数理财计划出现亏损的情况下，证券投资收益跑赢大盘19%，在299支股票型基金中排名第18位，实现利润1900万元，优先级投资者获得5.5%、一般级投资者获得10.4%的年化收益。

【业务发展】 （1）股权投资业务取得重大突破。昆仑信托发起设立融源成长基金，并以此为杠杆，撬动社会资金，与冀东发展、河北销售签署战略合作协议，增加成品油销售10万吨。2010年，昆仑信托正式获得以固有资产从事股权投资业务的资格，完成华电福新能源的股权投资项目，投资规模4亿元，实现了在新能源领域的首次布局。

（2）加大"长三角"开发力度，支持地方经济建设。2010年，昆仑信托专门新设宁波业务部，立足宁波，辐射长三角。一是与大型企业合作，扩大地区市场影响力。二是通过金融创新，为中小企业发展增加融资渠道。三是与宁波、温州、舟山等财政实力较强的地方政府合作，助力油气销售业务扩大市场份额。

（3）积极拓展外部项目和融资渠道，提高市场化运营水平。一是以大机构、大项目为重点，扩大业务规模和收入，与诸多大型企业集团开展包括战略合作在内的多层次业务合作。二是努力拓宽资金来源渠道。全年共发售集合类信托产品16个，金额约88亿元，新增合格投资者321人；与多家银行机构建立销售渠道。

【中油资产本部业务】 初步探索出资产管理业务的经营模式和盈利模式，不良资产处置变现2000万元。在集团公司和股份公司土地、房产、设备及原材料等固定资产处置方面取得明显进展。2010年公司成为北京、上海、天津三家产权交易所的经纪会员，建立不良资产处置平台和市场平台工作取得突破，不良债权处置实现了市场化运作。

【天津排放权交易所业务】 公司股权结构变更取得重要进展。成功组织首批能效交易，推出系列碳交易模式，并自主开发中国首个温室气体自愿减排电子公示查询系统。同时加大对外合作，把握碳市场发展方向，成功争取亚行援助基金，参与集团专项课题研究，发表了多项专项报告。积极服务集团公司节能减排，在大庆组织实施两个合同能源管理项目。

【内部控制】 公司发布实施《内控与风险管理手册》，聘请外部中介机构对手册多次测试，进行优化调整。针对银信合作、股票融资等重点业务拟定多项制度，及时出具指导意见和风险提示。强化对各类业务项目的风险合规审查，对重点项目提前参与方案设计和法律论证。强化公司关联交易审查，严格履行关联交易审批程序。梳理修订公司法律合同文本，完善合同版本库。加大项目中后期管理检查力度，落实尽职管理职责。及时开展各类内部审计工作，开展经营风险、操作风险的现场检查与评估工作。

（卫荣华）

昆仑金融租赁有限责任公司

【概述】 昆仑金融租赁有限责任公司（以下简称公司）是经中国银行业监督管理委员会批准，由集团公司和重庆机电控股（集团）公司共同发起设立的国内第一家具有大型企业集团背景的金融租赁公司，2010年7月28日正式开业。公司注册在重庆市，注册资本为60亿元，其中，集团公司出资54亿元，控股90%。作为受银监会监管的大型非银行金融机构，成立金融租赁公司是集团公司推进产融结合战略的重要举措。

【市场定位】 公司依托集团公司，立足重庆，面向全国，以能源领域和西部市场为重点，以客户需求为核心，通过提供优质的金融租赁服务，促进租赁产业和社会经济的协调发展。

【经营范围】 公司经营范围包括：融资租赁业务；吸收股东1年期（含）以上定期存款；接受承租人的租赁保证金；向商业银行转让应收租赁款；经批准发行金融债券；同业拆借；向金融机构借款；境外外汇借款；租赁物品残值变卖及处理业务；经济咨询。

【主要经营指标】 2010年，公司资产规模83亿元，租赁资产规模81亿元，实现营业收入2.2亿元，拨备前利润总额1.9亿元，年化资本金利润率达到7.2%。

【市场开发】 公司充分发挥产融结合优势，以效益为宗旨，以客户需求为中心，全面展开市场开发工作。目前业务涉及大型设备、运输、船舶、地铁、水电、钢铁、公路、桥梁、天然气支线、天然气发电等多个领域；业务范围覆盖重庆、北京、山西、浙江、云南、武汉等多个省市，与上百家客户进行业务联系。

【公司治理】 结合中国银行业监督管理委员会颁布的《金融租赁公司管理办法》，公司不断完善治理结构。公司股东会、董事会、监事会以及管理层和内部处室设置基本到位，权责划分清晰，独立董事配置充分，董事会下设关联交易委员会和审计委员会，“三会一层”按照《中华人民共和国公司法》和公司章程开展工作。公司设有职能部门6个，包括综合管理部、业务部、发展规划部、财务资产部、风险管理部和重庆办事处。为确保公司运行有序，制定公司治理、风险控制、业务管理、资产管理、财务管理和行政管理等50余项制度，租赁业务全流程运行顺畅规范。

【内控与风险管理】 公司建立健全有效的内控体系和风险管理制度，设立项目评审委员会，推行项目评审制度，已累计审查53个项目，金额136亿元。组织召开风险管理及关联交易控制委员会会议，审议关联交易项目33个，不良资产率为0，租金回收率达到100%，公司资本充足率为78%，资产负债率为26%。在内部控制方面，完成《内部控制体系实施方案》、《基本业务流程目录》和138项业务流程图及RCD文档和电子表格的编制工作，配合集团公司内控与风险管理部实施内控体系建设测试，完成公司内控手册发布。

【财务管理】 按照金融租赁业务特点，设计公司账务核算体系，通过中国石油财务管理信息系统Fmis7.0各种辅助台账、专项核算功能，确保会计报告和信息披露的真实、准确。在预算管理方面，公司成立预算委员会，加强预算编制和分解工作，在年度预算框架内，按月编制月度预算，细化预算编制基础和依据。强化事中控制，通过各种信息手段实现预算控制的有效受控。在资金管理方面，积极开拓资金来源，努力争取多项低成本资金。

【人才培养】 公司认真做好人才引进培养工作。坚持面向社会定期组织人力资源招聘，引进有经验的金融从业人员，人员结构得到优化，配置趋于科学合理。

同时加强以金融制度和业务知识为主要内容的业务培训工作，开展员工职业技能培训、内控培训、合同管理、法律风险防范等方面的培训工作，员工职业素养得到提升。

（李　涤）

第十四篇

中国石油天然气集团公司大事纪要

中国石油天然气集团公司大事纪要

一　月

1日　中共中央政治局常委、国务院总理温家宝专程来到北方油城大庆，登上钻井平台，走进工人家中，接见劳动模范代表，代表党中央、国务院向广大石油人送上新年祝福，勉励员工继续发扬大庆精神、铁人精神。

3日　集团公司总经理蒋洁敏主持召开紧急会议，传达贯彻国务院领导重要指示精神，听取兰郑长管道渭南支线管道破裂导致柴油进入赤水河渭河抢险治理工作汇报，研究分析下游治污面临的形势，并对下步工作进行部署，强调要积极采取有效措施，彻底治理和控制污染，力保人民群众饮水安全。会后，乘火车赶赴陕西、河南抢险和防控现场，沿渭河督导漏油治理工作。

4日　中共中央政治局常委、中央政法委书记周永康在成都会见在川石油石化企业主要负责人，强调国有企业要发挥骨干作用，为经济社会发展作贡献。

5日　集团公司党组书记、总经理蒋洁敏主持召开党组第一次会议，专题听取党组纪检组、监察部工作汇报，分析当前党风建设和反腐倡廉工作形势，研究部署集团公司2010年党风建设和反腐倡廉工作。

6日　集团公司总经理蒋洁敏会见苏丹能矿部部长祖贝尔，就中苏石油合作深入交换了看法。会见前，集团公司副总经理汪东进与苏丹能矿部秘书长欧玛尔签署《中国石油集团与苏丹能矿部培训协议》。

7日　集团公司总经理蒋洁敏会见韩国国家石油公司总裁姜泳元，就海外勘探开发、石油储备和国际贸易等方面的合作交换意见。

同日　兰州石化公司303厂316罐区石脑油罐发生闪爆着火事故，导致6人死亡、6人受伤（其中1人重伤）。

8日　集团公司发出紧急通知，对近期发生的渭南支线漏油事故和兰州石化303厂316罐区爆炸着火事故进行通报，对进一步加强安全环保工作作出部署。

同日　集团公司财税政策研究中心在中国石油经济技术研究院揭牌。核心工作是围绕集团公司全球财税政策争取、税收筹划和税收管理等工作，并提供理论和政策研究支持。

同日　川庆物探正式发布具有完全自主知识产权的GeoMountain软件系统。该系统由采集、处理、解释三套软件组成，能够为用户提供山地地震资料采集、处理、解释和油气藏描述一体化解决方案。

11日　中共中央、国务院在北京举行国家科学技术奖励大会。集团公司共有9项科技成果获奖。钻井工程技术研究院的“近钻头地质导向钻井系统与工业化应用”和润滑油公司的“齿轮油极压抗磨添加剂、复合剂制备技术与工业化应用”两项成果获国家技术发明奖二等奖。辽河油田公司等单位的“中深层稠油热采大幅度提高采收率技术与应用”，华北油田公司等单位的“中国东部断陷盆地洼槽聚油新理论、勘探新技术与重大发现”，大庆油田有限责任公司等单位的“高含水期油田整体优化工艺、关键技术与工业应用”，钻井工程技术研究院等单位的“化学固壁与保护油气储层的钻井液技术及工业化应用”，中国石油勘探开发研究院等单位的“大幅度提高油气产量的非平面压裂技术与工业化应用”，四川石油管理局等单位的“基于深井钻柱动力学的高速牙轮钻头与振动筛研制及应用”以及克拉玛依石化公司等单位的“含硫含碱废液过程减排新技术及在化工行业中应用”等7项成果分别获得国家科技进步奖二等奖。

同日　以辽阳石化公司为核心区的辽阳芳烃基地被国家科技部正式认定为国家芳烃及精细化工高新技术产业化基地。

同日　集团公司召开维稳（信访）工作视频会议，贯彻落实中央经济工作会议和全国信访工作经验交流现场会精神，全面部署2010年维稳信访工作。集团公司副总经理王福成出席会议并讲话。

12日　集团公司决定，济南柴油机厂更名为中国石油集团济柴动力总厂。

14—16 日　集团公司 2010 年工作会议在河北廊坊召开（详见专稿）。

15 日　股份公司董事会聘任薄启亮、孙波为公司副总裁。

17 日　中国石油尼罗河公司位于苏丹红海盆地 15 区块的海上勘探钻井作业正式启动。该区 Tokar-1 探井的开钻标志着是中国石油海外海上勘探钻井作业的开始。

20 日　在美国《石油情报周刊》（PIW）最新公布的世界最大 50 家石油公司综合排名中，中国石油天然气集团公司继续位居第 5 位，连续 9 年跻身世界石油公司十强。

同日　西气东输靖边联络站开始向北京等地输送天然气。这标志着西气东输二线（西段）工程全面正式投入运营。

21 日　上海世博会进入倒计时 100 天之际，集团公司总经理蒋洁敏在上海参加世博会组委会第八次会议暨国内参展工作会议，并到石油馆施工现场考察工程建设和布展工作。强调要认真贯彻胡锦涛总书记重要指示和世博会组委会第八次会议精神，安全第一，保证质量，抓好运行，展示石油石化企业形象。

23 日　集团公司 2010 年国际业务工作会议在河北廊坊召开。会议强调要认清新形势，适应新发展，为保障国家能源安全，加快综合性国际能源公司建设作出新贡献。集团公司副总经理汪东进出席会议并讲话。

25 日　辽阳石化公司开发低凝点柴油获得重大突破，顺利生产出符合国家标准的 -50 号柴油，成为中国石油首家生产此牌号民用柴油的企业。

27 日　中国石油天然气股份有限公司与法国道达尔公司、马来西亚石油公司同伊拉克南方石油公司组成联合体，在巴格达与伊拉克米桑石油公司签署为期 20 年的哈法亚油田开发生产服务合同。该项目由中国石油担任作业者并持有 37.5% 的权益，道达尔公司和马来西亚石油公司分别持有 18.75% 的权益，伊拉克南方石油公司代表伊拉克政府持有 25% 的权益。股份公司董事长蒋洁敏在合同书上签字。签字仪式前，蒋洁敏与伊拉克石油部部长侯赛因·沙赫里斯塔尼进行了会谈。

27—28 日　中国石油第五届天然气开发年会在北京召开。会议要求，准确把握后国际金融危机时代的大趋势，牢牢抓住天然气产业发展的历史机遇，努力实现集团公司天然气业务持续快速健康发展，创造出无愧于历史和时代的业绩。集团公司副总经理周吉平出席会议并讲话。

28 日　中国石油在阿联酋阿布扎比召开伊拉克项目启动工作会议，集团公司总经理蒋洁敏出席会议并发出动员令。强调，要努力将中东建成中国石油海外重点油气合作区和工程技术服务主阵地；要充分发挥集团公司整体优势，努力将合作项目建成标志性项目，达到国际一流水平，做到零伤害零污染零事故，实现安全发展、绿色发展、和谐发展；要集中力量组织好“3+1”歼灭战，经过 3 年左右时间，在中东地区形成一定的合作规模。会前，蒋洁敏专程到伊拉克艾哈代布油田调研，在中方员工营地现场听取项目汇报，为艾哈代布油田中央处理厂奠基，并到大庆钻探 1202 钻井队，看望慰问一线员工，深入了解现场情况。

同日　集团公司 2010 年审计工作会议在北京召开，强调为集团公司实现全面协调可持续发展提供更加有力的监督和服务。集团公司纪检组组长陈明出席会议并讲话。

29 日　中国石油榜样先进事迹报告会在北京石油大厦隆重举行。5 位来自基层一线的中国石油榜样作事迹报告。

31 日　西气东输二线（西段）工程生产调度权和生产运行管理权在北京和宁夏银川两地顺利交接。工程至此从建设正式转入生产运行，将由中国石油油气调控中心生产调度、西部管道公司和西气东输管道（销售）公司管理运行。

本月　2009 年中国石油十大科技进展及国外石油科技十大进展评选揭晓，“渤海湾盆地歧口富油气凹陷整体勘探配套技术”等 10 项中国石油科技创新成果以及“复杂地质环境油气勘探分析技术”等 10 项国外技术成果分别入围。

二　　月

1 日　国家知识产权局在京揭晓第十一届中国专利奖，中国石油为专利权人的超高分子量聚丙烯酰胺合成工艺技术中的水解方法获得金奖；聚合物驱多层分注井井下聚合物分子量、流量控制装置，一种铜锌铝系气相醛加氢催化剂的制备方法及其产品，欠平衡钻井用空气增压机，一种弹性单体筛管等 4 项专利获得优秀奖。

2 日　2009 年中央企业网站绩效评估结果对外公布，中国石油网以 108.3 的高分名列各中央企业网站首位，达到 A 级企业网站标准。

3 日　集团公司总经理蒋洁敏在北京会见委内瑞拉能源和石油部长拉斐尔·拉米雷斯，双方就深化石油合作交换了意见。

同日　中国石油天然气股份有限公司与成都市人民政府在成都市签署战略合作协议。根据协议，中国石油与成都市将加强战略合作，完善协调机制，做好需求侧管理，优化资源调配，科学统筹规划，加快基础设施建设，市场换资源，实现互利双赢。股份公司总裁周吉平，成都市委副书记、市长葛红林等出席签字仪式并致辞。

3—5 日　集团公司工程技术工作会议在北京召开。强调努力实现工程技术服务业务整体协调发展。集团公司副总经理廖永远出席会议并讲话。

9 日　长庆油田实现油气当量 3000 万吨表彰庆祝大会召开（详见专稿）。

10 日　中共中央政治局常委、中央政法委书记周永康考察中国石油（详见专稿）。

同日　集团公司与加拿大阿萨巴斯卡油砂公司正式签署相关文件并完成麦肯河（MacKay River）和道沃（Dover）两个油砂项目的交割。

22 日　集团公司总经理蒋洁敏会见壳牌首席执行官傅赛，双方就国内外相关业务合作进行了广泛深入的探讨。

23 日　集团公司总经理蒋洁敏会见哈萨克斯坦共和国国务秘书兼外交部长卡纳特·萨乌达巴耶夫，双方就中哈石油合作交换了看法。

同日　集团公司召开 2010 年第一次常务会议，审议并原则通过了新能源和生物能源业务发展规划，确定了加强非常规化石能源和可再生能源工作，重点发展与主营业务相近的煤层气、页岩气、燃料乙醇和油砂等新能源。

24 日　由中国石油历时 4 年建设、投入试运行 5 年的国家重点建设项目——西气东输管道工程在北京顺利通过国家竣工验收。集团公司副总经理廖永远出席验收会议并讲话。

25—26 日　集团公司 2010 年纪检监察工作会议在北京召开。强调坚持从严治企，服务科学发展，深入扎实推进反腐倡廉建设。会议对 2007—2009 年度集团公司纪检监察先进集体、先进个人和廉洁从业模范干部进行了表彰。集团公司总经理蒋洁敏出席会议并讲话。

本月　集团公司党组成员，总经理助理，股份公司管理层成员，集团公司副总师，以及总部机关各部门、专业公司负责同志，分成 12 路，深入基层，走访慰问一线员工、劳动模范代表、特困家庭和离退休人员等。

三　月

1 日　集团公司总经理蒋洁敏会见康菲石油公司董事长兼首席执行官穆礼怀，双方就两家公司在国内外合作进行了深入探讨。

同日　中国石油与斯伦贝谢公司在北京钓鱼台举行 2010 年至 2012 年测井服务合作签字仪式。双方表示，未来 3 年将重点针对中国石油在低孔低渗、火山岩、复杂碳酸盐岩油气藏勘探开发中面临的难点进行合作，破解油气层识别 评价的“瓶颈”，实现互利共赢。

同日　集团公司召开 2010 年内控与风险管理工作视频会议，强调严格管理不放松，推进内控工作持续健康发展。集团公司总会计师王国樑出席会议并讲话。

同日　中国石油海外钻井完井技术中心揭牌仪式在钻井工程技术研究院举行。集团公司副总经理、党组成员汪东进出席揭牌仪式并讲话。

3 日　中国石油天然气股份有限公司与中国中煤能源股份有限公司在北京签署战略合作框架协议。双方将充分发挥各自优势，在产品互供、物资采购等方面开展合作。股份公司董事长蒋洁敏出席签字仪式。

同日　集团公司 2010 年信息化工作视频会议在北京召开。强调全力推进以 ERP 系统为核心的信息化建设。集团公司副总经理王宜林出席会议并讲话。

5 日　集团公司党组任命胡兢克同志为炼化工程建设项目部党委书记；姜昌亮同志为管道分公司党委书记，免去姚伟同志的管道分公司党委书记职务；耿承辉同志为中国昆仑工程公司党委书记，免去叶体亚同志的中国昆仑工程公司党委书记职务；李久杰同志为中油燃料油有限公司党委书记，免去王振刚同志的中油燃料油有限公司党委书记职务。

同日　集团公司任命朱景利为辽阳石油化纤公司经理，免去耿承辉的辽阳石油化纤公司经理职务；刘守德为新疆石油总公司总经理，免去徐会举的新疆石油总公司总经理职务。

同日　股份公司任命朱景利为辽阳石化分公司总

经理，免去耿承辉的辽阳石化分公司总经理职务；段良伟任吉林燃料乙醇有限责任公司总经理、党委书记，免去孙树祯的吉林燃料乙醇有限责任公司总经理、党委书记职务；刘刚为宁夏销售分公司总经理，免去刘守德的宁夏销售分公司总经理职务；刘守德为新疆销售分公司总经理，免去徐会举的新疆销售分公司总经理职务。

8日　集团公司决定，组建昆仑金融租赁有限责任公司。

9日　集团公司副总经理汪东进一行在乍得总统府拜会了乍得共和国总统代比。双方就中乍两国在石油领域的合作进行了友好会谈，对进一步扩大油气合作达成共识。

10日　集团公司召开基础管理建设工程启动视频会议。集团公司副总经理、基础管理建设工程领导小组组长王宜林强调，用3到5年时间，实现质量提升成效明显、计量检测科学准确、标准体系先进接轨、业务流程规范优化、制度建设完整有效的基础管理目标，促使基础管理工作整体迈上新台阶。

同日　集团公司直属机关2010年党的工作会议在北京召开。强调以改革创新精神加强和改进直属机关党的建设。集团公司副总经理、直属党委书记王福成出席会议并讲话。

12日　中国石油天然气集团公司与云南省人民政府在北京签署《煤层气开发利用战略合作框架协议》，共同推动云南经济发展方式转变和绿色经济强省建设。集团公司总经理蒋洁敏，云南省委书记、省人大常委会主任白恩培出席签字仪式。

同日　集团公司学习推广华北油田精细管理经验首场巡回报告会在石油大厦召开。

同日　集团公司召开2010年法律工作视频会议。集团公司总经理蒋洁敏作出批示，强调依法治企已成为公司在新形势下的必然战略选择，并对各级领导干部和全体法律人员提出要求。集团公司副总经理李新华出席会议并讲话。

15日　距上海世博会石油馆开馆40天，石油馆吉祥物“油宝宝”在北京与公众首次见面。集团公司副总经理王宜林、中国石化副总裁张海潮、中国海油执行副总裁袁光宇共同按动石油馆吉祥物发布触摸球。这是三家石油公司首次联合参展由国家举办的大型活动。

16日　集团公司总经理蒋洁敏会见韩国大宇国际株式会社社长金在镛，双方就相关业务合作进行了广泛深入的探讨。

18日　在中国国务院总理温家宝和孟加拉国总理哈西娜的共同见证下，集团公司总经理蒋洁敏与孟加拉国驻华大使孟什·法兹·艾哈迈德签署了《中孟石油天然气领域合作谅解备忘录》。

同日　集团公司第53期党校及工商管理培训班在北京石油管理干部学院举行开学典礼。集团公司副总经理、党校校长王福成出席开班典礼并作动员讲话，强调各级组织和领导要抓好人才队伍建设，以人才优先发展引领和带动集团公司可持续发展。

同日　集团公司未上市企业解困扭亏工作推进视频会议在北京召开，强调努力推动未上市业务可持续健康发展。集团公司副总经理王宜林出席会议并讲话。

19日　集团公司总经理蒋洁敏会见壳牌首席执行官傅赛。双方就相关业务合作进行了深入探讨。

22日　中共中央政治局常委、国务院副总理李克强考察乌鲁木齐石化（详见专稿）。

同日　辽河油田开发建设40周年庆祝大会举行（详见专稿）。

同日　集团公司总经理蒋洁敏在北京会见道达尔集团首席执行官马哲睿，就双方石油上下游合作进行了探讨。

同日　第十届中国国际石油石化技术装备展览会开幕。中国石油组织装备企业统一参展，中国石油装备品牌首次集中向公众亮相，参展产品131种。集团公司副总经理李新华出席展会。

25—26日　集团公司矿区服务系统2010年工作会议在廊坊召开，强调努力推动矿区服务业务科学发展。集团公司副总经理出席会议并讲话。

27日　在国家发改委、国家能源局、美国商会、中国三大国家石油公司及壳牌等国际能源巨头的共同见证下，中国石油集团东方地球物理勘探有限责任公司与美国ION公司合资成立的INOVA地球物理陆地装备公司宣告诞生。公司将以此为平台，加强新型地震仪器、高性能可控震源等陆上勘探仪器设备的开发和研制。东方物探公司拥有合资公司51%的股权。集团公司副总经理周吉平、廖永远，总会计师王国樑，及ION公司董事长捷·勒佩尔一行参加签字仪式和发布会活动。

同日　中国企业联合会在北京发布第十六届全国企业管理现代化创新成果。在178项国家级企业管理现代化创新成果中，中国石油共获3项一等奖，11项二等奖。

30日　集团公司总经理蒋洁敏会见巴西外交部

能源和高科技事务副部长安德列·阿马多。双方就中巴石油合作交换了看法。

31 日　集团公司总经理蒋洁敏会见 BP 集团首席执行官唐熙华。双方就国内外合作进行了探讨。

同日　中国石油首次公开发布信息化成果报告（详见专稿）。

同日　集团公司授予大庆油田有限责任公司等 21 家单位"中国石油天然气集团公司 2009 年度节能节水型先进企业"荣誉称号，授予塔里木油田分公司等 39 家单位"中国石油天然气集团公司 2009 年度节能节水型企业"荣誉称号。

3 月 31 日—4 月 2 日　第六届中国国际管道展览会在廊坊举行。这届展览会由管道局、管道建设项目经理部、管道公司、西气东输管道公司、西部管道公司和中国石油工程建设协会联合主办。是中国管道行业规模最大、国际化程度最高的一次展会。

四　　月

1 日　中央扩大内需促进经济增长政策落实检查工作领导组派出的中央企业检查组进驻中国石油。

同日　集团公司决定，中国石油天然气集团公司管材研究所更名为中国石油集团石油管工程技术研究院。

4 日　塔里木油田柯东 1 井获高产油气流，塔西南昆仑山前高陡构造风险勘探获重大突破。

9 日　宝鸡钢管公司成功试制第一根 X100 钢级 ϕ1219 毫米 ×15.3 毫米螺旋焊管。X100 螺旋焊管试制成功，填补了国内空白，同时也为西气东输三线试验段应用 X100 螺旋焊管打下了良好的基础。

13 日　中国石油召开巡视工作启动暨培训会议，按照集团公司党组部署，上半年巡视工作 4 月中旬到 7 月中旬，由 6 名巡视员、8 名巡视员助理组成的 3 个巡视组将对新疆油田公司等 9 个单位进行巡视。

13—15 日 集团公司总经理蒋洁敏，副总经理汪东进，率领总部有关部门和专业公司负责同志考察美国埃克森美孚公司、雪佛龙公司和康菲石油公司，并与三大石油公司高层就深化和扩大在全球范围内油气合作进行了友好会谈。

14 日　中共中央政治局常委、全国人大常委会委员长吴邦国考察吉林石化（详见专稿）。

同日　青海省玉树藏族自治州玉树县发生 7.1 级地震后，集团公司总经理蒋洁敏立即作出部署，要求全力开展抗震救灾工作，千方百计保证员工生命财产安全，确保抗震救灾油品供应。集团公司总部和震区各单位立即启动应急预案，第一时间将救灾捐款、药品和油品等送往灾区。

同日　集团公司与壳牌中国勘探与生产有限公司签订的《中华人民共和国四川盆地金秋区块天然气开发和生产合同》获商务部批准。合同区块面积 4067 平方千米，合同期 30 年。

15 日　在国务院国资委组织下，12 家中央企业建造的上海世博会 6 个企业馆今天开始试运营。中国石油、中国石化、中国海油三家公司历时两年多时间，共同建设的 6200 平方米石油馆"油立方"精彩亮相，开始演绎"石油，延伸城市梦想"这一主题。集团公司副总经理王宜林出席启动仪式。

16 日　中共中央政治局常委、国务院副总理李克强考察抚顺石化（详见专稿）。

17 日　在委内瑞拉总统查韦斯的见证下，中委双方在加拉加斯签署胡宁 4 石油合作项目及长期融资合作等重要协议。国家能源局局长张国宝与委内瑞拉能源石油部部长拉米雷斯签署《胡宁 4 项目政府间协议》；集团公司总经理蒋洁敏、国家开发银行行长陈元与委内瑞拉社会发展银行、委内瑞拉国家石油公司、委内瑞拉财政部、委内瑞拉能源矿产部四方代表签署《中委长期融资合作框架协议》，股份公司副总裁薄启亮与委内瑞拉石油公司总经理德尔·皮诺签署胡宁 4 项目合作《谅解备忘录》。

同日　集团公司 ERP 系统和加油站管理系统迁移工作全面完成，标志着集团公司信息化建设史上首次大型信息系统异地迁移工作圆满完成。

26 日　集团公司表彰近 5 年来为集团公司改革发展作出突出贡献的 10 名特等劳动模范、10 个标杆集体、601 名劳动模范、500 个先进集体，并印发《关于开展向集团公司劳动模范和先进集体学习的通知》，要求广大干部员工以劳动模范为榜样，开展以"学习劳模、赶超先进、履行责任、再做贡献"为主题的学习活动。集团公司总经理蒋洁敏出席表彰大会并讲话。

27 日　2010 年全国劳动模范和先进工作者表彰大会在人民大会堂召开。中国石油何登龙等 47 位员工获全国劳动模范称号。

同日　集团公司决定，成立中国石油天然气集团公司北京、黑龙江、新疆 3 个联合监督中心。

30 日　中共中央政治局常委、中央政法委书记周永康参观上海世博会石油馆，充分肯定了石油馆的创意和构思。

五　月

1 日　集团公司总经理蒋洁敏在上海会见土库曼斯坦总统别尔德穆哈梅多夫。双方就促进与深化中土天然气合作交换意见。

6—7 日　中国石油油品销售精细化管理会议在武汉举行。股份公司总裁周吉平出席会议并讲话，指出要把强化管理作为转变发展方式的主要内容，通过精细化管理提升销售业务发展的质量和效益，不断创造市场竞争的新优势。

10 日　集团公司、股份公司客户数据库并库工作顺利完成，实现了全集团客户数据的集中统一管理。

11 日　集团公司党组任命李晓络为集团公司直属党委常务副书记、股份公司直属机关党委常务副书记，免去王益岭的集团公司直属党委常务副书记、股份公司直属机关党委常务副书记职务；杨盛杰同志为冀东油田分公司党委书记，免去张国旗同志的冀东油田分公司党委书记职务；李多同志为浙江销售分公司党委书记，免去李向宇同志的浙江销售分公司党委书记职务；李向宇同志为安徽销售分公司党委书记，免去金浩同志的安徽销售分公司党委书记职务；张海云同志任河南销售分公司党委书记，免去李多的河南销售分公司党委书记职务。

同日　集团公司任命马永峰为西部钻探工程有限公司总经理，免去杨盛杰的西部钻探工程有限公司总经理职务。

同日　股份公司任命金浩为江西销售分公司总经理。

12 日　集团公司召开安全生产大检查情况通报视频会议。会议强调，扎实工作，全面提升安全生产清洁生产水平，努力建立安全环保长效机制，为加快转变发展方式、实现科学发展和谐发展作出新贡献。集团公司总经理蒋洁敏主持会议并讲话。

16 日　中国石油天然气股份有限公司与壳牌公司共同就卡塔尔 D 区块与卡塔尔石油公司签署天然气勘探与产量分成协议，协议有效期 30 年。

17—19 日　中央新疆工作座谈会在北京召开。集团公司总经理蒋洁敏代表中国石油发言，表示一定认真贯彻会议精神，全力做好支持新疆发展的各项工作，充分发挥中央企业的骨干作用，加快新疆地区油气发展，为促进新疆稳定发展和民族团结作出积极贡献。

18 日　苏丹驻华大使馆和喀土穆炼油厂在北京钓鱼台国宾馆联合举办庆祝喀土穆炼油厂投产 10 周年活动。集团公司副总经理汪东进，苏丹驻华大使米尔加尼·穆罕默德·萨利赫，以及沙特阿拉伯和埃及等近 20 个国家驻华大使或代办、阿盟驻华大使等参加庆祝活动。

同日　集团公司在北京发布《中国石油 2009 年度社会责任报告》和国别报告《中国石油在苏丹》。集团公司副总经理汪东进出席发布会并作主旨发言。

19 日　中国石油天然气集团公司与壳牌公司达成协议，获得壳牌全资子公司壳牌叙利亚油气开发公司 35% 的权益。该公司拥有叙利亚 Deir-Ez-Zor、Fourth Annex 和 Ash Sham 三个生产许可证 31.25% 的权益。

同日　根据 2009 年 5 月 12 日股东大会审议通过的《关于公司发行债务融资工具一般性授权的议案》，股份公司第二次成功发行合计 400 亿元中期票据。

同日　集团公司副总经理喻宝才率代表团到中国石油乍得分公司恩贾梅纳炼油厂项目慰问调研，拜会乍得总理纳丁加尔，出席了炼油厂常压装置常压塔吊装剪彩仪式，庆贺常压塔吊装成功。

20 日　股份公司 2009 年度股东年会在北京汉华国际饭店召开。会议审议批准《中国石油天然气股份有限公司 2009 年度董事会报告》、《中国石油天然气股份有限公司 2009 年度监事会报告》、《中国石油天然气股份有限公司 2009 年度财务报告》、《中国石油天然气股份有限公司 2009 年度利润分配方案》、《关于授权董事会决定中国石油天然气股份有限公司 2010 年中期利润分配方案的议案》、《关于聘用中国石油天然气股份有限公司 2010 年度境内外会计师事务所并建议授权董事会决定其酬金的议案》、《关于向中油财务有限责任公司增资的议案》、《关于给予董事会股票发行一般授权事宜的议案》等。

21 日　中国石油天然气集团公司与中国电信集团公司在北京签署战略合作框架协议。集团公司总经理蒋洁敏与中国电信集团总经理王晓初出席签约仪式并分别致辞。

24 日　集团公司总经理蒋洁敏到大港油区调研，强调坚定信心，以时不我待、只争朝夕的精神，迎难而上，加快转变发展方式，规模增储、整体开发、效益产出，为集团公司建设综合性国际能源公司作出新贡献。调研期间，蒋洁敏拜会了中共中央政治局委员、中共天津市委书记张高丽，天津市委副书记、市长黄兴国等领导同志，就中国石油积极参与滨海新区开发开放，进一步推进合作项目、拓展合作领域、提高合作水平，促进天津石油石化产业做强做大等深入交换意见。

25 日　集团公司党组向各企事业单位党委、直属党委发出通知，具体部署在集团公司基层党组织和党员中深入开展创先争优活动。集团公司成立活动领导小组，党组书记蒋洁敏任领导小组组长。

25—26 日　集团公司思想政治工作会议在北京召开。会议主要任务是，贯彻落实中央、国务院国资委党委有关精神，回顾总结近几年工作，分析思想政治工作面临的新形势，研究部署当前和今后一个时期思想政治工作的主要任务，为综合性国际能源公司建设提供强有力的思想政治保证和精神动力。集团公司副总经理王福成代表党组讲话。

26 日　集团公司总经理蒋洁敏会见到访的俄罗斯国家石油公司总裁巴格丹奇科夫，双方就深入合作进行了友好会谈。

27 日　集团公司总经理蒋洁敏会见来访的麦肯锡董事长兼全球总裁鲍达民，双方就全球和中国经济发展以及双方合作机遇等话题进行了深入交流。

同日　集团公司召开重组整合 10 年来首次税收工作会议，集团公司总会计师王国樑出席会议并讲话。

28 日　中国石油石化研究院聚丙烯用无卤膨胀型阻燃剂和烃类蒸汽转化催化剂及其制备方法两项科研成果获得国家发明专利授权。

30 日　英国《金融时报》发布全球 500 强企业排名。中国石油以 3293 亿美元市值位居榜首，成为全球市值最大的企业。

31 日　集团公司第一期企业主要领导培训班在北京石油管理干部学院开班。集团公司总经理蒋洁敏讲授第一课。强调通过学习培训，要牢固树立重视学习、善于学习、终身学习的观念，增强政治意识、大局意识、责任意识和廉洁意识，进一步认清形势，统一思想，明确目标任务，提升领导管理能力，以奋发有为的进取精神推动企业科学发展和谐发展。

六　　月

2 日　大庆油田录井数据库成功投入使用，标志着国内首座行业最大的录井数据库正式建成。

3 日　中国国务院总理温家宝和缅甸联邦政府总理登盛在缅甸首都内比都，共同触摸标志中缅油气管道开工的电子球，中缅石油天然气管道工程正式开工建设。集团公司总经理蒋洁敏、副总经理廖永远出席中缅油气管道开工仪式，并参加了温家宝总理访缅期间的相关活动。

同日　在中缅两国总理的共同见证下，集团公司总经理蒋洁敏与缅甸国家油气公司总经理吴敏田，签署了《东南亚原油管道有限公司股东协议》、《东南亚天然气管道有限公司权利与义务协议》和《东南亚天然气管道有限公司股东协议》。协议明确了中国石油天然气集团公司所属东南亚管道公司作为合资公司的控股股东，负责油气管道工程的设计、建设、运营、扩建和维护。

4 日　集团公司总经理蒋洁敏、副总经理廖永远考察中缅原油管道的起点——马德岛原油码头及首站现场。

5 日　集团公司向社会发布 2009 年度环境保护公报。从环境管理、污染减排、气候变化、污染治理和矿区空气质量方面介绍中国石油及所属各企业 2009 年在环境保护工作中采取的措施及取得的成绩。公报披露，2009 年与 2005 年相比，二氧化硫、化学需氧量排放总量分别下降 12.9%、33.4%，提前超额完成国务院国资委下达的“十一五”污染减排任务。

7 日　集团公司总经理蒋洁敏会见斯伦贝谢公司董事长兼首席执行官安德鲁·古尔德，双方就加强在国内外工程技术服务领域合作交换了意见。

同日　集团公司总经理蒋洁敏会见雪佛龙公司副董事长乔治·克兰德，双方就国内外上下游合作交换了意见。

同日　在全国两院院士大会上，中国科学院最高奖项——陈嘉庚科学奖，中国工程院最高奖项——光华工程奖揭晓，勘探开发研究院李德生、钻井工程技术研究院苏义脑和新疆油田分公司况军分别获得陈嘉庚地球科学奖、光华工程奖和光华工程青年奖。

8 日　中共中央政治局常委、中央政法书记周永康考察华北油田二连油区（详见专稿）。

9 日　在中国国家主席胡锦涛和乌兹别克斯坦总统卡里莫夫的共同见证下，集团公司总经理蒋洁敏与乌兹别克斯坦国家油气公司董事会主席纳扎洛夫，在乌兹别克斯坦首都塔什干签署了《关于天然气购销的框架协议》。根据协议，乌兹别克斯坦每年将向中国供应 100 亿立方米天然气。

同日　大庆炼化公司二期年30万吨聚丙烯项目奠基。

10日　集团公司总经理蒋洁敏一行在乌兹别克斯坦国家石油公司主席纳扎诺夫的陪同下，专程对中亚天然气管道首站现场进行考察和工作调研。

10—11日　集团公司保密工作会议在廊坊召开。会议强调，深入贯彻落实保密法及有关规定，全面落实领导干部保密工作责任制，认真执行《集团公司秘密信息分级保护目录》，切实做好新形势下的保密工作。会前，集团公司总经理蒋洁敏对保密工作提出明确要求。集团公司副总经理周吉平出席会议并讲话。

11—15日　由中国石油化工集团公司主办，中国石油天然气集团公司、中国海洋石油总公司、中联煤层气公司、台湾“中油股份公司”和美国华人石油协会协办的“2010年全球华人石油石化科技研讨会”在青岛举行。中国石油天然气集团公司副总经理周吉平率中国石油代表团出席会议，并作题为《能源革命中的历史性挑战与机遇》的发言。

12日　在中国国家主席胡锦涛和哈萨克斯坦总统纳扎尔巴耶夫的共同见证下，中国石油天然气集团公司总经理蒋洁敏和哈萨克斯坦国家油气公司总裁卡贝尔金在哈国总统府签订了《关于中哈天然气管道二期设计、融资、建设、运行原则协议》。根据协议，中哈双方将合作建设中哈天然气管道二期工程，以满足哈国南部地区天然气市场需求，并探讨通过中哈天然气管道二期将里海地区天然气资源向中国出口的可能性。双方还将就支持中亚其他国家向中国增加天然气出口、保障过境运输等问题进行深入合作。

12—13日　集团公司首次绩效考核工作会议在北京召开。集团公司副总经理王福成出席会议并讲话。

15日　集团公司总经理蒋洁敏在北京会见台湾中油股份公司总经理朱少华，双方就进一步加强在石油天然气领域的合作交换了意见。会见后，蒋洁敏与朱少华共同签署了《CNPC与CPC合作谅解备忘录》。

18日　中共中央政治局常委、中央纪委书记贺国强考察中国石油阿姆河天然气项目（详见专稿）。

同日　集团公司党组任命张作祥同志为玉门油田分公司党委书记，免去高玉江同志的玉门油田分公司党委书记职务。

同日　集团公司任命郝新刚为乌鲁木齐石油化工总厂厂长，免去郑明禹的乌鲁木齐石油化工总厂厂长职务。

同日　股份公司任命郝新刚为乌鲁木齐石化分公司总经理，免去郑明禹的乌鲁木齐石化分公司总经理职务；郑明禹为中油燃料油有限公司总经理，免去吴国志的中油燃料油有限公司总经理职务。

同日　根据中国银监会批复精神，集团公司决定，克拉玛依市商业银行股份有限公司更名为昆仑银行股份有限公司。

同日　集团公司“石油魂——大庆精神铁人精神宣讲活动”启动仪式暨首场报告会在北京石油管理干部学院举行。

20日　长庆油田分公司惠安堡80万立方米/年原油商业储备库投产试运成功。

21—22日　集团公司总经理蒋洁敏到玉门油田调研时强调，玉门油田是中国石油工业的摇篮，为中国石油工业发展作出了历史性贡献。新时期新阶段，油田广大干部员工要继承和发扬优良传统，继续艰苦创业，实现新的发展。

22日　中国工程院院士、大庆油田科学技术委员会副主任王德民荣获国际石油工程师学会“提高采收率开拓奖”。

23日　中国石油天然气集团公司与中国联合网络通信集团有限公司在北京签署战略合作协议。集团公司总经理蒋洁敏与中国联通总经理陆益民出席签约仪式并分别致辞。

同日　冀东油田分公司100万立方米/年原油商业储备库投产试运成功。

24—26日　集团公司2010年务虚会在北京召开。集团公司总经理蒋洁敏讲话时强调，要扎实工作，锐意进取，开拓创新，全面完成“十一五”各项任务目标，为“十二五”良好开局打下坚实基础。今后一个时期要突出战略发展，突出创新发展，突出效益发展，突出绿色发展，突出和谐发展。

28日　中国石油天然气集团公司与华润（集团）有限公司在北京签署战略合作协议。双方将在城市燃气、成品油营销、天然气发电、工程建设和海外投资等业务领域广泛开展战略合作。集团公司总经理蒋洁敏与华润集团董事长宋林出席签字仪式并分别致辞。

30日　中国石油直属机关在北京召开纪念“七一”暨创先争优活动表彰动员大会。表彰了100个先进基层党组织、243名优秀共产党员和59名优秀党务工作者。集团公司总经理、集团公司创先争优活动领导小组组长蒋洁敏出席会议。

七　月

1 日　伊拉克鲁迈拉项目作业管理权正式移交至英国石油公司、中国石油和伊拉克南方石油公司三方组成的鲁迈拉油田作业管理机构 ROO（鲁迈拉油田作业管理机构）。3 日，三方举行“伊拉克鲁迈拉油田作业权移交庆典”活动，标志着联合体正式接管油田并开始油田作业。

1—3 日　天然气与管道分公司召开业务发展年会暨精细化管理推进会。股份公司总裁周吉平参加会议并讲话。

5 日　集团公司总经理蒋洁敏与来访的缅甸国家和平发展委员会第一秘书长丁昂敏乌举行会谈。双方就进一步推进中缅油气合作广泛交换意见。

同日　集团公司总经理蒋洁敏会见来访的苏丹全国大会党副主席纳菲阿。双方就深化互利合作，增进彼此友谊，开拓新的合作领域广泛深入地交换意见。

6 日　集团公司在北京召开物资采购管理信息系统项目启动会。集团公司副总经理喻宝才主持会议并宣布集团公司物资采购管理信息系统项目正式启动。

7 日　集团公司党组任命肖华同志为华东化工销售分公司党委书记，免去许飞同志的华东化工销售分公司党委书记职务；杨信同志为昆仑金融租赁有限责任公司党委书记。

同日　集团公司任命贺金霞为昆仑金融租赁有限责任公司总经理，免去杨信昆仑金融租赁有限责任公司总经理。推荐杨信为昆仑金融租赁有限责任公司董事长人选。

同日　股份公司任命张余为中油北京天然气管道有限公司（华北管道分公司）总经理。

10 日　中共中央政治局委员、国务院副总理张德江考察中国石油兰州石化公司，看望慰问干部员工，了解企业发展状况，强调要深入落实科学发展观，加快石化下游产业发展，为国家深入实施西部大开发战略作出更大贡献。

13 日　集团公司领导蒋洁敏、周吉平、王宜林、王福成、李新华、王国樑、陈明、汪东进、喻宝才，在乌鲁木齐与新疆维吾尔自治区党委书记张春贤等领导进行会谈，就进一步贯彻落实中央新疆工作座谈会精神，加快新疆油气业务发展，推动新疆实现跨越式发展和长治久安形成广泛共识。

13—14 日　集团公司国际业务社会安全管理体系宣贯启动会在京召开。由集团公司总经理蒋洁敏签发的《国际业务社会安全管理体系管理手册》正式发布，标志着集团公司国际业务社会安全管理体系建设进入全面实施阶段。

14 日　中国石油南疆天然气利民工程在新疆喀什开工。全部工程计划 2012 年建成投产，南疆三地州 25 个县市中，将有 22 个通上管道天然气，加上以 CNG 和 LPG 方式供气的其余偏远县市，南疆所有县市及 21 个农牧团场将全部实现气化。这项工程被新疆维吾尔自治区党委书记张春贤誉为“新疆富民工程的里程碑”。

同日　我国目前陆上单套装置生产能力最大的现代化化肥装置——中国石油塔里木大化肥项目（年产 45 万吨合成氨、80 万吨尿素），在新疆库尔勒市举行投产庆典仪式。集团公司副总经理周吉平出席庆典仪式并致辞。

16 日　大连新港至集团公司大连保税储备油库一条直径 900 毫米原油输油管线在外籍油轮卸油作业时发生闪爆着火，并烤爆附近一条直径 700 毫米原油管线，管线内原油泄漏引发火灾，火势快速扩大蔓延，部分原油和消防水流入海域。集团公司立即召开紧急会议，研究部署抢险工作，成立现场抢险指挥部，配合地方政府全力组织抢险灭火。25 日，大连港区海域清污取得决定性胜利。

16—18 日　集团公司 2010 年领导干部会议在新疆独山子召开（详见专稿）。

19 日　中共中央政治局常委、中央政法委书记周永康考察青海油田格尔木石化基地（详见专稿）。

同日　乌鲁木齐石化分公司 100 万吨 / 年对二甲苯芳烃工程，在新疆乌鲁木齐市举行竣工投产仪式，可生产 100 万吨 / 年对二甲苯。新疆维吾尔自治区党委副书记、自治区主席努尔·白克力出席投产仪式宣布投产并讲话。集团公司副总经理李新华出席投产仪式并讲话。

同日　中国石油援建的新疆维吾尔自治区伊犁哈萨克自治州尼勒克县中心“双语”幼儿园竣工。集团公司副总经理王福成出席竣工仪式。

21 日　国务院国有资产监督管理委员会授予中国石油天然气集团公司等 6 家中央企业 2007—2009 年第二任期业绩考核“节能减排特别奖”。

22 日　集团公司总经理蒋洁敏会见来访的壳牌集团首席执行官傅赛。双方就进一步深化互利合作、开拓新的合作领域，广泛深入地交换意见。

23 日　国务院国资委中央企业负责人会议在北京召开。中国石油位居 35 个业绩优秀企业前列，在纳入国务院国资委考核范围的 132 个中央企业中名列第三，同时获得“科技创新特别奖”和“节能减排特别奖”。集团公司总经理蒋洁敏代表中国石油领奖。

24 日　辽阳石化环氧乙烷改造项目一次开车成功，顺利产出合格产品。辽阳石化环氧乙烷产能达到 10 万吨 / 年，成为东北地区最大的环氧乙烷生产基地。

25 日　集团公司决定，调整吉林燃料乙醇有限责任公司管理体制，授权吉化集团公司管理该公司股权。

28 日　昆仑金融租赁有限责任公司在重庆开业，标志着中国石油以银行、信托、保险和金融租赁等为主的金融业务体系基本确立。集团公司总会计师王国樑与重庆市委副书记、重庆市市长黄奇帆共同为昆仑金融租赁公司成立揭牌。

同日　中国石油天然气集团公司与山东省人民政府在济南签署合作框架协议。双方将在油气管网、炼油、成品油销售网络、城市燃气，以及包括港口和码头在内的油气储运项目等方面展开全面合作。

同日　抚顺石化公司 240 万吨 / 年焦化联合装置顺利实现中交。

28—30 日　集团公司 2010 年安全环保工作会议在北京召开。会议传达了集团公司总经理蒋洁敏的书面讲话，总结推广了 HSE 体系推进试点单位等 HSE 管理的成功经验和有效做法，全力推动安全环保工作向精细化、规范化和科学化管理转变，全面促进集团公司安全发展和清洁发展，努力实现安全环保形势持续稳定好转。

30 日　上海世博会石油馆举行“特别活动日”仪式。集团公司副总经理周吉平代表中国石油、中国石化、中国海油三家石油公司作主旨发言。

30—31 日　集团公司信息化工作（ERP 系统建设）推进会在大庆油田召开。会议要求进一步落实以 ERP 系统为核心的信息化建设总体部署，统一思想，明确任务，采取有效措施，确保三年基本完成 ERP 系统建设目标的如期实现。集团公司副总经理、信息化工作领导小组组长王宜林参加会议并讲话。

31 日　集团公司总经理蒋洁敏在北京会见苏丹石油部部长丁格。双方就加强石油合作交换意见。

八　月

3 日　中国石油管道“八三”工程会战 40 周年庆祝大会在廊坊召开。集团公司发贺信，集团公司总经理蒋洁敏题词祝贺，集团公司副总经理喻宝才出席大会并讲话。

同日　前国务院总理朱镕基为“八三”管道 40 周年题词：“中国石油管道建设队伍组建四十年来，奋力拼搏，忠诚奉献，建成了一个大型、现代化、国际化的企业，我曾是管道一员，回首往事，感慨万千；展望未来，挑战尤烈。老骥伏枥，唯望后来同志，再接再厉，再造辉煌。”

同日　集团公司总经理蒋洁敏再次来到大连，慰问奋战在“7 · 16”事故现场的干部员工，检查部署事故后续工作，强调恢复生产要服从规划、服从质量、服从安全。

5 日　中国石油和雪佛龙优尼科东海有限公司合作的川东北天然气项目宣汉天然气净化厂，在四川达州市宣汉县开工建设。标志着我国陆上目前最大的天然气对外合作项目——川东北天然气项目罗家寨气田开发地面工程建设启动。

6 日　集团公司召开视频会议，部署宣传贯彻《中华人民共和国石油天然气管道保护法》专题活动。这次专题活动 8 月上旬开始，到 12 月底结束。集团公司副总经理廖永远出席会议并讲话。

9 日　集团公司向遭受严重泥石流灾害的甘肃舟曲灾区发出慰问信，向灾区人民和抢险救灾的干部群众及解放军、武警官兵表示慰问，对在泥石流灾害中罹难的同胞表示沉痛哀悼，并表示将对抢险救灾工作提供人力、物资支持和一切可能的帮助，保证成品油供应。

同日　集团公司召开“小金库”专项治理工作视频会议，正式启动专项治理工作，全面排查生产经营管理、财务和资产管理等方面存在的各类隐患。

11 日　集团公司宣告“水平井裸眼分段压裂酸化工具及其配套技术”自主研发并生产成功。标志着中国石油自主研制高端工具及其技术获得重大突破。

13 日　集团公司成功发行首支人民币企业债券，其中：10 年期利率 3.95%，15 年期利率 4.16%。

17 日　集团公司对工程、物资和服务实行统一招标管理后的第一次招标管理工作视频会议在北京召开。

17—19 日　集团公司总经理蒋洁敏到长庆油田公司苏里格气田、宁夏石化公司、宁夏销售公司调研，看望慰问生产一线干部员工。他在苏里格调研时强调，要继续艰苦奋斗，建设西部大庆，确保实现油气当量 5000 万吨发展目标；要坚持解放思想，坚持市场化方向，坚持持续创新，安全高效建设苏里格现代化大气田。

19 日　中共中央、国务院和中央军委在青海西宁举行全国抗震救灾总结表彰大会。青海销售公司荣获"全国抗震救灾英雄集体"称号，青海销售公司总经理杜丽学荣获"全国抗震救灾模范"称号。

20 日　集团公司总经理蒋洁敏会见来访的康菲公司董事长兼首席执行官穆礼怀，双方就进一步深化互利合作广泛交换意见。

同日　国家能源页岩气研发（实验）中心在勘探开发研究院廊坊分院揭牌，将开展页岩气的理论研究、技术攻关和设备研发。

22 日　中亚天然气管道 B 线投产成功。至此，由管道局 EPC 总承包建设的中亚管道 A 线、B 线共计 1970 千米（总长 3672 千米）管道全部竣工投产。

25 日　股份公司宣布，所属子公司中石油国际投资有限公司与澳洲壳牌能源控股有限公司以 50 ∶ 50 比例组成的联合体，成功收购澳 Arrow 公司。根据协议，合资公司将拥有 Arrow 公司在澳大利亚昆士兰州的煤层气资产和国内电力业务、壳牌在昆士兰州的煤层气资产，以及壳牌在格拉德斯通市柯蒂斯岛的拟建液化天然气生产项目。

26 日　中国石油天然气集团公司与河南省人民政府在郑州签署战略合作协议。双方将在千万吨炼油厂建设、天然气供应、成品油库和加油站规划建设、油气管道规划建设、煤层气开发利用、油气装备及材料等方面开展深层次合作。

26—27 日　集团公司总经理蒋洁敏、副总经理喻宝才赴河南销售公司和华北油田煤层气分公司等单位作调研，强调要大力提升油气供应保障能力，积极推进新能源开发利用，为国家经济发展作出更大贡献。

28 日　华北油田分公司山西煤层气中央处理厂投产试运成功，标志着国内第一个规模化工业开发的煤层气项目转入生产阶段，煤层气开发也由建设期转入生产期。

29 日　中俄原油管道俄罗斯境内段投产进油，俄罗斯总理普京在现场发表讲话并开启中俄原油管道进油阀门。中国国家发改委副主任兼能源局局长张国宝，集团公司副总经理汪东进分别代表中国政府和中国石油出席庆典仪式。

同日　26.7 万立方米 LNG 码头在大连竣工。这是中国石油建成的第一个 LNG 码头，也是迄今国内最大、中国北方第一个 LNG 码头。

30 日　华北油田无线数字化平台建成投用，成为全国石油行业第一个大型无线系统集群专网。

九　月

2 日　集团公司总经理蒋洁敏会见来访的新加坡经济发展局主席叶成昌。双方就进一步深化互利合作广泛交换意见。

同日　在"首届中国工业产品质量信誉论坛"上，集团公司作为发起单位之一，总经理蒋洁敏签署发布了《中国工业企业全球质量信誉承诺倡议书》。

3 日　集团公司任命胡兢克为云南石化分公司总经理。

5 日　呼和浩特石化公司 50 万吨 / 年气分装置、170 万吨 / 年煤柴油加氢精制、90 万吨 / 年柴油加氢改质等装置建设全面开工。

7 日　集团公司工程建设业务转变发展方式暨推进精细化管理座谈会提出，加强精细管理，谋划高端发展，促进工程建设业务实现又好又快发展。集团公司副总经理喻宝才出席会议并讲话。

同日　全国班组建设会议在辽宁抚顺召开，中华全国总工会、工业和信息化部、国务院国资委、中华全国工商业联合会等四部门作出《关于开展向"王海班"学习活动的决定》。同时，会上授予包括"王海班"等 7 个中国石油基层班组的全国 103 个班组"社会主义劳动竞赛先进班组"称号。

7—10 日　集团公司总经理蒋洁敏到中国石油在广西、云南的企业调研，了解生产经营情况，看望慰问一线干部员工。他强调，要发扬"三老四严"优良传统和作风，实现集团公司科学发展，为保障国家能源安全作出新的更大贡献。

8 日　广西石化千万吨炼油工程竣工投产（详见专稿）。

同日　集团公司决定，对大庆石油管理局等 5 家企业液化气销售业务实施整合。股份公司决定，对辽河油田分公司等 13 家企业液化气销售业务实施整合。

同日　股份公司决定，成立中国石油天然气股份有限公司管道销售分公司。

9日　中国石油天然气集团公司与云南省政府签署战略合作协议。双方将在油气管道建设、炼油化工、城市燃气和成品油销售等方面开展合作。云南省委书记、省人大常委会主任白恩培，省委副书记、省长秦光荣和集团公司总经理蒋洁敏出席签字仪式。签字仪式前，蒋洁敏代表全体石油干部员工向云南贡山等发生特大泥石流灾害的地区捐款，并向受灾群众表示慰问。

9—10日　集团公司在北京召开集团所属油田、炼厂等企业液化气销售业务划转协调会，决定由昆仑燃气公司实施对集团公司、股份公司所属全部液化气资源的统一销售。

10日　中缅油气管道工程中国境内段开工（详见专稿）。

13日　集团公司总经理蒋洁敏会见来访的苏丹外交部部长库尔提，双方就进一步加强石油领域的合作广泛交换了意见。

同日　集团公司党组任命周灏同志为辽河油田分公司党委书记，免去孙崇仁同志的辽河油田分公司党委书记职务；王道富同志兼任勘探开发研究院党委书记职务，免去周灏同志的勘探开发研究院党委书记职务；李俊海同志任大连海运分公司党委书记，免去高凤翔同志的大连海运分公司党委书记职务。

同日　集团公司免去李庆毅的装备制造分公司总经理职务，任命李庆毅为审计服务中心主任，免去孙先锋兼任的审计服务中心主任职务；张国珍为休斯敦技术研究中心主任；免去张皓若的昆仑银行有限公司行长职务。

同日　股份公司任命毛泽锋为董事会秘书局高级助理秘书。

同日　股份公司决定，调整海南销售分公司管理体制，上划股份公司直接管理。

同日　为加强和规范集团公司对外新闻宣传工作，进一步理顺新闻工作体制，集团公司决定成立中国石油天然气集团公司新闻办公室，作为集团公司党组、集团公司新闻办事机构，归口负责集团公司新闻发布、媒体关系和门户网站管理等工作。

同日　集团公司决定，中国石油天然气集团公司北京、黑龙江、新疆3个联合监督中心分别更名为中国石油天然气集团公司第一、第二、第三纪检监察中心。

同日　中国石油天然气集团公司油田节能监测中心更名为中国石油天然气集团公司节能技术监测评价中心；中国石油天然气集团公司西北节能监测中心更名为中国石油天然气集团公司西北油田节能监测中心；中国石油天然气股份有限公司油田节能监测中心加冠中国石油天然气集团公司东北油田节能监测中心名称；中国石油天然气股份有限公司西北石化节能监测站加冠中国石油天然气集团公司西北石化节能监测中心名称；中国石油天然气股份有限公司节能技术研究中心加冠中国石油天然气集团公司节能技术研究中心名称；中国石油集团川庆钻探工程有限公司计量节能检测所加冠中国石油天然气集团公司工程技术节能监测中心名称。

14日　石油勘探开发数据模型（EPDM）在油气田企业全面推广应用。

15日　集团公司总经理蒋洁敏会见雪佛龙公司董事长兼首席执行官约翰·华森。双方就共同关心的话题进行深入广泛的交流。会见后，双方共同签署了《中石油—雪佛龙麦石项目谅解备忘录》。

16日　中国石油举行油气长输管道突发事件应急演练。

同日　国务院国有资产监督管理委员会在北京召开大会，表彰中央企业红旗班组（科室）和先进职工。吉林石化公司化肥厂丁辛醇车间丛强班和西南油气田公司输气管理处成都输气站，分别获得中央企业“红旗班组标杆”荣誉；海外勘探开发公司乍得项目经理窦立荣和塔里木油田公司销售事业部轮南集输站副站长吾加买提·吐尼牙孜，分别获得中央企业“先进职工标兵”称号。

19日　集团公司总经理蒋洁敏会见沙特阿拉伯阿美石油公司总裁兼首席执行官哈立德·法利赫。双方就油气领域的合作前景广泛交换意见。

21日　中俄天津1300万吨/年炼油项目奠基仪式在天津滨海新区南港工业区举行。国务院副总理王岐山、俄罗斯联邦政府副总理谢钦出席并讲话，共同为项目培土奠基。集团公司总经理蒋洁敏、俄罗斯石油公司总裁胡代纳托夫分别介绍了双方项目准备情况。

同日　在国务院副总理王岐山和俄罗斯联邦政府副总理谢钦的见证下，集团公司总经理蒋洁敏与俄罗斯石油公司总裁胡代纳托夫在天津共同签署关于中俄东方石化（天津）有限公司1300万吨/年炼油工程可行性研究报告的协议。

同日　济柴动力总厂JC15、26/32发动机建设项目开工。这两项具有完全自主知识产权的新型发动机产品，缸径分别为140毫米、260毫米，结束了40年来单一生产缸径190毫米系列产品的历史。

26日　集团公司总经理蒋洁敏会见伊拉克米桑石油公司总经理阿里。双方就伊拉克哈法亚项目的合作交换意见。

同日　中国石油被工业和信息化部评定为首批两化融合促进节能减排试点示范企业。

同日　涩宁兰复线管道工程全线建成并投入运营，与涩宁兰输气管道双线并联运行后日输气量可达到1894万立方米。

27日　中俄原油管道工程全线竣工（详见专稿）。

同日　在中国国家主席胡锦涛和俄罗斯总统梅德韦杰夫共同见证下，集团公司总经理蒋洁敏与俄罗斯管道运输公司总裁托卡列夫、俄罗斯天然气工业股份公司总裁米勒、俄罗斯石油公司总裁胡代纳托夫分别签署《俄罗斯斯科沃罗季诺输油站至中国漠河输油站原油管道运行的相互关系及合作总协议》、《俄罗斯向中国供气主要条款框架协议》、《中俄原油管道填充油供油合同》。在中国石油大厦，蒋洁敏还与俄罗斯鲁克石油公司总裁阿列克别洛夫共同签署了《扩大战略合作协议》。

27—28日　在北京召开的2010年国际物探技术研讨会上，来自32个国家55个油公司和政府机构的180名代表，共同交流物探前沿技术，探讨互利双赢合作。集团公司副总经理周吉平参加会议并讲话。

29日　集团公司正式发布质量方针和质量目标，质量方针为“诚实守信，精益求精”，质量目标是“零事故、零缺陷，国内领先、国际一流”。这是中国石油首次发布质量方针和质量目标。

十　月

1日　中共中央政治局常委、中央政法委书记周永康为《中国油气田开发志》作序，充分肯定了中国油气田开发工作在国家建设上所作的贡献。充分肯定了《中国油气田开发志》是一项规模宏大的史志修撰工程；是一部全景式展示中国油气田开发历史与现状的力作；是对历史资料抢救性挖掘保护的重要措施。

8日　集团公司总经理蒋洁敏会见苏丹石油部国务部长阿里·欧斯曼。双方就进一步加强石油领域的合作广泛交换意见。

12日　集团公司总经理蒋洁敏会见来访的土库曼斯坦副总理霍扎穆哈梅多夫。双方就扩大天然气领域的合作广泛交换意见。

同日　集团公司召开科技委员会会议，听取国家和集团公司重大科技专项、关键技术汇报。集团公司总经理、科技委员会主任蒋洁敏出席会议并讲话，强调要进一步加强科技创新，不断提升集团公司可持续发展能力和核心竞争力。

13日　集团公司总经理蒋洁敏会见来访的康菲公司董事长兼首席执行官穆礼怀。双方就进一步深化互利合作广泛交换意见。

14日　集团公司总经理蒋洁敏会见马来西亚国家石油公司新任总裁兼首席执行官沙素·阿巴斯。双方就进一步加强石油领域的合作广泛交换意见。

14—16日　集团公司工会工作会议暨“五型”班组建设大庆石化现场经验交流会在大庆召开。会议首次以集团公司名义用班组长李天照、王海、束滨霞、刘玲玲、曹树祥、李树林、丛强、赵林源、王萍、尚丽群10人的名字命名10个班组。集团公司副总经理王福成出席会议并讲话。

16日　塔里木油田分公司塔中1号气田试采工程产能建设地面工程投产试运成功，标志着塔中1号气田的开发也由建设阶段转入生产阶段。

19—20日　集团公司党组（扩大）会议在北京召开，传达学习中国共产党第十七届中央委员会第五次全体会议精神，会议原则通过集团公司“十二五”发展规划。

20日　大庆油田公司“铁人”商标已在美国、俄罗斯、澳大利亚、阿尔及利亚、哈萨克斯坦、苏丹、叙利亚和乌兹别克斯坦8个国家成功注册。

25日　集团公司第二期企业主要领导干部培训班在北京石油管理干部学院开班。集团公司总经理蒋洁敏讲授第一课，强调全面贯彻落实十七届五中全会精神，推进科学发展，加快发展方式转变，全面提升管控能力，扎扎实实做好各项管理工作，确保“十二五”发展目标实现，为保障国家能源安全、促进经济社会发展作出新贡献。

26日　中亚天然气管道B线绕行乌兹别克斯坦加兹里气田段，成功完成天然气置换，标志着B线全线投产完毕，比原计划提前两个月实现中亚管道双线通气的目标。

28日　集团公司总经理蒋洁敏会见来访的苏丹工业部部长贾兹。双方就在苏丹工业和石油领域未来合作前景交换了意见。

29 日　新疆克拉苏气田大北区块试采项目地面工程正式竣工投产，西气东输工程又多一个稳定的气源。

31 日　上海世博会石油馆安全平稳运行 188 天宣布闭馆（详见专稿）。

本月　在瑞士日内瓦举行的“第十九届国际资金和司库管理会议”上，中国石油司库战略规划和管理提升项目荣获欧洲金融（EuroFinance）2010 年度“评委推荐奖”，集团公司成为首个获得这项荣誉的中国公司。

十一月

6 日　集团公司总经理蒋洁敏会见英国前首相布莱尔，就海外项目的合作交换了意见。

9 日　集团公司总经理蒋洁敏会见壳牌集团首席执行官傅赛。双方就进一步深化互利合作和开拓新的合作领域，广泛深入地交换了意见。会见后，双方共同签署《加拿大油气项目一体化合作备忘录》、《鄂尔多斯盆地大宁区块煤层气项目联合评价协议》。

9—11 日　股份公司总裁周吉平率集团公司安全生产检查组，到海南石油企业进行工作调研。周吉平先后深入南方石油勘探开发有限责任公司福山油田花场油气处理中心，中油深南石油技术开发有限公司天然气压缩站、福山液化天然气工厂和海口 CNG/LNG 公交专用加气站，以及海南销售公司海口海港加油站，了解企业生产经营特别是安全生产情况，看望慰问一线干部员工，为福山油田 20 万吨 / 年产能建设骨架工程奠基，并听取南方公司整体工作情况汇报。

15 日　黑龙江省委书记吉炳轩、省长王宪魁，在哈尔滨会见了正在驻黑龙江企业进行冬季安全生产大检查的集团公司总经理蒋洁敏一行，双方就地企共同发展深入交换意见。

15—18 日　集团公司总经理蒋洁敏带领安全生产第一检查组到中国石油在黑龙江石油石化企业进行安全检查和工作调研。蒋洁敏一行先后深入哈尔滨石化常减压车间、甲乙酮车间和重整加氢联合装置，大庆石化炼油厂一套常减压车间、焦化车间、化工一厂裂解车间和 120 万吨 / 年乙烯改扩建工程建设现场，大庆油田第一采油厂新中 605 集中控制站、第二采油厂南五联合站、钻探工程公司 30920 钻井队、第四采油厂第一油矿测试队和化工集团轻烃分馏分公司等生产现场，进行安全生产大检查并调研指导工作。强调抓好发展转变和谐三件大事。

19 日　中国昆仑工程公司所属中国纺织工业设计院承担的百万吨级 PTA 研发项目在全国纺织科学技术大会上荣获科技进步一等奖。

20 日　集团公司党组任命吴汉同志为辽宁销售分公司党委书记，免去杜斌同志的辽宁销售分公司党委书记职务；徐会举同志为北京油气调控中心党委书记，免去马志祥同志兼任的北京油气调控中心党委书记职务；孔繁瑾同志为工程设计有限公司党委书记，免去朱忠虎的工程设计有限公司党委书记职务；邱宝林同志为中国石油报社党委书记，免去白泽生同志兼任的中国石油报社党委书记职务；免去刘圣志的青海油田分公司党委书记职务。

同日　集团公司、股份公司任命孙金瑜为内控与风险管理部主任（总经理），免去谢戈果兼任的内控与风险管理部主任（总经理）职务；刘圣志为玉门油田分公司（玉门石油管理局）总经理（局长），免去孔繁瑾的玉门油田分公司（玉门石油管理局）总经理（局长）职务；推荐高骏为昆仑银行有限公司监事会监事长人选；谢戈果为昆仑银行有限公司行长人选。

20 日　集团公司决定，成立中国石油天然气集团公司休斯敦技术研究中心。

同日　集团公司决定，调整中石油东北炼化工程有限公司管理体制。

同日　股份公司决定，对中石油东北炼化工程有限公司实施业务重组。

22 日　苏里格第四天然气处理厂全面建成投产。该处理厂主要包括脱烃脱水主装置、天然气压缩机组，以及火炬放空、供水站等辅助生产系统。

24 日　中国石油天然气集团公司与湖北省人民政府在武汉签署战略合作框架协议。双方将在成品油油库和销售网络建设、天然气供应、天然气管道和储气库项目建设、城市燃气以及压缩天然气项目等方面展开全面合作，推动湖北发展绿色低碳经济、构建资源节约型和环境友好型社会。湖北省委副书记、省长李鸿忠，集团公司副总经理周吉平分别代表双方在协议书上签字。

25 日　塔里木油田放空气回收与利用工程（CDM）成功注册为联合国清洁发展机制项目，获得长达 8 年的碳减排交易许可。这是我国第一例针对放空天然气回收实施的清洁发展机制项目，预计通过国际碳减排交易，总创效超过 3 亿元人民币。

25—26 日　第二届中国应急管理高峰论坛在北

京举办，论坛主题为“预防、强化、完善、保障”。集团公司副总经理廖永远作为特邀嘉宾出席论坛，并作《加强应急管理体系建设，认真履行企业社会责任》的主题演讲。

29日 集团公司总经理蒋洁敏会见委内瑞拉能源与石油部部长拉米雷斯。双方就委内瑞拉项目合作交换了意见。

同日 中国石油科学发展第六场报告会暨石油魂——大庆精神铁人精神第100场宣讲报告会在石油大厦举行。

30日 集团公司总经理蒋洁敏在北京会见苏丹全国大会党经济委员会书记祖贝尔。双方就石油领域合作交换了意见。

十二月

1日 中国石油、中国石化、中国海油在京召开联合参展上海世博会总结表彰大会，隆重表彰为联合参展作出突出贡献的28个先进集体、114名先进个人。会议号召石油石化员工，传承世博理念，弘扬世博精神，为铸就中国石油石化工业新的辉煌而奋斗。石油馆历时720天策划建设、188天运行服务，共接待观众361.1388万人次，其中国家领导人、外国政要、社会名人等重要贵宾820批次，其他贵宾20多万人。播放4D影片《石油梦想》1.3166万场，观众排队时间连续113天园区排名第一，创12.5个小时的世博会排队时间最长纪录。联合参展实现了“安全、成功、精彩、难忘”目标，展示出三家公司良好的品牌形象，为上海世博会成功举办作出重要贡献。

同日 集团公司总经理蒋洁敏在石油大厦接见受表彰的上海世博会联合参展中国石油先进集体代表和先进个人。他勉励大家，把大庆精神发扬光大，工作再上新台阶、水平再有新提高，为国家再作新贡献。

同日 在国家能源局局长张国宝见证下，中国—委内瑞拉第九次能源分委会合作协议签字仪式在北京举行。委内瑞拉能源石油部与中国石油、中国石化和中国海油共签署6个文件。集团公司总经理蒋洁敏与委内瑞拉能源石油部部长拉米雷斯签署了胡宁4项目合资经营协议。

2日 集团公司总经理蒋洁敏到陕京三线工程现场调研，看望慰问参建干部员工，了解工程进展情况，召开现场办公会，强调发挥优势，克服困难，注重质量，确保安全，决战陕京三线，2010年底实现全线贯通，确保向首都安全平稳供气。

3日 工程技术生产运行管理系统全面建成应用。

5日 西气东输二线东段中卫至黄陂干线提前投产，湖北省人大常委会副主任周坚卫与集团公司副总经理廖永远共同开启输气阀门，从土库曼斯坦跨越千山万水的“西气”正式向两湖地区分输供气。

10日 集团公司总经理蒋洁敏，副总经理周吉平、廖永远，在北京钓鱼台国宾馆与北京市委常委、常务副市长吉林和副市长黄卫，以及河北省委常委、常务副省长赵勇等，就进一步加快陕京三线建设等举行会谈。

13—15日 集团公司2010年财务工作会议在京召开。会议强调，要科学理财，强化管控，服务战略，为建设综合性国际能源公司提供有力保障。集团公司总会计师王国樑出席会议并讲话。

15日 吉林油田长岭气田全面建成投产。长岭气田是国内第一个高含碳气田，投产后吉林油田天然气年产量增至16亿立方米。

17日 全国方志系统表彰先进大会在人民大会堂举行。大庆油田档案馆史志办公室等4个单位和集团公司办公厅王志明等7名个人，获得中国地方志指导小组授予的“全国方志系统先进集体”及“全国方志系统先进工作者”荣誉称号。这是中国石油首次受到全国方志系统表彰奖励。

18—19日 管道工程建设工作会议在廊坊召开。会议强调，要发挥整体优势，加快油气管道建设，实现绿色发展。

18—21日 集团公司总经理蒋洁敏率领集团公司代表团在沙特阿拉伯进行工作访问。其间，蒋洁敏与沙特阿拉伯阿美公司总裁兼首席执行官哈立德·法利赫先生就扩大双方原油贸易，开展炼化及石油工程建设、技术服务和物资装备供应等领域合作进行会谈，达成了广泛共识。双方共同签署了《中国石油天然气集团公司与沙特阿美石油公司合作谅解备忘录》。沙特阿拉伯阿美公司（也称沙特阿拉伯国家石油公司，英文名Saudi Aramco）是一家有65年历史的综合国际石油公司，在美国《石油情报周刊》全球石油公司综合排名第一，业务遍及沙特阿拉伯王国和全世界。

19日 5时40分，来自俄罗斯的原油顺利输抵中国大庆末站，中俄原油管道投油全线贯通，实现一次试投运成功。2011年1月1日开始，俄罗斯将通过这条管道每年向中国供应1500万吨原油，合同期20年。

21日 中哈天然气管道二期工程（别伊涅乌—奇姆肯特天然气管道）在位于哈萨克斯坦阿克纠宾州的巴卓伊压气站举行开工仪式。集团公司副总经理汪东进出席主会场典礼。哈国总统纳扎尔巴耶夫下达开工令。在阿斯塔纳主会场，阿克纠宾项目获得2010年度哈国企业最佳社会贡献总统奖，中油曼吉斯达乌公司获得年度最佳集体合同银质奖章。

24日 集团公司公开招标发行第一期50亿元超短期融资券，获得1.4认购倍数，年利率3.80%，成为超短期融资券发行首单；28日，簿记建档发行第二期100亿元超短期融资券，年利率3.95%。

25日 中国石油加油站管理系统全面建成应用。

27日 目前世界单系列规模最大的100万吨/年芳烃联合装置在乌鲁木齐石化公司投料试车一次成功，并生产出合格产品。

同日 集团公司党组任命兰建彬同志为云南销售分公司党委书记，免去张安平同志的云南销售分公司党委书记职务；史青琦同志为海南销售分公司党委书记；闫宝星同志为山西销售分公司党委书记，免去谭立村同志的山西销售分公司党委书记职务。

同日 集团公司任命刘德祥为陕西省石油总公司总经理，免去卢济新的陕西省石油总公司总经理职务。

同日 股份公司任命张安平为海南销售分公司总经理；刘德祥为陕西销售分公司总经理，免去卢济新的陕西销售分公司总经理职务；谭立村为山西销售分公司总经理，免去刘德祥的山西销售分公司总经理职务。

28日 股份公司决定，成立中国石油云南石化有限公司。

31日 陕京三线天然气管道工程全线贯通。这条管道投产通气后，将为华北地区增加2000万立方米/日输气能力，提高北京瞬时接气能力。陕京三线西起陕西榆林首站，东至北京西南良乡分输站，共896千米。工程采用设计加PC模式，管径1016毫米，设计年输量150亿立方米。

同日 中国石油应急平台、帮助热线和原油成品油库存管理平台全面建成应用。

本年 大庆油田生产原油4000.0319万吨，连续8年实现原油4000万吨持续稳产。

本年 中国石油海外油气作业当量产量达到8673万吨，同比增长13.9%。其中，原油作业产量达到7581.6万吨，天然气作业产量达到137亿立方米，分别比2009年增长619.2万吨、55亿立方米。

本年 集团公司完成“十一五”国家石油商业储备任务。

本年 集团公司完成本年度节能节水任务，全年实现节能量187万吨标准煤、节水量3821万立方米。“十一五”期间，集团公司累计实现节能量937万吨标准煤、节水量3.02亿立方米，分别完成计划目标的141%和118%。

（王 强 任洁江）

第十五篇

统计数据

表 1　中国石油天然气集团公司主要指标完成情况

指标名称	计量单位	2004年	2005年	2006年	2007年	2008年	2009年	2010年
一、主营业务收入	亿元							
工业总产值（现价）	亿元	6286	8438	10424	10915	12908	10089	12766
工业销售产值	亿元	6239	8406	10356	10863	12788	10085	12737
企业增加值	亿元	3098	4176	5276	5720	5342	5622	7206
二、油气产量								
原油	万吨	12097	12598	13471	13762	13875	13745	14144
其中：海外权益产量	万吨	1642	2003	2807	2998	3050	3432	3603
天然气	亿立方米	312.5	395.8	480.1	577.6	664.1	738.4	829.1
其中：海外权益产量	亿立方米	25.9	29.1	38.0	35.1	46.6	55.1	103.8
三、主要炼油化工产品产量								
汽、煤、柴、润合计	万吨	6708	7269	7488	7902	8098	8185	8793
汽油	万吨	2184	2298	2400	2484	2546	2582	2676
煤油	万吨	306	327	333	322	360	364	366
柴油	万吨	4071	4491	4605	4920	5016	5099	5591
润滑油	万吨	147	153	149	176	177	140	161
乙烯	万吨	184.6	188.8	206.8	258.1	267.6	298.9	361.5
合成树脂及共聚物	万吨	276.3	297.7	331.1	425.4	439.6	475.7	565.2
合成橡胶	万吨	33.4	33.8	37.3	38.1	40.7	48.0	61.9
合成纤维	万吨	29.7	24.5	19.3	17.0	14.1	14.2	12.0
尿素	万吨	365.2	357.8	357.6	363.4	383.4	397.3	376.4
四、主要冶金产品产量								
石油焊接钢管	万吨	85.0	113.5	84.9	112.0	171.5	223.2	180.8
石油套管	万吨	4.2	7.9	11.7	11.1	8.6	13.4	15.7
钻井钢丝绳	万吨	3.0	3.3	3.8	4.6	4.8	4.8	5.1
五、主要机械产品产量								
钻机	套	53	62	88	116	141	86	99
抽油机	台	5453	8878	13553	10303	13414	11702	13931
抽油杆	万米	471.4	564.8	545.5	603.5	564.4	530.8	514.5
抽油泵	台	23251	20977	23002	29840	23568	26234	33238

表 2　中国石油天然气集团公司合并资产负债表　　万元人民币

项　目	2008年	2009年	2010年
流动资产			
货币资金	18581839	25797598	23567040
交易性金融资产	9276	56420	143172
应收票据和应收账款净额	3674367	6338914	8823381
预付款项	3653724	3841229	3765795
其他应收款	3024497	1810940	4356444
存货	15767200	18852643	22767604
其他流动资产	2605515	4750564	4068349
流动资产合计	47316418	61448308	67491785
非流动资产			
可供出售金融资产	3061986	3850808	4555344
持有至到期投资	7604089	12521098	16051386
长期股权投资	3766531	3915585	6607031
固定资产净额	40415278	47001178	55566529
在建工程	19165320	25815089	28467193
油气资产	50147322	55120755	63660570
无形资产	3380786	4095466	4772177
其他非流动资产（其他长期资产）	5516387	8392214	15823611
非流动资产合计	133057699	160712193	195503841
资产总计	180374117	222160501	252995626
流动负债			
短期借款	3551521	3193115	6094352
应付票据和应付账款	16709592	21982948	28632564
预收款项	3045872	4054511	5703251
应付职工薪酬	3273343	2626418	2313042
应交税费	2013805	2511764	5307131
其他应付款	6186552	7010808	8278795
其他流动负债	2143674	12532603	15751955
流动负债合计	36924359	53912167	72081090
非流动负债			
长期借款	2354837	4306983	3439332
预计负债	3934492	4800347	6544066
递延所得税负债	1386676	2388307	2375257
其他非流动负债	4746930	14636552	21744821
非流动负债合计	12422935	26132189	34103476
负债合计	49347294	80044356	106184566

续表

项　目	2008年	2009年	2010年
所有者权益			
实收资本	29787099	32042989	34895324
资本公积	26906818	27056290	26720703
专项储备	1809818	2323089	2664564
盈余公积	10857290	11583840	74911788
未分配利润	49131561	55251446	1312906
外币报表折算差额	-864755	-1131915	-1051780
一般风险准备		63588	111706
归属于母公司所有者权益合计	117627831	127189327	139565211
少数股东权益	13398992	14926818	17245849
所有者权益合计	131026823	142116145	156811060
负债和所有者权益总计	180374117	222160501	262995626

表 3　中国石油天然气集团公司合并利润表　　万元人民币

项　目	2008年	2009年	2010年
营业收入	127240003	122048813	172088519
主营业务收入	127156962	121978848	172018372
其他业务收入	83041	69965	70147
减：营业成本	83713311	77876431	115487326
主营业务成本	83677640	77856337	115465456
其他业务成本	35671	20094	21870
营业税金及附加	12473227	13916076	18878279
销售费用	5194376	5384823	6353185
管理费用	8644774	9072485	10142799
财务费用	404095	470295	840680
资产减值损失	3755766	244019	724865
其他	2483545	2279193	2714064
加：公允价值变动收益（损失以“-”）号填列	442	10115	-4498
投资收益	1566504	744111	1284491
营业利润	12137855	13559717	18227314
加：营业外收入	2378811	756670	759428
减：营业外支出	1096506	1474357	1721044
利润总额	13420160	12842030	17265698
减：所得税费用	4315112	4119609	4847302
净利润	9105048	8722421	12418396
减：少数股东损益	2027166	1765296	2693164
归属于母公司所有者的净利润	7077882	6957126	9725232

注：2009 年数据已按《企业会计准则》进行调整。

表 4　中国石油天然气股份有限公司及其附属公司勘探与运营情况

项　目	单位	2010年	2009年	同比增减（%）
原油产量	百万桶	857.7	843.5	1.7
可销售天然气产量	十亿立方英尺	2221.2	2112.2	5.2
油气当量产量	百万桶	1228.0	1195.7	2.7
原油探明储量	百万桶	11278	11263	0.1
天然气探明储量	十亿立方英尺	65503	63244	3.6
探明已开发原油储量	百万桶	7605	7871	(3.4)
探明已开发天然气储量	十亿立方英尺	31102	30949	0.5

注：原油按 1 吨 = 7.389 桶，天然气按 1 立方米 = 35.315 立方英尺换算。

表 5　中国石油天然气股份有限公司及其附属公司炼油与化工生产情况

项　目	单位	2010年	2009年	同比增减（%）
原油加工量	百万桶	903.9	828.6	9.1
汽、煤、柴油产量	千吨	79448	73195	8.5
其中：汽油	千吨	23308	22114	5.4
煤油	千吨	2395	2253	6.3
柴油	千吨	53745	48828	10.1
原油加工负荷率	%	91.3	87.7	3.6个百分点
轻油收率	%	76.6	75.5	1.1个百分点
石油产品综合商品收率	%	93.5	93.1	0.4个百分点
乙烯	千吨	3615	2989	20.9
合成树脂	千吨	5550	4480	23.9
合成纤维原料及聚合物	千吨	1985	1471	34.9
合成橡胶	千吨	619	420	47.4
尿素	千吨	3764	3973	（5.3）

注：原油按 1 吨 = 7.389 桶换算。

表 6　中国石油天然气股份有限公司及其附属公司销售业务情况

项　目	单位	2010年	2009年	同比增减（%）
汽、煤、柴油销量	千吨	120833	101253	19.3
其中：汽油	千吨	36328	30777	18.0
煤油	千吨	6716	5817	15.5
柴油	千吨	77789	64659	20.3
零售市场份额	%	38.4	38.2	0.2个百分点
加油站数量	座	17996	17262	4.3
其中：资产型加油站	座	17394	16607	4.7
单站加油量	吨/日	11.0	10.1	8.9

表 7　中国石油天然气股份有限公司及其附属公司主要子公司、参股公司情况

公司名称	注册资本（百万元人民币）	持股比例（%）	资产总额（百万元人民币）	负债总额（百万元人民币）	净资产总额（百万元人民币）	净利润（百万元人民币）
大庆油田有限责任公司	47500	100.00	193753	76803	116950	51560
中油勘探开发有限公司	16100	50.00	107472	24678	82794	13898
中石油香港有限公司	75.92亿港币	100.00	28514	9782	18732	3171
中国石油国际投资有限公司	31314	100.00	43993	10108	33885	（78）
大连西太平洋石油化工有限公司	2.58亿美元	28.44	10373	11258	（885）	1160
中国船舶燃料有限责任公司	1000	50.00	8039	5210	2829	388
中油财务有限责任公司	5441	49.00	460387	438218	22169	3294
Arrow Energy Holdings Pty Ltd.	2澳元	50.00	48299	13370	34929	342

表 8　中国石油天然气股份有限公司已评估探明储量和探明开发储量

项　目	原油（百万桶）	天然气（十亿立方英尺）	合计（油当量百万桶）
探明开发和未开发储量			
基准日2008年12月31日的储量	11221.3	61189.2	21419.5
对以前估计值的校正	-192.6	-1272.8	-404.6
扩边和新发现	1004.5	5439.6	1911.1
提高采收率	72.9	0	72.9
当年产量	-843.5	-2112.2	-1195.7
基准日2009年12月31日的储量	11262.6	63243.8	21803.2
对以前估计值的校正	-77.8	-1455.8	-320.3
扩边和新发现	876.9	5935.9	1866.2
提高采收率	73.7	0	73.7
当年产量	-857.7	-2221.2	-1228.0
基准日2010年12月31日的储量	11277.7	65502.7	22194.8
探明开发储量			
基准日为2008年12月31日	8324.1	26666.8	12768.6
基准日为2009年12月31日	7870.8	30948.8	13028.9
基准日为2010年12月31日	7605.4	31102.4	12789.1

注：表中所列股份公司已评估探明储量和探明开发储量基准日分别为 2008 年 12 月 31 日、2009 年 12 月 31 日和 2010 年 12 月 31 日。此表根据独立工程顾问公司 DeGolyer and MacNaughton 和 Gaffney, Cline & Associates 的报告编制而成。

表9　中国石油天然气股份有限公司2010年12月31日合并及公司资产负债表（一）

（除特别注明外，金额单位为百万元人民币）

	项　目	2010年12月31日 合并	2009年12月31日 合并	2010年12月31日 公司	2009年12月31日 公司
资产	流动资产				
	货币资金	52210	88284	28336	66888
	应收票据	5955	4268	9500	9704
	应收账款	45005	28785	5374	3314
	预付款项	37935	36402	24809	20120
	其他应收款	5837	4815	31942	17217
	存货	134888	114781	106540	93740
	其他流动资产	8050	18378	5483	11580
	流动资产合计	289880	295713	211984	222563
	非流动资产				
	可供出售金融资产	1935	2296	517	982
	长期股权投资	63546	27562	201422	146364
	固定资产	408041	331473	325278	262421
	油气资产	590484	519459	398115	355038
	在建工程	229798	212739	167245	167362
	工程物资	9983	12169	8741	11044
	无形资产	37221	30622	28381	23468
	商誉	3068	2818	119	119
	长期待摊费用	17247	14952	14533	12696
	递延所得税资产	284	289	—	—
	其他非流动资产	4881	650	316	286
	非流动资产合计	1366488	1155029	1144667	979780
	资产总计	1656368	1450742	1356651	1202343

表 10　中国石油天然气股份有限公司 2010 年 12 月 31 日合并及公司资产负债表（二）

（除特别注明外，金额单位为百万元人民币）

项　目		2010年12月31日	2009年12月31日	2010年12月31日	2009年12月31日
		合并	合并	公司	公司
负债及股东权益	流动负债				
	短期借款	97175	74622	100593	77339
	应付票据	3039	2002	443	21
	应付账款	209015	156760	129794	101135
	预收款项	29099	21193	20505	15043
	应付职工薪酬	5696	5105	4552	4303
	应交税费	57277	34963	44923	24281
	其他应付款	19845	17125	14236	12636
	一年内到期的非流动负债	5093	14229	2122	13884
	其他流动负债	3497	62554	2462	61354
	流动负债合计	429736	388553	319630	309996
	非流动负债				
	长期借款	33578	36506	19429	14672
	应付债券	97774	48965	97500	48500
	预计负债	60364	44747	41048	29137
	递延所得税负债	21424	21493	6494	8219
	其他非流动负债	3391	2367	2697	1975
	非流动负债合计	216531	154078	167168	102503
	负债合计	646267	542631	486798	412499
	股东权益				
	股本	183021	183021	183021	183021
	资本公积	115845	116379	127987	128041
	专项储备	8491	8075	5963	6020
	盈余公积	138637	125447	127537	114347
	未分配利润	494146	419046	425345	358415
	外币报表折算差额	（1097）	(4186)	—	—
	归属于母公司股东权益合计	939043	847782	869853	789844
	少数股东权益	71058	60329	—	—
	股东权益合计	1010101	908111	869853	789844
	负债及股东权益总计	1656368	1450742	1356651	1202343

表 11 中国石油天然气股份有限公司 2010 年度合并及公司利润表

（除特别注明外，金额单位为百万元人民币）

项目	2010年度	2009年度	2010年度	2009年度
	合并	合并	公司	公司
营业收入	1465415	1019275	982797	722571
减：营业成本	(970209)	(633100)	(648705)	(447958)
营业税金及附加	(177666)	(129756)	(138754)	(107386)
销售费用	(57655)	(48210)	(46126)	(39607)
管理费用	(63417)	(57213)	(46123)	(42212)
财务费用	(6017)	(5192)	(5477)	(4207)
资产减值损失	(4408)	(2448)	(4304)	(2264)
加：投资收益	7043	1409	56056	38637
营业利润	193086	144765	149364	117574
加：营业外收入	4162	3681	2489	2974
减：营业外支出	(8054)	(8679)	(6996)	(7272)
利润总额	189194	139767	144857	113276
减：所得税费用	(38519)	(33389)	(12960)	(13468)
净利润	150675	106378	131897	99808
归属于：				
母公司股东	139871	103173	131897	99808
少数股东	10804	3205	—	—
每股收益				
基本每股收益（元人民币）	0.76	0.56	0.72	0.55
稀释每股收益（元人民币）	0.76	0.56	0.72	0.55
其他综合收益/（损失）	2796	(3347)	16	81
综合收益总额	153471	103031	131913	99889
归属于：				
母公司股东	143065	101853	131913	99889
少数股东	10406	1178	—	—

表 12　中国石油天然气股份有限公司 2010 年度合并股东权益变动表

（除特别注明外，金额单位为百万元人民币）

项　目	归属于母公司股东权益						少数股东权益	股东权益合计
	股本	资本公积	专项储备	盈余公积	未分配利润	外币报表折算差额		
2009年1月1日余额	183021	115514	—	122216	373666	(2726)	56748	848439
2009年度增减变动额								
综合收益总额	—	140	—	—	103173	(1460)	1178	103031
专项储备—安全生产费								
盈余公积转入	—	—	6750	(6750)	—	—	—	—
本期提取	—	—	3605	—	—	—	3	3608
本期使用	—	—	(2280)	—	2280	—	—	—
利润分配								
提取盈余公积	—	—	—	9981	(9981)	—	—	—
对股东的分配	—	—	—	—	(50092)	—	(2358)	(52450)
其他权益变动								
收购子公司	—	(248)	—	—	—	—	590	342
购买子公司少数股东权益	—	(179)	—	—	—	—	(354)	(533)
少数股东资本投入	—	1158	—	—	—	—	5940	7098
子公司资本减少	—	—	—	—	—	—	(1354)	(1354)
其他	—	(6)	—	—	—	—	(64)	(70)
2009年12月31日余额	183021	116379	8075	125447	419046	(4186)	60329	908111
2010年1月1日余额	183021	116379	8075	125447	419046	(4186)	60329	908111
2010年度增减变动额								
综合收益总额	—	105	—	—	139871	3089	10406	153471
专项储备—安全生产费								
本期提取	—	—	4121	—	—	—	27	4148
本期使用	—	—	(3705)	—	1016	—	(10)	(2699)
利润分配								
提取盈余公积	—	—	—	13190	(13190)	—	—	—
对股东的分配	—	—	—	—	(53198)	—	(2995)	(56193)
其他权益变动								
收购子公司	—	(572)	—	—	—	—	967	395
购买子公司少数股东权益	—	(87)	—	—	—	—	(324)	(411)
少数股东资本投入	—	3	—	—	—	—	5115	5118
子公司资本减少	—	—	—	—	—	—	(2368)	(2368)
处置子公司	—	—	—	—	—	—	(47)	(47)
其他	—	17	—	—	601	—	(42)	576
2010年12月31日余额	183021	115845	8491	138637	494146	(1097)	71058	1010101

表 13　中国石油天然气集团公司 2010 年度社会公益投入

项目	项目	投入金额（万元）	小计（万元）
扶贫帮困	定点扶贫新疆、河南，对口支援西藏、三峡、甘肃、内蒙古等	11563	11563
支持教育事业	援建学校 助学金 奖学金 科研开发	10957 4796 857 1630	18240
救助重大自然灾害	为西南干旱、南方洪涝、玉树地震、舟曲泥石流等捐助	17784	17784
公益捐赠	公共设施建设 医疗卫生 文化艺术 体育	38996 4251 4225 2841	50313
环保公益	社区绿化 植树造林 其他环境公益	21905 1574 8134	31613
总　计			129513

第十六篇

附　　录

附 表

附表1 2010年世界主要国家一次能源分类消费量 亿吨油当量

国家名称	石油	天然气	煤炭	核能	水电	其他	总计
中国	4.29	0.98	17.14	0.17	1.63	0.12	24.32
美国	8.50	6.21	5.25	1.92	0.59	0.39	22.86
俄罗斯	1.48	3.73	0.94	0.39	0.38	—	6.91
印度	1.55	0.56	2.78	0.05	0.25	0.05	5.24
日本	2.02	0.85	1.24	0.66	0.19	0.05	5.01
德国	1.15	0.73	0.77	0.32	0.04	0.19	3.19
加拿大	1.02	0.84	0.23	0.20	0.83	0.03	3.17
韩国	1.06	0.39	0.76	0.33	0.01	—	2.55
巴西	1.17	0.24	0.12	0.03	0.90	0.08	2.54
法国	0.83	0.42	0.12	0.97	0.14	0.03	2.52
1—10位合计	23.07	14.95	29.34	5.05	4.96	0.95	78.31
伊朗	0.86	1.23	0.01	—	0.02	—	2.13
英国	0.74	0.84	0.31	0.14	0.01	0.05	2.09
沙特阿拉伯	1.25	0.76	—	—	—	—	2.01
意大利	0.73	0.68	0.14	—	0.11	0.06	1.72
墨西哥	0.87	0.62	0.08	0.01	0.08	0.02	1.69
西班牙	0.75	0.31	0.08	0.14	0.10	0.12	1.50
印度尼西亚	0.60	0.36	0.39	—	0.03	0.02	1.40
南非	0.25	0.03	0.89	0.03	—	—	1.21
澳大利亚	0.43	0.27	0.43	—	0.03	0.01	1.18
乌克兰	0.12	0.47	0.36	0.20	0.03	—	1.18
11—20位合计	6.59	5.59	2.70	0.53	0.41	0.28	16.11
土耳其	0.29	0.35	0.34	—	0.12	0.01	1.11
中国台湾	0.46	0.13	0.40	0.09	0.01	0.01	1.10
泰国	0.50	0.41	0.15	—	—	0.01	1.08
荷兰	0.50	0.39	0.08	0.01	—	0.02	1.00
波兰	0.26	0.13	0.54	—	0.01	0.02	0.96
阿联酋	0.32	0.54	—	—	—	—	0.87
埃及	0.36	0.41	0.01	—	0.03	—	0.81
委内瑞拉	0.35	0.28	—	—	0.17	—	0.80
阿根廷	0.26	0.39	0.01	0.02	0.09	—	0.77
哈萨克斯坦	0.12	0.23	0.36	—	0.01	—	0.73
21—30位合计	3.43	3.25	1.89	0.12	0.45	0.08	9.23

资料来源:《BP能源统计2011》。

附表 2　2010 年世界主要国家石油剩余探明可采储量　　亿吨

国家名称	2009年	2010年	2010年/2009年变化	2010年占世界	储采比
沙特阿拉伯	361.0	360.9	0	19.1%	72.4
委内瑞拉	288.1	288.1	0	15.3%	>100.0
伊朗	186.9	186.9	0	9.9%	88.4
伊拉克	156.9	156.9	0	8.3%	>100.0
科威特	138.5	138.5	0	7.3%	>100.0
阿联酋	133.4	133.4	0	7.1%	94.1
俄罗斯	104.6	105.6	1.0%	5.6%	20.6
利比亚	63.3	63.3	0	3.4%	76.7
哈萨克斯坦	54.3	54.3	0	2.9%	62.1
尼日利亚	50.8	50.8	0	2.7%	42.4
1—10位合计	1537.8	1538.7	0.1%	81.5%	—
加拿大	43.8	43.8	0	2.3%	26.3
美国	42.1	42.1	0	2.2%	11.3
卡塔尔	35.3	35.3	0	1.9%	45.2
中国	20.2	20.2	–0.3%	1.1%	9.9
巴西	17.6	19.4	10.6%	1.0%	18.3
安哥拉	18.4	18.4	0	1.0%	20.0
阿尔及利亚	16.6	16.6	0	0.9%	18.5
墨西哥	16.0	15.6	–2.5%	0.8%	10.6
印度	7.9	12.3	55.3%	0.7%	30.0
阿塞拜疆	9.5	9.5	0	0.5%	18.5
11—20位合计	227.5	233.3	2.6%	12.4%	—
苏丹	9.1	9.1	0	0.5%	37.8
挪威	9.7	9.1	–5.9%	0.5%	8.5
厄瓜多尔	8.6	8.4	–2.8%	0.4%	34.1
马来西亚	7.9	7.9	0	0.4%	22.2
阿曼	7.5	7.5	0	0.4%	17.4
埃及	6.0	6.1	2.3%	0.3%	16.7
越南	6.1	6.0	–2.2%	0.3%	32.6
印度尼西亚	5.9	5.8	–1.7%	0.3%	11.8
澳大利亚	5.5	5.6	0.4%	0.3%	19.9
加蓬	5.0	5.0	0	0.3%	41.2
21—30位合计	71.4	70.5	–1.2%	3.7%	—

资料来源：《BP 能源统计 2011》。

附表 3 2010 年世界主要国家石油产量

万吨

国家名称	2009年	2010年	2010年/2009年变化	2010年占世界
俄罗斯	49424.7	50513.0	2.2%	12.9%
沙特阿拉伯	46472.0	46777.2	0.7%	12.0%
美国	32864.8	33910.6	3.2%	8.7%
伊朗	20148.1	20323.5	0.9%	5.2%
中国	18949.0	20300.0	7.1%	5.2%
加拿大	15611.6	16277.6	4.3%	4.2%
墨西哥	14747.1	14628.0	–0.8%	3.7%
阿联酋	12630.6	13078.8	3.5%	3.3%
委内瑞拉	12482.2	12658.1	1.4%	3.2%
科威特	12168.8	12246.5	0.6%	3.1%
1—10位合计	235498.8	240713.4	2.2%	61.5%
伊拉克	11977.5	12044.5	0.6%	3.1%
尼日利亚	9914.3	11520.9	16.2%	2.9%
巴西	10035.5	10571.6	5.3%	2.7%
挪威	10879.6	9856.2	–9.4%	2.5%
安哥拉	8744.0	9074.2	3.8%	2.3%
哈萨克斯坦	7821.4	8164.7	4.4%	2.1%
阿尔及利亚	7792.2	7766.7	–0.3%	2.0%
利比亚	7708.4	7746.1	0.5%	2.0%
卡塔尔	5786.8	6568.5	13.5%	1.7%
英国	6819.8	6297.3	–7.7%	1.6%
11—20位合计	87479.5	89610.8	2.4%	22.9%
阿塞拜疆	5062.9	5088.0	0.5%	1.3%
印度尼西亚	4793.6	4780.1	–0.3%	1.2%
阿曼	3865.9	4095.8	5.9%	1.0%
哥伦比亚	3412.7	3990.6	16.9%	1.0%
印度	3539.9	3888.0	9.8%	1.0%
埃及	3526.1	3504.0	–0.6%	0.9%
阿根廷	3377.6	3250.5	–3.8%	0.8%
马来西亚	3312.9	3211.8	–3.1%	0.8%
厄瓜多尔	2520.6	2520.7	0.0%	0.6%
苏丹	2359.4	2393.9	1.5%	0.6%
21—30位合计	35771.6	36723.4	2.7%	9.4%

资料来源：《BP 能源统计 2011》。

附表 4　2010 年世界主要国家炼油能力　　千桶 / 日

国家名称	2009年	2010年	2010年/2009年变化	2010年占世界
美国	17688	17594	-0.5%	19.2%
中国	9479	10121	6.8%	11.0%
俄罗斯	5527	5555	0.5%	6.1%
日本	4621	4463	-3.4%	4.9%
印度	3574	3703	3.6%	4.0%
韩国	2712	2712	0	3.0%
意大利	2396	2396	0	2.6%
沙特阿拉伯	2100	2100	0	2.3%
巴西	2095	2095	0	2.3%
德国	2362	2091	-11.5%	2.3%
1—10位合计	52554	52831	0.5%	57.6%
加拿大	1976	1914	-3.1%	2.1%
伊朗	1860	1860	0	2.0%
英国	1757	1757	0	1.9%
法国	1873	1703	-9.1%	1.9%
墨西哥	1463	1463	0	1.6%
西班牙	1377	1427	3.6%	1.6%
新加坡	1385	1385	0	1.5%
委内瑞拉	1303	1303	0	1.4%
荷兰	1280	1274	-0.4%	1.4%
泰国	1240	1253	1.0%	1.4%
11—20位合计	15513	15339	-1.1%	16.7%
中国台湾	1197	1197	0	1.3%
印度尼西亚	1106	1158	4.7%	1.3%
科威特	931	931	0	1.0%
伊拉克	763	856	12.2%	0.9%
比利时	823	823	0	0.9%
澳大利亚	734	740	0.8%	0.8%
阿联酋	673	673	0	0.7%
阿根廷	635	638	0.5%	0.7%
土耳其	613	613	0	0.7%
希腊	425	440	3.5%	0.5%
21—30位合计	7900	8069	2.1%	8.8%

资料来源:《BP 能源统计 2011》。

附表 5　2010 年世界主要国家天然气剩余探明可采储量　　万亿立方米

国家名称	2009年	2010年	2010年/2009年变化	2010年占世界	储采比
俄罗斯	44.38	44.76	0.9%	23.9%	76.0
伊朗	29.61	29.61	0.0%	15.8%	>100.0
卡塔尔	25.32	25.32	0.0%	13.5%	>100.0
土库曼斯坦	8.05	8.03	–0.2%	4.3%	>100.0
沙特阿拉伯	7.92	8.02	1.2%	4.3%	95.5
美国	7.72	7.72	0.0%	4.1%	12.6
阿联酋	6.09	6.03	–1.0%	3.2%	>100.0
委内瑞拉	5.08	5.46	7.4%	2.9%	>100.0
尼日利亚	5.29	5.29	0.0%	2.8%	>100.0
阿尔及利亚	4.50	4.50	0.0%	2.4%	56.0
1—10位合计	143.96	144.74	8.3%	77.3%	—
伊拉克	3.17	3.17	–0.1%	1.7%	>100.0
印度尼西亚	3.04	3.07	1.0%	1.6%	37.4
澳大利亚	2.92	2.92	0.0%	1.6%	58.0
中国	2.75	2.81	2.1%	1.5%	29.0
马来西亚	2.40	2.40	0.0%	1.3%	36.1
埃及	2.19	2.21	0.9%	1.2%	36.0
挪威	2.05	2.04	–0.2%	1.1%	19.2
哈萨克斯坦	1.88	1.85	–1.9%	1.0%	54.9
科威特	1.78	1.78	0.0%	1.0%	>100.0
加拿大	1.73	1.73	0.0%	0.9%	10.8
11—20位合计	23.91	23.97	1.8%	12.8%	—
乌兹别克斯坦	1.62	1.56	–3.9%	0.8%	26.4
利比亚	1.55	1.55	0.0%	0.8%	98.0
印度	1.12	1.45	30.0%	0.8%	28.5
阿塞拜疆	1.26	1.27	0.5%	0.7%	84.2
荷兰	1.17	1.17	0.0%	0.6%	16.6
乌克兰	0.96	0.94	–2.1%	0.5%	50.4
巴基斯坦	0.82	0.82	0.7%	0.4%	20.9
阿曼	0.69	0.69	0.0%	0.4%	25.5
越南	0.68	0.62	–9.5%	0.3%	66.0
罗马尼亚	0.61	0.60	–1.8%	0.3%	54.4
21—30位合计	10.48	10.66	14.0%	5.7%	—

资料来源：《BP 能源统计 2011》。

附表 6　2010 年世界主要国家天然气产量　　亿立方米

国家名称	2009年	2010年	2010年/2009年变化	2010年占世界
美国	5827.6	6110.0	4.7%	19.3%
俄罗斯	5276.5	5889.5	11.6%	18.4%
加拿大	1638.8	1598.3	–2.5%	5.0%
伊朗	1311.6	1385.0	5.6%	4.3%
卡塔尔	892.9	1167.0	30.7%	3.7%
挪威	1037.5	1063.5	2.5%	3.3%
中国	852.7	967.6	13.5%	3.0%
沙特阿拉伯	784.5	839.4	7.0%	2.6%
印度尼西亚	719.3	820.1	14.0%	2.6%
阿尔及利亚	795.5	804.1	1.1%	2.5%
1—10位合计	19136.9	20644.5	7.9%	64.6%
荷兰	627.1	705.1	12.4%	2.2%
马来西亚	640.9	664.7	3.7%	2.1%
埃及	626.9	613.3	–2.2%	1.9%
乌兹别克斯坦	600.0	591.0	–1.5%	1.9%
英国	596.8	571.2	–4.3%	1.8%
墨西哥	549.1	552.8	0.7%	1.7%
阿联酋	488.2	510.2	4.5%	1.6%
印度	392.1	508.8	29.7%	1.6%
澳大利亚	478.9	503.5	5.1%	1.6%
特利尼达和多巴哥	406.0	423.8	4.4%	1.3%
11—20位合计	5406.0	5644.3	4.4%	17.7%
土库曼斯坦	363.8	423.5	16.4%	1.3%
阿根廷	413.8	401.3	–3.0%	1.3%
巴基斯坦	384.1	394.5	2.7%	1.2%
泰国	309.0	362.9	17.4%	1.1%
尼日利亚	248.0	336.4	35.7%	1.1%
哈萨克斯坦	325.3	336.1	3.3%	1.1%
委内瑞拉	287.0	285.1	–0.7%	0.9%
阿曼	247.7	271.0	9.4%	0.8%
孟加拉	197.5	200.0	1.3%	0.6%
乌克兰	192.8	185.5	–3.8%	0.6%
21—30位合计	2968.9	3196.3	7.7%	10.0%

资料来源：《BP 能源统计 2011》。

附表 7　2010 年世界主要国家和地区石油进出口量

万吨

国家名称	原油进口	油品进口	总进口量	原油出口	油品出口	总出口量
美国	45610	12102	57712	141	10171	10311
加拿大	2887	1272	4159	9910	2912	12821
墨西哥	37	3007	3044	6784	847	7631
中南美	2087	5676	7763	13121	4463	17584
欧洲	46515	13169	59683	1929	7179	9108
前苏联地区	—	485	485	31797	10325	42122
中东	1126	1013	2139	82868	10721	93589
北非	1231	1195	2426	11256	2919	14175
西非	6	689	695	22122	760	22882
东非和南非	505	726	1230	1622	43	1665
大洋洲	2902	1412	4314	1618	764	2382
中国	23456	5995	29450	203	2942	3145
印度	16203	1647	17850	—	5720	5720
日本	18479	4093	22572	32	1413	1445
新加坡	3986	10008	13993	209	6583	6791
亚太其他	22547	13168	35715	3966	8016	11982
未指明地区	—	119	119	—	—	—
世界合计	187578	75775	263352	187578	75775	263352

资料来源：《BP 能源统计 2011》。

附表 8　2010 年《PFC 50》中市值排名前 30 位的石油天然气公司

排名	公司名称	所在国	公司 主要业务	市值 （亿美元）	2010年/2009年 股价变化
1	埃克森美孚公司	美国	一体化	3531	36%
2	中国石油	中国	一体化	3237	–15%
3	巴西国家石油公司	巴西	一体化	2011	80%
4	壳牌集团	荷兰	一体化	1992	103%
5	雪佛龙公司	美国	一体化	1869	16%
6	俄罗斯天然气公司	俄罗斯	一体化	1818	26%

续表

排名	公司名称	所在国	公司 主要业务	市值 （亿美元）	2010年/2009年 股价变化
7	BP公司	英国	一体化	1593	101%
8	道达尔公司	法国	一体化	1545	4%
9	斯伦贝谢公司	美国	油田服务	1514	19%
10	中国海油	中国	一体化	1442	67%
11	中国石化	中国	一体化	1022	8%
12	康菲公司	美国	一体化	981	–9%
13	哥伦比亚国家石油公司	哥伦比亚	一体化	892	125%
14	埃尼集团	意大利	一体化	839	4%
15	法国燃气公司	法国	天然气/公用	796	57%
16	西方石油公司	美国	勘探开发	782	54%
17	信实工业公司	印度	炼油销售	766	85%
18	俄罗斯石油公司	俄罗斯	一体化	758	–1%
19	挪威国家石油公司	挪威	一体化	703	68%
20	英国天然气集团	英国	一体化	660	36%
21	印度石油天然气公司	印度	一体化	611	30%
22	E.ON集团	德国	天然气/公用	555	83%
23	桑括尔能源公司	加拿大	一体化	545	8%
24	必和必拓公司	澳大利亚	多种经营	542	85%
25	加拿大自然资源公司	加拿大	勘探开发	492	42%
26	鲁克石油公司	俄罗斯	一体化	478	76%
27	阿帕奇公司	美国	勘探开发	394	81%
28	秋明–BP控股公司	俄罗斯	一体化	347	38%
29	OGX公司	巴西	勘探开发	330	15%
30	安纳达科石油公司	美国	勘探开发	328	26%

注：市值为 2010 年 12 月 31 日数据。

资料来源：《PFC Energy 50》，PFC 能源公司，2010 年 12 月 31 日。

附表 9　2009 年世界最大 50 家石油公司综合排名（6 项指标）

综合排名	公司名称	石油储量		天然气储量		石油产量		天然气产量		炼油能力		油品销量	
		位次	亿吨	位次	亿立方米	位次	万吨	位次	亿立方米	位次	万吨	位次	万吨
1	沙特阿拉伯国家石油公司	1	361.8	5	77928	1	48565	7	754	10	11870	5	15841
2	伊朗国家石油公司	3	188.5	1	296111	2	21080	2	1313	14	7830	12	9563
3	埃克森美孚公司	12	16.0	13	19258	9	11935	3	958	1	31355	1	29328
4	委内瑞拉国家石油公司	2	289.0	6	50631	3	15850	18	419	4	15175	8	11803
5	中国石油天然气集团公司	9	30.0	12	28208	5	13800	8	738	5	14565	13	8322
6	BP公司	16	14.4	18	12779	6	12675	4	877	8	13330	3	26859
7	皇家荷兰/壳牌集团	26	7.8	16	13891	14	8400	5	877	3	18195	2	28087
8	雪佛龙公司	21	9.6	23	7376	12	9360	13	516	12	10790	6	14846
8	美国康菲公司	22	8.6	25	6866	15	8080	12	535	6	14510	7	13569
10	道达尔公司	25	7.8	22	7452	18	6905	14	509	9	12970	4	16498
11	墨西哥国家石油公司	11	16.0	37	3388	4	14550	15	466	13	8550	14	7916
12	俄罗斯天然气公司	18	13.1	2	185924	26	4185	1	4613	25	4405	29	3308
13	科威特国家石油公司	5	139.1	14	18125	7	12500	35	151	22	5545	21	4321
14	阿尔及利亚国家石油公司	13	15.5	7	45052	13	8420	6	758	37	2280	33	2473
15	巴西国家石油公司	17	14.1	40	3129	11	10560	28	257	11	10805	10	11488
16	俄罗斯石油公司	10	24.7	21	8165	10	10910	43	127	23	5355	22	4229
17	俄罗斯鲁克石油公司	14	15.0	27	5176	16	7890	39	142	20	5745	15	7556
17	马来西亚国家石油公司	19	10.8	9	32689	28	3535	10	640	38	2240	27	3527
19	阿布扎比国家石油公司	6	72.3	8	34830	17	7015	27	263	35	2500	45	1501
20	意大利埃尼集团	31	4.7	30	5055	23	5035	17	452	27	3735	24	4147
21	尼日利亚国家石油公司	8	30.5	11	31432	19	6185	36	149	39	2225	49	1081
21	卡塔尔石油总公司	15	14.7	3	182638	24	4840	9	643	56	1000	55	744
23	埃及石油总公司	40	2.5	17	13133	34	2210	20	313	28	3630	28	3372
23	伊拉克国家石油公司	4	157.5	10	31687	8	12410	88	12	26	4000	31	2874
25	利比亚国家石油公司	7	44.9	20	11327	20	6110	46	113	45	1900	38	1857
26	中国石油化工股份有限公司	36	3.9	48	1908	27	4125	55	85	2	22795	9	11625

续表

综合排名	公司名称	石油储量		天然气储量		石油产量		天然气产量		炼油能力		油品销量	
		位次	亿吨	位次	亿立方米	位次	万吨	位次	亿立方米	位次	万吨	位次	万吨
27	挪威国家石油海德罗公司	39	3.0	28	5139	22	5335	16	459	48	1555	36	2345
28	俄罗斯苏尔古特油气公司	20	10.2	33	3945	21	5960	40	136	42	2145	40	1789
29	西班牙雷普索尔-YPF集团	53	1.2	47	1910	35	2185	26	272	16	6295	20	5493
30	印度尼西亚国家石油公司	44	2.0	31	5044	58	870	48	110	24	4965	18	5794
31	印度石油天然气总公司	28	5.8	32	4276	29	3310	24	280	57	975	59	420
32	马拉松石油公司	45	1.7	68	771	44	1370	50	99	19	5940	17	6287
33	阿曼石油开发公司	35	4.0	26	5191	37	2115	34	168	—	—	—	—
34	俄罗斯TNK-BP公司	27	7.3	63	895	25	4200	64	62	44	1940	44	1528
35	乌兹别克斯坦国家石油公司	62	0.7	15	14725	66	465	11	561	55	1100	61	379
36	哈萨克斯坦国家石油公司	24	8.0	35	3761	40	1880	76	43	46	1720	52	990
37	阿塞拜疆国家石油公司	30	4.8	29	5097	60	855	58	73	43	1995	58	438
38	中国海洋石油总公司	42	2.3	49	1688	31	2550	61	68	52	1205	51	990
39	美国戴文能源公司	46	1.7	42	2765	49	1205	25	274	—	—	—	—
40	信实石油公司	89	0.1	46	2112	88	105	37	146	17	6200	19	5699
41	美国阿帕奇公司	48	1.5	44	2208	43	1450	32	182	—	—	—	—
42	英国天然气公司	55	1.0	38	3166	53	910	23	286	—	—	—	—
43	叙利亚国家石油公司	37	3.4	41	2802	52	1035	65	58	53	1200	54	899
44	俄罗斯诺瓦泰克公司	60	0.8	19	11532	75	340	19	323	—	—	—	—
45	美国西方石油公司	38	3.2	52	1460	33	2445	51	97	—	—	—	—
46	美国安纳达科石油公司	49	1.4	45	2199	50	1170	31	229	—	—	—	—
47	美国赫斯公司	51	1.3	67	799	42	1465	59	71	51	1250	37	2158
48	加拿大自然资源公司	34	4.1	62	900	41	1590	41	128	—	—	—	—
49	奥地利OMV集团	57	0.9	66	806	59	860	56	84	34	2650	39	1852
49	森科能源公司	33	4.5	78	479	38	1950	78	41	41	2165	43	1551

资料来源：美国《石油情报周刊》2010年12月。

附表 10 2009 年世界最大 50 家石油公司总收入等 4 项指标排名

综合排名		公司名称	国有比例	总收入		净利润		总资产		职工人数	
2009年	2008年			位次	亿美元	位次	亿美元	位次	亿美元	位次	万人
1	1	沙特阿拉伯国家石油公司	100	1	3180	—	—	—	—	27	5.51
2	2	伊朗国家石油公司	100	21	583	—	—	—	—	11	11.50
3	3	埃克森美孚公司		2	2845	2	193	6	2333	17	8.07
4	4	委内瑞拉国家石油公司	100	15	750	25	29	12	1496	15	9.19
5	5	中国石油天然气集团公司	100	6	1781	10	103	1	3259	1	167.00
6	6	BP公司		4	2414	3	166	5	2360	18	8.03
7	7	皇家荷兰/壳牌集团		3	2790	6	125	2	2922	13	10.10
8	9	雪佛龙公司		7	1635	9	105	10	1646	25	6.40
8	8	美国康菲公司		9	1393	17	49	11	1526	39	3.00
10	9	道达尔公司		8	1567	7	118	8	1831	14	9.64
11	11	墨西哥国家石油公司	100	14	865	81	-72	15	1020	7	14.51
12	14	俄罗斯天然气公司	50	12	997	1	245	3	2764	2	39.36
13	12	科威特国家石油公司	100	24	502	—	—	—	—	47	1.58
14	13	阿尔及利亚国家石油公司	100	27	476	20	40	21	782	29	4.19
15	15	巴西国家石油公司	32.2	13	951	4	155	7	2003	20	7.69
16	16	俄罗斯石油公司	75.2	28	469	13	65	19	832	5	15.89
17	17	俄罗斯鲁克石油公司		17	684	12	70	20	790	6	15.00
17	18	马来西亚国家石油公司	100	20	625	8	116	14	1257	33	3.92
19	19	阿布扎比国家石油公司	100	39	291	—	—	—	—	16	8.50
20	20	意大利埃尼集团	30.3	10	1176	15	61	9	1685	19	7.84
21	21	尼日利亚国家石油公司	100	45	233	—	—	—	—	48	1.50
21	22	卡塔尔石油总公司	100	30	454	—	—	—	—	62	0.70
23	26	埃及石油总公司	100	75	70	—	—	—	—	21	7.50
23	23	伊拉克国家石油公司	100	32	427	—	—	—	—	4	29.00
25	24	利比亚国家石油公司	100	49	216	—	—	—	—	31	4.00
26	25	中国石油化工股份有限公司	75.8	5	1967	11	90	13	1288	3	37.13

续表

综合排名		公司名称	国有比例	总收入		净利润		总资产		职工人数	
2009年	2008年			位次	亿美元	位次	亿美元	位次	亿美元	位次	万人
27	27	挪威国家石油海德罗公司	70.1	16	743	24	29	16	969	41	2.87
28	29	俄罗斯苏尔古特油气公司		36	331	22	36	30	418	12	10.62
29	28	西班牙雷普索尔-YPF集团		19	681	29	22	18	832	30	4.10
30	30	印度尼西亚国家石油公司	100	42	280	32	17	—	—	42	2.76
31	31	印度石油天然气总公司	74.1	47	222	19	40	42	284	37	3.28
32	32	马拉松石油公司		25	490	35	15	26	471	40	2.89
33	33	阿曼石油开发公司	60	59	136	—	—	—	—	72	0.46
34	37	俄罗斯TNK-BP公司		33	350	16	50	41	294	28	4.92
35	35	乌兹别克斯坦国家石油公司	100	81	55	—	—	—	—	8	12.40
36	41	哈萨克斯坦国家石油公司	100	64	108	39	13	34	347	23	7.00
37	36	阿塞拜疆国家石油公司	100	57	140	—	—	—	—	25	6.40
38	48	中国海洋石油总公司	100	37	307	21	36	22	759	24	6.58
39	42	美国戴文能源公司		74	76	79	-25	39	297	68	0.54
40	66	信实石油公司		31	443	18	48	24	559	43	2.34
41	38	美国阿帕奇公司		70	86	73	-3	43	282	82	0.35
42	47	英国天然气公司		53	164	23	34	29	419	65	0.61
43	40	叙利亚国家石油公司	100	43	260	—	—	—	—	46	1.60
44	49	俄罗斯诺瓦泰克公司		88	28	48	8	72	64	77	0.42
45	44	美国西方石油公司		55	156	26	29	28	442	56	1.01
46	44	美国安纳达科石油公司		71	83	72	-1	25	501	75	0.43
47	42	美国赫斯公司		38	294	50	7	40	295	51	1.30
48	38	加拿大自然资源公司		69	90	37	14	31	391	79	0.38
49	44	奥地利OMV集团	31.5	44	253	49	8	37	307	34	3.47
49	64	森科能源公司		48	221	44	10	23	665	53	1.30

资料来源：美国《石油情报周刊》2010 年 12 月。

附 图

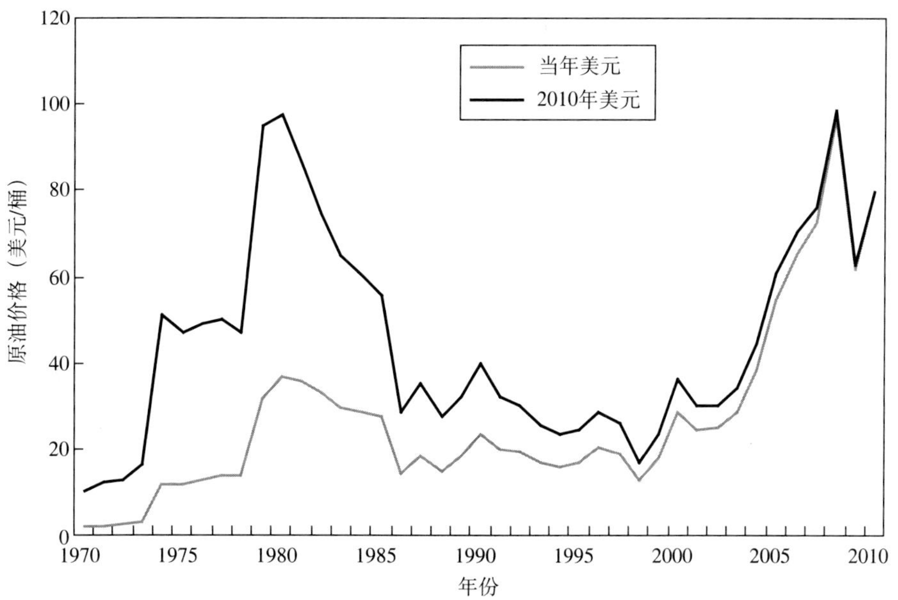

附图 1 1970—2010 年国际市场原油价格

（资料来源：《BP 能源统计 2011》）

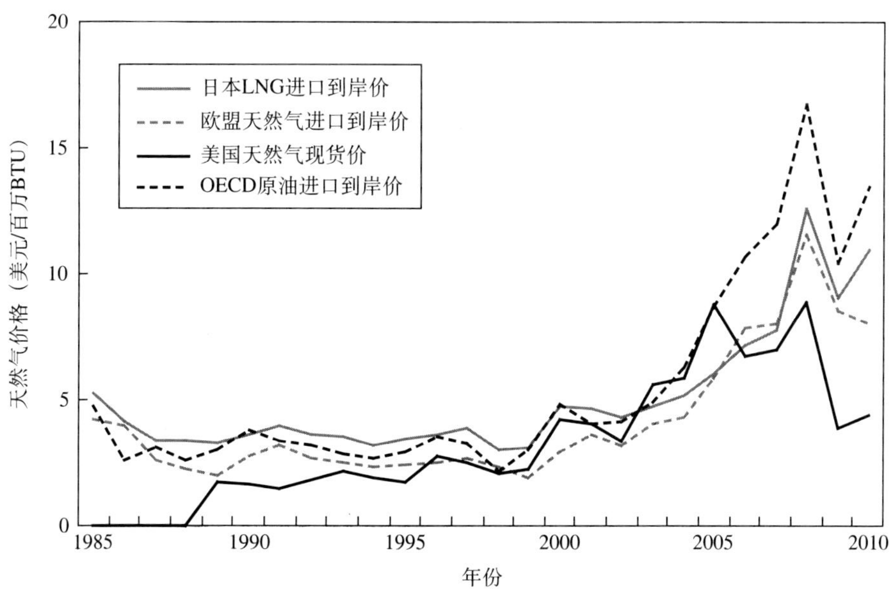

附图 2 1985—2010 年国际市场天然气价格

（资料来源：《BP 能源统计 2011》）

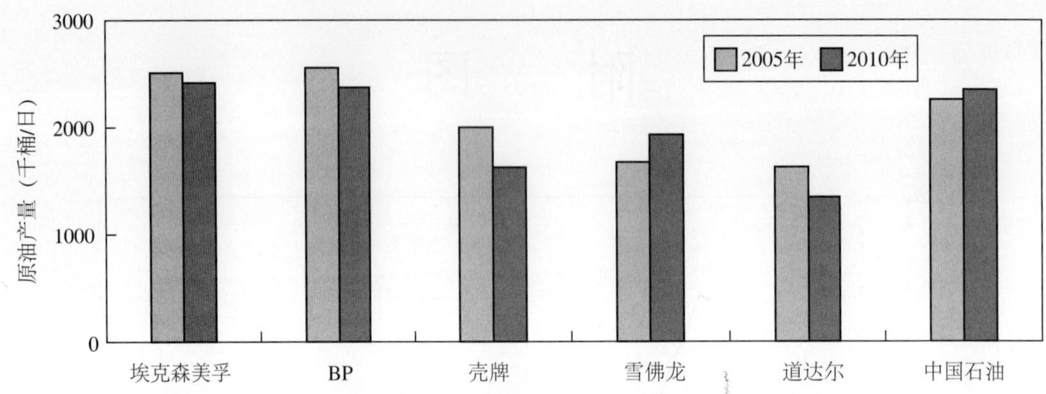

附图 3 2005 年和 2010 年主要石油公司原油产量

（资料来源：各公司年报和财务经营报告）

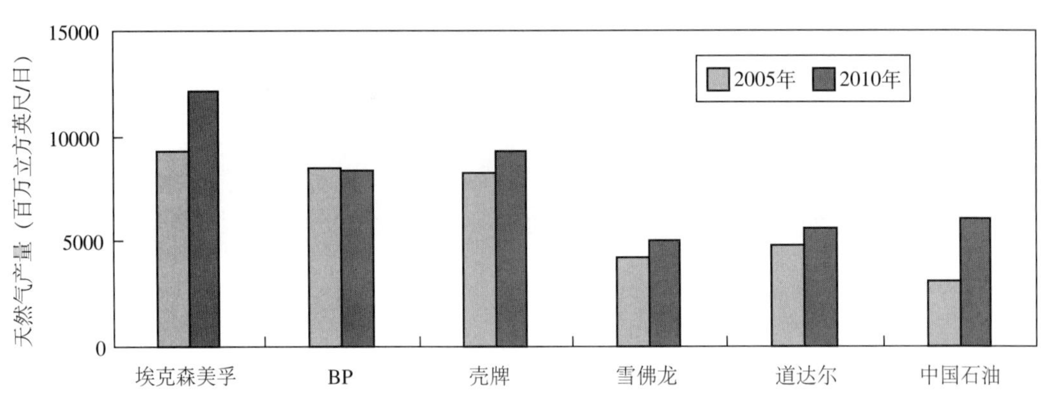

附图 4 2005 年和 2010 年主要石油公司天然气产量

（资料来源：各公司年报和财务经营报告）

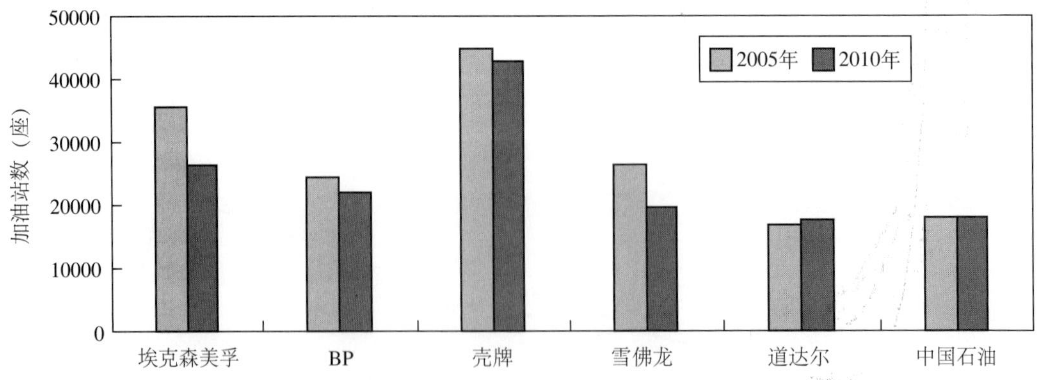

附图 5 2005 年和 2010 年主要石油公司加油站数

（资料来源：各公司年报和财务经营报告）

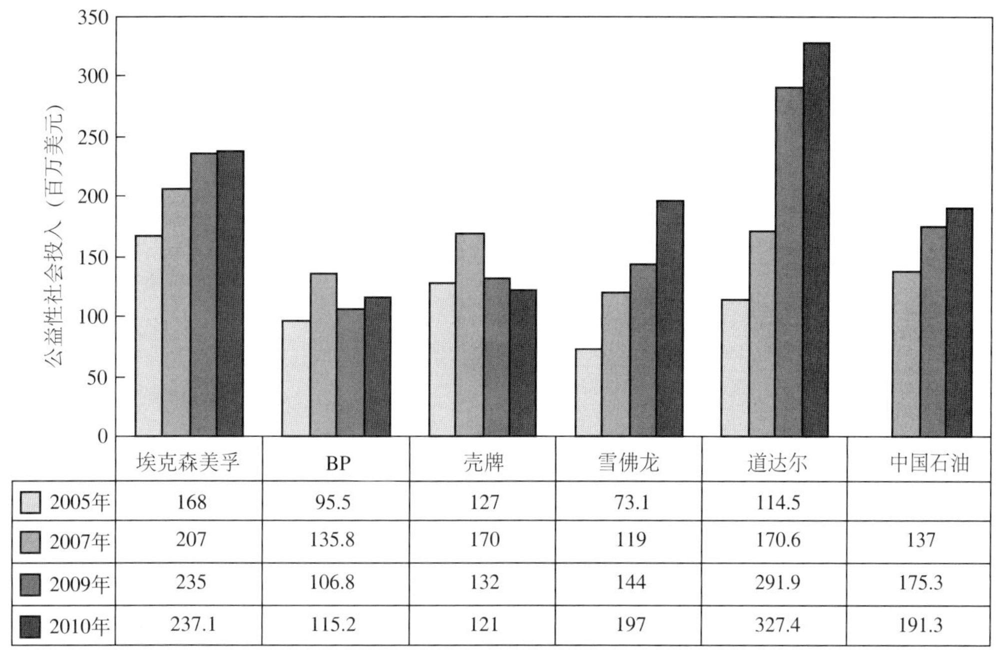

	埃克森美孚	BP	壳牌	雪佛龙	道达尔	中国石油
2005年	168	95.5	127	73.1	114.5	
2007年	207	135.8	170	119	170.6	137
2009年	235	106.8	132	144	291.9	175.3
2010年	237.1	115.2	121	197	327.4	191.3

附图 6　2005—2010 年主要石油公司公益性社会投入

注：公益性社会投入主要指慈善捐助，对非盈利性教育、健康和环境项目的资助，以及对作业区社会发展的援助；道达尔数据指对非经合组织国家的投入；中国石油数据中含扶贫帮困、捐资助学、赈灾捐赠和环保支出

（资料来源：各公司企业社会责任报告）

（郑玲玲）

索　引

使用说明

一、本索引采用内容分析索引法编制。除大事纪要外，《年鉴》中有实质检索意义的内容均予以标引，以便检索使用。

二、索引基本上按汉语拼音音序排列，具体排列方法如下：以数字开头的，排在最前面；以英文字母打头的，列于其次；汉字标目则按首字的音序、音调依次排列，首字相同时，则以第二个字排序，并依此类推。

三、索引标目后的数字，表示检索内容所在的《年鉴》正文页码；数字后面的英文字母 a、b，表示《年鉴》正文中的栏别，合在一起即指该页码及左右两个版面区域。《年鉴》中用表格、图片反映的内容，则在索引标目后面用括号注明（表）、（图）字，以区别于文字标目。

四、为反映索引款目间的隶属关系，对于二级标目，采取在上一级标目下缩二格的形式编排，之下再按汉语拼音音序、音调排列。

0—9

1970—2010 年国际市场原油价格（图）　671
1985—2010 年国际市场天然气价格（图）　671
2005—2010 年主要石油公司公益性社会投入（图）　673
2005 年和 2010 年主要石油公司加油站数（图）　672
2005 年和 2010 年主要石油公司天然气产量（图）　672
2005 年和 2010 年主要石油公司原油产量（图）　672
2009—2010 年度全国青年文明号　268a
2009 年度业绩路演　45a
2009 年世界最大 50 家石油公司综合排名（6 项指标）（表）　667
2009 年世界最大 50 家石油公司总收入等 4 项指标排名（表）　669
2009 年与 2010 年天然气销售构成（图）　116
2010 年《PFC 50》中市值排名前 30 位的石油天然气公司（表）　665
2010 年 12 月 31 日合并及公司资产负债表（表）　652、653
2010 年度董事会例会　44b
2010 年度合并股东权益变动表（表）　655
2010 年度合并及公司利润表（表）　654
2010 年度社会公益投入（表）　656
2010 年度中央企业杰出青年岗位能手　268b
2010 年度中央企业青年岗位能手　268b
2010 年度中央企业青年文明号　268a
2010 年度中央企业青年志愿者优秀组织单位　269a
2010 年度中央企业五四红旗团委　268b
2010 年度中央企业五四红旗团支部　268b
2010 年度中央企业先进基层党组织　268a
2010 年度中央企业优秀党务工作者　268a
2010 年度中央企业优秀共产党员　268a
2010 年度中央企业优秀共青团干部　268b
2010 年度中央企业优秀共青团员　268b
2010 年工作会议　21、23、24、31a
2010 年获国家科技奖励成果（表）　173
2010 年获集团公司科技奖励成果（表）　173
2010 年领导干部会议　26、38a
2010 年全国劳动模范名单　266a
2010 年上海世博会创先争优先进基层党组织　267b

2010 年上海世博会先进个人　267a
2010 年上海世博会先进集体　267a
2010 年世界主要国家和地区石油进出口量（表）　665
2010 年世界主要国家炼油能力（表）　662
2010 年世界主要国家石油产量（表）　661
2010 年世界主要国家石油剩余探明可采储量（表）　660
2010 年世界主要国家天然气产量（表）　664
2010 年世界主要国家天然气剩余探明可采储量（表）　663
2010 年世界主要国家一次能源分类消费量（表）　659
2010 年天然气销售量流向表（表）　116
2010 年新增享受政府特殊津贴人员（表）　322
2010 年中国石油 H 股市场走势（图）　47
2010 年中国石油天然气集团公司工作情况　3
2010 年主要输气管线运行情况（表）　114b

A—Z

ABS 树脂　91b
A 股 2010 年度股价走势图（图）　49
A 股 2010 年股价表现综合分析　48b
HSE 建设与管理　108a
HSE 体系管理　193
　　HSE 体系审核　194a
　　HSE 体系推进　194b
　　HSE 信息管理　194a
　　HSE 制度标准　193a
　　宣教培训　193b
H 股 2010 年股市综合分析　46b
H 股市场走势（图）　47
MDT 测井技术　65a
《PFC 50》中市值排名前 30 位的石油天然气公司（表）　665
SAN 树脂　92a

阿姆河天然气项目　37a
安保基金　194
　　使用管理　195a
　　收缴返还　194a
　　损失理赔　194b
安徽销售分公司　482
　　党建工作　483b
　　经营指标　482a
　　民生工程　483a
　　企业管理与改革　483b
　　社会责任　483b
　　市场营销　482b
　　网络建设　483a
安全环保技术研究院　595
　　基础建设　598a
　　技术服务　597a
　　技术研究　596a
　　技术支持　596b
　　决策支持　596a
　　科技成果　596a
　　内控管理　597b
　　人才队伍建设　597b
　　资质管理　597b
安全环保形势　4b
安全监管　189a
安全生产　189
　　基本情况　189a
　　责任制　189a
案件查处　231a

B

班子建设　5b
宝鸡石油钢管厂　577
　　安全生产　578b
　　产品　578a
　　工程建设　578a
　　和谐企业建设　578b
　　科技创新　578a
　　企业改革与管理　578b
　　生产经营指标　577b
宝鸡石油机械有限责任公司　576
　　安全生产　577a
　　产品　576a

成果　576b
措施　576b
工程建设　576b
精神文明建设　577b
品牌建设　577b
企业改革与管理　577a
生产经营指标　576a
新产品研发　576b
保险及油品衍生品业务管理　221b
北京石油管理干部学院　599
2010 年培训项目数据汇总表（表）600
安全稳定　601b
队伍建设　600a
基础建设　600b
教学科研　600a
培训工作　600b
思想建设　601a
北京销售分公司　455
调运组织　456a
队伍建设　457b
非油业务　456a
加油站管理　456a
经营指标　456a
企业管理　456b
润滑油业务　456b
市场营销　456a
体制改革　456b
网络建设　456b
北京油气调控中心　503
安全生产　505a
工程建设　504b
管网运行调控　503a
技术改造　504a
节能降耗　505a
科技创新　504a
企业改革与管理　505b
生产运营指标（表）503
运营指标　503b
主营业务　503a
苯　91a
苯酚　91b
苯乙烯　91b
标杆集体　269a
标准化工作　197
管理　197a、109b
研究　197b
标准实施监督　197b
表面活性剂　92b
丙酮　91b
渤海石油装备制造有限公司　581
产业结构优化　582a
和谐企业建设　582a
科技创新　581b
企业管理　581a
市场营销　581b
重点项目　581a
渤海钻探工程有限公司　549
安全环保　550a
科技进步　550a
企业管理　550b
人力资源开发　550b
生产保障　549b
生产经营指标　549a
市场开发　549a

财会队伍建设　223a
财税政策　220a
财务管理　108b
财务制度建设　222b
财务资产　209
采购业务量　229a
采油工程　74
2009—2010 年井下作业主要指标对比表（表）74
储层改造　74a
管理工作　75b
机械采油　74a
井下作业　74a
井下作业主要指标对比表（表）74
试油技术　75b
参股公司情况（表）651
测井　138a
测井解释技术　139a
超深井测井技术　138b
队伍人员状况　138a

复合射孔技术　139a
技术推广应用　138b
经营收入　138b
设备状况　138a
事故快速处理技术　138b
数字岩心技术　138b
水平井、欠平衡测井技术　139a
水平井射孔技术　138b
完成工作量　138b
新技术新产品推广　139b
测井有限公司　557
安全环保　559b
测井技术　558a
创先争优活动　560a
党群工作　560a
队伍建设　559b
经营管理　558b
生产经营　557b
长长吉输气管道工程（续建完工）　118b
长城钻探工程有限公司　547
安全管理　548a
安全生产　548a
党建　549a
国际市场　547b
国内市场　547b
环保管理　548a
环境保护　548b
节能节水　548b
科技进步　548b
企业改革　548a
企业管理　548a
思想政治工作　549a
质量管理　548a、548b
主营业务　547a
长庆石化分公司　425
安全环保　425a
产品　425a
节能节水　425b
科技信息　425b
生产经营　425a
长庆石油勘探局　349
长庆油田分公司　349
安全环保　350b
党建　352a
地面工程　350b
队伍建设　352a
工程技术　350a
构建和谐　352b
管理创新　351a
基层建设　352b
技术创新　350b
结构调整　351b
企业文化　352b
生产经营　349a
油气开发　349b
油气勘探　349a
主营业务　349a
长庆油田实现油气当量3000万吨表彰庆祝大会　31b
成本费用控制　214a
成品油储运　114b
成品油管道工程　121b
成品油进出口及国际贸易业务　165a
成品油业务　105、117a
加油站管理　105b
经营业绩　105a
石油价格走势回顾　106b
资源调运　105b
惩防体系建设　230a
橙色行动——爱护儿童　265a
驰援玉树　263b
重庆销售分公司　479
安全环保　480b
非油业务　480a
加油站管理　480b
经营指标　479b
精细化管理　480b
市场营销　480a
网络建设　480a
信息化建设　481b
资源调运　480a
重组整合资产工作　219b
储气库　81
方案编制　81b
工程　122a
技术规范　81a
培训和交流　81a
先导试验　81b
压缩机采购　81a

储运设施管理　123
储运设施建设　117
川庆钻探工程有限公司　551
　队伍建设　553a
　改革与管理　552a
　工程技术服务　551a
　和谐企业建设　553a
　科技进步　552a
　灾后重建　553b
　质量安全环保　552b
　主营业务　551a
川渝管网北外环二期工程（新建）　120a
川渝管网北外环一期工程（新建）　119b
创先争优活动　255a
垂直钻井技术　64a
醋酸　91a
催化剂　92b
存款类关联交易上限　214b

D

大港地下储气库群注气能力扩建工程（续建）　122a
大港石化分公司　416
　HSE 体系试点　417a
　安全生产　417a
　和谐企业建设　417b
　基层建设　417b
　经济技术指标　416a
　企业管理　417b
　重点工程项目建设　417a
　装置检修　417a
大港油田分公司　363
　安全环保　365a
　党建　365b
　科技创新　364b
　矿区服务　365a
　企业管理　364b
　企业文化　365b
　油气开发　364a
　油气勘探　363a
　主营业务　363a
大港油田集团有限责任公司　363
大连 LNG 项目　122b
大连海运分公司　501
　安全环保　502a
　队伍建设　502b
　经营指标　501b
　企业管理　502b
　生产运行　502a
　主要工作　501a
大连—沈阳天然气管道一期工程（新建）　120a
大连石化分公司　402
　安全环保　402b
　队伍建设　403b
　节能降耗　402a
　科技进步　402a
　企业管理　403a
　企业文化　403b
　生产经营指标　402a
　主营业务　402a
大连西太平洋石油化工有限公司　403
　安全环保　404a
　党群工作　404b
　发展建设　404a
　节能降耗　404b
　经济指标完成情况（表）　404a
　生活改善　404b
　新建项目　404a
　运行管理　404a
大连销售分公司　488
　安全环保　488b
　队伍建设　489b
　经营指标　488a
　精细管理　489a
　量效齐升　488a
　网络建设　488b
　信息化建设　489a
　主要业务　488a
大庆精神铁人精神再学习再教育再深入　258a
大庆炼化分公司　410
　安全环保　410b
　产品　410a
　节能减排　411a
　科技进步　410b
　矿区服务　411b
　企业管理　411a

企业文化　411b
生产经营成就　410a
大庆石化分公司　386
安全生产　386b
队伍建设　387b
降本扭亏　387a
科技创新　387b
矿区服务　388a
企业管理　387b
生产经营指标　386a
大庆石油管理局　343
大庆油田　343a
大庆油田有限责任公司　343
党建　345a
基础建设　344b
经营管理　344a
科研攻关　344a
民生工程　344b
扭亏解困工作　343b
企业文化　345a
市场开发　344a
业务范围　343a
业务体系　343a
原油4000万吨持续稳产　343a
大事纪要　629
一月　629a
二月　630b
三月　631b
四月　633a
五月　634a
六月　635a
七月　637a
八月　638b
九月　639b
十月　641a
十一月　642a
十二月　643a
大预算体系内容　213b
单井日产量牛鼻子工程　66b
党建工作　5b、255
档案工作　250a
制度体系　250a
档案管理　250
档案史料征集和实物档案库建设工作　251b
档案信息化建设　250a
地面工程　76
标准化设计　77a
地面建设管理　76a
工程建设领域突出问题治理　78a
工程质量　77a
工艺技术　77b
项目前期管理　77a
重点工程　76b
地区公司关联交易结算　214b
地热　80b
地震解释技术　62a
第八次形势、目标、任务、责任主题教育　257a
电子采购业务　229a
丁苯树脂　92a
丁醇　91a
定点扶贫　262a
东北化工销售分公司　433
安全环保　434a
队伍建设　434b
发展思路　433a
基础建设　433b
经营指标　433a
市场营销　433a
物流调运　433b
东北炼化工程有限公司　429
安全生产　430b
工程建设　430b
精神文明建设　431a
科技创新与成果　430b
企业管理与监督　430a
装置检修与维护保运　430a
东北销售分公司　443
工作情况　443a
机构设置　443a
经营指标　443a
主营业务　443a
东方地球物理勘探有限责任公司　554
HSE管理　556b
地球物理勘探　554b
地震资料处理与成果解释　555a
国内地震资料采集　554b
海外地震资料采集　555a
和谐企业建设　557a

经济指标　554a
科技创新　555b
企业并购重组整合　556b
人力资源管理　556a
生产经营管理　556a
专业化服务　555a
东南亚管道有限公司　541
HSE 工作　542b
安全生产　542b
党的建设　543b
工程建设　541b
工程项目建设　541a
工作船码头竣工　541b
和谐企业文化营造　543a
精英人才队伍打造　543a
勘察设计工作　542a
前线办公室作用发挥　542b
设计方案优化　542a
为建设一线提供服务　542b
项目大型招标　542a
油气管道合资公司　541b
招标工作　542a
中缅油气管道工程项目开工　541b
董事会成员（表）　315
董事会决议　44a
董事会例会　44b
董事会运作　42b
独立董事履行职责情况　42b
独山子石化分公司　396
安全环保工作　397b
队伍建设　397b
精神文明建设　398a
科技进步　397a
企业管理　398a
生产经营　397a
生产经营指标　397a
重点工程　397b
对口支援西藏　263a
对外合作经理部　384
发展规划　385a
管理职能　384a
生产经营指标　385a
项目执行　385a
新领域开发　385b
对外交流与合作　166
对外协调工作　206b
对外宣传工作　257a
多元融资渠道开辟　212b

E

二甲苯　91a

F

发展方式转变　21、26
法律风险防范与控制　227a
法律工作　227
反腐倡廉教育　230b
非油品业务　107
经营业绩　107a
业务拓展　107a
分支井钻井技术　64b
风险管理　212a、235、236a
扶贫帮困　262a
服务保障世博会和亚运会　265b
福建销售分公司　486
安全环保　487b
非油品业务　487b
零售经营　487a
市场营销　486a
网络建设　487a
主要业务　486a
主要指标　486a
综合管理　487b
抚顺石化分公司　36a、390
安全环保　390b
党建　392a
队伍建设　391b
基础管理　391b
经济技术指标　390b
科技研发　391b
民生工程　392a
生产优化　390b

思想政治工作　392a
项目建设　391a
业务发展　391a
附表　659
附图　671
复杂井况测井采集技术　65b
副总师（表）310

概算管理　206b
甘肃西南地区供气管道工程（新建完工）119a
甘肃销售分公司　470
QHSE 管理　471a
非油品业务　470b
加油站管理　470b
经营业绩　470a
内控体系　471b
社会责任　471b
市场管理　471a
网络建设　471a
主营业务　470a
高级技术专家（表）324
高精度成像测井技术　64b
工程技术等业务服务保障作用　4a
工程技术服务　133
项目管理　205a
工程建设　107b、143
队伍建设与专业培训　145a
监理　207b
科技成果　144b
十一五发展成果　145a
主导模式推行　144a
工程建设企业生产经营情况　143a
工程建筑施工　207b
工程勘察设计　207b
工程设计有限责任公司　567
队伍建设　568b
改革与管理　568a
精神文明建设　568b
领导班子建设　568b
生产经营　567a
工程质量监督　207b
工程咨询有限责任公司　584
工作会议　21、23、24、31a
工作情况　3
公司十二五规划编制工作　203a
公司重大科技项目　171a
公益性社会投入（图）673
供应商管理　230a
股东大会　44a
情况　42b
股份公司 2010 年度董事会例会　44b
股份公司 2010 年天然气销售量流向表（表）116
股份公司 2010 年召开的股东大会　44a
股份公司法人治理　42
股份公司在资本市场获奖项目　50a
股份公司治理完善情况　42a
股票表现　46b
股权管理　226a
法律事务　110a
股权投资　226a
股权优化整合与处置　227b
关联交易工作　214b
关心下一代工作　249b
《关于中国石油思想政治保障体系建设的意见》255a
主要内容　255b
管道保护管理　123b
管道分公司　507
安全环保　508b
工程项目建设　508b
技术改造　509a
科技创新　509a
矿区建设　509b
企业改革与管理　509b
生产经营指标　508a
油气运销　508a
主要工作　507a
管道建设项目经理部　506
管道建设项目　506a
技术改造　506a
科技创新　506a
企业改革与管理　507b
质量　506b
安全　506b
环保　506b

管道销售分公司　507
管理制度建设　207a
管理专家（表）　330
光荣榜　266
广东销售分公司　452
　安全环保　453b
　安全生产　452b
　党群工作　453b
　队伍建设　453b
　企业管理　453b
　市场营销　452b
　网络建设　453a
　主要指标　452a
　资源调运　453a
广西石化分公司　414
　产品　414a
　党群工作　415b
　工程建设　414a
　含硫原油加工配套工程　415a
　企业管理　415a
　千万吨炼油工程　414a
　千万吨炼油工程竣工投产　39a
　全厂开工　414b
　生产运行　414b
　员工生活　415b
广西销售分公司　484
　安全环保　485b
　非油业务　485a
　加油站管理　485a
　企业管理　485b
　市场营销　484b
　网络建设　484a
　主要工作　484a
　主要指标　484a
广州培训中心　608
　2010 年培训情况统计（表）　608
　安全生产　609b
　机构设置　608a
　基础建设　609b
　培训品牌　608a
　培训市场　608b
　培训研究　608a
　培训业绩　608b
　企业管理　609a
　信息化　609b
　主营业务　608a
广州亚运会安保防恐工作　243a
规范管理年活动　238b
规划计划　203
规划计划部　203a
规划总院　586
　改革管理　588b
　海外业务　588a
　基础工作　587b
　决策支持服务　588b
　科技工作　587b
　生产运行支持　588a
　战略规划　586b
　重大项目前期研究　587b
规章制度管理　228a
贵州销售分公司　494
　安全环保　495a
　队伍建设　495b
　非油管理　495a
　工程建设　495a
　精细化管理　495b
　零售管理　495a
　社会责任　496a
　网络建设　494b
　营销管理　495a
　主要指标　494b
国际标准化工作　198a
国际化经营　4a
国际结算　211b
国际科技交流与合作　172a
国际贸易　165
国际市场天然气价格（图）　671
国际市场原油价格（图）　671
国际业务管理　167a
国家安全和无线电管理工作　246b
国家标准行业标准制修订　197a
国家级科技项目　171a
国家科技奖励成果（表）　173
国内油气勘探开发国际合作　160
　保田青山项目　164b
　长庆长北项目　163a
　长庆苏里格南项目　163a
　常规天然气项目运作　162b

大港孔南项目　161b
大港赵东项目　161a
大宁项目　165a
大庆州 13 项目　161b
富顺—永川项目　165a
韩城项目　164b
吉林大安项目　161b
吉林扶余 1 号项目　162b
吉林两井项目　162b
吉林庙 3 项目　162a
吉林民 114 项目　162a
吉林莫里青项目　162a
技术与管理经验交流　165b
联合评价项目运行　165a
辽河高升项目　162b
辽河海南—月东项目　162a
辽河冷家堡项目　161a
硫磺沟项目　164b
马必项目　164b
煤层气项目运作　164a
人员培训　165b
三交北项目　164b
三交项目　164a
石楼北项目　164b
石楼南项目　164b
塔里木迪那 1 项目　163b
塔里木喀什北项目　163b
塔里木吐孜项目　163b
西南川东北项目　163a
西南川中项目　163a
西南金秋项目　163b
西南昭觉项目　164a
西南梓潼项目　164a
新疆九 1—九 5 项目　161b
新签油气合同　164b
原油项目运作　161a
紫金山项目　164b
国内油气勘探与生产　3a

H

哈尔滨石化分公司　412
安全生产　413a
产品　412a
成果　412b
措施　412b
工程建设　413a
技术改造　412b
精神文明建设　413b
科技创新　412b
企业改革与管理　413a
生产经营指标　412a
哈萨克斯坦公司　519
HSE 管理　520a
经营管理　519b
精神文明建设　520a
社会责任履行　520b
生产经营指标　519a
重点工程进展　519b
海外党的建设　256b
海外防恐安全和 HSE 管理　167a
海外勘探开发公司　153a
海外企业文化建设　258b
海外社区建设　264a
海外油气业务　153
非洲地区主要项目　156b
海外管道运营　159a
海外经营管理　160a
海外炼油化工　159b
海外新项目开发　154a
海外油气开发生产　153b
海外油气勘探　153a
海外重点工程建设　159a
美洲地区重点项目　157b
亚太地区重点项目　158a
预算管理　214a
中东地区重点项目　155b
中俄原油管道建成投运　159b
中亚地区重点项目　154a
重点勘探开发项目运行情况　154a
海外油气运营中心建设　166b
海洋安全监管　190b
海洋工程　78
工程管理　79b
管理工作　78b
重点工程　78a

海洋工程有限公司　560
　安全环保　562a
　党群工作　562b
　队伍建设　562b
　机构设置　560b
　科技创新　562a
　企业管理　561a
　生产经营指标　561a
　市场开发　561a
　业务范围　560a
　重点项目　562a
海运业务　166a
合并股东权益变动表（表）　655
合并及公司利润表（表）　654
合并及公司资产负债表（表）　652、653
合并利润表（表）　649
合并资产负债表（表）　648
合成氨　92b
合成树脂　91b
合成纤维　92a
合成纤维单体　92a
合成纤维聚合物　92a
合成橡胶　92a
合同管理　227b
和谐矿区建设　238b
和谐企业建设　5a
河北销售分公司　460
　安全生产　461a
　经营指标　460a
　企业管理　461b
　市场营销　460a
　网络开发　461a
　物流建设　460b
　主营业务　460a
河南销售分公司　472
　队伍建设　473b
　非油业务　472b
　经营指标　472a
　精细化管理　473a
　客户开发　472b
　社会责任履行　473b
　市场营销　472a
　网络建设　472b
　主要工作　472a
河西五市供气支线工程（新建）　119b
贺国强　37b
　考察中国石油阿姆河天然气项目　37a
黑龙江销售分公司　459
　安全管理　459b
　队伍建设　460a
　基层建设　459b
　企业管理　459a
　市场营销　459a
　项目建设　459b
　主要业务　459a
红色行动——夕阳关爱　264b
后评价管理　208a
　成果利用工作　208b
　典型项目后评价　208b
　系统建设工作　208a
　专项研究工作　208a
呼和浩特石化分公司　420
　安全环保　420a
　安全环保指标　420a
　产品及产量　420a
　队伍建设　421b
　精神文明建设　421b
　生产管理　421a
　生产经营指标　420a
　挖潜增效　421a
　项目建设　421a
胡锦涛　40b
湖北销售分公司　473
　安全管理　474b
　财务管理　474b
　调运管理　473b
　经营业绩　473a
　精细化管理　475a
　零售管理　474a
　投资管理　474a
　营销管理　474a
　主要业务　473a
　组织架构　475b
湖南销售分公司　481
　安全维稳　482a
　党建　482b
　经营指标　481a
　企业管理　482a

企业文化　482b
市场营销　481a
思想政治工作　482b
网络建设　481b
油站管理　481b
资源调运　481b
华北化工销售分公司　436
仓储物流体系建设　437a
产品推广　436b
党建　437b
队伍建设　437b
基础管理　437b
技术服务　436b
经营指标　436a
市场营销　436a
销售团队建设　437a
主要业务　436a
华北石化分公司　418
安全管理　418b
技术改造　419a
科技创新　419a
企业管理　419b
千万吨项目　419b
设备管理　419a
生产管理　418a
生产经营指标　418a
华北石油管理局　368
华北天然气管道分公司　511
华北天然气销售分公司　516
经营管理　517b
清欠推价增收　517a
市场开发调研　516b
统购统销结算业务　517b
业绩指标　516a
应急保供能力建设　516b
主要工作　516a
资源需求平衡　516b
华北油田二连油区　36b
华北油田分公司　368
安全　369b
党建　370a
多元开发　369a
和谐矿区建设　369b
环保　369b
勘探开发　368a
科技创新　369a
领导班子建设　370b
企业管理　369a
企业文化　370a
稳定　369b
新领域　368b
新能源　368b
主要业务　368a
华东化工销售分公司　438
生产经营指标　438a
市场营销　438b
主要业务　438a
华南化工销售分公司　440
安全环保　441b
产品调运　440b
分公司建设　441a
基础管理建设　440b
经营指标　440a
营销工作　440a
华油北京服务总公司　622
队伍建设　623a
服务保障　622a
基础管理　623b
化肥　92b
化工产品销售　94
化工物流　94b
市场回顾　94b
统销业务　94a
战略合作　94a
化工品进出口及国际贸易业务　165b
环保科技　191b
环保先进评选　191a
环境保护　190
规划　191a
宣传与培训　191b
环境风险控制　190b
环境管理　190a
环氧乙烷　91a
惠安堡—银川原油管道工程（续建完工）　120b
获国家科技奖励成果（表）　173
获集团公司科技奖励成果（表）　173

J

机电产品进出口管理　230a
机关保卫队伍管理　246b
机关部门主要领导（表）　311、316
机关财务管理　222a
机关档案管理工作　250b
基层党组织建设　256a
基层建设　260
吉化集团公司　388
吉林石化分公司　35b、388
　安全环保　389a
　党建　389b
　发展建设　389a
　改革与管理　389b
　和谐企业建设　389b
　企业文化　389b
　生产经营　389a
　主要指标　388b
吉林石油集团有限责任公司　360
吉林销售分公司　467
　安全环保　467b
　加油站管理　468a
　企业管理　468a
　市场营销　467a
　网络建设　468a
吉林油田分公司　360
　安全生产　362a
　队伍建设　362b
　工程技术　361b
　工程建设　361b
　科技创新　362a
　矿区和谐稳定　362b
　企业管理　361b
　天然气发展　361b
　油气勘探　360a
　油田开发生产　361a
集团公司 2010 年工作会议　21、23、31a
集团公司 2010 年领导干部会议　26、38a
集团公司标杆集体　269a
集团公司大事纪要　629
集团公司高级技术专家（表）　324
集团公司工作情况　3
集团公司管理专家（表）　330
集团公司合并利润表（表）　649
集团公司合并资产负债表（表）　648
集团公司机关部门主要领导（表）　311
集团公司技能专家人员名单（表）　333
集团公司建设项目档案管理规定　6
集团公司建设项目文件归档范围和保管期限表（表）　10
集团公司科技奖励成果（表）　173
集团公司劳动模范　269b
集团公司两院院士名单（表）　322
集团公司领导（表）　310
集团公司生产经营工作报告　28
　安全环保形势　29b
　安全生产　29b
　创效水平　28b
　工程技术等业务服务保障作用　29a
　技术进步　29b
　节能减排　29b
　经营效益　29a
　精细化管理　29b
　炼化生产　28b
　牛鼻子工程　29b
　市场竞争力和控制力　29a
　市场营销　29a
　天然气业务　29a
　网络建设　29a
　现有海外项目运营和新项目执行　29a
　信息化建设　29b
　油气勘探开发　28b
　增储上产任务　28b
　重点油气管道建设投运　29a
　主营业务发展支撑　29b
集团公司十佳工会工作者　290b
集团公司所属企事业单位主要领导（表）　312
集团公司特等劳动模范　269a
集团公司先进工会组织　286b
集团公司先进集体　279a
集团公司优秀工会工作者　290b
集团公司主要指标完成情况（表）　647
集团公司专业公司主要领导（表）　312
集团公司总经理助理、副总师（表）　310
集团公司组织机构（表）　297

计量工作 198
　　管理工作 109b
纪检监察 230
　　干部队伍自身建设 232b
技能鉴定 110a
技能专家人员名单（表） 333
技术交流 172a
技术项目 82
　　管理工作 83a
技术有形化 172b
济柴动力总厂 579
　　产品 579a
　　工程建设 580a
　　经营指标 579b
　　科技创新与成果 580a
　　企业管理 580b
　　业务和市场拓展 579b
　　主营业务 579a
冀东油田分公司 373
　　安全环保 375a
　　党建 375b
　　工程技术 375a
　　工程项目建设 374a
　　科技工作 374a
　　民生工程 375b
　　企业管理 374b
　　企业文化 375b
　　深化改革 374b
　　油气勘探 373a
　　油田开发 374a
　　主营业务 373a
加快转变发展方式 努力实现科学发展 26
　　安全环保 27b
　　发展战略重点 27a
　　规范化管理 27b
　　和谐矿区构建 27b
　　会议主要任务 26a
　　基础管理 27b
　　技术创新 27b
　　加快发展方式转变攻坚战 27a
　　加快发展方式转变重要性和紧迫性 27a
　　加快发展方式转变总的要求 27a
　　节能减排 27b
　　结构调整优化 27a
　　精细化管理 27a
　　科学发展思想政治和人才队伍保障 27b
　　民生工程建设 27b
　　内生增长动力培育 27b
　　牛鼻子工程 27a
　　企业发展根基 27b
　　市场化机制 27b
　　推进发展方式转变主要工作成果 26a
　　信息化建设 27b
　　综合一体化优势发挥 27b
加氢石油树脂 92a
加油站数（图） 672
甲苯 91a
甲醇 91a
价格政策 221a
监事会 2010 年度召开会议 50a
监事会参加股东大会 51a
监事会参加其他会议及履职情况 43b
监事会成员（表） 315
监事会对公司工作的意见 43b
监事会工作分析研究 52b
监事会会议召开情况 43a
监事会监督检查 51a、218a
监事会课题研究 53a
监事会列席董事会会议 50b
监事会审查关注的其他事项 43b
监事会运作 43a、50a
监事培训考察 53b
建设项目档案管理工作 250b
建设项目档案管理规定 6
建设项目档案验收内容及要求 20
建设项目环境管理 190a
建设项目文件归档范围和保管期限表（表） 10
建设用地管理 207a
江都—如东天然气管道工程（续建） 118a
江苏 LNG 项目 122b
江苏销售分公司 468
　　安全环保管理 469b
　　加油站管理 469a
　　企业管理 470a
　　市场营销 469a
　　网络建设 469b
　　主要指标 468b
　　资源组织 469a

江西销售分公司　498
安全管理　498b
经营指标　498a
企业管理　498b
市场营销　498a
网络建设　498a
蒋洁敏　31、32、39b、40a
在2010年工作会议结束时的讲话　24
在集团公司2010年工作会议上的报告　21
在集团公司2010年领导干部会议上的报告　26
蒋洁敏在领导干部会议结束时的讲话　29
全国人才工作会议精神领会　29a
人才工作水平　30a
人才强企之路　29b
十二五人才发展规划总体要求　29b
综合性国际能源公司建设　29b
组织领导　30a
做好人才工作责任感和紧迫感　29a
交接计量管理　198a
交通安全　190a
节能节水标准化　199b
节能节水工作　198
节能节水监测　199a
节能节水情况　199a
节能节水统计　199a
节能节水型企业创建　199a
节支降耗　239b
结构调整优化　21
金融研究平台　212b
金坛储气库新增9口造腔井钻井工程　122a
金坛地下储气库工程（续建）　122a
锦西石化分公司　408
安全环保　408b
财务管理　409a
产品销售　409a
党群工作　409b
基础管理　409a
矿区建设　409b
设备管理　408a
生产管理　408a
项目建设　409a
锦州石化分公司　405
安全环保　405b
工程建设　406b
和谐发展　407b
节能增效　406a
科技创新　406a
企业文化　407a
设备维护　406b
生产经营指标　405a
经济技术研究院　591
对外交流合作　592b
发展目标　592a
发展思路　592a
科研成果　592a
科研基础能力建设　592a
科研业务结构　592a
人才开发力度　592b
体制机制创新　592b
精细化工　92b
精细油藏描述　68a
井下作业　140b
队伍状况　140b
技术推广应用　141a
技术质量指标　141a
经营情况　141a
井下作业特色技术　142b
人员状况　140b
设备状况　140b
试油测试技术　141a
完成工作量　140b
修井、侧钻技术　142a
压裂酸化技术　141b
境外档案规范化管理　250a
境外投资联合年检工作　212b
境外资金管理　211a
纠纷案件管理　228a
纠纷排查　241a
聚苯乙烯　92a
聚丙烯　91b
聚乙烯　91b

K

勘探工程技术　61
315工程　63a

MDT 测井技术 65a
垂直钻井技术 64a
地震解释技术 62a
分支井钻井技术 64b
复杂井况测井采集技术 65b
高精度成像测井技术 64b
气体钻井技术 64a
欠平衡钻井技术 63b
水平井钻井技术 63a
天然气开发地球物理技术 62b
物探技术攻关 61a
旋转井壁取心技术 65a
勘探开发项目管理 203b
勘探开发研究院 582
科研成果 582b
科研生产工作 583a
企业管理 584a
勘探与生产分公司 57a
安全生产 57b
工作量 57a
经济效益指标 57a
生产经营指标 57a
天然气开发成果 58b
油气产量和商品量 57a
油气储量 57a
油气勘探成果 57b
原油开发成果 58a
勘探与运营情况（表） 650
抗洪救灾 264a
抗击自然灾害 263b
科技创新基金 172a
科技发展 171
科技工作 171a
科技攻关 4a
科技奖励 172b
成果（表） 173
科技培训 172b
科技资源 172b
科学发展 26
可持续发展报告 45b
可研估算审查 206b
克拉玛依石化分公司 426
安全管理 426b
规划计划 427a
环境保护 427a
科研开发 427b
炼油生产 426b
设备管理 427b
审计工作 427b
质量管理 427a
会计核算 215b
会计集中核算及信息系统建设 216b
矿区安全管理 239a
矿区服务 237
矿区绿化 239b
矿权管理 70
2010 年全国石油天然气（含煤层气）矿业权统计表（表） 70
工作成果 70a
核减退出方案 71a
矿保勘探部署管理 71a
年检缴费工作 71a
全国矿权登记状况 70b
新的有利矿权领域拓展 70a
政府矿权抽查与政策调研 71b
昆仑金融租赁有限责任公司 625
财务管理 625b
公司治理 625a
经营范围 625a
经营指标 625a
内控与风险管理 625b
人才培养 625b
市场定位 625a
市场开发 625a
昆仑银行股份有限公司 619
服务网络建设 620a
经营指标 619a
内控风险建设 620a
企业文化建设 620b
人力资源建设 620b
信息化建设 620b
主营业务 619a

L

兰成渝成品油管道增输工程（新建） 121b

兰郑长成品油管道工程（续建）　121b
兰州石化分公司　394
　安全环保　395a
　队伍建设　396a
　关注民生　396a
　技术经济指标　394b
　节能减排　395b
　科技进步　395b
　企业管理　395b
　企业文化　396b
　荣誉　396b
　生产运行　395a
　项目建设　395b
兰州原油商储库（续建完工）　121b
蓝色行动——维护秩序　265a
劳动模范　269b
劳动用工管理　224b
劳动组织管理　224a
离退休职工管理　247
　待遇落实　247a
　党支部建设　248a
　队伍建设　248b
　活动中心　248b
　老年大学　248b
　政治学习　248a
李克强　36b
　考察抚顺石化　36a
　考察乌鲁木齐石化　33b
利润表（表）　654
沥青销售　108b
廉洁从业　231a
炼化工程建设项目部　431
　QHSE 管理　432a
　工程建设　431a
　企业管理　432a
　前期项目　431a
　协管项目　431b
　援建项目　431a
炼化加工　3b
　项目管理　204a
炼油能力（表）　662
炼油小产品　108
炼油与化工分公司　89a
　ABS 树脂　91b
　PE　91b
　PP　91b
　PS　92a
　SAN 树脂　92a
　安全环保　100a
　苯　91a
　苯酚　91b
　苯乙烯　91b
　表面活性剂　92b
　丙酮　91b
　产品　90
　醋酸　91a
　催化剂　92b
　丁苯树脂　92a
　丁醇　91a
　二甲苯　91a
　岗位技能竞赛活动　100b
　工程建设　92a
　工程竣工验收　93b
　工程投资控制　93a
　合成氨　92b
　合成树脂　91b
　合成纤维　92a
　合成纤维单体　92a
　合成纤维聚合物　92a
　合成橡胶　92a
　化肥　92b
　环氧乙烷　91a
　技能人才培训工作　101a
　技术开发　97a
　技术应用　97b
　加氢石油树脂　92a
　甲苯　91a
　甲醇　91a
　经营业绩　89a
　精细化工　92b
　聚苯乙烯　92a
　聚丙烯　91b
　聚乙烯　91b
　科技管理　96b
　炼油装置　90a
　尿素　92b
　区域专业培训中心建设　101b
　设备管理　99a

生产管理 95b
生产技术管理 96a
十二五炼化业务发展规划 90b
十一五业绩回顾 89b
投资计划 95a
项目前期工作管理 95a
辛醇 91a
新产品开发 98a
新建炼化装置开工人员培训指导工作 101b
信息技术应用 98b
乙烯 91a
有机原料 91a
重点工程 92
重点工程质量安全管理 93b
专业管理 95
专业技术培训 100b
专业培训水平 101b
装置 90
资源配置 95b
炼油与化工生产情况（表） 650
炼油装置 90a
两院院士名单（表） 322
辽河石化分公司 422
安全环保 422b
产品 422a
党组织建设 424a
队伍建设 424a
工程建设 423b
科技创新与成果 423a
矿区建设 424b
企业发展 423b
企业管理 423b
企业文化 424b
设备管理 423a
生产经营指标 422a
装置 422a
辽河石油勘探局 345
辽河天然气利用工程（续建） 118b
辽河油田分公司 345
安全环保 348a
大民屯潜山勘探 346a
党建 348b
多种经营 347a
工程技术 346b
工程建设 347a
和谐矿区建设 348b
科技进步 347b
辽河滩海地区勘探 346a
企业管理 347b
企业文化 348b
天然气业务 346b
西部凹陷勘探 345b
相关产业发展 346b
兴隆台潜山勘探 345b
油气开发 346a
油田勘探 345a
主营业务 345a
装备制造 347a
辽河油田开发建设 40 周年庆祝大会 33b
辽宁销售分公司 450
安全管理 451a
队伍建设 451b
非油品业务 450a
企业管理 450b
润滑油业务 450a
市场营销 450a
网路开发与建设 450b
主要业务 450a
辽阳石化分公司 392
经济指标 392b
科技进步 393b
民生工程 394a
企业管理 393a
生产经营 392b
项目建设 393b
林源原油储备库（续建完工） 122a
领导班子建设 224a
领导干部会议 26、29、38a
刘国强 34b
刘庄地下储气库工程 122b
角直—宝钢供气管道工程（续建完工） 119a
录井 139b
队伍状况 140a
人员状况 140a
生产经营情况 140a
装备状况 140a
绿色行动——保护环境 265a

M

马飚　39a
矛盾化解　241b
梅德韦杰夫　40b
煤层气　79a
面临形势　23
漠河—大庆原油管道工程（续建完工）　120b

N

内部财务稽查　218a
内部控制　235
　　制度完善情况　42a
内控培训及队伍建设　237a
内控体系建设　235a
内控体系运行评价　236b
内蒙古销售分公司　454
　　安全环保稳定　455a
　　加油站管理　455a
　　经营指标　454a
　　企业管理　455b
　　市场营销　454a
　　网络建设　454b
纳溪—安边输气管道工程（续建完工）　118b
南方石油勘探开发有限责任公司　381
　　安全环保　384a
　　经营管理　383b
　　生产经营指标　382a
　　油气经营　382b
　　油气开发　382b
　　油气勘探　382a
　　主营业务　381b
南干线东段安全隐患改造工程（续建完工）　119a
南美公司　526
　　安全环保　529b
　　厄瓜多尔安第斯项目　527b
　　哥伦比亚勘探项目　528a
　　精神文明建设　529a
　　勘探开发项目　527a
　　秘鲁1AB/8区项目　528a
　　秘鲁塔拉拉油田6/7区项目　528a
　　企业管理　528b
　　生产经营　528a
　　十一五成果　526b
　　委内瑞拉MPE3项目　527a
　　委内瑞拉胡宁4项目　527b
　　委内瑞拉陆湖项目　527a
　　委内瑞拉苏马诺项目　527a
　　新项目开发　528b
尼罗河公司　529
　　安全　530b
　　党建　531b
　　地区公司管理　531a
　　公益事业　531a
　　环保　530b
　　机构设置　529b
　　经营管理　530b
　　上游项目　530a
　　下游项目　530a
　　项目完成情况　530a
　　项目总体效益情况　530a
　　宣传思想政治工作　531b
　　油气业务指标　530b
　　原油加工　530b
　　增储上产　530b
　　主要工作　530b
年报社会审计　217a
年度科技计划　171a
年度业务发展计划　205b
年金管理　218b
尿素　92b
宁夏石化分公司　400
　　安全生产　400a
　　成果　400b
　　措施　400b
　　工程建设　401b
　　和谐企业建设　401b
　　生产经营指标　400a
宁夏销售分公司　492
　　安全环保　493a
　　队伍建设　494a
　　非油业务　493a

加油卡业务　493a
经营指标　492b
精细化管理　493b
客户开发　492b
荣誉　492a
社会责任　494b
网络建设　493a
努尔·白克力　38a

P

配合国家能源外交活动　166a
普法和企业依法治理　228b

Q

企业标准制修订　197a
企业管理基础　4b
企业会计准则体系　216a
企业文化建设　5b、258
十二五发展规划　258a
企业依法治理　228b
企业驻京联络机构安保消防工作　245b
气体钻井技术　64a
欠平衡钻井技术　63b
秦光荣　40a
秦皇岛—沈阳输气管道工程（续建）　118a
青海销售分公司　496
安全　497b
环保　497b
经营指标　496a
企业基础管理　497b
投资工程建设　497a
稳定　497b
营销措施　496b
青海油田分公司　365
党群工作　367a
工程技术服务　366a
惠民工程　366b
获奖情况　366b
科技创新　366b
矿区服务　367a
企业管理　366b
青海油田 55 周年庆典　367a
生产经营　365b
输储炼销　366a
项目建设　366a
油气勘探　366a
油气生产　366a
支援玉树抗震救灾　367b
主营业务　365a
青海油田格尔木石化基地　38b
青字号品牌工作　261a
庆铁线扩能安全改造工程
垂杨—铁岭段（新建）　121a
庆铁线扩能安全改造工程
新庙—垂杨段（续建完工）　121a
庆阳石化分公司　428
安全环保　428b
产品　428a
成果　428a
措施　428a
党群工作　429a
队伍建设　429a
工程建设　428b
公司荣誉　429b
技术改造　428b
节能减排工作　428b
矿区服务　429a
企业文化建设　429a
生产经营指标　428a
四新技术应用　428b
全国劳动模范名单　266a
全国青年文明号　268a
全面协调可持续发展能力　21
权属、行政、劳动法律管理　228b
群团工作　260

R

燃料油销售　108b
人才队伍建设　224a

人才引进　172a
人事工作　224a
人事管理　224
认清面临形势　注重质量效益　继续保持生产经营平稳较快发展　23
　　2009年生产经营主要成果　23a
　　2010年重点工作安排　23b
　　面临的形势　23a
　　生产经营工作总的要求　23b
　　生产经营主要成果　23a
　　重点工作　23b
日照—东明原油管道工程（续建）　121a
融资成本　212b
融资对外担保额度　213a
融资管理　212b
融资项目　213a
融资债务后续管理　213a
软科学研究　172a
润滑油分公司　446
　　QHSE管理　447a
　　产品　446b
　　经营管理　447a
　　经营指标　446b
　　科研创新　447b
　　企业管理　447b
润滑油销售　108a
润滑油与炼油小产品　108

S

涩宁兰输气管道复线工程（续建完工）　118b
山东天然气管网工程（续建）　118a
山东销售分公司　463
　　非油品业务　464a
　　加油站管理　464a
　　经营指标　463a
　　精细化管理　464b
　　市场营销　463b
　　网络建设　464b
山西销售分公司　489
　　队伍建设　491a
　　非油业务　490a
　　客户开发　490a
　　企业管理　490b
　　生产经营指标　490a
　　网络建设　490b
　　资源调运　490a
陕京三线输气管道工程（续建完工）　119a
陕京输配气系统板中储气库加快达容二期工程（续建）　122a
陕西销售分公司　465
　　安全环保　466b
　　非油品业务　466b
　　加油站管理　466b
　　科技创新与成果　467b
　　企业管理　465b
　　生产经营指标　465a
　　市场营销　466b
　　网络建设　466a
上海世博会创先争优先进基层党组织　267b
上海世博会和广州亚运会安保防恐工作　243a
上海世博会石油馆安全平稳运行188天宣布闭馆　41a
上海世博会先进个人　267a
上海世博会先进集体　267a
上海销售分公司　457
　　保障服务世博　458b
　　基础管理建设工程　458a
　　经营指标　457a
　　市场营销　457b
　　网络建设　458a
　　主要工作　457a
设备管理　123b
社会公益工作　262
社会公益投入（表）　656
深圳LNG项目　123a
审计活动　232a
审计监督　232
审计协会　234b
审计业务培训　234b
生产经营报告　23
生产经营工作报告　28
生产经营计划管理　206a
生产经营平稳较快发展　23
生产运行协调成效　206a
生产运行协调机制　206a

施工作业健康管理 192a
十二五规划编制工作 203a
十佳工会工作者 290b
石军 32b
石空—兰州原油管道工程（续建完工） 120b
石油产量（表） 661
石油地球物理勘探 133a
　　地震采集工作量 133b
　　地质资料解释研究成果 134a
　　队伍人员状况 133a
　　技术推广应用 134b
　　石油物探数据处理 134a
　　石油物探野外采集 133b
　　物探设备 134a
石油工程建设 207b
石油工业出版社 602
　　经营工作 603a
　　企业管理 603a
　　千万图书送基层、百万员工品书香活动 603b
　　图书出版 602b
石油公司公益性社会投入（图） 673
石油公司加油站数（图） 672
石油公司天然气产量（图） 672
石油公司原油产量（图） 672
石油馆安保消防工作 244a
石油管工程技术研究院 598
　　安全生产 599b
　　标准化工作 599b
　　对外合作 599b
　　工程技术服务 599a
　　技术监督 599a
　　科技成果 598a
　　主营业务 598a
石油化工研究院 589
　　成果专利 591a
　　技术服务 590a
　　技术研发 589b
　　科研基建 591b
　　人才队伍建设 591b
　　主营业务 589a
石油进出口量（表） 665
石油商业储备 221a
石油剩余探明可采储量（表） 660
石油体协工作 261b
石油文联工作 261a
石油物资分类与代码 230b
石油影视中心工作 261b
石油政研会工作 261a
史志编研工作 251a
史志工作 250b
　　规范 251a
世博会和亚运会服务保障 265b
世界主要国家和地区石油进出口量（表） 665
世界主要国家炼油能力（表） 662
世界主要国家石油产量（表） 661
世界主要国家石油剩余探明可采储量（表） 660
世界主要国家天然气产量（表） 664
世界主要国家天然气剩余探明可采储量（表） 663
世界主要国家一次能源分类消费量（表） 659
世界最大 50 家石油公司综合排名
（6 项指标）（表） 667
世界最大 50 家石油公司总收入等 4 项
指标排名（表） 669
市场管理 84
　　服务基层 85b
　　关联交易 85b
　　监督管理 84b
　　天然气开发操作性文件 85b
　　油气田开发志 85b
　　《中国油气田开发志》 85b
事故管理 189b
收费制度改革 238a
收购兼并 225b
授权集中采购 229a
输气管线运行情况（表） 114b
水平井工程 68b
水平井钻井技术 63a
思想政治保障体系 255
　　建设 255a
思想政治工作 257
　　会议 257a
四川石油管理局 357
四川销售分公司 451
　　安全环保 452a
　　经营指标 451a
　　企业管理 452a
　　市场营销 451a
　　网络建设 451b

所属企事业单位主要领导（表） 312、318

塔里木油田分公司　353
　10 年油气发展规划制定　354b
　创先争优活动　355a
　大化肥项目建成投产　354b
　勘探开发一体化　354a
　柯东 1 井　354a
　南疆天然气利民工程　355a
　生产　353a
　石油钻井　354a
　塔中Ⅰ号气田地面工程建成投产　354b
　销售　353a
　新垦区块　354a
　油气勘探　353b
唐山 LNG 项目　122b
特等劳动模范　269a
天津销售分公司　491
　队伍建设　492b
　经营指标　491a
　精细化管理　492a
　企业改革　491b
　市场营销　491a
　网络建设　491b
　主要业务　491a
天然气产量（表）　664
天然气产量（图）　672
天然气产销平衡情况　115a
天然气储运　114b
天然气工业产量　115a
天然气管道工程　117b
天然气价格（图）　671
天然气进口业务　166a
天然气开发　68
　长庆气区生产状况　69a
　大庆油区生产状况　69b
　吉林油区生产状况　69b
　地球物理技术　62b
　前期评价　68b
　青海气区生产状况　69a
　塔里木气区生产状况　69a
　天然气产量　68a
　天然气产能建设　68a
　天然气重大地面工程建设　68a
　吐哈油区生产状况　69b
　西南气区生产状况　69a
　新疆油区生产状况　69b
　制度建设　69a
天然气利用　116a
天然气剩余探明可采储量（表）　663
天然气销售构成（图）　116
天然气销售价格　116a
天然气销售量　115a
　流向表（表）　116
天然气销售流向及结构　115b
天然气销售与利用　115
天然气业务　117a
天然气与管道分公司　113a
　标准化管理工作　128b
　股权管理　125b
　管道安全　127a
　管道节能　127a
　管道科技　128b
　管道信息　129b
　管理体系和规章制度建设　124a
　规划管理　125b
　核算与结算管理　125a
　核心业务　113a
　基础管理工作　124
　价格与税收管理　124b
　结算管理　125a
　三化设计　130b
　税收管理　124b
　天然气销售　113b
　投资管理　126a
　油品调运　113a
　预算成本管理　124a
　员工培训　126b
　重点项目建设　113a
　主要成果　113a
　资产完整性管理　113b
　资产与股权管理　125b
铁抚线扩能改造工程（新建）　121a
铁秦线葫芦岛占压改线工程（续建完工）　121a

统计管理和核算方法制度　208b
统计决策支持作用发挥　209a
统计信息服务水平　209a
统计业务培训　209b
投资标的控制体系　207a
投资管理　106
投资者关系和新闻媒体关系　45b
土地管理　220a
吐哈石油勘探开发指挥部　370
吐哈油田分公司　370
　安全环保　371b
　党建　373a
　工程技术服务　372a
　精细化管理　372b
　科技进步　372a
　民生工程　372b
　企业文化　373a
　人力资源管理　372b
　油气勘探　371a
　油气田开发　371b
　主要业务　370a
团中央、中央企业团工委重点工作优秀
　共青团干部　268b

外汇资金集中管理　211a
外事队伍建设　167b
外事管理与服务　167b
完整性管理体系建设　123a
汪东进　37b
王福成　34a、34b
王宜林　35b
网络建设　106
威青线三四类地区改造工程（续建完工）　118b
维护稳定　240
　组织责任　240b
维抢修体系建设　123a
维稳信访基础工作　241b
维稳信访渠道畅通　241a
未上市解困扭亏　214b
未上市销售业务管理　110b
文明风尚倡导　265a
乌鲁木齐石化分公司　33a、398
　安全与环保　399a
　工程建设与试车　399b
　技术管理　399b
　矿区建设　399b
　设备管理　399a
　生产及效益指标　398b
　生产经营　399a
污染治理　191a
吴邦国　36a
　考察吉林石化　35b
吴登昌　32b
五型班组建设　260a
物探技术攻关　61a
物资采购　228
物资采购管理信息平台　229b

西北化工销售分公司　434
　保运促销　435b
　仓储运输　435b
　企业管理　434a
　市场营销　435a
　主要业务　434a
西北销售分公司　444
　安全管理　446a
　队伍建设　446b
　经营指标　445a
　精细化管理　445b
　企业发展　445a
　人力资源管理　446a
　主营业务　444a
西部管道分公司　512
　安全环保　513a
　党群工作　513b
　工程建设　512b
　管道运营　512b
　管理创新　513a
　经营指标　512a
　科技进步　513a

社会责任　513b
维稳防恐　513b
油气销售　513a
主要业务　512a
西部管道销售分公司　512
西部钻探工程有限公司　544
安全环保　545a
党群工作　546a
改革调整　546a
国际化经营　545a
和谐企业建设　546b
节能降耗　545b
精细管理年活动　546a
科技创新　544b
社会责任履行　546b
生产建设　544a
生产经营指标　544a
综治维稳　546b
西南化工销售分公司　441
安全环保工作　442b
仓储物流管理　442b
队伍建设　442b
经营指标　441a
企业管理　442a
文化建设　442b
营销工作　441b
主要业务　441a
西南抗旱　263b
西南油气田分公司　357
安全　359a
对外油气项目合作　358b
和谐企业建设　360a
环保　359a
精神文明建设　359b
科技创新　358b
企业管理　359a
生产经营指标　357b
市场营销　358b
油气勘探开发　358a
主要业务　357a
西气东输二线管道工程（续建）　117b
西气东输管道分公司　509
安全管理　509b
工程建设　510a
经营管理　510b
科技创新　510b
生产经营指标　509a
生产运行　509b
天然气市场开发与销售　510b
主营业务　509a
西气东输销售分公司　509
西藏销售分公司　499
HSE 管理　500b
财务管理　500a
党建工作　501a
加油站管理　500b
经营指标　499b
企业管理　499a
企业文化建设　501b
市场营销　500a
思想政治工作　501a
投资管理　500a
油品数质量管理　500b
资源调运　499b
先进典型选树和宣传　257b
先进工会组织　286b
先进集体　279a
项目管理　203b
项目前期　117a
项目投资对标研究　206b
销售分公司　105a
销售项目管理　205a
销售业务情况（表）　650
小产品业务　108b
效能监察　231a
辛醇　91a
新疆独山子石油化工总厂　396
新疆石油管理局　355
新疆销售分公司　461
安全生产　462b
非油品业务　462b
工程建设　462b
加油站管理　462a
经营指标　462a
企业改革与管理　462b
市场营销　462a
新疆油田分公司　355
安全环保　356b

队伍建设　357a
和谐矿区建设　357a
节能减排　356b
经营管理　356a
科技进步　356b
生产经营指标　355a
油气勘探　355b
油气生产　356a
主要业务　355a
新能源　79
新增享受政府特殊津贴人员（表） 322
薪酬保险管理　224b
信息安全建设　186a
信息标准化　186a
信息化成果报告发布　35a
信息化工作　183
信息化管理　109b、185b
信息化建设　4a
信息技术基础设施建设　185a
信息技术培训　186b
信息系统建设　184a
信息系统维护　185a
信息系统应用　184a
形势、目标、任务、责任主题教育　257a
旋转井壁取心技术　65a
学习型党组织建设　256a
巡视监督　232b

Y

业绩路演　45a
业务流程管理工作　235a
页岩气　80a
液化天然气接收站工程　122b
一次能源分类消费量（表） 659
一级采购案例　229b
伊拉克公司　521
艾哈代布项目　521b
班子建设　524a
党建　524a
哈法亚项目　522b
环境保护　525a
鲁迈拉项目　523a
企业文化　524b
社会公益　525a
生产经营工作　523b
油气项目　521b
伊朗公司　525
2010 年主要业绩　526a
乙烯　91a
已评估探明储量和探明开发储量（表） 651
以优秀班组长名字命名的 10 个班组　294b
银行关系管理　212a
应急管理　192
队伍建设　193b
规章制度建设　192a
基层预案管理试点　192b
基础管理　192a
集团公司级应急演练　193a
检查交流　193b
企业安全环保应急预案审核　192b
企业应急演练指导　193a
应急宣教培训　192a
应急演练　193a
预案管理　192b
预警救援　193b
重大项目投产前应急预案审核　193a
组织机构建设　192a
应收账款清收　218b
用地预审基础建设　207a
优秀工会工作者　290b
优秀审计项目　234b
油藏动态监测　68b
油藏评价　71
评价工作量　71a
新区原油产能建设　72b
新区原油产能建设管理　73a
新增探明储量　71a
油藏评价成果　71b
油藏评价管理　72a
重点项目实施效果　72b
油库管理　109a
油气安保防恐工作　242a
油气保供工作　206b
油气储运　114
能力　114a

项目管理　204b
油气计量检定机构能力建设　198a
油气开发技术成果　82b
油气勘探　58
渤海湾盆地　59a
柴达木盆地　60b
鄂尔多斯盆地　59b
二连盆地　61b
海拉尔—塔木察格盆地　61a
技术成果　82a
勘探成果　59a
勘探任务完成情况　58b
四川盆地　60a
松辽盆地　59b
塔里木盆地　60b
吐哈盆地　60b
雅布赖盆地　61b
重点工作　58a
准噶尔盆地　60b
油气销售　3b
油田开发　66
二次开发　67a
精细油藏描述　68a
水平井工程　68b
稳定并提高单井日产量牛鼻子工程　66b
油藏动态监测　68b
油田开发基础年　66b
原油产能建设　67a
原油生产　66a
重大开发试验　67b
油页岩　81a
有机原料　91a
玉门油田分公司　376
安全生产　377a
对外合作　377a
工程服务　376b
炼油化工　376b
内部管理　377b
油气勘探　376a
油田开发　376a
主要业务　376a
预算管理　213b
机制　214a
信息化项目　215a
制度流程规范　213b
综合能力　214a
预算业绩驱动作用　213b
员工扶贫帮困工作　260b
员工绩效考核　224b
员工培训　110a
员工素质　260b
员工志愿者行　264b
原油产量（图）　672
原油产能建设　67a
原油储备库工程　121b
原油储运　114b
原油管道工程　120b
原油价格（图）　671
原油进出口及国际贸易业务　165a
原油配置　114a
原油生产　66a
原油业务　117a
源头治理　232a
云南销售分公司　478
安全环保　479a
党建　479b
非油业务　478b
基础管理　479a
经营指标　478a
零售业务　478b
企业文化　479b
市场营销　478a
网络建设　478a
主要业务　478a

Z

在京单位及企业驻京联络机构安保消防工作　245b
造价管理基础工作　207a
增收增效　239b
债务管理　210b
展览厅建设　250b
战略研究　203a
张德江　38a
招标管理　229a
浙江销售分公司　475

安全环保　476b
队伍建设　477b
非油品业务　476b
企业管理　477a
市场营销　476a
网络建设　476b
主要业务　475a
主要指标　475b
浙江油田分公司　377
安全环保　379a
队伍建设　379a
和谐稳定　379b
机构设置　378a
经营管理　378b
矿区服务　379b
油气勘探　378a
油田开发　378b
整体实力　3a
支持教育　263a
知识产权管理　172b
直属工会工作　261b
直属共青团与青年工作　262a
直属机关党的建设　256b
职业道德建设　258b
职业健康　191
管理　191a
基础工作　192a
监护与监测　191b
指标完成情况（表）647
质量管理　109b
质量管理与监督　195
产品质量监督抽查　195b
产品质量认可　195b
产品驻厂监造　195b
基础管理建设工程　196a
教育培训　196a
品牌整合　195b
油品质量控制　195a
制度建设　195a
质量管理体系建设　195a
质量月活动　196a
质量效益　23
中长期规划　203a
中俄合作项目部　536
安全环保　538b
党建工作　538b
队伍建设　539a
管理创新　538a
合资公司管理参与　537b
科技创新　538a
上游合作　537b
业务发展　536a
中俄天然气合作　537a
中俄原油管道提前竣工投产　536a
主要工作　536a
主要职责　536a
中俄原油管道工程全线竣工　40b
中国 2010 年上海世博会创先争优先进基层党组织　267b
中国 2010 年上海世博会先进个人　267a
中国 2010 年上海世博会先进集体　267a
中国华油集团公司　620
安全生产　622b
经营活动　620a
企业改革与管理　621b
中国寰球工程公司　569
安全生产　570b
基础管理　570b
技术创新　570a
生产经营指标　569a
市场开发　569b
重点项目建设　569a
中国昆仑工程公司　571
安全生产　572b
成果　571b
措施　571b
工程建设　572a
科技创新　572a
企业改革与管理　572b
企业资质　571a
生产经营指标　571b
中国联合石油有限责任公司　165a、539
中国石油 A 股 2010 年度股价走势图（图）49
中国石油 A 股 2010 年股价表现综合分析　48b
中国石油 H 股市场走势（图）47
中国石油阿姆河天然气项目　37a
中国石油报社　601
报纸工作　601a

经营工作　601b
企业管理　602a
业务建设　602b
中国石油大连石油化工公司　402
中国石油大庆石油化工总厂　386
中国石油档案馆建设纳入规划　250a
中国石油抚顺石油化工公司　390
中国石油工程建设公司　565
党建　567b
企业管理　566b
企业文化建设　567b
市场开发　566a
在建项目执行　566a
质量安全管理　566b
中国石油国际事业有限公司　165a、539
HSE 体系建设　540b
风险管理　540b
国际贸易业务运作　539a
海外油气运营中心建设　540a
经营指标　539a
人事管理　540b
业主营业务　539a
中国石油集团安全环保技术研究院　595
中国石油集团渤海石油装备制造有限公司　581
中国石油集团渤海钻探工程有限公司　549
中国石油集团测井有限公司　557
中国石油集团长城钻探工程有限公司　547
中国石油集团川庆钻探工程有限公司　551
中国石油集团东北炼化工程有限公司　429
中国石油集团东方地球物理勘探有限责任公司　554
中国石油集团东南亚管道有限公司　541
中国石油集团工程设计有限责任公司　567
中国石油集团工程咨询有限责任公司　584
中国石油集团海洋工程有限公司　560
中国石油集团济柴动力总厂　579
中国石油集团经济技术研究院　591
中国石油集团石油管工程技术研究院　598
中国石油集团西部钻探工程有限公司　544
中国石油集团钻井工程技术研究院　593
中国石油技术开发公司　573
安全环保基础　575a
风险管控能力　574b
服务保障和带动作用　574a
国际大型项目运作能力　574b
国际营销网络布局和功能建设　574a
和谐企业建设　575b
机构设置　573a
集团公司扩大装备制造产品出口三步走战略目标贯彻实施　573b
境外机构管理水平　575a
生产经营指标　573a
主导产品出口格局　574a
主要工作及成果　573b
中国石油锦西炼油化工总厂　408
中国石油锦州石油化工公司　405
中国石油兰州石油化工公司　394
中国石油辽阳石油化纤公司　392
中国石油企业协会　613
期刊编辑　614b
企业管理评审　614a
咨询与培训　614b
组织建设　613b
中国石油社会公益工作　262
中国石油审计服务中心　603
党建　604b
机构设置　604a
培训工作　605a
企业管理与改革　605a
企业文化　604b
审计工作　604a
主要职责　604a
中国石油思想政治保障体系建设　255a
中国石油四川石化有限责任公司　416
工程建设　416a
规划发展　416b
生产经营指标　416a
生产准备　416a
中国石油天然股份有限公司西气东输管道分公司　509
中国石油天然气股份有限公司 2010 年 12 月 31 日合并及公司资产负债表（表）　652、653
中国石油天然气股份有限公司 2010 年度合并股东权益变动表（表）　655
中国石油天然气股份有限公司 2010 年度合并及公司利润表（表）　654
中国石油天然气股份有限公司安徽销售分公司　482
中国石油天然气股份有限公司北京销售分公司　455
中国石油天然气股份有限公司北京油气调控中心　503
中国石油天然气股份有限公司长庆石化分公司　425

中国石油天然气股份有限公司长庆油田分公司　349
中国石油天然气股份有限公司重庆销售分公司　479
中国石油天然气股份有限公司大港石化分公司　416
中国石油天然气股份有限公司大港油田分公司　363
中国石油天然气股份有限公司大连海运分公司　501
中国石油天然气股份有限公司大连石化分公司　402
中国石油天然气股份有限公司大连销售分公司　488
中国石油天然气股份有限公司大庆炼化分公司　410
中国石油天然气股份有限公司大庆石化分公司　386
中国石油天然气股份有限公司东北化工销售分公司　433
中国石油天然气股份有限公司东北销售分公司　443
中国石油天然气股份有限公司董事会成员（表）　315
中国石油天然气股份有限公司独山子石化分公司　396
中国石油天然气股份有限公司对外合作经理部　384
中国石油天然气股份有限公司福建销售分公司　486
中国石油天然气股份有限公司抚顺石化分公司　390
中国石油天然气股份有限公司甘肃销售分公司　470
中国石油天然气股份有限公司管道分公司　507
中国石油天然气股份有限公司管道建设项目经理部　506
中国石油天然气股份有限公司广东销售分公司　452
中国石油天然气股份有限公司广西石化分公司　414
中国石油天然气股份有限公司广西销售分公司　484
中国石油天然气股份有限公司规划总院　586
中国石油天然气股份有限公司贵州销售分公司　494
中国石油天然气股份有限公司哈尔滨石化分公司　412
中国石油天然气股份有限公司河北销售分公司　460
中国石油天然气股份有限公司河南销售分公司　472
中国石油天然气股份有限公司黑龙江销售分公司　459
中国石油天然气股份有限公司呼和浩特石化分公司　420
中国石油天然气股份有限公司湖北销售分公司　473
中国石油天然气股份有限公司湖南销售分公司　481
中国石油天然气股份有限公司华北化工销售分公司　436
中国石油天然气股份有限公司华北石化分公司　418
中国石油天然气股份有限公司华北天然气管道分公司　511
中国石油天然气股份有限公司华北天然气销售分公司　516
中国石油天然气股份有限公司华北油田分公司　368
中国石油天然气股份有限公司华东化工销售分公司　438
中国石油天然气股份有限公司华南化工销售分公司　440
中国石油天然气股份有限公司机关部门主要领导（表）　316
中国石油天然气股份有限公司及其附属公司勘探与运营情况（表）　650
中国石油天然气股份有限公司及其附属公司炼油与化工生产情况（表）　650
中国石油天然气股份有限公司及其附属公司销售业务情况（表）　650
中国石油天然气股份有限公司及其附属公司主要子公司、参股公司情况（表）　651
中国石油天然气股份有限公司吉林石化分公司　388
中国石油天然气股份有限公司吉林销售分公司　467
中国石油天然气股份有限公司吉林油田分公司　360
中国石油天然气股份有限公司冀东油田分公司　373
中国石油天然气股份有限公司监事会成员（表）　315
中国石油天然气股份有限公司江苏销售分公司　468
中国石油天然气股份有限公司江西销售分公司　498
中国石油天然气股份有限公司锦西石化分公司　408
中国石油天然气股份有限公司锦州石化分公司　405
中国石油天然气股份有限公司勘探开发研究院　582
中国石油天然气股份有限公司克拉玛依石化分公司　426
中国石油天然气股份有限公司兰州石化分公司　394
中国石油天然气股份有限公司炼化工程建设项目部　431
中国石油天然气股份有限公司辽河石化分公司　422
中国石油天然气股份有限公司辽河油田分公司　345
中国石油天然气股份有限公司辽宁销售分公司　450
中国石油天然气股份有限公司辽阳石化分公司　392
中国石油天然气股份有限公司内蒙古销售分公司　454
中国石油天然气股份有限公司宁夏石化分公司　400
中国石油天然气股份有限公司宁夏销售分公司　492
中国石油天然气股份有限公司青海销售分公司　496
中国石油天然气股份有限公司青海油田分公司　365
中国石油天然气股份有限公司庆阳石化分公司　428
中国石油天然气股份有限公司润滑油分公司　446
中国石油天然气股份有限公司山东销售分公司　463
中国石油天然气股份有限公司山西销售分公司　489
中国石油天然气股份有限公司陕西销售分公司　465
中国石油天然气股份有限公司上海销售分公司　457
中国石油天然气股份有限公司石油化工研究院　589
中国石油天然气股份有限公司四川销售分公司　451
中国石油天然气股份有限公司所属企事业单位

主要领导（表） 318
中国石油天然气股份有限公司塔里木油田分公司 353
中国石油天然气股份有限公司天津销售分公司 491
中国石油天然气股份有限公司吐哈油田分公司 370
中国石油天然气股份有限公司乌鲁木齐石化分公司 398
中国石油天然气股份有限公司西北化工销售分公司 434
中国石油天然气股份有限公司西北销售分公司 444
中国石油天然气股份有限公司西部管道分公司 512
中国石油天然气股份有限公司西南化工销售分公司 441
中国石油天然气股份有限公司西南油气田分公司 357
中国石油天然气股份有限公司西藏销售分公司 499
中国石油天然气股份有限公司新疆销售分公司 461
中国石油天然气股份有限公司新疆油田分公司 355
中国石油天然气股份有限公司伊拉克公司 521
中国石油天然气股份有限公司已评估探明储量和探明开发储量（表） 651
中国石油天然气股份有限公司玉门油田分公司 376
中国石油天然气股份有限公司云南销售分公司 478
中国石油天然气股份有限公司浙江销售分公司 475
中国石油天然气股份有限公司浙江油田分公司 377
中国石油天然气股份有限公司专业公司主要领导（表） 317
中国石油天然气股份有限公司总裁班子成员（表） 316
中国石油天然气股份有限公司组织机构（表） 303
　董事会、监事会机构 303
　股份公司总部 303
　海外企业 307
　科研及事业单位 308
　炼化企业 304
　其他单位 308
　天然气管道储运企业 307
　销售企业 305
　油气田企业 304
　职能部门 303
　专业公司 303
中国石油天然气股份有限公司组织机构图（图） 309
中国石油天然气管道局 563
　创先争优 564b
　党的建设 564b
　国际项目管理 564a
　和谐稳定大局 565a
　精神文明建设 564b
　精细管理 564a
　科技创新与成果 564b
　六大建设 564a
　民生工程 565a
　企业管理 564a
　企业资质 563a
　生产建设 563b
　盈利能力 564a
中国石油天然气集团公司2010年度社会公益投入（表） 656
中国石油天然气集团公司2010年工作会议 31a
中国石油天然气集团公司2010年领导干部会议 38a
中国石油天然气集团公司标杆集体 269a
中国石油天然气集团公司大事纪要 629
中国石油天然气集团公司高级技术专家（表） 324
中国石油天然气集团公司工作情况 3
中国石油天然气集团公司管理专家（表） 330
中国石油天然气集团公司广州培训中心 608
中国石油天然气集团公司哈萨克斯坦公司 519
中国石油天然气集团公司合并利润表（表） 649
中国石油天然气集团公司合并资产负债表（表） 648
中国石油天然气集团公司机关部门主要领导（表） 311
中国石油天然气集团公司技能专家人员名单（表） 333
中国石油天然气集团公司建设项目档案管理规定 6
中国石油天然气集团公司劳动模范 269b
中国石油天然气集团公司两院院士名单（表） 322
中国石油天然气集团公司领导（表） 310
中国石油天然气集团公司南美公司 526
中国石油天然气集团公司尼罗河公司 529
中国石油天然气集团公司十佳工会工作者 290b
中国石油天然气集团公司所属企事业单位主要领导（表） 312
中国石油天然气集团公司特等劳动模范 269a
中国石油天然气集团公司先进工会组织 286b
中国石油天然气集团公司先进集体 279a
中国石油天然气集团公司伊朗公司 525
中国石油天然气集团公司优秀工会工作者 290b
中国石油天然气集团公司中俄合作项目部 536
中国石油天然气集团公司主要指标完成情况（表） 647
中国石油天然气集团公司专业公司主要领导（表） 312
中国石油天然气集团公司咨询中心 584
中国石油天然气集团公司总经理助理、副总师（表） 310

中国石油天然气集团公司组织机构（表） 297
工程技术企业 299
工程建设企业 299
海外企业 300
机关职能部门 297
科研及事业单位 300
控股子公司 298
炼化企业 298
其他单位 300
企事业单位 298
油气田企业 298
专业分公司 298
装备制造企业 299
中国石油天然气集团公司组织机构图（图） 302
中国石油天然气运输公司 615
安全生产 616b
工程建设 616a
和谐企业建设 616b
技术改造 616a
经营成果 615b
精神文明建设 616b
科技创新 616a
培训管理 616a
企业管理 616a
社会责任履行 616b
生产经营指标 615a
主营业务 615a
中国石油乌鲁木齐石油化工总厂 398
中国石油物资采购中心 606
成果 606a
措施 606a
基础管理与体系建设 607b
企业管理 607b
企业资质 606a
生产经营指标 606a
主营业务 606a
中国石油物资公司 606
中国石油香港H股2010年股市综合分析 46b
中国石油信息化成果报告发布 35a
中国石油学会 609
国际学术交流重点活动 610b
国内重点学术活动 609b
科技咨询服务工作 613b
科普咨询工作 612b
学术交流活动 609a
学术期刊编辑出版 611b
主要任务 609a
组织推荐工作 613b
《中国油气田开发志》 85b
中国质量协会石油分会 196a
QC小组工作 196b
石油工业实施卓越绩效先进企业推荐、评审、表彰和现场考核工作 196b
石油工业用户七满意活动 196b
团体会员发展 197b
先进质量方法推广年活动 196a
质量学术交流活动 197a
质量知识普及教育工作 197b
中缅油气管道中国境内段开工 40a
中青线改造工程（续建完工） 119a
中石油阿姆河天然气勘探开发（北京）有限公司 531
A区块开发工作完成情况 533a
B区块开发工作完成情况 533b
HSE工作 534b
地面工程建设 534a
海外油气开发生产 533a
海外油气勘探 532a
井下措施作业 533b
全年内外输系统生产运行 532a
社会公益 534b
生产运营情况 532a
探井测试作业 532b
天然气生产 532a
通信系统、网络建设 534b
维护作业 532a
物探作业 532a
钻井工程 532a
中石油北京天然气管道有限公司 511
安全环保 511b
法规宣贯 512b
工程建设 511b
基础管理建设 511b
设备管理 511a
线路管理 511a
主要工作 511a
中石油昆仑燃气有限公司 514
安全生产 514b
经营管理 515a

生产经营指标　514a
市场开发　514a
液化气营销　514b
主要业务　514a
中石油昆仑天然气利用有限公司　517
CNG 加气站营销网络　518a
安全环保　518b
队伍建设　519a
技术改造　518b
经营指标　518a
科技创新　518b
企业管理　518b
深圳 LNG 项目前期工作　518b
天然气发电业务　518a
天然气支线管网业务市场开发工作　518a
主营业务　517b
中石油煤层气有限责任公司　379
安全生产　381a
成本控制　381a
储运销售　380b
对外合作　380a
技术进步　380b
经营管理　381a
开发工作　380a
勘探工作　380a
企地关系　380b
主要业务　379a
中石油中亚天然气管道有限公司　535
A/B 线建设　535a
HSE 管理　536a
负责　535a
精神文明建设　536a
企业管理　535b
新项目建设　535b
运行管理　535a
中央党的建设工作领导小组秘书组联系点工作　256a
中央企业参与 2010 年上海世博会突出贡献奖　267b
中央企业参与 2010 年上海世博会先进个人　267b
中央企业参与 2010 年上海世博会先进集体　267b
中央企业杰出青年岗位能手　268b
中央企业青年岗位能手　268b
中央企业青年文明号　268a
中央企业青年志愿者优秀组织单位　269a
中央企业五四红旗团委　268b
中央企业五四红旗团委创建单位　268b
中央企业五四红旗团支部　268b
中央企业先进基层党组织　268a
中央企业优秀党务工作者　268a
中央企业优秀共产党员　268a
中央企业优秀共青团干部　268b
中央企业优秀共青团员　268b
中油财务有限责任公司　617
财务管理　618b
分支机构管理　618b
风险管理　618b
国际业务　618a
结算业务　617b
金融研究　619a
经营指标　617b
内控管理　618b
人事工作　619a
十一五成果回顾　617a
信贷业务　618a
信息化建设　618b
营业范围　617a
证券投资业务　618a
综合管理　619b
中油燃料油股份有限公司　448
安全环保管理　449a
基础管理工程建设　449b
技术研发　449b
经营指标　448a
企业改革　449b
设备管理　449a
生产经营组织　448b
生产受控管理　448b
信息化管理　449a
中油资产管理有限公司　624
服务集团　624a
经营指标　624a
内部控制　625a
天津排放权交易所业务　624b
业务发展　624b
中油资产本部业务　624b
忠武线反输天然气工程　120b
重大工程项目协调　198b
重大项目法律管理　227b
重大项目用地预审　207a

重点工程建设　3b、143b
重点工程项目物资采购　229b
重点节能工程　199a
重点实验室和试验基地建设　171b
重点项目概算复核　206b
重要审计项目及成果　233a
舟曲救灾　264a
周吉平　28
　在集团公司2010年工作会议上的生产经营报告　23
周永康　37a
　考察华北油田二连油区　36b
　考察青海油田格尔木石化基地　38b
　考察中国石油　33a
主题劳动竞赛　261a
住房管理　240a
专家队伍　322
专项规划　203a
专项课题研究　203b
专项治理　231b
专业公司主要领导（表）312、317
专业管理　108
专职董监事业务　227a
转变发展方式 调整优化结构 不断增强全面协调可持续发展能力　21
　创新能力　22b
　发展协调性和有效性　22a
　高素质干部员工队伍建设　22b
　工作成果　21a
　工作会议主要任务　21a
　基础管理水平　22b
　全球化视野谋划新发展　22a
　推动企业又好又快发展重要经验　21b
　总的工作要求　22a
　总体经营业绩　21b
装备制造　146
　产品　146b
　获准使用中国石油装备品牌产品名录（表）148
　技术创新　147a
　品牌整合　148b
　生产经营情况　146a
　市场开拓　147b
　项目管理　205b
　业务重组与整合　147a
　重点项目建设　147b
咨询中心　584
　管理工作　586a
　机构设置　584a
　评估项目　585b
　研究成果　584b
　主营业务　584a
　专家工作　586a
　专业委会工作　586b
资本市场获奖项目　50a
资本市场融资整合　225b
资本市场信息披露　214b、217b
资本运营　225
　战略企划　225a
资产负债表（表）652、653
资产管理　219a
　评估管理　219a
资金管理　209a
资源配置优化　206a
子公司、参股公司情况（表）651
综合授信管理　222a
综合统计　208b
综合治理　240、241b
总部机关消防工作　244b
总部机关作风建设　257b
总裁班子成员（表）316
总经理助理（表）310
组织机构（表）297
组织机构（图）303
钻井工程　134b
　固井技术应用　137a
　技术服务装备　135a
　井控装备　135a
　人员状况　135a
　水平井、欠平衡井技术规模应用　135b
　自主知识产权装备仪器推广应用　137a
　钻机状况　135a
　钻井工程质量　135a
　钻井技术推广应用　135b
　钻井生产技术指标　135a
　钻井生产时效　135b
　钻井提速工作　136a
　钻井液技术　137b
钻井工程技术研究院　593

安全稳定　595b
基础建设　595b
技术支持与服务　594a
科技创新体系　594b
科研成果　593a
人员状况　593a
生产经营　594b
特色技术　593a

（王彦祥　毋　栋　编制）

编后记

本卷《年鉴》是《中国石油天然气工业年鉴》自1996年正式出版以来连续出版的第十六个卷本；也是更名为《中国石油天然气集团公司年鉴》后的第十三个卷本。

本卷《年鉴》基本沿用了历年来业已形成的框架结构和装帧风格。在编辑过程中，重点追踪集团公司当年所发生的重大事件，体现年度历史进展特色；坚持统一性和灵活性相结合，充分反映集团公司年度工作特点，在保持整体篇目大体不变的情况下，本卷《年鉴》对部分栏目和条目相应进行了调整；为增强《年鉴》资料性及便于横向对比，本卷《年鉴》增加了世界主要国家和各大石油公司有关石油石化相关数据图表，对《年鉴》内容的信息含量也进行了扩充。我们试图更加注重《年鉴》的工具性和实用性，同时尽量使版式设计规范严整，力求使文字叙述更为流畅。

《年鉴》的编辑出版工作始终得到集团公司党组和各级领导的高度重视，集团公司董事长、党组书记蒋洁敏为本卷《年鉴》作序；集团公司机关和股份公司机关各部门、各专业公司及各企事业单位的领导为本卷《年鉴》的出版提供了各种形式的支持和帮助；各单位负责《年鉴》工作的联系人和撰稿人为本卷《年鉴》的出版付出了艰辛的劳动；集团公司办公厅（股份公司总裁办公室）的领导除了直接参与《年鉴》内容的审订和编写外，还做了大量的组织协调工作。此外，中国石油报社等单位为本卷《年鉴》出版提供了辅助资料和照片；中国石油集团经济技术研究院为本卷《年鉴》提供《中国石油天然气集团公司2010年度报告》和《中国石油天然气集团公司2010年企业社会责任报告》资料以及世界主要国家和各大石油公司相关数据图表。在此，对这些单位和同志、对所有支持《年鉴》工作和为《年鉴》出版提供帮助的人们致以诚挚的谢意。

尽管在编辑过程中我们作出了很大的努力，但限于工作经验和编辑水平等方面的原因，本卷《年鉴》难免存在疏漏和不足，恳请读者提出批评、意见和建议，以利于我们把这项工作做得更好。

《中国石油天然气集团公司年鉴》编辑部

2011 年 12 月

鼓舞
世界的力量

A股股票代码 A- SHARE STOCK CODE：601939.SH
H股股票代码 H- SHARE STOCK CODE：0939.HK

Excellen
Prevai

客户服务热线：95533　Customer Service Hotline：86-10-95533
www.ccb.com

善建者不拔，善抱者不脱 ——《道德经》

ce Pursuer
Forever

Sevan Marine ASA
USD 525 million
Syndicated ECA Term Loan Facility
(USD 200 million under Sinosure Cover)
Mandated Lead Arranger and Facility Agent
China, February 2011

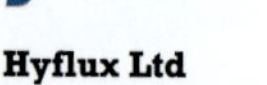

Hyflux Ltd
USD 200 million
Syndicated Revolving Credit Facility
Mandated Lead Arranger
Singapore, January 2011

Hyundai Card
USD 400 million
Asset Backed Loan
Arranger, Joint Loan Arranger and Loan Guarantor
Korea, January 2011

Hyundai Capital
USD 700 million
4.375% Senior Unsecured Notes due 2016
Joint Bookrunner and Lead Manager
Korea, January 2011

BUMA
USD 600 million
Syndicated Loan Facility
Mandated Lead Arranger and Structuring Bank
Indonesia, January 2011

Silverstone Corporation
USD 150 million
Divestment of 100% Stake in Silverstone Berhad
Financial Adviser
Malaysia, December 2010

RREEF Investment GmbH
JPY 6 billion
5-year Term Facility
Mandated Lead Arranger
Real Estate Finance
Japan, December 2010

Noble Group Ltd.
USD 2.54 billion
Syndicated Revolving Credit Facilities
Mandated Lead Arranger and Bookrunner
Hong Kong, December 2010

BILT Graphics Paper Products Ltd.
USD 145 million
Secured External Commercial Borrowing Facility
Mandated Lead Arranger
India, November 2010

Trade and Development Bank of Mongolia
USD 150 million 8.50% Senior Notes due 2013
USD 25 million 12.50% Subordinated Notes due 2015
EMTN Programme Sole Arranger & Sole Bookrunner and Lead Manager of The Notes Issues
Mongolia, October 2010

Manila Water Company
10-year USD 150 million
NEXI Covered Loan Facility
Sole Lead Arranger and Agent Bank
Japan / Philippines, October 2010

Central China Real Estate
USD 300 million
12.25% Senior Notes due 2015
Joint Bookrunner and Lead Manager
China, October 2010

Bottom line:

[通过伙伴关系取得成功 Success through Partnerships]

凭借我们庞大的全球化网络及资源，ING为客户提出有建设性的建议，提供完美的执行方案，并建立真诚友好的合作伙伴关系。这就是为什么一些亚洲卓越的企业和银行在高评级及高收益债券市场、债务重组、杠杆融资、银团贷款、项目融资、地产融资、企业融资及重要的客户关系管理等方面寻求建议时，年复一年都转向同一个合作伙伴 —— ING。

Leveraging our global network and resources, ING provides sound advice, flawless execution and a true partnership approach to our clients. Which is why some of Asia's most prominent corporations and banks when looking for advice in high grade and high yield debt capital markets, debt restructuring, leverage financing, loan syndications, project finance, real estate financing, corporate finance and most importantly client relationship management, turn to the same partner year after year – ING.

www.ing.com

蒙古能源有限公司（以下简称蒙古能源，香港股份代号：276）作为能源及资源开发商，以收购天然资源专营权区，伙拍国际专家队伍，按国际标准统筹天然资源的勘探及开发、协调各方面的营运工作，为股东争取高回报。

蒙古能源在蒙古国拥有超过330000公顷的天然资源专营权区，其中包括各种煤、黑色及有色矿产资源。蒙古能源首个重点开发的胡硕图焦煤矿位处蒙古国西部，占地600公顷，已探明约1.49亿吨符合联合矿资源准则(JORC)的原地煤资源，质量属优质焦煤，并已于2010年10月开始试运。初步计划年产量将与日俱增，在不久的将来逐步提高至500万—600万吨或以上。

蒙古能源投资的胡硕图公路连接胡硕图矿场至中国新疆边境，令煤产品的运输更为便利。我们已委任礼顿LLC为采矿承办商，亦与宝钢集团旗下的宝钢八一，落实为期十年的长期供应合约。

展望未来，蒙古能源将在其他专营权区内继续进行勘探工作，并寻找合适的投资机遇，为集团成为世界一流的能源及资源开发商而努力。

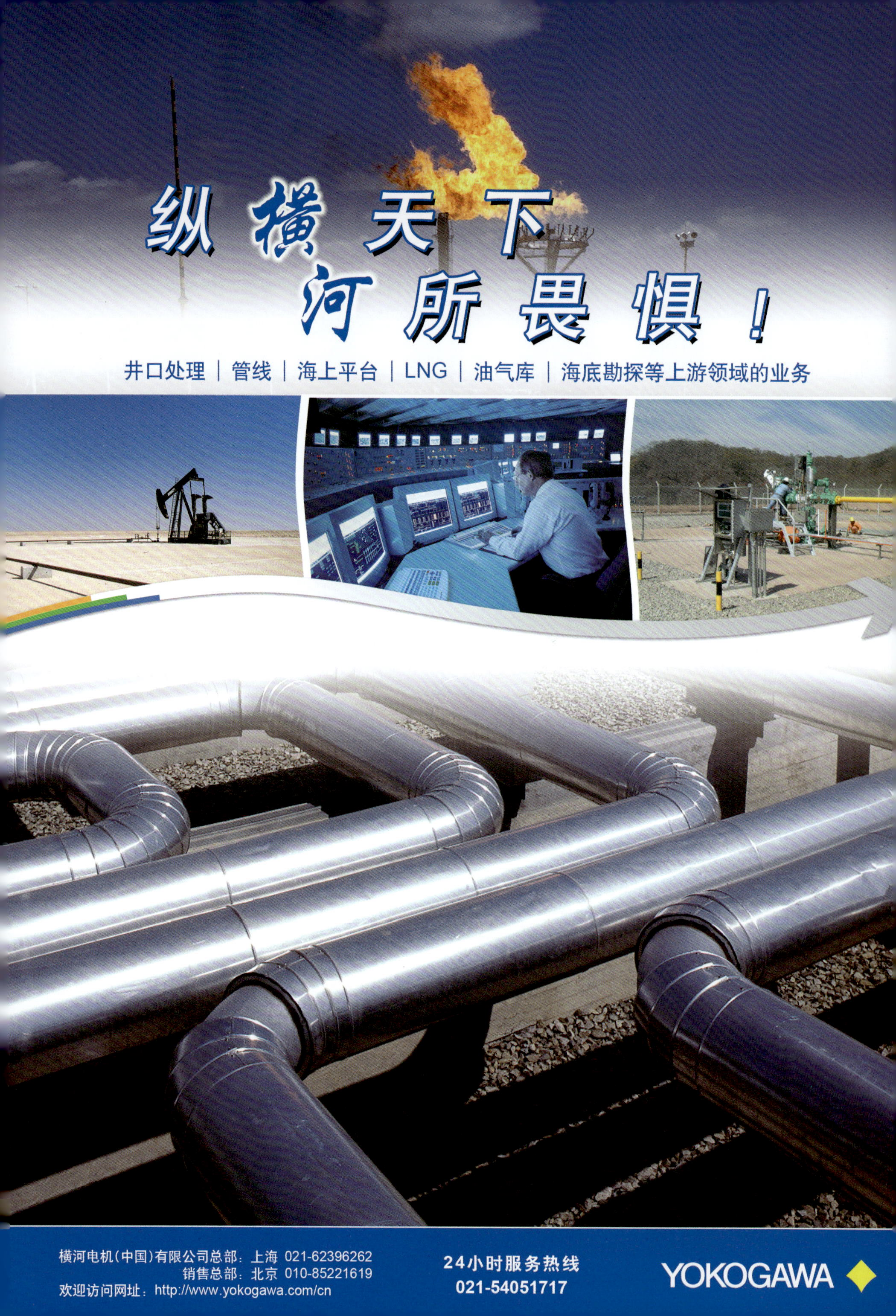

纵横天下
河所畏惧！

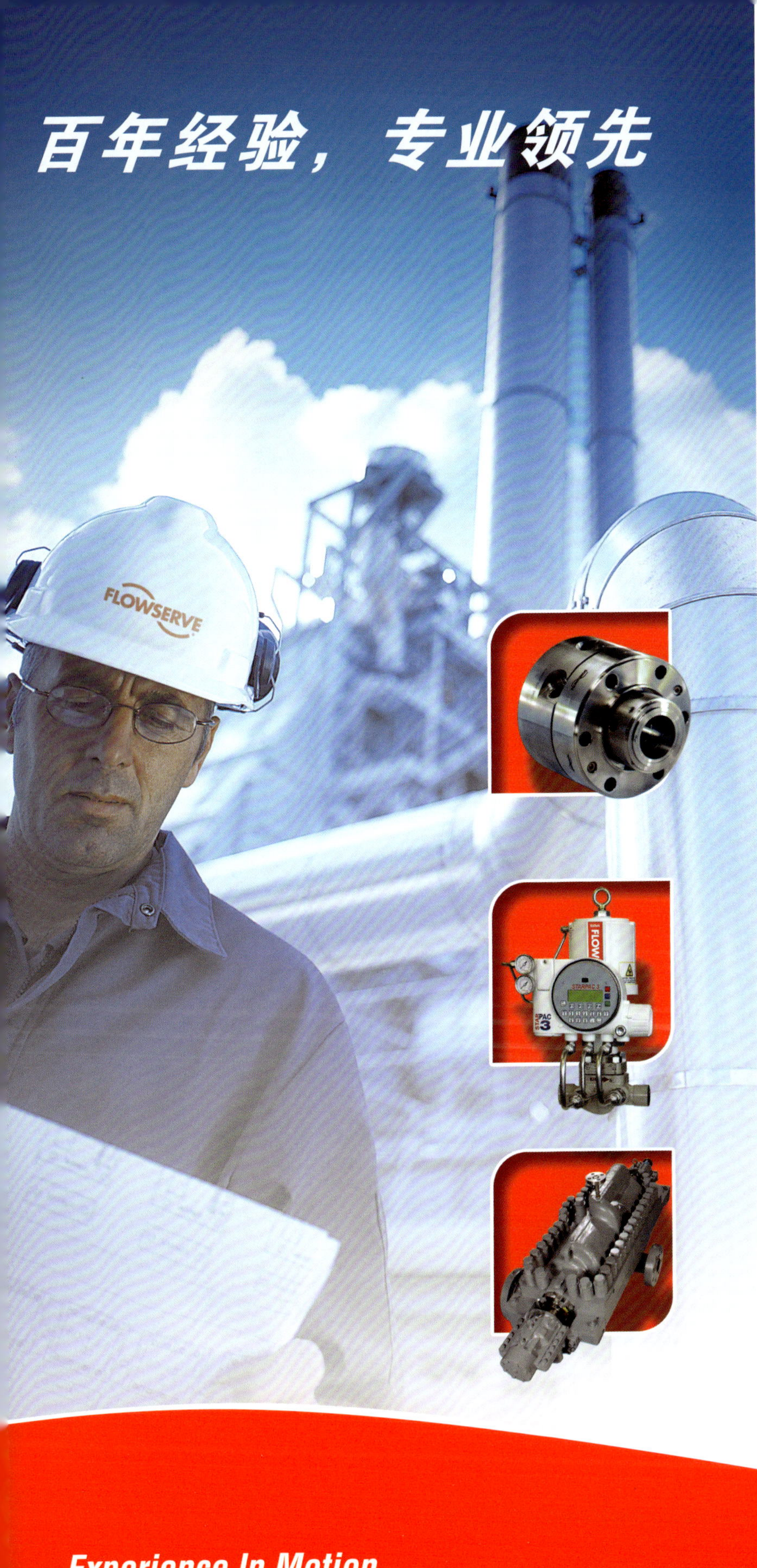

FLOWSERVE

福斯将百年经验与专业技术相结合，为您打造全球领先的流体整合解决方案。福斯的泵、机封、阀门及自动化系统等产品被广泛应用于石油和天然气、石化、化工、能源和水资源等全球各类关键工业领域。

在中国，福斯在上海、北京、苏州、宁波、青岛、大连、惠州、重庆等地设立生产基地和快速反应中心，为客户提供迅捷、高度个性化的本土服务，帮助客户提高设备可靠性，保护环境，并降低运营费用。在福斯，您可体验到独一无二的一站式综合服务。

福斯——您值得信赖的合作伙伴

北京

北京市朝阳区光华路7号
汉威大厦22楼A1/A2
邮编：100004
电话：(86 10) 5921 0600
传真：(86 10) 6561 1899

上海

上海金桥开发区桂桥路255号
金桥创科园B幢
邮编：201206
电话：(86 21) 3865 4800
传真：(86 21) 5081 1781

更多信息，请登录：
www.flowserve.com

Experience In Motion

flowserve.com

A subsidiary of Occidental Petroleum Corporation

Phibro is an international commodities trading firm whose origins date back to 1901. Phibro's headquarters is located in Westport, Connecticut. Additional offices in London, Ireland and Singapore ensure that Phibro covers all major commodities markets and time zones. Phibro is a subsidiary of Occidental Petroleum Corporation.

Corporate Headquarters 总部

500 Nyala Farm Road
Westport, CT 06880
USA
Tel: +1 203 221 5800
Fax: +1 203 221 6760

European Offices 欧洲办公室

6 Duke Street St. James
London, SW1Y 6BN
United Kingdom
Tel: +44 207 484 2500
Fax: +44 207 839 8774

Unit 2, Block 5
Urban Flo, North Main Street
Bandon, Co Cork, Ireland
Tel: +44 207 484 2550
Fax: +353 23 54847

Pacific Rim Office 太平洋地区办公室

9 Temasek Boulevard
43-01
Suntec Tower Two
Singapore 038989
Tel: +65 6250 6088
Fax: +65 6250 6124

Phibro是一家国际商贸公司，成立于1901年。总部位于美国的康涅狄格西港,其附属公司的办事处设于伦敦、爱尔兰和新加坡，以确保Phibro的业务可以覆盖所有主要的商贸市场和时区。

Phibro是Occidental Petroleum 公司的子公司。

UMW 石油和天然气有限公司

UMW石油和天然气公司通过 5 项主要的运作促进整个石油及天然气工业的蓬勃发展，包括：

- 制造石油专用管和输送管
- 勘探及生产石油和天然气
  —— 海上钻探装置
  —— 岸上钻探装置
  —— 修油井装置
- 装配石油天然气的有关配件
- 提供油田探测服务
  —— 发电机装备
  —— 钢管防腐
  —— 钢管检验，维修和螺纹加工
  —— 专业防腐
- 提供油田有关产品

我们的总公司位于吉隆坡，并在各国设有营运公司，包括澳洲、中国、印度、印度尼西亚、马来西亚、阿曼、新加坡、中国台湾、泰国、土库曼斯坦和越南。

UMW OIL & GAS BERHAD (798108-A)
Suite 3A, Level 18, Block 3A,
Plaza Sentral, Jalan Stesen Sentral 5,
50470 Kuala Lumpur, Malaysia.
电话：+603-20968788 传真：+603-20968716
邮箱：info@umw-oilgas.com

汽车 • 装备器材 • 制造和工程 • 石油和天然气

大连港油品码头公司

DALIAN PORT OIL TERMINAL COMPANY

大连港油品码头公司隶属于大连港股份有限公司，地处大连市大孤山半岛东南端，是大连港油品业务板块的核心港口，专业从事油品及液体化工品储运。

目前，大连港油品码头公司拥有3000—300000吨级泊位19个，年通过能力7285万吨，其中45万吨原油码头是中国较大的原油码头；自有原油储罐39座，储存能力410万立方米；成品油储罐39座，储存能力36.8万立方米，液体化工品储罐51座，储存能力11.975万立方米，铁路场站2座，油品铁路场站设计通过能力950万吨/年，液体化工品铁路场站设计通过能力120万吨/年；是集水路、管道、铁路、公路四位一体集疏运体系的现代化综合型港口。

大连港油品业务板块还包括大连港石化有限公司和大连长兴岛港口投资有限公司。其中大连港石化有限公司拥有3000—100000吨级泊位4个，年通过能力1200万吨，成品油储罐14座，储存能力24万立方米，油品铁路场站设计通过能力460万吨/年；大连长兴岛港口投资有限公司正在建设的30

安全、优质、高效

与公司共同成长，与顾客共同发展，与社会共同进步

万吨进口原油码头和原油库区一期工程中的120万立方米罐区将于2011年底投产。

营销理念：为客户增值是我们的责任，服务领先是我们的标准。

服务优势：以30万吨级原油码头为龙头，以原油、成品油、液体化工品系列码头集群为主体，辅之以罐区、管道、铁路等生产设施，为客户提供油品及液体化工品的接卸、仓储、管道转输、海上中转、码头过驳、铁路装卸、汽车装卸、油品保税等服务，功能十分先进和完备。

多年来，大连港油品业务板块凭借专业、精良的设备设施，安全、优质、高效的装卸服务，赢得了客户的信赖和好评，树立了港口油品装卸行业的服务品牌。未来，我们将发扬“努力无限，服务无限，发展无限”的企业精神，坚持“与公司共同成长，与顾客共同发展，与社会共同进步”的企业价值观，竭诚为各界提供更加安全、优质、高效的油品及液体化工品储运服务。